W0401630

Wichmann
Kinderkrankenpflege

Kinderkrankenpflege

Herausgegeben von Veronica Wichmann

Bearbeitet von
L. Asch, G. Fischer, H. Flasch, B. Gerlach, H. Röhr, G. Rook,
E. Schneider, G. Walther, V. Wichmann, H. Wildoer

Ärztliche Mitwirkung Dieter Lüders
Didaktische Mitwirkung Alfred Vogel

3., überarbeitete und erweiterte Auflage
232 Abbildungen in 309 Einzeldarstellungen

Georg Thieme Verlag Stuttgart · New York 1991

Zeichnungen Peter Haller und Peter Freitag

1. Auflage 1981
2. Auflage 1986

CIP-Titelaufnahme der Deutschen Bibliothek

Kinderkrankenpflege / hrsg. von Veronica Wichmann. Bearb. von L. Asch ... Ärztliche Mitw. Dieter Lüders. Didaktische Mitw. Alfred Vogel. – 3., überarb. und erw. Aufl. – Stuttgart ; New York : Thieme, 1991
NE: Wichmann, Veronica [Hrsg.]; Asch, Lore

Geschützte Warennamen (Warenzeichen) werden *nicht* besonders kenntlich gemacht. Aus dem Fehlen eines solchen Hinweises kann also nicht geschlossen werden, daß es sich um einen freien Warennamen handele.

Das Werk ist urheberrechtlich geschützt. Jede Verwertung in anderen als den gesetzlich zugelassenen Fällen bedarf deshalb der vorherigen schriftlichen Einwilligung des Verlages.

© 1981, 1991 Georg Thieme Verlag, Rüdigerstraße 14, D-7000 Stuttgart 30
Printed in Germany
Satz: Druckhaus Götz KG, D-7140 Ludwigsburg, gesetzt auf Linotype System 5 (202)
Druck: Gutmann + Co, Heilbronn

ISBN 3-13-600003-X 1 2 3 4 5 6

Wichtiger Hinweis:

Wie jede Wissenschaft ist die Medizin ständigen Entwicklungen unterworfen. Forschung und klinische Erfahrung erweitern unsere Erkenntnisse, insbesondere was Behandlung und medikamentöse Therapie anbelangt. Soweit in diesem Werk eine Dosierung oder eine Applikation erwähnt wird, darf der Leser zwar darauf vertrauen, daß Autorinnen, Herausgeberin und Verlag große Sorgfalt darauf verwandt haben, daß diese Angabe dem Wissensstand bei Fertigstellung des Werkes entspricht.

Für Angaben über Dosierungsanweisungen und Applikationsformen kann vom Verlag jedoch keine Gewähr übernommen werden. Jeder Benutzer ist angehalten, durch sorgfältige Prüfung der Beipackzettel der verwendeten Präparate und gegebenenfalls nach Konsultation eines Spezialisten, festzustellen, ob die dort gegebene Empfehlung für Dosierungen oder die Beachtung von Kontraindikationen gegenüber der Angabe in diesem Buch abweicht. Eine solche Prüfung ist besonders wichtig bei selten verwendeten Präparaten oder solchen, die neu auf den Markt gebracht worden sind. Jede Dosierung oder Applikation erfolgt auf eigene Gefahr des Benutzers. Autoren und Verlag appellieren an jeden Benutzer, ihm etwa auffallende Ungenauigkeiten dem Verlag mitzuteilen.

Vorwort zur 3. Auflage

Es war der Wunsch und das Bemühen von Autorinnen und Herausgeberin, auch in dieser 3. Auflage *die Pflege des kranken Kindes* so zu gestalten, daß das Lernen (und das Lehren) motiviert wird und Freude macht.

Sie, liebe Leserin, lieber Leser, sind aufgefordert, jede pflegerische Situation mit *Herz, Hirn und Hand* angemessen zu gestalten. Dazu möge Ihnen diese überarbeitete Buchfassung eine gute Hilfe sein!

Die Krankenpflege ist (wieder einmal) in eine Krise geraten. Diese Krise wird auch sichtbar im Selbstverständnis der pflegenden Personen. Konsequent verfolgt auch diese 3. Auflage das schon bekannte Konzept: das Lehrbuch handelt *ausschließlich* von *Pflege*. Es ist erforderlich, daß die Kinderkrankenschwester* ihre Identität und ihr Selbstverständnis nicht nur in sich erfahren muß, sondern auch als Lehrbuch ihres Berufes vorfindet.

Kinderkrankenpflege gibt es natürlich nicht isoliert, unabhängig von anderen Disziplinen. Die notwendigen Voraussetzungen in jedem Kapitel wurden erweitert und sind unabdingbar für das Verständnis des jeweiligen Pflegekapitels. Der Maßstab für die Überarbeitung war nicht, was alles machbar ist in einem modernen (Kinder-) Krankenhaus, sondern was für die Ausbildung der Kinderkrankenschwester relevant ist. Allerdings sprengt das Kapitel 8 (Intensivpflege) diesen Rahmen und kann keinesfalls als Maßstab für die Ausbildung genommen werden.

* Anmerkung: Wenn von Kinderkrankenschwester und Kinderkrankenpflegeschülerin die Rede ist, ist auch immer der Kinderkrankenpfleger und der Kinderkrankenpflegeschüler gemeint.

Insbesondere folgende Kapitel haben eine Neugestaltung bzw. Erweiterung erfahren:

In das Kapitel 2 (Die Pflege des gesunden Kindes) wurde die *Betreuung der Wöchnerin* aufgenommen.

Im Kapitel 3 wurde die *Pflegeplanung* völlig neu gestaltet. Zu diesem Thema gibt es zur Zeit viele neue Erkenntnisse und Erfahrungen, auch in der Erprobung. Unser Anliegen ist die Orientierung an der Praxis. Verbindliches und Allgemeingültiges kann nicht ausgesagt werden. Dieses Kapitel hat exemplarischen Charakter.

Die Kapitel 4–7 wurden auf den neuesten Stand gebracht, das Thema *Pflege bei AIDS* erstmalig beschrieben.

Das Kapitel 8 (Intensivpflege) erfuhr eine völlige Neugestaltung. Durch die Mitarbeit von Herrn Gerhard Rook, Medizintechniker, wurden die Themen *Betriebssicherheit* und *Umgang mit Geräten* kompetent bearbeitet. Alle anderen Themen wurden aktualisiert, einige neu geschrieben. Als neue und überaus erfahrene Mitarbeiterin wirkte hier Frau Elisabeth Schneider (Kinderspital Zürich) mit.

Das Kapitel 8 enthält als einziges keine Literatur-Empfehlungen. Die vorhandene Literatur ist so vielfältig und ständig neu, daß wir die Auswahl dem Lernenden überlassen müssen.

Die didaktische Mitwirkung lag wieder bei Herrn Prof. Dr. Vogel. Für die ärztliche Beratung konnte Herr Prof. Dr. Lüders gewonnen werden, der, erfahren in der Ausbildung von Kinderkrankenschwestern, wichtige neue Impulse gab.

An dieser Stelle möchte ich Herrn Prof. Dr. Oehme vielmals Dank sagen für seine langjährige, hilfreiche Mitarbeit.

Viele neue Zeichnungen wurden von Herrn Freitag gestaltet, dem es vorzüglich gelang, unsere Vorstellungen zu verwirklichen. Diesen genannten und den vielen ungenannten Ratgebern sei herzlich Dank gesagt. Unsere (sehr häufigen!) Treffen fanden in der Kinderkrankenpflegeschule des Olgahospitals Stuttgart statt. Wir wissen es sehr zu schätzen, daß das so unkompliziert möglich war.

Für die gute Zusammenarbeit sei allen Mitarbeiterinnen und Mitarbeitern des Georg Thieme Verlag Dank gesagt.

Böblingen, im Herbst 1990

Veronica Wichmann

Vorwort zur 1. Auflage

Erwachsen aus dem Wunsch und Bedürfnis nach einer umfassenden Grundlage für die Pflege des kranken Kindes wird dieses Lehr- und Lernbuch vorgelegt.

Lernende, Tätige und Ausbilder in der Kinderkrankenpflege haben es als einen großen Mangel empfunden, auf Bücher der Pflege des kranken Erwachsenen verwiesen zu sein oder nur wenig auf das Kind bezogene Handlungsanweisungen zu erhalten.

Die Idee zur Erstellung eines Lehrbuches, das sich *ausschließlich* mit der *Pflege des kranken Kindes* befaßt, ohne die Einbeziehung anderer Disziplinen der Ausbildung, ging von einigen Unterrichtsschwestern aus, die auch zu den Autorinnen dieses Buches gehören. Sie wollten sich nicht länger mit diesem Mangel abfinden. Zusammen mit erfahrenen Kinderkrankenschwestern aus der Praxis fand sich ein denkendes, schreibendes und überaus kreatives Team zusammen, das sich der schwierigen Aufgabe stellte, aus den vielen Mosaiken der Kinderkrankenpflege ein lesbares und zum Lernen anregendes Buch zusammenzustellen.

Dieses Buch ist in echter Teamarbeit entstanden. Jedes Kapitel, jeder Satz wurde gemeinsam bedacht, erwogen und auch erkämpft, mit dem Ziel, ein einheitliches Gesamtbild der Kinderkrankenpflege zu erstellen. Der Leser mag beurteilen, ob es gelungen ist. Jede Autorin brachte dabei ihr persönliches Wissen und ihre eigene Erfahrung in der Kinderkrankenpflege mit. Erstmalig wurde eine Intensiv-*Pflege* für die Kinderkrankenpflegeausbildung bearbeitet. Dazu konnten viele Anregungen aus dem Kinderspital Zürich aufgenommen werden. Viele Kinderkrankenschwestern und Ärzte aus verschiedenen Kliniken und Abteilungen haben durch ihre Hinweise und helfende Kritik zur Vervollkommnung beigetragen. Nur mit ständiger Rückkoppelung an die tägliche Praxis der Kinderkrankenpflege konnte die Herausgabe dieses Buches so erfreulich bewerkstelligt werden.

Es wendet sich in erster Linie an die Auszubildenden in der Kinderkrankenpflege. Aber auch Kinderkrankenschwestern und -pfleger in allen Arbeitsfeldern, Unterrichtsschwestern und -pfleger und Kinderärzte werden es zur Hand nehmen können, wenn sie den Wunsch und die Absicht haben, über die Besonderheiten der Kinderkrankenpflege (im Unterschied zur Pflege des kranken Erwachsenen) informiert zu werden.

Ein besonderes Anliegen der Autorinnen und der Herausgeberin ist es, die enge Verbundenheit zwischen Mutter (bzw. Eltern) und dem kranken Kind zu betonen und in die Pflege einzubeziehen. Immer wieder wird der Lernende darauf hingewiesen, daß die Einbeziehung der Bezugsperson in die Pflegetätigkeiten zu den Aufgaben der Kinderkrankenschwester* gehört.

Ein Buch entsteht nicht nur durch die Anstrengung der Schreibenden. Hinweise und Anregungen durch Gespräche, Beispiele sowie Erfahrungen in der Pflege fließen mit ein. Allen, die uns mit solchen Hinweisen und Anregungen Ermutigung gaben, soll an dieser Stelle gedankt werden.

Die didaktische Konzeption besorgte in bewährter Weise Herr Prof. A. Vogel. Mit seiner Geduld und Hilfe konnte der Rahmen gefunden werden, der für den Lernenden von Nutzen sein wird und in dem sich der umfangreiche Stoff gut sichtbar machen und bearbeiten ließ.

Ärztliche Beratung erhielten die Autorinnen durch Herrn Prof. J. Oehme. Seine Unterstützung und hilfreiche Kritik ermöglichte manche Differenzierung und verdeutlicht die enge Verbundenheit zwischen Kinderkrankenschwester und Kinderarzt.

Beiden Herren gilt unser herzlicher Dank.

Die Zeichnungen besorgte Herr P. Haller. Wir danken ihm sehr für das große Einfühlungsvermögen bei der Anfertigung.

Nicht zuletzt sei dem Georg Thieme Verlag und seinen Mitarbeitern, insbesondere Herrn Dr. D. Bremkamp Dank gesagt für die hilfreiche Unterstützung bei der Herstellung dieses Buches.

Böblingen, im Juli 1981 Veronica Wichmann

Didaktische Informationen und Arbeitshinweise

Beide Disziplinen, Didaktik und Krankenpflege, erstreben Handlungsfähigkeit. Aufgabe der Didaktik ist es, Lehr- und Lernprozesse zu optimieren. Auf ein Buch angewendet bedeutet dies, die einzelnen Themen inhaltlich zu erschließen, zu gliedern und zu strukturieren und methodisch so aufzubereiten, daß die Lernenden durch den Lernprozeß „handlungsfähig" werden. Mit anderen Worten sollen die Lernenden durch Informationen, die sie beim Studium dem Buch entnehmen, in ihrem Berufsfeld qualifiziert und verantwortlich pflegen können.

In diesem Sinne versteht sich auch das vorliegende Buch „Kinderkrankenpflege" (im Rahmen eines didaktischen Lehr- und Lernsystems) als Lehr- und Lernbuch. Es bietet sowohl umfassende Sachinformationen als auch konkrete Lernhilfen für die Lernenden. So wurde 1. der Lerngegenstand didaktisch aufbereitet und auf die Orientierungs-, Bezugs- und Verstehensebene der Lernenden gebracht und 2. der Lernprozeß mit Hilfe eines ausgewählten didaktischen Instrumentariums überschaubar gemacht.

Das Bearbeiterteam hat sich bemüht, den Aufbau der Kapitel durchweg wie folgt zu gestalten:

- notwendige Vorkenntnisse (falls erforderlich)
- Definition (wo erforderlich)
- Strukturnetz
- Lehrziel (teils einschließlich Prinzip)
- Lernziele
- ausführliche und detaillierte Informationen (evtl. mit Handlungsschema) wobei vom Wichtigen zum weniger Wichtigen fortgeschritten wird.

Strukturnetze sind zeichnerische Konstruktionen, die einen Sachverhalt aufschließen und durchstrukturiert nach logischen Gesichtspunkten und Zuordnungen verdeutlichen und darstellen.

Handlungsschemata werden für Verlaufsformen parallel dazu verwendet. Sie sollen, vor allem im Bereich praktischer Vollzüge, die Lernenden befähigen, zunächst unübersichtliche und komplexe Handlungsabläufe und Griffe in kleinste Einheiten zu zerlegen, um auf diese Weise eine höchste Akkuratesse in der Durchführung der Pflegemaßnahmen zu erreichen.

Lehrziele stellen Absichtserklärungen der Lehrenden (der Autoren) gegenüber dem Lernenden dar, was und wie konzeptionell, inhaltlich und methodisch beim jeweiligen Kapitel gearbeitet werden soll.

Lernziele beschreiben Könnensformen, die der Lernende nach dem Studium eines Buchabschnittes erworben haben soll. Für den Lernenden ist es ratsam, sich die Strukturnetze mit den Hauptgliederungspunkten so anzueignen, daß alle Teilinformationen darauf bezogen werden können.

Beachte bedeutet eine Verstärkung von wichtigen Informationen.

Auf die *„Vorbemerkungen"* der Kapitel 6, 7 und 8 wird ausdrücklich verwiesen. Dort finden sich weitere wichtige Hinweise bezüglich obengenannter Begriffe.

Eine weitere Arbeitshilfe stellt die *„Klappe"* der letzten Umschlagseite dar, die als „Erläuterungen für jedes Kapitel" beim Lernen ausgeklappt jederzeit zur Verfügung steht und über didaktisch/konzeptionelle Grundlagen informiert.

Auf eine Erstellung von Kontrollaufgaben wurde verzichtet, da diese situativ aus den Lernzielen übernommen werden können.

Autoren und Bearbeiter hoffen zuversichtlich, wie schon bei anderen Werken zur Krankenpflege, auch hier wieder einen positiven Beitrag zur Effektivierung und Qualifizierung im Bereich Kinderkrankenpflege geleistet zu haben. Sie sind für aufbauende und helfende Kritik dankbar, um das gemeinsame Anliegen der Verbesserung der Ausbildungssituation voranzubringen. In diesem Sinne wird – bei fleißigem Gebrauch! – die Hoffnung auf einen vollen Lernerfolg in die didaktische Konzeption eingebunden.

Stegen-Wittental, Sommer 1981 Alfred Vogel

Wichtige Hinweise zum Benutzen dieses Buches

Liebe Leserin, lieber Leser,

damit dieses Buch für Sie eine echte Lernhilfe werden kann, ist es wichtig, die folgenden Lesetips zu beachten:

1. Lesen Sie *zuerst* die „Didaktischen Informationen und Arbeitshinweise“ auf S. VIII.
2. Nehmen Sie die „Klappe“ am Ende des Buches heraus und machen Sie sich vertraut mit dem roten Faden, der das ganze Buch durchzieht.
3. Lesen Sie die beiden Vorworte auf S. V und VI.
4. Bevor Sie anfangen, aus den Kapiteln 6, 7 und 8 zu lernen, sollten Sie unbedingt die Vorbemerkungen zu diesen Kapiteln lesen. Sie stehen auf S. 181 (für Kapitel 6), auf S. 310 (für Kapitel 7) und auf S. 537 (für Kapitel 8). *Nur wenn Sie diese Vorbemerkungen berücksichtigen, ist der Lernstoff für Sie aufbereitet.*
5. Nehmen Sie immer wieder die „Klappe“ zum Lernen heraus.

Wir wünschen Ihnen viel Erfolg und Freude beim Lernen!

Autorinnen und Herausgeberin

Anschriften

Asch, Lore,
Kinderkrankenschwester,
Olgahospital, Intensivstation
Bismarckstraße 8,
7000 Stuttgart 1

Fischer, Gertrud,
Kinderkrankenschwester,
Evangelisches Diakoniewerk,
Schwäbisch Hall e. V.,
7170 Schwäbisch Hall

Flasch, Hannelore,
Kinderkrankenschwester,
Kinderkrankenpflegeschule der Kinderklinik,
Am Gesundbrunnen 20,
7100 Heilbronn

Gerlach, Beate,
Kinderkrankenschwester,
Olgahospital,
Bismarckstraße 8,
7000 Stuttgart 1

Lüders, Dieter, Prof. Dr.,
Kinderkrankenhaus „Park Schönfeld",
Frankfurter Straße 167,
3500 Kassel

Röhr, Helga,
Kinderkrankenschwester,
Kinderhospital,
Iburger Straße 187,
4500 Osnabrück

Rook, Gerhard,
Medizintechniker,
Olgahospital,
Bismarckstraße 8,
7000 Stuttgart 1

Schneider, Elisabeth,
Kinderkrankenschwester,
Intensivstation Kinderspital Zürich,
Steinwiesstraße 75,
CH-8032 Zürich

Vogel, Alfred, Prof. Dr.,
Bachmaettle 7,
7801 Stegen-Wittental

Walther, Gerti,
Kinderkrankenschwester,
Kinderkrankenpflegeschule St. Hedwig
am St.-Josef-Krankenhaus,
Hermann-Herder-Straße 1,
7800 Freiburg

Wichmann, Veronica,
Kinderkrankenschwester,
Diplom-Pädagogin,
Brucknerstraße 26,
7030 Böblingen

Wildoer, Hildegard,
Kinderkrankenschwester,
Jägerstraße 7,
7253 Renningen 2

Inhaltsverzeichnis

4. Grundbedürfnisse des Kindes im Krankenhaus

H. Wildoer

5. Grundpflege beim kranken Kind

6. Pflegerische Maßnahmen im Zusammenhang mit Diagnostik und Therapie

7. Spezielle Pflege

8. Neonatologische und pädiatrische Intensivpflege

1. Die Kinderkrankenschwester und der Kinderkrankenpfleger in Ausbildung und Berufstätigkeit

V. Wichmann

Strukturnetz

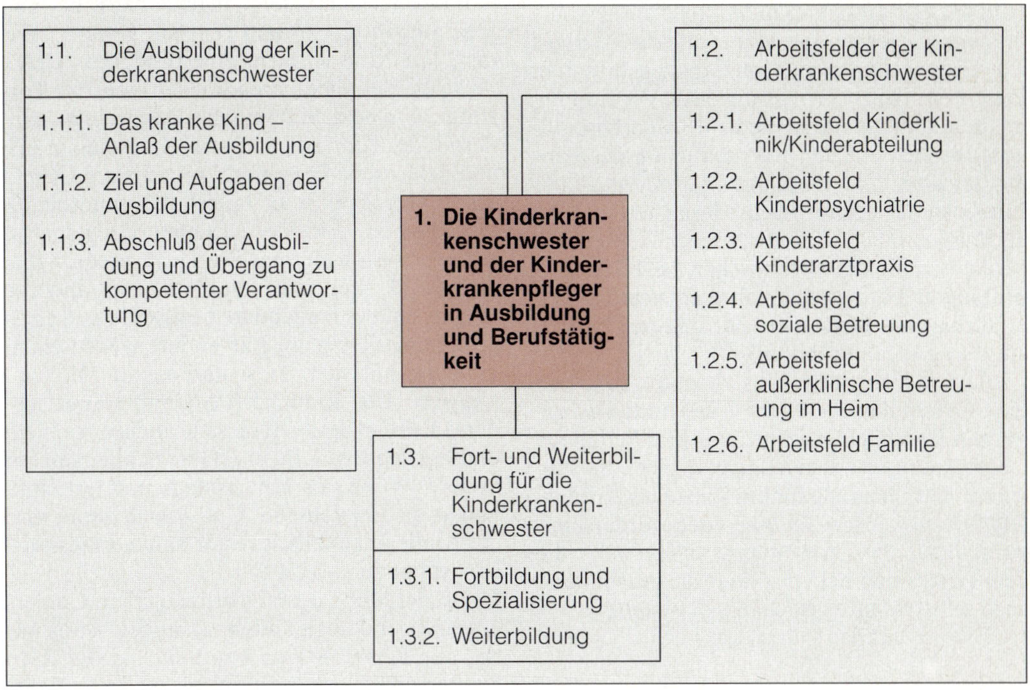

1.1. Die Ausbildung der Kinderkrankenschwester

Wenn sich heute ein junger Mensch für den Kinderkrankenpflege-Beruf entscheidet, so ist oft eine längere Zeit der Überprüfung für diese Berufswahl vorausgegangen. So vielfältig die Motive für die Wahl des Berufes auch sein können, so beinhalten sie möglicherweise folgende Gesichtspunkte:

- Der Wunsch nach beruflichem Umgang mit Säuglingen und älteren Kindern beruht auf der spontanen Zuneigung, die diesen entgegengebracht wird.
- Kranke und leidende Kinder erwecken bei jungen Menschen das Bedürfnis, Hilfe zu geben. Sie stellen sich vor, daß es ihnen innerhalb dieses Berufes in besonderer Weise ermöglicht würde, dieses Helfen zu erlernen und auszuüben. Dadurch würden sie für sich selbst ein Stück berufliche Zufriedenheit finden.
- Medizinisches Interesse, Fragen der Krankheit und Gesundheit beschäftigen diese jungen Erwachsenen häufig schon seit ihrer Kindheit. Gelegentlich haben sie sich selbst oder Angehörige krank erlebt und so den Wunsch nach Ausübung der Pflege erhalten.

– Insbesondere junge Frauen denken auch daran, daß dieser Beruf ihnen für ihre eigene Familie und den Umgang mit dem eigenen Kind nützlich sein kann.

Die Kinderkrankenpflege als Beruf und die vorangehende Ausbildung sind außerordentlich vielfältig, denn jedes Kind stellt andere Anforderungen und macht individuelles Eingehen auf die kindlichen Bedürfnisse nötig. Die besondere Form der Abhängigkeit und Hilflosigkeit kranker Kinder stellt die Kinderkrankenschwester vor die Aufgabe stetiger Zuwendung und Nähe im Umgang mit dem Patienten. Hinzu kommt die enge Verbindung mit den klinischen und medizinischen Disziplinen, die sich mit den Erkrankungen des Kindes befassen. Die dreijährige Ausbildung kann Einblicke schaffen in viele Bereiche der Kinderkrankenpflege. Theoretischer Unterricht wird zusammen mit praktischer Ausbildung in gedrängter Form vieles von dem sichtbar und erfahrbar machen, was die spätere Berufsausübung ermöglichen soll.
Es darf jedoch nicht übersehen werden, daß die Ausbildung nur einen Ausschnitt des gesamten Berufsfeldes der Kinderkrankenpflege bieten kann, sozusagen Impulse gibt, die später zur Entscheidung für ein spezielles Arbeitsfeld führen werden. Im folgenden werden einige Aspekte der Ausbildung dargestellt, die dem Lernenden helfen sollen, die Ausbildung auch selbstverantwortlich mit zu gestalten.

1.1.1. Das kranke Kind – Anlaß der Ausbildung

Das kranke Kind ist der Mittelpunkt der gesamten Ausbildung; an ihm orientiert sich alles Lernen und Lehren in der Kinderkrankenpflege.
Die Kinderkrankenschwester hat die Aufgabe, das Kind in einer schwierigen Zeit seiner kindlichen Entwicklung zu begleiten; denn die Abwesenheit von der gewohnten Umgebung, verbunden mit dem Gefühl der Trennung und den Eindrücken des Krankenhauses, bedeuten einen großen Einschnitt im Dasein des Kindes. Durch die Anwesenheit einer Bezugsperson (Mutter, Vater) kann das entwicklungshemmende und angstfördernde Erlebnis der Trennung gemildert werden. Was bleibt, sind die frühen Erfahrungen von Schmerz und Angst.
Krankheit ist für das Kind etwas völlig anderes als für einen Erwachsenen. Nicht deshalb, weil sich Krankheiten eines Kindes grundsätzlich von Krankheiten des Erwachsenen unterscheiden (z. B. Erbrechen, Unterschenkelbruch, Lungenentzündung), sondern weil für die Lebensphase des Kindseins und die Lebensaufgabe eines Kindes jede Krankheit und Störung eine andere Bedeutung beinhaltet.
Jeder Lebensabschnitt des Menschen hat seinen eigenen Sinn, seine eigene Aufgabe, und jede Lebensphase muß für sich genutzt werden. Ein Kind ist nicht eine besonders kleine Ausgabe des Erwachsenen oder eine Art Vorstufe zu einem vollwertigen Menschen, sondern jedes Kind ist bereits als Kind eine in sich abgeschlossene Persönlichkeit. Unsere Gesellschaft betrachtet noch immer das Kindsein als Übergang zu *dem* Erwachsenen, der dann fähig ist, Leistungen und Werke zu vollbringen. Das Kind aber sieht die Welt mit anderen Augen, und es legt andere Maßstäbe an Tagesgestaltung, Umgang mit anderen Menschen, Umgang mit sich selbst und seiner Mit- und Umwelt. Ein Kind hofft anders, trauert anders, liebt anders, freut sich anders, es sieht und hört andere Dinge, erfährt Schmerzen auf andere Weise, es lebt anders und erkrankt anders als Erwachsene. Und – auch daran wird die Kinderkrankenschwester denken müssen – es stirbt anders.
Um zu lernen, wie und warum ein Kind anders erkrankt und auch anders gesundet, ist es nötig, alle Kenntnis zu vermitteln, die das Kind als Persönlichkeit verständlich machen. Es ist für die (angehende) Kinderkrankenschwester gar nicht so leicht, sich aus ihrer Welt in die Welt und in die Sichtweisen eines Kindes hineinzuversetzen und die Zeit der Krankheit aus dieser anderen Perspektive zu betrachten. Dies wird immer nur unvollkommen möglich sein; denn die Kinderkrankenschwester ist Erwachsener und wird dazu neigen, *ihre* Ansichten dem Kind gegenüber zu vertreten. Es muß ihr dabei bewußt werden, daß sie damit dem Kind oft nicht gerecht werden kann und gegen die Interessen des Kindes handelt. Um so wichtiger ist es für sie, Kenntnisse der kindlichen Entwicklung und der kindlichen Eigenständigkeit zu erwerben und diese in ihre Arbeit einzubeziehen. In der Ausbildung werden ihr diese Kenntnisse und die Handlungsfähigkeit vermittelt und da sie in stetigem Kontakt mit dem Kind ist, hat sie die Möglichkeit zur

Übung und eigenen Initiative. Die Orientierung am kranken Kind und seinen Bedürfnissen ist der Rahmen, in dem sich Ausbildung zur Kinderkrankenschwester ereignet. Das schließt nicht aus, daß während der Ausbildung auch der Rahmen überschritten wird, um auch größere Zusammenhänge sichtbar zu machen, die vielleicht als „Kindheit, Krankheit und Gesellschaft" umschrieben werden können. Damit wird die Zentrierung auf den kranken Patienten in einen größeren Zusammenhang gestellt.
Die Schwester kann z. B. Krankheit nicht nur als individuellen Tatbestand verstehen, sondern Krankheit auch als Konflikt für die Familie oder als wirtschaftliches Problem begreifen. Vorsorge und Rehabilitation gehören als Themen ebenso zur Erweiterung dieses Rahmens wie z. B. Fragen der sozialen Pädiatrie oder Unfallverhütung.

1.1.2. Ziel und Aufgaben der Ausbildung

Es ist Ziel und Aufgabe der Ausbildung, die Kinderkrankenpflegeschülerinnen zu befähigen, Kinder jeden Alters – vom Neugeborenen bis zum etwa 14jährigen Kind – bei den verschiedenen Krankheiten zu pflegen. Die Pflege muß dem Alter des Kindes und der Erkrankung angepaßt sein. Hinzu kommt die Berücksichtigung der sozialen Umwelt des Patienten (Eltern, Schule, Freizeit, Herkunft, Zukunft).
Die Kinderkrankenpflegeausbildung wird sich an *3 Schwerpunkten* zu orientieren haben, die zugleich Fragestellungen der Schülerinnen sind:

- Was ist ein Kind?
- Was geschieht in der Kinderklinik und bei der Erkrankung des Kindes?
- Welche Funktion hat die Kinderkrankenschwester?

Was ist ein Kind?

- Wie entwickelt sich ein Kind?
- Wie unterscheiden sich Kinder in verschiedenen Altersstufen voneinander? Wie unterscheiden sich Kinder von Erwachsenen?
- Was braucht ein Kind an körperlichen, psychischen, geistigen und sozialen Einflüssen?
- Was schadet einem Kind im Hinblick auf seine Persönlichkeitsentwicklung?
- Wie geht man mit Kindern um – mit gesunden und mit kranken?
- Wie und in welcher Weise verändert die Krankheit ein Kind?

Die Beantwortung dieser und ähnlicher Fragen kann es der Kinderkrankenschwester ermöglichen, sich in die Welt des Kindes, in seine Gedanken, Gefühle, seine Sorgen und Wünsche hineinzuversetzen.

Was geschieht in der Kinderklinik und bei der Erkrankung des Kindes?

Eine Kinderklinik als Institution der Gesundheitsversorgung ist von vielen Faktoren und Zwängen abhängig. Das Krankenhaus hat in erster Linie die Aufgabe, den Patienten, das kranke Kind mit ärztlicher, pflegerischer und technischer Hilfe zu versorgen, um dadurch die Gesundheit wieder herzustellen. Gleichzeitig ist eine Kinderklinik außer für Ärzte und Pflegepersonal Arbeitsplatz für viele Menschen mit unterschiedlichen Berufen und Funktionen (z. B. Handwerker, Verwaltungsangestellte, Röntgenassistenten u. a.). Jeder einzelne hat an seinem Platz die Aufgabe, für das Funktionieren des Betriebs zu sorgen.
Für den Patienten steht eine Vielzahl diagnostischer und therapeutischer Einrichtungen zur Verfügung. Die Kenntnisse der Diagnostik und Therapie des kranken Kindes erleichtern es der Kinderkrankenschwester, ihre eigenen Aufgaben innerhalb dieser Bereiche zu erkennen und wahrzunehmen.
Während der Ausbildung lernt sie, die oft komplizierten Zusammenhänge innerhalb des Krankenhauses zu verstehen und sie auf die Pflege zu übertragen. Damit die Technisierung und Bürokratisierung innerhalb des Betriebs Krankenhaus für die Gesundung des Kindes sinnvoll genutzt werden kann und nicht zum Nachteil für das Kind wird, ist es wichtig, daß sich die Kinderkrankenschwester als Teil des Ganzen erkennt und erlebt.

Welche Funktion hat die Kinderkrankenschwester?

Die entscheidende Funktion der Kinderkrankenschwester ist die des Vermittlers. Sie muß die Bedürfnisse des Kindes erahnen, erkennen und sie für die „Sprache" der anderen an der Pflege des Kindes beteiligten Personen übersetzen. Dazu ist es nötig, daß sie für *beide* Richtungen offene Ohren und Augen hat – für die Belange des Patienten *und* für die Anliegen und Notwendigkeiten, die aus der Richtung der Therapeuten und Mitarbeiter kommen, die auch am Heilungsvorgang beteiligt sind.

Diese vermittelnde Funktion ist erst in den letzten Jahren vermehrt in den Mittelpunkt der Tätigkeit und damit der Ausbildung der Kinderkrankenschwester gerückt worden.

Sie umfaßt einen großen Teil der pflegerischen Aufgabe. In anderen Bereichen erfüllt die Schwester direkte, ausschließlich kindbezogene Aufgaben (z. B. Maßnahmen wie Körperpflege und Nahrungsverabreichung). Für beide Aufgaben, die direkte und die vermittelnde Funktion, muß die Schülerin intensiv geschult werden. Durch den täglichen Umgang erhält sie das Übungsfeld angeboten. Auch hier ist wiederum die enge Verzahnung zwischen theoretischer Unterweisung und praktischer Übung sichtbar und erforderlich.

Am Beispiel eines Kindes soll die vermittelnde und direkte Funktion der Kinderkrankenschwester erläutert werden: Ein operiertes Kind wird von der Schwester sorgfältig gewaschen, gelagert und beobachtet (*direkte* Funktion). Der Arzt erhält von ihr Mitteilung über Schmerzäußerung und Vitalfunktion (*vermittelnde* Funktion). Die Schwester wird das Kind mit den ärztlich verordneten Medikamenten versorgen (*direkte* und *vermittelnde* Funktion) und dem Arzt die Wirkung dieser Therapie mitteilen (*vermittelnde* Funktion). Im Gespräch mit dem Kind erfährt die Schwester den Wunsch des Kindes nach seinem Lieblingsspielzeug (*direkte* Funktion) und wird der Mutter diesen Wunsch telefonisch übermitteln (*vermittelnde* Funktion). Sie kann der Mutter einige Fragen beantworten bzw. diese mit dem Arzt in Kontakt bringen (*vermittelnde* Funktion).

Während eines notwendigen Verbandwechsels assistiert sie dem Arzt (*vermittelnde* Funktion) und leitet Wundabstriche ans Labor weiter (*vermittelnde* Funktion). Vor, während und nach dem schmerzhaften Verbandswechsel spricht sie mit dem Kind und tröstet es (*direkte* Funktion). Anschließend wird sie die Erzieherin auf eine geeignete Spielmöglichkeit ansprechen (*vermittelnde* Funktion).

Die Kinderkrankenschwester hat also als Vermittlerin zu Arzt, Mutter, MTA, Erzieherin gewirkt und gleichzeitig eigene direkte Kontakte mit dem Kind wahrgenommen (Abb. 1).

Eine weitere Aufgabe der Kinderkrankenschwester ist in den letzten Jahren immer deutlicher geworden: die Anleitung und Überwachung der Begleitperson (z. B. der Mutter).

Die Mutter will während ihrer Anwesenheit auch Tätigkeiten übernehmen, die ihrem kranken Kind guttun und nützlich sind. Damit geraten manche pflegerischen und therapeuti-

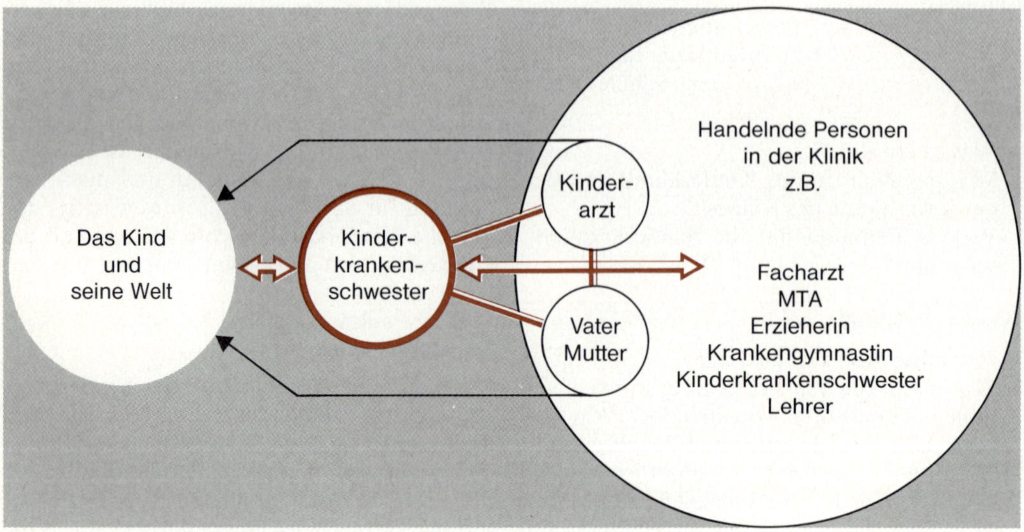

Abb. 1 Die direkte, die vermittelnde und die anleitende Funktion der Kinderkrankenschwester

schen Maßnahmen in die Hände dieser – für das Kind so wichtigen – Bezugsperson.
Für die Kinderkrankenschwester ist es sehr wichtig, beurteilen zu können, wo die Mutter dabei überfordert ist. *Keinesfalls* darf sie solche Maßnahmen und Handlungen aus der Hand geben, die sie selbst mit erlerntem Wissen und geübten Fertigkeiten wesentlich besser durchführen kann.
Wenn die Mutter den Wunsch hat, ihr Kind zu pflegen und zu betreuen, sollte von der Kinderkrankenschwester viel Bereitschaft hierzu gezeigt werden. Es wird ihr jedoch damit nicht die Verantwortung abgenommen, die Mutter zu richtiger Einschätzung der Situation und zu richtigem Handeln anzuleiten. Außerdem wird sie sich regelmäßig über den Ablauf der Maßnahmen informieren müssen. Insgesamt braucht sie für diese *anleitende Funktion* viel Fingerspitzengefühl, eine gute Schulung und viel Übung.

Alle diese Aufgaben und Tätigkeiten bezeichnen wir als „Pflege des Kindes".

Die Orientierung an den 3 Schwerpunkten und Fragestellungen (Was ist ein Kind? Was geschieht in der Kinderklinik und bei der Erkrankung des Kindes? Welche Funktion hat die Kinderkrankenschwester?) zieht sich für die Kinderkrankenpflegeschülerin durch die gesamte Ausbildung, und die Beantwortung der Fragen wird aus der Sicht der praktischen Ausbildung bzw. des theoretischen Unterrichts verschieden ausfallen. Theorie und Praxis sind jedoch eine Einheit und werden in der Kinderkrankenpflege auch als solche aufgefaßt und sind in ständiger Reflexion aufeinander bezogen. Einige Ausbildungsinhalte können nur in der Theorie erlernt, um dann im Einzelfall auf ihre praktische Bedeutung hin am Krankenbett überprüft zu werden (z. B. Kenntnisse aus der Anatomie). Andere Kenntnisse können vorwiegend durch praktisches Tun erlangt werden (z. B. Beobachtung der Hautfarbe). Wichtig ist, daß sich alles Handeln in ein Gesamtkonzept der Pflege einordnen läßt.
Pflege hat immer einen Anlaß und ein Ziel. An diesen beiden Polen orientiert sich der Pflegeprozeß (S. 78).

1.1.3. Abschluß der Ausbildung und Übergang zu kompetenter Verantwortung

Den Abschluß der Ausbildung bildet die staatliche Prüfung. In den verschiedenen Teilen des Examens werden theoretisches Wissen und praktische Fertigkeiten in der Pflege kranker Säuglinge und Kinder verlangt. Wie bei allen Prüfungen wird auch hier nur ein kleiner Ausschnitt sichtbar, und die Abschlußprüfung sagt auch nicht viel aus über die Möglichkeiten, das Erlernte später anzuwenden. Daher ist es von ausschlaggebender Bedeutung, daß die Schülerin gelernt hat, *wie* man lernt und weiterlernt. Der Abschluß der Ausbildung ist der Beginn eines neuen Abschnittes, in dem neben der ständigen Vervollkommnung und dem Weiterlernen noch zwei Schwerpunkte an Bedeutung gewinnen. Zum einen wird die Kinderkrankenschwester nun die volle Verantwortung für ihre pflegerische Kompetenz übernehmen, und zum anderen wird sie zuständig sein für die praktische Ausbildung der Schülerinnen am Ort der Pflege.
Der Übergang vom Schülerdasein zur Phase der vollen Verantwortung vollzieht sich nicht mit einem Schlag, sondern braucht eine gewisse Zeit. Eine erfahrene Kinderkrankenschwester zu werden, ist das Ziel, das nach der Ausbildung angestrebt wird. Eine Beziehung zwischen Theorie und Praxis der Kinderkrankenpflege täglich und bewußt herzustellen, wurde in der Ausbildung begonnen und konnte eingeübt werden, nun kann daraus eine selbstverständliche Anwendung werden.
Theorie ohne Praxis macht auf die Dauer blind, Praxis ohne Theorie hält den Anforderungen nicht stand. Man kann also einerseits sagen, daß die Praxis der Arbeit am kranken Kind die Fundgrube und der Prüfstein für das theoretische Wissen ist, andererseits führt die Theorie zur Klärung und Verbesserung der Praxis. Diese Erkenntnis wird zum geistigen Hintergrund am Beginn der neuen Phase für die Kinderkrankenschwester, wenn sie ihre volle Kompetenz erlangen will.

1.2. Arbeitsfelder der Kinderkrankenschwester

1.2.1. Arbeitsfeld Kinderklinik/Kinderabteilung

Die meisten Kinderkrankenschwestern wählen nach abgeschlossener Ausbildung eine Tätigkeit in einer Kinderklinik bzw. Kinderabteilung.

Die Auswahl dieses Arbeitsplatzes hat mehrere Gründe:

- In diesem Bereich stehen die meisten Arbeitsplätze zur Verfügung.
- Es besteht die Möglichkeit, während der Ausbildung angeeignetes Wissen und die erlernten Fertigkeiten anzuwenden und weiterzuentwickeln.
- Die Möglichkeiten, eine Vervollkommnung auf einem Interessengebiet zu verwirklichen, sind zahlreich. Meistens haben sich während der Ausbildung Interessenschwerpunkte herausgebildet bzw. der Lernende hat eine geringere oder stärkere Eignung für ein besonderes Teilgebiet der Pädiatrie erkannt. Gerade der neue Beginn nach dem Examen ist besonders dafür geeignet, eigene Schwerpunkte in der pflegerischen Tätigkeit zu setzen. Diese können z. B. mehr für die Arbeit bei Neugeborenen oder Schulkindern sprechen. Eine andere Auswahl kann im Bereich medizinisch-pflegerischer Teilgebiete liegen.
- Die Ausbildung beinhaltet eine Vielzahl von praktischen Einsätzen in den pädiatrischen Bereichen. Hierbei wurde nicht nur Pflegerisches vermittelt und erlernt, sondern auch – und zwar oft nicht reflektiert – das Einordnen und der Umgang im Sozialsystem Krankenhaus erlernt. Diese Kenntnisse geben der jungen Kinderkrankenschwester nun Sicherheit und erleichtern das Sich-wohl-Fühlen. Diese beiden Faktoren ermöglichen eine größere Bereitschaft für die Hinwendung zu eigenem Interessengebiet.

Im folgenden werden die häufigsten und wichtigsten Arbeitsfelder in einer Kinderklinik genannt:

- Frühgeborenenstation,
- Station für kranke Neugeborene,
- neonatologische Intensivstation.

Diese 3 Pflegegruppen können auch im neonatologischen Zentrum zusammengefaßt sein.

- Pflegegruppe bzw. Station für Säuglinge,
- Pflegegruppe bzw. Station für Kleinkinder,
- Pflegegruppe bzw. Station für Schulkinder.

Bei diesen Arbeitsgebieten können verschiedene Spezialbereiche für spezielle pädiatrische Erkrankungen unterschieden werden, z. B. Hämatologie, Nephrologie, Infektion, Kardiologie, Neuropädiatrie, Psychosomatik, Endokrinologie, Onkologie. Einige andere Arbeitsgebiete für die Kinderkrankenschwester sind häufig den verschiedenen Fachabteilungen des Krankenhauses zugeordnet.
Solche Abteilungen bzw. Pflegeeinheiten können sein:

- chirurgische Kinderstation,
- orthopädische Kinderstation,
- Pflegegruppe bzw. Station für HNO-Krankheiten,
- Pflegegruppe bzw. Station für Augenkrankheiten.

In kleineren Krankenhäusern werden Kinder und Erwachsene in der gleichen Pflegeeinheit gepflegt. Das kann für die Arbeit der Kinderkrankenschwester bedeuten, daß sie die Möglichkeit hat, sich sowohl an der Pflege von erwachsenen Patienten zu beteiligen, als auch für die Kinder zuständig zu sein.
Im Bereich der geburtshilflichen Abteilung kann die Kinderkrankenschwester im Neugeborenenzimmer tätig sein. Sie wird sich dabei auch vermehrt der Mutter zuwenden, da Neugeborenes und Mutter im Rooming-in-System zusammengefaßt sind.
Manche Kinderkrankenschwestern werden sofort nach Abschluß ihrer Ausbildung einen Arbeitsplatzwechsel anstreben, andere versuchen erst im Haus ihrer Kinderkrankenpflegeschule einige Sicherheit in Selbständigkeit, Übernahme von Verantwortung und pflegerischen Tätigkeiten zu erlangen.
Beide Möglichkeiten haben ihre Vor- und Nachteile und sollten gründlich bedacht und erwogen werden. Es empfiehlt sich, sich umfassend zu informieren und auch Gespräche mit den Ausbildungsleitern und den zuständigen Personen der Pflegedienstleitung zu führen. Die Motive zur Ausübung des Berufes haben sich höchstwahrscheinlich seit Beginn

der Ausbildung geändert. Es ist daher sinnvoll und notwendig, eine neue Planung für Ziel und Inhalt des weiteren beruflichen Weges vorzunehmen.

1.2.2. Arbeitsfeld Kinderpsychiatrie

Die Kinder- und Jungendpsychiatrie nimmt innerhalb des großen Gebietes der Psychiatrie eine Sonderstellung ein, denn bei Kindern stehen andere seelische Störungen im Vordergrund als bei Erwachsenen. Besonders groß ist der Anteil der Kinder, die mit „Verhaltensstörungen" zur Behandlung in eine kinderpsychiatrische Abteilung aufgenommen werden. Das verhaltensgestörte Kind wirkt eher erziehungsschwierig als krank, und seine psychischen Reaktionen, wie z. B. Angst oder Aggression, sind Ausdruck seines gestörten seelischen Befindens. Auch somatische Auffälligkeiten, wie z. B. nächtliches Einnässen, Eßstörungen oder Tics, können zu den Verhaltensstörungen gezählt werden. Psychosomatische Erkrankungen im Kindesalter (S. 520) sind zwar Erkrankungen mit deutlicher körperlicher Symptomatik, sie haben aber in der Regel eine psychische Genese und sind daher häufig Anlaß für eine kinderpsychiatrische Behandlung. Die Aufgabe der Kinder- und Jugendpsychiatrie ist es, psychische Schwierigkeiten, Auffälligkeiten und Entwicklungsprobleme der Patienten einer Behandlung zuzuführen. Dazu bedient sie sich unter anderem der Psychotherapie. Das therapeutische Ziel ist die Auflösung eines innerseelischen Konflikts des Patienten. Das Team einer kinderpsychotherapeutischen Abteilung ist aus verschiedenen Berufsgruppen zusammengesetzt. Psychiater, Psychologe, Heilpädagoge, Psychagoge, Erzieher, Krankengymnasten, Kinderkrankenschwestern und andere arbeiten gemeinsam an der Gesundung des Kindes. Die Vielseitigkeit der Berufsgruppen ermöglicht eine umfassende Diagnostik und Behandlung des Kindes, wobei Erzieherinnen und Kinderkrankenschwestern dabei die Aufgabe der Erziehung, Betreuung und Pflege haben.

Die Ausbildung in der Kinderkrankenpflege beinhaltet allerdings nur in ganz geringem Umfang die Denkweisen und Methoden der Kinderpsychotherapie. Darum wird sich die Kinderkrankenschwester mit Neigung und Interesse an der Teamarbeit in der Kinderpsychiatrie zusätzliche Kenntnisse und Fähigkeiten aneignen müssen. In einigen kinder- und jugendpsychiatrischen Kliniken werden Fortbildungslehrgänge angeboten. Es kommt für die Kinderkrankenschwester vor allem darauf an, daß sie die einzelnen Entwicklungsphasen gestörter Kinder beurteilen und verstehen und mit Urteilskraft, Einsichtsfähigkeit und Einfühlungsvermögen zum Erfolg der Therapie beitragen kann. Vor allem muß sie lernen – im Gegensatz zu ihrer mehr somatisch orientierten klinischen Betrachtungsweise –, daß jeder Umgang mit dem Patienten eine therapeutische Situation darstellt, ganz gleich, ob es sich dabei um z. B. Blutentnahme, Körperpflege oder Spieltherapie handelt.

Für jedes Kind wird ein Therapieplan aufgestellt, der aus Gruppen-, Einzel- und Beschäftigungstherapie besteht. In Absprache mit dem Team haben alle Therapeuten und Mitarbeiter darin ihre feststehenden oder wechselnden Aufgaben. Aufgrund ihrer Ausbildung und Qualifikation übernimmt die Kinderkrankenschwester dabei die Tätigkeiten der Pflege und Beschäftigung des Kindes.

Im folgenden werden einige Methoden der Kinderpsychotherapie beschrieben, die der interessierten Kinderkrankenschwester einen Einblick in die Behandlungsweise geben können. Diese Darstellung soll auch dazu dienen, eine Entscheidung im Hinblick auf das Arbeitsfeld „Kinderpsychiatrie" zu ermöglichen.

In der Kindertherapie wird das kindliche Spiel mit all seinen Möglichkeiten des Agierens, Phantasierens, Ausprobierens und Abreagierens eingesetzt. Das kindliche Spiel ist Ausdruck des Tuns, des Wollens und ein Versuch, die Welt zu bewältigen, Probleme auszuleben und schöpferisch tätig zu sein. Das kindliche Spiel ist daher nicht nur ein therapeutisches Mittel, sondern kindgemäß Arbeit und Leistung und kann deshalb als diagnostisches Hilfsmittel verwendet werden.

Durch Variationen des Spielmaterials bieten sich verschiedene Möglichkeiten an:

Beim *Szenospiel* werden Kinder angeregt, im Rahmen einer Miniaturwelt ihre emotionale Beziehung zu den Menschen und Dingen ihrer nächsten Umgebung darzustellen. Beim Spiel mit dem Szenotestmaterial entstehen Szenen, die widerspiegeln, wie das Kind die Umwelt erlebt und wie es dazu Stellung nimmt.

Beim *Stegreifspiel* können Kinder in eine Rolle schlüpfen, die ihnen zusagt und in der sie

anonym ihre eigenen Konflikte ausspielen können. Die Kinder können dabei auch am Spiel der anderen erkennen, welche Folgen ein Konflikt hat und welche Abwehrhaltung sich daraus ergibt.
Das *Kasperlespiel* bevorzugen hauptsächlich kleinere Kinder. Die Puppen werden dabei mit den Gefühlen belebt, die im Inneren der Kinder vorhanden sind. Für den Beobachter sind sowohl die Akteure als auch die Zuschauer wichtig für die Beurteilung der Reaktionen.
Spiele mit Wasser und Sand regen in besonderer Weise die Phantasie an und können für eingeengte und zaghafte Kinder eine Möglichkeit darstellen, sich endlich einmal schmutzig machen zu dürfen. Die Grundvorstellung der Therapiemethode des Schmierens, Plantschens und Sich-schmutzig-Machens ist die, daß Kinder sich ungehemmt und ungebremst entfalten dürfen und damit eine Befreiung erfahren. Außer Wasser und Sand eignen sich hierfür auch Kleisterfarben und Fingerfarben.
Die *Maltherapie* bringt den Therapeuten sehr nahe an die kindlichen Probleme heran. Mit Plakat- oder anderen Farben kann das Kind eine freie Darstellung versuchen und später interpretieren. Andere Kinder können in die Stellungnahme einbezogen werden.
Destruktive Spiele dienen der Aggressionsabfuhr. Durch Dosenwerfen, Strumpfballschlachten, Kegeln, Steineklopfen können Kinder ihre Feindseligkeiten austoben, die sich sonst gegen Menschen richten würden.
Sportliche Spiele dienen der Bewegung und Lockerung, sie können aber auch zum Üben von Regeln und Rücksichten eingesetzt werden.
Musiktherapie, auch im Zusammenhang mit Maltherapie, stellt für viele Kinder, eine besonders geeignete Form dar, ihre Gefühle, Wünsche und soziale Beziehungen darzustellen. Schallplatten, Orffsche Instrumente, eigene Improvisationen mit Händen oder Lauten ergeben eine individuelle Musik mit eigenen Bedeutungen und Inhalten.
Mit *stillen Beschäftigungen* kann eine gemütliche Atmosphäre geschaffen werden, die manche Kinder bislang vermissen mußten. Vorlesen, Erzählen, Brettspiele können dazu beitragen.

Die Kinderkrankenschwester kann bei diesen und anderen therapeutischen Methoden als Beobachter oder Teilnehmer mitwirken. In besonderer Weise wird sie auch für die Körperpflege und den Gesundheitszustand des Kindes verantwortlich sein. Sie wird darauf achten, daß die Kinder genügend essen, sich waschen, der Witterung entsprechend angezogen sind, ihre Medikamente einnehmen und zur vereinbarten Zeit im Bett liegen. Bei einer Krankheit des Kindes übernimmt sie die Pflege und die Durchführung der ärztlichen Verordnungen. Die Tätigkeit in einer kinderpsychiatrischen Abteilung ist nicht nur anders, weil die Erkrankungen und Störungen der Patienten eine andere Diagnostik und Behandlung erfordern als in pädiatrischen Kliniken, sondern vor allem auch deshalb, weil die Integrierung in ein Team von Mitarbeitern von verschiedenen Berufen ein verändertes Verhalten und eine andere Berufseinstellung für die Kinderkrankenschwester erforderlich macht und auslöst. Die Schwester wird im Umgang mit den Konflikten der Kinder auch eigene innerseelische Schwierigkeiten erkennen und diese für sich selbst bearbeiten.

1.2.3. Arbeitsfeld Kinderarztpraxis

Eine kinderärztliche Fachpraxis bietet für die Kinderkrankenschwester eine geeignete Arbeitsmöglichkeit, die sich verstärkt den Bereichen „Beratung“ und kaufmännische und Bürotätigkeit zuwenden will.
Eigentlich pflegerische Tätigkeiten werden nur gelegentlich erforderlich. Die „Sprechstundenschwester“ verfügt über klinische Erfahrung in der Pädiatrie und kann vor diesem Hintergrund praktische Ratschläge für Mutter bzw. Eltern und Kind bereitstellen. Insbesondere kann sie für folgende Bereiche zuständig sein:

- Beratung der Mutter beim Stillen ihres Säuglings;
- Beratung der Mutter/der Eltern bei der Auswahl, Herstellung und Verabreichung der Säuglingsernährung, Beratung bei der Ernährung von Kleinkindern;
- Beratung von Müttern bzw. Eltern deutscher und besonders auch ausländischer Kinder bei einfachen Pflegetätigkeiten, wie z. B. Fiebermessen, Wickeln, Hautpflege;
- Beratung der Mutter bei Pflegetätigkeiten, die am kranken Kind zu Hause angewendet werden (Wadenwickel, Inhalationen, Einreibungen, Medikamentenverabreichung u. ä.);

– Informationen und Ratschläge für Eltern mit behinderten Kindern.

Während der kinderärztlichen Sprechstunde kann die Kinderkrankenschwester dem Arzt Hilfeleistung geben bei seinen Eingriffen, z. B. Impfungen, Tests, Blutentnahmen, oder diese auch selbständig ausführen. Die Schwester kann dem Arzt ein wichtiger Partner sein, indem sie sein medizinisch-ärztliches Wissen und Handeln ergänzt durch ihre pflegerischen Kenntnisse und Fertigkeiten und ihre Erfahrung mit Kindern und Eltern.
Ihre Hauptaufgabe wird sich also in der Weise darstellen, daß sie für einen ständigen Informationsfluß zu sorgen hat zwischen dem zu behandelnden Kind, seinen Eltern und dem Kinderarzt.

1.2.4. Arbeitsfeld soziale Betreuung

Sozialstation

In den Sozialstationen sind Krankenpflegepersonen tätig, die für Kranke, Alte und Rekonvaleszenten bei der pflegerischen Betreuung zu Hause mithelfen. In der Regel hat eine Sozial- oder Gemeindekrankenpflegestation mehrere Krankenschwestern/-pfleger eingestellt, und sie ist für einen größeren Bezirk innerhalb einer bürglichen bzw. kirchlichen Gemeinde zuständig.
Ist eine Kinderkrankenschwester innerhalb der Sozialstation tätig, so wird ihr in erster Linie die Aufgabe zufallen, sich um die zu betreuenden Kinder zu kümmern. Ihr Aufgabengebiet wird vorwiegend solche Kinder betreffen, dic chronisch krank oder behindert sind. Je nach Neigung und Eignung wird sie im Team der pflegerisch Tätigen auch für die Pflege erkrankter Erwachsener und alter Menschen eingesetzt.
Für die Arbeit in der Sozialstation werden von verschiedenen Verbänden Weiterbildungskurse angeboten. Hier kann sich die Schwester die notwendigen Kenntnisse aus sozialem, gesellschaftspolitischem und kommunikativem Bereich aneignen.
Im Bereich der *häuslichen (mobilen) Kinderkrankenpflege* führen Kinderkrankenschwestern zu Hause beim Kind Behandlungsmaßnahmen durch.

1.2.5. Arbeitsfeld außerklinische Betreuung im Heim

Kinder, die infolge geistiger oder/und körperlicher Behinderung eine besondere Betreuung und Erziehung benötigen, sind häufig in Heimen, Betreuungszentren oder Rehabilitationseinrichtungen untergebracht. Gegenüber der Familie kann das für das Kind den Vorteil haben, daß alle Möglichkeiten gesundheitlicher und schulischer Förderung zusammengefaßt sind und zum Nutzen für das einzelne Kind eingesetzt werden.
Dabei kann die Erkrankung des Kindes einen nur zeitlich begrenzten Aufenthalt erforderlich machen (z. B. im Kinderkurheim für Diabetiker oder Asthmatiker), oder das Kind benötigt eine dauernde Heimbetreuung (z. B. in Zentren für mehrfach- und schwerbehinderte Kinder). Dazwischen gibt es alle möglichen Formen der zeitlichen und individuellen Betreuung und Förderung für kranke Kinder im Heim.
Die Kinderkrankenschwester hat in diesem Arbeitsfeld die Möglichkeit, kranke und behinderte Kinder zu betreuen, deren Leben sich für kürzere oder längere Zeit nicht in der Familie abspielt. Sie kann gemeinsam mit anderen Mitarbeitern (z. B. Heilerziehern) eine kleine Gruppe von Kindern versorgen mit allem, was der Tag bringt. Das schließt die gesundheitliche Sorge ebenso ein, wie z. B. Verabreichen der Mahlzeiten, Spazierengehen, Schularbeitenbeaufsichtigung, Gestaltung von Festen u. a. m.
Viele Bereiche der dreijährigen Kinderkrankenpflegeausbildung werden in der Heimbetreuung nicht benötigt, aber gerade für technisch oder klinisch nicht so sehr interessierte Schwestern, erfüllen sich die Vorstellung und der Wunsch, körperlich oder geistig behinderten Kindern ein Stück ihres Elternhauses zu ersetzen.

1.2.6. Arbeitsfeld Familie

Eine Tätigkeit in der Familie als sog. „Privatpflege“ kommt für die Kinderkrankenschwester dann in Frage, wenn ein krankes Kind der ständigen Betreuung und Zuwendung einer ausgebildeten Pflegekraft bedarf. Häufig handelt es sich dabei um kranke Kinder, bei denen abzusehen ist, daß ihre Krankheit den ganzen Einsatz einer Person erforderlich macht und die Mutter dazu aufgrund ihrer beruflichen oder sonstiger Verpflichtungen nicht in der Lage ist. Die Mitarbeit einer Kinderkrankenschwester in einer Familie wird selbstverständlich nur dann möglich, wenn es der soziale Status der Eltern erlaubt, die Kinderkrankenschwester entsprechend ihrer Ausbildung und Berufserfahrung angemessen für ihre Arbeit zu bezahlen. Vermutlich wird eine solche Tätigkeit Familienanschluß beinhalten und eine Betreuung des Kindes rund um die Uhr. Die Schwester ist dann zuständig für alle Fragen und Probleme, die sich im Zusammenhang mit dem erkrankten Kind im Laufe des Tages ergeben. Dazu gehören auch z. B. Themen der Erziehung, der Schule und des Freundeskreises. Im folgenden werden einige Beispiele genannt, von denen bekannt ist, daß eine Kinderkrankenschwester als „Privatpflegeperson" zur Verfügung stand:

- Kinder, die eine Hämodialyse zu Hause erhalten (Heimdialyse);
- Kinder, die nach einem Unfall ans Bett oder an einen Rollstuhl gebunden sind;
- Kinder mit Zöliakie, Mukoviszidose, progressiver Muskeldystrophie;
- mehrfach behinderte Kinder.

Die Kinderkrankenschwester kann bei dieser Art individueller Pflege einige Bereiche ihrer klinischen Ausbildung anwenden, manches dazulernen und vor allem erleben, welche Bedeutung die Krankheit eines Kindes für die gesamte Familie haben kann.

1.3. Fort- und Weiterbildung für die Kinderkrankenschwester

„Die berufliche Ausbildung wird künftig für immer mehr Menschen nur die *erste Phase* im beruflichen Bildungsgang sein. Denn schon heute zeigt sich, daß die in dieser ersten Bildungsphase erworbene Bildung den später an den einzelnen herantretenden Anforderungen selbst dann nicht genügen kann, wenn diese Bildung auf Tiefe, Breite und die Erfüllung erwarteter Bedürfnisse angelegt ist. Der einzelne, der sich auf den Zuwachs an unsystematischer, häufig unreflektierter Erfahrung beschränken würde, könnte mit der Entwicklung nicht mehr Schritt halten. Immer mehr Menschen müssen durch organisiertes Weiterlernen neue Kenntnisse, Fertigkeiten und Fähigkeiten erwerben können, um den wachsenden und wechselnden beruflichen und gesellschaftlichen Anforderungen gerecht zu werden."

Diese Gedanken aus dem „Strukturplan für das Bildungswesen" können auf die Situation in der Krankenpflege übertragen werden. Fortbildung und Weiterbildung werden damit zu einem wichtigen Element des beruflichen Werdegangs der Kinderkrankenschwester.

Fortbildung soll hier aufgefaßt werden als ständige Vervollkommnung der pflegerischen Kompetenz, als ein Prozeß des Auf-dem-laufenden-Bleibens in allen Fragen der Kinderkrankenpflege. Außerdem ist darin eine Spezialisierung eingeschlossen, denn die Kinderkrankenschwester wird sich vorwiegend in den Themenbereichen fortbilden müssen, die ihr durch ihre tägliche Arbeit wichtig werden.

Weiterbildung ist organisiertes Lernen innerhalb eines Kurses oder Lehrgangs von unterschiedlicher Dauer. Dabei können Zeiten der Erwerbstätigkeit und Zeiten der Weiterbildung aufeinander folgen, sich ergänzen (Baukastensystem) oder parallel laufen (berufsbegleitende Weiterbildung).

Am Ende der Weiterbildung steht in der Regel die Erlangung eines Zertifikats.

1.3.1. Fortbildung und Spezialisierung

Fortbildung durch Literaturstudium

Bei der Fülle der vorhandenen Literatur aus Medizin und Pflege ist es nicht schwierig, die richtige Literatur zum interessierenden Thema zu finden. Hinderungsgründe können eher die eigene Trägheit oder mangelnde Einsicht in die Notwendigkeit sein.

Die Bibliothek des Krankenhauses oder der Kinderkrankenpflegeschule bietet eine Vielfalt der Auswahl. Es ist sinnvoll, eine Fachzeitschrift zu abonnieren, um Impulse für neue pflegerische und auch berufspolitische Gedankengänge zu gewinnen.

Fortbildung durch Literaturstudium wird sich in erster Linie auf folgende Bereiche beziehen:

- Information über neue pflegerische Methoden des eigenen Arbeitsbereichs;
- Erweiterung der Kenntnisse über die Krankheiten der zu pflegenden Patienten;
- Erweiterung der Kenntnisse der psychischen und sozialen Situation des kranken Kindes;
- Information über Fragen des eigenen Berufes, seiner Entwicklung, seiner Zukunft und der anstehenden Probleme;
- Hinweise auf Möglichkeiten eigener Initiativen zur Weiterentwicklung der Krankenpflege.

Fortbildung in Arbeitskreisen

In der Kinderkrankenpflege werden immer wieder Themen wichtig, die relativ unabhängig vom eigenen Arbeitsfeld sind und in interdisziplinären Arbeitskreisen behandelt werden können. In solchen Lerngruppen finden sich die Kinderkrankenschwestern zusammen, die an einem bestimmten Thema interessiert sind und dieses durch Gespräche und Diskussionen erarbeiten wollen.
Fortbildung in Arbeitskreisen braucht nicht unbedingt einen Referenten, sondern kann durch eigene Initiative der beteiligten Pflegepersonen geleitet und durchgeführt werden. Für einzelne Aspekte oder Fragen kann von Fall zu Fall ein kompetenter „Experte" hinzugezogen werden. In der Regel wird ein Arbeitskreis über längere Zeit mit regelmäßigen Treffen veranstaltet.
Fortbildung im Arbeitskreis ist besonders deshalb lernintensiv, weil durch gegenseitiges Geben und Nehmen aller Beteiligten die Aktualität des Bezugs zur Praxis bestehen bleibt und eigene Erfahrungen zusammen mit anderen ausgetauscht werden können.
Im folgenden werden einige Themenbereiche genannt, die sich besonders für die Fortbildung im Arbeitskreis eignen:

- Umgang mit Eltern in der Kinderklinik;
- das ausländische Kind in der Kinderklinik;
- Betreuung und Probleme des sterbenden Kindes;
- Fragen der Organisation von Arbeitsabläufen;
- Pflegeplanung;
- Durchführung hygienischer Maßnahmen;
- Möglichkeiten zur Pflegevereinheitlichung;
- die praktische Anleitung von Schülern.

Fortbildung durch Teilnahme an Referaten

Während die Fortbildung durch eigenes Literaturstudium und die Fortbildung in Arbeitskreisen eine eher aktive Form darstellt, ist die Teilnahme an Vorträgen eine vorerst mehr passive Form. Im Fortbildungsprogramm eines Krankenhauses werden solche Referate in regelmäßiger Folge für Ärzte, Pflegepersonen und andere Mitarbeiter angeboten. Vorträge für Ärzte lassen im allgemeinen den pflegerischen Aspekt außer acht, so daß es der Schwester selbst überlassen bleibt, wie sie das neu erfahrene medizinische Wissen in ihrer Arbeit einbezieht. Die Teilnahme an Vorträgen für Ärzte schafft zusätzlich die Gelegenheit, mit dem Arzt über das Thema ins Gespräch zu kommen und die verschiedenen, aber sich ergänzenden Aufgaben für das kranke Kind zu besprechen. Durch Teilnahme an Referaten kann auch Einblick gewonnen werden in die Arbeitsweisen der anderen im Krankenhaus tätigen Berufsgruppen. Wichtig ist, daß aus den neuen Erkenntnissen Gespräche, Kontakte und Erfahrungsaustausch möglich werden.

1.3.2. Weiterbildung

Intensivpflege

Die Weiterbildung in der Intensivpflege soll Kinderkrankenschwestern in einem zweijährigen Lehrgang befähigen, die intensivmedizinische Versorgung schwerkranker Kinder durchzuführen.
Auf Intensivstationen werden solche Kinder, behandelt und gepflegt, die aufgrund akuter, lebensbedrohlicher Erkrankungen ein Höchstmaß an technischer, apparativer und medizinischer Behandlung bedürfen.
Man kann zwar grundsätzlich zwischen Intensiv*pflege* und Intensiv*behandlung** unterscheiden, in der praktischen Tätigkeit jedoch wird die Trennung häufig nicht möglich sein, da pflegerische und therapeutische Maßnahmen im Denken und Handeln des Intensivteams zusammenfallen.

---

* *Intensiv* hat in diesem Zusammenhang folgende Bedeutungen:
- gründlich, auf die Sache konzentriert, eindringlich verstärkt;
- auf kleiner Fläche mit hohem Einsatz von Person, Arbeit und Material ausgeführt.

Intensivbehandlung beinhaltet Maßnahmen zur Wiederherstellung, Unterstützung und Aufrechterhaltung der vitalen Funktionen eines Patienten, die vorübergehend gestört oder ausgefallen sind (z. B. apparative Beatmung). *Intensivpflege* ist die gezielte Überwachung des oft lebensbedrohlich erkrankten Kindes. Diese kontinuierliche Überwachung und Pflege bezieht sich auf die gesamte Person des Kindes, seine vitalen Bedürfnisse, seine ausgefallenen Funktionen, seine eingeschränkte oder ausgefallene Ausdrucksfähigkeit und die verlorengegangene Selbständigkeit des Handelns. Schwerkranke Patienten werden im Krankenhaus auf einer Intensivstation zusammengefaßt, damit

- dem Patienten ein Höchstmaß an Aufmerksamkeit rund um die Uhr zuteil werden kann,
- besonders geschultes Personal zur Verfügung steht,
- kostspielige Einrichtungen konzentriert und sinnvoll ausgenutzt und eingesetzt werden können.

Die Tätigkeit auf einer Intensivstation macht für die Kinderkrankenschwester eine zusätzliche Schulung erforderlich und wird in Form einer Weiterbildung durchgeführt. Die in der Grundausbildung (Kinderkrankenpflegeausbildung) erlangten Kenntnisse auf diesem Gebiet können niemals eine gezielte Weiterbildung ersetzen. Sie sollen der Schülerin während ihrer Ausbildung vor allem ermöglichen, die Arbeitsweise einer Intensivstation als ersten Eindruck zu verstehen und ihren Auftrag als Lernende wahrzunehmen. Auch die in diesem Lehrbuch dargestellten Beiträge zur Intensivpflege sollten für die Kinderkrankenpflegeschülerin unter diesen Gesichtspunkten erarbeitet werden. Sie könnten damit motivierend für die Weiterbildung in der Intensivpflege sein.
Im folgenden wird dargestellt, welche Ziele und Inhalte die Weiterbildung für Kinderkrankenschwestern im Bereich der Intensivpflege hat.
Die Weiterbildung zur „Kinderkrankenschwester für Pädiatrie und Intensivmedizin“ hat das Ziel, die Kinderkrankenschwester mit ihren vielfältigen Aufgaben im Bereich intensivmedizinischer Versorgung vertraut zu machen und ihr die zur Erfüllung dieser Aufgaben erforderlichen speziellen Kenntnisse, Fertigkeiten, Verhaltensweisen und Einstellungen zu vermitteln. Zu diesen Aufgaben zählen:

- Durchführung der intensivmedizinischen Grund- und Behandlungspflege und die Mitwirkung bei der kontinuierlichen Überwachung von Patienten mit akuten Störungen der elementaren Vitalfunktionen;
- Mitwirkung bei Wiederbelebungsmaßnahmen einschließlich der künstlichen Beatmung und externen Herzmassage;
- Unterstützung des Arztes bei der Durchführung und Überwachung therapeutischer und diagnostischer Maßnahmen;
- Bereitstellung, eventuell Bedienung bzw. Verabreichung der benötigten Geräte, Instrumente und Arzneimittel;
- Planung und Organisation des pflegerischen Arbeitsablaufs sowie die Anleitung von Pflegekräften, Weiterzubildenden und Schülern.

Weiterbildungsstätten sind solche Krankenhäuser (Kinderkliniken), an denen praktische Schulung und theoretischer Unterricht gewährleistet sind. Der theoretische Teil umfaßt die Vermittlung von Inhalten aus Pädiatrie, Anästhesie und Intensivmedizin. Die praktische Weiterbildung erfolgt im Bereich der Intensivpflegeeinheit.

Unterrichtstätigkeit

Die Unterrichtstätigkeit an einer Kinderkrankenpflegeschule macht eine pädagogische Weiterbildung erforderlich. In der Bundesrepublik Deutschland gibt es verschiedene Fort- und Weiterbildungsinstitute bzw. sog. Krankenpflegehochschulen, die Lehrgänge der Weiterbildung zur Unterrichtsschwester bzw. zum Unterrichtspfleger durchführen. Diese Lehrgänge dauern in der Regel 1½ bis 2 Jahre und haben die Form des Vollzeitunterrichts oder sind berufsbegleitend.
Für Kinderkrankenschwestern, die sich zur Unterrichtsschwester weiterbilden wollen, ist es sinnvoll, wenn sie nach dem Abschluß ihrer Ausbildung vielfältige Möglichkeiten der praktischen Kinderkrankenpflege wahrnehmen. Die Lehrtätigkeit an einer Kinderkrankenpflegeschule betrifft ja vor allem das Fach „Kinderkrankenpflege“ in Theorie und Praxis. Die Grundlagen für diesen Unterricht gewinnt die (angehende) Unterrichtsschwester vorwiegend aus ihrer eigenen pflegerischen Tätigkeit.

Zur Vorbereitung auf die Teilnahme an einem Weiterbildungslehrgang gehört weiterhin, daß sich die pädagogisch interessierte Schwester besonders für die praktische Anleitung der Schülerinnen am Krankenbett einsetzt und hier schon Erfahrungen mit der praktischen Kinderkrankenpflegeausbildung sammelt.

Die Lehrpläne für *„Unterrichtskräfte in der Krankenpflege"* der verschiedenen Weiterbildungsstätten sind unterschiedlich. Für interessierte Kinderkrankenschwestern empfiehlt es sich, Informationen verschiedender Institute einzuholen, um außer den Lehrplänen auch andere Kriterien der Weiterbildung zu vergleichen (z. B. Ziele, Lehrgangsdauer, Wohnmöglichkeit, Kosten, Wartezeiten).

Die Weiterbildung soll die (Kinder-)Krankenschwester befähigen, alle Aufgaben im Zusammenhang mit der Ausbildung der Schüler/innen an einer (Kinder-)Krankenpflegeschule wahrzunehmen. Die Weiterbildung wird daher schwerpunktmäßig Kenntnisse und Fähigkeiten in folgenden Bereichen vermitteln, die hier beispielhaft aufgeführt werden:

- Krankenpflegepädagogik: Theorie der Krankenpflege, Didaktik der Krankenpflege, Unterrichtsplanung, klinische Anleitung;
- Ausbildungsorganisation: Ausbildungsplanung, Schulorganisation;
- ethische und anthropologische Gesichtspunkte in der Krankenpflege;
- Sozialwissenschaften: Psychologie, Pädagogik, Soziologie, Kommunikation, Rhetorik;
- Naturwissenschaften: z. B. Pathophysiologie.

Hinzu kommen Hospitationen, Unterrichtsübungen und verschiedene Praktika an Kinderkrankenpflegeschulen.

Das erlangte Zertifikat berechtigt dann zum Unterricht an einer (Kinder-)Krankenpflegeschule.

Leitende Tätigkeit

Die Weiterbildung für leitende Krankenpflegepersonen findet ebenfalls an Fort- und Weiterbildungsinstituten bzw. sog. Krankenpflegehochschulen statt. Die Lehrgänge dauern 1–2 Jahre und haben die Form des Vollzeitunterichts.

Um die Leitung des Pflegedienstes einer Abteilung oder eines Krankenhauses zu übernehmen, braucht die Kinderkrankenschwester Erfahrung sowohl in verschiedenen Bereichen der praktischen Kinderkrankenpflege als auch im Umgang mit Mitarbeitern. Sie wird sich diese in eigener pflegerischer Tätigkeit und durch die Leitung einer Pflegegruppe/Station erwerben können. Die Weiterbildung soll die (Kinder-)Krankenschwester befähigen, alle Aufgaben, die mit der Leitung des Pflegedienstes im Krankenhaus im Zusammenhang stehen, zu übernehmen.

Diese Aufgaben betreffen

- Führung des Pflegepersonals,
- Planung, Organisation und Kontrolle aller Bereiche, die der leitenden Pflegeperson unterstellt sind,
- Mitwirkung bei der Betriebsführung.

Im folgenden werden beispielhaft die Bereiche aufgeführt, die Inhalt der Weiterbildungslehrgänge sind und auf die vielfältigen Aufgaben vorbereiten:

- Organisation des Pflegedienstes.
- Organisation, Administration, Betriebsführung: Krankenhausbetriebslehre mit Verwaltungslehre, Krankenhausbetriebsführung, Krankenhausplanung, Krankenhauseinrichtung, Büroorganisation, Datenverarbeitung, Krankenhausstatistik, Haushaltswesen.
- Fachtheoretische Bildung: Berufsorganisation, Grundlagen der Aus-, Fort- und Weiterbildung, medizinische Soziologie, Psychologie, Sozialhygiene, politische Bildung.
- Rechtskunde: Arbeitsrecht, Sozialversicherungsrecht, bürgerliche und strafrechtliche Bestimmungen.

Hinzu kommen Praktika im Bereich der Pflegedienstleitung eines Krankenhauses und Besichtigungen.

Das erlangte Zertifikat berechtigt dann zur Leitung des Pflegedienstes im Krankenhaus.

2. Die Pflege des gesunden Kindes

B. Gerlach und H. Wildoer

In diesem Kapitel werden Sie über die Pflege des gesunden Kindes informiert. Diese Kenntnisse sollen Ihnen helfen, Veränderungen beim kranken Kind gezielt zu beobachten und entsprechende pflegerische Maßnahmen davon abzuleiten.
Da Mutter und Kind in den ersten Wochen nach der Geburt als Einheit gesehen und daher in Beziehung zueinander versorgt werden müssen, wird in diesem Kapitel auch die Betreuung der gesunden Wöchnerin beschrieben.

Notwendige Vorkenntnisse

Körperliche und geistige Entwicklung des Kindes.
Physiologie der Schwangerschaft, der Geburt und des Wochenbetts.

Strukturnetz

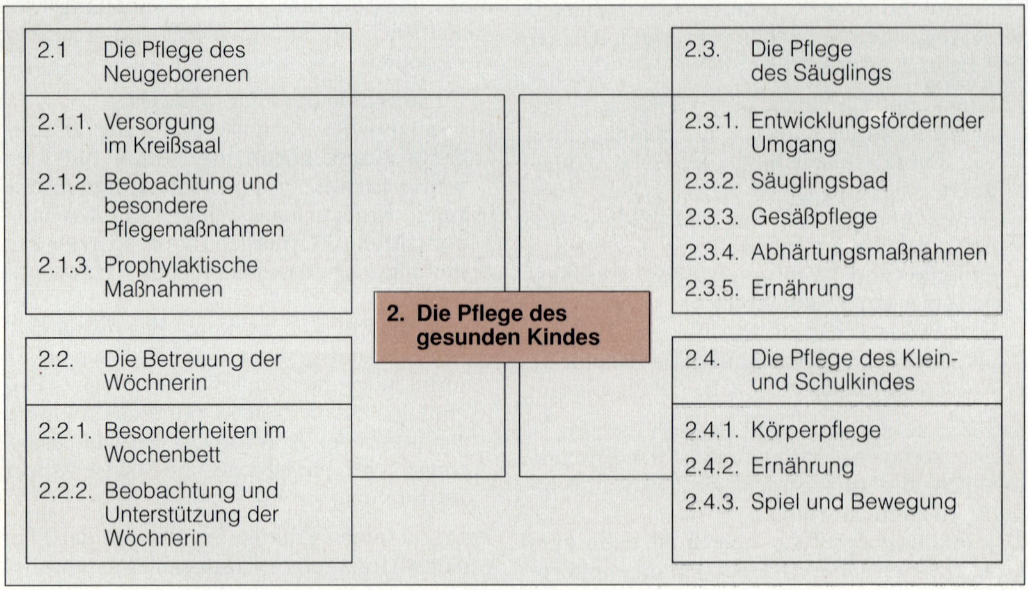

2.1. Die Pflege des Neugeborenen

B. Gerlach

Zunächst werden Sie über die wichtige Bedeutung der Neugeborenenperiode informiert, um die entsprechenden pflegerischen Maßnahmen für das Neugeborene davon ableiten und ausführen zu können.

Die Neugeborenenperiode dauert 4 Wochen. In dieser Zeit muß sich das Neugeborene vom intrauterinen Leben auf ein Eigenleben umstellen und an die Außenwelt anpassen.

Durch diese Umstellung ergeben sich physiologische Veränderungen, die man bei der Erstversorgung und der anschließenden Pflege des Neugeborenen sorgfältig beobachten muß und eventuell durch gezielte pflegerische und prophylaktische Maßnahmen positiv beeinflussen kann.

2.1.1. Versorgung im Kreißsaal

Strukturnetz

2.1.1.1. Zeichen der Gesundheit und Reife — **2.1.1. Versorgung im Kreißsaal** — 2.1.1.2. Erstversorgung

Lehrziel

Der Zeitabschnitt vom Beginn der Geburt des Kindes bis zur selbständigen Regulierung von Atmung, Herztätigkeit, Kreislauf und Körpertemperatur bedeutet für das Neugeborene eine große Belastung. Das Neugeborene muß daher im Kreißsaal sehr sorgfältig überwacht werden; die Erstversorgung wird nach einem zeitlich festgelegten Plan vorschriftsmäßig durchgeführt.

Dies ist eigentlich die Aufgabe der Hebamme und des anwesenden Arztes, aber auch jede Kinderkrankenschwester sollte in der Lage sein, diese verantwortungsvolle Tätigkeit zu übernehmen.

Lernziele

Nach dem Durcharbeiten dieses Teilkapitels können Sie

- den Zweck und die Durchführung des Asphyxie-Index nach Apgar erklären;
- die Reifezeichen eines ausgetragenen Neugeborenen aufzählen;
- den Umfang der Erstuntersuchung nennen;
- den zeitlichen Ablauf der Erstversorgung im Kreißsaal beschreiben und begründen.

2.1.1.1. Zeichen der Gesundheit und Reife

Asphyxie-Index nach Apgar

Bei jedem Neugeborenen wird nach der 1., der 5. und der 10. Lebensminute der Gesundheitszustand bzw. der Zustand der Lebensfrische nach dem Apgar-Schema festgestellt, das die Anästhesistin Virginia Apgar entwickelt hat.

	0	1	2	Punkte
1. Herzschlag	fehlt	unter 100	über 100	
2. Atmungsbewegungen	fehlen	schnappend unregelmäßig	schreiend regelmäßig	
3. Muskeltonus	schlaff	reduziert, träge Flexionsbewegungen	kräftig aktive Bewegungen	
4. Reflexerregbarkeit	fehlt	schwach Grimassen	kräftig* Saugen Niesen	
5. Hautfarbe	blaß	Körper rosig Extremitäten blau	rosig	
			Gesamtnote	

* Beim Absaugen der Nase

Bei diesem Punkteschema werden 5 einfach zu beobachtende Faktoren, nämlich *Herzschlag, Atmung, Muskeltonus, Reflexerregbarkeit* und *Hautfarbe* beurteilt (Kap. 5.1.), jeweils mit der Punktzahl 0, 1, 2 bewertet und in ein vorgedrucktes Schema eingetragen. Die Summe der 5 Einzelpunkte ergibt die Gesamtpunktzahl.

Eine Gesamtpunktzahl von

- 9–10 weist auf einen guten bis sehr guten Allgemeinzustand hin,
- 6–8 erfordert erhöhte Beobachtung,
- unter 6 bedeutet, daß das Neugeborene als Risikokind betrachtet und in eine Kinderklinik überwiesen werden muß.

Der Apgar-Wert ist meist nach der 5. bzw. der 10. Lebensminute höher, da sich das Kind in dieser Zeit der Außenwelt schon etwas angepaßt hat.

Reifezeichen

Ein ausgetragenes, gesundes Neugeborenes besitzt die Zeichen der Reife. Sie sind äußerlich feststellbar, werden im Rahmen der Erstversorgung gleich nach der Geburt bestimmt und in das Untersuchungsheft des Kindes eingetragen.

Folgende Merkmale werden registriert (Kap. 5.1.):

– Proportion	1 : 4	Mittelwerte
– Länge	50–52 cm	Mittelwerte
– Gewicht	3000–3500 g	Mittelwerte
– Kopfumfang	35–36 cm	Mittelwerte
– Brustumfang	ca. 33 cm	Mittelwerte
– Körperform	walzenförmig	
– Aussehen	rosig	
– Turgor und Tonus	gut, Beugehaltung von Armen und Beinen	
– Fettpolster	entwickelt	
– Lanugobehaarung	noch an Schultern und Oberarmen	
– Käseschmiere	reichlich	
– Fontanelle	große Fontanelle offen (2,5 × 2,5 cm), kleine Fontanelle nur als kleiner Spalt fühlbar	
– Ohr- und Nasenknorpel	gut tastbar	
– Finger und Zehennägel	erreichen die Kuppe	
– Geschlechtsorgane	beim Mädchen bedekken die großen Schamlippen die kleinen, beim Knaben sind die Hoden im Hodensack	
– Schreien	kräftig	
– Saug- und Schluckreflex (bei Berühren der Lippen werden Saugen und anschließend Schluckbewegungen ausgelöst)	auslösbar	

Untersuchung auf Fehlbildungen, Geburtstraumen und frühzeitigen Ikterus

Bei der Erstversorgung des Neugeborenen werden eventuelle Fehlbildungen und Geburtstraumen erfaßt bzw. ausgeschlossen, z. B.:

- Spaltbildungen am Kopf und an der Wirbelsäule (Kap. 7.6.),
- Kephalhämatom (S. 326),
- Lippen-Kiefer-Gaumen-Spalten (Kap. 7.18.),
- Ohrmißbildungen, Schiefhals (Kap. 7.18),
- Ösophagusatresie, Choanalatresie (feststellbar durch Einführen einer sterilen Sonde durch die Nase bis zum Magen) (Kap. 7.11),
- Dysmelien, Amelien,
- Schlüsselbeinbruch, Lähmungen des Ober- und Unterarmes (Kap. 7.2.),
- Fehlen von Fingern, Mehrfingrigkeit,
- Nabelschnurbruch (Kap. 7.18),
- Klumpfüße (Kap. 7.18.),
- Analatresie (feststellbar bei der rektalen Temperaturmessung) (Kap. 7.11.).

Jeder verfrüht auftretende Ikterus bei der Geburt oder in den ersten Lebensstunden ist ein Hinweis auf eine Erkrankung (Rh-Unverträglichkeit, Infektion) und muß sofort ärztlich behandelt werden (S. 329).

Werden Beeinträchtigungen beim Neugeborenen festgestellt, so sollte zuerst der Vater davon unterrichtet werden. Er kann am besten beurteilen, inwieweit die Mutter mit dem Zustand ihres Kindes belastet werden kann.

2.1.1.2. Erstversorgung des Neugeborenen

Zeitliche Reihenfolge unmittelbar nach der Geburt:

Material	Maßnahme	Besonders zu beachten
– Sterile Absaugsonde, Aqua dest., sterile Handschuhe, Absauggerät	– Atemwege freimachen durch Absaugen der Mundhöhle und Nase (S. 214ff) – evtl. Atmung stimulieren, dabei über Fußsohle oder Rücken streichen	**Beachte:** zum Selbstschutz vor AIDS alle Maßnahmen mit flüssigkeitsdichten Handschuhen durchführen
– vorgewärmtes Badetuch oder Molton	– Kind auf den Bauch der Mutter legen und zudecken	
– Stethoskop, sterile Absaugsonde, sterile Handschuhe	– 1 Minute nach der Geburt Apgar-Test durchführen	
– mit Nachnamen beschriftetes Namensband	– der Mutter zeigen und am Ärmchen des Kindes anlegen	– zur Bestimmung des Blut-pH kann aus der Nabelarterie Blut entnommen werden
– 2 sterile Klemmen, 1 sterile stumpfe Schere	– Abnabelung: an der Nabelschnur 7 cm vom kindlichen Körper entfernt erste Klemme und 4 cm weiter zweite Klemme anlegen, Nabelschnur dazwischen mit stumpfer Schere abschneiden – 5 Minuten nach der Geburt Apgar-Test wiederholen	– wenn Nabelschnur auspulsiert hat – unter aseptischen Voraussetzungen
– sterile Windel	– unter der Wärmelampe Kind abtrocknen (oder Kind baden und unter der Wärmelampe abtrocknen)	– auf rasche Durchführung achten, um eine zu starke Auskühlung zu vermeiden
– sterile Nabelklemme (Plastik), sterile Schere, Sepso, Kompresse, Abfallschale	– endgültige Nabelversorgung: an der Nabelschnur 3 cm vom kindlichen Körper entfernt Nabelklemme anlegen, danach Nabelschnur abschneiden, mit Sepso desinfizieren – 10 Minuten nach der Geburt Apgar-Test wiederholen	– unter aseptischen Voraussetzungen – Nabelklemme bleibt mindestens 24 Stunden liegen
– Schreibutensilien		
– Säuglingswaage	– Gewicht feststellen } und notieren	
– Meßbrett	– Länge feststellen } und notieren	
– Maßband	– Kopf- und Brustumfang messen } und notieren	
– Beckenzirkel	– Durchmesser von Kopf- und Schultern feststellen } und notieren	
– Fieberthermometer	– rektal messen } und notieren	

Material	Maßnahme	Besonders zu beachten
– sterile Kompressen, elastische Nabelbinde	– evtl. Nabelverband anlegen	
– sterile Absaugsonde, sterile Handschuhe, Absauggerät	– Untersuchung auf evtl. Fehlbildungen, Geburtstraumen, frühzeitigen Ikterus	
	– Reifezeichen feststellen und notieren	
– Konakion (Vitamin-K-Präparat) 1 mg	– i.m. oder s.c. injizieren	– zur Verhütung einer Darm- und Hirnblutung
– vorgewärmte Wäsche	– Kind anziehen	
	– warm eingepacktes Kind der Mutter in den Arm legen	
	– an der mütterlichen Brust an beiden Seiten anlegen, wenn es mag, ca. 5 Minuten	– der Saugreflex des Neugeborenen ist 20–30 Minuten nach der Geburt sehr ausgeprägt
– Wärmebett oder vorgewärmtes Bett	– Kind in Bauch- oder Seitenlage legen	– Aspirationsgefahr!
	– während der ersten 2 Lebensstunden Aussehen und Atmung beobachten	

2.1.2. Beobachtung und besondere Pflegemaßnahmen

Strukturnetz

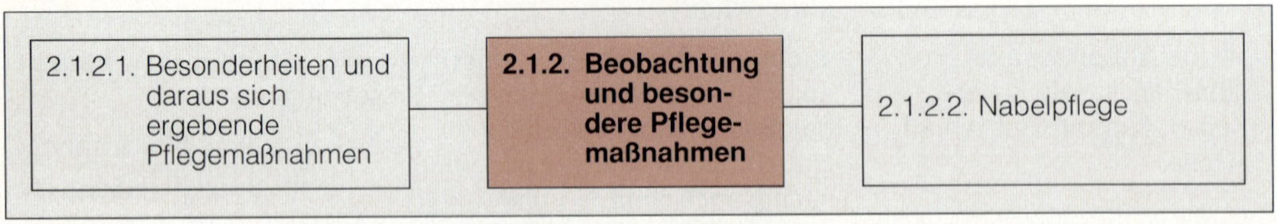

Lehrziel

In den ersten Lebensstunden und -tagen zeigen sich beim Neugeborenen physiologische Besonderheiten, die von der Pflegeperson gezielt überwacht und registriert werden, um die entsprechenden Pflegemaßnahmen davon abzuleiten. Dazu ist eine umfassende Sachkenntnis notwendig.

In diesem Zeitabschnitt entwickelt sich zwischen Mutter und Kind eine innige Wechselbeziehung, die ganz auf die Bedürfnisse des Kindes abgestimmt ist. Die Zärtlichkeiten der Mutter, die das Kind z. B. über die Haut aufnimmt, geben dem Neugeborenen das Gefühl der Geborgenheit und Nähe und der Mutter das Gefühl der Beruhigung und Selbstbestätigung. Um diese wichtige Wechselbeziehung gleich in den ersten Lebenstagen zu fördern, sollte eine Mutter das „24-Stunden-Rooming-in"-System bevorzugen, das bedeutet, daß Mutter und Kind während des Klinikaufenthaltes in einer Pflegeeinheit untergebracht sind.

Lernziele

Sie haben das Lernziel erreicht, wenn Sie
- die Kriterien einer gezielten Beobachtung beim Neugeborenen nennen und die erforderlichen Pflegemaßnahmen begründen können.

2.1.2.1. Besonderheiten und sich daraus ergebende Pflegemaßnahmen

Besonderheiten	Pflegemaßnahmen
Mangelhafte Wärmeregulierung	
– durch die Umstellung an die Außentemperatur – durch die relativ große Hautoberfläche – durch die fehlende Verbrennung von Nährstoffen – durch ein evtl. noch unreifes Wärmezentrum ↓ – Neigung zur Unterkühlung oder Überhitzung	– Bettchen vorwärmen – fortlaufende Überwachung der Körpertemperatur – gleichmäßige Raumtemperatur von 20 °C
Umstellung zur selbständigen Atmung	
Frequenz 45–55 Atemzüge/Minute Unregelmäßigkeiten: – unregelmäßige Atemfrequenz – Aspirationsgefahr – ungenügende Sauerstoffversorgung – Zeichen einer erschwerten Atmung (Kap. 5.1) – unvermutete Apnoeanfälle (Kap. 5.1)	– Überwachung der Atmung – Seiten- oder Bauchlagerung – evtl. Sauerstoffgabe **Beachte:** Bei Störungen die Überweisung in eine Kinderklinik veranlassen.
Umstellung des Herz- und Kreislaufsystems	
Frequenz 120–140 Schläge/Minute Unregelmäßigkeiten: – unregelmäßige Herzfrequenz – labile Kreislaufverhältnisse	– regelmäßige Überwachung der Herzfrequenz – Beobachtung der Hautfarbe (Kap. 5.1) und der Durchblutung der Extremitäten **Beachte:** Bei Störungen die Überweisung in eine Kinderklinik veranlassen.
Noch nicht ausgereiftes Nervensystem ↓ – ausfahrende, unkoordinierte Bewegungen – evtl. Krampfbereitschaft – spezifische Reflextätigkeit	– Achten auf evtl. einseitige Bewegungen und Fehlhaltungen – Beobachtung des allgemeinen Verhaltens – Beobachtung der Reflexe: *Saug- und Schluckreflex* *Rooting-Reflex:* bei Berühren der Wange wird der Kopf nach dieser Seite gewendet *Moro-Umklammerungsreflex:* bei Erschütterung der Unterlage werden die Arme ruckartig zur Seite genommen und dann vor dem Körper wieder zusammengeführt (sollte nicht durch Erschrecken künstlich ausgelöst werden) *Pupillenreflex:* bei Lichteinfall verengen sich die Pupillen

Besonderheiten	Pflegemaßnahmen
	Greifreflex: bei Berühren der Handinnenfläche erfolgt ein Faustschluß; bei Berühren dicht hinter dem Zehenansatz erfolgt eine Beugung der Zehen
	Beachte: Bei ernsthaften Störungen die Überweisung in eine Kinderklinik veranlassen.
Entwicklung einer Geburtsgeschwulst	
(beulenförmige Flüssigkeitsansammlung, die am bei der Geburt vorausgehenden Teil, meist am Kopf, sitzt und sich innerhalb von wenigen Tagen von selbst zurückbildet)	– keine besondere Maßnahme – einer unerfahrenen Mutter die Ursache erklären
Nabel	
– Eintrocknen und Abfallen des Nabelschnurrestes	– Nabelpflege unter aseptischen Bedingungen (S. 22)
Haut	
– Käseschmiere in den Hautfalten (wirkt schützend und verschwindet von selbst)	– nicht entfernen
– leichte Hautschuppung	– keine Pflegemaßnahme
– evtl. urtikarielles Exanthem	– beobachten
– zart, empfindlich und für Krankheitserreger durchlässig	– Händedesinfektion – sorgfältige Hautpflege
– wichtiges Sinnesorgan	– Hautkontakt pflegen
Physiologischer Ikterus	
durch Hämolyse kann es zu einer Überbelastung der noch unreifen Leber kommen ↓	
– Gelbfärbung der Haut und Skleren (Auftreten ab dem 2. bis 3. Lebenstag, Abklingen ca. am 8. Lebenstag)	– Beginn, Dauer und Stärke beobachten **Beachte:** Abweichungen bedeuten ein erhöhtes Risiko: Arzt verständigen.
– vermehrte Schläfrigkeit	– für die nötige Flüssigkeitszufuhr sorgen – Arzt verständigen
Erste Urinentleerung	
– soll in den ersten 24 Lebensstunden erfolgen	– Beobachten der ersten Urinentleerung Zeit schriftlich vermerken
– geringe Menge	
– evtl. Auftreten von orange-rötlichfarbenen Ringen in der Windel, die auf das nicht pathologische Ziegelmehlsediment hinweisen	

Besonderheiten	Pflegemaßnahmen
Erste Stuhlentleerung	
– soll in den ersten 24 Lebensstunden erfolgen – in den ersten 2 Lebenstagen Entleerung von grünschwarzem zähen *Mekonium* (bestehend aus verschlucktem Fruchtwasser und Lanugohaaren, abgestoßenen Epithelzellen, Gallensäure, eingedicktem Darmsaft) – dann Entleerung von *Übergangsstühlen* und Überleitung zum normalen Stuhl – Muttermilchstuhl (S. 133)	– Beobachtung der ersten Stuhlentleerung Zeit, Aussehen schriftlich vermerken – BM-Test (S. 24) – Gesäß mit Vaseline einfetten
Erste Nahrungsaufnahme	
	– erstes Anlegen im Kreißsaal – zur Verhinderung von Durstfieber Glukoselösung 5% oder Tee mit Traubenzucker anbieten, wenn das Kind 2–3 Stunden alt ist
Physiologische Gewichtabnahme	
	– um einen baldigen Gewichtsstillstand zu erreichen, schon frühzeitig ad libitum ernähren (S. 42)
Brustdrüsenschwellung	
(durch Übertritt von mütterlichem Hormon) – Höhepunkt 2. Lebenswoche – auf Druck Entleerung von kolostrumähnlicher Milch, sog. Hexenmilch – Rückbildung von selbst	– kindliche Brust vor Druck und Stoß schützen abdecken mit sterilen Kompressen und Watte keine Bauchlagerung – Flüssigkeit nicht abdrücken
Vaginalblutung beim Mädchen	
(durch Übertritt von mütterlichem Hormon)	– keine besondere Maßnahme

Handlungsschema: Nabelverband

Vorführung

Herrichten:
- sterile Kompressen
- antiseptischen Nabelpuder (z. B. Dermatol)
- sterile Nabelbinde
- Desinfektionsmittel zur Händedesinfektion (z. B. Sterillium)

→ Hände desinfizieren

Durchführung

Nabelschnurrest mit steriler Kompresse umwickeln

→ ab dem 2. Lebenstag pudern

→ nach links oben legen (nicht auf die Leber)

Festhalten der Kompresse mit der Nabelbinde, dabei den Verband auf dem Bauch dachziegelartig anlegen, auf dem Rücken wird die Nabelbinde immer über die gleiche Stelle gewickelt

→ mit beiden Bändern festbinden (nicht direkt über dem Nabel)

Besonderer Hinweis:

Nabelbinde ist elastisch, 5–6 cm breit; zu Hause wird eine frisch gebügelte Nabelbinde oder Einwegnabelbinde verwendet

Nabelbinde soll nicht einschnüren, aber auch nicht zu locker sitzen

2.1.2.2. Nabelpflege

Der Nabelschnurrest trocknet ein und fällt zwischen dem 5.–8. Lebenstag ab, zurück bleibt eine kleine Nabelwunde, die sich in den nächsten Tagen mit Haut überzieht. Dieses Abheilen muß sorgfältig beobachtet werden.
Durch die Nabelpflege soll das Eintrocknen des Nabelschnurrestes begünstigt und eine Infektion der Nabelwunde verhindert werden.
Dieses Ziel ist durch 2 verschiedene Methoden zu erreichen:

- der Nabel wird *„offen"* behandelt,
- es wird ein steriler, luftdurchlässiger Nabelverband angelegt.

„Offene" Nabelpflege

Der Nabelschnurrest bleibt unverbunden und wird bei jedem Trockenlegen mit 70%igem Alkohol vorsichtig abgerieben.
Durch diese Methode wird ein schnelleres Abfallen des Nabelschnurrestes erreicht.

Nabelverband

Der Nabelverband wird bis zur völligen Abheilung der Nabelwunde mindestens einmal täglich gewechselt, bei Durchnässung mit Urin oder Stuhlverschmutzung öfters.
Anstelle der Nabelbinde kann auch ein elastischer Netzschlauchverband verwendet werden.

2.1.3. Prophylaktische Maßnahmen

Strukturnetz

2.1.3.1. Früherkennungsuntersuchungen — **2.1.3. Prophylaktische Maßnahmen** — 2.1.3.2. Spezielle Maßnahmen

Lehrziel

Dieser Abschnitt informiert Sie über Früherkennungsuntersuchungen für Kinder. Sie sind mit speziellen Prophylaxen verbunden und in der Bundesrepublik Deutschland ein Teil der kassenärztlichen Versorgung; die Versicherten haben Anspruch auf 9 Untersuchungen, 2 dieser Untersuchungen fallen in die Neugeborenenperiode.
Die Untersuchungen werden von einem (Kinder-) Arzt in regelmäßigen Abständen anhand eines vorgezeichneten Fragenkatalogs durchgeführt. Sie dienen der Früherkennung von Krankheiten, welche die normale körperliche und geistige Entwicklung des Kindes gefährden.
Sämtliche Befunde werden fortlaufend in ein spezielles Untersuchungsheft eingetragen, um bei der nächsten Untersuchung überprüft zu werden.
Jede Mutter oder Pflegeperson sollte sich von der Wichtigkeit dieser Vorsorgeuntersuchungen und speziellen Maßnahmen überzeugen lassen.

Lernziele

Nach dem Erarbeiten dieses Teilkapitels können Sie
- eine Mutter über die Bedeutung der Früherkennungsuntersuchungen aufklären;
- ihr den Umfang dieser Untersuchungen nennen;
- den Zweck um die Durchführung der speziellen Prophylaxen beschreiben.

2.1.3.1. Früherkennungsuntersuchungen

Neugeborenenerstuntersuchung unmittelbar nach der Geburt durch den anwesenden Arzt und die Hebamme:

- Erkennen von lebensbedrohlichen Zuständen durch den Asphyxie-Index nach Apgar und evtl. Einleitung von Sofortmaßnahmen,
- Feststellung der Reifezeichen,
- Untersuchung auf Fehlbildungen und Geburtstraumen,
- Feststellung bzw. Ausschluß eines frühzeitigen Ikterus.

Bei geringsten Zweifeln an der Gesundheit des Kindes muß das Neugeborene als gefährdet angesehen und in eine Kinderklinik überwiesen werden.
Neugeborenenbasisuntersuchung am 3.–10. Lebenstag durch einen Kinderarzt:

- Überprüfung der bei der Erstuntersuchung evtl. festgestellten Störungen,
- Beurteilung des Gesamteindrucks und des Entwicklungsstands,
- Überprüfung der motorischen Entwicklung und des Nervensystems (Tonus, Bewegungen, Lähmungen, Reflexe),
- Untersuchung der Organe (Herz, Lunge, Bauch- und Geschlechtsorgane, Sinnesorgane),
- Beurteilung des Skelettsystems (Kopf, Hals, Brustkorb, Wirbelsäule, Hüftgelenke, Gliedmaßen),
- Beurteilung der Hautfarbe (Blässe, Zyanose, Ikterus),
- Durchführung des Guthrie- und Hypothyreosetests (S. 24),
- Einleitung der Rachitis- und Kariesprophylaxe (S. 25),
- evtl. BCG-Impfung (S. 24).

Weitere Kinderfrüherkennungsuntersuchungen sind fällig:

- in der 4.–6. Lebenswoche,
- zwischen dem 3. und 4. Lebensmonat,
- zwischen dem 6. und 7. Lebensmonat,
- zwischen dem 10. und 12. Lebensmonat,
- am Ende des 2. Lebensjahres,
- zwischen 3½ und 4 Lebensjahren,
- im 6. Lebensjahr.

Die Schwester wiegt, mißt das Kind und trägt diese Befunde in die entsprechenden Diagramme des Untersuchungsheftes ein; außerdem wird jeweils auch der Kopfumfang bestimmt und registriert.
Der Kinderarzt kann durch diese fortlaufende Überwachung die geistige und körperliche Entwicklung des Kindes beobachten, eventuelle Störungen und Schäden frühzeitig erkennen und einer Behandlung zuführen.
Die Mutter kann sich außerdem über die altersgemäße Ernährung, fällige Schutzimpfungen und über einen eventuellen Kindergartenbesuch beraten lassen.

2.1.3.2. Spezielle Prophylaxen

Credé-Prophylaxe

Verordnung zur Verhütung der Gonoblenorrhoe, wurde 1884 von dem Leipziger Geburtshelfer Credé eingeführt. Dabei wird jedem gefährdeten Neugeborenen nach der Geburt 1 Tropfen einer 1%igen Silbernitratlösung in jedes Auge eingeträufelt.

BM-Test (Boehringer-Mukoviszidosetest)

Dieser Test dient der Früherkennung der Mukoviszidose. Die Firma Boehringer hat dieses

Verfahren entwickelt und stellt das dazu benötigte Material zur Verfügung.
Bei einem an Mukoviszidose erkrankten Kind kann bei diesem Test vermehrt Albumin im Mekonium nachgewiesen werden. Durch die Verwendung von Salben und anderen albuminhaltigen Stoffen kann dieses Ergebnis allerdings verfälscht werden.
Der Test ist nur an der 1. oder 2. Mekoniumportion durchzuführen.

Handlungsschema: BM-Test

Vorbereitung	Durchführung	Beurteilung
Herrichten – 1 Tropfflasche mit Aqua dest. – 1 Kunststoffgefäß – Testreifen mit Spezialindikator – Spatel	3–5 Tropfen Aqua dest. in das Gefäß geben → die unteren 5–10 mm des Teststreifens mit Mekonium bestreichen → Teststreifen sofort in das mit Aqua dest. versehene Gefäß stellen	– bei einem positiven Befund zeigt sich nach ca. 15 Minuten eine ungleichmäßige intensive blaue Färbung – bei einem negativen Befund zeigt sich nur eine schwach blaugraue Färbung
Besonderer Hinweis:	Ein Teil des Mekoniums soll sich über dem Wasserspiegel befinden	Die Färbung bleibt über mehrere Stunden konstant

Guthrie- und Hypothyreosetest

Der nach Robert Guthrie benannte Test dient der Früherkennung der Phenylketonurie, der Galaktosämie und anderer Stoffwechselerkrankungen, der Hypothyreosetest ist notwendig für die Früherkennung der Hypothyreose. Die Diagnose ist zwischen dem 5. und 7. Lebenstag möglich. Die Voraussetzung für ein gültiges Ergebnis der Phenylketonurie ist, daß das Neugeborene mindestens 3 ganze Tage Milchnahrung zu sich genommen hat.

Durchführung

1 Tropfen Kapillarblut, meistens aus der Ferse (S. 572), wird auf ein Spezialfilterpapier gebracht. Es ist darauf zu achten, daß die eingezeichneten Kreise gleichmäßig und vollständig mit je 1 Blutstropfen ausgefüllt werden (der Tropfen darf größer, aber nicht kleiner als der Kreis sein), auch die Rückseite muß ganz durchtränkt sein (Abb. 1). Das so präparierte Filtrierpapier darf nur am Rand angefaßt werden; sobald es trocken ist, wird es in einer Schutzfolie *sofort* zur Auswertung an eine zentrale Untersuchungsstelle geschickt.
Bei einem positiven Befund werden im Blut veränderte Stoffwechselprodukte nachgewiesen.

BCG-Impfung (mit dem Impfstoff Bacillus-Calmette-Guérin)

Diese Impfung mit abgeschwächten Tuberkelbazillen dient der Verhütung der Tuberkulose. Sie ist eine öffentlich empfohlene Routineimpfung und wird bei gefährdeten Kindern und auf speziellen Wunsch der Eltern innerhalb der 1. Lebenswoche durchgeführt.
Diese Frühimpfung hat folgende Vorteile:

- frühzeitiger Schutz schon während der Säuglingszeit.
- Tuberkulintestung vor der Impfung entfällt.

Die Impfung darf nur nach schriftlicher Einverständniserklärung der Eltern durchgeführt werden.
Aus kosmetischen Gründen wird die Außenseite des Oberschenkels als Impfstelle ge-

wählt. Der Arzt achtet bei der Impftechnik auf ein streng intrakutanes Spritzen (S. 233); bei einer subkutanen Injektion kann es zu einem Lymphknotenabszeß in der Leiste kommen.

Normale Impfreaktion

Nach etwa 6 Wochen entwickelt sich ein kleines Knötchen an der Injektionsstelle, das sich später in eine kleine Pustel verwandeln kann, die unter Hinterlassung einer Narbe abheilt. Nach etwa 3–4 Monaten ist bei erfolgreicher Impfung eine positive Tuberkulinreaktion (S. 511) zu erwarten.
Die Dauer des Impfschutzes ist unterschiedlich angegeben (bis zu 10 Jahren), Auffrischimpfungen bei tuberkulinnegativen Personen können notwendig werden.

Rachitis- und Kariesprophylaxe

Zum Schutz gegen Rachitis und Karies werden dem Neugeborenen ab der 2. Lebenswoche fortlaufend bis zum Ende des 1. Lebensjahres täglich Vitamin D und Fluor zugeführt. Man verabreicht heute ein Kombinationspräparat, die „D-Fluorette“ (enthält 500 IE Vigantol und 0,25 mg Fluor). Die Gabe von Fluor wird bis ca. dem 12. Lebensjahr weitergeführt.

Konakionprophylaxe

siehe S. 18.

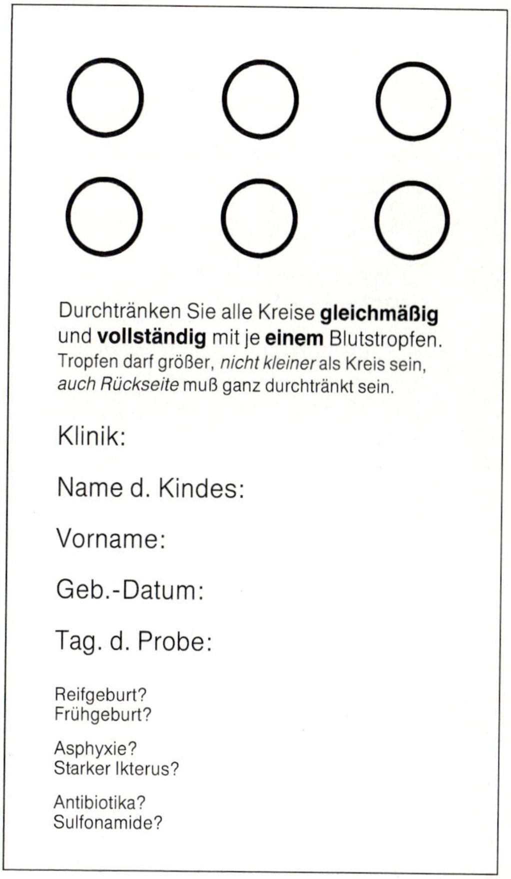

Abb. 1 Spezialfiltrierpapier für Guthrie- und Hypothyreosetest

2.2. Die Betreuung der Wöchnerin

B. Gerlach

Strukturnetz

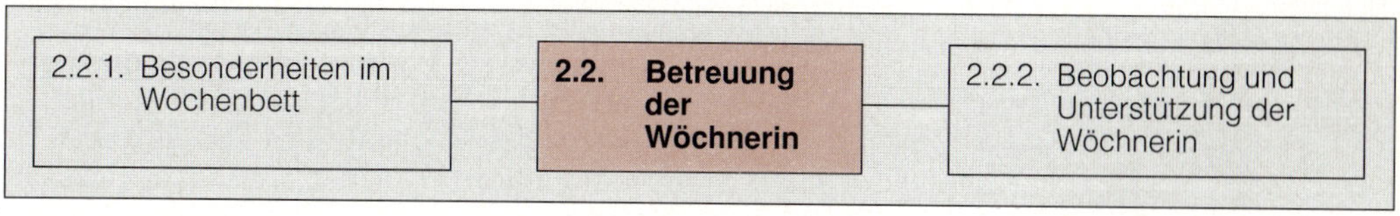

Lehrziel

Das Wochenbett beginnt mit der Ausstoßung der Plazenta und umfaßt einen Zeitraum von ca. 8 Wochen. In dieser Zeit ergeben sich für die Wöchnerin physiologische Besonderheiten.

Die Kranken-und Kinderkrankenschwester muß diese Besonderheiten kennen, davon wichtige Beobachtungen ableiten, die Wöchnerin hilfreich begleiten und unterstützen und so an der Verhütung von Komplikationen mitwirken.

Lernziel

Nach dem Durcharbeiten dieses Teilkapitels können Sie

- die Besonderheiten des Wochenbetts
- und die daraus sich ergebenden Beobachtungs- und Betreuungsaufgaben beschreiben und begründen.

2.2.1. Besonderheiten im Wochenbett

Es gehört zur Aufgabe der Hebamme, die Frischentbundene im Kreißsaal zu versorgen und weitere 2 Stunden zu beobachten.
Wenn keine Zwischenfälle eintreten, werden Mutter und Kind anschließend auf die Station verlegt und von der Kranken- und Kinderkrankenschwester weiterbetreut.
Es ist wichtig, daß Mutter und Kind als Einheit gesehen werden und auch umfassend und miteinander gepflegt werden. Die betreuenden Schwestern erhalten dadurch eine bedeutende Schlüsselfunktion hinsichtlich der Anleitung der Mutter und ihrer Vorbereitung für zu Hause.
Im Wochenbett zeigen sich Besonderheiten, die als physiologisch anzusehen sind, es können aber auch Komplikationen auftreten, die durch gezieltes Beobachten und daraus resultierendes Handeln möglichst ausgeschlossen werden sollen.

Es sind dies

- die Rückbildung der an der Geburt beteiligten Organe und Ausschluß einer Nachblutung,
- die Heilung der Geburtswunden und die Verhinderung einer Lochialstauung oder einer Infektion,
- das Ingangkommen des Stillens,
- die Übernahme der verantwortlichen Rolle der Mutter für ihr eigenes, noch unselbständiges Kind.

2.2.2. Beobachtung und Unterstützung der Wöchnerin

Beobachtung	Unterstützung
Nach der Geburt ist die Mutter sehr wach, später zeigen sich Erschöpfung und Müdigkeit	– für Ruhe und Schlaf sorgen, auch Besucher informieren – nach einer ersten Ruhepause unterstützen beim Aufstehen (dient der Thromboseprophylaxe, der spontanen Blasenentleerung und dem Abgang der Lochien)
Während der Geburt hat die Frau geschwitzt, auch in den folgenden Tagen neigt sie (vor allem nachts) vermehrt zu Schwitzen	– nach der Geburt Ganzwaschung, um zu verhindern, daß die infektiösen Lochienkeime an die Brustwarzen gelangen und eine Mastitis hervorrufen, ist zuerst die allgemeine Körperwäsche und dann die Reinigung des äußeren Genitalbereichs vorzunehmen – ab dem 1.–2. Wochenbettag kann die Frau täglich duschen, dabei ist sie auf die Infektiosität des Wochenflusses und die damit notwendigen Hygienemaßnahmen hinzuweisen (s. auch Kap. 2.3.5.2)
Evtl. schwankende Pulsfrequenz, leichte Erhöhung der Körpertemperatur – durch seelische und körperliche Belastung – durch Resorptionsprozesse und den Milcheinschuß	– sorgfältig und kontinuierlich überwachen

Beobachtung	Unterstützung
Evtl. zögernde Blasenentleerung – durch Atonie der Blasenmuskulatur – durch Gewebsquetschungen – durch eine reflektorische Miktionshemmung	– spätestens 6 Stunden nach der Geburt Blasenentleerung – weitere sorgfältige Überwachung der Harnmenge
Neigung zu geblähtem Abdomen und zu Obstipation – durch eine herabgesetzte Magen- und Darmperistaltik – durch Überdehnung der Bauch- und Dammuskulatur – durch Ausscheidung von viel Flüssigkeit – durch evtl. Schmerzen im Bereich der Episiotomie – durch evtl. Hämorrhoiden	– prophylaktisch für regelmäßige, nicht zu harte Stuhlentleerung sorgen durch leicht verdauliche, gemischte, vitaminreiche, nicht blähende und schlackenreiche Ernährung, reichlich Flüssigkeit (s. auch Kap. 2.3.5.2) – ab 2.–3. Wochenbettag muß Stuhlentleerung erfolgen, evtl. durch Suppositorien, Klysmen, Einläufe auf ärztliche Verordnung
Rückbildung des Uterus, in den ersten Tagen häufig begleitet von Nachwehen – Fundusstand nach der Geburt etwa in Nabelhöhe zu tasten – tritt täglich 1–2 Querfinger tiefer – gegen Ende der 2. Wochenbettwoche von außen nicht mehr tastbar	– Fundusstand mindestens 2mal täglich bei leerer Harnblase kontrollieren
Wochenfluß (Lochien) – in den ersten 3 Tagen blutig und stark – in den nächsten 4–5 Tagen braun – in der 2. Wochenbettwoche gelblich – nach 3 Wochen weißlich mit gelegentlichen Blutbeimischungen – fader Geruch	– Vorlagen anfangs 1- bis 2stündlich mit Schutzhandschuhen wechseln **Beachte:** Der Wochenfluß ist hochinfektiös – Lochien auf Menge, Farbe, Geruch kontinuierlich beobachten
Evtl. Dammschnitt (Episiotomie) verursacht Schmerzen	– Dammnaht täglich auf Zeichen einer Infektion oder eines Hämatoms kontrollierten – in den ersten Tagen Vulvabereich 2mal täglich mit warmem Wasser und heilenden Zusätzen (z. B. Kamille) abspülen, dabei auf die Intimsphäre achten – später kann sich die Wöchnerin selbst 3- bis 4mal täglich nach jedem Wasserlassen und jeder Stuhlentleerung auf einem Bidet abduschen, dabei ist sie auf eine anschließende, sorgfältige Händedesinfektion hinzuweisen – ab dem 5. Wochenbettag kurze Sitzbäder mit heilenden Zusätzen – ein aufgeblasener Gummiring erleichtert das Sitzen

Beobachtung	Unterstützung
Milcheinschuß am 3.–4. Wochenbettag – Spannungsgefühl und Schmerzen – Brust ist hart, gerötet und heiß	– Brust regelmäßig kontrollieren und auf Schwererwerden und Härterwerden abtasten – bei zu starkem Milcheinschuß feuchtwarme oder kühlende Umschläge – Ausmassieren der Brust mit Hautöl unter kreisenden Bewegungen vom Brustansatz zur Brustwarze – Kind öfters anlegen (s. Kap. 2.3.5.2)
Evtl. wechselnde Stimmungslage am 3.–4. Wochenbettag – durch hormonelle Umstellung – die Hochstimmung über die Geburt ist vorüber, die Unsicherheit vor einer neuen Aufgabe tritt auf	– 24-Stunden-Rooming-in bedeutet: Mutter-Kind-Beziehung bleibt erhalten Mutter kann ihr Kind besser kennenlernen und ist für zu Hause besser vorbereitet Vater wird mit einbezogen Anblick und Schreien des Kindes fördern die Milchbildung – mit Taktgefühl während der depressiven Phase ermuntern und durch einfühlende Aufklärung zum selbständigen Handeln führen

Die *Wochenbettgymnastik* ist meist die Aufgabe einer Krankengymnastin und dient der Vorbeugung von Thrombosen, der Festigung der Bauchdecken- und Beckenbodenmuskulatur, der Unterstützung von Blasen- und Darmentleerung und der Stabilisierung des Allgemeinbefindens. Wenn keine Gegenindikation besteht, beginnt man am 2. Wochenbettag mit Atem- und Kreislaufübungen, am 4. Wochenbettag mit Übungen für die Beckenbodenmuskulatur und am 5. Wochenbettag mit Übungen für die Bauchdeckenmuskulatur. Diese Übungen werden bis zur 6. Wochenbettwoche fortgeführt.
Wenn aufgrund der Anamnese bei einer Wöchnerin die Gefahr einer Thrombose besteht, ist eine gezielte *Thromboseprophylaxe* notwendig. Dazu gehören neben dem frühzeitigen Aufstehen und der Wochenbettgymnastik das Anlegen von Antiemboliestrümpfen *vor* dem ersten Aufstehen und die Verabreichung von Heparinpräparaten auf ärztliche Verordnung.

2.3. Die Pflege des Säuglings

B. Gerlach

Der Säugling durchläuft in seinem 1. Lebensjahr grundlegende und entscheidende Entwicklungsphasen, die für sein ganzes Leben von großer Wichtigkeit und Bedeutung sind. Während dieser Zeit ist der Säugling von seiner Pflegeperson abhängig.
Das körperliche und seelische Grundbedürfnis des Säuglings ist sein Wohlbefinden, das durch eine sachgerechte und dem Entwicklungsstand und Alter angepaßte Pflege erreicht wird.

Die Pflege ist nicht nur eine praktische Tätigkeit, die Kenntnisse und Übung erfordert, sondern sie umfaßt viel mehr, nämlich

- daß wir uns während der zur Verfügung stehenden Zeit dem Säugling intensiv zuwenden. Dadurch erfährt das Kind die nötige Geborgenheit, die für sein seelisches und körperliches Wohlbefinden ausschlaggebend ist;

- daß wir einen engen Körperkontakt zwischen Kind und Pflegeperson nach Möglichkeit fördern, der eine gesunde körperliche und seelische Entwicklung sehr günstig beeinflußt;
- daß wir die Stimmungslage, das Aussehen, die Haut und die Bewegungen des Kindes kontinuierlich beobachten, um eventuelle Veränderungen zu erkennen;
- daß wir gezielte hygienische Maßnahmen einsetzen, um den empfindlichen Organismus des Säuglings vor schädlichen Einflüssen zu schützen;
- daß wir auf die Sicherheit des Kindes achten.

2.3.1. Entwicklungsfördernder Umgang

Strukturnetz

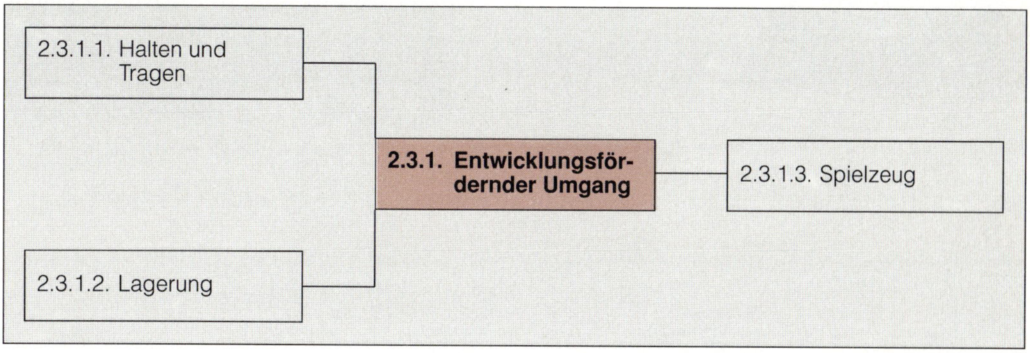

Lehrziel

Die seelische und körperliche Entwicklung des Säuglings wird von der Pflegeperson und der Umwelt mitgeprägt.
In diesem Kapitel wird ein entwicklungsgerechter und damit entwicklungsfördernder Umgang mit dem Kind beschrieben, so wie er sich bei den häufigsten und täglichen Verrichtungen abspielen soll.

Lernziele

Nach dem Erlernen der Ausführungen dieses Teilkapitels können Sie
- allgemeine Grundsätze über das Halten und Tragen nennen;
- eine Mutter über die richtige Lagerung eines Kindes aufklären;
- eine Mutter bei der Wahl des Spielzeugs beraten.

2.3.1.1. Halten und Tragen

Schon ab der 4. Lebenswoche kann der Säugling aus der Bauchlage seinen Kopf für kurze Zeit hochheben, in Rückenlage jedoch ist keine Kopfkontrolle möglich. Man wird einen Säugling also nach Möglichkeit so aufnehmen und halten, daß er seinen Kopf selbst halten und kontrollieren kann.
Liegt das Kind auf dem Bauch, so wird es aus der Bauchlage aus dem Bett genommen (Abb. 2), liegt es auf dem Rücken, wird es über die Seitlage hochgenommen (Abb. 3a–c).
Dieser entwicklungsgerechte Umgang, der immer behutsam und nie ruckartig geschieht, fördert physiologische Bewegungsabläufe und vermeidet falsche Bewegungsmuster.
Dies gilt auch für das *Tragen,* das immer dem Entwicklungsstand des Säuglings anzupassen ist.
Tragen in *Bauchlage:* Mit Schultern und Brust liegt das Kind auf dem Arm der Pflegeperson, so daß seine Arme nach vorn kommen. Mit der anderen Hand hält die Pflegeperson das Kind zwischen den Beinen und kann so Bauch und Rücken unterstützen. Bei dieser Art des Tragens ist der Rücken des Kindes gestreckt und damit die Gefahr einer falschen Belastung der Wirbelsäule ausgeschaltet. Das Kind hat

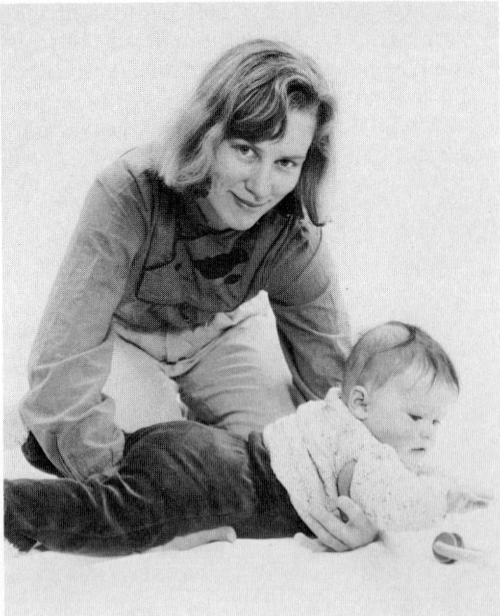

Abb. 2 Aufnehmen aus Bauchlage

a

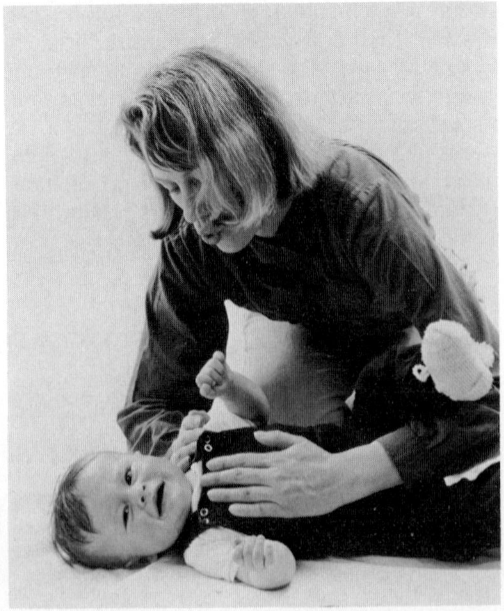

Abb. 3a–c Hochnehmen über die Seite

b

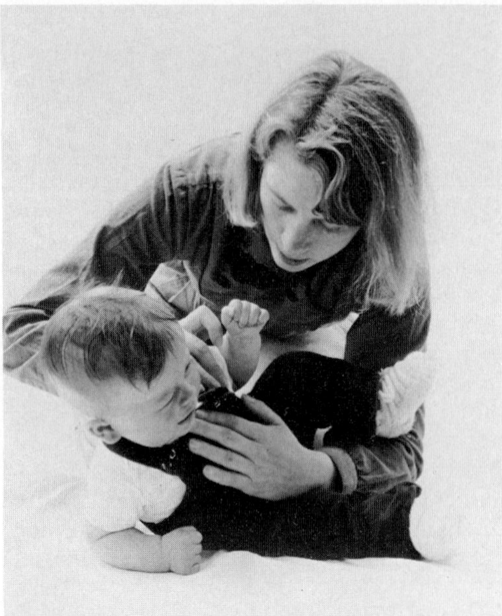

c

dabei die Möglichkeit, seinen Kopf selbst zu halten. Außerdem kann es ein Gefühl der Symmetrie entwickeln, denn die Arme und Beine hängen frei beweglich und parallel zueinander herab. Das Kind wird im Wechsel nach links und rechts getragen (Abb. 4).

Tragen in *Rückenlage:* Beide Beine des Kindes sind angebeugt, beide Arme sind vorn, der Kopf wird abgestützt (Abb. 5a) oder ein Bein ist abgespreizt und ein Bein ist gestreckt (Abb. 5b). Hat das Kind eine gute Kopfkontrolle, kann es *aufrecht* getragen werden im Seitsitz

Abb. 4 Tragen in Bauchlage

a

b

Abb. 5a u. b Tragen in Rückenlage

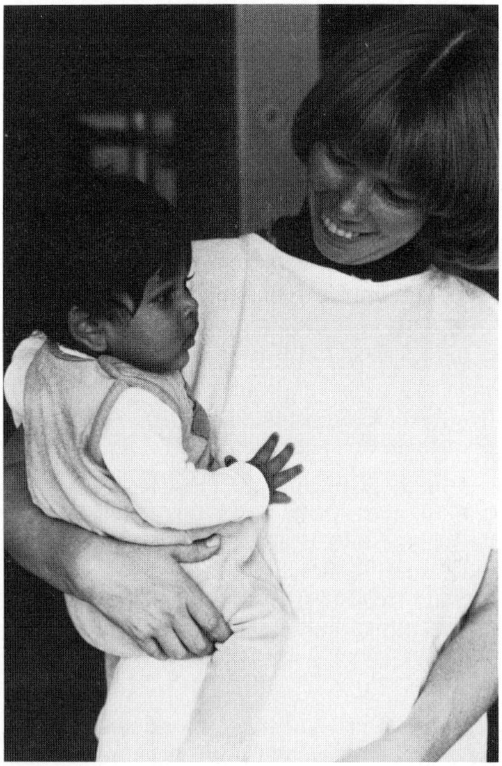

◀ Abb. 6 Tragen auf der Hüfte

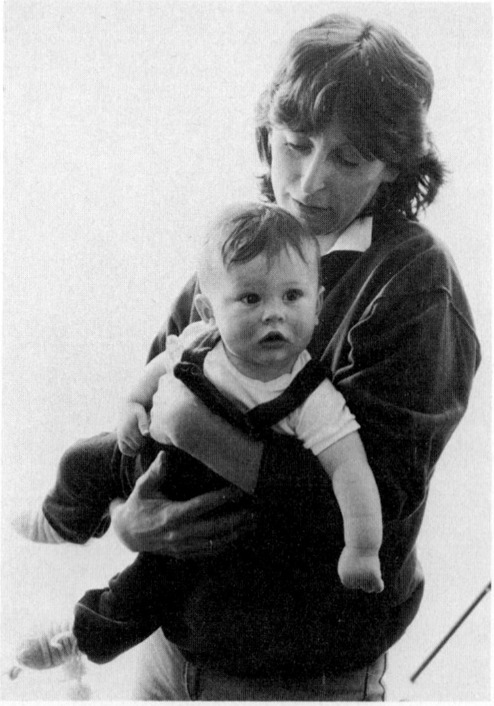

Abb. 7 Tragen vor dem Oberkörper

auf der Hüfte der Pflegeperson (Abb. 6) oder vor ihrem Oberkörper (Abb. 7).
Die genannten Möglichkeiten des Tragens sind für das Kind und die Pflegeperson physiologisch korrekt und angenehm, außerdem wird der nahe und intensive Körperkontakt des Kindes mit der Pflegeperson ganz wesentlich gefördert.

2.3.1.2. Lagerung

In den ersten 3 Lebensmonaten kann der Säugling seine Lage nicht selbständig bestimmen oder verändern. Während dieser Zeit ist es die Aufgabe der Pflegeperson, das Kind sinnvoll zu lagern.
Grundsätzlich gilt, daß jede einseitige Lage ihre Nachteile hat (die Kopfform kann beeinträchtigt werden, außerdem kann es zu Wundliegen kommen). Deshalb ist es am besten, die Lage möglichst oft zu wechseln.
In den noch kurzen Wachphasen wird das Kind auf den Rücken oder abwechselnd auf die Seite gelegt, es kann so seine Umgebung besser beobachten. Zur Entspannung, aber andererseits auch zur Stärkung der Arm-, Nacken- und Rückenmuskulatur liegt das Kind während der noch überwiegenden Schlafphase auf dem Bauch. Durch diese Lage ist das Kind weitgehend vor Aspiration geschützt. Eine wichtige Voraussetzung dafür ist allerdings, daß der Säugling ganz flach, also ohne Kopfkissen gelagert wird.
Ab dem 3. Monat beginnt das Kind seine Umwelt intensiver zu beobachten und zu erforschen. Daher sollte für einen freien Ausblick gesorgt werden, indem man eventuelle Vorhänge am Bettchen entfernt oder das Kind in ein offenes Gitterbettchen legt. In den Schlafphasen wird das Kind noch vorwiegend auf dem Bauch liegen, in den Wachphasen liegt es abwechselnd auf dem Bauch, auf dem Rücken oder auf der Seite. Nach und nach lernt der Säugling, seine Lage selbst zu bestimmen, um dann jeweils seine Lieblingshaltung einzunehmen.
Ab dem 6. Monat wird der Lebensraum allmählich erweitert, das Kind wird in einen nicht zu engen Laufstall oder auf eine Decke in den freien Raum gelegt. Aus seiner vertrauten Umgebung heraus sollte des Kind immer die Möglichkeit haben, mit seiner Pflegeperson und seiner Umwelt Kontakt aufzunehmen.

2.3.1.3. Spielzeug

Der Säugling erwirbt durch das Spielen wichtige Grunderfahrungen, die die Grundlage seiner körperlichen, seelischen und geistigen Entwicklung bilden. Das Spielzeug sollte richtig ausgewählt sein, d. h., es sollte dem Alter und dem Entwicklungsstand des Kindes entsprechen.

1. Monat. Gegen Ende der Neugeborenenperiode kann das Kind einen in seine Blicklinie gebrachten Gegenstand eine kurze Strecke mit den Augen verfolgen.

2. Monat. Das Kind kann einen Gegenstand fixieren und einem bewegten Spielzeug mit den Augen folgen. Es beginnt auf Geräusche und Laute zu horchen. In dieser Zeit kann man ein freischwebendes buntes Mobile oder einen Luftballon übers Bett hängen oder eine Rassel, Glocke oder Spieluhr am Bett festbinden.

3. Monat. Das Kind spielt mit seinen Fingern, wobei es seine Hände und Finger und deren

Bewegungen unermüdlich betrachtet. Es zieht an der Bettdecke und an zu erreichenden Tüchern und scheint greifen zu wollen.

4. Monat. Das Kind ist jetzt in der Lage zu greifen. Es ergreift ein Spielzeug (z. B. einen Ring oder eine Rassel aus Plastik oder Holz). Das Spielzeug wird kurz festgehalten, betrachtet und zum Mund geführt.

6. Monat. Das Kind ergreift Gegenstände schon recht zielsicher mit der ganzen Hand und untersucht sie, beispielsweise die runde Form eines weichen Balls oder die eckige Form eines Würfels.

7. Monat. Das Kind kann 2 Gegenstände gleichzeitig halten und ein Spielzeug von der einen Hand in die andere wechseln. Es hat jetzt Freude an Spielsachen mit verschiedenen Klanggeräuschen, an Gummitieren und an einer ersten weichen Puppe zum Liebhaben.

9.–12. Monat. Das Kind nähert sich auch kleineren Dingen (z. B. befestigten Perlen am Laufstall) mit dem Zeigefinger und untersucht sie. Auch kann es sich entferntere Spielsachen durch Krabbeln selbst heranholen. An verschiedenen Gegenständen werden unterschiedliche Handlungsweisen ausprobiert wie Schütteln, Zusammendrücken, Rollenlassen, Zu-Boden-Werfen; kleinere Gegenstände können in ein Gefäß gefüllt werden, mit Würfeln kann das Kind einen Turm bauen, und Becher können ineinandergesteckt werden.

Beachte: Um dem Kind ein sicheres, sinnvolles und gezieltes Umgehen mit seinem Spielzeug zu ermöglichen, sollten folgende Punkte berücksichtigt werden:

Das Spielzeug sollte
- sicher sein, d. h. stabil, unzerbrechlich und keine scharfen und eckigen Kanten haben (Verletzungsgefahr), keine Schlingen und langen Aufhängebänder aufweisen (Erdrosselungsgefahr) und nicht zu klein sein (Gefahr des Verschluckens);
- eine entsprechende Größe haben, um ein Greifen zu ermöglichen, aber ein Verschlukken zu verhindern;
- aus Grundformen (Ball, Würfel, Walze usw.) und aus giftfreien Grundfarben bestehen;
- gut sauber zu halten sein.

2.3.2. Säuglingsbad

Strukturnetz

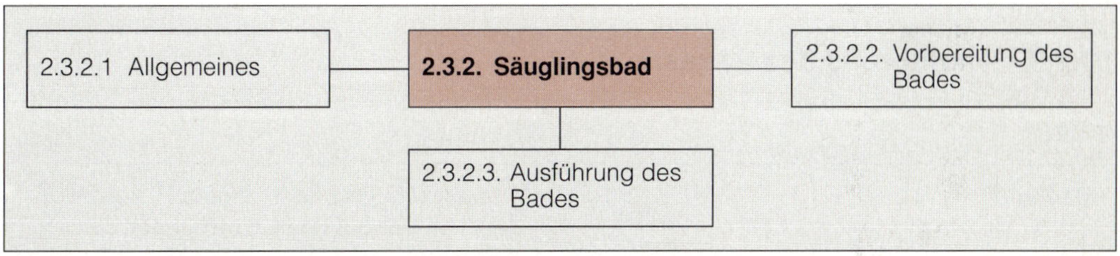

Lehrziel

Das Säuglingsbad dient nicht nur der Reinigung des Kindes, sondern es regt auch die Blutzirkulation an und steigert das Wohlbefinden. Außerdem hat die Pflegeperson dabei die beste Gelegenheit, das Kind zu beobachten und sich ihm ganz zuzuwenden.
Dieser Abschnitt bringt die dazu erforderlichen Informationen.

Lernziele

Nach dem Erarbeiten dieses Teilkapitels können Sie
- eine Mutter über Zweck, Zeitpunkt und Dauer des täglichen Säuglingsbades beraten;
- die Gegenstände, die dazu benötigt werden, aufzählen;
- den Ablauf des Säuglingsbades beschreiben;
- die wichtigsten Kriterien der Gesichts-, Haar-und Nagelpflege nennen.

2.3.2.1. Allgemeines

Grundsätzlich gilt die Regel: *Nie unmittelbar nach dem Füttern baden!*
Das eigentliche Bad soll nicht länger als 5 Minuten dauern, damit das Kind nicht auskühlt.

Während der ganzen Durchführung wendet sich die Pflegeperson ganz intensiv dem Kind zu; sie sollte mit ihm *Blickkontakt aufnehmen und mit ihm sprechen.*

2.3.2.2. Vorbereitung des Bades

Material	Durchführung
– Zimmerthermometer	– Fenster und Türen schließen – Raumtemperatur überprüfen, sie soll 20–24 °C betragen
– Säuglingsbadewanne	
– Desinfektionslösung mit Bürste (nur notwendig, wenn die Badewanne nicht ausschließlich für dieses Kind benutzt wird)	– Badewanne auswischen und mit klarem Wasser nachspülen – Badewasser einlaufen lassen (warm und kalt zusammen, Warmwasser zuerst abstellen)
– Badethermometer	– Temperatur des Badewassers kontrollieren, sie soll 37 °C betragen
– Säuglingswaage	– austarieren } eventuell
– Windel	– wiegen } eventuell

2.3.2.3. Ausführung des Bades

Material	Durchführung
– Badetuch	– vorstecken, eine bezeichnete Ecke soll links unten sein (zum Abtrocknen des Gesichts) – *Kind ausziehen,* dabei auf das Aussehen (evtl. Hautausschläge) und die Bewegungen achten – evtl. das Kind wiegen, darauf achten, daß es nicht von der Waage fällt – Kind auf den Arm nehmen und in das Badetuch einwickeln – Badewasser noch einmal kontrollieren, die Temperatur beträgt jetzt 36 °C
– Waschlappen	– *Gesicht des Kindes* waschen, Augen von außen nach innen (in Richtung des Tränenkanals) und mit der bezeichneten Ecke des Badetuchs abtrocknen

Material	Durchführung
– Badezusatz (üblich aber nicht notwendig)	– ins Badewasser geben – *Kind ins Badewasser einbringen,* dabei umfaßt die linke Hand der Pflegeperson den linken Oberarm in der linken Achselhöhle des Kindes, Nacken und Hinterkopf liegen also auf dem linken Unterarm der Pflegeperson (Abb. 8) – mit der freien rechten Hand in folgender Reihenfolge waschen: Haare, Hände und Arme, Hals, Brust, Bauch, Beine und Füße, Genitalgegend (von vorn nach hinten) – *zum Waschen des Rückens das Kind umdrehen,* es wird nun wieder in der rechten Achselhöhle gehalten (Abb. 9) – Rücken und Gesäß waschen – *Kind wieder umdrehen* – *Kind aus dem Wasser nehmen,* ins Badetuch einwickeln und entweder auf dem Schoß oder auf dem Wickeltisch abtrocknen, dabei besonders auf die Hautfalten achten (Hals, Achselhöhle, Leistenbeuge, Bauchnabel)
– Hemdchen und Jäckchen	– anziehen, dabei das Hemdchen vorne und das Jäckchen hinten schließen
– Windel	– während der Gesichtspflege das Kind zudecken
– Watte oder Zellstoff, Abfallschale	– bei Bedarf Augen von außen nach innen mit jeweils frischer Watte oder Zellstoff auswischen – bei Bedarf Nase jeweils mit frischer Watte oder Zellstoff reinigen – Ohrmuschel und hinter den Ohren mit jeweils frischer Watte oder Zellstoff reinigen
– Gesichtscreme	– Gesicht eincremen
– Nagelschere	– Finger- und Zehennägel kontrollieren (Fingernägel werden rund, Zehennägel gerade geschnitten)
– Haarbürste mit weichen Naturborsten	– Haare bürsten, auch die Kopfhaut (zur Durchblutungsförderung)
– eventuell Kindercreme	– Gesäßpflege bei Bedarf
– Windeln, Gummihose oder Höschenwindel, Strampelhose	– Kind wickeln und anziehen – Kind ins frisch gerichtete Bettchen legen

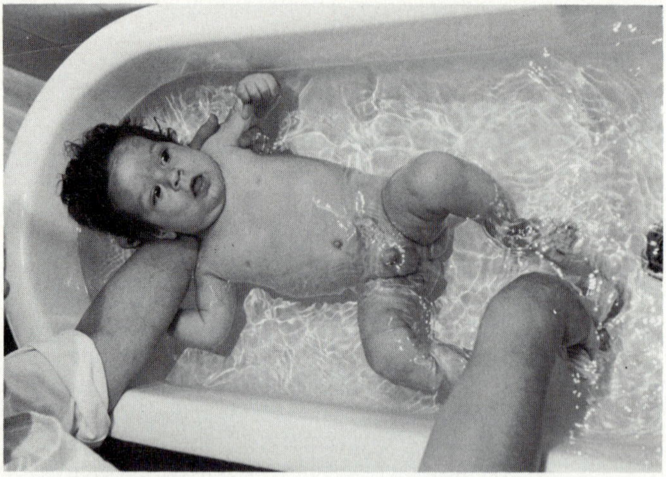

Abb. 8 Im Bad in Rückenlage

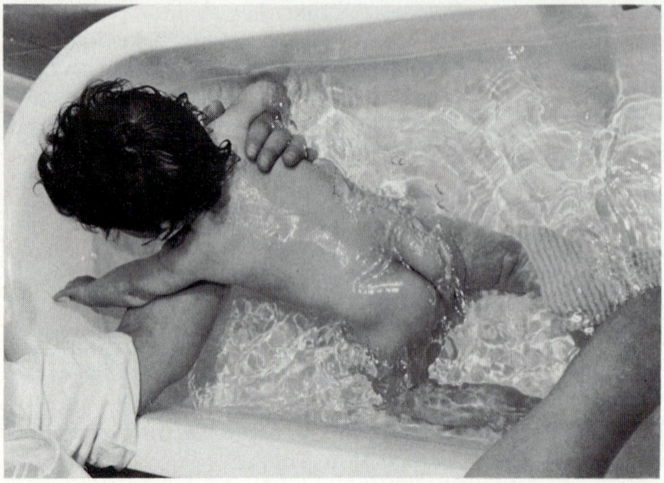

Abb. 9 Im Bad in Bauchlage

2.3.3. Gesäßpflege

Strukturnetz

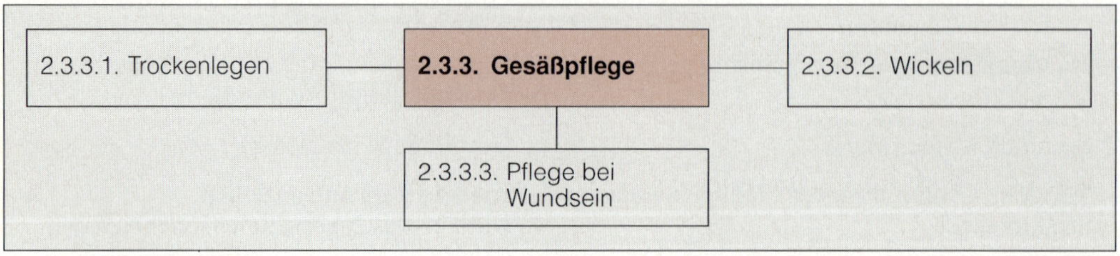

Lehrziel

Die Haut des Säuglings ist am Gesäß und in den Gesäßfalten durch dauernde Feuchtigkeit empfindlich und besonders gefährdet. In diesem Abschnitt wird beschrieben, wie die Haut an dieser Stelle durch eine sorgfältige Pflege, verbunden mit einer kontinuierlichen Beobachtung, vor Wundsein geschützt werden kann.

Lernziele

Nach dem Lesen dieses Teilkapitels sollen Sie
- eine Mutter über die regelmäßige und wichtige Durchführung der Gesäßpflege beraten können;
- die wichtigen Punkte, die beim Wickeln zu beachten sind, aufzählen können;
- die Ursachen von Wundsein und spezielle Pflegemaßnahmen beschreiben können.

2.3.3.1. Trockenlegen

Es gibt keine feste Regel, wie oft ein Säugling trockengelegt werden soll. Im allgemeinen wird nicht nach jedem Einnässen (ca. 20mal täglich) frisch gewickelt. Wenn aber die Pflegeperson merkt, daß das Kind Stuhl entleert hat, sollte sie die Windeln wechseln.
Man wird sich immer dem Schlaf-Wach-Rhythmus anpassen und das Kind niemals zum Wickeln aus dem Schlaf reißen. Meist geschieht das Trockenlegen in Verbindung mit dem Verabreichen der Mahlzeiten, ob vorher oder nachher, das richtet sich jeweils nach dem Kind. Ein Kind, das zu Erbrechen neigt, wird *vor* der Mahlzeit gewickelt.
Das Kind kann auf dem Wickeltisch oder aber zur Förderung des Körperkontakts auf dem Schoß der Pflegeperson trockengelegt werden.
Um die zarte und empfindliche Haut des Säuglings vor Wundsein zu schützen, sind folgende Punkte zu beachten:

- Bei jedem Trockenlegen richtet die Pflegeperson ihr Augenmerk besonders auf eventuelle Hautrötungen am Gesäß und in den Hautfalten.
- Hat das Kind nur eingenäßt, wird das Gesäß mit einem noch trockenen Windelzipfel abgewischt. Nach einer Stuhlentleerung reinigt man das Kind mit lauwarmem Wasser. Bei Mädchen reinigt man immer von der Scheide zum After hin, so daß keine Darmbakterien in die Scheide und Harnröhre gelangen können.
- Wenn anschließend Kindercreme aufgetragen wird (was bei einer intakten und gepflegten Haut nicht notwendig ist), soll diese nur äußerst sparsam verwendet werden.

2.3.3.2. Wickeln

Eine Windelpackung hat die Aufgabe, die Feuchtigkeit und den Stuhl bei der Urin- und Stuhlentleerung aufzunehmen.
Heute werden hauptsächlich die Höschenwindeln zum einmaligen Gebrauch verwendet. Benützt man Stoffwindeln, so müssen diese aus weichem, saugfähigem und kochbarem Material hergestellt sein.
Um eine gesunde Formentwicklung der Hüftgelenke zu erreichen, darf der Säugling in seiner Bewegungsfreiheit nicht eingeschränkt werden. Damit er seine Beine möglichst frei bewegen kann, werden folgende Punkte beachtet:

- die Kniekehlen des Kindes bleiben frei,
- die Beine des Kindes sollen in leichter Spreizstellung liegen können, sie dürfen also nicht durch eine zu enge Windelpackung aneinandergepreßt werden.

Wenn schon beim Neugeborenen diese Punkte berücksichtigt werden, behält das Kind im Schlaf seine natürliche Beinhaltung bei, d. h. eine leichte Beugung der Hüft- und Kniegelenke und gespreizte Oberschenkel.
Die Höschenwindeln oder die Stoffwindeln (die zu einem Streifen zusammengelegt werden) müssen genügend breit sein, um die Spreizstellung der Beine zu ermöglichen (Abb. 10). Auch die Gummihose, in die die Stoffwindel eingelegt wird, soll vor allem im Schritt genügend weit sein. Sie ist immer der Größe des Kindes angepaßt, um bei geschlossenem Zustand noch genügend Bewegungsfreiheit zu ermöglichen. Das gleiche gilt auch für die Höschenwindel.
Hemdchen und Jäckchen werden immer über der Gummihose gefaltet. Um den Säugling warm zu halten, zieht man ihm zum Schluß eine Strampelhose an.

2.3.3.3. Pflege bei Wundsein

Wundsein kann dort entstehen, wo die empfindliche Haut des Säuglings vermehrt der Feuchtigkeit und Stuhlentleerung ausgesetzt

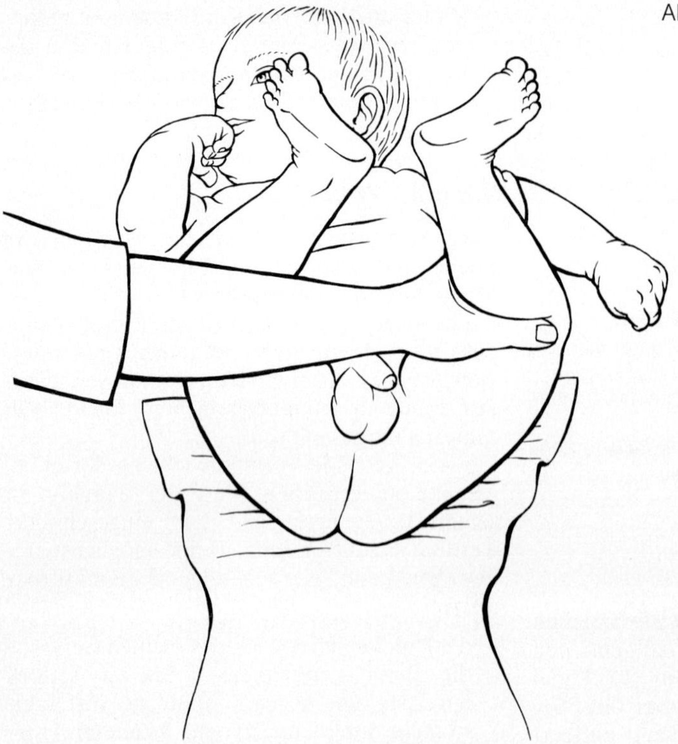

Abb. 10 Unterlegen der Windel

ist. Eine bevorzugte Stelle dafür sind das Gesäß und die benachbarten Hautfalten. Bei Wundsein ist die Haut gerötet und heiß, spannt, und das Kind hat Schmerzen.
Nicht nur Pflegefehler (wie mangelnde Hygiene, schlecht gespülte Windeln, zu dickes Auftragen von Creme oder Puder) führen zu Wundsein, sondern auch häufige Stuhlentleerungen können für den Säugling diesen unangenehmen und sehr schmerzhaften Zustand auslösen.
Folgende Maßnahmen sind zu Hause und in der Klinik durchführbar:

- Ursachen für Wundwerden ausschalten;
- das Kind öfters wickeln, evtl. unter Weglassen der Gummihose;
- Durchführung von Sonnenbädern oder freies Strampeln im gut durchwärmten Zimmer, ohne Windel auf einer Unterlage;
- Bestrahlung mit Rotlicht (wirkt austrocknend);
- Verabreichung von Kamillenbädern oder Bädern mit gerbenden Zusätzen (S. 148);
- Auftragen einer Pflegecreme (Salbenreste werden bei jedem Trockenlegen sorgfältig entfernt).

Wenn diese Maßnahmen keinen Erfolg haben, sollte ein Arzt um Rat gefragt werden, da es sich auch um eine Pilzinfektion handeln könnte.

2.3.4. Abhärtungsmaßnahmen

Strukturnetz

2.3.4.1. Freiluftbehandlung — **2.3.4. Abhärtungsmaßnahmen** — 2.3.4.2. Sonnenbad

Lehrziel

Licht, Luft und Sonne machen das Kind widerstandsfähiger gegen Erkältungskrankheiten und gelten auch als Vorbeugungsmaßnahmen gegen Rachitis. Der Säugling sollte deshalb so oft wie möglich die Zeit im Freien zubringen.
Der Abschnitt vermittelt Kenntnisse und Einsichten darüber und beschreibt die Durchführung der einzelnen Maßnahmen.

Lernziele

Nach dem Lesen dieses Teilkapitels sollen Sie
- eine Mutter über den Sinn und die Durchführung eines Aufenthaltes im Freien und eines Sonnenbades ihres Kindes beraten können;
- diese Abhärtungsmaßnahmen exakt beschreiben können.

2.3.4.1. Freiluftbehandlung

Durch den Aufenthalt im Freien wird die Durchblutung der Haut angeregt.
Im Mutterleib befindet sich das Kind in einer gleichbleibenden Temperatur. Nach der Geburt muß es lernen, seinen Wärmehaushalt allmählich selbst zu regulieren.
Nach der vollendeten 1. Lebenswoche hat sich der Wärmehaushalt des Neugeborenen jedoch so weit stabilisiert, daß man den Säugling im Sommer für ½–1 Stunde an die frische Luft gewöhnen kann; im Winter beginnt man mit dem ersten Aufenthalt im Freien erst nach der 3. Lebenswoche.
Man wählt am besten die Zeit über Mittag; bei Nebel, scharfem Wind, Hitze und Schwüle hat der Aufenthalt im Freien jedoch zu unterbleiben.
Im Winter werden dem Kind ein Wolljäckchen, ein Wollmützchen und Fäustlinge angezogen und evtl. eine Wärmflasche beigelegt.
Einen Spaziergang unternimmt man am besten ins Grüne, nicht sinnvoll ist es, ein Kind in einer verkehrsreichen Straße spazieren zu führen. Ist ein Garten oder ein Balkon vorhanden, kann das Kind in seinem Kinderwagen dorthin gestellt werden. Durch einen Kinderwagen mit Sichtfenster wird der Gesichtskreis des Kindes wesentlich erweitert.
Allmählich kann der Aufenthalt an der frischen Luft auf den ganzen Tag ausgedehnt werden, auch das Füttern und Trockenlegen kann man bei warmem Wetter ins Freie verlegen.

Beachte:
- Um das Kind vor Überhitzung zu schützen, sollte der Kinderwagen nicht der direkten Sonnenbestrahlung ausgesetzt sein.
- Das Kind muß vor Insekten geschützt werden, indem man einen dünnen Vorhang oder Schleier am Boden des Wagens befestigt, und zwar so, daß er von dem Kind nicht in den Wagen hineingezogen werden kann.
- Der Aufenthalt im Freien ist kein Ersatz für Zuwendung. Deshalb beschäftigt sich die Pflegeperson auch während dieser Zeit mit dem Kind.

2.3.4.2. Sonnenbad

Das Sonnenbad ist für den Säugling eine Prophylaxe gegen Rachitis (wichtigste Systemerkrankung des Knochens im Säuglings- und Kleinkindesalter, hervorgerufen durch Mangel an Vitamin D). Durch Sonnenbestrahlung wird das Provitamin D in der Haut zu aktivem Vitamin D umgewandelt.
Mit Beginn des 2. Lebensvierteljahres, wenn das Kind schon genügend Abwehrkräfte gebildet hat und sich genügend selbständig bewegt, kann man es bei warmem Wetter im Schatten (evtl. unter Bäumen), zuerst noch angezogen, aber nicht zugedeckt, für kurze Zeit frei strampeln lassen.
Allmählich wird der Säugling unbekleidet der direkten Sonnenbestrahlung ausgesetzt, und zwar geht man in folgender Reihenfolge vor:

- am ersten Tag die Beinchen 5 Minuten,
- am 2. Tag bis zur Hüfte in Bauch- und Rückenlage 5 Minuten,
- am 3. Tag den ganzen Körper in Bauch- und Rückenlage 5 Minuten.

Das Sonnenbad kann auf 10–15 Minuten ausgedehnt werden.
Zur Erzielung eines guten Körperkontaktes nimmt die Pflegeperson das Kind während des Sonnenbades auf ihren Schoß. Sie kann sich so dem Kind sehr liebevoll widmen, sie spricht mit ihm und streichelt es, so daß das Sonnenbad, verbunden mit dem angenehmen Wärmeempfinden, für das Kind zu einem sehr positiven Erleben wird. Am Gesichtsausdruck, am Lachen und Strampeln ist abzulesen, inwieweit das Kind Freude hat und sich wohlfühlt.

Beachte:
- Grundsätzlich muß der Kopf des Kindes durch einen Stoffhut (mit einem Rand zum Schutz der Augen) vor der direkten Sonnenbestrahlung geschützt werden, es besteht sonst die Gefahr einer Hirnhautreizung.
- Niemals sollte der Säugling während des Sonnenbades schlafen.

2.3.5. Ernährung

Strukturnetz

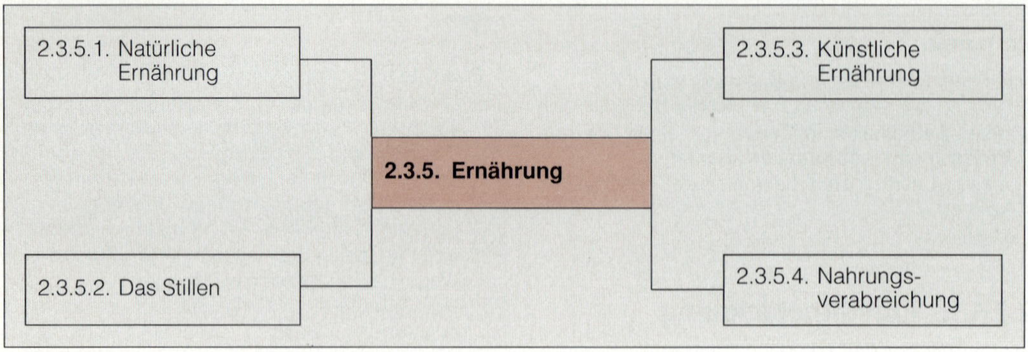

Lehrziel

Die Kinderkrankenschwester hat häufig die Aufgabe, Eltern in Ernährungsfragen ihres Kindes zu beraten, auf der Entbindungsstation nimmt sie eine besondere Schlüsselstellung im Hinblick auf ein erfolgreiches und befriedigendes Stillen ein. Diese Tätigkeit setzt voraus, daß die Kinderkrankenschwester über ein umfassendes Fachwissen verfügt und ein einfühlsames Verhalten ausstrahlt.
Während des 1. Lebensjahres dient die Ernährung des Säuglings seiner Muskeltätigkeit, der Erhaltung seiner Körpertemperatur und im besonderen auch seinem Wachstum.
Außerdem erfährt das Kind während der Nahrungsverabreichung eine intensive Zuwendung, indem es den Hautkontakt, den Geruch und den Anblick seiner Pflegeperson erlebt.
Dieser Abschnitt informiert über wichtige Richtlinien, die bei der natürlichen und künstlichen Ernährung zu beachten sind; ferner wird darauf hingewiesen, daß die Zusammensetzung der Nährstoffe und die Verabreichungsart dem Alter und den Bedürfnissen des Säuglings entsprechen müssen.

Lernziele

Sie können nach dem Durcharbeiten dieses Teilkapitels
- eine Mutter über die Vorteile der Ernährung mit Muttermilch aufklären;
- eine Mutter beim Stillen anleiten und unterstützen;
- die Voraussetzung einer künstlichen Ernährung aufzählen und begründen;
- einen Ernährungsplan für das 1. Lebensjahr erstellen;
- einer Mutter erklären, worauf sie bei einer Flaschenmahlzeit sowie bei einer Löffelmahlzeit zu achten hat.

2.3.5.1. Natürliche Ernährung

Für die Ernährung des Säuglings kommen in erster Linie die Muttermilch und in zweiter Linie die der Muttermilch angeglichenen Kuhmilchmischungen in Frage.

Man unterscheidet daher die *natürliche Ernährung* = die Ernährung des Kindes durch Stillen und die *künstliche Ernährung* = die Ernährung des Kindes mit einem der Muttermilch angeglichenen Milchpräparat.

Vorteile des Stillens

Das Stillen ist der Ausdruck des engsten Kontaktes zwischen Mutter und Kind. Es bringt dem Kind das Erlebnis der Wärme, des Hautkontaktes, des Anblicks und Geruchs der Mutter und erfüllt das Saugbedürfnis, das für das Neugeborene so wichtig erscheint. Für die Mutter bedeutet das Stillen in der Regel Befriedigung und oft ein sehr angenehmes Empfinden, und sie spürt, daß das Kind diese Empfindungen teilt.
Außer diesen für die Mutter-Kind-Beziehung wichtigen Momenten bietet die Ernährung des Kindes mit Muttermilch folgende Vorteile:

- qualitativ und quantitativ richtige Zusammensetzung der Nährstoffe;
- leichte Verdaulichkeit;
- leicht abführende Wirkung, das bedeutet für den Säugling eine Obstipationsprophylaxe;
- hoher Gehalt an Schutzstoffen;
- Keimfreiheit;
- richtige Temperatur;
- die Möglichkeit, ad libitum zu füttern, d. h., das Kind bestimmt Zeitpunkt und Trinkmenge selbst;
- keine zusätzlichen Kosten;
- Förderung der Gaumen-, Gebiß- und Gesichtslinienentwicklung durch die Saugbewegungen;
- geringere Neigung zu Allergien;
- bessere Rückbildung der mütterlichen Gebärorgane.

2.3.5.2. Das Stillen

Voraussetzungen

Im Laufe der Schwangerschaft sollen sich die Eltern von den Vorteilen des Stillens überzeugen und so zu einer positiven Einstellung kommen.
Wird die natürliche Verbundenheit der Mutter mit ihrem Kind durch das „24-Stunden-Rooming-in"-System beibehalten, so kann sich dieses Gefühl der Zusammengehörigkeit allein schon durch den Anblick des Kindes sehr fördernd auf die Milchbildung auswirken. Außerdem kann die Mutter ihr Kind so oft und auch nachts anlegen, wie das Kind es verlangt, was wiederum die Milchbildung anregt.
Die Mutter selbst sollte eine ausgewogene Mischkost (eiweiß-, vitamin- und kalziumreich) zu sich nehmen und außerdem folgendes beachten:

- Es besteht ein täglicher Mehrbedarf von 1260–2950 Joule (kJ) oder 300–700 Kalorien (kcal).
- Der tägliche Flüssigkeitsbedarf ist höher (ca. 1 l täglich), die Mutter sollte sich für jede Stillphase ein Glas Flüssigkeit bereitstellen.
- Vorsicht ist geboten beim Genuß von Kaffee, schwarzem Tee und Zigaretten (besonders bei unruhigen Kindern).
- Alkohol ist in kleinen Mengen erlaubt.
- Mit Medikamenten sollte sehr zurückhaltend umgegangen werden – wenn notwendig, nur auf ärztlichen Rat.

Außerdem braucht die Mutter Ruhe und die Unterstützung des Vaters und ihrer Umwelt. Eine entspannte und harmonische Atmosphäre übt einen äußerst günstigen Einfluß auf das Stillen aus, während psychische Belastungen, Aufregung und Zeitdruck sich sehr negativ auswirken können.

Hygiene

Es ist die Aufgabe der Kinderkrankenschwester, die Wöchnerin darüber aufzuklären, daß der Wochenfluß infektiös ist und für das Neugeborene und ihre Brust eine Infektionsgefahr bedeutet. Deshalb ist es während des Klinikaufenthaltes üblich, daß das Neugeborene nicht *unter* die Bettdecke der Mutter gelegt wird. Außerdem sollte die Mutter während dieser Zeit *vor* dem Stillen ihre Hände desinfizieren, später genügt ein gründliches Händewaschen.

Brustpflege

Um die Brust vor Infektionen zu schützen, muß sie äußerst sorgfältig und reinlich gepflegt werden.
Die Mutter sollte täglich gründlich duschen und sich mit einem sauberen Handtuch abtrocknen. Jede Brustwarze wird in den ersten Wochen mit einer sterilen Kompresse be-

deckt, die von einem kochfesten Büstenhalter gehalten wird.
Nach jedem Stillvorgang wird die Kompresse erneuert. Bei einer sehr empfindlichen Haut und zur Mastitisprophylaxe kann die Brustwarze zusätzlich dünn mit einer Glukosesalbe (wirkt bakteriostatisch, bakterizid und leicht schmerzlindernd) oder reinem Traubenzucker versehen werden.

Beachte: Muttermilch und Speichel haben eine heilende Wirkung und sollen nach dem Stillen antrocknen.

Lagerung beim Stillen

Damit die Mutter während des Stillens nicht ermüdet, ist es wichtig, daß sie eine bequeme Haltung einnimmt.
In den ersten Tagen nach der Geburt wird die Mutter im Liegen stillen. Sie legt sich auf *die* Seite, deren Brust gereicht werden soll. Zur Unterstützung des Kopfes stellt man ihr das Kopfteil des Bettes hoch und gibt ihr ein kleines Nackenkissen. Beim Stillen im Sitzen braucht die Mutter einen bequemen Stuhl mit Rückenlehne und einen Fußschemel (Abb. 11). Zusätzlich kann sie sich ein Kissen auf die Knie legen, um ihren Arm zu stützen. Sehr bequem ist auch ein Schaukelstuhl mit Armlehne.

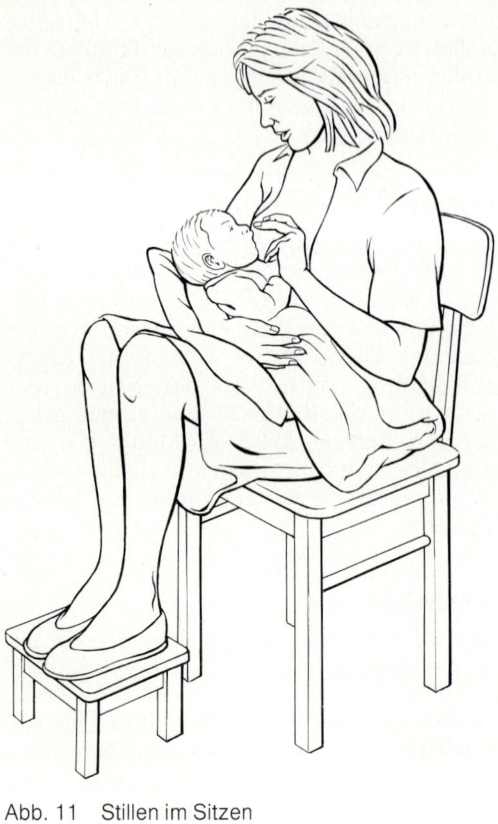

Abb. 11 Stillen im Sitzen

Trinkrhythmus und -dauer

Die Bildung der Muttermilch kommt langsam in Gang. In den ersten Tagen nach der Geburt fließt die *Vormilch,* das *Kolostrum.* Dieses Kolostrum zeichnet sich durch einen hohen Eiweiß-, Mineralien- und Vitamingehalt aus (in 100 g Kolostrum sind 2,7 g Eiweiß, 2,9 g Fett, 5,3 g Laktose enthalten) und entspricht ganz dem Bedürfnis des reifen Neugeborenen. Am 3.–4. Tag erfolgt der eigentliche *Milcheinschuß,* zunächst eine *Übergangsmilch,* die Milchzucker, mehr Fett, aber weniger Eiweiß enthält. Etwa ab dem 11. Tag nach der Geburt bekommt das Kind die *reife Muttermilch* (Zusammensetzung s. S. 44).
Der Saugreflex des Neugeborenen ist 20–30 Minuten nach der Geburt sehr ausgeprägt, deshalb wird es schon im Kreißsaal an der mütterlichen Brust angelegt, wenn es mag ca. 5 Minuten an jeder Seite. Durch diesen nervalen Reiz an der mütterlichen Brust wird die Milchproduktion angeregt und somit ein früher Milcheinschuß bewirkt. Der Magen eines gestillten Kindes leert sich schneller als der eines Kindes, das mit der Flasche ernährt wird. Das bedeutet, das gestillte Kind wird in der Anfangszeit alle 2–3 Stunden hungrig und sollte dann auch gestillt werden, damit eine ausreichende Flüssigkeitszufuhr und eine wirksame Anregung der Milchproduktion erfolgt. Nach 4–6 Wochen haben die meisten Kinder zu einem regelmäßigen Rhythmus gefunden (ca. 6–8 Mahlzeiten täglich).
Zuerst trinkt das Kind sehr hastig, dementsprechend nimmt es in den ersten 5 Minuten mehr als die Hälfte der Mahlzeit zu sich, während es nach 10 Minuten nur noch sehr wenig trinkt. Zur Schonung der Brustwarzen soll die Brustmahlzeit in den ersten Tagen nicht länger als 5–10 Minuten dauern, später kann man diese Zeit bis auf 20 Minuten ausdehnen.
In den ersten Tagen nach der Geburt kann dem Kind bis zum eigentlichen Milcheinschuß *nach dem Anlegen* zusätzlich 5%ige Glukose-

lösung oder Tee mit 5%Traubenzucker aus der Flasche mit einem kleinen Saugerloch gefüttert werden.

Stilltechnik

Die Nachfrage reguliert das Angebot, deshalb wird das Kind bei jeder Mahlzeit an beiden Seiten angelegt. Man beginnt mit der zuletzt gereichten Brust, da diese von dem müden Kind wahrscheinlich nur „angetrunken" wurde. Durch Auslösen des Rooting-Reflexes (S. 19) dreht das Kind den Kopf auf die gewünschte Seite.

Die Brustwarze wird zwischen den gespreizten Fingern so gehalten, daß sie leicht nach oben steht und die Brust durch die Finger etwas zurückgedrückt wird. So kann das Kind den Warzenhof gut umfassen, und seine Nase bleibt frei.

Die Entleerung der Brust erfolgt durch eine luftdichte Umfassung der Brustwarze und des ganzen Warzenhofes durch die Lippen und den Kiefer des Kindes. Es ist wichtig, daß die Brustwarze durch die Zunge des Kindes von *unten* umfaßt wird. Wird die Zunge an den Gaumen gelegt, liegt die Brustwarze unter der Zunge, und das Kind kann auf diese Weise nicht saugen. Hat das Kind die Brustwarze richtig umfaßt, so läßt die Mutter die Brust wieder los.

Da das Kind anfangs sehr hastig trinkt, schluckt es mit der Milch auch Luft; deshalb läßt man es evtl. beim Wechseln der Brust und am Schluß aufstoßen, wenn nötig auch öfter. Dazu nimmt die Mutter das Kind auf und klopft ihm leicht auf den Rücken.

Während des Stillvorgangs hält die Mutter Augenkontakt mit ihrem Kind und erlebt so, in einer Zeit der Ruhe, eine intensive Verbindung zwischen sich und ihrem Kind.

Gewicht

Bedingt durch die in den ersten Lebenstagen geringe Nahrungsaufnahme, die Ausscheidungen von Mekonium und Urin, den Wasserverlust an der Oberfläche und das Abfallen des Nabelschnurrestes kann das Neugeborene zunächst 5 bis maximal 10% seines Geburtsgewichtes abnehmen.

Ab dem 5. Lebenstag nimmt das Neugeborene allmählich wieder an Gewicht zu, und am Ende der 2. Lebenswoche wird das Geburtsgewicht meist wieder erreicht.

Wird das Neugeborene von Anfang an ad libitum ernährt, kommt es nicht zu dieser ausgeprägten Gewichtsabnahme.

Im 1. Lebensjahr sollte der Säugling langsam, aber stetig zunehmen.

Etwa im 4.–5. Monat sollte das Geburtsgewicht verdoppelt und im 1. Lebensjahr verdreifacht werden.

	Im 1. Halbjahr	Im 2. Halbjahr
wöchentliche Gewichtszunahme	(150–)200 g	ca. 100 g

Bei zufriedenen Kindern, die gut gedeihen, regelmäßig und genügend einnässen, und ausreichender Milch braucht man anfangs nur einmal wöchentlich und später einmal monatlich zu wiegen.

Ist man sich nicht sicher, ob das Kind genügend Nahrung zu sich nimmt, so kann man die Tagestrinkmenge üperprüfen, indem man das Kind vor und nach jeder Brustmahlzeit mit derselben Kleidung wiegt, ohne es zwischendurch zu wickeln. Damit kann die Differenz im Gewicht genau festgestellt werden. Dieses Wiegen wiederholt man über den ganzen Tag, addiert nach 24 Stunden die einzelnen Trinkmengen und erreicht somit die Tagestrinkmenge (durchschnittliche Tagestrinkmenge s. S. 44).

Muttermilchstuhl s. S. 133.

Zwiemilchernährung

Die kombinierte Ernährung mit Muttermilch und einem Milchpräparat bezeichnet man als Zwiemilchernährung. Sie wird dann notwendig, wenn eine Mutter infolge Milchmangels nicht ausreichend stillen kann. Um die Milchbildung am besten aufrechtzuerhalten, wird das Kind so oft wie möglich an beiden Seiten angelegt; die evtl. fehlende Menge wird ihm *anschließend* in Form einer adaptierten (der Muttermilch angeglichenen) Milchnahrung mit der Flasche mit kleinem Saugerloch oder dem Löffel gefüttert.

Abstillen

Ein Kind soll so lange gestillt werden, wie Mutter und Kind Freude daran haben. Ideal

100 g enthalten	Eiweiß	Fett	Kohlenhydrate	Salze	kJ (kcal)
reife Muttermilch	1,2 g	4,0 g	7,0 g	0,25 g	~ 294 (~ 70)
Kuhmilch	3,3 g	3,5 g	4,5 g	0,75 g	273 (65)

ist es, wenn eine Mutter ihr Kind ca. 4–6 Monate *voll* stillen kann. Mit weiterer Stilldauer genügt die Muttermilch den Nahrungsbedrüfnissen des rasch wachsenden Säuglings nicht mehr. Es wird dann allmählich eine Brustmahlzeit nach der anderen durch Beikost ersetzt (Ernährungsvorschlag s. S. 45).

Wenn das Kind erst wenige Wochen alt ist und abgestillt werden muß, so wird zunächst eine Brustmahlzeit durch eine Flaschenmahlzeit ersetzt. Nach mindestens einer Woche Pause kann dann eine weitere Brustmahlzeit mit einer Flaschenmahlzeit vertauscht werden. Je länger der Abstillprozeß dauert, desto schonender ist es für das Kind.

Ist man jedoch gezwungen, schneller abzustillen, so sollte grundsätzlich eine adaptierte Milchmischung gefüttert werden, die dann in der Regel dem Kind weniger Verdauungsprobleme macht.

Beachte: Im Hochsommer, im Zusammenhang mit einem Impftermin und bei einer Erkrankung des Kindes wird möglichst nicht abgestillt.
Wenn ein plötzliches Abstillen aus schwerwiegenden Ursachen notwendig wird, sollte es immer unter ärztlicher Aufsicht erfolgen.

2.3.5.3. Künstliche Ernährung

Steht Muttermilch nicht zur Verfügung, so muß der Säugling mit einer Kuhmilchmischung ernährt werden.

Durch die moderne Ernährungsforschung gibt es heute gute Möglichkeiten und Voraussetzungen für eine künstliche Ernährung, so daß auch ein nichtgestilltes Kind sich körperlich und geistig völlig normal entwickelt.

Die Kuhmilch ist nicht auf die Bedürfnisse des Kindes, sondern auf die Bedürfnisse des Kalbes abgestimmt, deshalb muß die Kuhmilch der Muttermilch angeglichen werden.

Diese folgende Tabelle zeigt, daß durch Wasserzusatz der Eiweiß- und Salzgehalt vermindert, dafür aber Kohlenhydrate (in Form von Schleim und Zucker), Fett und Vitamine zugeführt werden müssen.

Bei den *adaptierten* Milchmischungen ist diese qualitative und quantitative Zusammensetzung am besten erreicht. Die fabrikmäßig hergestellten Fertigprodukte bedürfen keiner weiteren Zusätze mehr.

Man unterscheidet die adaptierten- und teiladaptierten Milchpräparate. Bei den adaptierten Milchpräparaten werden alle Nährstoffe der Muttermilch angeglichen, als Kohlenhydrat ist nur Milchzucker enthalten. Bei den teiladaptierten Milchpräparaten werden die Nährstoffe dagegen nur teilweise angepaßt, der Muttermilch also nur ähnlich gemacht.

Tagestrinkmenge

Die adaptierte Milchnahrung kann einem gesunden Säugling ad libitum gefüttert werden.

Mit der teiladaptierten Milchnahrung werden die Kinder unter Umständen überfüttert, deshalb wird die Tagestrinkmenge nach folgenden Richtlinien errechnet:

- In den ersten Lebenstagen gilt die *„Finkelstein-Regel" = (Lebenstag – 1) · 70 g*
- Ab dem 9. Lebenstag richtet sich die Tagestrinkmenge nach dem *Körpergewicht:* ca. ⅙ des Körpergewichts, bis das Kind 4800 g wiegt, das ergibt eine Tagestrinkmenge von ca. 800 ml. Ab diesem Zeitpunkt sollte die Tagestrinkmenge nur noch langsam gesteigert werden; sie sollte nicht mehr als 950–1000 ml ergeben.
- *Noch genauer ist es,* den durchschnittlichen Bedarf nach *Joule* oder *Kalorien* zu bestimmen.

Auf der jeweiligen Verpackung der Milchnahrung sind genaue Dosierungsanleitungen, an-

Alter	kJ/kg	kcal/kg
1. Trimenon	~ 523	~ 125
2. Trimenon	420–480	100–115
3. Trimenon	~ 420	~ 100
4. Trimenon	~ 377	~ 90

Ernährungsvorschlag im 1. Lebensjahr

1. Lebenstag 2–3 Stunden nach der Geburt (wenn das Kind wach ist)	Glukoselösung 5%ig oder Tee mit 5% Traubenzucker
2. Lebenstag (wenn das Kind wach ist)	½ Glukoselösung 5%ig + ½ adaptierte (oder teiladaptierte Milch)
3.–9. Tag	ca. alle 4 Stunden adaptierte (oder teiladaptierte Milch)
1.–2. Monat	ca. 5- bis 6mal Flasche
3. Monat	ca. 5mal Flasche
4. Monat	4- bis 5mal Flasche
5. Monat	4- bis 5 mal Flasche Beginn mit Beikost: – anfangs Karottenmus, löffelweise, allmählich zusätzlich Keimöl oder Butter sowie Kartoffeln, am Ende des 5. Lebensmonats dem Gemüse (meist Karotten)-Kartoffel-Brei mehrmals pro Woche Fleisch zusetzen (mageres, gekochtes, püriertes Rind-, Schweine-, Kalbs-, Geflügelfleisch im Wechsel, gelegentlich gekochte Schweineleber), ab jetzt 1mal pro Woche 1 Eigelb; – als Nachspeise Obstmus, z. B. geschlagene Banane, geriebener Apfel oder Obstgläschen (anfangs 30 g, im 2. Lebenshalbjahr bis 50 g) (es entfällt jetzt 1 Milchmahlzeit, allmählich Übergang auf 4 Mahlzeiten, also nur noch 3mal Flasche) **Beachte:** Zu empfehlen ist fabrikmäßig hergestelltes Gemüse im Glas aus kontrolliertem Anbaugebiet
6. Monat	– 2mal Flasche, – 1 Gemüse-Kartoffel-Fleisch-Fett-Brei, – eine weitere Milchmahlzeit wird durch eine Breikostmahlzeit ersetzt, und zwar durch einen Vollmilch-Getreide-Brei (Vollkornflocken, Haferflocken oder Grieß) + 3 bis 4 Eßlöffel Obstsaft (oder einen Fertigvollmilchbrei)
7. Monat	– 1mal Flasche, – 1 Gemüse-Kartoffel-Fleisch-Fett-Brei, – eine dritte Milchmahlzeit wird ersetzt durch eine dritte Breikostmahlzeit, nämlich durch einen milchfreien Getreideflocken-Obst-Brei + 10 g Butter – 1 Vollmilch-Getreide-Brei mit Obstsaft

Ernährungsvorschlag im 1. Lebensjahr

8.–9. Monat	– 1mal Flasche (allmählich auf Vollmilch übergehen), – 1 Gemüse-Kartoffel-Fleisch-Fett-Brei (Gemüse: Karotten, Kohlrabi, Spinat, Blumenkohl, Tomaten – Vorsicht mit blähender Kost, z. B. Linsen, Erbsen!), – 1 milchfreier Getreideflocken-Obst-Brei + 10 g Butter oder Obstgläschen, evtl. mit Joghurt – 1 Vollmilch-Getreide-Brei mit Obstsaft
10.–12. Monat	Kost zunehmend gröber gestalten, allmählich kann das Kind am Essen der Familie teilnehmen (Übergang zu Kleinkinder-Kost), grundsätzlich ist alles erlaubt, was nicht zu stark gesalzen und gewürzt ist; auf Nüsse und Schokolade muß es allerdings verzichten, da die Aspirationsgefahr sehr groß ist und eine Neigung zu Allergien bestehen kann

gegeben und spezielle Meßlöffel beigelegt. Beides ist zu beachten.
Der Ernährungserfolg bei der künstlichen Ernährung ist wie bei der natürlichen Ernährung an der Zufriedenheit des Kindes und an einer stetigen Gewichtszunahme abzulesen (s. Gewicht, S. 43).

Beachte: Während des 1. Lebenshalbjahres braucht der Säugling 750–1000 ml Tages*milch*menge, während des 2. Lebenshalbjahres mindestens 500–750 ml.

Das Kind benötigt während des ganzen 1. Lebensjahres genügend freie Flüssigkeit, deshalb kann ihm (besonders wenn die Flaschenmahlzeiten reduziert werden und bei Hitze) ungesüßter Tee angeboten werden.
Fabrikmäßig hergestellte Milchpräparate enthalten aufgrund ihrer Behandlung weniger Allergiestoffe als Kuhmilch. Deshalb wird heute empfohlen, bei einem verdauungs- oder hautempfindlichen Kind oder einem Risikokind (z. B. Frühgeborenen) im 1. Lebensjahr möglichst ganz auf Kuhmilch zu verzichten; der Milchbrei wird mit adaptierter bzw. teiladaptierter Milch zubereitet, oder es wird ein Milchfertigbrei verwendet.
Einem Säugling mit bekannter Allergieanamnese sollte vorsorglich eine hypoallergene Nahrung gefüttert werden.

2.3.5.4. Nahrungsverabreichung

Die moderne künstliche Ernährung ist heute in ihrer Zusammensetzung der Qualität der Muttermilch weitgehend angeglichen. Bei der Ernährung mit der Flasche findet jedoch keine so intensive Mutter-Kind-Beziehung statt. Um diese so wichtige Beziehung herzustellen, sollte die Mutter oder Pflegeperson sich für das Füttern sehr viel Zeit und Ruhe nehmen und sich mit ihren Gedanken dem Kind so zuwenden, daß es trotzdem die notwendige Zärtlichkeit, Wärme und Geborgenheit erfährt.
Wie beim Stillen ist auch bei der künstlichen Ernährung eine bequeme und entspannte Haltung für Mutter und Kind sehr wichtig. Die Pflegeperson sitzt angelehnt auf einem bequemen Stuhl, ihre Beine sind auf einem Fußschemel aufgestellt. Das Kind liegt in Blickrichtung zu ihr auf ihrem Schoß, die Beine des Kindes sind jeweils seitlich der Hüfte der Pflegeperson abgespreizt. Auf diese Weise entsteht ein enger Kontakt, und die Pflegeperson begegnet dem Kind von vorn, d. h. sie nimmt Blickkontakt von vorn auf und füttert das Kind von vorn (Abbildung 12a u. b). Gleichgültig, ob das Kind aus der Flasche trinkt oder mit dem Löffel gefüttert wird, kann es so sein Gefühl für Symmetrie besser entwickeln, als wenn es nur von der Seite angesprochen wird.
Eine andere Möglichkeit, die dem Trinken an der Brust mehr entspricht, ist die, daß das Kind seitlich auf dem Schoß der Pflegeperson liegt und abwechslungsweise von ihrem linken

a

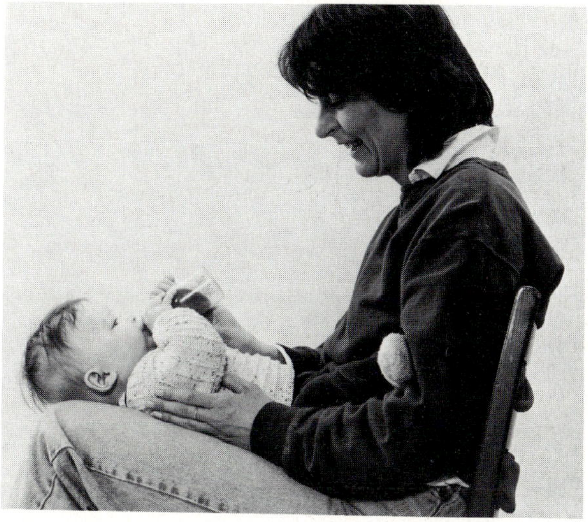

b

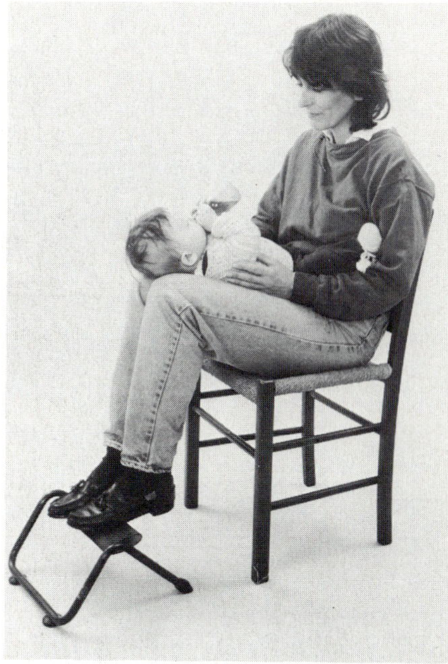

Abb. 12a u. b Füttern von vorn

und ihrem rechten Arm gehalten wird; mit der freien Hand hält sie die Flasche oder den Löffel (Abb. 13). Auch auf diese Weise ist ein enger Körperkontakt gewährleistet.

Beachte: Bei dieser Art des Fütterns muß darauf geachtet werden, daß beide Arme des Kindes nach vorn kommen.

Ältere Säuglinge können für kurze Zeit auf einen Kinderstuhl an den Familientisch gesetzt werden und so auch von vorn gefüttert werden. Auf diese Weise machen sie auch ihre ersten selbständigen Eßversuche.

Flaschenmahlzeit

Folgende Anforderungen sind an die Flasche und den Sauger zu stellen:
Die *Flasche* soll

- aus hitzebeständigem Glas sein,
- weithalsig, somit gut zu reinigen sein,
- außen graduiert sein,
- einen Verschluß haben,
- nur für Säuglinge verwendet werden.

Der *Sauger* soll

- aus festem Gummi sein,
- kieferformend sein,
- ein der Nahrung angepaßtes Saugerloch haben (Nahrung soll langsam aus dem Loch tropfen).

Abb. 13 Füttern von der Seite

Handlungsschema: Flaschenmahlzeit

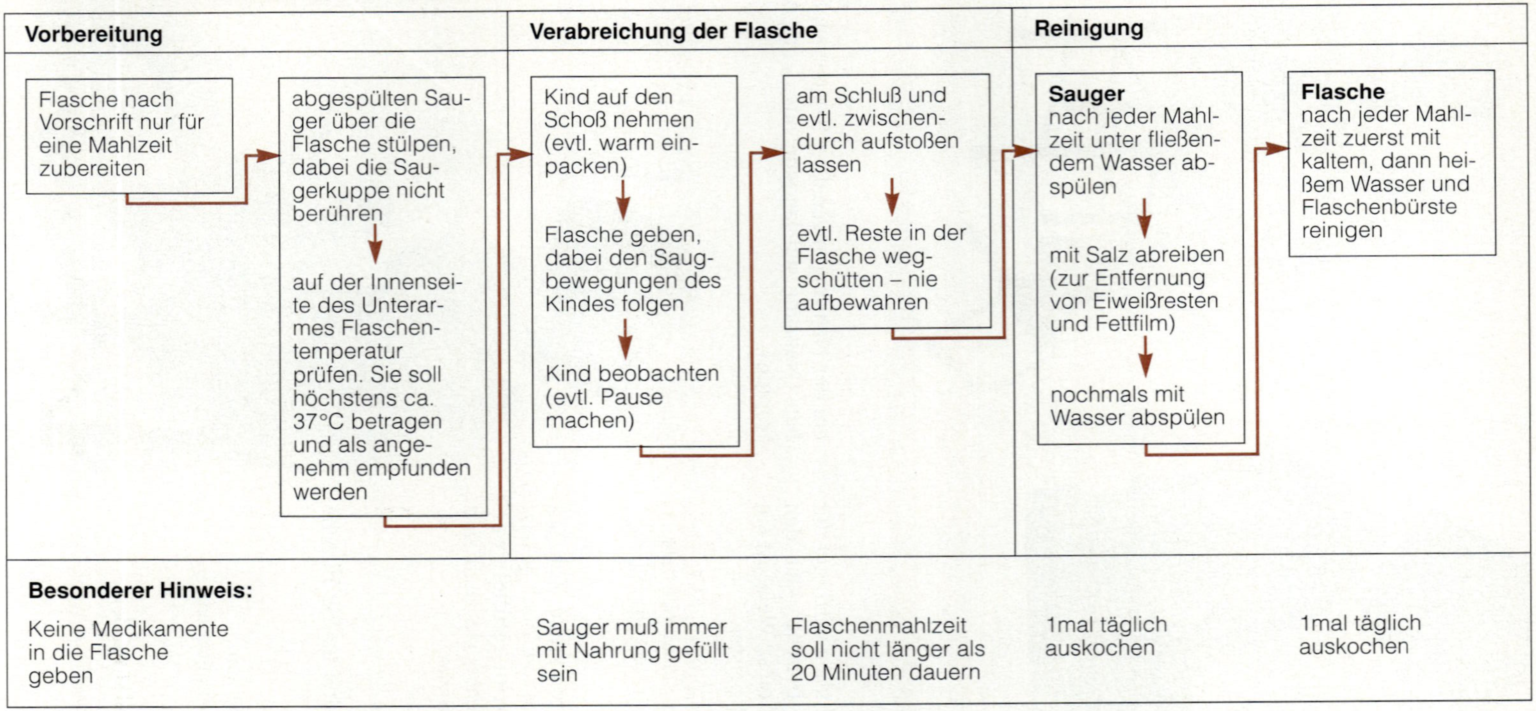

Beikost

Ab frühestens dem 5. Monat bekommt der Säugling seine erste Mahlzeit mit dem Löffel.

Das Kind sollte möglichst seinen eigenen Teller (evtl. einen Wärmeteller) und Löffel haben. Der Teller ist unzerbrechlich, aber für das Kind entsprechend (bunt oder mit Bildern), als Löffel benützt man meist einen Eierlöffel aus Kunststoff oder einen Chromarganlöffel, dessen Kanten nicht scharf sind.

Das Essen mit dem Löffel ist für den Säugling eine Umstellung, denn seine hauptsächliche Mundstellung war in den ersten Wochen eine Saugstellung – die Zunge wurde dazu vorgewölbt und die Lippen zusammengezogen. Jetzt muß das Kind lernen, die Nahrung von der Zungenspitze zum Zungengrund zu befördern. Bei den ersten Versuchen wird sich das Kind ungeschickt anstellen, die Nahrung immer wieder zum Mund herausbringen und dabei meist recht unruhig werden.

Mit viel Geduld und unter beruhigendem Zureden muß die Pflegeperson versuchen, den nicht ganz gefüllten Löffel auf die Zunge des Kindes zu schieben, so daß der Brei vom Löffel herabfließen kann.

Man beginnt mit der Einführung der Breimahlzeit mit einer kleinen Menge und belohnt das erfolgreiche Hinunterschlucken mit der gewohnten Flaschenmahlzeit.

Weiterführende Literatur

Herzka, H.: Das Kind von der Geburt bis zur Schule, 6. Aufl. Schwabe, Basel 1984

Herzka, H., R. Binswanger: Spielsachen für das gesunde und das behinderte Kind, 3. Aufl. Schwabe, Basel 1974

Kitzinger, Sh.: Ich stille mein Baby. Kösel, München 1989

Lothrop, H.: Das Stillbuch, 14. Aufl. Kösel, München 1989

Schmid, E., G. Schöch: Die Ernährung des Säuglings und des Kindes. Hans Marseille Verlag, München 1989

Schriftenreihe des BMYFG: Stillen und Muttermilchernährung, Bd. 185

2.4. Die Pflege des Klein- und Schulkindes

H. Wildoer

Strukturnetz

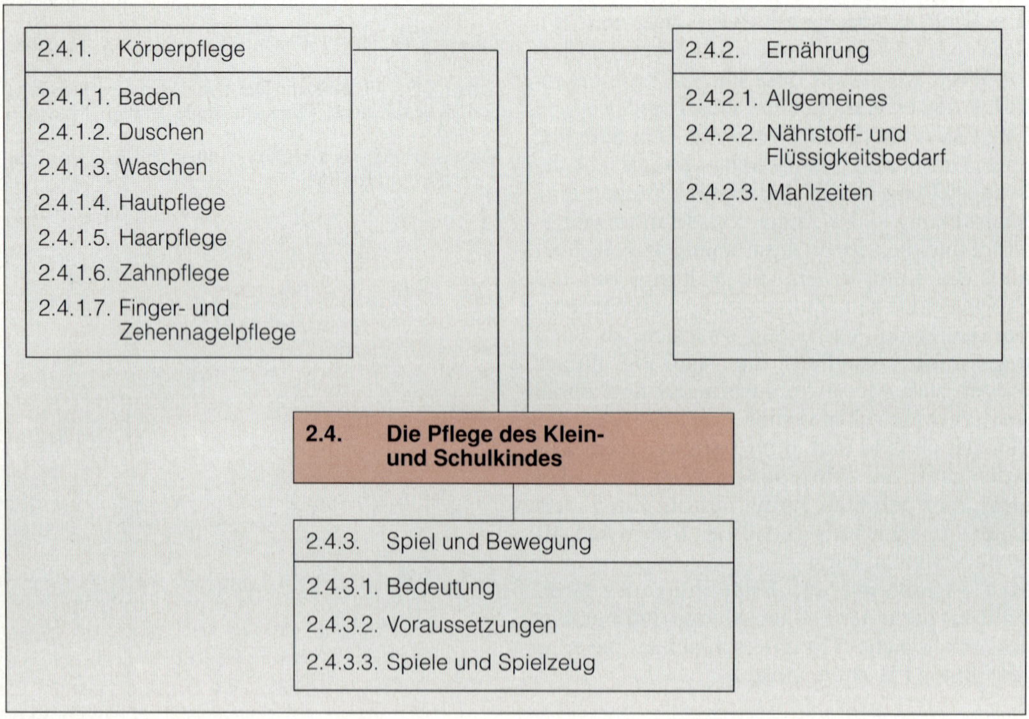

Lehrziel

Das Neugeborene und der Säugling sind vollkommen auf die Pflege der Mutter (Bezugsperson) angewiesen. In diesem Abschnitt wird beschrieben, wie das Kind angeleitet wird, seine Pflege nach und nach selbstverantwortlich durchzuführen, und welches Material ihm angeboten werden kann, um seine Selbständigkeit zu fördern.

Lernziele

Nach dem Lesen der folgenden Seiten können Sie
- eine Mutter über die Körperpflege, die Ernährung und die Bedeutung von Bewegung und Spiel beraten;
- ein Kind bei der Durchführung der Körperpflege anleiten;
- aufzählen, wie ein Speiseplan für ein Kind zusammengestellt wird;
- Beispiele anführen, wie ein Kind beschäftigt wird.

2.4.1. Körperpflege

Die Körperpflege
- bewahrt lebensnotwendige Organfunktionen,
- beugt Krankheiten vor,
- erhöht das Wohlbefinden.

Darum sollte das Kind schon frühzeitig an eine regelmäßige Körperpflege, die der Gesunderhaltung des Körpers dient, gewöhnt werden.
Die Haut wird 2mal täglich mit Wasser und Seife von den körpereigenen Ausscheidungsstoffen und ihren Zersetzungsprodukten gereinigt. Das tägliche Bad sollte auch nach der Säuglingszeit beibehalten werden. Wenn das Kind älter wird und sicher steht, ist aus hygienischen Gründen das Duschen vorzuziehen. Da ein Bad nicht nur das körperliche, sondern auch das seelische Wohlbefinden fördert, sollte man bei der Wahl Baden oder Duschen die

Wünsche des Kindes berücksichtigen. Wenn das Kind im Freien spielt, empfiehlt es sich, es abends zu baden oder zu duschen und morgens zu waschen. Es sollten milde alkalifreie Seifen oder Badezusätze verwendet werden.
Nase und Ohren bedürfen keiner speziellen Pflege. Die Kinder können die Nase mit dem Taschentuch schneuzen. Sie werden angehalten, jeweils ein Nasenloch zuzudrücken. Die Ohrmuscheln werden mit Wasser und Seife gewaschen und mit dem Handtuchzipfel gereinigt.
Intimpflege beim Mädchen: Vor dem Auftreten der Menarche das Mädchen über den Gebrauch von Vorlagen oder Tampons unterrichten.

2.4.1.1. Baden

Material	Handlung Pflegeperson	Handlung Kind	Besonders zu beachten
– Badewanne – Wasser	– einfließen lassen – Kind entkleiden – in die Badewanne heben – helfen	– größere Kinder Temperatur selbst prüfen lassen und Wassermenge bestimmen	s. S. 33ff, Säuglingsbad
– 1. Waschlappen – Seife oder Badezusatz	– Gesicht ohne Seife waschen – Ohren, Hals, Arme, Hände, Brust, Rücken waschen	– je nach Alter und Entwicklungsstand helfen oder selbständig durchführen lassen	
– 2. Waschlappen	– Beine, Füße, Genitalbereich, Gesäß waschen		– beim Jungen die Vorhaut zurückschieben – beim Mädchen von vorn nach hinten waschen
– Nagelbürste	– Finger- und Zehennägel bürsten		– nicht zu hart, damit keine Nagelbettverletzungen entstehen
	– kurz warm nachduschen evtl. auch kalt		– da Schmutz und Seife im Badewasser schwimmt – kalte Dusche härtet ab und zieht die beim Baden erweiterten Blutgefäße wieder zusammen
– 1. Frottiertuch – 2. Frottiertuch	– Kind herausheben – Oberkörper – Unterkörper frottieren zum Herzen – besonders zwischen den Zehen und Hautfalten abtrocknen		– Anregen der Blutzirkulation **Beachte:** Feuchtigkeit ist ein idealer Nährboden für Pilze
– Wäsche und/oder Kleidung	– Kind ankleiden		– je nach Tageszeit
	Waschlappen nachspülen und aufhängen		– Haken im Bad so anbringen, daß sie für das Kind erreichbar sind

Beachte: Das Kind sollte frühzeitig lernen, daß jedes Familienmitglied seine eigenen Waschutensilien hat. Wäsche 1- bis 2mal wöchentlich wechseln.

2.4.1.2. Duschen

Material und Handlung Kind s. Baden.

Durchführung

Handlung Pflegeperson	Besonders zu beachten
– Wasser einstellen	– Temperatur prüfen
– Haut anfeuchten	
– Haut einseifen, evtl. bürsten	
– Finger- und Zehennägel bürsten	
– abduschen	
– kalt nachduschen	*Alles weitere s. Baden*

2.4.1.3. Waschen

Material und Handlung Kind s. Baden.

Durchführung

Handlung Pflegeperson	Besonders zu beachten
– Wasser einlaufen lassen	– handwarmes Wasser ins Waschbecken – oder unter fließendem Wasser waschen
– Oberkörper entkleiden – in folgender Reihenfolge waschen: Gesicht (ohne Seife), Ohren, Hals, Arme, Hände, Brust und Rücken	
– abtrocknen	– Auskühlen vermeiden
– Oberkörper ankleiden	– evtl. nur Unterhemd anziehen
– Beine, Genitalbereich und Gesäß waschen	
	Alles weitere s. Baden

Beachte: Vor jeder Mahlzeit und nach dem Benutzen der Toilette Hände waschen.
Während der Menstruation wird die Körperpflege wie üblich durchgeführt. Das Mädchen wird dazu angehalten, sich häufiger unter den Achseln und im Genitalbereich zu waschen, da die Drüsen an diesen Tagen mehr Sekret absondern.

2.4.1.4. Hautpflege

Die Gesichtshaut, die allen Witterungseinflüssen ausgesetzt ist, kann 2mal täglich mit einer Gesichtscreme gepflegt werden. Besonders trockene Hautpartien, z. B. Ellenbogen, Knie, Hände und evtl. Arme cremt man nach dem Baden oder Duschen mit einer halbflüssigen Creme oder Körperlotion ein.

2.4.1.5. Haarpflege

Zur Haarpflege gehört, daß die Haare 2mal täglich gebürstet und durchgekämmt werden. Dadurch wird die Durchblutung der Kopfhaut gefördert, der Staub aus den Haaren entfernt und eine Verfilzung der Haare verhindert. Gepflegtes und gesundes Kopfhaar hat einen seidig schimmernden Glanz.

Das Kind anleiten, nach dem Gebrauch von Kamm und Bürste die Haare daraus zu entfernen. Die Haare werden einmal in der Woche gewaschen.

Die Haarwäsche wird am besten im Anschluß an ein Reinigungsbad oder eine -dusche durchgeführt.

Durchführung: Haarwäsche

Material	Handlung Pflegeperson	Handlung Kind	Besonders zu beachten
	Haare anfeuchten	– Kopf nach hinten oder vorn neigen	– Kindershampoo verwenden, das nicht in den Augen brennt
– Shampoo	– einschäumen – waschen	– Augen zuhalten	– einmal genügt, da sonst die Kopfhaut austrocknet
– Waschlappen			
– reichlich Wasser	– nachspülen		– nur bei sehr fettigen Haaren 2mal einschäumen
– Frottiertuch	– frottieren		
– Bürste	– durchbürsten		– einmal wöchentlich reinigen
– Kamm	– durchkämmen bei langem Haar mit einer Hand die Haare an die Kopfhaut drücken		– damit es nicht so weh tut
– Fön	– trocknen		

2.4.1.6. Zahnpflege

Die Pflege der Zähne dient der Vorbeugung von Zahn- und Zahnfleischkrankheiten durch Entfernen der Speisereste und Beläge von den Zähnen und aus den Räumen zwischen den Zähnen. Die an den Zähnen haftenden Bakterien produzieren aus den Nahrungsresten, besonders aus dem Zucker, Säuren, die den Zahnschmelz angreifen. Durch Massage wird die Durchblutung des Zahnfleisches gefördert. Mit der Zahnpflege kann schon bald, nachdem das Kind seine ersten Zähnchen hat, begonnen werden. Man hält den Kopf des Kindes und übt „Mund aufmachen, Zähnchen zeigen" und reibt vorsichtig die Zähne mit Wattestäbchen oder Mulläppchen ab. Vor allem den Übergang vom Zahnfleisch zum Zahn sauberhalten als Prophylaxe gegen Karies (A) und Paradontose (B) (Abb. 14). Besonders wichtig ist die Reinigung der Zähne am Abend nach der letzten Mahlzeit. Nachts ist der Speichelfluß eingeschränkt und dadurch die selbsttätige Reinigung stillgelegt. Danach sollten auch keine Medikamente, z.B. Hustensaft, oder Süßigkeiten (Betthupferl) mehr gegeben werden.

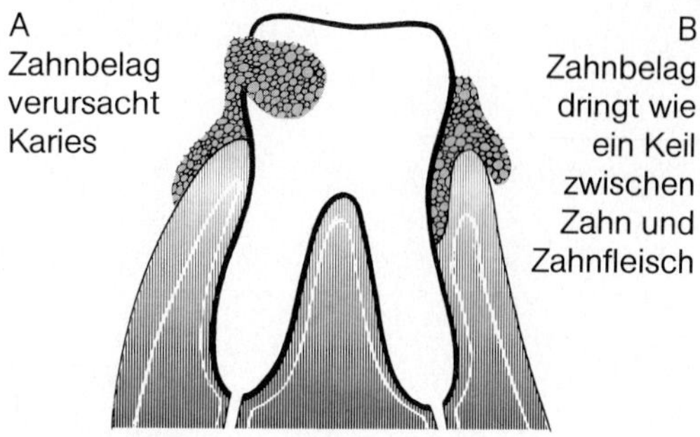

Abb. 14

Durchführung: Zähneputzen

Material	Handlung	Besonders zu beachten
(Kinder-)Zahnbürste	– mit Wasser anfeuchten	– Kunststoffborsten sind hygienischer als Naturborsten Härtegrad: mittel
(Kinder-)Zahnpasta	– auf die Zahnbürste geben – Zahnaußen- und -innenflächen vom Zahnfleisch zur Zahnkrone mit leichten Drehbewegungen bürsten – Kauflächen bürsten – Zahnaußenflächen nochmal mit kreisenden Bewegungen bürsten (Abb. 15a–d)	– evtl. erst ohne beginnen – etwa 3 Minuten bürsten – Spiegel und Sanduhr erleichtern das Erlernen

Abb. 15a–d Zahnreinigung

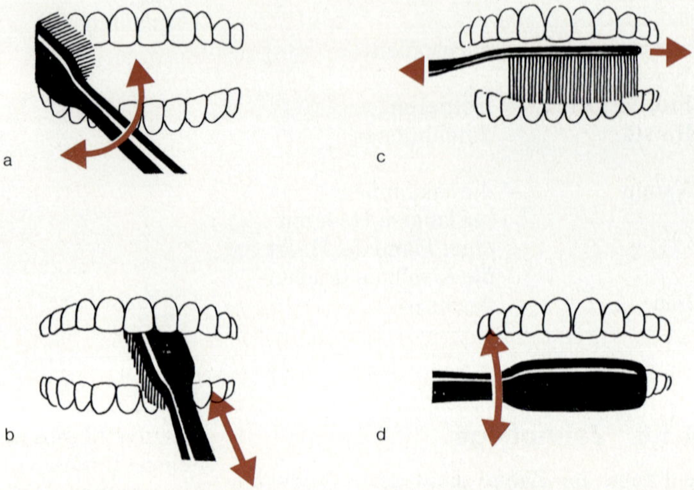

Material	Handlung	Besonders zu beachten
Zahnputzbecher mit lauwarmen Wasser	– mehrmals spülen, das Wasser kräftig durch die Zahnzwischenräume pressen – Zahnbürste nachspülen und alle Zahnpastareste entfernen – trocknen lassen	– oder zusätzlich mit einer Munddusche spülen (Abb. 16) – Zahnbürste erneuern, wenn sich die Borsten verbiegen, besser noch alle 2–4 Monate

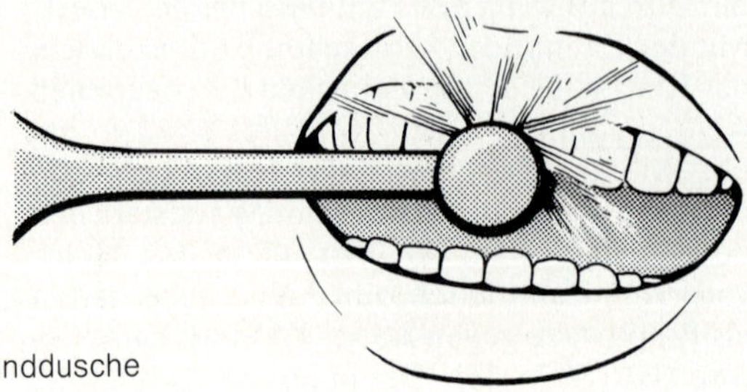

Abb. 16 Munddusche

Beachte: Müssen die Medikamente nachts gegeben werden, ungesüßten Tee oder Mineralwasser nachtrinken lassen.

Mit etwa eineinhalb Jahren kann das Reinigen der Zähne mit einer Kinderzahnbürste durchgeführt werden. Dazu nimmt man das Kind nach dem Essen auf den Arm, befeuchtet die Zahnbürste mit Wasser und putzt zunächst die Schneidezähne. Wenn das Kind den Mund weit aufmacht, kann man auch die Kauflächen der hinteren Zähne leicht bürsten.

Beachte: Das Kind nicht zum Öffnen des Mundes zwingen.

Wenn das Kind Erwachsene, besonders die Eltern, beim Zähneputzen beobachtet, wird es schon bald diese nachahmen wollen und sich selbständig die Zähne putzen.
Die Zähne werden täglich, noch besser nach jeder Mahlzeit, 3 Minuten lang gebürstet.
Zur Gesunderhaltung der Zähne und des Zahnfleisches trägt das Kauen von Vollkornbrot, Brotrinden, Möhren und Äpfeln bei. Kaugummi ist nur zu empfehlen, wenn es keinen Zucker enthält. Eine fehlerhafte Entwicklung des Kiefers und des Gebisses hat häufig mehrere Ursachen, unter anderem auch das gewohnheitsmäßige Lutschen an Daumen, Fingern, Bettzipfeln oder anderen Gegenständen. Beobachtet man bei dem Kind solche Lutschgewohnheiten, sollte man ihm diese Dinge behutsam aus dem Mund nehmen. Besser ist es, dem Kind einen der Kieferform angepaßten Beruhigungssauger zu geben (Abb. 17).
Ab dem 3. Lebensjahr sollte man das Kind halbjährlich vom Zahnarzt untersuchen lassen, um frühzeitig Zahnkrankheiten, Gebiß- und Kieferanomalien feststellen und behandeln zu können, damit die Kauwerkzeuge ihre Funktion erfüllen und ein harmonischer Gesichtsausdruck bewahrt wird.

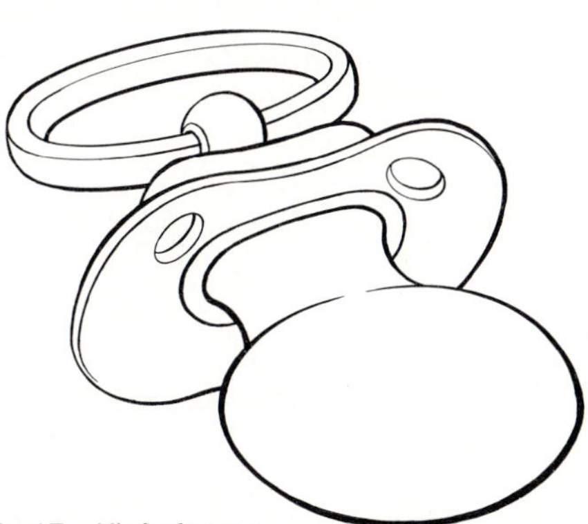

Abb. 17 Kieferformer

2.4.1.7. Finger- und Zehennagelpflege

Die Fingernägel täglich bürsten und die Nagelhaut beim Händeabtrocknen zurückschieben. Wöchentlich die Nägel schneiden und oval feilen. Die Nägel sollen lang genug sein, um das empfindliche Fingerspitzengefühl zu wahren, und kurz genug, um beim Spiel nicht zu stören.
Da die Fußnägel nur halb so schnell wachsen, werden sie alle 14 Tage geschnitten und nachgefeilt, am besten nach einem Bad. Im Gegensatz zu den Fingernägeln werden die Fußnägel leicht nach innen gewölbt gekürzt, damit die Außenseiten nicht in das Nagelbett einwachsen.
Die Nagelpflege ist ab dem 3. Lebensjahr zu üben. Zum Lernen dem Kind eine abgerundete Schere und eine Papierfeile geben. So wie jedes Familienmitglied seine Waschutensilien hat, braucht auch jeder sein eigenes, sauberes Maniküre- und Pedikürebesteck.

2.4.2. Ernährung

2.4.2.1. Allgemeines

Nach dem 1. Lebensjahr beginnt der langsame Übergang von der Säuglingsernährung zur Kost des Erwachsenen. Da die Geschmacksentwicklung der Kinder zunimmt, wird der Speiseplan abwechslungsreicher gestaltet. Kleinkinder können nun auch feste Speisen verzehren. Mit dem Durchbruch der ersten Backenzähne wird das Kind zum Kauen angehalten. Die Gerichte werden nicht mehr passiert, sondern mit einer Gabel zerdrückt oder fein geschnitten. Das Kind kann die Speisen der Erwachsenen mitessen, jedoch nicht so viel Salz verwenden. Geeigneter zum Würzen sind Küchenkräuter. Auf schwer verdauliche Speisen (Kohl, Hülsenfrüchte, Salate und Vollkornbrot) sollte im 2. und evtl. im 3. Lebensjahr noch verzichtet werden. Speisereste vom Tag vorher sollten dem Kind nicht gegeben werden.

Kinder essen besser, wenn sie die Mahlzeiten im Kreise der Familie einnehmen können und nicht allein essen müssen. Man gewöhnt sie auch daran, selbständig mit dem Löffel zu essen und aus dem Becher zu trinken.
Das Kind nie zum Aufessen oder Weiteressen zwingen, da es im allgemeinen weiß, wann es satt ist. Kleine Essenportionen zusammenstellen und das Kind nachfordern lassen.
Werden einzelne Nahrungsmittel oder Speisen abgelehnt, kann durch eine veränderte Zubereitung oft die Abneigung der Kinder überwunden werden.

2.4.2.2. Nährstoff- und Flüssigkeitsbedarf

Eine abwechslungsreiche gemischte Kost enthält alle für das Klein- und Schulkind notwendigen Nährstoffe, Vitamine, Mineralien und Spurenelemente. Vitaminpräparate werden nur auf ärztliche Anordnung gegeben.
Die Flüssigkeit wird den Kindern in Form von ungesüßtem oder schwach gesüßtem Früchte- oder Kräutertee, Malzkaffee, verdünntem Fruchtsaft oder Milch angeboten. Den Milchgenuß nicht übertreiben, ¼–½ l sind ausreichend. Wird Milch zum Durstlöschen gegeben, bekommt das Kind zuviel Joule (Kalorien).
Die Angaben wurden der Broschüre „Ernährung des Klein- und Schulkindes" der Deutschen Gesellschaft für Ernährung entnommen. Die Nahrung wird so zusammengestellt, daß der Energiebedarf zu 10–15 % aus Eiweiß, zu 35–40 % aus Fett und zu 50 % aus Kohlenhydraten besteht.

1 g Eiweiß = 17 kJ (4,1 kcal),
1 g Fett = 39 kJ (9,3 kcal),
1 g Kohlenhydrate = 17 kJ (4,1 kcal).
Kohlenhydrate und Fett sollten nicht zusätzlich gegeben werden.

2.4.2.3. Mahlzeiten

Das Kind erhält 3 Hauptmahlzeiten und bei Bedarf 2 Zwischenmahlzeiten. Um den Appetit der Kinder zu fördern, werden die Nahrungsmittel gewechselt.
Das erste Frühstück sollte ausreichend und in Ruhe eingenommen werden, besonders bei Schulkindern.
Das Kind braucht täglich eine warme Mahlzeit. Wenn sie mittags nicht eingenommen werden kann, kann sie auch auf die frühen Abendstunden verlegt werden. Die warme Mahlzeit sollte immer mit einer kleinen Nachspeise abgeschlossen werden.
Dem Wunsch der Kinder, zu den Mahlzeiten zu trinken, kann man mäßig entsprechen.
Die Zwischenmahlzeiten sollten nicht so umfangreich sein, um den Appetit auf das Mittag- oder Abendessen nicht zu verderben.

Alter	Eiweiß pro Tag	Trinkmenge pro Tag	Energiebedarf pro Tag
1.–3. Lj.	27–38 g	600– 800 ml	4200– 5800 kJ (1000–1400 kcal)
4.–6. Lj.	40–48 g	700– 900 ml	6300– 7560 kJ (1500–1800 kcal)
7.–9. Lj.	46–54 g	800–1000 ml	7140– 8400 kJ (1700–2000 kcal)
Knaben 10.–12. Lj.	56–64 g	900–1100 ml	8820–10080 kJ (2100–2400 kcal)
Mädchen 10.–12. Lj.	54–62 g	900–1100 ml	8400– 9660 kJ (2000–2300 kcal)
Knaben 13.–14. Lj.	64–75 g	1000–1200 ml	10080–11760 kJ (2400–2800 kcal)
Mädchen 13.–14. Lj.	59–70 g	1000–1200 ml	9240–10920 kJ (2200–2600 kcal)

1. Frühstück	2. Frühstück	Warme Mahlzeit	Zwischenmahlzeit am Nachmittag	Kalte Mahlzeit
– *Getränke:* Milch, Milchmixgetränk oder Malzkaffee und ein kleines Glas Saft – verschiedene Sorten Brot oder Brötchen – *Aufstrich:* Honig, Marmelade, magere Wurst, Käse, Quark oder gekochtes oder gebackenes Ei – statt Brot: Milch mit Haferflocken oder Cornflakes	– Apfel oder Banane, bei längerem Schulunterricht oder wenn das Kind beim 1. Frühstück nicht gegessen hat, 1–2 Scheiben Brot oder etwas Trockenobst oder einige Nußkerne	– *Getränk:* Saft oder Tee – Gemüse oder Salat, Kartoffeln, Reis oder Nudeln – Fleisch, Fisch oder Ei – *Nachspeise:* Quark, Pudding, Kompott	– *Getränk:* wie 1. Frühstück – Honig- oder Marmeladenbrot oder ein Hefeteilchen, ein Stück Rührkuchen oder ein Stück Obstkuchen – manchmal reicht ein Stück Obst	– *Getränk:* wie warme Mahlzeit – Brotsorten und Belag wechseln, dazu Salat, Radieschen, Tomaten, oder Gurke – bei älteren Kindern gelegentlich ein warmes Gericht: Milchreis, Auflauf, Pfannkuchen oder Omelett

2.4.3. Spiel und Bewegung

2.4.3.1. Bedeutung von Spiel und Bewegung

Das Spiel entspringt dem spontanen Bedürfnis des Kindes. Für das Kind ist es eine ernsthafte Tätigkeit, mit der Arbeit des Erwachsenen vergleichbar, jedoch hat es eine andere Motivation. Das Kind spielt zunächst nur um der Tätigkeit willen und nicht, um ein Werk zu schaffen; es ist die kindgemäße Form der Auseinandersetzung mit seiner Umwelt.
Aggressionen können im Spiel abreagiert und Erlebnisse verarbeitet werden.
Bei Bewegung und Spiel werden Anlagen und Fähigkeiten entwickelt und gefördert, z. B.

- körperliche Geschicklichkeit, Bewegungssicherheit;
- gute Körperhaltung;
- Gleichgewichts-, Orientierungs- und Reaktionsfähigkeit;
- Selbständigkeit und Initiative;
- Arbeitsfreude und Fleiß;
- Konzentration, Ausdauer und Hingabe an eine Aufgabe;
- Zielstrebigkeit;
- Verantwortungsgefühl, Verhalten in der Gemeinschaft, Erlernen und Einhalten von Spielregeln.

2.4.3.2. Voraussetzungen für Spiel und Bewegung

Um richtig spielen zu können, braucht das Kind:
Genügend Zeit. Das Kind soll entscheiden können, wie lange es sich mit einem Spiel beschäftigen möchte, damit es die Fähigkeit entfalten kann, konzentriert ein Werk zu planen und selbständig durchzuführen. Wenn das Kind aus wichtigen Gründen sein Spiel beenden muß, sollte man ihm dies rechtzeitig sagen, damit es ein Zwischenziel erreichen oder Vorsorge treffen kann, später oder am anderen Tag weiterzuspielen.

Alter	Spiele, Beschäftigungsarten	Spielzeug, Spielmaterial
2. Lebensjahr	– Funktions- und Tätigkeitsspiele: schieben, ziehen, tragen	– Ball, Puppenwagen, Tiere zum Ziehen, Autos, Holzeisenbahn
	– Konstruktions- oder Herstellspiele: Turm bauen, Sandspiele	– Bauklötze – Eimer, Schaufel, Formen
	– Mutter nachahmen: fegen, Staub putzen, beim Aufräumen helfen	– Besen – Staubtuch – Küchengeräte – Alltagsspielzeug
	– Nachahmen von Verrichtungen, die mit ihm durchgeführt werden, z. B. füttert die Puppe, den Teddy	
	– Fingerspiele	
	– Lieder der Mutter, kleine Verse oder kleine Geschichten aus dem kindlichen Lebenskreis	– Bilderbuch – Kreisel – erste Musikinstrumente (Kindertrommel, Trompete)
	– Schwimmen	
3. Lebensjahr	– Rollenspiele nehmen zu. Das Kind übernimmt die Rolle der Mutter, ahmt aber auch fremde Erwachsene nach, z. B. beim Telefonieren	– Puppe zum An- und Ausziehen
	– Kritzeln	– Papier und Bleistift
	– Herstellspiele: Garagen, Brücken	– Sortiment der Bauklötze erweitern
	– Bewegungsspiele: klettern, springen, balancieren, Kreisspiele	– Dreirad, Roller, Schlitten, Wippen, Schaukel, Rutsche
4.–6. Lebensjahr	– Ausgeprägtes Rollenspiel	– Gegenstände werden in Spielutensilien verwandelt. Das Spielmaterial muß nicht der Wirklichkeit entsprechen
	– Gekritzel wird benannt	– Buntstifte, Papier, Tafel oder Schrankwand
	– Märchenerzählungen, Verse, Lieder	
	– Herstellspiele	– Legespiele, Steckspiele, Knetmaterial, Ton, Wachs, Schere zum Ausschneiden, Holzstücke, Steine, Garnrollen
	– Gemeinschaftsspiele mit einfachen Spielregeln: Versteckspielen, Schulespielen, Wettspiele	– Bilderlotto, Schwarzer Peter
	– Schattenspiele, Kasperleaufführungen ansehen	

Alter	Spiele, Beschäftigungsarten	Spielzeug, Spielmaterial
6.–10. Lebensjahr	– Übergang von der Materialverwendung zur Materialverarbeitung: Basteln, Experimentieren	– realistisches Spielmaterial – alte Klingel, Uhr
	– erfolgsgerichtete Denkspiele	– Quartett, Brettspiele
	– Spiele ohne Hilfsmittel: Rätselraten, Gesellschaftspiele	
	– Sammeln nach bestimmten Gesichtspunkten	
	– Tauschen	
	– Lesen	– realistische Bücher
	– Sport, Schwimmen, Radfahren	– Fahrrad, Rollschuhe
	– Theaterspielen, Musizieren	– Musikinstrument
10.–14. Lebensjahr	– Handarbeit, Werkarbeit	– Webrahmen, Werkzeug, technische Bau- und Experimentierkästen
	– Fußball, Leichtathletik	

Ausreichend Platz. Um halbfertige Werke stehen lassen zu können, braucht das Kind eine eigene Spielecke oder ein eigenes Zimmer, das hell und farbenfroh sein sollte.
Nicht nur in der Wohnung, sondern auch im Freien braucht das Kind ausreichenden Platz für seine Bewegungsspiele. Die Zeit sollte täglich 2 Stunden betragen.
Spielfreudige Atmosphäre. Am kindlichen Spiel sollte man Anteilnahme zeigen, jedoch nur helfen und beraten, wenn mehrfache selbständige Versuche des Kindes gescheitert sind und es darum bittet.
Falsch ist es, das Kind dauernd zu kritisieren und zu verbessern.

Geeignetes Spielzeug. Bei der Auswahl des Spielzeugs ist das Alter des Kindes zu berücksichtigen. Ist das Spielzeug für das Alter nicht passend, so verliert das Kind die Lust und wird mutlos.
Das Spielzeug sollte haltbar sein, damit das Kind über einen längeren Zeitraum damit spielen und so dauerhafte Beziehungen entwickeln kann. Außerdem sollte das Spielzeug mehrere Spielmöglichkeiten bieten.
Neben dem Dauerspielzeug braucht das Kind auch Gelegenheitsspielzeug (provisorisches Spielzeug), z.B. Papier, Steine, Kastanien usw.

Verschiedenes Spielzeug. Das Kind braucht Spielzeug fürs Rollenspiel, zum Miteinanderspielen, zum Gestalten, Konstruieren, Forschen, Werken und auch Gegenstände aus dem täglichen Leben (Alltagsspielzeug). Um das Kind nicht zu verwirren und um ihm Entscheidungen zu erleichtern, sollte es nicht zu viel Spielzeug bekommen. Oft werden provisorische Spielzeuge bevorzugt.
In der Benutzung des Spielzeugs sollte man dem Kind vollkommen freie Hand lassen. Es wird von sich aus das richtige, d.h. das, was seiner Entwicklungsstufe gerade entspricht, spielen, auch dann, wenn man der Meinung ist, daß das Spielzeug anders verwendet werden sollte.

2.4.3.3. Spiele und Spielzeug

In der folgenden Tabelle werden einige Beispiele für Spiele und Spielzeug in den einzelnen Lebensjahren gegeben. Die Altersangaben sind ungefähre Richtwerte, Abweichungen nach oben und unten sind durchaus normal.
Die Auswahl eines angemessenen Spielzeugs kann durch gezielte Beobachtung des Kindes und seines Spielverhaltens besser ermöglicht werden.

Weiterführende Literatur

Ahr, B.: Babyschwimmen. Trias, Stuttgart 1989

Arndt, M., W. Singer: Das ist der Daumen Knudeldick. Maier, Ravensburg 1980

Ernährung des Kleinkindes und des Schulkindes. Herausgegeben im Rahmen der Aktion Ernährung und Bewegung, Frankfurt 1977

Gutes Spielzeug von A-2. Arbeitsausschuß Gutes Spielzeug, Ulm 1976

Haller, I.: Das spielende Kind. Verlag Freies Geistesleben, Stuttgart 1987

Hetzer, H.: Spiel und Spielzeug für jedes Alter. Don Bosco; München 1968

Hetzer, H.: Spielen lernen, Spielen lehren. Don Bosco, München 1970

Holtmeier, H. J.: Gesunde Ernährung von Kindern und Jugendlichen. Thieme, Stuttgart 1986

Jeitner, B.: Das große Ravensburger Buch der Kinderbeschäftigungen, 4. Aufl. Maier, Ravensburg 1977

Klinke, W.: Womit soll mein Kind spielen? Jugend und Volk, Wien 1979

Marzollo, J., J. Lloyd: ... und was spielen wir jetzt? Maier, Ravensburg 1984

Nitsch, C.: Das Hand-Buch zum Sachen machen und Spiele spielen. Schönbergers Verlag, München 1986

Weixelbaumer, R.: Das große Buch der Kinderlieder. Überreuter, Wien 1983

3. Das Kind im Krankenhaus

H. Röhr

Strukturnetz

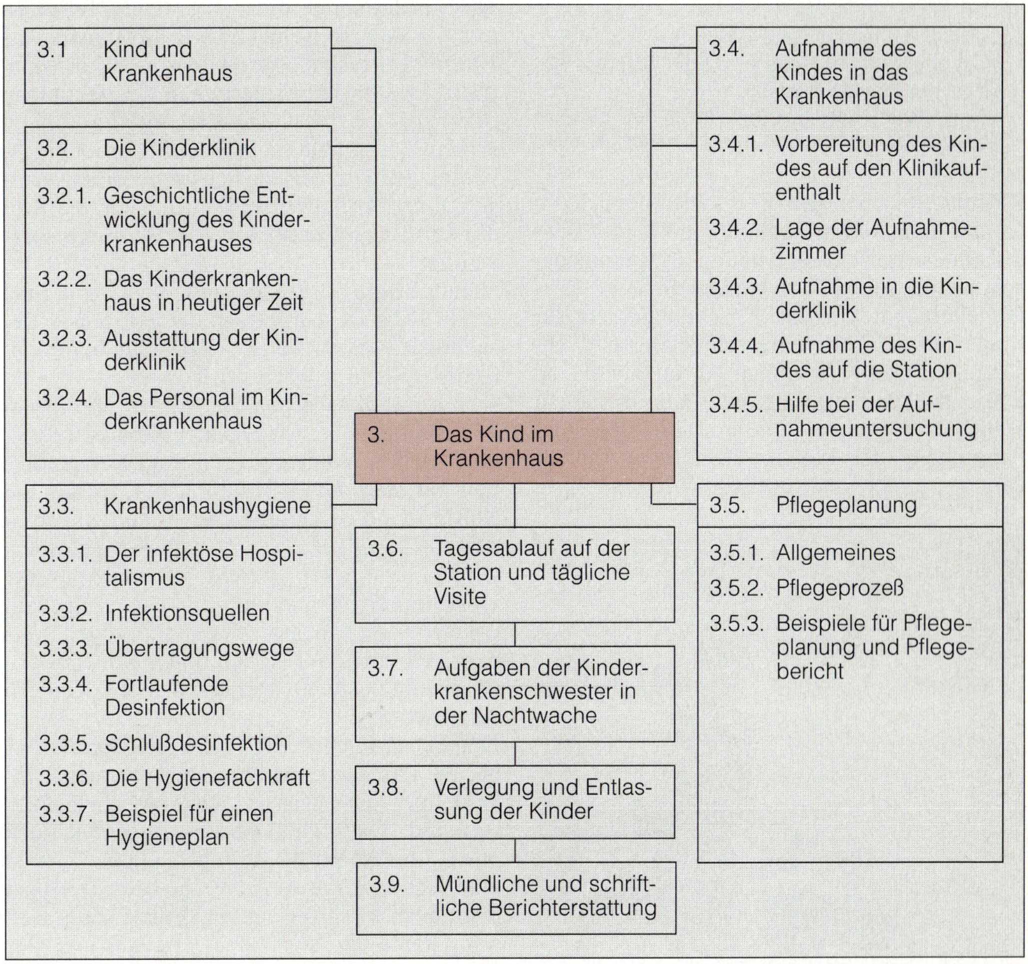

3.1. Kind und Krankenhaus

Lehrziel

In diesem Abschnitt wird die Situation des Kindes im Krankenhaus dargestellt. Da Kinder und Eltern vielfach unterschiedlich auf den Krankenhausaufenthalt und die Besuchszeitregelung reagieren, muß die Schwester ihnen mit Verständnis und Einfühlungsvermögen begegnen.

Lernziele

Nach der Bearbeitung dieses Teilkapitels sollen Sie
- die Vorteile der täglichen und ganztägigen Besuchszeit herausstellen und
- die positiven Auswirkungen durch den direkten Kontakt von Mutter und Kind deutlich machen können.

Obwohl es in heutiger Zeit viele Möglichkeiten der ambulanten Behandlung kranker Kinder gibt, erweist es sich häufig als unumgänglich, Kinder stationär zu behandeln.
Die Aufnahme in das Krankenhaus ist für Kinder und Eltern eine schmerzliche Trennung. Noch bis vor wenigen Jahren durften die Eltern ihr Kind nur sehr selten oder gar nicht besuchen. Heute sind alle mit der Pflege und Behandlung des kranken Kindes vertrauten Personen problembewußter geworden.

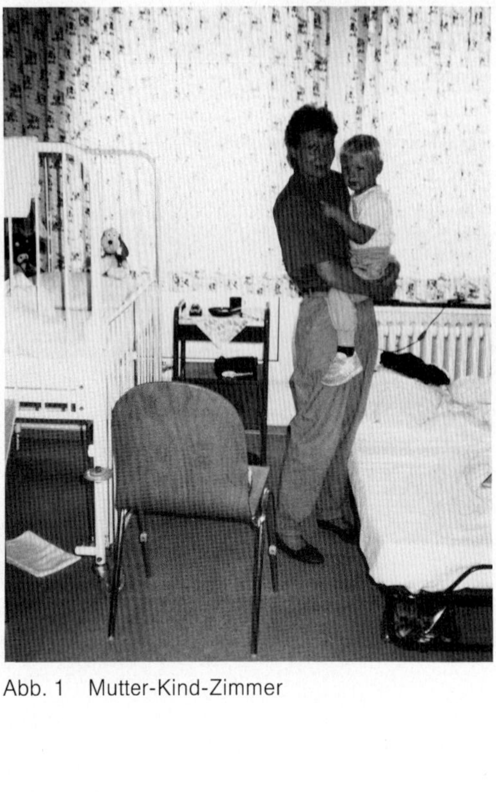

Abb. 1 Mutter-Kind-Zimmer

In vielen Krankenhäusern ist es möglich, die Mutter oder Bezugsperson mit aufzunehmen, damit sie ihr Kind betreuen kann (Abb. 1).
Die Kosten für die Unterbringung der Mutter sind unterschiedlich hoch. Bei medizinischer Indikation werden sie von der Krankenkasse übernommen, ansonsten muß die Familie selbst dafür aufkommen.
Die Mitaufnahme von Vater und Mutter ist nicht immer unproblematisch. So müssen die Eltern des Nachts öfters gestört werden, wenn die Schwester zu pflegerischen Verrichtungen oder zur Überwachung der Vitalfunktionen kommt. Es soll hier ausdrücklich darauf hingewiesen werden, daß die Schwester diesen Aufgaben nachkommen muß, auch wenn die Kinder sonst weitgehend von den Eltern versorgt werden.
Vielen Eltern ist es nicht möglich, ständig bei ihrem Kind zu sein. Durch die ganztägige Besuchszeit können sie ihr Kind aber betreuen, so oft es ihnen möglich ist.
Der Kontakt zwischen den Eltern und ihrem im Krankenhaus befindlichen Kind ist besonders wichtig. Auch bei Früh- und Neugeborenen hat man die Erfahrung gemacht, daß die Mutter-Kind-Beziehung durch den ungehinderten Zugang zu den Säuglingen gefördert wird. Die Mütter, welche oft eine gewisse Unsicherheit überwinden müssen, können in vielen Dingen in die Pflege einbezogen werden. Auf diese Weise kann man den Müttern zu einem positiven Bezug zu ihren Kindern verhelfen.
Den Schwestern werden viele pflegerische Arbeiten durch die Mutter abgenommen, das heißt aber nicht, daß sie im wesentlichen entlastet sind. Diese Zeit wird benötigt, um noch etwas unsicheren Müttern zu helfen. Dies ist eine sehr wichtige Aufgabe, die früher vielfach nicht berücksichtigt werden konnte. Zum Beispiel kann die Schwester jetzt auch in der Beratung zur Körperpflege und Ernährung gesundheitserzieherisch tätig werden.
Vielerorts bilden sich Interessengruppen, die sich mit der Situation des Kindes im Krankenhaus beschäftigen, so z. B. das

> Aktionskomitee Kind im Krankenhaus e. V.
> Vogelsbergstraße 4, 6370 Oberursel 1

Hier kann auch Informationsmaterial angefordert werden, z. B. die Broschüre „Katrin kommt ins Krankenhaus“ oder der Film „Ganz nah bei dir“.

3.2. Die Kinderklinik

Lehrziel

In diesem Abschnitt wird die Entwicklung des Kinderkrankenhauses vom Findelhaus bis zum heutigen Krankenhaus, das nach den neuesten Erkenntnissen der medizinischen Wissenschaft arbeitet, beschrieben.

Lernziele

Nach der Bearbeitung dieses Teilkapitels sollen Sie
- über die Entstehung und Einrichtung der Kinderkrankenhäuser berichten können. Sie wissen, mit welchen Schwierigkeiten die Pädiatrie im 19. Jahrhundert zu kämpfen hatte. Sie können einige Beispiele aufzählen.
- Sie sind über die Bauformen und Einrichtungen eines modernen Krankenhauses informiert und können über die Bedeutung (Vor- und Nachteile) der Zentraleinrichtungen referieren.

3.2.1. Geschichtliche Entwicklung des Kinderkrankenhauses

Das erste Kinderkrankenhaus entstand 1802 in Paris. Es wurden Kinder vom 2.–15. Lebensjahr aufgenommen. Man war zu der Erkenntnis gelangt, daß es nicht länger tragbar sei, Erwachsene und Kinder zusammen in einem Krankensaal unterzubringen.
Wenig später entstand in Paris aus einem Findelhaus ein zweites Kinderkrankenhaus. Erst mit der Gründung des Kinderkrankenhauses war es möglich, klinische Beobachtungen wissenschaftlich zu verwerten und diesbezüglich Forschung zu betreiben.
Paris wurde zum Mittelpunkt der pädiatrischen Forschungsarbeit. Die wissenschaftlichen Ergebnisse bestätigten, daß die Kinderheilkunde ein Spezialfach und nicht ein Teilgebiet der inneren Medizin ist.
Trotz großer Sauberkeit, die in beiden Kliniken geherrscht haben soll, war die Sterblichkeit lange Zeit noch sehr hoch, da Ursache, Übertragung und Bekämpfung der Infektionskrankheiten noch unbekannt waren.
1830 wurde die erste Kinderabteilung mit 30–35 Betten an der Charité in Berlin eröffnet. In den nächsten Jahren entstanden in allen deutschen Großstädten Kinderkrankenhäuser bzw. Kinderfachabteilungen. Ähnlich verlief die Entwicklung in der Schweiz und Österreich. Auch in diesen Kliniken lag die Sterblichkeit der Patienten noch sehr hoch.
Durch die Entdeckung der Bakterien als Erreger vieler Infektionskrankheiten konnte ein Teil der Erkrankungen erfolgreich bekämpft werden.
Man traf nun sinnvolle bauliche Maßnahmen, um infektiöse Kinder zu isolieren und vor Doppelinfektionen zu schützen. Es wurden Abteilungen für Patienten mit Diphtherie, Scharlach, Keuchhusten, Masern usw. eingerichtet. Große Krankensäle wurden durch Zwischenwände in kleinere Räume verwandelt. Vor den Krankenzimmern wurden Terrassen und Balkone eingerichtet, die für die intensive Frischlufttherapie benutzt wurden.

3.2.2. Das Kinderkrankenhaus in heutiger Zeit

Grundsätzlich ist es das Ziel eines Krankenhauses, den Patienten nach dem jüngsten Stand der medizinischen Wissenschaft und ihrer ärztlichen und technischen Hilfsmittel zu behandeln, seiner Erkrankung entsprechend intensiv, umfassend sowie individuell zu pflegen und zu versorgen.

3.2.2.1. Lage des Krankenhauses

Beim Kinderkrankenhaus strebt man in Anbetracht der kurzen Durchschnittsverweildauer der Kranken, der Besuchszeitregelung und der eventuellen Ambulanzbehandlung eine verkehrsgünstige Lage an.
Der Krankenhausbereich sollte nicht durch Nebel, Wind, Staub, Rauch, Gerüche und Lärm beeinträchtigt sein.
Für ein Krankenhaus werden 65–100 m^2 Grundstücksfläche je Krankenbett einschließlich 10 m^2 Erholungsfläche für den Patienten geplant.
In bezug auf die Lage zur Himmelsrichtung kann keine bindende Forderung gestellt werden. Der Behandlungsbereich ist möglichst in nördlicher Richtung zu entwickeln, der Pflegebereich in südlicher Richtung und der Wirtschafts- und Versorgungsbereich entgegen der Hauptwindrichtung.

3.2.2.2. Typ und Form der Krankenhausanlage

Bei der Krankenhausplanung findet die Frage der Bauform gewöhnlich besonderes Interesse. Die Bauform soll weniger von vorgegebenen Formvorstellungen geprägt, sondern vielmehr Gesichtspunkte der funktionellen Ordnung und neuzeitliche Formen der Organisation des Pflegdienstes berücksichtigen.
Bei den Bauformen kennen wir die T-, H-, Y-, U-, V-, L-, Kamm-, Doppelkamm- und Leiterform und noch viele mehr. Bei den Neubauten der Kinderkrankenhäuser setzt sich der Hochbautyp durch.
Um Hospitalinfektionen zu vermeiden, ist (war) man bemüht, eine möglichst strikte Trennung der „reinen" und „unreinen" Seite zu erreichen. Durch den Rückgang der Infektionskrankheiten werden jedoch vielerorts die Infektionsabteilungen verkleinert.
In Zukunft wird man sich vor allen Dingen mit dem Problem der Wirtschaftlichkeit befassen müssen.

3.2.3. Ausstattung der Kinderklinik

3.2.3.1. Pflegebereich

Der Pflegebereich setzt sich aus den Pflegeeinheiten (Stationen oder Gruppen) zusammen. Die Größe liegt im Durchschnitt bei etwa 20 Betten. Die Elemente der Pflegeeinheit sind Krankenzimmer, Aufenthalts- und Spielzimmer für die Kinder und Betriebsräume. In jüngster Zeit werden die Pflegeeinheiten aus unterschiedlich großen Krankenzimmern (zwischen 1 und 8 Betten) gebildet. Im allgemeinen werden im Kinderkrankenhaus Drei- bis Vierbettzimmer bevorzugt. Für infektiöse Patienten werden Ein- oder Zweibettzimmer benötigt. Kann die Mutter mit in die Klinik aufgenommen werden, sind meistens sog. Mutter-Kind-Einheiten vorhanden.
Zur Bekämpfung des infektiösen Hospitalismus und zur Arbeitserleichterung für das Personal gibt es vielfach vor den Zimmern sog. Vorschleusen. In ihnen befinden sich Handwaschbecken, Badewanne, Fäkalienbecken, Wickeltisch und evtl. Toiletten.
Im Kinderkrankenhaus finden wir *Betten* verschiedener Größe. Hier sollen nur die Gitterbetten für Säuglinge und Kleinkinder und die größeren Betten für die Schulkinder erwähnt werden.
Anforderungen an das Krankenbett:

- es muß fahrbar und feststellbar sein,
- Gitterbetten müssen für das Personal leicht zu öffnen sein,
- Gitter müssen einrasten,
- es muß so beschaffen sein, daß sich die Kinder nicht verletzen können,
- der Bettrost sollte verstellbar sein,
- das Material muß den Anforderungen der Desinfektion entsprechen.

Für jeden Patienten sollte ein *Nachtschrank* vorhanden sein. Dieser muß ebenfalls gut zu reinigen und zu desinfizieren sein. Bewährt haben sich fußbodenfreie Nachtschränke, da sie eine einwandfreie Sauberhaltung gewährleisten.
In den *Wandschränken* (Einbauschränke) des Krankenzimmers werden Wäsche, Pflegeutensilien, Spielzeug usw. aufgehoben.
Außerdem sollte jedes Zimmer mit einem *Tisch,* den man evtl. an die Wand klappen kann, und *Stühlen* ausgestattet sein.
Für das Mobiliar und den Wandanstrich sollen bunte Farben gewählt werden.
Unentbehrlich geworden sind in neueren Krankenhäusern die *Sauerstoff-* und *Druckluftversorgung* aus einer zentralen Anlage per Wandanschluß.
Für Elektrogeräte, z. B. Ultraschallvernebler, Monitoren, Perfusoren müssen genügend Anschlüsse vorhanden sein.
Die Steckdosen werden mit kindersicheren Abdeckungen verschlossen.
Ein Spiel- oder Aufenthaltsraum wird in jeder Pflegeeinheit mit größeren Kindern benötigt. Daß das Mobiliar kindgemäß ausgewählt wird, ist selbstverständlich.
Für die Pflegeeinheiten werden folgende Betriebsräume vorgeschlagen:

- ein Dienstzimmer für Arzt und Schwestern,
- ein Untersuchungs- und Behandlungszimmer,
- eine Stationsküche (Teeküche),
- ein Badezimmer,
- ein Ausgußraum,
- evtl. Toiletten für die Patienten,
- Toilette für das Personal,
- Vorratsraum für Wäsche, medizinischen Sachbedarf usw.

Es ist günstig, wenn die häufig benutzten Betriebsräume so angelegt sind, daß sie von allen Patientenzimmern schnell zu erreichen sind.

3.2.3.2. Zentraleinrichtungen

Zentraleinrichtungen im Krankenhaus gewähren eine rationellere Arbeitsgestaltung.
Apotheke und medizinischer Sachbedarf. Die Pflegeeinheiten fordern ihren Bedarf schriftlich an und bekommen ihn täglich oder an bestimmten Tagen geliefert.
Zentralsterilisation. Die Zentralsterilisation hat die Aufgabe, Instrumente, Spritzen, Gummiartikel usw. zu reinigen, aufzubereiten und zu sterilisieren. Das sterile Material wird gelagert und nach Bedarf an die Pflegegruppen und Operationsabteilungen abgegeben.
Speisenversorgung. Das Leistungsprogramm der Küche umfaßt Normal-, Schon- und Diätkost. Vielfach werden den Patienten mehrere Gerichte zur Auswahl angeboten.
Wir kennen 2 Systeme der Speisenversorgung:

- Wärmewagensystem: die Speisen werden auf der Station portioniert,
- Tablettsystem: die Portionierung erfolgt in der Küche.

Milchküche und Frauenmilchsammelstelle. In der Milchküche wird die Flaschen- und Breinahrung für die Säuglinge zubereitet. Zum großen Teil werden heute Fertignahrungen verwendet. Manchmal ist noch eine Frauenmilchsammelstelle an die Milchküche angegliedert. Ihre Aufgabe ist das Sammeln, Prüfen und Aufbereiten der Frauen- und Muttermilch.
Wäscheversorgung. Die gesamte Wäsche der Patienten wird in der Krankenhauswäscherei gewaschen. Wäsche auf der Station zu waschen oder einzuweichen entfällt damit. Die schmutzige Wäsche wird in keimdichten Wäschesäcken aufgehoben und mehrmals am Tag abtransportiert.
Die Versorgung mit sauberer Wäsche geschieht entweder täglich durch schriftliche Anforderung oder durch den Botendienst, der die Wäscheschränke auffüllt.
Bettenzentrale. In der Bettenzentrale werden alle Krankenbetten abgezogen, gereinigt, desinfiziert und wieder frisch bezogen. Eine Ausnahme machen die Betten der Frühgeborenenstation. Sie werden auf der Station desinfiziert.
Zentraler Botendienst. Durch den zentralen Botendienst werden dem Pflegepersonal viele Wege erspart. Durch ihn geschieht der Transport der Apothekenkisten, des medizinischen Sachbedarfs, der Speisewagen, die Ver- und Entsorgung mit Wäsche usw. Wichtig ist die Absprache von Pflegepersonal und Botendienst, damit ein reibungsloser Arbeitsablauf gewährt ist.
Reinigungsdienst. In den meisten Krankenhäusern untersteht der Reinigungsdienst einer eigenen Leitung (Hauswirtschaftsleiterin). Auch hier kennen wir 2 verschiedene Systeme des Einsatzes:

- Jede Pflegeeinheit hat ein oder mehrere Personen Reinigungspersonal,
- das Krankenhaus wird von sog. Reinigungstrupps geputzt.

Die Reinigung erfolgt durch feuchtes Wischen (evtl. mit einer Desinfektionslösung). Kehren und Staubwischen mit trockenen Tüchern ist strengstens untersagt.

3.2.4. Das Personal im Kinderkrankenhaus

Unmittelbar und am meisten mit den Kindern beschäftigt ist wohl die *Kinderkrankenschwester.* Ihre Aufgabe ist es, die Patienten umfassend, aber auch individuell zu pflegen und zu versorgen und die Anordnungen des Arztes auszuführen.
Die Aufgabe des *Arztes* ist es, die Diagnose zu stellen und eine entsprechende Therapie einzuleiten und zu überwachen.
Zu den weiteren Mitarbeitern zählen noch die *Erzieher* und *Beschäftigungstherapeuten.* In vielen Kinderkliniken gibt es Spielzimmer, in denen Kinder, die aufstehen dürfen, unter Anleitung spielen und basteln können. Eine weitere Aufgabe der Erzieher ist es, auch bettlägerige Patienten zu beschäftigen.
Es ist günstig, für Schulkinder, die einen langen Krankenhausaufenthalt vor sich haben, oder Chronischkranke Unterricht zu erteilen. Zu diesem Zweck wird in einigen Kliniken für ein paar Stunden in der Woche ein *Lehrer* eingestellt.
Um gute Zusammenarbeit mit dem *Personal aus der Gymnastikabteilung und dem Labor* sollten die Schwestern bemüht sein. Es bedarf der Absprache, wann mit einem Kind geturnt werden kann, Bäder durchgeführt werden

oder Untersuchungsmaterial in das Labor gebracht werden kann.

Der *Sozialarbeiter* des Krankenhauses wird häufig in Überlegungen mit einbezogen, wenn es darum geht, die häuslichen Verhältnisse des Patienten zu überprüfen oder einen Platz in einem Kinderheim zu beschaffen. Daneben hat er noch Aufgaben anderer Art, wie Maßnahmen in der Sozialhilfe und Rehabilitation, zu bewältigen.

Bei verhaltensgestörten Kindern ist die Zusammenarbeit mit dem *Psychologen* von großer Wichtigkeit. Nach guter Beobachtung des Patienten hat er die Aufgabe, ausführlich mit den Eltern zu sprechen, um ihnen wichtige Hinweise in Erziehungsfragen zu geben.

Die Aufgabe des *Krankenhauspfarrers* ist es, den Patienten seelsorgerlich zu betreuen und evtl. Hausbesuche bei den Angehörigen zu machen. Wird in der Klinik regelmäßiger Gottesdienst abgehalten, so sollte für die bettlägerigen Patienten die Möglichkeit bestehen, diesen über Lautsprecher mitzuerleben.

3.3. Krankenhaushygiene

Notwendige Vorkenntnisse

- Bundesseuchengesetz,
- Grundlagen der Sterilisation und Desinfektion.

Strukturnetz

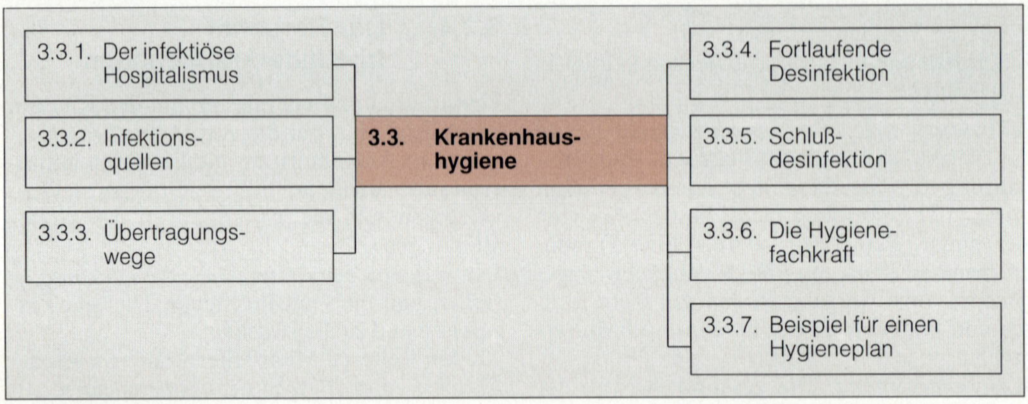

Lehrziel

In Kürze soll hier dargestellt werden, welch große Bedeutung die Krankenhaushygiene hat. Es gilt, den infektiösen Hospitalismus zu bekämpfen. Dazu stehen uns unter anderem die Maßnahmen der Desinfektion zur Verfügung.

Lernziele

In diesem Teilkapitel werden Sie mit der Bekämpfung des infektiösen Hospitalismus bekannt gemacht. Sie sollen lernen, die Maßnahmen der Desinfektion anzuwenden, damit Infektionen vermieden werden können.

3.3.1. Der infektiöse Hospitalismus

Unter infektiösem Hospitalismus verstehen wir die Ausbreitung der Krankheitserreger innerhalb einer Klinik. Ursache ist die unkontrollierte Übertragung entsprechender Erreger durch das Klinikpersonal.

Um Infektionen dieser Art zu vermeiden, muß sich jeder in der Kinderkrankenpflege Tätige fachliches Wissen und Können und eine sehr disziplinierte Arbeitsweise aneignen. Eine erste Voraussetzung ist die Kenntnis der wichtigsten Infektionsquellen und Übertragungswege.

3.3.2. Infektionsquellen

Ansteckungsquellen sind vor allen Dingen die Ausscheidung der Kranken, ferner infizierte Nahrungsmittel, Möbel, Geräte, Kleidung und Wäschestücke. Auch scheinbar Gesunde können eine Infektionsquelle darstellen, z. B. Dauerausscheider und Keimträger.

3.3.3. Übertragungswege

Tröpfcheninfektion. Übertragung durch mit Erregern beladene Teilchen beim Niesen, Husten und Sprechen erkrankter Personen, z. B. bei Grippe, Lungentuberkulose, Pertussis.
Kontaktinfektion. Auch Übertragung von Mensch zu Mensch genannt. Im Umgang mit dem Erkrankten kann sich die pflegende Person infizieren, z. B. durch die Ausscheidungen des Patienten.
Schmierinfektion. Ebenfalls eine Kontaktinfektion. Man versteht darunter in erster Linie eine Verbreitung der Krankheitserreger durch unsaubere Hände, schmutzige Wäschestücke oder andere infizierte Gegenstände.
Fliegende Infektion. Die Erreger werden durch den Luftzug übertragen, z. B. bei Masern und Windpocken.
Dauerausscheider. Menschen scheiden nach überstandener Krankheit noch lange Zeit nach ihrer Genesung, manchmal sogar lebenslänglich, Erreger aus, z. B. bei Typhus, Salmonellosen.
Keimträger. Der Betreffende wurde infiziert, ist aber auf dem Wege der stillen Feiung immun geworden. Er erkrankt also nicht, vermag aber andere zu infizieren, z. B. bei Streptokokkeninfektionen.

3.3.4. Fortlaufende Desinfektion

Unter laufender, besser fortlaufender Desinfektion versteht man die sich wiederholenden Desinfektionsmaßnahmen. Sie erstrecken sich auf

- den infizierten Patienten (Ausscheidungen, Wunden),
- Kontaktpersonen (Schwester, Arzt, Besucher),
- Stationsräume (Krankenzimmer, Betriebsräume),
- Gegenstände, die mit dem Kind in Berührung kommen, z. B. Wäsche, Geschirr.

Zu den Maßnahmen der fortlaufenden Desinfektion gehören

- das Tragen von Schutzkleidung (Kittel, Haar- und Mundschutz, Schuhe, Handschuhe),
- die hygienische Händedesinfektion,
- das Reinigen der Gegenstände, mit denen der Patient in Berührung gekommen ist.

3.3.5. Schlußdesinfektion

Unter Schlußdesinfektion versteht man die Vernichtung der noch vorhandenen pathogenen Mikroorganismen. Sie bezieht sich vorwiegend auf das Krankenzimmer mit dem gesamten Inventar.
In den meisten Fällen reicht nach der Entlassung des Kindes eine desinfizierende Reinigung aus.
Nach den Bestimmungen des *Bundesgesundheitsamtes* (BA) unterscheiden wir drei Arten der Schlußdesinfektion:

- *Stufe I:* Scheuer-Wisch-Desinfektion, z. B. nach Salmonellen, Gastroenteritis, Hepatitis, Scharlach.
- *Stufe II:* Scheuer-Wisch-Desinfektion mit anschließender Raumdesinfektion mit Formalinverdampfung, z. B. nach Ornithose, Diphtherie, offener Lungentuberkulose.
- *Stufe III:* Raumdesinfektion mit Formalinverdampfung; Scheuer-Wisch-Desinfektion; Raumdesinfektion mit Formalinverdampfung, z. B. nach Pocken, Cholera, Pest, hämorrhagischem Fieber.

3.3.6. Die Hygienefachkraft

Künftig sollen Hygienefachkräfte in unseren Kliniken eingesetzt werden. Ihre Aufgabe ist die Ausarbeitung und Überwachung der Richtlinien zur Verhütung des infektiösen Hospitalismus.
Für je 300 Krankenbetten soll eine Hygienefachkraft eingestellt werden. Die meist 3monatige Fachausbildung erfolgt an den Hygiene-Instituten.

3.3.7. Beispiel für einen Hygieneplan

Personal

Allgemeines:

Kleidung: Auf der Station ist nur Dienstkleidung zu tragen, die stets sauber sein muß.

Schutzkleidung: Bei Verrichtungen am Patienten und bei Arbeiten, die zur Verschmutzung und Kontamination der Dienstkleidung führen, muß zusätzlich ein Schutzkittel getragen werden.

Haare: Lange Haare werden zusammengebunden und hochgesteckt.

Schmuck: An Händen und Unterarmen darf kein Schmuck getragen werden.

Schuhe: Stationsschuhe müssen gut zu reinigen sein (glattes Leder) und einen Fersenriemen haben. Schnüre und Schnallen sind unhygienisch.

	Was?	Wann?	Womit?	Wie?	Wer?
Personal	Händereinigung	s. unten*	Flüssigseife	– waschen – gut abtrocknen – Handkontakt mit Armatur vermeiden	Personal
	Händedesinfektion	s. unten**	z. B. Sterillium	– ca. 3 ml (1 Hub) in trockene Hände einreiben	Personal
Patient	Hautdesinfektion	vor i.v., s.c. Injektionen, Blutentnahmen	z. B. Kodan	Injektionsstelle mit Desinfektionsmittel u. Kompressen abwischen	Arzt
		vor i.m. Injektionen, Lumbalpunktion, Anlegen von Dauertropfinfusionen, Blutkulturentnahmen	z. B. Kodan	s. oben, 30 Sekunden einwirken lassen	Arzt
	Schleimhautdesinfektion	z. B. vor Katheterisierung der Harnblase	z. B. Kaliumpermanganatlösung (hellrosa)	mit sterilen Kompressen und Lösung säubern	Arzt/Pflegedienst

Umgebung	Inventar (Patientenzimmer)	mind. 1 × tgl.	Wasser, evtl. Reinigungsmittel	wischen mit täglich gewaschenen Tüchern	Reinigungsdienst/ Pflegepersonal
	Wickeltisch/Untersuchungstisch	vor und nach Gebrauch	z. B. 0,5% Ultrasol F	abwischen	Pflegepersonal
	Waschbecken	mind. 1 × tgl.	Scheuermittel	reinigen	Reinigungsdienst
	Badewanne	vor und nach Gebrauch	z. B. 0,5% Ultrasol F	auswischen	Reinigungsdienst/ Pflegepersonal
	Toilette	mind. 1 × tgl.	WC-Reiniger	mit Toilettenbürste	Reinigungsdienst
	Toilettenbrille	mind. 1 × tgl.	Wasser/Putzmittel	mit Einmallappen	Reinigungsdienst
	Toilettenwände	mind. 1 × tgl.	Wasser/Putzmittel	mit Einmallappen	Reinigungsdienst
	Fußböden	mind. 1 × tgl.	Wasser/Putzmittel	2-Eimer-Wischmethode	Reinigungsdienst
	Nachttisch, Bettgestell, Wand	nach Entlassung	z. B. 0,5% Ultrasol F	Wischdesinfektion	Pflegepersonal
	Matratzenschutz	nach Entlassung		in Kochwäsche geben	Pflegepersonal
	Matratze, Bettdecke, Kissen	nach Entlassung		lüften, evtl. absaugen oder waschen	Pflegepersonal
medizinische Geräte	Thermometer	nach Gebrauch	z. B. 2% Sporcid	– in Lösung legen – vor Gebrauch abspülen	Pflegepersonal
	Instrumente	nach Gebrauch	z. B. 2% Sporcid	– in Lösung legen – säubern – trocknen – sterilisieren	Pflegepersonal
	Urinflaschen/Nachttöpfe	nach Gebrauch	z. B. 0,5% Ultrasol F	– spülen – Tauchbad – nicht abtrocknen	Pflegepersonal
	Vernebler, O_2-Anfeuchter	täglich täglich	Spülmaschine oder z. B. 0,5% Ultrasol F	spülen, 1 Stunde einweichen, klarspülen	Pflegepersonal

* Nach Kontakt mit Stuhl, Urin, Speichel und Blut; nach allen pflegerischen Maßnahmen bei Patienten mit Durchfall, Hepatitis, Tuberkulose und anderen Infektionskrankheiten, bei denen Kittelpflege oder spezielle hygienische Maßnahmen angeordnet sind.

** Vor und nach jedem Kontakt mit Patienten auf der Säuglings- und Intensivstation.

Besonders beachten: Beim Umgang mit Desinfektionslösungen immer Gummihandschuhe anziehen!

	Was?	Wann?	Womit?	Wie?	Wer?
Spezielles	Säuglingsflaschen	nach Gebrauch	Spülmittel	1. Grobreinigung auf der Station 2. Reinigung und Sterilisation in der Milchküche	Pflegepersonal
	Sauger/Beruhigungssauger	nach Gebrauch	Wasser und Salz	1. gut von Nahrungsresten säubern 2. 10 Minuten auskochen	Pflegepersonal
Schlußdesinfektion	Abschlußreinigung	nach Entlassung	z. B. 0,5% Ultraol F	Scheuer-Wisch-Desinfektion, 1 Stunde einwirken lassen	Reinigungsdienst/ Pflegepersonal
	Abschlußdesinfektion	nach Lungentuberkulose (offen), Diphtherie, Ornithose, Typhus, Paratyphus, Shigellose, Poliomyelitis, Coli-Dyspepsie	z. B. 3% Ultrasol F Formalin	Scheuer-Wisch-Desinfektion Raumdesinfektion	Pflegedienst Desinfektor
Entsorgung	Wäsche	mind. 1 × tgl. Abtransport	nicht auf den Boden werfen oder auf Nachtschränken oder Wickeltischen ablegen, sofort in die Wäschesäcke oder -eimer sortieren. Lagerung gut verschlossen, in gesondertem Raum		Reinigungsdienst/ Pflegepersonal
	Abfall	mind. 1 × tgl. verschlossen abtransportieren	spitze, scharfe und zerbrechliche Gegenstände dürfen nur sicher umschlossen (z. B. in Kanister oder Infusionsflasche) transportiert werden. Verbandsmaterial direkt in Abfallsack entleeren		Reinigungsdienst/ Pflegepersonal

3.4. Aufnahme des Kindes in das Krankenhaus

Strukturnetz

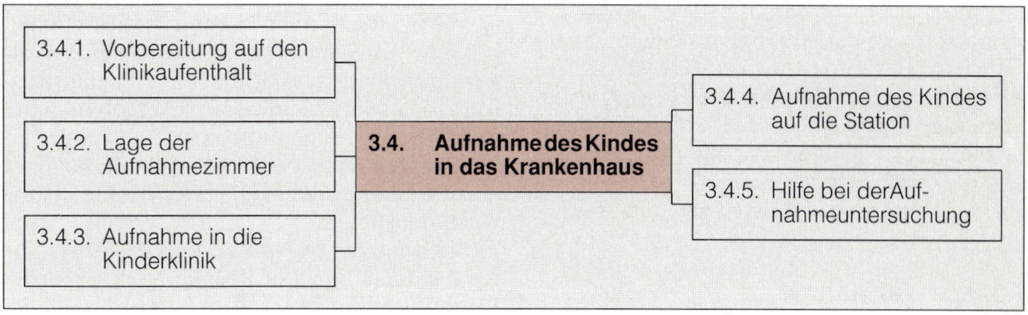

Lehrziel

Ziel dieses Abschnitts ist es, Sie über die Situation des Kindes bei der Aufnahme in das Krankenhaus zu informieren, damit Sie mit genügend Fachkenntnis, Verständnis und Einfühlungsvermögen dem kranken Kind seine Lage so angenehm wie möglich gestalten können.

Lernziele

Nach Bearbeitung dieses Teilkapitels sollen Sie in der Lage sein,
- ein Kind aus dem Aufnahmezimmer abzuholen;
- der Begleitperson und evtl. dem Kind einige Fragen in bezug auf den Stationsablauf und die Besuchszeitregelung zu beantworten;
- das Kind auf der Station versorgen zu können;
- Vorbereitungen für die Aufnahmeuntersuchung zu treffen und bei dieser behilflich zu sein.

3.4.1. Vorbereitung des Kindes auf den Klinikaufenthalt

Für Kinder jeder Altersgruppe bedeutet die Aufnahme in ein Krankenhaus ein eindrucksvolles Erlebnis. In vielen Fällen war das Kind schon seit einigen Tagen zu Hause krank und wurde von der Mutter gepflegt. Es nahm eine Sonderstellung in der Familie ein und merkte, daß sich die Mutter ihm in besonderem Maße zuwandte. Jetzt, da sich der Gesundheitszustand nicht bessert oder gar verschlechtert, wird es ins Krankenhaus gebracht. Die Aufnahme ins Krankenhaus bedeutet in vielen Fällen eine *Trennung von der Mutter oder Bezugsperson.* In manchen Kliniken ist es nicht möglich, daß die Mutter mit aufgenommen wird, um ihr Kind zu betreuen. Häufig ist dies auch der Mutter nicht möglich, da sie zu Hause die Familie versorgen muß und evtl. auch noch berufstätig ist.

Auf die Aufnahme ins Krankenhaus sollte das Kind von den Eltern altersentsprechend vorbereitet werden. Diese Vorbereitung sollte noch in gesunden Tagen im Spiel geschehen. Welches Kleinkind spielt nicht gerne mit einem „Doktorkoffer" und untersucht seine Puppen und Spieltiere? Auch stehen uns einige Bücher und Spiele zur Verfügung, die die Kinder auf einen Krankenhausaufenthalt vorbereiten helfen, z.B. Biermann: Gabi geht ins Krankenhaus (E. Reinhardt Verlag). Quartett: Was passiert im Krankenhaus? Memory: Ich komm' ins Krankenhaus, beide Otto Maier Verlag, Ravensburg. Kindergartenkinder werden durch die Erzieherinnen oder Kinderkrankenschwestern über das Kinderkrankenhaus und den Krankenhausaufenthalt informiert. Es ist günstig, im Anschluß daran ein Kinderkrankenhaus zu besichtigen. So haben die Kinder die Möglichkeit, Fragen zu stellen und sich ein besseres Bild über eine Kinderstation zu machen. Größere Kinder im Schulalter sehen zum Teil die Notwendigkeit des Klinikaufenthaltes ein und begreifen, daß es im Interesse aller ist, ihre Gesundheit rasch wieder herzustellen.

Wurde ein Kind altersentsprechend auf den Krankenhausaufenthalt vorbereitet, wird es sicherlich leichter die Trennung vom Elternhaus überwinden.

3.4.2. Lage der Aufnahmezimmer

Die Aufnahmezimmer eines Krankenhauses sollten von außen gut zu erreichen und leicht zu finden sein. Meistens liegen sie im Eingangsbereich. Es ist darauf zu achten, daß die Räume groß genug sind, damit sie dem Patienten, den Begleitpersonen, Schwestern und Ärzten genügend Platz bieten. Es ist günstig, wenn der Aufnahmebereich weit überdacht ist, damit die Patienten, vor allen Dingen auch Liegendkranke, die im Sanitätswagen vorfahren, vor Witterungseinflüssen geschützt sind.

3.4.3. Aufnahme in die Kinderklinik

Die stationäre Aufnahme des Kindes in ein Krankenhaus wird durch den behandelnden Arzt zu Hause eingeleitet. Er stellt einen Einweisungsschein mit der Diagnose aus.
Im Krankenhaus wird das Kind vom diensthabenden Arzt oder dem Stationsarzt angesehen. Er entscheidet, auf welche Station der Patient gelegt wird.
Der ärztlichen Untersuchung schließt sich eine Befragung der Eltern bzw. Begleitperson an. Von besonderer Wichtigkeit ist die Frage nach Infektionskrankheiten in der Umgebung. Dies muß bei der Unterbringung des Kindes auf der Station berücksichtigt werden. Von Interesse ist weiter die Familien- und Eigenanamnese und der Beginn der jetzigen Erkrankung. Zur Aufnahme ins Krankenhaus sollten die Eltern in jedem Fall den Impfausweis und das Untersuchungsheft für die Vorsorgeuntersuchungen mitbringen.
Sind diese Daten und Personalien aufgenommen, wird die Station benachrichtigt, damit eine Schwester kommt, um das Kind abzuholen.
Während eine Schwester damit beschäftigt ist, ein Bett für das Kind herzurichten und alle nötigen Utensilien bereitzustellen, holt eine zweite das Kind im Aufnahmezimmer ab. Sie nimmt Wäsche mit und zum Transport evtl. einen fahrbaren Stuhl.
Im Aufnahmezimmer stellt sich die Schwester dem Kind (altersentsprechend) und den Eltern vor. Während sie ihm die eigene oder die Klinikkleidung anzieht, hat sie Gelegenheit, ein Gespräch zu führen und Fragen der Eltern zu beantworten. Vielfach erhält die Schwester bei diesem Gespräch wichtige Informationen, die dem Kind den Klinikaufenthalt erleichtern können. So erklärt z. B. die Mutter eines Kleinkindes, welche Ausdrücke ihr Kind verwendet, wenn es zu trinken oder essen haben möchte oder auf den Topf muß. Weiter wird sie die Schwester über bestimmte Gewohnheiten ihres Kindes informieren, wie z. B. Schlafgewohnheiten mit Schnuller, „Schmusekissen“. Um diese Hinweise zu erhalten, muß sich die Schwester unbedingt genügend Zeit lassen. Daß Kinder ihr Lieblingsspielzeug mit auf die Station nehmen dürfen, sollte selbstverständlich sein.
Es ist wünschenswert, daß nun die Eltern ihr Kind mit auf die Station begleiten. Können die Eltern nicht bei ihrem Kind bleiben, sollte die Verabschiedung möglichst kurz sein. Die Eltern sollen dem Kind sagen, wann sie wiederkommen, aber nichts Unwahres versprechen.
In immer mehr Kinderkliniken setzt sich die ganztägige Besuchszeit durch. Sie kann von den Angehörigen genutzt werden, das Kind tagsüber zu betreuen.
Zum Schluß bekommen die Eltern noch ein Informationsblatt ausgehändigt. Aus ihm entnehmen sie u. a. die Bezeichnung der Station, die Telefonnummer und die Besuchszeitregelung. Außerdem enthalten viele Bögen, die von den Kliniken herausgegeben werden, wertvolle Hinweise für die Eltern und Besucher.

3.4.4. Aufnahme des Kindes auf die Station

Auf der Station ist es nun die Aufgabe der Schwester, das neuaufgenommene Kind zu versorgen. Sie wird es in das vorgesehene Zimmer bringen und je nach Alter den Mitpatienten bekanntmachen.
Im Zimmer zeigt die Schwester dem Kind die Schränke, in denen es sein Eigentum aufbewahren kann. Außerhalb macht sie es mit der Lage der Nebenräume – Bad, WC, Spielzimmer – vertraut. Nun werden die Körpermaße und das Gewicht festgestellt (S. 103/104). Außerdem wird eine Temperatur- und Pulskontrolle durchgeführt (S. 116ff). Eventuell schließen sich noch ein Bad und eine Haarwäsche an (S. 51). Bei diesen Maßnahmen hat die Schwester Gelegenheit, den Patienten zu beobachten. Sie muß auf Hauterscheinungen, Ungeziefer, Nissen, Schwellungen, Schmerz-

äußerungen und allgemein auf das Verhalten des Patienten achten.
In den meisten Fällen wird die Aufnahmeuntersuchung im Untersuchungszimmer der Station durchgeführt. Während die Schwester das Kind evtl. mit seiner Mutter dorthin begleitet, kann sie es entsprechend vorbereiten. Sie muß versuchen, dem Kind die Angst zu nehmen, darf ihm aber auch nichts Falsches versprechen, da sie sonst das Vertrauen des Kindes verlieren würde.

3.4.5. Hilfe bei der Aufnahmeuntersuchung

Strukturnetz

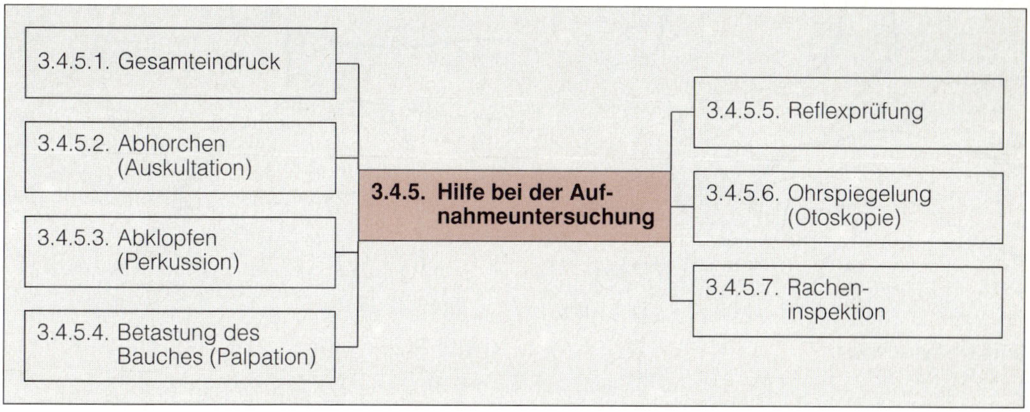

3.4.5.1. Gesamteindruck

Das Kind wird ausgezogen auf den Untersuchungstisch gelegt.
So kann sich der Arzt einen ersten Eindruck von dem Patienten verschaffen.
Zunächst wird er mit den angenehmeren und schmerzlosen Untersuchungen beginnen.

3.4.5.2. Abhorchen (Auskultation)

Das Abhorchen der Lunge und des Herzens (Abb. 3) mit dem Stethoskop wird zunächst durchgeführt, um z.B. die Herztöne wahrzunehmen. Die Aufgabe der Schwester besteht darin, Arzt und Patient hilfreich zu unterstützen. Wenn das Kind aufgefordert wird, tief

Abb. 2 Instrumente zur Aufnahmeuntersuchung

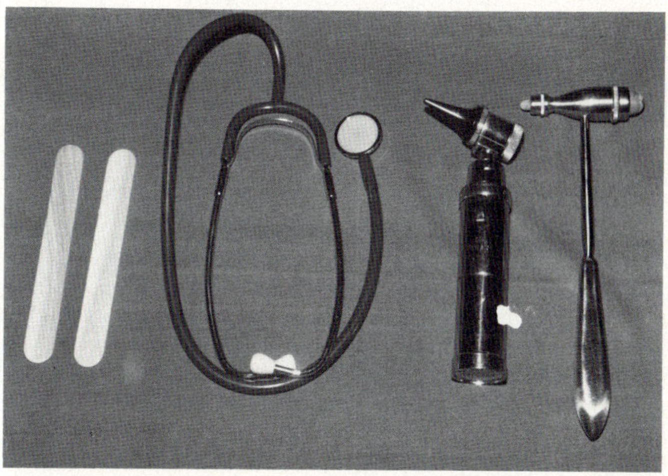

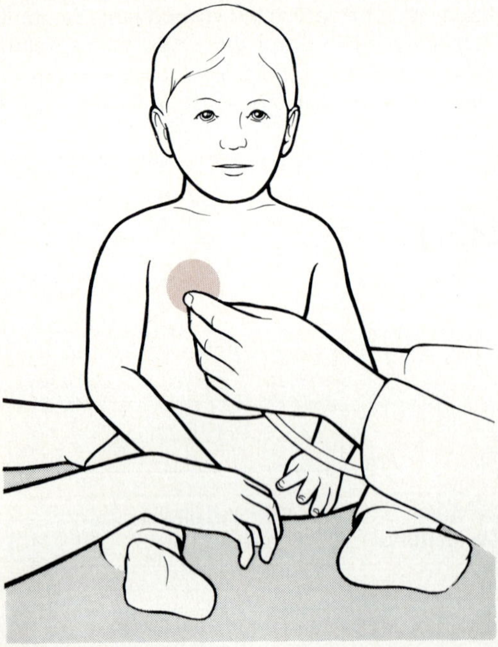

Abb. 3 Auskultation

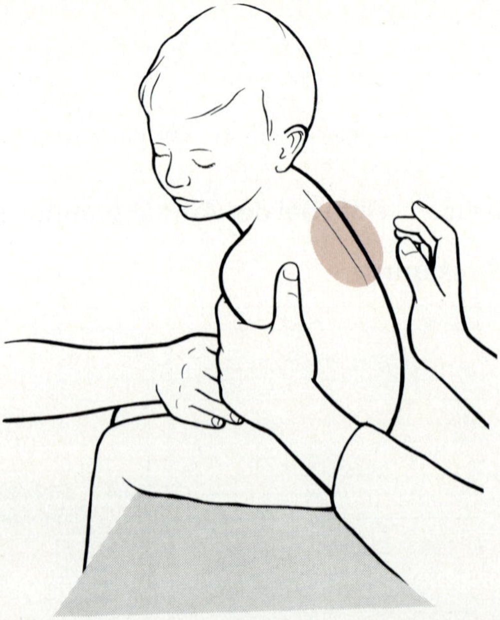

Abb. 4 Perkussion

ein- und auszuatmen, kann es dies oft nur, wenn es die Schwester vormacht. Weiter muß die Schwester das Kind je nach Alter und Schwere der Krankheit beim Sitzen unterstützen, wenn der Arzt den Rücken abhorcht.

3.4.5.3. Abklopfen (Perkussion)

Das Abklopfen der Körperoberfläche schließt sich an die Auskultation an. Da der Patient auf dem Untersuchungstisch sitzt, wird zunächst der Rücken (Abb. 4) und danach der Brustkorb vorn abgeklopft.

3.4.5.4. Betastung (Palpation)

Zur Betastung des Bauches liegt das Kind auf dem Untersuchungstisch. Die Beine sind etwas angewinkelt, die Füße aufgestellt. Größere Kinder werden aufgefordert, mit offenem Mund ruhig zu atmen. Bei kleinen Patienten ist es die Aufgabe der Schwester, das Kind abzulenken. Nur bei entspannter Bauchdecke ist es möglich, die Palpation durchzuführen (Abb. 5).

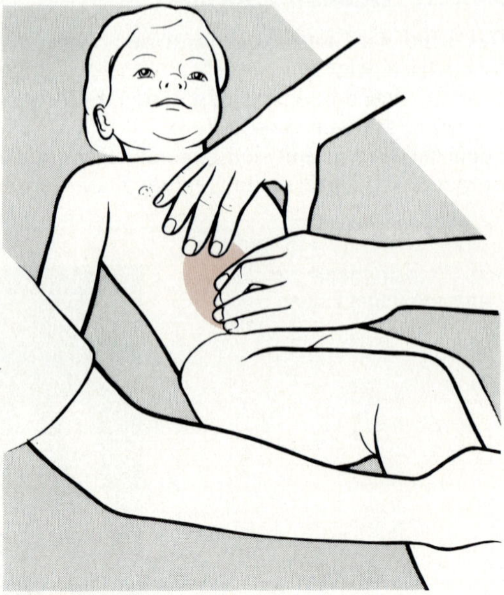

Abb. 5 Palpation des Bauches

3.4.5.5. Reflexprüfung

Die Reflexprüfung dient zur Klärung pathologischer Befunde an den peripheren Nerven. Bei unruhigen und verkrampften Kindern lassen sich die Reflexe nicht auslösen, deshalb ist es die Aufgabe der Schwester, sie abzulenken und zu beruhigen (Abb. 6).

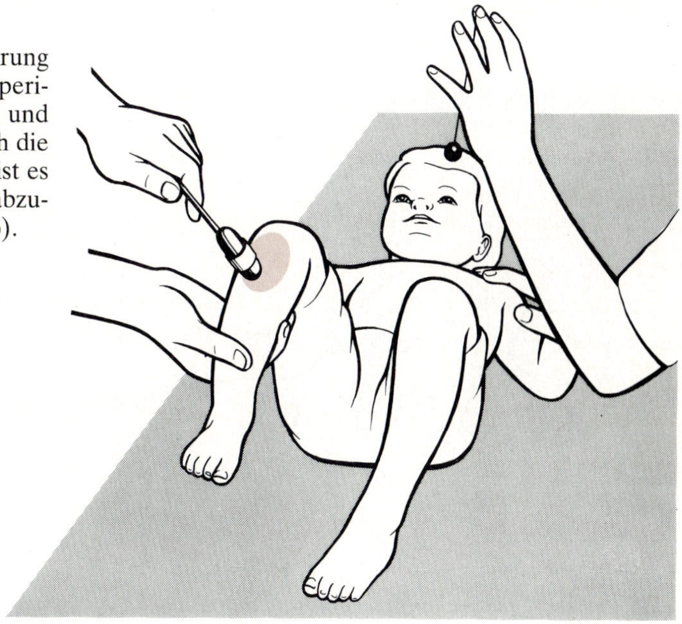

Abb. 6 Reflexprüfung

3.4.5.6. Ohrspiegelung (Otoskopie)

Die Ohrspiegelung wird als nächste Untersuchung durchgeführt. Mit Hilfe des Ohrspiegels (Otoskop) können der äußere Gehörgang und das Trommelfell inspiziert werden.

Das Kind kann auf verschiedene Art und Weise gehalten werden.

Halten im Sitzen: Das Kind sitzt seitlich auf dem Schoß der Schwester. Mit der einen Hand hält die Pflegeperson die Hände des Kindes, mit der anderen drückt sie den Kopf, den sie über dem Ohr hält, gegen ihren Oberkörper (Abb. 7a). Bei unruhigen Patienten kann sie die Beine des Patienten fixieren, indem sie sie zwischen ihre Oberschenkel klemmt.

a

b

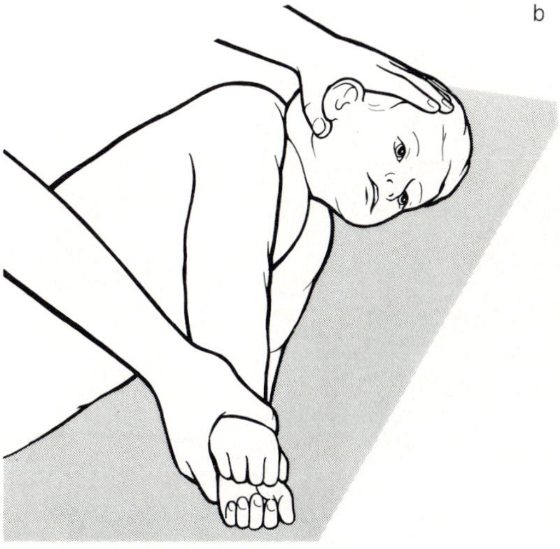

Abb. 7a u. b Otoskopie: a) Halten im Sitzen, b) Halten im Liegen

Halten im Liegen: Mit der einen Hand umgreift die Schwester die Hände des Kindes. Mit der anderen fixiert sie den Kopf, indem sie ihn mit der flachen Hand auf den gepolsterten Untersuchungstisch drückt (Abb. 7b).

Nun kann der Arzt den Ohrentrichter in den äußeren Gehörgang einführen, indem er die Ohrmuschel leicht nach hinten oben zieht.
Sollte eine Entzündung des Ohres vorliegen, ist daran zu denken, daß für jedes Ohr ein neuer Ohrentrichter genommen wird. Ist nur ein Ohr entzündet, muß zuerst das gesunde Ohr inspiziert werden. Der Ohrentrichter kann anschließend noch für das kranke Ohr verwendet werden.
Vorsichtshalber kann auch für jedes Ohr ein Ohrentrichter benutzt werden.

3.4.5.7. Racheninspektion

Die Racheninspektion wird meistens zum Schluß vorgenommen, da sie von den Kindern als unangenehm empfunden wird.
Auch hier gibt es verschiedene Möglichkeiten, den Patienten ruhigzustellen. Größere Kinder werden aufgefordert, den Mund zu öffnen und evtl. die Zunge vorzustrecken. Die Schwester sollte bereit sein, falls es nötig wird, die Hände zu fixieren. Mit Hilfe eines Holz- oder Metallspatels und einer Lichtquelle kann der Arzt nun Zähne, Wangenschleimhaut, Zunge und Rachen inspizieren.
Halten im Sitzen: Das Kind sitzt auf dem Schoß der Schwester, das Gesicht dem Arzt zugewandt. Mit der einen Hand drückt sie den Kopf des Kindes gegen ihren Oberkörper, mit der anderen hält sie die Arme und Hände des Patienten (Abb. 8a).

a

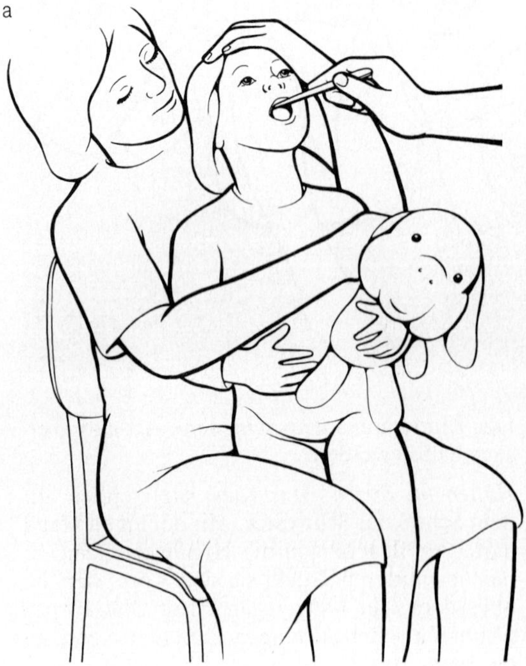

b

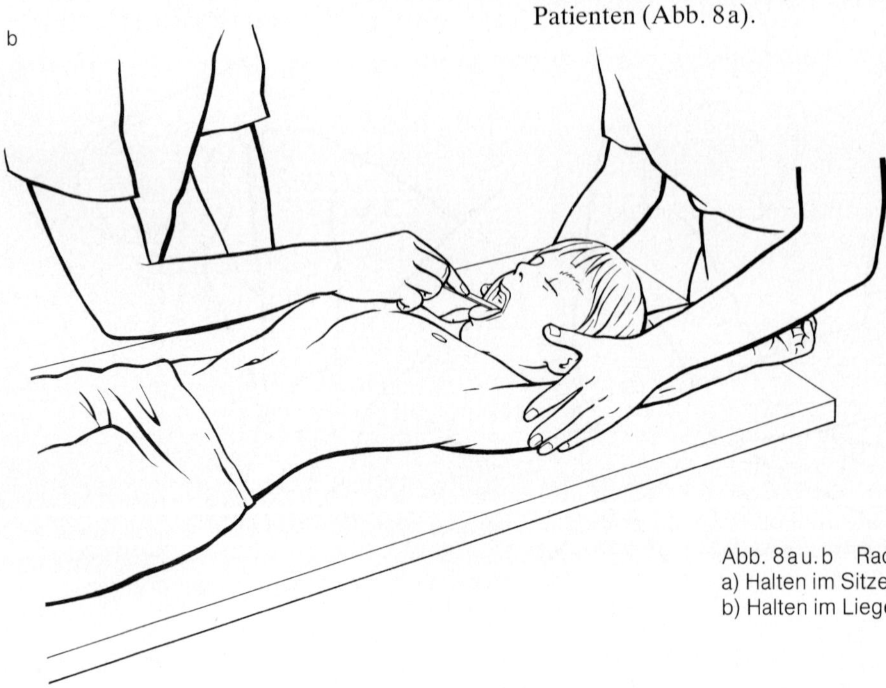

Abb. 8a u. b Racheninspektion:
a) Halten im Sitzen,
b) Halten im Liegen

Halten im Liegen: Das Kind liegt mit dem Rücken auf dem Untersuchungstisch. Die Pflegeperson stellt sich an das Kopfende des Tisches und hält die Arme des Kindes parallel zum Kopf. Nun kann sie mit ihren Händen Kopf und Arme des Patienten fixieren (Abb. 8b).

3.5. Pflegeplanung

Strukturnetz

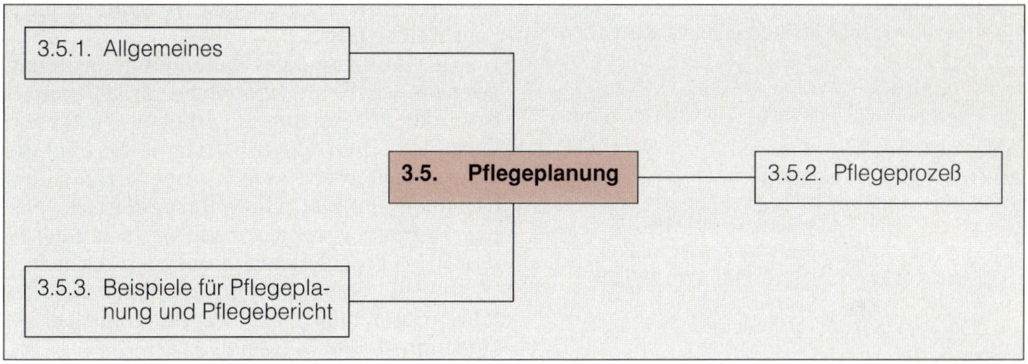

Lehrziel

Pflegeplanung ist notwendig, um individuelle Pflege zu gewährleisten. Pflegemaßnahmen sollen sinnvoll mit dem Ziel eingesetzt werden, das Bestmögliche für den Patienten zu erreichen. Das kranke Kind und seine Eltern sollen, soweit möglich, aktiv am Pflegeprozeß mitarbeiten. Dies zu verdeutlichen, ist Absicht des folgenden Teilkapitels.

Lernziele

Nach der Bearbeitung dieses Abschnitts können Sie
- die einzelnen Stufen des Krankenpflegeprozesses nennen,
- die Aufstellung eines Pflegeplans erklären,
- die Notwendigkeit des Pflege- bzw. Übergabeberichts erläutern.

3.5.1. Allgemeines

Menschengerechte Krankenpflege, patientenzentrierte Pflege, ganzheitliche Pflege, individuelle Ganzheitspflege sind Begriffe, die wir in vielen Veröffentlichungen lesen. Was sollen diese Wortschöpfungen ausdrücken?
Durch zunehmende Technisierung und Häufung von administrativen Tätigkeiten wurden die Schwerpunkte in der Pflege verlagert. Die Schwestern konzentrierten sich oft nicht genügend auf die Pflege, sondern übernahmen Funktionen als Helferin von Arzt, Laborpersonal, Krankengymnastin usw. Die Patienten hatten das Gefühl, medizinisch und gerätetechnisch gut versorgt, aber pflegerisch schlecht betreut zu werden. Auch den Schwestern wurde bewußt, daß sie den individuellen Bedürfnissen der Patienten nicht gerecht wurden.
Seit Jahren ist man nun bemüht, die Pflege für jedes kranke Kind individuell zu planen. Da an seiner Pflege viele Schwestern beteiligt sind, muß die Planung gemeinsam geschehen und schriftlich formuliert werden, damit sich jede Pflegeperson informieren kann und auch rechtlich abgesichert ist. Nur durch Kontinuität in der Betreuung des kranken Kindes ist eine ganzheitliche Pflege möglich. Bei leichterkrankten Kindern mit einem sehr kurzen Krankenhausaufenthalt, z.B. zur Adenotomie, ist Pflegeplanung überflüssig. Hierfür ist z.B. der nachfolgende Standard zu verwenden.

Standard zur Adenotomie

Kinder kommen am *Vortag* zur Blutentnahme.
Es werden bestimmt: Blutbild
Thrombozyten
Quick
PTT
Blutungszeit
Natrium und Kalium

Information an die Eltern durch HNO-Arzt und Anästhesisten
OP-Genehmigung unterschreiben lassen!

OP-Tag: Blase entleeren lassen
Prämedikation verabreichen

postoperativ:
- bis 20.00 Uhr stündlich Blutdruck, Puls, Atmung kontrollieren
- ab 20.00 Uhr 3stündliche Kontrollen
- nach 4 Stunden dürfen die Kinder trinken
- abends etwas breiige Kost zu sich nehmen
- auf Nachblutungen achten
- Überwachung der i.v. Infusion

Beachte: Sollten Komplikationen auftreten, z.B. starke Blutungen, Verlaufsprotokoll und Pflegeplanung führen

Wenn keine Pflegeprobleme vorhanden sind, können auch keine benannt werden. Es ist unbedingt darauf zu achten, daß nicht zu viel Zeit aufgewendet wird, um krampfhaft Pflegeprobleme und -ziele zu formulieren. Das ist Zeit, die wir für die Pflege der Kinder dringend benötigen.

3.5.2. Pflegeprozeß

Patientenorientierte Pflegeplanung wird auch als *Pflegeprozeß* bezeichnet. Er läuft in sechs Schritten ab (Abb. 9).
Bei der Aufnahme des Patienten in das Krankenhaus wird ein *Aufnahmegespräch* geführt bzw. die *Pflegeanamnese* erhoben. In diesem Gespräch erfährt die Schwester etwas über die Gewohnheiten des Kindes, seine jetzige Situation und seine Eltern bzw. Bezugsperson.
Die Befragung kann anhand eines standardisierten Fragebogeninterviews geschehen (Abb. 10). Dabei besteht allerdings die Gefahr, routinemäßig abzufragen. Günstiger ist eine individuelle Befragung, z.B.

- Wie ist das Befinden des Patienten?
- Welche Hilfen braucht er von uns?
- Was erhoffen sich Patient oder Angehörige von der stationären Behandlung?

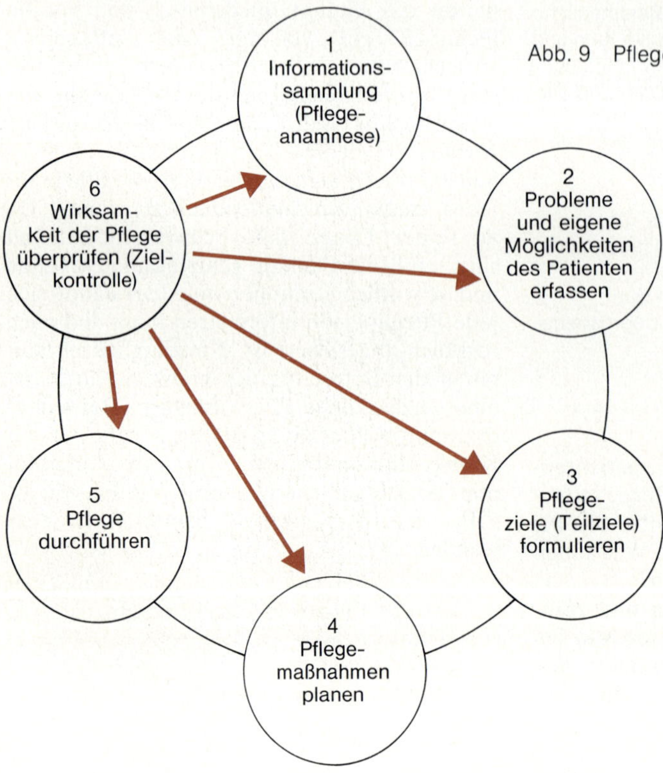

Abb. 9 Pflegeprozeß

Pflegeanamnese

Name: Katrin H.
Geburtsdatum: 28. 11. 1987
Telefon:

War das Kind schon im Krankenhaus?
nein
In welchem Alter?
/

Ist das Kind über seine Krankheit informiert?
/

Besuchsmöglichkeit:
Mutter kommt tägl. von 10⁰⁰-18⁰⁰ Uhr.

Patient/Eltern sind angeleitet für:
/

Familiäre Gegebenheiten:
wird tagsüber von der Großmutter versorgt

Geschwister:
2, 6 u. 8 Jahre

Sprache	*Körperpflege*
Wie sagt das Kind zu Mutter: Mama Vater: Papa sich selbst: Katrin Wie sagt es, wenn es Hunger hat: essen Durst hat: trinken aufs Töpfchen muß: Pipi Sonstiges: spricht verständlich	Wäscht sich das Kind allein? / Putzt es sich die Zähne? versucht es, ohne Zahnpasta Zieht es sich allein an? / Braucht es besondere Pflegemittel? /
Eß- und Trinkgewohnheiten	*Sauberkeitserziehung*
Ißt das Kind allein, mit Hilfe, wird gefüttert? Trinkt das Kind aus der Tasse, aus der Flasche? Trinkt es Tee? gerne Früchtetee Welche Speisen mag es besonders? Obst, Gemüse, Quark Welche Speisen mag es nicht? Fisch Guter oder schlechter Esser?	Ist das Kind tagsüber sauber? nachts? Geht es allein zur Toilette? mit Mutter meldet sich Muß es gefragt werden? /
	Spielgewohnheiten
	Lieblingsspielzeug Stofftiere Geht das Kind in den Kindergarten/ in die Schule? / Soll es Unterricht bekommen? /
Schlafgewohnheiten	*Weiteres*
Schläft das Kind mit bestimmtem Gegenstand? Teddy In welcher Lage schläft es? Bauchlage Sonstiges: nimmt zum Einschlafen rechten Daumen	(Brille, Zahnspange usw.) hat am 5.12.1989 um 11⁰⁰ Uhr Termin beim Augenarzt

Abb. 10 Pflegeanamnese

- Was wissen Patient bzw. Angehörige über die Erkrankung?
- Welche Vorstellungen haben sie vom Stationsablauf?
- Welche Orientierungshilfen brauchen sie?
- Bei Chronischkranken: wie lebt der Patient „draußen" mit seiner Krankheit?
- Wer ist die Bezugsperson?
- Eß- und Trinkgewohnheiten
- Lieblingsspeisen, Ablehnung bestimmter Speisen
- Lieblingsspielzeug, z. B. Schmusetuch, Kuscheltier
- (Ein-)Schlafgewohnheiten, z. B. mit Schnuller, in Bauchlage

Ein objektives Bild kann sich die Schwester durch aufmerksame Beobachtung während des Gespräches mit dem Kind und seinen Angehörigen machen.
Wenn es der Schwester gelingt, eine vertrauensvolle Atmosphäre zu schaffen, werden ihr von seiten des Kindes und seiner Angehörigen wichtige Informationen zuteil.
Ebenso wichtig ist die Information der Schwester an das Kind und seine Eltern. Sie wird z. B. über

- die Mitaufnahme der Mutter,
- die ganztägige Besuchszeit,
- Möglichkeiten der Kostform (Kleinkinderkost, Diät),
- die Sprechzeiten des Stationsarztes,
- den Tagesablauf

Auskunft geben.

Bei Mitaufnahme der Mutter können viele Fragen auch später in Ruhe auf der Station gestellt werden.
Das Miteinbeziehen der Mutter in den Pflegeprozeß ist vor allem beim Säugling und Kleinkind von großer Bedeutung. Durch das Aufnahmegespräch, die Krankenbeobachtung, ärztliche Untersuchungen und Anordnungen werden *Pflegeprobleme* erkannt und notiert. Die Problemformulierung soll *kurz, exakt und objektiv* sein. Sie muß eine Beobachtung enthalten und die kindlichen Probleme aufzeigen. Probleme entstehen, wenn stärkere Belastungen auf den Patienten zukommen, z. B. ein 10jähriger Junge war bisher selbständig; jetzt hat er einen Beckengips, ist für mehrere Wochen bettlägerig und auf die Hilfe der Schwester angewiesen. Durch diese Veränderung kann er mutlos und unzufrieden werden.

Von großer Bedeutung ist es daher, die noch vorhandene Aktivität des kranken Kindes zu erhalten und zu fördern. Es liegt in der Natur des Kindes, sich spontan zu äußern und so bald es geht, die noch vorhandenen Kräfte des Gesunden einzusetzen. Diese Selbstheilungskräfte (Ressourcen) müssen von der Schwester erkannt und aktiviert werden. Dies kann z. B. bei der Körperpflege oder im Spiel geschehen.
Als nächstes muß versucht werden, *Pflegeziele* zu formulieren. Sie müssen individuell auf das Kind und seine Probleme ausgerichtet sein. Dabei ist zu beachten, daß die Ziele auch *erreichbar* sein müssen, evtl. kann in Nah- und Fernziele unterteilt werden. Das Nahziel wird in kürzerer Zeit erreicht und ist ein Teil des Fernziels. Es ist wichtig, die gesteckten Pflegeziele zu *überprüfen* und bei Veränderungen der Pflegeprobleme zu *korrigieren.* Auch eine Standardisierung der Pflegeziele ist möglich, damit nicht unnötig viel Zeit für die Zielformulierung verwandt wird.
Aus diesen Überlegungen können Pflegestandards für entsprechende Krankheitsbilder entworfen werden.
Sie können vervielfältigt und durch individuelle Pflegemaßnahmen ergänzt werden.
Sind die Pflegeziele gesteckt, kann die *Pflegeplanung* einsetzen. Anhand eines Pflegeplans wird eingetragen, wann und wie oft bestimmte Pflegemaßnahmen durchgeführt werden müssen. Ein sehr wichtiger Faktor ist die Miteinbeziehung des größeren Kindes mit seinen Wünschen, Fähigkeiten und Problemen und seiner Angehörigen. Besonders bei Chronischkranken, z. B. Diabetikern, Dialysepatienten usw., ist das Miteinanderarbeiten für die weitere Betreuung von großer Bedeutung.
Die Schwester legt ihre Beobachtungen über das Befinden des Kindes und seine Äußerungen in einem kurzen *Pflegebericht* nieder. Der Pflegebericht soll Aussagen machen über

- das subjektive Befinden des Kindes,
- die objektive bzw. überprüfbare Beobachtung der Kinderkrankenschwester,
- die Reaktion des Patienten auf die Behandlung und einzelne Pflegemaßnahmen.

Laborbefunde, Diätformen, Flüssigkeitsbilanz usw. sind in der Kurve verzeichnet. Bei der mündlichen Übergabe sind Kurve und Pflegebericht vorzulegen.
Pflegeplanung ist ausschließlich am Patienten orientiert. Gemeinsam mit dem Kind, seinen

Angehörigen und dem Arzt wird ein bestimmtes Ziel angesteuert. Dieses ist häufig nur in vielen kleinen Schritten zu erreichen.
Als Beispiel soll hier die Pflegeplanung bei einem 12jährigen Mädchen mit Diabetes mellitus, einer chronischen Krankheit, und bei einem 1½jährigen Kind mit Gastroenteritis, einem akuten Geschehen, beschrieben werden.

3.5.3. Beispiele für Pflegeplanung und Pflegebericht

3.5.3.1. Pflegeplanung für ein 12jähriges Mädchen mit Diabetes mellitus (Ersteinstellung)

Aufnahmegespräch

Erster Eindruck:
- Birgit ist ängstlich, still und schüchtern;
- müde und schlapp, bei vollem Bewußtsein;
- guter Pflegezustand;
- sehr schlanke Gestalt.

Besondere Gewohnheiten:
- ißt gern Süßigkeiten;
- geht zu Hause früh schlafen;
- liest viel, besonders Karl May;
- treibt Leistungssport (Leichtathletik);
- beschäftigt sich zu Hause viel mit ihrer 1jährigen Schwester.

Angaben der Mutter:
- Birgit ist anfangs schüchtern, sehr einsichtig;
- ist gerade in die Pubertät gekommen;
- wäscht sich nicht in Gegenwart anderer;
- hat im Moment Menstruation, ist genau informiert;
- Hausarzt hat erste Informationen über Diabetes mellitus gegeben.

Beobachtungen der Schwester während des Gespräches:
- Mutter ist sehr besorgt, sie weiß, daß Diabetes mellitus eine chronische Krankheit ist.
- Mutter möchte täglich kommen und in die Pflege einbezogen werden.

Pflegeprobleme

- Annehmen der Erkrankung;
- tägliche Insulininjektionen;
- regelmäßige Urin- und Blutzuckerkontrollen;
- Einhaltung der Diät;
- evtl. Schulversäumnisse durch Krankenhausaufenthalt.

Pflegeziele

- Patientin zur Einsicht bringen, daß
  - Diät eingehalten werden muß,
  - Insulininjektionen unbedingt notwendig sind,
  - Insulin sorgfältig injiziert werden muß,
  - Urin- und Blutzuckerkontrollen durchgeführt werden müssen,
  - ihre Ziele im Sport nicht zu hoch gesteckt werden dürfen.
- Patientin muß selbständig alle notwendigen Maßnahmen durchführen können.
- Birgit und ihre Mutter müssen Diät zubereiten und Insulin injizieren können.
- Patientin und Mutter müssen umfassend über das Krankheitsbild informiert sein und die Krankheit akzeptieren.
- Motivieren, zur regelmäßigen Diabetikersprechstunde und -beratung zu kommen.
- Förderung der Kontaktaufnahme mit anderen diabetischen Kindern und ihren Eltern.
- Eltern über die Existenz von Selbsthilfegruppen informieren, damit sie Informationsmaterial anfordern.
- Eltern einsichtig machen, den Lehrer über die Krankheit der Tochter zu informieren.

Pflegeplan

- Ausführliches Gespräch mit Birgit, ihren Eltern, Stationsarzt und -schwester über Diabetes mellitus (Ursache, Behandlung, Komplikationen, Insulin, Diät, Selbstkontrolle);
- täglich Technik der Injektion erklären und zeigen;
- unter Aufsicht Insulin aufziehen und spritzen lassen;
- Blutzucker- und Urinzuckerkontrollen mit Schnelltests zeigen und erklären;
- Einstellungsdiät erklären;
- später Aufstellung eines Diätplans unter Berücksichtigung besonderer Wünsche;
- Austauschtabelle erklären;
- Zubereitung der Diät in der Diätküche (unter Anleitung einer Diätassistentin);
- täglich für Bewegung sorgen, z.B. 30 Minuten spazierengehen;
- evtl. Unterricht durch den Kliniklehrer.

Pflegebericht Name: Birgit M. Alter: 12 Jahre

2.5.
Spätdienst: Birgit wurde um 16.00 Uhr wegen Diabetes mellitus aufgenommen. Die Mutter kommt ganztägig zur Betreuung. Birgit ist sehr bedrückt, erste Informationen durch den Stationsarzt.

3.5.
Nachtwache (NW): Birgit schlief in der Nacht unruhig. Sie schied häufig und viel Urin aus. Die Infusion am Arm stört sie im Schlaf sehr.
Frühdienst (F): Heute wollte Birgit schon weitere Informationen. Sie hatte ein ausführliches Gespräch und arbeitet jetzt mit ihrer Mutter das 1. Kapitel aus „Einführungskurs für Kinder und Jugendliche mit Diabetes mellitus" durch.
Spätdienst (Sp): Vor den Injektionen hat Birgit große Angst. Sie ist sehr vernünftig und befolgt die Anweisungen.

4.5.
NW: In der Nacht gab es keine Besonderheiten. Birgit schlief gut, fühlte sich durch die Blutentnahmen gestört.
F: Birgit und ihre Mutter sprachen heute erneut mit Schwester L. und Dr. S. Beide scheinen ganz zuversichtlich und wollen gut mitarbeiten. Das größte Problem für sie ist die Insulininjektion. Das Buch arbeiten sie gemeinsam durch, Schwester L. gibt Erläuterungen.
Sp: Birgit fühlt sich schon etwas besser. Um 22.00 Uhr noch einmal Apfel-Hafer-Brei. Ab morgen wird mit der Diät begonnen.

5.5.
NW: Birgit stellte noch einige Fragen zur Diät, die ich ihr beantworten konnte. Sie freut sich auf die „Normalkost".
F: Birgit ist inzwischen schon gut informiert und hält sich streng an unsere Anweisungen. Von ihrer Mutter wird sie liebevoll unterstützt.
Sp: Montag möchte Birgit versuchen, sich zu spritzen. Insulin hat sie heute schon aufgezogen. Der erste Diättag ist gut verlaufen.

6.5.
NW: Keine besonderen Vorkommnisse.
F: Birgit geht es gut. Heute hat sie viel mit ihrer Mutter gelernt. Sie ist sehr ehrgeizig und möchte in der Schule nicht viel versäumen. Zum Spritzen konnte sie sich nicht überwinden, aber die Mutter hat es mit Erfolg versucht.
Sp: Die Zwischenmahlzeit und das Abendbrot haben Birgit und ihre Mutter selbständig zubereitet. Beide sind an der Diät sehr interessiert.

7.5.
NW: Birgit klagte über Bauchschmerzen. Sie bekam eine Wärmflasche und schlief dann schnell ein.
F: Birgit hat sich zum erstenmal gespritzt. Sie war sehr zittrig, so daß etwas daneben ging. Tagsüber wollen sich jetzt Mutter und Tochter mit den Injektionen abwechseln.
Sp: Birgit durfte heute mit ihrer Mutter einen kleinen Spaziergang machen. Danach fühlte sie sich ziemlich schlapp. Mit der Urin- und Blutzuckerkontrolle kommen beide gut zurecht und führen gewissenhaft Buch.

8.5.
NW: Birgit schlief die ganze Nacht tief und fest.
F: Heute war Birgit mit ihrer Mutter in der Diätküche. Unter Anleitung stellten sie das Mittagessen zusammen. Frau M. hat sich schon ein Diätkochbuch und eine Austauschtabelle besorgt und gemeinsam mit ihrer Tochter angesehen. Da sich Birgit gut fühlt, und Mutter und Tochter gut mitmachen, kommen wir schnell voran.
Sp: Die Zwischenmahlzeit und das Abendbrot bereitet sich Birgit jetzt selbst zu. Da sie vieles gern ißt, gibt es keine Schwierigkeiten.

9.5.
NW: Keine besonderen Vorkommnisse.
F: Birgit ist schon so gut eingestellt, daß sie übermorgen für ein paar Stunden nach Hause darf. Das Buch hat sie mit ihrer Mutter von A bis Z durchgearbeitet. Beide fragen uns viel und kennen sich schon gut aus.
Sp: Birgit erledigte den ganzen Nachmittag ihre Hausaufgaben und ist jetzt müde und abgespannt, sie hat sehr schlechte Laune.

10.5.
NW: Birgit konnte gestern schlecht einschlafen, da die Kleinen nebenan sehr unruhig waren. Sie half etwas bei der Versorgung der Kleinkinder und freut sich auf das Wiedersehen mit ihrer kleinen Schwester.

F: Birgit bereitete sich mit Hilfe der Mutter das Mittagessen zu. Beide nehmen es sehr genau. Seit 10.00 Uhr liegt Anja, 10 Jahre, Diabetes mellitus zur Neueinstellung, bei Birgit. Die beiden freundeten sich schnell an und tauschen ihre Erfahrungen aus.

Sp: Birgit und Anja waren mit Schwester R. einkaufen; unter anderem informierten sie sich im Reformhaus über Lebensmittel für Diabetiker.

11.5. *NW:* Vor Aufregung schlief Birgit erst gegen 24.00 Uhr ein.

F: Vormittags war Birgit in der Diätküche. Es geht ihr gut, und sie scheint sich wohl zu fühlen.

Sp: Birgit war von 14.00 –18.00 Uhr zu Hause. Sie hat mit ihrer Mutter einen großen Spaziergang gemacht und überlegt, wann und wie die Blut- und Urinzuckerkontrollen zu Hause stattfinden. Morgen wollen wir überlegen, wie Birgit während der Schulzeit ihre Insulininjektionen und Mahlzeiten einteilt.

12.5.

NW: Birgit verbrachte eine ruhige Nacht.

F: Birgit wird jetzt mehr belastet. Sie darf mit ihrer Mutter längere Spaziergänge machen. Heute bekam sie ihren Diabetikerausweis und wurde über Hypo- und Hyperglykämie informiert.

Sp: Durch den Unterricht am Vormittag, Hausaufgaben und die Zubereitung der Diät ist Birgits Tag gut ausgefüllt. Bis jetzt verkraftet sie dies gut und ist guter Dinge.

13.5.

NW: Nichts Besonderes.

F: Birgit und ihre Mutter sind auch in der Verabreichung der Injektionen sicherer geworden. Die Injektionsstellen sehen gut aus, da Birgit genau aufschreibt, wo sie injiziert hat und die Stellen wechselt.

Sp: Nachmittags war Birgit eine Stunde zur Gymnastik in ihrem Sportverein. Sie hat die Belastung gut vertragen.

14.5.

NW: Birgit schlief unruhig und mußte öfter zur Toilette. Vielleicht war die Anstrengung des Vortages zu groß.

F: Birgit klagte über Kopf- und Gliederschmerzen. Sie legte sich nach dem 2. Frühstück ins Bett und mußte einige Aktivitäten absagen. Das Mittagessen hat sie erbrochen. Sie wurde zittrig und hatte kalten Schweiß auf der Stirn. Sie wurde deutlich hypoglykämisch (39 mg%). Nach oraler Traubenzuckergabe besserte sich ihr Zustand rasch. Bettruhe weiter eingehalten.

Sp: Birgit schlief nachmittags 2 Stunden. Sie fühlt sich jetzt besser und aß das Abendbrot mit Appetit.

15.5.

NW: In der Nacht war Birgit unauffällig. Sie klagte nicht mehr über Schmerzen und schlief gut.

F: Birgit darf jetzt täglich für ein paar Stunden nach Hause. Sie nimmt dort auch mindestens eine Mahlzeit ein und wird so langsam auf ihre Entlassung vorbereitet.

3.5.3.2. Pflegeplanung für ein 1½jähriges Kind mit Gastroenteritis

Name:	Heike K.	*Aufnahmedatum:*	2. 5. 1989
Geburtsdatum:	15. 12. 1987	*Aufnahmegewicht:*	12,0 kg
		Länge:	84,5 cm
		Kopfumfang:	50 cm
		Temperatur:	39,2 °C

Ernährung:
Bis gestern Kleinkinderkost, seit gestern Abend Tee/Traubenzucker mit Elektrolytzusatz.

Schlafgewohnheiten:
Liegt auf dem Bauch, nimmt rechten Daumen, manchmal auch Schnuller.

Bezugsperson:
Mutter ist ganztägig bei Heike, sie ist nachts zu Hause telefonisch zu erreichen.

Einweisungsdiagnose:
Gastroenteritis.

Pflegeplan in bezug auf:

1. Vitalfunktion/Vitalzeichen
2. Aussehen/Haut
3. Ernährung
4. Ausscheidungen
5. Bewußtseinszustand/Schlaf
6. Verhalten
7. Körperzustand
8. spezielle Beobachtungen

} diese Numerierung ist identisch mit der Numerierung der Pflegeprobleme

Datum	Nr.	Pflegeprobleme	Stopp	Pflegemaßnahmen	Stopp
2.5.89	1	hohes Fieber Fieberkrampf vor 5 Monaten	4.5.89	häufige Temperaturkontrollen -ab 38 °C -250mg ben-u-ron Tabl.	 4.5.
	2	wund im Analbereich	5.5.	-öfter wickeln, Hautpflege mit Pasta Zinci mollis S	5.5. 5.5.
	3	Nahrungsverweigerung, Infusion am Kopf	4.5.	-Tee/Traubenz. anbieten -Nahrungsaufb. n. Plan -Infusion überwachen	 4.5.
	4	durchfällige Stühle	4.5	-Stuhlbeurteilung -3x Stuhlz. Bakteriologie	5.5.

Datum	Temperatur vormittags	Temperatur nachmittags	Gewicht kg	Stuhl	Spucken – S Erbrechen – E	Puls	Atmung	Einfuhr	Ausfuhr	Nr.	Pflegebericht	Handzeichen
2.5.89		22^{30} 39^{2}	12,0		S	128	schreit				1½ jähriges Mädchen, ziemlich exsikkiert, hat sich beim Anlegen der Infusion sehr aufgeregt, hochroter Kopf	
				⊖				150 ml Tee		1 4	250 mg ben-u-ron Tabl. 1. Stuhlprobe abgenommen	J.R
		23^{30} 38^{0}				124	43	50 ml Tee			Mutter bleibt in dieser Nacht bei Heike bietet Tee an	
3.5.89	0^{30} 38^{0}									3	Infusion läuft nach Plan, schläft ruhig	
	3^{00} 38^{3}			⊖						4	übelriechenden grünlichen Stuhl entleert, 2. Stuhlprobe	J.R
	6^{00} 37^{9}		12,3		S	124	wach			2	wurde öfter trockengelegt, immer noch wund!	
	10^{00} 37^{7}							150 ml KS/RS			ist zeitweise sehr unruhig, da sie durch die Infusion am Kopf nicht auf dem Bauch liegen kann.	P.K
		14^{00} 37^{7}				116	39	150 ml Tee/HHN		3	trinkt bei der Mutter gut	
		17^{00} 38^{7}								1	250 mg ben-u-ron Tbl.	
								100 ml Tee		3	Infusion lief paravenös, liegt jetzt in linker Ellenbeuge, wird von Heike besser akzeptiert, Bauchlage mögl.	
		18^{30} 37^{4}						150 ml HHN				
		20^{00} 37^{5}									schläft zufrieden	M.S

Datum	Temperatur vormittags	Temperatur nachmittags	Gewicht kg	Stuhl	Spucken – S Erbrechen – E	Puls	Atmung	Einfuhr	Ausfuhr	Nr.	Pflegebericht	Handzeichen
		24^{00} 37^{3}		/				150 ml HHN		4	große Menge dünnbreiigen Stuhl entleert 3. Stuhlprobe	
4.5.89		4^{00} 37^{0}								2	wurde öfter trockengelegt, Hautaus Po fast in Ordnung	J.R.
	6^{00} 37^{1}		12,5	/		112	28					
								200 g Bananen-zwieback		3	gutgegessen, akzeptiert uns jetzt auch, weint nicht	
								200 g Tee			wenn Mutter kurzweg ist	
	11^{00} 37^{0}							200 g Gemüse kartoffelbrei		3	Heike hat großen Hunger, Infusion kann entfernt werden,	P.K.
								200 g Tee			falls sie paravenös läuft	
		14^{00} 37^{2}						150 g Zwieback/ger. Apfel		3	Infusion um 16^{00} Uhr entfernt	
		20^{00} 37^{5}						200 g Tee		2	bekam 2× Kamillosansitzbad, weitere Popflege wie bisher, schlief die ganze	M.S.
5.5.89	6^{00} 36^{8}		12,5								Nacht durch, wurde öfter gewickelt, nicht mehr wund!	J.R.
								Leichte Kost		3+ 4	Stühle haben sich normalisiert Heike ißt gut, bekommt Kleinkinderkost	P.K.
		37^{0}									unauffällig, wird voraussichtlich morgen entlassen	M.S.
6.5.89			12.7									

3.6. Tagesablauf auf der Station und tägliche Visite

Lehrziel

In diesem Abschnitt wird der Tagesablauf auf einer Station beschrieben. Besonderer Wert muß auf die ganzheitliche Pflege des Kindes gelegt werden. Aus diesem Grund ist es nötig, daß sich die Schwester umfassend über die Patienten informiert.

Durch die Arbeitszeitverkürzung (zur Zeit 38,5 Stunden in der Woche) wurde in den meisten Kliniken für das Pflegepersonal der Schichtdienst eingerichtet.
Für die Schwestern des Frühdienstes beginnt die Arbeitszeit meistens zwischen 6 und 7 Uhr. Nach ausführlichem Übergabebericht durch die Schwester(n) des Nachtdienstes fängt sie die Arbeit mit dem Baden und Waschen der Patienten an.
Anschließend bekommen die größeren Kinder ihr Frühstück. Es ist äußerst wichtig, daß die Schwester auf besondere Wünsche des Kindes eingeht. Aufgabe der Schwester ist es auch, nach Verordnung die Medikamente zu verteilen und gewissenhaft zu verabreichen.
Falls zwischen den einzelnen Verrichtungen Zeit besteht, sollte sie unbedingt den Kindern gewidmet werden. Das Erzählen einer Geschichte oder das Auf-den-Arm-Nehmen trägt wesentlich zum Wohlbefinden des Kindes bei.
Im Laufe des Vormittags findet noch die Visite statt.
Hierzu müssen einige Vorbereitungen getroffen werden, wie z. B.

- Kurven schreiben,
- Visitenwagen oder -korb vorbereiten,
- Kinder sollen auf der Station, nach Möglichkeit im Zimmer sein.

An der Visite nehmen der Stationsarzt und alle Schwestern der Station teil. Währen der Visite haben die Schwestern die Aufgabe, über das Verhalten und die Besonderheiten „ihrer" Kinder zu berichten. Dies kann sicher präziser durch die Zimmerschwester als durch die Stationsschwester geschehen. Eine weitere Aufgabe der Schwester ist die Hilfeleistung bei Untersuchungen. Während der Visite werden alle Anordnungen sofort dokumentiert.
Nach der Visite werden die Anordnungen ausgeführt. Die Kinder werden in das Untersuchungszimmer, in die Röntgenabteilung, zum EEG, EKG usw. gebracht. Auch hier wirkt es sich günstig aus, wenn die dem Kind vertraute Schwester und evtl. die Mutter anwesend ist.
Nach dem Mittagessen werden die Kinder für den Mittagschlaf hergerichtet. Während dieser Zeit sollte auch das Pflegepersonal auf die Ruhepause der Kinder Rücksicht nehmen.
In dieser Zeit erfolgt die Übergabe der Station an die Schwestern des Nachmittagsdienstes.
Anschließend, nach der Temperatur- und Pulskontrolle, bekommen die Kinder eine kleine Zwischenmahlzeit. Leichtkranke Patienten dürfen wieder aufstehen. Falls die Kinder keinen Besuch bekommen, dürfen sie in das Spielzimmer gehen. Bettlägerige Patienten werden mit geeignetem Spielzeug oder kleinen Bastelarbeiten beschäftigt, damit ihnen die Zeit bis zum Abendbrot nicht zu lang wird.
Etwa um 17 Uhr wird das Abendbrot verteilt. Hier ist es wieder die Aufgabe der Schwester, dem Kind altersentsprechende Hilfestellung zu geben. Wenn es die Zeit erlaubt, liest die Schwester, nachdem die Kinder gewaschen sind und sich die Zähne geputzt haben, noch eine kleine Geschichte vor.
Die Zeit bis zur Ablösung durch die Nachtwache überbrückt meist ein Spätdienst. Nachdem die Kinder gut versorgt sind, kann sich die Schwester einigen Nebenarbeiten widmen, die durch den Pflegedienst erledigt werden müssen.
Auf einer Säuglingsstation sieht der Tagesablauf im wesentlichen anders aus. Hier sind die Schwestern an die Zeiten der Nahrungsverabreichung gebunden, die sehr stark (zwischen 4 und 24 Mahlzeiten) variieren.

3.7. Aufgaben der Kinderkrankenschwester in der Nachtwache

Lehrziel

Aufgabe dieses Abschnitts ist es, die Kinderkrankenschwester auf ihre verantwortungsvolle Tätigkeit im Nachtdienst hinzuweisen. Sie muß in vielen Fällen selbständig handeln. Diese Selbständigkeit setzt Fachkenntnisse und Gewissenhaftigkeit voraus.

Da die Anforderungen in der Nachtwache sehr groß sind, sollte eine Schülerin in der Nacht unter Anleitung einer erfahrenen Schwester tätig sein.
Nach ausführlicher schriftlicher und mündlicher Berichterstattung übernimmt die Schwester der Nachtwache den Dienst. Ihre erste Aufgabe besteht darin, durch alle Zimmer zu gehen, um sich über die Kinder zu informieren.
Größere Kinder haben vielfach noch Wünsche. Sie möchten beispielsweise etwas zu trinken oder noch Licht, damit sie lesen oder spielen können. Soweit es der Zustand der Kinder erlaubt, sollte die Schwester den Wünschen der Kinder gerecht werden.
Bei Kleinkindern und Säuglingen soll das besondere Augenmerk der Schwester auf den richtig geschlossenen Gitterbetten und der ordnungsgemäßen Befestigung der Strampeldecken liegen.
Daß Verordnungen wie Medikamentengabe, Verabreichung der Mahlzeiten und Temperaturkontrollen auch in der Nacht pünktlich eingehalten werden, ist eine Selbstverständlichkeit.
Besonders wichtig ist die Überwachung *aller* Patienten durch öftere Kontrollen. Bei ihrem Rundgang soll die Schwester leise und rücksichtsvoll sein, damit die Kinder nicht ständig gestört werden.

Beachte: Nicht richtig verschlossene Gitterbetten und unsachgemäß befestigte Strampeldekken stellen eine große Unfallquelle dar!
Durch offene oder abgerissene Bänder der Strampeldecke besteht die Gefahr der Erstikkung und Strangulation.

3.8. Verlegung und Entlassung der Kinder

Wird ein Patient in eine andere Klinik verlegt, so ist es notwendig, daß er von einer Schwester, evtl. auch von einem Arzt und den Angehörigen, begleitet wird. Die Begleitperson wird genau über den Zustand des Kindes informiert und bekommt die Unterlagen ausgehändigt, die in der anderen Klinik benötigt werden. Dort steht sie dem diensthabenden Arzt und dem Pflegepersonal für Fragen, die das Kind betreffen, zur Verfügung.
Soll ein Patient entlassen werden, müssen zunächst die Eltern informiert werden, wann sie ihr Kind abholen können. Bei chronischkranken Kindern müssen die Angehörigen evtl. schon Wochen vorher auf die Entlassung vorbereitet werden. So müssen z.B. die Eltern eines Kindes mit Diabetes mellitus Insulin injizieren und eine Diabetikerdiät herstellen können. Die Angehörigen eines an Mukoviszidose erkrankten Patienten müssen geübt haben, das Kind abzuklopfen und ein Inhalationsgerät zu bedienen.
Die Aufgabe der Kinderkrankenschwester ist es, den Kindern und ihren Angehörigen mit Rat und Tat zur Seite zu stehen. Oft treten auch nach der Entlassung Probleme auf, die nicht vorhersehbar waren. Die Angehörigen der Patienten sollen auch dann wissen, daß sie sich jederzeit an die Klinik und damit an den zuständigen Arzt oder die Schwester wenden können, um sich beraten zu lassen.

3.9. Mündliche und schriftliche Berichterstattung

Da im Stationsbereich in mehreren Schichten gearbeitet wird, ist es notwendig, bei jedem Wechsel des Pflegepersonals schriftlich, mündlich oder schriftlich und mündlich Bericht zu erstatten. Diese Berichterstattung kann auf verschiedene Art und Weise geschehen:

- mit Hilfe eines *Dokumentationssystems* wie z.B. Stocker- oder Standardsystem; Verordnungen und Pflegemaßnahmen sind durch verschiedene Symbole gekennzeichnet und so besonders übersichtlich;
- durch ein *Übergabebuch;* in ihm sind alle Patienten erfaßt, besondere Verrichtungen werden eingetragen;
- anhand eines *Pflegeplanes,* der für jeden Patienten erstellt wird. Alle pflegerischen Maßnahmen und Anordnungen werden hier eingetragen und nach Erledigung durch die Schwester abgezeichnet.

Die Erfahrung hat gezeigt, daß sich die Kombination aus schriftlicher und mündlicher Übergabe bewährt hat. Bei Schichtwechsel wird über jedes Kind berichtet, welche Verrichtungen noch zu erledigen sind und welche Besonderheiten, z.B. Erbrechen, Hauterscheinungen usw., aufgetreten sind. Diese Dinge sind auch noch schriftlich vermerkt und dem Pflegebericht zu entnehmen.
Wichtig ist, daß diese Berichte gewissenhaft geführt und aufgehoben werden. Es sind Dokumente, die in Zweifelsfällen zu Rate gezogen werden können.

Weiterführende Literatur

Fiechter, V., M. Meier: Pflegeplanung, 2.Aufl. Rocom, Basel 1981
Peiper, A.: Quellen zur Geschichte der Kinderheilkunde. Huber, Bern 1966
Seidler, E.: Geschichte der Pflege des kranken Menschen, 4. Aufl. Kohlhammer, Stuttgart 1977
Stiller, S.: Unterrichtseinheit-Pflegeplanung. Optiplan, Düsseldorf 1987

4. Grundbedürfnisse des Kindes im Krankenhaus

H. Wildoer

Notwendige Vorkenntnisse

- Pflege des gesunden Kindes,
- körperliche und geistige Entwicklung des Kindes,
- Bedeutung der Mutter-Kind-Beziehung,
- Grundbedürfnisse des Menschen nach Maslow,
- Grundbedürfnisse nach V. Henderson,
- Entstehung und Vermeidung des psychischen Hospitalismus.

Strukturnetz

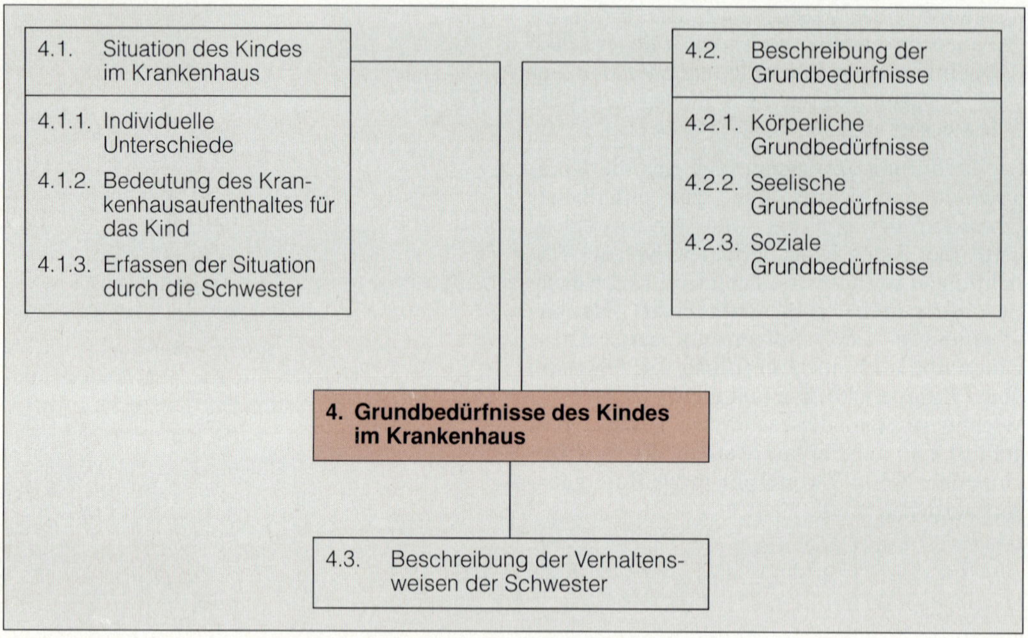

Lehrziel

Bevor Sie in den folgenden Kapiteln die Pflege des kranken Kindes kennenlernen, sollten Sie sich zuerst mit der Situation des Kindes in den unterschiedlichen Altersstufen während seines Klinikaufenthaltes auseinandersetzen. Für das Kind bedeutet die Einweisung in ein Krankenhaus eine totale Veränderung seiner bisherigen Lebenssituation. Als Schwester sollten Sie versuchen, diese nachzuempfinden, seine Reaktionen zu erkennen und zu verstehen, um dann entsprechend handeln zu können.

Da Sie um die Wichtigkeit der Mutter oder der Bezugsperson für das Kind wissen, sollten Sie diese in Ihre Überlegungen und Handlungen einbeziehen.

Lernziele

Sie sollten nach der Bearbeitung dieses Kapitels
- die Grundbedürfnisse des kranken Kindes wiederholen können;
- erläutern können, woraus sich diese ergeben;
- die Verhaltensweisen der Schwester beschreiben können.

4.1. Situation des Kindes im Krankenhaus

4.1.1. Individuelle Unterschiede

Für ein Kind ist die Einweisung in ein Krankenhaus ein einschneidendes Erlebnis. Dies gilt für den Säugling, das Kleinkind sowie auch für das Schulkind. Doch wird die Situation von jedem Kind individuell aufgenommen und verarbeitet.
Diese Unterschiede ergeben sich aus

- der Persönlichkeit des Kindes,
- seinem Alter,
- seinem Entwicklungsstand,
- seinem Zeitbegriff,
- seiner Denkfunktion,
- der Art und Schwere der Erkrankung,
- der Vorbereitung auf den Krankenhausaufenthalt (war eine Vorbereitung möglich oder wurde das Kind plötzlich eingewiesen?),
- Einstellung der Eltern.

Ebenso ist die Situation des Kindes vor dem Krankenhausaufenthalt zu berücksichtigen:

- Verhältnis des Kindes zu seinen Eltern bzw. der Bezugsperson,
- handelt es sich um ein Einzelkind oder hat es noch Geschwister,
- Stellung in der Geschwisterreihe,
- Alter der Geschwister,
- Kindergarten- oder Schulbesuch,
- Lieblingsspielzeug,
- Einschlaf- und Eßgewohnheiten,
- gebräuchliche Ausdrücke.

Wissenswertes können Sie aus dem Gespräch mit den Eltern während der Aufnahme erfahren.
Es gibt Krankenhäuser, in denen ein entsprechender Fragebogen von den Eltern ausgefüllt werden kann. Dies ist besonders wichtig für die Kinder, die die deutsche Sprache nicht beherrschen, da er in mehreren Sprachen vorhanden ist. Alle Angaben können der Kinderkrankenschwester beim Erstellen der Pflegeanamnese helfen (Kap. 3.4).
Eine Erleichterung zum Einleben und Erleben des Krankenhausaufenthaltes bringt dem Kind, besonders dem Kleinkind, die Mitaufnahme der Mutter (Bezugsperson). Wichtig für alle Kinder sind regelmäßige Besuche der Eltern (Bezugsperson).

4.1.2. Bedeutung des Krankenhausaufenthaltes für das Kind

Durch die individuellen Unterschiede hat der Krankenhausaufenthalt auch für jedes Kind eine andere Bedeutung. An dieser Stelle werden nur einige Empfindungen, die das Kind haben kann, aufgezählt:

- Trennung von der Mutter oder von der Bezugsperson, das Kind wertet diese Trennung als Liebesentzug, der bisher Strafe war;
- es vermißt die Stimme der Mutter und den körperlichen Kontakt;
- ihm fehlt die Geborgenheit der vertrauten Umgebung;
- es fühlt sich unverstanden und vernachlässigt;
- es empfindet unerklärliche Schmerzen;
- es erlebt schmerzhafte Eingriffe.

So unterschiedlich wie die Empfindungen des Kindes sind auch seine Reaktionen, die mehr oder weniger ausgeprägt sein können und auch nicht immer in der nachfolgenden Reihenfolge auftreten.

- *Angst* und *Aggression* äußern sich durch Schreien, Weinen, sich an die Mutter oder an die Schwester klammern, nach der Mutter rufen, Trotz, etwas zerstören, die Schwester zurückstoßen.
- *Apathie,* das Kind verweigert die Kontaktaufnahme, wendet sich ab, zieht sich zurück.
- *Depressive Symptome* erkennt man an dem traurigen Gesichtsausdruck, das Kind schreit und weint nicht mehr, spielt nicht, evtl. spricht es nicht mehr (Mutismus).
- *Resignation* wirkt wie Eingewöhnung, das Kind findet sich mit seiner Situation, die es doch nicht ändern kann, ab.
- *Regression* – Entwicklungsrückschritte – werden heute oft erst zu Hause von den Eltern festgestellt, da der Klinikaufenthalt heute kürzer ist. Eltern berichten dann z. B.:
  - das Kind näßt wieder ein;
  - es möchte nicht allein schlafen;
  - es hat Angst vor einer erneuten Trennung.

Beachte: Die Phasen werden auch als Protest, Verzweiflung, Verleugnung bezeichnet.

4.1.3. Erfassen der Situation durch die Schwester

Aufgabe der Schwester ist es, die Situation jedes einzelnen Kindes zu erfassen und die sich daraus ergebenden Reaktionen zu verstehen, um dann entsprechend zu handeln. Pflegeplanung s. S. 77.

Aus der Situation der Kinder im Krankenhaus lassen sich ihre besonderen Grundbedürfnisse ableiten. Die Schwester muß in ihren Verhaltensweisen bemüht sein, die Grundbedürfnisse der Kinder zu befriedigen.

Beachte: Das Bedürfnis des Kindes auf baldige Genesung geht oft mit Maßnahmen einher, die vom Kind als unangenehm empfunden werden.

Zur Beschreibung der Grundbedürfnisse des Kindes im Krankenhaus ließen sich noch andere Beispiele finden, die hier aufgeführten möchten nur zur Anregung dienen.

Die einzeln beschriebenen Verhaltensweisen der Schwester können in folgende Verhaltenstugenden zusammengefaßt werden:

- Einfühlungsvermögen,
- Taktgefühl,
- Verantwortungsbewußtsein,
- Entscheidungsfähigkeit,
- Aufrichtigkeit,
- Kontaktfähigkeit.

4.2. Beschreibung der Grundbedürfnisse	**4.3. Beschreibung der Verhaltensweisen der Schwester**
4.2.1. Körperliche Grundbedürnisse	
– schnelle Genesung	– verantwortungsvolles Ausführen der ärztlichen Verordnungen – sorgfältige Beobachtung des Kindes – ausführliche Berichterstattung
– keine körperlichen Gefahren zu erleiden	– Gefahrenquellen verhindern – erforderliche Prophylaxen sachgerecht durchführen – Übertragen von Infektionen ausschalten
– gute Körperpflege	– diese auf den Patienten bezogen, für ihn angenehm und gefahrlos durchführen – möglichst die Bezugsperson mit einbeziehen
– Ernährung nach Belieben	– Eßgewohnheiten des Kindes beachten – Nahrungsmenge und Häufigkeiten der Mahlzeiten dem Kind und seiner Erkrankung anpassen – bei diätetischer Ernährung aufklärend und verständnisvoll auf das Kind eingehen
– angenehme Lagerung	– Lagerung so ausführen, daß sie das Wohlbefinden des Kindes fördern, aber auch den therapeutischen Anforderungen entsprechen
– Atmungserleichterung	– durch unterstützende und entlastende Lagerung
– Ausscheidungen	– Hilfestellung bei Ausscheidungsverrichtungen geben – Schamgefühl des Kindes beachten
– Tätigkeitsdrang	– für ausreichende Bewegung sorgen – Spielmöglichkeiten schaffen – Kind beschäftigen

4.2. Beschreibung der Grundbedürfnisse	**4.3. Beschreibung der Verhaltensweisen der Schwester**
– passende Kleidung	– eigene Kleidung – für das Kind und/oder mit ihm auswählen – seine Wünsche berücksichtigen – soweit erforderlich beim An- und Auskleiden helfen
– ausreichende Ruhe und ungestörten Schlaf	– Arbeitsablauf planen, um das Kind nicht unnötig zu stören – Pflegemaßnahmen wenn möglich zusammenlegen
– frei sein von Schmerzen	– manuelle Geschicklichkeit üben, um die Pflegemaßnahmen so auszuführen, daß dem Kind nicht mehr als notwendig weh getan wird
4.2.2. Seelische Grundbedürfnisse	
– zu Hause bei den Eltern sein	– Heimweh lindern – das Kind trösten und ablenken
– nicht allein und einsam sein	– Eltern-Kind-Beziehung fördern – Mutter wo möglich in die Pflege mit einbeziehen – sich so oft es die Zeit erlaubt dem Kind zuwenden, mit ihm sprechen und spielen
– körperlicher Kontakt	– Kind auf den Arm nehmen – zum Füttern auf den Schoß nehmen
– vertraute Stimmen zu hören	– immer die gleichen Kinder pflegen
– eine Vertrauensperson haben	
– respektiert zu werden	– die Persönlichkeit des Kindes anerkennen – Einfühlungsvermögen und Anteilnahme entgegenbringen
– keine Enttäuschungen erleben	– die Wahrheit sagen, auch die Eltern darauf hinweisen – Erklärungen so geben, daß sie vom Kind verstanden werden

Beachte: Heimweh und evtl. auch Enttäuschungen können dem Kind auch bei intensiver Zuwendung der Schwester nicht erspart bleiben. Diese Erfahrungen können für das Kind einen Lernprozeß darstellen. Die Eltern und die Schwester sollten dem Kind bei der Verarbeitung seiner Erfahrungen helfen.

4.2. Beschreibung der Grundbedürfnisse	4.3. Beschreibung der Verhaltensweisen der Schwester
4.2.3. Soziale Grundbedürfnisse	
– sich schnell im Krankenhaus einleben	– sich und weitere Mitarbeiter vorstellen – mit den Kindern im Zimmer bekannt machen – Zimmer und Nebenräume, soweit erforderlich, zeigen – Tagesablauf erklären – kindgerechte Umgebung schaffen
– Kontakt zu anderen kranken Kindern	– Gemeinschaftsspiele anregen
– Kontakt mit Eltern, Geschwistern und Schulkameraden	– auf Besuchszeiten hinweisen – Gespräche mit den Eltern über eine sinnvolle Nutzung der Besuchszeit führen – Mitaufnahme der Mutter (Vater, Bezugsperson)
– Unabhängigkeit	– Selbständigkeit des Kindes fördern – Umgang mit Hilfsmitteln üben (Spritzen, Rollstuhl usw.)

Weiterführende Literatur

Edelmann, W.: Entwicklungspsychologie. Kösel, München 1980

Erikson, E. H.: Kindheit und Gesellschaft, 9. Aufl. Klett Cotta, Stuttgart 1984

Folkers, I.: Das Kleinkind im Krankenhaus. Aktionskomitee Kind im Krankenhaus, Oberursel 1979

Henderson, V.: Grundregeln der Krankenpflege. Deutsche Schwesterngemeinschaft, Frankfurt/M. 1963

Krankenhaus für Kinder. Schriftenreihe des Deutschen Kinderhilfswerkes, Band 9

Maslow, A. H.: Motivation und Persönlichkeit. Walter, Olten 1977

Stone, L. G., G. Church: Kindheit und Jugend. Thieme, Stuttgart 1978

5. Grundpflege beim kranken Kind

Strukturnetz

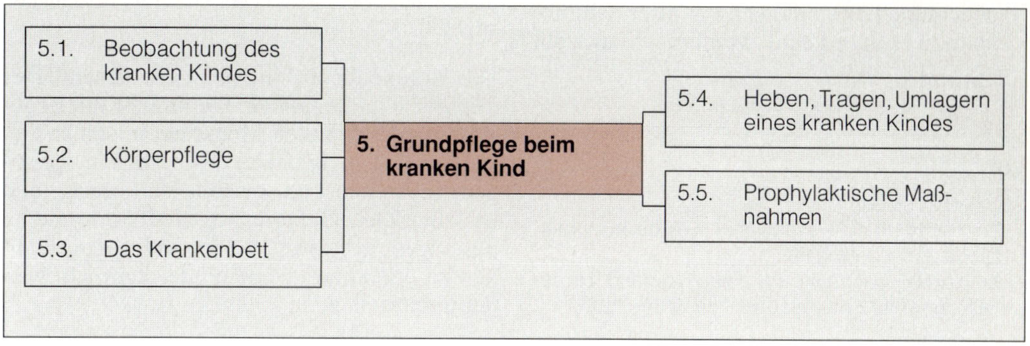

5.1. Beobachtung des kranken Kindes

G. Fischer

Krankenbeobachtung ist ein aufmerksames und planvolles Wahrnehmen von Vorgängen bzw. Veränderungen am kranken Menschen unter Betätigung aller Sinnesorgane.

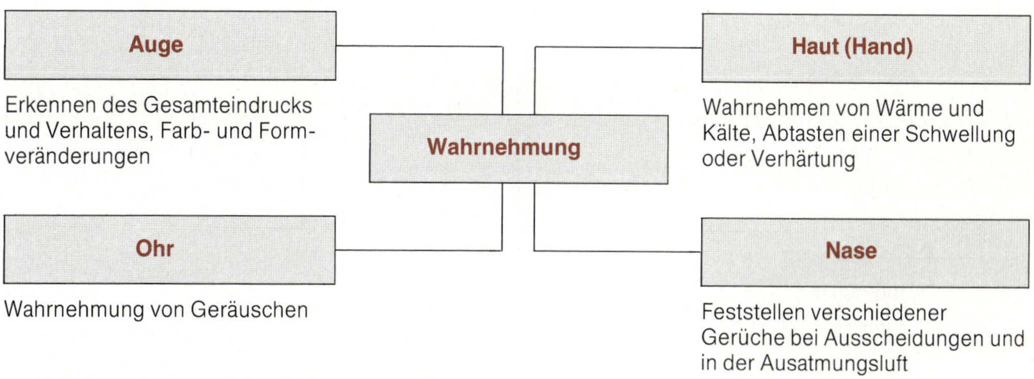

Testübung für die Wahrnehmung

Welche Unterschiede entdecken Sie in der Gegenüberstellung eines Kunstwerkes (Gemälde) im Original und in der Kopie?

Welche Unterscheidungsmerkmale stellen Sie fest, wenn Sie eineiige Zwillinge miteinander vergleichen?

Notwendige Vorkenntnisse

- Das Fachwissen in Anatomie und Physiologie.
- Voraussetzung für eine gezielte Krankenbeobachtung ist eine gute Sinnesschulung, um ganz geringfügige Veränderungen wahrzunehmen.
- Kenntnisse in Krankheitslehre erleichtern die Aufgabe der Krankenbeobachtung, und umgekehrt können durch eine geschulte Beobachtung Erkrankungen mit ihrer Symptomatik besser erkannt werden. „Man sieht nur, was man weiß."

Lehrziel

Es ist erforderlich,

- Beobachtung als wesentlichen Teil der Krankenpflege zu verdeutlichen;
- Krankenbeobachtung als einen Vorgang zu sehen, der stets zu Konsequenzen führen muß;
- Wissen zu vermitteln darüber, was am Patienten beobachtet werden kann und worauf im einzelnen zu achten ist;
- die Problematik dieser Aufgabe im Bereich der Kinderkrankenpflege zu erkennen und zu bewältigen.

Lernziele

Umfassende Lernziele für das Teilkapitel Beobachtung können nicht erstellt werden. Soweit sie erforderlich sind, werden sie den einzelnen Abschnitten zugeordnet.

Die Krankenbeobachtung ist ein wesentlicher Teil der Krankenpflege. Sie umfaßt die Beobachtung des kranken Menschen in seiner Gesamtheit, d. h. in seiner körperlichen, geistigen, seelischen und sozialen Verfassung, und hat zum Ziel, Gefahren zu entdecken und zu beseitigen, gestörtes Wohlbefinden des Kranken zu erkennen und sein Gleichgewicht wieder herzustellen.

Strukturnetz

5.1. Beobachtung des kranken Kindes

5.1.1. Bewußtseinszustand
- 5.1.1.1. Bewußtseinsstufen
- 5.1.1.2. Pupillenreaktion
- 5.1.1.3. Schlaft

5.1.3. Vitalfunktionen
- 5.1.3.1. Temperatur
- 5.1.3.2. Puls
- 5.1.3.3. Blutdruck
- 5.1.3.4. Atmung

5.1.2. Körperzustand
- 5.1.2.1. Körpermeßwerte
- 5.1.2.2. Ernährungszustand
- 5.1.2.3. Fettpolster
- 5.1.2.4. Muskulator
- 5.1.2.5. Haut
- 5.1.2.6. Schleimhäute
- 5.1.2.7. Hautanhanggebilde
- 5.1.2.8. lokale Beobachtung

5.1.4. Ausscheidungen
- 5.1.4.1. Stuhl
- 5.1.4.2. Urin
- 5.1.4.3. Erbrechen
- 5.1.4.4. Sputum
- 5.1.4.5. Ausfluß

5.1.5. Verhalten
- 5.1.5.1. Stimmungslage
- 5.1.5.2. Schmerz

Krankenbeobachtung muß kontinuierlich durchgeführt werden, d. h. so oft die Kinderkrankenschwester dem kranken Kind gegenübersteht. Sie muß sich mit ganzer Sorgfalt dieser Aufgabe zuwenden, da das kranke Kind nicht bzw. nur ungenügend in der Lage ist, subjektives Befinden zum Ausdruck zu bringen. Eine Schwierigkeit in der Beobachtung des Kindes liegt darin, daß bei vielen Kriterien die jeweilige Altersstufe mit berücksichtigt werden muß.

Die Krankenbeobachtung durch die Schwester bedeutet für den Arzt eine wichtige Hilfe in Diagnosestellung und Therapie. Krankenbeobachtung muß am Krankenbett geübt werden. So erzielt die Kinderkrankenschwester die Fähigkeit, Patienten exakt zu beobachten und in den verschiedenen Situationen richtig zu handeln.

Elektronische Überwachungsgeräte ersetzen nicht die Beobachtung durch die Schwester.

Gezielte Beobachtung ist die Voraussetzung für jedes Handeln im Interesse des Kranken.

Krankenbeobachtung ist ein Prozeß und muß immer zu einer Entscheidung führen. Diese hat eine Handlung zur Folge.

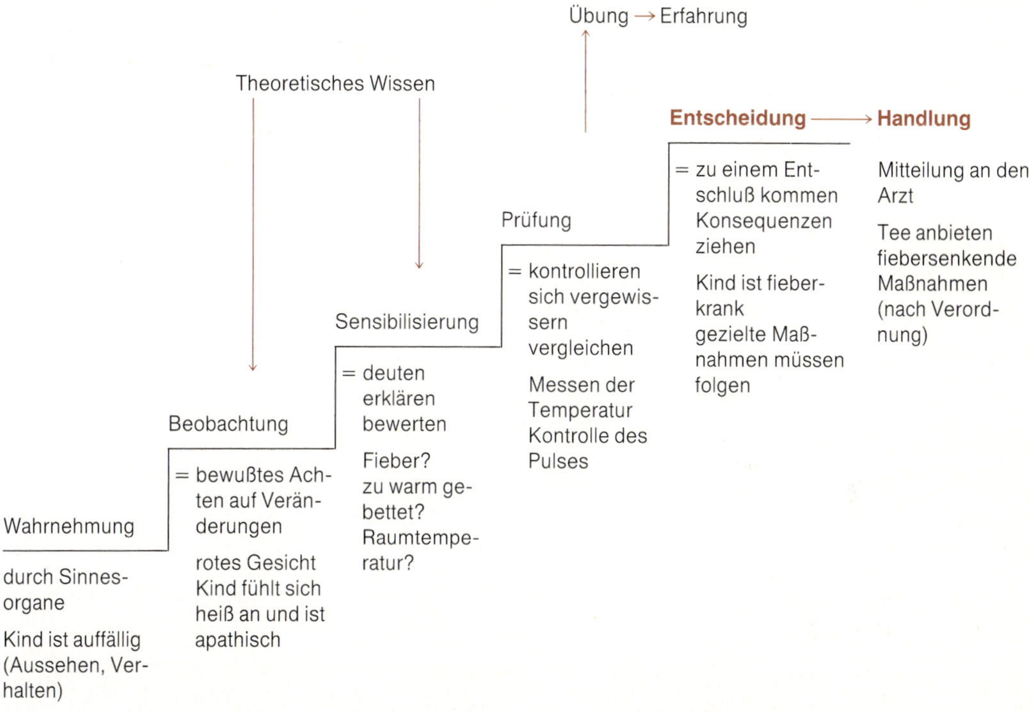

Stufen der Krankenbeobachtung → **Handlung**

5.1.1. Bewußtseinszustand

Definition

Die Funktionsfähigkeit von Sinnesleistungen mit den darauf folgenden Reaktionen.

5.1.1.1. Bewußtseinsstufen

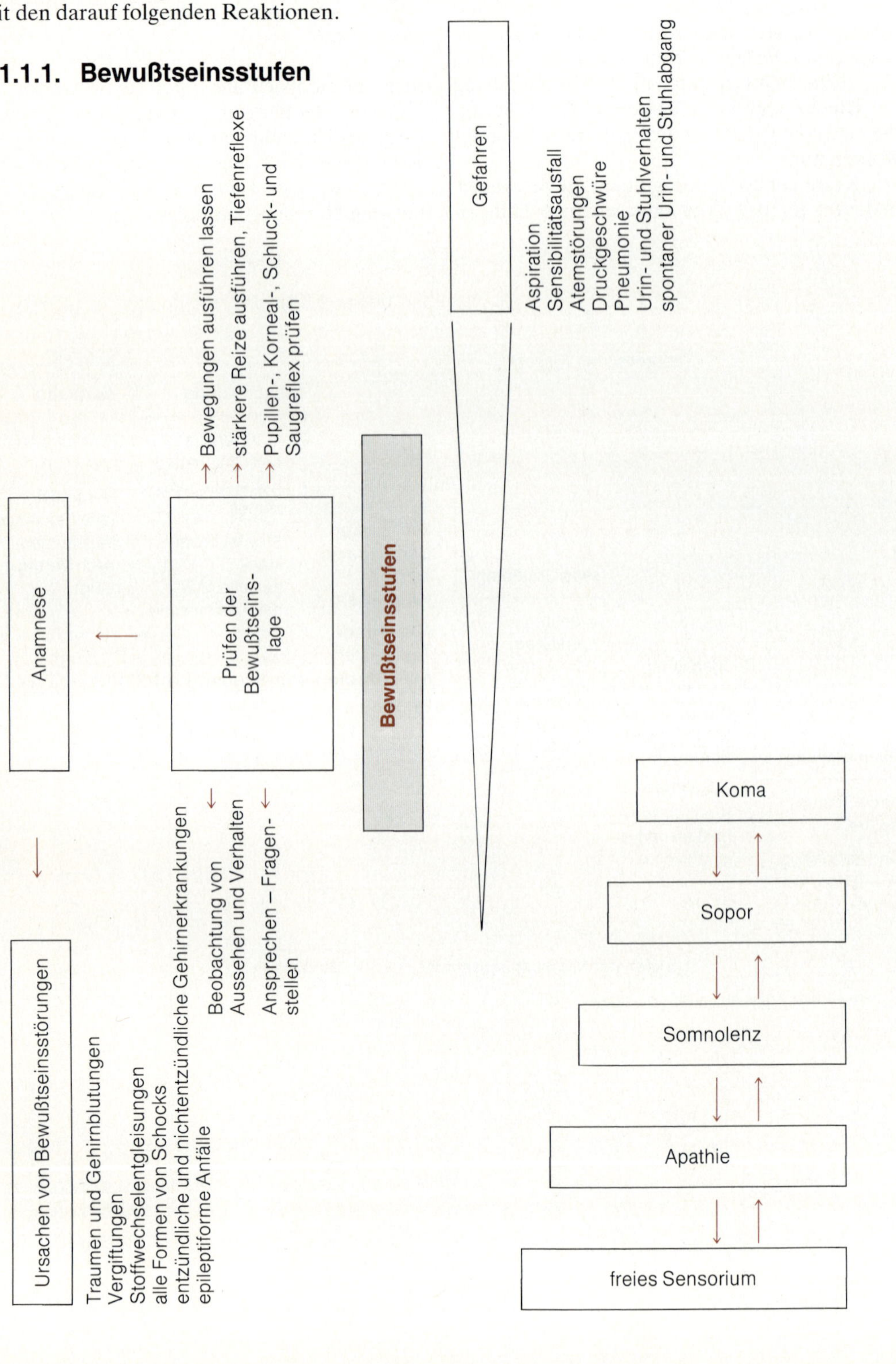

Lehrziel

Es soll verdeutlicht werden, daß sich die Bewußtseinslage eines kranken Kindes sehr rasch verändern kann. Durch die Beurteilung der Reaktionen des Kindes auf seine Umwelt ist es möglich, das Ausmaß der Bewußtseinsstörung festzustellen.
Es ist für die Kinderkrankenschwester wichtig, die verschiedenen Bewußtseinsstufen benennen und deuten zu können.

Lernziele

Nach Durcharbeiten dieses Teilkapitels können Sie
- die einzelnen Bewußtseinsstufen aufzählen und charakterisieren;
- die verschiedenen Möglichkeiten aufzeigen, die Bewußtseinslage zu prüfen;
- die Gefahren nennen, die einen Bewußtseinsgestörten zunehmend bedrohen;
- wesentliche Ursachen herausstellen, die das klare Bewußtsein reduzieren.

Bei klarem Bewußtsein ist das Kind an seiner Umwelt interessiert, beobachtet alle Vorgänge in seiner Umgebung und zeigt entsprechende Reaktionen. Dabei müssen das Alter und die Entwicklungsstufe berücksichtigt werden. Das volle Bewußtsein kann stufenweise abnehmen. Ursachen von Bewußtseinsstörungen können sehr vielfältig sein:

- Traumen und Gehirnblutungen,
- Vergiftungen,
- Stoffwechselentgleisungen,
- alle Formen des Schocks,
- entzündliche und nichtentzündliche Gehirnerkrankungen,
- epileptiforme Anfälle.

Der Bewußtseinszustand eines kranken Kindes kann sich sehr rasch verschlechtern. Mit zunehmendem Bewußtseinsverlust vergrößert sich die Gefährdung des Kindes durch Aspiration, Sensibilitätsausfall, Atemstörungen, Druckgeschwüre und Pneumonie. Es kann zu Urin- und Stuhlverhaltung, aber auch zum spontanen Urin- und Stuhlabgang kommen. Von seiten der pflegenden Schwester ist eine hohe Aufmerksamkeit erforderlich, um Störungen der Bewußtseinslage sofort festzustellen und den Gefahren entgegenzuwirken.

Prüfen der Bewußtseinslage

Beobachten

Augen offen oder geschlossen? Richtet sich der Blick auf den Beobachter? Fixiert das Kind? Spielt das Kind? Nimmt es Kontakt auf mit dem Bettnachbarn?

Ansprechen

Kind beim Namen nennen, einfache Fragen stellen (Namen, Alter, Wohnort, Geschwister, Lieblingstier u. a.).

Bewegungen ausführen lassen

Arm oder Bein anheben, Schlafanzug auf- und zuknöpfen.

Stärkere Reize ausführen

Reaktion beobachten beim Einstich der Nadel zur Blutabnahme oder Injektion, auf Kältereiz, auf akustischen Reiz (vor dem Gesicht des Kindes in die Hände klatschen).

Reflexe prüfen

Prüfung des Pupillenreflexes mit Hilfe einer Taschenlampe, des Saug- und Schluckreflexes durch vorsichtiges Anbieten von Tee mit Löffel oder Sauger.

Hier werden die Stufen in der Abfolge einer Verschlechterung beschrieben (S. 98).
Die jeweilige Bewußtseinsstufe ist erkennbar durch folgende Zeichen:

Freies Sensorium: Das Kind ist unauffällig in seinem Verhalten. Es besitzt die volle Aufnahme- und Reaktionsfähigkeit für sein Umweltgeschehen.

Apathie: Das apathische Kind zeigt keine volle Anteilnahme an seinem Umweltgeschehen. Es wendet sich von anderen Kindern ab.

Somnolenz: Das somnolente Kind verharrt in seinem Schlafzustand und hat Schwierigkeiten, sich zurechtzufinden; wenn es angesprochen wird, verfällt es gleich wieder in Schlaf.

Sopor: Das soporöse Kind zeigt nur noch eine ganz geringe Reaktionsfähigkeit auf starke Reize, wie Berührung, die Schmerz verursacht, Spritzen, Kälte, Absaugen u. a. Es wird dabei unruhig, öffnet mühsam die Augen, der Blick richtet sich ins Leere. Die Reflextätigkeit ist stark herabgesetzt. Der Kornealreflex ist erhalten.

Koma: Das Kind zeigt eine völlige Reaktionslosigkeit. Im tiefen Koma erlischt auch der Kornealreflex. Der Patient ist nicht weckbar. Aber wie auch schon im soporösen Zustand kann das Kind eine große motorische Unruhe aufweisen, evtl. bis zu Krämpfen.

5.1.1.2. Pupillenreaktion

Lernziele

Nach der Erarbeitung dieses Abschnitts können Sie
- Angaben über die normale Pupillenreaktion machen;
- aufzählen, welche Veränderungen beobachtet werden können;
- die Kontrolle der Pupillenreaktion beschreiben.

Normalerweise sind beim gesunden Menschen die Pupillen rund, gleich groß und reagieren prompt auf Lichteinfall. Dabei tritt eine beidseitige, gleichmäßige Verengung der Pupillen ein. Bei schlechten Lichtverhältnissen und Dunkelheit erweitern sie sich. Veränderungen in der Reaktion, der Weite und der Form entstehen z. B. durch verschiedene Lichteinwirkungen, traumatische Ereignisse, Intoxikationen und Medikamente. Dabei kann die Reaktion eingeschränkt (träge) oder ganz erloschen (lichtstarr) sein.
Die Beobachtungen können wie folgt im Verlaufsblatt notiert werden:

Reaktion		Weite		Form
prompt	+	eng	e	rund
träge	(++)	mittelweit	mw	entrundet
keine	∅	weit	w	

Kontrolle der Pupillenreaktion

Beim wachen Kind: Das Kind wird aufgefordert, einen bestimmten Punkt zu fixieren. Dabei können Pupillenweite und Form festgestellt werden. Mit einer Lichtquelle, z. B. Taschenlampe, wird durch direkten Lichteinfall in die Pupille deren Reaktion beobachtet.
Beim bewußtseinsgetrübten und bewußtlosen Kind: Mit Daumen und Zeigefinger spreizt die Schwester das Ober- und Unterlid des einen und nachher des anderen Auges auseinander, leuchtet beim Öffnen mit einer hellen Lichtquelle, z. B. Taschenlampe, auf die Pupille und beobachtet dabei die Reaktion, Weite und Form.
Bei Kindern mit Lidödemen oder Lidhämatomen werden für jedes Auge 2 separate Lidhaken benötigt, um Schmierinfektionen zu vermeiden. Die Kontrolle kann nur von 2 Personen durchgeführt werden. Dabei werden von einer Person die Lidhaken zwischen Ober- und Unterlid eingeführt und das Auge durch leichten Zug geöffnet. Die andere leuchtet auf die Pupille und führt die Kontrolle durch.

Beachte: Bei schwieriger Beurteilbarkeit der Pupillen sollte immer eine zweite Person zugezogen werden.

5.1.1.3. Schlaf

Strukturnetz

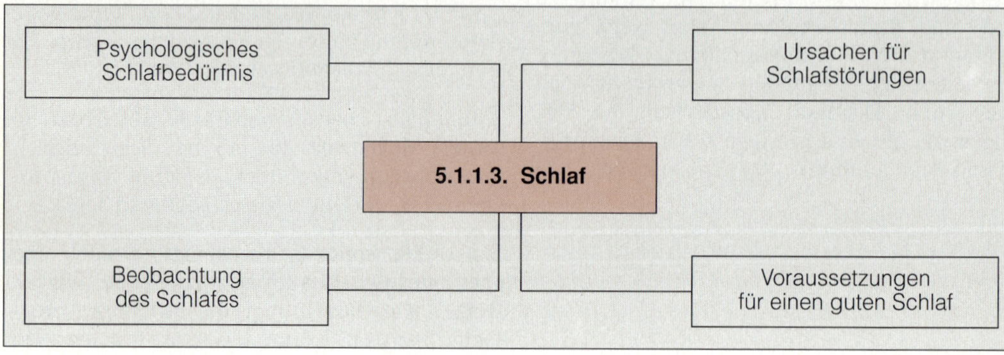

Definition

Schlaf ist ein physiologischer, rhythmisch wiederkehrender Zustand mit herabgesetztem Bewußtsein, mangelnder Ansprechbarkeit und verminderter Sensibilität gegenüber äußeren Reizen sowie relativer Bewegungslosigkeit. Alle vegetativen Vorgänge sind gedrosselt. Psychische Vorgänge und traumatische Erlebnisse werden während des Schlafs im Traum aktualisiert und durchlebt.

Lehrziel

Es soll hervorgehoben werden, daß das physiologische Schlafbedürfnis des Kindes in seiner jeweiligen Altersstufe unterschiedlich groß ist.
Die verschiedenen Schlafstörungen werden aufgezeigt und dabei betont, daß die Ursachen im körperlichen und psychischen Bereich liegen können und auch durch Umwelteinflüsse hervorgerufen werden.
Von den Ursachen der Schlafstörungen lassen sich die Voraussetzungen für einen guten Schlaf ableiten.
Der Aufenthalt im Krankenhaus bringt es mit sich, daß das Kind in seinem Schlaf häufig gestört wird. Die Kinderkrankenschwester soll lernen, dies nicht unbedacht hinzunehmen, sondern wo es möglich ist, therapeutische Maßnahmen und die der Pflege zu kombinieren, um das Kind durch Routinehandlungen nicht zusätzlich in seinem Schlafbedürfnis zu stören. Dies gilt vor allem im Säuglingsalter.

Lernziele

Nach Durcharbeiten dieses Teilkapitels können Sie
- Merkmale eines gesunden Schlafes aufzählen;
- die verschiedenen Schlafstörungen umschreiben;
- Ursachen nennen, die zu Schlafstörungen führen und in Beziehung bringen zu entsprechenden Voraussetzungen, die für guten Schlaf getroffen werden (unter besonderer Berücksichtigung der Krankenhaussituation).

Physiologisches Schlafbedürfnis (Durchschnittszeiten)

Neugeborene	18–19 Stunden
2.–3. Monat	15–16 Stunden
2. Trimenon	14–15 Stunden
3.–4. Trimenon	12–14 Stunden
1.–2. Jahr	13–14 Stunden
4.–5. Jahr	11–12 Stunden
6. Jahr	11 Stunden
12. Jahr	10 Stunden
15. Jahr	9 Stunden

Kranke Kinder benötigen mehr Schlaf als gesunde, bedingt durch den größeren Energieaufwand des Organismus und eine häufig gestörte Nachtruhe.

Beobachtung des Schlafes

Normaler Schlaf:
entspannte Lage, beim Säugling angewinkelte, erhobene Arme, ruhige und gleichmäßige Atmung, nach der Ausatmung eine Atempause von ca. ½ Sekunde.

Schlafstörungen:
- gehindertes Einschlafen,
- Störanfälligkeit des Schlafes,
  - leichtes Erwachen bei Geräuschen oder optischen Reizen,
  - dann langes Wachsein.
- Einschlafen mit stereotypen Bewegungen,
  - Hin- und Herwälzen des Körpers, Bewegungen mit dem Kopf.
- Nächtliches Aufschreien und Aufschrecken („Pavor nocturnus“).
- Schlafwandeln.

Schlafstörungen können beim Kind sehr häufig beobachtet werden und bereits im Säuglingsalter auftreten.

Ursachen für Schlafstörungen

Erziehungsfehler und falsches Verhalten der Erwachsenen spielen dabei eine große Rolle. Es können auch psychosomatische Erkrankungen vorliegen.
Psychogene Störungen: Angst und Schulstreß, ungeregelte Lebensweise, Mißbrauch von Fernsehen, nicht altersentsprechendes Spielzeug, Toben am Abend, Konflikte mit den Erwachsenen.
Körperliche Störungen: Unbehagen durch Hunger, Durst, Völlegefühl, schlechte Luft, Adenoide (Schnarchen) u. a.
Schmerzen, Fieber, Juckreiz, Erkrankungen mit und ohne Beteiligung des Zentralnervensystems.

Voraussetzungen für einen guten Schlaf

- Regelmäßigkeit im Tagesablauf;
- Auslastung am Tag, frische Luft, Vermeidung von nicht altersbedingten Reizen;
- Schlafzeit konsequent und als etwas Selbstverständliches einhalten;
- optimale Pflege vor der Nachtruhe: gute Lagerung, Kissen aufschütteln, Brosamen

aus dem Bett, frische Luft im Zimmer, ausreichende Abendmahlzeit;
- seelisches Wohlbefinden (zwischen Kind und Bezugsperson muß alles in Ordnung sein);
- das Kind muß ohne Angst sein (Konflikte aufarbeiten, Kind beruhigen);
- Schlafgewohnheiten von zu Hause beachten;
- Umgebung auf Ruhe einstellen.

5.1.2. Körperzustand

Strukturnetz

5.1.2.1. Körpermeßwerte
5.1.2.2. Ernährungszustand
5.1.2.3. Fettpolster
5.1.2.4. Muskulatur
5.1.2.5. Haut
5.1.2.6. Schleimhäute
5.1.2.7. Hautanhangsgebilde

5.1.2. Körperzustand

5.1.2.8. Lokale Beobachtung
- Kopf
- Gesichtsausdruck
- Augen
- Nase
- Zunge
- Zähne
- Ohren
- Hals
- Thorax
- Abdomen
- Genitalbereich
- Extremitäten

Lehrziel

Dieser Abschnitt verdeutlicht, wie mit Hilfe eines Somatogramms der körperliche Entwicklungsstand eines Kindes erkannt und beurteilt werden kann.
Der Lernende soll befähigt werden, die Körpermeßwerte eines Kindes zu ermitteln, damit ein Somatogramm aufzuzeichnen sowie die Perzentilkurven über Körperlänge und Körpergewicht auszuwerten.
Außer der allgemeinen Beurteilung des Körperzustands sollen Beschaffenheit des Fettpolsters, der Muskulatur und der Haut in diesem Abschnitt aufgezeigt werden. Die lokale Beobachtung erfordert eine gründliche Betrachtung des Kindes „von Kopf bis Fuß".
Die Beurteilung des Körperzustandes ist von großer Bedeutung zur sinnvollen Durchführung bestimmter Pflegemaßnahmen.

5.1.2.1. Körpermeßwerte

Lernziele

Nach der Durcharbeitung dieses Abschnitts können Sie erläutern,
- wie die einzelnen Körpermeßwerte beim Kind festzustellen sind;
- welche Hilfsmittel Ihnen dazu zur Verfügung stehen;
- wie eine Perzentilkurve auszuwerten ist;
- wie ein Somatogramm erstellt wird.

Körperlänge

Meßmulde

Es handelt sich um eine an der Längskante graduierte Plastikmulde, die am oberen Ende durch einen festen queren Teil am Nullpunkt abschließt. An der gegenüberliegenden unteren Seite ist ein verschiebbarer Teil angebracht.

Durchführung der Längenmessung

Beim Säugling: Die Meßmulde wird mit einer Windel bedeckt und das Kind vorsichtig mit

Strukturnetz

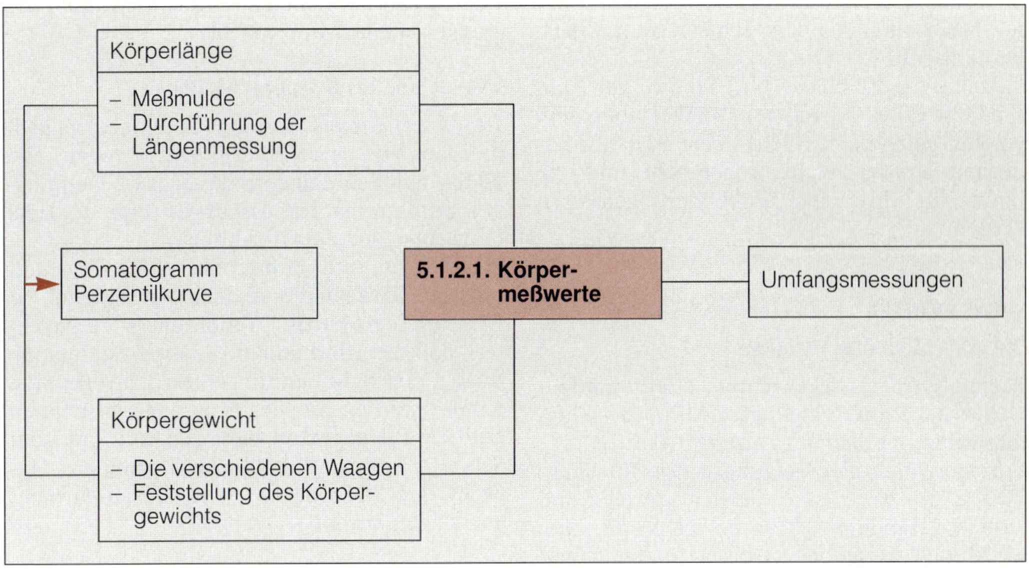

dem Scheitel am feststehenden Teil anliegend daraufgelegt. Der Kopf des Kindes wird von einer Person seitlich gehalten. Die andere Person drückt mit einer Hand die Knie durch, während sie mit der anderen Hand das bewegliche Teil der Meßmulde an die angewinkelten Fußsohlen anschiebt. Dann kann die Körperlänge an der Graduierung abgelesen werden (Abb. 1).

Ist keine Meßmulde vorhanden, so wird der Säugling auf eine feste Unterlage gelegt, die mit einem glatten Tuch bedeckt ist. Bei festgehaltenem Kopf und durchgedrückten Knien erfolgt von einer zweiten Person eine Bleistiftmarkierung in Höhe von Scheitel und Fußsohle auf der Unterlage. Die mit dem Maßband gemessene Verbindungslinie zwischen beiden Punkten ergibt die Körperlänge des Kindes.

Beim größeren Kind: Es wird eine Meßleiste verwendet, die senkrecht an der Wand angebracht ist. Das Kind steht barfuß mit geschlossenen Beinen auf einer Windel und lehnt sich

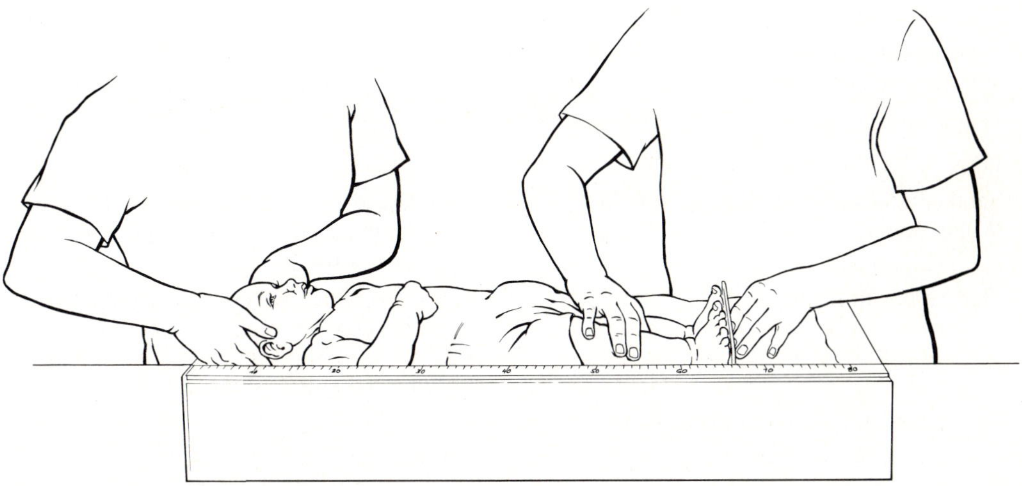

Abb. 1 Längenmessung beim Säugling

in aufrechter Haltung und gerade gehaltenem Kopf an die Meßleiste. Die Schwester schiebt den Meßwinkel eng dem Scheitel an und liest die Länge ab.
Anstelle von Meßleiste und Meßwinkel kann mit Hilfe eines im rechten Winkel über dem Scheitel gehaltenen Buches eine Bleistiftmarkierung an der Wand angebracht und die Senkrechte bis zum Fußboden gemessen werden.

Körpergewicht

Die verschiedenen Waagen

Dezimal-, Schiebegewichts- oder Laufgewichtswaage für Säuglinge (Abb. 2), Säuglingswaage mit digitaler Anzeige (Abb. 3).
Anzeigewaage oder Neigungswaage für Säuglinge (Abb. 4). Exakte Gewichtsanzeige und bequeme Handhabung für die Schwester. Dieses Modell ist jedoch etwas störanfällig und teuer.
Sitzwaage für größere Kinder (Abb. 5). Das Kind kann im Sitzen gewogen werden.
Stehwaage (Abb. 6). Diese Modell eignet sich nur für Kinder, denen das Stehen während des Wiegens keine Mühe macht.

Feststellen des Körpergewichts

Im Krankenhaus werden Säuglinge täglich morgens vor der Körperpflege gewogen. Bei Klein- und Schulkindern ist 2mal wöchentlich, bei bestimmten Erkrankungen eine tägliche Gewichtskontrolle erforderlich.
Das Wiegen muß immer zur selben Tageszeit erfolgen. Das Kind muß nüchtern sein und die Blase entleert haben. Außerdem ist zu beachten, daß das Kind immer dieselbe Bekleidung trägt. Ängstliche, unruhige und schwerkranke Kinder werden auf der Sitzwaage zusammen mit der Pflegeperson gewogen und auf dem Schoß gehalten. Anschließend muß das Gewicht der Pflegeperson vom Gesamtgewicht abgezogen werden.

Somatogramm

Mit der Feststellung der Körperlänge und des Körpergewichtes kann der körperliche Ent-

Durchführung: Feststellen des Körpergewichts

Handlung der Schwester	Besonders zu beachten
– Bereitstellen der Waage	– auf einer festen, waagerechten Unterlage
– Austarieren der Waage	– bei der Neigungswaage muß der Zeiger auf 0, bei der Laufgewichtswaage müssen die Wiegezungen gleich hoch stehen
– Hebel mit Laufgewicht feststellen	
– Wiegemulde desinfizieren und mit einer Windel o. ä. bedecken	
– Windel abwiegen	
– Hebel mit Laufgewicht feststellen	
– Kind entkleiden und behutsam auf die Waage legen	– zuerst wird das Kind mit dem Gesäß abgelegt, dann der Oberkörper und mit beiden Händen der Kopf
– Gewicht bestimmen	– das Kind auf der Waage muß ständig beaufsichtigt werden. Gefahr des Herunterfallens! – unruhige Säuglinge ablenken
– Hebel mit Laufgewicht feststellen	
– von dem Gesamtgewicht das der Windel abziehen und das Ergebnis notieren	– das Kind dabei auf der Waage mit einer Hand festhalten

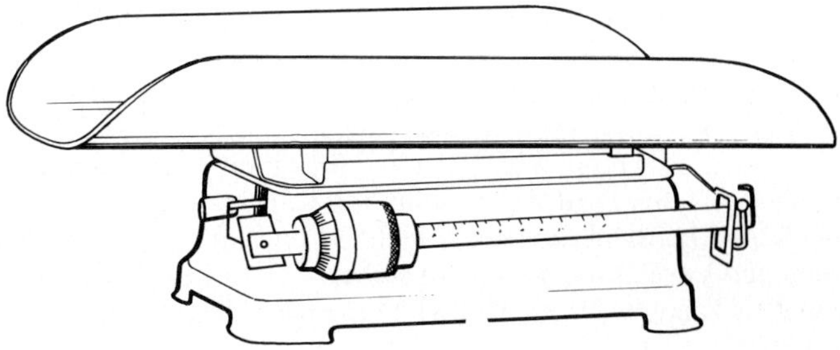

Abb. 2 Schiebe- oder Laufgewichtswaage

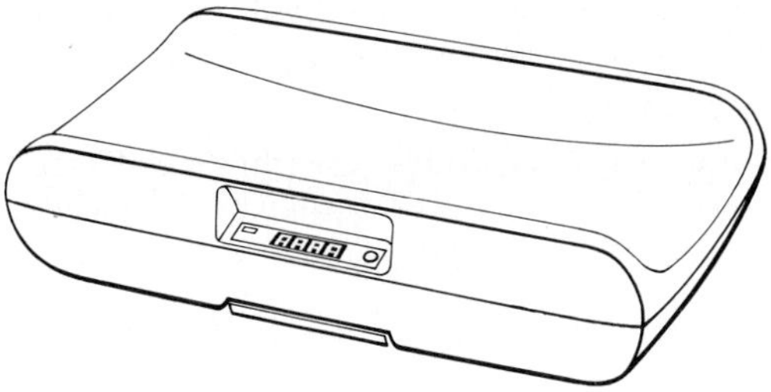

Abb. 3 Säuglingswaage mit digitaler Anzeige

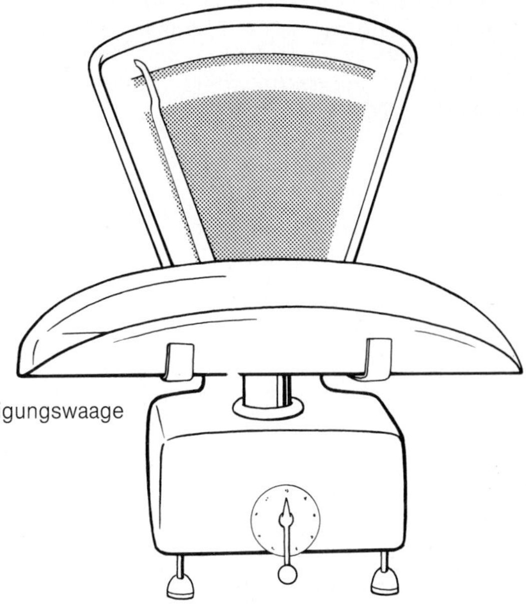

Abb. 4 Anzeige- oder Neigungswaage

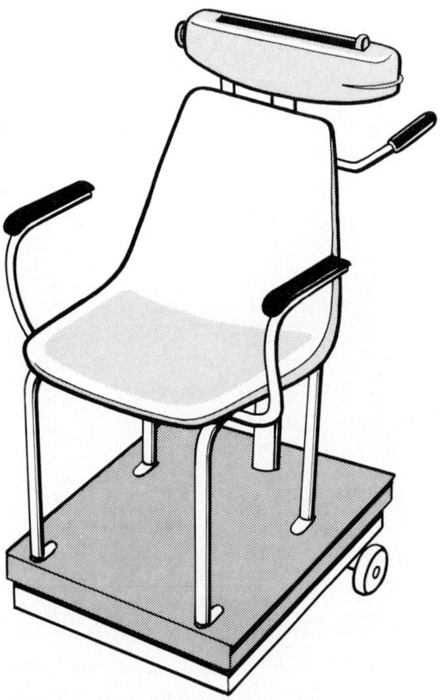

Abb. 5 Sitzwaage

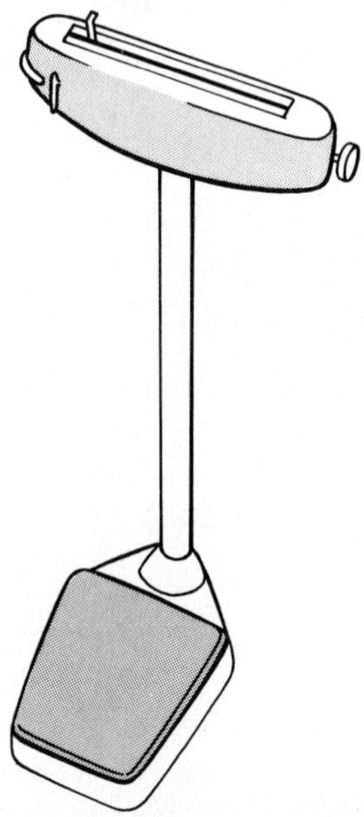

Abb. 6 Stehwaage

wicklungsstand eines Kindes beurteilt werden. Diese Werte sollen in einer bestimmten Relation zueinander und zum Alter des Kindes stehen. Die große individuelle Variante muß dabei berücksichtigt werden. Mit Hilfe eines Somatogramms wird festgestellt, ob Körperlänge und -gewicht altersentsprechend und im richtigen Verhältnis zueinander stehen.
Solchen Tabellen liegen Meßwerte (Mittelwerte) zugrunde, die über einen begrenzten Zeitraum an einer bestimmten Anzahl von Kindern aller Altersgruppen erhoben wurden. Beispiel: Tabelle nach Kunze und Murken. Meßwerte von insgesamt 7000 Kindern aus den Jahren 1973/74.

Datum	Monat	Woche	cm	±2σ	kg	±2σ
	12	52	75,1	±4	10,07	±1,8
		51	74,7		9,98	
		50	74,4		9,89	
		49	74,1		9,82	
	11	48	73,8		9,75	
		47	73,5	±4	9,67	±1,8
		46	73,1		9,58	
		45	72,8		9,49	
	10	44	72,5		9,40	
		43				
		42	72,3	±4	9,31	±1,8
		41	71,8		9,23	
		40	71,5		9,15	
	9	39	71,2		9,07	
		38	70,8	±4	8,94	±1,8
		37	70,5		8,82	
		36	70,1		8,70	
	8	35	69,7		8,58	
		34				
		33	69,2	±4	8,44	±1,8
		32	68.8		8,32	
		31	68,4		8,20	
	7	30	68,0		8,08	
		29	67,6	±4	7,94	±1,6
		28	67,2		7,82	
		27	66,8		7,70	
	6	26	66,4		7,58	
		25	65,9	±5	7,40	±1,5
		24	65,4		7,20	
		23	64,9		7,05	
	5	22	64,4		6,90	
		21				
		20	63,9	±5	6,75	±1,5
		19	63,4		6,60	
		18	62,9		6,45	
	4	17	62,4		6,30	
		16	61,9	±5	6,17	±1,2
		15	61,4		6,02	
		14	60,9		5,87	
	3	13	60,4		5,72	
		12	59,7	±5	5,53	±1,0
		11	58,9		5,36	
		10	58,1		5,20	
	2	9	57,3		5,00	
		8				
		7	56,4	±5	4,80	±1,0
		6	55,6		4,60	
		5	54,8		4,40	
	1	4	54,0		4,20	
		3	53,1	±5	4,00	
		2	52,3		3,80	±0,9
		1	51,5		3,60	
	Geburt	0	50,6		3,40	±0,8

Abb. 7 Somatogramm eines männlichen Säuglings (nach Nelson)

Alter, Körperlänge und Körpergewicht des Kindes werden auf der Tabelle markiert und durch eine Linie miteinander verbunden. Im Normalfall sollten die Verbindungslinien eine Waagerechte ergeben. Abweichungen liegen noch im Bereich der Norm, wenn sie 10% des Mittelwertes nicht über- bzw. unterschreiten. 5% des Mittelwertes entsprechen 1 sog. Standardabweichung = s oder σ oder SD = „standard derivation". Die Standardabweichungen sind in den Tabellen ebenfalls angegeben (Abb. 7).

Perzentilkurven

Körperlänge und Körpergewicht eines Kindes können mit einer Perzentilkurve verglichen werden. Die in den Kurven eingetragenen

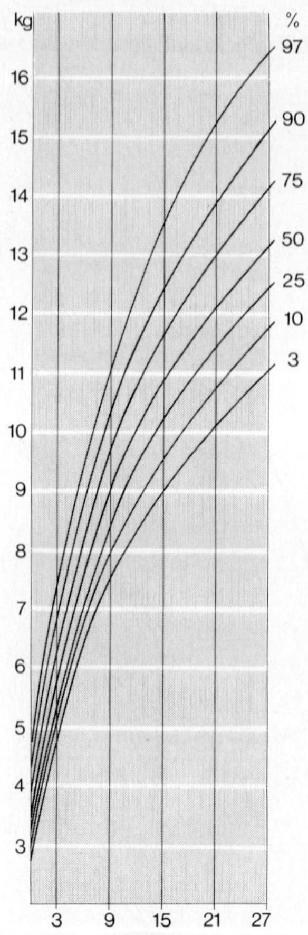

Abb. 8 Perzentilkurve für Knaben (nach den anthropometrischen Tafeln des Children's Medical Center, Boston)

Zahlen (3, 10, 25, 50, 75, 90, 97) stellen Perzentilwerte dar und geben Aufschluß über die Verteilung der unterschiedlichen Meßwerte innerhalb des Normalbereichs. Die Kurve der 50er Perzentile entspricht dem Mittelwert. Die Kurven der 75er und 25er Perzentile zeigen dieselbe Abweichung vom Mittelwert, jedoch in entgegengesetzter Richtung. Alle zwischen der 3. und 97. Perzentile liegenden Werte fallen in den normalen Streubereich.
Liegen die Körpermaße eines Kindes unter der 3. oder über der 97. Perzentile, so sieht sich der Arzt veranlaßt, die Ursache der Abweichung von der Norm zu ergründen. Durch weitere Vergleiche kann festgestellt werden, ob die körperliche Entwicklung eines Kindes kontinuierlich fortschreitet.

Den Perzentilkurven liegen Meßwerte einer Repräsentativgruppe von Kindern der verschiedenen Altersstufen zugrunde (Abb. 8).

Umfangmessungen

Bei den Umfangmessungen müssen stets die gleichen Markierungspunkte berücksichtigt werden. Man verwendet dazu ein Maßband.

Kopfumfang: Das Maßband wird zirkulär über die stärkste Stirn- und Hinterhauptsvorwölbung angelegt (Abb. 9).
Der ermittelte Wert kann ebenfalls mit einer Perzentilkurve verglichen werden.

Bauchumfang: Das Maßband wird zirkulär in Nabelhöhe angelegt (Abb. 10).

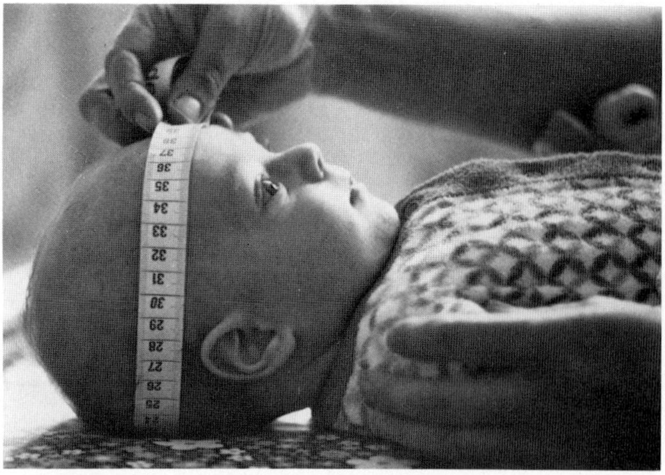

Abb. 9 Messen des Kopfumfangs. Das Maßband muß am Hinterkopf etwas höher angelegt werden als es die Abbildung zeigt

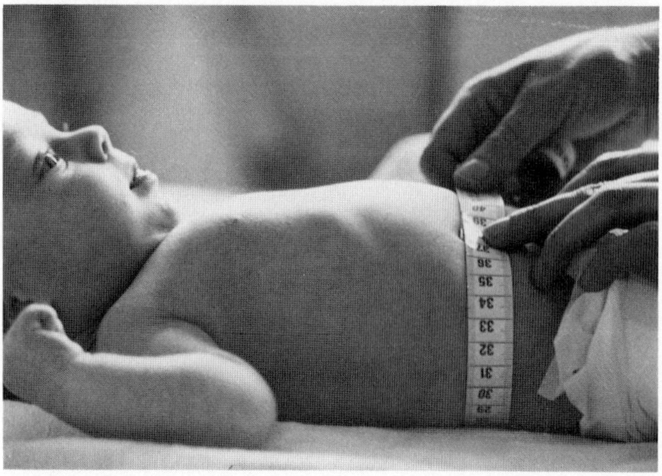

Abb. 10 Messen des Bauchumfangs

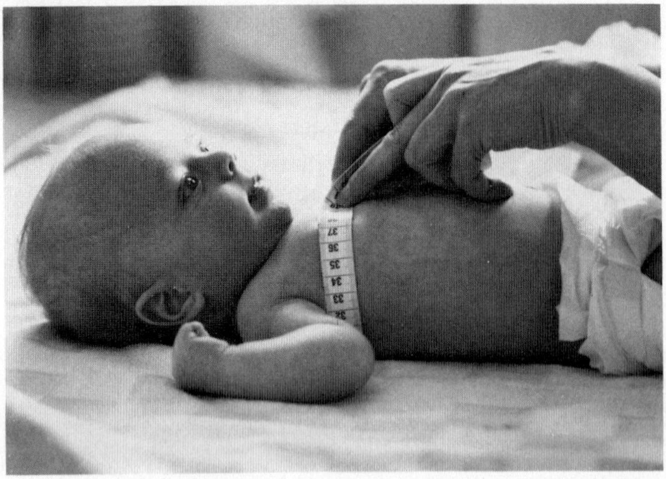

Abb. 11 Messen des Brustumfangs

Brustumfang: Das Maßband wird zirkulär in Brustwarzenhöhe angelegt (Abb. 11).

5.1.2.2. Ernährungszustand

Lernziele

Nach der Durcharbeitung dieses Abschnitts sind Sie in der Lage,
- die Merkmale eines reduzierten Ernährungszustandes zu formulieren und als Krankheitsbild zu benennen.

Der Ernährungszustand ist abhängig von Appetit, Nahrungsaufnahme, Resorption der Nährstoffe und Stoffwechsel.
Auch die psychische Verfassung spielt bei der Nahrungsaufnahme eine Rolle.

Eutrophie: optimaler Ernährungszustand.

Dystrophie:
- Zeichen einer chronischen Ernährungsstörung;
- Abmagerung durch Schwinden der Fettdepots und der Muskulatur;
- Blässe, eingesunkene Wangen, große Augen;
- faltige Haut – „Tabaksbeutelgesäß";
- Verlangsamung des Körperwachstums;
- schlechte Stimmungslage.

Atrophie:
- extreme Abmagerung;
- Greisengesicht, skelettartiges Aussehen, aufgetriebener Bauch, graublasse Hautfarbe, hochrote trockene Mundschleimhaut;
- Hypothermie und Bradykardie;
- Apathie;
- hohe Anfälligkeit für Infekte und sonstige Erkrankungen.

5.1.2.3. Fettpolster

Lernziele

Nach der Durcharbeitung dieses Abschnitts sind Sie in der Lage,
- die Beschaffenheit und Verteilung des Fettpolsters zu beschreiben.

Ausbildung des Fettpolsters: gut – gering – fehlend.
Bei chronischen Erkrankungen kommt es zum Verlust des Fettpolsters. Das Bichat-Fettpolster an den Wangen wird zuletzt angegriffen.

Beschaffenheit des Fettpolsters: fest – teigig.

Verteilung des Fettpolsters:
- im Gesicht durch besondere Ausbildung des Bichat-Fettpolsters,
- Stammfettsucht – bei Cushing-Syndrom,
- am ganzen Körper – bei Adipositas.

5.1.2.4. Muskulatur

Lernziele

Nach der Durcharbeitung dieses Abschnitts sind Sie in der Lage,
- die Beschaffenheit der Muskulatur zu beschreiben;
- Abweichungen des normalen Muskeltonus aufzuzeigen.

Beschaffenheit der Muskulatur

Gut entwickelte Muskulatur:
- bei gutem Ernährungszustand und uneingeschränkter Bewegungsmöglichkeit.

Schwach entwickelte Muskulatur:
- bei Down-Syndrom, Hypothyreose, Rachitis, Muskelerkrankungen.

Muskelschwund = Muskelatrophie:
- bei Lähmungen (angeboren oder erworben),
- bei Bewegungseinschränkung über lange Zeit, z. B. Gipsverband,
- als Folge degenerativer Erkrankung der Vorderhornzellen des Rückenmarks.

Muskeltonus

Normalerweise ist der Muskeltonus straff, die Extremitäten sind gegen einen leichten Widerstand zu bewegen.
Hypertonie = erhöhter Spannungszustand der Muskulatur: verstärkter Widerstand bei passiven Bewegungen – bei Spastikern,
Hypotonie = herabgesetzter Spannungszustand der Muskulatur: schwacher oder fehlender Widerstand bei passiven Bewegungen.

5.1.2.5. Haut

Strukturnetz

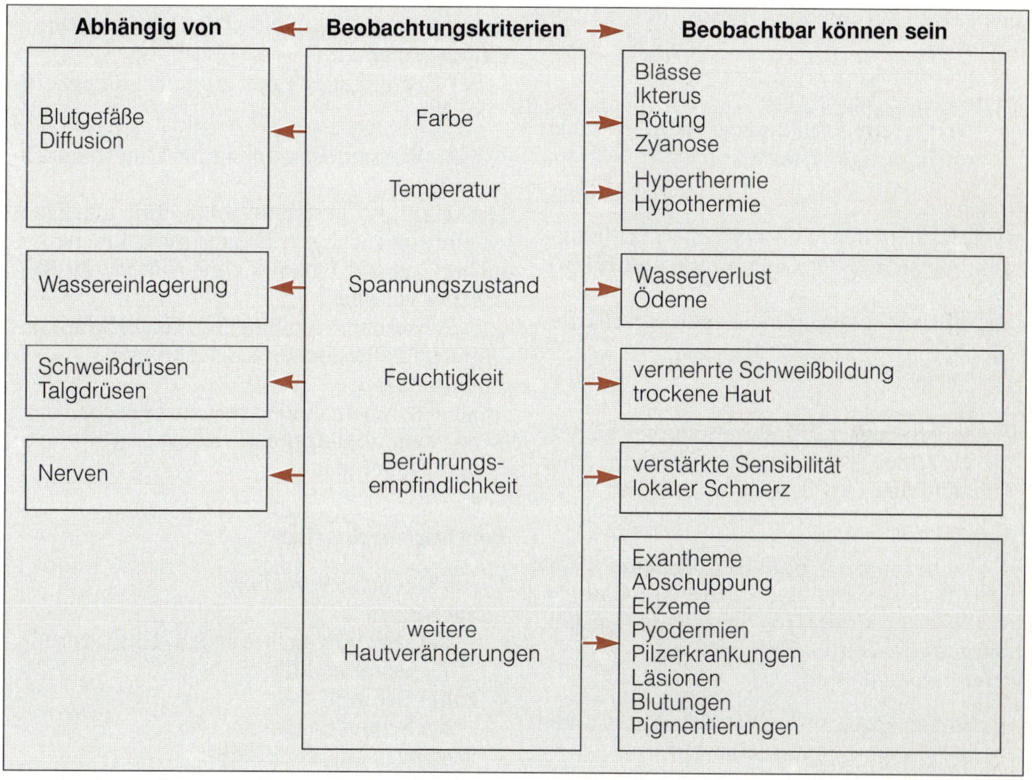

Lehrziel

Bei diesem Thema soll besonders darauf hingewiesen werden, daß an der Haut vielfältige Veränderungen auftreten können, die sobald als möglich erkannt werden müssen.

Da die Haut in enger Beziehung zum Gesamtorganismus steht, können durch Hautveränderungen wichtige Rückschlüsse auf Erkrankungen und bestimmte Reaktionen des Organismus gezogen werden.

Lernziele

Nach der Durcharbeitung dieses Abschnitts sind Sie in der Lage,
- Beobachtungskriterien an der Haut aufzuzählen und Abweichungen vom Normalzustand zu beschreiben.

Normalzustand

Die Haut der Kinder ist warm, rosig, glatt, geschmeidig, elastisch, trocken und unbeschädigt.
Auf folgende Zeichen ist zu achten:

Farbe der Haut

Blässe:

- Blasses Aussehen von Haut und Schleimhäuten
  bei Anämie, schlechter peripherer Durchblutung, aber auch bei normalem rotem Blutbild;
- blasses Aussehen einzelner Extremitäten
  bei Mangeldurchblutung, Gefäßverschluß;
- plötzlich auftretende Blässe mit kaltem Schweiß
  bei Schock;
- auffallende Blässe
  bei Nierenerkrankungen, akutem Bauch und bösartigen Erkrankungen.

Ikterus:

Gelbfärbung der Haut bei Lebererkrankungen, Verschluß der Gallenwege und Hämolyse.
Sorgfältig zu beobachten ist der Ikterus des Neugeborenen.

Rötung:

Folge verstärkter Durchblutung bei Fieber, an einzelnen Körperstellen Zeichen einer Entzündung.

Zyanose:

Die Blaufärbung der Haut ist Folge einer CO_2-Überladung des Blutes ($>$ 1,8–3,1 mmol/l $\approx$ 3–5 g% reduziertes Hb) und kann kardial, pulmonal oder zentral bedingt sein.
Zu unterscheiden sind:

- periorale Zyanose – Blaufärbung um den Mund (Lippen, Mund-Kinn-Dreieck);
- Akrozyanose – Blaufärbung der Körperenden (Finger- und Zehennägel), bei chronischem Zustand mit Uhrglasnägeln;
- generalisierte Zyanose – Blaufärbung am ganzen Körper.

Die Zyanose reicht vom lividen Unterton der Haut bis zum stark ausgeprägten Blau.
Die Zyanose kann ständig vorhanden sein oder anfallsweise auftreten.

> **Beachte:** Voraussetzung zur Beurteilung der Hautfarbe ist gutes Licht.

Temperatur der Haut

Hyperthermie
bei Fieber, Entzündung, Wärmestauung.

Hypothermie
bei Unterkühlung, schlechter Durchblutung.

Hautturgor

Der Spannungszustand der Haut ist abhängig vom Flüssigkeitsgehalt in den Zwischenzellräumen. Der Hautturgor wird an der Bauchhaut geprüft.

Schlechter Hautturgor: „Die Haut bleibt in Falten stehen",
bei Erkrankungen mit großem Flüssigkeitsverlust;

Ödem: Wasseransammlung im Unterhautzellgewebe.
Die Haut ist gespannt, blaß und glänzend, „Delle eindrückbar". Es gibt verschiedene Ursachen, die zur Ödembildung führen. Im Kindesalter vor allem
bei Nierenerkrankungen, Herzerkrankungen und allergischen Erkrankungen.
Lokalisation:

- an den Augen (Lidödem), im Gesicht,
- an den abhängenden Körperpartien, vor dem Schienbein.

Feuchtigkeit der Haut

Vermehrte Schweißbildung:

- Schwitzen
  bei vegetativen Störungen, Entfieberung, Kreislauflabilität;
- kalter Schweiß
  bei Schocksyndrom;
- Schwitzen am Hinterkopf,
  Hinweis auf Rachitis.

Trockene Haut
bei Diabetes mellitus, Unterfunktion der Schilddrüse, übertragenes Neugeborenes.

Berührungsempfindlichkeit

Verstärkte Sensibilität: Aufschreien oder Jammern des Kindes bei jeder Berührung, vor

allem im Säuglings- und Kleinkindalter
bei Meningitis, Enzephalitis, Gehirnblutung und anderen zerebralen Erkrankungen.

Lokaler Schmerz: meist im Zusammenhang mit anderen Symptomen einer Entzündung oder Verletzung.

Weitere Hautveränderungen

Exanthem: Sehr häufig auftretende Hauterscheinung, die allergisch bedingt ist oder im Rahmen einer exanthematischen Infektionskrankheit auftritt. Sie sollte sofort erkannt und dem Arzt mitgeteilt werden. Die Diagnosestellung ist oft äußerst schwierig.

Beachte: Jedes Exanthem ist zu beurteilen auf Farbe, Form, Größe, Lokalisation, Verlauf, Begleiterscheinungen (Juckreiz, Brennen) mit oder ohne anschließender Abschuppung. Gleichzeitig ist zu prüfen, ob ein Enanthem besteht.

Abschuppung der Haut: Nach Ablassen des Exanthems, insbesondere
bei Scharlach an den Händen und Füßen.

Ekzem: Konstitutionell bedingte Hautveränderung, häufig mit Juckreiz verbunden.

Pyodermien: Eitrige Entzündung der Haut, hervorgerufen meist durch Staphylo- und Streptokokken:

- Phlegmone – subkutane Ausbreitung,
- Pusteln – mit Eiter gefüllte Bläschen,
- Furunkel – eitrige Entzündung eines Haarbalgs und seiner Talgdrüse.

Pilzerkrankungen.

Läsionen: Gewebszerstörung mit entsprechendem Funktionsausfall:

- Erosion – oberflächliche Hautverletzung,
- Kratzeffekte durch Juckreiz bei Ekzem, Urtikaria, Ikterus, Insektenstiche,
- Nekrose – Absterben eines umschriebenen Gewebsbezirks.

Beachte: Bakteriell entzündliche Hautveränderungen und Läsionen der Haut heilen häufig unter Narbenbildung ab.

Hautblutungen:
- Petechien – punktförmige Blutungen,
- Sugillation – oberflächliche, flächenhafte Blutung,
- Hämatom – Bluterguß im Unterhautzellgewebe.

Pigmentierungen.

5.1.2.6. Schleimhäute

Zur Beurteilung der Schleimhäute kann man die Mundschleimhaut betrachten.

Normalzustand:
- gute Durchblutung (rosiges Aussehen) und Befeuchtung.

Veränderungen:
- Blutungen,
- Enanthem, z. B. Koplik-Flecken bei Masern,
- Pilze, z. B. Soor,
- Entzündungen, z. B. Stomatitis.

5.1.2.7. Hautanhangsgebilde

Haare

Veränderungen:
- ausgeprägte Lanugobehaarung
  Zeichen der Unreife bei Neugeborenen;
- frühzeitige Schambehaarung
  bei Pubertas praecox;
- vermehrte Behaarung an den Extremitäten
  nach langdauernder Kortisonbehandlung;
- extremer Haarausfall
  bei Zytostatikabehandlung;
- trockenes, sprödes Haar
  bei Hypothyreose;
- schütteres Haar
  bei Zöliakie.

Nägel

Veränderungen:
- eitrige Entzündung im Nagelfalz
  bei Nabelsepsis und Syphilis;
- abgekaute Nägel,
  neurotisches Zeichen bei Klein- und Schulkindern;
- Pilzerkrankungen der Nägel;
- Uhrglasnägel meist in Verbindung mit Trommelschlegelfingern als Folge von chronischem O_2-Mangel,
  große, in Längsrichtung übermäßig gebogene zyanotisch aussehende Finger- und Fußnägel.

5.1.2.8. Lokale Beobachtung

Lernziele

Nach Durcharbeiten dieses Teilkapitels sind Sie in der Lage,
- lokale Veränderungen aufzuzählen und zu beschreiben.

Kopf

Beim Säugling lassen sich am Kopf wichtige Beobachtungsmerkmale festlegen. Die Schädelknochen sind zu dieser Zeit noch weich und nicht miteinander verwachsen, der ganze Schädel weist ein starkes Wachstum auf. Durch geburtstraumatische Einwirkungen, Erkrankungen und Störungen des Gehirns in der Entwicklung können bestimmte Veränderungen beobachtet werden.

Veränderungen

Form:
- schmal, lang
  bei Frühgeborenen,
- verformter Schädel
  bei Rachitis, bei ungünstiger Lagerung,

Veränderungen durch Mißbildungen, Vorwölbungen (Geburtsgeschwulst, Kopfblutgeschwulst).

Größe:
- Mikrozephalie,
- Makrozephalie, verbunden mit klaffenden Schädelnähten
  bei Hydrozephalus.

Fontanelle:
- Größe normalerweise
  bei der Geburt: 2,5 × 2,5 cm,
  mit 12 Monaten: fingerkuppengroß,
  mit 13–15 Monaten: vollständig verschlossen.
- verfrühter Verschluß
  bei Mikrozephalus,
- verspäteter Verschluß
  bei Rachitis und Hydrozephalus,
- eingesunken
  bei Exsikkose,
- vorgewölbt
  bei erhöhtem intrakraniellem Druck.

Kraniotabes: weiche Stellen am Hinterhauptsbein als Frühzeichen der Rachitis. Jeder Säugling ab dem 2. Lebensmonat sollte daraufhin angesehen werden.

Gesichtsausdruck

Das Achten auf den Gesichtsausdruck eines kranken Kindes vermittelt dem Beobachter Aufschluß über das Allgemeinbefinden. Verschiedene charakteristische Zeichen geben Hinweis auf ganz bestimmte Erkrankungen.

„Facies abdominalis" bei akuten Baucherkrankungen:
  eingefallenes Gesicht, halonierte Augen, spitze Nase, Blässe, ängstlicher Blick.

„Facies adenoidea" bei Hypertrophie der Rachenmandel:
  offener Mund, große Zunge, stumpfer Gesichtsausdruck, leicht hervortretende Augen.

„Facies pertussica" bei Keuchhusten:
  gedunsenes Gesicht, geschwollene Augenlider, feuchte, glänzende Augen, Apathie.

„Scharlachgesicht": rote Wangen mit scharf abgegrenztem blassem Mund-Kinn-Dreieck.

„Greisengesicht" bei spastischer hypertrophischer Pylorusstenose.

Gesichtsausdruck bei Coma dyspepticum: blasses, wächsernes Aussehen, tiefliegende Augen, seltener Lidschlag, Blick ins Leere.

Besonderer Gesichtsausdruck bei Schmerzen und Lähmungen von Gesichtsnerven.

Augen

Die Augen sind mitbestimmend für den Gesichtsausdruck.

Veränderungen

Sehen:
- vermindertes Sehen,
  kein Fixieren, Greifen, Beobachten, Reaktion nur auf akustische Reize;
- starrer, verlorener Blick
  Hinweis auf Bewußtseinsverlust.

Aussehen:
- glänzend
  bei Fieber;
- Sekretabsonderung
  bei Entzündung und Tränenkanalstenose

Stellung, Lage, Bewegung des Augapfels:
- Hypertelorismus – Augen sind im Abstand zu weit voneinander,

- Exophthalmus – Hervortreten des Augapfels
  bei Hyperthyreose und Hirntumoren;
- Phänomen der untergehenden Sonne
  bei Hydrozephalus: Iris und Pupillen verschwinden teilweise unter dem Unterlid, über der Pupille weißer Sklerensaum;
- Strabismus – Schielen;
- Nystagmus – rhythmische Zuckungen des Augapfels,
  angeboren oder bei verschiedenen Erkrankungen.

Skleren:
- Blutungen
  durch Geburtsstrauma und bei Keuchhusten;
- Rötung
  durch Entzündung;
- Gelbfärbung
  bei Ikterus.

Konjunktiva:
- Blässe
  bei Anämie;
- Rötung
  bei Konjunktivitis.

Reflexe:
- Engstellung der Pupillen
  durch bestimmte Medikamente;
- Weitstellung der Pupillen
  durch bestimmte Medikamente, außerdem im Koma;
- keine oder paradoxe Reaktion der Pupille auf Lichteinfall
  bei schweren zerebralen Störungen;
- seltener Lidschlag,
  Abschwächung des reflektorischen Lidschlusses, zentral bedingt, Gefahr der Hornhauteintrocknung.

Nase

Veränderungen

Form:
- Sattelnase durch Zerstörung des Stützgerüstes
  bei Syphilis und Chondrodystrophie;
- weitere Veränderungen durch Verletzungen.

Sekret: wäßrig – eitrig – blutig
  bei Schnupfen; einseitiger Schnupfen Verdacht auf Fremdkörper, Schniefen beim Neugeborenen Verdacht auf Syphilis.

Zunge

Veränderungen

Auffallend große Zunge
  bei Down-Syndrom und Hypothyreose.

Es gibt *Erkrankungen,* die mit *charakteristischen Zungenbelägen* einhergehen:
- hochrot mit großen Papillen, sog Himbeerzunge
  bei Scharlach,
- bräunlich
  bei Typhus,
- weißgrau und trocken, evtl. borkig
  bei Fieber, Exsikkation, fehlendem Schluckakt,
- „Landkartenzunge", unregelmäßiger, weißlicher Belag
  ohne pathologische Bedeutung.

Zähne

Veränderungen

- zeitlich abnormer Zahndurchbruch bei Säuglingen und Kleinkindern,
- Stellungsanomalien, z. B. „Schnullergebiß",
- Karies bei Klein- und Schulkindern,
- Hyperplasie der Gingiven durch medikamentöse Behandlung mit Hydantoinen bei Anfallsleiden.

Ohren

Nicht selten gehört zu multiplen Mißbildungen eine Fehlgestalt der Ohrmuschel.
Im Laufe des Säuglings- und Kleinkindalters ist die Otitis media ein sehr häufiges Krankheitsbild. Dabei sind die Kinder kaum in der Lage, das Symptom Schmerz zu äußern. In manchen Fällen kann beobachtet werden, daß die Kinder weinend nach dem Ohr greifen. Deshalb bedarf es einer sorgfältigen Beobachtung der Ohren:

- Prüfen der Druckempfindlichkeit
  vor, unter und hinter dem Ohr,
- Achten auf Eiterabsonderung,
- Achten auf Schwellungen
  vor und unterhalb des Ohres, ein- oder beidseitig
    bei Mumps,
  hinter dem Ohr
    bei Mastoiditis,
- Prüfen auf Hörvermögen.

Hals

Veränderungen

- *Lymphknotenschwellungen* am Mundboden, im Nacken, im Kieferwinkel oder hinter dem Ohr. Die Lokalisation weist immer auf ein bestimmtes Organ.
- *Struma:* Vergrößerung der Schilddrüse
  bei Neugeborenen oder in der Pubertät besonders zu beobachten.
- *Schiefhals:* Verkürzung des Kopfwenders – Neigung des Kopfes zur erkrankten Seite und Drehung des Kopfes nach der gesunden Seite.
- *Nackensteifigkeit:* Prüfen erfolgt im Liegen oder Sitzen; Kopf kann nicht nach vorne gebeugt werden
  bei Meningitis.
- *Opisthotonus:* Rückwärtsbeugungen des Nackens durch Verkrampfung der Rückenmuskulatur, „Kopf wird in das Kissen gebohrt",
  bei Meningitis und bei infantiler Zerebralparese.
- *Schlaffer Nacken:* Kopf kann nicht gehalten werden,
  bei zerebraler Schädigung.

Brustkorb

Veränderungen

- Trichterbrust,
  angeborene Einziehung des Sternums;
- Brustdrüsenschwellung,
  ohne Bedeutung bei Neugeborenen beider Geschlechter;
- faßförmiger Thorax,
  beim Asthmatiker;
- rachitische Veränderungen;
- Einziehungen (S. 130).

Bauch (Abdomen)

Die Beurteilung des Abdomens ist beim Kind sehr wichtig. Eine Reihe von Symptomen weisen auf gefährliche Erkrankungen und müssen sofort einer Therapie zugeführt werden. Zum Teil sind die Erscheinungen Ausdruck eines schlechten Allgemeinbefindens, und durch entsprechende Maßnahmen kann dem Kind Erleichterung geschaffen werden.

Normalzustand

Das Abdomen ist weich, seitengleich und nicht druckempfindlich. Die Fülle richtet sich nach der vorangegangenen Mahlzeit und Defäkation.

Veränderungen

Großer Bauch

- durch Leber- oder Milzschwellung,
- durch erweitertes Darmlumen bei Zöliakie und Mukoviszidose;
  im Extremfall ist die Haut gespannt, glänzend, mit deutlicher Venenzeichnung;
- einseitige Vergrößerung,
  Verdacht auf Tumor.

Aszites: Die Bauchwassersucht zeigt eine mehr oder minder pralle Schwellung.
Feststellen der Flüssigkeitsansammlung im Bauchraum durch Fluktuation.

Aufgetriebener, harter, gespannter Bauch: Trommelbauch durch Meteorismus, Stuhlverhaltung oder Entzündungen im Bereich des Darms.

Kahnbauch: Eingefallener Bauch bei leerem Darm.

Druckempfindlichkeit: Obwohl andere Ursachen, wie z. B. Peritonitis, vorliegen können, sollte bei Schmerzen immer der Verdacht auf Appendizitis erhoben werden.

Leistenhernie: Vorwölbung in der Leistenbeuge ein- oder beidseitig. Die Geschwulst vergrößert sich beim Schreien oder Pressen. Beim ruhigen Kind kann die Hernie leicht übersehen werden. Bei auffallendem Schreien eines Säuglings ist immer auch an eine eingeklemmte Hernie zu denken, und das Kind muß daraufhin angesehen werden.

Nabel: Wichtige Beobachtung in der Neugeborenenperiode auf Beläge, Entzündungen, Blutungen.

Nabelhernie: Vorwölbung durch den mangelhaft verschlossenen Nabelring. Eine spontane Verkleinerung ist möglich.

Genitalbereich

Veränderungen

Hydrozele: Seröser Erguß zwischen den beiden Hodenhüllen.

Das Skrotum fühlt sich prall an und leuchtet auf beim Durchscheinen mit der Taschenlampe.

Phimose: Die Vorhautverengung ist im Säuglingsalter physiologisch. Es muß jedoch beobachtet werden, ob das Kind im direkten Strahl Urin entleeren kann.

Hodenhochstand: Die Testis sind im Skrotum nicht tastbar.

Unreifezeichen beim Neugeborenen.
Ausfluß (S. 16, S. 141).

Extremitäten

Veränderungen

Mißbildungen: Fehlen von Gliedmaßen, überzählige Finger oder Zehen, zusammengewachsene Finger oder Zehen.

Abspreizbehinderung der Beine
bei Hüftgelenksdysplasie und -luxation.

Verformungen,
z. B. bei Rachitis

Plattfüße: Folge einer Bindegewebsschwäche des Fußgelenks.

Lähmungen: Ausfall der motorischen Funktion eines Nervs bzw. seines Erfolgsorgans (Muskel).

Es sind zu unterscheiden:
- Parese = unvollständige Lähmung, motorische Schwäche;
- Paralyse = vollständige Lähmung, totaler Funktionsausfall eines Muskels.

Abhängig vom Ausgangspunkt der Schädigung:
- zentrale oder spastische Lähmung:
  auf Reiz einschießender Muskeltonus, die passive Beweglichkeit der Extremität ist vermindert, gesteigerte Reflexe;
- periphere oder schlaffe Lähmung:
  ausgeprägte Hypotonie der Muskulatur → Muskelatrophie, passive Bewegungen sind ohne Widerstand durchführbar, Erlöschen der Reflexe.

Krampfbereitschaft: Arme angewinkelt, Fäustchen geschlossen, Tremor.

Haltung:
- erstes Stehen und Laufen:
  Zeitpunkt, der dem Alter entspricht – verspätet – überhaupt nicht.
- Schonstellung bei verschiedenen Erkrankungen,
  z. B. Meningitis, Herzfehler.
- Athetose: langsame bizarre, unwillkürliche Bewegungen.
- Choreoathetose: Kombination von plötzlich einschießenden und langsamen bizarren unwillkürlichen Bewegungen.
- Ataxie: unsichere, schlendernde und ausfahrende Bewegungen durch Störung der Bewegungskoordination.
- Watschelgang:
  bei Hüftgelenksdysplasie, Muskeldystrophie.

5.1.3. Vitalfunktionen – Vitalzeichen

Definition

Beobachtbare bzw. registrierbare Zeichen, die Auskunft geben über wichtige Lebensvorgänge im Organismus.

Strukturnetz

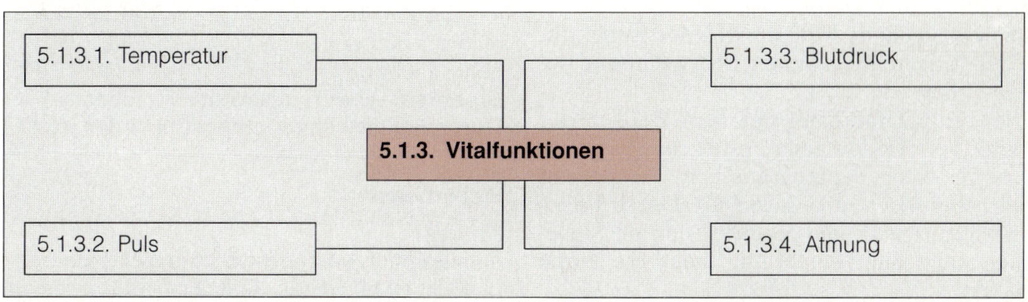

Lehrziel

In diesem Teilkapitel soll auf die Wichtigkeit der Beurteilung der Vitalfunktionen hingewiesen werden.
Der Zusammenhang der Vitalzeichen mit wesentlichen Vorgängen im Organismus wird aufgezeigt und dabei betont, daß Veränderungen der Vitalzeichen auf elementare Störungen hinweisen können.
Es soll verdeutlicht werden, daß zum Erkennen von Störungen heute auf elektronische Überwachungsgeräte nicht mehr verzichtet werden kann. Nach wie vor ist aber die Beurteilung der Vitalfunktionen durch Beobachten des Patienten von größter Wichtigkeit.
Die Vitalfunktionen werden im einzelnen aufgezählt und die Beurteilung umschrieben.

5.1.3.1. Temperatur

Strukturnetz

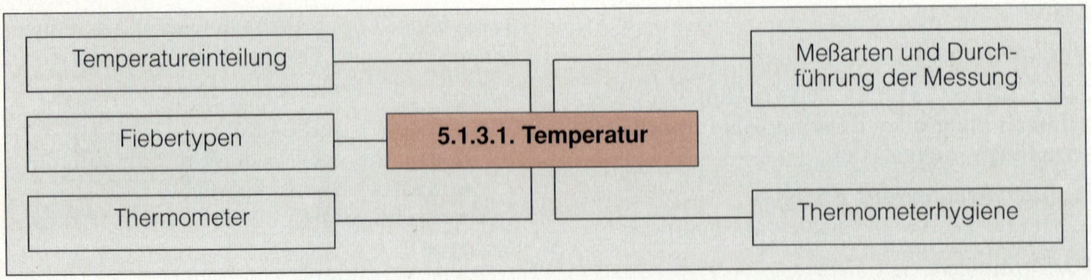

Lernziele

Nach der Durcharbeitung dieses Abschnitts können Sie
- die Beschaffenheit des Fieberthermometers beschreiben;
- eine Einteilung der Temperatur nach den verschiedenen Bezeichnungen vornehmen;
- charakteristische Fiebertypen im Anstieg, Verlauf und Abfall nennen und aufzeichnen;
- die Durchführung der verschiedenen Meßarten erläutern;
- hygienische Maßnahmen im Umgang mit dem Fieberthermometer begründen und darstellen.

Die Feststellung der Körpertemperatur ist eine vordringliche Maßnahme bei einem Kind, dessen subjektives Wohlbefinden gestört ist. Die Körpertemperatur kann durch verschiedene Meßarten ermittelt werden. Jede Technik muß exakt durchgeführt werden.
Im Krankenhaus wird die Körpertemperatur jedes Patienten regelmäßig überwacht und dokumentiert.
Die Temperatur kann aus dem Bereich der Norm verschieden hoch ansteigen. Die obere Grenze einer hyperpyretischen Temperatur liegt über 43 Grad Celsius (°C). Durch Kälteeinwirkung und eine gestörte zentrale Steuerung kann die Temperatur unter die Norm sinken.
Jede Veränderung der normalen Körpertemperatur muß die Kinderkrankenschwester zu bewußtem Handeln veranlassen: Eine Erhöhung der Körpertemperatur und eine Unterkühlung sind dem Arzt mitzuteilen, es müssen die erforderlichen Maßnahmen zur Normalisierung der Körpertemperatur ergriffen werden.
Jedes fiebernde Kind muß gut beobachtet werden, besonders Fieberanstieg und Fieberabfall können mit Komplikationen verbunden sein.
Für den Umgang mit dem Fieberthermometer sind besondere Maßnahmen der Hygiene und Vorsicht erforderlich.

Temperatureinteilung

Normale Temperatur	36,2–37,5 °C
subfebrile Temperatur	37,6–38,0 °C
leichtes Fieber	38,1–38,5 °C
mäßiges Fieber	38,6–39,0 °C
hohes Fieber	39,1–41,0 °C
hyperpyretische Temperatur	über 41,0 °C
Hypothermie – Untertemperatur	unter 36,0 °C

Fiebertypen

Anstieg:
- langsamer oder treppenförmiger Fieberanstieg (Abb. 12a): Die Temperatur steigt

Abb. 12a–g Fiebertypen

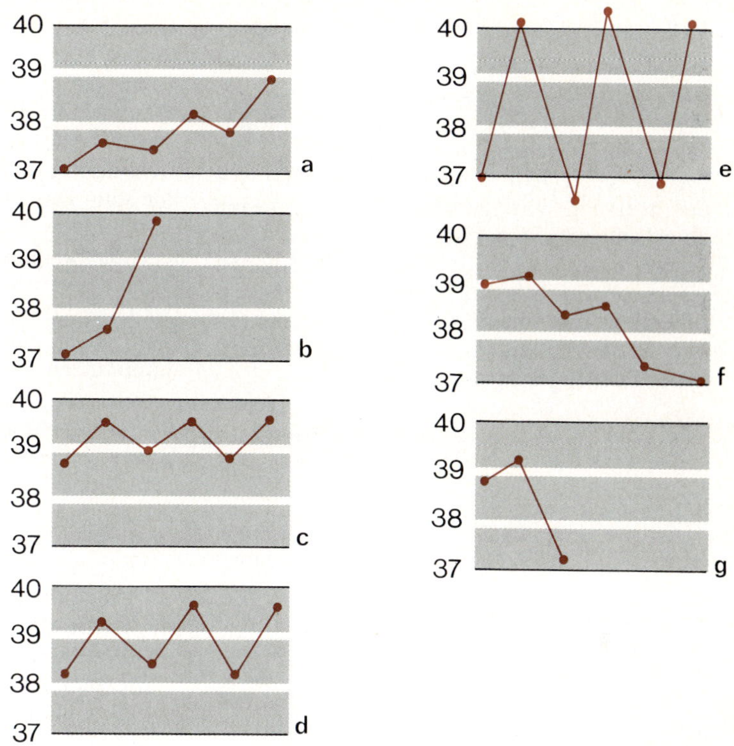

langsam täglich um einige Zehntelgrade an, bis nach Tagen das Maximum erreicht ist;
- rascher Fieberanstieg (Abb. 12b): Die Temperatur steigt rasch. Innerhalb von wenigen Stunden ist das Maximum erreicht, beim Erwachsenen und älteren Kind häufig verbunden mit Schüttelfrost. Bei älteren Säuglingen und Kleinkindern können Fieberkrämpfe auftreten.

Verlauf:
- Kontinua = kontinuierliches Fieber (Abb. 12c), anhaltend hohes Fieber mit einer Tagesschwankung innerhalb eines Grades;
- remittierendes Fieber = vorübergehend nachlassendes Fieber (Abb. 12d), Fieber mit einer Tagesschwankung bis zu 1,5 °C;
- intermittierendes Fieber = zeitweilig aussetzendes Fieber (Abb. 12e), hohes Fieber mit einer Tagesschwankung über 1,5 °C. Fieberanfall wechselt mit fieberfreiem Intervall. Septisches Fieber.

Abfall:
- lytischer Fieberabfall (Abb. 12f). Fieber fällt langsam, evtl. über Tage, ab;
- kritischer Fieberabfall (Abb. 12g). Fieber fällt rasch innerhalb von wenigen Stunden ab. Eine rasche Entfieberung bedeutet eine große Kreislaufbelastung.

Fieberthermometer

Das Fieberthermometer besteht aus einer Glashülle, einer Skala, die, eingeteilt in Zehntelgrade, von 35 bis 42 °C reicht und der luftleeren Kapillarröhre, die sich am unteren Ende verengt und dann erweitert zum Quecksilberdepot.
Will sich bei einer Verminderung der Temperatur das Quecksilber zusammenziehen, so reißt der Quecksilberfaden oberhalb des Quecksilberdepots in der Verengung der Kapillarröhre ab. Die Quecksilbersäule oberhalb der Verengung bleibt stehen (Maximalthermometer) und kann nur durch kräftiges Schütteln ins Depot zurückgebracht werden.
In der Intensivpflege, bei unterkühlten Patienten und Frühgeborenen werden Thermometer verwendet, deren Skala von 25 bis 42 °C reicht. Heute können auch Digitalthermometer verwendet werden.

Meßarten und Durchführung der Messung

Die Temperaturmessung wird in der Regel beim liegenden Patienten vorgenommen.
Der Patient sollte vorher mindestens ½ Stunde ruhen, da Bewegung und Erregung die Temperatur verändern können. Unmittelbar vor der Messung wird geprüft, ob das gesamte Quecksilber im Depot ist.
Ist dies nicht der Fall, so wird das Thermometer am oberen Ende angefaßt und die Quecksilbersäule mit kurzen, kräftigen Bewegungen hinuntergeschüttelt. Das Thermometer darf dabei nicht angeschlagen werden.

Beachte: Es ist darauf zu sehen, daß die Glashülle eines Thermometers unbeschädigt ist.

In der Regel gelten folgende Meßzeiten:

morgens: 7 Uhr – zum Teil von der Nachtwache früher,
nachmittags: zwischen 14 und 15 Uhr,
bei Fieber weitere Kontrollen.
Zu Hause: Wenn das Kind auffällig ist, sollte als erste Maßnahme die Temperatur kontrolliert werden.
Die Temperaturmessung erfolgt an Körperstellen, von welchen sich ganz oder weitgehend die Außenluft abhalten läßt und an denen unter der Haut bzw. Schleimhaut größere Blutgefäße verlaufen.

Axillare Messung. Messung in der Achselhöhle:
Dauer: 8–10 Minuten,
Vorteil: hygienisches Vorgehen, Wahrung der Intimsphäre,
Nachteile: relativ lange Meßzeit,
Gefahr der nicht exakten Durchführung und damit eines ungenauen Meßwertes ist groß.
Achselhöhle und Thermometer müssen trokken sein. Das Thermometer wird von vorn mit dem unteren Teil so in die Achselhöhle eingelegt, daß es ganz von Haut umgeben ist. Der Oberarm wird seitlich an den Oberkörper und der Unterarm quer über den Brustkorb gehalten. Es ist günstig, dabei den Ellbogen zu unterstützen (Abb. 13).

Rektale Messung. Messung im Rektum:
Dauer: 2–3 Minuten,
Meßwert: 0,5 Grad höher als bei axillarer Messung,
Vorteile: kurze Meßzeit,
Meßergebnis durch äußere Umstände nicht beeinflußbar.
Nachteile: Durchbrechung der Intimsphäre (ältere Kinder, die nicht selbständig die Messung durchführen können),
bei unsauberem Arbeiten Keimverschleppung.

Vor der Benützung muß die Desinfektionslösung vom Thermometer entfernt werden. Mit leicht angefetteter bzw. angefeuchteter Spitze kann das Thermometer leichter eingeführt werden. Dies muß äußerst vorsichtig geschehen, damit eine Verletzung der Schleimhaut vermieden wird.

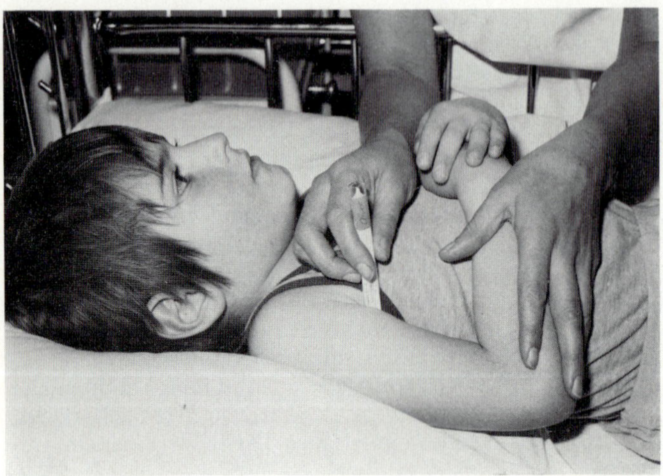

Abb. 13 Axillare Temperaturmessung

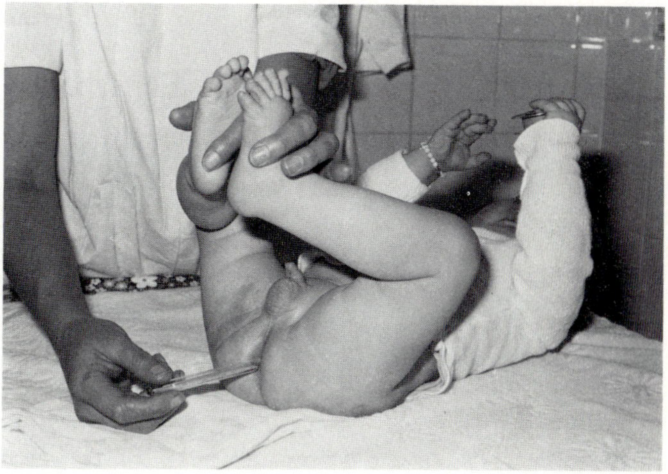

Abb. 14 Rektale Temperaturmessung beim Säugling

Beim Säugling:
Das Kind wird in Rückenlage gebracht, das Gesäß liegt auf der Windel.
Die Beine des Kindes werden nach oben gehalten und das Thermometer vorsichtig unter leicht drehender Bewegung eingeführt (Abb. 14).
Die Beine des Kindes und das Thermometer müssen während der ganzen Meßzeit gehalten werden. Das Kind darf dabei nicht auskühlen.

Bei Klein- und Schulkindern:
Die Temperaturmessung erfolgt in Seitenlage bei möglichst angezogenen Beinen. Thermometer festhalten.
Bei unruhigen und bewußtlosen Kindern jeglichen Alters muß das Thermometer festgehalten werden.
Bei zuverlässigen Kindern, die selbständig Temperatur messen können, muß die Kinderkrankenschwester dennoch während der Meßzeit im Zimmer bleiben.

Orale Messung. Messung in der Mundhöhle unter der Zunge:
Dauer: 10 Minuten,
Meßwert: 0,3 Grad höher als bei axillarer Messung.
Anwendung früher vor allem in Tuberkuloseheilstätten, heute in manchen Kliniken üblich, soweit gewährleistet ist, daß der Patient nicht unruhig ist und er bei geschlossenem Mund atmen kann.
Für diese Messung werden ganz spezielle Thermometer verwendet.

Zum Ablesen der Temperatur wird das Thermometer waagrecht gehalten. Der Meßwert wird schriftlich fixiert und in das Kurvenblatt des Kindes eingetragen.
Nach Gebrauch wird das Thermometer gereinigt und desinfiziert.
Außer der hier ausgeführten klassischen Methode der Fiebermessung gibt es heute verschiedene Möglichkeiten der elektronischen Temperaturmessung und Temperaturüberwachung.

Thermometerhygiene

Nach der Benützung werden die Thermometer in eine Nierenschale mit entsprechender Desinfektionslösung eingelegt, nach der erforderlichen Einwirkungszeit mit kaltem Wasser abgespült und in einem trockenen Gefäß bis zur nächsten Benützung aufbewahrt. Die Thermometer können auch für jeden Patienten einzeln in einem Glas- oder Plastikröhrchen aufbewahrt werden.
Es sind heute dünne Plastikhüllen im Handel, die vor der rektalen Messung über das Thermometer geschoben und unmittelbar nach der Benützung verworfen werden.
Zerbrochene Thermometer müssen als Sondermüll entsorgt werden.

Beachte: Kleine Kinder dürfen keinen Zugang zu den Thermometern haben.

5.1.3.2. Puls

Strukturnetz

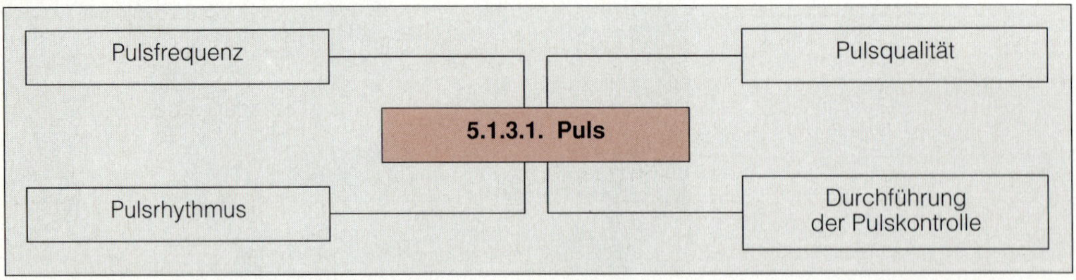

Lernziele

Nach der Durcharbeitung dieses Abschnitts ist es Ihnen möglich,
- die verschiedenen Arterien aufzuzählen, an denen Sie die Pulsschläge tasten können;
- zu erklären, wie die Pulskontrolle normalerweise und bei einem Herzkranken durchzuführen ist;
- aufzuzählen, nach welchen Kriterien der Puls zu beurteilen ist;
- die altersabhängige Pulsfrequenz zu nennen;
- die Pulsqualität bei einem Gesunden deutlich zu machen und charakteristische Veränderungen aufzuzeigen;
- die verschiedenen Rhythmusstörungen zu beschreiben.

Der Puls ergibt sich aus dem Anstoß der Blutwelle an die Gefäßwände der Arterien. Kontraktionskraft des Herzens, Schlagvolumen, Schlagfrequenz und Blutvolumen stehen in Beziehung zueinander und sind zusammen mit der Elastizität der Gefäßwand die entscheidenden Faktoren für die Eigenschaften des Pulses.

Die Pulswelle ist abhängig von		Eigenschaften des Pulses
– Häufigkeit der Schlagfolge	→	Frequenz, Rhythmus
– Größe des Schlagvolumens	→	Füllung
– Kontraktionskraft – Blutmenge	→ (Füllung), →	Spannung
– Elastizität der Gefäßwand		

Pulsfrequenz

Alter	Normalwerte der Pulsschläge pro Minute in Ruhe
Geburt	140
½ Jahr	110
1 Jahr	100
3– 4 Jahre	95
5–10 Jahre	90
10–15 Jahre	85
> 15 Jahre	75–80

Tachykardie = beschleunigter Pulsschlag:
- physiologisch bei Erregung, körperlicher Anstrengung;
- pathologisch z. B. bei Fieber, Schock, Herzinsuffizienz, Hyperthyreose.

Bradykardie = verlangsamter Pulsschlag:
- physiologisch im Schlaf, bei sportlich Trainierten;
- pathologisch z. B. bei Vagusreiz, Ikterus, Hypothyreose.

Pulsrhythmus

Beim Gesunden folgen die Pulsschläge regelmäßig aufeinander. Eine ungleichmäßige Schlagfolge wird als Arrhythmie bezeichnet.

Respiratorische Arrhythmie: Beschleunigung der Schlagfolge bei der Inspiration. (Eine ungefährliche Erscheinung bei Jugendlichen und vegetativ Labilen.)

Extrasystolische Arrhythmie: In den gleichmäßigen Rhythmus sind einzelne zusätzliche Pulsschläge eingeschaltet,
z. B. bei Herzmuskelerkrankungen, vegetativer Labilität.

Zwillingspuls (Bigeminus): Doppelschlägigkeit des Pulses. Jedem normalen Pulsschlag folgt eine Extrasystole,
z. B. bei Digitalisüberdosierung.

Absolute Arrhythmie: Vollkommen unregelmäßiger Puls aufgrund einer Reizbildungsstörung,
z. B. bei Herzmuskelerkrankungen.

Pulsqualität

Beim Gesunden ist der Puls weich und gut gefüllt.

Spannung = Widerstand der Pulswelle beim Versuch, diese zu unterdrücken	– weich = leicht eindrückbar bei Hypotonie, hohem Fieber, Herzinsuffizienz, manchen Infektionskrankheiten	– hart = schlecht eindrückbar bei Hypertonie, Schrumpfniere
Füllung = Blutmenge in dem Gefäß	– gut gefüllt das pulsierende Gefäß fühlt sich voll an bei Hirndrucksteigerung	– schlecht gefüllt klein das pulsierende Gefäß fühlt sich schwach gefüllt an bei Hypotonie, Schock, Herzversagen
Anstieg der Pulswelle = Unterschied zwischen dem höchsten und niedrigsten Stand der Gefäßwand	– schnellend bei Aorteninsuffizienz	– langsam ansteigend bei Aortenstenose

Charakteristische Veränderungen der Pulsqualität:

Druckpuls: verlangsamt, regelmäßig, gut gefüllt, hart.
Pulsbeschaffenheit bei Erkrankungen mit gesteigertem Hirndruck.

Fadenförmiger Puls: beschleunigt, regelmäßig, schlecht gefüllt, leicht unterdrückbar.
Pulsbeschaffenheit bei Schock.

Beachte: Beide Veränderungen sind alarmierende Zeichen und geben Hinweise auf lebensbedrohliche Situationen des Patienten.

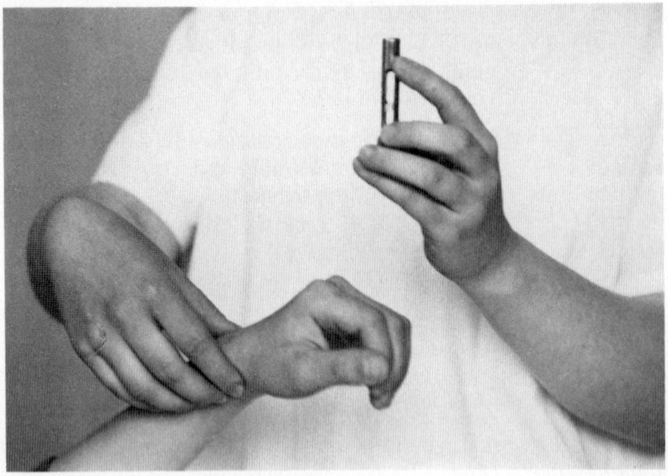

Abb. 15 Pulskontrolle an der Speichenschlagader

Durchführung der Pulskontrolle

Die Pulskontrolle gehört zu den Routinemaßnahmen, die bei jedem kranken Kind täglich durchgeführt werden. Die Häufigkeit richtet sich nach der vorliegenden Erkrankung. In der Regel erfolgt sie im Zusammenhang mit der Temperaturmessung. Bei Erkrankungen, die sehr rasch zu einer Pulsveränderung führen können, wird die Überprüfung stündlich oder halbstündlich vorgenommen.
Die Pulswelle kann überall dort getastet werden, wo Arterien oberflächlich verlaufen und sich gegen einen Widerstand (Knochen, Muskel) drücken lassen:

- A. temporalis (Schläfenschlagader),
- A. carotis (Halsschlagader),
- A. radialis (Speichenschlagader),
- A. femoralis (Oberschenkelschlagader in der Leistenbeuge),
- A. dorsalis pedis (Fußrückenschlagader),
- A. tibialis posterior (Innenknöchelschlagader).

In der Regel wird die Pulskontrolle an der Speichenschlagader vorgenommen. Unterhalb des Daumens, auf der Seite der Innenhandfläche, werden mit leichtem Druck auf die A. radialis Zeige-, Mittel- und Ringfinger aufgelegt (Abb. 15). Die Pulsschläge werden über den Zeitraum von 15 Sekunden gezählt, das Ergebnis mit 4 multipliziert und schriftlich festgehalten. Liegt eine Unregelmäßigkeit des Pulses vor, z. B. bei Herzerkrankungen, so müssen die Pulsschläge während einer vollen Minute gezählt werden.

Kleinkind: Der Radialispuls ist häufig durch ein ausgeprägtes Fettpolster schlecht tastbar, die Pulskontrolle sollte dann an der Schläfenarterie vorgenommen werden.

Säugling: Zur Überwachung dieses Vitalzeichens wird mit dem Schlauchstethoskop in der Herzgegend oder durch Abtasten des Herzspitzenstoßes die Herzfrequenz gezählt.
Durch bestimmte Methoden können heute auch der Kapillar- und Venenpuls registriert werden.

5.1.3.3. Blutdruck

Definition

Druck des strömenden Blutes in den Arterien. Der Blutdruck ist von folgenden Faktoren abhängig:

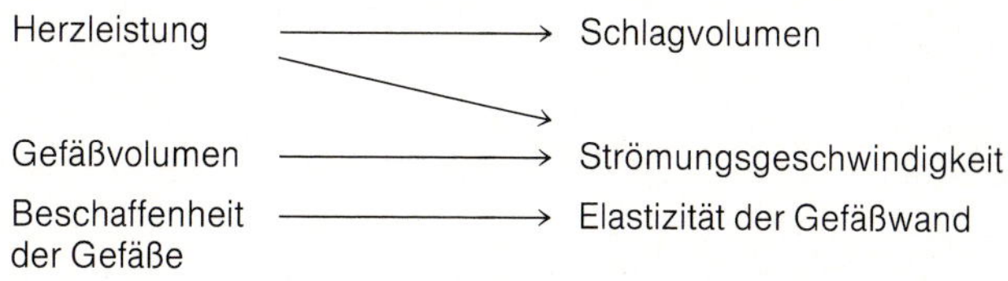

Strukturnetz

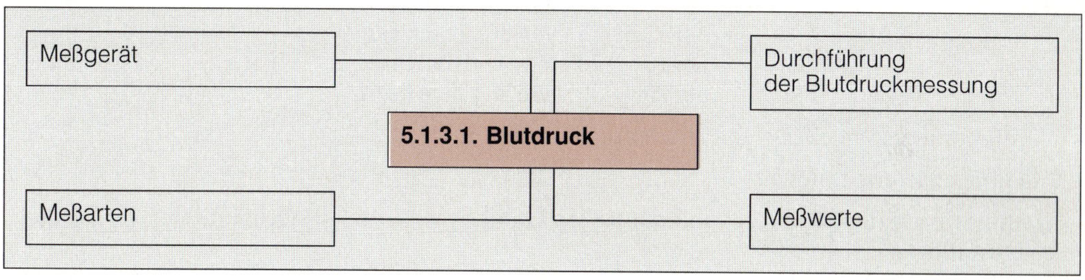

Lernziele

Nach Durcharbeitung dieses Abschnitts ist es Ihnen möglich,
- den Blutdruckapparat mit seinen Einzelheiten zu beschreiben;
- die verschiedenen Methoden des Blutdruckmessens aufzuzählen;
- eine exakte Durchführung der Blutdruckmessung zu erläutern;
- die altersabhängigen Mittelwerte zu nennen.

Meßgerät

Blutdruckapparat mit seinen Bestandteilen:
- aufblasbare Gummimanschette,
- Handgebläse mit Schraubventil,
- Manometer,
  uhrförmig nach Recklinghausen,
  Stativ nach Riva Rocci.

Meßarten

Auskultatorische Methode: Ergibt den systolischen und diastolischen Wert und die Amplitude.

Palpatorische Methode: Ergibt nur den systolischen Arteriendruck.

Inspektionsmethode = „Flush-Methode“: Ergibt nur den systolischen Arteriendruck, Anwendung bei Kindern im Alter unter 2 Jahren.

Oszillometrische Messung: Blutdruckmeßgerät. Ablesbar ist der systolische, diastolische und mittlere arterielle Druck.

Durchführung der Blutdruckmessung

Die Messung erfolgt beim liegenden oder sitzenden Patienten in der Regel am Arm, kann aber auch am Bein durchgeführt werden.
Bei kontinuierlicher Blutdruckmessung wird ein flaches Stethoskop verwendet und unter der Manschette über der pulsierenden Arterie fixiert.

Durchführung	Einzelheiten	Zu beachten
– Bereitstellen der Gegenstände	– Blutdruckapparat, Stethoskop	– Stethoskop muß richtig im Gehörgang und mit dem Schallempfänger über der Arterie in der Ellenbeuge angelegt sein. Die Schläuche müssen frei sein
– Arm des Patienten leicht beugen und in Herzhöhe abstützen		
– Manschette anlegen und fixieren	– die Breite der Manschette richtet sich nach dem Umfang des Oberarmes: bei 7,5–10 cm = 4 cm breit bei 10 –12,5 cm = 5 cm breit bei 12,5–15 cm = 7 cm breit bei 15 –20 cm = 9 cm breit bei 20 –30 cm = 12 cm breit	– Manschette muß straff anliegen! (keine Luft enthalten, kein Kleidungsstück dazwischen)
– Ventilschraube schließen	– mit der rechten Hand	
– Ellenbogenarterie tasten		
– Stethoskop auf der Ellenbeuge auflegen	– mit der linken Hand	– starken Druck vermeiden
– Manschette aufblasen	– maximal bis 4 kPa (30 mmHg) über dem zu erwartenden systolischen Wert bzw. bis zum völligen Verschwinden der Arterientöne (bereits während des Aufblasens Arterientöne kontrollieren)	– Manschette nur wenige Sekunden aufgeblasen lassen
– langsames Öffnen des Luftauslaßventils	– mit der rechten Ventilschraube vorsichtig öffnen und langsam die Druckentlastung vornehmen	– bei zu raschem Vorgehen kann der erste Ton nicht genau registriert werden
– beim ersten Ton Meßwert ablesen	– der Blutdruck ist als Ton hörbar und wird in Pascal-Einheiten bzw. in mm Quecksilbersäule angegeben	
– beim letzten Ton Meßwert ablesen – Aufblasen der Manschette und Messung wiederholen – gesamte Luft aus der Manschette ablassen	– beim Kleinkind kann nicht eine Aufhebung, sondern nur eine Abschwächung der Arterientöne registriert werden. Je jünger das Kind ist, um so schwieriger ist die Bestimmung des diastolische Blutdruckwertes	

Prinzip der Messung

Aufgeblasene Manschette	Manschettendruck größer als der Arteriendruck → Gefäßkompression	kein Ton hörbar
Allmählich reduzierter Manschettendruck	Arteriendruck wird zunehmend größer. Sobald der Manschettendruck kleiner ist als der Arteriendruck, gelangt Blut in das Gefäß unterhalb der Manschette	erster Ton = systolischer Druck
Weiter reduzierter Manschettendruck	Kurz ehe der Blutstrom ganz frei ist, wird der letzte Ton hörbar. Druck durch die Manschette aufgehoben, Arterie ist ganz frei – kein Geräusch mehr hörbar	letzter Ton = diastolischer Druck

Zur Ermittlung des Blutdrucks am Bein wird der Patient in Bauchlage gebracht, und die Manschette wird oberhalb der Kniebeuge angelegt. Auskultationsbereich Kniebeuge.

Bei der Palpationsmethode wird statt des Abhörens der Arterientöne der Radialis- bzw. Tibialispuls abgetastet. Diese Methode wird nur angewandt, wenn die anderen Möglichkeiten der Blutdruckmessung nicht durchführbar sind. Die Werte liegen + 0,7–1,3 kPa (5–10 mmHg) niedriger als bei der Auskultationsmethode.

Flush-Methode: Die Manschette wird in der Mitte des Ober- oder Unterarms bzw. Ober- oder Unterschenkels angelegt. Dann muß die Extremität hochgehalten und bis zur Manschette „ausgestrichen“ werden. Daraufhin wird die Manschette über den vermuteten systolischen Wert hinaus rasch aufgepumpt – die Extremität verfärbt sich blaß. Die Extremität wird nun vorsichtig unter die Horizontale gesenkt und unter langsamer Druckverminderung beobachtet, bei welchem Meßwert die vorher blasse Extremität deutlich errötet.

Meßwerte

Alter	Systolischer Blutdruck kPa (mmHg)	
Geburt	8,0–10,6	(60– 80)
½ Jahr	12	(90)
1 Jahr	12	(90)
3– 4 Jahre	13,3	(100)
5–10 Jahre	13,3–14,6	(100–110)
10–15 Jahre	14,6	(110)
15 Jahre	14,6–16,0	(110–120)

Zur Erleichterung der kontinuierlichen Blutdruckmessung werden Blutdruckmeßgeräte eingesetzt.

Die *oszillometrische Messung* mit Dinamap ermittelt durch die arteriell verursachten Pulsationen in der Meßmanschette den systolischen, diastolischen und mittleren arteriellen Druck sowie die Pulsfrequenz. Die Meßintervalle sind wählbar und die ermittelten Werte werden digital am Gerät angezeigt. Die digitale Anzeige des Blutdruckwertes erfolgt in mmHg oder kPa.

Der mittlere arterielle Druck (MAD) entspricht dem Perfusionsdruck in den Organen. Er kann über eine Formel errechnet werden

$\left(\frac{\text{diastolischer Druck} \cdot 2 + \text{Systole}}{3}\right)$ (Abb. 16).

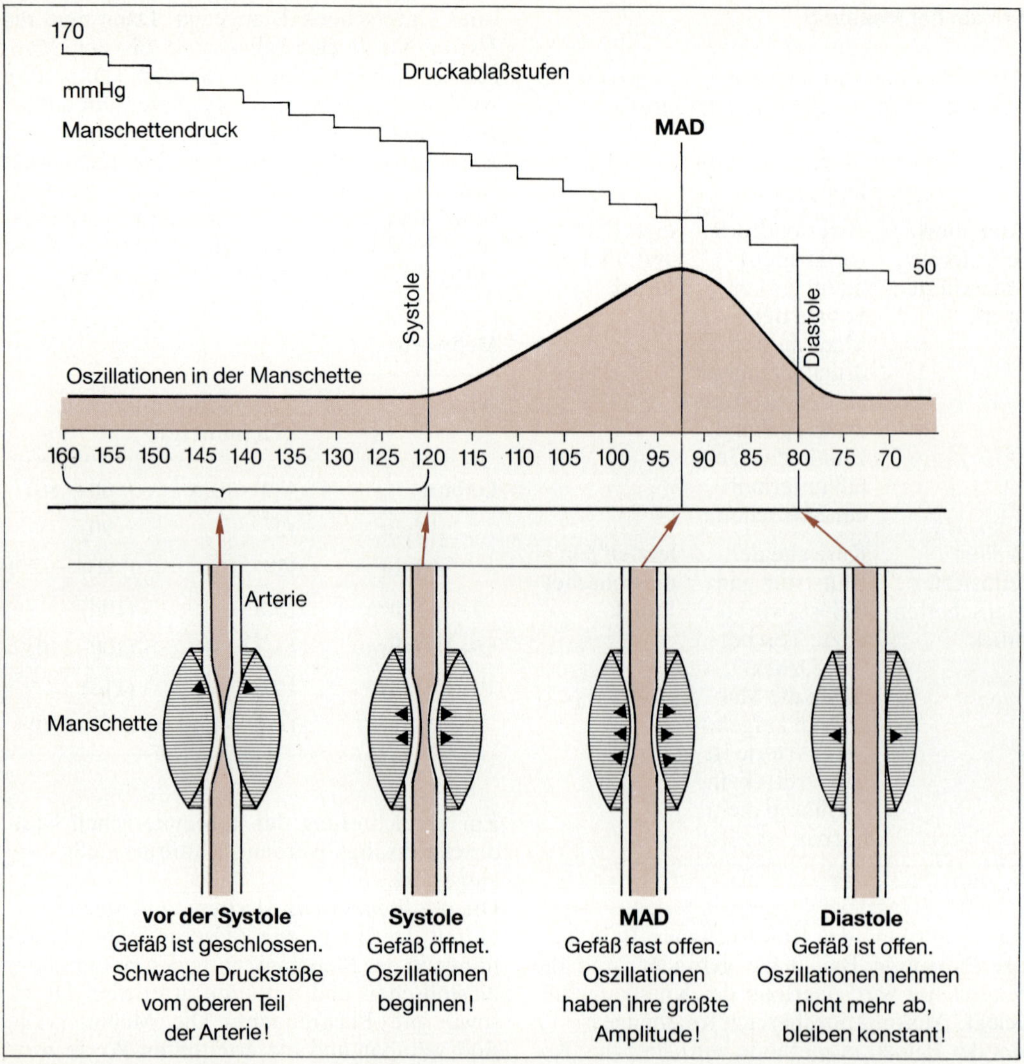

Abb. 16 Prinzip der RR-Messung (Dinamap-Oszillometrie) MAD = mittlerer arterieller Druck

5.1.3.4. Atmung

Strukturnetz

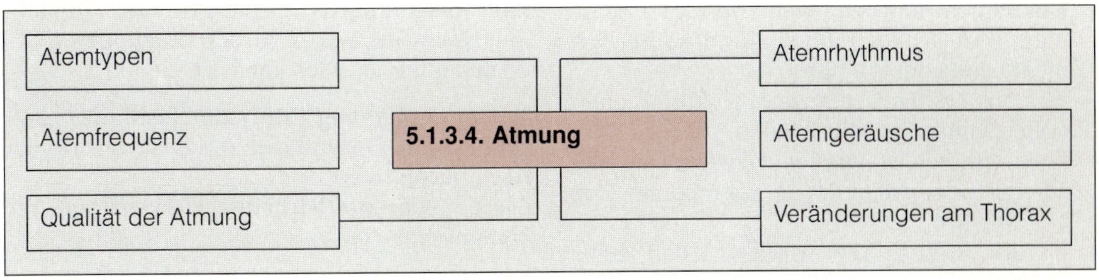

Lernziele

Nach Abschluß dieses Abschnitts sollten Sie in der Lage sein,
- zu formulieren, wie die Atemfrequenz ermittelt werden kann;
- die normale Atmung im Säuglings-, Kleinkind- und Schulkindalter zu beschreiben;
- die Atemfrequenz der unterschiedlichen Altersstufen zu nennen;
- über Formen einer gestörten Atmung und ihre Eigenschaften zu berichten;
- die verschiedenen Atemgeräusche zu benennen und zu begründen;
- über das Symptom Husten und seine besondere Bedeutung im Kindesalter Auskunft zu geben.

Atemtypen

Die *abdominale* Atmung wird beobachtet unter vorwiegender Beteiligung des Zwerchfells und der Bauchmuskulatur.
Die *thorakale* Atmung weist Bewegungen des Thorax auf durch vorwiegende Beteiligung der Interkostalmuskeln.
Im Säuglingsalter ist die Bauchatmung typisch. Im Kleinkindalter findet der Übergang zu einer Mischform zwischen thorakaler und abdominaler Atmung statt, und beim älteren Kind kann die ausgeprägte thorakale Form beobachtet werden. Eine thorakale Atmung im früheren Alter ist immer pathologisch.

Atemfrequenz

Alter	Normalwerte der Atemzüge pro Minute in Ruhe
Geburt	40
½ Jahr	30
1 Jahr	28
3– 4 Jahre	25
5–10 Jahre	24
10–15 Jahre	20
> 15 Jahre	16–18

Tachypnoe = beschleunigte Atmung:
- physiologisch bei Anstrengung und Aufregung,
- pathologisch bei Fieber, starkem Blutverlust, Herz- und Lungenerkrankungen.

Bradypnoe = verlangsamte Atmung:
- bei Gehirnerkrankungen und Vergiftungen.

Apnoe = Atemstillstand:
- weitere Folge einer Bradypnoe,
- bei Unreife des Atemzentrums,
- bei Pertussis im Säuglingsalter.

Die Apnoen können anfallsweise auftreten.

Atemfrequenz und Atemtiefe stehen immer in Wechselbeziehung und müssen im Zusammenhang beobachtet werden.

Bei einer beschleunigten Atmung sind die Atemzüge oberflächlich, umgekehrt ist die verlangsamte Atmung meist tief.

Feststellen der Atemfrequenz

Um die genaue Atemfrequenz zu ermitteln, gelten folgende Regeln:

- Der Patient muß sich während dieser Maßnahme in Ruhe befinden und sollte sich nicht beobachtet fühlen.
- Es müssen die Atemzüge während einer vollen Minute gezählt werden.
- Die Atmung ist an den Bewegungen des Thorax oder anhand von Atemgeräuschen zu zählen.
- Ist die Atmung sehr flach, so daß keine Atembewegungen festgestellt werden können, und nicht mit Geräuschen verbunden, so kann durch einen vor die Nase gehaltenen Wattebausch o. ä. festgestellt werden, ob und wie oft der Patient atmet.

Durch den Anschluß an den Apnoemonitor kann heute kontinuierlich und exakt die Atemfrequenz und Atemtiefe aufgezeigt werden.

Qualität der Atmung

Normalerweise erfolgt die Atmung ruhig und ohne Anstrengung. Jede Atemnot wird als Dyspnoe bezeichnet.
Der dyspnoische Patient leidet unter erschwerter Atmung und betätigt seine Atemhilfsmuskulatur.

> **Beachte:** Die Luftnot löst Angst aus und führt zur Unruhe. Der Patient soll beruhigt und nicht allein gelassen werden.

Inspiratorische Dyspnoe: Atemnot bei Behinderung der Einatmung.

Exspiratorische Dyspnoe: Atemnot bei Behinderung der Ausatmung.

Ruhedyspnoe: Atemnot, die im Gegensatz zu der Atemnot bei Belastung auch im Ruhezustand vorhanden ist.

Orthopnoe: schwerste Atemnot. Der Patient bevorzugt eine aufrechte, sitzende Haltung, um besser die Atemhilfsmuskulatur betätigen zu können.

Typische Veränderungen der Atemqualität

Stenoseatmung: Die Einatmung ist erschwert durch eine Behinderung im Kehlkopf oder Luftröhrenbereich. Dabei kommt es zum inspiratorischen Stridor und zu Einziehungen am Thorax.

Forcierte Atmung = angestrengte Atmung: Die Ausatmung ist erschwert. Der Organismus versucht, Sekret in den entzündeten Alveolen durch Pressen abzuatmen.

Nasenflügelatmung: Mit jeder Inspiration blähen sich die Nasenflügel zur Erweiterung der Atemfläche auf.
Dieses Symptom ist häufig Hinweis auf eine Pneumonie.

Mundbodenatmung: Mit jeder Inspiration senkt sich der Mundboden, ebenfalls zur Erweiterung der Atemfläche bei Atemnot.

Schonatmung: Die Atmung ist oberflächlich und beschleunigt und die Beweglichkeit des Thorax auf der erkrankten Seite vermindert infolge von Schmerzen und Ergußbildung bei Pleuraprozessen.

Hyperventilation: Übermäßige Atmung, die zu einer Steigerung der Ventilation führt. Dabei wird zu viel CO_2 abgeatmet, und es kann zur Tetanie kommen.

Atemrhythmus

Bei ungestörter Atmung sind Ein- und Ausatmen in gleichmäßiger Folge zu beobachten.
Störungen im Atemrhythmus sind Zeichen eines unreifen Atemzentrums oder weisen auf schwere Erkrankungen unter zerebraler Beteiligung hin.

Pathologische Atemrhythmusformen

Periodische Atmung:

- Biot-Atmung: Lange Atempausen wechseln mit einer Serie von kräftigen, gleichmäßigen Atemzügen bei Frühgeborenen.

- Cheyne-Stokes-Atmung: Kleine oberflächliche Atemzüge schwellen immer mehr an zu tieferen Atemzügen. Sie werden dann wieder zunehmend flacher, bis eine längere Atempause eintritt.

Häufig Zeichen des erlöschenden Atemzentrums
bei Intoxikationen, schweren Gehirnerkrankungen.

- Schnappatmung: Einzelne tiefe Atemzüge mit weit geöffnetem Mund und keuchender Ausatmung wechseln mit langen Atempausen,
  bei Frühgeborenen.

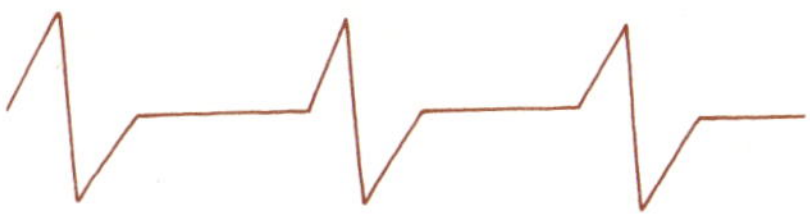

Kußmaul-Atmung = Azidoseatmung, komatöse Atmung, große Atmung, vertiefte und später auch beschleunigte Atmung.

Pausenlose Auf- und Abbewegungen des Thorax sind zu beobachten. Der Organismus versucht durch verstärkte Abatmung die Übersäuerung des Blutes zu verringern
bei schweren Stoffwechselentgleisungen,
z. B. Coma diabeticum, Coma dyspepticum.

Hechelnde Atmung: extrem beschleunigte, oberflächliche Atmung mit offenem Mund
bei interstitieller Pneumonie.

Atemgeräusche

Husten: Husten ist ein Schutzmechanismus, durch den Fremdkörper und Schleim aus den Luftwegen entfernt werden sollen. Je nach Lokalisation des Reizes entsteht eine unterschiedliche Hustenart.
Oft gibt diese Hinweise auf die Erkrankung.

Folgende Kriterien sind zu beachten:

Hustenart:
- staccatoartig mit lautem Aufziehen – bei Keuchhusten,
- staccatoartig ohne Aufziehen – bei Mukoviszidose,
- bellend, heiser – bei Pseudokrupp,
- trockener Reizhusten – bei Laryngotracheitis,
- feuchter Husten (mit Sekretförderung) – bei Bronchitis,
- kupierter Husten (unterdrückbar) – bei Pleuraprozessen und Pneumonien.

Husten verbunden mit Erbrechen, mit Zyanose, mit Schmerz, Husten mit vorgewälzter Zunge wird beobachtet bei Säuglingen mit Keuchhusten. Zeitpunkt des Hustens:

- mehr am Tag oder gehäuft in der Nacht,
- im Zusammenhang mit der Nahrungsaufnahme.

Häufigkeit:
- ständiger Hustenreiz, gelegentlich, anfallsweise.

Stridor: Langgezogenes, kreischendes Atemgeräusch im In- oder Exspirium.

- Inspiratorischer Stridor: Atembehinderung *oberhalb* der Bifurkation (Kehlkopf- oder Luftröhrenbereich),
  z. B. bei Pseudokrupp, Glottisödem.
- Exspiratorischer Stridor: Atembehinderung *unterhalb* der Bifurkation (Bronchien, Lunge),
  z. B. bei Asthma bronchiale.

Rasseln: Sekret in den Bronchien wird durch die Atemluft hin und her bewegt.

Giemen – Pfeifen: Entsteht beim Durchtritt der Luft durch die durch Schwellung und Spasmen und zähen Schleim verengten Bronchien
bei Asthma bronchiale.

Stöhnen, Pressen und *stoßweises Atmen.*

Schniefen:
bei Schnupfen im Säuglingsalter.

Schnarchen: Dieses Geräusch entsteht bei der Mundatmung im Schlaf durch das Hin- und Herbewegen der erschlafften Gaumensegel
bei Schnupfen und Hyperplasie der Rachenmandel.

Schluckauf (Singultus): Kurze unregelmäßige Zwerchfellkontraktionen haben zur Folge, daß ruckartig Luft in den Respirationstrakt einströmt. Beim Passieren der Stimmritze kommt es zu diesem lauten Geräusch.

Veränderungen am Thorax

Inspiratorische Einziehungen: Atemhindernisse im Kehlkopf- und Luftröhrenbereich verhindern bei der Einatmung das rasche Einströmen der Luft in die Lunge. Es entsteht ein Unterdruck im Thorax, durch den die flexiblen Abschnitte eingezogen werden.
Zu unterscheiden sind interkostale, sternale, jugulare, klavikulare und epigastrische Einziehungen. Dabei kommt es auch zum inspiratorischen Stridor.

Seitenunterschiedliche Beatmung des Thorax: Im Vergleich mit der gesunden Seite ist eine oberflächliche, nachhinkende Atembewegung zu beobachten.
Der Patient legt sich auf die kranke Seite, um mit der gesunden freier atmen zu können.

Deformitäten: Faßförmiger Thorax mit Rundrücken
durch Überblähung der Lunge und bei Erkrankungen mit chronischem Sauerstoffmangel.

Trichterbrust: Trichterförmige Einsenkung am Brustbein und der angrenzenden Knorpelanteile der Rippen. Meist angeborene Form.

Rachitische Veränderungen:
- „Hühnerbrust" = Vorwölbung des vorderen Thoraxbereiches,
- „Glockenthorax" = Auswölbung am unteren Thoraxrand.

5.1.4. Ausscheidungen

Strukturnetz

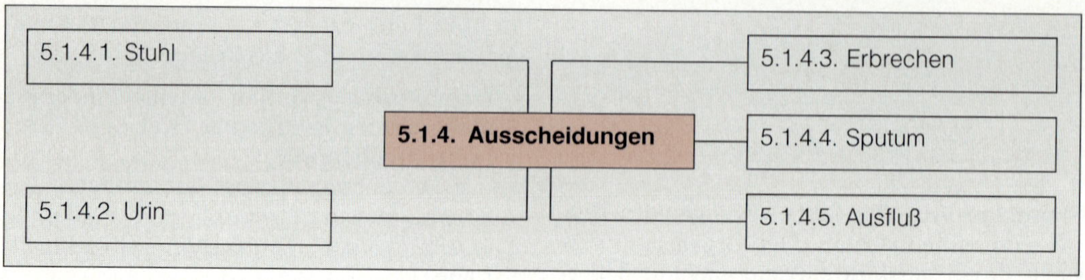

Lehrziel

Dieses Teilkapitel informiert über die Beobachtung der verschiedenen Ausscheidungen.
Mit der Beurteilung der Stuhl- und Urinausscheidung kann die Schwester dem Arzt wichtige Hinweise geben für die Diagnosestellung bzw. den Verlauf bestimmter Erkrankungen.

Die Kinderkrankenschwester muß vor allem beim Kleinkind und sprachbehinderten Kind in Erfahrung bringen, wie sich das Kind bei dem Bedürfnis, Urin oder Stuhl auszuscheiden, verständlich zu machen versucht.

Die Pflegeperson soll befähigt sein, dem Kind die erforderliche Hilfestellung zu geben. Außerdem soll sie lernen, wie mit Ausscheidungen aus hygienischer Sicht umzugehen ist. Die Methoden der Uringewinnung sollen vermittelt werden.

5.1.4.1. Stuhl

Strukturnetz

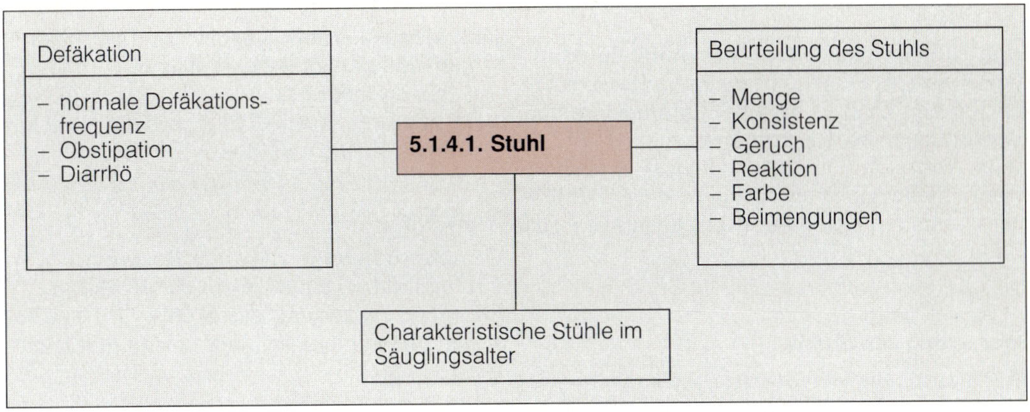

Lernziele

Sie haben sich über dieses Teilkapitel umfassend informiert, wenn Sie erläutern können,

- warum eine Stuhlbeurteilung im Säuglingsalter besonders wichtig ist;
- was als normale Defäkationshäufigkeit zu bezeichnen ist und welche krankhaften Abweichungen es gibt;
- welche Kriterien bei der Stuhlbeobachtung eine Rolle spielen und welche Veränderungen jeweils auftreten können;
- wie die charakteristischen Stühle im Säuglingsalter bezeichnet werden.

Die Kinderkrankenschwester muß sich erkundigen, wie sich das Kleinkind zu Stuhl- und Urinentleerung äußert.

Jedes Kind hat einen mit Namen gekennzeichneten Topf (bzw. Bettschüssel), Jungen außerdem eine Urinflasche.

Kinder, die noch nicht sauber sind, aber auch schwerkranke, bekommen eine Windelpackung.

Urin- und Stuhlgefäße dürfen aus hygienischen Gründen nicht auf dem Fußboden abgestellt werden. Sie sind sauberzuhalten und in regelmäßigen Zeitabständen mit Desinfektionslösung gründlich zu reinigen, ebenso Stuhltöpfe und Windeleimer auf der Säuglingsstation.

Jeder Umgang mit Stuhl muß vorsichtig geschehen, da diese Ausscheidung immer als infektiös anzusehen ist. Anschließend ist eine gute Händedesinfektion durchzuführen.

Defäkation

Normale Defäkationsfrequenz

Die Defäkationsfrequenz ist individuell verschieden. Als normal anzusehen ist beim Säugling eine Häufigkeit von 4- bis 5mal täglich bis 1mal alle zwei Tage. Beim gestillten Kind können die Stühle noch seltener sein. Beim älteren Kind, das eine relativ geringe Menge Nahrung aufnimmt, 2mal täglich bis 1mal alle zwei Tage. Auch wenn über längere Zeit keine Nahrungsaufnahme erfolgt, so ist doch auf eine Darmentleerung, wenn auch mit spärlicher Stuhlmenge, zu achten.

Im Laufe des 2. Lebensjahres erlernt das Kind die willkürliche Darmentleerung.

Obstipation

Man versteht darunter eine erschwerte und verzögerte Stuhlausscheidung. Zu unterscheiden ist eine akute und eine chronische Form.

Bei träger Darmtätigkeit kommt es durch starken Wasserentzug zur Bildung von Kotknollen. Kinder fürchten sich vor einer erschwerten bzw. schmerzbereitenden Defäkation und halten deshalb den Stuhl zurück. Eine Stuhlretention ist der Ausgangspunkt für eine Enkopresis.

Von der echten Stuhlverhaltung ist die Pseudoobstipation abzugrenzen, die auf einem zu geringen Nahrungsangebot beruht und z. B. bei einer Pylorusstenose vorliegt. Man spricht auch von seltenen Stühlen.

Eine plötzlich auftretende Obstipation kann im Rahmen weiterer Krankheitszeichen auf eine akute Baucherkrankung hinweisen.

Diarrhö

Eine Stuhlfrequenz über das normale Maß hinaus wird als Diarrhö bezeichnet. Bei schweren Formen kann es bis zu 20 und noch mehr Entleerungen pro Tag kommen.
Beim Auftreten von Durchfällen ist in besonderem Maße auf Veränderungen des Abdomens und auf Exsikkationserscheinungen zu achten.

Beurteilung des Stuhls

Die Beurteilung des Stuhls ist vor allem im Säuglings- und Kleinkindalter von großer Bedeutung, da gerade in dieser Zeit durch verschiedene Ursachen häufig Durchfallserkrankungen auftreten.

Menge

Das Quantum an aufgenommener Nahrung und das Resorptionsvermögen im Darm sind entscheidende Faktoren für die Stuhlmenge, die ausgeschieden wird.

Normalerweise
- bei Säuglingen bis zu 120 g/24 Std.,
- im 2. und 3. Lebensjahr 50–100 g/24 Std.,
- Erwachsene bei gemischter Kost 100–400 g/ 24 Std.

Krankhafte Veränderungen:
- massige Stühle
  bei Malabsorption, z. B. Zöliakie,
- „Hungerstühle“ = Wasserhof in der Windel mit nur spärlichen Stuhlfetzen, aus Schleim und Darmzellen bestehend.

Konsistenz

Die Beschaffenheit des Stuhls ist vom Wassergehalt abhängig. Normalerweise ist der Stuhl geformt und weich.
Abweichungen bis zu krankhaften Veränderungen:
zerhackt – breiig – dünn – schaumig – wäßrig, meist spritzend entleert – knollig – hart.

Geruch

Der Geruch wird weitgehend von der aufgenommenen Nahrung bestimmt, d. h. davon, ob im Darm vorwiegend Gärungs- oder Fäulnisprozesse stattfinden:
- Gärungsstuhl – säuerlich,
- Fäulnisstuhl – faulig.

Krankhafte Veränderungen:
- stinkende, übelriechende Stühle
  bei Dyspepsie,
- im höchsten Ausmaß übelriechende Stühle
  bei Zöliakie und Mukoviszidose.

Reaktion

Gärungsstuhl zeigt eine saure Reaktion,
Fäulnisstuhl zeigt eine alkalische Reaktion.
Die pH-Bestimmung des Stuhls wird bei bestimmten Formen der Malabsorption durchgeführt.

Farbe

Der Gehalt an Sterkobilin verleiht normalem Stuhl eine hell- bis dunkelbraune Farbe.

Krankhafte Veränderungen:
- lehmfarben – acholischer Stuhl
  bei Fehlen des Gallenfarbstoffes im Darm,
- schwarz – Teerstuhl,
  durch Blutbeimengungen aus dem oberen Teil des Verdauungskanals (Blut von der Salzsäure zersetzt),
- ockerfarben bis grünlich
  bei Dyspepsie des Säuglings.

> **Beachte:** Um eine exakte Beurteilung des Stuhls durchführen zu können, muß ein frisch entleerter Stuhl betrachtet werden. Durch Oxidationsvorgänge verändern sich Geruch und Farbe.
> Eine durch Medikamente bedingte Farbveränderung muß ausgeschlossen werden.

Beimengungen

- Schleim- und Blutbeimengungen
  bei Erkrankungen des Dickdarms, Dyspepsie;
- Eiter und Blut
  bei Ruhrinfektion, Colitis ulcerosa;
- reines Blut oder Schleim und Blut
  bei Invagination;
- Blutauflagerung am Stuhl
  bei Analfissuren, Hämorrhoiden des Erwachsenen;

- Fett in Form von ungespaltenem Neutralfett oder auch Fettsäuren und Seifen → Kalkseifenstuhl;
- unverdaute Nahrungsreste:
  Fettbestandteile → Schwimmprobe positiv,
  Eiweißbestandteile → Stuhl sinkt im Wasser,
  Erbsen, Mohrrüben etc.
- Wurmeier – makroskopisch nicht sichtbar;
- Würmer;

Aufzeichnung

Die Anzahl der Stuhlentleerungen muß im Kurvenblatt registriert werden. Im Säuglingsalter sollte diese Aufzeichnung auch über die Qualität der Ausscheidung Aufschluß geben, ebenso bei Darmerkrankungen des älteren Kindes.

| = geformter Stuhl,
× = dünner Stuhl,
~— = wäßrig, spritzender Stuhl,
$ = schleimiger Stuhl,
entsprechendes Zeichen mit Rotstift
= blutiger Stuhl.

Charakteristische Stühle im Säuglingsalter

Mekonium (S. 21),
Übergangsstuhl (S. 21).
Frauenmilchstuhl:
- salbenartig, gelegentlich dünn und schleimig,
- goldgelb bis grüngelb,
- fade bis säuerlich im Geruch,
- Reaktion: sauer.

Kuhmilchstuhl:
- meist geformt, massig,
- hellgelb bis lehmbraun,
- faulig riechend,
- Reaktion: neutral oder leicht alkalisch.

Karottenstuhl:
- fest geformt,
- karottenfarben.

Kalkseifenstuhl:
- fest, trocken,
- weiß bis grauweiß,
- läßt sich aus der Windel schütteln.

5.1.4.2. Urin

Strukturnetz

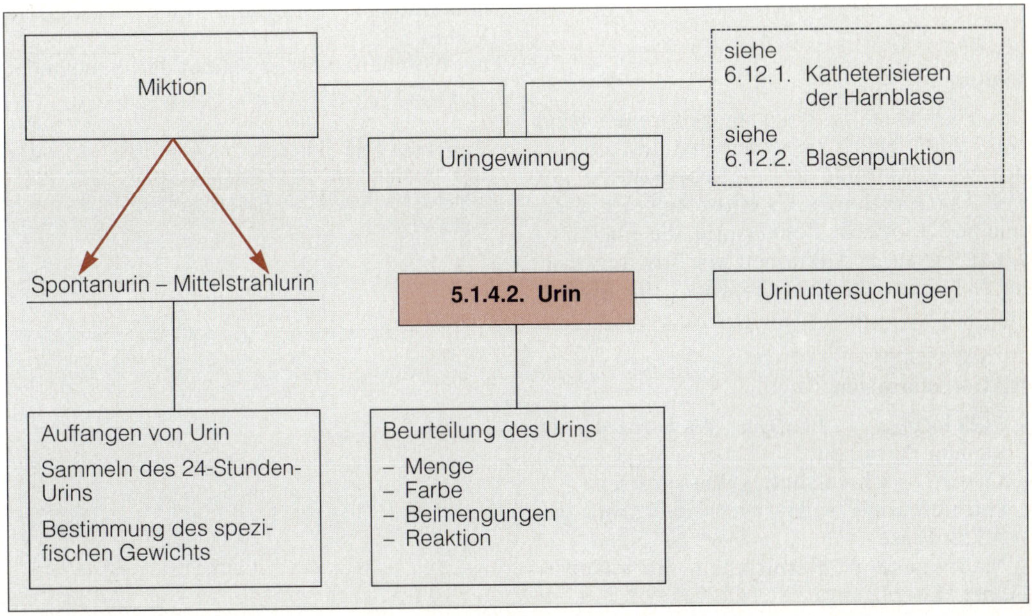

Lernziele

Sie haben sich mit diesem Teilgebiet gründlich befaßt, wenn Sie fähig sind,
- die verschiedenen Möglichkeiten und den Zweck der Uringewinnung zu nennen;
- die Technik der Uringewinnung beim Säugling und größeren Kind zu beschreiben;
- auf die Besonderheiten bei der Gewinnung eines Mittelstrahlurins hinzuweisen und die Durchführung genau zu erklären;
- die Durchführung des Sammelns einer 24-Stunden-Urinmenge bei Kindern im Säuglings- und Schulkindalter aufzuzeigen;
- die Bestimmung des spezifischen Gewichtes zu erläutern;
- zu berichten, nach welchen Gesichtspunkten der Urin beurteilt werden kann und welche pathologischen Veränderungen dabei auffallen können;
- die Miktionshäufigkeit im Laufe des 1. Lebensjahres herauszustellen und die verschiedenen Miktionsstörungen zu nennen.

Uringewinnung

Die Uringewinnung geschieht durch
- Auffangen des Spontanurins,
- Auffangen des Mittelstrahlurins,
- Katheterisieren der Harnblase,
- Punktion der Harnblase.

Die Uringewinnung dient dazu,
- eine Urinportion zu analysieren,
- die Gesamtmenge über 24 Stunden zu sammeln,
- die Blase zu entleeren.

Miktion

Das Harnlassen ist beim neugeborenen Kind 1- bis 2mal täglich zu beobachten und steigert sich bis zum Ende der 1. Lebenswoche auf 6–8 Tagesportionen. Es entwickelt sich dann eine physiologische Pollakisurie, die eine Häufigkeit bis zu 25 Miktionen pro Tag aufweist. Im 2. Lebensjahr lernt das Kind, die Blasenfunktion willkürlich zu steuern.

Miktionsstörungen

- Pollakisurie = häufiges Wasserlassen in kleinen Portionen,
- Dysurie = schmerzhaftes Wasserlassen,
- Harnretention = Harnverhalten trotz gefüllter Blase,
- Inkontinenz = Harnträufeln (unwillkürlicher Harnabgang).

Auffangen von Urin

Erkrankungen des Harnsystems spielen in der Pädiatrie eine wichtige Rolle. Es können dabei Veränderungen des Urins festgestellt werden. Auch Erkrankungen des Stoffwechsels und endokrine Störungen weisen einen pathologischen Urinbefund auf.

Nach der Krankenhausaufnahme wird bei jedem Kind im Laufe der ersten 24 Stunden eine Urinprobe untersucht. Die weiteren Kontrolluntersuchungen richten sich nach der vorliegenden Erkrankung.

Es gibt verschiedene Möglichkeiten, Urin zu gewinnen: Spontanurin und Mittelstrahlurin über die Miktion, durch Katheterisieren oder Punktion der Harnblase.

Es sollte möglichst frisch entleerter Urin zur Untersuchung gebracht werden, und eine Verunreinigung des Harns ist bei der Uringewinnung zu vermeiden. Der aufgefangene Urin wird in ein Untersuchungsglas gegeben. Für bestimmte Untersuchungen ist es nötig, 24-Stunden-Urin zu sammeln. Es kann damit die absolute Menge eines Urinbestandteils bestimmt werden, z. B. Eiweiß bei Nierenerkrankungen.

Zur genauen Flüssigkeitsbilanz müssen die einzelnen Urinportionen über 24 Stunden abgemessen, notiert und als Gesamtmenge im Kurvenblatt des Patienten eingetragen werden.

Das Auffangen des Urins im Säuglings- und Kleinkindalter erfordert eine besondere Technik.

Das Wohlbefinden des Kindes darf dabei nicht beeinträchtigt werden.

Beachte: Das Uringefäß muß sauber und frei von Resten der Desinfektionslösung sein. Ein exakter Nachweis von Bakterien im Urin ist sonst nicht möglich.

Durchführung: Auffangen von Urin

Durchführung	Einzelheiten	Zu beachten
Säugling		
– Bereitstellen der Gegenstände	– Urinauffangbeutel, frische Windelwäsche, Nierenschale, Untersuchungsröhrchen, Gegenstände zur Reinigung	
– Entfernen der Windeln		
– gründliche Reinigung des Genitalbereichs	– mit Wasser und Seife	
– Lagerung	– Rückenlage, Oberkörper mit Hemdchen und Jäckchen abdecken. Gesäß auf frische Windel legen	– bei sehr unruhigen Kindern Beine fixieren, Kind evtl. angurten
– Ankleben des Urinbeutels		– beim weiblichen Säugling muß der hintere Rand des Urinbeutels am Körper gut abschließen
– Anlegen der Windeln	– Kind nicht vollständig anziehen	– die Windel darf nicht eng anliegen. Das Kind darf nicht auskühlen
– immer wieder nachsehen, ob das Kind Urin entleert hat		– der Urin sollte möglichst bald untersucht werden. Gefahr der Verunreinigung
– Entfernung des Urinbeutels mit dem aufgefangenen Urin		– Klebefolie vorsichtig vom Kind entfernen
– Urinbeutel in der Nierenschale ablegen		
– Versorgung des Kindes	– frische Windeln anlegen, bequem lagern	
– Versorgung des Urins	– Abfüllen in das bereitgestellte Untersuchungsglas, Verschließen und Beschriften des Gläschens, Urin mit ausgefülltem Begleitzettel ins Labor bringen	– Aufklebezettel muß gut leserlich sein mit Namen des Patienten, Station, gewünschte Untersuchungen

Kleinkind und Schulkind

Größere Kinder entleeren den Urin in den Topf bzw. in die Bettschüssel. Das Uringefäß wird vorher mit Desinfektionslösung gereinigt.

Auffangen von Mittelstrahlurin

Zur bakteriologischen Untersuchung wird Urin unmittelbar aus der Harnröhre gewonnen. Bei exakter Durchführung ist eine Verschmutzung mit Erregern von außen weitgehend ausgeschlossen. Der Nachweis von Keimen kann ein Hinweis auf eine Harnwegsinfektion sein.
Mit dieser Maßnahme kann dem Kind das Katheterisieren bzw. Punktieren der Harnblase erspart werden.

Durchführung: Auffangen von Mittelstrahlurin

Durchführung	Einzelheiten	Zu beachten
– gründliche Reinigung des Genitalbereichs ♀ bei gespreizten Labien ♂ Klein- und Schulkindern bei zurückgeschobener Vorhaut	– mit Wasser und Seife, abtrocknen mit steriler Kompresse	– bei Verwendung von Desinfektionslösung ist der bakteriologische Befund nicht genau
– Ablassen des ersten Teils des Urinstrahls, den mittleren auffangen, den letzten Rest wieder ablassen, Auffanggefäß verschließen Schulkind: ♀ das Kind sitzt auf dem hinteren Teil der WC-Schüssel ♂ steht davor Kleinkind: Verwendung des desinfizierten Topfes oder des finischen Spezialtopfes mit sterilem Auffangbecken	– steriles Auffanggefäß verwenden	– die Kinderkrankenschwester trägt dabei einen Einmalhandschuh
Säugling: Auffangen des Urins mit einem sterilen Auffanggefäß		– das Kind liegt bis zur Miktion auf dem Wickeltisch und wird von der Kinderkrankenschwester kontinuierlich beaufsichtigt
– evtl. Urinbeutel ankleben der Urin wird mit einer sterilen Spritze aus dem Beutel aufgezogen und in das bereitgestellte Untersuchungsglas gefüllt		– nach 30 Minuten wechseln, damit eine Kontamination mit Keimen vermieden wird

Beachte: Um eine Verunreinigung des Urins auszuschließen, muß sehr sorgfältig gearbeitet werden. Der gewonnene Urin sollte in einem sterilen Untersuchungsglas umgehend ins Labor gebracht werden.

Bei Säuglingen und Kleinkindern kann vor dieser Maßnahme die Diurese durch Gabe von Tee angeregt werden. Eventuell wird vorher ein Diuretikum verabreicht.
Ältere Schulkinder werden über die Durchführung der Mittelstrahl-Uringewinnung genau informiert und angehalten, diese selbständig durchzuführen.

Sammeln des 24-Stunden-Urins

Außerhalb des Krankenzimmers wird ein Sammelgefäß bereitgestellt und mit dem Namen des Patienten gekennzeichnet. Die betreuende Kinderkrankenschwester hat dafür Sorge zu tragen, daß folgendes beachtet wird:

- die gesamte Urinmenge aufbewahren,
- die genaue Zeit von 24 Stunden einhalten,
- sauber arbeiten: Sammelglas abdecken, Glas und Umgebung sauber halten.

Durchführung

Sammelperiode z. B. von Montag 7 Uhr bis Dienstag 7 Uhr.
Montag 7 Uhr: Patienten Urin entleeren lassen, Urin wird verworfen, alle weiteren Urinportionen werden gesammelt.

Dienstag 7 Uhr: letzte Urinportion, die gesammelt werden muß.

Schulkinder: Kinder, die zur Toilette gehen können, werden über diese Maßnahme genau informiert. Wenn ältere Kinder zuverlässig vorgehen, können sie selbständig ihren entleerten Urin in das Sammelglas geben.

Säuglinge und Kleinkinder: Bei Kindern, die noch einnässen, empfiehlt es sich, ein Urinablaufsystem anzulegen.
Für das Auffangen des Urins werden von der Industrie heute die verschiedensten Hilfsmittel angeboten.
Ist bei bewußtlosen Patienten das Einlegen eines Dauerkatheters erforderlich, so muß der Urin durch ein geschlossenes System aufgefangen und dabei die große Gefahr der aufsteigenden Infektion beachtet werden (S. 306).
Bei Diabetikern wird der Urin von Tag und Nacht getrennt gesammelt. In diesem Fall werden mindestens 2 Sammelgläser aufgestellt und mit dem Namen des Patienten und der Zeit der Sammelperiode gekennzeichnet.

Bestimmung des spezifischen Gewichtes des Urins

Bereitzustellen sind:
- Meßzylinder,
- Urometer.

Urometer ist die Bezeichnung für eine Senkwaage, die zur Feststellung des spezifischen Gewichtes von Flüssigkeiten dient.

Das spezifische Gewicht ist das arteigene Gewicht eines Stoffes und entspricht dem Volumen von 1 cm^3 im Verhältnis zum Gewicht des gleichen Volumens Wasser bei 4 °C.
Das spezifische Gewicht des Wassers beträgt 1,000 g (das Komma wird in der Praxis weggelassen).
Die Eintauchtiefe ist das Maß für das spezifische Gewicht, denn je dichter eine Flüssigkeit ist, d. h. je mehr Bestandteile darin enthalten sind, um so weniger tief sinkt das Urometer ein, d. h. desto höher ist das spezifische Gewicht.
Da sich die Dichte eines Stoffes bei Erwärmung wesentlich verringert, spielt die Temperatur des Urins bei der Bestimmung des spezifischen Gewichtes eine Rolle.
Bei Abkühlung um 3 °C nimmt das spezifische Gewicht um 0,001 g zu. Urin, der körperwarm (37 °C) ein spezifisches Gewicht von 1,024 g (1024) hat, zeigt bei 25 °C 1,028 g (1028). Das Urometer ist auf 15 °C geeicht. Das spezifische Gewicht des Urins sollte daher bei dieser Temperatur abgelesen werden. Es ist sinnvoll, wenn ein Urometer verwendet wird, das gleichzeitig eine Temperaturskala hat.

Durchführung

Auf ebener Unterlage wird der Meßzylinder mit dem eingesetzten Urometer mit Urin aufgefüllt.
Das Urometer muß frei schwimmen. Schaumblasen am oberen Rand müssen entfernt werden, damit die Skala genau abgelesen werden kann. Dies erfolgt in Augenhöhe am Flüssigkeitsspiegel.
Mit dem Refraktometer wird mit nur 1 Tropfen Urin das spezifische Gewicht gemessen.

Spezifisches Gewicht des Urins

Das spezifische Gewicht des Urins ist abhängig von der Flüssigkeitszufuhr und der Konzentrationsfähigkeit der Niere.

1001	Maximal verdünnter Urin, Aussehen: wasserklar, Menge: reichlich.
1028–1032	Maximale Konzentration, Aussehen: bernsteinfarben, Menge: gering.

Im Säuglingsalter ist das spezifische Gewicht wesentlich geringer als bei größeren Kindern und Erwachsenen.

Beurteilung des Urins

Miktion,
spezifisches Gewicht,
Menge: Die Urinmenge ist abhängig von Nierenfunktion, Flüssigkeitszufuhr, Nahrung, Bewegung, vom Klima und vom Alter des Kindes.

- Säugling bis 500 ml täglich,
- Kinder unter 8 Jahren bis 1000 ml täglich,
- Kinder über 8 Jahre 1200 ml täglich.

Veränderungen:
- Polyurie = vermehrte Urinausscheidung,
- Oligurie = verminderte Urinausscheidung,
- Anurie = Versagen der Harnbereitung,
- Nykturie = Urinmenge der Nacht ist größer als am Tag.

Farbe: Normalerweise ist der Urin klar, durchsichtig, je nach Konzentration hell bis bernsteinfarben.

Veränderungen:
- trüb, undurchsichtig
  durch Eiter- und Schleimbeimengung;
  durch Harnsalze die im abgekühlten Urin auskristallisieren;
- fleischwasserfarben – blutig – rotbraun
  durch Blutbeimengung;
- bierbraun mit gelbem Schüttelschaum
  durch Beimengung von Gallenfarbstoff bei bestimmten Ikterusformen;
- weitere Farbveränderungen
  durch Nahrungsmittel und Medikamente, z. B. rote Bete.

Beimengungen: Pathologische Urinbestandteile können sein:
Zucker, Eiweiß, Azeton, Gallenfarbstoff, Myoglobin in gelöster Form, Schleim, Leukozyten, Erythrozyten, Zylinder, Bakterien als zellige Bestandteile.
Ziegelmehlsediment = rotgefärbter Niederschlag durch Ausfällung von Harnsäuresalzen und Uroerythrin bei Neugeborenen und bei längerem Stehen eines konzentrierten, übersauren Harns.

Reaktion: Die Wasserstoffionenkonzentration im Urin hängt vorwiegend von der Ernährung ab,
- schwach sauer – bei gemischter Kost,
- alkalisch – bei pflanzlicher Kost.

Die Prüfung erfolgt mit Indikatorpapier.

Geruch: Frischer Urin riecht normalerweise nicht unangenehm. Ammoniakgeruch nach längerem Stehen.
Der Geruch des Urins kann auf bestimmte Erkrankungen hinweisen:

- Azetongeruch = obstartig,
  bei Ketonurie, z. B. nach häufigem Erbrechen oder nach langer Nahrungspause,
- Auffallender Geruch, z. B.
  bei Entzündungen der Harnwege,
  bei bestimmten Vergiftungen,
  nach bestimmten Medikamenten.

Urinuntersuchungen

Urinuntersuchungen erfolgen heute weitgehend durch die Schnelltestmethoden. Dabei werden Teststreifen verwendet, die an ihrem Ende mit einem bestimmten Reagenz imprägniert sind.
Der nachzuweisende Bestandteil im Urin (Glukose, Eiweiß, Blut, Ketonkörper, pH-Wert) bewirkt eine Farbänderung des Indikators. Die eingetretene Farbintensität am Teststäbchen wird mit der Farbskala an der Verpackung verglichen und gibt Hinweis auf die vorhandene Konzentration (grob- oder halbquantitative Bestimmung).
Kombinierte Schnellreagenzien ermöglichen gleichzeitig die Untersuchung auf mehrere Urinbestandteile.

Beachte: Um ein sicheres Untersuchungsergebnis zu erhalten, ist die Anweisung auf dem Beipackzettel genau einzuhalten.

5.1.4.3. Erbrechen

Strukturnetz

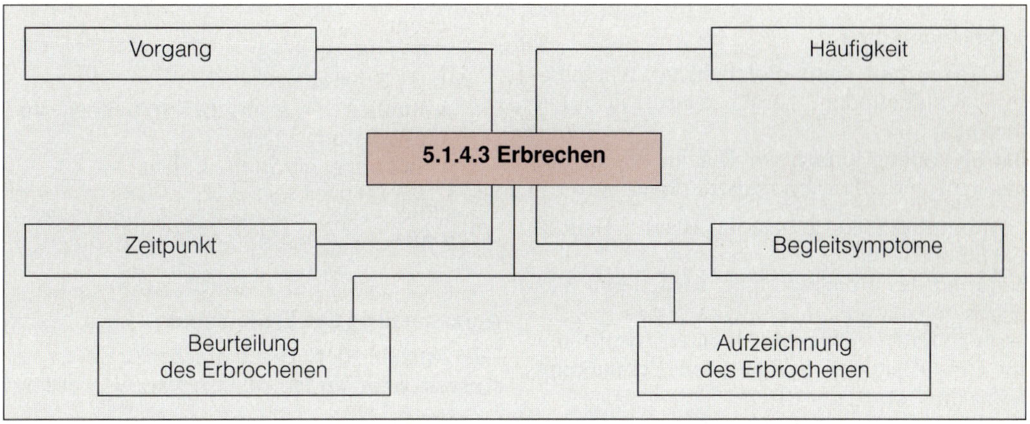

Lernziele

Sie haben das Lernziel erreicht, wenn Sie
- den Vorgang des Erbrechens beschreiben,
- die Bedeutung des Erbrechens im Kindesalter und die Gefahren umfassend erläutern,
- die Beschaffenheit des Erbrochenen nennen können.

Vorgang

Erbrechen ist ein im Kindesalter sehr häufig auftretendes Krankheitssymptom, das verschiedene Ursachen haben kann. Dem Kind ist während des Erbrechens Hilfestellung zu geben. Bei Säuglingen, Kleinkindern und bewußtseinsgestörten Patienten ist das Erbrechen immer mit der Gefahr einer Aspiration verbunden. Deshalb sollte der Kopf zur Seite gedreht oder das Kind hochgenommen werden. Für größere Kinder ist es eine Erleichterung, wenn ihnen während des Erbrechens der Kopf gehalten wird. Außerdem wird dem älteren Kind eine Nierenschale bereitgestellt.

Spastisches Erbrechen: Ruckartige Entleerung des Magens durch Kontraktion der Magenmuskulatur, der Bauchpresse und des Zwerchfells und eine Peristaltik in entgegengesetzter Richtung.
Meist Erbrechen aus Mund und Nase.
Ausgeprägteste Form: „Erbrechen im hohen Bogen" (über das Bett hinaus auf den Fußboden) – bei Pylorusstenose.

Atonisches oder schlaffes Erbrechen: Besondere Muskelkontraktionen fehlen. Ohne Anstrengung fließt das Erbrochene aus dem Mund.

Rumination: Durch Fingerlutschen oder Bewegungen mit der Zunge wird die Nahrung hochgewürgt. Das Erbrochene wird im Mund hin und her bewegt und zum Teil wieder verschluckt. Der andere Teil läuft aus dem Mund. Der ganze Vorgang ist für das Kind mit Lustgefühlen verbunden und psychisch bedingt.

Zeitpunkt

Erbrechen kann erfolgen während oder nach der Mahlzeit und unabhängig von der Nahrungsaufnahme. Nüchternerbrechen, d. h. *vor* der Nahrungsaufnahme, weist auf eine zentrale Ursache hin.

Häufigkeit

Erbrechen als einmalige Attacke bei anschließendem Wohlbefinden kann als bedeutungslos angesehen werden, zumal Kinder durch unkontrolliertes Essen sich häufig den Magen verderben. Auch psychische Streßsituationen können bei Kindern Erbrechen auslösen.
Ist jedoch gleichzeitig das Allgemeinbefinden beeinträchtigt, so kann das Erbrechen Hinweis auf ganz verschiedene Erkrankungen sein, z. B.

Angina, Infektionskrankheiten, Appendizitis.

Erbrechen wiederholt auftretend ist immer ernst zu nehmen im Blick auf Ursache und

Folgeerscheinungen. Es kommt sehr rasch zum Gewichtsverlust und zur Exsikkation und schließlich zur Ketose.

Begleitsymptome

Das Erbrechen kann plötzlich aus scheinbarem Wohlbefinden heraus zum Ausbruch kommen.
Häufig können jedoch vor Beginn des Erbrechens folgende Zeichen registriert werden:

Appetitlosigkeit, Übelkeit, Blässe, Bauchschmerzen.

Während des Brechvorgangs wird durch Vagusreizung immer eine Bradykardie ausgelöst.
Beim initialen Erbrechen können Symptome der zum Ausbruch kommenden Erkrankung beobachtet werden, z. B.

- Durchfälle, evtl. Fieber
  bei Gastroenteritis,
- Fieber, Rötung des Rachens, Halsschmerzen
  bei Angina.

Beurteilung des Erbrochenen

Menge: Es ist zu unterscheiden, ob das Kind nur einen Teil oder die ganze Mahlzeit erbricht.
Zur genauen Kontrolle kann dem Kind eine abgewogene Windel vorgelegt und diese dann mit dem Erbrochenen gewogen werden.

Beschaffenheit – Aussehen – Geruch: Aussehen und Geruch sind abhängig von der Verweildauer im Magen.

- Unverdaute Nahrung:
  Säugling – Milch,
  Kleinkind – grobe Nahrungsbestandteile;
- stark angesäuerte Nahrung;
- schleimiges oder galliges Erbrechen:
  gelbes bis gründliches Aussehen, klar, leicht süßlicher Geruch
  bei leerem Magen;
- blutiges Erbrechen:
  hellrotes Aussehen
  bei Blutungen aus der Lunge, verschlucktes Blut nach Tonsillektomie der Nasenbluten;
  schwarzes bzw. kaffeesatzartiges Aussehen
  bei längerer Verweildauer des Blutes im Magen Zersetzung des Blutes durch Magensäure;
- Hämatinerbrechen:
  (Hämatin ist durch Salzsäure verändertes Hämoglobin):
  rotbräunliche Fasern in dem Erbrochenen
  bei Ösophagitis;
- kotiges Erbrechen:
  bräunlich bis grün, Beschaffenheit und Geruch kotig,
  bei fortgeschrittenem Ileus.

Beachte: Gallig, blutig und kotig Erbrochenes muß dem Arzt gezeigt werden.

Aufzeichnung des Erbrochenen

Die Anzahl der Brechattacken müssen im Kurven- oder Verlaufsblatt registriert werden:

E = Erbrechen:
Entleerung einer größeren Menge, d. h. die ganze bzw. ein wesentlicher Teil der aufgenommenen Mahlzeit, meist in Form des spastischen Erbrechens;
blutiges Erbrechen: entsprechendes Zeichen mit Rotstift.

S = Spucken:
Entleerung einer geringen Menge.

5.1.4.4. Sputum

Sputum ist die Bezeichnung für das abgehustete Sekret aus den Luftwegen. Dem Sekret können Zellen, Eiter, Bakterien und evtl. Blut beigemengt sein.
Husten und Räuspern sorgen für Abtransport des an der Bronchial- bzw. Rachenschleimhaut haftenden Sekrets.
Junge Säuglinge und Frühgeborene sind noch nicht in der Lage, durch kräftiges Husten Sekret aus den Bronchien herauszubefördern. Bei durch Schleim verlegten Atemwegen müssen diese abgesaugt werden. Von älteren Säuglingen und Kleinkindern wird das abgehustete Sekret nicht ausgespuckt, sondern verschluckt. Erst Schulkinder können dazu angehalten werden, Sputum in ein bereitgestelltes Gefäß zu entleeren. Sputum ist immer als infektiös zu betrachten und zu behandeln.

Aussehen

- Glasiges Sputum
  bei Keuchhusten,

- schleimig-eitriges Sputum
  bei bakteriellen Entzündungen der unteren Luftwege,
- blutiges Sputum
  bei fortgeschrittener Lungentuberkulose (bei Kindern selten),
- Dreischichtung des Sputums
  der Schwere nach von unten nach oben: Zelltrümmer – dünnflüssiger Anteil – schaumiger Anteil bei Bronchiektasen.

Das Abhusten erfolgt in Quinckescher Hängelage am Morgen (S. 390).

Auffangen des Sputums

Wird bei großen Kindern ein Auffanggefäß zum Abhusten des Sputums bereitgestellt, so wird etwas Wasser eingefüllt, das Gefäß zugedeckt und leicht erreichbar für den Patienten abgestellt.
Als Untersuchungsmaterial kann abgehustetes oder das verschluckte Sputum in Form von Magensaft zum Nachweis von säurefesten Stäbchen verwendet werden (s. Kap. 6.4.1.).

5.1.4.5. Ausfluß

Eine Sekretabsonderung aus der Scheide ist bei Mädchen *vor* der Pubertät pathologisch und kann durch Fremdkörper, allergische oder chemische Reize, z. B. synthetische Wäsche, Seife, oder verschiedene Erreger bedingt sein.

Aussehen:
- dünnflüssig, schleimig-eitrig
  bei Vulvovaginitis,
- blutig
  bei Verletzung durch Fremdkörper.

Der Verdacht auf eine gonorrhoische Vulvovaginitis muß durch eine bakteriologische Untersuchung abgeklärt werden.
Auch andere Erreger kommen in Frage.

5.1.5. Verhalten

5.1.5.1. Stimmungslage

Definition

Affektive Reaktionsbereitschaften, die infolge bestimmter Reizsituationen sich im Organismus einstellen und zum Ausdruck gebracht werden können.

Strukturnetz

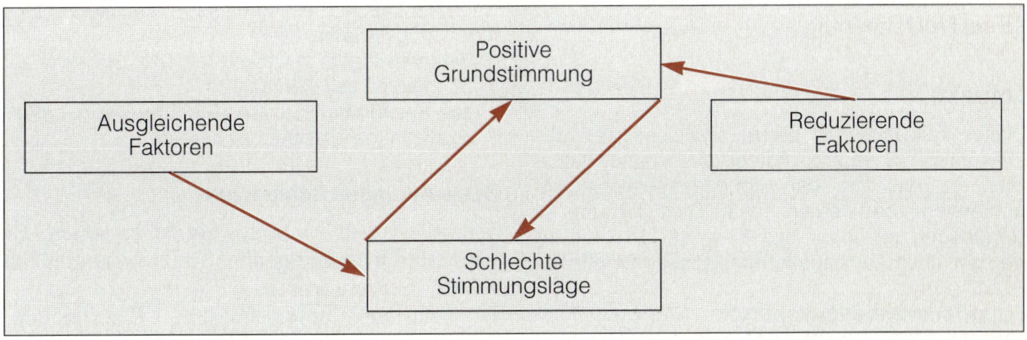

Lehrziel

Für die optimale Pflege eines Kindes ist es erforderlich, auch auf seine Stimmungslage zu achten.
Die ausgewogene Stimmungslage eines Kindes kann durch Erkrankung und Trennung von zu Hause schwer gestört werden. Das Kind ist kaum in der Lage, Krankheit und Trennung von zu Hause mit allen negativen Erfahrungen hinzunehmen und rational zu verarbeiten. Es soll darauf hingewiesen werden, daß die schlechte Stimmungslage bei einem Kind auf verschiedene Weise zum Ausdruck kommen kann und gerade in dieser Situation das Kind darauf angewiesen ist, verstanden zu werden und besondere Zuwendung zu erfahren.

Lernziele

Nach Durcharbeiten dieses Teilkapitels sind Sie in der Lage,

- Merkmale der positiven Grundstimmung und der schlechten Stimmungslage aufzuzählen;
- Gründe zu nennen, die bei einem Kind zu einer schlechten Stimmungslage führen;
- Maßnahmen aufzustellen, durch die dem Kind besondere Zuwendung entgegengebracht werden kann.

Bei körperlichem und seelischem Wohlbefinden ist das Kind in einer positiven Grundstimmung. Es ist fröhlich, beschäftigt sich und nimmt Kontakte auf.

Es gibt viele Faktoren, die diese positive Grundstimmung negativ beeinflussen: Müdigkeit, Nichtwohlsein, Schmerzen, Heimweh, Angst, Unsicherheit u. a.

Das Kind in schlechter Stimmungslage kann weinerlich, mißgelaunt, spielunlustig, still und verschlossen, ablehnend, aber auch aggressiv sein.

Es gibt Erkrankungen im Kindesalter, die durch eine schlechte Stimmungslage gekennzeichnet sind, z. B. Zöliakie, wenn das Kind nicht glutenfrei ernährt wird.

Nur mit großem Einfühlungsvermögen, Verständnis und besonderer Zuwendung gelingt es der Pflegeperson, auf das Kind einzugehen und ihm zu helfen, diese schlechte Stimmungslage auszugleichen und zu seiner positiven Grundstimmung zurückzufinden.

5.1.5.2. Schmerz

Strukturnetz

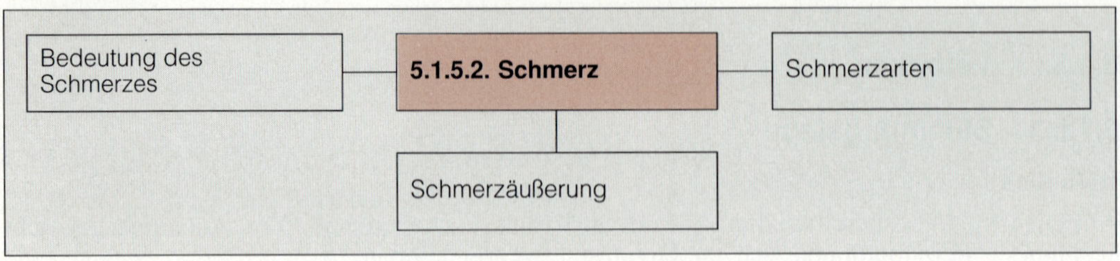

Notwendige Vorkenntnisse: Prinzip der Schmerzleitung und Schmerzverarbeitung, Schmerzbekämpfung.

Lehrziel

Dieses Teilkapitel soll darauf hinweisen, daß das Phänomen „Schmerz" immer ein Krankheitszeichen ist, das von der Kinderkrankenschwester wahrgenommen werden muß. Dies ist um so schwieriger, je jünger das Kind ist, d. h. um so weniger es in der Lage ist, subjektives Empfinden zu artikulieren.

Schmerz ist ein Begleitsymptom vieler Erkrankungen und kann Hinweis geben auf deren Ursache und Lokalisation.

Er kann im körperlichen und seelischen Bereich auftreten und wird unterschiedlich empfunden.

Immer ist ein Patient, der über Schmerzen klagt, ernst zu nehmen. Die Schmerzbekämpfung ist eine vordringliche Aufgabe und geschieht nach Anweisung des Arztes.

Lernziele

Nach der Durcharbeitung dieses Teilkapitels soll es Ihnen möglich sein

- Veränderungen zu erkennen, die Hinweis auf Schmerzen sein können,
- das Phänomen „Schmerz" als ernstzunehmendes Krankheitszeichen zu deuten.

Bedeutung des Schmerzes

Schmerz ist als wichtiges Signal zu sehen. Er wird durch schädigende Reizwirkungen im Körper hervorgerufen.

Es werden unterschieden: Oberflächenschmerz in der Haut, Tiefenschmerz in tieferliegenden Geweben, z. B. Knochen, Muskulatur und Eingeweideschmerz in den inneren Organen, z. B. Magen-Darm-Trakt.

Schmerzen werden subjektiv, mit unterschiedlicher Intensität erlebt.

Abhängig vom Alter des Kindes bestimmen Schmerzart, -ursache, -dauer und die Ängste das Ausdrucksbild.

Schmerzarten

Der Schmerz kann am Ort der Schädigung auftreten oder in andere Bereiche projiziert werden.
Psychischer Schmerz wirkt immer in den körperlichen Bereich und umgekehrt wird durch körperlichen Schmerz das psychische Befinden beeinträchtigt.
Es sind zu unterscheiden:

- plötzlich einsetzender, heftiger Schmerz,
- bohrender, ziehender Schmerz,
- Druckschmerz,
- lokaler, klopfender Schmerz,
- anhaltende Schmerzen,
- krampfartige Schmerzen.

Sehr häufig klagen Kinder über Bauchschmerzen. Nabelkoliken gehören zu den häufigsten Bauchschmerzen des jungen Schulkindes und Kleinkindes und haben oft psychische Ursachen.

Schmerzäußerung

Es gehört zu den vordringlichsten Aufgaben einer Kinderkrankenschwester, Schmerzen beim Kind nicht zu übersehen. Das Kind muß genau beobachtet werden.
Folgende Kriterien können Hinweis auf Schmerzen geben:

- Ausdruck und Gebärden
  zusammengekniffenes Gesicht, starrer Blick, Stirnrunzeln, verbissener oder weit geöffneter Mund, ernster Gesichtsausdruck, Strampeln, sich herumwerfen oder ruhige Lage, Schonhaltung, Handdruck auf die erkrankte Körperstelle, Ohrzwang.
- Akustische Zeichen
  anhaltendes Schreien, Wimmern, Aufschreien, Stöhnen, unterdrücktes Husten.
- Vegetative Zeichen
  Blässe oder Rötung des Gesichtes, kalter Schweiß, halonierte, große Augen, Zittern, Gänsehaut, Erbrechen, Pulsbeschleunigung, Veränderung des Atemrhythmus, erhöhter Blutdruck.
- Verhalten
  Ängstlichkeit, Unlust, Antriebsarmut, Reizbarkeit, Aggressivität, Schlaflosigkeit, Konzentrationsschwäche, Weinerlichkeit.
- Organische Zeichen für Schmerzkrankheiten
  Schwellung, Hautrötung, Hämatom, großer Bauch, Darmsteifungen, Stuhlveränderungen, abnorme Körperhaltung.

Weiter ist bei der Beobachtung zu beurteilen:

- Zeitliches Auftreten
  z. B. nachts heftiger als am Tag, im Zusammenhang mit der Mahlzeit, bei Anstrengung, bei Berührung, bei bestimmten Bewegungen, nach bestimmten Tätigkeiten (Lesen, Fernsehen), sporadisch;
- Lokalisation
  an bestimmen Körperstellen, diffus z. B. bei Grippe;
- Schmerzintensität
  läßt sich das Kind beruhigen durch Zureden, Ablenken im Spiel, auf den Arm nehmen,
  bei starken Schmerzen läßt sich das Kind nicht beeinflussen.

Beachte: Schmerzen sind schwer zu beurteilen, aber immer ernst zu nehmen.

Klagt das Kind über Schmerzen, so hat die Kinderkrankenschwester unverzüglich den Arzt darüber zu informieren und Sorge dafür zu tragen, daß Maßnahmen zur Schmerzbeseitigung eingeleitet werden. Es ist für das Kind sehr hilfreich, wenn es nicht alleingelassen wird und Zuwendung erfährt.

5.2. Körperpflege

H. Flasch

Strukturnetz

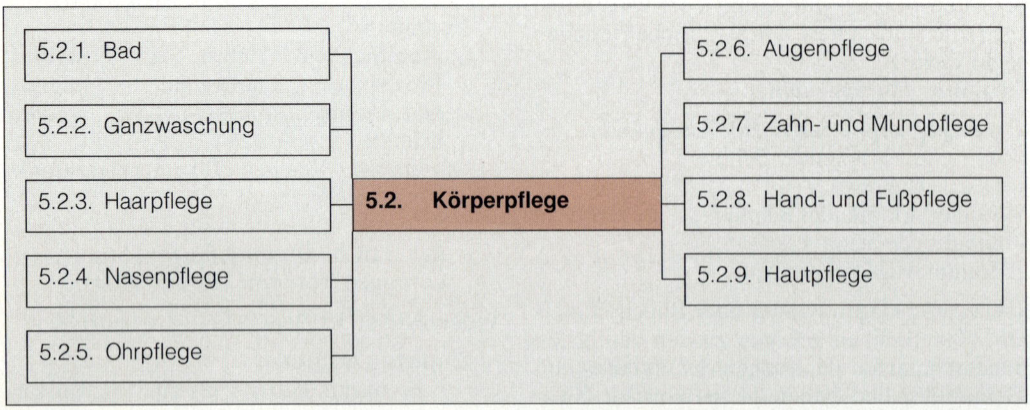

Lehrziel

Durch dieses Teilkapitel soll Ihnen bewußt werden, daß die Körperpflege ein Grundbedürfnis des Menschen ist und wesentlich zur Gesunderhaltung des Organismus beiträgt. Durch Pflegegewohnheiten und -praktiken kann sich schon sehr früh ein gewisses Hygienebewußtsein im Menschen entwickeln. Auch die Kinderkrankenschwester kann darauf Einfluß nehmen und gesundheitserzieherisch tätig werden, indem sie die notwendigen Einstellungen und Einsichten vermittelt.
Erlerntes Wissen und manuelle Geschicklichkeit im Bereich der Körperpflege sollen Sie dazu befähigen, den Patienten bei den einzelnen Pflegeverrichtungen aufmerksam zu beobachten, Veränderungen wahrzunehmen und den Erfordernissen entsprechend zu handeln.
Schließlich soll verdeutlicht werden, daß die Durchführung der Körperpflege auch die Gelegenheit bietet, erfreuliche zwischenmenschliche Kontakte zu den Patienten herzustellen. Dadurch können Sie den Kindern ein wenig das Gefühl der Geborgenheit vermitteln, ihre Zuneigung und ihr Vertrauen gewinnen und somit helfen, Ängste abzubauen und den Krankenhausaufenthalt zu erleichtern.

5.2.1. Bad

Säuglingsbad s. S. 34,
Bad des Klein- und Schulkindes s. S. 51.

Strukturnetz

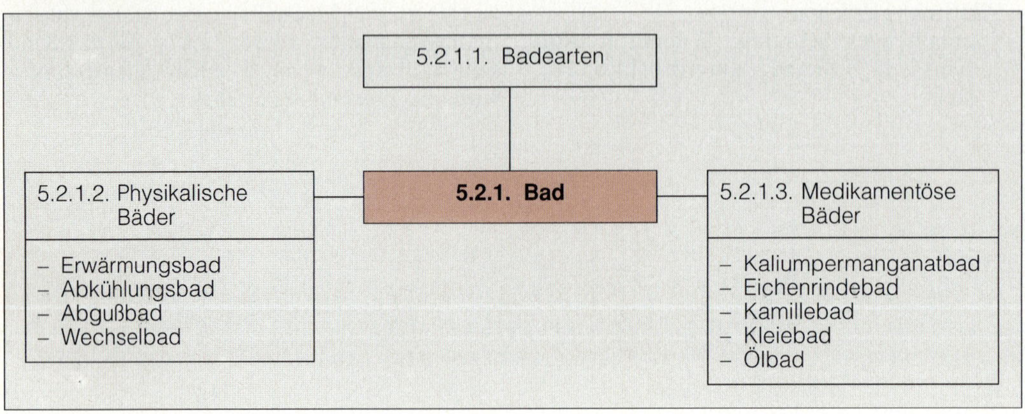

Lernziele

Das Ziel dieses Teilkapitels ist es, daß Sie angeben können, welche Arten von Heilbädern angewandt werden können. Sie sollen auch in der Lage sein, die Durchführung und Wirkungsweise dieser Bäder zu erläutern.

5.2.1.1. Badearten

Wir unterscheiden 3 Badearten:

- das *Vollbad,* bei dem die Badewanne ganz gefüllt ist und der Patient sich bis in Schulterhöhe im Wasser befindet;
  Anwendung: als Reinigungsbad und sowohl als physikalisches als auch medikamentöses Heilbad;
- das *Halbbad,* bei dem sich der Patient nur etwa bis zur Nabelhöhe im Wasser befindet;
  Anwendung: besonders bei Kindern mit Herzerkrankungen, um Angstzustände oder Atemnot zu verhüten;
- das *Teilbad,* das nur einzelne Körperteile betrifft, z. B. Hand- oder Fußbad oder Sitzbad;
  Anwendung: bei Durchblutungsstörungen, entzündlichen Hautaffektionen oder infizierten Wunden, hartnäckigem Wundsein oder Dekubitalgeschwüren.

Die Wirkungsweise eines Heilbades hängt ab von

- der Temperatur des Badewassers,
- der Dauer des Bades und
- den medikamentösen Badezusätzen.

5.2.1.2. Physikalische Bäder

Erwärmungsbad

Indikation: starke Unterkühlung eines Kindes.

Durchführung: Erwärmungsbad

Vorbereitende Maßnahmen	Durchführung	Besonders zu beachten
– Badeutensilien, Fieberthermometer und frische Kleidung bereitlegen	– Körpertemperatur messen – vorwärmen	
– Badethermometer		
– Badewasser einlaufen lassen mit einer Anfangstemperatur von 2 °C über der Körpertemperatur des Kindes	– Wassertemperatur kontrollieren	
– während sich das Kind im Bad befindet, muß eine zweite Pflegeperson für ein vorgewärmtes Bett sorgen	– den Patienten in die Badewanne heben; unter langsamem Zufluß von heißem Wasser die Wassertemperatur innerhalb von 15–20 Minuten auf 40–41 °C steigern – bei Säuglingen: entweder Inkubator oder Wärmebett einschalten und auf 32–35 °C vorwärmen – beim größeren Kind: Bett erwärmen (z. B. mit Wärmflasche)	– Kind während der Dauer des Bades genau beobachten und auf Puls, Atmung und Hautfarbe achten. Beim Heißwasserzulauf ist größte Vorsicht geboten, da Verbrühungsgefahr besteht. Das heiße Wasser soll am Fußende der Wanne zufließen, und das Badewasser muß ständig mit einer Hand gut gemischt werden

Weiterführende Pflege: Patienten trockenfrottieren, nachmessen, mit vorgewärmter Wäsche bekleiden und in das warme Bett legen.

Abkühlungsbad

Indikation: hohes Fieber.

Wegen der starken Kreislaufbelastung wird dieses Bad nur noch selten verabreicht, soll aber der Vollständigkeit halber hier beschrieben werden.

Durchführung: Abkühlungsbad

Vorbereitende Maßnahmen	Durchführung	Besonders zu beachten
– Badeutensilien, Fieberthermometer und frische Kleidung bereitlegen – Badethermometer – Badewasser einlaufen lassen mit einer Anfangstemperatur von 2 °C unter der Körpertemperatur des Kindes	– Körpertemperatur messen – vorwärmen	
	– Patienten in die Badewanne heben; unter Zulauf von kaltem Wasser die Wassertemperatur innerhalb von 10 Minuten auf 30 °C senken	– das kalte Wasser am Fußende zulaufen lassen und das Badewasser gut mischen – Kind aufmerksam beobachten und Kreislauf überwachen

Weiterführende Pflege: s. Ewärmungsbad.

Abgußbad

Indikation: Erkrankungen der unteren Luftwege (z. B. Bronchitis) als Anregung zu kräftigem Durchatmen und zur Abhärtung.

Das Abgußbad wird in der Regel im Anschluß an das Reinigungsbad durchgeführt und muß von 2 Pflegepersonen vorgenommen werden.

Durchführung: Abgußbad

Vorbereitende Maßnahmen	Durchführung	Besonders zu beachten
1. Pflegeperson – nach dem Reinigungsbad das Badewasser durch Zulauf von heißem Wasser auf 38 °C erwärmen 2. Pflegeperson – einen Krug oder eine Schüssel mit 28 °C warmem Wasser bereitstellen		

Vorbereitende Maßnahmen	Durchführung	Besonders zu beachten
– frische Wäsche vorwärmen	– die Schwester, die das Kind gebadet hat, hebt dessen Oberkörper aus dem Wasser heraus	
	– die 2. Pflegeperson verabreicht dem Kind 2–3 kühle Abgüsse über Rücken und Brust – zwischen den einzelnen Abgüssen wird das Kind wieder in das warme Wasser getaucht	– das kühle Wasser darf nicht ins Gesicht gelangen, da es durch das plötzliche Durchatmen oder Schreien des Kindes aspiriert werden könnte – Kind beobachten!

Weiterführende Pflege: Nach dem letzten Abguß das Kind sofort aus der Wanne nehmen, gründlich abtrocknen und mit warmer Wäsche bekleiden.

Wechselbad

Indikation: schlechte Durchblutung der Haut, kalte Füße.

Das Bad wird meistens als Teilbad verabreicht.

Durchführung: Wechselbad

Vorbereitende Maßnahmen	Durchführung	Besonders zu beachten
– einen Stuhl bereitstellen		
– ein Gefäß mit 40 °C warmem Wasser und eines mit 15–20 °C warmem Wasser füllen	– die Extremitäten werden zuerst 2 Minuten lang heiß, dann 20–30 Sekunden lang kalt gebadet	– das Wechselbad ist mit kaltem Wasser zu beenden, damit die mit diesem Hautreiz verbundene gute Blutzirkulation noch längere Zeit erhalten bleibt, die Gefäße wieder enggestellt werden und somit Wärmeverlust verhindert wird

5.2.1.3. Medikamentöse Bäder

Grundregeln, die für alle medikamentösen Bäder gelten, wenn keine anderen ärztlichen Anordnungen getroffen werden:

- Wassertemperatur: 37 °C
- Badedauer: 10 Minuten,
- keine Verwendung von Seife, um die Wirkung des medikamentösen Zusatzes nicht zu beeinträchtigen.

Diese angeführten Bäder sind beispielhaft, es gibt noch viele weitere Zusätze.

Kaliumpermanganatbad

Wirkung: fäulniswidrig, adstringierend, desodorierend.

Indikationen: eitrige Hautaffektionen wie Pyodermien, Abszesse, Furunkel, infizierte Wundflächen.

Durchführung: Kaliumpermanganatbad

Vorbereitung	Durchführung	Besonders zu beachten
– im Verhältnis 1 Teelöffel auf 100 ml (heißes) Wasser aus den Kaliumpermanganatkristallen eine konzentrierte Lösung herstellen	– von dieser Lösung dem Badewasser soviel zusetzen, bis es leicht rot gefärbt ist und das Badethermometer auf dem Grund der Wanne noch ablesbar ist	– die Kristalle müssen vollständig gelöst sein, da sonst Verätzungsgefahr besteht
	– zum Abtrocknen des Kindes ältere Badetücher verwenden, da bräunliche Flecken zurückbleiben	– unmittelbar nach Beendigung der Pflege die Badewanne reinigen, da nach Ablauf des Badewassers ein brauner Rand zurückbleibt, der nach längerer Zeit nur schwer zu entfernen ist

Beachte: Ein Kaliumpermanganatbad ersetzt nicht das Reinigungsbad!

Eichenrindebad

Wirkung: ähnlich der des Kaliumpermanganatbades.
Indikation: nässendes Ekzem.

Durchführung:
- Von der in der Apotheke erhältlichen konzentrierten Lösung wird dem Säuglingsbad nach Gebrauchsanweisung die erforderliche Menge zugesetzt.
- Bei Verwendung von natürlicher Eichenrinde werden 250 g in 3 l kaltem Wasser mehrere Stunden lang eingeweicht und danach 25 Stunden auf ca. 1,5 l eingekocht. Der Sud wird dann durch ein feines Sieb oder Leinentuch gegossen. Dem Säuglingsbad werden davon 500 ml zugesetzt.

Kamillebad

Wirkung: heilend, entzündungshemmend.
Indikationen: Windeldermatitis, Wundsein, Hautempfindlichkeit und allergische Reaktionen, Intertrigo.

Durchführung:
- In der Konzentration von 1 Eßlöffel auf 10 l Wasser wird Kamillosanlösung dem Badewasser zugefügt.
- Es ist, vorwiegend im Haushalt, auch möglich, 50 g Kamillenblüten in 1 l Wasser 5 Minuten lang zu kochen und dann den Sud dem Badewasser zuzusetzen.

Kleiebad

Wirkung: heilend und reizlindernd;
Indikationen: Ekzeme, Windelerysipel, Intertrigo.

Durchführung:
- 10 g Töpfer-Kleiebad werden für 10 l Wasser benötigt.
- Zuerst kaltes Wasser einlaufen lassen, damit die Kleie nicht verklumpt, dann das Pulver einstreuen und mit den Händen schaumig schlagen.
- Ist die Kleie aufgelöst, heißes Wasser zulaufen lassen, bis die Temperatur des Badewassers 37 °C beträgt.

Ölbad

z. B. mit Linola Fett-Ölbad (Paraffinöl) oder Pelsano (Emulsion aus Glyzerin, Zink und Lanolin)

Indikationen: extrem spröde, rissige Haut, trockene Ekzeme.

Durchführung: Pelsano oder ähnliche ölige Präparate werden in der vorgeschriebenen Dosierung dem Badewasser zugefügt.
Nach Ablauf des Wassers setzt sich ein fettiger Film ab. Es empfiehlt sich, ähnlich wie beim Kaliumpermanganatbad, nach Beendigung der pflegerischen Maßnahmen die Badewanne gründlich zu reinigen.

5.2.2. Ganzwaschung

Lernziele

Nach der Erarbeitung dieses Themas sollen Sie aufzählen können, bei welchen Patienten eine Ganzwaschung durchzuführen ist.
Außerdem sind Sie in der Lage, über die systematische und zweckmäßige Verfahrensweise bei dieser Pflegemaßnahme zu berichten.

Indikationen

Indikationen für eine Ganzwaschung sind:

- schwerer Krankheitszustand,
- Bewußtlosigkeit,
- schwere körperliche und geistige Behinderung,
- Zustand nach Operation,
- Patienten mit Infusion oder Transfusion,
- Patienten mit Gipsverband oder Drahtextension.

Vorbereitung des Klein- und Schulkindes

Ist das Kind ansprechbar, sollte es über die beabsichtigte Maßnahme informiert und zur größtmöglichen Selbsttätigkeit angeregt werden.

Notwendige Gegenstände

- Waschschüssel,
- Seife oder Badezusatz,
- Badetuch oder 2 Handtücher,
- 1 oder 2 Waschlappen,
- frische Kleidung,
- frische Bettwäsche,
- Hautpflegemittel,
- Tupfer, Watte, Watteträger,
- Nierenschale,
- Kamm und Bürste,
- Nagelschere,
- Waage.

Beachte: Zeitpunkt und Gründlichkeit der Ganzwaschung sollten sich nach dem Krankheitszustand und dem Arbeitsablauf auf der Station richten. Der Patient muß also nicht unbedingt frühmorgens, sondern kann auch zu einer anderen Tageszeit gewaschen werden.

Allgemeine Vorbereitungen

- Ungefähr eine halbe Stunde vor dem Waschvorgang die Fenster im Zimmer des Patienten schließen.
- Nach Betreten des Zimmers Hände desinfizieren und waschen und einen Schutzkittel anlegen.
- Man wendet sich dem Kind freundlich zu, schlägt seine Bettdecke zurück und entfernt evtl. auch das Kopfkissen.

Besonders vorbereitende Maßnahmen

- Das größere Kind, sofern es ansprechbar ist, zum Wasserlassen animieren. Entweder auf das Steckbecken heben oder ihm eine Urinflasche anlegen. Liegt ein Dauerkatheter, wird er geöffnet und der Urin in den Beutel abgelassen. Ist eine Katheterisierung oder eine Blasenpunktion vorgesehen, werden auch diese Eingriffe am besten vor der Ganzwaschung ausgeführt.
- Vor dem Waschvorgang die Körpertemperatur ermitteln und, je nach Krankheitszustand, Möglichkeit und Erfordernis, das Kind wiegen (entweder auf der Säuglingswaage oder der fahrbaren Stuhlwaage).
- Das Kind etwas zudecken, damit es nicht unnötig abkühlt, und die Waschschüssel mit 37 °C warmem Wasser füllen.
- Den Oberkörper des im Bett oder auf dem Wickeltisch liegenden Kindes entkleiden und mit einem Handtuch oder dem Badetuch abdecken.

Durchführung

Kopf:

- Zu Beginn das Gesicht des Kindes waschen, ohne Verwendung von Seife (die zarte Haut könnte empfindlich darauf reagieren). Da-

rauf achten, daß die Augen vom äußeren zum inneren Augenwinkel, dem Tränenfluß entsprechend, ausgewischt werden, damit z. B. Augensekret gut entfernt werden kann.
Das Gesicht vorsichtig abtrocknen.

- Anschließend Hals und Ohren des Kindes waschen, wobei besonders darauf zu achten ist, daß die Hautfalten gründlich gereinigt und auch gut abgetrocknet werden, da sonst die Gefahr des Wundwerdens gegeben ist.
- Augen, Nase und Ohren pflegen und das Gesicht des Patienten mit einer milden Pflegecreme eincremen.

Arme:

- Das Handtuch oder Badetuch unter einen Arm des Patienten legen, diese Extremität waschen und abtrocknen.
- Den anderen Arm genauso waschen.

Beachte: Besonders bei Säuglingen zwischen den Fingern gründlich waschen, da diese häufig in den Mund gesteckt werden und daher oft feucht sind. Da Säuglinge meistens die Händchen zu Fäusten geformt haben, können sich in diesem feuchten Milieu leicht Bakterien ansiedeln und vermehren.

Brust und Rücken:

- Die Brust des Kindes waschen und trockenfrottieren.
- Um den Rücken waschen zu können, wird das Kind etwas zur Seite gedreht. Nach dem Abtrocknen, besonders bei behinderten und immobilen Patienten, den Rücken mit Franzbranntwein oder Alkohol einreiben oder abklatschen, um einem Dekubitus oder einer Pneumonie vorzubeugen.
- Nachdem der Oberkörper gewaschen ist, nochmals kontrollieren, ob die Haut zwischen den Hautfalten (besonders am Hals und unter den Achseln) gut trocken ist. An diesen Stellen kann sie mit Hautcreme gepflegt werden.
- Den Oberkörper bekleiden, um einen größeren Wärmeverlust zu vermeiden.
- Den Bauch waschen und den Nabel des Kindes mit einem in Öl oder Waschbenzin getränkten Watteträger reinigen.

Beine:

- Falls erforderlich, jetzt frisches Waschwasser verwenden.
- Die untere Körperhälfte kann mit einem zweiten Waschlappen gewaschen werden, hygienischer und wirtschaftlicher ist es jedoch, täglich einen frischen zu benutzen.
- Den Unterkörper des Kindes entkleiden.
- Das 2. Handtuch oder den für den unteren Körperbereich vorgesehenen Teil des Badetuches unter ein Bein legen und diese untere Extremität gründlich waschen und abtrocknen (besonders zwischen den Zehen).
- Das andere Bein ebenso waschen.

Genital- und Afterbereich:

- Das Handtuch oder Badetuch unter das Gesäß des Kindes legen und die Genital- und Afterregion gründlich waschen.
- Mit mehreren ölgetränkten Tupfern oder lauwarmem Wasser zuletzt den Genitalbereich wie folgt reinigen:
  beim Mädchen: große Schamlippen spreizen und stets von vorn nach hinten (in Richtung After) wischen, um eine Infektion der Harnröhre zu vermeiden;
  beim Jungen: frühestens nach dem 1. Lebensjahr die Vorhaut zurückstreifen, die Eichel reinigen und die Vorhaut danach wieder nach vorn ziehen.
- Zur Trockenhaltung der Haut kann beim Säugling etwas Puder in Leistenbeugen und Oberschenkelfalten verteilt werden.
  Eventuell defekte Hautpartien mit Pflegecreme behandeln.

Kontrolle der Finger- und Zehennägel:

- Bevor der Unterkörper wieder bekleidet wird, das Kind mit einem trockenen Teil des Badetuches oder einer Windel etwas zudekken und die Länge der Finger- und Fußnägel kontrollieren. Bei Bedarf werden sie gekürzt.

Haarpflege, Betten und Lagern:

- Ist das Kind angekleidet, wird das Haar gebürstet und gekämmt und der Patient entweder allein oder mit Hilfe einer 2. Pflegeperson gebettet und bequem gelagert.

Abschlußarbeiten:

- Pflegeutensilien aufräumen, gebrauchte Gegenstände desinfizieren und die Fenster öffnen.

5.2.3. Haarpflege

Strukturnetz

5.2.3.1. Tägliche Haarpflege — **5.2.3. Haarpflege** — 5.2.3.2. Spezielle Haarpflege

- Haarwäsche
- Pflege bei stark verfilztem Haar
- Haarpflege bei starker Schuppenbildung
- Haarpflege bei Befall mit Kopfläusen

Lernziele

Besonders bei schwerkranken und langliegenden Patienten ist die tägliche Haarpflege sehr wichtig, denn langes Liegen, Schwitzen, Inaktivität oder starke Unruhe führen zu rascher Verfilzung oder vermehrter Fettabsonderung und beeinträchtigen damit das Wohlbefinden des Patienten.
Sie sollen nach dem Studium dieses Abschnitts in der Lage sein, die verschiedenen Arten der speziellen Haarpflege zu nennen und deren Durchführung zu beschreiben.

5.2.3.1. Tägliche Haarpflege

2- bis 3mal ist es notwendig, das Haar des Kindes mit Kamm und Bürste zu pflegen. Um unnötige Schmerzen zu vermeiden, soll die Schwester vorsichtig das Haar zunächst durchbürsten und anschließend kämmen.

Bei langem Haar: den Kopf des Kindes zur Seite drehen und das Har zuerst auf der einen, dann auf der anderen Seite bürsten und kämmen. Anschließend ist es ratsam, es z. B. zu Zöpfen zusammenzubinden, damit es nicht gleich wieder in Unordnung gerät.

Beim Säugling: Das Haar zuerst mit einer weichen Bürste gegen den Strich, dann in die gewünschte Form bürsten. Diese leichte Kopfhautmassage regt die Durchblutung und damit den Haarwuchs an.

5.2.3.2. Spezielle Haarpflege

Haarwäsche

An dieser Stelle soll beschrieben werden, auf welche Weise Sie einem bettlägerigen Kind das Haar waschen können.
Es gibt verschiedene Methoden, deshalb können hier nur einige Beispiele aufgeführt werden.
Erleichternd ist es, wenn das Brett am Kopfteil des Bettes entfernt werden kann.

Gegenstände	Vorbereitung
	– Patienten zur Hälfte abdecken und das Kopfkissen entfernen, Brett am Kopfteil des Bettes aushaken
– Stuhl oder Hocker mit Gummi- und Moltonauflage	– vor das Kopfende des Bettes stellen
– Shampoo, Handtuch	– auf dem Nachttisch bereitlegen
– Schüssel mit warmem Wasser	– auf den Stuhl stellen
– Spülbehälter (Krug)	– ebenfalls bereitstellen

Tabellen-Fortsetzung S. 152

Gegenstände	Vorbereiteitung
– Eimer	– auf den Fußboden stellen, damit das Wasser aus der Schüssel entleert werden kann
– Knierolle und evtl. Schaumgummikeil	– Patient vorsichtig weiter zum Kopfende hin heben, so daß der Kopf über das Bett hinausragt. Knierolle und Schaumgummikeil für den Rücken einbetten
– Waschlappen, um die Augen vor Eindringen des Seifenschaumes zu schützen	

Durchführung (1. Variante)

- Eine Schwester hält den Kopf des Kindes über der Schüssel, wobei sie die Augen mit dem Waschlappen schützt und das Kind genau beobachtet (Abb. 17).
- Die andere Pflegeperson führt die Haarwäsche durch.
- Nach dem ersten Abspülen des Haares ist es erforderlich, das Wasser aus der Schüssel in den bereitgestellten Eimer zu leeren.
- Vom Zimmerwaschbecken wird solange warmes Wasser zur Spülung entnommen, bis keine Seifenrückstände mehr vorhanden sind.
- Anschließend wird das Haar mit dem Frotteehandtuch etwas trockengerieben, durchgebürstet, trockengefönt, gekämmt und frisiert.
- Hat das Kind kurzes, feines Haar, kann man ihm auch ein Windelhäubchen aufsetzen und die Fenster solange geschlossen lassen, bis das Haar trocken ist (Abb. 20).

2. Variante

- Das Kopfkissen entfernen und das Kind etwas zum Fußende des Bettes lagern.
- Knierolle und Schaumgummikeil für den Rücken einbetten.

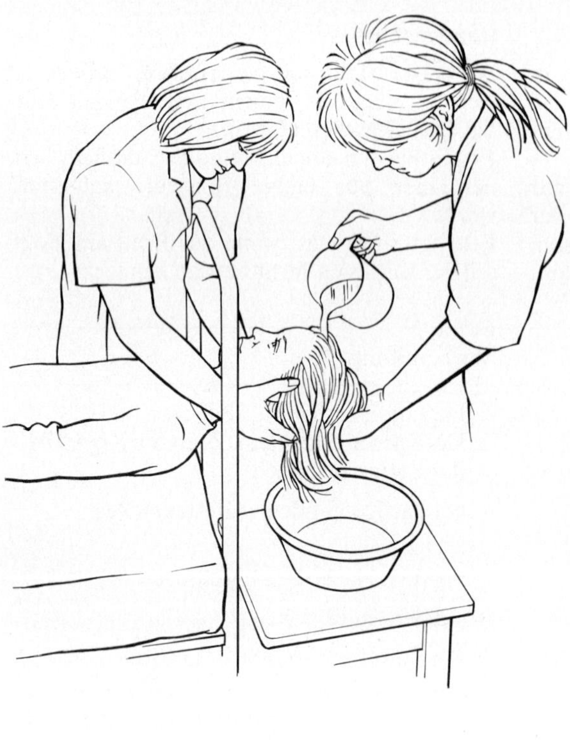

Abb. 17 Haarwäsche: 1. Variante

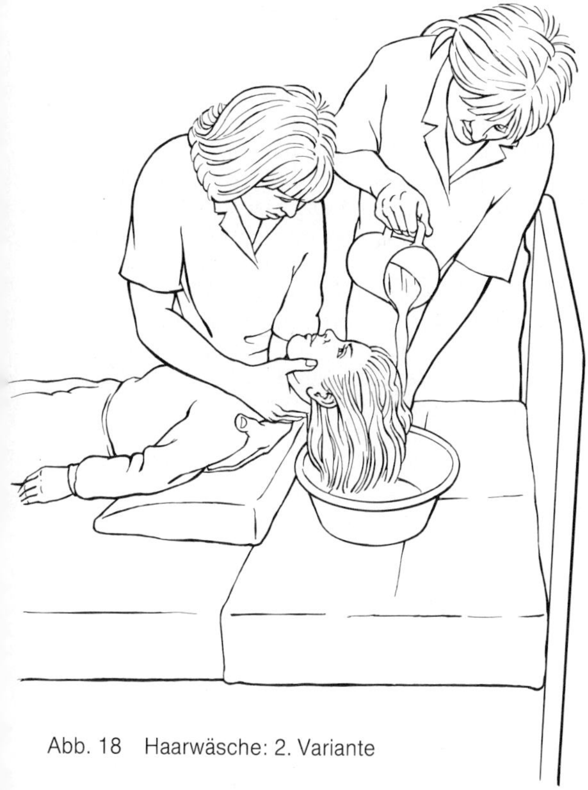

Abb. 18 Haarwäsche: 2. Variante

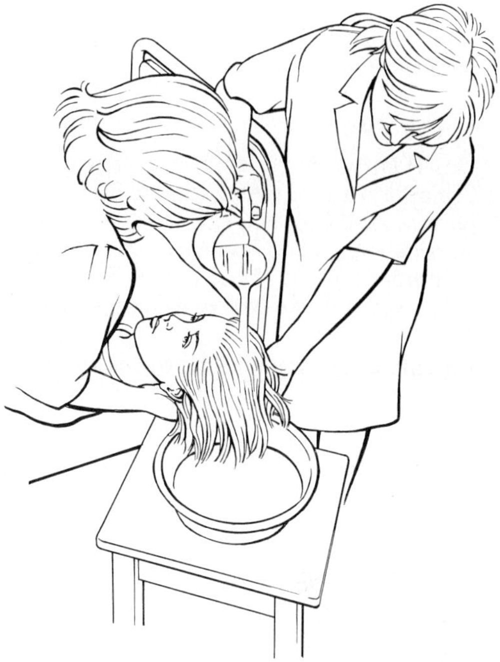

Abb. 19 Haarwäsche: 3. Variante

- Die Waschschüssel unter den Kopf stellen, wobei der Rand nicht höher als der Schaumgummikeil sein sollte (Abb. 18).

3. Variante

- Der Stuhl mit der Waschschüssel steht seitlich am Kopfende neben dem Bett.
- Das Kind wird etwas schräg gelagert, so daß der Kopf über den Bettrand hinausragt.
- Eine Schwester hält den Kopf des Patienten, während die andere die Haarwäsche vornimmt (Abb. 19).

Außerdem sind im Handel spezielle Haarwaschwännchen erhältlich. Für Stationen, auf denen vorwiegend langzeitliegende Patienten betreut werden, empfiehlt sich eine solche Anschaffung.

Pflege bei stark verfilztem Haar

Die Gefahr der Verfilzung besteht hauptsächlich bei langliegenden und immobilen Patienten und bei denjenigen, die sehr unruhig sind oder stark schwitzen.

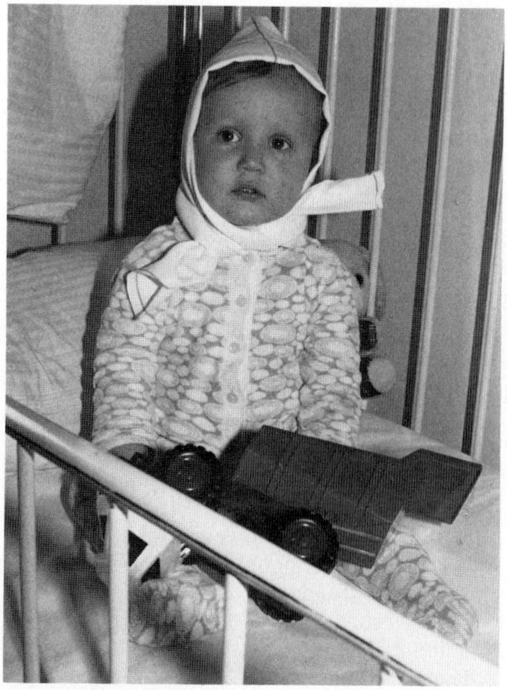

Abb. 20 Windelhäubchen

Manchmal kann man auch bei der Aufnahme meist allgemein ungepflegter Kinder bereits eine Verfilzung der Haare, speziell am Hinterkopf feststellen.

Verfahrensweise

Das Haar vorsichtig und ohne dem Kind viel Schmerzen zu bereiten, strähnenweise durchbürsten (z. B. mit einer Drahtbürste). Die am stärksten verfilzten Stellen müssen herausgeschnitten werden, wobei man nicht vergessen sollte, die Mutter davon in Kenntnis zu setzen.

Haarpflege bei starker Schuppenbildung

Indikationen
- Milchschorf,
- exsudative Diathese,
- Psoriasis,
- extrem trockene Haut.

Benötigte Gegenstände

- Salizylöl oder Crinitonlösung,
- Windelhäubchen,
- Mullplatten,
- Staubkamm,
- Einweghandschuhe,
- Nierenschale.

Durchführung

Die verbreitetste Methode ist die Herstellung eines sog. „Schmierkopfes" mit Salizylöl.

- Das größere Kind muß man auf die bevorstehende Maßnahme vorbereiten, indem man ihm den Hergang der Verrichtung altersgemäß erklärt.
- Das Kind möglichst in sitzende Stellung bringen und eine Windel um seine Schultern legen.
- Einweghandschuhe anlegen.
- Das Haar mit einem Kamm scheiteln, etwas Salizylöl auf die Kopfhaut träufeln und verreiben.
- Auf diese Weise das Öl auf der ganzen Kopfhaut verteilen und leicht einmassieren.
- Mindestens 12 Stunden Einwirkungszeit sind nötig, um die Erweichung und die Ablösung der Schuppen von der Kopfhaut zu erreichen. In dieser Zeit (am günstigsten über Nacht) setzt man dem Kind ein Windelhäubchen auf, das mit einer dickeren Einlage für den Hinterkopf versehen wird, um die Bettwäsche zu schonen.
- Nach der Einwirkungszeit werden die Schuppen entfernt: Zuerst wieder eine Windel um die Schultern des Kindes legen und Einweghandschuhe anziehen.
  Zwischen die Zinken eines dichten Kammes eine Lage Mull einspannen, den Kamm im spitzen Winkel auf der Kopfhaut aufsetzen und unter leichtem Druck (die Kopfhaut darf nicht verletzt werden!) mit langgezogenen Kammbewegungen die Schuppenschicht aus dem Haar herauskämmen.
  Mullage des öfteren wechseln, die gebrauchte Einlage von hinten her aus dem Kamm herausstreifen und in der Nierenschale ablegen.
- Ist nach dem Abkämmen die Kopfhaut sauber, wird das Haar gründlich gewaschen. Bei starken Kopfhautbelägen ist es meist erforderlich, die Maßnahme zu wiederholen.

Eine andere, für Patienten und Pflegeperson nicht so unangenehme, aber ebenso wirksame Methode ist die Einreibung mit Crinitonlösung:

- Ein Eßlöffel voll Criniton wird in die Kopfhaut einmassiert, nach 15–20 Minuten Einwirkungszeit wird der Kopf gewaschen.

Haarpflege bei Befall mit Kopfläusen

Wenn bei der Aufnahme eines Kindes in die Klinik bei der Kontrolle von Haar und Kopfhaut der Befall mit Kopfläusen festgestellt wird (man bemerkt Kratzspuren oder in den Haaren festsitzende Nissen), muß wegen der Übertragungsgefahr eine sofortige Behandlung erfolgen.

- Werden nach gründlicher Untersuchung nur vereinzelt Läuse entdeckt, genügt es meistens, das Haar mit Jacutinemulsion, -gel oder -puder, Goldgeist forte oder anderen ähnlichen Präparaten zu behandeln.
- Anschließend dem Kind eine Windel oder ein Dreiecktuch fest um den Kopf binden.
- Nach der vorgeschriebenen Einwirkungszeit muß das Haar gewaschen werden.

Anlegen einer Läusekappe

Dem Kind müssen Notwendigkeit und Verlauf der Behandlung verstandesgemäß erklärt werden.

Vorbereitung:
- verordnetes Mittel (Jacutin, Goldgeist forte),
- Einmalhandtuch oder sonst ein trockenes Tuch oder ein Waschlappen, um die Augen des Kindes zu schützen,
- Windel, Einweghaube, Schlauchmullverband,
- Vaseline oder andere Fettcreme.

Durchführung:
- Das Kind bitten, sich zum Schutz der Augenschleimhäute die Augen zu bedecken.
- Die Haut vor dem Haaransatz eincremen, um eventuelle Hautreizungen durch herunterlaufende Lösung zu verhüten.
- Einweghandschuhe anlegen und das Haar mit der verordneten Flüssigkeit einreiben.
- Längeres Haar auf dem Hinterkopf zusammennehmen, dem Kind eine Einweghaube aufsetzen und dann entweder einen Schlauchmull-Kopfverband anlegen oder eine zum Dreieck gefaltete Windel um den Kopf binden.
- Nach der Einwirkungszeit die Haube entfernen.
- Das Haar gründlich waschen und anschließend mit einem dichten Kamm, zwischen dessen Zinken ein Stück Mull geklemmt ist, durchkämmen. Auf diese Weise ist es möglich, abgestorbene Läuse oder deren an den Haaren festsitzende Eier (Nissen) zu entfernen.
- An den darauffolgenden Tagen das Haar immer genau kontrollieren, um entscheiden zu können, ob die Behandlung wiederholt werden muß.

5.2.4. Nasenpflege

Strukturnetz

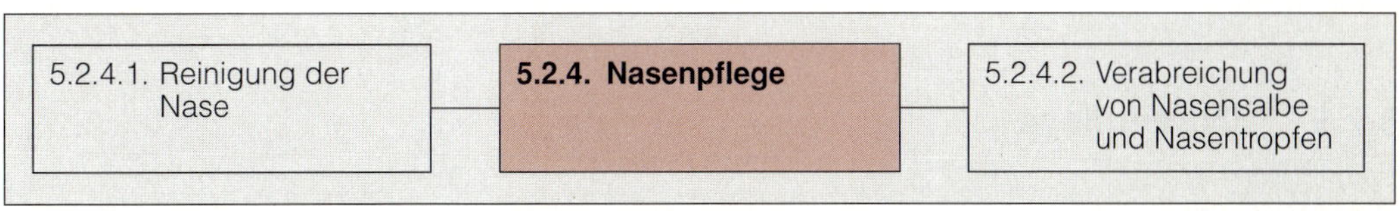

Lernziele

Sie sollen fähig sein, zu erklären, wann und auf welche Weise zur Erleichterung der Atmung und zum Wohlbefinden des Kindes eine gründliche und schonende Nasenpflege durchzuführen ist.

Vorbereitung des Patienten

Die Reinigung der Nase und das Einbringen von Medikamenten ist den Kindern meistens unangenehm, oft haben sie sogar Angst davor und wehren sich heftig dagegen. Die Schwester sollte versuchen, das Kind zu beruhigen und ihm altersgemäß zu erklären, warum und wie sie diese Maßnahme durchführt.

5.2.4.1. Reinigung der Nase

Die Nasenpflege muß bei Bedarf vorgenommen werden bei Säuglingen und Kleinkindern, langliegenden und schwerkranken Kindern, bewußtlosen Kindern, gelähmten Kindern, nach Operationen.

- Jede Nasenöffnung wird einzeln gereinigt, um etwaige Infektionen nicht von einer auf die andere Seite zu übertragen.
- Mit einer Hand den Kopf des Kindes fixieren, damit gezielt vorgegangen werden kann und bei einer plötzlichen Kopfbewegung nicht die Nasenschleimhaut verletzt wird.
- Mit der anderen Hand einen angefeuchteten, zusammengerollten Zellstofftupfer oder etwas Watte unter leichten Drehbewegungen gerade nach hinten in die Nase einführen, um damit zunächst vorhandene Borken zu erweichen.
- Danach genauso verfahren mit einem trokkenen Tupfer oder trockener Watte und Schmutzpartikel nach außen befördern.
- Den Abfall in der Nierenschale abwerfen.

5.2.4.2. Verabreichung von Nasensalbe und Nasentropfen

Sind diese Medikamente verordnet worden, müssen sie von der Schwester fachgerecht, am besten beim liegenden Patienten, verabreicht werden. Es ist darauf zu achten, daß die Nase des Kindes vorher gereinigt werden muß.

Außerdem dürfen Nasentropfen oder -salbe nur solange wie nötig gegeben werden, um die Funktion der Nasenschleimhaut nicht zu beeinträchtigen.

Nasensalbe

- Aus der Tube ein etwa stecknadelkopfgroßes Stück Salbe auf einen gedrehten Watte- oder Zellstofftupfer bringen.
- Den Tupfer waagerecht in den unteren Nasengang einführen und unter Drehbewegungen die Salbe auf der Nasenschleimhaut verteilen.
- Den Tupfer rasch nach vorn unten wieder herausziehen und in der Nierenschale ablegen.

Nasentropfen

- Den Kopf des Kindes leicht zurückbeugen und ihn mit einer Hand in dieser Haltung fixieren.
- Eine zweite Pflegeperson muß unter Umständen die Arme und den Körper des Kindes festhalten.
- Aus einer Tropfflasche oder mittels einer Tropfpipette einen oder auch mehrere Tropfen des Medikamentes in jedes Nasenloch in den unteren Nasengang träufeln.
- Den Kopf aus der Beugehaltung wieder in die Normalhaltung bringen, da auf diese Weise die Nasenschleimhaut benetzt wird und verhindert wird, daß die Flüssigkeit in den Rachenraum fließt.

Beachte: Um Schmierinfektionen zu vermeiden, darf weder die Tropfvorrichtung der Flasche noch die Pipette mit der Nasenschleimhaut in Berührung kommen.
Besonders bei Säuglingen auf genaue Dosierung und Konzentration des Medikamentes achten, da sonst die Gefahr der Vergiftung oder des Atemstillstandes besteht.

5.2.5. Ohrenpflege

Strukturnetz

5.2.5.1. Tägliche Pflege der Ohren — **5.2.5. Ohrenpflege** — 5.2.5.2. Verabreichung von Ohrentropfen (Ohreinträufelung)

Lernziele

Wenn Sie sich mit diesem Abschnitt befaßt haben, können Sie die Pflegemaßnahmen am Ohr beschreiben und jeweils dafür benötigte Gegenstände aufzählen.

5.2.5.1. Tägliche Pflege der Ohren

Sie erfolgt in der Regel im Rahmen der Ganzwaschung oder des Reinigungsbades.

Gegenstände:
- Zellstofftupfer,
- Kinderöl,
- Nierenschale.

Handlungsschema: Tägliche Pflege der Ohren

- Patienten auf eine Seite Drehen.
- Etwas Kinderöl auf einen Zellstofftupfer träufeln und damit die Ohrmuschel und den Bereich hinter dem Ohr reinigen und mit trockenem Tupfer nachwischen.
- Benützte Gegenstände in die Nierenschale ablegen.
- Patienten auf die andere Seite drehen und das zweite Ohr auf die gleiche Weise reinigen.

Beachte: Die Reinigung des äußeren Gehörgangs ist zu unterlassen, da dadurch
- die Selbstreinigung durch die Flimmerhaare behindert wird,
- Zerumen und Schmutzpartikel in die Tiefe des Gehörgangs geschoben werden und
- das Trommelfell verletzt werden kann.

5.2.5.2. Verabreichung von Ohrentropfen (Ohreinträufelung)

Indikationen: verhärtetes Zerumen, Otitis media.

Beachte: Die Verabreichung von Ohrentropfen erfolgt
- nie vor einer ärztlichen Inspektion der Ohren, um die Sicht nicht zu behindern;
- niemals bei einer Verletzung des Trommelfells und
- nur auf ärztliche Anordnung.

Benötigte Gegenstände:
- verordnete Flüssigkeit (z. B. Olivenöl) oder ein bestimmtes Medikament, das auf Zimmertemperatur erwärmt ist;
- Tropfpipette, wenn die Flasche keine Tropfvorrichtung aufweist;
- Watte;
- Nierenschale.

Handlungsschema: Verabreichung von Ohrentropfen (Ohreneinträufelung)

- Kind informieren und flach auf die Seite lagern.
- Zum Aufweichen von Zerumen soviel Flüssigkeit einträufeln, bis der Gehörgang nahezu gefüllt ist. Medikamente in der verordneten Tropfenzahl einbringen.
- Das Kind zur Einwirkung ca. 5 Minuten lang in gleicher Lage halten.
- Gehörgang mit Watte verschließen.
- Während dieser Zeit versuchen, das Kind abzulenken, sich intensiv mit ihm beschäftigen.
- Weitere Maßnahmen entscheidet der Hals-Nasen-Ohren-Arzt.

5.2.6. Augenpflege

Strukturnetz

5.2.6.1. Tägliche Reinigung der Augen	**5.2.6. Augenpflege**	5.2.6.2. Verabreichung von Augentropfen und Augensalbe

Lernziele

Im Rahmen der Körperpflege soll Ihnen die tägliche Reinigung der Augen bekannt sein, so daß sie von Ihnen erklärt werden kann.
Weiterhin haben Sie das Lernziel dieses Teilkapitels erreicht, wenn Sie die Gegenstände zur Verabreichung von Augentropfen und Augensalbe nennen können und in der Lage sind, die Durchführung dieser Pflegemaßnahmen zu beschreiben.

5.2.6.1. Tägliche Reinigung der Augen

Sie ist indiziert bei Säuglingen nach dem Reinigungsbad und bei Verklebungen nach dem Schlaf.

Handlungsschema: Tägliche Reinigung der Augen

Das Kind liegt in Rückenlage. Die Arme entweder mit dem Badetuch oder einer Windel am Körper fixieren. → Mit einer Hand den Kopf des Kindes festhalten. Mit der anderen jedes Auge extra reinigen, zunächst mit einem in Aqua dest. oder isotoner Kochsalzlösung angefeuchteten Tupfer vom äußeren zum inneren Augenwinkel. → Die Augen mit je einem trockenen Tupfer abtupfen.

5.2.6.2. Verabreichung von Augentropfen und Augensalbe

Diese Maßnahmen werden am besten beim liegenden Kind durchgeführt.
Zur Vermeidung von Schmierinfektionen empfiehlt es sich, jedem Patienten sein eigenes Medikament zur Verfügung zu stellen, auch wenn bei mehreren die gleiche Verordnung zugrunde liegt. Medikamentenfläschchen nicht länger als 8 Tage verwenden!

Augentropfen

- Mit zwei Fingern einer Hand Ober- und Unterlid spreizen und wenn möglich, das Kind nach oben schauen lassen.
- Aus der Ophtyole einen Tropfen des Medikamentes aus geringer Höhe in den unteren Bindehautsack des Auges einbringen.

Augensalbe

- Lider spreizen oder Unterlid herunterziehen und die Augensalbe aus einer Tube mit langem Ansatzstück vom inneren zum äußeren Augenwinkel in den unteren Bindehautsack einbringen.
- Patienten die Augen schließen lassen und mit einem Tupfer leicht die Augensalbe auf dem Augapfel verteilen. Größere Kinder kann man auffordern, bei geschlossenen Lidern mit den Augen zu rollen, damit sich die Salbe verteilt.

Man muß daran denken, daß die Verabreichung von Augentropfen und Augensalbe

Kindern meistens unangenehm ist und viele sogar Angst davor haben.
Die Schwester sollte deshalb beruhigend mit dem Kind sprechen und ihm altersgemäß und verständlich erklären, warum und wie sie die Medikamente verabreicht. Sie muß ihm außerdem sagen, daß es durch ölige Augentropfen oder -salbe vorübergehend nicht klar sehen kann.

5.2.7. Zahn- und Mundpflege

Strukturnetz

5.2.7. Zahn- und Mundpflege

5.2.7.1. Tägliche Pflege

5.2.7.2. Spezielle Zahn- und Mundpflege
- bei parenteral ernährten Patienten
- bei Soorerkrankung
- bei schwerkranken und bewußtlosen Patienten
- bei Herpes labialis und Aphthen
- bei Parotitis
- bei Stomatitis
- nach kieferchirurgischen Eingriffen
- Pflege von kieferregulierenden Spangen

Lernziele

Wenn Sie sich mit diesem Thema beschäftigt haben, können Sie die Durchführung und Assistenz bei der Zahn- und Mundpflege beim bettlägerigen Patienten beschreiben.
Außerdem sind Sie in der Lage, spezielle pflegerische Maßnahmen in besonderen Situationen oder bei bestimmten Erkrankungen im Bereich des Mundes zu erklären und zu realisieren.

5.2.7.1. Tägliche Pflege

Ausführlich können Sie sich auf S. 160 über die Zahn- und Mundpflege informieren.
Dieser Abschnitt befaßt sich mit der Pflegeverichtung beim liegenden Patienten.

Durchführung: Tägliche Zahn- und Mundpflege

Material	Durchführung
– Handtuch	– dem Kind unter das Kinn legen, so daß Schultern und Brust bedeckt sind
– Zahnbürste, Zahnbecher oder -glas mit lauwarmem Wasser – Zahnpasta – Nierenschale	– auf dem Nachttisch oder einem Stuhl bereitstellen
	– die Zahnbürste anfeuchten und mit Zahnpasta versehen – den Kopf des Kindes entweder mit einer Hand oder einer Nackenrolle etwas hochstützen, Nierenschale unter das Kinn stellen
Beachte: Beim Ausspülen des Mundes darauf achten, daß das Kind das Wasser nicht trinkt (besonders wichtig vor Operationen oder bestimmten Untersuchungen im Magen-Darm-Bereich).	– entweder putzt der Patient die Zähne selbst, oder die Schwester übernimmt die Reinigung – anschließend den Mund ausspülen lassen – Mund- und Kinnpartie abwischen – gebrauchte Utensilien beiseitestellen, Mund abtrocknen und den Patienten wieder bequem lagern – evtl. Lippen eincremen

5.2.7.2. Spezielle Zahn- und Mundpflege

Das Mundpflegetablett mit folgenden Gegenständen sollte immer bereitstehen:

- Mittel zur Reinigung der Mundschleimhaut (Glyzerin, Lanolin, Hexoral, Merfenglyzerin, 5%ige Bepanthenlösung),
- Spülflüssigkeit (Kamillosanlösung, Kamillentee, Salbeitee, verdünnte Myrrhentinktur),
- sterile Tupfer und Tupferträger,
- sterile Watteträger,
- Spatel (Holzspatel einzeln verpackt oder sterile Metallspatel),
- Taschenlampe,
- Zellstoff,
- Nierenschale,
- Fettcreme (Vaseline, Bepanthen) für die Lippen,
- evtl. Zitronenscheibe bei Zungenbelägen,
- antimykotische Lösungen (Moronal, Nystatin).

Reinigung der Mundhöhle und der Zähne bei parenteral ernährten Patienten

- Sterilen Tupfer um den Péan, eine Kornzange oder einen anderen Tupferträger klemmen (Instrument muß ringsherum ganz bedeckt sein, damit keine Verletzungsgefahr besteht) und in gewünschter Lösung tränken.
- Bei Säuglingen kann die Reinigung mit einem oder mehreren Watteträgern durchgeführt werden.
- Die Mundhöhle gründlich, aber vorsichtig auswischen (Wangentaschen, auf und unter der Zunge, Gaumen) und mit Watteträgern Zahnfleisch und Zähne reinigen.
- Ist die Zunge stark belegt, kann sie im Einzelfall mit einer Zitronenscheibe leicht abgerieben werden.

- Die Lippen des Kindes mit Fettcreme eincremen, um Sprödigkeit oder Rhagadenbildung zu vermeiden.
- Es empfiehlt sich, mit einer Taschenlampe anschließend die Mundhöhle zu inspizieren, um zu sehen, ob die Reinigung ausreichend war oder ob Veränderungen sichtbar sind, die weitere Maßnahmen erfordern.
- Diese pflegerische Maßnahme ist wenigstens 2mal täglich durchzuführen.

Mundpflege bei Soorerkrankung

Soorerkrankung = Infektion mit Soorpilzen. Sie befällt hauptsächlich widerstandsarme Kinder und ist sehr leicht übertragbar.
Deshalb ist eine besonders sorgfältige Pflege unter strenger Beachtung der Hygienemaßnahmen durchzuführen, um einer Ausbreitung vorzubeugen.

Beachte: Soorprophylaxe ist möglich durch
- hygienisch einwandfreien Umgang mit Schnullern, Saugern, Flaschen und sonstigen Geräten zur Nahrungsverabreichung;
- Unterstützung der körpereigenen Abwehr, z. B. bei chronischen Krankheiten;
- gezielten, aber zurückhaltenden Einsatz von Antibiotika;
- Schutz besonders widerstandsarmer Kinder vor Infektionen (z. B. durch Isolation);
- Verhütung von Schmierinfektionen.

Durchführung

- Mit einigen Watteträgern die Mund- und Wangenschleimhaut mit einem Antimykotikum jeweils nach den Mahlzeiten bepinseln.
- Auf ärztliche Anordnung Verabreichung von Moronal (Antimycotikum) ebenfalls nach den Mahlzeiten.
- Sehr oft wird zusätzlich noch Mulgatol verordnet (Vitaminpräparat). Auch dieses Medikament wird nach dem Essen per os in der vorgeschriebenen Dosis gegeben.

Mundpflege bei schwerkranken und bewußtlosen Patienten

- Hier ist die Mundpflege in der Regel ein Teil der intensivpflegerischen Verrichtungen. Sie wird im allgemeinen in der gleichen Weise wie bei parenteral ernährten Patienten durchgeführt. Zur Vermeidung der Aspirationsgefahr dürfen die Watteträger nicht zu stark getränkt sein.
- Zusätzlich hat die Kinderkrankenschwester allerdings darauf zu achten, daß die Atemwege freigehalten werden.
- Der Kopf des Kindes wird seitwärts gelagert, um zu verhindern, daß die Zunge zurückfällt und die Atmung behindert und daß evtl. Erbrochenes oder Sputum aspiriert wird.
- Ein Absauggerät muß griffbereit stehen, um den Patienten jederzeit bei Bedarf absaugen zu können.

Beachte: Bei Kindern mit Leukose oder einer anderen Krankheit mit erhöhter Blutungsbereitschaft muß die Mundpflege äußerst vorsichtig mittels steriler Watteträger und einer milden, reizlosen Lösung vorgenommen werden (z. B. Glyzerin).

Mundpflege bei Herpes labialis und Aphthen

Herpes labialis = Fieberbläschen, Aphthen = Schleimhautdefekte besonders aufgrund von Eiweiß- und Vitaminmangel.

- Die betroffenen Stellen (Mundwinkel, Zahnfleisch, Lippen) werden mittels Watteträgern mit verordneten Medikamenten bepinselt.
- Die Schwester muß wissen, daß das Kind jede Berührung als unangenehm und schmerzhaft empfindet. Deshalb soll sie die Behandlung vorsichtig durchführen und dem Kind dabei gut zureden oder versuchen, es etwas abzulenken. Das anschließende Trostspenden ist genauso wichtig.
- Es sollten dem Kind kühle Getränke verabreicht werden, die es evtl. mit einem Trinkhalm zu sich nehmen kann. Auch die Nahrung sollte aus flüssig-breiiger Kost bestehen.

Pflege bei Parotitis

Parotitis = schmerzhafte Schwellung und Entzündung der Ohrspeicheldrüse.

- Zur Prophylaxe ist es erforderlich, die Kautätigkeit der Kinder möglichst anzuregen. Man kann ihnen zuckerfreien Kaugummi oder Weingummi geben, wenn es ärztlich vertretbar ist.
- Besonders nach Tonsillektomie sollte man die Kinder viel kauen lassen, um einer Parotitis vorzubeugen (feste Kost verabreichen).

- Ist es zu einer entzündlichen Schwellung der Ohrspeicheldrüse gekommen, haben heiße Breiumschläge (z. B. mit Enelbin) neben anderen verordneten Maßnahmen oft schmerzlindernde und abschwellende Wirkung.

Mundpflege bei Stomatitis (Mundschleimhautentzündung)

- Bei Säuglingen die Mundschleimhaut mit antimykotischen Lösungen auspinseln.
- Bewährt hat sich auch das Besprühen der Mundhöhle mit Anästhesin-Traubenzucker vor den Mahlzeiten zur Schmerzlinderung. Auf ärztliche Anordnung kann die Schleimhaut auch mit 1%iger Novesinelösung anästhesiert werden.
- Klein- und Schulkindern können Lutschtabletten (z. B. Merfen) gegeben werden.
- Außerdem können bei größeren Kindern Mundspülungen vorgenommen werden.

Durchführung der Mundspülung

- Zunächst dem Kind das Vorhaben verständlich erklären.
- Dem Patienten den Becher mit der kühlen Spülflüssigkeit (Kamillentee, Kamillosanlösung, Salbeitee) reichen und ihm die Nierenschale unter das Kinn halten.
- Beim liegenden Kind mit einer Hand den Kopf etwas hochstützen.
- Während das Kind bei geschlossenen Lippen die Spülung der Mundhöhle vollzieht, sollte die Schwester bei ihm bleiben, um ihm gut zuzureden und es zu ermuntern, wenn es den Vorgang abbrechen will.
- Für eine Spülung genügt in der Regel der Inhalt eines Bechers (ca. 200 ml).
- Die Häufigkeit der täglichen Mundspülungen richtet sich nach ärztlicher Anordnung.

Beachte: Bei Stomatitis zur Abschwellung und Schmerzlinderung vorwiegend flüssig-breiige Nahrung und kühle Getränke verabreichen! Trotz Schmerzen für ausreichende Flüssigkeitszufuhr sorgen – evtl. über Dauertropfinfusion!

Mundpflege nach kieferchirurgischen Eingriffen

- Die Pflege muß bei diesen Patienten äußerst vorsichtig und unter aseptischen Bedingungen durchgeführt werden.
- Blutreste, Borken und Beläge werden am besten mit steriler isotoner Kochsalzlösung entfernt.
- Das Instrumentarium muß ebenfalls steril sein, damit keine Schmierinfektion entsteht.
- Vor allem das Operationsgebiet sorgfältig beobachten, um eventuelle Veränderungen wie Entzündungen, Eiterbildung, Sickerblutung, Granulationsgewebe, Fistelbildungen erkennen zu können.
- Es muß auch daran gedacht werden, daß die Kinder sich vielleicht nicht sprachlich bemerkbar machen können. Das bedeutet, daß Kleinkinder immer unter Beobachtung sein müssen und man Schulkinder mit Klingel und Schreibzeug versorgt.

Pflege von kieferregulierenden Spangen

- Meistens können Kinder, die über längere Zeit hinweg eine Zahnspange tragen müssen, mit diesem Gerät selbständig umgehen. Den Umständen entsprechend soll ihnen diese Selbsttätigkeit im Krankenhaus weiter ermöglicht werden.
  Das regelmäßige Putzen der Zahnspange ist, wie das Zähneputzen, von der Schwester zu überwachen.
- Vor allem soll die Kinderkrankenschwester darauf achten, daß die Spange auch während des Klinikaufenthaltes nach zahnärztlicher Anordnung regelmäßig getragen wird (Befragen der Mutter).
- Da eine Zahnspange ein wertvoller Gegenstand ist, darf sie weder verloren gehen noch zerbrechen. Während der Zeit, in der sie nicht getragen wird, wird sie in einem speziell dafür vorgesehenen Schälchen in Reinigungslösung gelegt.
- Vor Gebrauch spült man das Gerät mit klarem Wasser ab.

5.2.8. Hand- und Fußpflege

Lernziele

Nach dem Lesen dieses Teilabschnitts sollten Sie begründen können, warum eine gute Hand- und Fußpflege beim kranken Kind notwendig ist und wie sie im einzelnen durchgeführt wird.

Hände und Füße werden zwar im Rahmen der Ganzwaschung oder des Bades täglich gewaschen. Aber besonders die Hände des kranken

Kindes sind der ständigen Besiedelung durch die verschiedensten Bakterienarten ausgesetzt. An Händen und Füßen schwitzt der Patient auch oft sehr stark, so daß aus diesem Grund die Hände mindestens 3mal täglich gewaschen werden sollten.

Durchführung: Hand- und Fußpflege

Gegenstände	Maßnahmen
– Waschschüssel mit warmem Wasser	– auf den mit einem Moltontuch geschützten Nachttisch oder neben dem Bett stehenden Stuhl stellen
– 1. Handtuch	– auf die Bettdecke legen
– Waschlappen und Seife	– zuerst eine, dann die andere Hand gründlich waschen und abtrocknen
– 2. Handtuch	– Bettdecke zurückschlagen und das Handtuch unter die Füße legen
	– beide Füße waschen und abtrocknen

5.2.9. Hautpflege

Strukturnetz

Lernziele

Nach dem Durcharbeiten dieses Teilkapitels wird von Ihnen erwartet, daß Sie die verschiedenen Hauttypen beschreiben können und wissen, welche pflegerischen Möglichkeiten bei der individuellen Hautbeschaffenheit der Patienten bestehen.

5.2.9.1. Pflege der normalen Haut

Die normale Haut ist geschmeidig, glatt, elastisch und gut durchblutet.
Damit diese Beschaffenheit erhalten bleibt, ist die tägliche gründliche Reinigung mit Wasser und einer milden Seife oder einem Badezusatz, die den natürlichen Säuremantel der Haut nicht zerstören, wichtig.
Zur Vermeidung von Wundwerden (besonders in den Hautfalten) und zur Förderung der Durchblutung muß die Haut nach der Reinigung gut abgetrocknet bzw. trockenfrottiert werden.
Danach empfiehlt es sich, die Gesichtshaut leicht einzucremen, bei Säuglingen ebenfalls die Haut im Bereich des Halses, der Achselhöhlen, Ellen- und Leistenbeugen.

5.2.9.2. Pflege bei Effloreszenzen

Soweit es sich nicht um typische Hauterkrankungen handelt, sondern um vorübergehende Störungen, die pflegerisch leicht beeinflußbar sind, sollen sie in diesem Abschnitt kurz angesprochen werden.
In vielen Fällen kann man mit medikamentösen Badezusätzen bemerkenswerte Wirkungen erzielen.

Bei eitrigen Hautaffektionen, wie z. B. Pikkeln, Pusteln oder Furunkeln, ist ein Kaliumpermanganatbad zu empfehlen. Das Kleiebad wird bei Wundsein oder Intertrigo zu bevorzugen sein. Auch für vorübergehend rauhe Haut oder bei abheilenden Ekzemen bietet sich die Anwendung eines Kleiebades an.
Die weitere äußere Behandlung mit Salben, Pasten, Tinkturen oder Mixturen und auch evtl. innerliche Medikamentenverabreichung (z. B. Vitamin-B- oder C-Präparate, Kortisone oder Antihistaminika) richtet sich nach der ärztlichen Anordnung.

5.2.9.3. Pflege der trockenen Haut

Trockene Haut erkennt man an ihrer Sprödigkeit, oft verbunden mit feinerer oder gröberer Schuppung (z. B. bei übertragenen Neugeborenen).
Zur Wiedererlangung ihrer Glätte und Geschmeidigkeit braucht diese Haut die Zufuhr von feuchtigkeits- und fetthaltigen Substanzen.
Es empfiehlt sich die Anwendung bestimmter fetthaltiger Badezusätze (z. B. Pelsano, Panthenol) und Salben.

5.2.9.4. Pflege der fettigen Haut

Das überschüssige Fett der Haut wird an der Oberfläche abgesondert und ist als öliger Film sichtbar und spürbar (oft bei Kindern in der Pubertät).
Bei stark fetthaltiger Haut ist vor allem eine gründliche Reinigung erforderlich, unter Umständen sogar mehrmals täglich, um Verstopfung der Poren und eventuellen Entzündungen vorzubeugen.
Verordnete Spezialpräparate (z. B. Gesichtswasser oder besondere Cremes) sollten auch während des Kinikaufenthaltes verwendet werden.

5.3. Das Krankenbett

H. Flasch

Strukturnetz

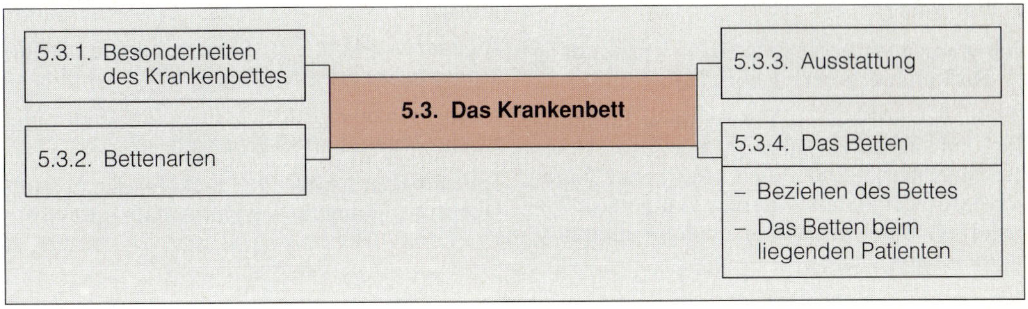

Lehrziel

In diesem Teilkapitel soll verdeutlicht werden, daß dem Krankenbett, in dem der Patient während des Krankenhausaufenthalts viel Zeit verbringt, große Bedeutung zukommt.
Von der Wahl des geeigneten Bettes und dessen Beschaffenheit hängen sehr wesentlich Sicherheit und Wohlbefinden des Kindes ab.
Außerdem ist es notwendig, das Betten des kranken Kindes mit der erforderlichen Sachkenntnis und genügendem Einfühlungsvermögen durchzuführen.

Lernziele

Nach der Erarbeitung dieses Themas können Sie
- die verschiedenen Arten von Krankenbetten nennen,
- die wichtigsten Merkmale des Krankenbettes aufzählen und begründen,
- die Ausstattung der verschiedenen Bettentypen beschreiben und, nach praktischen Übungen der einzelnen Verrichtungen,
- exakt angeben, wie das Krankenbett bezogen wird und auf welche Weise der bettlägerige Patient gebettet werden kann.

5.3.1. Besonderheiten des Krankenbettes

An das Krankenbett werden ganz andere Anforderungen gestellt als an das Bett im häuslichen Milieu.
Trotz der Vielfalt des Modellangebotes muß jedes Krankenbett einige wichtige Voraussetzungen erfüllen:
- Jedes Bett muß mit Gittern ausgestattet sein.
- Das Bett muß fahrbar und mit feststellbaren Rädern versehen sein.
- Bettgestell und Bettenzubehör müssen den hygienischen Behandlungsvorschriften entsprechen, d. h., sie müssen den Desinfektions- und Sterilisationsmaßnahmen standhalten.
- Kopf- und Fußteil und die ganze Liegefläche müssen elektrisch verstellbar sein, und zwar so, daß größere Kinder dies selbst durchführen können.
- Die Liegefläche soll sich in pflegegerechter Höhe befinden, um dem Pflegepersonal eine möglichst rückenschonende Arbeitsweise zu ermöglichen.
- Die Konstruktion des Krankenbettes hat dem Patienten weitestgehende Sicherheit zu gewährleisten, um Verletzungs- und Unfallgefahren auszuschließen. So darf das Bett z. B. keine scharfen Kanten aufweisen und der Abstand der einzelnen Gitterstäbe voneinander nicht größer als 75 mm sein (DIN-Vorschrift).
- An Kopf- und Fußende sollte das Bett mit Gleit- oder Stoßrollen versehen sein, um beim Manövrieren Beschädigungen an Wänden, Türen oder anderen Gegenständen zu vermeiden.
- Bei Bedarf ist eine Ausstattung des Bettes mit Aufzugstange (dem sog. „Galgen“) und Bettzügel erforderlich.

Beachte: Die Schwester hat sich immer zu vergewissern, daß die Seitengitter fest eingerastet sind, wenn sich das Kind im Bett befindet!

5.3.2. Bettenarten

Je nach Alter und Entwicklungs- sowie Krankheitszustand steht in der Klinik für das kranke Kind das entsprechende Bett zur Verfügung. Die wichtigsten Bettentypen sollen hier dargestellt werden:

Inkubator oder Isolette (S. 317): Verwendung für Risikoneugeborene (Abb. 21).

Wärmebett (Abb. 22): Verwendung für Säuglinge mit instabiler Körpertemperatur. Unter der Matratze befindet sich eine verstellbare, heizbare Metallplatte, deren Temperatur reguliert werden kann und an einem Außenthermometer ablesbar ist.

Säuglingsbetten: Es gibt sie in verschiedenen Größen: für Neugeborene, für Kinder bis zu ½ Jahr und für Kinder von ½ bis zu 1 Jahr.

Kleinkindbett (Abb. 23): Verwendung für Kinder von 1 bis 6 Jahren oder je nach Körpergröße.

Jugendbett (Abb. 24): Verwendung für Schulkinder bis zu etwa 12 Jahren.

Erwachsenenbett: Verwendung für Kinder, die für das Jugendbett zu groß sind.

Spezialbetten (Abb. 25): z. B. für Kinder mit Herzerkrankungen oder mit Anfallsleiden.

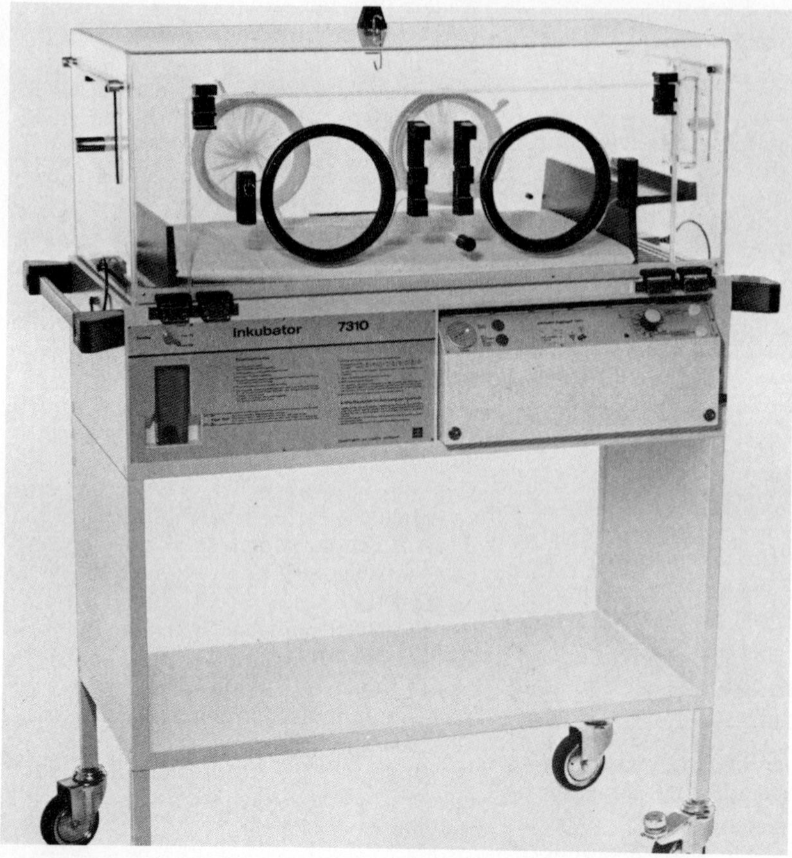

Abb. 21 Standardinkubator 7310 mit Frontklappe (Drägerwerk AG)

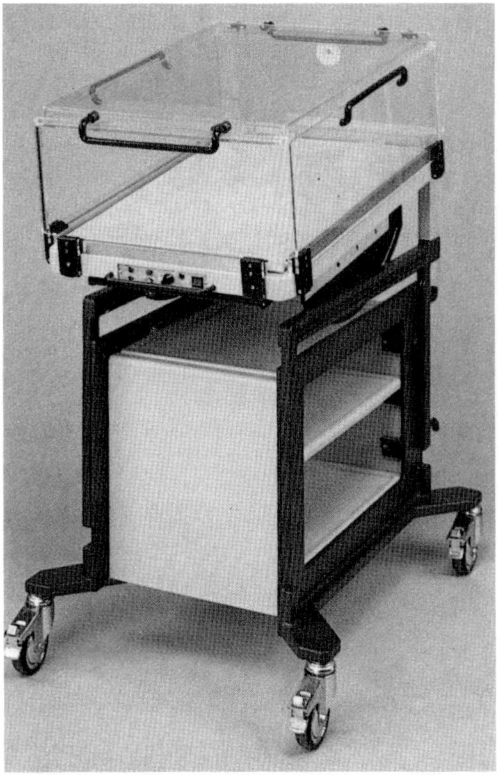

Abb. 22 Wärmebett (Fa. M. Weyer)

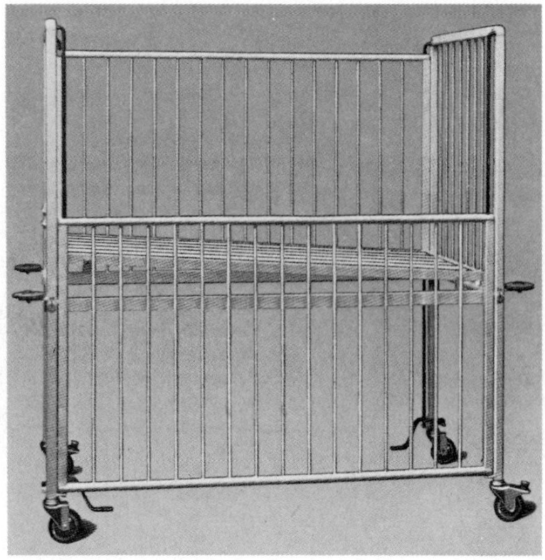

Abb. 23 Kleinkindbett

Abb. 24 Jugendbett

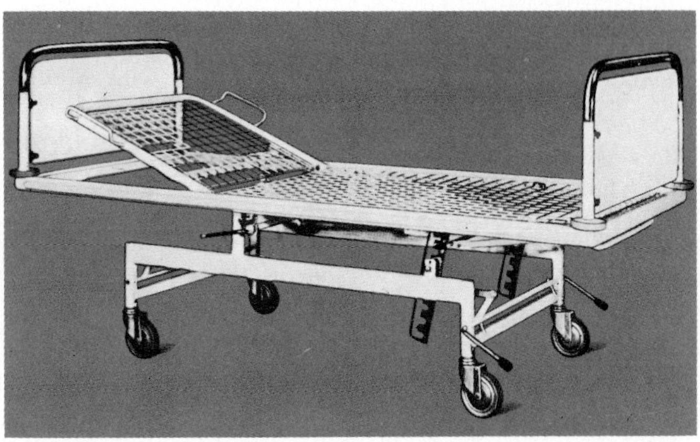

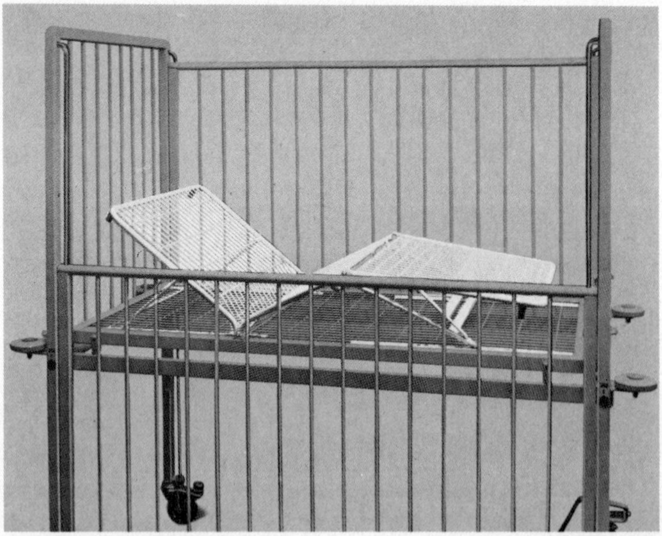

Abb. 25 Spezialbett für Kinder mit Herzerkrankungen

5.3.3. Ausstattung

Matratzenunterlage: Eine ca. 2–3 cm dicke Filzunterlage, die zum Schutz der Matratze auf den Bettrost gelegt wird.

Matratze: Die meisten Betten sind heute in der Regel mit einer einteiligen Schaumstoffmatratze ausgestattet.

Vorteile:
- gute Liegeeigenschaften, genügend elastisch, aber nicht zu weich,
- geringes Gewicht ermöglicht leichten Umgang mit der Matratze.

Leintuch: Zum Abdecken der Matratze verwendet man für die einzelnen Bettenarten entsprechend große Leintücher oder Laken aus Baumwolle. In manchen Krankenhäusern werden Leintücher verwendet, deren Ecken eingenäht sind. Sie werden über die Matratze gestreift und ermöglichen einen immer straffen Sitz.

Spanntuch oder *Stecktuch:* Es besteht aus fest gewirktem und deshalb strapazierfähigem Baumwollstoff. In der Höhe von Gesäß und Oberschenkeln des Patienten wird es quer über das Leintuch gespannt, und seine Enden werden unter die Matratze gesteckt.
Zwischen Matratze und Leintuch bzw. Leintuch und Spanntuch wird meistens eine Gummi- oder Plastikunterlage eingelegt, um einerseits die Matratze vor Nässe zu schützen und andererseits zu verhindern, daß nach jedem Einnässen des Kindes das Leintuch gewechselt werden muß.
Statt des Spanntuches oder anstelle einer Gummi- oder Plastikunterlage kann auch eine andere wasserdichte und zudem kochfeste Unterlage verwendet werden, z. B. „Liegelind“.

Kopfkissen: Bei Säuglingen wird kein Kopfkissen im Bett verwendet, da es der Wirbelsäule schaden und unter Umständen auch eine Erstickungsgefahr darstellen kann. Ihnen genügt eine Moltonauflage und eine Kopfwindel als Unterlage für den Kopf. Für größere Kinder nimmt man meistens Federkissen. Sie ermöglichen dem Patienten ein angenehmes Liegen und lassen sich gut desinfizieren. Es gibt auch Kliniken, die Schaumstoffkissen verwenden. Auch sie genügen den Anforderungen.

Decke: Zum Zudecken des Patienten verwendet man zunächst eine leichte Wolldecke oder eine Decke aus einem Wolle-Kunstfaser-Gemisch. Sie ist mit Knöpfen oder Bändern versehen und wird in einen Bezug eingeknöpft bzw. eingebunden, damit sie nicht verrutschen kann.

Deckbett oder *Steppbett:* An kühlen Tagen und während der Nacht werden die Kinder zusätzlich mit einem leichten Daunendeckbett, das auch abgesteppt sein kann, zugedeckt. Es wird meistens nur über Unterkörper und Beine des Patienten gebreitet.

5.3.4. Das Betten

Das Betten ist eine pflegerische Verrichtung, die durch tägliche Übung der verschiedenen Handgriffe erlernt wird und nach kurzer Zeit zur Routine wird. Obwohl die Technik des Bettens in den Kliniken in Details unterschiedlich gehandhabt wird, sollten doch überall folgende Regeln beachtet werden:

- rationelle Arbeitsweise, d.h. gute Vorbereitung, damit jede überflüssige Lauferei vermieden wird;
- synchrones Zusammenarbeiten mit einer 2. Pflegeperson;
- vorsichtiges Arbeiten, damit möglichst wenig Staub aufgewirbelt wird und die Patienten dadurch nicht belästigt werden.

Viele Kliniken verfügen über eine Bettenzentrale, die desinfizierte und frisch bezogene Betten auf die Stationen liefert. Dennoch werden auch sehr häufig Betten auf der Station bezogen, so daß die Schwester diese Maßnahme beherrschen muß.

Beziehen des Bettes

Ebenso wie das Abziehen, Desinfizieren und Lüften eines leergewordenen Bettes geschieht auch das Beziehen am besten nicht im Krankenzimmer, sondern entweder auf dem Gang, dem Balkon oder in einem Nebenraum der Station.

Passende frische Bettwäsche und neue Gummi- oder Plastikunterlagen werden bereitgelegt.

Handlungsschema: Beziehen des Bettes

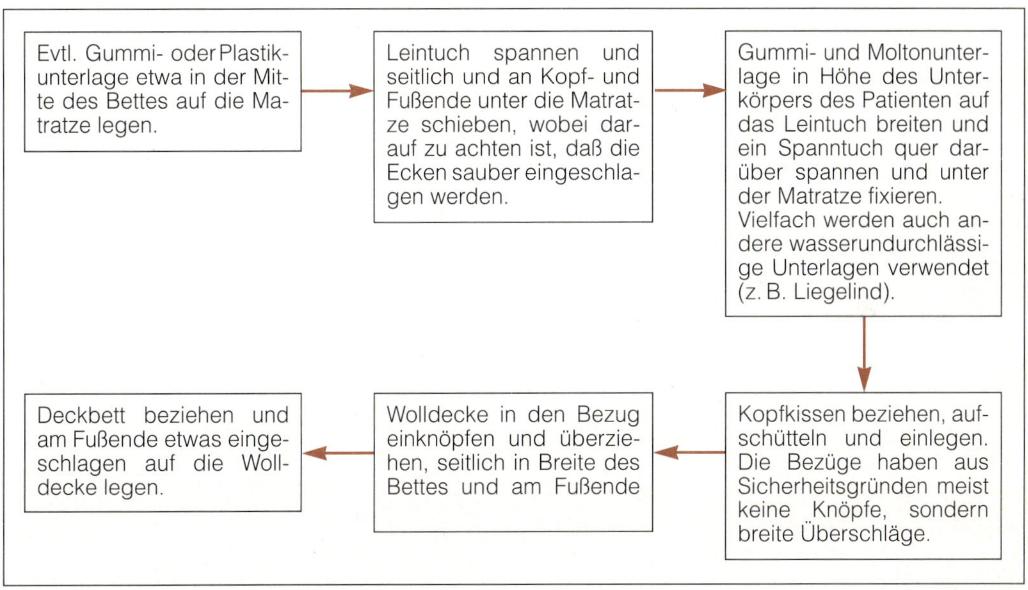

Beachte: Frische Wäsche darf nie mit unbezogener oder gebrauchter in Berührung gebracht werden!

Das Betten beim liegenden Patienten

Die Pflegeverrichtung ist am besten von 2 Schwestern sorgsam durchzuführen. Das größere Kind muß über die Maßnahme informiert werden und kann, je nach Bewegungsfähigkeit, dabei mithelfen.

Vorbereitung:
- Händedesinfektion;
- Anlegen der Schutzkittel;
- Fenster schließen;
- das Bett so stellen, daß von beiden Seiten Zugang möglich ist, evtl. auch den Nachttisch wegrücken;
- Wäschesack bzw. -eimer für Schmutzwäsche bereitstellen;
- Stuhl an das Fußende des Bettes stellen;
- kleine Eimer mit Desinfektionslösung und Lappen bereitstellen.

Beachte: Wenn die Maßnahme zu belastend für den Patienten ist, wird er am besten in ein frisches Bett umgelagert.

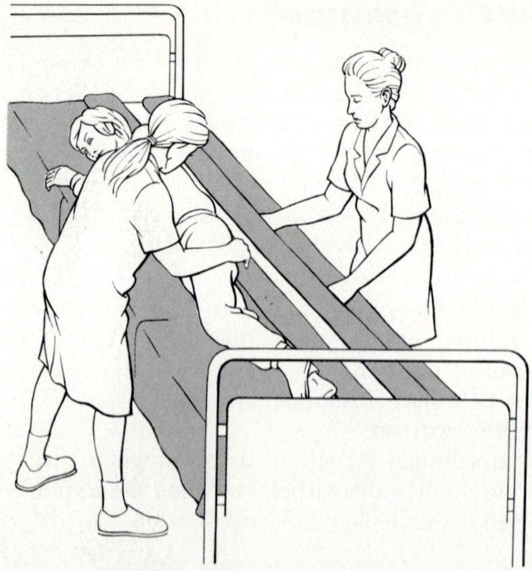

Abb. 26 Lakenwechsel beim liegenden Patienten

Handlungsschema: Beziehen des Bettes

Den Patienten begrüßen, Schutzkittel anziehen, Händedesinfektion durchführen, Fenster schließen

Deckbett, Kopfkissen und Wolldecke entfernen und abziehen, Schmutzwäsche in den Wäschesack bzw.-eimer stecken und die Wäschestücke auf den bereitgestellten Stuhl legen

Frisches Leintuch auseinandernehmen und evtl. zusammen mit dem eingelegten Spanntuch von einer Längsseite her bis zur Mitte aufrollen und über einen zweiten Stuhl oder den Fußteil des Bettes hängen. Achten, daß es nicht den Fußboden berührt!

Den Einschlag des Leintuches und des Spanntuches überall unter der Matratze hervorziehen

Entweder zu zweit den Patienten vorsichtig auf die Seite drehen oder ihn an den Bettrand legen, wobei eine Schwester ihn dann gut festhalten muß

Die 2. Pflegeperson rollt Leintuch und Spanntuch bis an den Körper des Kindes hin auf.

Gummi- oder Plastikunterlage mit Desinfektionslösung abwischen, trocknen lassen und glattstreichen

Das frisch vorbereitete Leintuch mit der aufgerollten Seite dicht an das gebrauchte legen, faltenfrei glätten und zusammen mit dem nichtaufgerollten Teil des Spanntuches seitlich unter die Matratze schieben (Abb. 26)

Den Patienten behutsam auf die andere Seite lagern, wobei der wieder von einer Schwester festgehalten wird

Die andere Schwester entfernt nun das gebrauchte Leintuch, desinfiziert die andere Hälfte der Gummiunterlage und rollt das frische Leintuch mit dem Spanntuch ganz aus und fixiert beides unter der Matratze.

Den Patienten wieder in die Mitte des Bettes legen.

An Kopf- und Fußende die Ecken einlegen und das Leintuch unter die Matratze stecken.

Die anderen Wäschestücke beziehen, Kopfkissen einlegen und den Patienten zudekken.

Schmutzwäsche wegräumen, Möbelstücke und Bett wieder an die gewohnten Plätze stellen, evtl. Fenster öffnen.

Verabschiedung vom Patienten, Schutzkittel ausziehen, Händedesinfektion.

5.4. Heben, Tragen, Umlagern eines kranken Kindes

H. Flasch

Strukturnetz

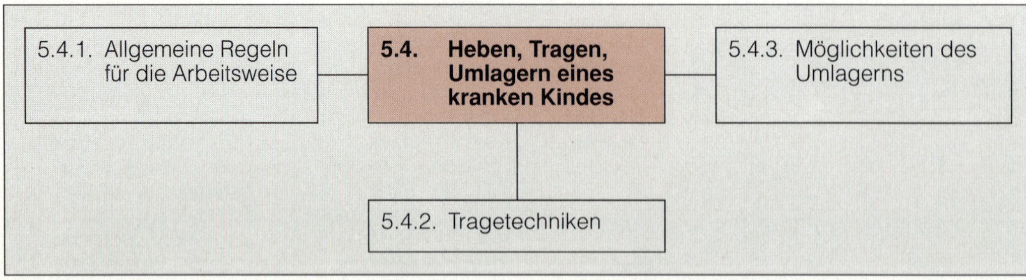

Lehrziel

Dieses Teilkapitel informiert Sie über verschiedene Möglichkeiten der fach- und situationsgerechten Techniken des Hebens, Tragens und Umlagerns eines kranken Kindes. Die Informationen sollen Ihnen helfen, bei diesen pflegerischen Tätigkeiten die physiologischen und pathophysiologischen Gegebenheiten bei den Patienten zu berücksichtigen.
Außerdem werden Sie in diesem Abschnitt darauf hingewiesen, daß Sie durch die Beachtung bestimmter Regeln sich selbst weitgehend vor gesundheitlichen Schäden, hauptsächlich der Wirbelsäule, schützen können.

Lernziele

Sie haben das Ziel dieses Lernabschnittes erreicht, wenn Sie
- über allgemeine Regeln und Verhaltensweisen der Kinderkrankenschwester beim Heben, Tragen und Umlagern eines Patienten berichten und diese auch begründen können,
- die verschiedenen Tragetechniken bei Kindern unterschiedlichen Alters beschreiben können und
- über die Möglichkeiten des Umlagerns eines kranken Kindes Auskunft geben können.

5.4.1. Allgemeine Regeln für die Arbeitsweise

Viele pflegerische Verrichtungen stellen eine hohe körperliche Belastung für das Pflegepersonal dar. Die Wirbelsäule mit den Bandscheiben wird besonders stark beansprucht und ist deshalb sehr gefährdet.

Aus der Verantwortung für die eigene Gesundheit heraus kann die Schwester durch eine rückenschonende Arbeitsweise und durch gezielte gymnastische Übungen (möglichst täglich) wesentlich zur Vermeidung von Bandscheibenschäden beitragen. Wenn folgende Grundregeln von Beginn der beruflichen Laufbahn an bewußt eingehalten werden, wird die rückenschonende Arbeitsweise schnell zur Gewohnheit:

- Tragen Sie gutes Schuhwerk, das dem Fuß die nötige Standfestigkeit und sicheren Halt verleiht.
- Sorgen Sie vor dem Heben immer für sicheren Stand, z. B. durch leichte Grätsch- oder Schrittstellung.
- Heben Sie Lasten nur mit geradem, nie mit gebeugtem Rücken (Knie- und Hüftgelenke beugen, evtl. Hockstellung einnehmen).
- Vermeiden Sie ebenso eine Hohlkreuzhaltung.
- Spannen Sie beim Heben Bauch- und Rückenmuskulatur an und halten Sie die Atmung an. Setzen Sie die Last während der Ausatmung ab.
- Nehmen Sie die Last beim Tragen nahe an den Körper heran, so daß sich ihr Schwerpunkt möglichst senkrecht über den Füßen befindet.
- Relativ ungefährlich ist es, wenn Sie Lasten auf dem Rücken oder beidseitig gleichmäßig verteilt tragen.
- Vermeiden Sie eine gleichzeitige Rumpfdrehung beim Heben und Absetzen (Gefahr der Verdrehung der Wirbelsäule).

- Heben und tragen Sie zu mehreren Personen eine Last, so ist koordiniertes und synchrones Arbeiten unbedingt erforderlich.
- Verwenden Sie, wo immer möglich, technische Hilfsmittel (z. B. Rollstuhl, Krankentrage, Krankenheber) und ermuntern Sie, wenn es geht, den Patienten zur aktiven Mithilfe.
- Gewöhnen Sie es sich an, täglich ca. 10 Minuten lang gymnastische Übungen für die Rücken- und Bauchmuskulatur durchzuführen.

5.4.2. Tragetechniken

Über das Halten und Tragen des Säuglings können Sie sich hinreichend auf S. 29 informieren.
Im folgenden wird das Tragen und der Transport des älteren Kindes durch eine oder mehrere Personen und mittels einer Krankentrage beschrieben.
Von nachstehenden Faktoren hängt es ab, auf welche Art und Weise und von wieviel Personen ein Kind getragen wird:

- von seiner Körpergröße,
- von seinem Körpergewicht und
- von seinem Krankheitszustand.

Ist das Kind ansprechbar, wird die Schwester ihm das Vorhaben erklären und ihm Anweisungen erteilen, wenn es mithelfen soll, das Tragen zu erleichtern (z. B. sich gut festhalten, mit offenem Mund atmen).

Tragen des Kindes durch eine Person

Wenn das Kind sich nicht in akut krankem Zustand befindet oder seine Entlassung bevorsteht, kann es recht bequem auf dem Rücken „Huckepack“ getragen werden. Diese Art des Tragens macht den meisten Kindern Spaß. Wichtig ist, daß das Kind sich an den Schultern der Schwester gut festhält. Die Schwester unterstützt mit den Händen Gesäß und Oberschenkel des Kindes.
Eine andere Art des Tragens ist die, daß die Schwester das Kind auf den Arm nimmt, indem sie mit einem Arm die Oberschenkel und das Gesäß, mit dem anderen den Rücken des Kindes umschließt. Es erleichtert das Tragen, wenn das Kind dabei die Arme um den Hals der Schwester legt (Abb. 27).

Ein Kleinkind kann auch, wiederum mit Rükkenunterstützung, auf der Hüfte getragen werden.
Vorteil: Bewegungsfreiheit der Beine und Blickkontakt mit dem Kind sind gewährleistet.

Tragen des Kindes durch zwei oder drei Personen

Die Schwestern stehen alle auf der gleichen Seite des Bettes. Unter Anwendung der Regeln für die rückenschonende Arbeitsweise umfaßt die 1. Pflegeperson Schultern und Rücken, die 2. Gesäß und Oberschenkel und evtl. eine 3. Schwester die Beine extra.
Günstig ist es, wenn das Kind die Arme um den Nacken der 1. Schwester legen kann. Ist dies nicht möglich, muß auch noch der Kopf unterstützt werden, und die Arme liegen überkreuzt auf der Brust (Abb. 28).

Beachte: Die Schwestern müssen mit den Armen möglichst weit unter den Körper des Kindes greifen, um es fest im Griff zu haben, damit es nicht abgleiten kann. Gehen auf Kommando im gleichen Schritt und Rhythmus!

Abb. 27 Tragen des Kindes durch eine Person

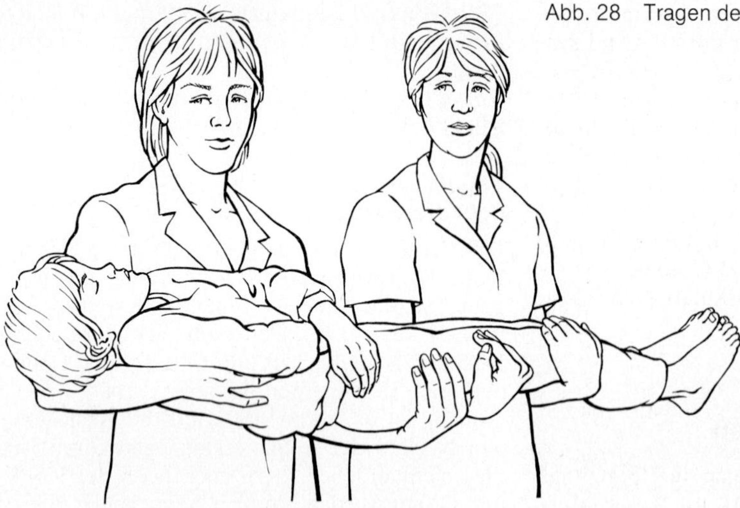

Abb. 28 Tragen des Kindes durch zwei Personen

Bei Verletzungen, Gelenkschmerzen oder Frakturen der Extremitäten muß das Kind besonders vorsichtig hochgehoben und getragen werden, wobei die schmerzende Stelle möglichst nicht berührt werden soll. Jeglicher Druck von oben her ist zu vermeiden.

Tragen mit einer Krankentrage

Hierbei sind folgende Regeln zu beachten:

- Das Anheben und Absetzen der Trage muß auf Kommando gleichzeitig erfolgen, der Transport im Gleichschritt.
- Ob der Patient in Blickrichtung oder rückwärts transportiert wird, hängt vom Krankheitszustand und der jeweiligen Situation ab (Abb. 29).
- Müssen Treppen oder Rampen überwunden werden, muß einmal der vordere Träger und ein andermal der hintere die Trage mit angewinkelten Armen halten, damit der Patient immer waagerecht liegenbleibt.

5.4.3. Möglichkeiten des Umlagerns

Das Umlagern eines Patienten kann aus verschiedenen Gründen erforderlich werden. So ist es z. B. für ein schwerkrankes Kind, das möglichst wenig berührt und bewegt werden darf, wesentlich schonender, wenn man es in ein vorbereitetes frisches Bett umlagert, anstatt ihm und auch dem Pflegepersonal die

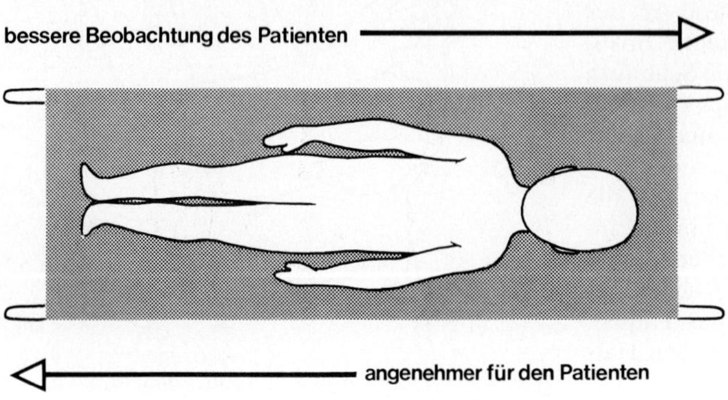

Abb. 29 Möglichkeiten der Transportrichtung

anstrengende Prozedur des Beziehens und Bettens zuzumuten.
Eine Umlagerung erfolgt außerdem vom Bett auf den Untersuchungstisch oder von der fahrbaren Trage auf den Operationstisch und umgekehrt oder von der Lagerstatt auf den Röntgentisch.
Welche der verschiedenen Möglichkeiten des Umlagerns angewendet werden, hängt hauptsächlich von den vorhandenen Raum- und Platzverhältnissen ab.

Stellung der Lagerstätten

Parallel nebeneinander (Abb. 30a): Die Pflegepersonen stehen auf der gleichen Seite des Bettes, heben das Kind hoch, drehen sich um 180 Grad und legen es auf der anderen Lagerstatt ab.

Quer zueinander (Abb. 30b): Diese Stellung kann gewählt werden, wenn viel Platz vorhanden ist. Sie ist sehr bequem, da der Transport des Kindes, bei einer Drehung von nur 90 Grad, sehr kurz ist.

Parallel hintereinander (Abb. 30c): Diese Möglichkeit des Umlagerns bietet sich an, wenn nur ein sehr schmaler langer Raum zur Verfügung steht.

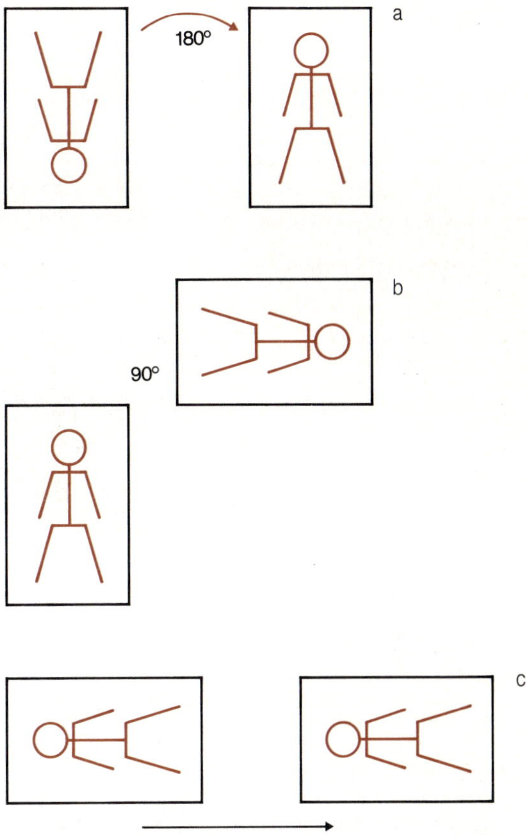

Abb. 30a–c Mögliche Stellungen der Lagerstätten

5.5. Prophylaktische Maßnahmen

H. Wildoer

Notwendige Vorkenntnisse

- Anatomie der Haut und des Bewegungsapparates,
- Anatomie und Physiologie der Atmungsorgane,
- Wirkung und Nebenwirkung der angewandten Medikamente.

Definition

Unter prophylaktischen Maßnahmen versteht man vorbeugende Maßnahmen. Außer den hier genannten Prophylaxen gibt es weitere, die in anderen Kapiteln beschrieben werden, z. B.

- Haut-, Mund-, Augenpflege (S. 158ff),
- Desinfektionsmaßnahmen, um eine Keimverschleppung zu verhindern (S. 66ff u. S. 498),
- Impfungen, Vitamin-D-Gaben u. a.,
- Parotitisprophylaxe (S. 161),
- Thromboseprophylaxe.

Strukturnetz

5.5. Prophylaktische Maßnahmen

- 5.5.1. Dekubitusprophylaxe
  - 5.5.1.1. Kritische Körperstellen
  - 5.5.1.2. Ursachen
  - 5.5.1.3. Vorbeugende Maßnahmen
- 5.5.2. Pneumonieprophylaxe
  - 5.5.2.1. Ursachen
  - 5.5.2.2. Vorbeugende Maßnahmen
- 5.5.3. Kontrakturenprophylaxe
  - 5.5.3.1. Ursachen
  - 5.5.3.2. Vorbeugende Maßnahmen
  - 5.5.3.3. Spitzfußverhütung

Lehrziel

In diesem Teilkapitel werden Prophylaxen beschrieben, die zur Grundpflege des Kindes gehören. Dazu zählen Maßnahmen zur Verhütung eines Dekubitus, einer Kontraktur und einer Pneumonie.
Diese helfen Störungen der Gesundheit und des Wohlbefindens des Kindes gering zu halten und Krankheiten zu verhüten. Es ist Aufgabe der Schwester, die vorbeugenden Maßnahmen selbständig und verantwortungsbewußt auszuführen.

Lernziele

Nach dem Studium dieses Abschnitts können Sie
- die Ursachen, die zu einem Dekubitus und einer Kontraktur führen, aufzählen;
- die Faktoren nennen, durch welche eine Pneumonie als Komplikation einer Erkrankung auftreten kann;
- die vorbeugenden Maßnahmen exakt wiedergeben.

5.5.1. Dekubitusprophylaxe

Definition

Dekubitus = Wundliegen = Druckgeschwür.
Dekubitus ist eine lokale Gewebsschädigung, die durch anhaltenden Druck entsteht. Dieser Druck führt zu einer ungenügenden Durchblutung des Gewebes. Daraus folgen eine mangelnde Ernährung des Gewebes und das Absterben von Gewebsteilen = örtlicher Gewebstod = Nekrose.
Die Rötung einer kritischen Körperstelle, welche nach 1- bis 3stündlicher Druckentlastung noch zu sehen ist, gilt als erstes Anzeichen einer Gewebsschädigung und erfordert sofortiges Handeln der Schwester.

5.5.1.1. Kritische Körperstellen

Besonders gefährdet sind die Körperstellen, an denen die Knochen unmittelbar unter der Haut liegen (Abb. 31).

Abb. 31 Kritische Körperstellen

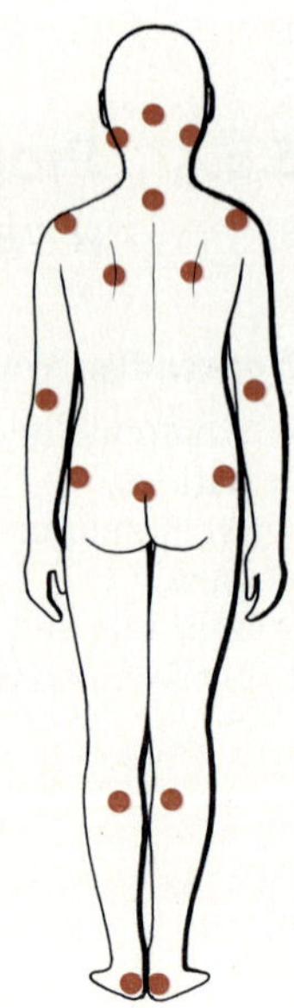

In Rückenlage: Hinterkopf, Schulterblätter, Ellenbogen, Dornfortsätze, Beckenrand, Steißbein, Fersen;
in Bauchlage: Wangenknochen, Ohrmuschel, Knie, Zehen;
in Seitenlage: Wangenknochen, Ohrmuschel, Schulter, Beckenrand, Knie, Knöchel.

Auch Sonden und Katheter üben einen Druck auf die Schleimhaut aus. Dadurch können sich Dekubitalgeschwüre bilden, z. B. an der Nasenschleimhaut, im Magen, in der Trachea, in der Harnblase und im Darm.
Bei ungenügend gepolsterten Streck- oder Gipsverbänden kann ein Dekubitus entstehen.

5.5.1.2. Ursachen

- langes Liegen
- fehlende Entlastungsbewegungen beim Ausfall von Nervenimpulsen, z. B. Bewußtlosigkeit, Lähmungen
- Minderdurchblutung, z. B. Schock, Kälte

verstärkende Ursachen
- Feuchtigkeit bei stark schwitzenden Patienten
- Urin und Stuhl bei inkontinenten Patienten
- fehlendes Fettpolster

5.5.1.3. Vorbeugende Maßnahmen

Druckentlastung durch
- Umlagern nach einem Zeitplan. Wenn es der Zustand des Kindes erlaubt Rücken-, Seiten- und Bauchlage im Wechsel
- Weichlagern durch vermeiden von Falten im Bettlaken und Krümel im Bett
- Weichlagern auf Wasser-, Luft-, Schaumstoffkissen oder -ringen (Abb. 32 und 33) oder auf synthetischem Fell

Beachte: Eine Wirkung wird nur erreicht, wenn das Kind ohne Bekleidung auf dem Fell liegt.

- Antidekubitusmatratze, Bedienungsanleitung beachten

Durchblutung fördern durch
- sorgfältige Körperpflege
- Einreiben mit alkoholischen Lösungen
- Hautschutzspray verwenden
- häufig Wäsche wechseln
- Blasentraining

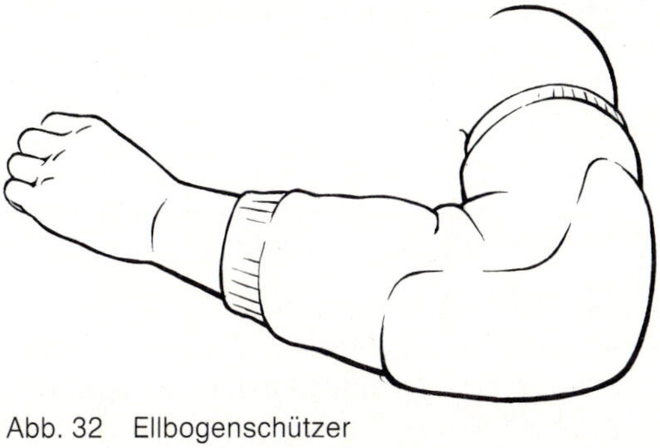

Abb. 32 Ellbogenschützer

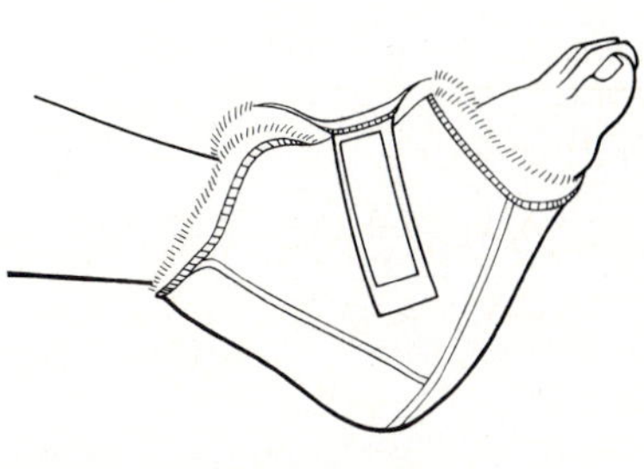

Abb. 33 Fersenschützer

5.5.1.2. Ursachen

- adipöse Kinder
- Eiweiß- und Vitaminmangel
- zu langes Liegen von Sonden und Kathetern
- unsachgemäß angelegte Streck- und Gipsverbände

5.5.1.3. Vorbeugende Maßnahmen

- eiweiß- und vitaminreiche Ernährung
- Lage verändern oder wechseln
- locker fixieren
- rasche Entfernung anstreben
- ausreichende Polsterung
- Schmerzäußerungen des Kindes beachten

5.5.2. Pneumonieprophylaxe

Ziel der Pneumonieprophylaxe ist es, eine Lungenentzündung als zusätzliche Erkrankung zu verhindern.

Besonders gefährdet sind operierte und geschwächte Kinder.

5.5.2.1. Ursachen

- ruhiges Liegen, vor allem in Rückenlage
- ungenügende Belüftung der Lungen, z. B. bei Kindern mit Mukoviszidose
- Reizung der Schleimhäute, z. B. nach einer Narkose; dies führt zu vermehrter Sekretabsonderung, oberflächlicher Atmung und mangelndem Abhusten wegen der Schmerzen
- Eindickung des Sekretes
- Sekretstau und evtl. Bakterienwachstum

5.5.2.2. Vorbeugende Maßnahmen

- Oberkörperhochlagerung erleichtert die Atmung

Beachte: Bewußtlose und sedierte Kinder nicht hochlagern.

- Umlagern, rechte und linke Seite im Wechsel, bessere Belüftung jeweils eines Lungenflügels
- das Kind zur Bewegung aktivieren
- das Kind zum tiefen Durchatmen und zum richtigen Husten anhalten
- ihm zeigen, daß die Schmerzen durch Druck der flachen Hand auf die Wunde verringert werden können
- Unterstützung beim Husten durch Aufsetzen oder Oberkörperhochlagerung
- bessere Durchblutung durch Einreiben mit Salben, die ätherische Öle enthalten. Neben der entspannenden Wirkung spürt das Kind die Zuwendung der Schwester und fühlt sich wohler
- Abklopfen des Thorax löst das Sekret durch Vibration, danach abhusten lassen; falls dies nicht möglich ist, absaugen
- Absaugen (S. 211)
- Kaltwassservernebler zum Anfeuchten und Abschwellen der Schleimhaut der Atemwege (S. 190ff)

5.5.2.1. Ursachen	5.5.2.2. Vorbeugende Maßnahmen
	– Inhalieren mit sekretlösenden Medikamenten nach ärztlicher Verordnung (S. 192)
	– Atemgymnastik unter Anleitung der Krankengymnastin
– Aspiration, besonders gefährdet sind Frühgeborene und junge Säuglinge	– Bauch- oder Seitenlage
	– langsames Füttern mit einem Sauger, der mit einem kleinen Loch versehen ist

5.5.3. Kontrakturenprophylaxe

Definition

Unter einer Kontraktur versteht man die fehlerhafte Stellung eines Gelenkes. Dies kommt zustande bei Inaktivität der Bänder, Sehnen und Muskeln.

5.5.3.1. Ursachen	5.5.3.2. Vorbeugende Maßnahmen
– falsche Lagerung	– Lagerung in physiologischer Mittelstellung (Abb. 34)
– fehlendes Wechselspiel der Muskeln beim Ausfall von Nervenimpulsen, z. B. bei Lähmungen bei Bewußtlosigkeit bei zerebral geschädigten Kindern	– das Wohlbefinden des Kindes und die therapeutischen Anforderungen beachten
	– passive und aktive Bewegungsübungen je nach Schwere der Erkrankung unter Anleitung der Krankengymnastin

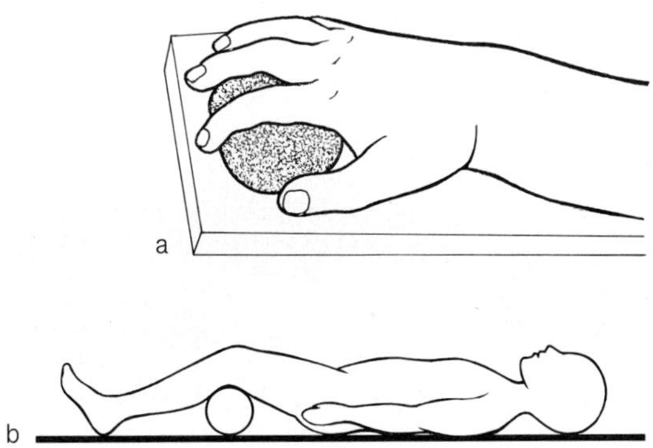

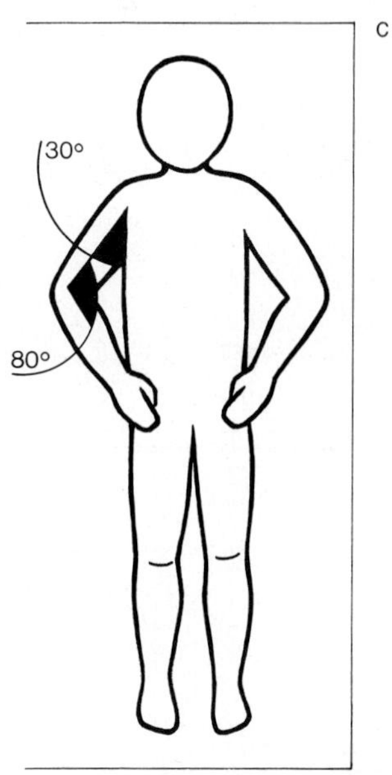

Abb. 34a–c Physiologische Mittelstellung der Extremitäten

5.5.3.3. Spitzfußverhütung

Ein Spitzfuß kann durch den Druck der Bettdecke entstehen (Abb. 35). Zur Verhütung dienen folgende Maßnahmen:

- Deckbett nicht unter die Matratze stecken;
- Reifenbahre (Bettbogen) ins Bett stellen, damit die Bettdecke nicht auf die Füße drückt (Abb. 36);
- stundenweise Gipsschalen anlegen;
- feste hohe Schuhe anziehen, die über den Knöchel reichen;
- *in Bauchlage:* Durch Schaumstoffringe Zehen vor Druck schützen oder bei Schaumgummimatratzen diese am Fußende umschlagen, damit die Zehenspitzen nicht aufliegen (Abb. 37).

Abb. 35 Entstehung eines Spitzfußes

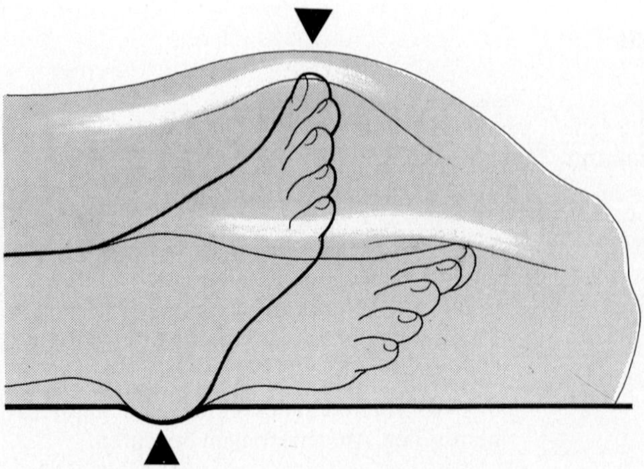

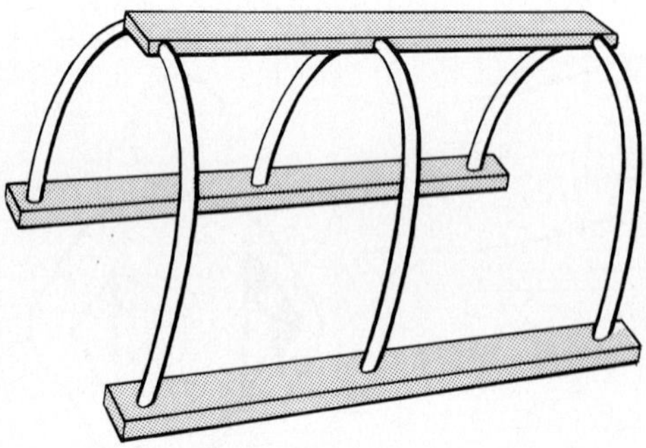

Abb. 36 Reifenbahre (Bettbogen)

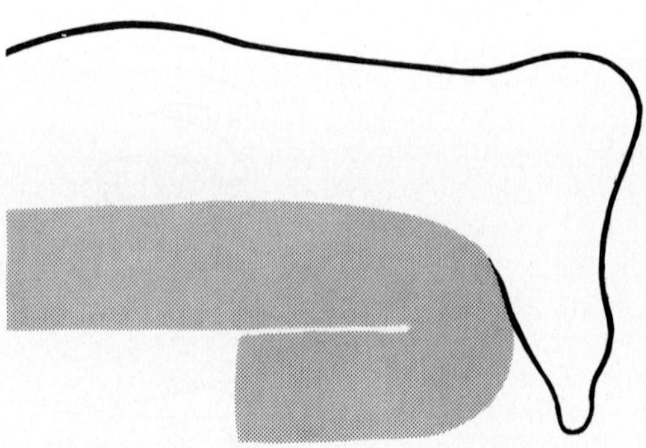

Abb. 37 Schaumstoffmatratze am Fußende umschlagen

6. Pflegerische Maßnahmen im Zusammenhang mit Diagnostik und Therapie

Vorbemerkungen

V. Wichmann

Dieses Kapitel enthält alle für die Kinderkrankenpflegeschülerin wichtigen Informationen über pflegerische Maßnahmen diagnostischer und therapeutischer Art.

Diagnose und Therapie sind Aufgabe des Arztes. Er überträgt in diesem Zusammenhang viele Tätigkeiten auf die Kinderkrankenschwester und verläßt sich auf die richtige und verantwortliche Durchführung.

Die Kinderkrankenschwester muß über den Ablauf der ärztlichen Maßnahme genau Bescheid wissen, damit sie beurteilen kann, wann sie selbst mit eigener Handlung mitwirken wird. Einige Tätigkeiten werden von ihr selbständig durchgeführt (z. B. Injektionen, Sondierung des Magens), andere verlangen von ihr weitgehend eine Assistenz bei der ärztlichen Handlung (z. B. Punktionen).

Um der Schülerin das Erlernen der einzelnen Maßnahmen zu erleichtern, sind unter dem Begriff *Notwendige Vorkenntnisse* die wichtigsten Grundlagen genannt, die zum *vollen Verständnis* der Teilkapitel erforderlich sind. Damit soll auch deutlich gemacht werden, daß pflegerisches Tun im Zusammenhang mit Diagnostik und Therapie eine enge Beziehung hat zu Kenntnissen aus anderen Lehrfächern, z. B. Anatomie, Physiologie, Krankheitslehre, Arzneimittellehre, Desinfektionslehre, Physik, Chemie u. a. Selbstverständlich kann die Schülerin diese Teilkapitel auch bearbeiten, wenn ihr einige Vorkenntnisse noch fehlen. Sie kann leichter erkennen, wo die Zusammenhänge aufzuspüren sind und welche Vorkenntnisse sie sich noch erwerben muß.

Einige Gesichtspunkte im Hinblick auf ärztliches und pflegerisches Tun sollen für dieses Kapitel besonders hervorgehoben werden:

- *Alle hier beschriebenen Maßnahmen und Tätigkeiten* der Kinderkrankenschwester *bedürfen der ärztlichen Verordnung,* auch wenn diese Tatsache nicht jedes Mal ausdrücklich beschrieben wird.
- Es gibt unterschiedliche Auffassungen darüber, ob einige Tätigkeiten eher vom Arzt ausgeführt werden sollen oder von der Kinderkrankenschwester durchgeführt werden dürfen (z. B. Katheterisieren, Blutentnahme, Injektionen).
  Zu diesen Fragen wird hier keine Stellung bezogen, weil eine Beurteilung dieses Sachverhalts u. a. vom Zustand des Kindes, von der Erfahrung und Vorbildung von Arzt und Schwester oder von der Struktur der Kinderklinik abhängig sein kann.
  Tätigkeiten, die die Kinderkrankenschwester erlernen, ausführen und beurteilen kann, werden in diesem Kapitel beschrieben, damit sie die nötigen Informationen zur Hand hat, wenn sie diese für einen aktuellen Vorgang benötigt. *Eine Aussage, daß eine Handlung nur vom Arzt oder von der Kinderkrankenschwester durchgeführt wird, ist damit nicht verbunden.*
- Eine Beschreibung von Gegenständen und Materialien für die Eingriffe geschieht exemplarisch. Wenn möglich, wird dabei das Prinzip beschrieben (z. B. Punktionskanülen).
- Es wird für jedes Teilkapitel besonderer Wert darauf gelegt, daß jeder Maßnahme die altersgemäße Information des Kindes vorausgehen muß. Während des Eingriffs ist es auch die besondere Aufgabe der Kinderkrankenschwester, das Kind zu beobachten und ihm menschliche Nähe und persönliche Zuwendung zu vermitteln.
- Die Durchführung der Maßnahme wird schriftlich fixiert (z. B. in der Kurve oder im Pflegebericht) und zusätzlich als mündliche Information an andere Mitarbeiter weitergegeben.

Strukturnetz

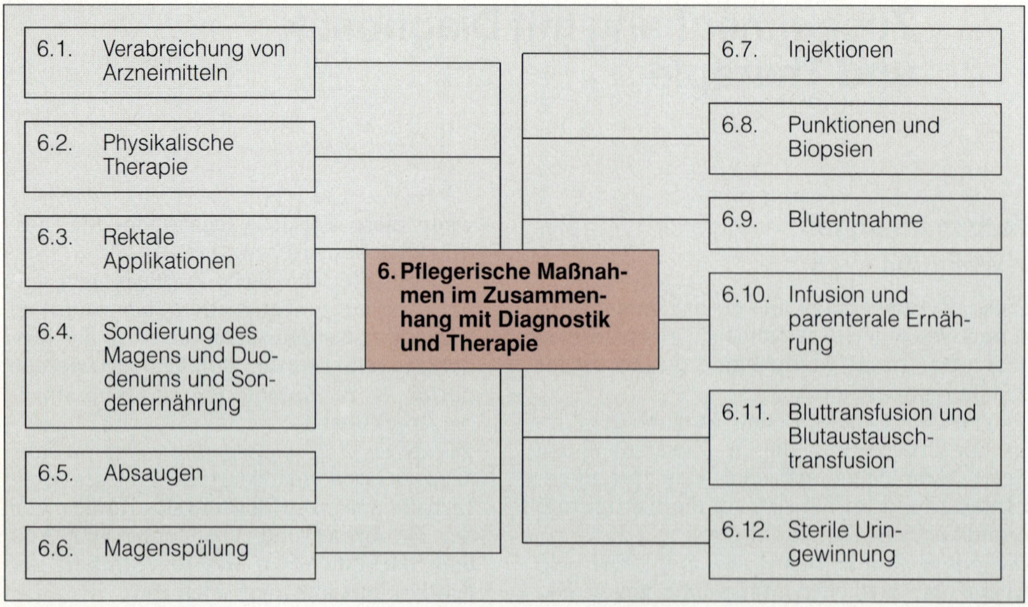

6.1. Verabreichung von Arzneimitteln

B. Gerlach

Notwendige Vorkenntnisse

- Arzneimittelformen,
- Applikationsarten,
- Medikamentenaufbewahrung,
- Arzneimittel- und Betäubungsmittelgesetz.

Strukturnetz

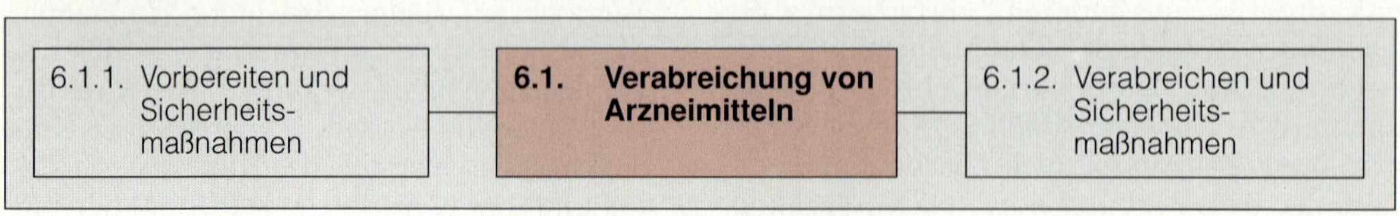

Lehrziel

Bei der Verabreichung von Arzneimitteln müssen besondere Grundsätze berücksichtigt werden. Dieses Teilkapitel nennt solche Grundsätze und will deutlich machen, daß Medikamente in richtiger Dosierung und bei gewissenhafter Verabreichung heilend wirken, während sie bei unsachgemäßem Umgang zu ernsthaften Gefahren für das Kind werden können.

Lernziele

Nach dem Durcharbeiten des Abschnitts können Sie
- die 5 wichtigen Faktoren, die beim Richten und Verabreichen von Medikamenten zu beachten sind, aufzählen und begründen;
- Richtlinien zur Verabreichung beschreiben, unter besonderer Berücksichtigung der oralen Gabe von Arzneimitteln.

6.1.1. Vorbereiten und Sicherheitsmaßnahmen

Die Verordnung von Medikamenten ist *grundsätzlich* eine ärztliche Tätigkeit. Für eine exakte Medikamentenverabreichung ist es notwendig, daß der Arzt die Medikamentenverordnung mit genauer Dosierung und genauem Verabreichungszeitpunkt in einem Verordnungsplan schriftlich fixiert und unterschreibt.
Um Fehler zu vermeiden, muß das Pflegepersonal seine ganze Aufmerksamkeit und Konzentrationsfähigkeit einsetzen und jede Tätigkeit, die im Zusammenhang mit der Medikamentenverabreichung steht, unterschreiben.
Dies ergibt im folgenden das *Prinzip einer dreimaligen Kontrolle.*

1. Kontrolle

Die Schwester hat die Aufgabe, die ärztlichen Verordnungen auf dafür bestimmte Papptäfelchen zu übertragen, die in ein Medikamententablett hineingelegt werden können (Abb. 1). Diese Übertragung unterzeichnet sie mit ihrem Namen im Verordnungsplan.
Die Medikamente werden nicht für den ganzen Tag auf einmal gerichtet, sondern jeweils für eine einzelne Verabreichungszeit. Eine Schwester bereitet die Medikamente auf das beschriebene Tablett folgendermaßen vor:

- Tabletten, Kapseln, Dragées in ein Tablettenschälchen legen, die Originalpackung dabei stehen lassen;
- Saft in einen Meßbecher füllen, kleinere Mengen mit genauer Angabe in ml in einer Einwegspritze aufziehen, die Originalpakkung dabei stehen lassen;
- Tropfen unmittelbar vor der Verabreichung in einen Meßlöffel tropfen. Bei einer Verabreichung von weniger als 4 Tropfen die Tropfenflasche zur Verabreichung mit ins Patientenzimmer nehmen.

Beachte: Fünf wichtige Faktoren = *die „fünf wichtigen R“*:
- Richtiges Medikament,
- Richtiger Patient,
- Richtige Dosierung und Konzentration,
- Richtige Applikationsart,
- Richtiger Zeitpunkt.

Richtiges Medikament

Folgende Besonderheiten sind dabei zu berücksichtigen:

- Medikamente mit ähnlichen Namen und Verpackungen nicht verwechseln;
- Verfalldatum beachten (keine ausgeflockten und verfärbten Arzneimittel);
- geöffnete Packungen nur innerhalb der vorgeschriebenen Zeit verwenden.

Richtiger Patient

Es ist wichtig, daß der Name des Patienten, für den die Medikamente gerichtet werden, mit dem Namen im Verordnungsplan übereinstimmt. Dies gilt besonders für Kinder mit ausländischen Namen, die für uns oft ähnlich klingen.

Richtige Dosierung und Konzentration

Die Kinderdosierungen sind genau auf das Alter, das Körpergewicht oder die Körperoberfläche des Kindes ausgerechnet. Mit diesen relativ kleinen Mengen muß gewissenhaft umgegangen werden.

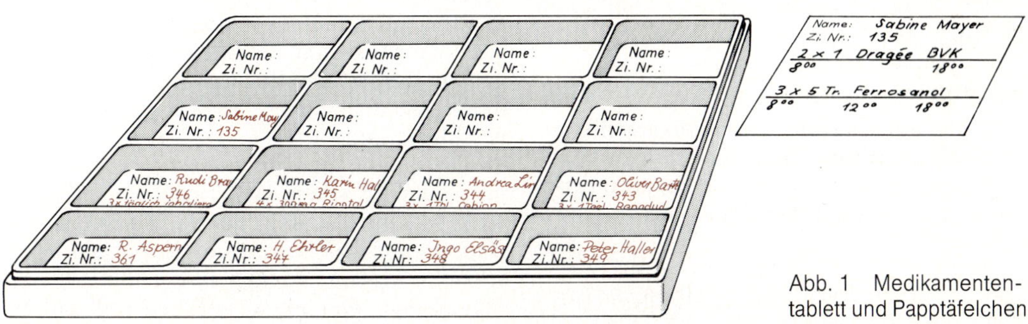

Abb. 1 Medikamententablett und Papptäfelchen

Außerdem ist zu achten auf
- die unterschiedlichen Konzentrationen (z. B. Nasentropfen für Säuglinge und Kleinkinder 0,05% und für Schulkinder und Erwachsene 0,1%);
- die verschiedenen Stärken (z. B. Antikonvulsiva, Antipyretika);
- die richtige Verdünnung (z. B. beim Auflösen von Stechampullen);
- die Angabe in ml oder mg (evtl. muß umgerechnet und von einer anderen Schwester überprüft werden).

Richtige Applikationsart

Medikamente müssen in der jeweils richtigen Applikationsart gegeben werden, da der Wirkungseintritt, die Wirkungsdauer und die Wirkungsintensität der Medikamente davon abhängig ist.
Es besteht ein Unterschied, ob ein Medikament zur oralen Gabe oder zur Inhalation bestimmt ist; auch sind bei gleichen Präparatenamen verschiedene Ampullen zur intramuskulären oder intravenösen Verabreichung zu verwenden und sind daher nicht austauschbar.
Ferner dürfen intrakutane Präparate, z. B. BCG-Impfstoff, nicht subkutan verabreicht werden.

Richtiger Zeitpunkt

Wichtig ist im Blick auf den Wirkungseintritt und die Wirkungsdauer ein gleichbleibender Spiegel des Medikaments im Blut (z. B. bei Herzmedikamenten), der aber nur bei einer zeitlich pünktlichen Verabreichung des Medikaments erhalten werden kann.
Außerdem müssen Medikamente je nach ihren gewünschten Wirkungseffekten zeitlich sinnvoll verabreicht werden (z. B. appetitanregende Mittel *vor* dem Essen, Schlafmittel *vor* dem Schlafengehen usw.). Man beachte also immer die Beipackzettel („Waschzettel") und die Anweisung des Arztes.

2. Kontrolle

Nachdem die Schwester die Medikamente unter Berücksichtigung dieser 5 wichtigen Punkte gerichtet hat, unterschreibt sie ihre Tätigkeit in einem dafür bestimmten Buch.

Beachte: Die vorbereiteten Medikamente bleiben bis zur Verabreichung außerhalb des Patientenzimmers.

6.1.2 Verabreichen und Sicherheitsmaßnahmen

Das Verabreichen der Medikamente ist meist die Aufgabe der verantwortlichen Schwester. Sie kennt die Angewohnheiten der Kinder, genießt meist das Vertrauen ihrer Patienten und wird dadurch am ehesten die Möglichkeit haben, auch ein schlecht schmeckendes Medikament oder eine schmerzhafte Injektion zu verabreichen. Durch gutes Zureden und Erklären kann sie evtl. den kindlichen Widerstand gegen ein Medikament allmählich abbauen.
Vor der Verabreichung liest die Schwester die ärztliche Verordnung nach und fragt bei auftretenden Zweifeln den zuständigen Arzt. Anschließend überprüft sie die gerichteten Medikamente unter Berücksichtigung der „fünf wichtigen R".
Es ist eine unerläßliche Voraussetzung für eine sinnvolle, exakte Medikamentenverabreichung und eine gezielte Beobachtung des Kindes, daß sich die Schwester über Wirkung und Nebenwirkungen eines Medikamentes informiert.

Besonderheiten bei der oralen Verabreichung

In diesem Abschnitt werden Sie über die orale Medikamentengabe informiert, Hinweise über andere Applikationsarten finden Sie in den entsprechenden Kapiteln:
- rektale Applikation, s. S. 193ff,
- Anwendung durch Injektion, s. S. 220ff,
- Anwendung durch Inhalation, s. S. 190ff,
- Anwendung an Auge, Nase, Ohr, Mundschleimhaut, s. Kap. 5.2.

Da ein Kind sehr häufig ein schlecht schmeckendes Medikament in Beziehung setzt zum Essen, werden die Medikamente nicht *mit*, sondern ca. 30 Minuten *vor* den Mahlzeiten gegeben.
Dem Säugling und Kleinkind wird die Schwester die Medikamente direkt in den Mund geben, das Schulkind muß sie überwachen, indem sie dabeibleibt, bis die Medikamente geschluckt sind.
Tabletten kann man mit einem Mörser zerkleinern oder auf einem Löffel mit Tee auflösen, um dem Kind das Schlucken zu erleichtern.
Kapseln und *Dragées* müssen jedoch *ganz* geschluckt werden, da sich ihre Hülle erst im Magen oder Dünndarm auflösen soll und es

sich außerdem um ein schlecht schmeckendes Medikament handelt. Man legt das Dragée oder die Kapsel dem Kind auf den hinteren Teil der Zunge und gibt anschließend Tee oder Saft zum Nachtrinken. Gelegentlich muß die Schwester diese Medikamente auf einem Löffel mit Kompott oder Pudding „verstecken", um sie so dem Kind unbemerkt zu verabreichen.

Tropfen und *Säfte* dürfen nie direkt aus der Flasche in den Mund gegeben werden, es kann dadurch schnell zu einer gefährlichen Überdosierung kommen. Die verordnete Menge nehmen Säuglinge und Kleinkinder am besten auf dem Löffel mit Tee oder Saft oder durch einen Sauger und Schulkinder auf einem Stück Würfelzucker. Bei *sublingualer* Verordnung werden die Tropfen meist unverdünnt, möglichst mit einer Pipette, direkt unter die Zunge verabreicht.

Beim Säugling ist darauf zu achten, daß Medikamente *nicht* der Flasche zugefügt oder in Verbindung mit einer Flaschenmahlzeit gegeben werden, es besteht sonst die Gefahr der *ungenauen Dosierung, der Geschmacksbeeinträchtigung und schließlich der Nahrungsverweigerung.* Die Medikamente werden also auch dem Säugling getrennt von den Mahlzeiten auf einem Löffel mit Saft oder Tee gegeben. Einige geschmacklose Medikamente wie Vigantol und Zymafluor bilden eine Ausnahme, sie dürfen während der Flaschenmahlzeit gegeben werden. Dazu wird die kleine Tablette dem Säugling während des Trinkens auf den hinteren Teil der Zunge gelegt, um beim nachfolgenden Schluck mühelos hinuntergespült zu werden.

Können bei allzu großem Widerstand des Kindes Medikamente nur teilweise verabreicht werden oder werden sie sogar erbrochen, so muß sich die Schwester über die weitere Art der Medikamentenverabreichung mit dem Arzt beraten.

3. Kontrolle

Nach der Verabreichung trägt die Schwester folgende Punkte in den Pflegeplan des Kindes ein:

- Medikament,
- Dosis,
- Applikationsart,
- Zeitpunkt,
- Unterschrift.

Eine sehr wichtige Aufgabe der Schwester ist es nun, das Kind sorgfältig und kontinuierlich zu beobachten, um jegliche Veränderungen in seinem Zustand (evtl. durch die Nebenwirkung eines Medikaments) sofort dem Arzt mitteilen zu können.

Beachte: Unterlaufene Fehler bei der Medikamentenverabreichung müssen sofort dem zuständigen Arzt mitgeteilt werden, evtl. kann ein Antidot verordnet werden.

6.2. Physikalische Therapie

H. Wildoer

Notwendige Vorkenntnisse

- Physiologie der Haut und des Wärmehaushalts,
- Funktionen des Blutes,
- Prinzip der Wärmeleitung und des Wärmeaustausches.

Definition

Unter physikalischer Therapie versteht man die Anwendung verschiedener physikalischer Reize und Methoden, die eine Wirkung auf den menschlichen Organismus, vor allem auf Haut, Muskulatur und Gelenke, ausüben.

Strukturnetz

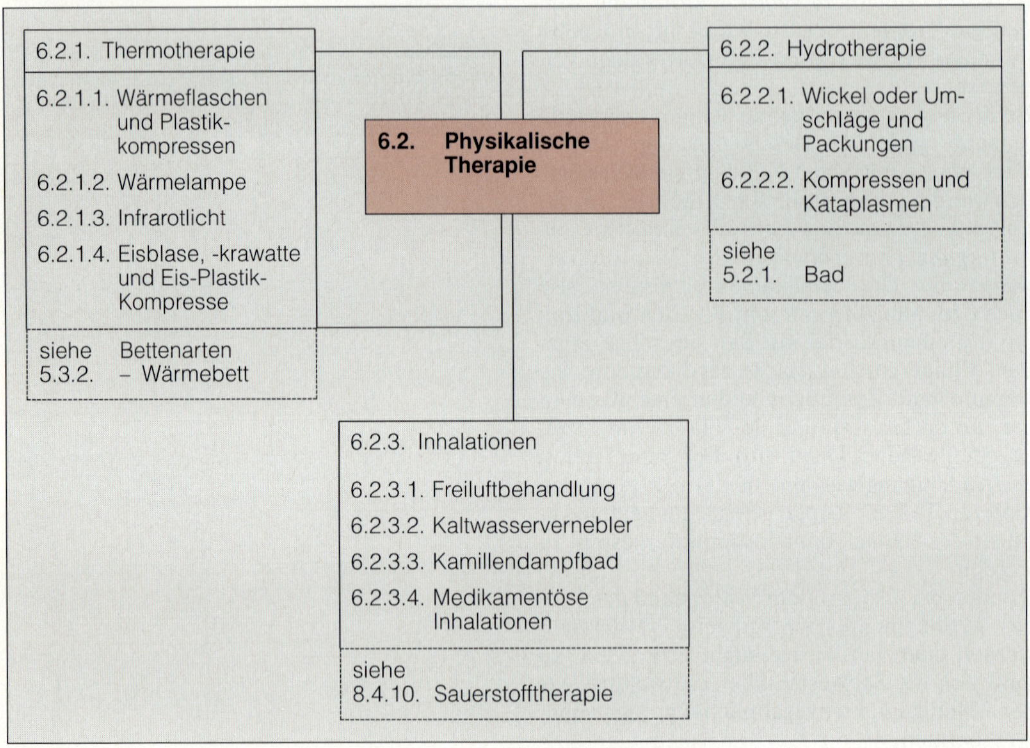

Lehrziel

Bei manchen Erkrankungen können zur Unterstützung der medikamentösen Therapie physikalische Behandlungsmethoden angewendet werden. In diesem Teilkapitel werden einige Anwendungen beschrieben, die sowohl in der Klinik als auch bei der häuslichen Kinderkrankenpflege – nach Rücksprache mit dem Arzt – durchgeführt werden können.

Lernziele

Wenn Sie diesen Abschnitt bearbeitet haben, können Sie

- die Wirkung von Wärme und Kälte auf den Organismus erläutern;
- Anwendungsarten der Wärmezufuhr und des Wärmeentzugs aufzählen;
- berichten, wie Wärme- und Kältespender zu handhaben sind;

- erklären, wie Wickel und Packungen angelegt werden und worauf dabei zu achten ist;
- bei der Anwendung des Kaltwasserverneblers die Besonderheiten bei der Pflege des Kindes nennen;
- mitteilen, wie eine medikamentöse Inhalation durchgeführt wird.

6.2.1. Thermotherapie

Bei der Thermotherapie wird trockene Wärme und Kälte angewendet, die einen Reiz auf die Haut ausübt und die Durchblutung fördert. Wenn man Kälte über eine längere Zeit einwirken läßt, kann dadurch die Blutstillung unterstützt und vorübergehend eine anästhesierende Wirkung erreicht werden.

6.2.1.1. Wärmflasche

Wärmflaschen gibt es in verschiedenen Ausführungen, z. B. Gummiflaschen, die mit heißem Wasser gefüllt werden oder Metallflaschen, die mit Öl gefüllt und zugelötet sind. Wärmflaschen können angewendet werden z. B. zur Aufwärmung, zum Warmhalten von Wickeln und zur Schmerzlinderung, vor allem bei Bauchschmerzen. Metallflaschen dürfen nicht auf den Bauch gelegt werden, da sie zu schwer sind.

Verwendung der Gummiwärmflasche

Material	Durchführung	Besonders zu beachten
Wärmflasche	– Flasche liegend füllen. Den Hals hochhalten damit die Luft entweichen kann. Die richtige Temperatur am Unterarm prüfen	– Vorsicht bei bewußtlosen Kindern und Frühgeborenen. Ist die Wassertemperatur zu hoch, besteht die Gefahr der Verbrennung, da die eingestrahlte Wärme vom Blut nicht abtransportiert wird
	– Flasche halb füllen, und die Luft mit der flachen Hand herausdrücken	– wenn die Flasche zu voll ist, können sich die entwickelnden Dämpfe nicht ausdehnen
	– zuschrauben	
	– Dichtigkeit prüfen	
Wärmflaschenbezug oder Windel	– Flasche einwickeln	
	– mit dem Verschluß in Richtung Fußende ins Bett legen, damit die Kinder nicht mit dem Verschluß spielen	
	– das Wasser der Wärmflasche bei Bedarf nach 1 Std. erneuern	
	– nach Gebrauch Wärmflasche desinfizieren, trocknen und zum Aufbewahren mit etwas Luft füllen, damit die Innenwände nicht miteinander verkleben	

Anwendung der Metallwärmflasche

Metallwärmflaschen werden in einem speziellen Flaschenwärmeschrank aufgeheizt und aufbewahrt.

Durchführung

Flasche mit einem Tuch (Topflappen) aus dem Wärmeschrank nehmen und in einen Moltonbezug wickeln. Nicht direkt mit dem Kind in Berührung bringen, sondern eine Moltonrolle zwischen Kind und Wärmflasche legen. Die Wärme hält länger vor als bei einer mit Wasser gefüllten Wärmflasche.
Nach Gebrauch Flasche desinfizieren und in den Wärmeschrank zurücklegen.

Einsatz von Plastikkompressen

Anstelle von Wärmflaschen können auch mit Paraffin gefüllte Plastikbeutel verwendet werden.
Diese werden in 70–80°C heißem Wasser erwärmt. Die Kompressen schmiegen sich gut an. *Gebrauchsanleitung beachten.*

6.2.1.2. Wärmelampe

In einer Wärmelampe befindet sich eine 750–1000-Watt-Birne, die eine entsprechende Wärme abgibt. Sie wird angewendet, um Früh- und Neugeborene bei Untersuchungen und während der Körperpflege vor Auskühlung zu schützen.

6.2.1.3. Infrarotlicht

Eine tiefere Wärmewirkung im Gewebe wird durch die kurzwelligen Infrarotstrahlen erreicht. Sie findet Anwendung z. B. bei Sinusitis, Otitis media, Infekten der oberen Luftwege, posttraumatischen Schwellungen und Gelenkerkrankungen.

Durchführung

Das Kind sitzt oder liegt vor der Lampe und trägt eine Schutzbrille. Metallgegenstände wie Kettchen und Spangen werden entfernt, da sie heiß werden. Der Abstand wird so eingestellt, daß das Kind die Wärme als angenehm empfindet. Die Dauer der Behandlung beträgt 15–20 Minuten. Während dieser Zeit bleibt die Schwester beim Kind, damit es nicht zu nah an die Lampe kommt. Die Kinderkrankenschwester kann auch das Kind auf den Schoß nehmen und so gleichzeitig die Wärme prüfen. Nach Beendigung der Behandlung Gesichts- bzw. Lippenpflege durchführen.

6.2.1.4. Eisblase, -krawatte und Eis-Plastik-Kompresse

Eisblasen, -krawatten oder *-kompressen* können aufgelegt werden

- zur Blutstillung, z. B. nach Zahnextraktion, Tonsillektomie, Adenotomie, Nasenbluten, inneren Blutungen, Entbindungen und Ergüssen,
- zur Fiebersenkung, wenn Wadenwickel, bei kalten Extremitäten, kontraindiziert sind, können Eiskompressen in die Leistenbeuge gelegt werden.

Durchführung

Eisblasen oder *-krawatten* sind mit Eis gefüllte Gummibeutel.
Eiswürfel zerkleinern und die Ecken mit warmem Wasser abrunden. Gummibeutel bis zur Hälfte füllen, die Luft entfernen, Dichtigkeit prüfen, Eisblase bzw. -krawatte in ein Tuch einschlagen und auflegen. Den Knoten nicht im Nacken befestigen. Nach Gebrauch die Gummibeutel desinfizieren, trocknen und mit Luft gefüllt aufbewahren.
Eis-Plastik-Kompressen enthalten ein Gel. Sie werden im Kühlschrank oder im Gefrierfach gekühlt.
Nach Gebrauch die Kompresse desinfizieren und in den Kühlschrank zurücklegen. *Gebrauchsanweisung beachten.*

Beachte: Wird Kälte zur Blutstillung angewendet, die Auflagen ständig erneuern, damit der Kälteeffekt erreicht wird.

6.2.2. Hydrotherapie

Unter Hydrotherapie versteht man verschiedene Formen der Wasseranwendung, z. B. Bäder, Güsse, Wickel, Dämpfe, die durch mechanische, chemische oder thermische Reize auf die Haut wirken.
Die Wirkungen der in diesem Abschnitt beschriebenen Anwendungen von Wasser beruhen vor allem auf thermischen Reizen. Dort,

wo Zusätze verwendet werden, kommen chemische Reize hinzu.

6.2.2.1. Wickel oder Umschläge und Packungen (Einpackung)

Unter einem *Wickel* versteht man die Umhüllung einzelner Körperteile, z. B. Waden, Brust. Bei einer *Packung* werden Dreiviertel des Körpers oder fast der ganze Körper eingepackt.
Wickel und Packungen können kalt, zimmerwarm oder heiß angelegt werden, entscheidend ist die Dauer der Behandlung.
Feuchtkalte Anwendungen wirken zunächst wärmeentziehend, später erwärmend, bei einer Packung soll das Kind schwitzen.
Bei den Maßnahmen werden immer 3 verschieden große Tücher gebraucht. Das größte, ein Woll-, Frottee- oder Flanelltuch, wird zuerst ausgebreitet, darüber kommt ein etwas kleineres Baumwolltuch und darauf das feuchte kalte, feuchte zimmerwarme, feuchte heiße oder trockene heiße Baumwolltuch, welches wiederum etwas kleiner ist als das trockene Tuch. Danach wird der zu bedeckende Körperteil daraufgelegt und eingewickelt.
Das Woll-, Frottee- oder Flanelltuch muß glatt sein und so dicht abschließen, daß an den Rändern *keine Verdunstungskälte* entsteht.

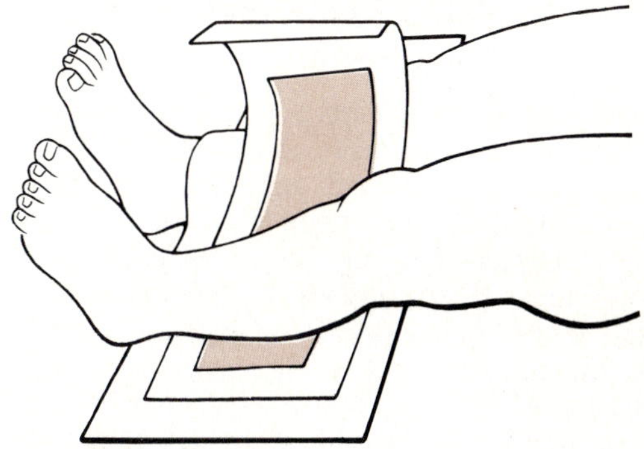

Abb. 2 Wadenwickel

Beim Wickel nur den genannten Körperteil bedecken, z. B. nur die Wade oder die Brust.
Das Anlegen eines Wickels wird am Beispiel des Wadenwickels beschrieben.
Wadenwickel werden zur Fiebersenkung angewendet. Diese dürfen nur angelegt werden, wenn das Kind warme Beine hat.
Vorbereitung des Materials:

- 2 Woll- oder Flanelltücher,
- 4 verschieden große Baumwolltücher (Abb. 2),
- kaltes bzw. lauwarmes Wasser,
- Uhr,
- Fieberthermometer.

Handlungsschema: Anlegen der Wadenwickel

Kind informieren und beide Unterschenkel freimachen.

→ Die beiden kleinsten Baumwolltücher in kaltes bzw. lauwarmes Wasser tauchen, mäßig ausdrücken.

→ Woll- oder Flanelltuch glatt hinlegen, darüber die trockenen Baumwolltücher, danach die feuchten Tücher.

↓ Tücher unter die Unterschenkel des Kindes legen und der Reihe nach die Tücher faltenfrei um die Beine des Kindes wickeln.

← Wickel 3mal im Abstand von 10 Minuten erneuern.

← Unmittelbar nach Beendigung und nach 1 Stunde wird die Temperatur kontrolliert.

Die Temperatur sollte um etwa 0,5 °C gesunken sein.

6.2.2.2. Kompressen und Kataplasmen

Kompressen sind kleinere Auflagen aus einem mehrfach zusammengelegten Leinentuch. Sie können kalt und heiß angewendet werden, z. B. kalt bei Schwellungen (Ergüsse, Hämatome), Verstauchungen, Insektenstichen, Entzündungen. Dazu wird ein Tuch in kaltes Wasser, dem Akohol oder Eis beigefügt werden kann, getaucht und leicht ausgedrückt. Danach wird das zusammengelegte Tuch auf den betreffenden Körperteil gelegt. So kann eine abschwellende und entzündungshemmende Wirkung erreicht werden.
Kompressen werden nach Bedarf gewechselt.
Ein Kataplasma ist ein heiß angewandter Breiumschlag zur Einschmelzung eitriger Prozesse, z. B. Lymphadenitis, Abszesse.
Als Breie können verwendet werden: Kartoffeln, Leinsamen, Heilerde oder ein Antiphlogistikum, z. B. Enelbin.

Durchführung

Enelbin im Wasserbad erwärmen, durchwalken und mit einem Holzspatel auf einer Mullkompresse verteilen. Temperatur prüfen und auflegen, mit einer Lage Watte bedecken und mit einem Woll- oder Flanelltuch fixieren

6.2.3. Inhalationen

Unter einer Inhalation versteht man die Einatmung von Gasen, Dämpfen und fein zerstäubten Flüssigkeiten.

6.2.3.1. Freiluftbehandlung

Eine Freiluftbehandlung kann angewandt werden bei Kindern mit Erkrankungen der Atemwege. Sie hat eine beruhigende Wirkung. Bei nebeligem und heißem Wetter darf sie nicht durchgeführt werden.

Durchführung

Das Bett des Kindes wird an das weit geöffnete Fenster oder auf einen Balkon gestellt. Das Kind wird je nach Außentemperatur angezogen (im Winter mit Mütze und Handschuhen) und zugedeckt. Eventuell kann noch eine Wärmeflasche an die Füße gelegt werden.

6.2.3.2. Kaltwasservernebler

Beim Kaltwasservernebler wird Wasser durch Druckluft, Elektrizität oder Ultraschall versprüht.

Indikation

- Zum Anfeuchten der Einatmungsluft,
- zur Verflüssigung des Bronchialsekrets, z. B. bei Erkrankungen der Atemwege,
- zum Anfeuchten der Zimmerluft.

Geräte

Beim *Croup-Air* und *Defensor* wird Wasser durch elektrischen Strom vernebelt. Wegen der möglichen Kalkablagerungen soll destilliertes Wasser verwendet werden.
Beim *Ultraschallvernebler* (Abb. 3) werden durch die schnellen Schwingungen Wassertröpfchen so fein zerstäubt, daß sie mit der Einatmungsluft bis tief in die Atmungsorgane dringen.
Bei allen Geräten müssen die Hinweise des Herstellers zur Inbetriebnahme, Anwendung und Desinfektion genau beachtet werden.

Besonderheiten der Pflege bei der Anwendung von Kaltwasserverneblern

- Durch die hohe Luftfeuchtigkeit wird die Kleidung des Kindes und das Bett feucht, darum Wäsche häufig wechseln.
- Die Gesichtshaut des Kindes pflegen.
- Dem Kind die Aufgabe des Gerätes und die Wirkung der feuchten Luft altersgemäß erklären.
- Dem Kind sollte erlaubt sein, sein Spielzeug oder mindestens sein Lieblingstier bei sich zu haben.

6.2.3.3. Kamillendampfbad

Bei einem Kamillendampfbad werden die Wirkstoffe der Kamillenblüten mit dem Wasserdampf eingeatmet.
Es kann angewandt werden z. B. bei Husten, Schnupfen oder Sinusitis.

Durchführung

- Eine Handvoll Kamillenblüten in 2 l Wasser kochen oder 1–2 Eßl. Kamillenextrakt auf 2 l heißes Wasser geben.

Abb. 3 Ultraschallvernebler

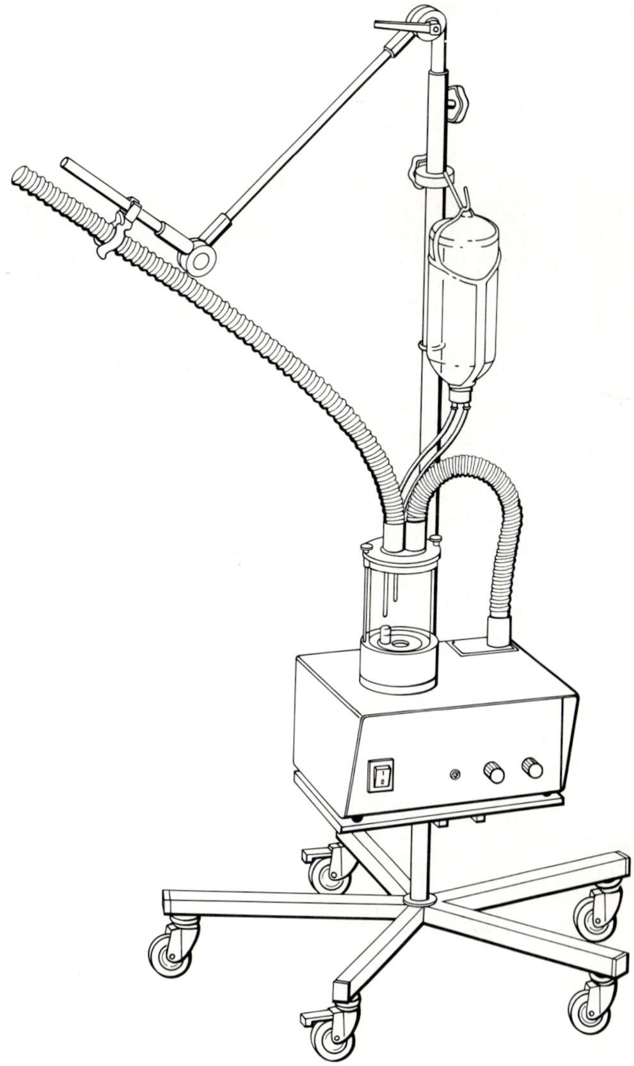

- Das Kind an das Waschbecken setzen und ihm die Durchführung erläutern und daß es seinen Kopf über die Schüssel beugen muß.
- Kopf, Hals und Schultern mit einem Badetuch bedecken.
- Hat das Kind Angst, kann man sich bei der ersten Anwendung mit ihm unter das Badetuch setzen.
- Das Kind 10 Minuten inhalieren lassen.
- Nach der Beendigung des Dampfbades das Gesicht des Kindes abwaschen und abtrocknen und evtl. eincremen.
- Da der Kopf sehr erhitzt ist, muß es vor kaltem Luftzug geschützt werden und evtl. eine Kopfbedeckung aufsetzen.

Beachte: Durch die heiße Flüssigkeit besteht die Gefahr der Verbrühung, daher kann das Kamillendampfbad nur bei großen Kindern und unter Aufsicht durchgeführt werden.

6.2.3.4. Medikamentöse Inhalationen (Aerosolbehandlung)

Bei den medikamentösen Inhalationen werden die Medikamente zu Aerosolen (Schwebestoffen) vernebelt. Dazu benutzt man einen elektrisch betriebenen Membrankompressor oder die Druckluft der zentralen Gasversorgung (Abb. 4 und 5).

Indikation

Zur Prophylaxe und Therapie bei Erkrankungen der Atemwege.

Durchführung

- Wandentnahmeventil einstecken oder Kompressor an den Netzstrom anschließen.
- Medikamentenbehälter abschrauben, mit dem verordneten Medikament füllen, wieder anschrauben.
- Wandentnahmeventil öffnen oder Gerät einschalten.
- Beim sitzenden Kind Verneblermaske vor das Gesicht halten (nicht andrücken) oder beim liegenden Patienten lose über Mund und Nase legen.
  Statt der Maske kann beim großen, aktiv beteiligten Kind ein Mundstück verwendet werden.
  - Mundstück auf die Zunge legen;
  - der Mund muß das ganze Mundstück umschließen;
  - Nasenatmung durch Zuhalten ausschließen;
  - Kind langsam und tief bei vollkommen aufgerichteter, gerader Wirbelsäule einatmen lassen;
  - kurz die Luft anhalten lassen (Verteilung des Medikamentes);
  - langsames, tiefes Ausatmen.
- Während der Inhalation können durch gezielte Dehnlagerungen (z. B. Arm hochheben) beim sitzenden und liegenden Kind minderbelüftete Lungengebiete aufgedehnt werden. Das Medikament gelangt leichter dorthin.

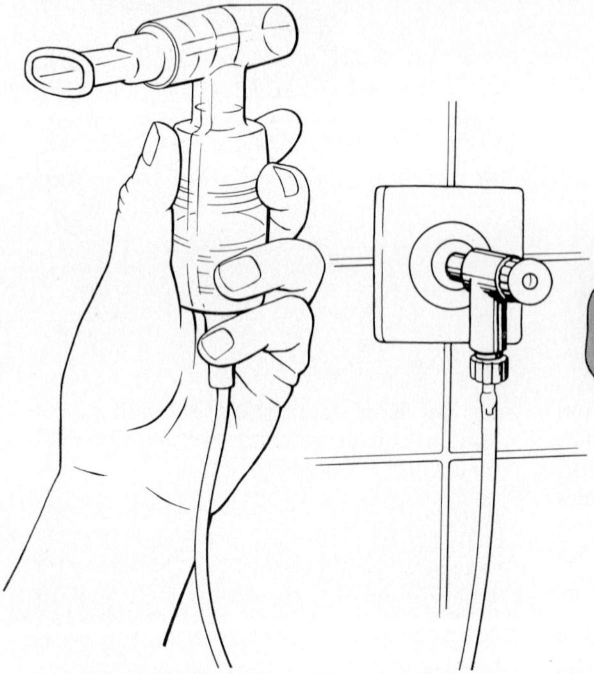

Abb. 4 Vernebler mit Mundstück und Anschluß an die zentrale Gasversorgung

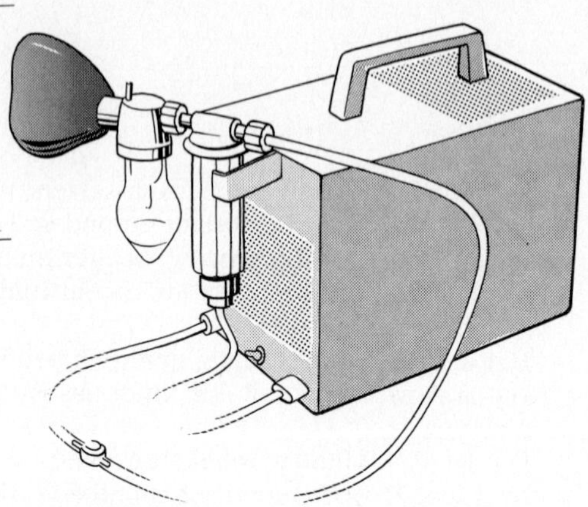

Abb. 5 Vernebler mit Maske und Anschluß an den Membrankompressor

- Die Inhalationsdauer richtet sich nach
  - einer festgelegten Zeit,
  - der Anzahl der Atemzüge,
  - oder dem Verbrauch des Medikaments.
- Bei verschiedenen Medikamenten neue Behälter verwenden.

Beachte: Während und nach Abschluß der Inhalation von Sympathikomimetika, z. B. Sultanol, müssen Pulskontrollen durchgeführt werden, da eine Tachykardie auftreten kann.

- Gerät abschalten, Reste des Medikamentes ausgießen, Medikamentenbehälter ausspülen, destilliertes Wasser einfüllen und zur Reinigung der Düse versprühen.
- Das Gerät 1mal täglich desinfizieren.
- Die Bedienungsanleitungen des Herstellers beachten.

Beachte: Inhalationen nicht nach einer Mahlzeit durchführen, da beim Husten das Kind erbrechen und evtl. aspirieren kann.

Weiterführende Literatur

van Benthem, A., S. Bos, W. Visser de la Houssaye: Krankenpflege zu Hause, 3. Aufl. Freies Geistesleben, Stuttgart 1988

Eichler, E.: Wickel und Auflagen. Freies Geistesleben, Stuttgart 1987

Krauss, H.: Physiotherapie zu Hause. Hippokrates, Stuttgart 1985

6.3. Rektale Applikation

H. Wildoer

Notwendige Vorkenntnisse

- Anatomie und Physiologie des Kolons,
- Maßnahmen der laufenden Desinfektion.

Strukturnetz

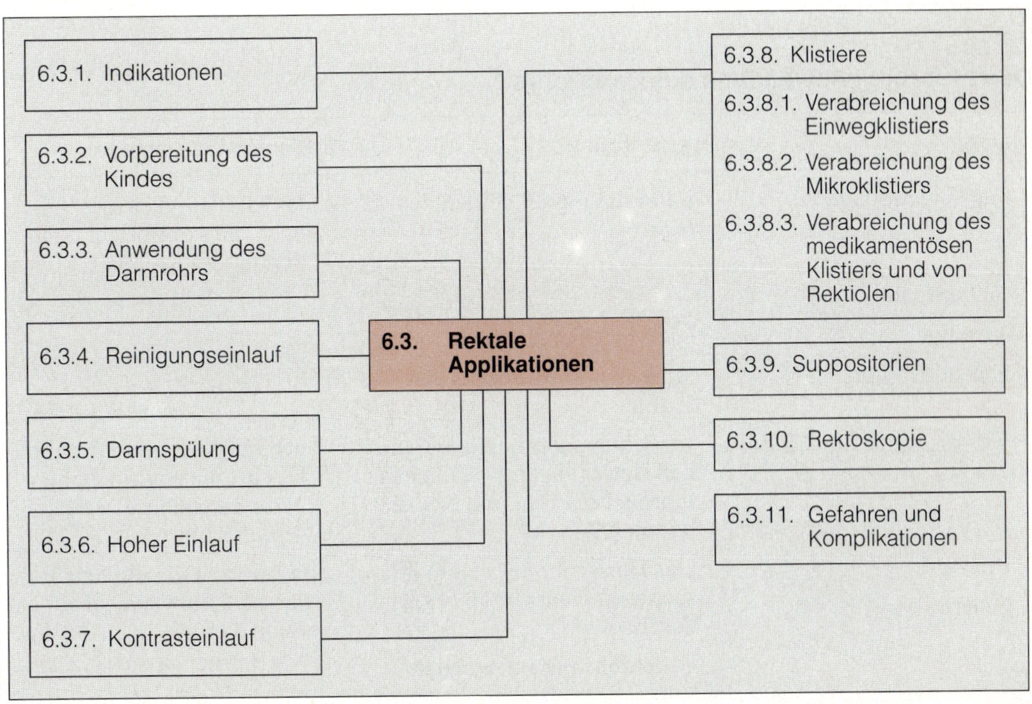

Lehrziel

In diesem Teilkapitel sind Maßnahmen zusammengefaßt, die zur Reinigung des Darms und zu Untersuchungen durchgeführt werden. Auch die Verabreichungsart der Medikamente in das Rektum wird beschrieben. Über die Aufgaben, die sich für die Kinderkrankenschwester ergeben, werden Sie an dieser Stelle informiert.

Lernziele

Nach der Bearbeitung dieses Abschnitts können Sie
- Indikationen zu unterschiedlichen rektalen Applikationen wiedergeben;
- berichten, wie ein Kind zur Verabreichung von Einläufen und Klistieren vorbereitet wird;
- die Besonderheiten bei der Durchführung der einzelnen Maßnahmen beschreiben.

6.3.1. Indikationen

Zur Reinigung:
- Erweichen und Abführen des Darminhalts, z. B. vor Operationen, Röntgenaufnahmen der Harnwege und des Darms.

Zur Diagnostik:
- Verabreichung von Röntgenkontrastmittel,
- Untersuchung der Darmschleimhaut auf Veränderungen.

Zur Therapie:
- zum Abführen, z. B. bei Obstipation, Mekoniumverhärtung, Querschnittlähmung,
- Vergiftungen,
- bei Meteorismus,
- zur Verabreichung von Medikamenten.

6.3.2. Vorbereitung des Kindes

Bei der Vorbereitung des Kindes sollte die Kinderkrankenschwester
- dem Kind die Maßnahmen seinem Alter entsprechend mit verständlichen Worten erklären,
- an das Schamgefühl des Kindes denken,
- das Kind mit einem Tuch bedecken oder durch einen Wandschirm vor den Blicken anderer schützen,
- daran denken, daß aus demselben Grund die Durchführung auch im Untersuchungszimmer oder Bad erfolgen kann.

6.3.3. Anwendung des Darmrohrs

Ein Darmrohr kann gelegt werden, um Gase aus dem Darm zu entfernen.
Wenn der Bauch des Kindes nicht mehr gebläht ist, kann das Darmrohr wieder entfernt werden.

Durchführung: Anwendung des Darmrohrs

Material	Durchführung	Besonders zu beachten
– Einwegunterlage	– unter das Gesäß des Kindes legen	– das Kind auf die linke Seite legen, dies entspricht dem Verlauf des Kolons
– Salbenspatel		
– Vaseline	– auf einen Tupfer geben	
– Zellstofftupfer	– Spitze des Darmrohres einfetten	
– Einwegdarmrohr (Charr. 22–26)	– vorsichtig unter leicht drehenden Bewegungen 6–10 cm einführen, bei Früh- und Neugeborenen 2–3 cm	– nicht mit Gewalt einführen, da sonst die empfindliche Darmschleimhaut verletzt werden kann
– Pflaster – Schere	– Das Darmrohr mit einem Pflasterstreifen am Gesäß des Kindes fixieren	– zusätzlich kann ein feuchtwarmer Leibwickel angewandt werden
	– Durchführung aufzeichnen	

6.3.4. Reinigungseinlauf

Beim Reinigungseinlauf wird durch den Druck und die Menge der einfließenden Flüssigkeit die Peristaltik des Darmes angeregt und der Darminhalt erweicht. Als Flüssigkeit können verwendet werden:

- isotone Kochsalzlösung,
- Kamillenaufguß oder 2–5 ml Kamillosan auf 1 l Wasser,
- 20 ml Glyzerin auf 1 l Wasser (Glyzerin wirkt reizend und flüssigkeitsentziehend auf die Darmschleimhaut).

Es gibt auch gebrauchsfertige Einläufe, hierbei ist die Gebrauchsanweisung zu beachten.

Durchführung: Reinigungseinlauf

Material	Durchführung	Besonders zu beachten
– körperwarme (37 °C) Flüssigkeit	– die Menge der Spülflüssigkeit richtet sich nach dem Alter des Kindes: Säuglinge 30– 100 ml Kleinkinder 200– 500 ml Schulkinder 500–1000 ml	– soll der Reiz gesteigert werden, wird die Temperatur gesenkt – beim Säugling nur isotone Kochsalzlösung verwenden da durch Diffusion und Osmose die Gefahr einer Wasserintoxikation besteht
– Einwegunterlage	– das Kind wird im Bett oder auf dem Untersuchungstisch auf einer Einwegunterlage auf die linke Seite gelegt, die Knie sind leicht angezogen – Säuglinge liegen auf dem Rücken, die Beine werden hochgehalten	– die linke Seite entspricht dem Verlauf des Kolons
– Einweghandschuhe	– die Schwester zieht aus hygienischen Gründen Handschuhe an	
– Salbenspatel – Vaseline – Zellstofftupfer – Darmrohr – Irrigator mit Schlauch und Glaszwischenstück – Klemme	– das Darmrohr einfetten (S. 194) – das Darmrohr mit dem Glaszwischenstück verbinden – Flüssigkeit einfüllen – Schlauch und Darmrohr nach dem Prinzip der kommunizierenden Gefäße luftleer machen und abklemmen – Klemme öffnen und den Irrigator etwa 30 cm über dem Niveau des Kindes anheben	
	– Flüssigkeit einlaufen lassen – das Kind auffordern mit geöffnetem Mund zu atmen, so kann es nicht dagegen pressen	– äußert das Kind ein Druckgefühl, Irrigator senken bis auf die Höhe des Kindes – Lage des Darmrohrs verändern und wieder anheben – klagt das Kind über Schmerzen, Darmrohr sofort entfernen

Material	Durchführung	Besonders zu beachten
	– wenn die Flüssigkeit eingeflossen ist, System abklemmen, die Gesäßhälften des Kindes zusammendrücken, das Darmrohr schnell entfernen und größere Kinder auffordern die Flüssigkeit möglichst lange zu halten	
– Topf und Toilettenpapier	– das Kind zur Toilette schicken oder auf den Topf setzen, Säuglinge gut und häufiger wickeln – das Kind sorgfältig beobachten und vor Auskühlung schützen – die Durchführung und Stuhlbeurteilung aufzeichnen – Gegenstände desinfizieren	

6.3.5. Darmspülung

In seltenen Fällen, z. B. bei Intoxikationen, kann eine Darmspülung erforderlich werden.
Statt des Irrigators wird ein Glastrichter verwendet.
Die Vorbreitung ist wie beim Reinigungseinlauf, jedoch wird eine größere Menge an Spülflüssigkeit bereitgestellt.
Die Durchführung ist wie bei einer Magenspülung (S. 218).

6.3.6. Hoher Einlauf

Indikation

Ein hoher Einlauf wird durchgeführt, wenn die Flüssigkeit möglichst hoch in den Dickdarm – bis ins Colon transversum – gelangen soll, z. B. bei einer frischen Invagination, evtl. mit einem Kontrastmittel unter Röntgenkontrolle.

Durchführung

Das Material für einen hohen Einlauf wird wie zu einem Reinigungseinlauf vorbereitet. Es wird ein langes, nicht zu dickes Darmrohr verwendet. Von der Flüssigkeit wird die doppelte Menge wie zu einem Reinigungseinlauf bereitgestellt. Das Kind wird in Knie-Ellenbogen-Lage oder in Seitenlage gelagert. Die Flüssigkeit läßt man aus *geringer* Höhe einfließen und führt dabei das Darmrohr *höher* in den Darm ein.
Alles weitere ist beim Reinigungseinlauf beschrieben.

Beachte: Unter einem hohen Einlauf versteht man **nicht** das Einfließenlassen aus großer Höhe.

6.3.7. Kontrasteinlauf

Ein Kontrasteinlauf ist eine ärztliche Tätigkeit und wird zur Darstellung des Kolons auf dem Röntgenbild durchgeführt.

Durchführung: Kontrasteinlauf

Material	Durchführung	Besonders zu beachten
– Einwegunterlage, Polster	– Gesäß des Kindes auf dem Röntgentisch hochlagern	– das Kind muß nicht nüchtern sein, sollte aber Stuhl entleert haben, evtl. wird ein Reinigungseinlauf am Tag vorher oder am Morgen vor der Untersuchung durchgeführt
– Einweghandschuhe	– anziehen	
– Salbenspatel		
– Vaseline – Zellstofftupfer – Darmrohr	– Darmrohr einfetten und dem Arzt zum Einführen anreichen	
– Kontrastmittel	– Kontrastmittel in den Irrigator füllen, Luft entfernen	
– Irrigator mit Schlauchsystem und Y-Glaszwischenstück	– ein Ende des Schlauchsystems mit dem Darmrohr verbinden, das andere Ende führt in einen Eimer	
– 2 Klemmen – Ständer – Eimer	– auf Anweisung des Arztes wird durch Öffnen und Schließen der Klemmen das Einfließen des Kontrastmittels reguliert	– dem Kind während der Durchführung immer erklären, was gerade gemacht wird, kleine Kinder beruhigen und trösten
	– nach den Röntgenaufnahmen den zum Irrigator führenden Schlauch abklemmen, die 2. Klemme öffnen und das Kontrastmittel zurück in den Eimer fließen lassen	
	– Darmrohr rasch entfernen	
	– Kind zur Toilette schicken oder auf den Topf setzen	– evtl. wird ein Abführmittel verabreicht um das Ausscheiden des Kontrastmittels zu beschleunigen, da die Gefahr einer Obstipation besteht

Beachte: Bei Darmblutungen, Peritonitis und Ileus dürfen keine Einläufe verabreicht werden.

6.3.8. Klistiere

Bei einem Klistier oder Klysma wird eine kleinere Menge Flüssigkeit in das Rektum eingeführt.
Ein Klysma kann selbst hergestellt werden, oder man verwendet gebrauchsfertige Einwegklistiere.

6.3.8.1. Verabreichung des Einwegklistiers

- Einwegklistier im warmen Wasser temperieren,
- Einflußschlauch abklemmen,
- Einweghandschuhe anziehen,
- Verschluß abbrechen,
- Einflußrohr mit Vaseline einfetten, einführen,
- Klemme öffnen und durch Aufrollen des Beutels einfließen lassen,
- Einflußrohr abklemmen, Gesäßhälften zusammendrücken und rasch entfernen,
- alles weitere s. Reinigungseinlauf.

6.3.8.2. Verabreichung des Mikroklistiers, z. B. Mikroklist oder Babylax

- Einweghandschuhe anziehen,
- Verschluß entfernen
- einen Tropfen als Gleitmittel herausdrücken,
- Einflußstück bei Kindern unter 3 Jahren ungefähr bis zur Mitte, bei größeren Kindern ganz einführen,
- Tube ausdrücken und zusammengedrückt entfernen.

6.3.8.3. Verabreichung des medikamentösen Klistiers und von Rektiolen

Rektal wirksame Medikamente können mit Reisschleim als Trägersubstanz verabreicht werden.
Heute werden statt der selbst hergestellten Klistiere Rektiolen verwendet. Die Verabreichung ist wie beim Mikroklistier, als Gleitmittel sollte jedoch Vaseline verwendet werden.
Nach der Verabreichung sollte das Kind keinen Stuhl entleeren.

6.3.9. Suppositorien

Suppositorien bestehen aus Kakaobutter oder synthetischen Fetten und dem Medikament.

Verabreichung

- Evtl. Einweghandschuhe oder Fingerling anziehen,
- das Zäpfchen mit Hilfe eines Zellstofftupfers ins Rektum einführen,
- Gesäß zusammendrücken,
- das Kind sollte keinen Stuhl entleeren.

6.3.10. Rektoskopie

Bei der Rektoskopie wird die Schleimhaut des Anus und Rektums mit dem Rektoskop abgesucht nach Geschwüren, Blutungen, Polypen, Tumoren und Entzündungen.
Das Rektoskop besteht aus einem Metalltubus mit Beleuchtung. Diese kann an der Spitze oder am Ende des Instruments liegen. An der Spitze leuchtet sie die Schleimhaut gut aus, kann aber durch Stuhlpartikel oder Schleim verschmiert und abgeblendet werden.
Am körperfernen Ende ist die Beleuchtung zwar gleichmäßig, aber nicht so hell.
Der Tubus trägt eine Maßeinteilung in Zentimetern, der Innenteil kann herausgenommen werden, und der Beleuchtungskörper wird eingeführt. Ebenso kann ein Watteträger eingeführt werden. Durch Lufteinblasung kann die Schleimhaut entfaltet werden.

Vorbereitung des Kindes

Am Tag vorher bekommt das Kind flüssige, schlackenarme Kost.
Eine Stunde vor dem Eingriff wird ein Reinigungseinlauf durchgeführt oder ein Einwegklistier verabreicht.
Wird die Untersuchung in Narkose durchgeführt, muß das Kind nüchtern sein, die schriftliche Einwilligung der Eltern muß vorliegen und die Prämedikation injiziert werden.
Dem Kind wird der Eingriff erklärt. Wenn er im Endoskopieraum vorgenommen wird, muß man das Kind dorthin begleiten.

Abb. 6 Lagern und Halten zur Rektoskopie

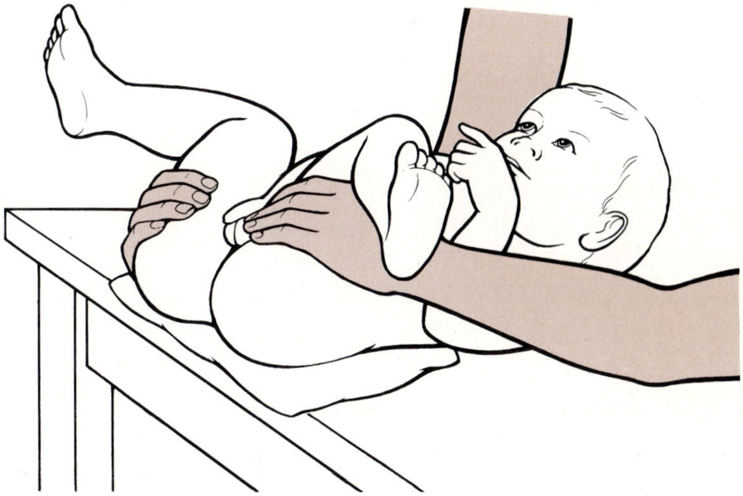

Durchführung: Rektoskopie

Material	Durchführung	Besonders zu beachten
– Rektoskop	– Beleuchtung prüfen	
– spezielle extra lange sterile Watteträger		
– wasserlösliches Gleitmittel, z. B. Katheterpurin – Nierenschale	– bereitstellen	– keine fettenden Gleitmittel verwenden (Vaseline), da dadurch die Sicht behindert wird
– Einweghandschuhe	– für den Arzt bereitlegen	
	– das Kind mit dem Rücken auf den Untersuchungstisch legen	
– Polster – Einwegunterlage	– das Gesäß erhöhen und die Unterlage darunterlegen	
	– das Gesäß des Kindes muß mit der Tischkante abschließen	
	– die Schwester hält mit ihren Händen die maximal abduzierten Oberschenkel des Kindes, ihre aufgestützten Unterarme halten den Rumpf (Abb. 6)	– wird die Untersuchung im Endoskopieraum durchgeführt, entfällt das Halten, da die Kinder auf dem Untersuchungstisch fixiert werden
	– sehr große Kinder in Knie-Ellenbogen-Lage bringen	
	– beim Einführen des Rektoskops durch den Arzt und während der Untersuchung das Kind auffordern mit geöffnetem Mund zu atmen, damit es entspannt liegt	

Material	Durchführung	Besonders zu beachten
	– evtl. Watteträger und bei einer Gewebeentnahme Schneidevorrichtung anreichen	
– Gefäß mit Fixierlösung	– anreichen	
	– Gegenstände reinigen und desinfizieren	

6.3.11. Gefahren und Komplikationen

Gefahren und Komplikationen, die bei rektalen Applikationen auftreten können:

- Perforation des Darmes } besonders gefährdet sind Säuglinge
- Wasserintoxikation, } besonders gefährdet sind Säuglinge
- Auskühlung,
- Erbrechen,
- Beeinträchtigungen des Kreislaufs.

6.4. Sondierung des Magens und des Duodenums und Sondenernährung

H. Röhr und H. Wildoer

Notwendige Vorkenntnisse

- Anatomie und Physiologie des Verdauungstraktes,
- Anatomie der Atemwege,
- Grundlagen der Ernährungslehre.

Definition

Unter einer Sondierung des Magens oder des Duodenums versteht man das Einführen eines Schlauches in diese Hohlräume.

Strukturnetz

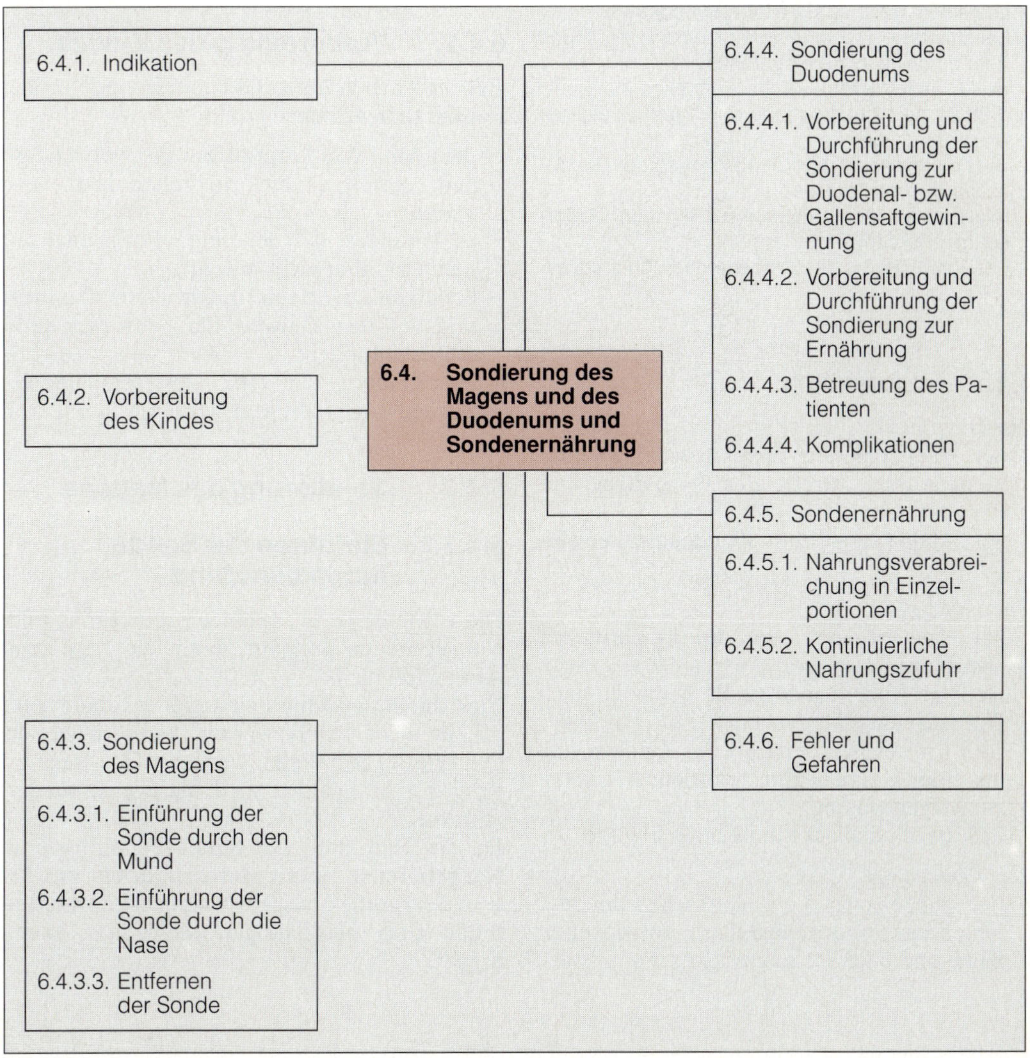

Lehrziel

Eine Sondierung wird erforderlich, wenn z. B. Magen- oder Duodenalsaft gewonnen oder eine Magenspülung durchgeführt werden muß. Ein Kind kann auch über eine Sonde längere Zeit ernährt werden.
Die hier beschriebenen theoretischen Grundlagen sollen der Schülerin helfen, die Durchführung zu erlernen und Gefahren zu vermeiden.

Lernziele

Nach dem Studium dieses Teilkapitels können Sie
- erklären, wie ein Kind auf die Sondierung vorbereitet wird;
- das Lagern und Halten des Kindes beim Einführen der Sonde beschreiben;
- aufzählen, welches Material verwendet wird;
- beschreiben, wie eine Sonde durch den Mund oder durch die Nase eingeführt wird;
- exakt wiedergeben, welche Kontrollen zur Überprüfung der richtigen Lage durchgeführt werden müssen;
- über die Indikation und Durchführung der Duodenalsondierung berichten;
- angeben, welche Kontrollen bei liegender Dauersonde erforderlich werden;
- die Durchführung der Sondenernährung erklären.

6.4.1. Indikation

Zur Diagnostik:
- bei Neugeborenen zum Ausschluß einer Stenose oder Atresie des Ösophagus und der Choanen,
- zur Magensaft- und Duodenalsaftgewinnung.

Zur Therapie:
- bei Neugeborenen, um das Fruchtwasser abzusaugen,
- als sog. Ablaufsonde (z. B. bei oder nach Operationen),
- zum Entweichen der Luft bei Kindern, die mit einer Maske beatmet wurden,
- zur Magenspülung,
- evtl. bei einmaliger Medikamentengabe.

Zur Ernährung:
- bei Frühgeborenen mit Trinkschwäche oder fehlendem und mangelhaft entwickelten Saug- und/oder Schluckreflex,
- bei schwerkranken Säuglingen, denen das Saugen zu anstrengend ist (z. B. herzkranke Kinder),
- bei Kindern mit Atemstörungen und Krampfanfällen zur Verhinderung einer Aspiration,
- bei Kindern mit zerebralen Störungen,
- bei bewußtlosen Kindern,
- bei Kindern mit Mißbildungen, Verletzungen oder nach Operationen im Lippen-, Kiefer- und Gaumenbereich,
- als Duodenalsonde zur Umgehung des Magens bei der Ernährung von Frühgeborenen.
- bei Nahrungsverweigerung, z. B. Anorexia nervosa, Morbus Crohn.

6.4.2. Vorbereitung des Kindes

Bei der Vorbereitung des Kindes sind folgende Punkte zu beachten:
- dem Kind den Eingriff und die Notwendigkeit, soweit es dies verstehen kann, erklären;
- es beruhigen, daß der Eingriff zwar unangenehm ist, aber nicht weh tut;
- Schulkindern erläutern, daß sie durchatmen und auf den Hinweis der Schwester mitschlucken sollen;
- bei Kindern, die eine kieferregulierende Spange tragen, diese entfernen.

6.4.3. Sondierung des Magens

6.4.3.1. Einführen der Sonde durch den Mund

Diese Methode ist besonders bei Früh- und Neugeborenen geeignet, damit die Nase zum Atmen frei bleibt.
Eine durch den Mund eingeführte Sonde soll, da sie nicht fixiert werden kann, nicht als Dauersonde verwendet werden. Nach Beendigung der Maßnahme wird die Sonde wieder entfernt.
Da das Einführen der Sonde bei Früh- und Neugeborenen leicht durchzuführen ist, da kein Würgreflex ausgelöst wird, ist diese Methode auch bei häufigen Mahlzeiten angebracht.

Durchführung: Einführen der Sonde durch den Mund

Material	Durchführung	Besonders zu beachten
	– Schutzkittel anziehen	
	– hygienische Händedesinfektion	
	– das Kind liegt auf dem Rücken oder auf der Seite	
– Einwegunterlage	– unter den Kopf	
– Schutztuch	– Kind abdecken	
– Sonde	– abmessen, vom Mund anliegend über Kinn und Hals bis zur Magengegend (Abb. 7)	
– Pflaster oder wasserunlöslicher Filzstift	– Länge markieren	
– Gummikeil, Mundsperrer oder Spatel	– Mund des Kindes öffnen und Keil einlegen, um ein Zusammenbeißen der Zähne zu vermeiden	
– Nierenschale	– gebrauchtes Material ablegen	
– Wasser, Tee oder 5%ige Glukoselösung	– Sonde anfeuchten und einführen, wenn möglich das Kind zum Schlucken auffordern	– bei Klein- und Schulkindern kann die Berührung des Zäpfchens und der Rachenhinterwand einen Würgreflex auslösen
– 2-ml-Spritze	– ist die Sonde bis zur Markierung eingeführt und läuft spontan kein Magensaft ab, mit einer Spritze aspirieren	– die Aspiration mit der Spritze muß sehr vorsichtig geschehen, da sonst die Magenschleimhaut verletzt werden kann
– Indikatorpapier	– Magensaft prüfen, pH-Wert unter 7	

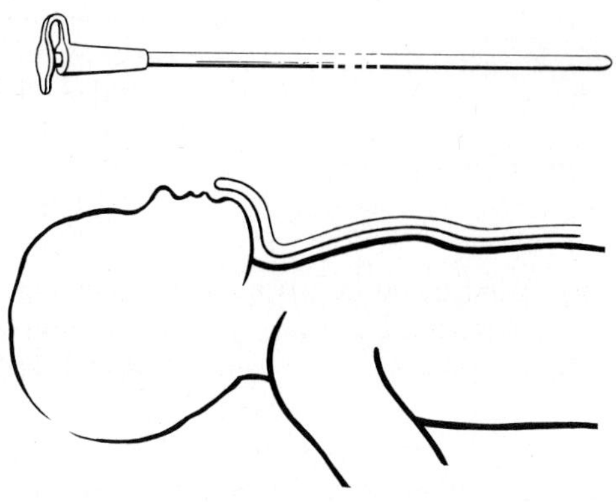

Abb. 7 Abmessen der Sonde beim Einführen durch den Mund

6.4.3.2. Einführen der Sonde durch die Nase

Eine durch die Nase eingeführte Sonde ist als Dauersonde geeignet und kann 2–3 Tage im Magen verweilen. Dadurch wird vor allem dem größeren Kind der mehrmals täglich durchzuführende, unangenehme Eingriff erspart.

Beim Erneuern der Dauersonde wird jeweils das andere Nasenloch gewählt, um eine Sondenrhinitis und einen Dekubitus zu verhindern. Vor dem Einführen der Sonde wird die Nase mit einem Taschentuch oder mit Watte gereinigt.

Durchführung: Einführen der Sonde durch die Nase

Material	Durchführung	Besonders zu beachten
– Schutzkittel	– Kittel anziehen	
	– hygienische Händedesinfektion	
	– das Kind auf dem Rücken lagern, das Kinn auf den Brustkorb auflegen, dadurch wird die Trachea verschlossen – der Kopf des Kindes wird mit einer Hand an der Stirn gerade gehalten	– beim Einführen der Sonde können Situationen auftreten, in denen die Extremitäten des Kindes von einer zweiten Schwester gehalten werden müssen
– Schutztuch	– Kind abdecken	
– Sonde	– auswählen und Verpackung öffnen	– die Stärke (zwischen 6 und 18 Ch.) und die Länge (50 oder 100 cm) richten sich nach der Indikation und der Größe des Kindes
– sterile Einweghandschuhe	– anziehen	– sind *nur* erforderlich bei Kindern mit herabgesetzter Widerstandskraft, z. B. bei Frühgeborenen
	– Sonde herausnehmen und abmessen vom Ohr zur Nasenspitze bis zur Sternumspitze *oder* von der Nasenspitze zum Ohr bis zur Mitte zwischen Sternum und Nabel *oder* von der Nasenwurzel am Profil entlang über das Kinn bis zur Magengrube bei gerader Kopfhaltung	– muß die Sonde steril bleiben, diese nicht mit dem Kind in Berührung bringen – keine cm-Angaben verwenden und sich nicht auf die vom Hersteller aufgezeichneten Markierungen verlassen
– Pflasterstreifen oder wasserunlöslicher Filzstift	– Sondenlänge mit einem Pflasterstreifen oder wasserunlöslichem Filzstift markieren	

Material	Durchführung	Besonders zu beachten
– Wasser, Tee oder 5%ige Glukoselösung	– Sonde anfeuchten	– durch das Anfeuchten wird die Reizung der Schleimhaut gemildert, bei Verwendung von warmer Flüssigkeit wird die Sonde weicher
	– Sondenverschluß öffnen	
	– Sonde 5–7 cm von der Spitze entfernt anfassen (bei Frühgeborenen 2–3 cm) und entlang dem Nasenboden nach unten gerichtet bis zur Markierung einführen	– stößt man auf einen Widerstand, Sonde einige cm herausziehen und erneut einführen
	– Kind während des Einführens beobachten, es soll rosig aussehen und mit klarer Stimme sprechen oder schreien und nicht husten	– das große Kind zum Durchatmen und Schlucken auffordern – wird das Kind blaß, so liegt die Sonde in der Trachea und muß sofort zurückgezogen werden
– 2-ml-Spritze – Indikatorpapier	– Spritze aufsetzen, Magensaft aspirieren und pH-Wert prüfen	
– Stethoskop	– kann kein Magensaft gewonnen werden, 2 ml Luft mit der Spritze aufziehen, sondieren und dabei das Einströmen der Luft in den Magen mit einem Stethoskop abhören	
– Pflaster – Schere	– Dauersonde locker über der Oberlippe und auf der Wange fixieren	– nicht auf dem Nasenrücken fixieren, Dekubitusgefahr!

6.4.3.3. Entfernen der Sonde

Die Pflasterstreifen über der Oberlippe und auf der Wange lösen. Sonde verschließen oder abklemmen, da sonst die Flüssigkeit aus der Sonde bei der Passage des Rachens aspiriert werden kann.
Sonde rasch und ohne Unterbrechung herausziehen.

6.4.4. Sondierung des Duodenums

H. Röhr

6.4.4.1. Vorbereitung und Durchführung der Sondierung zur Duodenal- bzw. Gallensaftgewinnung

Material	Durchführung	Besonders zu beachten
	– Patient liegt oder sitzt je nach Befinden	
– Einwegunterlage	– Kind bzw. Bett mit der Unterlage abdecken	
	– Kopf des Kindes leicht auf den Brustkorb beugen	
– Duodenalsonde	– die Sonde wird angefeuchtet und durch Nase oder Mund eingeführt	– Sonde mit Metallolive nur durch den Mund einführen
– 20-ml-Spritze	– sämtlichen Magennüchternsaft abziehen	
– Schlauchklemme	– Sonde abklemmen	
	– Sonde 6–10 cm weiter bis ins Duodenum führen und Schlauchklemme öffnen	
– Schere, Pflaster	– Sonde an der Wange ankleben	
– Meßzylinder	– nach einiger Zeit fließt grünlichgelbe Galle – *Übergangsgalle* – ab	– Übergangsgalle vollständig ablaufen lassen
– Indikatorpapier		– färbt sich der Gallensaft hellgelb, kommt er direkt aus der Leber
	– *A-Galle* oder Lebergalle, pH-Wert 7,4–8,0	
– 4–6 Reagenzgläser	– Gallensaft ablaufen lassen	
– 2 sterile Reagenzgläser	– 15 ml Gallensaft zur bakteriologischen Untersuchung abnehmen	
Gallenreiz		
– 40 ml 25%iges Magnesium sulfuricum oder – 20 ml Olivenöl oder – 1–2 geschlagene Eigelb oder – 1 ml Hypophysin	– angeordnete Flüssigkeit sondieren bzw. injizieren	
	– Sonde abklemmen, einige Minuten warten	– fließt keine Galle ab, kann ein Verschluß vorliegen, z. B. durch Gallengangsatresie oder Gallensteine

Material	Durchführung	Besonders zu beachten
	– Sonde öffnen, dunkelgrüne, eingedickte Galle – *B-Galle* oder Blasengalle – fließt ab	
	– 15 ml abnehmen	
– Gefäß mit körperwarmen Wasser	– zur Untersuchung auf Lamblien Gläser in körperwarmes Wasser stellen	
	– B-Galle ablaufen lassen	
	– anschließend kommt wieder hellgelbe Galle – *C-Galle* oder Lebergalle	
– Begleitzettel	– ausfüllen und mit den Reagenzgläsern ins Labor bringen	
– Nierenschale	– gebrauchtes Material aufräumen und sterilisieren	

6.4.4.2. Vorbereitung und Durchführung der Sondierung zur Ernährung

Material	Durchführung	Besonders zu beachten
	– Patient liegt auf dem Rücken, das Kinn wird leicht auf den Brustkorb gedrückt	
– lange, röntgenfähige Kunststoffsonde	– abmessen und bis in den Magen einführen	
	– anschließend 6–10 cm weiter vorschieben bis ins Duodenum	
– 2-ml-Spritze	– fließt Gallensaft ab oder kann er mit der Spritze angezogen werden, liegt die Sonde richtig	
– Indikatorpapier	– reagiert alkalisch	
	– pH-Wert liegt bei 7,4–8,0	
– Säuglingsnahrung	– Sondierung (S. 208)	– die Nahrung kann auch mittels Perfusor langsam und kontinuierlich sondiert werden

Beachte: Die Nahrungsverabreichung direkt ins Duodenum soll für das Kind entlastend wirken. Sie kann z. B. bei Frühgeborenen und beatmeten Kindern vorgenommen werden.

6.4.4.3. Betreuung des Patienten

- Die Sondierung zur Gallensaftgewinnung dauert oft über eine Stunde und ist für den Patienten unangenehm.
- Das Kind ermutigen, trösten und nicht allein lassen.
- Mit kleinen Kindern muß sich die Schwester beschäftigen; sie kann z. B. während des Eingriffs eine Geschichte erzählen.
- Größeren Kindern kann man etwas zu lesen oder spielen geben.
- Dient die Duodenalsonde der Ernährung, so ist vor jeder Sondierung die richtige Lage zu überprüfen.

6.4.4.4. Komplikationen

Die Sonde rollt sich im Magen auf und läßt sich nicht weiter ins Duodenum führen.

Hilfsmittel:
- Kind auf die rechte Seite legen,
- auf dem rechten Bein hüpfen lassen,
- Becken hochlagern, damit die Leber-Gallen-Gegend am tiefsten liegt.

6.4.5. Sondenernährung

H. Wildoen

Die Nahrung kann auf verschiedene Arten verabreicht werden.

- Einzelportion über eine Dauersonde oder über eine Sonde, die nach der Verabreichung der Mahlzeit wieder entfernt wird;
- kontinuierliche Nahrungszufuhr über eine Dauersonde, die mit einer Infusionspumpe oder einem Dauertropfsystem verbunden ist.

Die Dauersonde kann im Magen oder im Duodenum liegen. Liegt bei dem Kind keine Gegenindikation vor, sollte die Kinderkrankenschwester vor jeder Nahrungsverabreichung über eine Sonde versuchen, ob das Kind seine Nahrung oder einen Teil davon trinkt.

6.4.5.1. Nahrungsverabreichung als Einzelportion

Durchführung: Nahrungsverabreichung als Einzelportion

Material	Durchführung	Besonders zu beachten
– Sondennahrung	– Nahrung evtl. wärmen	
	– Kind informieren	
– Schutzkittel	– Kittel anziehen	
	– hygienische Händedesinfektion	
– Schutztuch	– dem Kind vorlegen	
	– Rachen des Kindes ansehen, da die Sonde dort aufgerollt liegen kann	
– 2–5-ml-Spritze	– an die Sonde anschließen und Mageninhalt aspirieren	
	– Sonde verschließen	
– Indikatorpapier	– pH-Wert des Mageninhalts prüfen	
– 5%ige Glukoselösung oder isotone Kochsalzlösung	– 2 ml sondieren	– das Aussehen des Kindes beobachten, es darf sich nicht verändern und keinen Hustenreiz bekommen

Material	Durchführung	Besonders zu beachten
– 20- oder 50-ml-Spritze	– Stempel der Spritze entfernen – Nahrung einfüllen – Spritze mit der Sonde verbinden	– das Kind kann während der Nahrungsverabreichung auf den Bauch gelegt werden, um eine Aspiration zu verhindern
– breites Pflaster	– Spritze anheben oder mit einem Pflasterstreifen am Bett des Kindes befestigen – Nahrung einfließen lassen oder – den Stempel wieder auf die Spritze aufsetzen und die Nahrung durch leichten Druck auf den Stempel einfließen lassen – wenn die Spritze leer ist, Nahrung nachfüllen bis die Mahlzeit verabreicht ist	– wenn es der Gesundheitszustand des Kindes erlaubt, kann es auch wie beim Füttern auf den Arm genommen werden **Beachte:** Schwester muß im Zimmer bleiben! – das Sondieren sollte genau so viel Zeit in Anspruch nehmen wie das Trinken
– 2-ml-Spritze – Tee oder 5%ige Glukoselösung	– Flüssigkeit zum Nachspülen einfüllen und sondieren – Sonde verschließen	

6.4.5.2 Kontinuierliche Nahrungszufuhr

Durchführung: Kontinuierliche Nahrungszufuhr

Material	Durchführung	Besonders zu beachten
– leere Infusionsflasche mit einem Gummistöpsel und Schraubverschluß	– Nahrung einfüllen – Flasche verschließen	– es kann auch ein Trichter mit einem Schlauch verwendet werden
– Infusionssystem	– einstechen und Nahrung durchfließen lassen, zum Entfernen der Luft – System abklemmen	– Infusionssystem kennzeichnen, daß es zur Nahrungszufuhr verwendet wird
– 2-ml-Spritze – Indikatorpapier – 5%ige Glukoselösung oder isotone Kochsalzlösung	– Lagekontrolle der Dauersonde durchführen	
	– liegt die Sonde im Magen, Infusionssystem mit der Dauersonde verbinden – Tropfenzahl einstellen	

Ist eine sehr genaue, kontinuierliche Nahrungszufuhr notwendig, wird eine *Infusionspumpe* verwendet.

Durchführung: Nahrungszufuhr mit Infusionsspritzenpumpe

Material	Durchführung	Besonders zu beachten
– Infusionspumpenspritze	– Nahrung mit der Infusionspumpenspritze aufziehen	
– Infusionspumpenleitung	– anschließen und Nahrung durchspritzen, um die Luft aus der Leitung zu entfernen	
	– Lagekontrolle der Dauersonde durchführen (S. 205)	
	– Dauersonde mit der Leitung verbinden	
– Infusionspumpe	– Spritze einspannen	
	– ml/h oder ml/min ausrechnen und entsprechende Infusionspumpenstufe einstellen	

Beachte: Systeme der Nahrungszufuhr und von intravenösen Dauertropfinfusionen müssen deutlich als solche gekennzeichnet werden, um lebensgefährliche Verwechslungen auszuschließen.

Bei Kindern, die über eine Dauersonde ernährt werden, ist eine sorgfältige Mundpflege, Nasenpflege und Dekubitusprophylaxe der Schleimhaut durchzuführen.

Nasenpflege, S. 155,

Mundpflege, S. 160,

Dekubitusprophylaxe, S. 176.

6.4.6. Fehler und Gefahren

Zusammenfassend werden hier nochmals Gefahren aufgezählt und wird auf Fehler hingewiesen, die vermieden werden müssen:

- Einführen der Sonde in die Trachea,
- Aufrollen der Sonde im Mund oder Rachen,
- Hochwürgen oder Erbrechen der Sonde,
- Sondenrhinitis,
- Nasenbluten,
- Dekubitus an der Nasen- und Magenschleimhaut,
- Überlaufen des Magens, wenn zu schnell sondiert wird,
- Austrocknen der Mundschleimhäute,
- Perforation des Magens,
- Atemstillstand durch eine Reizung des Vagus,
- Aspiration durch Fehler beim Entfernen der Sonde.

6.5. Absaugen

G. Walther

Notwendige Vorkenntnisse

- Beobachtung der Haut s. Kap. 5.1.2.5.,
- Anatomie und Physiologie des Respirationstraktes,
- Grundlagen der Asepsis,
- Grundbegriffe der Physik.

Strukturnetz

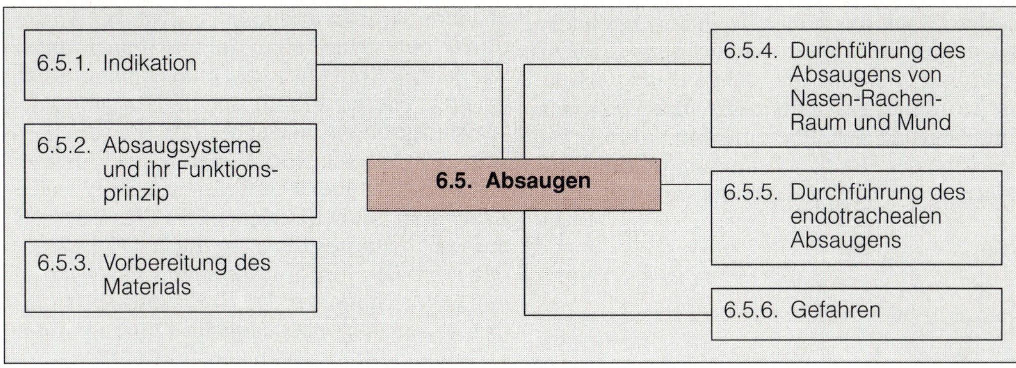

Lehrziel

In diesem Teilkapitel wird das Absaugen von Nasen-Rachen-Raum und Mund sowie das endotracheale Absaugen beschrieben. Die Schwester lernt den Handlungsablauf des endotrachealen Absaugens, die möglichen Gefahren und deren Verhütung kennen.

Lernziele

Nach Erarbeiten dieses Abschnitts können Sie beschreiben,

- welche Arten von Absaugsystemen es gibt;
- wie in den einzelnen Absaugsystemen der Sog entsteht;
- welche Arten des Absaugens es gibt;
- aus welchen Gründen endotracheales Absaugen erforderlich wird;
- welches Material vorbereitet werden muß;
- wie das Absaugen des Nasen-Rachen-Raumes und des Mundes durchgeführt wird;
- wie die Durchführung des endotrachealen Absaugens erfolgt;
- welchen Gefahren das Kind bei unsachgemäßem Absaugen ausgesetzt ist;
- wie das Kind vor unnötigen Gefahren geschützt wird.

6.5.1. Indikation

Das Absaugen von Nasen-Rachen-Raum und Mund wird immer dann erforderlich, wenn sich dort Sekret angesammelt hat und das Kind nicht in der Lage ist, sich z. B. durch Abhusten davon zu befreien. Endotracheales Absaugen wird bei allen intubierten und tracheotomierten Kindern durchgeführt, um das produzierte Bronchialsekret zu entfernen.

6.5.2 Absaugsysteme und ihr Funktionsprinzip

G. Rook

Heberprinzip

Der natürliche Luftdruck wirkt auf alles, was sich auf der Erdoberfläche befindet, ein. Nimmt man einen Behälter mit Wasser gefüllt, so wirkt der Luftdruck auf die Wasseroberfläche, taucht man nun ein Rohr- oder Schlauchende in diesen Behälter ein und saugt das Wasser an, bis das Rohr oder der Schlauch gefüllt sind, wird der auf die Wasseroberfläche

wirkende Druck über die Wassersäule im Rohr oder Schlauch weitergeleitet. Dies geht allerdings nur mit Flüssigkeiten, da diese sich nicht komprimieren (zusammendrücken) lassen. Kommt zwischen der Ansaugstelle und der Austrittsstelle noch eine Höhendifferenz hinzu, so wirkt das Gewicht der Flüssigkeitssäule im Rohr oder Schlauch zusätzlich zum Luftdruck. Leitet man die Austrittsstelle des Rohres oder Schlauches wiederum in einen mit Wasser gefüllten Behälter, wirkt dem Luftdruck des höher liegenden Behälters der Luftdruck des tiefer liegenden Behälters entgegen.
Da der Druck des höher liegenden Behälters aber größer ist, weil er sich aus dem Gewicht der Flüssigkeitssäule und dem auf ihn wirkenden Luftdruck zusammensetzt, kann sich das höher liegende Behältnis entleeren.
Die Höhe des Druckes kann nun mit der Veränderung der Höhendifferenz verstellt werden. Stellt man sich statt dem höher liegenden Behälter einen Patienten vor in den ein Drainageschlauch eingebracht wird, so wirkt der Luftdruck auf diesen und der entstehende Gewebedruck läßt das Heberprinzip zur Wirkung kommen. (Abb. 8 und 9)

Anwendung: Bülau-Drainage, Wund-Drainage
Eine genaue Meßung des Sogs und dessen Anzeige über ein Manometer ist nicht möglich.

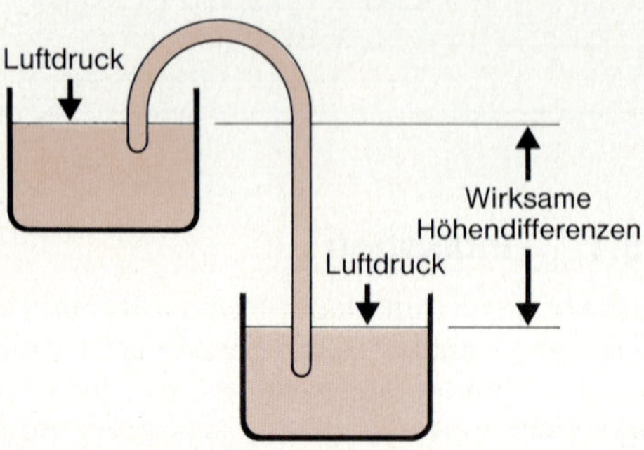

Abb. 8 Heberprinzip

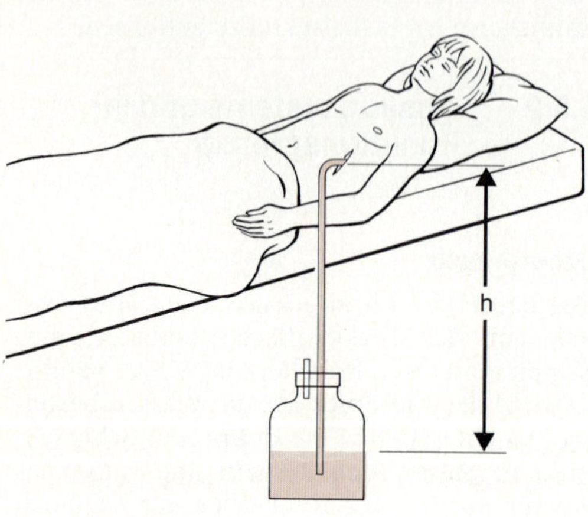

Abb. 9 Heberprinzip

Wasserstrahlpumpen-Prinzip

Bei einer Wasserstrahlpumpe wird das Wasser durch ein dickes Rohr in ein immer enger werdendes Rohrstück, das Düse genannt wird, geleitet. Hierbei erhöht sich die Strömungsgeschwindigkeit des Wassers in der Düse gegenüber dem Wasser im dicken Rohrstück. Erweitert sich der Querschnitt des aus einer engen Düse sehr schnell strömenden Wasserstrahls auf ein Vielfaches bis es an der freien Luft auf den normalen Luftdruck kommt, bildet sich an der engen Stelle der Düse ein starker Unterdruck, der über eine seitliche Öffnung in der Düse nun Luft anziehen kann (Abb. 10).
Das Prinzip der Wasserstrahlpumpe funktioniert nun nicht nur mit Wasser, sondern auch mit Gasen wie Druckluft und Sauerstoff. Mit diesen beiden Medien wird über eine Düse, die bei Absauggeräten im Krankenhaus auch Ejektor genannt wird, der Sog für kleinere Saugleistung wie bei Spül-Saug-Drainagen bis mittlerer Saugleistung, wie sie für Bronchus-Absauggeräte benötigt wird, erzeugt (Abb. 11). Die aus dem Ejektor ausströmende Luft wird aus Gründen der Geräuschminderung über einen Schalldämpfer geleitet, dem aus hygienischen Gründen ein Bakterienfilter aufgesteckt werden sollte.

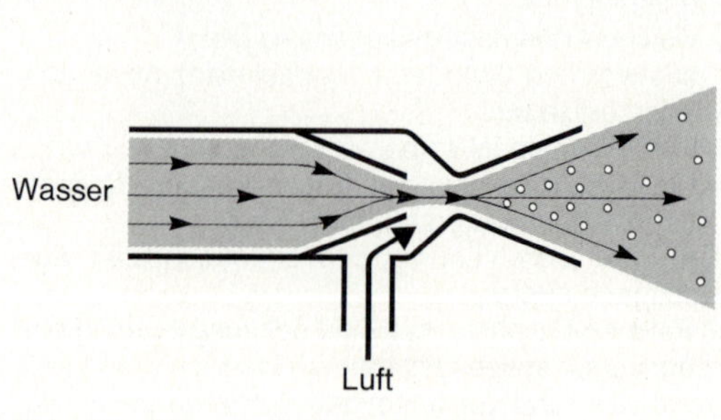

Abb. 10 Wasserstrahlpumpen-Prinzip

Elektrisch betriebene Saugapparate

Hierbei treibt ein Elektromotor über einen Exzenter eine Gummimembran, die in die Mitte eines abgeschlossenen Gehäuses gespannt ist, oder einen Kolben, der in einem Zylinder läuft, an. Ähnlich wie bei einer Spritze, mit der man eine Flüssigkeit aufzieht, wird hierbei Luft aufgezogen, nur geschieht dies sehr schnell hintereinander nämlich mit der Drehzahl des Elektromotors, so daß ein ständiger Sog entsteht (Abb. 12).
Diese Saugapparate haben eine große Anwendungsbreite, da ihre Saugleistung je nach Baugröße der Geräte variiert werden kann.

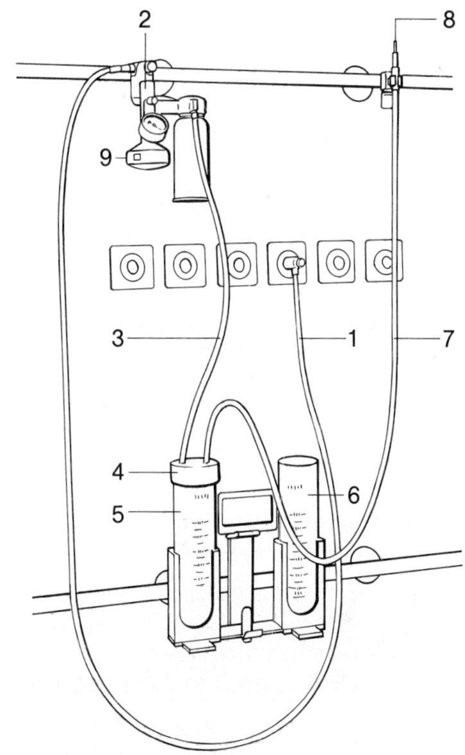

Abb. 11 Bronchus-Absauggerät
1 Sauerstoff- und Druckluft-Anschlußschlauch,
2 Absaugejektor, absperrbar,
3 Vakuumschlauch,
4 Flaschenkappe,
5 Sekretauffangflasche,
6 Spülflasche,
7 Absaugeschlauch,
8 Sekretschauglas,
9 Bakterienfilter

Zentrale Vakuumanlage

In der zentralen Vakuumanlage wird über große elektrisch betriebene Vakuumpumpen ein oder mehrere – je nach Größe der Anlage – Kessel luftleer gepumpt. Diese Kessel dienen als Vakuumvorrat für die gesamte Hausanlage. Dieser Vorrat wird laufend über Unterdruck-Meßfühler überwacht. Sinkt der Unterdruck in den Kesseln ab, werden die Vakuumpumpen wieder automatisch angeschaltet, damit der Vakuumvorrat möglichst konstant bleibt. Von den Vakuumkesseln führt ein Rohrnetz zu den Entnahmestellen. Da diese zentralen Vakuumanlagen eine sehr große Sogleistung erbringen können, werden sie auch überwiegend in Bereichen wie OP und Intensivstationen, die einen hohen Bedarf an Vakuum zum Betrieb von OP-Feldabsaugung, Dauerdrainagen usw. haben, eingesetzt.

Regelkreis zur Steuerung der Vakuumquelle

Alle Vakuum- oder Sogquellen müssen auf die benötigte Sogstärke am Patienten angepaßt werden.
Beim Heberprinzip geschieht dies durch Verändern der Höhendifferenz zwischen Patient und Auffangbehälter. Je größer die Höhendifferenz, desto größer die Sogleistung. Bei allen anderen Vakuumquellen sollte der Regelkreis aus folgenden Elementen aufgebaut sein: Vakuumquelle, Absperrventil, das auch zur groben Sogregelung dient, Vakuum-Regelventil

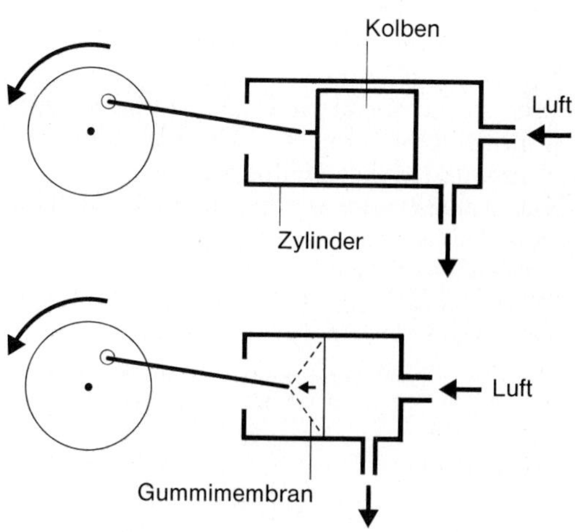

Abb. 12 Elektrisch betriebene Saugapparate

zur feinen Sogregelung, Manometer zur Kontrolle der Sogstärke, Vorlageflasche in der bei einem Übersaugen aus dem Sekretauffangbehälter das Sekret sicher abgefangen werden kann, damit es nicht in die Vakuumquelle eingesaugt werden kann. Bei Vakuumquellen über Ejektorbetrieb sollte unbedingt ein Bakterienfilter am Luftauslaß angebracht werden, damit kontaminierte Luft, die aus dem Sekretauffangbehälter über die Vorlageflasche in den Ejektor kommt, nicht ungefiltert in den Raum geblasen wird.

6.5.3. Vorbereitung des Materials

Für das Absaugen von Nasen-Rachen-Raum und Mund:

- sterile Absaugkatheter (die Stärke richtet sich nach der Größe des Kindes und der Viskosität des Sekrets),
- evtl. sterile Handschuhe (für Früh- und Neugeborene),
- Absauggerät mit Feinreguliermöglichkeit des Sogs (Sog 0,2–0,4 bar einstellen),
- Fingerdip,
- Becher zum Durchspülen des Systems am Absauggerät (Becher ist bei manchen Absauggeräten integriert),
- Abfallbeutel.

Für das endotracheale Absaugen:

- sterile Absaugkatheter (die Stärke richtet sich nach dem Innendurchmesser des Tubus),
- steriler Handschuh oder sterile Pinzette im Gefäß mit Desinfektionslösung,
- sterile isotone Kochsalzlösung als Spülflüssigkeit für den Tubus,
- eine sterile Kanüle und eine sterile Spritze (Spritzengröße richtet sich nach der gewünschten Menge Spülflüssigkeit),
- Beatmungsbeutel mit passendem Adapter zum Tubus oder der Trachealkanüle (manche Tuben schon mit Adapter),
- Absauggerät mit Feinreguliermöglichkeit des Sogs, Sog auf 0,5–0,6 bar einstellen,
- Becher mit Wasser zum Durchspülen des Absaugsystems (er ist bei manchen Geräten integriert),
- Abfallbeutel.

6.5.4. Durchführung des Absaugens von Nasen-Rachen-Raum und Mund

Die Schwester informiert altersentsprechend das Kind über das Absaugen. Dem größeren Kind teilt sie mit, daß Absaugen unangenehm ist. Vor dem Absaugen desinfiziert sie ihre Hände und zieht evtl. einen Schutzhandschuh an. Das Absauggerät stellt sie mit einem Sog von 0,2–0,4 bar (= 2–4 mH_2O) ein. Anschließend entnimmt sie den sterilen, nicht zu harten Absaugkatheter aus der Verpackung und verbindet ihn mit dem Fingerdip, der auf dem Absaugsystem steckt. Der Absaugkatheter wird immer *ohne* Sog eingeführt, damit er sich leicht einführen läßt und keine Schleimhautverletzungen verursacht. Sobald der Absaugkatheter bis zur gewünschten Stelle eingeführt ist, wird mit dem Daumen die Öffnung am Fingerdip verschlossen, damit der Sog wirksam wird. Für das Absaugen von abwehrschwachen Kindern, z. B. Frühgeborene, zieht die Schwester immer einen sterilen Handschuh an.

Eine besondere Lagerung des Kindes ist für das Absaugen nicht erforderlich. Es kann in der Lage liegen bleiben, in der es sich gerade befindet.

Die Schwester muß immer damit rechnen, daß durch das Absaugen Erbrechen ausgelöst werden kann. Bei Kindern mit mangelhaftem Schluckreflex wird dadurch zusätzlich die Aspirationsgefahr erhöht. Die Sekretproduktion wird durch zu häufiges Absaugen ungünstig beeinflußt. Zwischen dem Absaugvorgang im Mund und dem in der Nase wird jedesmal der Absaugkatheter gewechselt.

6.5.5. Durchführung des endotrachealen Absaugens

Das Handlungsschema beinhaltet den Handlungsablauf des endotrachealen Absaugens wie er von einer Schwester durchgeführt wird. Sobald das Absaugen von 2 Schwestern durchgeführt wird, so assistiert die eine Schwester, die andere saugt das Kind ab.

Die Schwester erklärt dem Kind mit einfachen Worten vor jedem Absaugen ihr Vorhaben. Da durch das Einführen des Absaugkatheters in die Trachea das Kind vorübergehend weniger Luft bekommt, ist eine ausreichende Ventilation erforderlich. Mit dem Atembeutel, z. B. Ambu-Beutel, werden deshalb dem Kind einige Atemstöße vor und nach jedem Absaugen verabreicht. Vor dem Absaugen soll man mit den Atemstößen eine Hyperventilation (übermäßige Beatmung) erreichen, die den Atemreiz während des Absaugens dämpft. Die Atemstöße danach dienen zum Blähen der Lungen, um entstandene Atelektasen (teilweise verminderte Luftfüllung der Lungen) und eine Hypoxie (Sauerstoffmangel im Gewebe) zu beheben.

Zwischen Absaugkatheter und Kanüle oder Tubus sollte immer soviel Spielraum sein, daß das Kind dadurch Luft holen kann. Aus diesem Grund nie einen zu dicken Absaugkatheter verwenden. Bei zu dünnem Absaugkatheter kann das Sekret nicht ausreichend abgesaugt werden (Abb. 13). Das Anstoßen des Absaugkatheters an die Bifurkation der Trachea löst einen Hustenreflex aus. Dieser ist der Beweis für einen genügend tief eingeführten Absaugkatheter. Bei nicht vorhandenem Hustenreflex muß die Schwester die Länge des eingeführten Katheterteils überprüfen. Die eingeführte Katheterlänge muß vom Tubus oder der Trachealkanüle bis zur Bifurkation reichen. Oberflächliches Absaugen führt durch Sekretrückstände zu Lungenkomplikationen.

Der Absaugkatheter wird immer ohne Sog eingeführt und vor Einstellen des Sogs um einige Millimeter zurückgezogen, damit Schleimhautverletzungen vermieden werden. Unter Drehbewegung den Katheter rasch aus der Trachea heraus ziehen. Die Drehbewegung ermöglicht ein besseres Absaugen der Trachealinnenwand.

Mit wirksamem Sog dürfen nur solche Absaugkatheter verwendet werden, die speziell dafür hergestellt wurden.

Das endotracheale Absaugen beeinträchtigt die Atmung und somit den pO_2-Wert im Blut und den Kreislauf. Das Absaugen soll deshalb immer sehr rasch und bei instabilen Patienten von 2 Schwestern durchgeführt werden.

Tritt während des Absaugens eine Bradykardie auf, so ist der Absaugvorgang sofort zu unterbrechen. Die Registrierung des transkutanen partiellen Sauerstoffdrucks ($tcpO_2$) muß auch beobachtet werden. Der Absaugkatheter darf nicht mehrmals in der Trachea hin und her geschoben werden, da das Kind sonst in unnötige Atemnot gebracht und die Sekretbildung gefördert wird. Jeder Katheter darf nur einmal benützt werden.

Beachte: Das endotracheale Absaugen muß immer unter strenger Beachtung der Asepsis durchgeführt werden.

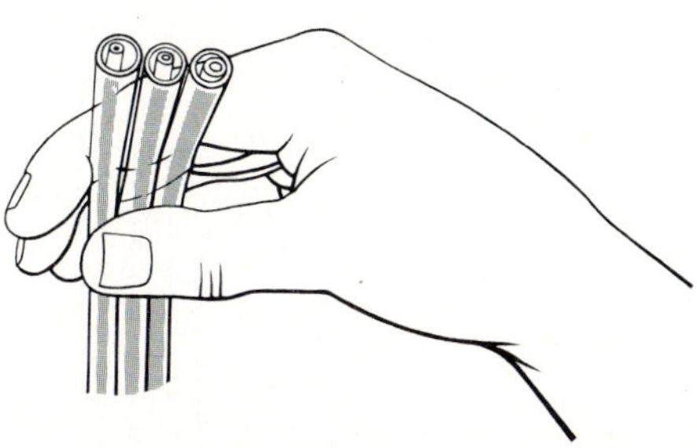

Abb. 13 Rechts Tubus mit zu dickem Absaugkatheter, links Tubus mit zu dünnem Absaugkatheter, Mitte Tubus mit Absaugkatheter in richtiger Stärke

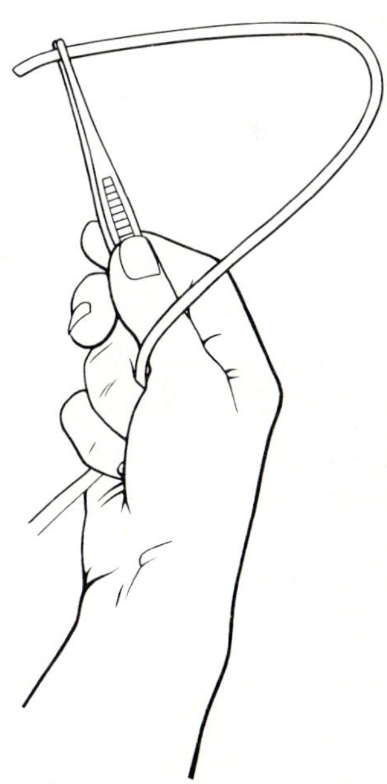

Abb. 14 Führung des Absaugkatheters mit Pinzette

Handlungsschema: Endotracheales Absaugen

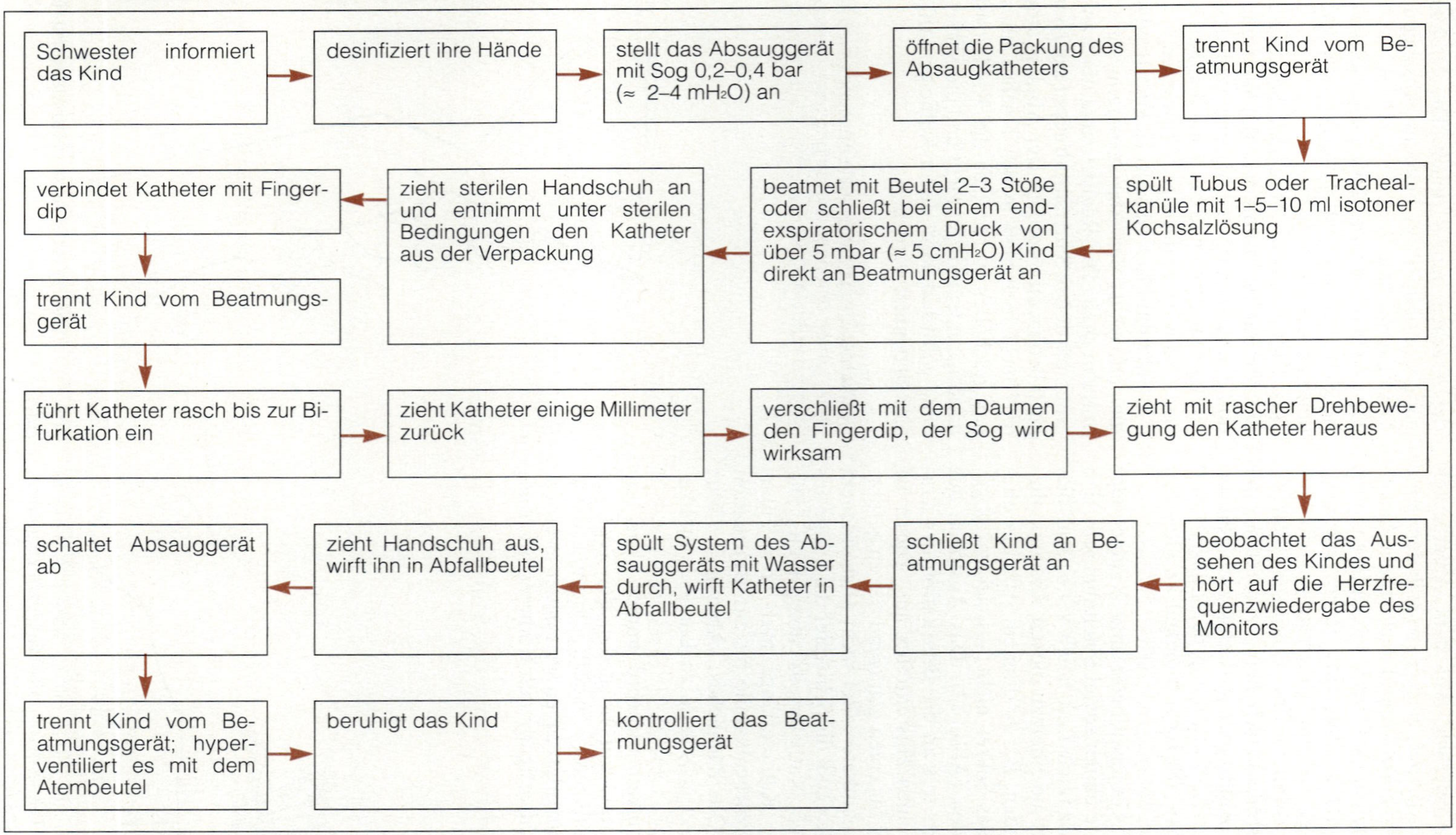

6.5.6. Gefahren

- Hypoxie durch mangelhafte Ventilation vor und nach dem Absaugen, durch zu langsames Absaugen oder durch zu dicken Absaugkatheter;
- Infektion der Atemwege durch unsteriles Absaugen;
- Verstopfen von Tubus oder Trachealkanüle durch mangelhafte Befeuchtung oder Sekretpfropf;
- Verletzung der Schleimhaut durch zu starken oder zu früh eingestellten Sog;
- Erbrechen des Kindes, wenn unmittelbar nach der Mahlzeit abgesaugt wird.

6.6. Magenspülung

H. Wildoer

Notwendige Vorkenntnisse

- Anatomie des Verdauungstraktes und der Atemwege,
- Erste Hilfe bei Vergiftungen,
- Sondierung des Magens.

Strukturnetz

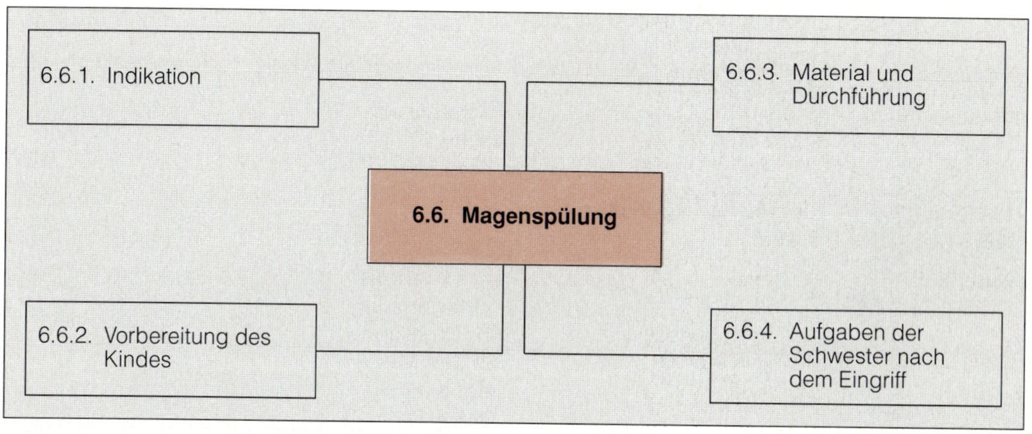

Lehrziel

Bei den häufigen Vergiftungsunfällen im Kindesalter bedeutet die Entfernung des Mageninhaltes eine wichtige Maßnahme. Die Kinderkrankenschwester sollte die Assistenz dieser Maßnahme beherrschen und ihr Pflegeverhalten auf die besondere Situation des Kindes und seiner Eltern einstellen können.

Lernziele

Nach dem Studium dieses Teilkapitels können Sie
- Indikationen für eine Magenspülung aufzählen;
- beschreiben, was bei der Vorbereitung des Kindes zu bedenken ist;
- erläutern, wie ein Kind zur Magenspülung gelagert und gehalten wird;
- berichten, welche Aufgaben die Schwester bei und nach der Magenspülung hat.

6.6.1. Indikation

Zur Entfernung des Mageninhaltes, z. B.

- bei Vergiftungen,
- evtl. vor Röntgenaufnahmen oder Operationen des Magens.

Beachte: Ist bei einem bewußtlosen Patienten eine Magenspülung erforderlich, wird er intubiert.

6.6.2. Vorbereitung des Kindes

Die Kinderkrankenschwester wird dem Kind die Notwendigkeit des Eingriffes erklären. Bei dem Gespräch sollte sie dem Kind und seinen Eltern keine Vorwürfe machen.

6.6.3. Material und Durchführung

Material	Handlung Schwester	Handlung Arzt	Besonders zu beachten
	– hygienische Händedesinfektion	– hygienische Händedesinfektion	
	– das Kind in stabiler Seitenlage auf dem Untersuchungstisch lagern – oder in Rückenlage den Kopf zur Seite gedreht und leicht tief gelagert – oder im Sitzen; dazu nimmt die Kinderkrankenschwester das Kind auf den Schoß		– Ziel der Lagerung ist, eine Aspiration zu verhindern – die Kinderkrankenschwester, die das Kind hält, sollte es beruhigen und trösten
– Plastikschürze		– Schürze als Schutz anziehen	
– Einwegunterlagen	– dem Kind als Schutz vorlegen		
– Mundkeil		– der Keil wird zwischen die Backenzähne in den Mund des Kindes gelegt	
– Sonde und/oder Magenschlauch		– Magenschlauch anfeuchten, abmessen, einführen und die Lage kontrollieren (Abb. 15)	– es kann ein Magenschlauch durch den Mund und eine Sonde durch die Nase eingeführt werden; die Spülflüssigkeit wird durch die Sonde gegeben und fließt mit dem Mageninhalt durch den Magenschlauch zurück
– Nierenschale	– dem Kind vorhalten		
– Reagenzröhrchen	– eine Probe des Mageninhalts für Untersuchungszwecke abfüllen	– Magen leerlaufen lassen	– bei Berührung des Zäpfchens kann der Würgreflex ausgelöst werden und das Kind erbrechen *Vorsicht! Aspirationsgefahr!*

Material	Handlung Schwester	Handlung Arzt	Besonders zu beachten
– graduierter Trichter mit Schlauch und Glaszwischenstück oder Spritze	– Spülflüssigkeit einfüllen, die Luft aus dem System entfernen und – unterhalb der Tischhöhe mit dem Magenschlauch verbinden – Trichter etwa 30–50 cm über die Tischhöhe anheben und die Spülflüssigkeit einfließen lassen		– die Temperatur der Spülflüssigkeit richtet sich nach der Indikation und wird vom Arzt verordnet – als Spülflüssigkeit wird Wasser, Tee, isotonische Kochsalzlösung oder die von der Vergiftungszentrale verordnete Flüssigkeit verwendet
– Eimer – Gefäß mit Spülflüssigkeit	– bevor der Trichter ganz leer ist, senken unter Tischhöhe und die Spülflüssigkeit mit dem Mageninhalt zurückfließen lassen		
	– Inhalt des Trichters in einen Eimer geben und mit frischer Spülflüssigkeit füllen, Trichter wieder anheben, Füssigkeit einfließen lassen, Trichter senken, Flüssigkeit zurückfließen lassen	– Flüssigkeitsmenge verordnen	– beim ersten Spülvorgang den Trichter nur halb füllen; bei einer zu großen Menge besteht die Gefahr, daß der Pylorus sich öffnet und der Mageninhalt ins Duodenum gelangt
	– den Vorgang so oft wiederholen, bis die Spülflüssigkeit klar zurück kommt	– evtl. Magenschlauch auswechseln	– verstopft der Schlauch durch grobe Speisereste, wird er ausgewechselt

Abb. 15 Kopftieflagerung und Einführen des Magenschlauches

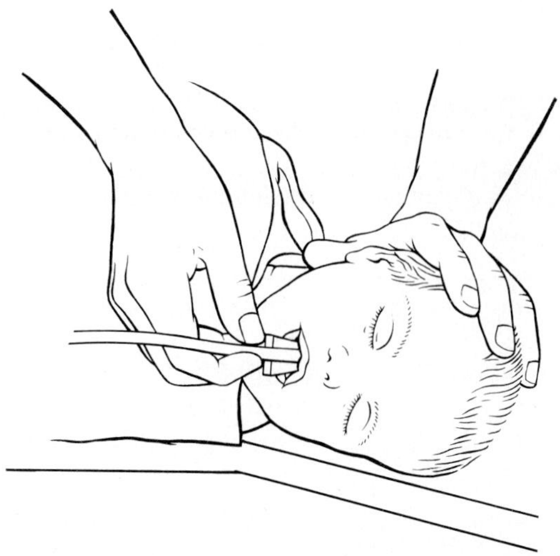

Material	Handlung Schwester	Handlung Arzt	Besonders zu beachten
– ½ l Wasser mit 1 Eßl. oder 5–6 Kompretten Tierkohle oder 1 Eßl. Karlsbader- oder Glaubersalz oder 1 Eßl. Parafinöl	– Trichter mit Wasser und dem verordneten Medikament füllen und einfließen lassen	– Medikament verordnen	
– Klemme	– Schlauch abklemmen	– Schlauch schnell entfernen	

6.6.4 Aufgaben der Schwester nach dem Eingriff

Nach Beendigung der Magenspülung wird die Kinderkrankenschwester

- das Kind säubern, beruhigen und intensiv beobachten,
- Geräte und Behandlungszimmer aufräumen und reinigen,
- das Untersuchungsmaterial wegbringen.

Wird das Kind stationär aufgenommen, gelten die Pflegemaßnahmen, die auf S. 515 beschrieben werden.

6.7. Injektionen

G. Fischer

Notwendige Vorkenntnisse

- Anatomie und Physiologie der Haut, der Muskeln, der peripheren Nerven und des Gefäßsystems,
- Grundlagen über die verschiedenen Lösungen,
- Maßnahmen der Desinfektion und Sterilisation.

Definition

Unter einer Injektion versteht man die Verabreichung eines flüssigen Medikamentes in das Gewebe oder Gefäßsystem unter Anwendung einer Spritze und einer Kanüle.

Strukturnetz

6.7. Injektionen

- 6.7.1. Material
  - 6.7.1.1. Spritzen
  - 6.7.1.2. Kanülen
  - 6.7.1.3. Injektionslösungen
- 6.7.2. Vorbereitungen
  - 6.7.2.1. Überprüfen des Medikaments
  - 6.7.2.2. Aufziehen der Injektionslösung
  - 6.7.2.3. Vorbereitung des Patienten
- 6.7.3. Durchführung einer Injektion
  - 6.7.3.1. Grundsätzliches
  - 6.7.3.2. Intramuskuläre Injektion
  - 6.7.3.3. Subkutane Injektion
  - 6.7.3.4. Intrakutane Injektion
  - 6.7.3.5. Intravenöse Injektion
- 6.7.4. Umgang mit verwendetem Material
- 6.7.5. Schmerz – Schmerzverringerung
- 6.7.6. Komplikationen
  - 6.7.6.1. Allgemeine Komplikationen
  - 6.7.6.2. Komplikationen in Abhängigkeit von der Injektionsart

Lehrziel

Dieses Teilkapitel soll darüber informieren, wie mit Spritzen, Kanülen und Injektionslösungen fachgerecht umzugehen ist. Die Kinderkrankenpflegeschülerin soll befähigt werden, die geeigneten Einstichstellen am Körper aufzufinden und die verschiedenen Injektionsarten durchzuführen.

Da die Injektion mit leichtem Schmerz verbunden sein kann und das Kind für diesen Eingriff kein Verständnis hat, sondern mit Ablehnung und Angst reagiert, ist es die dringliche Aufgabe der Kinderkrankenschwester, dem Kind dabei mit Einfühlung zu begegnen und es altersentsprechend zu informieren. Es wird hier aufgezeigt, welche ungünstigen Folgen eine Injektion haben kann und welche Komplikationen durch eine falsch ausgeführte Technik auftreten können. Die Kinderkrankenschwester soll erfahren, wie sie in einem solchen Fall richtig zu handeln hat.

Die Kinderkrankenschwester muß sich bei der Ausführung einer Injektion ihrer besonderen Verantwortung bewußt sein. Die Verabreichung einer Injektion geschieht immer auf ärztliche Verordnung.

Lernziele

Die Schülerin soll nach der Durcharbeitung dieses Abschnitts zu folgendem in der Lage sein:

- Spritzen, Kanülen und Injektionslösungen zu beschreiben;
- die erforderlichen Gegenstände zur Durchführung einer Injektion zu nennen;
- das Aufziehen des Medikaments aus den verschiedenen Ampullen aufzuzeigen;
- zu formulieren, wie das Kind in verschiedenen Altersstufen informiert und seine Angst abgebaut werden kann;
- die Injektionsarten aufzuzählen und die Durchführung im einzelnen zu beschreiben;
- auf exakten Umgang mit dem verwendeten Material hinzuweisen;

– Komplikationen, die bei den verschiedenen Injektionsarten auftreten können, sowie deren Ursache und die erforderlichen Maßnahmen zu nennen.

6.7.1 Material

6.7.1.1. Spritzen

Bestandteile einer Spritze (Abb. 16)
- graduierter Zylinder (2) aus Glas oder Kunststoff;
- Konus oder Ansatz (1) aus Metall oder Kunststoff zentral oder exzentrisch angebracht, Luer- oder Luer-Lock-Ansatz (Abb. 17),
- Stempel aus Metall oder Kunststoff mit Kolben, Stange, Griff (3, 4, 5).

Fassungsvermögen:
- 1 ml, 2 ml, 5 ml, 10 ml, 20 ml und 50 ml,
- Janet-Spritze (Blasenspritze) 100 ml (Konus auf Katheter passend).

Die gebräuchlichsten Modelle:
- Einwegspritze,

Stempel ein- und zweiteilig (Abb. 18 und 19), steril verpacktes Kunststoffmaterial zum einmaligen Gebrauch.

- Insulinspritze,
  1 ml oder 2 ml Fassungsvermögen, mit einer Graduierung, die Zehntelmilliliter und internationale Einheiten angibt (1 ml = 40 IE);
  Modelle mit integrierter und aufsetzbarer Kanüle.
- Tuberkulinspritze (Abb. 20)
  1 ml Fassungsvermögen auf Hundertstelmilliliter graduiert.

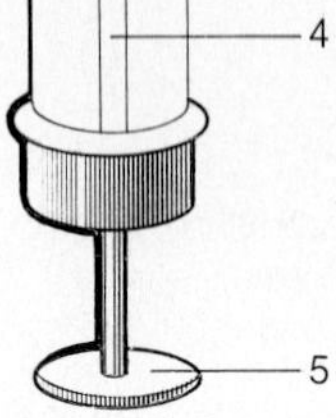

Abb. 16 Bestandteile einer Spritze

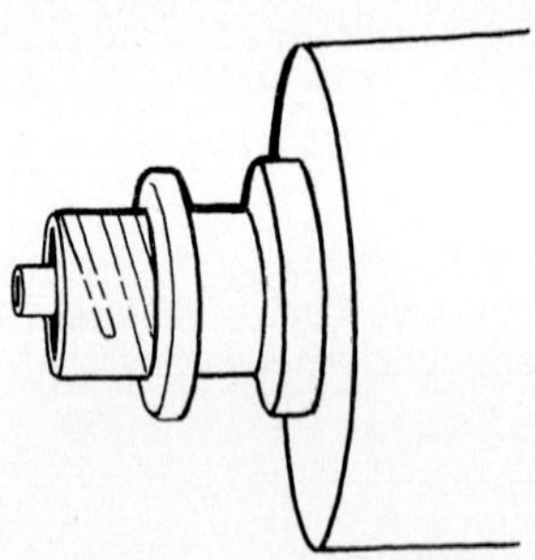

Abb. 17 Luer-Lock-Ansatz

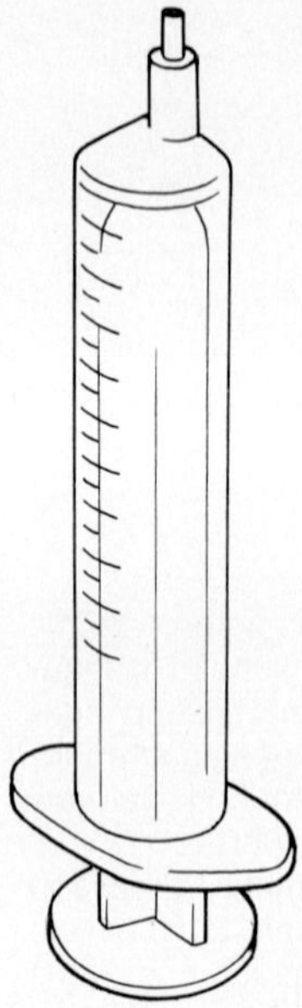

Abb. 18 Einwegspritze mit Luer-Ansatz, Stempel einteilig

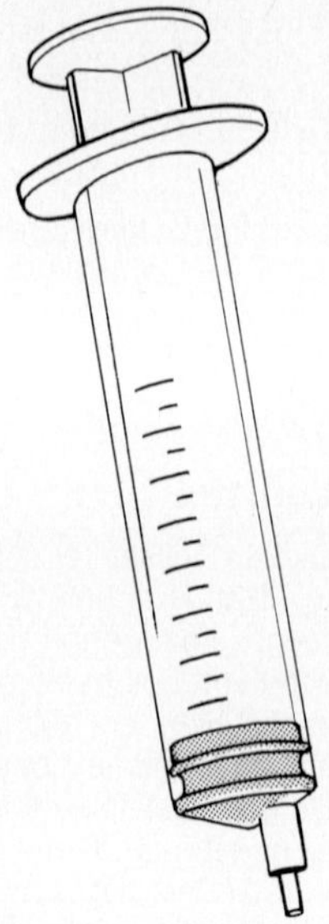

Abb. 19 Einwegspritze mit Luer-Ansatz, Stempel zweiteilig

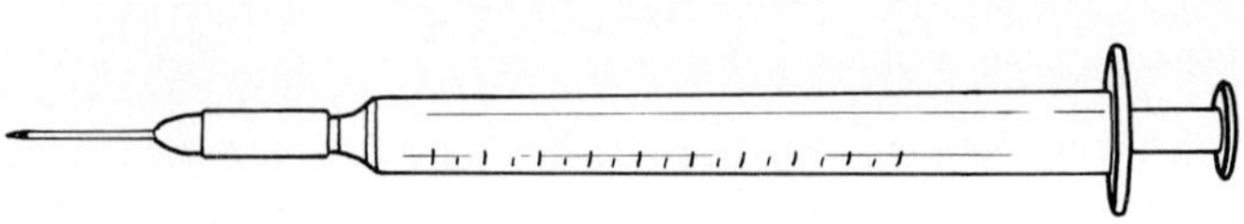

Abb. 20 Tuberkulinspritze

6.7.1.2. Kanülen

Es handelt sich um Hohlnadeln, die scharf geschliffen, durchgängig und rostfrei sein müssen. Sie unterscheiden sich in Länge, Stärke und Anschliff der Spitze.
Der Nadelschaft ist aus Stahl, der Nadelansatz meist aus Kunststoff (Abb. 21). Wie bei den Spritzen sind Luer- und Luer-Lock-Ansatz zu unterscheiden.
Die verschiedenen Größen der Einwegkanülen sind genormt und mit bestimmten Farben gekennzeichnet (Abb. 22). Die Größen von speziellen Kanülen, z. B. Spinalnadeln, Sonderkanülen für spezielle Indikationen, werden

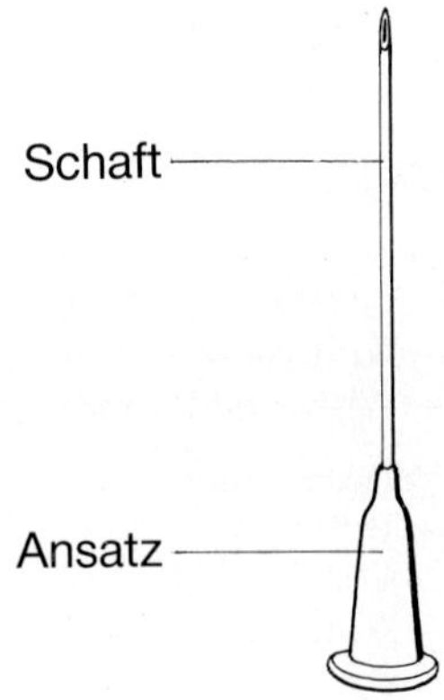

Abb. 21 Teile einer Kanüle

Abb. 22 Die gebräuchlichen Kanülengrößen

Europäisch einheitlicher Farbcode	∅ (mm)	Länge (mm)	(G)	Nummer
gelb	0,90	38	20	1
grün	0,80	38	21	2
schwarz	0,70	32	22	12
violett	0,65	32	23	14
blau	0,60	26	23	16
lila	0,55	25	24	17
braun	0,45	23	26	18
grau	0,42	22	27	20

Sonderkanülen für bestimmte Indikationen:

lichtgrau	0,4	13	27	Insulin
orange	0,5	16	25	Heparin

nur in der Gaugezahl (G) angegeben. Diese bezieht sich auf den Durchmesser einer Kanüle. Je höher die Gaugezahl, um so dünner ist die Kanüle.

Die Auswahl der Kanüle ist abhängig von
- Art der Injektion,
- Konsistenz der Injektionslösung,
- Alter und Größe des Kindes.

Verweilkanülen:
- Butterfly-Kanülen in Verbindung mit Perfusionsbesteck (Abb. 23)
- Abbocath (Abb. 24)
- Braunüle.

Kanülen zu speziellen Eingriffen:
- Knochenmarkpunktionsnadel (Abb. 25)
- Lumbalnadel (Abb. 26)
- Pleurapunktionsnadel (Abb. 27).

Verweilkanülen und Kanülen mit speziellen Eingriffen sind in verschiedenen Größen im Handel.

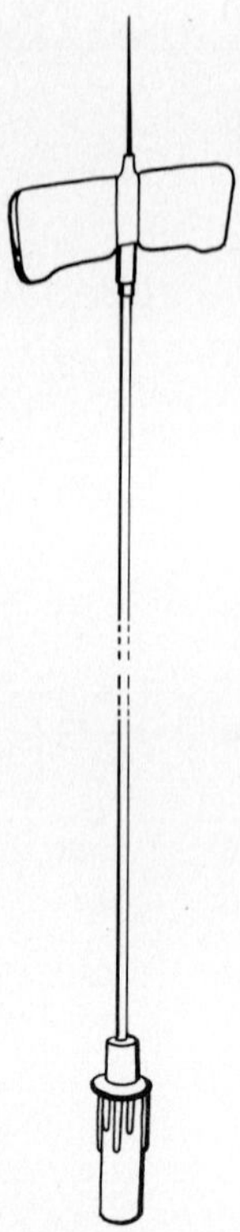

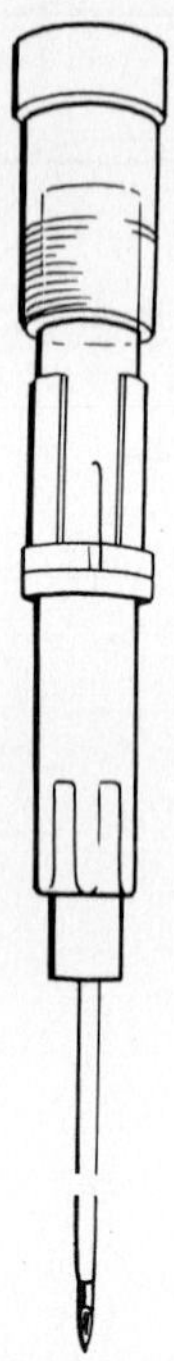

Abb. 23 Butterfly-Kanüle mit Perfusionsbesteck

Abb. 24 Abbocath mit innen liegender Punktionskanüle

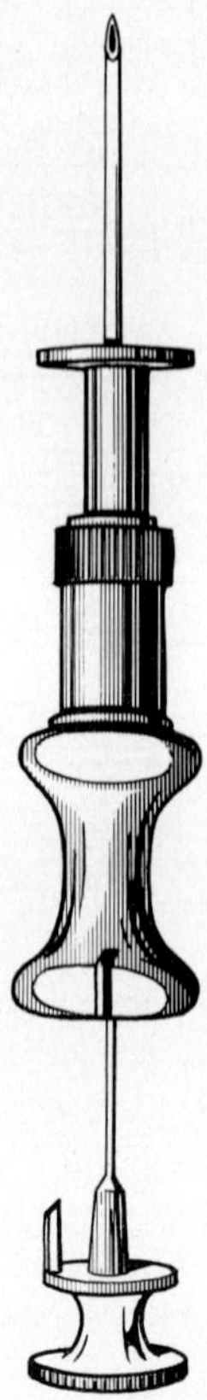

Abb. 25 Knochenmarkpunktionsnadel mit Arretierungsscheibe und eingeschliffenem Mandrin

Abb. 26 Lumbalnadel mit eingeschliffenem Mandrin

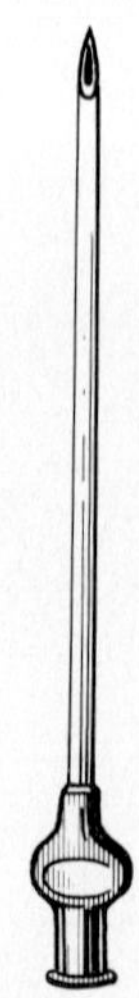

Abb. 27 Pleurapunktionsnadel

6.7.1.3. Injektionslösungen

Die zur Injektion bestimmten Medikamente unterliegen einem besonders sorgfältigen Herstellungsverfahren und müssen steril sein. Das Medikament gelangt unter Umgehung des Magen-Darm-Traktes in die Blutbahn. Diese Applikationsform bietet folgende Vorteile:

- das Medikament gelangt rasch an den Ort seiner Wirksamkeit,
- es kann nicht durch die Salzsäure des Magens inaktiviert werden,
- es kann jederzeit, unabhängig von der Magen-Darm-Funktion und dem Bewußtseinszustand, verabreicht werden.

Es gibt wäßrige, ölige und suspensierte Lösungen. Ihre Resorption ins Blut erfolgt unterschiedlich gut. Die Beschaffenheit der Injektionslösung ist bestimmend für die Art der Injektion.

6.7.2. Vorbereitungen

6.7.2.1. Überprüfen des Medikaments

Ehe die Injektionslösung aufgezogen wird, muß sich die Kinderkrankenschwester vergewissern, daß sie die Verordnung des Arztes verstanden hat und diese befolgt (Kap. 6.1). Sie hat die Pflicht, die Aufschrift auf der Ampulle genau zu lesen und dabei folgendes zu kontrollieren:

- Name des Medikaments,
- Konzentration des Wirkstoffs,
- Injektionsart,
- evtl. Verfallsdatum.

Zusätzlich sind zu beachten:
- Zeitpunkt der Auflösung (bei Stechampullen),
- ob der Inhalt der Ampulle klar ist.

6.7.2.2. Aufziehen der Injektionslösung

Allgemeine Vorbereitungen:
- sorgfältige Händedesinfektion,
- Bereitstellen der erforderlichen Gegenstände:
  Desinfektionsmittel, Kompressen, Ampullenfeile, Spritze und Kanüle,
  zum Aufziehen des Medikaments eine zusätzliche Kanüle,
  Abfallschale.

Wird der Inhalt einer Stechampulle nicht restlos verwendet, so muß die Ampulle im Kühlschrank aufbewahrt werden. Handelt es sich um eine aufgelöste Trockensubstanz, so muß auf dem Etikett notiert werden:

- Datum der ersten Entnahme,
- Wirkstoffmenge pro Mengeneinheit.

Bekommt ein Patient 2 verschiedene Medikamente gleichzeitig injiziert, so kann der Arzt diese in Form einer Mischinjektion verordnen, z. B. Atropin und Thalamonal.

	Glasampulle	Stechampulle mit Trockensubstanz und dazugehörige Lösungsampulle	Stechampulle zu mehrmaliger Entnahme
– Ampulle bereitstellen	– durch geeignete Bewegung Injektionslösung restlos aus dem Ampullenhals in den Ampullenkörper bringen	– Gummikappe und Metallrand desinfizieren	
– Ampulle öffnen	– Ampulle unterhalb des Ampullenhalses halten und unter leichtem Druck ansägen, Ampullenspitze mit Kompresse fassen und mit leichtem Druck abbrechen (Abb. 28 a u. b) – Knickampulle (Ampulle mit weißem Halsring) nur abbrechen! – Ampullenöffnung am Cupfix-Gerät (Abb. 28 c)		

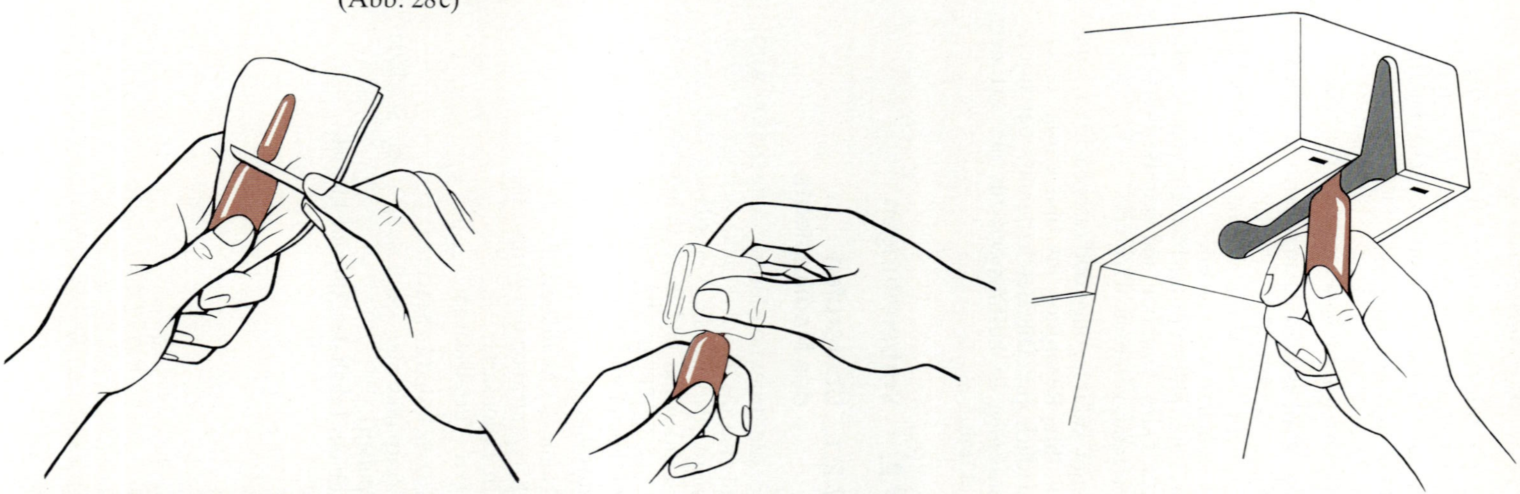

Abb. 28 a) Öffnen der Ampulle, b) Abbrechen der Ampullenspitze, c) Ampullenöffnung am Cupfix-Gerät

	 Glasampulle	 Stechampulle mit Trockensubstanz und dazugehörige Lösungsampulle	 Stechampulle zu mehrmaliger Entnahme
– Spritze fachgerecht aus der Verpackung nehmen			
– Injektionslösung aufziehen	– Injektionslösung bzw. Lösungsmittel unter Verwendung einer Aufziehkanüle in die Spritze saugen	– Lösungsmittel in die Stechampulle spritzen und die vollständige Auflösung abwarten. Dabei soll die Nadelspitze nur wenig in die Ampulle ragen, damit beim Absetzen der Spritze mit der verdrängten Luft nicht ein Teil des Medikamentes entweichen kann. Zur Wahrung der Sterilität muß bei Verwendung einer größeren Einmalspritze das aufgelöste Medikament mit einer frischen Spritze aufgezogen werden	
– Injektionskanüle mit der Schutzhülle fest auf den Konus setzen			
– Luft aus der *Spritze* entfernen	– die Spritze wird dazu *senkrecht* mit dem Konus nach oben gehalten und der Stempel langsam vorgeschoben		
– Luft aus der *Kanüle* entfernen	– die Spritze dazu *waagrecht* halten, bis sich ein Tropfen an der Kanülenöffnung zeigt, bzw. es kann so viel Flüssigkeit aus der Spritze entfernt werden, bis die aufgezogene Menge genau mit der verordneten übereinstimmt. Der Nadelschaft bleibt dabei von dem Medikament unberührt – sobald das Medikament aufgezogen ist, muß die Verabreichung erfolgen		

6.7.2.3. Vorbereitung des Patienten

Die Angst des Kindes vor einer Injektion darf von der Kinderkrankenschwester nicht verharmlost werden, sondern diese soll ihm verständnisvoll zugestehen, Angst und Schmerzen zu äußern. Die Schwester wird versuchen, dem Kind die Notwendigkeit dieser Maßnahme deutlich zu machen und durch Erklärung des Vorgangs die Angst auf ein Minimum abzubauen. Informiert die Schwester falsch oder überfordert sie das Kind hinsichtlich seines Verhaltens während des Eingriffs, kann gegenüber der pflegenden Schwester ein Vertrauensbruch entstehen.
Die Vorbereitung des Säuglings und Kleinkindes auf diesen Eingriff ist äußerst problematisch, da bei Kindern dieser Altersgruppen noch kein Verständnis für diese Maßnahme geweckt werden kann und sie für Erklärungen noch nicht zugänglich sind. Hier kann die Kinderkrankenschwester nur liebevoll und mit Einfühlungsvermögen dem Kind beistehen und es ablenken. Einem Kleinkind hilft es evtl. zur Abreaktion, wenn die Schwester mit ihm den Vorgang an der Puppe nochmals durchspielt.
Das Kind wird entsprechend der Injektionsart gelagert. Kinder, die während der Injektion nicht mit Sicherheit von selbst stillhalten, müssen von einer zweiten Person gehalten werden. Durch eine Bewegung des Kindes ist die Durchführung der Injektion gefährdet, z. B. kann die Kanüle abrutschen.

6.7.3. Durchführung einer Injektion

6.7.3.1. Grundsätzliches

Durchführung	Besonders zu beachten
– Injektionsstelle aufsuchen	
– Haut desinfizieren	– Kompresse sollte genügend Desinfektionsmittel enthalten
– Muskel fassen bzw. dicke Hautfalte abheben oder die Haut spannen	
– Kind auf den nun folgenden Nadelstich aufmerksam machen	
– Einstich der Kanüle	– Kanüle rasch einstechen und sich vergewissern, daß die Nadel richtig liegt
– Stempel der Spritze zurückziehen	– es darf kein Blut aspiriert werden
– Medikament injizieren	– Kanülenansatz halten und die Kanüle nicht verschieben – Injektionslösung langsam einbringen – Aussehen und Verhalten des Patienten dabei beobachten
– Kanüle entfernen	– Richtung des Stichkanals einhalten, dabei die Spritze und Kanülenansatz festhalten
– mit der bereitgestellten Kompresse zur Verschließung des Stichkanals Einstichstelle in Kreisbewegung komprimieren	– es darf kein Blut aus dem Stichkanal austreten

6.7.3.2. Intramuskuläre Injektion

Die Injektion muß tief in den Muskel erfolgen, denn nur von dem gut durchbluteten Muskelgewebe aus ist eine Resorption des Medikaments gewährleistet.
Um schwerwiegende Komplikationen zu vermeiden, soll diese Körperstelle frei sein von großen Nerven und Gefäßen. Deshalb ist die Einstichstelle bei den einzelnen Altersgruppen mit großer Sorgfalt aufzusuchen und auf die angewiesene Stichrichtung genau zu achten.

Zu wählende Körperstellen:
Gesäßmuskel:
lateraler Bereich,

Oberschenkelmuskel:
im mittleren Drittel.

Auswahl der Kanüle:
Nr. 1 und Nr. 2,
Nr. 12 nur bei dystrophen Säuglingen.

Beachte: Es soll keine zu kurze Nadel verwendet werden. Nur aus dem Muskelgewebe kann die Lösung ins Blut resorbiert werden.

Ventroglutäale Injektion (nach Hochstetter)

Diese Injektionsstelle gilt heute als die risikoärmste.
Die Injektion kann beim Patienten in Rücken- und Seitenlage, bei möglichst angezogenem Bein durchgeführt werden.

Aufsuchen der Einstichstelle:
Injektion rechts:
- Linke Zeigefingerspitze fixiert den vorderen Darmbeinstachel,
- Abspreizen des linken Mittelfingers am Darmbeinkamm so weit wie möglich,
- Verschieben der Hand auf der Achse des vorderen Darmbeinstachels etwa 2 cm nach vorn. Der Handballen soll auf dem Trochanter major liegen,
- Markierung der Einstichstelle an der Spitze des entstandenen Dreiecks (Abb. 29),
- Einstich senkrecht zur Körperachse etwas in Richtung Darmbeinkamm. Die Stichtiefe beträgt mindestens 2–3 cm.

Bei der Injektion auf der linken Seite kann mit dem Mittelfinger der linken Hand der vordere Darmbeinstachel aufgesucht und der Zeigefinger am Darmbeinkamm abgespreizt werden.

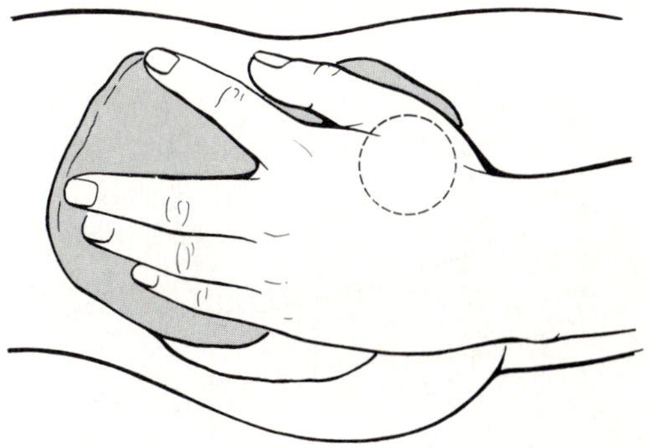

Abb. 29 Orientierung bei der ventroglutäalen Injektion

Bei Säuglingen und Kleinkindern ist das Aufsuchen der Injektionsstelle auf diese Weise noch nicht möglich.

Crista-Methode (nach Sachtleben)

Die Schwester steht vor dem Patienten. Dieser liegt in Seitenlage, mit dem Kopf links von ihr, das Gesicht ihr zu- oder abgewandt. Die Schwester legt ihre linke Hand in die Flanke des Patienten. Dabei wird der Zeigefinger der Knochenleiste des Darmbeinkammes = Crista direkt angelegt. In Richtung auf den großen Rollhügel zu wird nun mit der anderen Hand die Einstichstelle aufgesucht: Erwachsene und Schulkinder 3 Querfinger (Abb. 31 a), Kleinkinder 2 Querfinger und Säuglinge 1 Querfinger (Abb. 31 b) unterhalb des Darmbeinkammes mit Stichrichtung nach oben außen. Auch die senkrechte Injektion ist möglich und vor allem bei jüngeren Kindern und Säuglingen vorzuziehen.

Injektion in den Oberschenkel

Auch die Injektion in den Oberschenkel ist mit der Gefahr verbunden, daß Nerven oder Blutgefäße getroffen werden. Eine risikofreie Technik (nach Prof. Arthur Hochstetter) ergibt sich bei Einspritzung in den M. vastus lateralis, den seitlichen und mittleren Teil des M. quadriceps femoralis. Man spritzt in die Mitte der Länge, der Breite und der Tiefe dieses Muskels.

Aufsuchen der Einstichstelle:
Das seitlich liegende Kind wird aufgefordert, Hüfte und Knie leicht zu beugen. Nun werden beide Hände am Oberschenkel aufgelegt, so

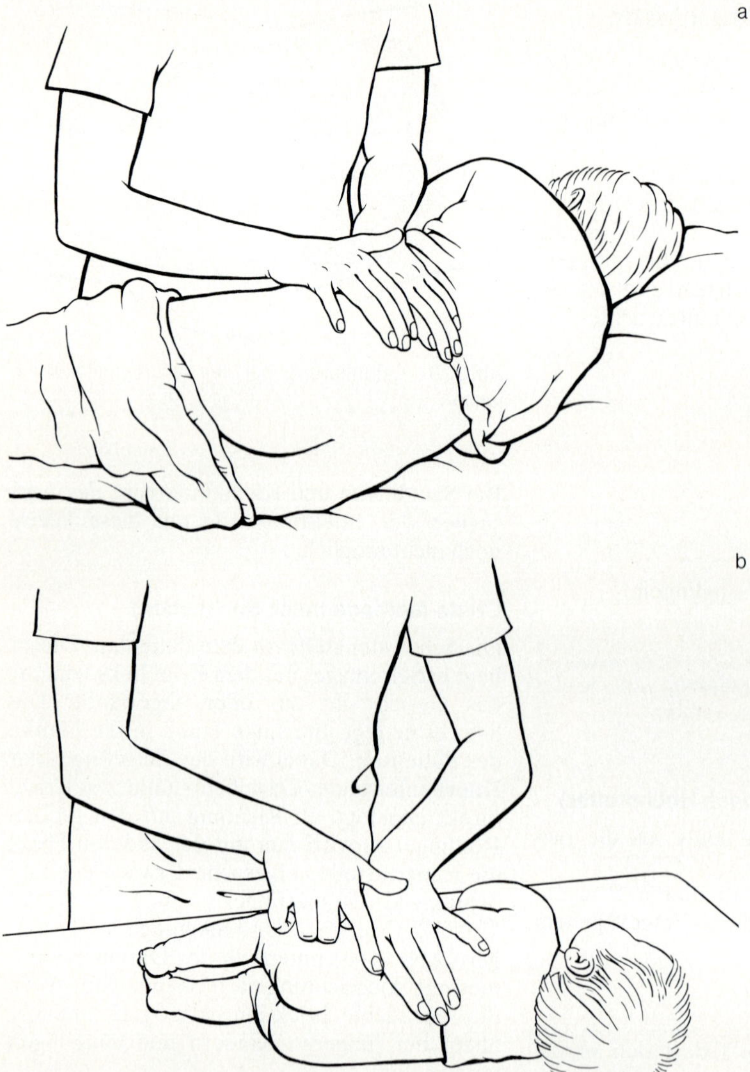

Abb. 30 a u. b Orientierung bei der Crista-Methode nach Sachtleben: a) beim Schulkind, b) beim Säugling

daß die Außenseite der Hand mit dem Fingergrundgelenk einerseits den Trochanter und andererseits die Patella berühren. Die Injektionsstelle liegt in der Verbindungslinie zwischen den Fingergrundgelenken beider Hände (Trochanter-Patella-Linie) in der Mitte zwischen den beiden abgespreizten Daumen (Abb. 31 a u. b). Der Einstichwinkel soll 90 Grad betragen.

Beachte: Wenn beim Aspirieren Blut kommt, muß die Kanüle entfernt und an einer anderen Stelle ein frisch aufgezogenes Medikament injiziert werden.
Tritt während der Injektion ein starker Schmerz auf, so muß die Injektion sofort unterbrochen werden bzw. das weitere Einspritzen des Medikamentes an dieser Stelle unterbleiben.
Bei Erkrankungen mit einer Blutungsneigung sind intramuskuläre Injektionen zu unterlassen!

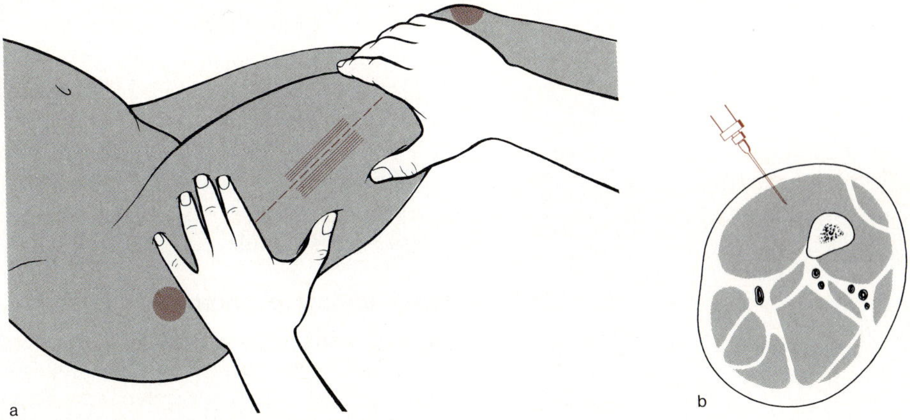

Abb. 31 a u. b Injektion in den Oberschenkel:
a Orientierung bei der Injektion,
b Lage der Nadel im Gewebe

Abb. 32 Halten der Spritze zur intramuskulären Injektion

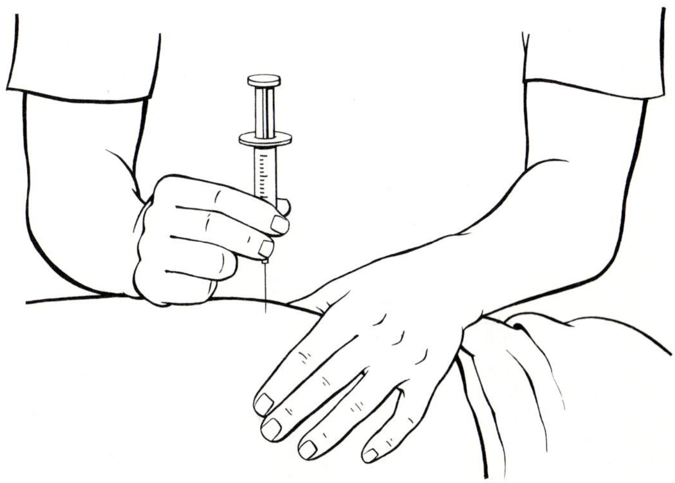

Durchführung einer intramuskulären Injektion im einzelnen

Nachdem die Einstichstelle aufgesucht und die Haut desinfiziert ist, hebt die linke Hand eine dicke Hautfalte ab. Die Spritze wird nun bleistiftartig gehalten und die Kanüle in der angegebenen Richtung mit leicht federndem Stoß eingestochen (Abb. 32). Mit der linken Hand ist der Kanülenansatz am Konus der Spritze festzuhalten, während mit der rechten Hand der Stempel der Spritze zurückgezogen wird, um sich zu vergewissern, daß die Nadelspitze nicht in einem Blutgefäß liegt. Dann wird die Flüssigkeit langsam injiziert.

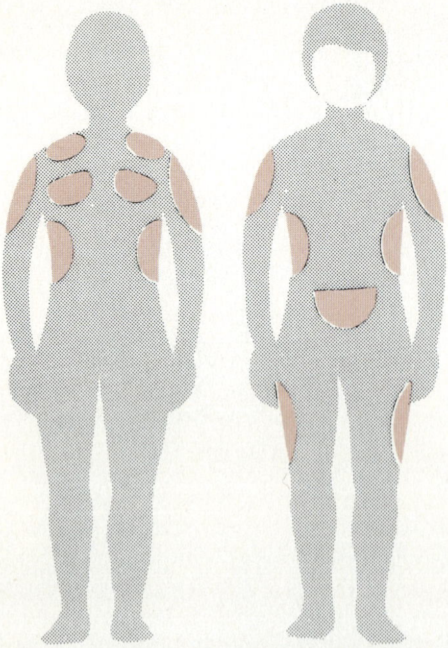

Abb. 33 Einstichstellen für die subkutanen Injektionen

6.7.3.3. Subkutane Injektion

Bevorzugte Körperstellen (Abb. 33):
- Oberschenkel (Außen- und Streckseite),
- Oberarm (Außenseite),
- ober- und unterhalb des Schulterblattes,
- Bauchdecke.

Auswahl der Kanüle:
dünne, kurze Kanüle, z. B. Nr. 16.

Durchführung im einzelnen

Nachdem die Haut desinfiziert ist, hebt die linke Hand eine dicke Hautfalte ab. Mit der rechten wird die Spritze von der Seite her gehalten und die Kanüle mit der Öffnung nach oben in proximaler Richtung mit einem leicht federnden Stoß eingestochen (Abb. 34).
Einstichwinkel 45 Grad oder 90 Grad bei kurzer Nadel (Abb. 35 a)
Nun wird mit der linken Hand der Kanülenansatz am Konus der Spritze gehalten und mit der rechten Hand der Stempel der Spritze zurückgezogen, um sich zu vergewissern, daß mit der Nadelspitze kein Blutgefäß angestochen wurde. Dann drückt man mit dem Dau-

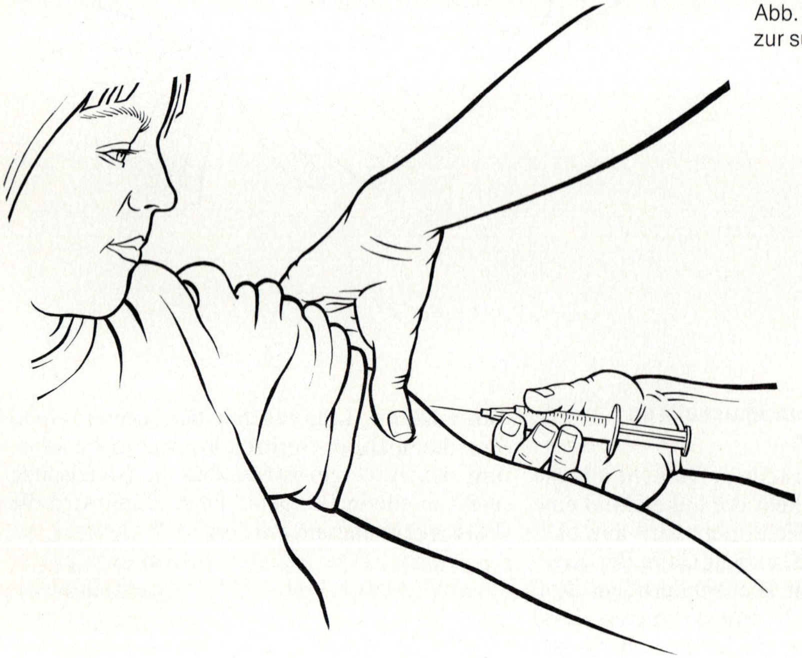

Abb. 34 Halten der Spritze zur subkutanen Injektion

men gegen den Stempel und injiziert die Flüssigkeit.

Besonderheiten

Verabreichung von Insulin

Insulin kann mit einer kurzen, dünnen Nadel im Einstichwinkel von 90 Grad injiziert werden. Dabei muß die Nadel bis zu ihrem Ansatz eingestochen werden. Die Injektionsstelle ist in bestimmter Reihenfolge regelmäßig zu wechseln.

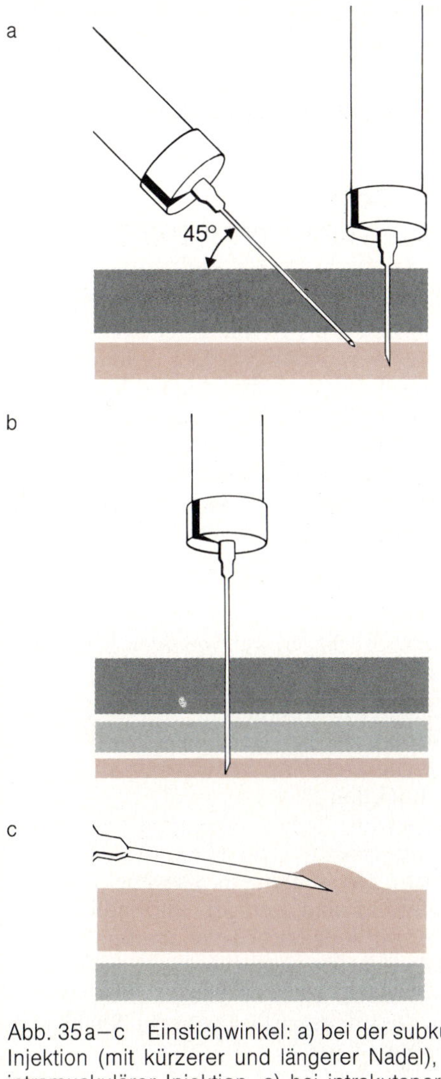

Abb. 35a–c Einstichwinkel: a) bei der subkutanen Injektion (mit kürzerer und längerer Nadel), b) bei intramuskulärer Injektion, c) bei intrakutaner Injektion

Verabreichung von Heparin

Die Injektionsstelle liegt zirkulär um den Nabel, da dort die Resorption sehr langsam erfolgt. Die Hautfalte wird zwischen Daumen und Zeigefinger *während* der Injektion festgehalten. So wird nach Entfernen der Kanüle der Stichkanal verlegt, und es kann damit die Entstehung eines Hämatoms vermieden werden.

6.7.3.4. Intrakutane Injektion

Das Medikament wird in die oberste Hautschicht, die ohne Blutgefäße ist, injiziert. Es sind meist sehr konzentrierte Lösungen, die bei tieferer Einspritzung zu Gewebsreaktionen führen. Der Wirkstoff kann an dieser Stelle nur sehr langsam resorbiert werden. Diese Injektionsart wird in der Regel vom Arzt durchgeführt bei verschiedenen Tests und bestimmten Impfungen, z. B. BCG-Impfung, angewandt.

Bevorzugte Körperstellen:
- Innenseite des Unterarms,
- Außenseite des Oberschenkels.

Auswahl der Kanüle:
Nr. 18–20.

Durchführung:
- Haut straff spannen,
- Hautdesinfektion,
- Kanülenspitze mit der Öffnung nach oben, in spitzem Winkel, bis der Anschliff nicht mehr sichtbar ist, einstechen.
- langsam injizieren, dabei muß eine kleine Quaddel entstehen (Abb. 35c),
- Kanüle herausziehen *ohne* Gegendruck mit der Kompresse,
- Markierung der Quaddel.

6.7.3.5. Intravenöse Injektion

Medikamente werden intravenös injiziert, wenn eine rasche Wirkung erwünscht ist oder wenn diese Wirkstoffe bei Verabreichung in das Muskelgewebe oder unter die Haut Unverträglichkeitserscheinungen hervorrufen würden.

Diese Art der Injektion wird in der Regel vom Arzt durchgeführt. Delegiert er im Einvernehmen mit der Schwester vorher aus besonderen Gründen diese Aufgabe an sie, so wird er sich vorher von der Fähigkeit der Schwester für diese Handlung überzeugen müssen. Eine solche Vereinbarung muß schriftlich fixiert sein. Die Sorgfalt für die Auswahl des Medikaments bleibt davon unberührt.

Beachte: Eine intravenöse Injektion kann unvorhersehbare Folgen haben, die die Schwester von ihrer Ausbildung her nicht überblicken kann.

Bevorzugte Körperstellen:
Säugling:
vorwiegend Venen im Kopfbereich.
Kleinkind und Schulkind:
Venen in der Ellenbeuge,
Venennetz des Hand- und Fußrückens.

Auswahl der Kanüle:
je nach Lumenweite des Gefäßes.

Durchführung im einzelnen:
- Vene wählen,
- Vene stauen,
- Hautdesinfektion,
- Haut entgegen der Stichrichtung leicht spannen,
- Einstechen der Kanüle in die Vene,
- Stempel der Spritze zurückziehen (liegt die Nadel exakt in der Vene, muß es dabei zum kontinuierlichen Blutrückfluß kommen),
- Stauung vorsichtig öffnen,
- Medikament langsam injizieren. Während der Injektion Patient und Einstichstelle beobachten. Wird das Gewebe um die Einstichstelle weiß oder schwillt an, so ist die Injektion sofort abzubrechen.

Beachte: Bei versehentlicher Arterienpunktion fließt helles Blut mit größerem Druck zurück. In diesem Fall darf nicht injiziert werden.

6.7.4. Umgang mit verwendetem Material

Einweggegenstände kommen in die dafür bestimmten Abfallsäcke. Kanülen müssen mit besonderer Sorgfalt entsorgt werden. Sie dürfen nicht in den Abfallsack geworfen werden, denn Kanülenspitzen, die den Plastiksack durchstechen und herausragen, können zu gefährlichen Verletzungen und Infektionen führen. Auch das Zurückstechen der benützten Kanüle in die Schutzhülle bedeutet eine Verletzungs- und damit Infektionsgefahr.

Beachte: Kanülen ohne Schutzhülle in einen größeren Behälter geben und diesen geschlossen verwerfen.

Bei der mechanischen Reinigung von mehrfach zu verwendendem Material muß die Grobreinigung sofort vorgenommen werden, z. B. Einlegen in Desinfektionslösung. Anschließend erfolgt Feinreinigung und Sterilisation.

Die Sterilisation erfolgt durch
- Dampfsterilisation im Autoklaven 2 bar (1 atü), 120 °C, 15 Minuten oder 3 bar (2 atü), 134 °C, 8 Minuten,
- Heißluftsterilisation (Instrumente bei 160 °C ca. 60 Minuten, Spritzen bei 200 °C ca. 30 Minuten).

Dabei müssen die Spritzen zerlegt sein.

6.7.5 Schmerz – Schmerzverringerung

Die Erfahrung eines Menschen schon von früher Kindheit an lehrt, daß der Einstich einer Nadel in den Körper mit einem Gefühl des Schmerzes verbunden ist. Der Schmerz, der bei einer Injektion zu erwarten ist, löst bereits beim Anblick der Spritze Angst und Anspannung der Muskulatur aus und intensiviert die Schmerzempfindung. Deshalb ist es unwahr, vor einer Injektion dem Kind zu sagen, daß dieser Eingriff nicht weh tun würde. Es kann jedoch durch sorgfältiges Arbeiten der Schmerz bei der Injektion wesentlich verringert werden.
Dem Schmerz liegen verschiedene Ursachen zugrunde:

- Mechanisches Trauma:
  Einstich durch die Haut,
  plötzliche Dehnung im Gewebe durch rasche Injektion.
  Die Gewebe haben eine unterschiedliche Schmerzschwelle: Die Haut ist sehr empfindlich, das subkutane Gewebe und die Gefäßwand sind weniger empfindlich, gesundes Muskelgewebe ist unempfindlich.
- Lokale Reizung:
  Es kommt zu einem brennenden Schmerz, wenn Desinfektionslösung in den Stichkanal eindringen kann.
  Bei der Verabreichung von gewebsunfreundlichen Lösungen, z. B. Atropin, ver-

schiedene Impfstoffe, läßt sich ein brennender Schmerz nicht vermeiden.
- Abnorme Empfindlichkeit des Gewebes an der Injektionsstelle:
Gewebe an der Injektionstelle ist unterschiedlich empfindlich (z. B. reagiert erkranktes Muskelgewebe stark auf Schmerzreize, ebenso Hautstellen, an denen bereits Injektionen verabreicht wurden).
- Individuelle Reaktion des Kindes auf Schmerz.

Schmerzverringerung

Um das Schmerzempfinden bei der Injektion herabzusetzen, muß folgendes beachtet werden:

- Vor dem Einstich der Nadel Desinfektionslösung auf der Haut trocknen lassen.
- Während der Injektion die Richtung des Stichkanals nicht verändern.
- Ampullen, die im Kühlschrank aufbewahrt werden, vor Gebrauch in der Hand erwärmen. Die Injektionslösung sollte Zimmertemperatur haben.
- Das Medikament langsam injizieren.
- Schmerzunempfindlichere Hautstellen bevorzugen.
- Injektionsstellen häufig wechseln und Injektion nur an intakten Hautstellen durchführen.

6.7.6. Komplikationen

In seltenen Fällen können bei einer Injektion unerwünschte Begleiterscheinungen auftreten. Diese müssen baldmöglichst erkannt und der erforderlichen Therapie zugeführt werden.

6.7.6.1. Allgemeine Komplikationen

Die folgenden Komplikationen können bei jeder Injektionsart auftreten.

Hämatom: Durch Anstechen bzw. Durchstechen eines Gefäßes tritt Blut in das umliegende Gewebe.
Behandlung: kühlende Umschläge, Salbenverbände mit heparinhaltigen Präparaten.

Allergische Reaktionen bei einer Arzneimittelüberempfindlichkeit des Patienten.
Erforderlich sind ärztliche Sofortmaßnahmen.

Infektion durch unsauberes Arbeiten.
Vermeidung durch steriles Arbeiten und Verwendung von sterilem Material.

Serumhepatitis: Vermeidung durch Verwendung von Einwegmaterial.

6.7.6.2. Komplikationen in Abhängigkeit von der Injektionsart

Bei der intramuskulären Injektion

Anstechen eines Nervs durch falsche Injektionstechnik: Bei der intraglutäalen Injektion Schädigung des N. ischiadicus. Lähmungen und sensorische Ausfälle, zum Teil als Dauerschäden, können die Folge sein.
Behandlung: Injektion abbrechen, Arzt rufen.

Spritzenabszeß durch Infektion der Injektionsstelle bei schlechter Resorption des Medikaments oder durch ein infiziertes Hämatom.
Besonders gefährdet sind Diabetiker und schwerkranke Patienten, die eine schlechte Abwehrlage haben.
Erforderlich sind ärztliche Maßnahmen.

Aseptische Nekrose bei Unverträglichkeit des Gewebes gegenüber dem eingespritzten Medikament.
Erforderlich sind ärztliche Maßnahmen.

Anstechen der A. glutaea: Durch sorgfältiges Aspirieren mit der Spritze wird diese Komplikation erkannt, und weitere Folgen sind damit vermeidbar.

Bei der intravenösen Injektion

Durchstechen einer Vene: Es handelt sich um eine harmlose, häufig auftretende Komplikation. Sie muß sofort bemerkt werden, damit nicht paravenös injiziert wird.
Paravenöse Infiltrate können je nach Menge und Beschaffenheit der Injektionslösung zu einer Gewebsschädigung führen und sind unbedingt zu vermeiden.

Phlebitis: Die Entzündung der Venenwand kann durch Reiz der Nadel und des Medikaments verursacht werden. Auf der Intima kann sich ein Thrombus bilden.
Es gibt harmlose und schwerwiegende Verlaufsformen.

Behandlung: Ruhigstellung, feuchte Umschläge, Salbenbehandlung. Bei schweren Formen Antikoagulantien.

Irrtümlich intraarterielle Injektion: Bei der intraarteriellen Injektion fließt das Medikament in das Kapillarsystem der Peripherie. Da das Medikament aber zunächst große Gefäße erreichen, dort verdünnt werden und damit abgeschwächt in den Kapillaren zur Wirkung kommen soll, muß es intravenös verabreicht werden.
Wird versehentlich intraarteriell injiziert, können bei einer Arterienunverträglichkeit des Medikaments schwere irreversible Durchblutungsstörungen auftreten.

Todesfälle durch Verwechslung von Präparaten: Es gibt Medikamente, deren intravenöse Injektion lebensgefährlich ist.
Todesfälle durch Arzneimittel können vermieden werden, wenn Verwechslungen, Hörfehler und Nachlässigkeit bei der Ausführung ärztlicher Verordnungen ausgeschlossen sind.

Beachte: Jede ärztliche Verordnung ist schriftlich zu fixieren.

6.8. Punktionen und Biopsien

H. Röhr und H. Wildoer

Strukturnetz

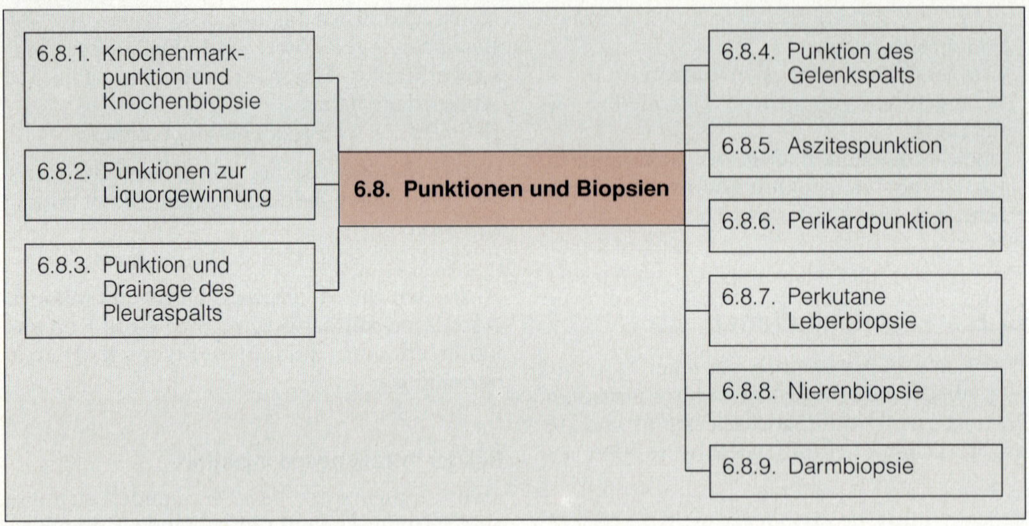

Lehrziel

Soll eine Punktion oder Biopsie durchgeführt werden, ist es die Aufgabe der Kinderkrankenschwester, dazu die notwendigen Vorbereitungen zu treffen, während des Eingriffs das Kind zu halten, dem Arzt zu assistieren und anschließend die Pflege des Patienten zu übernehmen.
Es ist zu gewährleisten, daß neben den instrumentellen Aspekten auch Formen der persönlichen Zuwendung berücksichtigt werden.
In den folgenden Abschnitten werden diese Maßnahmen erläutert.

Lernziele

Nach der Bearbeitung der obengenannten Themen können Sie beschreiben,
- wie Sie einen Patienten auf den Eingriff vorbereiten;
- welches Material benötigt wird;
- wie Sie den Patienten lagern, ihn halten und wie Sie dem Arzt assistieren;
- worauf es in der Betreuung des Kindes während und nach dem Eingriff ankommt.

6.8.1. Knochenmarkpunktion und Knochenbiopsie

H. Wildoer

Notwendige Vorkenntnisse

- Anatomie der Knochen,
- Physiologie des Knochenmarks,
- Regeln der Asepsis.

Strukturnetz

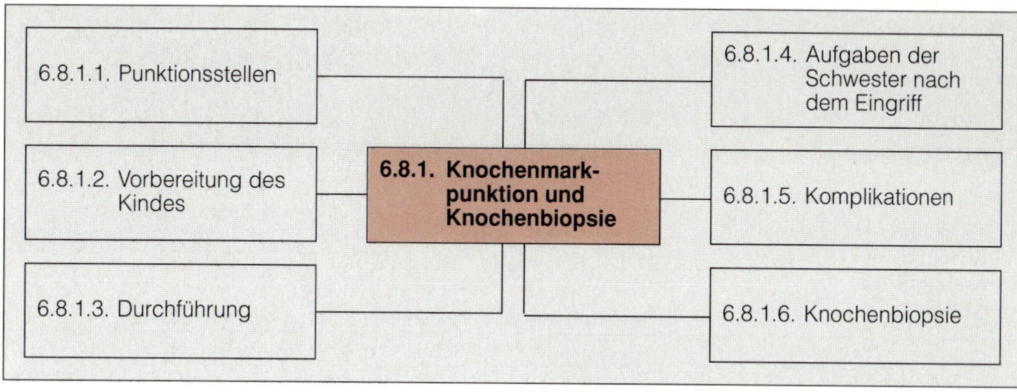

Lehrziel

Bei Verdacht auf Erkrankungen oder bei Erkrankungen des blutbildenden Knochenmarks wird zur zytologischen und histologischen Diagnostik eine Knochenmarkpunktion oder Knochenbiopsie durchgeführt. Da es Ihre Aufgabe ist, das Kind zu betreuen, die benötigten Gegenstände vorzubereiten und evtl. dem Arzt zu assistieren, wird der Eingriff hier beschrieben.

Lernziele

Sie haben die Lernziele dieses Abschnitts erreicht, wenn Sie

- Auskunft geben können, wie Sie ein Kind während und nach der Punktion bzw. Biopsie pflegen;
- beschreiben können, wie das Kind je nach Punktionsstelle gehalten und gelagert wird;
- aufzählen können, welches Material vorbereitet wird, und die Durchführung des Eingriffs wiedergeben können.

6.8.1.1. Punktionsstellen

Wahl nach Alter	Lagern	Halten
– Tibia (Abb. 36)	– Kind liegt auf dem Rücken	– das zu punktierende Bein und den Oberkörper halten
– evtl. auch Femur	– Arme und Rumpf fixiert	
0–2. Lebensjahr	– mit Sandsack oder Polster (Moltonrolle) den Unterschenkel von der Kniekehle bis zur Ferse unterlegen	
– vorderer Beckenkamm	– auf dem Untersuchungstisch	– mit einer Hand den Oberkörper halten und mit der anderen Hand die Oberschenkel halten
jedes Alter (Abb. 37)	– Rückenlage, Arme des Kindes auf den Thorax legen (Abb. 39)	

Wahl nach Alter	Lagern	Halten
	– oder in Seitenlage mit angewinkelten Beinen	– evtl. halten 2 Schwestern, da gute Fixierung erforderlich
– hinterer Beckenkamm *jedes Alter* (Abb. 38)	– Bauchlage, Polster unterlegen – Kind legt den Kopf auf seine Arme (Abb. 40) – oder Seitenlage	– wie vorderer Darmbeinkamm
– Sternum *ab 6. Lebensjahr* eine Sternalpunktion wird wegen ihrer Gefährlichkeit bei Schulkindern selten durchgeführt (Abb. 41)	– Rückenlage – kleines Polster unter die Schulterblätter legen – Arme liegen am Rumpf (Abb. 42)	– Oberschenkel und Unterarme halten

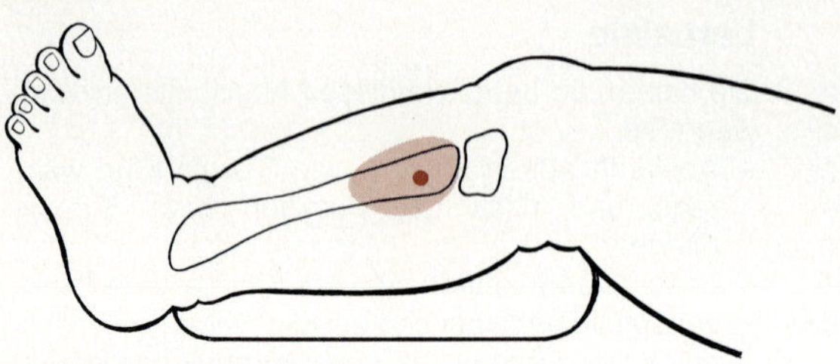

Abb. 36 Punktionsstelle an der Tibia

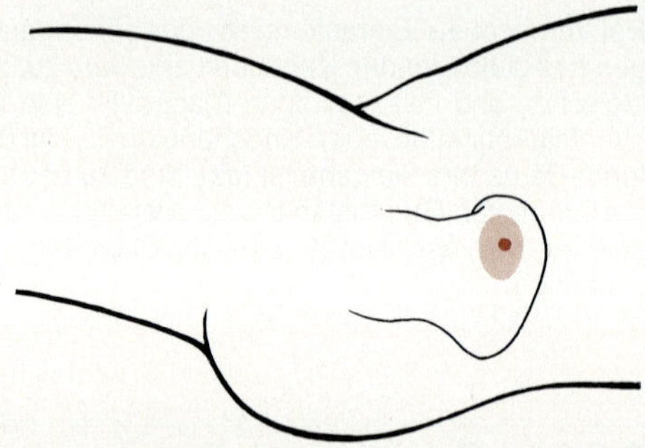

Abb. 37 Punktionsstelle am vorderen Beckenkamm

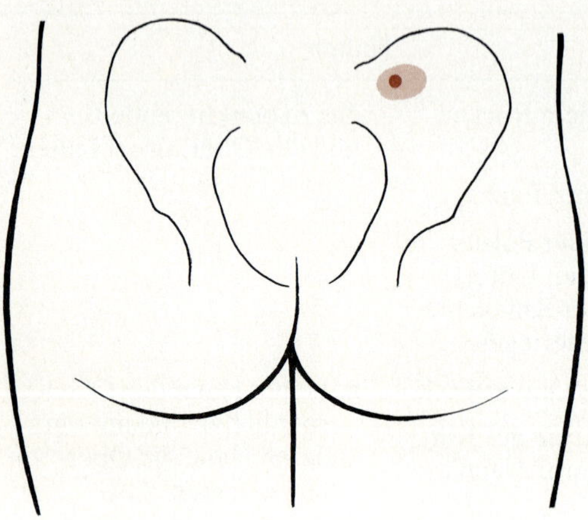

Abb. 38 Punktionsstelle am hinteren Beckenkamm

Abb. 39 Lagern bei Punktion am vorderen Beckenkamm

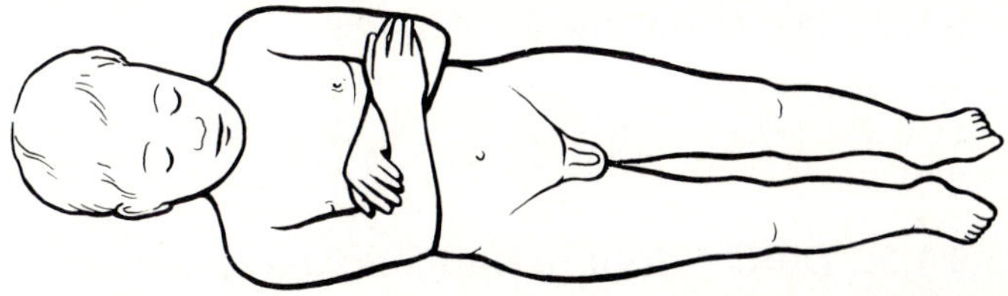

Abb. 40 Lagerung bei Punktion am hinteren Beckenkamm

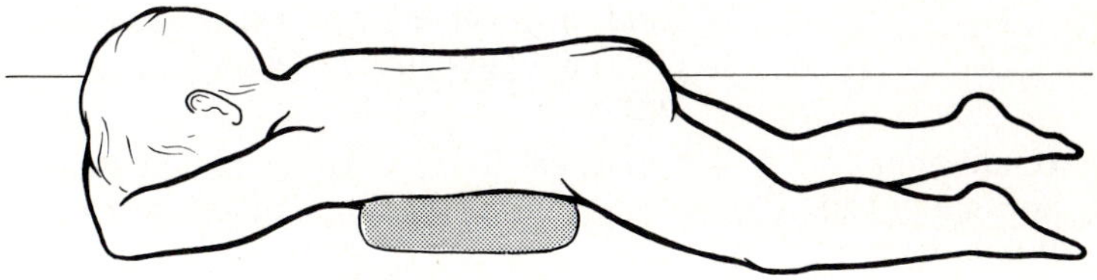

Abb. 41 Punktionsstellen am Sternum

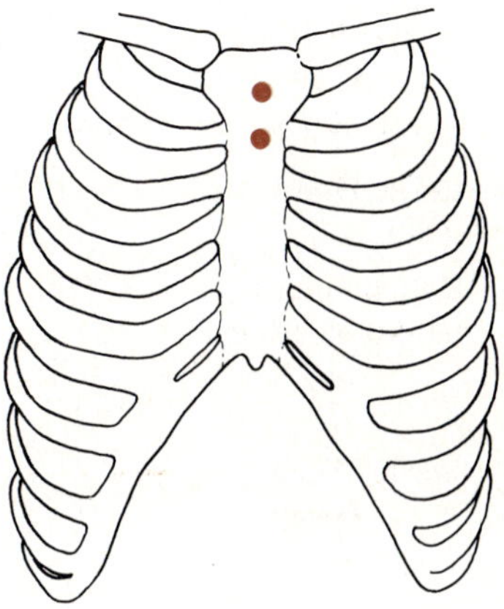

Abb. 42 Lagerung bei Punktion am Sternum

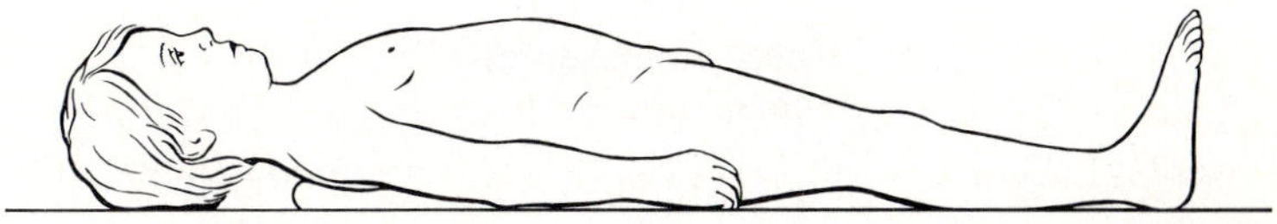

6.8.1.2. Vorbereitung des Kindes

- Kind informieren,
- evtl. Sedativa verabreichen.

6.8.1.3. Durchführung: Knochenmarkpunktion

Material	Handlung Schwester	Handlung Arzt	Besonders zu beachten
	– Kind entsprechend der Punktionsstelle lagern	– chirurgische Händedesinfektion	– mit der MTA den Zeitpunkt der Punktion absprechen
– Hautdesinfektionsmittel und Watteträger	– anreichen	– Punktionsstelle desinfizieren	– färbende Desinfektionsmittel erleichtern Markierung
– Nierenschale		– gebrauchte Watteträger ablegen	
– Material zur Lokalanästhesie	– aufziehen	– bis aufs Periost injizieren	
		– Wirkung abwarten	
– steriler Kittel	– anreichen	– anziehen	
– sterile Handschuhe	– evtl. dem Arzt beim Anziehen helfen	– zieht sterile Handschuhe an	
– Knochenmarkpunktionsbesteck	– Trommel öffnen		– steril in Trommeln verpackte Bestecke erleichtern die Durchführung
– steriles Tuch		– Tisch steril abdecken	
		– steriles Material aus der Trommel bereitlegen	
	– Desinfektionsmittel und Watteträger noch einmal anreichen	– Haut nochmals desinfizieren	
– steriles Lochtuch		– Punktionsstelle abdecken	– das Kind wird unter dem sterilen Lochtuch gehalten
– evtl. feines Einmalskalpell oder Lanzette	– Verpackung öffnen und anreichen	– Hautschnitt setzen	
– Knochenmarkpunktionskanüle		– Stichtiefe mit der Arretierung einstellen	
		– einstechen	
		– Mandrin entfernen	– muß steril bleiben

Material	Handlung Schwester	Handlung Arzt	Besonders zu beachten
– gutziehende 20-ml-Spritze		– kurz aspirieren	
– Uhrglasschälchen		– Punktat hineingeben	
– 10–15 gereinigte und entfettete Objektträger			– von der MTA wird das Knochenmark auf die Objektträger gebracht und ausgestrichen
– 20-ml-Spritze		– evtl. nochmals aspirieren	
		– Mandrin einführen	
		– Kanüle entfernen	
– sterile Kompresse			
– Pflaster		– Druckverband anlegen	
– Schere	– schneiden		
	– gebrauchte Instrumente desinfizieren und zur Sterilisation geben		

6.8.1.4. Aufgaben der Schwester nach dem Eingriff

- Aussehen des Kindes beobachten,
- Pulskontrollen,
- Verband nachsehen, um Nachblutungen sofort zu bemerken.

6.8.1.5. Komplikationen

- Nachblutungen aus dem Stichkanal,
- Hämatome,
- Infektion – Osteomyelitis,
- Tibia- oder Sternumfraktur,
- versehentliches Durchstoßen des Sternums.

6.8.1.6. Knochenbiopsie

Die Knochenbiopsie wird ähnlich wie die Punktion durchgeführt. Statt der Knochenmarkpunktionskanüle wird eine Biopsienadel verwendet. Das Aspirieren entfällt.
Nach dem Entfernen der Biopsienadel wird das Knochengewebe, welches sich vorn an der Nadelspitze befindet, in ein Gefäß mit Fixierlösung gegeben.

6.8.2. Punktionen zur Liquorgewinnung

H. Röhr

Notwendige Vorkenntnisse

- Anatomie des zentralen Nervensystems (ZNS),
- Physiologie der Liquorbildung,
- Normalwerte des Liquors,
- Kanülen zu speziellen Eingriffen, S. 224.
- Maßnahmen der Desinfektion und Sterilisation,
- Umgang mit infektiösem Untersuchungsmaterial.

Strukturnetz

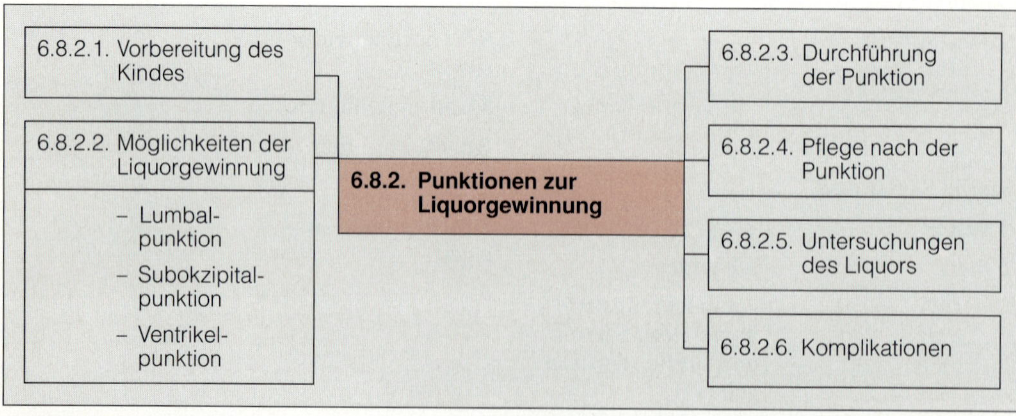

Lehrziel

Dieses Teilkapitel informiert Sie über die Notwendigkeit der Punktionen zur Liquorgewinnung. Sie dienen einmal dazu, die Diagnose zu sichern (z. B. bei Meningitis), und zum anderen, therapeutische Maßnahmen durchzuführen (zur Druckentlastung oder zur intrathekalen Instillation).

Die Aufgabe der Kinderkrankenschwester bei der Punktion ist es, das Kind auf den Eingriff vorzubereiten, die notwendigen Instrumente herzurichten, den Patienten richtig zu lagern und zu fixieren und dem Arzt zu assistieren.

Lernziele

Nach der Bearbeitung des Abschnitts können Sie

- die Notwendigkeit einer Punktion zur Liquorgewinnung begründen;
- das Material aufzählen, welches zur Punktion benötigt wird;
- beschreiben, wie Sie den Patienten auf die Punktion vorbereiten und wie Sie ihn bei der Punktion halten;
- erläutern, wie Sie dem Arzt während des Eingriffs assistieren;
- die Liquoruntersuchungen aufzählen;
- die Faktoren nennen, auf die in der Pflege nach der Punktion geachtet werden muß;
- die Komplikationen nennen.

6.8.2.1. Vorbereitung des Kindes

- Kind möglichst nüchtern lassen,
- auf die Notwendigkeit des Eingriffs vorbereiten,
- Spiegelung des Augenhintergrunds.

6.8.2.2. Möglichkeiten der Liquorgewinnung

Beachte: Die richtige Lagerung und Fixierung des Patienten ist für den Erfolg einer Punktion von großer Wichtigkeit.

Bei der *Lumbalpunktion* muß das Kind so gehalten werden, daß die Wirbelsäule stark gebeugt ist. Nur so spreizen sich die Spinalfortsätze, und der Subarachnoidalraum ist für die Kanüle zugänglich.

Zur *Subokzipital- und Ventrikelpunktion* müssen die Kinder ebenfalls absolut richtig gehalten werden, da sonst die Nadelspitze in lebenswichtige Zentren eindringen kann.

Punktionsart	Lagern	Halten
Lumbalpunktion (LP) 3.–4. Lendenwirbel oder 4.–5. Lendenwirbel	*im Liegen* – Kind liegt auf der Seite – Rücken dem Arzt zugewandt – Kopf links – Schultern sollen senkrecht zum Tisch- oder Bettrand stehen	– die Arme der Schwester umfassen den Nacken und die Kniekehlen, so daß ein „Katzenbuckel" entsteht (Abb. 43b)
	im Sitzen – Kind sitzt auf dem Untersuchungstisch, mit dem Rücken zum Arzt – Schwester sitzt neben dem Kind mit dem Gesicht zum Arzt	– die Schwester umfaßt den Nacken des Kindes und beugt seinen Rücken, so daß ein „Katzenbuckel" entsteht – mit einer Hand hält sie die Hände – mit dem Unterarm drückt sie die Oberschenkel des Kindes auf den Untersuchungstisch (Abb. 43c)
	andere Möglichkeit – Kind sitzt auf dem Untersuchungstisch – die Schwester steht neben ihm	– die Technik des Haltens ist die gleiche wie oben
Subokzipitalpunktion Mittellinie in der Vertiefung zwischen Hinterhauptschuppe und erstem Dornfortsatz (Abb. 44a)	*im Liegen* – der Patient liegt auf der Seite – der Kopf wird gebeugt – das Kinn ist gegen die Brust geneigt	– eine Schwester hält nur den Kopf des Kindes – eine zweite den Rumpf und die Extremitäten (Abb. 44b)
	im Sitzen – der Patient sitzt – Lagerung wie oben	– Halten wie oben (Abb. 44a)
Ventrikelpunktion durch die Fontanelle: dies ist nur bei offener Fontanelle, 1,0–1,5 cm lateral der Mittellinie, möglich	*im Liegen;* – der Patient liegt auf dem Rücken – der Kopf liegt am Tischrand bzw. Bettrand – die große Fontanelle in Augenhöhe des Arztes	– Arme und Rumpf des Patienten werden eingebunden – der Kopf wird von der Schwester gehalten (Abb. 45)
Punktion des Subduralspalts s. Ventrikelpunktion		

Abb. 43a–c Lumbalpunktion:

a) Punktionsstelle,
b) Halten im Liegen,
c) Halten im Sitzen

Abb. 44 a u. b Subokzipitalpunktion:

a) Punktionsstelle, Halten im Sitzen,

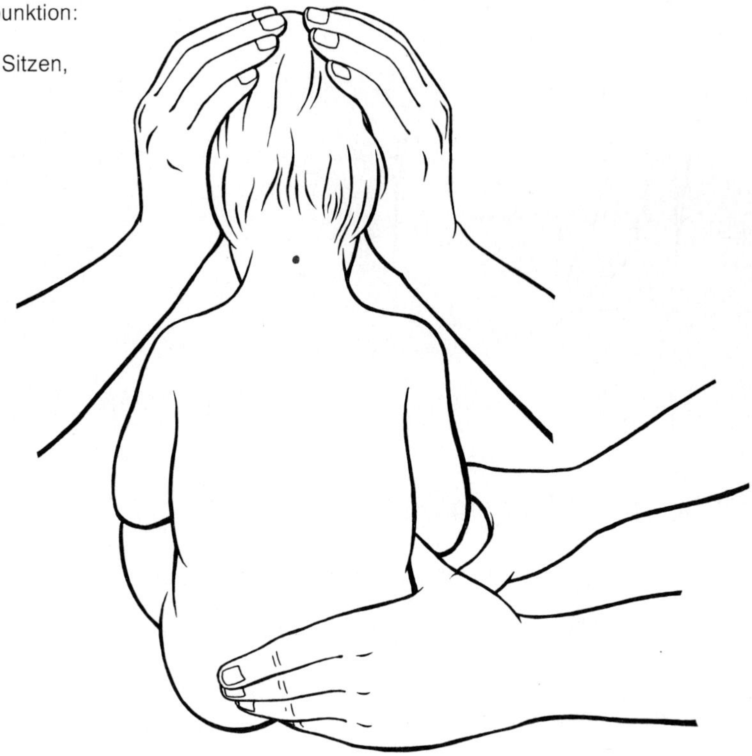

b) Halten im Liegen

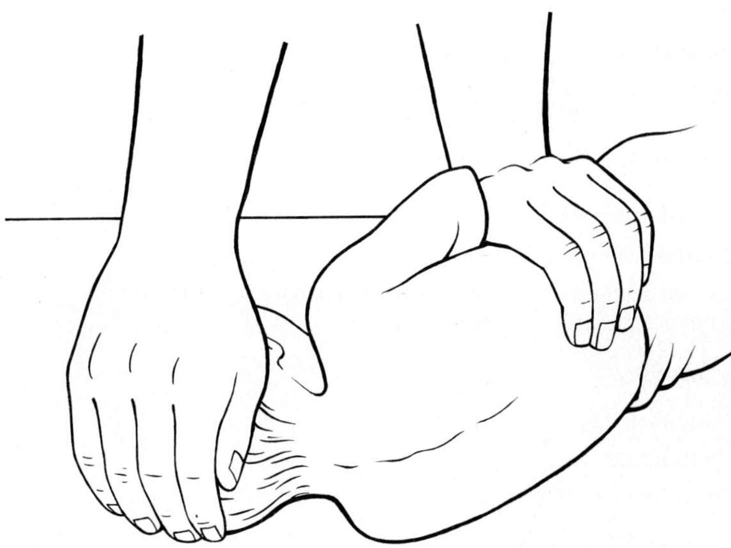

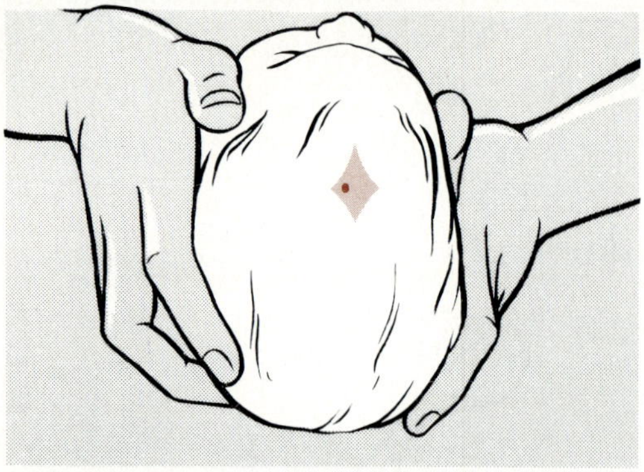

Abb. 45 Ventrikelpunktion: Punktionsstelle, Halten des Kopfes

6.8.2.3. Durchführung der Punktion

Material	Handlung Schwester	Handlung Arzt	Besonders zu beachten
	– Patient informieren, lagern und zur Punktion halten	– Händedesinfektion	– evtl. MTA benachrichtigen, damit vor der Punktion Nüchternblutzucker abgenommen wird Vergleich: Nüchternblutzucker – Liquorzucker
– Rasiermesser – Seife	– nimmt die Rasur vor (bei Punktion im Bereich des Kopfes)		
– färbendes Hautdesinfektionsmittel – Watteträger	– reicht an	– markiert und desinfiziert die Punktionsstelle	
– Lokalanästhetikum bei Bedarf z. B. Novocain 1- bis 2%ig – Ampullensäge – 2-ml-Spritze – 1er Kanüle – 18er Kanüle	– zieht Lokalanästhetikum auf	– injiziert	– bis zum Wirkungseintritt warten – ca. 5 Minuten – Lokalanästhesie kann nur vor der Lumbalpunktion durchgeführt werden
– steriler Kittel – sterile Handschuhe	– ist dem Arzt beim Anziehen behilflich – assistiert bei erneuter Hautdesinfektion	– kleidet sich steril an – desinfiziert die Punktionsstelle	

Material	Handlung Schwester	Handlung Arzt	Besonders zu beachten
– Punktionskanüle		– führt die Punktionskanüle ein	
		– entfernt den Mandrin	– Mandrin steril ablegen
– Liquordruckmesser (Abb. 46) – Pandy-Reagens – schwarzes Blockschälchen	– mißt den Liquordruck – läßt 3 Tropfen Liquor in das schwarze Blockschälchen	– Kind muß ruhig sein, darf nicht schreien oder pressen	
– sterile Reagenzgläser		– läßt 3–10 ml für Untersuchungszwecke in Reagenzgläser abtropfen	– Liquor gleich in das Labor bringen
– sterile Kompressen – Pflaster oder Schnellverband	– nimmt die Wundversorgung vor		– nach einer Ventrikelpunktion wird ein Druckverband, nach Lumbal- und Subokzipitalpunktion ein steriler Verband angelegt
	– reinigt und sterilisiert das Material		

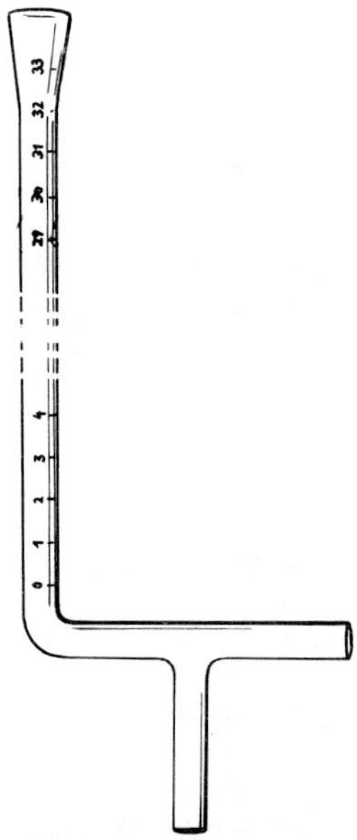

Abb. 46 Liquordruckmesser

6.8.2.4. Pflege nach der Punktion

- Patient in ruhigem Zimmer 24 Stunden flach lagern.
- Aussehen und Verhalten des Patienten beobachten.
- Puls, Temperatur und Atmung kontrollieren.
- Bei Kopfschmerzen das Zimmer etwas abdunkeln.
- Bei der Nahrungsaufnahme die Wünsche des Kindes berücksichtigen, nicht zum Essen zwingen.
- Auf Nachsickern von Liquor achten (Arzt benachrichtigen).
- Verband kontrollieren und evtl. erneuern.

6.8.2.5. Untersuchungen des Liquors

- Bestimmung der Zellzahl,
- Bestimmung des Zuckergehalts,
- Eiweißbestimmung nach Pandy,
- Eiweißbestimmung nach Nonne-Apelt,
- evtl. Liquor zum Erregernachweis,
- evtl. Röhrchen mit Liquor ruhig stehen lassen, zur Bildung eines Spinnengewebsgerinnsels, z. B. bei Verdacht auf tuberkulöse Meningitis.

6.8.2.6. Komplikationen

- Blutiger Liquor durch die Verletzung eines Gefäßes,
- Kopfschmerzen und Erbrechen durch die Druckverminderung im Gehirn,
- Infektion, z. B. Meningitis durch unsteriles Arbeiten,
- Einklemmung von Hirnteilen.

6.8.3. Punktion und Drainage des Pleuraspalts

Notwendige Vorkenntnisse

- Anatomie der Lungen und des Brustfells,
- Physiologie der Atmung,
- Maßnahmen der Desinfektion und Sterilisation,
- Umgang mit infektiösem Material.

Strukturnetz

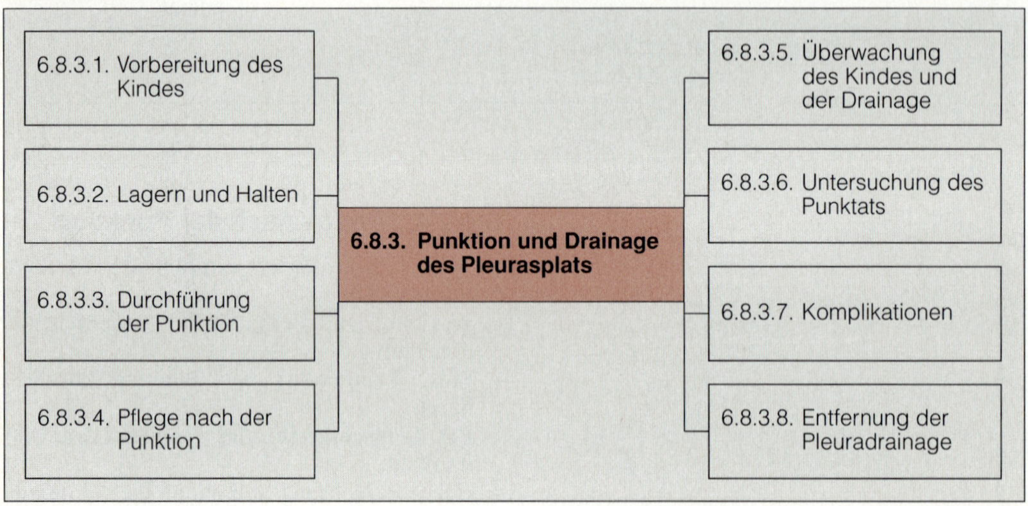

Lehrziel

Die Punktion des Pleuraraums dient zur Sicherung der Diagnose, z. B. zur bakteriologischen oder zytologischen Untersuchung des Punktats oder therapeutisch zur Entlastung der Brustorgane.
Dieses Teilkapitel informiert Sie über die Vorbereitung und Durchführung des Eingriffs und die Pflege und Beobachtung des Patienten nach der Punktion.

6.8.3.1. Vorbereitung des Kindes

- Röntgenaufnahme der Lunge und Perkussion zur Lokalisation des Ergusses;
- Patienten über den Eingriff informieren;
- Kind nüchtern lassen;
- evtl. nach ärztlicher Verordnung Beruhigungsmittel und hustenstillende Medikamente verabreichen.

Lernziele

Nach der Bearbeitung dieses Themas sind sie fähig
- zu erläutern, wie Sie den Patienten vorbereiten und während des Eingriffs halten;
- aufzuzählen, welche Instrumente benötigt werden;
- die Durchführung der Punktion zu beschreiben;
- die Pflege und Überwachung nach dem Eingriff zu erklären;
- die Komplikationen zu nennen;
- Punktatuntersuchungen aufzuzählen;
- das Entfernen der Pleuradrainage zu beschreiben.

6.8.3.2. Lagern und Halten

Punktionsstelle	Lagern	Halten
Zwischen vorderer oder hinterer Axillarlinie an der tiefsten Stelle des Ergusses	*im Sitzen*	
	– der Patient sitzt auf dem Untersuchungstisch	– die Schwester sitzt neben dem Patienten
	– die zu punktierende Seite ist dem Arzt zugewandt	– mit Hand und Arm fixiert sie den Becken- und Hüftbereich
	– der Arm der erkrankten Seite wird über den Kopf gezogen	– mit der anderen Hand zieht sie den Arm des Kindes über seinen Kopf (Abb. 47a)
	im Liegen	
	– der Patient liegt mit dem Rücken auf dem Untersuchungstisch	– eine Schwester steht seitlich am Kopfende des Untersuchungstisches und fixiert den Oberkörper und den hochgezogenen Arm (Abb. 47b)
	– der Arm auf der erkrankten Seite wird abgespreizt	– die 2. Schwester hält den Patienten im Beckenbereich und fixiert die Beine

Beachte: Durch das Hochheben oder Hochziehen des Armes wird eine Erweiterung der Zwischenrippenräume erreicht.

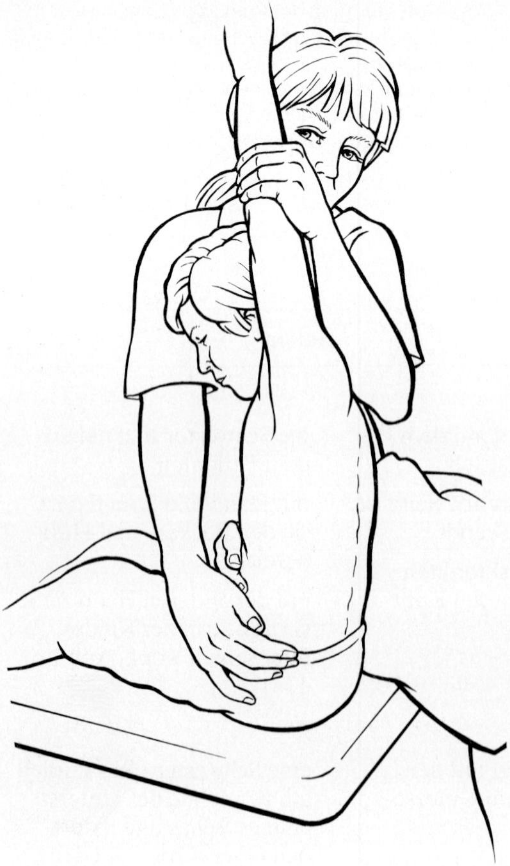

Abb. 47a u. b Pleurapunktion: a) Halten im Sitzen,

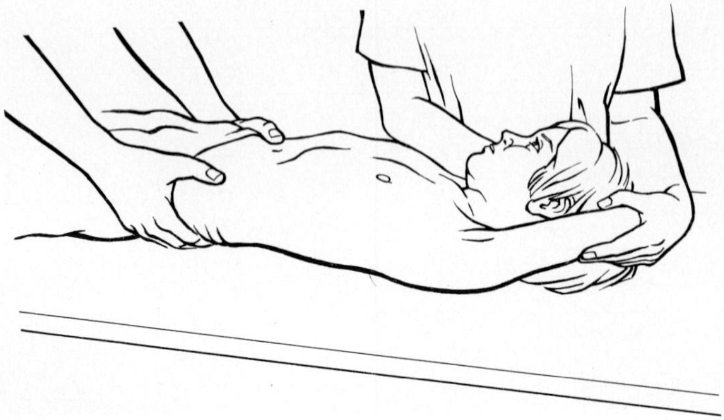

b) Halten im Liegen

6.8.3.3. Durchführung der Punktion

Material	Handlung Schwester	Handlung Arzt	Besonders zu beachten
	– Patienten informieren	– nimmt hygienische Händedesinfektion vor	– evtl. vor der Punktion Beruhigungsmittel und hustenstillende Medikamente geben
– Material zur Hautdesinfektion, z. B. Sepso	– reicht an	– markiert und desinfiziert die Punktionsstelle	
– Material zur Lokalanästhesie	– zieht das Lokalanästhetikum auf	– injiziert	– ca. 5 Minuten bis zum Wirkungseintritt warten
– steriler Kittel – sterile Handschuhe	– hilft dem Arzt beim Anziehen der sterilen Kleidung – erneute Desinfektion der Haut	– kleidet sich steril an	
– steriles Lochtuch		– deckt die Punktionsstelle steril ab	
– Punktionskanülen, evtl. mit Zwei- oder Dreiwegehahn – 20-ml-Spritzen	– reicht an	– führt die Punktionskanüle mit aufgesetzter Spritze oder Dreiwegehahn ein	– Kanüle muß unbedingt verschlossen sein, damit keine Luft in den Pleuraraum eindringt
– sterile Reagenzgläser – graduierte Standgläser		– entnimmt Punktat und füllt es in die vorgesehenen Röhrchen und evtl. in die Standgläser	
– evtl. Medikamente zur Spülung bzw. Injektion, z. B. Antibiotika – evtl. Kreislaufmittel, Sauerstoff – Nierenschale	– zieht die Medikamente oder Spülflüssigkeit auf	– Spülung des Pleuraraums bzw. Instillation der Medikamente	
		– entfernt die Kanüle unter sepsogetränktem Watteträger	
– Mullkompressen – breite Pflasterstreifen	– legt einen Dachziegelverband an (Abb. 48a u. b)		

Material	Handlung Schwester	Handlung Arzt	Besonders zu beachten
bei Pleuradrainage			
zusätzlich vorbereiten:			
– Skalpell	– assistiert	– macht einen Hautschnitt	– nur bei Einführung eines Trokar notwendig
– Pleurapunktionskanüle mit passenden Kunststoffkathetern (Abb. 49)		– führt die Pleurapunktionskanüle ein – entfernt das Stilett und führt den abgeklemmten Katheter durch die Hülse ein	
– Schlauchklemmen		– zieht die Hülse über der evtl. abgeklemmten liegenden Drainage zurück	– falls kein Punktat durch den Katheter abläuft, sofort abklemmen
– Adapter oder Kunststoffzwischenstück			
– z. B. Saugpumpe	– füllt Aqua dest. ein – stellt den Sog nach ärztlicher Verordnung auf etwa 1–2,5 kPa (10–25 cm Wassersäule)	– schließt die Absaugvorrichtung an	– durch die Lagerung des Patienten darf die Drainage nicht abgeklemmt werden
– Material zur Befestigung der Drainage, z. B. breite Pflasterstreifen, sterile Sicherheitsnadel mit Band oder Nahtmaterial		– befestigt die Drainage am Körper des Kindes	
	– versorgt das Untersuchungsmaterial – reinigt und sterilisiert das gebrauchte Material		

Abb. 48a u. b Dachziegelverband:

a) Draufsicht,
b) Seitenansicht im Schnitt

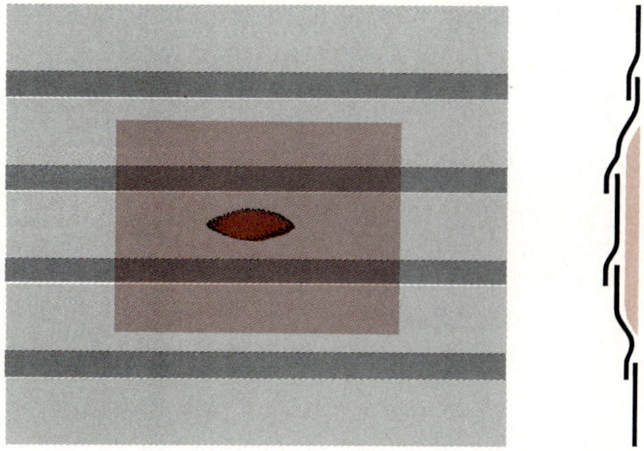

Abb. 49 Pleurapunktionskanüle mit passendem Katheter

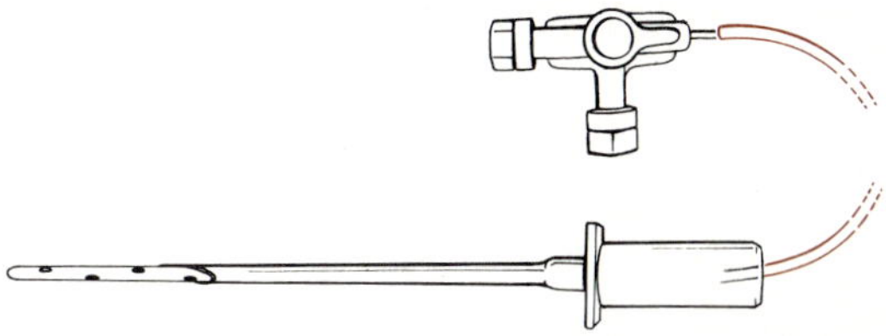

6.8.3.4. Pflege nach der Punktion

- Kind in ein ruhiges Zimmer legen.
- Zur Unterstützung des Drucks einige Zeit auf der punktierten Seite liegen lassen.
- Kontrolle der Atemfrequenz (S. 127ff) – Gefahr des Spannungspneumothorax.
- Kontrolle der Pulsfrequenz und Temperatur.
- Aussehen und Verhalten des Kindes beobachten.
- Verband nachsehen und evtl. erneuern.
- Beim Transport in die Röntgenabteilung vorsichtig mit dem Patienten umgehen.
- Beschäftigung des Patienten, z. B. durch Erzählen oder Vorlesen.

6.8.3.5. Überwachung des Kindes und der Drainage

- Kind auf der erkrankten Seite lagern – zur Erleichterung der Atmung.
- Beachten, daß die Drainage nicht abgeklemmt wird.
- Zur Lagerung z. B. Sandsäcke oder Schaumstoffpolster verwenden.
- Aussehen, Menge und spezifisches Gewicht des Punktats kontrollieren und in den Verlaufsbogen eintragen.
- Bei Verstopfung der Drainage Spülung mit isotoner Kochsalzlösung oder Aqua dest.
- Bevor die Drainage von der Absaugvorrichtung gelöst wird, Schlauch doppelt abklemmen, damit keine Luft in den Pleuraraum gelangt.

Beachte: Der Katheter muß mit dem Absaugsystem fest verbunden sein, damit keine Luft in den Pleuraraum gelangt.

6.8.3.6. Untersuchung des Punktats

- Messen des spezifischen Gewichts,
- Anlegen einer Kultur zum Erregernachweis,
- Anfertigung und Färbung eines Ausstrichs zum Nachweis krankhafter Zellen, z. B. Tumorzellen, oder Erreger, z. B. Kokken.

6.8.3.7. Komplikationen

- Durch Unruhe des Patienten, Husten, ungenügende Fixierung oder schlechte Technik Verletzung der Lunge (Pneumothorax) oder der Interkostalgefäße.
- Kollaps oder Lungenödem bei zu ausgiebigen und zu schnellen Flüssigkeitsentlastungen.
- Infektion durch unsteriles Arbeiten.

6.8.3.8. Entfernung der Pleuradrainage

- Drainage muß am Sog sein;
- Dachziegelverband mit luftundurchlässigem Pflaster und sterilen Kompressen vorbereiten;
- Drainage ziehen;
- Einstichstelle *sofort* steril abdecken und luftdicht verschließen;
- evtl. Drainspritze zur bakteriologischen Untersuchung einschicken.

6.8.4. Punktion des Gelenkspalts

Notwendige Vorkenntnisse

- (Auf-)Bau und Funktion der verschiedenen Gelenke,
- Gelenkerkrankungen,
- Umgang mit infektiösem Material,
- Sterilisations- und Desinfektionsmethoden.

Strukturnetz

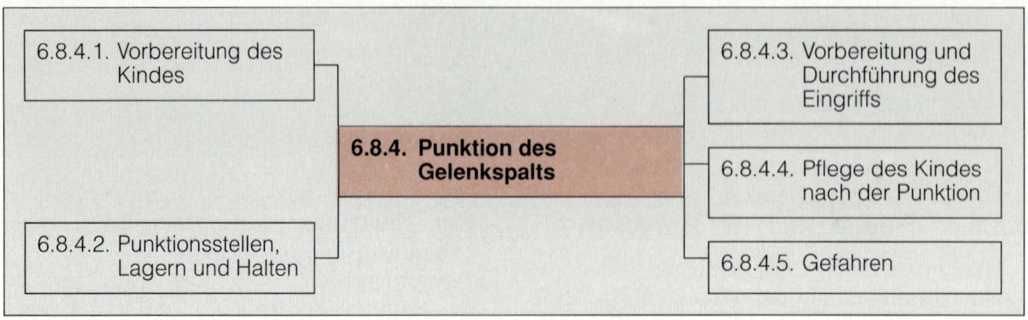

Lehrziel

Erkrankungen der Gelenke können eine Punktion des Gelenkspalts aus diagnostischen und therapeutischen Gründen erforderlich machen.
Der Gelenkspalt kann an Schulter, Ellenbogen, Hand, Finger, Kiefer, Hüfte, Knie, Ferse und Fuß punktiert werden. Im Kindesalter ist die Knie- und Hüftgelenkspunktion am häufigsten. Sie wird im folgenden Teilkapitel beschrieben, damit Sie Vorbereitungen treffen, bei der Durchführung assistieren und die Pflege des Patienten übernehmen können.

Lernziele

Sie können
- aufzählen, welche Gelenke punktiert werden können;
- beschreiben, wie Sie den Patienten und welches Material Sie zur Punktion vorbereiten;
- erklären, wie Sie den Patienten während des Eingriffs lagern und halten;
- die Durchführung der Punktion beschreiben;
- die Besonderheiten in der Pflege nach der Punktion nennen;
- berichten, welche Komplikationen nach der Punktion auftreten können.

6.8.4.1. Vorbereitung des Kindes

- Röntgenaufnahme des betreffenden Gelenkes;
- bei Klein- und Schulkindern Information über den Eingriff, um die Angst zu nehmen;
- evtl. Verabreichung von Schmerzmitteln (nach Anordnung des Arztes).

6.8.4.2. Punktionsstellen, Lagern und Halten

Punktionsart	Lagern	Halten
Knie		
seitlich des Patellarandes am oberen äußeren Rezessus (Grube)	– das Kind liegt auf dem Rücken auf dem Untersuchungstisch – das zu punktierende Knie ist leicht angewinkelt – zur Lagerungshilfe kann ein Sandsack verwendet werden	– das Kind wird von 2 Schwestern gehalten – eines Schwester drückt das erkrankte Bein über und unter dem Knie auf den Untersuchungstisch – die andere fixiert die Hände des Kindes und das gesunde Bein (Abb. 50)
Hüfte		
seitlich, dicht oberhalb des Trochanter major (großer Rollhügel)	– der Patient liegt auf dem Rücken auf dem Untersuchungstisch – das Bein auf der erkrankten Seite wird leicht adduziert und nach innen rotiert	– das Kind wird von 2 Schwestern gehalten – die eine hält den Oberkörper und die Arme – die 2. stellt die Beine des Kindes ruhig – indem sie das gesunde Bein in Kniehöhe fest auf den Untersuchungstisch drückt und – das erkrankte Bein leicht angewinkelt und nach innen rotiert ebenfalls in Kniehöhe festhält (Abb. 51)

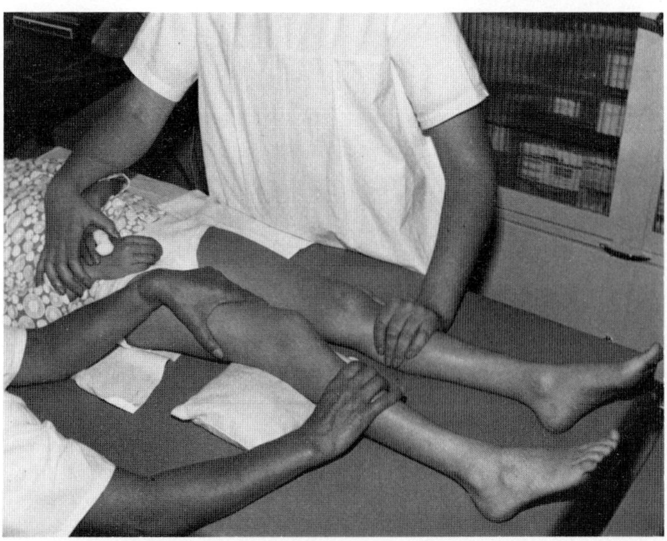

Abb. 50 Halten zur Kniegelenkpunktion

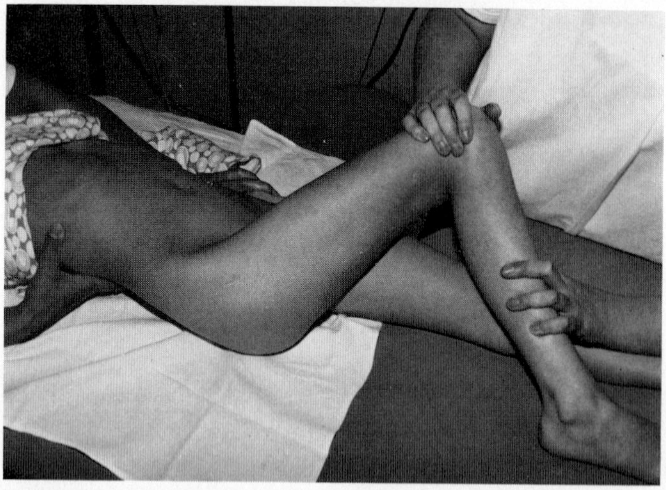

Abb. 51 Halten zur Hüftgelenkpunktion

6.8.4.3. Vorbereitung und Durchführung des Eingriffs

Material	Handlung Schwester	Handlung Arzt	Besonders zu beachten
– Sandsack zur Kniegelenkspunktion	– Information und Lagerung des Patienten	– hygienische Händedesinfektion	
– Material zur Hautdesinfektion	– assistiert	– desinfiziert und markiert die Punktionsstelle	
– Material zur Lokalanästhesie		– nimmt die Lokalanästhesie vor	– ca. 5 Minuten bis zum Wirkungseintritt warten
		– chirurgische Händedesinfektion	
– sterile Handschuhe	– erneute Desinfektion der Punktionsstelle	– zieht sterile Handschuhe an	
– steriles Schlitztuch	– deckt die Punktionsstelle steril ab		– die Schwester hält das Kind unter dem sterilen Schlitztuch
– Kanülen verschiedener Länge und Stärke, z. B. 1er oder Kanüle mit Mandrin		– führt die Kanüle mit der aufgesetzten Spritze ein	– strenge Asepsis erforderlich!
		– aspiriert Punktat	
– 10–20-ml-Spritzen			
– Sterile Röhrchen		– füllt Punktat zu Untersuchungszwecken ein	

Material	Handlung Schwester	Handlung Arzt	Besonders zu beachten
– evtl. Medikamente, z. B. Kortikoide, Spritze, Kanüle	– zieht das Medikament auf	– injiziert das Medikament – entfernt die Kanüle	
– Mullkompressen – Pflaster	– legt einen sterilen Druckverband an		
– gepolsterte Cramerschiene – elastische Binden (bei Kniegelenkspunktion)	– schient das Bein	– Bein wird in leichter Beugehaltung geschient – das punktierte Gelenk soll 24 Stunden ruhiggestellt werden – auf gute Polsterung achten – Dekubitusgefahr!	
	– bringt das Untersuchungsmaterial ins Labor bzw. zum Versand – reinigt und sterilisiert das Material		

Beachte: Eingriffe am Gelenk müssen unter aseptischen Bedingungen durchgeführt werden, da die Gelenkschmiere (Synovia) eindringenden Erregern einen idealen Nährboden bietet.

6.8.4.4. Pflege des Kindes nach der Punktion

- Das Kind soll mindestens 24 Stunden nach der Punktion das Gelenk nicht belasten.
- Aufgabe der Schwester ist, das Kind entsprechend seiner Behinderung zu beschäftigen.
- Druckverband kontrollieren, feuchten Verband erneuern.
- Ist das Bein geschient, Durchblutung kontrollieren (Zeichen für zu fest sitzende Binde sind kalte, bläuliche Zehen).
- Körpertemperatur kontrollieren.

6.8.4.5. Gefahren

- Verletzung eines Gefäßes, z. B. A. femoralis,
- Infektion durch unsteriles Arbeiten.

6.8.5. Aszitespunktion

Notwendige Vorkenntnisse

- Anatomie der Bauchdecke,
- Lage der Organe im Bauchraum,
- Ursachen des Aszites,
- Regeln der Asepsis.

Definition

Unter Aszites versteht man Wassersucht durch Ansammlung seröser Flüssigkeit in der Bauchhöhle.

Strukturnetz

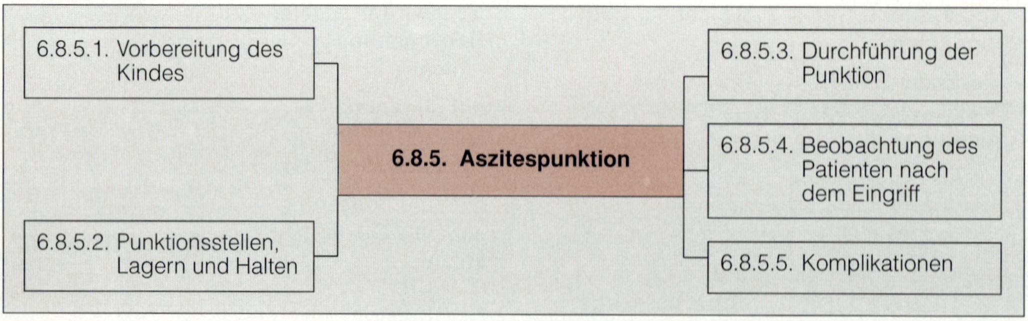

Lehrziel

Die Aszitespunktion dient der Diagnose und Therapie. In diesem Teilkapitel wird beschrieben, welche Aufgaben die Schwester bei diesem Eingriff übernimmt, z. B. die Vorbereitung des Patienten und des Materials, das Halten und Assistieren während des Eingriffs und die Pflege des Kindes nach der Punktion.

Lernziele

Nach der Besprechung dieses Abschnitts können Sie

- die Instrumente aufzählen, die benötigt werden;
- beschreiben, wie Sie den Patienten vorbereiten, während der Punktion halten und wie Sie dem Arzt assistieren;
- erklären, auf welche Maßnahmen es in der Pflege des Kindes nach dem Eingriff ankommt.

6.8.5.1. Vorbereitung des Patienten

- Patient auf die Notwendigkeit des Eingriffs vorbereiten, soweit er es verstehen kann;
- evtl. nach ärztlicher Verordnung Schmerzmittel verabreichen;
- Blase entleeren lassen (evtl. katheterisieren – S. 303 – oder Blasenpunktion – S. 308);
- Bauchumfang messen, um Veränderungen vor und nach der Punktion feststellen zu können.

6.8.5.2. Punktionsstelle, Lagern und Halten

Punktionsstelle	Lagern	Halten
– am linken Unterbauch – Linie vom Nabel zum vorderen Darmbeinstachel ziehen und in drei gleiche Abschnitte teilen – Punktionsbereich liegt zwischen dem beckennahen und mittleren Drittel oder – Linie zwischen Nabel und Schamberg ziehen – Punktionsstelle liegt etwa in der Mitte	– Patient in Rückenlage auf dem Untersuchungstisch – der Oberkörper ist leicht erhöht	– eine Schwester hält die Hände und den Oberkörper des Kindes – die 2. Schwester fixiert die Beine, indem sie auf die Unterlage gedrückt werden (Abb. 52)

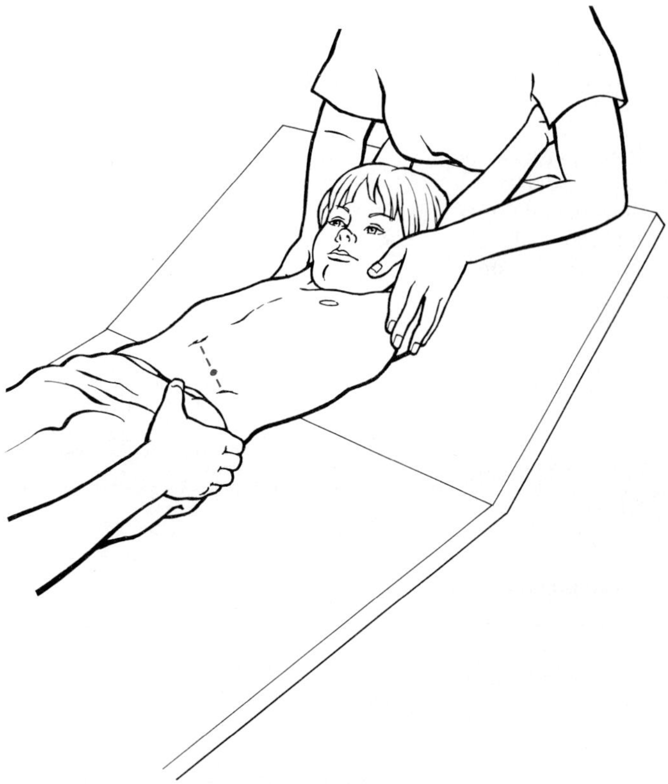

Abb. 52 Aszitespunktion: Lagerung und Punktionsstelle

6.8.5.3. Durchführung der Punktion

Material	Handlung Schwester	Handlung Arzt	Besonders zu beachten
	– informiert den Patienten und bereitet ihn vor	– führt hygienische Händedesinfektion durch	
– Material zur Hautdesinfektion	– assistiert	– markiert und desinfiziert die Punktionsstelle	
– Material zur Lokalanästhesie, z. B. Novocain		– führt die Lokalanästhesie durch – chirurgische Händedesinfektion	– ca. 5 Minuten bis zum Wirkungseintritt warten
– steriler Kittel – sterile Handschuhe		– kleidet sich steril an	
– steriles Schlitztuch	– deckt die Punktionsstelle ab – erneute Desinfektion der Punktionsstelle		
– evtl. Skalpell	– assistiert	– legt einen kleinen Hautschnitt an	– nur bei Trokar notwendig
– Punktionskanülen verschiedener Stärken mit angesetztem Schlauch oder Trokar mit passenden Kunststoffsonden – Schlauchklemme		– führt die Kanüle ein	
– sterile Reagenzgläser – graduierte Standgläser		– läßt den Erguß ablaufen	– ob der Aszites ganz oder nur teilweise abpunktiert wird, richtet sich nach dem Zustand des Patienten
– Nierenschale			
		– entfernt die Kanüle	
– Mullkompressen – Pflaster – Schere	– legt einen sterilen Verband an		
– Sandsack	– legt evtl. den Sandsack auf den Bauch des Patienten, um		

Material	Handlung Schwester	Handlung Arzt	Besonders zu beachten
	den intraabdominellen Druck herabzusetzen – versorgt Patienten und Untersuchungsmaterial – entfernt, reinigt und sterilisiert das benötigte Material		

Eine Aszitespunktion ist heute nur noch in seltenen Fällen notwendig. Meistens kommt es nach Gabe von Diuretika, z. B. Lasix, zur Ausschwemmung.

6.8.5.4. Beobachtung des Patienten nach dem Eingriff

- Patienten auf dem Rücken oder der Seite lagern,
- Aussehen und Verhalten beobachten,
- häufig den Verband kontrollieren (Flüssigkeit kann nachsickern),
- Haut um die Wunde evtl. mit Salbe abdecken,
- mindestens 1mal täglich den Verband erneuern,
- Temperatur- und Pulskontrolle durchführen,
- Flüssigkeitsbilanz (Ein- und Ausfuhr).

6.8.5.5. Komplikationen

- Verletzung eines Gefäßes, der Harnblase oder einer Darmschlinge;
- Kollaps durch zu schnelles Ablaufenlassen des Ergusses;
- großer Elektrolyt- und Eiweißverlust durch abpunktierte Flüssigkeit;
- Infektion, z. B. Peritonitis, durch unsteriles Arbeiten;
- langanhaltendes Nachsickern der Flüssigkeit.

6.8.6. Perikardpunktion

Notwendige Vorkenntnisse

- Aufbau und Funktion des Herzens,
- Herzerkrankungen.

Strukturnetz

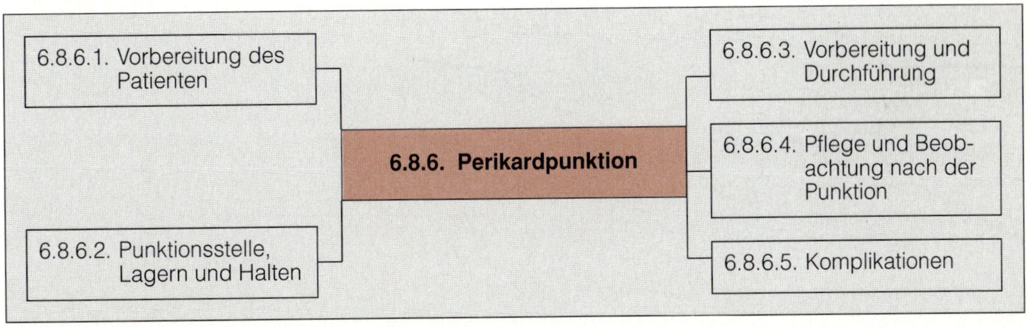

Lehrziel

Zu Perikardergüssen, die eine Punktion notwendig machen, kommt es im Kindesalter äußerst selten. Trotzdem ist es wichtig, daß die Schwester weiß, welche Maßnahmen sie zu diesem Eingriff treffen muß. In diesem Teilkapitel wird die Vorbereitung und Durchführung der Punktion sowie die Pflege und Beobachtung des Patienten nach dem Eingriff beschrieben.

Lernziele

Nach der Bearbeitung dieses Abschnitts können Sie
- erklären, wie Sie Patienten und Instrumente zur Punktion vorbereiten;
- beschreiben, wie die Punktion abläuft;
- aufzählen, auf welche Besonderheiten in der Pflege zu achten ist;
- Komplikationen nennen.

6.8.6.1. Vorbereitung des Patienten

- Röntgenaufnahme/-durchleuchtung des Herzens,
- Markierung der Herzform,
- Verabreichung von Schmerzmitteln nach ärztlicher Verordnung,
- altersentsprechende Vorbereitung auf den Eingriff,
- Schwester muß die meist schwerkranken, ängstlichen Patienten beruhigen.

6.8.6.2. Punktionsstelle, Lagern und Halten

Punktionsstelle	Lagern	Halten
– 4. oder 5. Interkostalraum innerhalb der Herzdämpfung und -markierung	– der Patient befindet sich in Rückenlage auf dem Untersuchungstisch – der Oberkörper ist leicht erhöht	– eine Schwester fixiert den Rumpf und die Beine – die andere hält Kopf, Arme und Oberkörper des Kindes (Abb. 53)

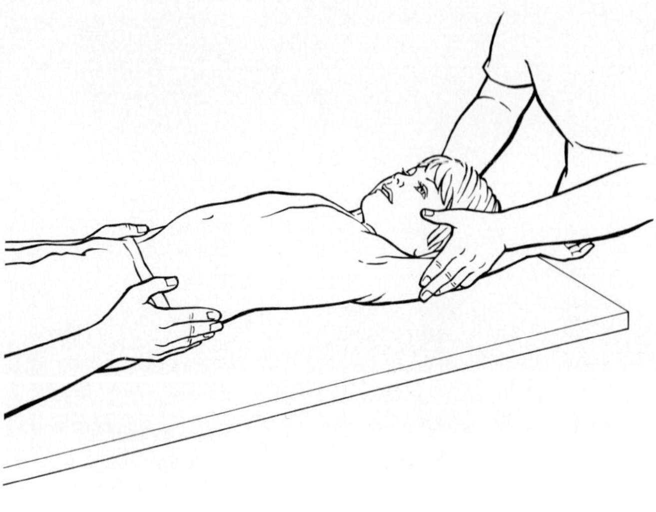

Abb. 53 Perikardpunktion: Lagerung und Halten

6.8.6.3. Vorbereitung und Durchführung

Material	Handlung Schwester	Handlung Arzt	Besonders zu beachten
	– Vorbereitung, Lagern und Halten des Patienten	– hygienische Händedesinfektion	
– Hautdesinfektionsmittel, z. B. Sepso – Watteträger	– assistiert	– markiert und desinfiziert die Punktionsstelle	
– evtl. Material zur Lokalanästhesie, 1- bis 2%ige Novocainlösung – 2-ml-Spritze – 1er Kanüle – 17er Kanüle	– zieht die Injektionslösung auf	– führt die Lokalanästhesie durch	– ca. 5 Minuten bis zum Wirkungseintritt warten
		– chirurgische Händedesinfektion	
– steriler Kittel – sterile Handschuhe	– hilft dem Arzt beim Anlegen der sterilen Kleidung	– zieht sich steril an	
– Blutdruckapparat	– Anlegen der Blutdruckmanschette	– Überwachung des Blutdrucks	– während der Punktion ist ständige Blutdruck- und Pulskontrolle notwendig
	– desinfiziert erneut die Punktionsstelle		
– Punktionskanülen (ca. 1 mm stark, 6 cm lang) evtl. mit Ablaufschlauch – 10–20-ml-Spritze – sterile Reagenzgläser – Standglas – Nierenschale	– assistiert	– führt die Punktionskanüle ein – läßt das Punktat *langsam* in die sterilen Gläser und evtl. ins Standglas tropfen – entfernt die Kanüle unter sepsogetränktem Watteträger	
– Mullkompressen – Pflaster	– legt einen Verband an – Weiterversorgung des Patienten – Versand des Punktats zu Untersuchungszwecken – Reinigung und Sterilisation des gebrauchten Materials		

6.8.6.4. Pflege und Beobachtung nach der Punktion

- Kind in ruhigem Zimmer mit leicht erhöhtem Oberkörper (Herzlagerung, S. 383) lagern;
- Patient muß absolute Bettruhe einhalten;
- Aussehen und Verhalten beobachten;
- häufige (½ bis 1stündlich) Pulskontrollen;
- Flüssigkeitsbilanz (Ein- und Ausfuhr);
- Beschäftigung des Kindes durch die Schwester oder Erzieherin.

6.8.6.5. Komplikationen

- Gefäßverletzungen,
- Herzrhythmusstörungen,
- Infektionen durch unsteriles Arbeiten,
- Infektion der Lunge oder Pleurahöhle durch infektiösen Perikardinhalt.

6.8.7. Perkutane Leberbiopsie

H. Wildoer

Notwendige Vorkenntnisse

- Anatomie und Physiologie der Leber,
- Grundsätze der Asepsis,
- Anatomie der Lunge,
- Atemmechanik,
- Lage des Darmes.

Strukturnetz

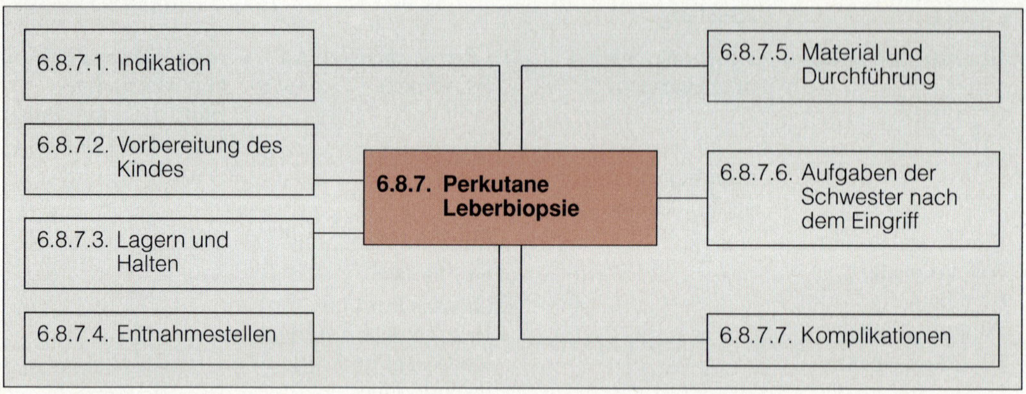

Lehrziel

Eine Leberbiopsie kann im OP oder auf der Station durchgeführt werden. Die Aufgaben, die Sie als Schwester übernehmen, werden hier erläutert. Neben den instrumentellen Aspekten sind die Formen der persönlichen Zuwendung besonders zu berücksichtigen.

Lernziele

Nach dem Bearbeiten dieses Abschnitts können Sie
- die Aufgaben der Schwester aufzählen;
- die Durchführung beschreiben.

6.8.7.1. Indikation

Eine Leberbiopsie wird durchgeführt zur Diagnosesicherung bei Lebererkrankungen mit ungeklärter Ursache.
Das gewonnene Leberparenchymgewebe wird histologisch und immunologisch untersucht.

6.8.7.2. Vorbereitung des Kindes

Am Tag vorher:
- Blutgruppe und Rh-Faktor bestimmen,
- Blut für die Kreuzprobe bereitstellen,

- Hämoglobin, Thrombozyten, Gerinnungsstatus und Blutungszeit kontrollieren (wegen der Blutungsgefahr müssen diese Werte normal sein),
- evtl. Vitamin-K-Gabe.

Am Tag der Durchführung:
- Kind nüchtern lassen,
- Kind über den Eingriff informieren und versuchen, ihm die Angst zu nehmen,
- evtl. sagen, daß man bei ihm bleibt oder es nach dem Eingriff wieder abholt.
- Kind sedieren (evtl. wird der Eingriff in Narkose durchgeführt).

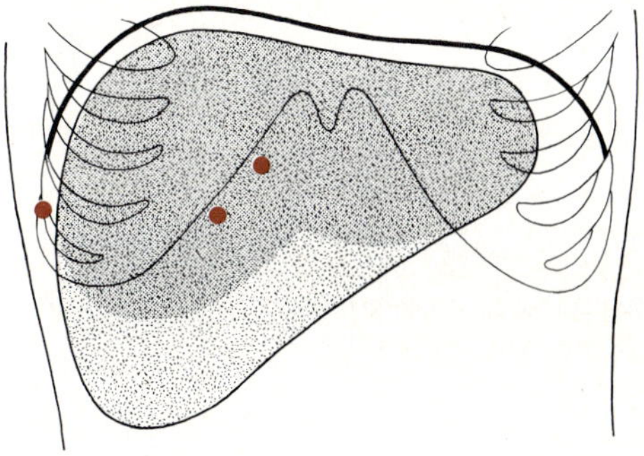

Abb. 54 Entnahmestelle bei perkutaner Leberbiopsie

6.8.7.3. Lagern und Halten

- Das Kind im Bett oder auf dem Untersuchungstisch auf den Rücken lagern;
- die rechte Seite des Kindes muß mit der Bett- bzw. Tischkante abschließen;
- Moltonrolle oder Polster bis zur Taille unter die rechte Seite des Thorax legen;
- den Kopf des Kindes nach links drehen;
- der rechte Arm des Kindes wird zur Dehnung der Interkostalräume über seinen Kopf gelegt;
- zum Halten werden 2 Schwestern benötigt, die an der linken Seite des Kindes stehen;
- 1. Schwester hält den Kopf, Arme und Schultergürtel, 2. Schwester fixiert den Beckenbereich und die Beine des Kindes.

6.8.7.4. Entnahmestellen

- Bei normal großer Leber wird in der vorderen Axillarlinie im 9. oder 10. Interkostalraum punktiert. Leber perkutieren;
- bei sehr vergrößerter Leber und evtl. beim Schulkind kann medial der rechten Mamillarlinie unter dem Rippenbogen punktiert werden (Abb. 54).

6.8.7.5. Material und Durchführung

Material	Durchführung	Besonders zu beachten
– steriler Kittel	– anziehen (Arzt und Schwester)	
– sterile Handschuhe	– Desinfektion durchführen	
– Material zur Hautdesinfektion		
– Nierenschale	– gebrauchte Gegenstände ablegen	
– Material zur Lokalanästhesie	– Lokalanästhetikum injizieren	– unter sterilen Bedingungen dem Kind den Einstich ankündigen
– Markierungsstift	– Punktionsstelle anzeichnen	
	– erneute Hautdesinfektion	
– steriles Lochtuch	– Kind abdecken	

Material	Durchführung	Besonders zu beachten
– 10-ml-Spritze – 1er Kanüle – Ampullensäge		– es gibt Einweg-Leberbiopsiebestecke im Fachhandel – System überprüfen
– Ampulle isotone Kochsalzlösung (zur Injektion)	– 3 ml aufziehen – Kanüle entfernen – Spritze steriel ablegen	
– feines Skalpell oder Lanzette	– Hautschnitt	
– sterile Mulltupfer	– Blut abtupfen	
– Biopsienadel	– punktieren; kurzer, tiefer Einstich – Spritze ansetzen – mit 2 ml isotoner NaCl-Lösung durchspülen	– während der Punktion ist es unbedingt notwendig, daß der Patient den Atem anhält, damit der Thorax ruhig gestellt ist, solange die Nadel eingeführt ist
	– Stempel der Spritze anziehen damit ein Unterdruck entsteht	– beim Schulkind kann der Thorax mit der Hand ruhig gehalten werden
	– Kanüle entfernen	– der Eingriff soll nicht länger als 10 Sekunden dauern
– sterile Kompressen	– Druckverband anlegen	– mehrere Kompressen übereinander legen
– Pflaster		– Pflaster unter Zug anlegen
– Sandsack	– auflegen	– um Nachblutungen zu vermeiden
– Uhrglasschälchen oder Petri-Schale mit isotoner NaCl-Lösung	– Gewebszylinder mit dem Rest der isotonen NaCl-Lösung aus der Nadel ausspülen	
– Holzstäbchen – Gefäß mit Konservierungsmittel (ist je nach Untersuchungsart verschieden)	– Gewebszylinder mit Hilfe des Holzstäbchens oder einer Kanüle in das Gefäß geben – gebrauchtes Material aufräumen und sterilisieren	– Vorsicht! Untersuchungsmaterial kann infektiös sein – Informationen einholen über die Versandart und welches Material dazu benötigt wird

6.8.7.6. Aufgaben der Schwester nach dem Eingriff

- Kind im Bett auf die rechte Seite lagern; evtl. Sandsack zur Komprimierung auf die Entnahmestelle legen.
- Schulkind erklären, warum dies notwendig ist; evtl. bei dem Kind bleiben, bis es eingeschlafen ist.
- Klagt das Kind über Schmerzen, den Arzt fragen, ob es ein Analgetikum bekommen darf.
- Vitalfunktionen regelmäßig kontrollieren.
- Aussehen und Verhalten des Kindes beobachten.
- Sedierung ausschlafen lassen, vorher keine Nahrung verabreichen.
- Hämoglobinkontrollen veranlassen.
- Auf Nachblutungen achten.

6.8.7.7. Komplikationen

- Starke Schmerzen;
- Blutungen, besonders Kapselblutungen;
- Peritonitis durch Anstechen eines Gallengangs (gallige Peritonitis);
- Pneumothorax.

Werden von der Schwester Veränderungen beim Kind oder Komplikationen beobachtet, den Arzt benachrichtigen.

6.8.8. Nierenbiopsie

Notwendige Vorkenntnisse

- Anatomie und Physiologie der Nieren und der ableitenden Harnwege;
- Regeln der Asepsis.

Strukturnetz

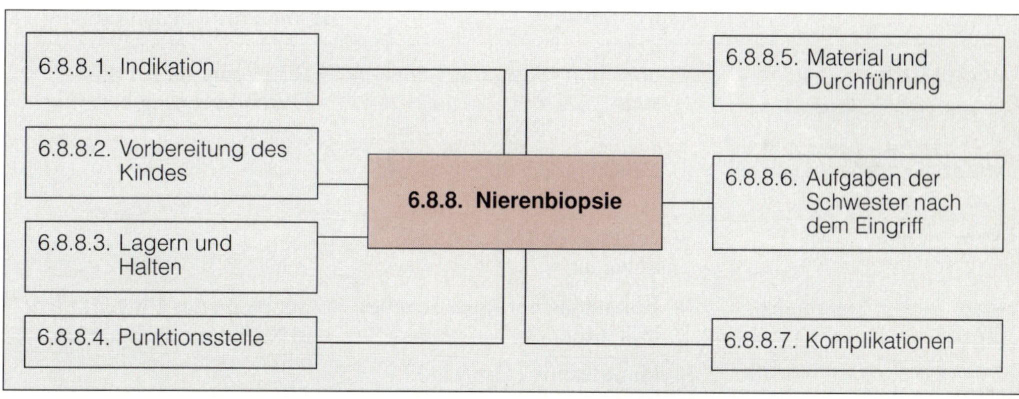

Lehrziel

Um ein Kind nach einer Nierenbiopsie pflegen zu können, werden Sie über die Art des Eingriffs informiert. Dazu werden sowohl Materialien und Maßnahmen als auch Pflegeverhalten beschrieben.

Lernziele

Das Studium dieses Abschnitts soll Sie befähigen,
- die Durchführung der Biopsie zu beschreiben;
- über die pflegerischen Aufgaben der Schwester nach der Biopsie zu berichten.

6.8.8.1. Indikation

Eine Nierenbiopsie wird bei Kindern mit parenchymatösen Nierenerkrankungen durchgeführt, um eine Aussage über Prognose und Behandlungsmöglichkeiten zu erhalten, wenn dies durch klinische, biochemische und röntgenologische Methoden nicht möglich ist.

6.8.8.2. Vorbereitung des Kindes

- Voruntersuchungen:
  - i.v. Pyelogramm oder Sonographie, um sicherzustellen, daß keine Einzelniere vorliegt,
  - Blutgruppenbestimmung,
  - Blutbildkontrolle,
  - Gerinnungsstatus prüfen,
  - Blut für Kreuzprobe bereitstellen;
- Kind informieren;
- Kind nüchtern lassen;
- Kind sedieren nach ärztlicher Verordnung oder zur Narkose vorbereiten.

6.8.8.3. Lagern und Halten

- Feste Unterlage (Holzbrett oder, wenn der Eingriff unter Röntgenkontrolle vorgenommen wird, Röntgenuntersuchungstisch).
- Das Kind wird auf den Bauch gelagert. Unter das Abdomen wird ein hartes Polster geschoben (große Moltonrolle oder Sandsack) und evtl. eine kleine Moltonrolle unter den Thorax.
- Die Arme werden locker zu beiden Seiten des Kopfes gelegt und evtl. von einer Schwester gehalten.
- Da es vermieden werden muß, daß das Kind die Arme aufstützt, können sie auch nach unten gestreckt werden.

6.8.8.4. Punktionsstelle

- Am lateralen unteren Nierenpol.
- Die Punktionsstelle wird auf dem Röntgenbild festgelegt und dann auf den Rücken des Patienten übertragen;
- Mit Markierungsstrichen kennzeichnen (Filzstift).

6.8.8.5. Material und Durchführung

Material	Durchführung	Besonders zu beachten
– steriler Kittel – sterile Handschuhe	– anziehen (Arzt und Schwester)	– Röntgengerät für die Durchleuchtung bereitstellen
– Material zur Hautdesinfektion	– Desinfektion durchführen	
– Nierenschale	– gebrauchte Gegenstände ablegen	
– Material zur Lokalanästhesie	– Lokalanästhetikum 2 cm tief injizieren – Hautdesinfektion wiederholen	– nur wenn der Eingriff nicht in Narkose durchgeführt wird
– steriles Lochtuch	– Punktionsstelle abdecken	
– Skalpell oder Lanzette	– Hautschnitt	
– Kanüle 10–12 cm lang und dünn oder entsprechende Lumbalpunktionskanüle	– einführen und durchleuchten, um die Tiefe der Niere zu bestimmen – Lokalanästhetikum nochmals injizieren – Länge des freiliegenden Teils der Kanüle abmessen – Kanüle entfernen	

Material	Durchführung	Besonders zu beachten
– Biopsienadel (nach Menghini)	– Stichtiefe von der Kanüle übertragen	
– 10-ml-Spritze isotone NaCl-Lösung	– weitere Durchführung s. Leberbiopsie, S. 266	
– oder Einwegbiopsienadel	– s. Gebrauchsanweisung	
– Nahtmaterial	– Wundverschluß durch Naht	
– Nadelhalter		
– Pinzette		
– Schere		
– *oder* Klammerpflaster	– aufkleben	
– Schnellverband	– anlegen	
	– gebrauchtes Material reinigen und sterilisieren	
	– Gewebeprobe je nach Untersuchung und Versandart versorgen	

6.8.8.6. Aufgaben der Schwester nach dem Eingriff

- Kind im Bett auf dem Rücken lagern und unter die Punktionsstelle einen Sandsack legen;
- Schulkind erklären, warum diese Komprimierung notwendig ist;
- bei kleineren Kindern im Zimmer bleiben, bis sie sich beruhigt haben;
- darauf achten, daß das Kind 24 Stunden Bettruhe einhält;
- Puls- und Blutdruckkontrollen nach ärztlicher Anweisung;
- auf Urinausscheidung achten;
- nach dem Ausschlafen der Sedierung bzw. der Narkose das Kind reichlich trinken lassen;
- darauf achten, daß das Kind eine Beschäftigung hat, evtl. etwas vorlesen;
- Blutbildkontrolle am nächsten Tag veranlassen.

6.8.8.7. Komplikationen

Sie sind sehr selten und abhängig von der Grundkrankheit sowie dem Alter des Kindes:
- Blutungen,
- Schock, Kollaps,
- starke Schmerzen,
- Infektion des Stichkanals,
- Verletzung von Nachbarorganen.

Treten Komplikationen auf, sofort den Arzt benachrichtigen.

6.8.9. Darmbiopsie

Notwendige Vorkenntnisse

- Anatomie und Physiologie des Magens und des Dünndarms,
- Grundsätze der Asepsis.

Strukturnetz

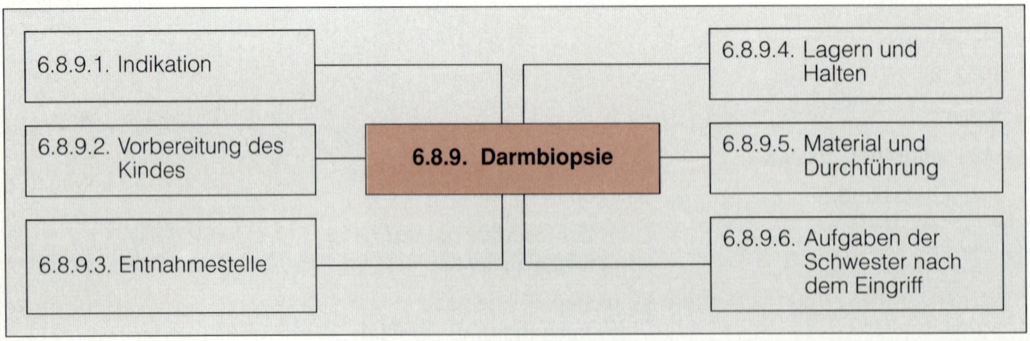

Lehrziel

Mittels einer oral eingeführten Biopsiekapsel, die an einer Sonde befestigt ist, ist es möglich, Darmschleimhaut zu gewinnen.
Es gibt unterschiedliche Methoden, die sich aus der Anwendung von verschiedenen Geräten ergeben. Die häufigste Methode (Saugbiopsie) wird hier beispielhaft beschrieben.

Lernziele

Nach Durcharbeit der folgenden Zeilen können Sie
- beschreiben, wie ein Kind zur Darmbiopsie vorbereitet wird;
- aufzählen, welches Material dazu benötigt wird, und darüber berichten, wie es angewendet wird.

6.8.9.1. Indikation

Die Präparate der Darmbiopsie werden zur Diagnosesicherung lupenmikroskopisch und histologisch untersucht, z. B. bei Malabsorptionssyndromen.

6.8.9.2. Vorbereitung des Kindes

Am Tag vorher:
- Gerinnungsstatus, Quick-Wert und PTT bestimmen;
- bei Verdacht auf Vitamin-K-Mangel Vitamin-K-Gabe.

Am Tag der Durchführung:
- Kind über den Eingriff informieren, versuchen, seine Angst zu mildern;
- Kind nüchtern lassen und dies altersgemäß erklären;
- Kleinkind sedieren.

6.8.9.3. Entnahmestelle

Im Duodenum oder Jejunum wird der Verlauf der Sonde auf dem Bildwandler beobachtet und die richtige Lage an der zu untersuchenden Stelle festgestellt.

6.8.9.4. Lagern und Halten

- Kind auf die rechte Seite lagern, Beine leicht angewinkelt.
- Die Schwester unterstützt den Oberkörper des Kindes und hält seine Beine.
- Nach der Pyloruspassage Kind in Rückenlage bringen.

6.8.9.5. Material und Durchführung

Material	Durchführung	Besonders zu beachten
– Schutztuch	– Kind abdecken	– beim Schulkind evtl. Rachenanästhesie
– Sonde mit Biopsiekapsel (Abb. 55)	– führt der Arzt durch den Mund ein	– beim Würgreflex ruhige Atmung anregen
– Spatel	– evtl. die Zunge herunterdrücken	
– Nierenschale	– Spatel ablegen	
	– unter Röntgenkontrolle langsam die Sonde in den Magen einführen	– Schulkinder können zum Mitschlucken aufgefordert werden
	– Lage immer wieder überprüfen	– bei Kleinkind auf Schluckbewegungen achten
	– evtl. Kontrastmittel in die Sonde geben	
– Parasympathikolytika, z. B. Paspertin, Supp. oder Ampulle zur i.v. Injektion	– S. 198 – S. 233	– wird notwendig, wenn die Pyloruspassage auf Schwierigkeiten stößt, da das System nicht starr ist
	– endgültige Lage feststellen	
– 10-ml-Spritze mit isotoner NaCl-Lösung	– Sonde durchspülen	
	– etwas Luft sondieren	
	– mehrmals Dünndarmsaft aspirieren	
– Indikatorpapier	– evtl. pH-Wert bestimmen	– alkalische Reaktion
	– durch den Sog wird die Schleimhaut in die Kapsel gesaugt und durch ein rotierendes Messerchen abgeschnitten (Abb. 56a–c)	
	– Sonde entfernen	

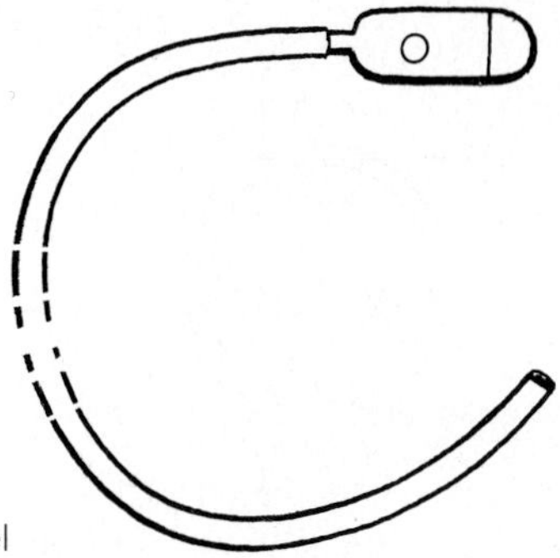

Abb. 55 Sonde mit Biopsiekapsel

Material	Durchführung	Besonders zu beachten
– Gefäß mit Fixierlösung	– Biopsiematerial aus der Kapsel entfernen und teilen – erste Hälfte in Fixierlösung geben – zweite Hälfte auf Objektträger geben (Tupfpräparat, untersuchen auf Lamblien) – Untersuchungszeit und Durchleuchtungszeit dokumentieren – gebrauchtes Material reinigen und sterilisieren – Versand des Biopsiematerials zu Untersuchungszwecken	

6.8.9.6. Aufgaben der Schwester nach dem Eingriff

- Beobachtung des Kindes;
- mit der Nahrungsverabreichung 2–3 Stunden nach der Sedierung warten, ebenso nach der Rachenanästhesie (Aspirationsgefahr).

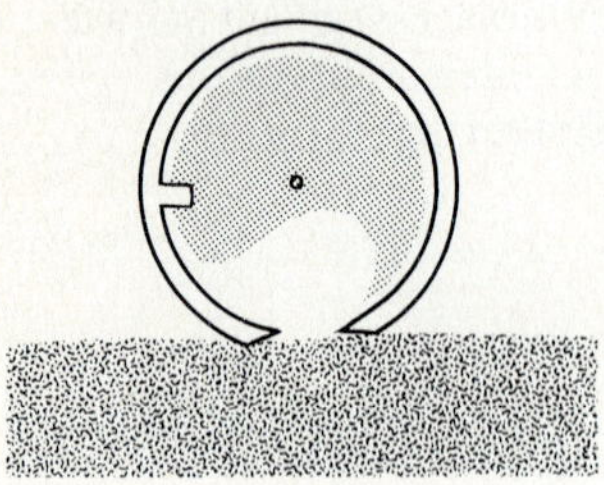
a

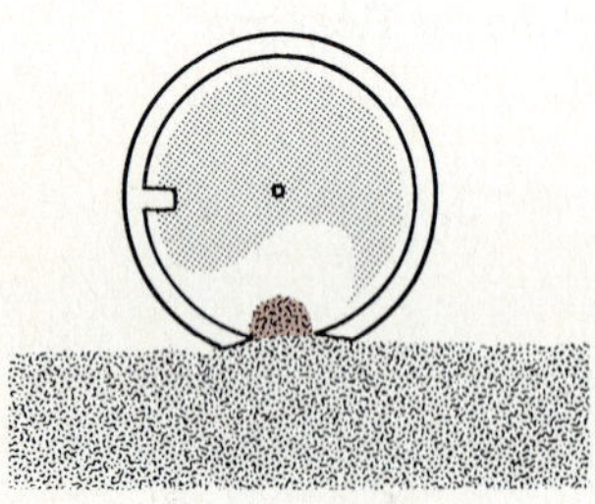
b

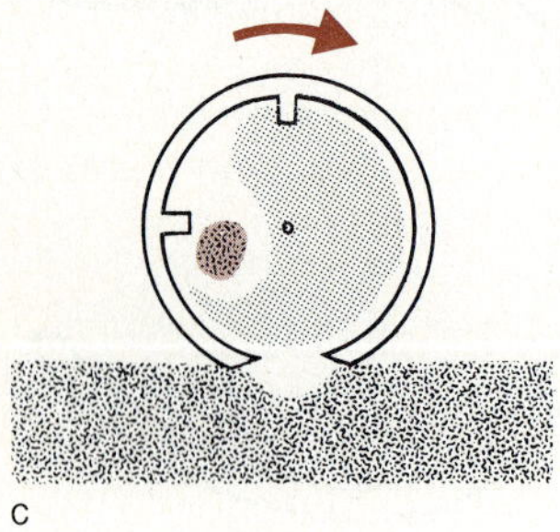
c

Abb. 56a–c Abschneiden der Schleimhaut

6.9. Blutentnahme

G. Fischer

Notwendige Vorkenntnisse

Kenntnisse der verschiedenen Blutuntersuchungen.

Definition

Die Punktion eines Blutgefäßes zur Entnahme von Blut als diagnostische oder therapeutische Maßnahme. Zu Untersuchungen entnimmt man Blut aus Arterien, Venen oder Kapillaren, verwendet Vollblut, Serum oder Plasma.

Strukturnetz

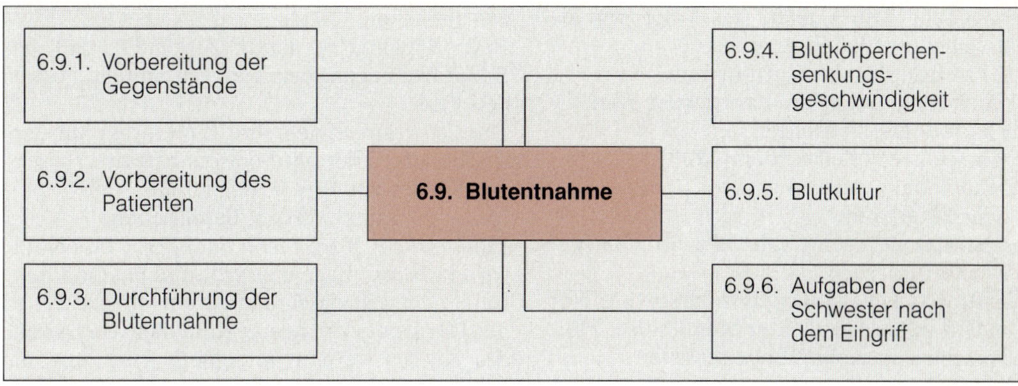

Lehrziel

Blutentnahmen werden im Kinderkrankenhaus täglich ausgeführt. Die Kinderkrankenschwester wird darüber informiert, welche Vorbereitungen sie dabei zu treffen hat und welche Aufgaben ihr bei der Blutentnahme zufallen. Außerdem soll sie erfahren, wie das gewonnene Material weiter verwertet wird und wie die Voraussetzung für exakte Untersuchungsergebnisse zu schaffen ist. Sie soll darauf hingewiesen werden, daß es ihre Aufgabe ist, dafür Sorge zu tragen, daß das Kind während dieser Maßnahme die notwendige Zuwendung erfährt.

Lernziele

Sie haben das vorliegende Teilkapitel mit Erfolg bearbeitet, wenn Sie in der Lage sind,

- die erforderlichen Gegenstände für die Blutentnahme aufzuzählen;
- das Halten des Kindes bei der Blutentnahme am Kopf und in der Ellenbeuge aufzuzeigen;
- die Durchführung der Blutentnahme zu beschreiben;
- die weiteren Aufgaben nach der Blutentnahme zu erläutern.

6.9.1. Vorbereitung der Gegenstände

Die vom Arzt angeordneten Untersuchungen müssen schriftlich festgehalten werden.
Entsprechend den Labormethoden und Gepflogenheiten der Klinik sind die Anforderungsformulare für das Labor vorzubereiten. Manchmal wird das Untersuchungsmaterial in auswärtige Institute verschickt. Die erforderlichen Begleitformulare müssen exakt ausgefüllt und die Anweisungen in bezug auf Transport und Konservierung beachtet werden.
Ebenso ist wichtig, die Aufklebezettel für die einzelnen Blutröhrchen sorgfältig zu beschriften und bei der Blutentnahme bereitzulegen. Nur so ist gewährleistet, daß bei Untersuchungen Verwechslungen ausgeschlossen sind.
Auf dem Aufklebezettel ist zu notieren:

- Name und Vorname des Patienten,
- evtl. Geburtsdatum des Patienten,
- gewünschte Untersuchung,
- Station.

Bereitzustellen sind:

- Blutentnahmeröhrchen, ausgewählt nach Art und Anzahl der Untersuchungen:
  - Monovetten,
    spezielle Entnahmeröhrchen mit Zusatz eines gerinnungshemmenden oder gerinnungsfördernden Stoffes,
  - EDTA-Röhrchen.

  Soweit keine präparierten Blutentnahmeröhrchen zur Verfügung stehen,
  - Einmalspritzen mit dem erforderlichen Zusatz, z. B. Natrium citricum, in genau vorgeschriebener Menge und entsprechende Blutröhrchen.
- Einwegkanülen,
  angepaßt dem Lumen der Vene und der abzunehmenden Blutmenge,
- Abstellglas für die Blutröhrchen,
- Einweghandschuhe bei infiziertem Blut,
- Hautdesinfektionsmittel,
- Kompressen (Zellstoff und Mull),
- Staubinde,
- Schnellverband,
- besondere Gegenstände, die für den Versand erforderlich sind,
  z. B. Trockeneis und Styroporkarton, Normaleis mit wasserdichter Metallhülse, Holzkästchen, spezielle Versandtaschen.

6.9.2. Vorbereitung des Patienten

Die Venenpunktion zur Blutentnahme wird von jedem Kind als unangenehm empfunden. Die Kinderkrankenschwester sollte sich deshalb Zeit nehmen, das Kind, soweit das vom Verständnis her möglich ist, von der Dringlichkeit und dem Zweck dieser Maßnahme zu überzeugen. Sie wird ihm versichern, daß sie es dabei nicht allein lassen wird.

Halten des Kindes zur Venenpunktion

Das Kind wird so gelagert, daß die Punktionsstelle dem Arzt zugänglich ist und gleichzeitig dem Kind durch die Fixierung keine Schmerzen entstehen.

Beim Säugling ist darauf zu achten, daß die Beine frei liegen, damit er sich nirgend abstoßen kann.

Die Schwester fixiert ihre Unterarme auf der Tischplatte. Hier wird beispielhaft das Halten des Kindes zur Blutentnahme aus Venen, die häufig punktiert werden, beschrieben.

Punktion am Kopf (beim Säugling): Das Kind wird in Rückenlage gebracht und liegt mit den Beinen in Längsrichtung direkt an der Seite der Pflegeperson, die das Kind hält. Die Arme des Kindes werden mit einem Tuch fest an

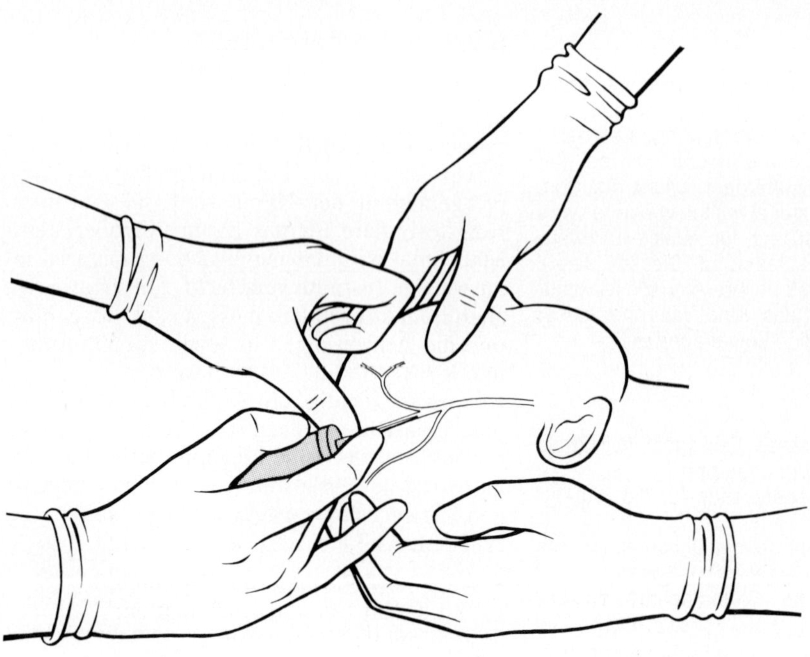

Abb. 57 Halten des Kindes zur Punktion der Schläfenvene

seinen Oberkörper gehalten. Der Kopf wird zur Seite gedreht, daß der Arzt zu der vorgesehenen Vene bequem Zugang hat.
Zur *Punktion der Schläfenvene* liegt der Kopf in Seitenlage und muß mit beiden Händen am harten Anteil gegen die Unterlage gedrückt werden (nicht an den Wangen, damit Druck auf die Ohrspeicheldrüse vermieden wird). Außerdem ist zu beachten, daß Augen, Nase und Mund trotz der vorgehaltenen Hand frei bleiben (Abb. 57).
Zur *Punktion der Stirnvene* liegt der Kopf in Hinterhauptslage und wird mit beiden Händen seitlich gehalten.
Zur *Punktion der Halsvene* liegt das Kind auf dem Rücken. Der Kopf wird in Seitenlage mit einer Hand an der Stirn- und Schläfenpartie über die gepolsterte Tischkante nach unten gehalten. Die andere Hand fixiert Oberkörper und Schulter der Punktionsseite.
Punktion in der Ellenbeuge: Das Kind liegt auf dem Rücken quer vor der Kinderkrankenschwester, von der es gehalten wird. Der freie Arm des Kindes wird mit einem Tuch fest an den Oberkörper gehalten. Den anderen Arm hält die Kinderkrankenschwester in Streckstellung ober- und unterhalb der Punktionsstelle (Abb. 58). Schulkinder, die zur Venenpunktion nicht festgehalten werden müssen, können zu dieser Maßnahme auf einem Stuhl sitzen. Der Arm wird dabei in Streckstellung bequem auf ein Polster gelegt.

6.9.3. Durchführung der Blutentnahme

In der Regel wird die Blutentnahme vom Arzt vorgenommen. Nach einer gründlichen Händedesinfektion sucht er die geeignete Vene, bei Säuglingen meist am Kopf, bei Klein- und Schulkindern in der Ellenbeuge. Die Punktionsstelle wird desinfiziert, die Haut entgegen der Stichrichtung leicht gespannt. Die Kanüle wird in proximaler Richtung in die Vene eingeführt und das Blut aspiriert bzw. abtropfen gelassen.
Die Menge des abzunehmenden Blutes richtet sich nach der Anzahl der verordneten Untersuchungen und den jeweiligen Labormethoden.
Zur Erleichterung der Venenpunktion wird das Blutgefäß 1–2 Querfinger oberhalb der Einstichstelle gestaut. Bei Säuglingen geschieht dies durch Fingerdruck, bei größeren Kindern wird ein Stauschlauch oder eine Stau-

Abb. 58 Halten des Kindes zur Blutentnahme in der Ellenbeuge

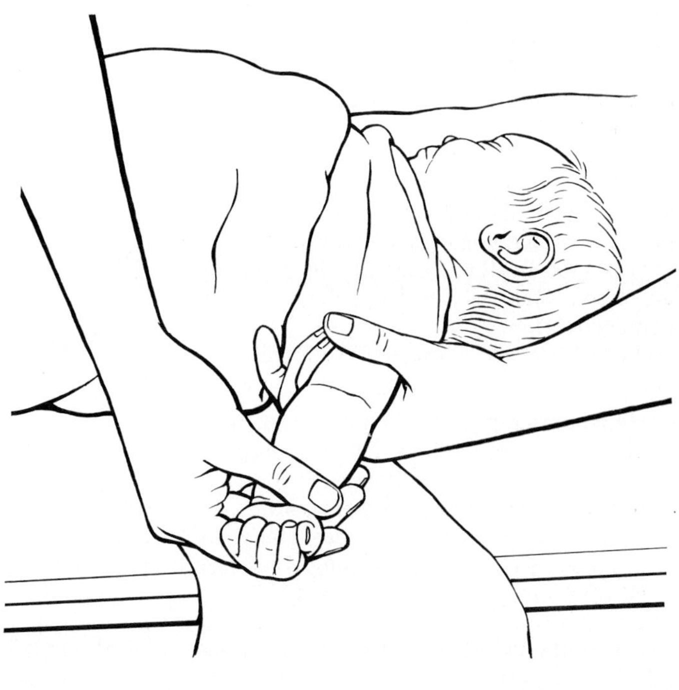

binde angelegt. Bei der Entnahme größerer Blutmengen muß die Stauung zwischendurch gelöst werden, ebenso ehe die Kanüle unter einer trockenen Kompresse entfernt wird. Mit dieser muß die Einstichstelle so lange komprimiert werden, bis es aus ihr nicht mehr blutet (bei der Punktion der V. jugularis mindestens 5 Minuten). Um den Blutfluß in der Vene nicht zu beeinträchtigen, sollte bei der Punktion in der Ellenbeuge der Arm während des Komprimierens nicht angewinkelt werden.
Jedes Blutröhrchen muß sofort mit dem Aufklebezettel versehen werden.

Beachte: Wegen der Gefahr einer Kontaktinfektion sind Einmalhandschuhe anzuziehen.

6.9.4. Blutkörperchensenkungsgeschwindigkeit (BSG)

Es handelt sich um eine sehr einfache Methode, mit der die Absinkungsgeschwindigkeit der Erythrozyten gemessen wird.

Durchführung (nach Westergren)

In einem BS-Gerät (2-ml-Spritze mit Stempel, der zugleich als Senkungspipette verwendet wird) werden 0,4 ml Natrium citricum 3,8% aufgezogen, dazu 1,6 ml Venenblut und vorsichtig vermischt. Der 2. Stempel wird mit dem Blut-Zitrat-Gemisch in der Pipette bis zur Markierung 200 bzw. bis in die obere Begrenzung die Markierung 0 erreicht hat, zurückgezogen und an der Kante der Pipette abgeknickt. Die abgeschlossene Blutsäule wird in dem dafür vorgesehenen Stativ senkrecht aufgestellt. Es wird ein Wecker gestellt und zweimal im Abstand von genau 1 Stunde die obere Grenze der Erythrozytensäule in Millimeter abgelesen. Das BS-Gerät mit dem Blut wird dann verworfen.
Um genaue Werte zu erzielen, ist folgendes zu beachten:

- Genaue Menge von Zitrat und Blut in der Spritze gut vermischen, dabei Stempel der Spritze etwas zurückziehen, ehe der Inhalt der Spritze hin- und herbewegt wird.
- Die Senkungspipette bzw. das Stativ muß senkrecht stehen, eine Neigung von 3 Grad ist schon eine wesentliche Fehlerquelle.
- Das Stativ mit der Senkungspipette sollte bei mittlerer Zimmertemperatur stehen. Sonnenbestrahlung oder Nähe am Heizkörper beschleunigen die Senkungsreaktion, durch Kälte, z. B. am offenen Fenster im Winter, wird sie gehemmt.

Normalwerte (nach Westergren):
1. Stunde weniger als 10 mm,
2. Stunde weniger als 20 mm.

Veränderungen des Plasmas, z. B. Farbe, Konsistenz, müssen von der Kinderkrankenschwester wahrgenommen und dem Arzt mitgeteilt werden.

6.9.5. Blutkultur

Die Keimzüchtung aus dem strömenden Blut wird bei septischen Fieberzuständen erforderlich, damit festgestellt werden kann, durch welche Erreger die Erkrankung verursacht wird.
Die Blutentnahme erfolgt immer während der Einschwemmung von Erregern ins Blut:

- beim Fieberanstieg (über 39 °C),
- bei Beginn eines Schüttelfrostes.

Erforderliche Gegenstände sind:
- sterile Kompressen,
- Hautdesinfektionsmittel,
- steriles Blutentnahmebesteck,
- Blutkulturflasche (vorher anwärmen auf 37 °C).

Durchführung

Diese Maßnahme muß unter strenger Asepsis ausgeführt werden, damit es nicht zu einem falschen Bakterienwachstum kommt. Sowohl die Punktionstelle als auch der Durchsteckstopfen der Blutkulturflasche müssen desinfiziert werden. Eine erneute Verunreinigung mit Keimen durch Berührung ist zu vermeiden.
Sobald die Vene punktiert ist und das Entnahmebesteck sich mit Blut füllt, wird die zimmerwarme Blutkulturflasche angestochen. Die Flasche wird bis zum Markierungsstrich (5–7 ml) mit Blut angereichert. Der Blutstrom wird dann durch Schließen des Entnahmebestecks unterbrochen und die Kanüle aus der Flasche gezogen. Soll die Blutkulturflasche aerob bebrütet werden, wird zuerst die Nadel aus der Vene entfernt. Bei geöffnetem Entnahmebesteck dringt über die Nadel durch ein steriles Luftfilter so viel Luft in die Flasche, bis

das Vakuum ausgeglichen ist und die aeroben Keime wachsen können.
Die Flasche wird mit der Schutzkappe verschlossen und signiert. Das Untersuchungsmaterial ist sofort ins Labor in den Brutschrank zu bringen. Werden gleichzeitig 2 Kulturen angelegt, mit Blut aus 2 verschiedenen Venen (V. cubitalis und V. femoralis), so können die Bakterien mit größerer Sicherheit erfaßt werden.

6.9.6. Aufgaben der Schwester nach der Blutentnahme

Die Blutröhrchen werden sofort ins Labor gebracht. Infektiöses Material muß genau gekennzeichnet sein.
Untersuchungsmaterial für auswärtige Institute wird den Anweisungen entsprechend zusammen mit den Begleitformularen verpackt und zur Poststelle gebracht (evtl. Versand durch Eilboten).
Die benützten Gegenstände werden gereinigt, Einwegmaterial wird verworfen.
Die Kinderkrankenschwester desinfiziert ihre Hände.
Das bettlägerige Kind wird bequem gelagert. Dabei bedarf es tröstender Worte, vor allem, wenn der Eingriff bei ihm Angst und Aufregung ausgelöst hat. Führte die Erregung zu starkem Schwitzen, so ist es nötig, dem Kind zuvor die Kleidung zu wechseln.

6.10. Infusion und parenterale Ernährung

L. Asch

Notwendige Vorkenntnisse

- Regulationsmechanismen des Wasser- und Elektrolythaushalts (Diffusion, Osmose, Säure-Basen-Gleichgewicht),
- Grundregeln der Asepsis,
- Flüssigkeitsbilanz, s. Kap. 8.4.8.

Definition

Infusionstherapie = „Einfließenlassen" von Flüssigkeiten (mittels Tropf- oder Drucksystem) auf intravenösem Wege zur Erhaltung und Wiederherstellung des Wasser-, Eiweiß- oder Elektrolythaushalts.
Parenterale Ernährung = vollständige Ernährung des Patienten unter Umgehung des Verdauungstraktes durch die Infusionstherapie.

Strukturnetz

6.10. Infusion und parenterale Ernährung

6.10.1. Hauptgruppen der Infusionslösungen

6.10.2. Vorbereitung der Infusion
- 6.10.2.1. Vorbereitung der Infusion zur intravenösen Verabreichung
- 6.10.2.2. Vorbereitung der Dauertropfinfusion ohne Zusätze
- 6.10.2.3. Vorbereitung der Infusion mit Zusätzen
- 6.10.2.4. Vorbereitung der parenteralen Ernährung
- 6.10.2.5. Vorbereitung der parenteralen Ernährung im Laminar-Flow

6.10.3. Anlegen der Infusion
- 6.10.3.1. Vorbereitung zur Venenpunktion
- 6.10.3.2. Durchführung der Venenpunktion

6.10.4. Überwachung der Infusionsbehandlung
- 6.10.4.1. Überwachung der Dauertropfinfusion und des Patienten
- 6.10.4.2. Überwachung der parenteralen Ernährung und des Patienten
- 6.10.4.3. Wechseln der Infusionsflasche
- 6.10.4.4. Entfernen der Infusion

Lehrziel

In der Pädiatrie wird die Infusionstherapie sehr häufig angewandt, eine parenterale Ernährung wird seltener notwendig. Der Kinderkrankenschwester fällt bei der Vorbereitung der Infusionslösung eine verantwortungsvolle Aufgabe zu, da bei Kindern nur in ganz seltenen Fällen handelsübliche Infusionen ohne Zusätze verwendet werden können. Die Grundkenntnisse der Vorbereitung, Durchführung und Überwachung der Infusionsbehandlung sollen in diesem Teilkapitel vermittelt werden.

Lernziele

Wenn Sie diesen Abschnitt durchgearbeitet haben, können Sie
- die Hauptgruppen der Infusionslösungen nennen;

- Angaben über den Inhalt einer Infusionsverordnung machen;
- aufzählen, was vor der Anwendung von Infusionslösung zu beachten ist;
- erläutern, wie eine Dauertropfinfusion vorbereitet wird;
- aufzählen, was bei der Vorbereitung der parenteralen Ernährung zu berücksichtigen ist;
- erläutern, wie die parenterale Ernährung verabreicht wird;
- Kriterien nennen, nach denen die Auswahl der Venenpunktionskanülen erfolgt;
- genaue Angaben über die Überwachung der Dauertropfinfusion und der parenteralen Ernährung machen;
- das Wechseln der Infusionsflasche und das Entfernen der Infusion beschreiben.

6.10.1. Hauptgruppen der Infusionslösungen

Lösungen zur Erhaltungsbehandlung

Sie bestehen aus einer isotonen Lösung, z. B. Glukose 5% oder NaCl 0,9%, und werden vorwiegend zur Flüssigkeitszufuhr verwendet, wenn der Flüssigkeitsbedarf oral nicht ausreichend gedeckt werden kann. Häufige Anwendung finden sie als Trägerlösungen für Medikamente und Elektrolyte.

Lösungen zur Regulierung des Wasser- und Elektrolythaushalts

Diese bestehen aus isotonen (5%igen) und aus hypertonen (10%igen) Zuckerlösungen und enthalten unterschiedliche Mengen an Elektrolyten, je nach Hersteller und Bezeichnung der Lösung. Mit ihrer Hilfe ist es möglich, das physiologische Elektrolytgleichgewicht wieder herzustellen und zu erhalten. Der Bedarf an Elektrolyten, der sich aus den Serumelektrolyten und dem Körpergewicht des Patienten errechnen läßt, ist sehr unterschiedlich. Die Infusionslösungen werden z. B. zur prä- und postoperativen Infusionstherapie, bei Stoffwechselentgleisungen und kurzzeitiger Unterbrechung der enteralen Ernährung zur Behandlung notwendig.

Lösungen zur parenteralen Ernährung

Es sind Mischlösungen aus einer Kombination von Kohlenhydraten, Aminosäuren, Elektrolyten und Spurenelementen.
Hypertone Lösungen mit einer Glukosekonzentration von maximal 12% können noch mit einer Skalpvenennadel oder mit einer Plastikkanüle verabreicht werden. Bei höheren Konzentrationen wird ein zentraler Katheter notwendig.
Zusatzflüssigkeiten zur parenteralen Ernährung sind Vitamine und 10- oder 20%ige Fettemulsionen. Wasserlösliche Vitamine sind lichtempfindlich, sie werden dem Patienten täglich direkt intravenös gespritzt oder in lichtgeschützen Infusionsflaschen, z. B. durch Umwickeln mit Alufolie, der Lösung zugesetzt. Fettemulsion darf nicht mit Elektrolyten oder Aminosäuren gemischt werden und wird deshalb über ein separates Infusionssystem durch ein Y-Stück zugeführt (die Fettlösung würde auf die wässerige Infusionslösung aufrahmen und eine Trübung verursachen).
Die vollständige parenterale Ernährung wird notwendig, wenn die Kinder über längere Zeit nicht oder nur unzureichend enteral ernährt werden können, z. B. nach Operationen und Infektionen im Darmtrakt.

Lösungen zur Wiederherstellung des Säure-Basen-Gleichgewichts

Sie enthalten Puffersubstanzen zur Azidose- und Alkalosekorrektur.

Lösungen zur Osmotherapie

Sie sind gegenüber dem Blutserum hypertone Zuckerlösungen, die dem Zwischenzellgewebe durch Osmose Wasser entziehen. Die Lösungen werden zur Therapie z. B. bei Hirnödem, Aszites und funktionellem Nierenversagen angewendet.

Kolloidale Lösungen zur Volumensubstitution

Es sind häufig Lösungen auf Dextranbasis, die eine relativ lange Verweildauer im Gefäßsystem haben. Sie werden als Volumenersatzmittel z. B. bei Schockzuständen verwendet.

Blutplasma

Es wird in Konserven zur Volumen- und Eiweißsubstitution verwendet.

6.10.2. Vorbereitung der Infusion

6.10.2.1. Vorbereitung der Infusion zur intravenösen Verabreichung

Der Flüssigkeitsbedarf wird nach dem Körpergewicht oder nach der Körperoberfläche unter Berücksichtigung der Grundkrankheit und des Alters des Patienten berechnet. Die Infusionsmenge ist bei Kindern sehr unterschiedlich und kann z. B. beim Frühgeborenen bei ca. 100 ml pro 24 Stunden liegen oder beim Schulkind ca. 2000 ml pro 24 Stunden betragen.
Die *schriftliche* Infusionsverordnung des Arztes enthält genaue Angaben über

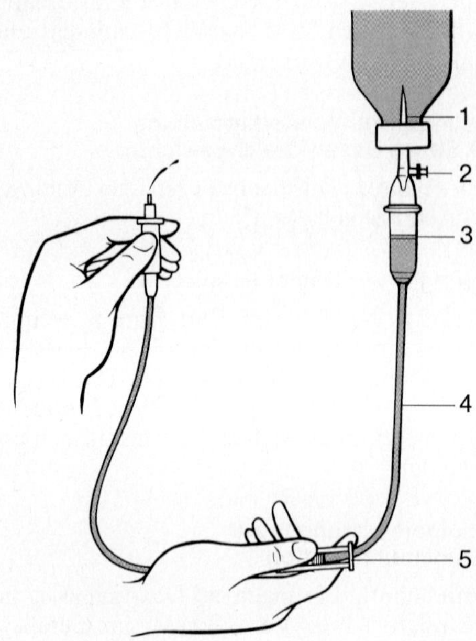

Abb. 59 Infusionsbesteck:
1 Plastikdorn,
2 Belüftungsventil,
3 Tropfkammer,
4 Schlauch mit Konus,
5 Abklemmvorrichtung zur Regulierung der Tropfenzahl

- *Infusionsmenge,* in der Regel für die folgenden 24 Stunden. In Ausnahmefällen wird die Verordnung unter Berücksichtigung der Flüssigkeitsbilanz nur für wenige Stunden gegeben und die Infusionsmenge laufend dem Bedarf des Patienten angepaßt;
- Art der *Infusionslösung,*
- Art und Menge der *Zusatzlösungen.*

Die Infusionslösungen werden in Glas-, Plastikflaschen oder Plastikbeuteln geliefert. Behälter und Lösungen müssen vor ihrer Anwendung auf folgendes geprüft werden:

- Der Infusionsbehälter muß fest verschlossen und darf nicht beschädigt sein.
- Die Etiketten und andere Beschriftungen müssen vollständig lesbar sein.
- Die Infusionslösung darf keine Ausflockungen, Trübungen, Schwebeteilchen oder Farbveränderungen aufweisen.
- Das Verfallsdatum darf nicht überschritten werden.
- Die sachgemäße Lagerung nach den Vorschriften des Herstellers muß gewährleistet sein.

Zur Zuleitung zum Patienten gibt es 2 Möglichkeiten:
Dauertropfinfusion: Dabei entsteht der Druck durch das Hochhängen der Infusionsflasche unter gleichzeitigem Luftzutritt durch das Infusionsbesteck (Abb. 59).
Dauerdruckinfusion: Dabei wird der Druck durch elektrisch betriebene Infusionspumpen erzeugt. Bei einigen Geräten kann das oben beschriebene Infusionsbesteck verwendet werden. Dabei wird an die Tropfkammer eine Fotozelle angebracht und ein Teil des Schlauchsystems über eine Pumpe geleitet. Für andere Geräte werden Spezialinfusionsbestecke oder Plastikspritzen benötigt. An den Geräten kann die Infusionsmenge genau eingestellt werden, und bei Störungen oder leerem Infusionsbehälter wird optischer und akustischer Alarm ausgelöst. Bei jedem Gerät ist vor der Inbetriebnahme die Anleitung der Herstellerfirma genau zu beachten, da es wesentliche Unterschiede in der Handhabung gibt.

6.10.2.2. Vorbereitung der Dauertropfinfusion ohne Zusätze

Bei den gebräuchlichen Infusionsbestecken entsprechen 1 ml Infusionslösung 15–20 Tropfen. Mikrobestecke haben eine kleinere Abtropffläche, deshalb entsprechen 1 ml Infusionslösung ca. 80 Tropfen.

Handlungsschema

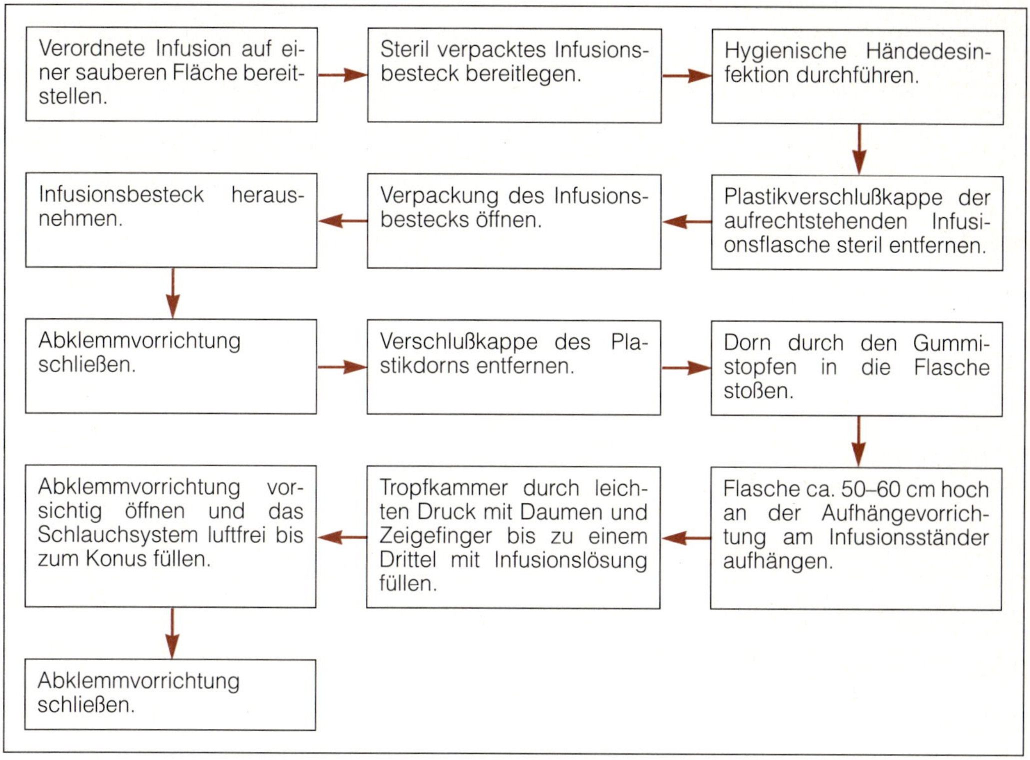

6.10.2.3. Vorbereitung der Infusion mit Zusätzen

Handlungsschema

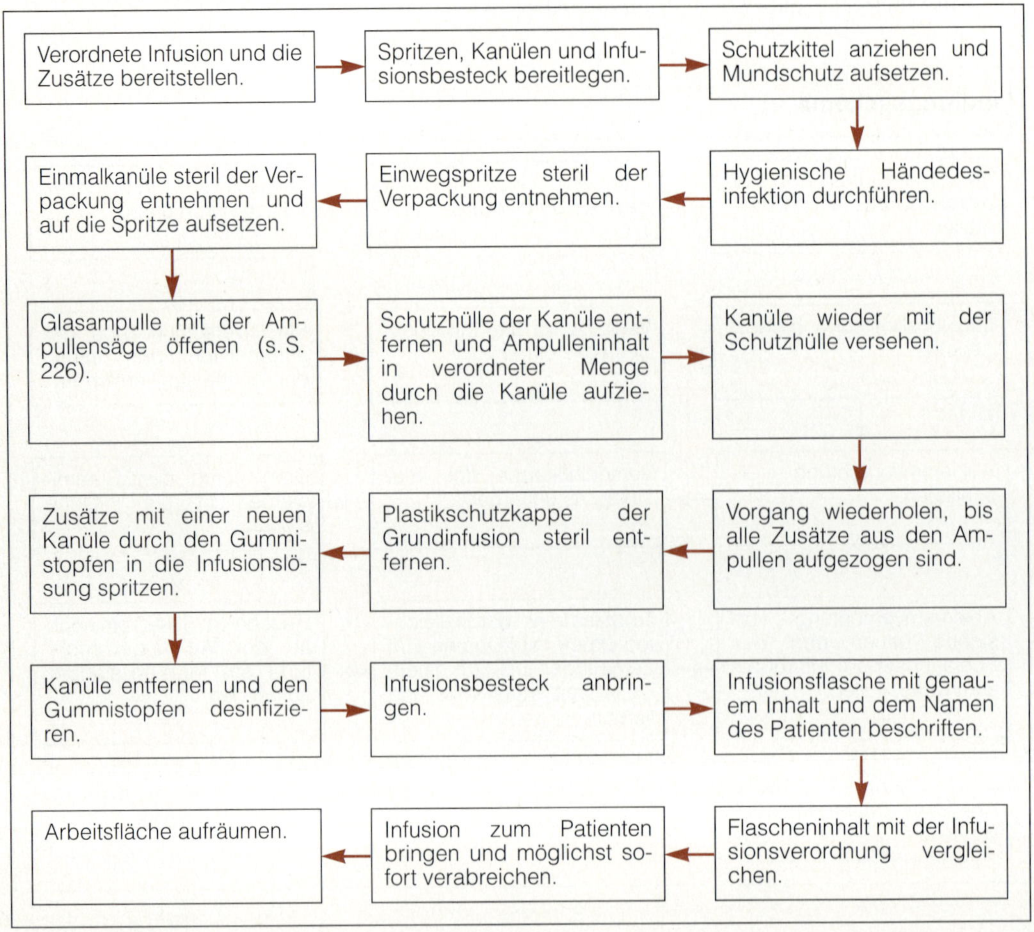

6.10.2.4. Vorbereitung der parenteralen Ernährung

Durch die parenterale Ernährung soll der Patient, bei dem die orale Nahrungszufuhr nicht oder nur unzureichend möglich ist, eine qualitativ und quantitativ vollwertige Ernährung erhalten. In der intravenösen Nährlösung müssen daher alle Substanzen enthalten sein, die der Organismus für seinen Stoffwechsel benötigt, also Wasser, Elektrolyte, Kohlenhydrate, Aminosäuren, Fette, Vitamine und Spurenelemente. Diese Infusionslösung wird vom Arzt täglich unter Berücksichtigung des Allgemeinzustandes des Patienten nach den Serumelektrolyten und dem Energiebedarf (Joule-Kalorien) neu errechnet. Die Infusionsmenge, die im Zuleitungssystem zurückbleibt und verworfen wird, muß bei der Berechnung einkalkuliert werden. Bei der Zubereitung der Mischlösung und bei der Zuleitung zum Patienten ist auf strengste Asepsis zu achten; deshalb sollte die Infusionslösung mit dem Zuleitungssystem in einem separaten Raum oder in der Laminar-Flow-Einheit steril vorbereitet werden. Die Infusionsgeschwindigkeit ist unbedingt konstant einzuhalten, um den Patienten vor extremen Blutzuckerschwankungen oder Elektrolytverschiebungen zu schützen. Zur Sicherheit einer kontinuierlichen Verabreichung werden bei kleinen Infusionsmengen Spritzenpumpen verwendet. Bei größeren Infusionsmengen kommen Infusionspumpen zur Anwendung. Dabei wird die Infusionslösung über das Zuleitungssystem direkt aus dem Mischbeutel zum Patienten gepumpt.

Handlungsschema: Vorbereitung der parenteralen Ernährung ohne Laminar-Flow

1. Infusionslösungen und Zusätze bereitstellen.
2. Infusionssysteme, Kanülen, Spritzen, Überlaufsysteme, Bakterienfilter, Dreiwegehahn, Y-Verbindungsstück in Reichweite bereitlegen.
3. Frischen Schutzkittel anziehen, Kopfbedeckung und Mundschutz aufsetzen.
4. Chirurgische Händedesinfektion durchführen.
5. Kleine Mengen der Zusatzlösungen in Spritzen aufziehen.
6. Grundinfusion mit dem Überlaufsystem bis zur gewünschten Menge steril in einen Meßzylinder auslaufen lassen.
7. Auf das steril gehaltene Ende des Überlaufsystems die Flasche mit der Zusatzlösung, z. B. Glukose, aufsetzen.
8. Durch leichtes Schütteln den Druckausgleich in den Flaschen herstellen und die Lösung in verordneter Menge der Grundfusion zusetzen
9. Vorgang mit weiteren Zusatzlösungen wiederholen.
10. Überlaufsystem entfernen und Gummistopfen desinfizieren.
11. Zusatzlösungen aus den Spritzen durch eine Kanüle zuführen.
12. Kanüle entfernen.
13. Gummistopfen desinfizieren.
14. Infusionsbesteck (evtl. Spezialbesteck) für die Infusionspumpe einstechen.
15. Besteck nach Vorschrift des Herstellers luftfrei mit Infusionslösung füllen.
16. Flasche mit dem Namen des Patienten und dem genauen Inhalt beschriften.
17. Beschriftungen der Flasche mit der Infusionsverordnung vergleichen.
18. Bakterienfilter, Verlängerungsleitungen, Y-Verbindungsstück und Dreiwegehahn mit dem Infusionsbesteck verbinden und luftfrei füllen.
19. In Perfusorspritze aufgezogene Lösung, z. B. Fett, mit einer Verlängerungsleitung am Y-Verbindungsstück anschließen.
20. Arbeitsfläche aufräumen.
21. Infusionssystem am Patientenplatz richtig in die Infusionspumpen einlegen.

6.10.2.5. Vorbereitung der parenteralen Ernährung im Laminar-Flow

Allgemeines

Die Laminar-Flow-Einheit ist eine Sicherheits-Werkbank, bei der Raumluft angesaugt und durch ein Filtersystem gereinigt wird. Die Luft wird mit einem positiven Druck über die Arbeitsfläche geleitet. Durch den positiven Flow soll eine Verunreinigung durch Schwebeteilchen vermieden werden. Die Infusionsmischlösung wird über ein spezielles, ventilgesteuertes Misch- und Verabreichungssystem, z. B. Benja-Mix in einem geschlossenen System hergestellt. Das mit den Infusionen und dem Leerbeutel verbundene Mischgerät ist einfach über eine 50-ml-Spritze zu bedienen. Filterleitungen sind zur Vermeidung von partikulären Verunreinigungen notwendig. Das System besteht im wesentlichen aus drei Komponenten:

- einem ventilgesteuerten Serienmischgerät mit Zuleitungen,
- Viaflex-Leerbeuteln mit 150–1000 ml Fassungsvermögen für die Zusammenmischung der Nährlösungen,
- einem ventilgesteuerten Verabreichungsgerät (Abb. 60).

Vorbereitung:

- Laminar-Flow einschalten.
- Arbeitsbereich per Wischdesinfektion gründlich reinigen.
- Benötigte Infusionsslösungen, Infusionszusätze und Werkzeuge (z. B. Ampullensäge, Nierenschale) durch Tauchbad oder Absprühen desinfizieren.
- Einwegartikel – z. B. Perfusorspritzen, Beutel, Filterleitungen – Verabreichungssystem, Kanülen und Tupfer bereitlegen.
- Namen, Geburtsdatum und Infusionsverordnung auf ein Klebeetikett übertragen und gut sichtbar bei der Arbeitsfläche anbringen.
- Sterilkleidung zum aseptischen Arbeiten bereitlegen.

Aseptische Vorbereitung:

- Sterile Handschuhe anziehen.

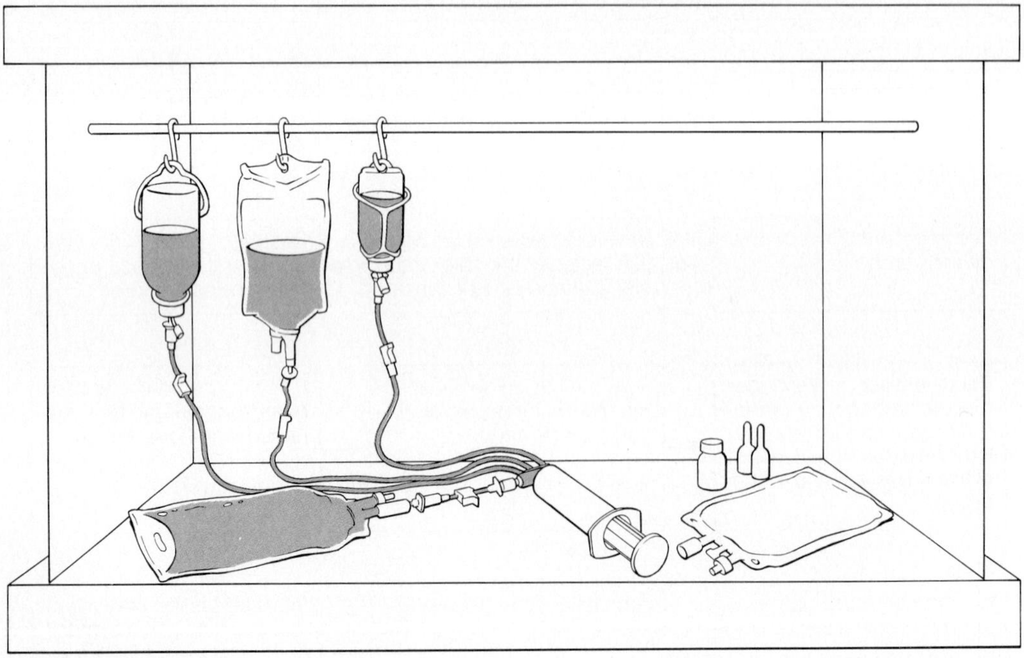

Abb. 60 Laminar-Flow-Einheit: Sicherheits-Werkbank mit Horizontalstrom zur Zubereitung von Injektions- und Infusionslösungen mit den erforderlichen Materialien zur Herstellung einer parenteralen Ernährung. Diese Horizontalstrom-Werkbank ist für die Zubereitung von Zytostatika nicht geeignet

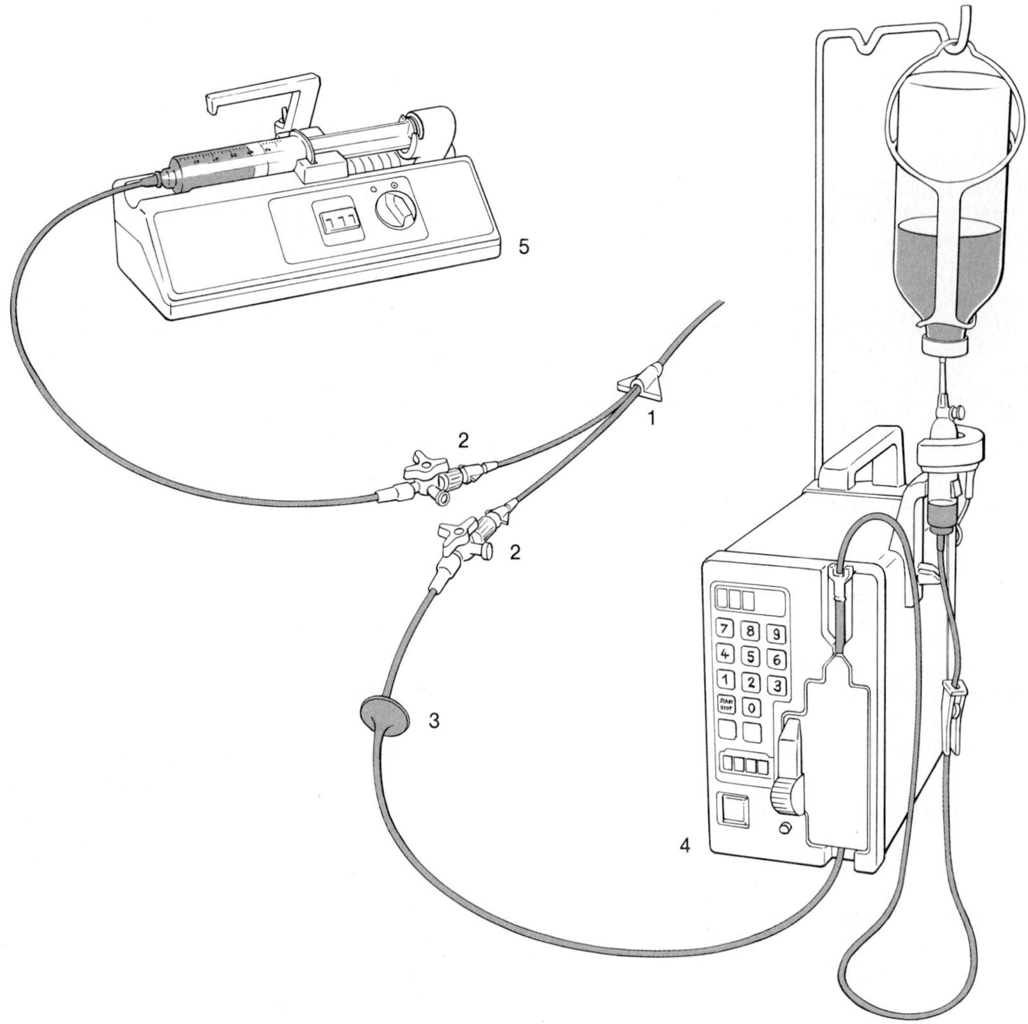

Abb. 61 System der parenteralen Ernährung über einen Zweilumenkatheter zur Verabreichung von zwei inkompatiblen Lösungen

1 Zweilumenkatheter
2 Dreiwegehähne
3 Bakterienfilter
4 Infusomat B. Braun
5 Perfusor B. Braun

- Steriles Tuch im Laminar-Flow ausbreiten. Alle zuvor per Tauchbad oder Sprühdesinfektion vorbereiteten Lösungen und Werkzeuge an der Innenseite des Laminar-Flow abstellen.
- Einmalartikel außerhalb des Laminar-Flow aufreißen und auf das sterile Tuch abwerfen.
- Handschuhe ausziehen.
- Kopfbedeckung und Mundschutz anziehen.
- Sterilkleidung anziehen (Kittel und Handschuhe).

Mischen der parenteralen Ernährung:

- Infusionslösungen, z. B. Aminosäuren, Glukose und Elektrolytlösung, aufhängen und über das Serienmischgerät mit dem Leerbeutel und der 50-ml-Dosierspritze verbinden.

- Verordnete Infusionslösung und -menge über die 50-ml-Dosierspritze in den Leerbeutel füllen.
- Zusätze aus Ampullen in Spritzen aufziehen und mit einer Kanüle in den Infusionsstopfen am Mischbeutel spritzen.
- Mischbeutel vom Mischgerät trennen und mit dem Verabreichungsgerät verbinden.
- Mischbeutel mit dem Klebeetikett beschriften.

Beachte: Infusionslösungen erst kurz vor der Verwendung mischen und innerhalb von 24 Stunden verwenden. Nach Möglichkeit Bakterienfilter benützen und das Zuleitungssystem ebenfalls nach 24 Stunden wechseln.

6.10.3. Anlegen der Infusion

6.10.3.1. Vorbereitung zur Venenpunktion

Die Venenpunktion wird in der Regel vom Arzt durchgeführt. Sie sollte nur im Notfall von geübten Schwestern vorgenommen werden, denen die Erlaubnis dazu erteilt wurde. Die Wahl der Punktionskanüle ist abhängig von den *vorhandenen Venen,* der *Infusionslösung,* der *Infusionsmenge* und der *Dauer der Infusionstherapie.* Die Fixierung der Kanüle wird in den Kliniken unterschiedlich gehandhabt, sie kann mit Pflasterstreifen oder durch das Eingipsen der Nadel erfolgen. Wird die Punktion an einer Extremität durchgeführt, muß diese durch eine gepolsterte Schiene ruhiggestellt werden, damit keine Lageveränderung der Kanüle möglich ist. Durch die Schiene sollten zwei Gelenke der Extremität ruhiggestellt werden. Sie muß so angebracht sein, daß durch die Fixierung keine Stauung entsteht. Grundsätzlich sind deshalb zirkulär angelegte Verbände zu vermeiden. Die Umgebung der Punktionsstelle sollte vom Verband nicht bedeckt sein, damit eine gute Beobachtung möglich ist. Zur Venenpunktion können verschiedene Kanülen und Katheter verwendet werden.

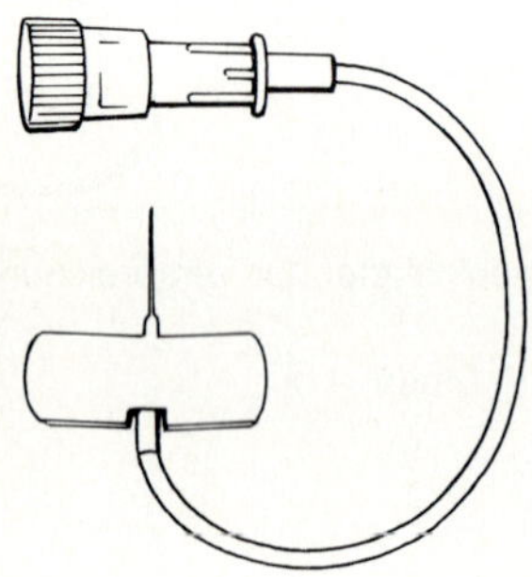

Abb. 62 Skalpvenennadel mit Plastikflügeln und Ansatzstück

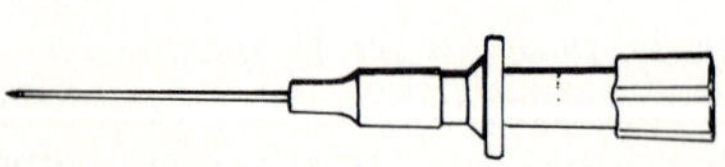

Abb. 63 Plastikverweilkanüle mit Innenkanüle. Die Innenkanüle wird nach erfolgter Venenpunktion entfernt

Wenn der Arzt die Punktionskanüle und die Vene ausgewählt hat, kann die Schwester das erforderliche Material vorbereiten und das Kind über den Eingriff informieren.

Skalpvenennadeln

Skalpvenennadeln zur Punktion der Kopfvenen und der Venen an Hand und Fußrücken werden am häufigsten zur Infusionsbehandlung von Neugeborenen und Kleinkindern verwendet. Die Nadeln stehen in verschiedenen Größen und Längen zur Auswahl (Abb. 62).

Indikation:
- normale Erhaltungsinfusion,
- kleine Eingriffe ohne Schockgefahr,
- Einleitung der medikamentösen Reanimation und Schockbehandlung (solange noch kein besserer venöser Zugang besteht),
- langsame Verabreichung von Fett, Plasma und Blut.

Durchschnittliche *Verweildauer* ca. 24–48 Stunden.

Komplikationen:
- Phlebitis (meist harmlos),
- Hautnekrosen durch hypertone oder stark alkalische Infusionen, Hautnarben.

Plastikverweilkanülen

Plastikverweilkanülen werden zur Punktion aller peripheren Venen verwendet. Sie stehen in verschiedenen Größen zur Auswahl und ermöglichen auch die Punktion sehr feiner Venen (Abb. 63).

Indikation:
- routinemäßig bei operativen Eingriffen, wenn keine zentrale Venendruckmessung notwendig ist,
- Bluttransfusionen,
- schnelle Verabreichung von Infusionsflüssigkeit,
- Schockbehandlung,
- parenterale Ernährung.

Durchschnittliche *Verweildauer* ca. 48–96 Stunden.
Komplikationen s. Skalpvenennadel.

Zentrale Venenkatheter

Indikation:
- bei großen operativen Eingriffen,
- rasche Verabreichung von Infusionsflüssigkeiten und Blut,
- Austauschtransfusionen,
- langdauernde parenterale Ernährung mit hypertonen Lösungen,
- Messung des zentralen Venendrucks.

Mögliche *Verweildauer* in der Regel mehrere Wochen.

Komplikationen:
- Perforation der Vene,
- Pneumothorax,
- Hämatothorax,
- Katheterembolie,
- Kavathrombose,
- Sepsis.

Nabelvenenkatheter

(in Ausnahmesituationen in den ersten Lebenstagen)

Indikation:
- Austauschtransfusion,
- akute Schockbehandlung, wenn kein anderer Zugang möglich ist,
- große Blutentnahmen,
- Messung des zentralen Venendrucks.

Verweildauer nach Möglichkeit nur wenige Stunden.

Komplikationen:
- Perforation der Pfortader beim Einführen,
- Perforation des rechten Vorhofes beim Einführen,
- portale Hypertension bei Pfortaderthrombose,
- Sepsis.

Beachte: Jede Vene, über die Infusionsflüssigkeit verabreicht wird, bedeutet eine direkte Verbindung von außen ins Körperinnere. Der Patient ist dadurch ständiger Infektionsgefahr ausgesetzt.

6.10.3.2. Durchführung der Venenpunktion

Beispiel mit einer Skalpvenennadel am Kopf des Kindes:

Material	Handlung Schwester	Handlung Arzt
	– bereitet das Kind soweit möglich durch liebevolles Zureden auf den Eingriff vor	
		– wählt eine geeignete Vene aus
– Einwegunterlage	– legt die Unterlage unter den Kopf des Kindes	
– Lichtquelle	– stellt die Lampe ein	
– Hautdesinfektionsmittel und Kompressen	– führt die Hautdesinfektion durch	
– Skalpvenennadel und eine 2–5-ml-Spritze mit isotoner Kochsalzlösung	– setzt die Spritze am Ansatz der Punktionskanüle auf und füllt das System und die Nadel mit Lösung, ohne dabei die Schutzhülle der Kanüle zu entfernen	
	– beugt sich über das Kind und hält den Kopf mit beiden Händen fest	– entfernt die Schutzhülle der Kanüle, nimmt die Spitze ab und führt die Punktion aus. Setzt die Spritze wieder auf das System der Punktionskanüle, wenn dort Blut zurückläuft und spritzt vorsichtig die Kochsalzlösung in die Vene
– Pflasterstreifen		– fixiert die Kanüle
– vorbereitete Infusion mit Zuleitungssystem und Markierungsstift	– schließt die Infusion an, stellt die Infusionsgeschwindigkeit auf die errechnete Tropfenzahl ein und beschriftet die Flasche mit Uhrzeiten	– kontrolliert die Umgebung der Punktionsstelle auf Veränderungen, z. B. Rötung oder Schwellung
	– beruhigt das Kind und lagert es so, daß keine Lageveränderung der Punktionsnadel durch Manipulationen eintritt	

6.10.4. Überwachung der Infusionsbehandlung

6.10.4.1. Überwachung der Dauertropfinfusion und des Patienten

Die Schwester hat auf folgendes zu achten:

- Die *Infusionsflasche* darf nicht über dem Kopf des Kindes hängen und sollte so gesichert sein, daß sie nicht aus der Aufhängevorrichtung fallen kann.
- Die *Infusionsgeschwindigkeit* muß durch das Regulieren der Tropfenzahl eingestellt werden. Zusätzlich wird eine Einteilung des Gesamtvolumens durch Markierungen auf der Flasche angebracht.
- Die *Infusionsgeschwindigkeit* muß errechnet und durch das Regulieren der Tropfenzahl eingestellt werden. Zusätzlich wird eine Einteilung des Gesamtvolumens zur besseren Überwachung durch Markierungen auf der Flasche angebracht.
- Die *Infusionszuleitungen* dürfen nicht abgeknickt oder eingeklemmt werden und müssen fest miteinander verbunden sein (Luer-Lock-Verbindungen).
- Das *Kind* sollte durch die Infusion keine Schmerzen haben.

Tritt eine Rötung und Schwellung der Einstichstelle und im umliegenden Gewebe auf, läuft die Infusionslösung paravenös. Die Infusion muß sofort entfernt werden, da durch einige Lösungen Gewebeschäden, z. B. Nekrosen, entstehen können. Eine Rötung entlang der Vene (Phlebitis) kann durch den mechanischen Reiz der Kanüle und durch Medikamente entstehen. Deshalb sind die Medikamente nach Möglichkeit verdünnt und langsam zu verabreichen und die Venenkanülen bei den Symptomen einer Phlebitis zu entfernen. Der Allgemeinzustand des Kindes, das Körpergewicht und die Urinausscheidung (spezifisches Gewicht und Glukose) müssen beobachtet werden.

6.10.4.2. Überwachung der parenteralen Ernährung und des Patienten

Die Schwester hat die Aufgabe auf folgendes zu achten:

- Die *Infusionslösung* muß *kontinuierlich* verabreicht werden, deshalb sollte die Infusionsflasche mit Uhrzeitangaben beschriftet und die Fördermenge an den Infusionspumpen genau eingestellt sein. Jede Unterbrechung der Infusion ist zu vermeiden, denn durch das plötzliche Absetzen der hochprozentigen Glukoselösung (z. B. verstopfter Katheter, Spezialuntersuchungen) kann das Kind hypoglykämisch werden.
- Die *Venenkanülen und -katheter* müssen sorgfältig behandelt werden und mit Pflasterstreifen so angeklebt sein, daß kein direkter Zug durch das Zuleitungssystem entstehen kann. Beim sterilen Verbandswechsel am Venenkatheter ist auf Phlebitissymptome und Ödeme zu achten. Blutentnahmen aus dem Venenkatheter sind zu vermeiden; denn sie fördern die Gefahr der Thrombosebildung durch Mikroembolien.
- Der *Patient* muß sorgfältig überwacht werden, dabei ist besonders auf Veränderungen des Allgemeinzustandes, z. B. auf Sepsiszeichen und Krämpfe, zu achten. Durch die Infusionsbehandlung, evtl. verbunden mit Nahrungskarenz, ist das Kind in seinem Wohlbefinden beeinträchtigt. Liebevolle Zuwendung, geeignetes Spielzeug und eine freundliche Umgebung helfen ihm, diese Zeit zu überstehen. Körpergewicht, Blutzucker, Urinzucker und -menge werden täglich nach Bedarf kontrolliert.

6.10.4.3. Wechseln der Infusionsflasche

Die neue Infusionsflasche wird vorbereitet, ehe die laufende Flasche leer ist, und am Infusionsständer aufgehängt. Das Infusionssystem der leeren Flasche wird abgeklemmt, der Dorn unter strenger Asepsis herausgezogen und in den Gummistopfen der neuen Flasche gesteckt. Danach wird das Tropfsystem geöffnet, die genaue Tropfenzahl eingestellt und die Flasche beschriftet.

6.10.4.4. Entfernen der Infusion

Wenn die Infusion entfernt werden kann oder neu gelegt werden muß, wird die Infusionszuleitung abgeklemmt. Die Pflasterstreifen, mit denen die Kanüle fixiert ist, werden entfernt, die Nadel wird herausgezogen und die Vene mit einer Kompresse sofort komprimiert. Die Vene soll noch ca. 5 Minuten komprimiert und die Einstichstelle mit einem Pflasterverband versorgt werden.

6.11. Bluttransfusion und Blutaustauschtransfusion

H. Wildoer und B. Gerlach

Notwendige Vorkenntnisse

- Blutgruppen und Rh-System,
- Herstellung von Blutkonserven,
- Regeln der Asepsis,
- Hyperbilirubinämie.

Definition

Die Bedeutung des Wortes Transfusion = transfundieren = hinübergießen stammt noch aus der Zeit der direkten Blutübertragung vom Spender auf den Empfänger. Heute wird das Blut indirekt über eine Konserve übertragen.

Strukturnetz

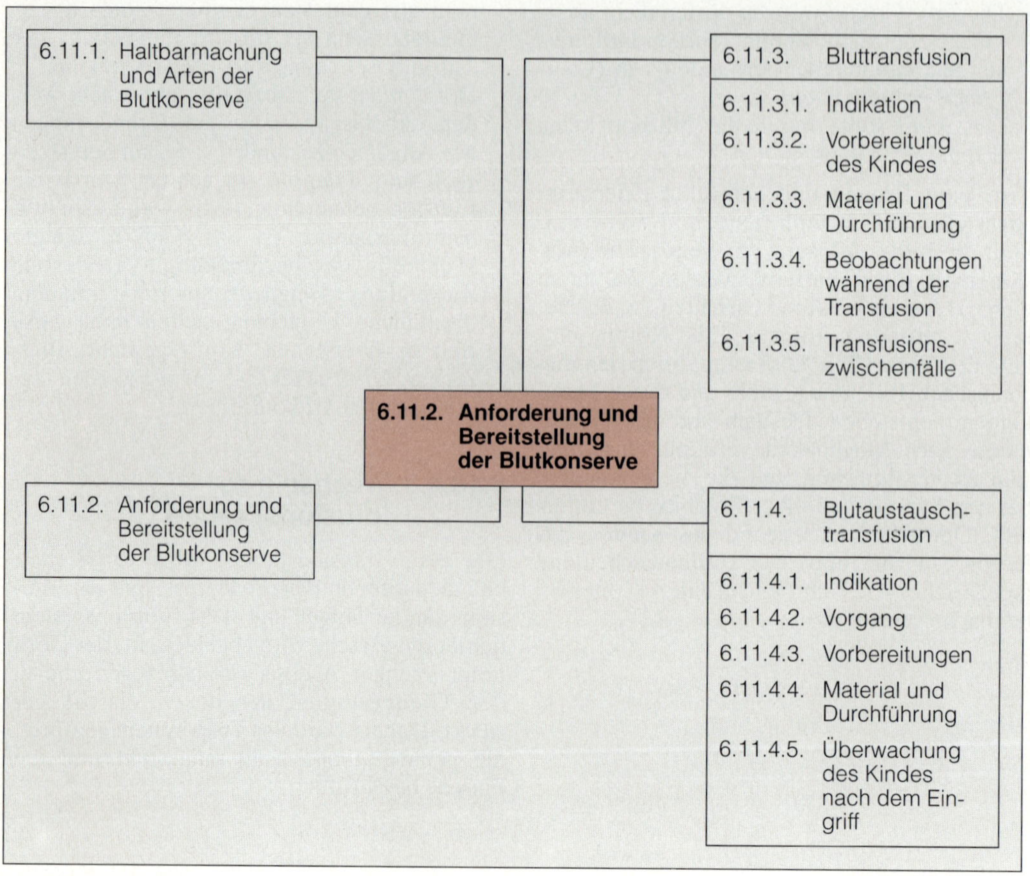

Lehrziel

Da eine Bluttransfusion bei sachgemäßer Durchführung eine lebensrettende Maßnahme sein kann, wird in diesem Teilkapitel besonders auf die Kontrollen vor dem Anlegen der Transfusion hingewiesen. Außerdem wird die intensive Pflege, die das Kind während der Transfusion braucht, beschrieben.

Lernziele

Nach der Bearbeitung dieses Themas können Sie
- berichten, wie eine Blutkonserve bestellt und aufbewahrt wird:
- die Vorbereitung des Kindes zur Transfusion beschreiben;
- das Anlegen der Transfusion unter besonderer Berücksichtigung der Kontrollen schildern;
- über die Pflegemaßnahmen während der Transfusion berichten;
- Transfusionszwischenfälle und -gefahren aufzählen.

6.11.1. Haltbarmachung und Arten der Blutkonserve

Haltbarmachung

Die Konservierung des Blutes durch den ACD-Stabilisator erlaubt die Herstellung von Blutkonserven: *A*cidum um den pH-Wert des Blutes aufrecht zu erhalten, *C*itricum, um die Gerinnung des Blutes zu verhindern, *D*extrose zur Ernährung der Blutzellen.
Eine weitere Voraussetzung für die Haltbarkeit des Blutes ist die erschütterungsfreie Lagerung bei +4°C. Die Haltbarkeit beträgt etwa 2–3 Wochen, höchstens 35 Tage. Gefrorenes Frischplasma hat eine Haltbarkeit von 1 Jahr, wenn es –30°C oder tiefer gelagert wird.

Arten der Blutkonserve

Blutkonserven gibt es in Glasflaschen oder Plastikbeuteln.
Unter *Frischblut* versteht man eine Konserve, die nicht älter als 3 Tage ist. Anstelle des ACD-Stabilisators kann auch nur Heparin zugesetzt sein.
Vollblut ist eine Konserve zwischen dem 3. Tag und 2–3 Wochen. Es gibt Blutkonserven mit 420 ml, 250 ml oder 100 ml Inhalt.
Erythrozytenkonzentrat ist Vollblut ohne Plasma; der Hämatokritwert beträgt 75%.
Bei *gewaschenen Erythrozyten* handelt es sich um Blut, von dem ein Großteil der Leukozyten, Thrombozyten und des Plasmas durch Ausschwemmung mit isotoner Kochsalzlösung entfernt wurde.
Thrombozytenkonzentrat ist Plasma, welches mit Thrombozyten angereichert ist.
Thrombozyten-Leukozyten-Mischkonserven enthalten mit Thrombozyten und Leukozyten angereichertes Plasma.
Gefrorenes Human-Frischplasma ist Plasma mit einem minimalen Zellgehalt aus einer bis zu 6 Stunden alten 500 ml Frischblutkonserve.
Plasmafraktionen, z. B.
- Humanalbumin ist eine 25%ige Albuminlösung,
- Fibrinogen,
- antihämophile Fraktion (z. B. Gerinnungsfaktor VIII) gibt es als Trockenpräparate, die nach der Auflösung genau wie Vollblut transfundiert werden. Diese Präparate sind nicht hepatitissicher.

6.11.2. Anforderung und Bereitstellung der Blutkonserve

Bestellen der Blutkonserve

Die Blutkonserve wird über einen Anforderungsschein, der von dem verordnenden Arzt unterschrieben werden muß, in einer Blutzentrale (Blutbank) bestellt.
Ist die Blutgruppe des Patienten noch unbekannt, wird diese zuerst bestimmt. Außerdem wird vor jeder Transfusion beim Patienten Blut für die Kreuzprobe entnommen.

Transport der Blutkonserve

Der Transport der Konserve von der Blutbank ins Krankenhaus geschieht *gekühlt und erschütterungsfrei*. Die Kühlung ist notwendig, um den Stoffwechsel der Zellen gering zu halten. Erschütterungen müssen vermieden werden, damit die Zellen nicht zerstört werden. Bei gefrorenen Konserven darf die *Kühlkette nicht unterbrochen* werden.
Aufgabe der Schwester, die die Konserve in Empfang nimmt, ist es, die Beschriftung der Konserve mit den Begleitpapieren zu vergleichen und die Übereinstimmung evtl. auch zu unterschreiben.

Aufbewahren der Blutkonserve

Wird die Konserve nicht sofort verwendet, ist sie in einem erschütterungsfreien Kühlschrank aufzubewahren. Wenn kein Spezialkühlschrank vorhanden ist, wird die Konserve auf der Station in den Kühlschrank gestellt. Um hier unnötige Erschütterungen zu vermeiden, darf die Blutkonserve nicht in die Tür gestellt werden.

6.11.3. Bluttransfusion

6.11.3.1. Indikation

Eine Bluttransfusion wird verordnet zur Substitution, z. B. bei starkem Blutverlust und bei Bluterkrankungen.
Außerdem können bei speziellen Erkrankungen bestimmte Bestandteile des Blutes, z. B. der Gerinnungsfaktor VIII, bei einem Kind mit Hämophilie zugeführt werden.

6.11.3.2. Vorbereitung des Kindes

Bei der Vorbereitung des Kindes ist folgendes zu beachten:

- Das Kind psychisch auf die Maßnahme vorbereiten. Da die Kinder, auch bei häufigen Transfusionen, Angst haben, muß ihnen die Gewißheit gegeben werden, daß immer jemand für sie da ist.
- Das Kind ermutigen, daß es Beeinträchtigungen seines Wohlbefindens der Kinderkrankenschwester mitteilt.
- Wenn es der Gesundheitszustand des Kindes erlaubt, Blase und Darm entleeren lassen.
- Unmittelbar vor dem Anlegen der Transfusion werden die Vitalfunktionen und die Temperatur kontrolliert.

Beachte: Bei erhöhter Temperatur des Kindes, keine Transfusion.

6.11.3.3. Material und Durchführung

Material	Handlung Schwester	Handlung Arzt	Besonders zu beachten
– Blutkonserve	– Konserve 30 Minuten vor dem Anlegen aus dem Kühlschrank nehmen, damit sie sich auf Zimmertemperatur erwärmt Gefrorenes Plasma wird langsam im Wasserbad erwärmt. *Nicht über 37°C erwärmen!*		– muß das Blut noch wärmer transfundiert werden, darf dies nur mit Hilfe eines speziellen Blutwärmers geschehen
– Infusionslösung z. B. 5%ige Glukoselösung – Material wie zum Anlegen einer Dauertropfinfusion (S. 286)	– Material zur Dauertropfinfusion bereitlegen und evtl. Infusion vorbereiten	– verordnet Infusionslösung	– um bei Transfusionszwischenfällen sofort handeln zu können, sollte eine Infusion bereit gestellt werden
	– Blutgruppe und Rh-Faktor des Patienten mit der Kreuzprobe, der Konservenbeschriftung, der Konservennummer und dem Begleitschein vergleichen		

Material	Handlung Schwester	Handlung Arzt	Besonders zu beachten
	– Schutzhülle vom Stöpsel der Konserve entfernen oder beim Beutel Abreißflasche aufziehen bzw. abdrehen		– bevor die Blutkonserve vorbereitet wird, sollte man sich davon überzeugen, daß nach ruhigem Stehen Plasma und feste Bestandteile des Blutes scharf voneinander getrennt sind; wenn dies nicht zu sehen ist und das Plasma rötlich verfärbt ist, kann dies ein Hinweis auf eine eingetretene Hämolyse sein
– Transfusionssystem (Zuleitung und Tropfkammer mit Filter), Dreiwegehahn oder Bypaß-Zwischenstück	– Dorn des Systems einstechen – Tropfkammer bis über den Filter mit Blut füllen – Schlauch luftleer füllen (Abb. 64a–c) (Gebrauchsanweisung des Transfusionssystems beachten)		
		– den Patienten nach seinem Namen und Geburtsdatum fragen oder die Angaben auf dem Bettschild und dem Namensbändchen am Arm vergleichen	**Beachte:** Mehrfache Vergleiche zwischen den Daten der Konserve und des Patienten sind dringend erforderlich, um Verwechslungen auszuschließen
– Material zur Hautdesinfektion		– Punktionsstelle wählen und desinfizieren	
– Staubinde		– Stauung anlegen	
– Verweilkanüle – 2-ml-Spritze		– Vene punktieren und etwas Blut aspirieren	– es kann auch ein Perfusionsbesteck (Butterfly oder Abbocath) verwendet werden, jedoch mit großem Innenlumen zur Vermeidung einer Hämolyse
– Material für den Bedside-Test		– Bedside-Test mit dem Blut des Patienten und evtl. auch mit dem Konservenblut durchführen – die Lage der Kanüle kontrollieren – Transfusionssystem anschließen	

Material	Handlung Schwester	Handlung Arzt	Besonders zu beachten
– Pflasterstreifen und Schere	– Pflaster schneiden	– Verweilkanüle fixieren	– Fixieren des Punktionsortes wie bei einer Dauertropfinfusion (S. 288)
	– Tropfenzahl ausrechnen und einstellen	– die ersten 10 Minuten beim Kind bleiben	– wird das Blut über einen Perfusor verabreicht, muß ein Filter dazwischengesteckt werden

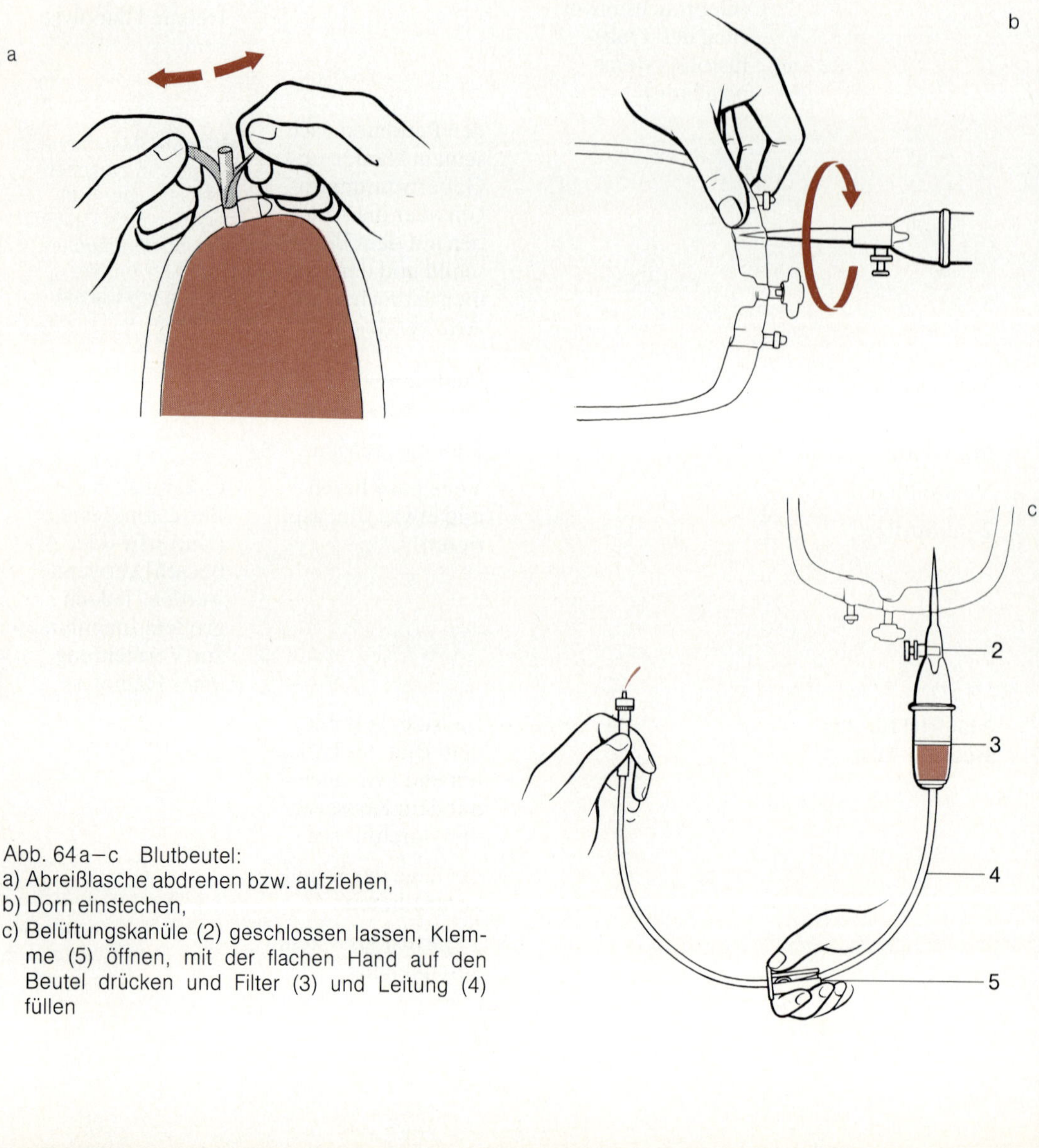

Abb. 64a–c Blutbeutel:
a) Abreißlasche abdrehen bzw. aufziehen,
b) Dorn einstechen,
c) Belüftungskanüle (2) geschlossen lassen, Klemme (5) öffnen, mit der flachen Hand auf den Beutel drücken und Filter (3) und Leitung (4) füllen

6.11.3.4. Beobachtungen während der Transfusion

Die Beobachtung läßt einen möglichen Transfusionszwischenfall erkennen.

Durchführung

Material	Durchführung	Besonders zu beachten
	– Funktionsweise des Systems kontrollieren – eingeflossene Menge mit der errechneten Zeit vergleichen	
– Pulsuhr	– ¼-, ½- bis 1stündlich Atmung und Puls kontrollieren	– nicht nur auf die Frequenz, sondern auch auf Puls- und Atmungsqualität achten!
– Blutdruckmeßapparat – Stethoskop	– Blutdruck messen	
– Thermometer	– einmal während der unmittelbar nach der Transfusion die Temperatur kontrollieren – Flüssigkeitsbilanz durchführen	
– Teststäbchen	– Urin auf Blut testen	– Farbe und Aussehen des Urins beobachten
– Nierenschale – Zellstoff	– bereitstellen, falls das Kind einen Brechreiz bekommt oder erbricht – Anzeichen, die auf Unruhe, Schmerzen oder Juckreiz hinweisen, beachten – die Haut auf Farbe (Rötung oder Blässe) und auf evtl. auftretende Blutungen und Exantheme beobachten	
	– *bei Auffälligkeiten Transfusion abklemmen und die Infusion anschließen* – *Arzt sofort benachrichtigen*	– beim Kind können neben den objektiven Symptomen auch subjektive Beschwerden auftreten, z. B. Kopf- und Gliederschmerzen, Übelkeit
	– wird nach Beendigung der Transfusion *keine Infusion* mehr gegeben, das System entfernen (S. 290) – Konserve oder Teströhrchen 24 Stunden aufbewahren	– wenn es vermeidbar ist, sollten Transfusionen nicht nachts gegeben werden, da die Symptome bei Dunkelheit nicht so deutlich beobachtet werden können
	– 1 Stunde nach Beendigung der Transfusion Temperaturkontrolle vornehmen – Hb-Kontrolle veranlassen	– während der Transfusion keine Medikamente i.v. verabreichen

6.11.3.5. Transfusionszwischenfälle

Die oben beschriebenen Beobachtungen der Transfusionszwischenfälle können der Kinderkrankenschwester die Bedeutung ihrer Beobachtung nochmals verdeutlichen. Die Schwere des Transfusionszwischenfalls hängt von der Menge des transfundierten Blutes ab.
Alle Transfusionszwischenfälle müssen der Blutbank gemeldet werden.

Transfusionszwischenfälle	Beobachtungen	Maßnahmen
– hämolytischer Zwischenfall. Kann auftreten, wenn die Blutgruppe der Konserve mit der des Patienten nicht übereinstimmt, oder durch Transfusion von hämolysiertem Blut	– die Kinder klagen über Kopf-, Kreuz- und Gliederschmerzen – es können Übelkeit und Erbrechen auftreten – Unruhe der Kinder kann auf Beklemmungsgefühle und Atemnot hinweisen – verminderte oder fehlende Urinausscheidung – Farbveränderungen des Urins oder Blutbeimengungen – evtl. Schocksymptome: Tachykardie und Blutdruckabfall	– Schockbehandlung, evtl. Blutaustauschtransfusion
– allergischer Zwischenfall. Kann, obwohl arteigenes Eiweiß transfundiert wird, bei wiederholten Transfusionen auftreten. Zur Vermeidung können zunächst nur wenige ml Blut gegeben werden. Danach das Kind beobachten. Treten keine Symptome auf, kann die Transfusion fortgesetzt werden	– die Kinder sind unruhig, bekommen Atemnot und klagen über Juckreiz – es kann eine Urtikaria auftreten – die Temperatur steigt an – der Blutdruck fällt ab	– symptomatische Maßnahmen
– bakterieller Zwischenfall. Kann auftreten durch Lagerung bei zu hoher Temperatur und durch Verunreinigungen des Blutes	– Schüttelfrost, Fieber	
– pyrogener Zwischenfall	– Schüttelfrost, Fieber	– symptomatische Maßnahmen
– Spätfolgen	– Erkrankungen an Hepatitis, Lues, Malaria, AIDS, Zytomegalie	– Hepatitis und Lues durch Prophylaxe zu vermeiden

6.11.4. Blutaustauschtransfusion

B. Gerlach

Definition

Unter Blutaustauschtransfusion versteht man einen schrittweisen Ersatz bzw. Austausch des Patientenblutes mit Spenderblut.

Lehrziel

Durch die Prophylaxe (Anti-D-Gaben an die Rh-negative Mutter nach der Geburt eines Rh-positiven Kindes) und die Einführung der Phototherapie ist die Blutaustauschtransfusion, die noch vor wenigen Jahren zu den Routineeingriffen zählte, sehr selten geworden. Trotzdem sollte die Kinderkrankenschwester Bescheid wissen
- über den Verlauf einer Blutaustauschtransfusion,
- die Aufgaben, die ihr dabei zufallen und
- die Risiken, die mit diesem Eingriff verbunden sind.

In diesem Teilkapitel sollen Sie darüber informiert werden.

Lernziele

Wenn Sie diesen Abschnitt erarbeitet haben, können Sie
- die Indikationen zur Blutaustauschtransfusion nennen;
- das Prinzip des Blutaustausches beschreiben;
- Auskunft geben über die notwendigen Vorbereitungen;
- die Aufgaben erklären, die der Kinderkrankenschwester während des Eingriffs zufallen;
- Angaben machen über die Pflege des Kindes nach der Blutaustauschtransfusion und über mögliche Komplikationen.

6.11.4.1. Indikation

- Sepsis,
- schwere Hyperbilirubinämie infolge von Rh-Inkompatibilität, AB0-Inkompatibilität oder erhöhter Leberunreife,
- schwere Anaemia neonatorum.

6.11.4.2. Vorgang

Kontinuierlich wird Patientenblut in Fraktionen entnommen, verworfen und die gleiche Menge Spenderblut zugeführt (Abb. 65). Beim Früh- und Neugeborenen betragen die einzelnen Fraktionen 10–20 ml Blut, beim größeren Kind altersentsprechend mehr. Diese Maßnahme dient der Elimination von

Abb. 65 Prinzip der Blutaustauschtransfusion

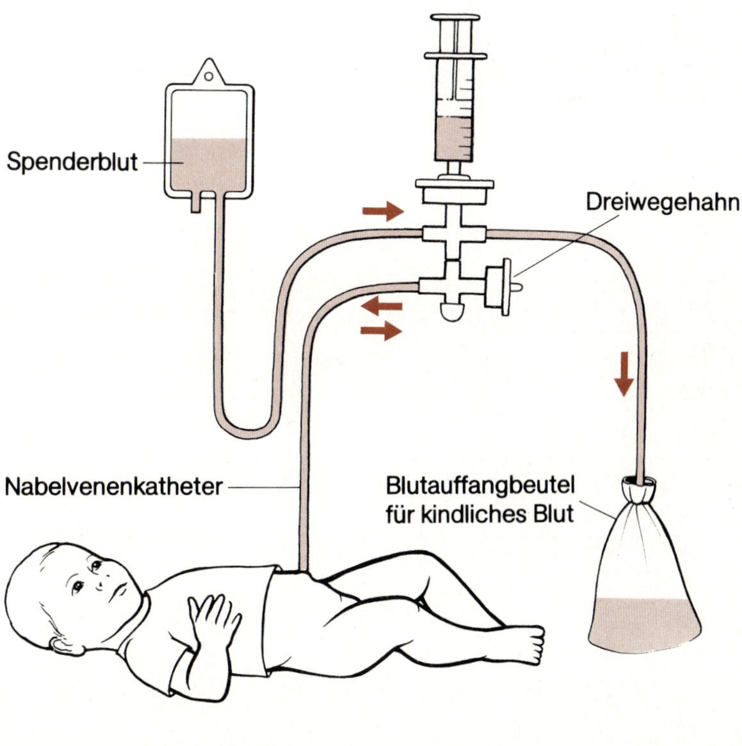

- Antikörpern,
- Bilirubin,
- Erregern,
- Toxinen.

Beim Früh- und Neugeborenen besteht in den ersten Lebenstagen die Möglichkeit, die Blutaustauschtransfusion durch die Nabelvene vorzunehmen, später muß dieser Eingriff durch einen peripheren oder zentralen Venenkatheter durchgeführt werden. In diesem Abschnitt wird die Blutaustauschtransfusion beim Früh- und Neugeborenen bei Hyperbilirubinämie beschrieben; beim größeren Kind erfolgt der Eingriff nach denselben Richtlinien, zusätzlich muß ein peripherer oder zentraler Venenkatheter gelegt werden (S. 580ff).

6.11.4.3. Vorbereitungen

Zu den *Voruntersuchungen* gehören

- Erhebung der Anamnese und Geburtsanamnese;
- Laboruntersuchungen: Blutbild, Blutgruppe und Coombs-Test von Mutter und Kind, Kreuzprobe, Serumbilirubin;
- Anwendung der Polacek-Kurve: Um festzustellen, zu welchem Zeitpunkt eine Blutaustauschtransfusion erforderlich wird, sind besonders das Alter des Kindes, der Bilirubinwert, die Ursache des Ikterus und eventuelle zusätzliche Risikofaktoren (Hypoxie, Azidose, Diabetes mellitus der Mutter, Geburtstraumen) zu berücksichtigen. In vielen Kliniken bedient man sich einer ausgearbeiteten Kurve nach Polacek (Abb. 66). In ihr sind Grenzwerte festgelegt, aus denen hervorgeht, wann eine Austauschtransfusion unbedingt durchgeführt werden muß.

Als *Spenderblut* wird möglichst Frischblut verwendet, das durch den ACD-Stabilisator ungerinnbar gemacht wird; selten benützt man heparinisiertes Blut.
Bei Rh-Inkompatibilität wird immer Rh-negatives Blut, bei A0-Imkompatibilität wird z. B. Blut mit der Blutgruppe A_2 transfundiert.
Die zu transfundierende Blutmenge richtet sich nach dem Gewicht des Kindes. Es sollten 90–95% des kindlichen Blutes ausgetauscht werden; dazu benötigt man 160–180 ml Spenderblut/kg Körpergewicht.
Beim Kind wird vor dem Eingriff meistens eine *Infusion* über eine periphere Vene gelegt. Sie dient der raschen Gabe von Medikamenten.
Wenn möglich sollten 2 Kinderkrankenschwestern während der Blutaustauschtransfusion zur Verfügung stehen. Eine Schwester hält und beobachtet das Kind, die andere Schwester ist für das Herrichten des Materials verantwortlich, assistiert dem Arzt und führt das Protokoll.
Wenn innerhalb weniger Stunden eine erneute Blutaustauschtransfusion geplant ist oder der Zustand des Kindes schlecht ist, bleibt der Nabelvenenkatheter liegen und wird mit einer Naht oder mit Pflaster fixiert.

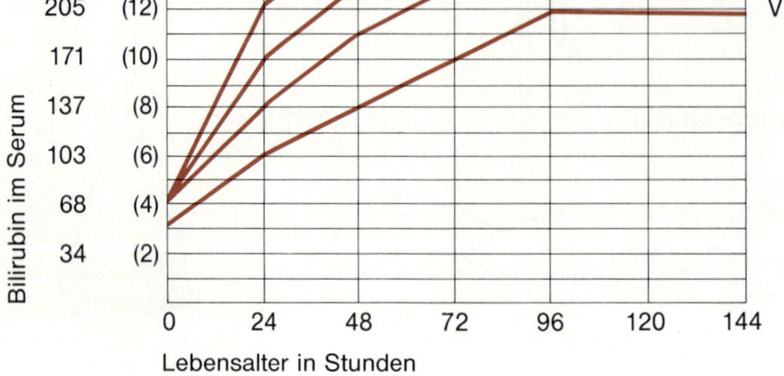

Kurve	Gruppe	Komplikationen
I	Reifgeborene	∅
II	> 2500 g	+
II	Frühgeborene	∅
III	1501-2500 g	+
III	1001-1500 g	∅
IV		+
IV	< 1000 g	∅
V		+

Abb. 66 Polacek-Kurve

6.11.4.4. Material und Durchführung

Material	Handlung Schwester	Handlung Arzt	Besonders zu beachten
– Blutkonserve	– 30 Minuten vor der Durchführung aus dem Kühlschrank nehmen – zur Erwärmung auf Zimmertemperatur		– durch Zuführen von zu kaltem Blut kann es zu Herzrhythmusstörungen kommen
– vorgewärmter Inkubator	– Temperaturkontrolle auf 33 °C		
– Sitzgelegenheit für Schwester und Arzt			
– gute Beleuchtung (OP- oder Stehlampe) zur optimalen Sicht auf den Nabel während des Eingriffs		– Lichtstrahl der Lampe auf Nabel richten	
– Schreibzeug, Protokollblatt	– auf den Inkubator legen		
– Ambubeutel mit Maske, Sauerstoffanschluß, Beatmungsgerät, Notfallwagen	– für eventuelle Zwischenfälle bereitlegen		
– EKG-Monitor, Elektroden mit Paste zur Überwachung der Herzfrequenz	– Elektroden am Thorax des Kindes befestigen (S. 566ff)		
– Absauggerät, Absaugsonden, Aqua dest., sterile Handschuhe	– Magen absaugen (S. 214ff)		– zur Vermeidung einer Aspiration soll das Kind nüchtern sein
– Schnuller zur Beruhigung des Kindes			
		– chirurgische Händedesinfektion	
– steriler Kittel und Handschuhe	– dem Arzt beim Anziehen der sterilen Kleidung behilflich sein	– anziehen	
	– Kind auf den Rükken legen, Arme und Beine fixieren oder halten		

Material	Handlung Schwester	Handlung Arzt	Besonders zu beachten
– Material zur Hautdesinfektion	– Nabelgegend desinfizieren		
– steriles Schlitztuch		– Kind abdecken („Nabel im Schlitz)	– Gesicht soll zur besseren Überwachung frei bleiben
– Material zur Nabelvenenkatheterisierung: sterile Schere sterile Pinzette sterile Knopfsonde sterile Arterienklemmen Spritze mit isotoner Kochsalzlösung			**Beachte:** Der Eingriff bedeutet für das Kind eine erhöhte Infektionsgefahr. Deshalb müssen die Regeln der Asepsis eingehalten werden.
– steriles Austauschbesteck:	– Deckel und Einschlagtuch öffnen		– Einsatz mit Inhalt ist an allen Oberflächen steril
– 2 Nabelvenenkatheter Gr. 5 und 8	– Kind während des Eingriffs *unter* dem Schlitztuch halten	– Nabelvenenkatheter einführen	
– Kompressen			
– 1 Maßstab 15 cm		– Venendruck messen	– durch ein zu großes Blutvolumen besteht die Gefahr der Herzinsuffizienz
	– Venendruck protokollieren		
– 1 Dreiwegehahn mit 1 Verlängerungsschlauch		– Austauschbesteck mittels Dreiwegehahn an Nabelvenenkatheter anschließen (evtl. außerhalb des Inkubators)	
– 1 zusätzlicher Verlängerungsschlauch			
– 2 Einwegspritzen 20 ml			
– 1 Transfusionsgerät mit Belüftungskanüle	– an Blutkonserve anschließen		
– 1 Blutauffangbeutel	– außen am Inkubator befestigen, freies Ende des Verlängerungsschlauchs in Blutauffangbeutel ableiten		

Material	Handlung Schwester	Handlung Arzt	Besonders zu beachten
– Blutröhrchen, heparinisierte Spritze für Blutgasanalyse	*Blutentnahmen:* – bei der ersten und letzten Fraktion Blut für Bilirubin, Hb-Bestimmung – bei Bedarf Blut für Blutgasanalyse, Blutzucker, Blutkultur – bei der letzten Fraktion Blut für Kreuzprobe (für eine eventuelle 2. Austauschtransfusion – aus dem freien Ende des Verlängerungsschlauchs entnehmen	– 10(–20) ml Blut aus Nabelvenenkatheter abziehen, Dreiwegehahn umstellen – abgezogenes Blut in Blutauffangbeutel spritzen, Dreiwegehahn umstellen – 10(–20) ml Blut aus Blutkonserve abziehen, Dreiwegehahn umstellen – diese 10(–20) ml Blut dem Nabelvenenkatheter zuführen – diese Maßnahme fortlaufend wiederholen	
	überwachen und protokollieren: – Hautfarbe und Verhalten – Herzfrequenz und Atemfrequenz alle 10 Minuten – ausgetauschte Blutmenge bei jedem Abziehen und Einspritzen		
Medikamente: – Glukose 10% bei Hypoglykämie – Kalziumglukonatlösung 10% zur Kalziumsubstitution (bei ACD-Konserve)	– aufziehen, zureichen und protokollieren	– bei Bedarf verabreichen	
			– bei Beendigung der Blutaustauschtransfusion Venendruck messen
	– Venendruck protokollieren		
– sterile Kompresse, Pflaster		– Katheter entfernen und Druckverband anlegen	

6.11.4.5. Überwachung des Kindes nach dem Eingriff

Nach Beendigung der Blutaustauschtransfusion hat die Kinderkrankenschwester, die das Kind weiterbetreut, folgende Aufgaben:

- Ein reifes Neugeborenes in unauffälligem Zustand wird in ein Wärmebettchen verlegt, ein Frühgeborenes bleibt im Inkubator.
- Das Kind neigt nach dem Eingriff zur Hypo- oder Hyperthermie, seine Körpertemperatur wird deshalb sorgfältig überwacht.
- Trotz der Blutaustauschtransfusion erfolgt anschließend eine Phototherapie (S. 319ff). Es müssen laufend Bilirubinkontrollen durchgeführt werden.
- Da die Gefahr einer Herzrhythmusstörung, einer Herzinsuffizienz und einer Hypoglykämie besteht, ist eine kontinuierliche Kontrolle der Vitalzeichen (zuerst ¼stündlich, später ½stündlich) notwendig. Laufende Blutzuckerkontrollen sind durchzuführen.
- Wenn es der Zustand des Kindes erlaubt, kann 4 Stunden nach der Blutaustauschtransfusion mit der oralen Zufuhr von Glukoselösung begonnen werden.

Beachte: Die Kinderkrankenschwester muß den Nabel stündlich auf eine eventuelle Nachblutung kontrollieren.

6.12. Sterile Uringewinnung

B. Gerlach

Notwendige Vorkenntnisse

- Anatomie und Physiologie der ableitenden Harnwege,
- Regeln der Asepsis.

Strukturnetz

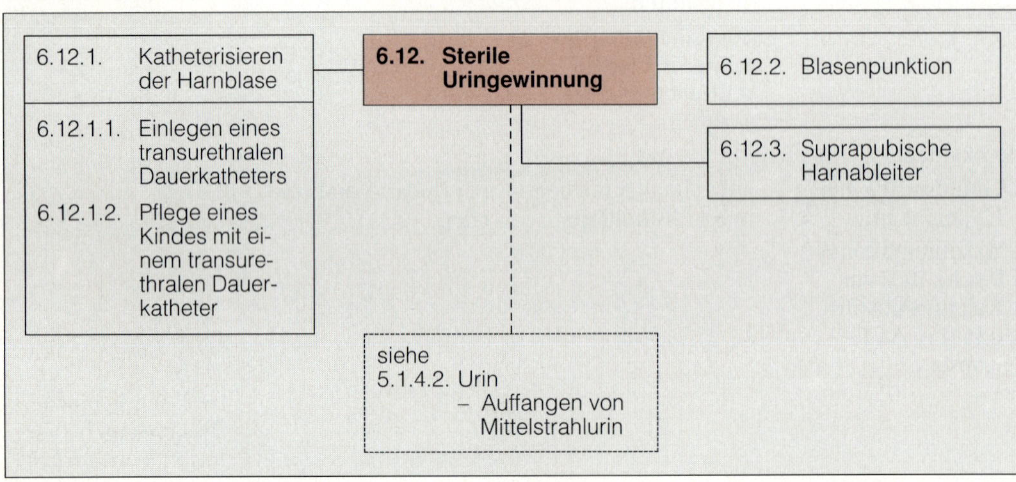

Lehrziel

Steriler Urin kann entweder durch Auffangen eines Mittelstrahlurins, durch Katheterisierung oder durch Punktion der Harnblase gewonnen werden.

Die beiden letztgenannten Eingriffe stellen eine Verbindung ins Körperinnere her und damit eine künstliche Eintrittspforte für potentielle Erreger. Dieser

Infektionsgefahr kann die Schwester vorbeugen, indem sie streng die Regeln der Asepsis beachtet.
Das Kind empfindet diese Eingriffe als unangenehm und reagiert mit Angst und Abwehr. Durch erklärende und behutsame Weise soll die Schwester versuchen, das Kind auf diese ihm fremde Situation vorzubereiten. Informationen und Anleitung dazu vermittelt dieses Teilkapitel.

Lernziele

Nach dem Durcharbeiten dieses Abschnitts können Sie

- Angaben machen über die vorbereitenden Maßnahmen zum Katheterisieren;
- genau beschreiben, wie die Desinfektion der Genitalregion vor sich geht;
- die Technik des Katheterisierens erklären und begründen;
- die Besonderheiten beim Einlegen eines transurethralen Dauerkatheters aufzählen;
- Auskunft geben über die Pflege eines Kindes mit einem transurethralen Dauerkatheter;
- die Aufgaben erklären, welche der Schwester bei der Blasenpunktion zufallen;
- beschreiben, auf welche Pflegemaßnahmen bei einem Kind mit einer suprapubischen Harnableitung zu achten ist.

6.12.1. Katheterisieren der Harnblase

Definition

Unter Katheterisieren der Harnblase versteht man die Urinentnahme direkt aus der Blase mit Hilfe eines Katheters.

Indikationen

Diagnostische Maßnahme:

- zur Gewinnung von Urin zur bakteriologischen Untersuchung,
- zur Röntgendarstellung der kontrastgefüllten Blase und Harnröhre während des Wasserlassens (Miktionszystourethrogramm),
- Restharnbestimmung.

Entleerung der Harnblase:

- zur Entlastung der Harnblase bei Harnverhalten,
- zur völligen Entleerung der Harnblase vor speziellen Operationen.

Allgemeines

Das Katheterisieren der Harnblase geschieht auf ärztliche Verordnung und wird sehr vorsichtig und unter sterilen Bedingungen durchgeführt.
Beim Katheterisieren besteht die unvermeidbare Gefahr, daß Erreger, die sich in der Harnröhre befinden, direkt mit dem Katheter in die Harnblase transportiert werden. Deshalb wird oft die Blasenpunktion bevorzugt.
Bei Jungen erfolgt die Katheterisierung in der Regel durch den Arzt (bedingt durch den anatomisch schwierigen Verlauf der männlichen Harnröhre), bei Mädchen meist durch die Schwester. Es sollten 2 Schwestern zur Verfügung stehen, eine, die katheterisiert, und eine, die assistiert und den Säugling oder das Kleinkind hält.
Dieser Eingriff erfüllt die Kinder meist mit Angst und Unbehagen, deshalb sollte sich die Schwester Zeit nehmen, das Kind über den Sinn und den Ablauf des Katheterisierens kindgemäß aufzuklären und zu beruhigen.
Außerdem muß das Kind vor den Blicken anderer Kinder geschützt werden. Der Oberkörper des Kindes bleibt während der Durchführung bekleidet.
Das Schulkind wird aufgefordert, eine Intimtoilette durchzuführen, beim Säugling und Kleinkind ist dies die Aufgabe der Schwester.

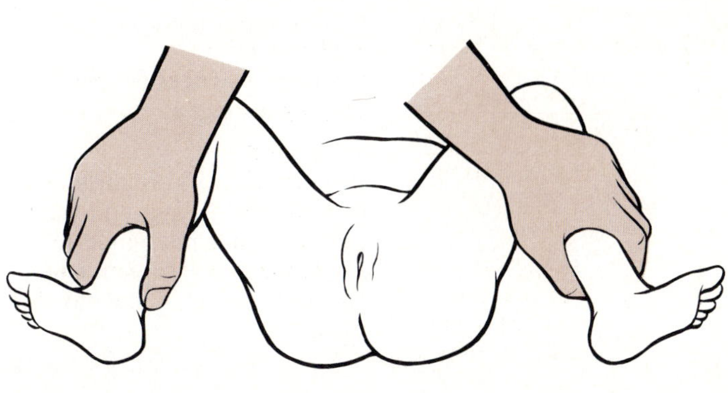

Abb. 67 Lagern und Halten beim Katheterisieren

Lagerung und Halten des Kindes

Das Kind liegt auf dem Rücken, die Oberschenkel sind gespreizt und die Unterschenkel gebeugt.
Die Schwester, die das Kind hält, steht am Kopfende oder seitlich und fixiert mit ihren Händen die Ober- und Unterschenkel (Abb. 67). Gleichzeitig muß sie mit ihren Armen den Körper des Kindes so halten, daß keine Abwehrbewegungen möglich sind, denn durch unvorhergesehene Bewegungen kann die empfindliche Schleimhaut der Harnröhre sehr leicht verletzt werden.
Die katheterisierende Person steht am Fußende.

Durchführung: Katheterisieren der Harnblase

Material	Handlung	Besonders zu beachten
– Lichtquelle	– bereitstellen	– zur guten Sicht auf die Harnröhrenöffnung
	– Händedesinfektion	
– Einmalunterlage oder Gummituch mit Windel	– unter das Gesäß des Patienten legen	
– Nierenschale	– zwischen die gespreizten Unterschenkel des Patienten stellen	
– Desinfektionslösung, steriles Schälchen mit 6 sterilen Kompressen, Nierenschale	– Lösung in das Schälchen gießen	
– 3 sterile Handschuhe	– anziehen	– bei Rechtshändern 2 Handschuhe übereinander, bei Linkshändern umgekehrt
	Desinfizieren des Genitalbereichs	
	– *bei Mädchen:* Spreizen der Schamlippen mit Daumen und Zeigefinger der linken Hand, mit der rechten Hand wie folgt vorgehen: 1. und 2. Kompresse große Schamlippen 3. und 4. Kompresse kleine Schamlippen 5. Kompresse Harnröhrenöffnung abtupfen 6. Kompresse über den Scheideneingang legen	– mit *einer* Kompresse jeweils nur *eine* Bewegung ausführen – immer von der Symphyse zum Anus
	– *bei Jungen:* Penis strecken, Vorhaut zurückschieben, Glans und Harnröhrenöffnung mit mindestens 3 Kompressen abtupfen, eine Kompresse unter den Penis legen	– bei Säuglingen mit physiologischer Vorhautverengung darf die Vorhaut nicht zurückgestreift werden – mit *einer* Kompresse jeweils nur *eine* Bewegung ausführen

Material	Handlung	Besonders zu beachten
	– den 1. rechten Handschuh abstreifen lassen	
	– beim Mädchen mit der linken Hand weiterhin die Schamlippen spreizen	
– Einmalkatheter aus Kunststoff in verschiedenen Größen, richtet sich nach der Größe des Kindes (1 Charr. = ⅓ mm)	– unter sterilen Bedingungen entgegennehmen	
– sterile Pinzette – Gleit- und Anästhesiegel auf steriler Kompresse	– Katheter gleitfähig machen: Katheterspitze durch Kompresse ziehen	
	Einführung	
	– *bei Mädchen:* Schamlippen sind noch gespreizt, Schleimhautfalte über der Harnröhrenöffnung etwas anheben, mit der rechten Hand Katheter anfassen und leicht nach unten durch die Harnröhrenöffnung einführen	– bei unsachgemäßem Einführen kann die sehr empfindliche Schleimhaut der Blase und Harnröhre verletzt werden
– sterile Pinzette	– *bei Jungen:* Penis anheben, mit der rechten Hand Katheterspitze mit der Pinzette fassen und vorsichtig durch die Harnröhrenöffnung einführen	– bei unsachgemäßem Einführen kann die sehr empfindliche Schleimhaut der Blase und Harnröhre verletzt werden
	– während des Einführens Penis leicht senken	– physiologische Harnröhrenkrümmung wird dabei überwunden
	– wenn Urin fließt, Katheter nicht weiterschieben	– Kinder äußern beim Einführen meist Harndrang
	zur Diagnostik: – ersten Urin (etwa 5 ml) in die Nierenschale abfließen lassen	
– steriles Auffanggefäß	– auffangen der nächsten Urinmenge in das Auffanggefäß	
	– Auffanggefäß schließen	
	– Blase ganz entleeren durch leichten Druck auf den Unterbauch	– evtl. eingedrungene Keime werden herausgeschwemmt
	– Katheter langsam entfernen, rechten Handschuh ausziehen und über den Katheter gestülpt in Nierenschale legen	

Material	Handlung	Besonders zu beachten
	– Nierenschale entfernen	
	– Kind zudecken	
– Klebeetikett	– Auffanggefäß mit beschriftetem Etikett (Name, Station) versehen	
– Begleitzettel	– ausfüllen	
	– Urin mit Begleitzettel ins Labor bringen und dort bis zur Untersuchung in den Kühlschrank stellen	

Beachte: Solange die Schleimhäute noch gereizt sind, hat das Kind Schmerzen beim Wasserlassen; deshalb sollte bis zum nächsten Spontanurin einige Zeit gewartet werden.

6.12.1.1. Einlegen eines transurethralen Dauerkatheters

Indikationen

Zur Entleerung der Harnblase über einen längeren Zeitraum:
- nach Operationen der ableitenden Harnwege,
- bei Blasenlähmungen.

Zur Flüssigkeitsbilanz:
- z. B. bei Verbrennung, Verbrühung, Schock.

Die Durchführung verläuft bis einschließlich der Desinfektion des Genitalbereichs wie beim Einmalkatheterisieren.

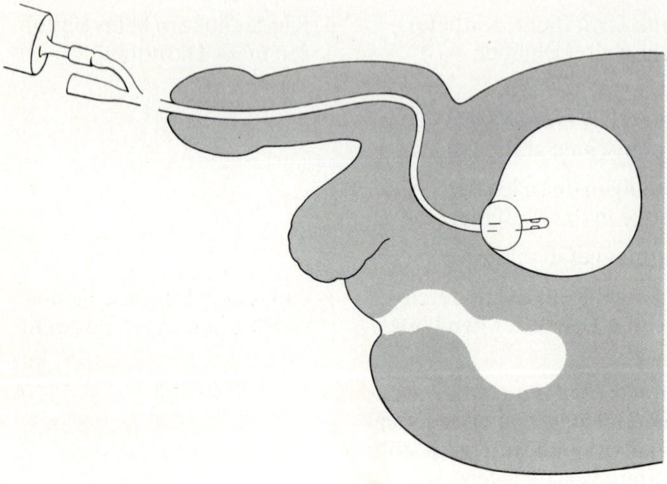

Abb. 68 Fixierung des Ballonkatheters in der Blase

Durchführung: Einlegen eines transurethralen Dauerkatheters

Material	Handlung	Besonders zu beachten
– 2–3 Ballonkatheter in verschiedener Größe (bestehen aus einem doppelläufigen Schlauch mit einem Ballon an der Spitze)	– unter sterilen Bedingungen entgegennehmen	– Ballon muß vor dem Einführen auf Dichtigkeit kontrolliert werden (durch Einspritzen von Luft)
– sterile Pinzette		
– Gleit- und Anästhesiegel auf steriler Kompresse	– gewünschten Katheter gleitfähig machen und einführen	
– sterile Pinzette		
– 5-ml-Spritze – steriles Aqua dest.	– Ballon mit Aqua dest. füllen (maximale Blockmenge ist auf jedem Katheter vermerkt) um ein Herausrutschen des Katheters zu verhindern (Abb. 68)	
	– Katheter sorgfältig auf den Blasengrund zurückziehen	
– Urinableitung und Plastikbehälter mit Rücklaufsperre	– anschließen und am Bett oder der Matratze fixieren	– Behälter muß unterhalb des Blasenniveaus hängen, um einen Rückfluß in die Blase zu verhindern
– Klemme	– Katheter abklemmen – Kind zudecken	– sehr unruhigen Kindern evtl. Beine fixieren

6.12.1.2. Pflege eines Kindes mit einem transurethralen Dauerkatheter

Durch einen Dauerkatheter sind die Patienten sehr oft ans Bett gebunden. Die Schwester wird diese meist vorübergehende Situation erklären und versuchen, das Kind je nach seiner Bewußtseinslage und Beweglichkeit sinnvoll zu beschäftigen.

> **Beachte:** Zur Verhütung einer Schrumpfblase muß der Katheter abgeklemmt sein und von Zeit zu Zeit nach ärztlicher Verordnung zum Abfließen des Urins geöffnet werden.

Die ausgeschiedene Urinmenge wird mit Uhrzeit protokolliert, evtl. können Untersuchungen mit Schnellreagenzien durchgeführt werden.

Um eine *aufsteigende Infektion* zu verhindern, wird die äußere Genitalregion und der Katheter an der Eintrittsstelle in die Urethra morgens und abends mit sterilen Kompressen und Desinfektionslösung gereinigt. Zur Urinableitung benützt man ein geschlossenes System; nach Bedarf kann der Urin abgelassen werden. In regelmäßigen Abständen muß zur Kontrolle ein Urinstatus und eine bakteriologische Untersuchung durchgeführt werden.
Auf ärztliche Verordnung kann eine *Blaseninstillation* (zur Behandlung einer Harnwegsinfektion) und eine *Katheterspülung* (zur Vermeidung einer Verstopfung des Katheters nach einer Blasen- oder Nierenoperation) angezeigt sein. Diese Maßnahmen werden von der Schwester mit sterilen Handschuhen und unter streng aseptischen Bedingungen durchgeführt.

a

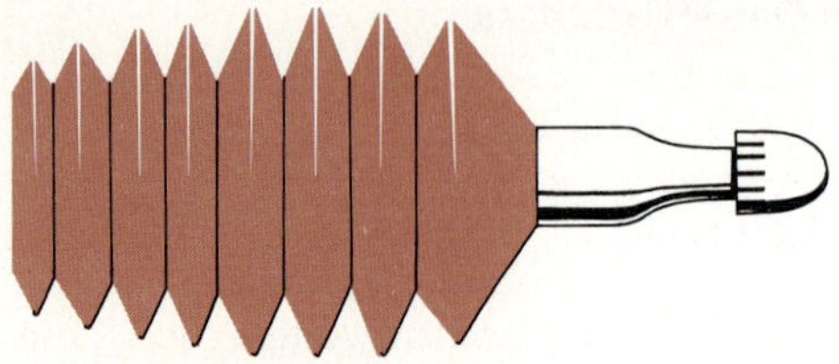

b

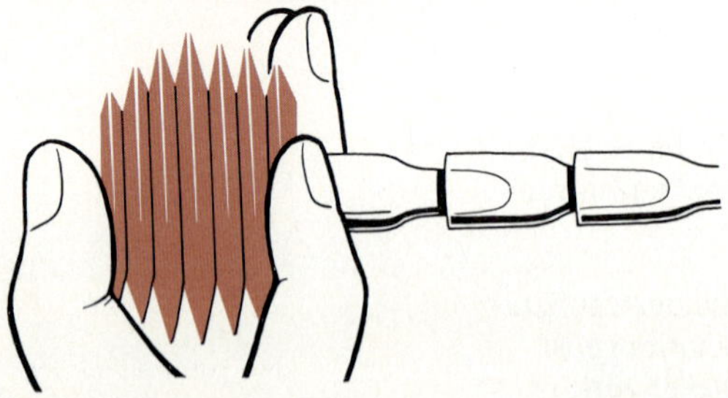

Abb. 69 a u. b Gebrauchsfertiger Spezialapplikator zur Blaseninstillation: a) gefüllt, b) bei der Entleerung des Medikaments

Zur *Blaseninstillation* verwendet man meist einen gebrauchsfertigen Spezialapplikator (z. B. Cysto-Myacyne), der durch ein steriles Zwischenstück mit dem liegenden Katheterende verbunden wird. Durch Zusammendrücken des Behälters entleert sich das auf Körpertemperatur angewärmte Medikament (Abb. 69 a u. b). Der Katheter wird für ca. 30 Minuten abgeklemmt, damit das Medikament in der Blase seine Wirkung entfalten kann. Nach dieser Zeit wird der Katheter zum Ablaufen wieder geöffnet.
Zur *Katheterspülung* verwendet man eine 20-ml-Spritze mit isotoner Kochsalzlösung und verbindet sie durch ein steriles Zwischenstück mit dem Katheterende. Beim Säugling wird mit 10 ml, beim Klein- und Schulkind mit 20 ml körperwarmer Lösung gespült. Die Spülflüssigkeit wird nicht abgezogen, sie läuft spontan zurück.
Wird der Dauerkatheter auf ärztliche Verordnung gewechselt (nach ca. 8–10 Tagen) oder entfernt, muß vorher die Blockmenge mit einer Spritze abgezogen werden. Der Katheter bleibt beim vorsichtigen Herausziehen abgeklemmt.

6.12.2. Blasenpunktion

Definition

Unter Blasenpunktion versteht man eine Hohlnadelsondierung der Harnblase durch die Bauchwand zur Entnahme von Urin.

Indikationen

Diagnostische Maßnahme:
- zur Gewinnung von steril entnommenem Urin zur bakteriologischen Untersuchung (anstelle von Katheterisieren).

Entleerung der Harnblase:
- bei akutem Harnverhalten.

Allgemeines

Die Blasenpunktion ist eine *ärztliche Maßnahme.* Es handelt sich dabei um einen kleinen Eingriff, der von den Patienten als weniger unangenehm und nicht so schmerzhaft empfunden wird wie das Katheterisieren. Auch ist die Infektionsgefahr geringer. Aus diesen Gründen wird oft die Blasenpunktion der Katheterisierung vorgezogen.
Der Arzt palpiert und desinfiziert die Einstichstelle (2 Querfinger über dem oberen Symphysenrand), führt eine Kanüle durch die Bauchdecke ein, sticht die Harnblase ruckartig an und zieht Urin mit einer Spritze ab.

Aufgaben der Schwester

Der Eingriff darf nur bei *gefüllter Blase* durchgeführt werden, evtl. sollte man dem Kind vorher etwas zum Trinken anbieten. Wie beim Katheterisieren ist eine gute Erklärung und ein Schutz vor den Blicken anderer Kinder nötig.
Bei dem Eingriff helfen 2 Schwestern mit, eine Schwester, die *das Kind hält* und eine Schwester, die folgendes *Material herrichtet* und *anreicht*:

- sterile Watteträger,
- Hautdesinfektionsmittel,
- sterile Kanüle (die Stärke richtet sich nach der Größe des Kindes),
- sterile Spritze (10–20 ml),
- steriles Auffanggefäß,
- sterile Kompresse und Pflaster,
- Nierenschale.

Lagerung und Halten des Kindes: Der Oberkörper des Kindes bleibt bekleidet, als Unter-

lage unter das Gesäß dient eine Windel mit Gummituch oder eine Einwegunterlage.
Das Kind liegt flach auf dem Rücken, die Beine sind gestreckt und geschlossen; zur Entspannung der Bauchmuskulatur kann ein Sandsack unter die Kniekehlen gelegt werden.
Die Schwester fixiert mit ihren Armen den Oberkörper und mit ihren Händen die Oberschenkel des Kindes. Nach *beendigter Blasenpunktion* bekommt das Kind auf die Einstichstelle einen Kompressenverband.
Den nächsten Spontanurin muß die Schwester noch auf eventuelle Blutbeimengungen und die Einstichstelle auf eine eventuelle Nachblutung kontrollieren.
Der gewonnene Urin wird mit beschriftetem Etikett (Name, Station) und ausgefülltem Begleitzettel ins Labor gebracht und dort bis zur Untersuchung in den Kühlschrank gestellt.

6.12.3. Suprapubische Harnableitung

B. Gerlach

Definition

Zur suprapubischen Harnableitung wird durch die Bauchwand des Kindes ein dünner Katheter mittels einer Punktionskanüle in die Harnblase eingeführt.

Indikationen

Zur Entleerung der Harnblase und zur Flüssigkeitsbilanz über einen längeren Zeitraum, z. B.

- bei bewußtlosen Kindern,
- bei relaxierten Kindern,
- nach Operationen im Bereich der Harnorgane.

Allgemeines

Der Eingriff ist eine ärztliche Tätigkeit.
Die Vorteile gegenüber der transurethralen Dauerkatheterisierung sind

- keine Verletzungsgefahr der Harnröhre,
- geringes Infektionsrisiko und dadurch die Möglichkeit, den Katheter längere Zeit liegen zu lassen,
- problemlose Fixierung.

Da der Eingriff nur bei gefüllter Blase durchgeführt werden darf, wird diese vor der Punktion über einen transurethralen Katheter mit isotonischer Kochsalzlösung gefüllt.

Aufgaben der Schwester

Zur Lagerung und zum Halten gelten die gleichen Angaben wie bei der Blasenpunktion.
Industriefertige Sets, welche einen für das jeweilige Alter passenden Katheter mit einer dazugehörenden Punktionskanüle, eine Arretierungsplatte und eine Abklemmungsvorrichtung enthalten, erleichtern die Durchführung.
Zusätzlich wird das notwendige Material zur Desinfektion und zum Verband hergerichtet.
Nachdem der Katheter in die Blase eingeführt ist, wird er in die Arretierungsplatte eingeklemmt und diese mit einer transparenten Folie oder elastischen Mullstreifen bedeckt.
Eventuell kann der Katheter auch an der Bauchhaut des Kindes angenäht, mit einer Schlitzkompresse bedeckt und mit Pflaster befestigt werden.
Danach muß der Katheter wie bei der transurethralen Dauerkatheterisierung mit einer Urinableitung (geschlossenes System) und einem Plastikbehälter (mit Rücklaufsperre) verbunden und unterhalb des Blasenniveaus aufgehängt werden.
Die Austrittsstelle des Katheters wird anfangs täglich auf Kontamination mit Blut oder Urin und auf Entzündungszeichen kontrolliert, bei Bedarf wird ein Verbandwechsel durchgeführt.

7. Spezielle Pflege

Vorbemerkungen

V. Wichmann

Das Kapitel „Spezielle Pflege“ beschreibt in 27 Teilkapiteln die Pflege bei Kindern mit unterschiedlichen Erkrankungen und Störungen. Voraussetzung für die Pflege des kranken Kindes ist die Beherrschung der Grundpflege, insbesondere der Beobachtung des Patienten. Grundpflege ist bei allen *kranken* Kindern erforderlich; zusätzlich muß die Schülerin lernen, auf welche Besonderheiten sie ihr Augenmerk bei den verschiedenen Erkrankungen des Kindes richten muß.
Die Mehrzahl der Teilkapitel haben einen einheitlichen Aufbau, der die Übersicht und das kontinuierliche Lernen ermöglichen soll. Die durchgängige Struktur soll hier im einzelnen erläutert werden. In den Fällen, wo von diesem einheitlichen Aufbau abgewichen wurde, machte die Art des Themas dieses erforderlich (z. B. Kap. 7.27).

Notwendige Vorkenntnisse: Spezielle Kinderkrankenpflege setzt Kenntnisse voraus, die sich auf die Erkrankung des Organgebietes beziehen. Ohne gewisse Kenntnisse der Krankheit, der Diagnostik und Therapie ist gezielte Beobachtung und Krankenpflege nur schwer möglich. In der Praxis der Kinderkrankenpflege wird die Schülerin häufig auch Patienten zu betreuen haben, ohne daß sie die Vorkenntnisse für ihre pflegerischen Maßnahmen schon erworben hat.
In diesem Buch und auch in diesem Kapitel wird *keine Krankheitslehre* vermittelt. Die Autorinnen haben sich zum Ziel gesetzt, Kinderkrankenpflege zu beschreiben und als eigenständige Aufgabe zu formulieren. Die *notwendigen Vorkenntnisse* sind eine Zusammenstellung jener Kenntnisse, die in der Regel erforderlich sind, um die genannten Pflegemaßnahmen eindeutig zu verstehen. Es werden daher für jedes Teilkapitel die Grundlagen beschrieben, die zum *vollen Verständnis* der einzelnen pflegerischen Maßnahmen erforderlich sind. Kenntnisse, die für *jede* pflegerische Betreuung – unabhängig von der eigentlichen Erkrankung – vorhanden sein müssen (z. B. Körperpflege, Arzneimittelverabreichung), sind hier nicht aufgeführt. Sie können in den entsprechenden Kapiteln nachgelesen werden.

Strukturnetz – Lehrziel – Lernziele: Erläuterungen s. Didaktische Informationen und Arbeitshinweise.
Jeder pflegerischen Handlung der Kinderkrankenschwester muß eine gezielte, auf die spezielle Situation des Kindes bezogene Beobachtung vorausgehen. Zu jeder Erkrankung sind daher unter dem einleitenden Satz **Die Kinderkrankenschwester beobachtet ...** die speziellen Beobachtungen zusammengestellt. Aus diesen kann die Schwester ihre eigenen Handlungen ableiten und dem Arzt für seine Diagnostik und Therapie wichtige Hinweise geben. Diese Beobachtungskriterien sind *nicht zu verwechseln* mit der Symptomatik einer Erkrankung. Zu dieser gehören außer den Beobachtungen der Schwester auch andere Erkenntnisse, z. B. aus Laboruntersuchungen oder Röntgenaufnahmen, die sich einer direkten Beobachtung durch die Kinderkrankenschwester entziehen. Der Lerninhalt dieser Aufzählungen spezieller Beobachtungen bezieht sich also auf die eigenständige Leistung der Schwester und ist Voraussetzung für ihre pflegerische Handlung (s. Kap. 5.1). Bei der Zusammenstellung der Beobachtungen wurde, wenn möglich, eine bestimmte Reihenfolge versucht: vom Wichtigen zum Unwichtigen, vom Häufigen zum weniger Häufigen, von Kopf bis Fuß, oder es wurde ein Verlauf aufgezeigt. Nicht immer werden alle Beobachtungen möglich sein. Hier wird ausgesagt, was an Kriterien möglich sein *kann,* aber nicht in jedem Fall eines kranken Kindes vorhanden sein *muß.*
Oft führt eine Beobachtung nicht zu pflegerischen Maßnahmen, sondern eher zur Vermitt-

lung der kindlichen Bedürfnisse und Zustände an andere Personen (z. B. Mutter, Arzt).

Pflege und Behandlung: Spezielle Pflege umfaßt eigenständige Tätigkeiten der Schwester und die Ausführung ärztlicher Verordnungen. Diese beiden Berichte sind unter der Überschrift „Pflege und Behandlung“ zusammengefaßt. Wird bei einer bestimmten Erkrankung eine Funktionsprüfung erforderlich, die (noch oder wieder) häufig von einer Kinderkrankenschwester durchgeführt wird, so ist diese Maßnahme bei der entsprechenden Erkrankung beschrieben. Ein eigenes Kapitel „Funktionsprüfungen“ enthält dieses Lehrbuch ganz bewußt nicht!
Alle Tätigkeiten der Schwester, die im Zusammenhang mit Diagnostik und Therapie des Arztes stehen, bedürfen seiner Verordnung. Auf eine Erwähnung dieses selbstverständlichen Sachverhalts wird in der Regel im Einzelfall verzichtet.

Besonderheiten: Unter diesem Stichwort werden solche Beobachtungen und Maßnahmen beschrieben, die, bedingt durch einen besonderen Verlauf der Erkrankung, zusätzliche Aufmerksamkeit der Schwester erfordern.

Wichtiger Hinweis

Nehmen Sie zum Lernen die „Klappe“ am Ende des Buches zur Hilfe. So können Sie die oben beschriebene Struktur jederzeit wiedererkennen und sich das Lernen erleichtern.

Strukturnetz

7. Spezielle Pflege

- 7.1. Pflege des Frühgeborenen
- 7.2. Pflege bei Erkrankungen des Neugeborenen
- 7.3. Pflege des fiebernden Kindes
- 7.4. Pflege bei Kindern mit Erkrankungen der Augen
- 7.5. Pflege bei Kindern mit Erkrankungen im HNO-Bereich
- 7.6. Pflege bei Kindern mit Erkrankungen des Zentralnervensystems
- 7.7. Pflege bei Kindern mit Erkrankungen des Herzens
- 7.8. Pflege bei Kindern mit Erkrankungen der Atmungsorgane
- 7.9. Pflege bei Kindern mit Erkrankungen des Blutes
- 7.10. Pflege bei Kindern mit Stoffwechselerkrankungen
- 7.11. Pflege bei Kindern mit Erkrankungen des Verdauungstrakts
- 7.12. Pflege bei Kindern mit Erkrankungen der Drüsen mit innerer Sekretion
- 7.13. Pflege bei Kindern mit Erkrankungen im Urogenitalbereich
- 7.14. Pflege bei Kindern mit Haut- und Geschlechtskrankheiten
- 7.15. Pflege bei Kindern mit Verbrennungen und Verbrühungen
- 7.16. Pflege bei Kindern mit Erkrankungen des Bewegungsapparates
- 7.17. Pflege bei Kindern mit entzündlichen rheumatischen Erkrankungen
- 7.18. Pflege bei Kindern mit angeborenen Fehl- und Mißbildungen
- 7.19. Pflege bei Kindern vor und nach operativen Eingriffen
- 7.20. Pflege bei Kindern mit Zytostatika- und Bestrahlungstherapie
- 7.21. Pflege bei Kindern mit Infektionskrankheiten
- 7.22. Pflege bei Kindern mit AIDS
- 7.23. Pflege bei Kindern mit Vergiftungen
- 7.24. Betreuung von Kindern nach Suizidversuch
- 7.25. Pflege bei Kindern mit psychosomatischen Erkrankungen
- 7.26. Pflege des sterbenden Kindes
- 7.27. Probleme des geistig und körperlich behinderten Kindes und die Berücksichtigung bei der Pflege in der Kinderklinik

7.1. Pflege des Frühgeborenen

G. Fischer

Strukturnetz

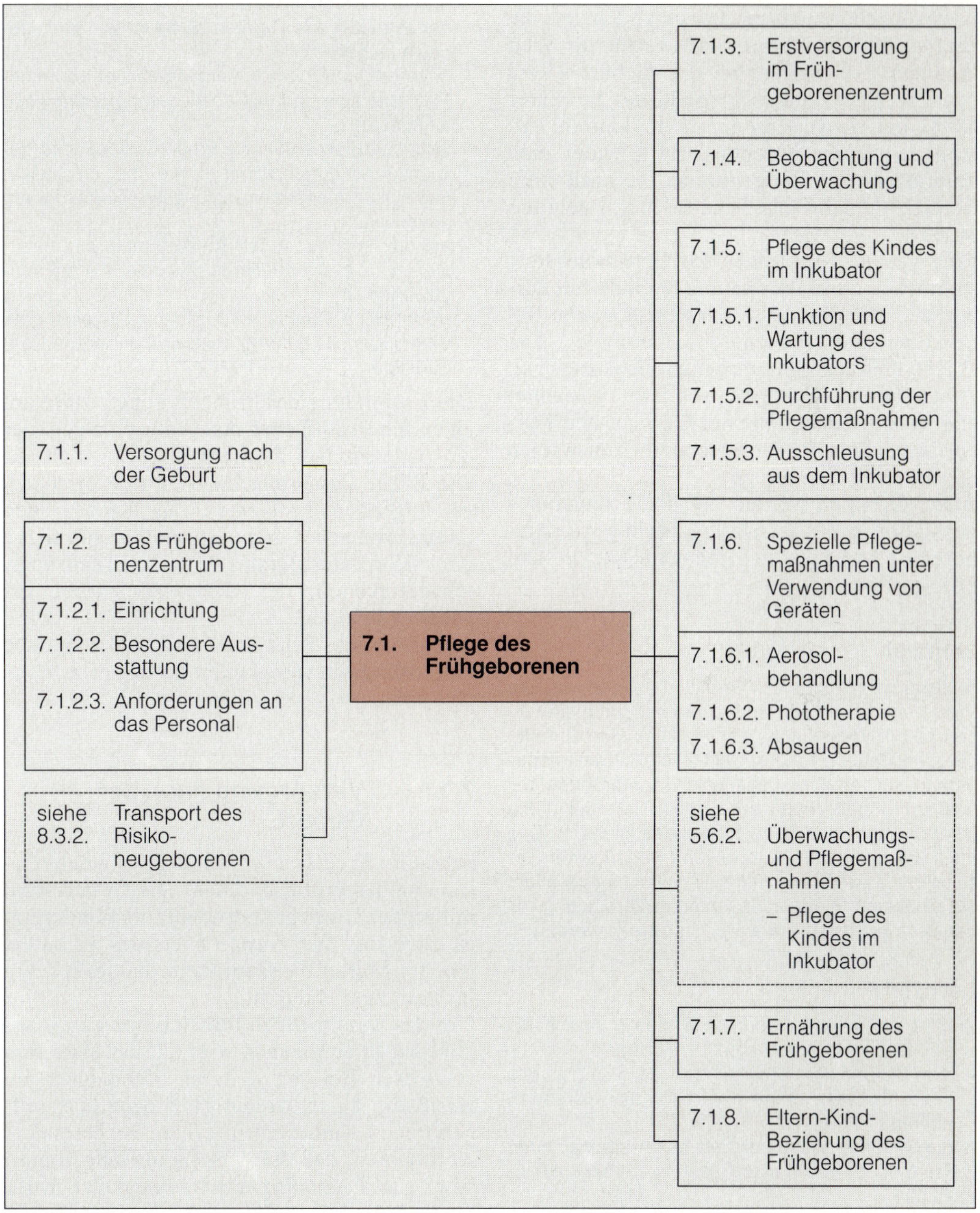

Notwendige Vorkenntnisse:
- Ursachen der Frühgeburt,
- Besonderheiten des Frühgeborenen,
- Regeln der Asepsis.

Definition

Als Frühgeborene bezeichnet man Kinder, die vor der 38. Schwangerschaftswoche zur Welt kommen. Sie wiegen bei der Geburt 2500 g oder weniger, ihre Körperlänge ist unter 48 cm, und sie weisen Zeichen der Unreife auf. Von den Frühgeborenen unterscheidet man untergewichtige Reifgeborene, die nach einer normalen Schwangerschaftsdauer geboren werden.
Eine genaue Ermittlung des Gestationsalters ist möglich durch Bewertung der äußeren körperlichen Merkmale, durch neurologische Beurteilung und biochemische Parameter. Die WHO allerdings unterscheidet nicht zwischen diesen beiden Gruppen, sondern bezeichnet alle Neugeborenen, die mit Gewicht und Körperlänge unter den angegebenen Grenzwerten liegen, als Frühgeborene.
Beide Gruppen werden auf der Frühgeborenenstation gepflegt. Untergewichtige Reifgeborene entwickeln sich jedoch schneller und problemloser.

Lehrziel

In diesem Teilkapitel soll vermittelt werden, daß die Pflege eines Frühgeborenen, bedingt durch die Folgen seiner körperlichen und funktionellen Unreife, ganz besondere Anforderungen stellt. Die Pflegeperson soll erfahren, mit welchen Störungen bei einem Frühgeborenen zu rechnen ist, daß diese sofort erkannt und beseitigt werden müssen. Das meist im Inkubator isolierte Kind bedarf einer besonderen Zuwendung. Deshalb sollen hier vor allem die einzelnen Pflegemaßnahmen in Verbindung mit den verschiedenen Apparaten aufgezeigt werden.

Lernziele

Zur Kontrolle, das Wesentliche dieses Abschnitts erarbeitet zu haben, nehmen Sie sich vor,
- die Besonderheiten bei der Versorgung des Frühgeborenen unmittelbar nach der Geburt zu nennen;
- die Anforderungen, die an das Personal einer Frühgeborenenabteilung gestellt werden, aufzuzählen;
- die Vorbereitungen des Kindes für den Transport von der Entbindungsklinik zum Frühgeborenenzentrum zu schildern,
- die Maßnahmen der Erstversorgung im Frühgeborenenzentrum zu beschreiben;
- Kriterien der Beobachtung und Überwachung zu nennen und dabei normales Verhalten bzw. Aussehen den Störungen gegenüberzustellen;
- die Durchführung der Pflegemaßnahmen im Inkubator zu beschreiben und die Vorschriften, die grundsätzlich beim Arbeiten im Inkubator und bei der Wartung des Gerätes zu beachten sind, genau anzugeben;
- die Ausführung einer Aerosolbehandlung, einer Phototherapie und das Absaugen der Atemwege zu erläutern;
- Grundsätzliches über die Ernährung des untergewichtigen Neugeborenen sowie über die Indikation zur Sondenernährung und ihre Durchführung auszusagen;
- auf die Gefahren einer Sondenernährung hinzuweisen und zu formulieren, wie diesen entgegenzuwirken ist;
- wesentliche Punkte aufzuzählen, die eine gute Eltern-Kind-Beziehung beim Frühgeborenen begünstigen.

Die Entbindung des Frühgeborenen sollte auf einer geburtshilflichen Abteilung erfolgen, der ein pädiatrisches Zentrum angeschlossen ist. Die Pflege des Frühgeborenen orientiert sich an folgenden Problemen des Kindes: den Atemstörungen, den Regulationsstörungen der Körpertemperatur, den Ernährungsschwierigkeiten, der Resistenzschwäche gegenüber Infekten.
Je unreifer das Kind ist, um so größer sind die Anpassungsschwierigkeiten an das extrauterine Leben.

7.1.1. Versorgung nach der Geburt

Schon im Kreißsaal beginnt die besondere Betreuung des Frühgeborenen. Die Geburt wird mit großer Umsicht überwacht, der Kinderarzt ist zugegen. Die Anwesenheit des Pädiaters gibt der Mutter die Gewißheit, daß ihr Kind in fachkundiger Hand ist.
Um das Kind nicht zu belasten und eine Auskühlung zu vermeiden, wird auf das erste Bad verzichtet. Bei den weiteren Maßnahmen im Kreißsaal, die im wesentlichen denen des reifgeborenen Kindes entsprechen, ist besonders zu beachten, daß die Atmung in Gang kommt bzw. die Beatmung rasch eingeleitet wird. Verliert das Kind sein rosiges Aussehen, wird Sauerstoff verabreicht und eine intravenöse Dauertropfinfusion angelegt. Um einen Wär-

meverlust zu vermeiden, werden diese Maßnahmen unter der Wärmelampe durchgeführt. Für das Kind sollte vorgewärmte Wäsche bereit liegen. Im Transportinkubator wird das Kind zum Frühgeborenenzentrum gebracht. Vorher muß die Mutter die Gelegenheit bekommen, das Kind zu sehen und zu betasten.

7.1.2. Das Frühgeborenenzentrum

7.1.2.1. Einrichtung

Schon durch die bauliche Ausstattung wird in erster Linie angestrebt, das Kind vor Infektionen zu schützen und die Gelegenheit für eine optimale Beobachtung zu ermöglichen:

- Personal und Eltern betreten die Station über eine Schleuse (mit Wasch- und Umkleidemöglichkeit).
- An- und Abtransport von Nahrung und Wäsche finden auf gesonderten Wegen statt.
- Kleine Pflegeeinheiten für 2–3 Kinder bieten den Vorteil, die Übertragung von Kreuzinfektionen zu verringern.
- Die Station umfaßt eine Pflegeeinheit für die Intensivpflege besonders gefährdeter Kinder.
- Glaswände zwischen den Pflegeeinheiten ermöglichen eine gute Beobachtung der Kinder.
- Balkon bzw. Vorraum ermöglichen, die Kinder von außen zu sehen.

7.1.2.2. Besondere Ausstattung

Es müssen zur Verfügung stehen:

- Inkubatoren und Wärmebetten, Wärmelampen,
- Absaugvorrichtungen,
- Beatmungsgeräte,
- Geräte zur transkutanen Sauerstoff- und Kohlendioxidmessung,
- Monitoren,
- Perfusoren,
- Geräte zur Phototherapie,
- Versorgungsleiste für den einzelnen Pflegeplatz,
- Sitzgelegenheiten („Barhocker"), der Höhe des Inkubators angepaßt.

Werden Gegenstände auf andere Stationen ausgeliehen, müssen sie desinfiziert zurückgegeben werden.

7.1.2.3. Anforderungen an das Personal

Jeder, der auf einer Frühgeborenenstation arbeitet, muß frei von Infektionen sein, z.B. Angina, Hauteiterungen, Durchfall, Herpes labialis.
In der Schleuse werden Kleid und Schuhe gewechselt und eine gründliche Händedesinfektion (3 Minuten bis über die Ellbogen) vorgenommen. Das Tragen von Uhren, Armbändern und Ringen ist zu unterlassen.
Eine Kinderkrankenschwester, die Frühgeborene pflegt, darf nicht gleichzeitig bei anderen kranken Kindern eingesetzt werden. Sie sollte über die speziellen pflegerischen Fähigkeiten verfügen, und der Umgang mit den verschiedenen Apparaturen muß ihr vertraut sein. Sie muß wissen, welche Störungen bei diesen Kindern auftreten können, wie diese zu erkennen und durch rasches Handeln zu beseitigen sind.
Über Transport zum Frühgeborenenzentrum s. S. 551f.

7.1.3. Erstversorgung im Frühgeborenenzentrum

Die ärztliche Versorgung wird in der Entbindungsklinik vorgenommen, erst dann wird dem Kind die Überbringung zum Frühgeborenenzentrum zugemutet.
Die Erstversorgung im Frühgeborenenzentrum umfaßt folgende Maßnahmen, die alle unter kontinuierlicher Wärmezufuhr durchgeführt werden:

- Körpergewicht und Körpertemperatur des Kindes werden festgestellt.
- Magen und obere Luftwege des Kindes werden abgesaugt.
- Die Erstuntersuchung wird vom Arzt vorgenommen unter besonderer Berücksichtigung der neurologischen Befunde. Für bestimmte Untersuchungen wird Blut abgenommen.
- Eine intravenöse Dauertropfinfusionsbehandlung wird eingeleitet bzw. fortgesetzt (Kap. 6.10).
- Es wird eine gründliche Nabeldesinfektion durchgeführt und der Nabel mit einer sterilen Kompresse abgedeckt.
- Bei Frühgeborenen mit einem Geburtsgewicht unter 1500 g und bei Kindern mit Anpassungsschwierigkeiten erfolgt die Unterbringung im Inkubator.

- Die Kinder werden hochgelagert zur besseren Entfaltung bzw. Belüftung der Lunge (S. 392).
- Zur Überwachung der Atmung und Herzfrequenz wird das Kind am Monitoring angeschlossen.

7.1.4. Beobachtung und Überwachung

Kriterium	Normales Verhalten bzw. Aussehen	Störungen
Atmung	– das Kind atmet abdominal, periodisch, unregelmäßig, ohne Anstrengung. Atemfrequenz zwischen 40–60 Atemzüge/min, am ersten Tag bis zu 70 Atemzüge/min	– ein plötzliches Ansteigen oder Absinken der Atemfrequenz in den ersten 24 Stunden – apnoische Anfälle – eine forcierte Atmung, verbunden mit Stöhnen, Nasenflügelatmung und thorakalen Einziehungen
Hautfarbe	– die Haut erscheint zunächst kräftig rot, später blaßrosa	– die Hautfarbe kann sehr wechselnd sein, blasses bis weißgraues Aussehen – Zyanose: zunehmend, anfallsweise auftretend oder bei Belastung – Ikterus von verschiedener Intensität – Hautblutungen in verschiedener Ausprägung
Puls	– nach der Geburt 160, später 120–140 Schläge/min	– Bradykardie – Tachykardie
Körpertemperatur	– normale Körpertemperatur	– es kann sehr leicht zu Wärmeverlusten und damit zur Auskühlung kommen. Andererseits besteht auch die Gefahr der Überwärmung
allgemeines Verhalten	– im Inkubator, wo dem Kind viel Bewegungsfreiheit gegeben wird, zeigt es spontane Bewegungen der Extremitäten, eine häufige Veränderung der Körperlage, zeitweise leichte Zitterbewegungen – auf Hautreiz reagiert es mit Schreien, Flucht- und Abwehrbewegungen	– gesteigerte Aktivität: körperliche Unruhe, evtl. schrilles Schreien, erhöhte Schreckhaftigkeit – verminderte Aktivität: schlaffer Muskeltonus, langsame Reaktionen, Bewegungsarmut bzw. Bewegungslosigkeit – Krämpfe bzw. Krampfbereitschaft
Ausscheidungen	– Urinausscheidung am 1. Lebenstag 1- bis 2mal in geringer Menge, langsame Steigerung ab dem 2. Lebenstag – Mekonium muß im Laufe des 1. (spätestens des 2.) Lebenstages abgehen	– mangelnde Urinausscheidung, Ödeme vorwiegend an den Beinen – fehlender Mekoniumabgang, Auftreibung des Abdomens – Erbrechen

Die aufgeführten Kriterien sind vor allem in den ersten Lebenstagen sehr sorgfältig zu überwachen. Auftretende Störungen müssen sofort registriert werden, damit ihnen entgegengewirkt werden kann.
Auch auf möglicherweise vorhandene Mißbildungen ist zu achten. Atresien im Ösophagus- oder Analbereich müssen von der Kinderkrankenschwester bei der Betreuung des Frühgeborenen erkannt werden (S. 414 und 428). Ebenso können ihr Symptome auffallen, die Hinweise auf eine Herzmißbildung geben (S. 382).

7.1.5. Pflege des Kindes im Inkubator

7.1.5.1. Funktion und Wartung des Inkubators

Nach einer mehr als 100jährigen Entwicklungsgeschichte dieses Wärmegerätes ist es heute möglich, Inkubatoren herzustellen, die optimale Voraussetzungen für die Pflege eines Frühgeborenen bieten:
Exakte Klimatisierung: Durch einen Ventilator werden über einen Bakterienfilter 15–25 l Frischluft/Minute angesaugt und erwärmt. Außerdem wird die Inkubatorluft angefeuchtet (von dem eingebauten Wasserbehälter aus oder über einen in der Klimakammer aufgestellten Vernebler). Gleichzeitig wird durch kleine Öffnungen in der Klimakammer mit der überschüssigen Luft das CO_2 der Ausatmung ausgespült. Die Wärme im Inkubator kann exakt zwischen 28 °C und 37 °C eingestellt werden und ist dem Bedürfnis des Kindes entsprechend über den Thermostaten oder die ISC-(Infant-Servo-Control-)Steuerung zu regeln.
Je unreifer das Kind ist, um so höher muß die Temperatur eingestellt werden.
Bei der zunächst über den Thermostaten erforderlichen Regelung gilt folgende Orientierung:

Körpergewicht	Temperatureinstellung
800 g	–36 °C
bis 2000 g	30–31 °C
bis 3000 g	28–29 °C

Erst dann, wenn das Kind eine normale Körpertemperatur aufweist, kann die Regelung der Inkubatortemperatur über das ISC-Aggregat durchgeführt werden. Dabei ist zu beachten, daß die Spitze der Sonde exakt auf der Bauchhaut bzw. auf dem Rücken des Kindes angeklebt ist und nicht in einer Hautfalte liegt.
Sauerstoffzufuhr: Es ist möglich, die Inkubatorluft mit Sauerstoff anzureichern. Die Dosierung wird vom Arzt festgelegt und richtet sich nach dem Bedarf des Kindes (transkutane partielle Sauerstoffdruckmessung, S. 573 ff).
Um ein Abfallen der O_2-Konzentration beim Öffnen der Schwenktüren zu vermeiden, kann der Kopf des Kindes unter die Sauerstoffglokke gelegt werden. Für die erforderliche regelmäßige Kontrolle der Sauerstoffkonzentration stehen verschiedene Meßgeräte zur Verfügung.
Infektionsschutz: Durch die Plastikhaube der Klimakammer ist das Kind von seiner Umgebung abgeschirmt. Der ständige Luftstrom von außen bewirkt in der Klimakammer einen leichten Überdruck. Das bedeutet, daß die Luft von innen nach außen zirkuliert und bei geöffneten Irisblenden bzw. Schiebern keine Bakterien eindringen können. Die eingebauten Filter halten Staubpartikel und Keime ab.

Tägliche Reinigung

- Die Plexiglashaube wird täglich innen und außen mit Wasser und Zusatz eines Geschirrspülmittels gereinigt.
- Die Irisblenden werden täglich ausgewechselt.
- Wird der eingebaute Wasserbehälter benützt, so muß der Wasserstand im Schauglas täglich kontrolliert und bei Bedarf mit destilliertem Wasser aufgefüllt werden. Ist dem Wasserbehälter kein Desinfektionsmittel zugesetzt, so beschränkt man sich auf eine Mindestmenge (1 l), die täglich durch frisches Wasser ersetzt wird.

Schlußdesinfektion

Die gründliche Reinigung umfaßt folgende Maßnahmen:

- Am Schauglas wird das gesamte Wasser aus dem Behälter abgelassen.
- Gründliche Reinigung des Inkubators (Plexiglashaube, Liegewanne, Bereich unter der

Liegewanne). Die Desinfektion erfolgt nach den z. Zt. geltenden Vorschriften.
- Filterwechsel.
- Bei einer Anfeuchtung der Inkubatorluft vom Wasserbehälter aus wird dieser unmittelbar vor der weiteren Benützung mit destilliertem Wasser aufgefüllt, evtl. unter Zusatz eines Desinfektionsmittels, z. B. Silbernitratlösung 1‰, und die Klimakammer aufgeheizt.

Beim Umgang mit dem Inkubator ist die genaue Gebrauchsanweisung zu beachten!

7.1.5.2. Durchführung der Pflegemaßnahmen

Das Frühgeborene bedarf einer sehr schonenden Pflege. Die Kinderkrankenschwester muß dabei die Situation jedes einzelnen Kindes erkennen und gemäß diesen individuellen Bedingungen handeln. So wird z. B. bei sehr kleinen Frühgeborenen auf das tägliche Waschen verzichtet, um Bradykardien, als Folge der Belastung, und einen Wärmeverlust zu vermeiden. Alle pflegerischen Maßnahmen können im Inkubator vorgenommen werden. Damit ist das Kind nicht der Gefahr einer Infektion ausgesetzt und vor einer Belastung durch Wärmeverlust, Veränderung der Atemluft und unnötigen Transport geschützt.

Beachte: Eine strenge Infektionsprophylaxe ist erforderlich, da eingebrachte Erreger in dem feuchtwarmen Klima des Inkubators sich rasch ausbreiten und das Kind gefährden.

Alle Pflegemaßnahmen sind unter Beachtung folgender Regeln durchzuführen:

- Vor Beginn der Arbeit im Inkubator ist eine gründliche Händedesinfektion (Hände und Unterarme) durchzuführen.
- Alle Gegenstände, die im Inkubator benützt werden, sollen steril bzw. so weit wie möglich keimarm sein. Utensilien, die in der Pflege wiederholt benützt werden, sollen im Inkubator verbleiben.
- Einbringen und Entfernen von größeren Gegenständen, z. B. Wäsche, muß durch getrennte Öffnungen erfolgen.
- Hat der Inkubator Irisblenden, so dienen diese nur als Handdurchgriffsöffnungen.
- Das Öffnen der Schwenktüren geschieht mit dem Ellbogen, das Schließen mit der Hand sollte möglichst leise geschehen.
- Bei Unterbrechung und Beendigung der Arbeit im Inkubator sind Schwenktüren bzw. Irisblenden sofort zu schließen. Die Gefahr des Wärmeverlustes und der Verminderung der O_2-Konzentration ist sehr groß.
- Während der Pflegemaßnahmen kann dem Kind Sauerstoff über eine Nasensonde zugeführt werden.

Wiegen des Kindes

Die Zuleitung zu Infusions- und Beatmungsgerät sowie zu Monitoring wird kurzfristig unterbrochen und das Kind außerhalb des Inkubators auf die bereitgestellte Waage gelegt.
In der Regel wird täglich eine Gewichtskontrolle vorgenommen. Es wird versucht, durch eine frühzeitige parenterale Ernährung die physiologische Gewichtsabnahme zu verringern. Es kann jedoch beobachtet werden, daß das unreife Kind erst nach einer größeren Zeitspanne kontinuierlich an Gewicht zunimmt.

Körperpflege

Die Haut des Frühgeborenen ist sehr empfindlich und bedarf deshalb einer sehr sorgfältigen Pflege (Minimal-Handlung).
Das Kind wird täglich gewaschen. Dem Wasser kann etwas Badezusatz beigegeben werden. Anstelle eines Waschlappens kann eine große Kompresse verwendet werden. Nach dem Waschen wird das Kind mit einer weichen Windel vorsichtig abgetrocknet, wunde Stellen können leicht eingecremt werden.
Es kann sehr leicht zur Bildung eines Mundsoors kommen. Die tägliche Inspektion der Mundhöhle ist deshalb sehr wichtig.
Der Oberkörper des Kindes bleibt unbekleidet. Dadurch ist eine gute Beobachtungsmöglichkeit gewährleistet. Um Urin und Stuhl aufzufangen, können heute spezielle Einmalwindelhöschen angelegt werden. Stoffwindeln werden doppelt zusammengelegt verwendet und durch ein kurzes Höschen gehalten.
Das Polster auf der Liegewanne ist mit einer Moltex- oder Stoffunterlage abgedeckt, die nach jedem Naßwerden, jedoch mindestens einmal täglich, gewechselt wird. Stark untergewichtige und bewegungsarme Frühgeborene

können zusätzlich auf ein Fell gelegt werden. Über das Kopfende wird eine Stoffwindel gespannt.
Über weitere Maßnahmen der Körperpflege s. Kap. 5.2.

Nabelpflege

Der Nabel wird trocken mit einer sterilen Kompresse abgedeckt.
Bei der täglichen Nabelpflege dürfen Auffälligkeiten wie schmieriger Belag oder Entzündungen nicht übersehen werden.
Über Nabelpflege des Neugeborenen s. S. 22.

Psychische Betreuung des Kindes

Inwieweit das Kind unbekleidet und isoliert in seiner Klimakammer Schutz und Geborgenheit empfinden kann, ist nicht zu beurteilen. Es wird beobachtet, daß sich vitale Kinder im Inkubator immer wieder auf eine bestimmte Stelle hin bewegen, wo sie sich wohlfühlen bzw. Berührung mit der Plexiglaswand haben. Es ist dringend erforderlich, über den Hautkontakt das Kind ein gutes Maß Zuwendung erfahren zu lassen. Die Kinderkrankenschwester sollte sich deshalb für die einzelnen Pflegemaßnahmen genügend Zeit nehmen können.
Während früher aus Furcht vor einer Infektion weitgehend eine „Sterilhaltung" des Kindes angestrebt wurde, wird heute erkannt, daß die Eltern bereits während des Klinikaufenthalts dabei eine wichtige Funktion haben und in die Pflege mit einbezogen werden müssen.

7.1.5.3. Ausschleusung aus dem Inkubator

Hat das Frühgeborene ein Gewicht von etwa 2000 g erreicht und ist der Allgemeinzustand des Kindes zufriedenstellend, so kann es in ein Wärmebett gelegt werden. Dort soll die Wärme zunächst noch der des Inkubators entsprechen. Bis sich das Kind dieser neuen Umgebung angepaßt hat, ist eine sorgfältige Beobachtung (Aussehen, Temperatur) erforderlich. Das Kind muß jetzt bekleidet und zugedeckt werden, da mit der Beheizung der Matratze (maximal auf 37 °C) die Luft nur wenig erwärmt wird. Das Kind wird jetzt gebadet und auch zu den weiteren Pflegemaßnahmen aus dem Bett genommen. Es ist sehr darauf zu achten, daß die abklappbaren Seitenscheiben hochgestellt und verschlossen sind. Bei aufgesetztem Deckel kann dem Kind Luft mit reichlicher Sauerstoffkonzentration angeboten werden.
Vor der Entlassung des Kindes soll der Übergang in das normale Bett erfolgen.

In manchen Kliniken wird heute die Pflege des Frühgeborenen in einer offenen Pflegeeinheit durchgeführt. Dabei liegt das Kind in einem speziellen Wärmebettchen.

7.1.6. Spezielle Pflegemaßnahmen unter Verwendung von Geräten

7.1.6.1. Aerosolbehandlung

Zur Prophylaxe von Lungenkomplikationen wird beim Frühgeborenen häufig eine Aerosolbehandlung durchgeführt.
Der Medikamentenvernebler kann in der Klimakammer so aufgestellt werden, daß das Kind das Aerosol direkt einatmen kann. Mit Hilfe von Druckluft wird über einen Druckschlauch die Flüssigkeit vernebelt.
Das Inhalat wird nach ärztlicher Verordnung gegeben.

7.1.6.2. Phototherapie

Es handelt sich um die Bestrahlung eines Neugeborenen mit Licht zur Senkung der Hyperbilirubinämie.

Dies wird dadurch erzielt, daß indirektes Bilirubin in der Haut aufgespalten und (ohne Glukuronidierung) im Urin ausgeschieden wird.
Mit dem Phototherapiegerät wird eine spezielle Lampe verwendet, die auf einem Stativ in einer bestimmten Höhe montiert ist und so gestellt wird, daß die Lichtstrahlen senkrecht von oben einfallen. Die Lichtstrahlen liegen im blauen Spektralbereich und haben eine Intensität von 4000–5000 Lux. Mit dem Licht wird auch Wärme abgegeben. Die Wirksamkeit der Leuchtstoffröhren wird langsam geringer. Deshalb müssen die Lampen nach einer genau festgelegten Brenndauer ausgewechselt werden (Empfehlung nach 1000 Betriebsstunden). Die Brennzeit wird von dem eingebauten Betriebsstundenzähler registriert.

Grenzwerte der Bilirubinkonzentration im Serum (mg%) zur Indikation der Phototherapie (Foto) und Austauschtransfusion (AT) beim nichthämolytischen Ikterus Frühgeborener zeigt die folgende Aufstellung:

Geburtsgewicht	1. Lebenstag		2. Lebenstag		ab 3. Lebenstag	
	Photo [mg/%]	AT [mg/%]	Photo [mg/%]	AT [mg/%]	Photo [mg/%]	AT [mg/%]
2000–2500 g	10	14	11	16	12	17
1500–2000 g	6	12	8	15	10	16
1000–1500 g	6	10	6	13	8	15
> 1000 g	4	9	6	11	6	13

Die Indikation ist eine Stufe tiefer anzusetzen, wenn Risikofaktoren vorliegen (s. oben).

Damit die ganze Körperoberfläche bestrahlt wird, liegt das Kind unbekleidet im Inkubator und wird 3- bis 4stündlich umgelagert. Der Nabel wird mit einer durch Pflasterstreifen fixierten Kompresse abgedeckt. Die Augen müssen durch eine dunkle Brille oder gebrauchsfertige, lichtundurchlässige Kompresse (z. B. Eye-päd) sorgfältig geschützt werden, um eine Schädigung zu vermeiden (Abb. 1). Andere Kinder in unmittelbarer Nähe müssen gegen die Lichtstrahlen abgeschirmt werden.

Unter der Phototherapie ist eine gute Überwachung des Kindes erforderlich. Zweistündlich, später vierstündlich wird die Körpertemperatur gemessen. Liegt der Wert über 37,5 °C, muß die Inkubatortemperatur gesenkt werden. Bei effektiver Bestrahlung kann festgestellt werden, daß die Haut des Kindes blaß wird und der Urin dunkel ist.

Die Dauer der Bestrahlung richtet sich nach dem Anstieg des Bilirubinwerts pro Zeiteinheit und der Serumbilirubinkonzentration. Sie

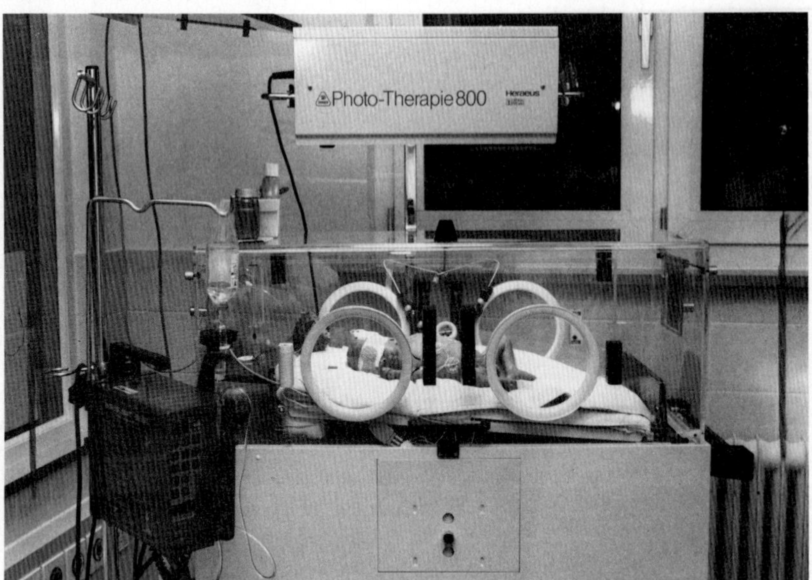

Abb. 1 Kind unter der Phototherapie

wird vom Arzt bestimmt. Steigen die Werte unter der Bestrahlung weiter an, so ist ein Blutaustausch nicht zu umgehen (S. 297).
Nachteil dieser Bestrahlung ist, daß eine Zyanose der Haut während der Behandlung nicht zu erkennen ist und Apnoen verstärkt auftreten können.
Muß die Lichttherapie über mehrere Tage fortgeführt werden, können wasserreiche Stühle, eine erhöhte Atemfrequenz und flüchtige Exantheme auftreten. Auch die Wasserabgabe über die Haut ist erhöht. Das Kind braucht deshalb reichlich Flüssigkeit. Um den höheren Flüssigkeitsbedarf zu decken und die Abbauprodukte des Bilirubins rascher auszuschwemmen, wird mit der Phototherapie häufig eine intravenöse Dauertropfinfusion gegeben.
Bei jedem Füttern muß die Wärmelampe ausgeschaltet und der Augenschutz abgenommen werden, damit das Kind von Zeit zu Zeit seine Umwelt wahrnehmen kann.

7.1.6.3. Absaugen

Das Freihalten der Atemwege ist eine Routinehandlung, die von jeder Kinderkrankenschwester auf der Frühgeborenenstation ohne Schwierigkeit beherrscht werden muß.
Für das Kind stellt diese Maßnahme immer eine große Belastung dar. Sie sollte deshalb rasch und schonend durchgeführt werden. Die Absaugvorrichtung kann an einer Wandschiene oder am oberen Inkubatorgriff angehängt werden. Der regulierbare Sog wird über einen Druck-Sog-Umwandler mit Hilfe von Druckluft erzeugt. Um Schleimhautverletzungen zu vermeiden, darf der Sog nicht zu stark eingestellt sein (S. 211).
Über die Pflege des Früh- und Neugeborenen im Intensivpflegeinkubator s. S. 627).

7.1.7. Ernährung des Frühgeborenen

Die Ernährung eines untergewichtigen Neugeborenen muß sehr gewissenhaft vorgenommen und den Bedürfnissen des einzelnen Kindes angepaßt werden. Geburtsgewicht, Gestationsalter und Mekoniumabgang sind dabei zu berücksichtigen.
Heute wird ein frühzeitiger Ernährungsbeginn angestrebt. Dadurch wird ein höherer Blutzuckerspiegel erreicht, der Serumbilirubinwert ist niedriger, Wasserverlust und Gewichtsabnahme sind geringer.
Abhängig vom Allgemeinzustand wird das Frühgeborene in den ersten 24–48 Stunden parenteral ernährt. Später wird die oral verabreichte Nahrungsmenge durch intravenöse Infusion so ergänzt, daß die Gesamtmenge dem Flüssigkeits- und Kalorienbedürfnis des Kindes entspricht. Untergewichtigen Reifgeborenen kann schon bald nach der Geburt Glukoselösung oral angeboten werden.
Am 1. Tag erfolgt meist die parenterale Ernährung.
Bei gutem Befinden des Kindes wird 6 Stunden nach der Geburt zunächst Glukoselösung oder Tee gegeben. Spuckt das Kind nicht, so wird zur nächsten Mahlzeit Nahrung verabreicht.
Eine Sondenernährung ist angezeigt bei Frühgeborenen mit einem Gestationsalter unter 32 Wochen, bei Kindern mit Atemstörungen und Krampfanfällen.
Die Aufnahmefähigkeit des Magens ist begrenzt, häufige kleine Mahlzeiten sind deshalb erforderlich. Kommt es nach der Verabreichung der Nahrung zum Spucken, so muß die Menge reduziert werden. Die Gefahr der Aspiration ist beim Frühgeborenen sehr groß.
Der Schluckreflex ist vor dem 8. Schwangerschaftsmonat nicht vollständig vorhanden. Auch bei normalem Saugreflex kann die Entwicklung eines voll ausgebildeten Schluckreflexes noch fehlen.

Beachte: Beim ersten Fütterungsversuch muß sich die Kinderkrankenschwester vergewissern, daß das Kind die Nahrung schlucken kann (Beobachtung von Schluckbewegungen, Inspektion der Mundhöhle).

Nahrungsmenge und Häufigkeit der Mahlzeiten

Je niedriger das Geburtsgewicht des Kindes ist, um so geringer ist die Nahrungsmenge beim ersten Fütterungsversuch. Nur sehr langsam, dem Kind angepaßt, wird diese gesteigert. Dabei kann folgendes Schema berücksichtigt werden:

Anzahl der Mahlzeiten	Nahrungsmenge pro Mahlzeit in Gramm am 1. Tag	am 2. Tag	am 3. Tag	am 4. Tag	
8	5	10	15	20	usw.
12	2,5	5	7,5	10	usw.

Kinder mit einem Körpergewicht unter 1000 g erhalten bei der ersten Nahrungsverabreichung 0,5–1 g; die Menge wird ganz individuell pro Mahlzeit am folgenden Tag gesteigert. Maximal werden 12 Mahlzeiten eingehalten.

Bei Kindern mit einem Geburtsgewicht über 2000 g kann zur Überbrückung 24 Stunden lang Glukoselösung gegeben werden, bis eigene Muttermilch zur Verfügung steht. Die Verabreichung von artfremdem Eiweiß wird damit vermieden.
Bei schlechtem Befinden wird das Kind so lange ausschließlich parenteral ernährt, bis ihm eine Belastung durch die Nahrungszufuhr zugemutet werden kann.
Wird die Nahrung toleriert, so wird die Nahrungsmenge weiter gesteigert, bis die Tagestrinkmenge einem Sechstel des Körpergewichts entspricht.
Mangelgeborenen kann in der Regel mehr Nahrung gegeben werden als Frühgeborenen mit entsprechendem Geburtsgewicht.
Vor jeder Mahlzeit muß der Mageninhalt aspiriert, gemessen und beurteilt werden. Um den Verlust an Verdauungssaft zu vermeiden, wird dieser Mageninhalt mit frischer Nahrung auf die verordnete Menge ergänzt und über die Sonde verabreicht.

Art der Nahrung

Zur Ernährung des Frühgeborenen können verabreicht werden

- Muttermilch
- spezielle Milchpräparate für Frühgeborene, später
- adaptierte Nahrungen,
- hypoallergene Nahrung bei familiärer Belastung durch Allergien.

Muttermilch kann bei sehr kleinen Frühgeborenen in entrahmter Form oder verdünnt mit Glukoselösung gegeben werden.
Steht keine Muttermilch zur Verfügung, so werden spezielle Milchpräparate verabreicht.
Frühgeborene mit einem Ikterus knapp vor der Blutaustauschgrenze sollten vorübergehend keine Muttermilch bekommen. Die unreife Leber ist nicht in der Lage, das Überangebot an indirektem Bilirubin und die mütterlichen Hormone aus der Milch gleichzeitig zu glukuronidieren.

Möglichkeiten der Nahrungsverabreichung

Über eine Magensonde:
- die Sonde wird pro Mahlzeit frisch gelegt (Einzelsondierung),
- als Dauersonde.

Über eine Duodenalsonde:
- als Dauersonde.

Die Nahrung kann über den Perfusor langsam kontinuierlich eingebracht werden. Eine andere Möglichkeit ist das Einlaufenlassen durch die offene Sondenspritze. Wird die Nahrung mit dem Stempel durch die Spritze eingedrückt, so muß dies äußerst langsam geschehen, da eine zu plötzliche Belastung des Magens reflektorisch zu einem Atemstillstand führen kann.
Wird die Nahrung ins Duodenum sondiert, ist das Kind weniger belastet, und die Gefahr des Erbrechens ist geringer.
Über die Durchführung der Sondenernährung s. S. 201 ff.

7.1.8. Eltern-Kind-Beziehung des Frühgeborenen

Die Trennung von Mutter und Kind unmittelbar nach der Geburt ist von einschneidender Bedeutung. Die Mutter des Frühgeborenen ist auf dieses vorzeitige Ereignis noch nicht eingestellt. Normalerweise entwickeln sich durch den Umgang mit dem Kind bei der Entbundenen ein gesundes Mutterverhalten und eine emotionale Bindung an das Kind. Bei der Mutter des Frühgeborenen steigern sich stattdessen Ängste um das Kind, je länger sie ihr

Kind nicht aus der Nähe sehen und erleben kann. Sie fühlt sich hilflos und nutzlos und baut deshalb Schuld- und Minderwertigkeitsgefühle auf. Die Entlassung der Mutter aus der Entbindungsklinik *ohne* das Kind wird zu einer psychischen Belastung. Wird das Kind einige Wochen später nach Hause entlassen, so gelingt es der Mutter nur schwer, „versäumte" Beziehungen nachzuholen und die Rolle zu übernehmen, die seither „Fachleute" an ihrem Kind inne hatten.

Bei Frühgeborenen können später häufig Gedeihstörungen, Verhaltensauffälligkeiten und Schulschwierigkeiten beobachtet werden. Die Ursache dafür kann mit in einer unzureichend entwickelten Eltern-Kind-Beziehung gesucht werden. Man hat festgestellt, daß bei ca. 40% der mißhandelten Kinder ein mehrwöchiger Krankenhausaufenthalt unmittelbar nach der Geburt stattgefunden hat.

Die Kinderkrankenschwester muß um diese Probleme wissen und mit positiver Einstellung zu den Eltern dazu beitragen, daß diese schon während des Klinikaufenthalts des Kindes gute Kontakte zu ihrem Kind aufbauen können. Es wird damit auch erreicht, daß die Kinder bereits zu einem früheren Zeitpunkt ohne Schwierigkeiten aus der Klinik in die häusliche Pflege gegeben werden können. Außerdem sind Krankenhausaufenthalte Frühgeborener zu einem späteren Zeitpunkt seltener.

Elternbesuch auf der Frühgeborenenstation

Vor dem ersten Besuch bei dem Kind sollten die Eltern gut vorbereitet werden. Sie müssen z. B. informiert werden über die Unterbringung des Kindes im Inkubator, über sein Aussehen, über die verschiedenen Geräte mit Licht- und Tonsignalen, die bei ihm zur Anwendung kommen. Der erste Besuch der Eltern sollte so früh wie möglich erfolgen und mit direkter Kontaktaufnahme mit dem Kind verbunden sein. Vor allem die Mutter kann schon frühzeitig in die Pflege mit einbezogen werden. Dazu ist eine exakte Pflegeanleitung durch die Kinderkrankenschwester erforderlich, insbesondere müssen den Eltern die Maßnahmen zur Infektionsprophylaxe erklärt und gezeigt werden. Es muß der Kinderkrankenschwester ein Anliegen sein, wo nötig, Eltern darauf anzusprechen, zum frühestmöglichen Zeitpunkt Kontakt mit ihrem Kind aufzunehmen.

Vorteile der uneingeschränkten Besuchszeit

- Die bereits in der Schwangerschaft aufgebaute Mutter-Kind-Beziehung wird weiter intensiviert.
- Vater und Mutter gewinnen das Gefühl der gemeinsamen Verantwortung für das Kind.
- Die Mutter gewinnt Selbstvertrauen und Sicherheit im Umgang mit dem frühgeborenen Kind bis zu seiner Entlassung.
- Die Beziehungen zwischen Eltern, Ärzten und Schwestern sind unkomplizierter.

7.2. Pflege bei Erkrankungen des Neugeborenen

G. Fischer

Notwendige Vorkenntnisse

- Embryonale und fetale Entwicklung und Vorgang der Geburt,
- physiologische Besonderheiten des Neugeborenen, normaler Ablauf der Neugeborenenperiode (Kap. 2.1),

Strukturnetz

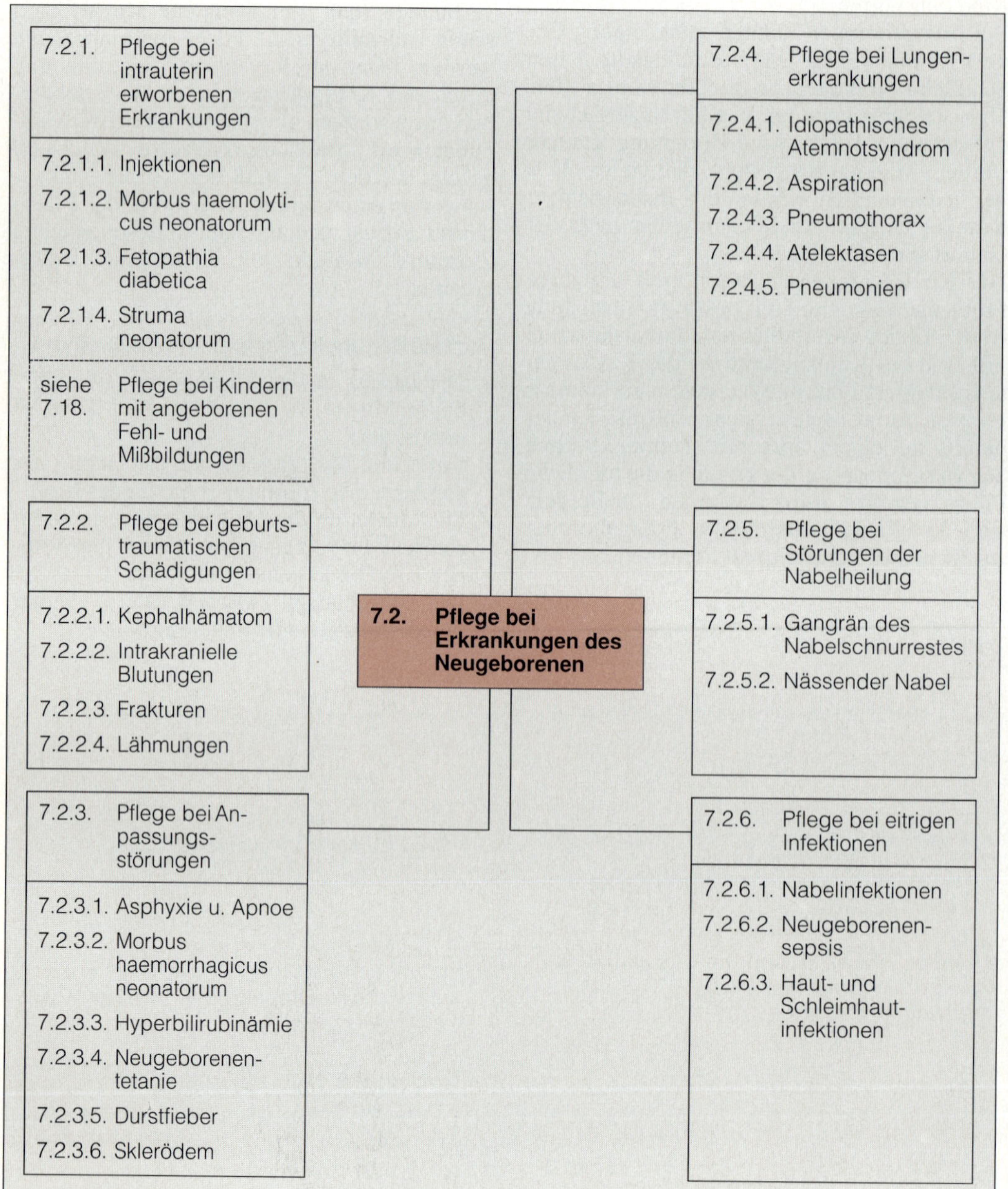

- Erkrankungen des Neugeborenen,
- Krankenbeobachtung, insbesondere Vitalfunktionen und Haut (S. 115f und S. 109ff).

Lehrziel

In diesem Teilkapitel wird darauf hingewiesen, daß beim kranken Neugeborenen Beobachtung und Pflege sorgfältig durchzuführen sind. Dabei sind die Anpassungsschwierigkeiten an das extrauterine Leben zu berücksichtigen. Beobachtungskriterien und Pflegemaßnahmen, die bei den einzelnen Erkrankungen von Bedeutung sind, sollen hier vermittelt werden.

Lernziele

Nach der Durcharbeitung dieses Abschnitts sind Sie in der Lage,
- die Beobachtungskriterien der einzelnen Erkrankungen aufzuzählen;
- spezielle Pflegemaßnahmen bei den einzelnen Erkrankungen zu nennen.

7.2.1. Pflege bei intrauterin erworbenen Erkrankungen

7.2.1.1. Infektionen

Der Fetus kann über die Plazenta oder durch verschlucktes infiziertes Fruchtwasser im Mutterleib mit den verschiedensten Erregern infiziert werden. Dadurch können bis zur Geburt bereits Organschädigungen entstehen, die postnatal weiter fortschreiten. Das infizierte Kind kann aber auch gesund geboren werden und erst einige Zeit später Krankheitszeichen aufweisen. Abhängig von der Art der Erreger und dem Zeitpunkt der Infektion kommt es zu einem vielfältigen, typischen Erscheinungsbild, z. B. Frühgeburt, Mißbildungen und Schädigungen im Bereich der Augen und des Gehirns, Meningoenzephalitiden, verstärkter Ikterus und sonstige Hauterscheinungen, Blutungssyndrom oder septisches Krankheitsbild (Listeriose, Zytomegalie).

Pflege und Behandlung

- Das schwerkranke Neugeborene wird im Inkubator gepflegt.
- Die medikamentöse Behandlung muß exakt durchgeführt werden.
- Besteht die Gefahr, daß durch das Kind Erreger übertragen werden, so ist eine Isolierung erforderlich, und die laufenden Desinfektionsmaßnahmen sind einzuhalten, z. B. bei Zytomegalie Pflegemaßnahmen mit Handschuhen, da die Sekrete des Kindes infektiös sind.
  Über die Pflege bei Lues connata s. S. 457.
- Liegen irreversible Schädigungen vor, die keiner Therapie zugeführt werden können, so soll das Kind liebevoll gepflegt werden und durch erleichternde Maßnahmen, wie z. b. Hochlagerung, Gabe von Sauerstoff, Fieberbekämpfung, Sedierung, Hilfe erfahren.

Pflege des sterbenden Kindes s. S. 527ff.

7.2.1.2. Morbus haemolyticus neonatorum

Bei einer Unverträglichkeit im Blutgruppen- (AB0- oder Rhesus-System) gelangen mütterliche Antikörper über die Plazenta in das kindliche Blut und verursachen eine Hämolyse. Es können unterschiedliche Verlaufsformen beobachtet werden. Beobachtungen und Pflege bei Hyperbilirubinämie s. S. 329.

7.2.1.3. Fetopathia diabetica

Kinder schlecht eingestellter diabetischer Mütter sind in der Neugeborenenperiode besonders gefährdet und weisen charakteristische Zeichen auf.

Die Kinderkrankenschwester beobachtet

- Das Kind liegt mit Körpergewicht und Körperlänge über der Norm („Riesenbaby“);
- auffallendes Gesicht mit roten, dicken Pausbacken;
- häufig kommt es zur Zyanose und zum Atemnotsyndrom;
- auffallende Schreckhaftigkeit, wenn eine Hypoglykämie, Hypomagnesämie und Hypokalzämie vorliegen;
- Fehlbildungen sind etwas häufiger.

Pflege und Behandlung

- Das Kind wird im Inkubator gepflegt.
- Überwachung der Infusionstherapie, die sofort nach der Geburt eingeleitet wird.
- Die Ernährung wird wegen der Hypoglykämiegefahr frühzeitig begonnen.
- Maßnahmen bei Atemnotsyndrom s. S. 330.

7.2.1.4. Struma neonatorum

Durch Jodmangel in der Fetalzeit kann es zu einer angeborenen Hyperplasie der Schilddrüse kommen.

Die Kinderkrankenschwester beobachtet

- Unförmige Schwellung des Halses,
- inspiratorischer Stridor,
- die Nahrungsaufnahme ist behindert durch Atemnot und Zyanose,
- bei Erregung kann es zu Erstickungsanfällen kommen.

Pflege und Behandlung

- Lagerung mit leicht zurückgeneigtem Kopf. Um dies zu erreichen, wird eine zusammengelegte Windel unter die Schultern des Kindes gelegt.
- Bei der Verabreichung der Nahrung muß ebenfalls der Kopf des Kindes leicht nach hinten gehalten werden. Wird die Atmung beim Trinken sehr stark beeinträchtigt, so sind häufige, kleine Mahlzeiten oder eine Sondenernährung angezeigt.
- Erregungen des Kindes müssen vermieden werden.
- Exakte Verabreichung der Medikamente (L-Thyroxin oder Jodid).

7.2.2. Pflege bei geburtstraumatischen Schädigungen

Unter der Geburt können durch Zerrungen, Druck auf den Schädel oder Zusammenpressen des Schultergürtels Schädigungen entstehen. Ebenso spielen die unterschiedlichen Druckverhältnisse innerhalb und außerhalb des Uterus eine Rolle. Schädigungen sind vor allem zu beobachten bei Geburten, die ein mechanisches Eingreifen nötig machen.

7.2.2.1. Kephalhämatom

Es handelt sich um ein subperiostales Hämatom, das durch Einreißen von Blutgefäßen bei der Verschiebung des Periosts gegen den Knochen oder durch Knochenbruch entstanden ist.

Die Kinderkrankenschwester beobachtet

- Mehr oder minder stark ausgeprägte fluktuierende Schwellung, welche die Grenze des betroffenen Knochens nicht überschreitet. Das Kephalhämatom ist meist über dem Scheitelbein, häufig beidseitig, über Wochen nachweisbar, die Schwellung (Asymetrie) u. U. bis zu einigen Jahren.
- In den ersten Tagen Berührungsempfindlichkeit.

Bei massiven Blutungen:
- Zeichen einer Anämie.

Pflege und Behandlung

Meist wird abgewartet, bis sich das Hämatom von selbst zurückbildet.

- Weiche Lagerung des Kopfes mit Hilfe eines Fells.
- Druck von außen muß durch einen behutsamen Umgang mit dem Kind vermieden werden. Zum Beispiel soll das Kind möglichst nicht auf die kranke Seite gelegt werden.

7.2.2.2. Intrakranielle Blutungen

Abhängig von der Lokalisation und dem Ausmaß der Blutung in der Schädelkapsel kommt es zu einer sehr unterschiedlichen Symptomatik.

Die Kinderkrankenschwester beobachtet

- Unmittelbar nach der Geburt Zeichen der Asphyxie. Das Kind kann aber auch erst nach einem symptomfreien Intervall von 2–4 Tagen auffallen mit Trinkunlust, Schläfrigkeit und Erbrechen;
- Stöhnen bei der Atmung;
- leises Wimmern oder schrilles Aufschreien bei Berührung;
- häufiges Gähnen, Somnolenz, aber auch motorische Unruhe und Krampfbereitschaft;
- Krampfanfälle;
- gestörtes Reflexverhalten, z. B. fehlt der Moro-Reflex, andere Reflexe sind verstärkt;
- ängstlicher Gesichtsausdruck mit starrem Blick;
- evtl. unterschiedlich große Pupillen, Schielstellung der Augen durch Okulomotoriusparesen;

- die Fontanelle kann vorgewölbt sein;
- die Ärmchen liegen nicht angewinkelt seitlich des Kopfes.

Ausgedehnte Blutungen können durch Kompression des Atemzentrums rasch zum Tode führen.

Pflege und Behandlung

- Das Kind wird in den Inkubator gelegt.
- Das Kind bedarf äußerster Ruhe. Reinigungsbad, Ganzwaschung, häufiges Umlagern, unnötiger Transport des Kindes sind zu vermeiden.
- Überwachung der Vitalfunktionen.
- Überwachung der Infusionstherapie.
- Bei Krampfanfällen werden von der Kinderkrankenschwester die verordneten Medikamente mit antikonvulsiver Wirkung aufgezogen, die der Arzt intravenös verabreicht.
- Häufig ist eine maschinelle Beatmung des Kindes erforderlich (S. 641 ff).
- Das Kind wird zunächst parenteral, später über eine Dauersonde ernährt.

7.2.2.3. Frakturen

Am häufigsten sind Schlüsselbein-, Oberarm- und Oberschenkelbrüche.

Die Kinderkrankenschwester beobachtet

- Eingeschränkte Spontanbeweglichkeit;
- Schmerzäußerung beim Wickeln und Hochnehmen;
- bei der Schlüsselbeinfraktur ist der Arm leicht nach innen rotiert;
- evtl. leichte Schwellung im Bereich der Bruchstelle.

Pflege und Behandlung

Die *Schlüsselbeinfraktur* bedarf keiner Therapie.

Bei Oberarmfraktur:
- Ruhigstellung durch Fixierung des Armes in Beugestellung. Der Ärmel des Jäckchens wird am unteren Ende mit einer Spezialsicherheitsnadel über dem Körper festgesteckt. Es kann auch ein Verband angelegt werden.
- Bequeme Lagerung des angewinkelt fixierten Armes unter Verwendung eines Hirsesäckchens.

Bei Oberschenkelfraktur:
- Ruhigstellung durch Beckengips oder Extensionsverband (S. 463 ff).
- Leichte Hochlagerung der unteren Extremität.
- Beweglichkeit und Durchblutung der betroffenen Extremität sind mehrmals am Tag zu prüfen. Die Finger und Zehen müssen beweglich und warm sein.

7.2.2.4. Lähmungen

Fazialislähmung

Die Kinderkrankenschwester beobachtet

- Auf der erkrankten Seite wird beim Schreien das Gesicht nicht mitverzogen, der Mundwinkel hängt nach unten.
- In Ruhestellung ist das Auge nicht vollständig geschlossen, die Stirn kann nicht gerunzelt werden.

Besondere Pflegemaßnahmen sind in den meisten Fällen nicht erforderlich.

Duchenne-Erb-Lähmung = obere Plexuslähmung

Die Kinderkrankenschwester beobachtet

- Die befallene Schulter steht etwas tiefer,
- der Arm hängt schlaff, nach innen rotiert,
- die Faust kann geschlossen werden.

Bei Mitbeteiligung des N. phrenicus:
- Zyanose, Dyspnoe,
- thorakale Atmung.

Klumpke-Lähmung = untere Plexuslähmung

Die Kinderkrankenschwester beobachtet

- Der Unterarm kann weder gebeugt noch gestreckt werden,
- Fallhand in Pronationsstellung,
- die Faust kann nicht geschlossen werden, die Finger können nicht bewegt werden.

Pflege und Behandlung

Zur Entspannung der gelähmten Muskulatur und zur Verhinderung von Gelenkversteifungen können vom Arzt verschiedene Lagerungen des Armes angeordnet werden, z. B. Oberarm in Abduktion und Außenrotation, der Unterarm im rechten Winkel in Supinationsstellung. Wird zur Fixierung eine Schiene verwendet, so muß diese von der Schulterhöhe bis zu den Fingergrundgelenken reichen. Eine andere Möglichkeit ist, daß der erkrankte Arm mit angewinkeltem Unterarm am Oberkörper festgebunden wird. Massage und passive Bewegungsübungen, später Elektrotherapie und aktive Bewegungsübungen werden von der Krankengymnastin ausgeführt. Soll die Kinderkrankenschwester diese Maßnahmen unterstützen, so müssen von ihr die Anordnungen der Fachperson genau eingehalten werden.

7.2.3. Pflege bei Anpassungsstörungen

Beim Übergang zum selbständigen Leben außerhalb des Mutterleibs können verschiedene Störungen auftreten.
Diese pathologischen Übergangserscheinungen beruhen darauf, daß der kindliche Organismus den funktionellen Anforderungen noch nicht ausreichend gewachsen ist.

7.2.3.1. Asphyxie und Apnoe

Es handelt sich um die Folgen einer schweren Sauerstoffverarmung des Gewebes. Dieser Prozeß kann sich bereits intrauterin entwikkeln. Die Schwere der Erkrankung hängt davon ab, wie weit der Blutkreislauf mit geschädigt ist.

Angeborene Asphyxie

Die Kinderkrankenschwester beobachtet

Bei der leichteren Form:
- verlangsamte, unregelmäßige, schnappende Atmung;
- die Herztätigkeit ist verlangsamt, aber kräftig;
- zyanotische Hautfarbe,
- die Extremitäten sind schlaff.

Bei der schweren Form:
- die Atmung setzt ganz aus,
- die Herztätigkeit ist stark verlangsamt und schwach,
- eine blaß-zyanotische Hautfarbe,
- der Muskeltonus fehlt,
- Areflexie, z. B. kann beim Absaugen durch die Sonde kein Würgreflex ausgelöst werden.

Postnatale Apnoeanfälle

Postnatale Apnoeanfälle können vor allem bei sehr unreifen Frühgeborenen auftreten.

Die Kinderkrankenschwester beobachtet
- Zunehmende Bradypnoe,
- Blässe des Kindes,
- Pulsverlangsamung,
- schließlich Atemstillstand mit zyanotischem Aussehen.

Pflege und Behandlung

Leichtere Form:
- Sobald ein apnoischer Anfall wahrgenommen wird, Anregung der Spontanatmung durch Hautreiz, z. B. an der Fußsohle.
- Der Kopf des Kindes wird tief gelagert.
- Absaugen der oberen Luftwege,
- Verabreichung von Sauerstoff.
- Setzt die Spontanatmung nicht ein, erfolgt die manuelle Beatmung mit der Maske.
- Bei allen diesen Maßnahmen ist darauf zu achten, daß das Kind nicht auskühlt. Es muß in den Inkubator gelegt werden.
- Sorgfältige Überwachung des Kindes, um weitere Anfälle sofort zu erkennen, z. B. mit Apnoematratze, EKG-Monitor.
- Überwachung der Infusionstherapie (Medikamente zur Beseitigung der Azidose, Hypoglykämie, Elektrolytverschiebung und Schockbekämpfung).

Schwere Form:
- Setzt die Atmung ganz aus, so sind intensivpflegerische Maßnahmen erforderlich. Das Kind muß intubiert und künstlich beatmet werden.
- Pflege und Behandlung der Grundkrankheit (z. B. Atemnotsyndrom, intrakranielle Blutung, Herzmißbildungen).

7.2.3.2. Morbus haemorrhagicus neonatorum

Der Mangel an Gerinnungsfaktoren in der Leber sowie Gefäßschädigungen durch Sauerstoffmangel und traumatische Einwirkungen unter der Geburt führen zu Blutungen in der Neugeborenenperiode. Häufig kommt es zu harmlosen Blutungen in Haut und Schleimhaut oder aus dem Nabel, die keiner besonderen Behandlung bedürfen. Prophylaktisch wird heute jedem Neugeborenen nach der Geburt Vitamin K verabreicht.

Melaena vera neonatorum

Die Kinderkrankenschwester beobachtet

- Zwischen dem 3. und 5. Lebenstag blutige Stühle von schwarzrotem Aussehen mit Klumpen von geronnenem Blut, in schweren Fällen Sickerblutung aus dem Anus;
- gleichzeitig kann es auch zu Hämaturie kommen;
- auffallend blasses Aussehen;
- unbehandelt kann es zu schweren Zeichen des Volumenmangelschocks kommen.

Pflege und Behandlung

- Vorbereitung und Mithilfe bei der Venenpunktion zur Volumensubstitution;
- Überwachung der Bluttransfusion und intravenösen Dauertropfinfusion;
- Verabreichung der verordneten Medikamente, vor allem Vitamin K;
- Überwachung der Vitalfunktionen;
- bei Bedarf Gabe von Sauerstoff;
- Wärmezufuhr, evtl. Unterbringung des Kindes im Inkubator;
- Ein reichliches orales Flüssigkeitsangebot ist wichtig.

Über Pflege und Behandlung bei Volumenmangelschock s. S. 679ff.

7.2.3.3. Hyperbilirubinämie

Neben Infektionen und Blutgruppeninkompatibilität kann es auch durch Anpassungsstörungen des Leberstoffwechsels vor allem bei Frühgeborenen zu einer Hyperbilirubinämie kommen.

Die Kinderkrankenschwester beobachtet

- Bei der Geburt ist das Kind unter Umständen noch unauffällig;
- innerhalb des ersten Tages entwickelt sich sehr rasch ein immer stärker werdender Ikterus;
- Schläfrigkeit;
- häufig Trinkunlust.

Pflege und Behandlung

Vorbereitung und Assistenz bei der Blutentnahme s. S. 273f.

Regelmäßige Bilirubinkontrollen geben Aufschluß, ob die Durchführung einer *Phototherapie* (S. 319f.) oder eine *Austauschtransfusion* (S. 297) erforderlich ist.
Zur Ernährung sollte vorübergehend keine Muttermilch gegeben werden.

7.2.3.4. Neugeborenentetanie

Die Neugeborenentetanie kann bei Risikokindern aufgrund der Hypokalzämie in den beiden ersten Lebenstagen auftreten. Selten finden sich bei der Neugeborenentetanie Karpopedalspasmen und laryngealer Stridor.

Die Kinderkrankenschwester beobachtet

- Attacken mit beschleunigter, flacher Atmung, apnoische Anfälle,
- die Hautfarbe ist grau-zyanotisch.
- Später häufen sich die Apnoen, und das Kind zeigt eine Krampfbereitschaft.

Im weiteren Verlauf:
- extreme Erregbarkeit im Wechsel mit Apathie.
- Auf Reize reagiert das Kind mit gesteigerten Bewegungen.
- Die Finger sind krampfartig um den Daumen zur Faust geschlossen.
- Atmung und Herzfrequenz sind beschleunigt.

Pflege und Behandlung

- Sorgfältige Beobachtung des Neugeborenen.
- Nach Verordnung des Arztes Verabreichung von Kalzium in der intravenösen Dauertropfinfusion oder als intravenöse Injektion.
- Vorbereitung und Mithilfe bei der Blutentnahme zur Bestimmung der Serumelektrolyte und für weitere Kontrollen der Kalziumwerte im Blut.

7.2.3.5. Durstfieber

Mit und ohne Dehydratationszeichen kann es durch Mangel an Flüssigkeit meist zwischen dem 3. und 4. Lebenstag zum transitorischen Fieber kommen. Häufig ist diese Erscheinung beim unreif geborenen Kind, das bereits mit einem Flüssigkeitsmangel geboren wurde.

Durstfieber darf nicht verharmlost werden! Andere Fieberursachen müssen vom Arzt ausgeschlossen werden.

Die Kinderkrankenschwester beobachtet

- Kurzfristige Fieberzacken bis zu 39 °C,
- Unruhe, Muskelzuckungen, Aufschreien des Kindes, wenn die Temperatur noch höher steigt.

Pflege und Behandlung

- Zufuhr von Tee mit 10% Glukose per os.
- Überwachung der intravenösen Dauertropfinfusion, wenn 5%ige Glukoselösung parenteral zugeführt werden muß.

7.2.3.6. Sklerödem

Durch länger anhaltende Unterkühlung und bei schwerkranken Neugeborenen und Frühgeborenen kann sich als Ausdruck einer bedrohlichen Grundstörung diese Veränderung der Haut entwickeln.

Die Kinderkrankenschwester beobachtet

Vor allem an den Beinen ist die Haut verhärtet und verdickt, sieht gespannt aus und fühlt sich kühl an. Eine Delle ist eindrückbar.

- Sklerödem = *mit* Wassereinlagerung, mäßig teigige Verhärtung,
- Sklerem = *ohne* Wassereinlagerung, harte Beschaffenheit des Unterhautzellgewebes.

Pflege und Behandlung

- Wärmezufuhr (Inkubator oder Wärmebett),
- Pflege und Behandlung der Grundkrankheit.

7.2.4. Pflege bei Lungenerkrankungen

7.2.4.1. Idiopathisches Atemnotsyndrom

Man versteht darunter eine funktionelle Störung der Lungen, bedingt durch Fibrinausgüsse in Alveolen und Alveolargängen (hyalinen Membranen). Gleichzeitig sind die noch belüfteten Lungenbezirke überbläht, andere minderbelüftet. Die Blutgefäße der Lunge sind prall gefüllt.

Die Kinderkrankenschwester beobachtet

- Nach der Geburt sind die Kinder zunächst unauffällig;
- eine bis mehrere Stunden später zunehmende Dyspnoe und Zyanose;
- forcierte und beschleunigte Atmung, die sich verlangsamt, wenn es dem Kind sehr schlecht geht;
- thorakale und sternale Einziehungen;
- exspiratorisches Atemgeräusch;
- nach einigen Stunden ödematöse Veränderungen der Extremitäten;
- Sauerstoffgabe bessert den Zustand nicht.

Pflege und Behandlung

Siehe Pneumonien.

7.2.4.2. Aspiration

Während der Geburt können vom Kind mit dem Fruchtwasser Blut, Schleim und Mekonium aspiriert werden. Gelangt vor allem Mekonium in die tieferen Atemwege, so kommt es zu einem besonders schweren Krankheitsbild von relativ langer Dauer.

Die Kinderkrankenschwester beobachtet

- Es kann eine Schnappatmung vorliegen oder eine beschleunigte Atmung mit Rasselgeräuschen;
- Tachykardie, kühle Extremitäten als Zeichen der Beeinträchtigung der Kreislauffunktion;
- bei einer Mekoniumaspiration grünliches Sekret beim Absaugen.

Besonderheiten der Pflege und Behandlung

Häufig müssen die Kinder sofort nach der Geburt reanimiert werden. Gelingt es nicht, das aspirierte Material durch Absaugen zu entfernen, so kommt es zur Pneumonie.
Weitere Maßnahmen s. Pneumonien.

7.2.4.3. Pneumothorax

Werden einzelne Lungenbereiche überbläht, so kann durch Ruptur der Lunge Luft in den Pleuraspalt gelangen. Die Lunge wird durch die ausgetretene Luft stark komprimiert, und es entsteht eine erhebliche Beeinträchtigung der Atemfunktion.

Die Kinderkrankenschwester beobachtet

- Plötzliche Verschlechterung des bereits bestehenden Krankheitszustandes;
- Zyanose, Tachypnoe, Nasenflügelatmung;
- gelegentlich Hautemphysem;
- Verlagerung der Herztöne durch seitliche Verdrängung des Mediastinums;
- asymmetrische Thoraxbewegungen bei der Atmung;
- Schocksymptome.

Beachte: Der Pneumothorax stellt eine lebensbedrohliche Situation des Kindes dar und muß sofort erkannt und beseitigt werden.

Besonderheiten der Pflege und Behandlung

Punktion des Pleuraspalts (S. 248f).
Weitere Maßnahmen s. Pneumonien.

7.2.4.4. Atelektasen

Hierbei sind Lungenbezirke größeren Ausmaßes nach der Geburt unentfaltet geblieben oder nach erfolgter Entfaltung durch Verlegung der Bronchien nicht mehr belüftet worden.

Die Kinderkrankenschwester beobachtet

- Zyanose, die verschieden stark ausgeprägt ist;
- die Atmung ist beschleunigt mit eventuellem exspiratorischen Stöhnen;
- Einziehungen am Thorax;
- evtl. asymmetrische Thoraxbewegungen;
- bei Unruhe kann sich der Zustand extrem verschlechtern (Blässe, kalter Schweiß).

Besonderheiten der Pflege und Behandlung

Bei der Pflege kommt der Lagerung des Kindes besondere Bedeutung zu. Kopf und Thorax werden in der Weise gelagert, daß das aspirierte Material mit dem Flimmerstrom besser nach außen befördert werden kann. Hieraus ergibt sich eine differenzierte Lagerungsbehandlung, abhängig von der Lokalisation der Atelektasen; z. B. im Oberlappen oberste Segmente – steile Hochlagerung, im Unterlappen hintere Segmente – Bauchlage, Kopf tief, im Mittellappen rechts – linke Seite Kopf tief.
Weitere Maßnahmen s. Pneumonien.

7.2.4.5. Pneumonien

Die Kinderkrankenschwester beobachtet

- Zyanotisches Aussehen;
- die Atmung ist forciert und frequent (> 60/Minute);
- am Thorax sind Einziehungen zu beobachten;
- Husten und Nasenflügelatmung als typische Pneumoniezeichen sind meist nicht festzustellen. Auch Fieber kann fehlen.

Pflege und Behandlung bei Lungenerkrankungen des Neugeborenen

Eine besonders sorgfältige und behutsame Pflege ist für das Ergehen des Kindes von entscheidender Bedeutung. Die einfachsten Verrichtungen am Kind, z. B. Temperaturmessen oder Trockenlegen, verursachen oft schon eine vorübergehende Verschlechterung. Das Kind braucht Zeit, um sich wieder zu erholen. Jede unnötige Aufregung des Kindes ist zu vermeiden, da diese einen gesteigerten Sauerstoffverbrauch zur Folge hat.

- *Unterbringung im Inkubator*: Die Temperatur im Inkubator ist dem Kind anzupassen. Es soll in einer „neutralen Umgebungstemperatur" sein, denn bei zu kühler Umgebungstemperatur werden Kalorien für die Wärmeproduktion verbraucht, eine zu hohe wirkt sich ungünstig auf die schon gestörte Atmung aus.
- *Lagerung*: Die Liegewanne im Inkubator wird bis zu einem Winkel von 30 Grad aufgerichtet. Unter die Schulterblätter des Kindes wird eine zusammengefaltete Windel gelegt. Dadurch fällt der Kopf des Kindes leicht nach hinten, und der Thorax ist zur besseren Belüftung erweitert. Durch eine Knierolle (schmales Sandsäckchen) wird das Abrutschen des Kindes verhindert.
- *Verabreichung von Sauerstoff*: Der Bedarf wird anhand der Transoxode- bzw. Transkapnodewerte exakt festgestellt und dem Kind zugeführt. Die Sauerstoffkonzentration im Inkubator wird gemessen und dokumentiert.

- *Anfeuchten der Atemluft* und *Aerosoltherapie.*
- *Atemtherapie* s. S. 612
- Häufig ist eine *Beatmung* des Kindes erforderlich. Atemhilfe über CPAP-Beatmung (S. 646).
- *Ernährung:* Zunächst kann das Kind parenteral ernährt werden. Später, wenn eine geringe Belastung möglich ist, erfolgt die Verabreichung der Nahrung über die Sonde in häufigen, kleinen Mahlzeiten.
- Bei geblähtem Abdomen Maßnahmen zur *Entfernung der Luft* aus dem Verdauungstrakt (Sonde, evtl. Darmrohr, leichte Bauchmassage).
- *Überwachung der Infusionstherapie* und exakte Verabreichung der verordneten Medikamente (Sedativa, Antibiotika).
- *Überwachung von Vitalfunktionen, Hautfarbe* und *Verhalten* des Kindes.
- Regelmäßige *Kontrollen der Blutgaswerte* sind erforderlich.

7.2.5. Pflege bei Störungen der Nabelheilung

7.2.5.1. Gangrän des Nabelschnurrestes

Es handelt sich um eine Zersetzung des Nabelschnurrestes durch Fäulnisbakterien.

Die Kinderkrankenschwester beobachtet

- Der Nabelschnurrest trocknet nicht ein,
- stinkender Geruch;
- das Abfallen des Nabelschnurrestes ist verzögert.

Pflege und Behandlung

- Der Nabelschnurrest muß chirurgisch entfernt werden.
- Die Nabelwunde wird auf Verordnung des Arztes mit antibiotisch wirkendem Puder abgedeckt.
- Gute Beobachtung der Nabelwunde.

7.2.5.2. Nässender Nabel

Die Epithelisierung des Nabelgrundes ist gestört.

Die Kinderkrankenschwester beobachtet

- Wundsekretion am Nabelgrund;
- häufig ist eine kleine Granulationsgeschwulst zu sehen.

Pflege und Behandlung

- Granulome werden vom Arzt mit dem Argentumstift abgeätzt. Dabei fixiert die Kinderkrankenschwester das Kind unter der Wärmelampe.
- Versorgung der Nabelwunde auf Verordnung des Arztes.

7.2.6. Pflege bei eitrigen Infektionen

7.2.6.1. Nabelinfektionen

Kleine Einrisse in der sich bildenden Abgrenzungszone zwischen Nabelschnurrest und Nabel oder die noch nicht vollständig abgeheilte Nabelwunde können Eintrittspforte für Eitererreger sein.

Die Kinderkrankenschwester beobachtet

Zeichen einer Omphalitis:

- entzündliche Rötung und Schwellung des Nabels und der angrenzenden Bauchhaut.

Zeichen eines Nabelulkus:

- Auf dem Nabelgrund bildet sich ein Geschwür mit Eiterbelägen. Das Gewebe um das Geschwür grenzt sich durch Infiltration ab.

Bei der schleichenden Nabelinfektion fehlen in der Regel zunächst die Symptome am Nabel. Es sind jedoch zunehmend die Nabelgefäße befallen, und es können gefährliche Komplikationen auftreten.

Pflege und Behandlung

- Verabreichung der verordneten Medikamente, vor allem Antibiotika und Präparate zur lokalen Behandlung des Nabels.
- Gute Beobachtung des Nabels.
- Das Kind wird nicht gebadet.

7.2.6.2. Neugeborenensepsis

Definition

Man versteht darunter die Ausbreitung von Erregern, häufig ausgehend von der infizierten Nabelwunde, über den gesamten Organismus bei Neugeborenen. Die Symptomatik ist sehr vielfältig.

Die Kinderkrankenschwester beobachtet

- „Das Kind gefällt mir nicht". Die Veränderungen am Kind sind zunächst so gering, daß sie noch gar nicht objektiviert werden können.
- Trinkunlust und Unruhe können bereits charakteristische Hinweise für diese Erkrankung sein.
- Das Kind verweigert die Nahrung und erbricht;
- schwer gestörtes Allgemeinbefinden;
- bei Ernährung über die Magensonde nimmt der Restinhalt des Magens ständig zu;
- das Abdomen ist aufgetrieben, durchfällige Stühle werden entleert. Es kann zum paralytischen Ileus kommen.
- Graublasses Aussehen der Haut oder ein leicht bis stark ausgeprägter Ikterus.
- Häufig besteht eine Tachypnoe, und es kommt zur Zyanose.
- Flüchtige Ödeme an Hand- und Fußrücken;
- Exantheme, die hämorrhagisch werden können;
- Blutungen, als Zeichen einer Gerinnungsstörung können auftreten.
- Hohes Fieber mit kühlen Extremitäten oder nur leicht erhöhte Temperatur kann vorliegen.
- Zeichen einer Meningitis, Perikarditis oder einer Peritonitis, Abszesse der Haut.

Pflege und Behandlung

- Das Kind wird in den Inkubator gelegt.
- Es bedarf einer sehr schonenden Pflege und muß sorgfältig überwacht werden.
- Exakte Verabreichung der verordneten Medikamente, insbesondere Antibiotika;
- Überwachung der Infusionstherapie;
- bei Bedarf Verabreichung von Sauerstoff und Messung der Konzentration;
- Bei hohem Fieber werden fiebersenkende Maßnahmen durchgeführt;
- Bei Meteorismus wird ein Darmrohr eingeführt und ein feuchtwarmer Bauchwickel aufgelegt.
- Meist ist eine Sondenernährung angezeigt.
- Vorbereitung und Assistenz bei der Blutentnahme zur bakteriologischen Untersuchung,
- Vorbereitung und Assistenz bei Lumbalpunktion (S. 242).

7.2.6.3. Haut- und Schleimhautinfektionen

Pemphigoid

Es handelt sich um eine in Kliniken früher epidemisch auftretende Staphylokokkenschmierinfektion bei Neugeborenen und jungen Säuglingen.

Die Kinderkrankenschwester beobachtet

- Blasen, einzeln zerstreut oder zu mehreren angeordnet, vorwiegend am Hals, in den Achselhöhlen, am Bauch und im Genital-Glutäal-Bereich. Handflächen und Fußsohlen bleiben frei. Die Blasen vergrößern sich rasch und zeigen eine dünne, schlaffe Epidermisschicht, die sehr leicht zum Platzen kommt. Zurück bleiben rote Flecken, begrenzt von den fransenartigen Epidermisresten.
  Es kommt immer wieder zur Bildung von neuen Blasen, da ihr Inhalt sehr infektiös ist.
- Der Allgemeinzustand des Kindes braucht nicht beeinträchtigt zu sein.

Dermatitis exfoliativa Ritter

Sie ist eine besonders schwere Form des Pemphigoids. Neben kleinen Blasen kommt es zu einer großflächigen Abschilferung der Epidermis. Das Korium ist stark gerötet und liegt in großen Abschnitten frei. Die Gefahr der Sepsis ist groß.

Pflege und Behandlung

- Die Maßnahmen der laufenden Desinfektion und Schlußdesinfektion sind wegen der hohen Infektiosität streng einzuhalten.
- Wegen der großen Infektionsgefahr soll die Kinderkrankenschwester bei der Pflege dieser Kinder mit Handschuhen arbeiten.
- Eröffnen der Blasen mit 2%iger Argentumlösung oder anderen Präparaten zur Verschorfung des Blasengrundes und Vermeidung einer weiteren Kontamination.

- Anschließend wird das Kind mit Kaliumpermanganatzusatz gebadet (S. 148).
- Zur weiteren lokalen Behandlung werden nach Verordnung des Arztes antibiotische Puder eingesetzt.
- Wichtig ist, daß die Kinder häufig trockengelegt werden und auch die Bettwäsche täglich gewechselt wird.
- Verabreichung der Medikamente, vor allem Antibiotika.
- Reichliches Flüssigkeitsangebot.

Nagelbetteiterung

Kleinste Verletzungen bei der Nagelpflege können zu Eiterungen am Nagelfalz führen. Deshalb dürfen die Nägel nicht zu kurz geschnitten werden.

Eitrige Konjunktivitis

Die Kinderkrankenschwester beobachtet

- Rötung der Konjunktiven,
- Absonderung eines eitrigen Sekrets,
- Verkleben der Augen,
- starke Ödembildung an den Lidern.

Pflege und Behandlung

Siehe S. 342.

7.3. Pflege des fiebernden Kindes

G. Fischer

Notwendige Vorkenntnisse

- Physiologie der Wärmeregulation des Körpers,
- Wirkung und Nebenwirkung von Antipyretika,
- Krankenbeobachtung (insbesondere Temperatur, s. S. 116f).

Strukturnetz

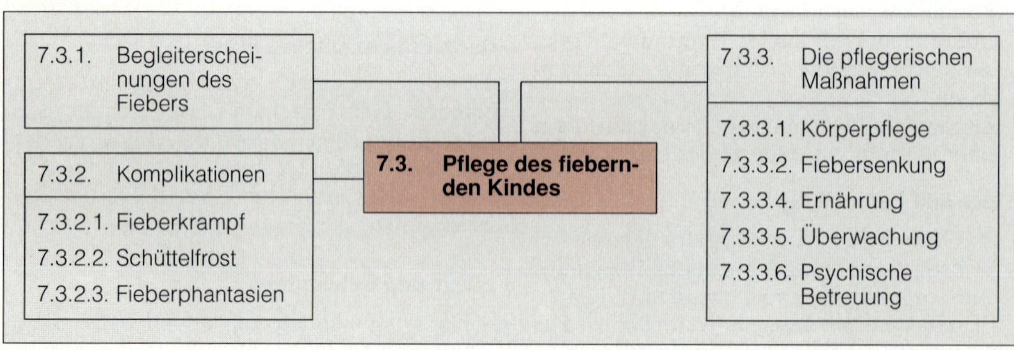

Lehrziel

Fieber stellt praktisch immer ein Krankheitssymptom dar und kann Ausdruck sowohl einer leichten als auch einer schweren Erkrankung sein. Bei Neugeborenen und vor allem bei Frühgeborenen ist durch zentrale Unreife die Regulation der Körpertemperatur sehr störanfällig. Flüssigkeitsmangel und eine hohe Umgebungstemperatur können dann die Ursache einer Hyperthermie sein.
Die Kinderkrankenschwester begegnet sehr häufig dem fiebernden Kind. Tritt bei einem Kind Fieber auf, so hat die Pflegeperson darüber den Arzt zu informieren. Fiebersenkende Maßnahmen sind nur auf seine Verordnung hin auszuführen.

Dieses Teilkapitel soll zudem herausstellen, daß exakte Pflegemaßnahmen wesentlich dazu beitragen, das subjektive Befinden des Patienten zu bessern. Eine richtige Pflege des fiebernden Kindes ist nur möglich, wenn es die Kinderkrankenschwester versteht, auf das Kind einzugehen, das in seinem Allgemeinbefinden stark beeinträchtigt ist. Die umfassenden Pflegemaßnahmen sollen in diesem Abschnitt vermittelt werden.

Lernziele

Sie haben das vorliegende Teilkapitel mit Erfolg bearbeitet, wenn Sie in der Lage sind,
- Begleiterscheinungen bei Fieber zu schildern;
- Komplikationen (Fieberkrampf, Schüttelfrost und Fieberphantasien) und die dabei erforderlichen Maßnahmen zu beschreiben;
- die pflegerischen Maßnahmen im einzelnen zu erläutern.

7.3.1. Begleiterscheinungen des Fiebers

Bei einem fiebernden Kind können folgende Begleiterscheinungen beobachtet werden bzw. werden von dem Kind zum Ausdruck gebracht:

- Während des Fieberanstiegs ist die Haut trocken, kühl und blaß. Hat der Körper die maximale Temperatur erreicht, fühlt sich die Haut heiß an und ist rot. Der Fieberabfall ist mit Schwitzen verbunden.
- Beschleunigung von Puls und Atmung.
- Frösteln während des Fieberanstiegs, später Hitzegefühl.
- Appetitlosigkeit, Durstgefühl, häufig Erbrechen.
- Geringe Urinausscheidung.
- Kopf- und Gliederschmerzen.
- Bei Säuglingen Trinkunlust und gesteigerte Unruhe.

7.3.2. Komplikationen

7.3.2.1. Fieberkrampf

Als Folge eines raschen Fieberanstiegs kommt es bei älteren Säuglingen und Kleinkindern sehr häufig zu einem Krampfanfall, dessen Ablauf von zerebralen Anfällen anderer Ursache nicht zu unterscheiden ist.
Es müssen sofort ärztlich verordnete Maßnahmen ergriffen werden, die zum Sistieren des zerebralen Anfalls und zur Normalisierung der Körpertemperatur führen.

7.3.2.2. Schüttelfrost

Es handelt sich um eine Attacke mit heftigem Muskelzittern, Zähneklappern und starkem Kältegefühl, verbunden mit raschem Fieberanstieg.
Ursache ist eine Reizung des Wärme- und Regulationszentrums durch Fremdstoffe in der Blutbahn mit dem Bedürfnis des Körpers, vermehrt Wärme zu produzieren. Wärmezufuhr durch Wärmflaschen, zusätzliche Decken und warmem Tee sind erforderlich.

7.3.2.3. Fieberphantasien (Fieberdelirium)

Schwere Infektionen mit langanhaltendem Fieber können einen Verwirrungszustand auslösen. Unruhe und Erregung, unzusammenhängende Gedankengänge und visuelle Halluzinationen können beobachtet werden.
Das Kind muß gut überwacht werden.

7.3.3. Die pflegerischen Maßnahmen

7.3.3.1. Körperpflege

Es muß eine gute Körperpflege vorgenommen werden. Bei sehr schlechtem Allgemeinzustand ist eine Ganzwaschung dem Reinigungsbad vorzuziehen.
Der Patient bedarf einer sorgfältigen Mund- und Lippenpflege (S. 159).
Das Abreiben des Rückens mit Alkohol bringt dem Kind Erfrischung. Ist es von der vorliegenden Erkrankung her angezeigt, sind prophylaktische Maßnahmen durchzuführen.
Wenn das Kind schwitzt, muß es gewaschen werden, und feuchte Bekleidung und Bettwäsche müssen immer wieder gewechselt werden. Es ist wichtig, das Kind vor Zugluft zu schützen. Das hochfiebernde Kind soll nur leicht zugedeckt werden.

7.3.3.2. Lagerung

Die Lagerung des Patienten richtet sich nach der Grundkrankheit.

Ein bequemes Liegen erleichtert die Gliederschmerzen.
Häufig sucht das Kind spontan seine ihm angenehme Lage, die durch verschiedene Hilfsmittel unterstützt werden kann.

7.3.3.3. Fiebersenkende Maßnahmen

Zur Fiebersenkung können physikalische Maßnahmen angewandt werden: Wadenwickel, Brustwickel, Abkühlungsbad, feuchte Kompressen in den Leisten, trockene Kälte. Es darf jedoch nicht zum kritischen Fieberabfall kommen. Antipyretika und weitere Medikamente zur Behandlung der Grundkrankheit hat die Kinderkrankenschwester nach ärztlicher Verordnung exakt zu verabreichen.
Bei Kindern, die anamnestisch Fieberkrämpfe vorweisen, müssen bereits bei mäßigem Temperaturanstieg fiebersenkende Maßnahmen durchgeführt werden.

7.3.3.4. Ernährung

Akut fiebernde Kinder sollen nicht zum Essen gezwungen werden, brauchen aber ein reichliches Flüssigkeitsangebot. Der Flüssigkeitsbedarf ist erhöht. Flüssigkeits- und Elektrolytgleichgewicht müssen erhalten werden. Blähende und schwer verdauliche Speisen sind zu meiden.
Zu Beginn der Erkrankung werden nur Tee mit Traubenzucker bzw. Kochzucker und Obstsäfte gegeben, später Pudding mit Kompott, Breie und andere leicht verdauliche Speisen in Form von kleinen Mahlzeiten.
Bei länger fiebernden Kindern kann der Appetit durch kleine Happen angeregt werden, z. B. Brot mit wenig Butter, Honig, Marmelade, Käse oder magerem Schinken. Mit „gelenkter“ Wunschkost kann man das Kind auch zum Essen locken. Bei längerer Krankheit kommt es darauf an, wenigstens den Erhaltungsbedarf an Kalorien zu decken.

7.3.3.5. Überwachung

Fieberanstieg und Fieberabfall sind kreislaufbelastend, besonders, wenn sie sehr rasch verlaufen. Zeichen für ein Kreislaufversagen sind: Anstieg der Pulsfrequenz, Blässe, kalter Schweiß, Übelkeit, Schwindel. Es sind deshalb Temperatur, Puls, Atmung, Aussehen und Verhalten und die Ausscheidungen zu kontrollieren.
Bei schwerkranken Kindern ist kontinuierlich ein Verlaufsprotokoll zu führen.

7.3.3.6. Psychische Betreuung

Die Pflegeperson muß das subjektive Befinden des Kindes in Betracht ziehen.
Häufig ist das Kind sehr ruhebedürftig und hat kein Verlangen nach Spiel. Gerade in diesem apathischen Verhalten soll das Kind erfahren, daß es nicht allein gelassen ist. Passive Beschäftigung, z. B. Vorlesen einer kleinen Geschichte oder Bild- bzw. Gegenstandsbetrachtung, kann angebracht sein.

7.4. Pflege bei Kindern mit Erkrankungen der Augen

H. Flasch

Notwendige Vorkenntnisse

- Anatomie und Physiologie des Auges,
- Augenerkrankungen im Kindesalter.

Strukturnetz

7.4. Pflege bei Kindern mit Erkrankungen der Augen

- 7.4.1. Spezielle pflegerische Maßnahmen am Auge
  - 7.4.1.1. Pflege bei starker Verklebung der Augen
  - 7.4.1.2. Augenverband
  - 7.4.1.3. Augenspülung
  - 7.4.1.4. Pflege bei Augenverletzungen
  - 7.4.1.5. Assistenz bei Augenspiegelung
  - siehe 5.2.6.6. Verabreichung von Augentropfen und Augensalbe
- 7.4.2. Pflege bei Tränenwegsverschluß
- 7.4.3. Pflege bei Liderkrankungen
  - 7.4.3.1. Gerstenkorn
  - 7.4.3.2. Lidabszeß
- 7.4.4. Pflege bei Entzündungen
  - 7.4.4.1. Konjunktivitis
  - 7.4.4.2. Iridozyklitis
- 7.4.5. Pflege nach Augenoperationen
  - 7.4.5.1. Schieloperationen
  - 7.4.5.2. Katarakt
  - 7.4.5.3. Glaukom
- 7.4.6. Umgang mit optischen Hilfsmitteln
  - 7.4.6.1. Brillen
  - 7.4.6.2. Kontaktlinsen
  - 7.4.6.3. Augenprothesen

Lehrziel

In diesem Teilkapitel wird wesentlich Wert darauf gelegt, der Kinderkrankenschwester spezielle pflegerische Maßnahmen am Auge aufzuzeigen sowie beispielhaft an einigen relativ häufig vorkommenden Erkrankungen deren Pflege und Behandlung sowie die besondere psychische Situation der Kinder zu erläutern.

Aufgabe dieses Abschnitts kann es nicht sein, die Pflege bei *allen* im Kindesalter vorkommenden Augenerkrankungen darzustellen.

Lernziele

Wenn Sie sich mit dieser Thematik beschäftigt haben, können Sie

- die speziellen pflegerischen Maßnahmen am Auge aufzählen und deren Durchführung erklären;
- die pflegerischen Aufgaben bei Kindern mit Tränenwegsverschluß und Liderkrankungen darlegen;
- die Pflege bei entzündlichen Augenerkrankungen und nach Augenoperationen erläutern;

- die Prohpylaxe der Keimverschleppung verdeutlichen;
- die besondere psychische Situation augenkranker Kinder beschreiben.

7.4.1. Spezielle pflegerische Maßnahmen am Auge

7.4.1.1. Pflege bei starker Verklebung der Augen

Auch wenn der Befund einer Abstrichuntersuchung noch nicht bekannt ist und noch keine speziellen Erreger nachgewiesen worden sind, ist bei eitrigem Augensekret immer an eine infektiöse Erkrankung und die Gefahr der Keimverschleppung zu denken.

Deshalb möglichst gewissenhaft die Maßnahmen der laufenden Desinfektion beachten!
Besonders wenn nur ein Auge schmierig und verklebt ist, muß die Übertragung der Erreger auf das andere möglichst verhindert werden. Deswegen wird immer zuerst das gesunde und danach das erkrankte Auge gereinigt und das Kind auf die erkrankte Seite gelagert.
Das gesunde Auge des Kindes muß mit einem Verband abgedeckt werden, um es vor einer Infektion zu schützen.

Beachte: Bei einer eindeutig diagnostizierten Gonoblennorrhö ist es unbedingt erforderlich, daß bei der Pflege zum eigenen Schutz Einweghandschuhe, Schutzkittel und -brille getragen werden.

Strukturnetz

Einweghandschuhe anziehen. → Die Lidränder mit Hilfe von Watteträgern mit etwas Fettcreme oder Aqua dest. bestreichen und kurze Zeit warten, bis sich das angetrocknete Sekret erweicht hat. → Mit trockenen Tupfern beide Augen vom äußeren zum inneren Augenwinkel hin reinigen.

7.4.1.2. Augenverband

Für das Anlegen eines Augenverbandes gibt es folgende Indikationen:

- Schutz eines Auges vor Infektion oder Stoß;
- Ruhigstellen eines oder beider Augen;
- Aufsaugen von Wundsekret;
- Herstellen einer feuchten Kammer.

Einen einseitigen Augenverband nennt man „Monokulus", einen beidseitigen „Binokulus".
Für die verschiedenen Indikationen gibt es mehrere Arten von Augenverbänden.
Sehr häufig wird der *Heftpflasterverband* angewandt. Er besteht aus einem Stück oval zugeschnittenem Verbandsmull, etwas eingelegter Watte zur Polsterung und 3 hautfreundlichen Pflasterstreifen.
Zuerst wird der mittlere Pflasterstreifen diagonal über den Augenverband gelegt und auf Stirn und Wange des Kindes fixiert. Die beiden anderen Streifen werden halbkreisförmig am oberen und unteren Rand des Verbandes befestigt und über den Enden des mittleren festgeklebt.
Beim Binokulus, der z. B. nach Operation zur absoluten Ruhigstellung eines Auges angelegt wird, ist darauf zu achten, daß zuerst das operierte Auge verschlossen wird und danach das andere, da sich die Pflasterstreifen meist kreuzen. So kann bei Angst- und Erregungszuständen des Kindes der Verband vom nichtoperierten Auge schnell abgenommen werden, ohne daß auch der andere entfernt werden muß.
Sollen durch den Augenverband Nachblutungen vermieden werden (z. B. nach Enukleation), wird über der ovalen Abdeckung noch ein fester Halfterverband mit einer elastischen Binde angelegt (*Druckverband*).
Ein sog. *Uhrglasverband*, der aus einer runden, gewölbten Kunststoffschale besteht, wird angewandt

- als Schutz des operierten Auges vor Stoß oder Verletzung;
- zum Herstellen einer feuchten Kammer bei Patienten mit fehlendem oder seltenem Lidschlag, um ein Austrocknen der Hornhaut zu verhindern;
- um das gesunde Auge vor einer Infektion durch das andere zu schützen.

Es gibt bereits zum Aufkleben fertige Uhrglasverbände (Abb. 2).

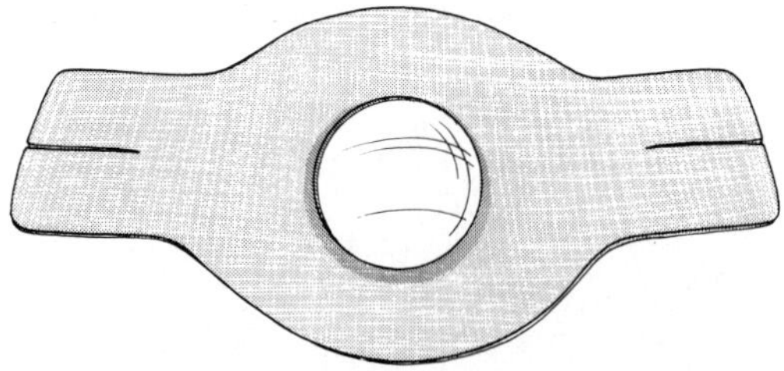

Abb. 2 Uhrglasverband

Bei pflasterempfindlichen Kindern sind sie allerdings nicht zu verwenden. In diesem Fall muß die Kunststoffschale mit hautfreundlichem Pflaster umklebt werden.

7.4.1.3. Augenspülung

Indikationen

- Starke Konjunktivitis,
- Gonoblennorrhö,
- Verätzungen,
- Fremdkörper.

Die Augenspülung wird am besten von zwei Personen ausgeführt.

Durchführung: Augenspülung (Abb. 3)

Vorbereitende Maßnahmen	Durchführung
– Undine oder Spülflasche, Spülflüssigkeit (z. B. isotone Kochsalzlösung) – im Wasserbad auf ca. 35 °C erwärmt –, Zellstoff und Nierenschale bereitstellen	
– unter den Kopf des Kindes Gummi und Windel oder Molton legen	
– den Kopf des Kindes etwas zur erkrankten Seite hin oder direkt an die Kante des Untersuchungstisches lagern	– eine Schwester spreizt mit 2 Fingern oder Lidhäkchen das Auge des Kindes, die andere nimmt die Spülung vor. Unter Umständen muß eine 3. Person noch helfen und den Kopf des Kindes halten
– Nierenschale neben den Kopf unter das zu spülende Auge stellen oder halten	– der Flüssigkeitsstrahl kann manuell geregelt werden
	– zunächst zur Einstellung des Strahles etwas Flüssigkeit auf die Wange des Kindes laufenlassen, dann aus ca. 10 cm Entfernung in sanftem Strahl das Auge vom inneren zum äußeren Augenwinkel spülen, bis die Spülflüssigkeit klar in die Nierenschale zurückfließt
	– nach der Augenspülung die Umgebung des Auges mit Mullkompressen vorsichtig troktupfen, die medikamentöse Behandlung nach ärztlicher Anordnung durchführen und evtl. Verband anlegen

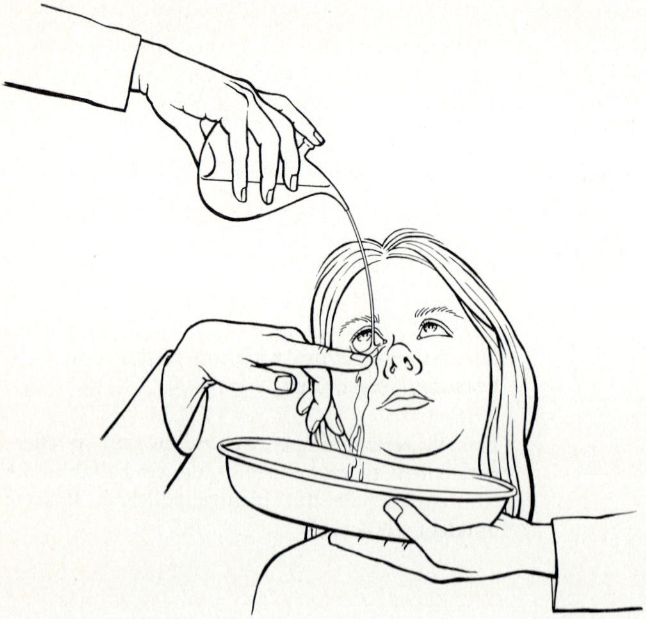

Abb. 3 Augenspülung im Sitzen

7.4.1.4. Pflege bei Augenverletzungen

Die Ursachen für Augenverletzungen im Kindesalter sind vielfältig. Durch leichtsinnigen oder unsachgemäßen Umgang z. B. mit Stökken, Steinen, Pfeilen, Luftgewehren, Messern oder Drähten kommt es immer wieder zu Unfällen.
Auch das Hantieren mit explodierenden Körpern oder ätzenden Chemikalien birgt diesbezüglich Gefahren in sich.
In der Klinik werden Augenverletzungen umgehend vom Facharzt behandelt. Die Kinderkrankenschwester hat die Aufgabe, beim Verbandswechsel zu assistieren, angeordnete Medikamente gewissenhaft zu verabreichen und Vitalfunktionen, Allgemeinzustand und Verhalten des Kindes aufmerksam zu überwachen.

7.4.1.5. Assistenz bei Augenspiegelung

Um krankhafte Veränderungen am Augenhintergrund erkennen zu können, muß der Arzt eine Augenspiegelung vornehmen. Hierzu ist es erforderlich, daß die Pupille mit einem schnell wirkenden Medikament (Mydriatikum) erweitert wird. Kontraindikation für diese Maßnahme: Patienten, bei denen regelmäßig die Pupillenreaktion überprüft werden muß.
Die Kinderkrankenschwester wird dem Kind, soweit möglich, zunächst erklären, welche Art Untersuchung durchgeführt werden muß, um ihm dann 15–30 Minuten vor der Augenspiegelung nach ärztlicher Anordnung 1- bis 2mal einen Tropfen Medikaments im Abstand von 10 Minuten ins Auge zu tropfen.
Bei kleinen und sehr unruhigen Kindern muß die Untersuchung unter Umständen in Kurznarkose durchgeführt werden. Die Augenspiegelung kann entweder beim liegenden oder beim sitzenden Patienten vorgenommen werden. Wesentlich ist es, daß das Kind ruhig ist und von einer Schwester gut festgehalten wird. Die Lidspalte wird am besten mittels Lidhäkchen oder Lidsperrer offengehalten. Wichtig ist auch, daß das Zimmer während der Untersuchung abgedunkelt ist.

Beachte: Die Wirkung des Mydriatikums hält ca. 2 Stunden lang an, das Sehvermögen des Kindes ist dadurch beeinträchtigt. Das Kind darf in dieser Zeit nicht unbeobachtet sein und muß im Bett bleiben!

7.4.2. Pflege bei Tränenwegsverschluß

Tränenwegstenosen im Säuglings- und Kleinkindalter können verschiedene Ursachen haben. Es kann sich dabei entweder um angeborene Anomalien, um entzündliche Erkrankungen oder um Verletzungen handeln.

Die Kinderkrankenschwester beobachtet

- Gerötete Konjunktiven;
- ständiges Tränenträufeln aus einem oder beiden Augen;
- bei leichtem Druck gegen den inneren Lidwinkel entleert sich aus dem Tränensack trüb-seröse Flüssigkeit;
- verklebte Augenlider;
- im weiteren Verlauf eitrige Absonderungen;
- evtl. Bildung einer Zyste oder Phlegmone.

Pflege und Behandlung

- Die Erweiterung oder das Durchstoßen des Tränen-Nasen-Kanals mittels einer Sonde oder auch die Spülung desselben ist für das Kind ein sehr unangenehmer Eingriff. Er wird daher oft erst nach vorangegangener Sedierung bzw. Anästhesie der Augenbindehaut oder auch in Kurznarkose durchgeführt.
- Nach sorgfältiger Reinigung der Augen führt der Arzt die Sonde in das untere Tränenpünktchen ein und schiebt sie vorsichtig weiter in den Tränenkanal.
- Hierbei hat die Schwester die Aufgabe, das Kind auf dem Untersuchungstisch gut festzuhalten. Am besten ist es, wenn es mit angelegten Armen fest in ein Badetuch eingewickelt wird.
- Den Kopf fixiert die Schwester mit beiden Händen, wobei sie die Unterarme auf der Tischfläche abstützt.
- Nach dem Eingriff werden oft noch ein paar Tage lang Augentropfen nach ärztlicher Anordnung verabreicht.

7.4.3. Pflege bei Liderkrankungen

Kinder mit ekzematösen oder seborrhoischen Hautveränderungen haben oft auch eine besondere Neigung zu Entzündungen der Augenlider oder der Lidumgebung.

Um Komplikationen durch lange Zeit bestehende Blepharitiden zu vermeiden (z. B. Wimpernverlust oder Lidkrämpfe), muß eine sofortige gezielte Behandlung erfolgen.

7.4.3.1. Hordeolum (Gerstenkorn)

Hierbei handelt es sich um eine eitrige Entzündung der Liddrüsen.

Die Kinderkrankenschwester beobachtet

- Rötung und Bildung eines eitrigen Knötchens an Ober- oder Unterlid;
- Austreten eitrigen Sekrets und dadurch bedingte Verkrustung der Wimpern;
- die Kinder sind berührungsängstlich, speziell bei der Gesichtspflege.

Pflege und Behandlung

- Ganz wichtig sind vorsichtiges und hygienisches Arbeiten, damit keine Schmierinfektionen entstehen.
- Angetrocknetes Sekret muß zunächst mit sterilen, in Aqua dest. getränkten Tupfern aufgeweicht und dann entfernt werden.
- Die medikamentöse Behandlung erfolgt nach ärztlicher Anordnung mit einer antibiotischen Salbe oder auch mit Augentropfen.
- Im Einzelfall empfiehlt sich das Anlegen eines Augenverbandes. Dadurch kann besonders in der Heilungsphase, wo vermehrt Juckreiz die Kinder zum Reiben veranlaßt, eine Keimverschleppung durch Schmierinfektion verhütet werden.
- Aus diesem Grund wird das Kind auch auf die erkrankte Seite gelagert.

7.4.3.2. Lidabszeß

Ein Lidabszeß kann als Komplikation aus einem Gerstenkorn entstehen, als Folge einer Periostitis oder anderer Infektionen.

Die Kinderkrankenschwester beobachtet

- Starke Ober- oder Unterlidschwellung;
- heftige Schmerzäußerungen des Kindes;
- beim Oberlidabszeß kann das Auge oftmals fast nicht mehr geöffnet werden, da das Lid wie ein Sack herunterhängt;
- evtl. erhöhte Körpertemperatur;
- zum Teil stark beeinträchtigter Allgemeinzustand.

Pflege und Behandlung

- Das befallene Auge muß immer mit einem sterilen Verband abgedeckt sein.
- Das Auflegen steriler, in warmer isotoner Kochsalzlösung getränkter Mullkompressen im Wechsel mit Salbenauflagen wirkt schmerzlindernd und heilend.
- Die angeordnete Antibiotikabehandlung ist vorschriftsmäßig durchzuführen.
- Das Kind braucht liebevolle Zuwendung, die Schwester sollte es trösten, wenn es Schmerzen hat, und es aufmuntern und ablenken, wenn es mißgelaunt oder traurig ist. Es soll möglichst nicht weinen, da dadurch die Schleimhäute zusätzlich gereizt werden.

7.4.4. Pflege bei Entzündungen

Entzündungen, hervorgerufen durch Krankheitserreger, durch allergische, chemische oder mechanische Reizfaktoren, können alle Bereiche des Auges befallen. Beispielhaft sollen hier Pflegemaßnahmen bei der Bindehaut-, Regenbogenhaut- und Strahlenkörperentzündung erwähnt werden.

7.4.4.1. Konjunktivitis (Augenbindehautenzündung)

Die Kinderkrankenschwester beobachtet

- Vermehrtes Tränen der Augen;
- evtl. geschwollene Lidränder;
- stark gerötete Bindehaut;
- die Kinder drücken bei starkem Lichteinfall (Sonnenlicht, Neonbeleuchtung) sofort die Augenlider zu;
- die Patienten klagen zunächst über starken Juckreiz und im weiteren Verlauf über ein Brennen der Augen.

Pflege und Behandlung

- Zunächst erfolgt die sorgfältige Reinigung des äußeren Auges mehrmals täglich mit in isotoner Kochsalzlösung getränkten sterilen Mullkompressen.
- Das Einbringen von Augentropfen oder Augensalbe (S. 158) erfolgt laut ärztlicher Anordnung.
- Bei Lichtempfindlichkeit soll die Schwester daran denken, die Fenster oder die Zimmerbeleuchtung etwas abzudunkeln.
- Beschäftigungen, bei denen die Kinder ihre Augen sehr anstrengen müssen (z. B. Lesen oder Malen), sind vorübergehend zu vermeiden. Die Kinderkrankenschwester kann stattdessen den Kindern etwas vorlesen, mit ihnen singen oder allerlei Spiele machen, bei denen die Augen nicht strapaziert werden.

7.4.4.2. Iridozyklitis (Regenbogenhaut- und Strahlenkörperentzündung)

Es handelt sich hierbei um ein sehr gefährliches Krankheitsbild, in dessen Folge es zur Glaukombildung, Linsentrübung oder Erblindung kommen kann.

Die Kinderkrankenschwester beobachtet

- Stark gerötetes Auge;
- vermehrter Tränenfluß und evtl. Lidkrampf;
- die Kinder klagen über starke Schmerzen im Augapfel, besonders bei Berührung des Auges;
- Formveränderungen der Iris.

Pflege und Behandlung

- Die Kinder halten absolute Bettruhe und sollen in einem ruhigen etwas abgedunkelten Zimmer untergebracht sein.
- Sie müssen vor Kälte und Zugluft geschützt werden.
- Um eine Verklebung der Regenbogenhaut mit der Vorderfläche der Linse zu vermeiden, muß die Pupille über längere Zeit weitgestellt werden. Zu diesem Zweck verordnet der Arzt Augentropfen, (z. B. Atropin), die von der Schwester nach Vorschrift verabreicht werden.
- Die weitere medikamentöse Behandlung richtet sich nach der Ursache und dem Ausprägungsgrad der Erkrankung oder der Grundkrankheit, in deren Verlauf eine Iridozyklitis auftreten kann (z. B. rheumatische Erkrankung, s. S. 471).

7.4.5. Pflege nach Augenoperationen

Die Pflege augenoperierter Kinder stellt an die Kinderkrankenschwester besondere Anforderungen. Folgende grundsätzliche Faktoren sind zu beachten:

- Frischoperierte Kinder mit ein- oder gar doppelseitigem Augenverband sind hilflos, desorientiert, oft ängstlich, leicht erregbar und sehr reizempfindlich.
  So sind z. B. unnötige und laute Geräusche in der Umgebung des Kranken oder das Anstoßen an das Bett unbedingt zu vermeiden.
- An Sonnentagen muß das Zimmer abgedunkelt werden, ebenso bei Verbandswechseln.
  Alle Pflegemaßnahmen müssen ruhig und möglichst nach Vorabinformation verrichtet werden.
- Die Klingel und häufig benötigte Gegenstände oder Spielsachen sind in für das Kind gezielt greifbare Nähe zu postieren.
- Es muß unbedingt verhindert werden, daß die Kinder versuchen, mit den Händen am Auge zu reiben oder den Verband abzureißen. Das Anlegen von Armmanschetten bei Kleinkindern ist oft unerläßlich.
- Die Kinder brauchen viel Zuwendung, ruhige Beschäftigungsmöglichkeiten und Ablenkung.
- Die Ernährung sollte aus breiiger Kost bestehen, da Anstrengung der Kaumuskulatur Schmerzen oder Blutungen auslösen kann.
- Gefährlich wäre auch Husten oder Niesen. Beides muß nach ärztlicher Anordnung medikamentös bzw. physioterapeutisch bekämpft werden.
- Für regelmäßige Darmentleerung ist zu sorgen. Die Kinder dürfen nicht pressen, da dadurch Blutungen am Auge entstehen können.

7.4.5.1. Schieloperation

Eine der häufigsten Ursachen für Sehstörungen im Kindesalter ist das Schielen (Strabismus). Um der Gefahr des Verlustes der Sehkraft vorzubeugen, wird in erster Linie die Operation angestrebt. Den geeigneten Zeitpunkt bestimmt der Arzt.
Dem operativen Eingriff geht immer eine sorgfältige Untersuchung der Art des Schielens und die Korrektur des Schielwinkels durch Okklusion des sehtüchtigen Auges oder eine Brille voraus (Abb. 4a-c). Auch nach der Operation, durch die ja nicht die funktionellen Folgen des Schielens, sondern nur die Schielstellung behoben wird, muß das Kind meistens noch jahrelang eine Brille tragen. Dazu kommt in der Regel noch das Sehtraining in der Sehschule eines Augenarztes.
Bei der Operation werden hauptsächlich 2 Verfahren, entweder einzeln oder auch kombiniert, angewandt:

- entweder die Rücklagerung eines zu starken Muskels (bei Einwärtsschielen) oder
- die Verkürzung, Vorlagerung oder Fältelung seines Antagonisten (bei Auswärtsschielen).

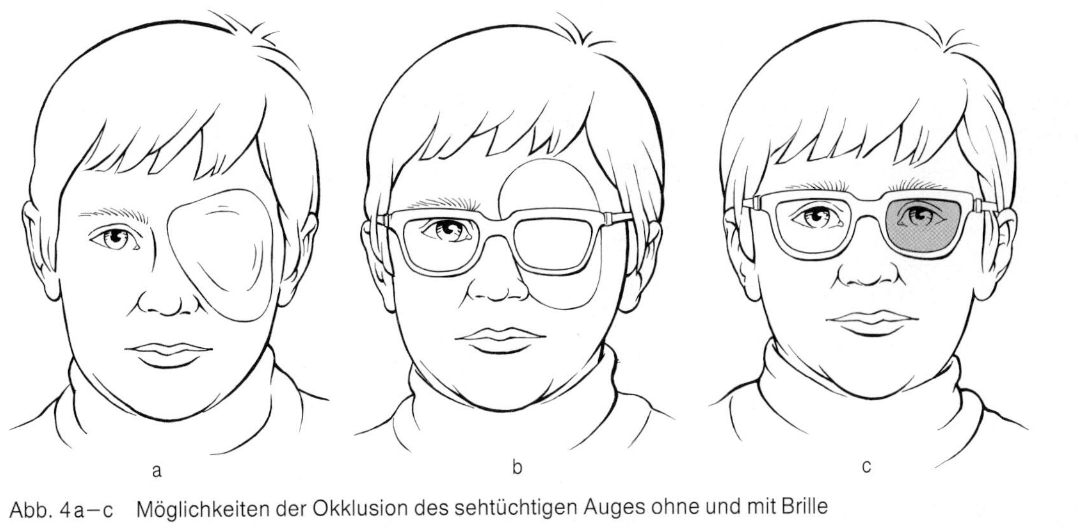

Abb. 4a–c Möglichkeiten der Okklusion des sehtüchtigen Auges ohne und mit Brille

7.4.5.2. Katarakt (grauer Star)

Für frühkindliche Katarakte gibt es viele Ursachen, die manchmal auch ungeklärt bleiben.
Die operative Behandlung ist nicht unproblematisch, die Ergebnisse sind nicht immer befriedigend und postoperative Komplikationen relativ häufig.
Bei einer Kataraktoperation wird die getrübte Linse unter strenger Asepsis und in Narkose entfernt. Anschließend an die Operation sollte möglichst bald, auch bei Kleinkindern, eine Starbrille für die Nähe verordnet werden. Für kleine Kinder gibt es Spezialbrillen, die anstelle der Bügel Haltebänder haben, die die Brille hinter den Ohren und am Hinterkopf fixieren.
Vorteil: Die Brille kann nicht herunterfallen oder verrutschen, und die Dekubitusgefahr bei Seitenlage des Kindes ist wesentlich geringer als bei einer normalen Brille.

Schulkinder brauchen entweder Starbrillen für die Nähe und für die Ferne oder Kontaktlinsen, um den funktionellen Reifeprozeß des operierten Auges rechtzeitig in Gang zu bringen.
Äußerst wichtig ist es, daß die Kinder sich nicht aufregen oder körperlich anstrengen, z. B. durch Herumtoben im Bett oder Pressen bei der Stuhlentleerung.
Die Kinder müssen die beruhigende Nähe vertrauter Personen spüren und brauchen intensive Zuwendung.

7.4.5.3. Glaukom (grüner Star)

Im Kindesalter ist das Glaukom eine meist angeborene Augenerkrankung, bei der es infolge Abflußbehinderung der intraokularen Flüssigkeit (Kammerwasser) zum Anstieg des Augeninnendrucks kommt.

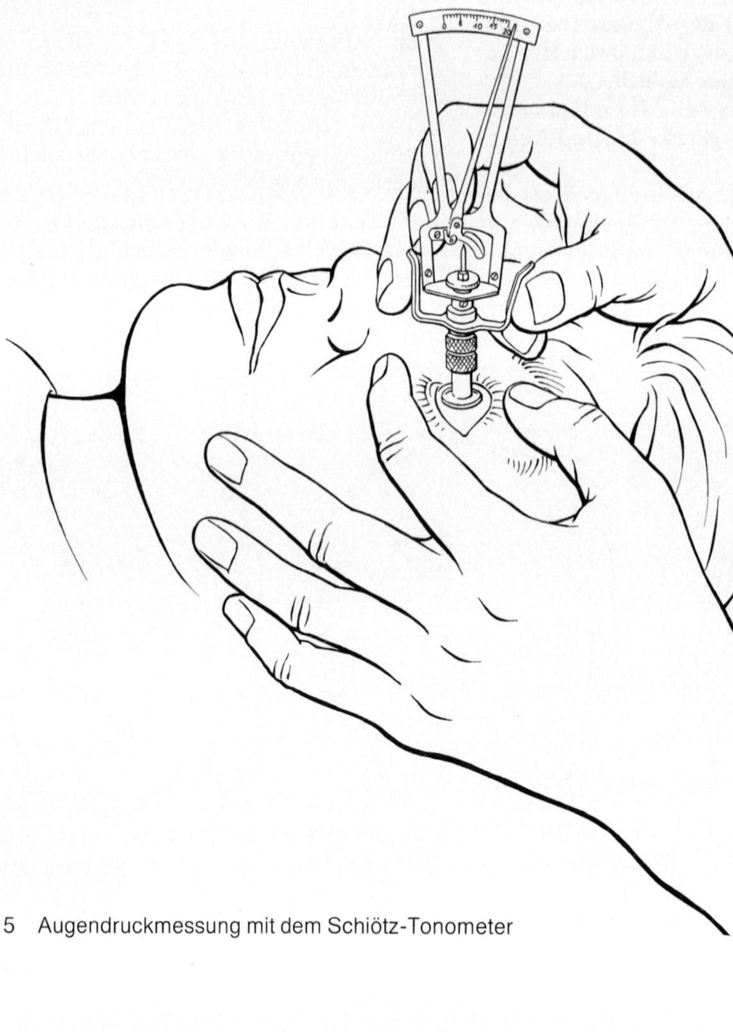

Abb. 5 Augendruckmessung mit dem Schiötz-Tonometer

Verdächtige Anzeichen sind:

- übergroße Augen;
- evtl. gerötete Augen und Tränen der Augen;
- eine gewisse Lichtscheu;
- trübe Hornhaut.

Sobald die Diagnose feststeht, muß möglichst noch im 1. Lebensjahr die Operation erfolgen, da dieser zerstörerische Prozeß sonst mit Sicherheit zur Erblindung führt.
Für die druckentlastende Operation gibt es verschiedene Verfahren, die auch mehrmals anwendbar sind.
Zur Diagnosefindung und auch zur regelmäßigen Kontrolle nach der Operation wird der Augeninnendruck mit einem speziellen Gerät, dem Tonometer, gemessen. Die Kinderkrankenschwester, die auf der Augenabteilung arbeitet, muß mit diesem Gerät umgehen können.
Die Fußplatte oder das Druckkörperchen des Meßgerätes wird direkt in Kontakt mit der vorher durch Tropfen anästhesierten Hornhaut gebracht. Der intraokulare Druck wird abgeleitet und kann an einer Meßskala bzw. Meßtrommel in kPa (mmHg) abgelesen werden (Abb. 5).
Nach der Messung wird das Gerät gereinigt und desinfiziert.

7.4.6. Umgang mit optischen Hilfsmitteln

Zu den Aufgaben der Kinderkrankenschwester zählt auch der sachgemäße und fachgerechte Umgang mit den wertvollen und für den Patienten unerläßlichen Sehhilfen bzw. Ersatzgeräten während des Krankenhausaufenthalts.

7.4.6.1. Brillen

Größere Kinder, die schon längere Zeit Brillenträger sind, haben sich sicher weitgehend an diese Situation gewöhnt und sind im Umgang mit der Brille geübt.
Kleinkinder und solche, die eine Brille neu verordnet bekommen, brauchen Anleitung und Hilfestellung. So ist es zunächst wichtig, die Kinder dahingehend zu beeinflussen, daß sie Einsicht in die Notwendigkeit des ständigen Tragens einer Brille entwickeln und dann auch lernen, sorgsam damit umzugehen und sie zu pflegen.

Reinigen der Brille

Um die Sehschärfe zu garantieren, ist es wichtig, daß die Brillengläser regelmäßig gesäubert werden.
Je nach Verschmutzung werden sie entweder trocken mit dem jedem Brillenetui beiliegenden weichen Läppchen oder naß gereinigt (z. B. bei harten angetrockneten Schmutzpartikeln).
Hat sich ein fettig-schmieriger Belag gebildet, empfiehlt es sich, eine alkoholische Lösung zur Reinigung zu verwenden. Zum Trockenreiben der Gläser darf nur ein Tuch verwendet werden, das weich ist und nicht fusselt.
Das Brillengestell wischt man am besten ab und zu mit Desinfektionslösung ab.
Während der Zeiten, in denen das Kind seine Brille nicht trägt (z. B. nachts oder bei diagnostischen oder therapeutischen Maßnahmen), ist sie am sichersten im passenden Etui aufgehoben, welches möglichst immer am gleichen Platz liegen soll, damit die Brille jederzeit wieder greifbar ist.
Die Kinderkrankenschwester hat auch darauf zu achten, daß andere Kinder nicht mit der Brille spielen und sie evtl. beschädigen.

7.4.6.2. Kontaktlinsen

Kontaktlinsen oder Haftschalen werden direkt auf der Hornhaut getragen.
Einsetzen und Herausnehmen, Reinigung und Pflege müssen sachgerecht und unter Beachtung hygienischer Maßnahmen erfolgen, um Schwierigkeiten und Unverträglichkeiten zu vermeiden.
Es gibt harte und weiche Kontaktlinsen, die unterschiedlich gepflegt und aufbewahrt werden müssen. Harte Kontaktlinsen werden nach der Oberflächenreinigung mit Leitungswasser abgespült und trocken aufbewahrt. Weiche sind besonders pflegebedürftig, Oberflächenreiniger und Abspüllösung sind erforderlich, und sie müssen in einer speziellen Lösung feucht aufbewahrt werden.

Beachte: Unvorschriftsmäßige chemische Lösungen (z. B. Alkohol, Azeton) können Kontaktlinsen zerstören, Fingernägel Kratzer hinterlassen!

Damit die beiden Schalen nicht verwechselt werden können, sind auf dem Deckel des Gefäßes Vermerke für rechts und links angebracht.
Vor jeder Berührung der Kontaktlinsen müssen die Hände gründlich gewaschen werden.
Das Einsetzen und Herausnehmen der Haftschalen geschieht am sichersten mit einem dem Set beiliegenden Sauger. Es kann entweder im Liegen oder im Sitzen erfolgen.

- Der Patient soll geradeaus schauen, die Lider werden mit 2 Fingern gespreizt.
- Die mit dem Sauger angesaugte Linse wird vorsichtig auf die Hornhaut aufgesetzt bzw. angehoben.

Das Einsetzen der Linse kann auch noch auf eine andere Art erfolgen, die allerdings ein wenig Übung voraussetzt.
Hierbei wird nach Spreizen der Lider und bei Geradeausblick des Patienten die auf der angefeuchteten Zeigefingerkuppe sitzende Kontaktlinse leicht auf die Hornhaut getippt.

7.4.6.3. Augenprothesen

Nach operativer Entfernung eines Auges (z. B. nach Unfallverletzung oder Tumorerkrankung) kann dem Patienten ein Glasauge eingesetzt werden, das dem natürlichen Auge in Farbe und Form weitgehend angepaßt ist und somit dem entstellenden Äußeren kosmetisch korrigierend entgegenwirkt. Die Eltern müssen informiert werden, daß ein wiederholtes Anpassen des Glasauges an die Größe des Kindes erforderlich ist.
Mit den Schwierigkeiten dieser neuen Situation fertig zu werden, ist für Kind und Eltern nicht leicht.
An die Tatsache, plötzlich nur noch ein Auge zur Verfügung zu haben, kann sich das Kind nicht so schnell gewöhnen. Die Kinderkrankenschwester kann ihm mit Verständnis, Hilfe und Ermutigung helfen, über die Anfangsprobleme hinwegzukommen.
In der ersten Woche nach der Operation wird dem Kind eine sog. Lochprothese eingesetzt. Das Loch befindet sich an der früheren Stelle der Pupille. Dadurch kommt Luft an die Wunde, was den Heilungsprozeß fördert. Auch Tropfen in die Augenhöhle können so verabreicht werden, ohne daß die Prothese jedesmal herausgenommen werden muß.
Damit das künstliche Auge durch ein eventuelles Herausgleiten aus der Hand beim Einsetzen oder Herausnehmen nicht beschädigt wird, muß dem Patienten immer ein Handtuch oder sonst eine weiche Unterlage vorgelegt werden.

Einsetzen der Prothese

- Der Form nach wird sie so gehalten, daß der kleinere schmale Teil zum inneren, der größere breite Teil zum äußeren Augenwinkel zeigt.
- Vor dem Einsetzen muß das künstliche Auge in lauwarmem Wasser angefeuchtet und erwärmt werden.
- Jetzt wird das Kind aufgefordert, nach unten zu blicken, das Oberlid hochgehoben und die Prothese daruntergeschoben.
- Dann soll der Patient nach oben schauen, und durch leichtes Abziehen des Unterlides läßt sich die Prothese in die richtige Lage bringen.

Herausnehmen der Prothese

- Mit einer Hand wird das Unterlid etwas heruntergezogen, mit der anderen das Oberlid leicht angehoben.
- Unter leichtem Druck auf das Oberlid läßt sich das Glasauge ohne Schwierigkeit herausschieben.
- Die Prothese kann auch mit Hilfe eines Glasstäbchens entfernt werden. Hierbei wird das Unterlid abgezogen, das Glasstäbchen unter den unteren Rand des künstlichen Auges geschoben und dann herausgehoben.

Täglich ist die Augenprothese mit lauwarmem Wasser zu reinigen und anschließend mit einem weichen Tuch abzutrocknen, damit es nicht zu Entzündungen des Bindehautsackes kommt.
Über Nacht kann sie entweder trocken oder auch in Desinfektionslösung aufbewahrt werden.
Die Augenhöhle wird vor dem Wiedereinsetzen der Prothese mit angewärmter isotoner Kochsalzlösung gespült. Hierzu kann eine Spritze oder die Undine verwendet werden.

Weiterführende Literatur

Hollwich, F., B. Verbeck: Augenheilkunde für Krankenpflegeberufe, 4. Aufl. Thieme, Stuttgart 1988
Küchle, H. J., H. Busse: Augenerkrankungen im Kindesalter. Thieme, Stuttgart 1985
Rath, W.: Sehbehindertenpädagogik. Kohlhammer, Stuttgart 1987

7.5. Pflege bei Kindern mit Erkrankungen im Hals-Nasen-Ohren-Bereich

H. Flasch

Notwendige Vorkenntnisse

- Anatomie und Physiologie des äußeren Ohrs, des Mittel- und Innenohrs,
- Anatomie und Physiologie der Nase und Nasennebenhöhlen,
- Anatomie und Physiologie der Rachen- und Halsorgane,
- Krankheiten des Kindes im Hals-Nasen-Ohren-Bereich.

Strukturnetz

7.5. Pflege bei Kindern mit Erkrankungen im Hals-Nasen-Ohren-Bereich

- 7.5.1. Pflege bei Erkrankungen von Nase und Nasennebenhöhlen
  - 7.5.1.1. Verletzungen der äußeren Nase
  - 7.5.1.2. Nasenbluten
  - 7.5.1.3. Akute Rhinitis
  - 7.5.1.4. Nasenfurunkel
  - 7.5.1.5. Nasennebenhöhlenentzündung, Sinusitis, Sinubronchitis
- 7.5.2. Pflege bei Erkrankungen im Rachenraum
  - 7.5.2.1. Akute Tonsillitis (Angina)
  - 7.5.2.2. Tonsillektomie
  - 7.5.2.3. Hyperplasie der Rachenmandel
- 7.5.3. Pflege bei Erkrankungen von Kehlkopf und Trachea
  - 7.5.3.1. Laryngitis
  - 7.5.3.2. Stenosierende Laryngotracheitis (Pseudokrupp)
  - 7.5.3.3. Epiglottitis, Glottisödem
  - siehe 8.7.3. Pflege des tracheotomierten Kindes
- 7.5.4. Pflege bei Erkrankungen des Halses
  - 7.5.4.1. Lypmphadenitis colli
  - 7.5.4.2. Halszysten, Halsfisteln
- 7.5.5. Pflege bei Erkrankungen des Ohres
  - 7.5.5.1. Gehörgangsfurunkel
  - 7.5.5.2. Otitis media
  - 7.5.5.3. Mastoiditis
- 7.5.6. Pflege bei Fremdkörpern im Hals-Nasen-Ohren-Bereich

Lehrziel

Aus dem großen Gebiet der Hals-Nasen-Ohren-Erkrankungen wird in diesem Teilkapitel eine Auswahl getroffen.

Die Kinderkrankenschwester soll über ihre Aufgaben bei der Pflege und Betreuung der ihr anvertrauten Kinder informiert werden, die an den hier beispielhaft aufgeführten Krankheiten leiden. Es sollte ihr dann auch möglich sein, die pflegerischen Maßnahmen auf weitere Hals-Nasen-Ohren-Krankheiten zu übertragen.

7.5.1. Pflege bei Erkrankungen von Nase und Nasennebenhöhlen

Lernziele

Nach Durcharbeitung dieses Abschnitts ist es Ihnen möglich,
- Beobachtungen und pflegerische Maßnahmen bei Weichteilverletzungen und Frakturen der Nase sowie bei Nasenblutungen wiederzugeben;
- die Pflege und Behandlung bei Kindern mit akuter Rhinitis, einem Nasenfurunkel und Entzündungen der Nasennebenhöhlen zu beschreiben.

7.5.1.1. Verletzungen der äußeren Nase

Hierbei muß unterschieden werden zwischen den verschiedenen Weichteilverletzungen (z. B. Schnitt-, Platz-, Riß- oder Bißwunden) und den Frakturen des knöchernen Teils der Nase.
Wunden werden chirurgisch versorgt durch Naht und Verband. Die Heilungsaussichten sind im allgemeinen günstig, enstellende Narbenbildungen relativ selten.
Bei Nasenbeinfrakturen sind die Kinder äußerst vorsichtig zu behandeln, da zunächst nicht genau feststeht, ob die Fraktur auf das Nasenbein begrenzt ist oder evtl. umgebende Bereiche mit erfaßt, z. B. knöcherne Verbindungen zu den Nebenhöhlen.
Operativ werden in Kurznarkose gebrochene oder eingesunkene Knochenteile reponiert, und anschließend wird die Nasenhöhle tamponiert.

Die Kinderkrankenschwester beobachtet

Bei Nasenbeinfraktur:

- starke Ödembildung an Nase, Wangen und evtl. auch Augenlidern;
- Monokel- oder Brillenhämatome;
- durch die Fraktur bedingte, mehr oder weniger auffällige Deformierung der Nase;
- bei Schleimhautverletzungen starkes Nasenbluten;
- Berührungsempfindlichkeit und heftige Schmerzäußerungen des Kindes.

Pflege und Behandlung

- Das Kind ist durch die schmerzhaften und zum Teil entstellenden Verletzungen meistens auch in seinem Allgemeinbefinden stark beeinträchtigt. Es braucht beruhigenden und aufmunternden Zuspruch und liebevolle, geduldige Zuwendung.
- Bei der Körperpflege, beim Betten, Verbandwechsel oder der Nahrungsverabreichung muß die Kinderkrankenschwester sehr behutsam handeln, um dem Kind unnötige Schmerzen zu ersparen.
- Gelagert wird das Kind mit erhöhtem Oberkörper, da dadurch eine verminderte Wunddurchblutung erreicht und somit die Blutungsgefahr verringert wird. Außerdem empfindet das Kind bei Hochlagerung weniger Schmerzen.
- Regelmäßige Puls- und Blutdruckkontrollen sind erforderlich sowie die Überwachung der Bewußtseinslage des Patienten.
- Angeordnete Medikamente sind vorschriftsmäßig zu verabreichen (z. B. Medikamente zum Abschwellen, gegen Schmerzen oder zur Beruhigung).
- Beim Einträufeln von Nasentropfen ist darauf zu achten, daß das Kind in Seitenlage mit leicht zurückgeneigtem Kopf gelagert wird, damit die Flüssigkeit seitlich die Nasenschleimhaut benetzen kann und nicht gleich in den Rachenraum abfließt.

7.5.1.2. Nasenbluten

Blutungen der Nasenschleimhaut, die verschiedene Ursachen haben können, entstehen häufig am sog. Kiesselbach-Ort, wo sich ein besonders dichtes Netz feinster Äderchen befindet.
Sie müssen rasch und auf die bestmögliche Weise zum Stillstand gebracht werden, um einen starken Blutverlust des Kindes mit den daraus entstehenden Gefahren zu vermeiden.

Pflege und Behandlung

- Das Kind, das beim Auftreten von Nasenbluten meistens erschrickt und in Angst und Aufregung geraten kann, ist von der Schwester vor allem zu beruhigen. Sie soll dem Kind sofort etwas reichen, um das herausfließende Blut aufzufangen (z. B. Papiertaschentuch oder Einmalhandtuch), und dann ohne Hast oder Hektik die erforderlichen Maßnahmen treffen.

- Zunächst kann die Schwester versuchen, die Blutung dadurch zum Stehen zu bringen, daß sie das Kind in eine sitzende Stellung mit nach vorn geneigtem Kopf bringt. Dadurch wird ein Absinken des Blutdrucks im Kopf erreicht, und außerdem schluckt das Kind kein Blut, was zum Erbrechen führen könnte. Zudem ist eine Kontrolle der Blutmenge möglich.
- Zusätzlich empfiehlt es sich, kalte feuchte Kompressen oder eine Eiskrawatte in den Nacken zu legen, um dadurch eine Kontraktion der Schleimhautgefäße zu erreichen.
- Entweder das Kind selbst oder die Schwester kann außerdem durch Anpressen des Nasenflügels an die Nasenscheidewand versuchen, blutende Gefäße zu komprimieren.
- Hält die Blutung trotz dieser Bemühungen an, muß der Facharzt hinzugezogen werden. Er kann dann, nach vorheriger Oberflächenanästhesie, verschiedene Maßnahmen zur Blutstillung ergreifen (z. B. das Einbringen blutstillender Medikamente, die Tamponade der Nase sowie die Ätzung oder Kauterisation blutender Gefäße).
- Aufgabe der Schwester hierbei ist es, die erforderlichen Vorbereitungen zu treffen, das Kind altersgemäß über die Eingriffe zu informieren und es dabei festzuhalten.
- Anschließend ist das Kind sorgfältig zu überwachen, vorrangig ist die Kontrolle der Vitalfunktionen.
- Niesen, Schneuzen oder starkes Pressen bei der Darmentleerung müssen vermieden werden, um durch den dabei entstehenden Überdruck nicht eine erneute Blutung herbeizuführen. Reizfaktoren, wie z. B. Staub, zu trockene Raumluft, sind möglichst auszuschließen, und für regelmäßigen Stuhlgang ist zu sorgen.

7.5.1.3. Akute Rhinitis

Während diese Erkrankung bei größeren Kindern oder Erwachsenen verhältnismäßig harmlos verläuft, sind Säuglinge dadurch in ihrem Allgemeinbefinden meistens sehr stark beeinträchtigt. Besonders groß ist bei ihnen auch die Gefahr der Ausbreitung der Infektion, z. B. auf das Mittelohr, die Nasennebenhöhlen oder die absteigenden Atemwege.

Die Kinderkrankenschwester beobachtet

- Stark vermehrte Schleimsekretion;
- gerötete Nase, Schleimhautschwellung;
- Berührungsempfindlichkeit an der Nase;
- Trinkschwierigkeiten bei Säuglingen wegen Atembehinderung;
- Mundatmung.

Pflege und Behandlung

- Die Reinigung der Nase mit Watte, zusammengerollten Zellstofftupfern oder weichen Papiertüchlein ist sehr behutsam, aber gründlich und immer bei Bedarf vorzunehmen.
- Angetrocknetes Sekret muß mit Wasser oder etwas Kinderöl entfernt werden.
- Die gerötete empfindliche Haut ist nach der Reinigung jedesmal mit Pflegecreme einzucremen.
- Die verordneten Medikamente in Form von Nasentropfen oder Nasensalbe müssen von der Schwester zu den festgsetzten Zeiten verabreicht werden. Immer ist, wenn nötig, vorher die Nase zu reinigen.
- Eventuell zusätzlich verordnete Maßnahmen, wie z. B. Rotlichtbestrahlung oder Inhalation, sind ebenfalls vorschriftsmäßig durchzuführen.

7.5.1.4. Nasenfurunkel

Bei dieser Erkrankung handelt es sich um eine Entzündung oder Eiterung der Talgdrüsen der Härchen in der Nase.

Die Kinderkrankenschwester beobachtet

- Je nach Lokalisation des Furunkels Schwellung, Rötung und Hyperthermie eines Nasenflügels oder der ganzen Nasenspitze und evtl. auch der Oberlippe;
- die Kinder sind sehr berührungsängstlich und klagen über Schmerzen;
- evtl. Tränenfluß.

Beachte: Hohes Fieber, Erbrechen oder Augenlidschwellung sind alarmierende Zeichen und müssen sofort dem Arzt gemeldet werden. Verdacht der Keimverschleppung auf dem Blutweg ins Gehirn!

Pflege und Behandlung

- Ein Nasenfurunkel ist für Kinder sehr schmerzhaft und unangenehm und wegen der großen Komplikationsgefahr eine nicht ungefährliche Erkrankung.
- Die Kinder sind daher sehr sorgfältig zu beobachten und zu überwachen.
- Die Körpertemperatur ist regelmäßig zu kontrollieren. Bei Auftreten von Fieber müssen die Kinder strenge Bettruhe einhalten.
- Jede unnötige Berührung der Nase, vor allem mit den Händen, ist zu vermeiden. Kleinkindern sind deshalb manchmal Armmanschetten anzulegen.
- Kühle, feuchte Auflagen mit Alkohol und das vorsichtige Einbringen von Nasensalbe haben schmerzlindernde und heilende Wirkung.
- Um möglichst jeden mechanischen Reiz auszuschließen, sollen die Kinder nur das Nötigste sprechen und auch das Kauen vermeiden. Es ist ihnen flüssig-breiige Kost zu verabreichen.
- Ist die Nase verschleimt, darf das Schneuzen nur äußerst vorsichtig erfolgen.
- Medikamentös werden die Patienten vor allem mit Antibiotika behandelt, die gewissenhafte Verabreichung ist Aufgabe der Schwester.
  Chirurgische oder sonstige mechanische Eingriffe werden wegen der Komplikationsgefahr unterlassen.

7.5.1.5. Sinusitis, Sinubronchitis (Nasennebenhöhlenentzündung)

Unter den Nasennebenhöhlenentzündungen rangiert die Erkrankung der Kieferhöhlen an erster Stelle. Sehr häufig geht die Entzündung über auf die unteren Luftwege, vor allem die Bronchien (Sinubronchitis).

Die Kinderkrankenschwester beobachtet

- Die Kinder machen einen kranken Eindruck. Sie sind mißgestimmt, appetitlos und wirken müde und teilnahmslos oder sind auch sehr unruhig.
- Absonderung von zähem Schleim und Eiter aus der Nase;
- erhöhte Körpertemperatur;
- Atemgeräusche und Hustenreiz, der manchmal Erbrechen zur Folge haben kann.
- Größere Kinder klagen über Kopfschmerzen, besonders wenn sie sich bücken.

Pflege und Behandlung

Das Wichtigste ist zunächst, dafür zu sorgen, daß das Kind möglichst ungehindert atmen kann. Dazu gehören die häufige sorgfältige *Reinigung* der Nase oder auch das Absaugen des schleimig-eitrigen Sekrets und die regelmäßige Verabreichung abschwellender Medikamente.

Lokale *Wärmeanwendung* (z. B. durch Solluxlampe, Kurz- oder Mikrowellengeräte) soll bei der fieberhaften akuten eitrigen Sinusitis eine stärkere Durchblutung der erkrankten Schleimhaut bewirken und dadurch die Heilung beschleunigen. Hierbei darf das Kind nicht allein gelassen werden. Es kann Angst bekommen, und daher ist es unerläßlich, daß die Schwester bei ihm bleibt, ihm die Hand hält und es dadurch ihre Nähe spürt.

Verordnete *Medikamente*, z. B. Antipyretika oder Antibiotika, sind vorschriftsmäßig zu verabreichen.

Auch Inhalationen mit abschwellenden oder entzündungshemmenden Medikamenten sind zu festgesetzten Zeiten durchzuführen (Kap. 6.2.5.4).

In der häuslichen Pflege bringt im Einzelfall ein Kamillendampfbad dem Kind Erleichterung (S. 190). Voraussetzung hierfür sind allerdings stabile Kreislaufverhältnisse.

Besonderheit

Wenn die intensive konservative Behandlung nach einiger Zeit nicht zur Besserung des Krankheitszustands führt, kann der Arzt sich jeden 2. oder 3. Tag zu einer *Spülung der Kieferhöhlen* entscheiden.

Material zur Kieferhöhlenspülung

- Oberflächenanästhetikum (als Spray oder zum Aufpinseln),
- Watteträger,
- Gummituch und Windel zum Schutz der Kleidung des Kindes,
- schwarze Nierenschale (um evtl. Schleim oder Eiter besser erkennen zu können),

- Behälter mit ungefähr 1 l körperwarmer Spülflüssigkeit (z. B. Wasser oder Kamillosanlösung),
- eine scharfe gerade und eine stumpfe gebogene sterile Spülnadel,
- eine große Einwegspritze (20 ml) oder ein Spezialgerät, die sog. Klysopumpe,
- Nasenspekulum.

Durchführung

- Nachdem die Schwester das Kind altersgemäß über den bevorstehenden Eingriff informiert hat, legt sie ihm Gummituch und Windel um die Schultern und bringt es in sitzende Stellung, dem Arzt zugewandt. Kleinkinder muß sie auf den Schoß nehmen.
- Der Kopf des Kindes wird während der Spülung nach vorn über die Nierenschale geneigt.
- Nachdem er zuvor die Nasenschleimhaut anästhesiert hat, spreizt der Arzt mit dem Nasenspekulum die Nasenöffnung und führt ein stumpfes gebogenes Kieferhöhlenröhrchen durch die natürliche Öffnung der Kieferhöhle im mittleren Nasengang ein.
  In selteneren Fällen sticht er vom unteren Nasengang aus mit einer geraden, spitzen Spülnadel (mit Trokar) durch die dünne Knochenwand zwischen Nase und Kieferhöhle. Nach dem Einstich zieht der Arzt den Trokar aus der Nadel und verbindet sie mit der zuvor luftleer gemachten und mit Spülflüssigkeit gefüllten Spülspritze oder der Schlauchpumpe, deren Ende in den Spülbehälter hineinragt.
- Im Verlauf der nun folgenden Spülung muß die Schwester das Kind mit vorgeneigtem Kopf fixieren und gleichzeitig die Nierenschale unter die Nase halten.
- Die Spülflüssigkeit fließt normalerweise von der Kieferhöhle durch die Verbindung zur Nase und durch die Nasenöffnung heraus in die Nierenschale.
- Sind Eiter oder Schleim erkennbar, kann der Arzt im Anschluß an die Spülung noch ein Medikament instillieren.
- Von der Spülflüssigkeit ist eine Probe für die Laboruntersuchung zum Erregernachweis zu entnehmen.
- Nachdem der Arzt die Spülnadel mit dem Trokar wieder verschlossen hat, zieht er sie aus der Kieferhöhle heraus.
- Die Schwester bringt das Kind nach dem Eingriff wieder ins Bett und lagert es auf die erkrankte Seite. Sie muß es gut beobachten und vor allem sein Aussehen sowie Puls, Blutdruck und Temperatur regelmäßig kontrollieren.

7.5.2. Pflege bei Erkrankungen im Rachenraum

Lernziele

Am Ende der Erarbeitung dieser Thematik können Sie

- Beobachtungen und pflegerische Maßahmen bei Kindern mit akuter Tonsillitis beschreiben;
- erklären, wie Kinder nach Tonsillektomie und Adenotomie pflegerisch zu betreuen sind.

7.5.2.1. Akute Tonsillitis (Angina)

Die Ursache dieser Erkrankung ist neben einer viralen eine bakterielle Infektion durch Streptokokken, die sich in den Krypten der Gaumenmandeln festsetzen, vermehren und zu Entzündungen und Eiterungen der Tonsillen führen.

Die Kinderkrankenschwester beobachtet

- Das Kind klagt über Schmerzen beim Schlucken;
- mehr oder weniger hoher Anstieg der Körpertemperatur;
- bei Inspektion des Rachens starke Rötung, angeschwollene Tonsillen, evtl. mit eitrigen Pfröpfchen oder Belägen.

Pflege und Behandlung

- Die Kinder benötigen so lange Bettruhe, bis sie fieberfrei sind.
- Sorgfältige Körperpflege und häufiger Wäschewechsel sind besonders bei hohem Fieber erforderlich, wenn die Kinder viel schwitzen.
- Kühle Getränke oder Speiseeis wirken wohltuend und lindern die Schluckbeschwerden.
- Je nach Anordnung kann dem Kind entweder ein- oder mehrmals am Tag 30–60 Minuten lang ein kühler oder warmer feuchter Halswickel angelegt werden.
- Vom Arzt verordnete Medikamente, z. B. Antibiotika und schmerzstillende Mittel, sind dem Kind von der Schwester zu geben.

- Die Kinder sind in der Regel appetitlos. Die Kinderkrankenschwester sollte daher leichte, vitaminreiche möglichst weiche, evtl. passierte Kost und kleine Mengen anbieten und bei der Ernährung soweit wie möglich die Wünsche der Kinder berücksichtigen.
- Um Folgeerkrankungen frühzeitig erkennen zu können (z. B. Gelenkrheuma, Nieren- oder Herzerkrankungen), muß die Schwester Herz- und Kreislauf kontinuierlich überwachen und den Allgemeinzustand des Kindes aufmerksam beobachten.
- Blutbild, Blutsenkung und Urinkontrollen gehören ebenfalls zu den laufenden Untersuchungen, bei denen der Schwester die vorbereitenden, assistierenden und organisatorischen Aufgaben zufallen.

7.5.2.2. Tonsillektomie

Bei bestimmten Indikationen und zur Verhütung von Zweiterkrankungen wird auch schon im Kindesalter die vollständige Entfernung der Gaumenmandeln, die Tonsillektomie, angestrebt und durchgeführt.
Sie wird entweder in Lokalanästhesie beim sitzenden oder in Narkose beim liegenden Patienten durchgeführt.
Nach den präoperativen Maßnahmen (S. 484) wird das Kind in den Operationsraum gebracht, wo der Arzt den Eingriff vornimmt.

Pflege und Behandlung

- Nach der Tonsillektomie in Narkose wird das Kind im Bett flach und in Seiten- oder evtl. auch Bauchlage gelagert, um der Aspirationsgefahr entgegenzuwirken.
- Zum Schutz des Bettes wird ein Molton- oder Spanntuch über den Kopfteil der Matratze gebreitet. Zellstoffplatten und Nierenschale müssen bereitstehen, um herausfließendes Blut oder Speichel auffangen zu können.
- Wurde der Eingriff in Lokalanästhesie durchgeführt, empfiehlt sich eher die Lagerung mit leicht erhöhtem Oberkörper. Auf diese Weise wird eine starke Durchblutung des Wundgebiets und damit die Gefahr der Nachblutung vermindert.
- Durch das Anlegen einer Eiskrawatte (S. 188) wird die Verengung der Gefäße bewirkt und dadurch die Blutungsbereitschaft herabgesetzt.
- Das Sprechen soll eingeschränkt werden.
- Atmung, Puls und Blutdruck sind kontinuierlich zu kontrollieren.

Beachte: Nicht nur Blutaustritt aus dem Mund oder der Nase sind Anzeichen einer Nachblutung, sondern auch auffallende Blässe des Kindes, Blutdruckabfall, flacher, schneller Puls und Blutschlucken!

- In den ersten postoperativen Tagen klagen die Kinder über Schmerzen beim Schlucken und Sprechen. Nach ärztlicher Anordnung können, besonders vor den Mahlzeiten, anästhesierende Lutschtabletten oder Analgetika in Form von Suppositorien (falls kein venöser Zugang vorhanden ist) verabreicht werden.
- Wichtig ist jedoch, die Kautätigkeit anzuregen, um eine Entzündung der Ohrspeicheldrüse zu verhüten. Die Kinder sind auch frühzeitig zum Schlucken ihres Speichels aufzufordern, damit der erste Tee nicht so starke Schluckbeschwerden bereitet.
- Zähneputzen entweder weglassen oder äußerst vorsichtig durchführen (Verletzungsgefahr), Haare nicht waschen (Nachblutungsgefahr).
- Für geregelte Stuhlentleerung ist zu sorgen, die Kinder dürfen sich dabei nicht anstrengen, da es dadurch zur Nachblutung kommen kann.

Ernährung

- 4–6 Stunden nach der Operation können die Kinder schluckweise eisgekühlten Tee zu trinken bekommen (keinen Fruchttee!).
- Die Ernährung kann dann weitgehend normal erfolgen. Brotrinden sollten in den ersten Tagen abgeschnitten werden, scharf gewürzte Speisen sowie Obstsäfte oder Früchte dürfen nicht gegeben werden. Das würde auf den frischen Wundflächen einen zu starken Reiz ausüben, heftige Schmerzen auslösen, und es könnten auch Blutungen auftreten.
- Das Essen darf nicht zu warm gereicht werden. Mit einer Portion Speiseeis (kein Fruchteis!) zum Nachtisch bereitet man den Kindern meistens eine große Freude.
- Schokolade und Bananen sollten nach einer Tonsillektomie auch nicht gegeben werden. Auch sie verursachen Schluckschmerzen und können Blutungen hervorrufen.

Bei komplikationslosem Verlauf der postoperativen Phase fühlen sich die Kinder in der Regel bald nach der Operation wieder recht wohl. Sie können aufstehen und brauchen Abwechslung durch Spiel und Beschäftigung.
Da sich zwischen dem 4. und 6. postoperativen Tag die Wundbeläge zu lösen beginnen, besteht in dieser Zeit erhöhte Nachblutungsgefahr.
Vor Infektionen sind die Kinder zu schützen. Pflegepersonen oder Besucher mit grippalen Infekten sollten sich von ihnen fernhalten.
Auch nach der Entlassung sind aus diesem Grund noch Kindergarten- oder Schulbesuch sowie Aufenthalte bei großen Menschenansammlungen (z. B. in Bussen, Straßenbahnen oder Kaufhäusern) zu unterlassen.
Da der stationäre Aufenthalt eines Kindes nach einer Tonsillektomie nur etwa 1 Woche dauert, müssen die Eltern vom Arzt bei der Entlassung Informationen über die weitere Betreuung ihres Kindes erhalten.
Zusätzlich gibt es in den meisten Kliniken Merkblätter, die den Eltern mitgegeben werden.

7.5.2.3. Hyperplasie der Rachenmandel

Die Vergrößerung der Rachenmandel ist im Kindesalter relativ häufig. Sie kann zu starker Beeinträchtigung des Allgemeinbefindens und rezidivierenden Infektionen im Bereich der Atemwege, insbesondere auch der Ohren, führen.

Die Kinderkrankenschwester beobachtet

- Die Kinder atmen, bedingt durch die behinderte Nasenatmung, ständig mit geöffnetem Mund, und der Gesichtsausdruck wirkt dadurch etwas stupide;
- sie schnarchen und schlafen oft auch sehr unruhig.
- Die Kinder hören schlecht.

Pflege und Behandlung

Die bestmögliche Behandlung besteht in der *Adenotomie,* d. h. der operativen Entfernung der Rachenmandel.
Bei diesem kleinen und relativ harmlosen Eingriff, der entweder in Kurznarkose oder Lokalanästhesie durchgeführt wird, trägt der Facharzt die hypertrophe Rachenmandel mit einem Spezialinstrument (z. B. Ringmesser nach Beckmann) ab.
Pflege und Ernährung sind im allgemeinen wie nach einer Tonsillektomie durchzuführen.
Wundschmerz oder Schluckbeschwerden sind aber weit weniger heftig und dauern auch nur kurze Zeit an. Auf ärztliche Anordnung erhalten die Kinder Analgetika, meist in Form von Suppositorien.
Zu Komplikationen kann es hauptsächlich durch Nachblutungen kommen. Die Kinderkrankenschwester muß daher das Kind am Operationstag gewissenhaft überwachen und regelmäßige Kontrollen der Vitalfunktionen durchführen.

7.5.3. Pflege bei Erkrankungen von Kehlkopf und Trachea

Lernziele

Wenn Sie sich mit diesem Teilabschnitt befaßt haben, können Sie
- die charakteristischen Krankheitszeichen bei Kindern mit Laryngitis, stenosierender Laryngotracheitis und Epiglottis nennen;
- Auskunft geben über umfassende Pflege- und Behandlungsmöglichkeiten der betroffenen Patienten.

7.5.3.1. Laryngitis

Die entzündliche Schwellung der Kehlkopfschleimhaut und der Stimmbänder tritt häufig in Zusammenhang mit einer Virusinfektion der oberen Luftwege auf, kann aber auch als isolierte Erkrankung vorkommen.

Die Kinderkrankenschwester beobachtet

- als charakteristisches Zeichen mehr oder weniger stark ausgeprägte Heiserkeit, die sich bis zur Aphonie entwickeln kann;
- erhöhte Körpertemperaturen;
- trockener, von Schmerzäußerungen begleiteter Reizhusten der Kinder, hauptsächlich während der Nacht;
- die Kinder husten im weiteren Verlauf der Erkrankung vermehrt schleimig-eitriges Sekret ab;
- Appetitlosigkeit und Trinkunlust und evtl. Klagen über Kopfschmerzen.

Pflege und Behandlung

- Die medikamentöse Behandlung besteht hauptsächlich in der Verabreichung von entzündungshemmenden, schleimlösenden und schmerzstillenden Mitteln in jeweils vom Arzt angeordneter Form und Dosierung.
- Sehr reizlindernd, heilend und damit erleichternd wirken 1- bis 2mal täglich Inhalationen mit medikamentösen Zusätzen (S. 192).
- Weiterhin können feucht-warme oder feucht-kühle Halswickel angelegt werden.
- Kleine und häufige, vitaminreiche Mahlzeiten sollten den Kindern angeboten werden.
- Der Flüssigkeitsbedarf ist meistens groß, es ist daher für ein reichhaltiges Angebot an Getränken zu sorgen.
- Bei starker Verschleimung müssen die Kinder hochgelagert werden, und das Krankenzimmer muß mehrmals am Tag gut durchgelüftet werden. Eventuell können die Kinder auch der Freiluftbehandlung ausgesetzt werden.

7.5.3.2. Stenosierende Laryngotracheitis (Pseudokrupp)

Hierbei handelt es sich um eine vorwiegend im Kleinkindalter auftretende und nur selten lebensbedrohliche Verlaufsform eines Atemwegsinfektes.

Die Kinderkrankenschwester beobachtet

- Rasch zunehmende Heiserkeit und bellender Husten;
- deutlich wahrnehmbarer, vor allem nachts auftretender, inspiratorischer Stridor mit thorakalen Einziehungen;
- starke Unruhe (bedingt durch Atemnot), verbunden mit Schweißausbrüchen;
- Trinkunlust und Trockenheit von Mund und Lippen;
- evtl. hohes Fieber;
- blaßgraue Gesichtsfarbe, evtl. Lippenzyanose und ängstlicher Gesichtsausdruck der Kinder;
- im schlimmsten Fall Atemstillstand, Kreislaufversagen, Bewußtseinstrübung.

Pflege und Behandlung

- Bei leichterem Verlauf der Erkrankung wird das Kind einer Freiluftbehandlung ausgesetzt (S. 190) und mit dem Oberkörper hochgelagert.
- Zusätzlich muß die Atemluft mittels eines Verneblergerätes angefeuchtet werden und dem Kind evtl. Sauerstoff zugeführt werden (z. B. über eine Sonde, einen Trichter oder mittels einer Croupette).
- Da durch die Atmung viel Flüssigkeit verloren geht, ist es wichtig, diese dem Kind in erhöhtem Maße, in der Regel durch Infusionstherapie, zuzuführen.
- Für den Notfall müssen Intubationsbesteck, Absauggerät, Beatmungsbeutel und das Medikamententablett mit rasch wirkenden Medikamenten zur Kreislaufunterstützung, Atemanregung, Sedierung sowie Kortikosteroiden bereitliegen.
- Eventuell muß das Kind an einen EKG- und Apnoemonitor angeschlossen werden.
- Abschwellende und sedierende Medikamente werden nach ärztlicher Anordnung injiziert.
- Kontinuierlich müssen Atmung, Puls, Blutdruck und Temperatur des Kindes kontrolliert werden. Alle ermittelten Werte sowie sonstige therapeutische Maßnahmen und Beobachtungen über den Krankheitszustand des Kindes sind in das Verlaufsprotokoll einzutragen.
- Ganz wichtig ist es, daß das Kind ständig die beruhigende Nähe einer Schwester oder auch der Eltern spürt, damit aufkommende Angstzustände sofort durch ruhigen Zuspruch oder liebevolle Berührung abgebaut werden können.
- Es muß auch daran gedacht werden, das Kind durch diagnostische und therapeutische Maßnahmen nicht zu oft zu stören. Soweit wie möglich sind diese zu koordinieren.
- Bei rapider Verschlechterung des Krankheitszustands mit bedrohlicher Atemnot oder Atemstillstand muß sofort der Arzt gerufen werden, der dann manchmal nur noch durch Intubation (S. 636) oder auch Tracheotomie (S. 648) für die notwendige Sauerstoffzufuhr sorgen kann.

Beachte: Absaugen der Atemwege nur in Verbindung mit der Intubation vornehmen! Gefahr des Atemstillstandes!

7.5.3.3. Epiglottitis, Glottisödem

Die Infektion mit dem Bakterium Haemophilus influenzae löst die gefürchtete, lebensbedrohliche Kehldeckelentzündung aus.
Ursachen wie Verbrühung, Verätzung, Insektenstich, allergische Reaktionen können zu einer ödematösen Schwellung im Bereich des Kehlkopfeingangs (Glottisödem) führen. In beiden Fällen besteht akute Lebensgefahr!

Die Kinderkrankenschwester beobachtet

Bei der Epiglottitis:
- ängstliches Aussehen des Kindes;
- die Kinder klagen über starke Schluckschmerzen;
- vermehrter Speichelfluß;
- Nahrungsverweigerung, zum Teil aus Angst vor Schmerzen;
- stark beeinträchtigter Allgemeinzustand.

Bei Glottisödem:
- akute Atemnot, verbunden mit den bereits beim Pseudokrupp beschriebenen Erscheinungen.

Pflege und Behandlung

- Sie erfolgt im wesentlichen in der gleichen Weise wie bei einem Kind mit schwerer stenosierender Laryngotracheitis.
- Bei zunehmender Atemnot und Verschlechterung des Allgemeinzustands muß ebenfalls durch Intubation oder ausnahmsweise Tracheotomie für sofortige Sauerstoffzufuhr gesorgt werden.

7.5.4. Pflege bei Erkrankungen des Halses

Lernziele

Sie haben sich erfolgreich mit diesem Thema befaßt, wenn Sie
- erläutern können, welche Krankheitserscheinungen bei der Lymphadenitis colli bei Kindern mit Halszysten oder Halsfisteln zu beobachten sind;
- darlegen können, wie sich Pflege und Behandlung daraus ergeben.

7.5.4.1. Lymphadenitis colli

Die entzündlichen Schwellungen der Halslymphknoten kommen im Kindesalter recht häufig vor. Ursachen dafür sind oft bakterielle oder virusbedingte entzündliche Erkrankungen, z. B. im Bereich der Mundhöhle, Zähne oder Tonsillen.

Die Kinderkrankenschwester beobachtet

- Rasch zunehmende Schwellung eines oder mehrerer seitlicher Halslymphknoten;
- teilweise hohes Fieber;
- daß das Kind bei Kopfbewegungen und besonders beim Abtasten heftige Schmerzen empfindet und eine Kopfschonhaltung einnimmt;
- eventuelle Schluckstörungen.

Pflege und Behandlung

- Liegt der Lymphadenitis ein Krankheitsherd zugrunde, wird sie sich unter dessen medikamentöser Behandlung auch zurückbilden.
- Schmerzlindernd wirken Breiumschläge (Kataplasmen), s. S. 190.

Besonderheit

Kommt es nicht zur allmählichen Abschwellung und Ausheilung, sondern zur eitrigen Einschmelzung des Lymphknotens mit anschließender Abszeßbildung, so muß dieser operativ eröffnet und ausgeräumt werden.
Die Wunde wird danach durch eine Wunddrainage offengehalten. Täglich sterile Verbandwechsel und die ärztlich angeordnete Wundbehandlung sind von der Schwester durchzuführen (S. 486).

7.5.4.2. Halszysten, Halsfisteln

Mediane oder laterale Halszysten im Kindesalter sind Fehlbildungen, die in der embryonalen Entwicklung entstanden sind. Manchmal erfolgt die Entleerung der Zysten nach außen durch eine Fistel.

Die Kinderkrankenschwester beobachtet

- Entweder in der Mitte des Halses über dem Kehlkopf oder vor dem Zungenbein oder seitlich am Hals gelegene runde Vorwölbungen;
- kleine Fistelöffnung, aus der trüb-seröse Flüssigkeit austritt.

Pflege und Behandlung

Halszysten und -fisteln müssen operativ entfernt werden, da sie eine ständige Quelle für Infektionen darstellen. Es handelt sich dabei um einen relativ kleinen Eingriff, der in Narkose vorgenommen wird.
Die prä- und postoperative pflegerische Betreuung des Kindes übernimmt die Kinderkrankenschwester (Kap. 7.19.).

7.5.5. Pflege bei Erkrankungen des Ohres

Lernziele

Nachdem Sie sich über dieses Gebiet informiert haben, sind Sie in der Lage,
- Beobachtungen und die Pflege eines Kindes mit einem Gehörgangsfurunkel darzustellen;
- die Anzeichen einer Otitis media zu nennen und deren spezielle Pflege- und Behandlungsmaßnahmen zu beschreiben;
- die zum Krankheitsbild einer Mastoiditis gehörenden krankhaften Veränderungen sowie deren pflegerische und therapeutische Behandlungsmöglichkeiten aufzuführen.

7.5.5.1. Gehörgangsfurunkel

Ein Gehörgangsfurunkel entwickelt sich durch eine bakterielle Haarbalgentzündung.

Die Kinderkrankenschwester beobachtet

- Die Kinder empfinden jede Berührung der Ohrmuschel als äußerst schmerzhaft und wehren sich dagegen;
- sie fassen sich häufig ans Ohr und sind sehr unruhig und weinerlich,
- bei Einblick in den Gehörgang gerötete Verdickung, in deren Mitte ein Eiterpfropf erkennbar ist.

Pflege und Behandlung

- In der Regel wird ein Gehörgangsfurunkel nicht inzidiert.
- Täglich werden vom Arzt mit entzündungshemmender, meist antibiotischer Salbe versehene sterile Mullstreifen mit der Kniepinzette vorsichtig eingelegt. Zusätzlich wird meist auch eine allgemeine Antibiotikatherapie angeordnet.
- Das Ohr muß zur Verhütung einer Schmierinfektion mit einem lockeren Verband abgedeckt werden, der am besten mit einem Häubchen aus Schlauchmull befestigt wird.
- Rotlichtbestrahlungen werden auch gern angeordnet. Sie werden vom Kind angenehm empfunden und bewirken einen Rückgang der Entzündung oder eine schnellere Eröffnung des Furunkels.
- Das Kind wird auf die erkrankte Seite gelagert, um einen ungehinderten Abfluß des Eiters zu gewährleisten.

7.5.5.2. Otitis media

Die akute Entzündung der Mittelohrschleimhaut wird oft durch Krankheitserreger verursacht, die im Verlauf einer infektiösen Erkrankung im Nasen-Rachen-Raum über die Eustachische Röhre in das Mittelohr gelangen.

Die Kinderkrankenschwester beobachtet

Bei Säuglingen:
- Trinkunlust und Erbrechen;
- gesteigerte Unruhe, Hin- und Herdrehen des Kopfes und anhaltendes, sicher durch große Schmerzen begründetes Schreien des Kindes;
- die Kinder fassen sich häufig ans Ohr;
- evtl. hohe Körpertemperaturen;
- Auftreten vermehrter und dünner Stühle;
- eitrig-schleimige Absonderungen aus dem Ohr nach Trommelfelldurchbruch.

Bei älteren Kindern:
- einige Tage hohes Fieber;
- die Kinder klagen über starke stechende Ohrenschmerzen;
- sie reagieren auch sehr empfindlich auf Druckschmerz hinter dem Ohr;
- Beeinträchtigung des Hörvermögens, besonders bei beidseitiger Erkrankung;
- nach Trommelfelldurchbruch eitrig-schleimige Absonderungen aus dem Ohr.

Pflege und Behandlung

Vor allem kann, neben anderen medikamentösen Verordnungen, die Verabreichung schleimhautabschwellender Nasentropfen oder schmerzlindernder Ohrentropfen indiziert sein. Säuglinge sollten oft auf den Arm genommen werden, da dadurch eine bessere Belüftung von Nasen-Rachen-Raum und Mittelohr erreicht wird.

Beachte: Die Verabreichung von Ohrentropfen erfolgt
- nie vor einer ärztlichen Inspektion der Ohren, um die Sicht nicht zu behindern,
- niemals bei einer Verletzung des Trommelfells und
- nur auf ärztliche Anordnung.
- Ohrentropfen oder andere verordnete Flüssigkeiten (z. B. Olivenöl), die zur Ohreinträufelung verwendet werden, müssen auf Zimmertemperatur erwärmt werden.

Jedes Kind muß sein eigenes Tropffläschchen oder seine eigene Tropfpipette haben.

Parazentese. Bei Verdacht auf eine Eiteransammlung oder einem Erguß im Mittelohr kann der Arzt eine Trommelfelleröffnung (Parazentese) vornehmen. Die Schwester legt die benötigten Gegenstände bereit und hält das Kind während des Eingriffs fest.

Gegenstände zur Parazentese (Abb. 6a–j):
- Parazentesenadel oder feine lange Kanüle (d),
- Stirnreflektor und Lichtquelle (a),
- Kniepinzette (c),
- Ohrentrichter in verschiedenen Größen (i),
- Otoskop (b),
- Watteträger (e),
- mehrere Lagen Zellstoff (g),
- Abstrichröhrchen (f),
- gut deckende Paste (j),
- Nierenschale (h).

Vorbereitung des Kindes:
- Säuglingen und Kleinkindern wird auf Anordnung des Arztes evtl. vor dem Eingriff ein Sedativum verabreicht.
- Bei sehr unruhigen Kindern kann auch eine Kurznarkose eingeleitet werden.
- Kleinen Kindern fixiert man am besten mit einem Badetuch oder einer Windel die Arme am Rumpf.
- Wird die Parazentese im Sitzen durchgeführt, muß die Schwester die dem Arzt zugewandte Schulter des Kindes mit mehreren Lagen Zellstoff abdecken.
- Beim liegenden Patienten werden das Bett oder der Untersuchungstisch mit Krankenunterlagen geschützt. Die Schulter wird ebenfalls mit Zellstoff abgedeckt.

Durchführung der Parazentese:

Der Arzt führt einen möglichst weiten Ohrentrichter in das Ohr ein, durch den er dann entweder mit der Parazentesenadel oder einer Kanüle das Trommelfell eröffnet.

Beachte: Bei dieser Maßnahme ist es sehr wichtig, daß das Kind absolut ruhig gehalten wird, da sonst gefährliche Verletzungen gesetzt werden können.

Abb. 6a–j
Gegenstände zur Parazentese

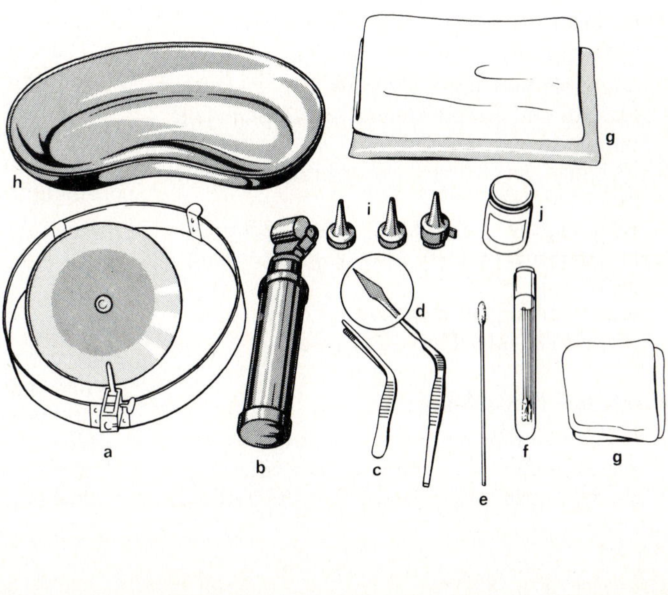

Pflege nach dem Eingriff

- Zunächst wird sofort ein Abstrich entnommen, der dann im Abstrichröhrchen zur Erregerbestimmung ins Labor geschickt wird.
- Die Ohrmuschel muß mit Zellstoff oder einem Einmalhandtuch von herausgeflossenem Sekret gereinigt werden.
- Um die Haut vor weiterhin ausfließendem Sekret zu schützen, wird die Ohrmuschel mit einer Fettcreme versehen, mit Watte abgedeckt und ein Schlauchmullverband angelegt.
- Die Schwester legt das Kind im Bett auf die erkrankte Seite, damit ein ungehinderter Abfluß gewährleistet ist.
- Das Kind, das vielleicht sehr erregt ist oder weint, muß beruhigt und getröstet werden.
- Der Verband muß bei Bedarf erneuert werden.
- Abfälle werden beseitigt und benützte Gegenstände und Instrumente gereinigt und sterilisiert.

Die weitere medikamentöse oder physikalische Behandlung der Otitis media (z. B. die Anwendung von trockener Wärme) richtet sich nach ärztlicher Anweisung.

7.5.5.3. Mastoiditis

Die häufigste Komplikation der Otitis media ist die Entzündung und Vereiterung des Warzenfortsatzes und seiner pneumatischen Hohlräume.

Die Kinderkrankenschwester beobachtet

- die Kinder sind entweder sehr unruhig oder aber apathisch und appetitlos;
- Druck- und Klopfschmerz hinter dem Ohr und über dem Mastoid;
- Neigung des Kopfes zur erkrankten Seite hin;
- Rötung und Verdickung hinter dem Ohr und dadurch evtl. ein abstehendes Ohrläppchen;
- nach Abklingen der akuten Otitis media tritt ein erneuter Fieberanstieg auf.

Pflege und Behandlung

- Da die Gefahr einer Ausbreitung des Prozesses in das Schädelinnere oder einer Sepsis sehr groß ist, besteht die Behandlung einer eitrigen Mastoiditis meistens in der chirurgischen Eröffnung und Ausräumung des Eiterherdes *(Antrotomie bzw. Mastoidektomie)*.
- Nach der Operation, die in Narkose vorgenommen wird, muß das Kind gut überwacht werden.
- Die Schwester muß auf Nachblutungen im Wundbereich achten.
- Verbandwechsel sind unter sterilen Bedingungen durchzuführen (S. 486).
- Die Schwester verabreicht schmerzstillende, sedierende oder weitere Medikamente, die der Arzt verordnet.

7.5.6. Pflege bei Fremdkörpern im Hals-Nasen-Ohren-Bereich

Lernziele

Sie haben sich ausreichend über diese Thematik informiert, wenn Sie
- berichten können, auf welche Weise Fremdkörper am besten entfernt werden können;
- die zu einer Ohrspülung benötigten Gegenstände aufzählen und deren Durchführung wiedergeben können.

Fremdkörper können auf die verschiedenste Art und Weise in den Gehörgang, die Nase, in Kehlkopf, Trachea oder Bronchien gelangen. Sie müssen so schnell wie möglich entfernt werden, da sonst sehr bald Reizerscheinungen, Entzündungen oder schwerwiegende Komplikationen hervorgerufen werden.
Die *Entfernung von Fremdkörpern* muß *immer vom Facharzt* vorgenommen werden. Die Kinderkrankenschwester sollte in der Lage sein, dabei zu assistieren.
Fremdkörper aus dem Ohr können manchmal durch eine Ohrspülung herausbefördert werden, z. B. wenn es sich um harte, nichtquellende Dinge handelt oder einen hartnäckigen Zerumenpfropf.

Erforderliche Gegenstände (Abb. 7a–g)

- Spülspritze (Einweg- oder Janet-Spritze) mit Gummi- oder Kunststoffansatzstück (a),
- körperwarme Spülflüssigkeit (Wasser, Kamillosan- oder isotone Kochsalzlösung (c),
- Kniepinzette (d, e),
- Zellstofftupfer, Watteträger (f),
- Ohrhäkchen (b),
- Nierenschale (g).

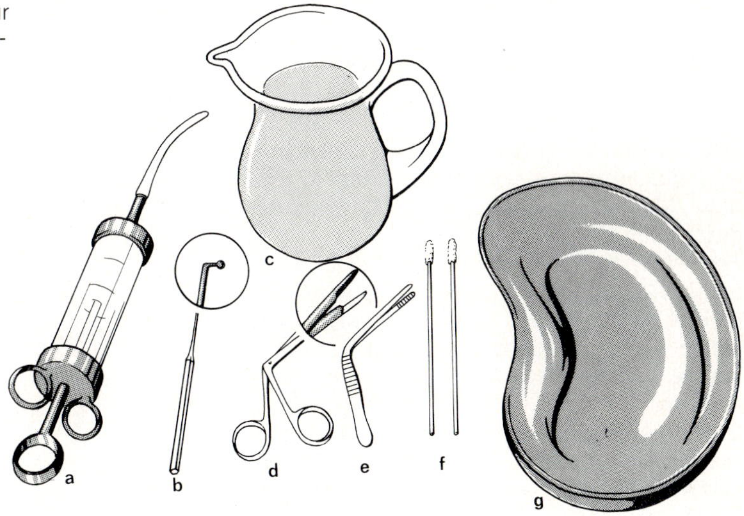

Abb. 7a–g Gegenstände zur Ohrspülung und Fremdkörperentfernung

Handlungsschema: Entfernung eines Fremdkörpers aus dem Ohr

- Das Kind sitzt auf dem Schoß einer Schwester und wird von ihr gut festgehalten.
- → Die Nierenschale wird entweder von ihr oder einer 2. Pflegeperson unter das zu spülende Ohr gehalten.
- ↓ Der Arzt oder eine weitere Schwester zieht die Spülflüssigkeit mit der Spritze auf und setzt das Ansatzstück auf den Konus auf.
- ← Durch das Hochschieben des Stempels wird die Luft aus der Spritze entfernt.
- ↓ Mit einer Hand zieht der Arzt die Ohrmuschel leicht nach hinten oben, mit der anderen spritzt er die Flüssigkeit mit leichtem Druck so in den Gehörgang, daß der Strahl gegen die obere Gehörgangswand gerichtet ist und möglichst hinter den Fremdkörper gelangen kann.
- → Die Schwester weist das Kind darauf hin, mit geöffnetem Mund zu atmen (zum Druckausgleich).
- ↓ Die Spülflüssigkeit läuft zurück in die Nierenschale, wobei bei erfolgreicher Spülung Zerumenpfropf oder Fremdkörper mit nach außen befördert wird.
- ↓ Nach Beendigung der Spülung wird das Ohr mit zusammengerollten Zellstofftupfern ausgetrocknet und das Kind auf die behandelte Seite gelagert.

Fremdkörper aus der Nase können vom Facharzt mit den verschiedensten Instrumenten (z. B. Häkchen, Schlingen, Zängchen) herausgeholt werden.
Da es sehr schwer ist, Kinder dabei absolut ruhig zu halten und ruckartige Bewegungen zu Schleimhautverletzungen führen können, wird diese Maßnahme am besten in Kurznarkose durchgeführt.
Fremdkörper, die beim Schlucken nicht in die Speiseröhre gelangen, sondern *im Kehlkopfbereich* hängenbleiben (z. B. Fischgräten oder kleine Knochenstückchen), verursachen sofort heftige Hustenattacken, Heiserkeit oder Atemnot.
Eine gelegentlich erfolgreiche Erste-Hilfe-Maßnahme ist das „Umstülpen" der Kinder und kräftiges Klopfen zwischen die Schulterblätter.
Die Fremdkörper müssen so schnell wie möglich, wenn sie nicht abgehustet werden können, auf dem Weg über die Laryngoskopie entfernt werden.
Fremdkörper, die durch Aspiration *in Trachea oder Bronchien* gelangen (z. B. Dinge, die von Kindern gern in den Mund gesteckt werden, wie Spielzeugteilchen, kleine Perlen, Kerne oder Nadeln), können nur durch eine Bronchoskopie entdeckt und oft nur unter größten Schwierigkeiten entfernt werden.

Weiterführende Literatur

Breuninger, H.: Medikamentöse Therapie der Hals-Nasen-Ohren-Krankheiten, 4. Aufl. Thieme, Stuttgart 1983
Fleischer, K.: Hals-Nasen-Ohren-Heilkunde für Krankenpflegeberufe, 5. Aufl. Thieme, Stuttgart 1988

7.6. Pflege bei Kindern mit Erkrankungen des Zentralnervensystems

G. Fischer

Notwendige Vorkenntnisse

- Anatomie und Physiologie des zentralen Nervensystems,
- körperliche und seelische Entwicklung des Kindes,
- Liquorräume und Liquorzirkulation,
- Erkrankungen des Zentralnervensystems.

Strukturnetz

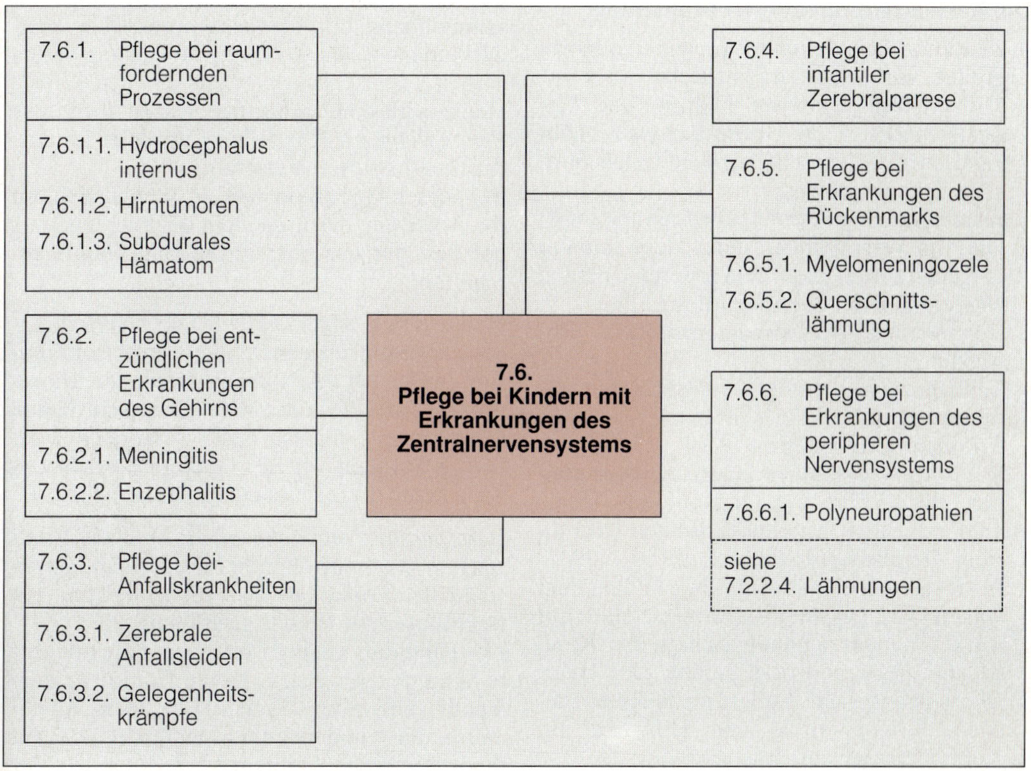

Lehrziel

In diesem Teilkapitel sollen der Kinderkrankenschwester Kenntnisse vermittelt werden über die speziellen Pflegemaßnahmen bei den verschiedenen Erkrankungen des Zentralnervensystems. Sie soll erfahren, daß es sich weitgehend um Erkrankungen handelt, die jahrelang einer intensiven Behandlung und Nachsorge bedürfen und für das Kind häufig große Einschränkungen mit sich bringen. Die Pflegeperson sollte für diese belastenden Situationen einer Familie Einsicht gewinnen und versuchen, bei den großen Problemen, die für das Kind und seine Eltern entstehen, Hilfestellung zu geben.

7.6.1. Pflege bei raumfordernden Prozessen

7.6.1.1. Hydrocephalus internus

Lernziele

Nach der Durcharbeitung dieses Abschnitts können Sie erläutern,
- welche Beobachtungen auf einen Hydrocephalus internus hinweisen;
- welche Besonderheiten in der Pflege zu berücksichtigen sind;
- welche Zeichen bei einer gestörten Ventilfunktion auftreten.

Der Hydrocephalus stellt eine allgemeine oder partielle Erweiterung der Liquorräume dar.

Die Kinderkrankenschwester beobachtet

- Klaffende Schädelnähte mit einer abnorm großen, vorgewölbten Fontanelle;
- Mißverhältnis zwischen Gehirn- und Gesichtsschädel. Der Gesichtsschädel bleibt klein, der Gehirnschädel weitet sich nach allen Seiten stark aus;
- Phänomen der „untergehenden Sonne". Die Iris verschwindet unter dem unteren Augenlid, und über dem oberen Irisrand wird ein Teil der Sklera sichtbar;
- Verzögerung der statomotorischen Entwicklung;
- Teilnahmslosigkeit, die Kinder schlafen auffallend viel;
- Trinkschwierigkeiten.
- Bei rasch wachsendem Hydrozephalus können Unruhe, Tremor, Opisthotonus, Überempfindlichkeit gegenüber Reizen (Berührung, Geräusche) vorliegen.
- In fortgeschrittenem Stadium über dem Schädeldach gespannte und blasse Haut mit starker Venenzeichnung. Schreit das Kind, so sind die Venen prall gefüllt. Der Haarwuchs ist spärlich. Außerdem fallen Erbrechen, Krampfanfälle und Hinweise auf Kopfschmerzen auf.

Pflege und Behandlung

Messung des Kopfumfangs in regelmäßigen Zeitabständen (S. 107) und Aufzeichnung der ermittelten Werte.
Zur intrakraniellen Druckentlastung leichte Hochlagerung des Oberkörpers.
Zur Vermeidung eines Dekubitus am Schädel wird der Kopf auf eine weiche Unterlage gelegt, z. B. Schaumgummikissen (mit einer Aussparung für das Ohr) oder Fell. Neben einer guten Körperpflege muß das Kind häufig und regelmäßig umgelagert werden.
Beim Hochnehmen und Tragen des Kindes muß der Kopf gut unterstützt werden, da durch dessen abnorme Größe und abnormes Gewicht die Kopfhaltung erschwert ist.
Zeigt das Kind Trinkschwierigkeiten, so wird eine Sondenernährung notwendig.
Zur Förderung der statomotorischen Entwicklung werden durch die Krankengymnastin Bewegungsübungen durchgeführt. Bestimmte Übungen können nach ihrer Anleitung auch durch die Kinderkrankenschwester und die Mutter durchgeführt werden.
Das Kind braucht viel Zuwendung, da im Zusammenhang mit der statomotorischen Entwicklung auch die geistige Entwicklung verzögert ist.
Heute wird eine frühzeitige *neurochirurgische Behandlung* zur Herstellung normaler Liquordruckverhältnisse angestrebt.
Bei dieser Operation wird über einem Shunt die Ableitung des Liquors in den rechten Vorhof des Herzens oder in die Bauchhöhle geschaffen.

Präoperative Maßnahmen: Die Kinderkrankenschwester überwacht die Dauertropfinfusion, welche am Abend vorher zur Infektionsprophylaxe eingeleitet wird. Die verordneten Medikamente müssen exakt verabreicht werden. 8 Stunden vor der Operation erhält das Kind keine orale Flüssigkeitszufuhr mehr.

Postoperative Maßnahmen: Es sind die Vitalzeichen zu kontrollieren, der Spannungszustand der Fontanelle zu beobachten und ein Nachbluten der Wunde zu erkennen.
Das Kind darf anfänglich nicht auf die operierte Seite gelegt werden, da die Haut über dem Ventil- und Shunt-System besonders druckempfindlich und dekubitusgefährdet ist. Auf Anordnung des Arztes wird in der Regel der Kopf des Kindes höher gelagert.
Ist die Fontanelle infolge eines Unterdrucks eingesunken, wird der Kopf tief gelagert. Um Druckschwankungen zu vermeiden, darf das Kind nur langsam aus dem Bett gehoben werden. Zum Füttern legt es die Pflegeperson flach auf den Schoß. Nach 3–4 Teemahlzeiten, beginnend 6–8 Stunden nach der Operation, bekommt das Kind flüssige Kost, die

schrittweise innerhalb von 3–4 Tagen auf normale Ernährung aufgebaut wird. Ab dem 2.–3. postoperativen Tag können die Kinder wieder auf dem Arm gefüttert werden.
Die Fäden werden am Hals am 7., am Kopf am 10. postoperativen Tag entfernt.
Es ist möglich, daß Komplikationen wegen einer gestörten Ventilfunktion auftreten.
Zeichen einer Ventilblockade sind: Müdigkeit, Kopfschmerzen, Erbrechen, Berührungsempfindlichkeit, vorgewölbte Fontanelle bei Säuglingen. Fieber kann der Hinweis auf eine entzündliche Störung im Ventilsystem sein.

Beachte: Bei jeder unerklärlichen Änderung des Allgemeinbefindens des Kindes muß an eine Ventilfunktionsstörung gedacht werden.

Die Betreuung des Kindes zu Hause erfordert, daß die Eltern über die Risiken der Behandlung und ihre weiteren Aufgaben vom behandelnden Arzt gut informiert weden. Mit ihren Problemen sollten sie sich auch weiterhin vertrauensvoll an diesen wenden können.
Anhand eines Merkblattes werden die Eltern dazu angehalten, wöchentlich den Kopfumfang zu messen, aufzuzeichnen und die Werte bei der Vorstellung des Kindes dem Arzt zu zeigen. Außerdem bekommen sie Anweisungen zur Förderung des Kindes, z. B. Training durch bestimmte Spiele. Sie erhalten Hinweise auf die „Arbeitsgemeinschaft Spina bifida und Hydrozephalus (ASbH e. V.)".

7.6.1.2. Hirntumoren

Lernziele

Nach der Durcharbeitung dieses Abschnitts können Sie
- Beobachtungen nennen, welche auf einen erhöhten intrakraniellen Druck hinweisen;
- Erscheinungen aufzählen, die abhängig von der Lokalisation des Tumors auftreten könen;
- Pflegemaßnahmen erläutern, die bei einer akuten Hirndrucksteigerung zu ergreifen sind.

Bei einem Hirntumor handelt es sich um einen raumfordernden Prozeß, der zu bestimmten Lokal- und Hirndruckzeichen führen kann.

Die Kinderkrankenschwester beobachtet

Bei erhöhtem intrakraniellem Druck:
- Erbrechen; meist frühmorgens, d. h. vor der ersten Nahrungsaufnahme;
- Bewußtseinsstörungen, die bis zum Koma führen;
- Pupillenveränderungen, z. B. ungleich große Pupillen und/oder auffällige Pupillenweite in der Reaktion auf Lichteinfall;
- Druckpuls,
- Störungen der Atmung,
- Blutdruckabfall,
- Nackensteifigkeit,
- Streckkrämpfe,
- Kopfschmerzen können nur vom älteren Kind zum Ausdruck gebracht werden, Kleinkinder reagieren mit Unruhe, Reizbarkeit, Abwehr gegen Berührungen, Weinerlichkeit und Apathie.

Abhängig von der Lokalisation des Tumors, z. B.
- spastische Paresen,
- epileptische Anfälle,
- Ataxien,
- Sehstörungen (Schielen), Schiefhals, Schluckstörungen, Aphonie, Erbrechen, Sensibilitätsstörungen, Blasenstörungen,
- Wachstumsstörungen, Diabetes insipidus, Adipositas, Störungen im Schlaf-Wach-Rhythmus, Hyperpyrexie.

Pflege und Behandlung

Maßnahmen bei Verdacht auf eine akute Hirndrucksteigerung:
- sofort den Arzt benachrichtigen,
- Hochlagerung des Oberkörpers zur Vermeidung einer venösen Stauung im Bereich des Kopfes,
- Freihalten der Atemwege.
- Muß das Kind beatmet werden, Assistenz bei der Intubation.
- Überwachung der eingeleiteten Osmosetherapie,
- Überwachung der Vitalfunktionen,
- Überwachung der Ausscheidungen.

Maßnahmen im weiteren Verlauf der Erkrankung:
- Maßnahmen beim bewußtlosen Kind (S. 675f),
- Maßnahmen bei Krampfanfällen (S. 366f),
- Maßnahmen bei Paresen,
- Pflege bei Erbrechen.

Postoperative Pflege bei Hirntumoren:
im besonderen
- Überwachung der Vitalfunktionen;
- Kontrolle der Bewußtseinslage, der Pupil-

len, der Bewegungsmöglichkeit der Extremitäten, des Sprech- und Sehvermögens;
- Flüsigkeitsbilanz;
- Gewichtskontrolle;
- Kontrolle des Wundverbands, regelmäßiges Erneuern der Saugflasche (Drainage);
- Beruhigung des Kindes durch intensive Zuwendung. Es sollte möglichst nicht schreien.
- Bei Bedarf ist auf Verordnung des Arztes ein leichtes Abführmittel zu verabreichen, damit die Anstrengung bei erschwerter Stuhlentleerung vermieden wird.
- Bis die Schädelkalotte wieder fest geschlossen ist, trägt das Kind außerhalb des Bettes einen Schutzhelm.

Besonderheiten

Nicht jeder Tumor kann einer neurochirurgischen Behandlung zugeführt werden.
Die Pflege des Kindes mit *inoperablem Tumor* fordert ein hohes Maß an Einsatzbereitschaft, da es sich weitgehend nur um erleichternde Maßnahmen handeln kann. Das schwerstkranke Kind darf nicht allein gelassen werden.
Pflege bei Kindern mit Zytostatika- und Bestrahlungstherapie s. S. 492 ff.
Pflege des sterbenden Kindes s. S. 527 ff.

7.6.1.3. Subdurales Hämatom

Das subdurale Hämatom stellt einen raumfordernden Prozeß unter der Dura dar.

Die Kinderkrankenschwester beobachtet

- Vorgewölbte Fontanelle, Vergrößerung des Kopfumfangs,
- Erbrechen,
- Blässe,
- evtl. Krampfanfälle,
- Störung des Bewußtseins,
- Übererregbarkeit oder Stupor,
- Fieber,
- in extremen Fällen Bewußtlosigkeit und weite lichtstarre Pupillen.

Bei chronischem Verlauf:
- charakteristische Kopfform des Kindes mit breit ausladenden Schläfen,
- blasses Aussehen und Gedeihstörungen.

Pflege und Behandlung

- Halten des Kindes bei verschiedenen diagnostischen Maßnahmen (Schädeltransillumination, Echo- und Elektroenzephalogramm),
- Vorbereitung und Mithilfe bei der Subduralpunktion (S. 243),
- sorgfältige Infektionsprophylaxe und infektfreie Umgebungspersonen.

7.6.2. Pflege bei entzündlichen Erkrankungen des Gehirns

Lernziele

Sie haben in diesem Teilkapitel das Wesentliche erarbeitet, wenn Sie in der Lage sind,
- Zeichen zu nennen, die beim Säugling und älteren Kind auf eine Meningitis hinweisen;
- Zeichen der Enzephalitis aufzuzählen;
- die speziellen Pflegemaßnahmen dieser Erkrankungen zu beschreiben.

7.6.2.1. Meningitis

Es handelt sich um eine Entzündung, die bei Kindern, insbesondere auch schon in der Neugeborenenperiode vorkommt. Abhängig von der Art der verursachenden Erreger unterscheidet man eine eitrige und eine seröse Form. Die seröse Meningitis kann auch als Begleiterkrankung auftreten.

Die Kinderkrankenschwester beobachtet

Uncharakteristische Symptome:
- Fieber, Abgeschlagenheit, Apathie oder Unruhe.

Zeichen eines erhöhten Liquordrucks:
- Kopfschmerzen,
- Erbrechen – vorwiegend beim älteren Kind,
- gespannte, vorgewölbte Fontanelle – beim Säugling.

Reizerscheinungen der aus dem Rückenmark austretenden Nerven:
- Nackensteifigkeit,
- Opisthotonushaltung,
- Schonstellung in Seitenlage mit angewinkelten Beinen,
- Berührungsempfindlichkeit,
- Dreifußzeichen bei älteren Kindern.

Zeichen einer enzephalitischen Komponente:
- Störungen des Bewußtseins,
- Krampfanfälle,
- schrilles Schreien.

Besonderheiten

Die *Kolimeningitis ist die häufigste Neugeborenenmeningitis mit schleichendem Verlauf. Oft sind nur Allgemeinerscheinungen wie Temperaturerhöhung, Unruhe und Trinkunlust zu beobachten.*
Das Waterhouse-Friedrichsen-Syndrom ist die schwerste Verlaufsform mit schwerem Schockzustand. Bakterienembolien in der Haut und intravitale Leichenflecken können beobachtet werden, sie weisen auf den lebensbedrohlichen Zustand hin.

Pflege und Behandlung

- Vorbereitung und Mithilfe bei der Liquorpunktion (S. 242f).
- Das schwerkranke Kind bedarf einer ruhigen, behutsamen und individuellen Pflege. Es wird in ein Einzelzimmer gelegt, Säuglinge liegen im Inkubator. Die notwendigen Pflege- und Behandlungsmaßnahmen sollten zusammenhängend durchgeführt werden, um dem Kind möglichst viel Ruhe zu gewähren.
- Flache, für das Kind bequeme Lagerung.
- Sorgfältige Körperpflege, im besonderen bei Hautblutungen. Ist das Kind bewußtlos, so muß der Dekubitusgefahr entgegengewirkt werden (S. 176), und durch Seitenlagerung ist eine Aspiration zu vermeiden.
  Eine gute Mundpflege ist erforderlich (S. 160f).
- Verabreichung der verordneten Medikamente, anfangs meist im Dauertropf (vor allem Antibiotika, Sedativa).
- Überwachung der Infusionstherapie.
- Überwachung der Vitalfunktionen.
- Ernährung: Zunächst wird das Kind parenteral ernährt, später erhält es leichte Kost in Form von kleinen Mahlzeiten mit dem Löffel, bei Schluckstörungen über die Dauersonde.
- Sorge für eine regelmäßige Ausscheidung von Urin und Stuhl.
- Intensivpflegemaßnahmen beim Waterhouse-Friedrichsen-Syndrom.
- Maßnahmen der laufenden Desinfektion und Schlußdesinfektion.

7.6.2.2. Enzephalitis

Die Gehirnentzündung wird hervorgerufen durch verschiedene Krankheitserreger oder deren Toxine.

Die Kinderkrankenschwester beobachtet

- Unruhe, schrilles Schreien, Phantasien oder
- Schläfrigkeit, Benommenheit bis zum Koma,
- Krampfanfälle,
- Speichelfluß,
- Maskengesicht,
- gesteigerte, unkoordinierte Bewegungstätigkeit,
- Taubheit, Sehstörungen, Sprachstörungen oder andere Störungen durch Hirnnervenausfälle,
- Hyperpyrexie.

Pflege und Behandlung

Bei dem schwerkranken Kind sind eine kontinuierliche Überwachung und Intensivmaßnahmen erforderlich. Ziel der Bemühungen ist es, eine Beruhigung des Kindes herbeizuführen, die Körpertemperatur zu senken, Ödeme im Gehirn zu beseitigen und einer Spätschädigung durch Sauerstoffmangel vorzubeugen.

- Vorbereitung und Mithilfe bei der Liquorpunktion,
- Überwachung der intravenösen Infusionstherapie und exakte Verabreichung der verordneten Medikamente,
- Überwachung der vitalen Funktionen,
- Überwachung der Ausscheidungen (Flüssigkeitsbilanz, Darmtätigkeit),
- Durchführung einer künstlichen Beatmung. (Über Pflege und Behandlung des beatmeten Kindes s. S. 641).
- Die Lagerung richtet sich nach dem Bewußtseinszustand des Kindes; bewußtlose Kinder müssen in Seitenlage gebracht sowie häufig und regelmäßig umgelagert werden. Ist das Kind sehr erregt, ist dafür zu sorgen, daß es sich nicht an harten Gegenständen verletzen kann.
- Die Ernährung erfolgt zunächst parenteral, später über eine Sonde, bis das Kind ohne Schwierigkeiten kauen und schlucken kann.
- Passive Bewegungsübungen durch die Krankengymnastin und unter ihrer Anlei-

tung auch durch die Kinderkrankenschwester.
- Maßnahmen der laufenden Desinfektion und Schlußdesinfektion.

7.6.3. Pflege bei Anfallskrankheiten

7.6.3.1. Zerebrale Anfallsleiden

Lernziele

Nach der Durcharbeitung dieses Teilkapitels ist es Ihnen möglich,
- Beobachtungen und Pflegemaßnahmen aufzuzählen, die bei einem akuten Krampfanfall erforderlich sind;
- darzustellen, wie die Pflege eines anfallkranken Kindes im anfallsfreien Intervall aussieht.

Beim zerebralen Krampfanfall kommt es häufig aufgrund einer zerebralen Erregungsstörung zum Ablauf von abnormen motorischen Bewegungen, häufig verbunden mit einer Bewußtseinsstörung. Je nach Alter des Kindes können verschiedene Anfallstypen mit sehr unterschiedlichen Verlaufsmustern beobachtet werden. Eine wesentliche Aufgabe der Kinderkrankenschwester ist es, den Verlauf eines Krampfanfalls genau zu beobachten, dem Arzt zu berichten und damit eine wichtige Hilfe in der Diagnosestellung zu geben.

Die Kinderkrankenschwester achtet auf die folgenden Anfallszeichen

- Sind vor dem Anfall abnorme Erregbarkeit, Aggressivität oder auffallende Müdigkeit zu beobachten?
- Treten unmittelbar vor dem Krampfanfall abnorme motorische, psychische oder vegetative Reaktionen in Erscheinung?
- Beginnt der Krampfanfall mit Tonusverlust, so daß das Kind auf den Boden fällt?
- Handelt es sich um tonische (Streckkrampf) oder klonische (Zuckungen) Krämpfe?
- Wo beginnen sie?
- Breiten sie sich zu einem generalisierten Krampf aus?
- Ist beim generalisierten Krampf eine Körperregion unterschiedlich stark befallen?
- Ist nur eine Seite betroffen?
- Können sonstige abnorme Bewegungen beobachtet werden, z. B. Nicken des Kopfes, Lecken mit der Zunge, Wischen mit der Hand, Anheben des Kopfes, ruckartige Bewegung mit den Extremitäten (beim liegenden Kind)?
- Liegt eine Veränderung der Bewußtseinslage vor?
- Ist das Kind ansprechbar, somnolent oder bewußtlos?
- Ist das Kind verwirrt und desorientiert?
- Hat das Kind nur eine flüchtige Bewußtseinspause, in der es seine Tätigkeit kurz unterbricht und die Augen nach oben verdreht?
- Gibt das Kind unartikulierte Laute von sich?
- Kommt es nach dem Krampfanfall zum Einnässen oder Einkoten?
- Liegt eine Veränderung der Hautfarbe und der Atmung vor?
- Zeigt das Kind ein auffallendes Verhalten nach dem Krampfanfall?
- Wie lange hat der Krampfanfall gedauert?

Pflege und Behandlung

Im akuten Krampfanfall:
- Während eines zerebralen Krampfanfalls darf das Kind nicht alleingelassen werden.
  Es ist sofort der Arzt zu rufen, damit er Gelegenheit hat, das Krampfgeschehen zu beobachten und Maßnahmen einzuleiten, die ein Sistieren des Anfalls herbeiführen.
- Die Dauer des Krampfanfalls ist zu notieren, indem zu Beginn und Ende die Uhrzeit festgestellt wird.
- Exakte Verabreichung bzw. Bereitstellen der Medikamente, die bei schon bekanntem Krampfgeschehen bereits vorher vereinbart wurden.
- Ereignet sich der Krampfanfall im Bett, so sollte das Kind ganz aufgedeckt liegen, damit auch die untere Extremität genau beobachtet werden kann.
- Das Kind ist so zu lagern, daß es sich an harten Gegenständen und scharfen Kanten nicht verletzen kann. Es darf nicht versucht werden, durch Festhalten den Bewegungsablauf zu bremsen.
- Für eine freie Atmung ist zu sorgen.
  Im Krankenhaus kann bei Bedarf Erbrochenes und Schleim aus der Mundhöhle abgesaugt werden. Steht kein Absauggerät zur Verfügung, so ist der Mund vorsichtig auszuwischen (Spatel oder Löffelstiel umwikkelt mit einem sauberen Tuch. Nicht mit dem Finger!).

Beengende Kleider öffnen.
Nur bei ausgeprägter Zyanose darf während eines Anfalls Sauerstoff verabreicht werden, der normalerweise bei Anfällen nicht indiziert ist. Die Anhäufung von CO_2 im Blut verkürzt die Dauer des Krampfanfalls.

- Zungenbiß ist bei Kindern selten, deshalb ist es nicht erforderlich, mit Gewalt einen harten Gegenstand zwischen die Zähne zu schieben, um diese Verletzung zu vermeiden.
- Das Anfallsprotokoll wird sorgfältig ausgefüllt (Abb. 8).

Anfallsprotokoll

Name	
Datum	
Uhrzeit	
Situation	aus dem Wachen nach dem Erwachen vor dem Einschlafen beim Füttern aus dem Spiel bei Erregung aus dem Schlaf nach dem Einschlafen vor dem Erwachen usw.
Körperhaltung, -bewegung als Ganzes	aus dem Gehen, Stehen, Sitzen, Liegen Stehenbleiben, Innehalten, Tätigkeit automatisch fortsetzen, Hinsetzen, Aufsetzen Halt suchen, Festhalten Umsinken, Stürzen Abstrecken, Zusammenkrümmen Dreh- oder Wendebewegungen Sinnlose Handlungen usw.
im einzelnen: Kopf und Gesicht	Gesichtsausdruck, Gesichtsfarbe, Lippenfarbe Augenstellung, Blickwendung (Seite?) Kopfwendung (Seite?) Verziehen des Mundes (Seite?) Speichelfluß, Schaum Lautgebung, Atmungsgeräusch Zuckungen = (Myo-)Kloni: Augenlider, Mund (Seite?), Kopf Bewegungen = orale Automatismen: Mund- und Lippenbewegungen Schlucken, Schmecken, Schmatzen, Lecken, Kauen usw.
Arme	Haltung: Beugehaltung, Streckhaltung (Seite?) Fechterstellung (Pfötchenstellung) Zuckungen = Myo-)Kloni: einseitig, doppelseitig seitenbetont seitenwechselnd regelmäßig, unregelmäßig Bewegungen = (Hand-)Automatismen: Nesteln, Fingern, Zupfen, Reiben, Klopfen, Winken usw.
Beine	Haltung – Kloni – Bewegungen (siehe Arme): einseitig, doppelseitig seitenwechselnd, seitenbetont
Untersuchung während und nach dem Anfall	Reaktion auf Anruf Reaktion auf Schmerzreiz Reaktion auf Licht (Pupillenreaktion) Tonus der Arme und Beine (schlaff, steif) Stuhl-, Urinabgang einseitige Lähmung Verletzungen (Zungenbiß, Sturz) Körpertemperatur
Dauer	des Einzelanfalles der Anfallserie mit Zahl der Einzelanfälle
Beobachtungen nach dem Anfall, Dauer	postparoxysmale Müdigkeit, Erschöpfung, Schlaf, Erregung, Unruhe, Weinen, Lachen, Erbrechen, (einseitige) Lähmung, Sprachstörung usw.

Abb. 8 Anfallsprotokoll aus dem Epilepsiezentrum Kork

Im Intervall bei chronischem Verlauf:

- Exakte Verabreichung der Antikonvulsiva. Das Kind ist genau auf diese Medikamente eingestellt, und die regelmäßige Verabreichung darf nicht unterbrochen werden. Dies ist besonders zu beachten, wenn vorübergehend eine andere Erkrankung im Vordergrund steht.
- Krampfbegünstigende Faktoren wie Aufregung, Fernsehen, Übermüdung, Unregelmäßigkeiten im Tagesrhythmus, Alkoholkonsum, Überanstrengung sind nach Möglichkeit zu vermeiden.
- Ist das Kind nicht vollständig anfallsfrei, ist ein gewisser Schutz vor gefährlichen Unfällen zu gewähren. Das Kind trägt einen Schutzhelm. Außerdem werden die Eltern dazu angehalten, stets ein Beruhigungsmittel, z. B. Diazepam, bei der Hand zu haben und dem Kind sofort zu verabreichen, wenn ein Krampfanfall auftritt. Ansonsten sollte dem Kind keine Sonderstellung gegeben werden, denn es muß lernen, so selbständig wie möglich mit seiner Krankheit zu leben.

Das anfallkranke Kind und seine Eltern sollten von der Kinderkrankenschwester Einfühlungsvermögen und Verständnis erfahren, da von weiten Kreisen der Gesellschaft diese Erkrankung immer noch mit einer Minderung des Sozialprestiges belegt wird. Die Kinderkrankenschwester darf sich dieser Meinung nicht anschließen.

7.6.3.2. Gelegenheitskrämpfe

Der Bewegungsablauf eines Gelegenheitskrampfes kommt einem zerebralen Krampfanfall gleich, hat jedoch andere Ursachen (z. B. rascher Fieberanstieg im Kleinkindalter, akute Zentralnervensystem-Erkrankungen, Hypokalzämie).
Durch exakte Beobachtung können Hinweise auf die ursächliche Erkrankung gewonnen werden, z. B. Fieber, meningitische Zeichen, Karpopedalspasmen.
Im Vordergrund der Pflege und Behandlung stehen Maßnahmen zur Beruhigung des Kindes und die Beeinflussung der Grundkrankheit.

7.6.4. Pflege bei infantiler Zerebralparese (ICP)

Definition

Einer infantilen Zerebralparese liegt eine frühkindliche Hirnschädigung zugrunde, die nicht weiter fortschreitet.
Der Begriff beinhaltet das Vorliegen einer zerebralen Bewegungsstörung mit verändertem Muskeltonus und gestörter Sensibilität. Die Intelligenz kann dabei normal sein.
Da zum Zeitpunkt der Schädigung die Gehirnentwicklung noch nicht abgeschlossen ist, ist das Ausmaß der Schädigungsfolge, z. B. die abnorme motorische Entwicklung, therapeutisch beeinflußbar. Dies gilt insbesondere bei frühzeitiger Diagnosestellung und konsequenter Behandlung.

Lernziele

Sie haben sich bei diesem Teilkapitel das Wesentliche erarbeitet, wenn es Ihnen möglich ist,

- Beobachtungen bei einer Hypotonie, Spastik, Athetose, Ataxie aufzuzählen;
- Auffälligkeiten zu nennen, die bereits im Säuglingsalter Hinweis auf eine Zerebralparese sein können;
- die Absicht des Handlings zu erläutern;
- Maßnahmen für die Pflege und Betreuung des zerebralgeschädigten Kindes zu nennen.

Die Kinderkrankenschwester beobachtet

Bei Spastik:

- erhöhter Muskeltonus. Die Spastizität ist als Widerstand spürbar, wenn man eine Extremität passiv bewegen möchte.
- Beuge- und Streckmuskeln spannen sich gleichzeitig zu stark an, deshalb sind Bewegungen nur mit größter Anstrengung möglich, z. B.
  obere Extremitäten:
  Die Arme liegen dem Körper an und sind im Ellbogen- und Handgelenk gebeugt. Die Faust ist geschlossen (überwiegende Beugestellung).
  Untere Extremitäten:
  Die Beine sind gestreckt im Hüft-, Knie- und Fußgelenk.
  Der Fuß ist nach innen rotiert (überwiegende Streckstellung).
  Auch andere Muster sind möglich.
  Der Kopf kann nur unter großer Anstrengung angehoben werden. Im Sitzen kann er

nicht gerade gehalten werden, sondern fällt nach hinten oder vornüber.
- Massenbewegungen durch unwillkürliches Mitbewegen anderer Muskelgruppen. Versucht das Kind z. B. mit dem gelähmten Arm einen Gegenstand zu ergreifen, so bewegt sich das gleichseitige Bein in der Streckstellung mit.
- Bei größeren Kindern häufig Kontrakturen und Deformitäten.

Bei Choreoathetose:
- Muskelhypotonie mit plötzlichen Tonusschwankungen;
- athetotische Bewegungen (schraubenförmig, wurmförmig, träge und langsam, distal bevorzugt, grimassierendes Gesicht, bizarre, nicht nachahmbare Haltungen insbesondere der Finger)
  oder
  choreatische Bewegungen (rasch, plötzlich unerwartet einschießend, ausfahrend, ziellos, überall am Körper auftretend);
- im Schlaf ist das Kind meist ruhig;
- immer wieder plötzliches Einschießen von Zuckungen, die sich bei Anstrengung und Erregung verstärken;
- Taumeln beim Gehen und Stehen.

Bei Ataxie:
beim Säugling
- meist nur Bewegungsarmut und ein Intensionstremor beim willkürlichen Greifen,
- statomotorische Retardierung,

beim größeren Kind
- taumelnder, steifer und ängstlicher Gang,
- breitbasiges Stehen und Gehen,
- schnelle Bewegungen fallen schwer,
- keine Rotation im Rumpf möglich,
- Zielbewegungen sind stoßweise, überschüssig, ungleichförmig und die Richtung kann schlecht eingehalten werden, besonders am Ende einer Bewegung.

Bei Hypotonie (tritt nur beim Säugling als frühe Phase auf, später entwickeln sich Hypertonus, Athetosen, Ataxien oder Mischformen):
- völlige Schlaffheit,
  die Kinder liegen häufig in sog. „Froschhaltung“,
- verminderter oder kein Widerstand gegen passive Bewegungen,
- starke Überstreckbarkeit der Gelenke,
- Extensionsstellungen sind möglich.

Diese Bewegungsstörungen (Spastik, Athetose, Ataxie) können in verschiedenen Kombinationen und unterschiedlich stark ausgeprägt vorliegen.

Dabei können
- alle 4 Gliedmaßen betroffen sein = *Tetraplegie;*
- die Beine wesentlich stärker betroffen sein als die Arme. Der Adduktorenspasmus führt zu einem Überkreuzen der Beine und vermindert die Gehfähigkeit des Kindes = *spastische Diplegie;*
- Arm und Bein der gleichen Seite betroffen sein = *spastische Hemiplegie.* Diese Form ist häufig mit zerebralen Krampfanfällen verbunden.

Ist die Bewegungsstörung auch nur an einem Teil der Muskulatur sichtbar, so ist doch von den Folgen der *ganze Körper* betroffen.
Ein nicht altersgemäßes Reflex- und Bewegungsverhalten des Säuglings kann Hinweis auf eine frühkindliche Hirnschädigung sein und bedarf umgehend einer Diagnostik und Behandlung, um ausgeprägten Behinderungen entgegenzuwirken. Ein wesentlicher Beitrag für die Früherkennung ist das aufmerksame Beobachten des Säuglings.

Die Kinderkrankenschwester achtet auf Zeichen, deren Vorhandensein auf eine Behinderung hinweisen können

- Hat das Kind Trinkschwierigkeiten?
- Besteht ein auffälliges Schreien bei Nacht?
- Liegt eine Bewegungsarmut oder Bewegungsunruhe vor?
- Zeigt das Kind Auffälligkeiten beim Wikkeln (z. B. bei einem älteren Säugling Beugung der Beine nur mit Widerstand, oder Gelenke können nicht frei bewegt werden)?
- Hat das Kind Zuckungen, die ein Hinweis auf Krampfanfälle sein können?
- Hat das Kind eine Opisthotonushaltung?
- Hebt das Kind mit ca. 6 Wochen den Kopf noch nicht in Bauchlage?
- Zeigt das Kind Auffälligkeiten beim Strampeln (z. B. stets mit beiden Beinen in gleicher Richtung oder einseitig)?
- Reagiert das Kind nicht oder ungenügend auf akustische und visuelle Reize?
- Hat das Kind Schwierigkeiten, am Daumen zu lutschen?

- Hat das Kind Schwierigkeiten beim Greifen, weil die Hand meist zur Faust geschlossen und der Daumen eingeschlagen ist?
- Kann das Kind mit ca. 6 Monaten noch nicht mit den Füßchen spielen und sich allein aus der Rückenlage in die Bauchlage und umgekehrt drehen?
- Überkreuzt das Kind die Beine beim Stehversuch und geht in die Spitzfußstellung?

Pflege und Behandlung des Säuglings

Krankengymnastische Behandlung:
Das Kind braucht eine regelmäßige, intensive krankengymnastische Behandlung. Dabei werden heute verschiedene Methoden angewandt, z. B. Behandlung nach Bobath oder Vojta.

Handling: In die tägliche Handhabung des Säuglings werden die Grundlagen der Bobath-Behandlung eingebaut, so daß den ganzen Tag über normale Haltungs- und Bewegungsmuster übermittelt werden = das sog. *Handling*. Damit werden bei dem Kind motorische, sensorische und perzeptorische Leistungen angebahnt und wird die Chance zur Automatisierung gegeben. Das Kind lernt, sich aus der Bauch- und Rückenlage aufzurichten, und die Entwicklung von Stützfunktionen und Gleichgewichtsreaktionen kann fortschreiten.
Werden Eltern und Kinderkrankenschwestern von der speziell geschulten Krankengymnastin exakt darin angeleitet, so wird bei der täglichen Pflege des Kindes vermieden, daß durch Unkenntnis ständig abnorme Reaktionen ausgelöst und zusätzlich pathologische Bewegungsmuster eingeübt werden.
Das Handling ergibt sich immer aus der Diagnose, d. h. die einzelnen Handgriffe müssen dem pathologischen Bewegungsmuster eines Kindes und dem anzustrebenden Ziel individuell angepaßt werden.

Lagerungsmöglichkeit in der Hängematte: Eine Lagerung in kontrollierter Flexion ist möglich bei Verwendung einer maßgerechten Hängematte, die an den Stäben des Bettes befestigt wird. Es ist darauf zu achten, daß das Kind nicht auskühlt.

Eßtherapie:
- Richtiges Halten mit einer guten Rumpf- und Kopfkontrolle (Handling).
- Kieferkontrolle zur Anbahnung von Mundschluß und Schluckfunktion. Die Anleitung für die Bewegung des Kiefers erfolgt durch die Krankengymnastin.
- Mundbehandlung: Diese wird ebenfalls unter Anleitung der Krankengymnastin unmittelbar vor der Verabreichung der Nahrung durchgeführt zur Anbahnung der Mundsensibilität, Schluckfunktion und Speichelkontrolle und zur Hemmung pathologischer oraler Reflexe.
  Nur so kann erreicht werden, daß das Aufnehmen der Nahrung für das Kind zu einem aktiven Vorgang wird.
  Gleichzeitig werden mit dieser Maßnahme die ersten Voraussetzungen für die Sprachentwicklung geschaffen.

Psychische Betreuung:
Das Kind braucht ein hohes Maß an intensiver Zuwendung, da es durch seine beginnende Behinderung nicht in der Lage ist, den erforderlichen Kontakt mit seiner Umwelt aufzunehmen und selbständig Anreize zu setzen für einen nächsten Schritt in seiner geistigen und statomotorischen Entwicklung.

Beispiel: Extensorhypertonus in Rückenlage mit Opisthotonus und Schulterretraktion, zusätzlich totale Extension der Beine (Abb. 9–13).

Folgen dieser Schädigung	Ziel des Handling
– notwendige Flexion als Vorbereitung des Drehens und Sitzens fehlt – fehlende Augen-Hand-/Hand-Hand- und Hand-Körper-Koordination – Störung der taktilen Wahrnehmung	– Flexion mit Vorbringen des Kopfes, beider Schultern und Arme sowie Hüftflexion

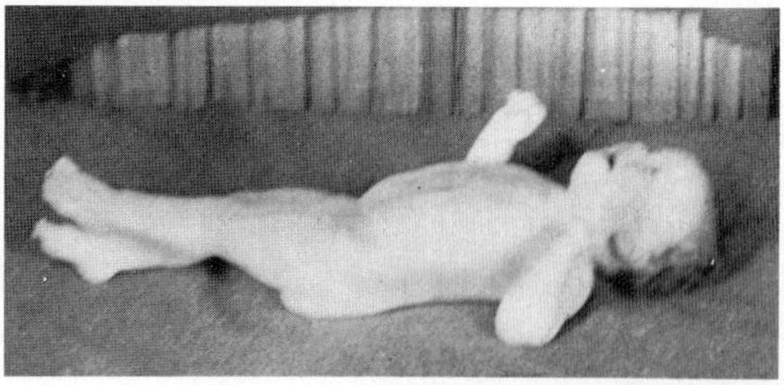

Abb. 9 Extensorhypertonus in Rückenlage mit Opisthotonus und Schulterretraktion, zusätzlich totale Extension der Beine (aus B. Bobath: Abnorme Haltungsreflexe bei Gehirnschäden, 4. Aufl. Thieme, Stuttgart 1986)

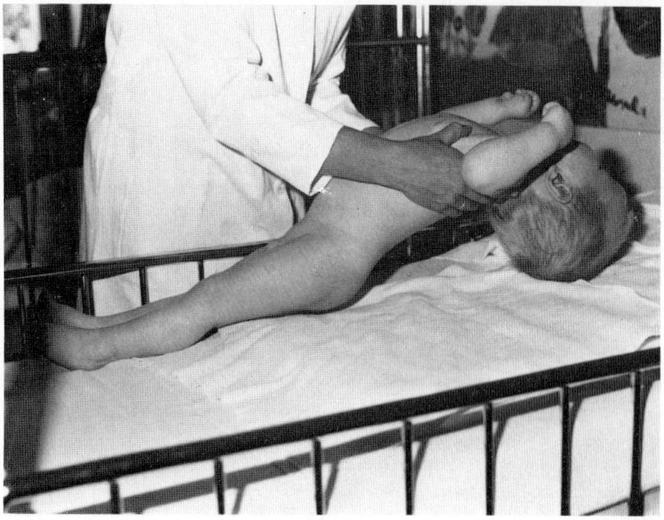

a

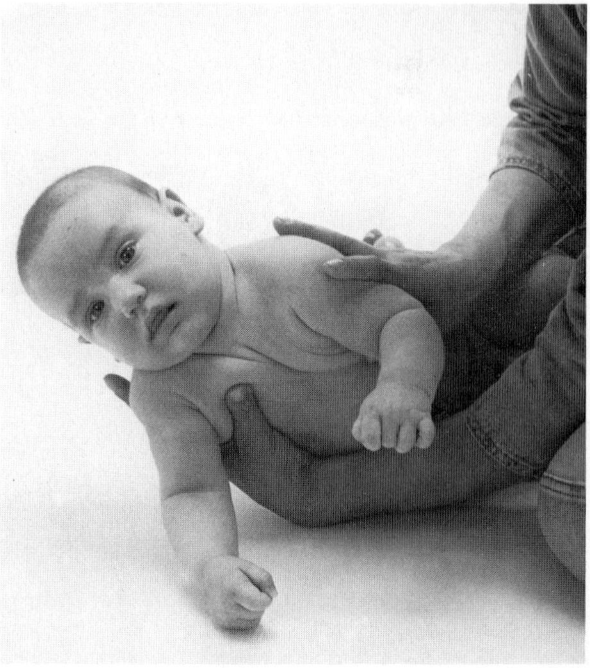

b

Abb. 10a u. b Hochnehmen des Kindes:
a) Falsche Technik,
b) Handling: Hemmung der pathologischen Muster, gleichzeitig Anbahnung von Stellreaktionen (aus J. Flehmig: Normale Entwicklung des Säuglings und ihre Abweichungen, 3. Aufl. Thieme, Stuttgart 1987)

a

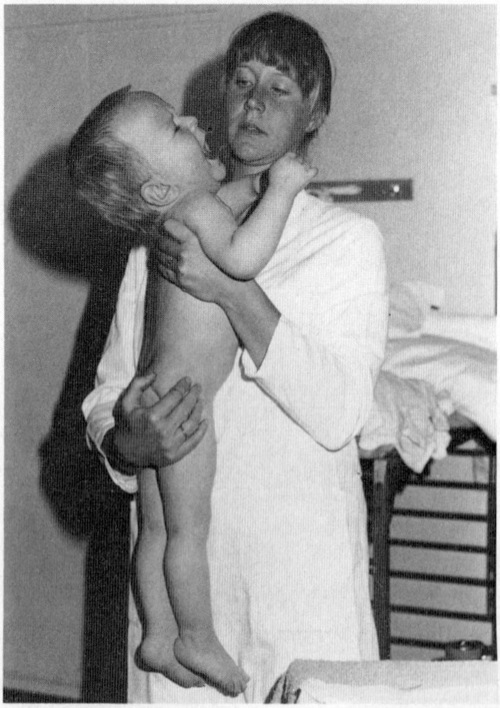

b

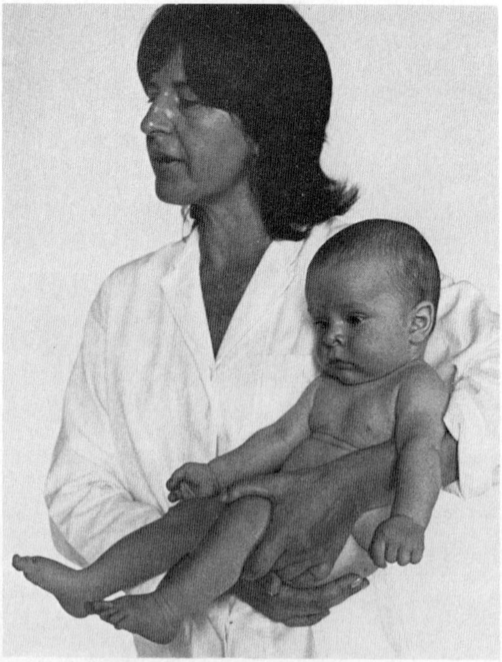

Abb. 11 a u. b Tragendes Kindes: a) Falsche Technik: Verstärkung der Extensorhypertonie.
b) Handling: Kontrolle von Kopf und Schultern durch den Oberarm, Hüftflexion durch Anfassen unter den Oberschenkeln (aus J. Flehmig: Normale Entwicklung des Säuglings und ihre Abweichungen, 3. Aufl. Thieme, Stuttgart 1987)

a

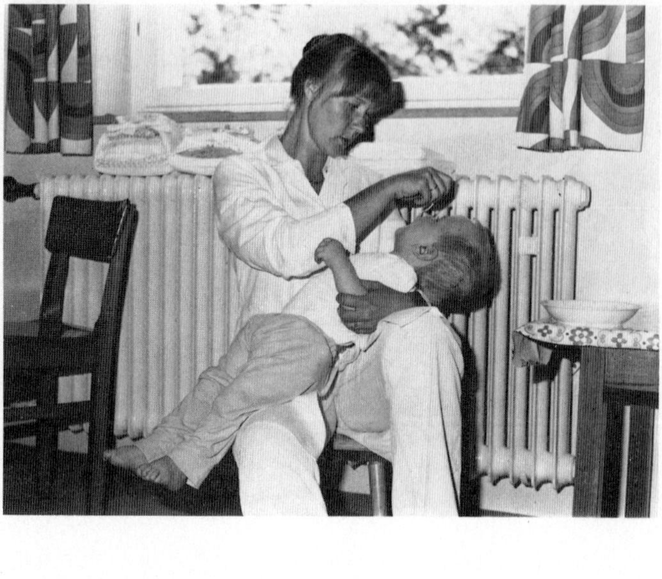

Abb. 12a–d Halten beim Füttern des Kindes:
a) Falsche Technik.

b

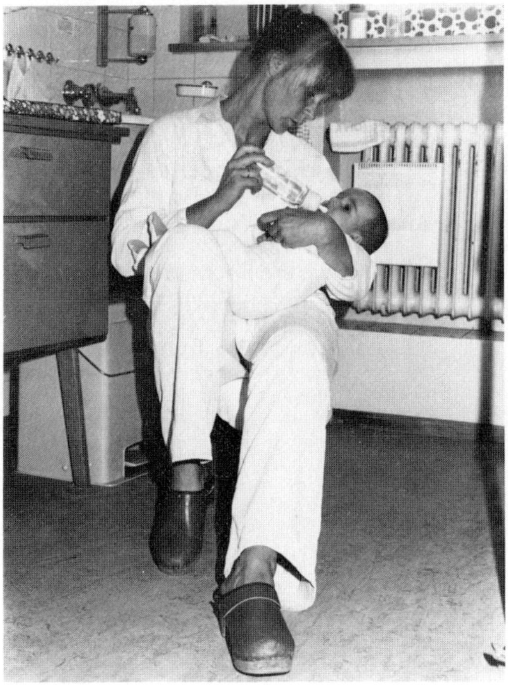

c

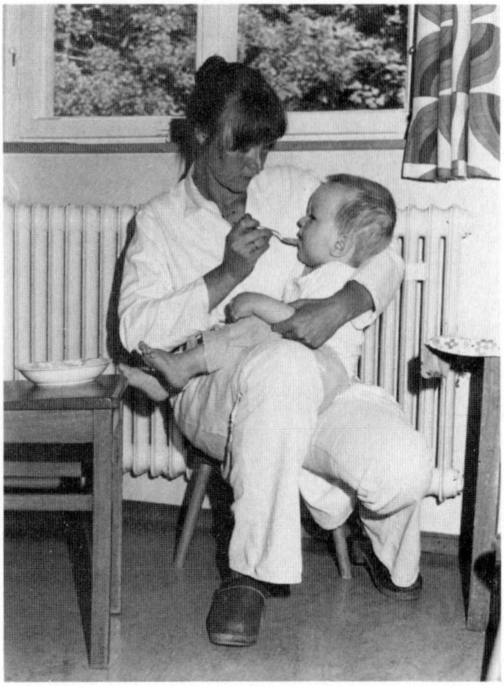

Abb. 12

b) Handling: Verabreichung der Flasche.
c) Handling: Verabreichung der Breimahlzeit. Die notwendige Flexion muß auch beim Füttern erreicht werden. Die Pflegeperson stellt ein Bein hoch und setzt das Kind auf den tiefer stehenden Oberschenkel. So wird eine optimale Hüftflexion erreicht, gleichzeitig können durch den Oberarm Rücken, Schulter und Kopf gestützt und kontrolliert werden.
d) Handling: Verabreichung der Nahrung auf dem Fußboden

d

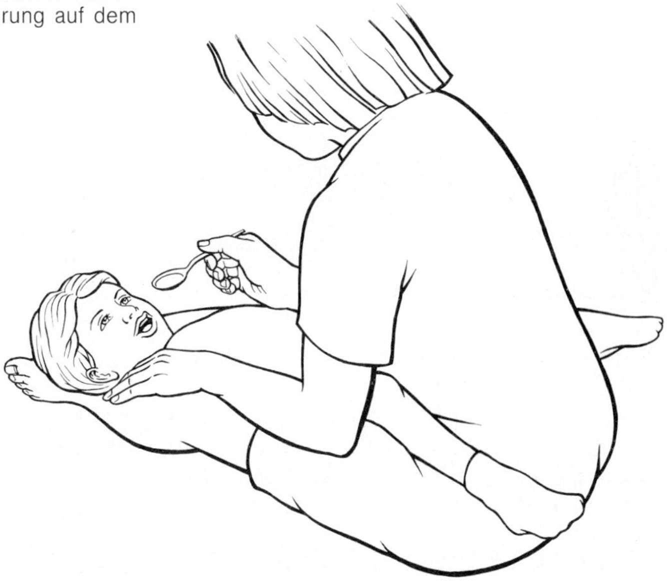

a

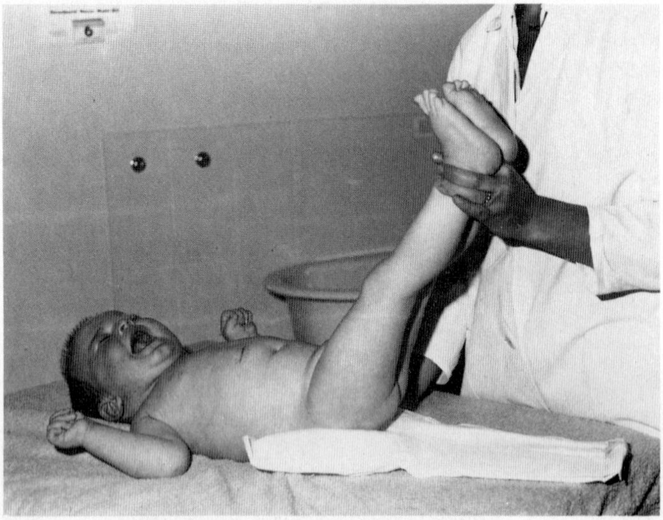

b

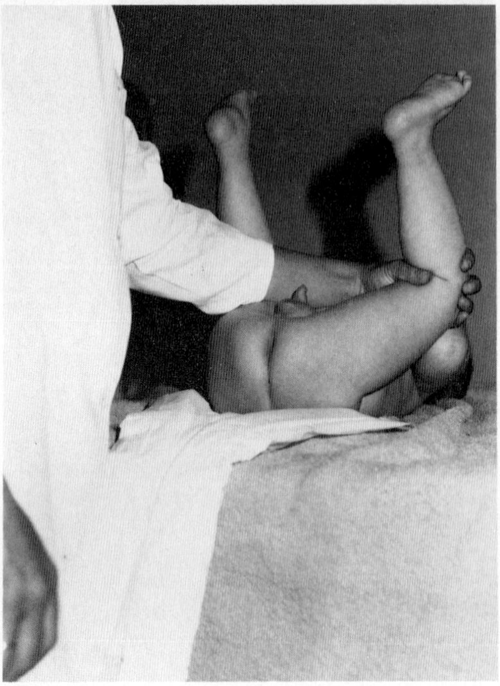

Abb. 13 a u. b Wickeln des Kindes:
a) Falsche Technik: Durch das Anfassen an den Füßen abnorme Extension mit Adduktions- und Spitzfußhaltung, evtl. durch das Überkreuzen der Beine eingeübt. Extensorhypertonie wird verstärkt.
b) Handling: Ergreift man das eine Bein in der Kniebeuge und drückt das andere ebenfalls in der Kniebeuge hoch, erreicht man eine normale mittlere Adduktion und Flexion. Gleichzeitig ermöglicht man die Augen-Hand-Fuß-Koordination

Die Pflegeperson sollte viel Zeit für das Kind haben, um alle Handgriffe am Kind ohne Hast und mit erklärenden Worten ausführen zu können.
Das Kind braucht geeignetes Spielzeug.

Pflege und Betreuung des älteren Kindes mit einer ausgeprägten Behinderung

Sie erfordert viel Geduld und ein großes Einfühlungsvermögen. Einerseits ist es nötig, dem Kind zu helfen, wo es allein nicht zurechtkommt, andererseits ist ein Training zur Selbständigkeit in den alltäglichen Dingen unerläßlich, z. B. Kenntnisse und Umgang mit gebräuchlichen Gegenständen, selbständiges Essen, An- und Auskleiden u. ä. Diese Übungen betreffen den intellektuellen, motorischen und sozialen Bereich des Kindes und werden situationsgebunden ausgeführt.

Mit Hilfe ausführlicher Beobachtungs- und Fragebogen werden die individuellen Schwächen eines Kindes erkannt; daraufhin wird ein ganz gezieltes Förderungsprogramm erstellt und praktiziert.

Eine partnerschaftliche Zusammenarbeit zwischen Eltern und Fachleuten (Neuropädiater, Psychologe, Logopäde, Krankengymnastin, Heilerziehungspfleger, Beschäftigungstherapeut, Kinderkrankenschwester) ist eine wichtige Voraussetzung. Die Bezugsperson des Kindes muß gut angeleitet werden. Das Ziel einer „gewissen Selbständigkeit" wird oft nur durch jahrelanges, mühsames Üben erreicht. Dabei darf das Kind nicht überfordert werden, sondern soll durch viel Lob nach gelungenen kleinen Lernschritten Aufmunterung erfahren und in seinem Selbstvertrauen gestärkt werden.

Grundsätzlich ist zu beachten:

- Rasche Bewegungen mit dem Kind sind zu vermeiden. Es braucht Zeit, um sich auf diese einstellen zu können.
- Handgriffe, die das Kind selbständig tun kann, dürfen nicht von der Pflegeperson übernommen werden. Man muß dem Kind zur Ausführung genügend Zeit lassen, häufig muß es wiederholt dazu aufgefordert werden.
- Jede Handlung muß dem Kind deutlich erklärt werden, es soll sehen, was „gemacht" wird.
- Überanstrengung sollte vermieden werden, da sie zu Mißerfolg führt und für das Kind eine negative Verstärkung bedeutet.

Beim *An- und Auskleiden* sollte die Pflegeperson immer hinter dem Kind stehen, so daß ihre Hände parallel mit denen des Kindes arbeiten. Das Kind wird dabei so bewegt, als würde es selbst diese Tätigkeit ausführen. Geschieht das Ganze vor einem Spiegel, kann das Kind zusätzlich die einzelnen Handgriffe beobachten. Dadurch wird das Mithelfen und Selbermachen erleichtert.

Auch beim *Waschen und Baden* muß sich das Kind aktiv beteiligen. Für größere Kinder kann man Gleitschutzmatten in die Wanne legen und evtl. Griffe am seitlichen Rand anbringen oder je nach Behinderung andere Hilfsmittel zur Stützung des Kindes verwenden.

Mobilisation:
Das schwer bewegungsgestörte Kind darf nicht den ganzen Tag auf seinem Stuhl verbringen. Es wird sonst unbeweglich und ängstlich. Es sollte lernen, auch auf einem normalen Stuhl oder in einem Sessel zu sitzen.

Rollstuhl, Rollator, Spastikerfahrrad, Dreirad und Tretauto sind wichtige Fortbewegungsmittel. Beim Kind wachsen Selbstvertrauen und Freude, wenn es merkt, daß es sich selbständig fortbewegen kann. Die Auswahl entscheidet mit der behandelnde Arzt bzw. die Krankengymnastin.

Die Kinderkrankenschwester muß lernen, selbst mit diesen Geräten zurechtzukommen, und dem Kind helfen, damit vertraut zu werden. Der Umgang mit orthopädischen Apparaten erfolgt auf Anweisung der Fachkraft. Durch korrektes Anlegen wird die Gefahr von Druckstellen vermieden. Eine *spezielle Lagerung* ist erforderlich, um beginnende Kontrakturen und Deformitäten zu verhindern bzw. zu korrigieren. Die Anweisung gibt ebenfalls die Krankengymnastin.

Häufig ist eine Dekubitusprophylaxe notwendig (S. 176).

Postoperative Pflege nach orthopädisch-korrigierenden Eingriffen s. S. 485f.

Krankengymnastik, Beschäftigungs-, Schwimm-, Reit- und Musiktherapie sind für das schwerbehinderte Kind effektive Maßnahmen.

Kommunikationsübungen:
Ist bei einem zerebral geschädigten Kind die Gesichtsmuskulatur mitbetroffen, bedeutet Sprechen eine große Anstrengung. Die Bezugsperson sollte sich täglich Zeit nehmen, um sich mit dem Kind zu unterhalten, d. h., sie muß aufmerksam und geduldig zuhören und auch auf unverständliches Sprechen versuchen, die Absichten des Kindes zu verstehen und darauf zu reagieren. Das Kontakterlebnis ermutigt das Kind zu weiteren Sprechversuchen und läßt es nicht der Gefahr erliegen, diese Anstrengung zu meiden. Die Anleitung erfährt die Pflegeperson durch den Logopäden.

Dazu sollte das Kind eine logopädische Behandlung durch die Fachkraft erhalten.

Mund- und Eßtherapie soll nach Anleitung der Krankengymnastin erfolgen.

Veränderungen des psychischen Verhaltens bei frühkindlicher Hirnschädigung

Im Vergleich mit dem normalen altersentsprechenden Verhalten eines gesunden Kindes zeigt das Kind mit der infantilen Zerebralparese veränderte psychische Reaktionen, die mehr oder weniger stark ausgeprägt sein können.

Die Kinderkrankenschwester beobachtet

das „offene Verhalten" und kann dabei feststellen:

- *Störung der Wahrnehmung* und *visuell-motorischen Koordination:* Das Kind kann z. B. einfache Figuren und Striche nicht exakt abzeichnen und richtig zuordnen. Bruchstücke können nur schwer zu einem Ganzen zusammengeordnet werden.
- *Störung der Konzentrationsfähigkeit:* Das Kind zeigt eine fluktuierende Aufmerksamkeit und ein nur oberflächliches Interesse. Der Antrieb ist meist gesteigert, die Durchhaltefähigkeit jedoch gering. Häufig ist auch die Lern- und Merkfähigkeit herabgesetzt. Zusätzlich kann das Kind durch motorische Unruhe auffallen.
- *Störung des affektiven Bereichs:* Das Kind weint z. B. leicht, kann aber auch wieder schnell getröstet werden. Das Kind fällt auf durch unkontrollierte Gefühlsäußerungen (Wut, Zorn) und gelegentlich übersteigerte Reaktionen. Die wenig gesteuerten Gefühle und Reaktionen können zu einem Risikoverhalten führen, z. B. auf die Straße ins Auto rennen, „kriminelles" Verhalten. Es fehlt die Angst, und die Situation einer Gefahr wird nicht erkannt.
- *Störung des Sozialgefühls:* Das Kind wendet sich ohne Hemmung einer ihm fremden Person zu oder schirmt sich gegenüber anderen ab. Es kann sich aber auch in fremder Umgebung sehr schnell anpassen, jedoch nur oberflächliche Kontakte aufnehmen. Häufig zeigt es unangemessene Reaktionen. Damit ist die Kommunikation deutlich beeinträchtigt.
- Häufiges Vorliegen von *Seh-* und *Hörschäden.*
- *Störungen der taktilen Wahrnehmung.*

Pflege und Behandlung

Die Behandlung geschieht in enger Zusammenarbeit mit dem Neuropädiater, Psychologen und der Heilerzieherin.

- Wahrnehmungs- und visuell-motorisches Training, z. B. Frostigprogramm und andere Übungen.
- Üben von ausdauernden Tätigkeiten, z. B. Perlen aufreihen zu einer ganzen Kette, Haus zu Ende bauen, Puzzle-Spiel vollständig abschließen.
- Versuch, das Kind in die Gruppe zu integrieren, auf Gefahren aufmerksam zu machen und zu lehren ihre Folgen abzuschätzen.

Erziehung

Das Kind darf keine Sonderstellung erhalten, sondern muß behandelt werden wie ein gesundes Kind. Es soll sein Recht bekommen, aber auch lernen, die Wünsche der anderen zu respektieren. Wichtig ist, das Kind am täglichen Leben teilnehmen zu lassen, z. B. mitnehmen in den Garten oder Keller, zum Einkaufen oder Besuchemachen, mit ihm in ein Restaurant gehen. Es sollte die Gelegenheit erhalten, im Haushalt im Rahmen seiner Möglichkeiten mitzuhelfen. So bekommt das Kind das Gefühl des Gebrauchtwerdens.

Mit Phantasie und Geschick kann es der Kinderkrankenschwester immer wieder gelingen, für das Kind Erleichterung in seiner manuellen Tätigkeit zu finden, z. B. zum Essen Löffel mit gebogenem Stiel, Teller mit hochgezogenem Rand, Nichtrutsch-Unterlagen, geeignetes Spielzeug.

7.6.5. Pflege bei Erkrankungen des Rückenmarks

7.6.5.1. Myelomeningozele (Myelozele)

Lernziele

Sie haben in diesem Teilkapitel das Wesentliche erarbeitet, wenn es Ihnen möglich ist,

- die Symptome einer Myelomeningozele zu beschreiben;

- die Maßnahmen nach der Geburt und nach dem operativen Eingriff aufzuzählen und zu begründen;
- Einzelheiten über die weitere Nachsorge und ärztliche Betreuung zu schildern.

Diese Hemmungsmißbildung des Rückenmarks ist die häufigste Form der Spina bifida (abgesehen von der harmlosen Spina bifida occulta). Im Bereich der Wirbelsäule treten durch einen Wirbelbogendefekt die Rückenmarkshäute und das fehlgebildete Mark nach außen. Bei der geschlossenen Form ist die Ausstülpung primär mit Haut bedeckt, bei der offenen liegt der Defekt frei an der Körperoberfläche.

Die Kinderkrankenschwester beobachtet

- Rötlicher Tumor, mit Haut bedeckt, oder bei der offenen Form einen Tumor, der schleimhautähnliches Aussehen hat und Liquor absondert;
- Lähmung der Beine,
- meist Klumpfüße,
- Störungen der Blasen- und Darmentleerung,
- häufig Anzeichen eines Hydrocephalus.

Pflege und Behandlung

Maßnahmen unmittelbar nach der Geburt:

- Infektionsprophylaxe: Die geschlossene Myelozele wird mit einer sterilen Kompresse abgedeckt. Ist die Zele bereits perforiert, so wird die Kompresse auf Anordnung des Arztes regelmäßig mit steriler isotoner NaCl-Lösung beträufelt, um eine Austrocknung der Rückenmarksplatte zu verhindern. Mit einer elastischen Binde wird die Ausstülpung locker umwickelt. Eine Verunreinigung durch die Ausscheidungen muß vermieden werden.
- Lagerung: Das Neugeborene wird in Bauchlage gebracht und das Becken hoch gelagert, damit nicht Liquor ausfließen kann. Gleichzeitig wird ein Zurückfließen des Urins und eine Verschmutzung mit Stuhl verhindert.
- Verlegung in eine Spezialklinik: Sind die Eltern mit einem operativen Eingriff einverstanden, wird das Kind in die neurochirurgische oder kinderchirurgische Klinik gebracht. Die Verlegung des Kindes wird im vorgewärmten Transportinkubator vorgenommen. Der Eingriff muß möglichst in den ersten 24 Stunden erfolgen.

Maßnahmen nach dem operativen Eingriff:

- Überwachung der Vitalzeichen nach der Operation.
- Das Kind wird in den Inkubator gelegt. Infektionsschutz und kontinuierliche Wärmezufuhr sind dadurch am besten gewährleistet.
- Bauchlagerung und Beckenhochlagerung werden beibehalten. Zur Spitzfußprophylaxe werden bei normaler Fußentwicklung die Unterschenkel des Kindes ebenfalls hochgelagert, damit die Füße frei nach unten hängen können (Abb. 14).
- Eine besondere Sorgfalt gilt dem Wundbereich. Dieser darf nicht gedehnt werden, da die Naht oft sehr gespannt ist und leicht perforiert. Es kann auch zum Austritt von Liquor kommen, wenn die Dura noch nicht verklebt ist. Die Wunde wird steril, luftdurchlässig und wasserdicht abgedeckt.
- Erforderlich ist auch eine gute Hautpflege, weil meist eine Stuhlinkontinenz vorliegt.

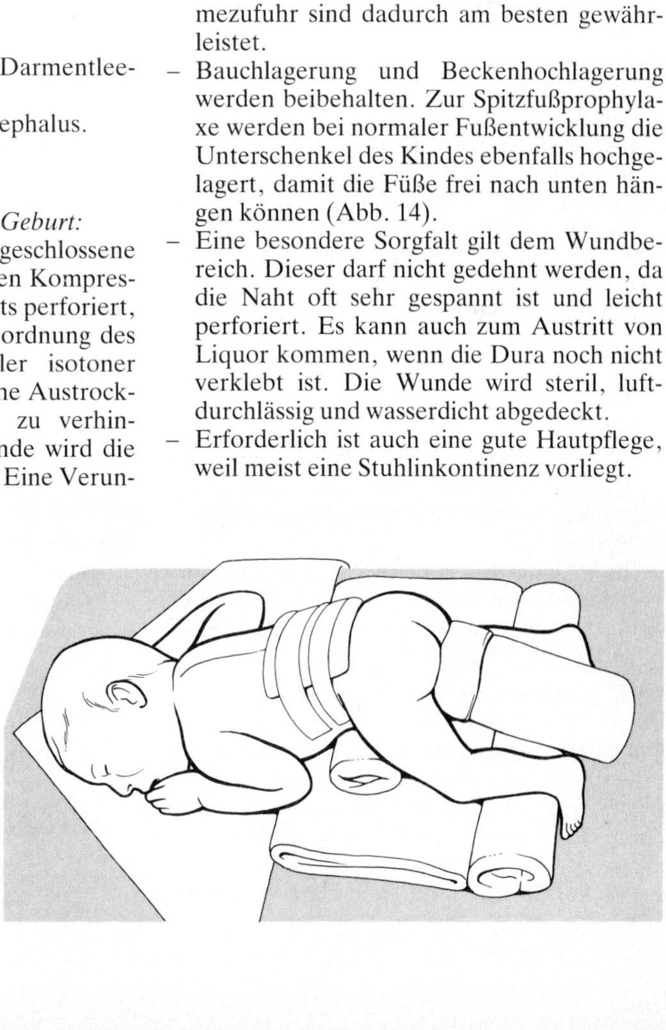

Abb. 14 Bauch und Beckenhochlagerung nach Operation einer Myelomeningozele

Da das Kind leicht Druckstellen bekommt, muß eine exakte Dekubitusprophylaxe durchgeführt werden.

- Ernährung: Um das Neugeborene zu schonen, wird es nach der Operation einige Tage lang über eine Sonde ernährt. 6–8 Stunden nach der Operation bekommt das Kind 3–4 kleine Teemahlzeiten, ehe wieder normale Milchnahrung verabreicht wird.
  Bei gleichzeitiger Infusionstherapie ist darauf zu achten, daß das Flüssigkeitsangebot nicht zu groß ist, da die Kinder zu Ödemen neigen.
- Überwachung der Ausscheidungen: Oft haben die Kinder eine Blasenlähmung, es kommt dadurch oft zur Harnverhaltung, zur Überlaufblase und zum Restharn in der Blase. Deshalb muß diese regelmäßig kontrolliert und bei Bedarf 2- bis 3stündlich ausgedrückt werden. Sobald die Wunde verheilt und das Kind auf den Rücken gelegt werden kann, wird mit dem Blasentraining begonnen.
  Zur besseren Darmfunktion kann Milchzucker gegeben werden. In hartnäckigen Fällen ist es notwendig, ein Klistier zu verabreichen oder den Darm mechanisch auszuräumen. Liegt eine Stuhlinkontinenz vor, so kann beim älteren Kind durch eine entsprechende Zusammensetzung der Kost eine regelmäßige Stuhlentleerung herbeigeführt werden.
- Die Gewichtskontrolle erfolgt in den ersten Tagen mehrmals täglich, da das Kind oft Stauungsödeme in den Beinen hat.
- Prüfung der Beweglichkeit der Beine: Durch Beobachtung der Spontanbewegungen der Beine kann das Ausmaß der Lähmungen festgestellt und eine rechtzeitige krankengymnastische Behandlung eingeleitet werden.
- Prüfung des Kopfwachstums: Um die Entstehung eines Hydrozephalus nach der Operation sofort zu erkennen, wird der Kopfumfang täglich gemessen.

Ärztliche Betreuung und Nachsorge:
Es ist Aufgabe des Arztes, aber auch der Kinderkrankenschwester, die Eltern über die Wichtigkeit der Nachsorge zu informieren. Die ärztliche Betreuung erfolgt in erster Linie durch den Pädiater, Orthopäden, Kinderchirurgen und evtl. Urologen. Außerdem ist eine krankengymnastische Behandlung erforderlich.

Um den Eltern ihre schwierige Aufgabe zu erleichtern, werden sie bereits in der Klinik in die Pflege des Kindes miteinbezogen. Außerdem erhalten sie den Hinweis auf die „Arbeitsgemeinschaft Spina bifida und Hydrozephalus (ASbH e. V.)" Hier treffen sich Gleichbetroffene, die ihnen Rat, Mut und Durchhaltevermögen vermitteln.

7.6.5.2. Querschnittslähmung

Unter einer Querschnittslähmung versteht man die Folge einer völligen oder teilweisen Schädigung des Rückenmarkquerschnitts mit Ausfall motorischer, sensibler und vegetativer Funktionen. Trauma, Mißbildung, Tumor oder Entzündung können die Ursache sein. Das Ausmaß einer Querschnittslähmung ist abhängig von der Höhe des geschädigten Rükkenmarksegments und vom Umfang der Schädigung der betroffenen Stelle.

Lernziele

Nach der Durcharbeitung dieses Teilkapitels ist es Ihnen möglich,

- Beobachtungen bei einer kompletten und inkompletten Querschnittslähmung zu nennen;
- Maßnahmen zur Lagerung und zum Aufrichten des Patienten zu beschreiben;
- Maßnahmen zur Normalisierung der Körpertemperatur, Unterstützung der Atmung und Hautpflege zu erläutern;
- die Durchführung des Blasen- und Darmtrainings zu schildern.

Die Kinderkrankenschwester beobachtet

Bei akutem Auftreten einer kompletten Querschnittslähmung:

Spinaler Schock:

- schlaffe Lähmung der Muskulatur mit Areflexie;
- Ausfall der Oberflächensensibilität (Berührung, Schmerz, Temperatur) und Störungen der Tiefensensibilität (z. B. Koordination, Lageempfindlichkeit, Vibrationsempfindung);
- Einschränkung der Ausatmung und Zyanose bei fehlender Innervation der Interkostalmuskeln;
- durch Innervationsstörungen der Blutgefäße Fieber oder Untertemperatur;
- Blasen- und Mastdarmstörungen.

Später (nach Tagen bis Wochen) bei erhaltenem Reflexbogen:

Spinale Spastik:

- Spasmen, zum Teil bei Flexoren und bei Extensoren.

Schließlich Stadium der *spinalen Reflexautomatik*:

- durch Berühren und leichtes Bewegen der unteren Extremität werden Flexions- und Extensionsspasmen ausgelöst. Dies kann von Schweißausbruch und Urinabgang begleitet sein.

Bei der inkompletten Querschnittslähmung:

- asymmetrische Paresen,
- bei Berührung der Fußsohlen werden Streckreflexe ausgelöst,
- die Sensibilität in den funktionslosen Muskeln ist teilweise noch erhalten,
- vom Patienten werden distal der Schädigung Schmerzen empfunden.

Folgende *Komplikationen* können bei einer Querschnittslähmung auftreten und müssen in Pflege und Behandlung mit berücksichtigt werden:

- Schäden der Haut – Dekubitalgeschwüre,
- Kontrakturen (Spitzfußstellung),
- aszendierende Harnwegsinfektionen,
- Bronchitis und Pneumonie,
- Harnsteinbildung.

Pflege und Behandlung

Lagerung:
Für die Lagerung frischverletzter querschnittsgelähmter Patienten stehen heute verschiedene *Spezialbetten* zur Verfügung, z. B.

- Pack-Bett für Bauch-, Rücken- und Seitenlage;
- Strakker-Keil-Drehbett („Sandwich-Bett") für Bauch- und Rückenlage.

Ohne den Patienten zu belasten, ermöglichen diese ein regelmäßiges Umlagern. Das Ziel dieser speziellen Lagerung ist die Fixierung des Patienten in reponierter Stellung bis zur Stabilität sowie die Verhinderung von Druckstellen, Ödemen, Kontrakturen, einer hypostatischen Pneumonie, Kreislaufinsuffizienz durch Immobilität und der Steinbildung in den ableitenden Harnwegen.
Die Dauer der strengen Liegezeit richtet sich bei Wirbelfraktur nach dem Röntgenbefund und beträgt in der Regel 10–12 Wochen. Der Patient wird dann zunächst in ein normales Bett verlegt. Nach weiteren 24–48 Stunden beginnt die langsame Aufrichtung des Kindes. Dies geschieht nach einem genauen Plan und ist abhängig vom Ausmaß der Lähmungen.
Z. B. beim Paraplegiker:
Aufrichten täglich um 15 Grad.
Bei einer Aufrichtung von 75 Grad Beginn der Rollstuhlphase:
1. Tag Rollstuhl 1mal 30 Minuten
2. Tag Rollstuhl 2mal 30 Minuten
3. Tag Rollstuhl 1mal 60 Minuten
4. Tag Rollstuhl 2mal 60 Minuten usw.
Je nach Verträglichkeit wird die Rollstuhlbelastung gesteigert. Dabei ist alle 5–10 Minuten eine Druckentlastung durch Anheben des Patienten erforderlich.
Außerdem müssen die Knie fixiert und Blutdruckkontrollen durchgeführt werden.
Die volle Flexion ist erst einige Zeit später zu einem vom Arzt bestimmten Zeitpunkt möglich. Bis dahin ist der Patient noch nicht selbständig. Strümpfe bis zu den Knien und Schuhe müssen ihm angezogen werden.
Nachts sollte das Kind vorwiegend auf dem Bauch liegen und nach Bedarf umgelagert werden, um der Dekubitus- und Kontrakturengefahr entgegenzuwirken.
Patienten mit einer nichttraumatischen Querschnittslähmung können von Anfang an im Normalbett untergebracht werden.

Überwachung der Körpertemperatur:
Während der akuten Phase ist eine genaue Überwachung der Körpertemperatur erforderlich, da sowohl Wärmeabgabe als auch Wärmebildung gestört sind. Die Temperatur wird nicht rektal gemessen, um eine Reizung des Darmes und Verletzungen zu vermeiden. Wird eine Untertemperatur festgestellt, so wird der Patient gut zugedeckt, der Raum erwärmt und ein warmes Getränk verabreicht. Die Anwendung von Wärmflaschen ist bei gestörter Sensibilität wegen der Verbrennungsgefahr nicht erlaubt.
Zur Temperatursenkung bieten sich physikalische Maßnahmen an. Antipyretika werden oral oder parenteral verabreicht.
Es ist darauf zu achten, daß die Raumtemperatur nicht zu hoch ist, Bettzeug aus Synthetik sollte nicht verwendet werden. Vor direkter Sonnenbestrahlung ist vor allem das Kind mit einer Tetraplegie zu schützen.

Bei Fieber ist die Gefahr des Aufliegens verstärkt, und das Kind muß noch häufiger umgelagert werden.

Überwachung und Unterstützung der Atmung:
Liegt eine eingeschränkte Ausatmung vor, kann es zur akuten Atemnot kommen, weil das Kind nicht in der Lage ist, genügend Sauerstoff aufzunehmen. Es werden dann zwerchfellunterstützende Maßnahmen unter Anleitung der Physiotherapeutin durchgeführt. Eine regelmäßige Inhalationstherapie dient der Verflüssigung des Bronchialsekrets, zum Abhusten braucht das Kind ebenfalls mechanische Hilfe von seiten der Pflegeperson. Regelmäßige Atemtherapie durch die Krankengymnastin ist erforderlich.
Schmerzen, volle Blase, Meteorismus erschweren die Atmung und sollten beseitigt werden.
Bei einer Schädigung im Bereich der Halswirbelsegmente ist auf die Anzeichen einer aufsteigenden Lähmung zu achten (akute Dyspnoe, Singultus). Besteht eine Zwerchfellähmung, so muß das Kind zeitlebens maschinell beatmet werden.

Überwachung der Haut – Hautpflege:
Innerhalb kürzester Zeit (1–2 Stunden) können sich beim querschnittsgelähmten Kind schwerwiegende Druckschäden entwickeln. Es muß deshalb neben einer exakten Hautpflege mindestens 2mal täglich eine sorgfältige und regelmäßige Kontrolle der gefährdeten Hautstellen erfolgen. Das Kind muß regelmäßig im Bett umgelagert und im Rollstuhl aufgestützt werden. Druck auf die Haut durch die Kleidung ist zu meiden. Die Kleidungsstücke des Kindes sollten dehnbar sein, sich am Körper anschmiegen und keine Falten werfen, z. B. gut sitzende Strumpfhosen.

Beachte: Schon beim Auftreten kleinster Druckschäden (rote Stelle) ist sogleich eine konsequente Druckentlastung, evtl. Dauerbauchlagerung notwendig.

Behandlung und Pflege eines Dekubitus:
Kleine, oberflächliche Wunden werden unter sterilen Bedingungen sorgfältig gereinigt und verbunden.
Nekrotisches Gewebe wird vom Arzt ausgeschnitten und die Wunde anschließend mit Wasserstoffsuperoxid oder isotoner NaCl-Lösung gereinigt. Über mehrere Tage werden feuchte Umschläge angelegt, evtl. lokale antibiotische Behandlung. In schweren Fällen ist eine chirurgische Wundplastik erforderlich, sonst Anwendung von Präparaten mit granulierender Wirkung nach Verordnung des Arztes.
Beim täglichen Verbinden ist darauf zu achten, daß durch den Verband nicht neue Druckstellen entstehen. Deshalb wird die Größe des Verbands täglich gewechselt.

Blasentraining:
Während des spinalen Schocks ist wegen der bestehenden Blasenlähmung ein Katheterisieren der Harnblase notwendig. Um die Gefahr der Blaseninfektion in den ersten 24–48 Stunden sowie von Schleimhautschäden und Fistelbildung zu vermeiden, wird in der Regel von einem Dauerkatheter abgesehen und je nach Flüssigkeitszufuhr alle 3–4 Stunden, nach Absetzen der Infusionstherapie 4mal täglich die Blase katheterisiert (S. 303ff).
Statt dieses intermittierenden Katheterisierens ist auch ein Ausdrücken der Harnblase möglich. Dabei wird vorsichtig mit der flachen Hand die Kuppe der Blase getastet (in vollem Zustand oberhalb der Symphyse) und nach unten ins kleine Becken gedrückt.
Auch eine suprapubische Dauerableitung des Urins ist möglich.
Nach Abklingen des spinalen Schocks mit Einsetzen der Spastik wird mit dem Blasentraining begonnen. Größere Kinder können darin angeleitet werden und dieses dann selbständig ausführen. Um eine Blasenmuskelkontraktion und eine Erschlaffung des Blasenschließmuskels mit der Entleerung der Blase zu erzielen, wird 10 Minuten lang die Bauchdecke oberhalb der Symphyse beklopft. 30–45 Minuten zuvor wird dem Kind zu trinken gegeben.
Wichtig ist, daß sich dieser Mechanismus durch ein regelmäßiges Training, zunächst in 3stündlichem Rhythmus, einspielt.
Mit dem Beginn des Blasentrainings wird zunächst unmittelbar nach dem Klopfen, später in größeren Zeitabständen, die Restharnmenge bestimmt. Damit wird festgestellt, wie oft und wie lange zusätzlich durch Katheterisieren bzw. durch Ausdrücken die Blase entleert werden muß.
Bei einem Harnwegsinfekt und einer Harngrießbildung kann täglich eine Blasenspülung, z. B. mit Cystomyacine, erforderlich werden.
Durch eine reichliche Flüssigkeitszufuhr wird

der Nieren- und Blasensteinbildung vorgebeugt.

Darmtraining:
Die Lähmung von Rektum und Anus hat zur Folge, daß das querschnittsgelähmte Kind keinen Stuhldrang empfindet und die Defäkation zeitlebens durch eine bestimmte Kost oder medikamentös geregelt werden muß.
Zu Beginn einer akut auftretenden kompletten Schädigung hat die Kinderkrankenschwester auf die Anzeichen eines Ileus zu achten und exakt die Verordnungen des Arztes auszuführen. Nach erfolgter erster Stuhlentleerung wird dem Kind erstmals wenig gesüßter Tee und Zwieback verabreicht. Gleichzeitig wird ein Laxans gegeben. Ist die Darmtätigkeit in Gang gekommen, erhält das Kind zunächst leichte Speisen und dann Normalkost. Es muß eine regelmäßige Defäkation alle 2–3 Tage angestrebt werden. Erfolgt anfangs keine Spontanentleerung des Darms, so wird versucht, dies durch manuelle Reizung des Schließmuskels zu erreichen. Es kann aber auch eine digitale Ausräumung erforderlich werden. Ein Darmrohr darf wegen der Gefahr einer Druckschädigung nur kurzfristig eingelegt werden.
Bettschüssel, Toilettensitze bzw. Sitz am Nachtstuhl müssen abgepolstert sein zur Vermeidung von Hautschäden.
Während des Krankenhausaufenthalts muß festgestellt werden, welche Hilfsmittel für die Pflege des Kindes zu Hause erforderlich sind.
Damit sich das Kind fortbewegen kann, braucht es häufig einen Stützapparat. Ist das Kind auf den Krankenfahrstuhl angewiesen, so muß es für dessen selbständige Benützung trainiert werden.
Es ist wichtig, daß die Eltern in die Pflege mit einbezogen werden, damit das Kind auch nach dem Klinikaufenthalt optimal betreut werden kann.
Die Rehabilitation erfolgt heute in speziellen Kliniken. Sie sollte eine seelische Betreuung mit einschließen und eine soziale Eingliederung anstreben.

7.6.6. Pflege bei Erkrankungen des peripheren Nervensystems

7.6.6.1. Polyneuropathien

Es handelt sich um Funktionsstörungen im peripheren Nervensystem, bedingt durch toxische, allergische oder infektiöse Schädigungen.

Die Kinderkrankenschwester beobachtet

Bei der *Polyneuropathie*:
- Das Kind klagt über Muskelschmerzen und Mißempfindungen, wie z. B. Kribbeln, Taubheit in den Extremitäten;
- Muskelzuckungen, die betroffene Muskulatur ist hypoton;
- Schwäche und Gangunsicherheit, die zu plötzlichem Hinstürzen führen können;
- Lähmungserscheinungen;
- Sensibilitätsstörungen im distalen Bereich der Extremitäten.

Bei der *Polyradikulopathie:*
- Schmerzen, die vom Kind im Ausbreitungsgebiet eines Nervensegments umschrieben werden;
- symmetrische, schlaffe Lähmungen, die von der unteren Extremität über Rumpf und Arme bis zur Atemlähmung langsam aufsteigen können;
- Atrophie der befallenen Muskulatur durch den langdauernden Funktionsausfall.

Pflege und Behandlung

Im *akuten Stadium:*
- Das Kind muß gegen äußere Reize abgeschirmt sein.
- Aufsteigende Lähmungen erfordern eine Intensivüberwachung.
- Überwachung der Ausscheidungen,
- Kontrakturenprophylaxe durch sorgfältige Lagerung,
- sorgfältige Körperpflege mit Dekubitus- und Pneumonieprophylaxe.

Bei Atemlähmung:
- Mithilfe bei der Intubation (s. Pflege des intubierten, beatmeten Kindes, S. 641 ff).

Im *Regenerationsstadium:*
- physikalische Maßnahmen: Wärmeanwendung, Massage, passive und später aktive Bewegungsübungen, Elektrotherapie.

- Psychische Betreuung: Schmerzen, Lähmungen, der langwierige oder progrediente Verlauf der Erkrankung sowie die totale Abhängigkeit von der Pflegeperson wirken auf das Kind sehr belastend.
  Es sollte eine intensive Zuwendung und Förderung erfahren durch häufige Anwesenheit der Eltern, durch Vorlesen, gute Radio- und Fernsehsendungen und Krankenhausunterricht. Eine begleitende seelsorgerliche Betreuung im Einverständnis mit den Eltern kann für das Kind sehr hilfreich sein.

Weiterführende Literatur

Nancie, H., R. Finnie: Hilfe für das cerebral gelähmte Kind. Maier, Ravensburg 1976

7.7. Pflege bei Kindern mit Erkrankungen des Herzens

H. Wildoer

Notwendige Vorkenntnisse

- Anatomie und Physiologie des Herzens und der großen Gefäße,
- embryonale Entwicklung des Herzens,
- fetaler Kreislauf,
- angeborene und erworbene Erkrankungen des Herzens,
- Herzdiagnostik,
- Wirkung und Nebenwirkung von Diuretika, Digitalispräparaten, Sedativa und Chloralhydrat,
- Krankenbeobachtung (s. Kap. 5.1.).

Strukturnetz

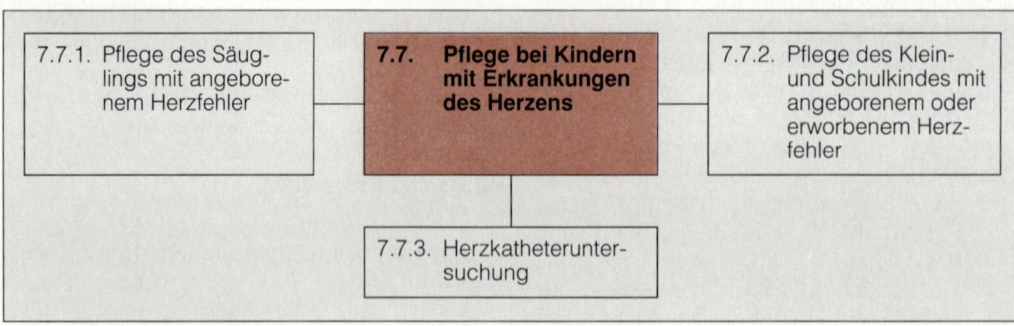

Lehrziel

Bei der Pflege des Kindes mit Erkrankungen des Herzens ist es Aufgabe der Schwester, gezielte Beobachtungen im Hinblick auf mögliche Veränderungen und Störungen der Herz- und Kreislauffunktion vorzunehmen. Außerdem wird sie ihre Tätigkeiten entsprechend dem Befinden des Kindes sinnvoll planen und durchführen. Hierzu werden die wichtigsten Gesichtspunkte dargestellt.

Lernziele

Nach dem Durcharbeiten dieses Teilkapitels sollte es ihnen möglich sein,
- die wichtigsten Beobachtungskriterien beim Säugling zu nennen;
- die Durchführung der Pflege beim Säugling zu beschreiben;
- die Betreuung des Kindes nach der Herzkatheteruntersuchung zu erläutern;
- die Pflege des Klein- und Schulkindes zu schildern.

7.7.1. Pflege des Säuglings mit angeborenem Herzfehler

Bei diesen angeborenen Fehlbildungen kann es sich um Veränderungen der großen Gefäße oder um Defekte am Herzen selbst handeln.

Die Kinderkrankenschwester beobachtet

- Leidender Gesichtsausdruck, angsterfüllte Augen, schwerkrankes Aussehen;
- beschleunigte Atmung, besonders bei Anstrengungen;
- Dyspnoe, die bei Belastungen auftritt, aber auch bei Ruhe vorhanden sein kann;
- evtl. von Geburt an Stridor und keuchende Atmung, beides kann sich beim Schreien, Füttern und der Kopfbeugung nach vorn verstärken und zu lebensbedrohenden Zuständen führen;
- Blässe, Akrozyanose, Zyanose oder Zyanoseanfälle;
- beschleunigter und schnellender Puls, Pulsieren der großen Fontanelle;
- erniedrigter Blutdruck, evtl. Blutdruckdifferenz zwischen dem rechten und linken Arm;
- Schluckbeschwerden und Husten;
- häufig bronchopulmonale Infekte;
- Trinkschwäche und rasche Ermüdbarkeit;
- kühle Extremitäten;
- vermehrtes Schwitzen, besonders am Hinterkopf;
- schlaffer Hautturgor, Ödeme, die an den Augenlidern, Hand- und Fußrücken sowie am Schienbein auffallen oder ausgeprägte Ödeme und dann eine stärkere Gewichtszunahme;
- schlechtes Gedeihen;
- Anfälle mit und ohne Bewußtlosigkeit infolge Hypoxie;
- Schocksymptome.

Pflege und Behandlung

Der Säugling sollte bei der Betreuung besonders viel Zuwendung und Geborgenheit erfahren.
Die Pflege muß liebevoll und schonend ausgeführt werden, da das Kind mit Schreien und Erbrechen auf Unruhe reagieren kann. Darum wird auf der Station ein kleines, zentral liegendes, ruhiges Zimmer ausgesucht.
Die Pflege muß rationell geplant werden, um den Säugling möglichst wenig zu stören, z. B. bei Kontrollen der Vitalfunktionen und Nahrungsverabreichung.
Die Kontrollen der Vitalfunktionen und die Beobachtungen müssen regelmäßig durchgeführt werden. Die Herztätigkeit sollte mit einem EKG-Monitor überwacht werden. Wegen der Hautreizungen werden die Elektroden täglich gewechselt.
Der Säugling wird täglich 1- bis 2mal gewogen. Die Urinausscheidung wird gemessen und das spezifische Gewicht festgestellt, um Wassereinlagerungen sofort zu erkennen. Erhält das Kind Sauerstoff, kann dieser über eine Nasensonde (S. 619) in einem geschlossenen Bett oder über eine Sauerstoffglocke (Oxydom) zugeführt werden (S. 621). Täglich werden die O_2-Schläuche gewechselt und der Befeuchtungsbehälter erneuert.
Der Oberkörper wird zur Atemerleichterung halbhochgelagert. Zur Fixation wird eine Rolle unterhalb des Gesäßes gelegt. Damit die Rolle nicht wegrutscht, wird sie unter das Spanntuch gegeben. Bei kalten Extremitäten werden dem Säugling Strümpfe bzw. Handschuhe angezogen.
Der Säugling bekommt häufige kleine joulereiche (kalorienreiche) Mahlzeiten, die langsam und geduldig mit einem Sauger (welcher mit einem kleinen Loch versehen ist) verabreicht werden. Das Kind darf jedoch nicht zu lange gefüttert werden. Muß es sich zu sehr anstrengen, wird die Nahrung ganz oder teilweise sondiert. Wieviel das Kind trinken darf, richtet sich nach der Verordnung. Die Flüssigkeitszufuhr ist in der Regel eingeschränkt; in Ausnahmen braucht das Kind mehr zu trinken, z. B. bei warmem Wetter und beim Schwitzen.
Auf eine regelmäßige Stuhlentleerung ist zu achten. Bei Meteorismus wird ein Darmrohr gelegt.
Die Medikamente, besonders die Digitalispräparate, müssen exakt dosiert und verabreicht werden, die Zeiten genau eingehalten werden. Aufgrund der Nebenwirkung der Digitalispräparate kann es zu Zeichen der Überdosierung kommen. Diese äußern sich in Unruhe, Brechreiz, Erbrechen und Veränderungen im EKG.
Bekommt der Säugling eine intravenöse Infusionstherapie, ist diese vorzubereiten, zu überwachen, und dem Arzt ist beim Anlegen zu assistieren.
Der Notfallwagen muß immer bereitstehen und die Kinderkrankenschwester mit ihren

Aufgaben bei der primären Reanimation vertraut sein. Der Ambu-Beutel mit entsprechender Maske befindet sich im Zimmer.
Die Eltern werden soweit wie möglich mit in die Pflege ihres Kindes einbezogen. Vor allem dann, wenn sie zu Hause die Aufgabe der Beobachtung und Pflege bewältigen müssen.
Pflege des Kindes nach Herzoperationen S. 664.

7.7.2. Pflege des Klein- und Schulkindes mit angeborenem oder erworbenem Herzfehler

Bei Klein- und Schulkindern mit angeborenem Herzfehler, der teilweise korrigiert oder inoperabel ist, und bei Kindern mit erworbenem Herzfehler kommt es häufig zur Herzinsuffizienz, die eine besondere Pflege des Kindes erfordert.

Die Kinderkrankenschwester beobachtet

Abhängig von der Art des Herzfehlers:
- Trommelschlegelfinger und -zehen, Uhrglasnägel,
- hockende Stellung,
- häufigeres Nasenbluten,
- Hyperplasie des Zahnfleischs,
- Deformierung der Rippen (Herzbuckel),

Zeichen der Herzinsuffizienz:
- Mattigkeit,
- Appetitlosigkeit, Ablehnung mancher Speisen,
- beschleunigte und erschwerte Atmung in Ruhe oder bei geringer körperlicher Belastung,
- gespannter, ängstlicher Gesichtsausdruck,
- Tachydardie,
- Blässe, graue Hautfarbe und/oder periphere Zyanose,
- feuchtkalte Haut oder vermehrtes Schwitzen,
- kalte Extremitäten,
- Ödeme, Gewichtszunahme,
- eingeschränkte Leistungsfähigkeit, schnellere Ermüdbarkeit und Spielunlust.

Pflege und Behandlung

Das Kind braucht auf der Station eine ruhige Umgebung. Wenn es strenge Bettruhe einhalten muß, ist es die Aufgabe der Kinderkrankenschwester, dies dem Kind einsichtig zu machen und es durch leichte Beschäftigungen abzulenken. Zeigt das Kind Angst, es möglichst nicht allein lassen.
Die Pflege des Kindes muß schonend durchgeführt werden. Selbst einfache Maßnahmen der Körperpflege werden von der Schwester ausgeführt, um es nicht zu belasten.
Bei Atemnot wird das Kind aufrecht gelagert, evtl. kann auch ein spezielles „Herzbett" verwendet werden.
Die Vitalfunktionen und das Gewicht werden je nach Verordnung gewissenhaft kontrolliert.
Wird dem Kind Sauerstoff zugeführt, müssen Menge und Konzentration überwacht werden.
Bekommt es eine intravenöse Infusionstherapie, ist diese vorzubereiten und zu überwachen.
Zur Flüssigkeitsbilanzierung werden Ein- und Ausfuhr gemessen. Wenn das Kind nicht aufstehen darf, gibt die Schwester ihm Hilfestellung bei den Ausscheidungen und achtet auf regelmäßigen Stuhlgang, da das Pressen für das Kind zu anstrengend ist.
Der Patient bekommt viele kleine, appetitlich angerichtete Mahlzeiten. Die Speisen sollten leicht verdaulich und kochsalzarm sein.
Bei einem Perikarderguß wird eine Punktion durchgeführt (S. 261).

Beachte: Bei Kindern mit angeborenem oder erworbenem Herzfehlern ist eine sorgfältige Pflegeplanung durchzuführen (S. 77).

7.7.3. Herzkatheteruntersuchung

Wird bei einem Kind eine Herzkatheteruntersuchung durchgeführt, ist folgendes zu beachten:

- Am Tag vorher Blutkonserve bestellen; Blutentnahmen und Injektionen werden möglichst an der Körperhälfte vorgenommen, an der nicht katheterisiert wird, um die geeigneten Venen für den Herzkatheter zu erhalten.
- Die Vollständigkeit der Formulare überprüfen, z. B. Einwilligung der Eltern, EKG-

Befunde, Röntgenbilder, Laborwerte (Blutbild, AST, BSG, Gerinnungsstatus).

- Am Tag der Untersuchung bekommt das Kind kein Digitalis.
- 2–3 Stunden vor dem Eingriff darf es noch trinken; ältere Säuglinge und Kleinkinder, die nicht trinken wollen und keine Dauertropfinfusion haben, bekommen die Flüssigkeit sondiert.
- Beim Säugling wird eine Magensonde gelegt, um bei Bedarf Chloralhydrat sondieren zu können.
- Bevor die Prämedikation verabreicht wird, sind Säuglinge frisch zu wickeln und größere Kinder zur Toilette zu schicken.
- Die Temperatur wird kontrolliert.
- Sauerstoff und Ambu-Beutel liegen griffbereit.
- Nachdem die Prämedikation verabreicht ist, muß die Schwester beim Kind bleiben.
- Die Herzfrequenz wird mit dem EKG-Monitor überwacht, und viertelstündlich werden Puls und Blutdruck kontrolliert.
- Wird das Kind in den Untersuchungsraum bestellt, sind Ambu-Beutel, Sauerstoffflasche, Blutkonserve und die entsprechenden Formulare mitzunehmen.
- Nach dem Eingriff müssen regelmäßig Puls, Blutdruck und Atmung überwacht werden, zunächst viertelstündlich, danach halbstündlich und stündlich, je nach Zustand des Kindes.
- Die Schwester achtet darauf, daß das Kind ruhig auf dem Rücken liegt und das Bein gut durchblutet und warm ist; bei einer Schwellung wird das Bein hochgelagert und in Watte gepackt.
- Bei arterieller Punktion sind die Fußpulse zu tasten (S. 122).
- Die Einstichstelle auf Nachblutungen beobachten und evtl. einen Druckverband anlegen.
- Bei Veränderungen muß sofort der Arzt benachrichtigt werden.
- Eine Ultraschalluntersuchung des Herzens kann evtl. die Durchführung eines Herzkatheters überflüssig machen.

Weiterführende Literatur

Bühlmeyer, K.: Leben mit dem herzkranken Kind. Hippokrates, Stuttgart 1987

7.8. Pflege bei Kindern mit Erkrankungen der Atmungsorgane

G. Fischer

Notwendige Vorkenntnisse

- Anatomie und Physiologie der Atmungsorgane,
- Krankheiten der Atmungsorgane,
- Wirkung und Nebenwirkung der Antibiotika, Glukokortikoide, Expektorantien, Broncholytika, Antitussiva und Sedativa,
- Krankenbeobachtung, insbesonders Vitalfunktionen (S. 115ff).

Strukturnetz

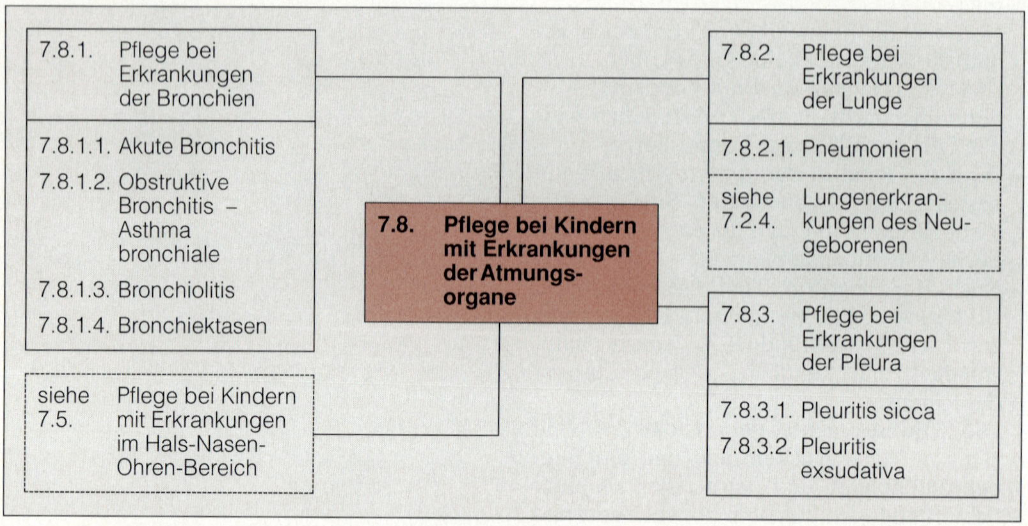

Lehrziel

Erkrankungen der Atemwege sind vor allem im Säuglings- und Kleinkindalter sehr häufig. Es soll darauf hingewiesen werden, daß das subjektive Befinden dabei äußerst schlecht sein kann. Quälender Husten und Atemnot wirken auf das Kind sehr belastend, es bedarf deshalb besonderer Zuwendung und einer sehr schonenden Pflege. Durch die Überwachung der Vitalfunktionen wird die Pflegeperson eine Atemnot rechtzeitig erkennen; durch sofortiges Handeln kann den schwerwiegenden Folgen einer Hypoxie entgegengewirkt werden. Die Pflegemaßnahmen, die im Rahmen dieser Erkrankungen von Bedeutung sind, sollen hier vermittelt werden.

Lernziele

Nach der Durcharbeitung dieses Teilkapitels sind Sie in der Lage,

- grundsätzliche und spezielle Pflegemaßnahmen bei den einzelnen Erkrankungen zu nennen;
- zu erläutern, womit eine Atemnot zu lindern ist.

7.8.1. Pflege bei Erkrankungen der Bronchien

7.8.1.1. Akute Bronchitis

Als Folge einer Rhinopharyngitis kommt es im Kindesalter sehr häufig zur Entzündung der Trachea und der Bronchien. Das Allgemeinbefinden ist nicht wesentlich beeinträchtigt.

Die Kinderkrankenschwester beobachtet

- Trockener Reizhusten, der später locker wird, schleimig-eitriges Sekret kann abgehustet werden,
- evtl. Fieber,
- Appetitlosigkeit.

Pflege und Behandlung

- Einreibung an Brust und Rücken mit Salben von schleimlösender Wirkung, z. B. Pinimenthol. Sonderpräparate für Säuglinge beachten! Diese enthalten kein Menthol, damit eine Vergiftung vermieden wird.
- In der häuslichen Pflege können bei Schulkindern Kopfdampfbäder 1- bis 2mal täglich durchgeführt werden.
- Das Kind braucht viel frische Luft.
- Es werden Expektorantien nach ärztlicher Verordnung verabreicht.
- Verläuft die Erkrankung fieberfrei, so ist keine Bettruhe erforderlich.

Besonderheiten

Während beim älteren Kind bei unkompliziertem Verlauf eine rasche Besserung eintritt, kann sich bei Kleinkindern und Säuglingen über die kürzeren Atemwege und durch die Sekretanschoppung eine Pneumonie entwikkeln.

7.8.1.2. Obstruktive Bronchitis – Asthma bronchiale

Durch Spasmen der glatten Muskulatur, Schwellung und Sekretbildung der Schleimhäute in den kleinen Bronchien werden die Atemwege verlegt, und die freie Passage der Atemluft wird verhindert.
Die obstruktive Bronchitis ist die Form des älteren Säuglings- und Kleinkindes, das Asthma bronchiale die des älteren Kindes. Tritt die Erkrankung im Säuglingsalter gehäuft auf, so kann darin bereits das Anfangsstadium des Asthma bronchiale gesehen werden.

Die Kinderkrankenschwester beobachtet

Beim Säugling und Kleinkind:
- oberflächliche und beschleunigte Atmung, verbunden mit Rasselgeräuschen und einer erheblichen exspiratorischen Dyspnoe,
- quälender Reizhusten,
- Einziehungen am Thorax,
- Zyanose und Unruhe bei schlechtem Allgemeinbefinden,
- Fieber.

Beim Asthmaanfall des älteren Kindes:
- exspiratorische Dyspnoe zusammen mit einer keuchenden Atmung,
- das Kind sitzt mit ängstlichem Blick, nach Luft ringend, aufrecht im Bett,
- geblähter Thorax und pralle Halsvenen,
- Zyanose, die unterschiedlich stark ausgeprägt ist,
- kraftloser Reizhusten, verbunden mit Auswurf von zähem, glasigem Schleim.

Häufig tritt der Anfall in den Abend- oder Nachtstunden auf, ist von unterschiedlicher Dauer und Intensität, er kann auch in einen Status asthmaticus übergehen.
Bei länger bestehendem Asthma fixiert sich die Dehnungsstellung des Thorax im oberen Bereich (Faßthorax). Gleichzeitig bildet sich ein Rundrücken aus.

Pflege und Behandlung

- Verabreichung der verordneten Medikamente, (vor allem Broncholytika, Expektorantien, Sedativa, Antibiotika, in schweren Fällen Kortison).
- Verabreichung von Sauerstoff.
- Es wird eine Aerosoltherapie durchgeführt zur Befeuchtung der Atemluft und Verflüssigung des Bronchialsekrets.
- Physiotherapie auf Anordnung des Arztes und Anleiten der Krankengymnastin.
- Überwachung der Infusionstherapie.

Weitere Maßnahmen beim Säugling und Kleinkind:
- Hochlagerung des Oberkörpers mit leicht zurückgeneigtem Kopf. Damit das Kind nicht abrutscht und entspannt liegen kann, werden die Kniekehlen unterpolstert.

- Freiluftbehandlung (S. 190). Diese wirkt sich auf die Atmung oft günstiger aus als die Gabe von Sauerstoff.
- Einreibungen an Brust und Rücken mit schleimlösend wirkenden Salben.
- Einhalten häufiger kleiner Mahlzeiten. Durch den quälenden Husten ist das Kind nicht in der Lage, mit dem Sauger zu trinken. Die Nahrung muß dann mit dem Löffel oder über eine Magensonde verabreicht werden (S. 201 ff).
- Ist das Kind sediert, sollte es durch pflegerische Maßnahmen nicht unnötig oft gestört werden, d. h. Verabreichung der Medikamente und der Nahrung sowie Pflegemaßnahmen müssen in einem Arbeitsgang verrichtet werden.

Weitere Maßnahmen beim älteren Kind im Asthmaanfall:

- Möglichkeiten der Lagerung:
  Im Schneidersitz mit Kissen auf den Knien, damit Arme und Kopf darauf abgestützt werden können (Abb. 15).
  Bauchlage auf der Rolle wird bevorzugt von Kindern, die vom Husten Bauchschmerzen haben. Das Kind ist in dieser Lage sehr entspannt, der Sekretabfluß wird begünstigt (Abb. 16).
  Knie-Ellbogen-Lage:
  Der frei nach unten hängende Bauch erleichtert die Atmung (Abb. 17).
  Spezielle Lagerungen während des abklingenden Anfalls erleichtern das Abhusten des Sekrets und begünstigen die Belüftung der Lunge.

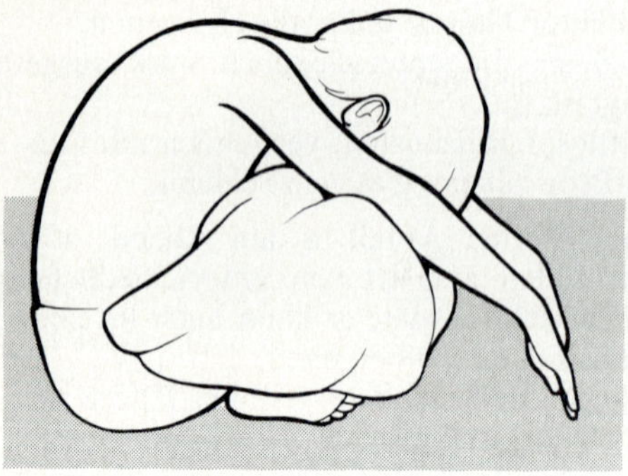

Abb. 15 Lagerung im Schneidersitz

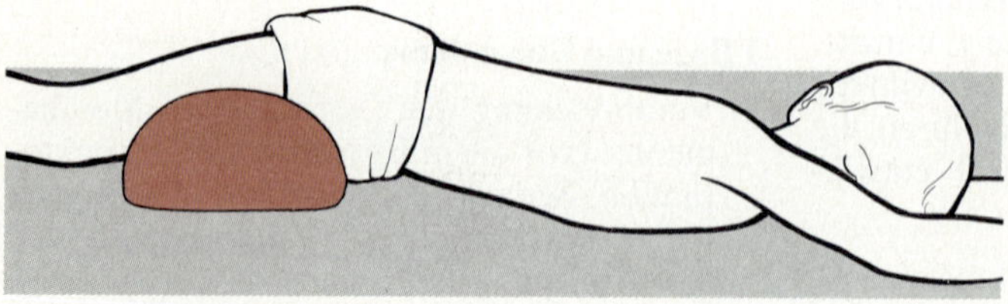

Abb. 16 Bauchlagerung auf der Rolle

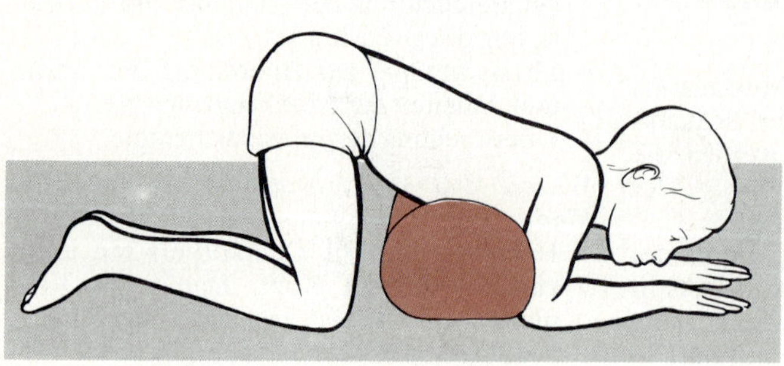

Abb. 17 Knie-Ellbogen-Lagerung (Hängebauchlagerung)

- Das Kind braucht eine ruhige Umgebung.
- Bei extremer Verschlechterung des Zustandes kann eine Intubation und Beatmung des Kindes erforderlich werden. Die Vorbereitungen dafür sind rechtzeitig zu treffen (S. 641 ff).
- Neben der optimalen pflegerischen Betreuung des zunächst akut gefährdeten Kindes ist die Pflegeperson sehr häufig den psychosozialen Problemen des Kindes gegenübergestellt. Sie sollte deshalb dem Kind während seines ganzen Krankenhausaufenthaltes ein sorgfältig abgewogenes Verhalten entgegenbringen (S. 520).

Maßnahmen nach dem Asthmaanfall (im Intervall):
- Bei allergisch bedingtem Asthma ist die Vermeidung des Allergens eine wirksame Maßnahme zur Verhütung weiterer Anfälle. Es wird deshalb eine Allergensuche vorgenommen und nach Möglichkeit die schädigende Noxe ausgeschaltet, z. B. bei Inhalationsallergenen in Form von Staub: Entfernung aller Teppiche, Anschaffung von Schaumgummimatratzen und Schaumgummikissen, Kunstfaserdecke statt Wolldecke und Federbett.
- Durchführung einer Atemgymnastik. Dabei soll das Kind lernen, im Anfall zweckmäßig zu atmen, z. B. wird durch bestimmte Methoden wie Blasen, Summen und Singen die Ausatmung trainiert und verbessert.
- Einübung verschiedener Lagerungsmöglichkeiten für die Erholungsphase nach dem akuten Anfall durch die Krankengymnastin.
- Klimatische Kuren im Hochgebirge und an der Nordsee können bei einem Teil der Kinder einen Dauererfolg bringen. Diese Behandlung muß vom Arzt sorgfältig erwogen werden, da eine monatelange Trennung von zu Hause für das Kind sehr einschneidend ist. Schulische Betreuung und erzieherische Führung sind während dieser Zeit wichtig.
- Durch psychotherapeutische Maßnahmen soll das Kind in seinem Selbstvertrauen gestärkt werden, um seine Konfliktsituation besser zu bewältigen.
- Wird in der Klinik eine Desensibilisierung durchgeführt, so bedarf das Kind einer äußerst sorgfältigen Überwachung, denn es können dabei schwere Zwischenfälle in Form einer Anaphylaxie auftreten.

7.8.1.3. Bronchiolitis

Von dieser schweren Erkrankung werden nur Säuglinge und junge Kleinkinder betroffen. Über allen Lungenabschnitten sind die Bronchiolen entzündet und mit Schleim verlegt. Herz- und Kreislauffunktion sind dabei stark beeinträchtigt.

Die Kinderkrankenschwester beobachtet

- Hohes Fieber,
- schwerste exspiratorische Atembehinderung,
- Nasenflügelatmung,
- jugulare und thorakale Einziehungen,
- auffallende Blässe mit perioraler Zyanose,
- ängstlicher Gesichtsausdruck und Unruhe des Kindes.

Pflege und Behandlung

Sie werden wie bei einer Pneumonie durchgeführt.

7.8.1.4. Bronchiektasen

Es handelt sich um Erweiterungen der Bronchien mit entzündlichen Veränderungen des umliegenden Gewebes und einer häufig eitrigen Infektion.

Die Kinderkrankenschwester beobachtet

- Husten von unterschiedlicher Intensität, vor allem morgens. Schulkinder husten dabei reichlich Sekret aus, das sich im Glas in der typischen Dreischichtung absetzt (S. 141). Kleinkinder verschlucken das Sputum und erbrechen oft Schleim.
- Fieber als häufiges Zeichen eines pneumonischen Prozesses,
- bei eitrigen Prozessen faulig übler Geruch der Ausatmungsluft,
- in schweren Fällen Kurzatmigkeit, Lippen- und Akrozyanose, Trommelschlegelfinger und -zehen und Uhrglasnägel,
- Gedeihstörung.

Pflege und Behandlung

Ziel der konservativen Maßnahmen ist die Entfernung des Bronchialsekrets und damit die Verhinderung neuer bakterieller Entzündungsprozesse.

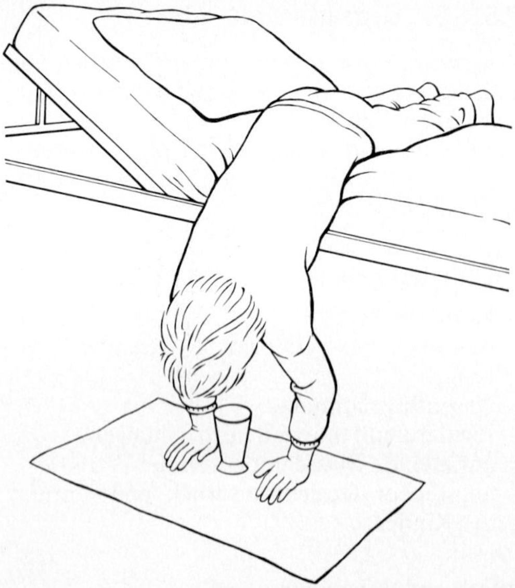

Abb. 18 Abhusten in Quinckescher Hängelage

- Aerosolbehandlung zur Verflüssigung des Sekrets, z. B. mit Mucolyticum „Lappe".
- Abhusten des Sekrets in Quinckescher Hängelage:
  In Bauchlage liegt das Kind bis zu 15 Minuten quer auf dem Bett, läßt Kopf und Oberkörper nach unten hängen und stützt sich mit beiden Händen auf dem Fußboden ab. Unter leichter Klopfmassage beginnt das Kind zu husten. Auf dem Fußboden ist das Gefäß für den Auswurf bereitgestellt. Dieses Abhusten erfolgt morgens, evtl. ist es mehrmals am Tag erforderlich. Vor der ersten Durchführung ist dem Kind Vorgang und Zweck dieser Maßnahmen genau zu erklären. Sie ist nur bei größeren Kindern durchführbar (Abb. 18).
- Atemgymnastik und viel frische Luft.
- Verabreichung kalorienreicher, vitaminreicher Kost in Form kleiner Mahlzeiten.
- Während akuter fieberhafter Prozesse wird das Kind antibiotisch behandelt. Die Pflegeperson hat dabei die Medikation exakt durchzuführen
- Bei operativer Entfernung der Bronchiektasen prä- und postoperative Pflege s. bei Thorakotomie, S. 622

7.8.2. Pflege bei Erkrankungen der Lunge

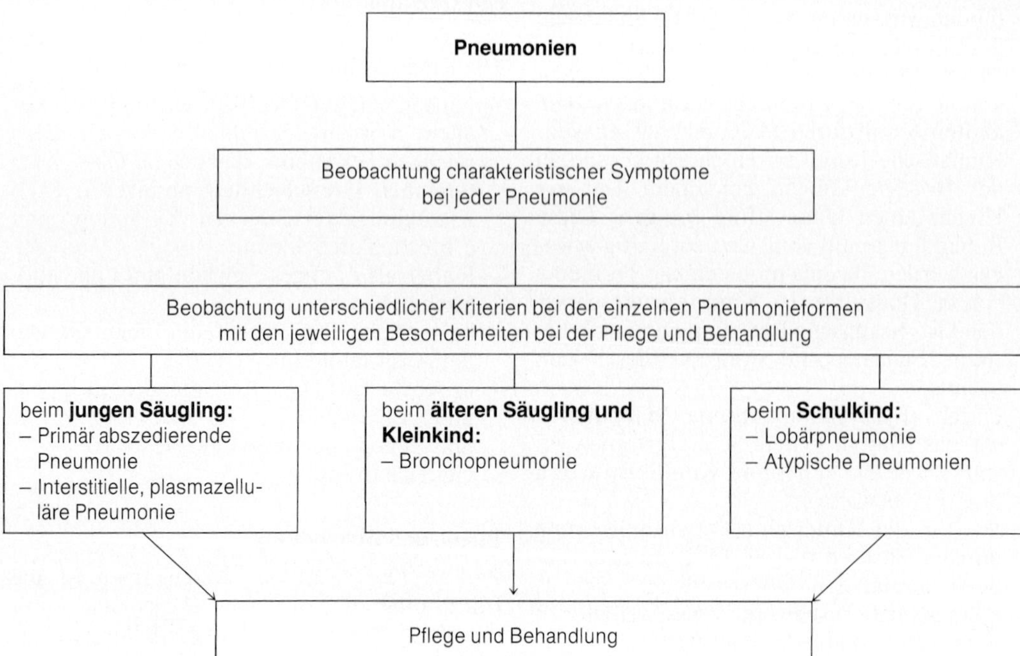

7.8.2.1. Pneumonien

Die Entzündung der Lunge tritt im Kindesalter sehr häufig auf, vorwiegend in den ersten 3 Lebensjahren, mit einem Häufigkeitsgipfel im 1. Lebensjahr. Bestimmte Pneumonieformen sind für die verschiedenen Altersgruppen charakteristisch.

Die Kinderkrankenschwester beobachtet

Charakteristische Symptome für jede Pneumonie:
- Atemnot, die immer zur Unruhe führt,
- frequente, oberflächliche Atmung,
- Nasenflügelatmung,
- Einziehungen am Thorax,
- Husten, der vor allem bei pleuranahen Prozessen weh tut und deshalb unterdrückt wird.

Abhängig vom Lungenbefund können diese Symptome verschieden stark ausgeprägt sein.

Beachte: Da bei jeder Pneumonie die Herzkraft vermehrt beansprucht wird, ist immer auf Zeichen einer Überbelastung des Herzens und des Kreislaufs zu achten.

Unterschiedliche Kriterien bei den einzelnen Pneumonieformen

Beim jungen Säugling:

Primär abszedierende Pneumonie:
- akuter Krankheitsbeginn mit meist hohem Fieber,
- die Kinder zeigen ein graulivides, verfallenes Aussehen,
- die Herzfrequenz ist beschleunigt,
- die Extremitäten sind kühl,
- das Abdomen ist aufgetrieben,
- es kann sich sehr rasch ein Empyem entwikkeln, dadurch werden die typischen Pneumoniezeichen verstärkt.

Besonderheiten: Bei einer Ergußbildung sind eine Pleurapunktion und evtl. das Anlegen einer Pleuradrainage erforderlich (S. 248).

Interstitelle, plasmazelluläre Pneumonie:
- Auffallend ist die langsam zunehmende Beschleunigung der Atemfrequenz bis zu einer hechelnden Atmung mit über 120 Atemzügen pro Minute.
- Das Kind hat Schaum vor dem Mund und einen angestrengten ängstlichen Gesichtsausdruck.
- Die blasse Hautfarbe wird zunehmend zyanotisch.
- Die Temperatur ist normal oder nur leicht erhöht.

Besonderheiten: Das Kind bedarf der größtmöglichen Ruhe und Schonung. Nur die dringlichsten Pflegemaßnahmen werden durchgeführt. Auf die Durchführung einer regelmäßigen Temperaturmessung sowie einer gründlichen Körperpflege (Bad, Ganzwaschung) muß vorübergehend verzichtet werden. Das Kind darf nicht unnötig transportiert werden. Außerdem sind schmerzhafte Eingriffe zu unterlassen, da beim Schreien überblähte Alveolen platzen können. Das Kind muß wegen der hohen Infektiosität streng isoliert werden. Die Pflegeperson darf keinen Kontakt zu anderen Säuglingen haben.
Ältere Kinder unter einer zytostatisch-immunsuppressiven Therapie oder bei Immunschwäche (z. B. AIDS, S. 513) können auch an dieser Pneumonie erkranken.

Beim älteren Säugling und beim Kleinkind:

Bronchopneumonie:
Neben den typischen Zeichen einer Pneumonie können beobachtet werden
- Meningismus, evtl. Krampfanfälle,
- das Fieber ist wechselhaft,
- der Puls ist flach und beschleunigt,
- das Kind ist sehr blaß,
- Otitis media und parenterale Dyspepsie sind häufige Begleiterkrankungen.

Besonderheiten: Pflege und Behandlung auch der Begleiterkrankungen.

Beim Schulkind:

Lobärpneumonie:
- Die Erkrankung beginnt schlagartig mit hohem Fieber.
- Initialzeichen können sein: Schüttelfrost, Erbrechen.
- Neben den stark ausgeprägten pneumonischen Zeichen klagt das Kind über Schmerzen beim Atmen (Pleuritis sicca) und im Bauch.
- Das Kind legt sich auf die erkrankte Seite und zeigt eine deutliche Schonatmung.
- Herpes labialis kann ein Begleitsymptom sein.

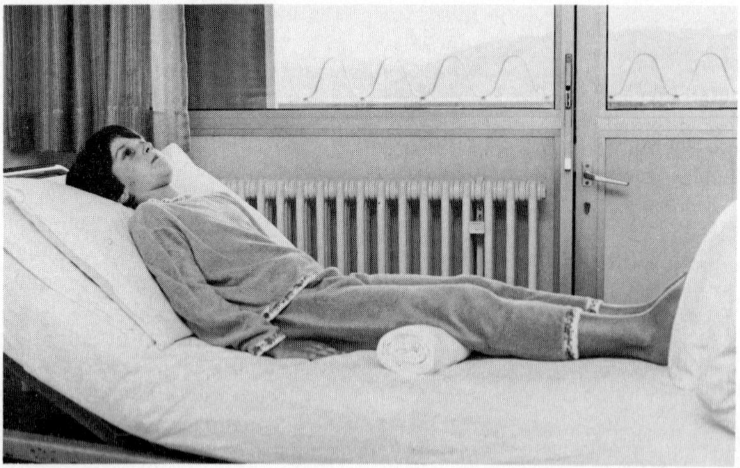

Abb. 19 Pneumonielagerung

Atypische Pneumonien:
- Bei hohem Fieber und trockenem Husten kommt es in der Regel nicht zu einer Mitbeteiligung der Pleura.
- Der Verlauf kann sehr langwierig sein.

Pflege und Behandlung

Von großer Wichtigkeit sind die Beseitigung der Atemnot und die Beruhigung des Kindes. Das schwerkranke Kind bedarf einer sehr sorgfältigen Pflege. Damit das Kind nicht unnötig gestört wird, sollen möglichst Maßnahmen der Pflege und Therapie in einem Arbeitsgang erfolgen. Jede Anstrengung für das Kind ist zu vermeiden. Säuglinge sollten nicht unnötig ausgepackt und gestört werden.

- „Pneumonielagerung“: Hochlagerung des Oberkörpers mit leicht zurückgeneigtem Kopf und Unterpolsterung der Kniekehlen (Abb. 19). Dadurch wird die Atemhilfsmuskulatur betätigt und der Thorax gedehnt zur besseren Belüftung der Lunge. Die Knierolle dient zur Entspannung der Bauchmuskulatur und beim Säugling zur Verhinderung des Abrutschens.
- Überwachung der Vitalfunktionen.
- Freiluftbehandlung: Mit dieser Maßnahme kann sehr oft auf Sauerstofftherapie verzichtet werden.
- Gabe von Sauerstoff (S. 618 ff).
- Physiotherapie auf Anordnung des Arztes und Anleiten der Krankengymnastin.
- Verabreichung der verordneten Medikamente (vor allem Antibiotika, Sedativa).
- Überwachung der Infusionstherapie.
- Ernährung: Häufig ist zunächst eine parenterale Ernährung notwendig. Anschließend werden häufige, kleine Mahlzeiten verabreicht. Solange das Trinken für den Säugling zu belastend ist, wird die Nahrung sondiert.
- Bei Meteorismus werden dem Kind vorsichtig ein Darmrohr gesteckt und ein warmer Leibwickel angelegt.
- Weitere Pflege und Behandlung s. Pflege des fiebernden Kindes S. 334.
- Ist die Spontanatmung des Kindes nicht mehr ausreichend und muß das Kind beatmet werden, so trifft die Pflegeperson die Vorbereitung zur Intubation und maschinellen Beatmung (s. Pflege des intubierten, beatmeten Kindes, S. 641 ff).
- Während das Kind wach ist, sollte es ganz besonders die Zuwendung der Pflegeperson erfahren.

7.8.3. Pflege bei Erkrankungen der Pleura

7.8.3.1. Pleuritis sicca

Die Pleuritis sicca tritt auf als Begleiterscheinung pneumonischer Prozesse, sie kann sich aber auch zu einer exsudativen Form weiterentwickeln. Beobachtung, Pflege und Behandlung sind bei der Grundkrankheit erörtert.

7.8.3.2. Pleuritis exsudativa

Bei der Pleuritis exsudativa kommt es zur Flüssigkeitsansammlung im Pleuraspalt als Folge von entzündlichen oder malignen Pleuraprozessen.

Die Kinderkrankenschwester beobachtet

- Bei größerem Ausmaß des Ergusses schwerste Atembehinderung,
- Husten und nachschleppende Atmung der erkrankten Seite,
- evtl. septisches Fieber mit Schüttelfrost,
- schlechter Allgemeinzustand.

Pflege und Behandlung

Sie entspricht weitgehend der einer Pneumonie. Durch eine Pleurapunktion oder Pleuradrainage kann der Erguß beseitigt werden (S. 248).

7.9. Pflege bei Kindern mit Erkrankungen des Blutes

H. Röhr

Notwendige Vorkenntnisse

- Anatomie und Physiologie des Blutes und der blutbildenden Organe,
- Blutgerinnung,
- Erkrankungen des Blutes,
- Bluttransfusion (S. 290 ff)
- Knochenmarkpunktion (S. 237 ff),
- Überwachung der Vitalfunktionen (S. 115 ff),
- Beurteilung der Ausscheidungen (S. 130 ff),
- Wirkung und Nebenwirkung der angewandten Medikamente.

Strukturnetz

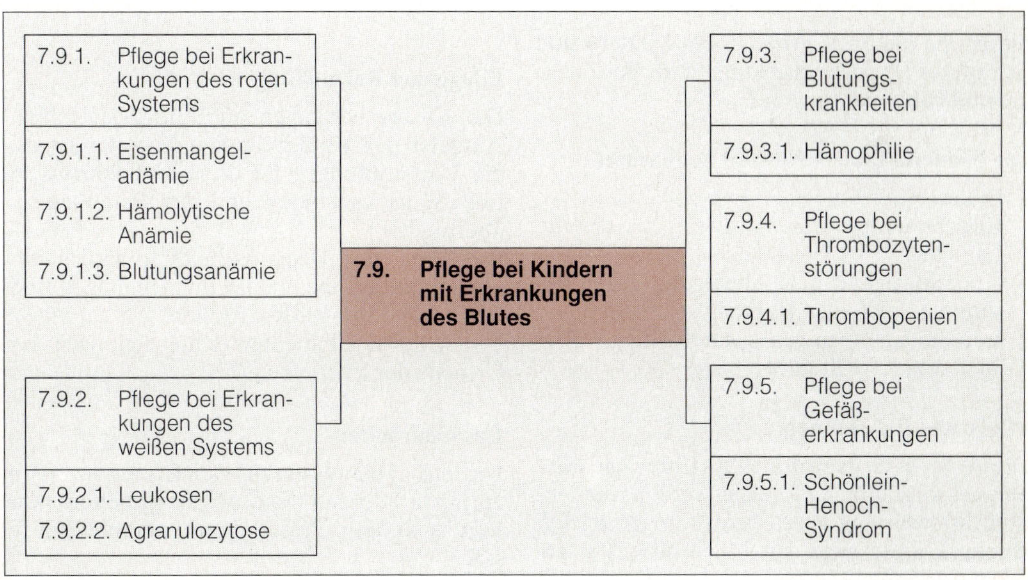

Lehrziel

Erkrankungen des Blutes verlaufen sehr unterschiedlich. Sie können für das Kind eine leichte Beeinträchtigung darstellen, aber auch schwerwiegende Folgen haben.

Die Kinderkrankenschwester muß wissen, welche Besonderheiten in der Pflege und Betreuung zu beachten sind. Sie hat die Aufgabe, die kranken Kinder zu versorgen und genesende auf die Entlassung vorzubereiten.

Lernziele

Nach Bearbeitung dieses Teilkapitels können Sie wiedergeben,
- welche Beobachtungen Sie bei Kindern mit Leukose machen können;
- worauf es in der Pflege und Betreuung dieser Kinder ankommt;
- welchen körperlichen und psychischen Belastungen das Kind ausgesetzt ist;
- welche pflegerischen Maßnahmen bei Kindern mit Blutungsanämie erforderlich sind und welche Beobachtungen Sie bei diesen Kindern machen können;
- wie Kinder mit Agranulozytose isoliert werden können;
- welche Pflegemaßnahmen bei hämophiliekranken Kindern durchgeführt werden und wie sie auf die Situation zu Hause und in der Schule vorbereitet werden.

7.9.1. Pflege bei Erkrankungen des roten Systems

Zu den Erkrankungen des roten Systems zählen die Anämien. Beispielhaft ist hier die Pflege bei einigen Anämieformen beschrieben.

7.9.1.1. Eisenmangelanämie

Sie ist die häufigste Anämie bei Kindern und tritt oft als Begleiterkrankung, z. B. bei Zöliakie und Fehlernährung auf.

Die Kinderkrankenschwester beobachtet

- Blässe;
- Einschränkung der Aktivität, psychische Labilität;
- Appetitlosigkeit und Abneigung gegen bestimmte Speisen, z. B. Gemüse;
- Verdauungsstörungen (durchfällige, aber auch sehr feste Stühle).

Pflege und Behandlung

Die vom Arzt verordneten Eisenpräparate müssen sorgfältig verabreicht werden, die Gebrauchsanweisung ist zu beachten. So dürfen Eisenpräparate nicht mit Milch oder Tee gereicht werden.
Eine besondere Diät muß nicht eingehalten werden. Obst und Gemüse sind zwar eisenhaltig, doch wird das Eisen aus dem Fleisch besser resorbiert. Soweit es möglich ist, sollten die Wünsche des Kindes berücksichtigt werden. Viele kleine Mahlzeiten, hübsch angerichtet, werden auch vom schlechtessenden Kind akzeptiert.
Da die meisten Kinder nicht bettlägerig krank sind, sollten sie im Spielraum beschäftigt werden. Auf diese Art und Weise werden sie von ihrer Krankheit abgelenkt und etwas aufgemuntert. Bewegung an der frischen Luft fördert den Appetit. Wenn die Möglichkeit besteht, sollten sich die Kinder auch im Freien aufhalten.

7.9.1.2. Hämolytische Anämie

Bei dieser Form der Anämie ist die Lebenszeit der Erythrozyten verkürzt. Die Ursachen können sehr verschieden sein.

Die Kinderkrankenschwester beobachtet

Beim akuten Verlauf:
- Gelbfärbung der Skleren;
- ein blaßgelbes Aussehen der Haut; manchmal besteht auch ein ausgeprägter Ikterus;
- wachsfarbene gelbe Ohrmuscheln;
- dunkel gefärbter Stuhl und gelegentlich blutiger Urin;
- Müdigkeit.

Pflege und Behandlung

Die Kinder benötigen oft Bluttransfusionen. Aufgabe der Kinderkrankenschwester ist es, die Vorbereitungen für diese Maßnahmen zu treffen, zu assistieren und den Patienten zu überwachen.
Die Stuhl- und Urinausscheidung wird beobachtet und auf eventuelle Beimengungen und Farbveränderungen kontrolliert.
Die Pflege des Patienten richtet sich nach der Ursache der Erkrankung.

Besonderheiten

Um das „Hämolysieren“ der Erythrozyten zu verhindern, kann eine Milzexstirpation notwendig werden. Prä- und postoperative Pflege s. S. 482ff.

7.9.1.3. Blutungsanämie

Sie tritt als Folge von chronischem Blutverlust (z. B. Nasenbluten) oder akutem Blutverlust (z. B. innere und äußere Verletzungen) auf.

Die Kinderkrankenschwester beobachtet

Bei der akuten Form:
- Schocksymptome;
- evtl. Blutungen und Blutbeimengungen in den Ausscheidungen.

Pflege und Behandlung

Nach ärztlicher Verordnung erfolgt die lokale Blutstillung mit gerinnungsfördernden Mitteln, z. B. Fibrospum. Aufgabe der Schwester ist es, auf Blutungen bzw. Nachblutungen zu achten. Sind Infusionen und Bluttransfusionen notwendig, werden diese durch die Kinderkrankenschwester überwacht. Pflege des Kindes im Schock s. S. 679.

Eisenpräparate werden durch die Schwester gewissenhaft verabreicht.

Um weiteren Volumenmangel zu verhindern, wird dem Kind reichlich Flüssigkeit angeboten.

Puls und Blutdruck werden regelmäßig kontrolliert.

Das Krankenzimmer muß gut gelüftet und warm sein.

Weitere pflegerische Maßnahmen richten sich nach der Ursache der Grundkrankheit.

7.9.2. Pflege bei Erkrankungen des weißen Systems

7.9.2.1. Leukosen (Leukämien)

Dabei handelt es sich primär um eine Erkrankung der weißen Blutkörperchen, die häufig akut verläuft und unbehandelt zum Tod führt. Es gibt verschiedene Leukoseformen.

Die Kinderkrankenschwester beobachtet

- Auffallend blasses Aussehen;
- Müdigkeit;
- Appetitlosigkeit;
- Bauchschmerzen;
- Knochen- und Gelenkschmerzen;
- Gelenkschwellungen;
- Neigung zu Zahnfleisch- und Nasenbluten;
- nekrotische Veränderungen der Mundschleimhaut;
- Petechien und Sugillationen;
- sichtbare Schwellung der Lymphknoten, z. B. am Hals;
- evtl. mäßiges bis hohes Fieber;
- Infektzeichen.

Pflege und Behandlung

Im Krankenhaus:

Die Pflege des leukosekranken Kindes ist äußerst anspruchsvoll. Meist kommt es in schwerkrankem Zustand in die Klinik. Da die Kinder in hohem Maße infektionsgefährdet sind, ist für eine saubere, infektionsfreie Umgebung zu sorgen. Die Kinder werden zunächst in ein frisch desinfiziertes Einzelzimmer gelegt. Alle Gebrauchsgegenstände, z. B. Wäsche, Geschirr, Spielzeug, sollten desinfiziert bzw. sterilisiert werden. Die Schwester zieht sterile Schutzkleidung an, wenn sie Verrichtungen am Kind vornimmt.

Die Behandlung der Kinder erfolgt medikamentös mit Nebennierenrindenhormon, Zytostatika und Antibiotika. Die Schwester verabreicht die Medikamente und überwacht die Einnahme bzw. assistiert bei Kurzinfusionen.

Da die Kinder sehr schmerzempfindlich sind, brauchen sie Zuspruch und ein „Trostpflästerchen“, wenn der Eingriff vorüber ist.

Manchmal werden Bluttransfusionen notwendig. Hier ist es die Aufgabe der Kinderkrankenschwester, diese vorzubereiten, zu überwachen und das Kind während der Maßnahme zu betreuen.

Zur Behandlung gehört häufig die Bestrahlung des Hirnschädels. Pflege bei Kindern mit Zytostatika- und Bestrahlungstherapie s. S. 492ff.

Häufig besteht bei den Kindern eine Blutungsbereitschaft. Schon leichtes Stoßen führt zu ausgedehnten Hämatomen, die sehr schmerzhaft sind. Falls Bettwände benutzt werden, sollten diese abgepolstert sein.

Beim Zähneputzen kann Unvorsichtigkeit oder eine zu harte Zahnbürste zu Schleimhautblutungen führen, die sich nur schlecht stillen lassen. Mundpflege ist jedoch äußerst wichtig. Oft reicht jedoch das Auspinseln oder -spülen mit einem heilenden, desinfizierenden Mundwasser, z. B. Hexoral-Glycerin. Mundpflege und Soorprophylaxe s. S. 161.

Beachte: Es ist unbedingt darauf zu achten, daß die Kinder eine weiche Zahnbürste verwenden!

Gute Körperpflege erreicht man durch Bäder und Ganzwaschungen. Hier muß die Schwester nach dem Befinden des Kindes handeln.

Da die Kinder meist bettlägerig und in ihrer Bewegung eingeschränkt sind, ist Dekubitus-, Kontrakturen- und Pneumonieprophylaxe

durchzuführen. Kann sich das Kind nicht oder nur wenig bewegen, muß die Schwester für bequeme Lagerung sorgen.
Regelmäßig werden Temperatur-, Puls- und Blutdruckkontrollen durchgeführt.
Der Urin wird gesammelt. Die Harnsäureausscheidung und der pH-Wert werden überwacht. Liegt eine Azidose vor, assistiert die Schwester bei der Natriumbikarbonatinjektion.
In der Ernährung sollen die Wünsche des Kindes berücksichtigt werden. Allerdings sollte auf kalorienreiche Nahrung verzichtet werden, da die Kinder durch die Kortisonbehandlung zu Übergewicht (Morbus Cushing) bzw. Appetitsteigerung neigen.
Besonders wichtig ist die psychische Betreuung des Kindes. Während des Krankenhausaufenthalts sind die Kinder meistens schwerkrank. Geht es ihnen wieder besser (Remission), werden sie nach Hause entlassen. Die Kinder dürfen nicht den Eindruck gewinnen, daß sie von den Eltern in die Klinik abgeschoben werden, sobald es ihnen schlecht geht. Die Eltern müssen in die Pflege einbezogen werden, soweit es möglich ist. So oft sie abkömmlich sind, sollten sie ihr Kind besuchen. Es ist günstig, wenn das Kind immer auf die gleiche Station kommt. Hier kennt es die Umgebung und auch einige Schwestern. Die gute Zusammenarbeit zwischen Eltern, Pflegepersonal und Arzt wirkt sich für das Kind günstig aus. Alle an der Pflege Beteiligten müssen gut informiert sein, damit auch Fragen des Kindes befriedigend beantwortet werden können.
Das Personal auf einer Station mit leukosekranken Kindern muß besonders geschult sein. In kritischen Fragen kann auch der Krankenhauspfarrer oder der Psychologe helfend eingreifen.
Sobald es der Zustand des Kindes erlaubt, wird es beschäftigt. Malen und basteln kann auch ein liegendkranker Patient. Durch Vorlesen und Erzählen kann die Schwester das Kind ablenken. Wichtig ist, daß die Schwester den Zustand des Kindes berücksichtigt, damit es nicht überfordert wird.

In der Ambulanz:
Auch nach der Entlassung aus der Klinik muß das Kind in ärztlicher Behandlung bleiben. Da der Therapieplan beim leukosekranken Kind äußerst schwierig und eine ständige Überwachung des Blutbildes einschließlich der Thrombozytenzahl notwendig ist, wird die Behandlung meist in der Klinikambulanz, in Zusammenarbeit mit dem Hausarzt, durchgeführt.
Die Kinder kommen meistens einmal wöchentlich zur Behandlung. Zunächst wird ein Blutbild gemacht und die Thrombozytenzahl bestimmt. Danach erfolgt die Injektion der Zytostatika. Die Dosierung richtet sich nach den Befunden von Blutbild und Thrombozyten.
Auffälligkeiten und besondere Beschwerden werden vom behandelnden Arzt protokolliert.
Im Gespräch werden Kindern und Eltern Rat und Hilfe angeboten.
Ist eine Lumbal- oder Knochenmarkpunktion erforderlich, bleiben die Kinder meistens für einige Stunden in der Klinik. Während dieser Zeit sollte die Mutter bei ihrem Kind sein.
Aufgabe der Kinderkrankenschwester ist die Assistenz bei Untersuchung und Behandlung.
Kommen die Kinder schon längere Zeit zur ambulanten Betreuung, kann sich ein gewisses Vertrauensverhältnis entwickeln. Der behutsame Umgang mit den Kindern ist besonders wichtig. Die Furcht, im Krankenhaus bleiben zu müssen, macht die Kinder oft ängstlich. Die Schwester muß ihre Tätigkeit mit Einfühlungsvermögen verrichten. Durch das beeinträchtigte Allgemeinbefinden und die häufigen Injektionen sind die Kinder schmerz- und berührungsempfindlich. Nach erfolgter Behandlung sollten Schwester und Arzt nicht mit Lob sparen. Vor allem sollte die Angst vor dem nächsten Behandlungstermin genommen werden. Dies kann geschehen, wenn die Eltern in die Behandlung integriert werden, denn sie müssen der Behandlung zustimmen und überzeugt sein, daß das Beste für ihr Kind getan wird.

Pflege im Endstadium der Erkrankung:
Es ist für die Kinderkrankenschwester eine besonders schwere Aufgabe, an Leukose erkrankte Kinder bis zu ihrem Tod zu versorgen. Meistens erleben die Kinder das Krankheitsgeschehen bei vollem Bewußtsein. Sie haben große Schmerzen, sind ängstlich und dürfen nicht allein gelassen werden. Auch wenn die Eltern bei ihrem Kind sind, benötigen sie die Hilfe des Pflegepersonals.

- Das Betten geschieht durch 2 Schwestern, da die Kinder sehr berührungsempfindlich sind.
- Auch die Urin- und Stuhlentleerung bereitet oft Schwierigkeiten. Alle Maßnahmen

muß die Schwester behutsam vornehmen. Ist der Bauch gebläht, helfen manchmal warme Leibwickel.

- Bei Luftnot kann das Kind hochgelagert werden. Das Öffnen des Fensters kann Linderung bringen.
- Wichtig ist, daß dem Kind alle Maßnahmen erklärt werden. Dies nimmt die Angst, und evtl. kann das Kind sogar aktiv etwas mithelfen.
- Durch die schwere Krankheit treten psychische Veränderungen auf. Die Patienten wirken oft ernst und wesentlich reifer als Kinder gleicher Altersgruppen. Die Schwester muß verständnisvoll auf die Kinder eingehen.

Pflege des sterbenden Kindes s. S. 527ff.

7.9.2.2. Agranulozytose

Bei der Agranulozytose ist die Anzahl der Granulozyten stark herabgesetzt. Dadurch entsteht weitgehende Abwehrschwäche.

Die Kinderkrankenschwester beobachtet

- Auffallende Müdigkeit und Spielunlust;
- Blutungen und Nekrosen der Mund- und Nasenschleimhaut;
- Schluckbeschwerden;
- Fieber.

Pflege und Behandlung

Der Patient liegt in einem frischdesinfizierten Einzelzimmer. Da er in hohem Maße infektionsgefährdet ist, sind die Maßnahmen der fortlaufenden Desinfektion *streng* einzuhalten. Das Personal betritt das Patientenzimmer mit sauberem Kittel, Überschuhen, Mund- und Haarschutz. Die Hände und Unterarme werden gründlich gewaschen und desinfiziert, evtl. werden sterile Handschuhe getragen.

Daß der Patient nur von infektfreien Mitarbeitern, deren Anzahl möglichst begrenzt sein soll, betreut wird, ist selbstverständlich.

Die Körperpflege des erkrankten Kindes muß besonders sorgfältig durchgeführt werden. Täglich werden Bäder oder Ganzwaschungen mit desinfizierenden Zusätzen vorgenommen.

Um Schleimhautverletzungen zu vermeiden und Nekrosen zu lösen, wird der Mund nur mit desinfizierenden Lösungen gespült oder gepinselt.

Bett- und Leibwäsche werden mindestens 1mal täglich gewechselt.

Die Nahrung sollte weitgehend keimfrei sein. Deshalb wird sterilisierte Dosennahrung bevorzugt. Soweit es geht, sollten aber die Wünsche des Kindes berücksichtigt werden.

Die Kinder bedürfen einer intensiven Betreuung, da sie durch ihre Krankheit isoliert sind. Angehörige dürfen zwar in das Zimmer des Kindes, die Besuchsregelung sollte aber auf die Eltern bzw. Bezugsperson beschränkt bleiben, damit die Infektionsgefährdung möglichst gering ist. Die Besucher müssen ebenfalls vor Betreten des Zimmers Schutzkleidung anziehen. Da die Kinder meist keinen schwerkranken Eindruck machen, müssen sie beschäftigt werden. Bevor Bücher, Spiele und Spielzeug zum Kind gelangen, müssen sie desinfiziert werden. Radio- und Fernsehgeräte helfen dem größeren Kind gegen Langeweile, auch sie müssen desinfiziert werden.

7.9.3. Pflege bei Blutungskrankheiten

7.9.3.1. Hämophilie

Die Hämophilie, auch Bluterkrankheit genannt, beruht auf dem Mangel an einem Gerinnungsfaktor. Es kommt vorwiegend zu Gelenkblutungen teils ohne nennenswertes traumatisches Ereignis.

Die Kinderkrankenschwester beobachtet

- Schwellung der Gelenke durch Blutungen;
- Deformierungen und Versteifungen der Gelenke, besonders der Knie- und Ellenbogengelenke – „Blutergelenk";
- starke Blutungen, z. B. nach Operationen, Zahnextraktionen, Stürzen;
- Hämatome, besonders an Armen und Beinen;
- Blutstühle;
- blutiger Urin.

Pflege und Behandlung

Durch Substitution des unzureichend vorhandenen Gerinnungsfaktors wird die Blutgerinnung gefördert. Das Auflösen und die Verabreichung der Präparate hat nach der Gebrauchsanweisung zu geschehen. Bei starkem Blutverlust wird Frischblut transfundiert.

Da die Blutungen oft sehr stark sind, ist es

wichtig, daß schnell gehandelt wird. Die Kinderkrankenschwester muß sich auf der Station gut auskennen, um schnell die nötigen Vorbereitungen treffen zu können.
Lokale Blutstillung kann durch Fibrinschwamm, Eisbeutel- oder -krawatte erreicht werden.
Bei Knie- und Ellenbogengelenkergüssen wird die betroffene Extremität geschient. Sobald wie möglich muß dann die Bewegungstherapie einsetzen, damit es nicht zu Gelenkversteifungen kommt. Es ist wichtig, daß die Bewegungsübungen nach Anweisung der Krankengymnastin durchgeführt werden. Die Schwester muß das Kind bei diesen Übungen unterstützen.
Intramuskuläre Injektionen sind verboten. Auch ein relativ kleiner Einstich kann zu ausgedehnten Blutungen führen.
Die Stuhl- und Urinausscheidung ist auf Blutbeimengungen zu beobachten.
Bei Kleinkindern müssen das Bett bzw. die Bettgitter unbedingt abgepolstert sein, um Verletzungen vorzubeugen. Spitze, kantige Gegenstände sind aus dem Zimmer zu entfernen. Auch bei der Auswahl des Spielzeugs sind diese Kriterien zu berücksichtigen.
Nach Anordnung des Arztes hat die Schwester die Aufgabe, den Umfang der betroffenen Gelenke in regelmäßigen Abständen zu messen. So wird erkannt, ob sich die Schwellung zurückbildet oder ausdehnt.
Die Knaben sind durch die Krankheit oft sehr beeinträchtigt. Schon eine kleine Verletzung kann einen Krankenhausaufenthalt notwendig machen. Die Kinder müssen deshalb angehalten werden, vorsichtig zu sein. Die Angst vor Blutungen stellt eine große Belastung dar und kann zur Isolierung führen. In der Familie und im Krankenhaus soll das Kind in seiner Selbständigkeit nicht eingeschränkt werden. Es darf auf keinen Fall ständig bemitleidet werden. Mit geeignetem Spielzeug kann sich das Kind im Krankenhaus die Zeit vertreiben. Dürfen die Kinder aufstehen, können sie in den Spielraum gehen. Schulkinder können am Unterricht teilnehmen.
Auch die Spielkameraden müssen, soweit es möglich ist, über die Krankheit informiert werden, damit sie rücksichtsvoll mit dem Kind umgehen. Erzieher und Lehrer sind zu unterrichten, was im Notfall zu tun ist.
Die Eltern bekommen Hinweise, wie Verletzungen vermieden werden können. Bei Kleinkindern ist es z. B. ratsam, die Kleidung, Knie und Ellenbogen abzupolstern. Der Kopf kann durch einen besonderen Helm geschützt werden. Die ambulante Betreuung des Kindes kann durch den Kinderarzt geschehen. Treten Blutungen auf, sollten die Injektionen sofort erfolgen. Ist der Kinderarzt schnell zu erreichen, sollte er die Injektion vornehmen. Ansonsten kann sie durch die Eltern (teils auch durch erfahrene Hämophiliepatienten selbst), die in der Klinik ausreichend unterrichtet wurden, durchgeführt werden. Ist die Blutung nicht zu stillen, muß das Kind unbedingt ins Krankenhaus gebracht werden.

Die Deutsche Hämophiliegesellschaft
Rathausstraße 7
8000 München 60
gibt Erkrankten und ihren Angehörigen Informationen, z. B. über Lebensweise, Berufswahl und Familiengründung. Ebenso gibt sie Notfallausweise für Hämophiliekranke heraus, in denen alle wichtigen Daten, wie z. B. Art der Hämophilie, Blutgruppe, Untergruppen, eingetragen werden (Abb. 20).

Muster

ACHTUNG BLUTER!

ATTENTION HAEMOPHILIAC!

ATTENTION HÉMOPHILE!

ATTENZIONE EMOFILICO!

Pass für Notfälle

DEUTSCHE HÄMOPHILIEGESELLSCHAFT
ZUR BEKÄMPFUNG VON
BLUTUNGSKRANKHEITEN e.V.

Blutungskrankheit

Hämophilie A

15. 1. 1990

Datum

Dr. Mayer

Unterschrift des Arztes

Telefon

Stempel
des
Labors

Blutstillungstherapie im Notfall

Antihämophiles
Globulin i.v.

Nächstes Depot für Blutkonzentrate

Blutzentrale
Münster

Abb. 20 Notfallausweis

7.9.4. Pflege bei Thrombozytenstörungen

7.9.4.1. Thrombopenien

Eine Verminderung der Thrombozyten kann zu Blutungsbereitschaft führen. Die Ursachen sind vielfältig.

Die Kinderkrankenschwester beobachtet

- Petechien, die am ganzen Körper auftreten können;
- größere Hautblutungen an Körperstellen, die Traumen ausgesetzt sind, z. B. Schienbein und Beckenkamm;
- Schleimhautblutungen, z. B. Nasenbluten;
- Hämaturie;
- evtl. Hirndruckzeichen.

Pflege und Behandlung

- Die Patienten müssen strenge Bettruhe einhalten.
- Alle Pflegemaßnahmen müssen behutsam vorgenommen werden, da schon leichter Druck und Stoß zu Hirnblutungen und Hautblutungen führen können.
- Die Vitalfunktionen, besonders Puls und Blutdruck, müssen überwacht werden. Innere Blutungen führen zu flachem schnellem Puls und Blutdruckabfall, Hirnblutungen zu Druckpuls.
- Stuhl und Urin sind auf Beimengungen zu beobachten.
- Wird Thrombozytenkonzentrat verabreicht, ist es die Aufgabe der Schwester, die nötigen Vorkehrungen zu treffen und das Kind vorzubereiten und zu betreuen.

7.9.5. Pflege bei Gefäßerkrankungen

7.9.5.1. Schönlein-Henoch-Syndrom

Diese Erkrankung beruht auf einer Durchlässigkeit der Gefäße. Es kommt zu ausgeprägten Hautblutungen.

Die Kinderkrankenschwester beobachtet

- Petechien, aber auch
- Hautblutungen von Linsen- bis Markstückgröße, die leicht erhaben sein können und symmetrisch angeordnet sind;
- Ödeme an Hand- und Fußrücken, Augenlidern und im Gesicht;
- Gelenkschwellungen und -schmerzen;
- kolikartige Bauchschmerzen;
- Blutbeimengungen im Stuhl und Urin;
- Kopfschmerzen;
- Fieber.

Pflege und Behandlung

- Die Kinder haben Bettruhe und müssen vor Druck und Stoß geschützt werden.
- Die Schwester verabreicht die Medikamente und überwacht die Einnahme.
- Klagen die Kinder über Bauchschmerzen, kann ein warmer Leibwickel angelegt werden.
- Aus stärkeren Hautblutungen können sich später Nekrosen bilden. Sorgfältige, vorsichtige Hautpflege wird durchgeführt.

7.10. Pflege bei Kindern mit Stoffwechselerkrankungen

H. Röhr

Notwendige Vorkenntnisse

- Funktion der Bauchspeicheldrüse,
- Wirkung der Insulinsubstitution,
- Normalwerte des Blutzuckers,
- Normalbefund des Urins, Umgang mit Teststreifen (S. 138),
- Normalwerte der Serumelektrolyte,
- Verdauung und Resorption der Nährstoffe,
- Diätlehre,
- Ursachen, Verlauf und Behandlung der angeführten Erkrankungen.

Strukturnetz

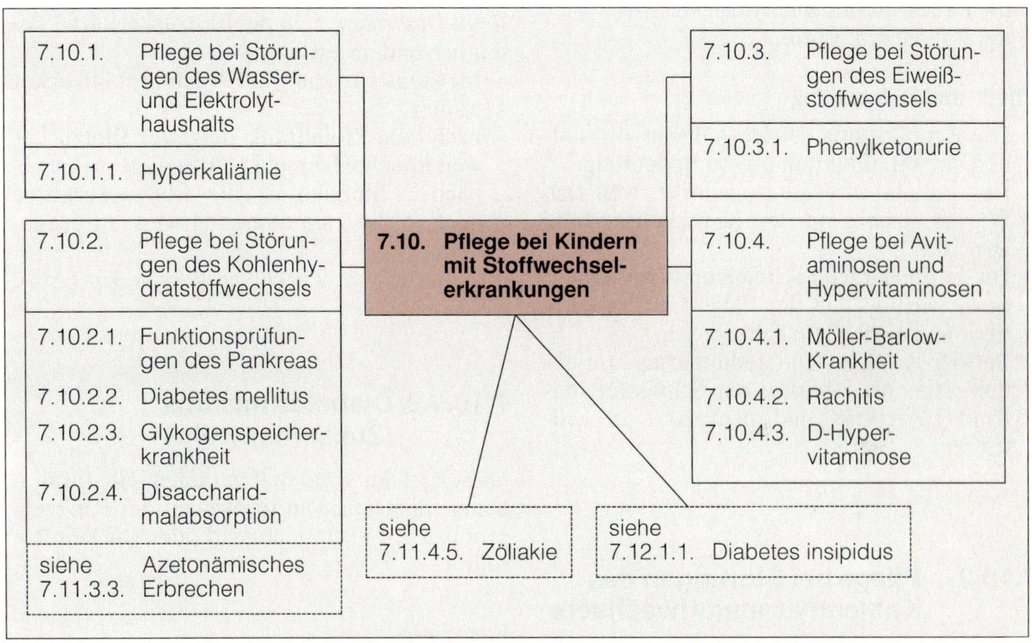

Lehrziel

Dieses Teilkapitel informiert Sie über die Pflege bei Kindern mit Stoffwechselerkrankungen.
Teilweise handelt es sich um recht häufig auftretende Krankheiten, z. B. Diabetes mellitus, manchmal um seltene Krankheitsbilder, z. B. Phenylketonurie. Ziel dieses Abschnitts ist es, die Kinderkrankenschwester zu befähigen, die Pflege des Kindes selbständig und fachgerecht zu übernehmen. Außerdem muß sie in der Lage sein, ihre Beobachtungen an den behandelnden Arzt weiterzuleiten.

Lernziele

Nach der Bearbeitung des Teilkapitels können Sie aufzählen,

- auf welche Kriterien es in der Beobachtung der Patienten mit den verschiedenen Krankheitsbildern ankommt;
- auf welche Besonderheiten in der Pflege und Ernährung zu achten ist;
- worauf die Eltern dieser Kinder aufmerksam gemacht werden müssen, um Komplikationen zu vermeiden.

7.10.1. Pflege bei Störungen des Wasser- und Elektrolythaushalts

7.10.1.1. Hypokalziämie

Die Hypokalziämie ist ein Symptom, das bei verschiedenen Krankheiten vorkommt.

Die Kinderkrankenschwester beobachtet

- Die Patienten klagen über ein Schweregefühl in den Gliedern;
- die Gesichtsmuskulatur zuckt;
- teilweise treten auch an den Extremitäten tetanische Zuckungen auf, die 1½–2 Stunden anhalten können;
- die Patienten sind manchmal verwirrt;
- der Puls ist bradykard.

Pflege und Behandlung

- Die Beobachtung des Bewußtseinszustands und der Vitalfunktion ist von Bedeutung.
- Der Patient wird gut zugedeckt, weil sich Wärme günstig auf den Krankheitszustand auswirkt.
- Da die Zuckungen Schmerzen verursachen, ist es wichtig, daß der Patient intensiv betreut und nicht allein gelassen wird.
- Bei der Kalzium- und Traubenzuckerinjektion ist es die Aufgabe der Schwester, das Kind zu trösten und dem Arzt zu assistieren.

7.10.2. Pflege bei Störungen des Kohlenhydratstoffwechsels

7.10.2.1. Funktionsprüfungen des Pankreas

Bestimmung des Blutzuckers:
Der Nüchternblutzucker liegt bei Kindern normalerweise bei 3,33–5,55 mmol/l (60–100mg%).
Wird die Blutzuckerbestimmung mit gebrauchsfertigen Teststreifen, z. B. Dextrostix, durchgeführt, muß die Gebrauchsanleitung beachtet werden.
Bevor Kapillarblut aus Fingerbeere oder Ferse entnommen wird, sind diese zu erwärmen, da es sonst zu ungenauen Ergebnissen kommt.
Als *Tagesprofil* bezeichnet man die Kontrollen des Blutzuckers über den Tag (meistens 3- bis 5mal) bei normaler Kost bzw. Diät.

Einfache Traubenzuckerbelastung:
- Nüchternblutzuckerbestimmung,
- Verabreichung von Traubenzuckerlösung (pro kg Körpergewicht 0,5–2,0 g Traubenzucker),
- Blutzucker steigt an, nach ½–1 Stunde ist der Höchstwert erreicht, er soll 9,44 mmol/l (170 mg%) nicht überschreiten,
- nach 2 Stunden ist meist der Ausgangswert erreicht,
- nach 3 Stunden wird teils der Ausgangswert unterschritten (posthyperglykämische Hypoglykämie bzw. hypoglykämische Nachschwankung).

Beim Diabetiker sieht die Blutzuckerkurve wesentlich anders aus:
- Meistens ist schon der Nüchternblutzucker erhöht,
- nach dem Probetrunk steigt der Blutzucker weit über 9,44 mmol/l (170 mg%),
- nach 2 Stunden ist die Blutzuckerkurve noch nicht zum Ausgangswert zurückgekehrt,
- im Urin wird Zucker ausgeschieden (Abb. 21).

7.10.2.2. Diabetes mellitus (Zuckerharnruhr)

Dieser ist im Kindesalter immer ein Insulinmangeldiabetes. Die Inselzellen des Pankreas produzieren nicht genügend oder gar kein Insulin.

Lernziele

Nach Durcharbeiten des folgenden Abschnitts können Sie darstellen,
- welche Beobachtungen Sie bei Kindern mit Diabetes mellitus machen können;
- worauf es in der Pflege und Behandlung des Diabetikers ankommt;
- welche Hilfen Sie dem Kind und seinen Eltern anbieten können;
- welche Besonderheiten im Verlauf der Erkrankung auftreten können.

Die Kinderkrankenschwester beobachtet

Zu Beginn der Erkrankung:
- die Kinder haben großen Durst und trinken viel;

Abb. 21 Traubenzuckerbelastung bei einem Gesunden und bei einem Diabetiker

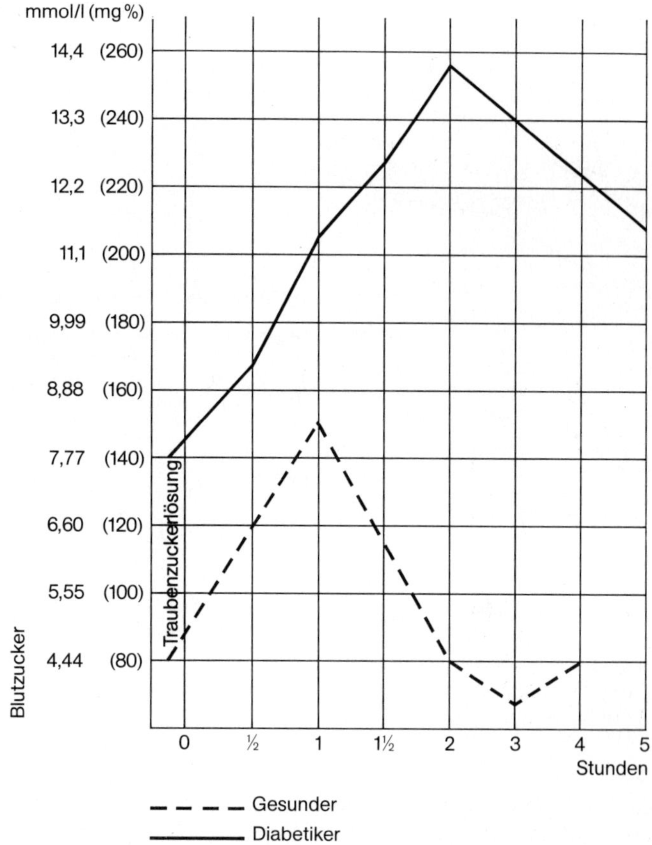

- sie scheiden viel Urin aus;
- die Patienten haben einen typischen obstartigen Mundgeruch (Azeton!);
- sie klagen über Bauchschmerzen;
- die Kinder haben großen Hunger und nehmen trotzdem an Gewicht ab;
- größere Kinder können Angstzustände haben;
- die Kinder haben keine Lust zum Spielen.

Ist die Diagnose gesichert, hat die Kinderkrankenschwester in der Versorgung der Patienten mit Diabetes mellitus ganz besondere Dinge zu beachten, die unten näher beschrieben sind.

Pflege und Behandlung

Ziel der Pflege und Behandlung ist es, den Diabetiker so zu betreuen, daß er einerseits so eingestellt wird, daß er keine Spätschäden erleidet, andererseits durch seine Krankheit nicht behindert und in seiner Selbständigkeit nicht eingeschränkt wird. Bei der Behandlung des Diabetikers stehen

- *Insulinsubstitution,*
- *Diät,*
- *Bewegung,*
- *Schulung,*

im Vordergrund.

Die *Insulineinstellung* erfolgt anfangs mit Altinsulin (Normalinsulin), später wird der Patient auf ein sog. Mischinsulin (Alt- und Verzögerungsinsulin) eingestellt. Meistens ist es Humaninsulin, welches synthetisch hergestellt wird. Für eine gute Einstellung benötigt das Kind täglich 1–2 Injektionen. Insulin wird subkutan injiziert (S. 232). Je nach Art des Insulins werden die Injektionen verabreicht: bei Altinsulin unmittelbar vor, bei Depot- und Kombinsulin 15–30 Minuten vor den Mahlzeiten.

Bei größeren Kindern hat die Schwester die

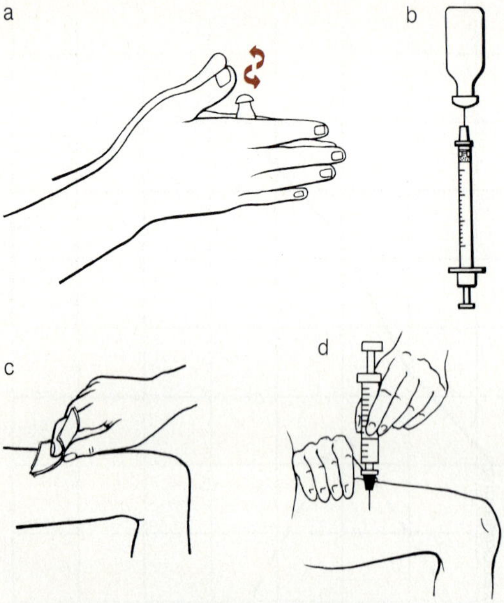

Abb. 22a–d Insulininjektion:
a) Ampulle zwischen beiden Händen rollen.
b) Insulin in die Spritze aufziehen.
c) Haut mit Alkohol desinfizieren.
d) Die Nadel unter die Haut einstechen

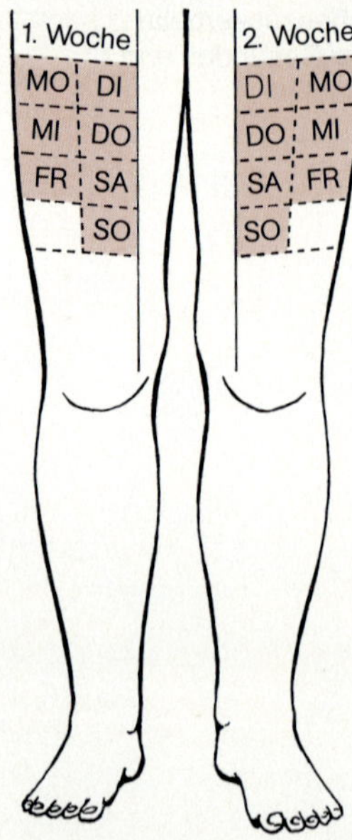

Abb. 23 Injektionsstellen

Aufgabe, ihnen die Injektionstechnik zu zeigen und die Durchführung zu überwachen, damit sie sich das Insulin selbst injizieren können. Am besten zugänglich ist für die Kinder die Ober- und Außenseite des Oberschenkels. Die Injektionsstellen müssen häufig gewechselt werden (Abb. 22a–d und 23).

Pen und Insulinpumpe

Eine zusätzliche Bereicherung in der Insulintherapie ist der Pen und – eher für Erwachsene – die Insulinpumpe. Mit beiden Geräten wird versucht, die Funktion des Pankreas nachzuahmen (Abb. 24).

Der Pen ist, wie der Name schon sagt, ein stiftförmiges Injektionsgerät. Es enthält eine Ampulle Insulin. Die Insulinmenge wird eingestellt und per Druckknopf injiziert.
Der Pen kommt bei etwas älteren Kindern zum Einsatz. Der Umgang mit dem Pen erfordert vom Patienten erhöhte Bereitschaft zu Selbstkontrollen (täglich 4–5 Blutzuckerkontrollen), Protokollführung und häufigere (4- bis 5mal täglich) Insulininjektionen. Andererseits kann sich der Diabetiker mehr Freiheit in der Berechnung der BE erlauben, und außerdem ist er nicht an feste Essenzeiten gebunden.

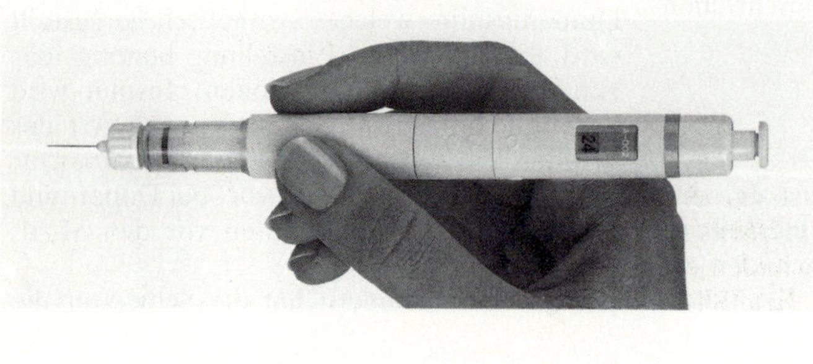

Abb. 24 Pen

Die Insulinpumpe, ein Gerät in der Größe einer Zigarettenschachtel, das unter der Kleidung an einem Gürtel getragen wird, ist mit einem Schlauch und einer Kanüle verbunden, welche in der Bauchdecke liegt. Die Pumpe wird so eingestellt, daß sie gleichmäßig Insulin injiziert, vor den Mahlzeiten wird allerdings die Dosis erhöht. Sie ahmt also die Funktion des Pankreas nach und vermeidet so zu hohe Blutzuckerwerte.

Vorteile der Pumpe:
- Häufige tägliche Injektionen entfallen (Kanüle kann 2 Tage liegen bleiben),
- zu hohe Blutzuckerkonzentrationen werden vermieden.

Nachteile der Pumpe:
- Größe des Gerätes, für Kinder unbequem zu tragen, hindert die Kinder bei sportlichen Aktivitäten und hat sich deshalb nicht bewährt,
- es können Störungen auftreten, z. B. Zuleitung verstopft, die nicht sofort bemerkt werden,
- Beratungsstelle, die täglich einen 24-Stunden-Dienst gewährleistet, muß in der Nähe sein.

Beachte: Nicht in atrophiertes Gewebe spritzen, da hier das Insulin nur ungenügend resorbiert wird.

Urin- und Blutzucker werden regelmäßig kontrolliert, damit die Insulinmenge exakt dosiert werden kann.
Unter den *Diätformen* des Diabetikers unterscheidet man die strenge und gelockerte Kost. Die Diät wird zunächst nach strengen Richtlinien gestaltet, damit der Patient sieht, welche Nahrungsmittel in welcher Menge für ihn geeignet sind. Später, wenn das Kind richtig eingestellt ist, kann die Diät flexibel gestaltet werden, d. h. BE-Austausch. Die Kost soll sehr vielseitig und abwechslungsreich sein. Verboten sind Zucker und zuckerhaltige Speisen, eingeschränkt dürfen Mehl und Mehlspeisen verwendet werden. Alle anderen Nahrungsmittel sind erlaubt, Fett soll allerdings sparsam verbraucht werden.

Beachte: Diabetesdiät bedeutet nicht, daß vieles verboten ist, sondern daß vieles berechnet werden muß.

Wichtig ist es, den Kindern viele kleine Mahlzeiten anzubieten und die Essenszeiten pünktlich einzuhalten.
Die Kinder müssen angeleitet werden, die Nahrungsmittel selbst nach einer Austauschtabelle zu berechnen und abzuwiegen. Um die täglichen Fragen der Kinder beantworten zu können, muß die Kinderkrankenschwester die Grundbegriffe der Diät kennen.
Es ist ratsam, der Mutter eine genaue Anleitung für die Zubereitung der Diät zu geben. In vielen Krankenhäusern ist es möglich, daß die Mutter mit in die Diätküche geht, um dort unter Anleitung der Diätassistentin das Essen für ihr Kind zuzubereiten. Außerdem sind viele Bücher im Handel (z. B. Robbers/Traumann: Diätbuch für Zuckerkranke. Thieme, Stuttgart), die sich mit der Ernährung des Diabetikers befassen und Anregungen geben, z. B. durch Kohlenhydrataustauschtabellen. Auch die Krankenkassen bieten ihre Hilfe an, indem sie beraten und beispielsweise Kochkurse für diabetische Kinder und deren Mütter durchführen.
Bewegung fördert die Zuckerausnutzung und wirkt insulinsparend. Aus diesem Grund sollten die Kinder in ihrem natürlichen Bewegungsdrang nicht eingeengt werden. Größere Kinder sollen angehalten werden, Sport zu treiben.

Beachte: Stärkere sportliche Belastung ist durch zusätzliche Kohlenhydratgabe oder durch Insulinreduktion auszugleichen.

Wichtig ist die *Überwachung der Urinausscheidung.* Der Urin wird über 24 Stunden gesammelt, z. B. von 6 bis 12 Uhr, 12 bis 18 Uhr, 18 bis 24 Uhr und 24 bis 6 Uhr, und auf Zucker und Azeton untersucht.
Die *Blutzuckerkontrollen* werden morgens nüchtern und vor oder 1½ Stunden nach den Mahlzeiten durchgeführt.
Die *Betreuung* und *Beschäftigung* des Kindes mit Diabetes mellitus ist eine wichtige Aufgabe der Kinderkrankenschwester. Zu Anfang leiden die Kinder sehr unter den häufigen Injektionen. Dürfen sich die Kinder selber spritzen, kostet sie dies zunächst Überwindung. Die Schwester muß die Kinder unterstützen, sie trösten und ihnen Rat geben.
Dürfen die Kinder aufstehen, können sie in

Diabetische Kinder und Jugendliche in Kindertagesstätten und Schulen

Erlaß des Niedersächsischen Kultusministeriums vom 23. 11. 1988

© Silvestris

Im Einvernehmen mit dem Herrn Niedersächsischen Sozialminister mache ich auf die besondere Situation der an Diabetes leidenden Kinder und Jugendlichen in Kindertagesstätten und Schulen aufmerksam und gebe dazu nachfolgende Hinweise:

1. Der Diabetes mellitus (Zuckerkrankheit) wird mit einer regulierten Diät (in der Regel mit sechs bis sieben täglichen Mahlzeiten zu festgelegten Zeiten) und mit regelmäßigen Insulin-Injektionen behandelt. Die Insulin-Injektionen erfolgen meist morgens und abends. Bei älteren Kindern und Jugendlichen wird in jüngster Zeit häufiger auch eine intensivierte Insulin-Behandlung mit vier Injektionen täglich praktiziert.

2. Insulin und körperliche Tätigkeit senken den Blutzucker, Nahrungsaufnahme erhöht ihn.

3. Ungenügende oder verspätete Nahrungsaufnahme oder auch verstärkte körperliche Aktivität (Turnen, Schwimmen, Wanderungen, intensives Spiel) können zu einer Unterzuckerung, einem zu tiefen Absinken des Blutzuckers, genannt Hypoglykämie, führen. Erste Anzeichen dieser Unterzuckerung können sein: Schwitzen, Blässe, Schwäche, Kniezittern, ungewohnte Unaufmerksamkeit und Zerstreutheit, ungewöhnlich „krakelige" Schrift, verlangsamte Sprache, „schwere Zunge".

4. Diabetische Kinder müssen deshalb unbedingt ihre Zwischenmahlzeiten zu sich nehmen und nach Schulschluß bzw. nach Schließung des Kindergartens rechtzeitig nach Hause entlassen werden. Zwischenmahlzeiten können, falls erforderlich, auch außerhalb der Pausen eingenommen werden. In Ganztagsschulen muß auf die regelmäßige Nahrungsaufnahme zu den vorher festgelegten Zeiten geachtet werden.

5. Bei erkennbarer Unterzuckerung muß das Kind sofort zu rascher Nahrungsaufnahme (eventuell Würfelzucker, Traubenzucker-Plättchen, Knäckebrot) aufgefordert werden, auch im Unterricht. Eventuelle Ablehnung solcher Maßnahmen durch das Kind oder aggressives Verhalten können Ausdruck der Unterzuckerung sein und müssen mit Güte und Bestimmtheit überwunden werden. Ein Kind darf in der Hypoglykämie nicht allein gelassen und niemals in oder unmittelbar nach der Hypoglykämie nach Hause geschickt werden. Eine unbehandelte Hypoglykämie kann zu schwerem Bewußtseinsverlußt (Schock) und Krampfanfällen führen und damit letztlich zur Hirnschädigung.

Abb. 25 Merkblatt des Niedersächsischen Kultusministeriums

6. Diabetische Kinder müssen immer Würfelzucker oder andere rasch verwertbare zuckerhaltige Nahrungsmittel für die Unterbrechung einer Unterzuckerung sowie einen Diabetiker-Ausweis bei sich tragen. Lehrer und Erzieher, die diabetische Kinder in ihrer Klasse oder Gruppe haben, sollen – auch bei Ausflügen oder Wanderungen – Würfelzucker verfügbar halten.

7. Diabetische Kinder sind den Anforderungen der Schule ebenso gewachsen wie andere Kinder. Ihre Erkrankung macht es daher nicht nötig, ihnen mit geringeren intellektuellen Anforderungen und mit nachsichtigen Beurteilungen ihrer schulischen Leistungen zu begegnen. Eine Sonderstellung in der Klasse oder Gruppe ist zu vermeiden.

8. Diabetische Kinder können am Sport teilnehmen. Vor außerordentlichen, vor allem vor langdauernden körperlichen Anstrengungen (Schwimmen, Turnen, Wandern, auch exzessivem Toben in der Pause) müssen diabetische Kinder in der Regel zusätzliche Nahrung zur Vermeidung schwerer Hypoglykämie zu sich nehmen (Brot oder andere langsam verwertbare Kohlenhydrate sind besser als Obst oder Obstsäfte). Gelegentliche Nachfragen nach vorgesehenen Mahlzeiten sind wegen häufigen Vergessens beim Spiel sinnvoll.

9. Diabetische Kinder können an Schullandheimaufenthalten und Wanderfahrten teilnehmen. Es ist rechtzeitig zu klären, ob die erforderlichen Ernährungsvorschriften während des Aufenthaltes bzw. der Fahrt eingehalten werden können.

10. Bei Bewußtlosigkeit infolge einer Hypoglykämie muß rasch geholfen werden: keine flüssige oder feste Nahrung (Verschlucken!), sondern

1. Traubenzucker zwischen Wange und Zähne, Seitenlage (stabile Seitenlage wie nach Verkehrsunfall),
2. Arzt rufen:
   – Diagnose: Diabetes
   – Anlaß: Hypoglykämie.

11. Beobachtungen und Erkenntnisse der Lehrer oder Erzieher, Erfahrungen der Eltern und das Fachwissen des behandelnden Arztes sind wichtige Faktoren einer erfolgreichen Therapie. Deshalb ist eine enge Kooperation der Lehrer oder Erzieher mit den Eltern und dem behandelnden Arzt notwendig. Für den Notfall müssen den Lehrern oder Erziehern die Fernsprechnummer der Eltern, des Hausarztes und des nächstgelegenen Krankenhauses sowie des Notarztes bekannt sein.

Damit die erforderlichen Angaben für die Lehrkräfte jederzeit verfügbar sind, können sie auch in das Klassenbuch eingetragen werden.

12. Die Kinder der Gruppe oder Klasse eines diabetischen Kindes sind, sofern dessen Eltern zugestimmt haben, über die Situation und mögliche Gefährdungen des diabetischen Kindes zu unterrichten. Dabei sind in angemessener Weise verantwortungsvolles Verhalten und hilfeleistende Maßnahmen anzusprechen.

13. Als Informationsquelle zum Umgang mit diabetischen Kindern und Jugendlichen in Kindertagesstätten und Schulen kann u. a. empfohlen werden:

Luther B. Travis/Peter Hürter: „Einführungskurs für Kinder und Jugendliche mit Diabetes mellitus"
Vierte überarbeitete und erweiterte Auflage 1987

die Spielraumgruppe gehen und evtl. auch am Unterricht teilnehmen.
Bettlägerige Kinder können z. B. durch Puzzle, Basteln oder Vorlesen beschäftigt werden. Mit Hilfe der Eltern, Ärzte und Schwestern muß der Diabetiker versuchen, seine Krankheit zu bewältigen. Bei richtiger Lebensweise und Insulineinstellung ist er genau so leistungsfähig wie ein gesundes Kind.

Beachte: Es ist wichtig, den Kindern Mut zu machen und ihnen zu zeigen, daß die Schwierigkeiten überwindbar sind.

Beratung der Eltern

Wenn ein Kind mit Diabetes mellitus die Klinik verläßt, ist es sehr wichtig, den Patienten und die Angehörigen, evtl. auch Lehrer und Erzieher (s. Merkblatt des Niedersächsischen Kultusministeriums, Abb. 25), auf die Entlassung vorzubereiten.
Die Eltern bzw. die Mutter muß sich in der *Injektionstechnik* auskennen. Sie muß schon während des Krankenhausaufenthalts unter Anleitung der Schwester und später selbständig die Insulininjektion durchführen können.
Auch die *Zubereitung der Diät* ist meistens die Aufgabe der Mutter. Sie muß die Möglichkeit haben, sich ausführlich, am besten in der Diätküche, zu informieren. Außerdem soll sie auf einige Kochbücher für Diabetikerdiät aufmerksam gemacht werden, damit sie die Kost abwechslungsreich und schmackhaft gestalten kann.

Ausweis für Diabetiker

Name:
Klaus Schulte

Wohnung:
4440 Rheine Münsterstr. 47

Im Notfall soll sofort benachrichtigt werden:
Eltern: Klaus und Sophie Schulte

Telefonisch erreichbar über:
04320/879

Behandelnder Arzt:
Dr. M. Mayer
4440 Rheine

Der Inhaber dieses Ausweises ist zuckerkrank. Zuckerkranke (Diabetiker) können in einen Verwirrungszustand geraten, der einer Trunkenheit ähnelt, oder sie können bewußtlos werden.

Wird der Inhaber des Ausweises in einem solchen Zustand aufgefunden, so ist ihm sofort Zuckerwasser zu geben. Kann er nicht mehr schlucken, so ist der nächste Arzt zu rufen und zu verständigen, daß es sich um die Bewußtlosigkeit eines Diabetikers handelt.

Dieser Ausweis sollte vom Diabetiker überall mitgeführt werden!

Abb. 26
Diabetikerausweis

Natürlich muß auch das Kind wissen, welche Speisen es essen darf und welche nicht.
Wichtig für die Überwachung der Stoffwechsellage des Diabetikers zu Hause sind die Messungen der Urinzuckerausscheidungen und die der Blutzuckerwerte. Beide Selbstkontrollen sind mit Teststreifen durchzuführen, z. B. mit Keto-Diabur 5000 und Haemo-Glucotest. Rat erteilt die

Zentrale des Bundes diabetischer Kinder (BdK e. V.)
Hahnbrunnerstraße 46
6750 Kaiserslautern

Den *Diabetikerausweis* und einige Stücke Traubenzucker (im Falle einer Hypoglykämie) sollte das Kind immer bei sich haben. Bei Hypo- oder Hyperglykämie ist der hinzugezogene Arzt gleich informiert (Abb. 26).
Regelmäßig muß der *Kinderarzt* oder eine Diabetikerambulanz aufgesucht werden, da Insulin- und Nährstoffmenge dem Wachstum und Stoffwechsel des Kindes angepaßt werden müssen.
Bei *Erkrankungen* des Kindes ist ebenfalls unbedingt der Arzt aufzusuchen, da selbst geringe Infekte zu Stoffwechselentgleisungen führen können.

Besonderheiten

Zu den Komplikationen des Diabetes mellitus gehören das Coma diabeticum und die Hypoglykämie.

Coma diabeticum

Die Kinderkrankenschwester beobachtet

- Tiefe Bewußtlosigkeit;
- große Atmung (Kußmaul);
- Azetongeruch der Atemluft;
- gerötetes Gesicht;
- trockene Haut und Schleimhäute;
- kalte, schlechtdurchblutete Extremitäten;
- Brechreiz und Erbrechen.

Pflege und Behandlung

- Die Überwachung des Bewußtseinszustandes und der Vitalfunktionen ist sehr wichtig.
- Die Insulininjektionen sind gewissenhaft von der Schwester durchzuführen.
- Hat das Kind eine i. v. Infusion, ist die Lage der Kanüle und die Anzahl der Tropfen zu kontrollieren.
- Wird Insulin i. v. injiziert, so ist dies die Aufgabe des Arztes, auch wenn bereits eine i. v. Infusion liegt.
- Der Urin wird gesammelt und auf Zucker und Azeton untersucht.
- Der Patient muß gut zugedeckt und warm gehalten werden, da die Extremitäten meist kalt und schlecht durchblutet sind.
- Das Kind wird auf die Seite gelegt, um einer Aspiration vorzubeugen.
- Bei längerer Bewußtlosigkeit werden Dekubitus- und Kontrakturprophylaxe durchgeführt.
- Haben die Kinder seltenen Lidschlag, ist sorgfältige Augenpflege durchzuführen.

Hypoglykämie

Bei einem Blutzuckerspiegel unter 2,78 mmol/l (50 mg%) spricht man von Hypoglykämie. Sie tritt meistens durch Insulinüberdosierung bzw. bei Nahrungsverweigerung auf.

Die Kinderkrankenschwester beobachtet

Im Vorstadium:
- großer Hunger;
- Unruhe;
- Wesensveränderungen, oft Aggressivität,
- Blässe, Zittern.

Im Stadium der Hypoglykämie:
- plötzliche Bewußtlosigkeit;
- feuchte und blasse Haut;
- normale Puls- und Atemqualität;
- tonisch-klonische Krämpfe.

Pflege und Behandlung

- Im Vorstadium nimmt das Kind Traubenzucker, oder es bekommt ein zuckerhaltiges Getränk.
- Der Urin wird auf Zucker untersucht.
- Während der Hypoglykämie sind Bewußtseinszustand und Vitalfunktionen zu überwachen.
- Durch i. v. Infusionen mit Glukose (100–150 g/l) sind die Patienten rasch ansprechbar.
- Das Kind wird auf die Seite gelegt, damit es nicht aspiriert.
- Laufende Blut- und Urinzuckerkontrollen sind notwendig.

7.10.2.3. Glykogenspeicherkrankheit

Bei dieser Erkrankung lagert das Speicherkohlenhydrat Glykogen in der Leber und im Muskelgewebe, weil es nicht abgebaut werden kann.

Die Kinderkrankenschwester beobachtet

- Großer Bauch, der durch die erhebliche Lebervergrößerung verursacht ist;
- erschwerte Atmung;
- Stimmungsschwankungen, da die Kinder in ihrem Wohlbefinden sehr beeinträchtigt sind;
- hypoglykämische Symptome nach längerer Nahrungsverweigerung;
- Azetongeruch der Ausatemluft.

Pflege und Behandlung

- Zur Erleichterung der Atmung werden die Kinder hochgelagert.
- Viele kleine Mahlzeiten werden verabreicht.
- Lebensmittel, die Milch- und Fruchtzucker enthalten, meiden, da diese erst über Glukose zu Glykogen umgewandelt werden müssen.
- Meistens bessert sich der Zustand im Schulalter.

- Durch Beschäftigung bessert sich die Stimmungslage. Dadurch wird das Kind von seiner Krankheit abgelenkt.

7.10.2.4. Disaccharidmalabsorption

Bei der Disaccharidmalabsorption können die Doppelzucker nicht zu Einfachzuckern gespalten und vom Darm resorbiert werden.

Die Kinderkrankenschwester beobachtet

- Durchfällige Stühle, sobald die Kinder Disaccharide durch die Nahrung aufnehmen;
- geblähter Bauch;
- sauer riechende Stühle, der pH-Wert schwankt zwischen 4,0 und 5,0.

Pflege und Behandlung

- Durch Untersuchungen des Blutes und der Darmschleimhaut (Dünndarmbiopsie, S. 270ff) wird festgestellt, welche Disaccharide schlecht vertragen werden.
- Werden bestimmte Doppelzucker, z. B. Laktose oder Saccharose, aus der Nahrung weggelassen, tritt nach kurzer Zeit eine Besserung ein.
- Sorgfältige Hautpflege ist notwendig, da die Kinder durch die dünnen Stühle leicht wund werden.

7.10.3. Pflege bei Störungen des Eiweißstoffwechsels

7.10.3.1. Phenylketonurie (Brenztraubensäureschwachsinn)

Die Phenylketonurie ist eine autosomal-rezessiv vererbte Erkrankung. Sie beruht auf einer Abbaustörung des Phenylalanins.

Prophylaxe

Eine rechtzeitige Erkennung der Phenylketonurie ist nur durch Suchtests möglich.
Am Ende der 1. Lebenswoche wird der *Guthrie-Test* (S. 24) gemacht, wenn das Kind Nahrung erhalten hat.
Phenylbrenztraubensäure läßt sich auch im Urin durch die *Fölling-Probe* nachweisen, allerdings erst, wenn das Kind ca. 4 Wochen alt ist. Erst dann ist die Phenylbrenztraubensäurekonzentration so hoch, daß sie durch Zusatz von Eisenchloridlösung sichtbar wird.
Auch durch *Teststäbchen,* z. B. Phenistix, läßt sich eine Erhöhung der Phenylbrenztraubensäurekonzentration feststellen. Bei der Verwendung von Teststäbchen ist die Gebrauchsanweisung sorgfältig zu beachten.

Die Kinderkrankenschwester beobachtet

Wenn die notwendige Behandlung nicht frühzeitig einsetzt:
- Die Kinder entwickeln sich im Alter von 4–6 Monaten geistig und statisch nicht altersgemäß;
- ekzemartige Hautausschläge;
- eigenartiger Geruch (nach Mäusekot) des Urins und Schweißes;
- manchmal Krämpfe, vorwiegend BNS-Krämpfe.

Pflege und Behandlung

Im Vordergrund der Behandlung steht die Reduzierung des Phenylalanins in der Nahrung. Damit sinkt die Phenylalaninkonzentration im Blut und kann das kindliche Gehirn nicht mehr schädigen. Wichtig ist es, die Phenylalaninkonzentration im Blut regelmäßig zu kontrollieren.
Da Phenylalanin eine essentielle Aminosäure ist, muß sie mit der Nahrung aufgenommen werden. Alle Eiweiße enthalten Phenylalanin, deshalb muß der Phenylalaninanteil genau berechnet werden. Der restliche Eiweißbedarf wird durch spezielle phenylalaninfreie Präparate, z. B. Cymogran oder Albumaid XP, gedeckt.
Es ist äußerst wichtig, daß diese Präparate verabreicht werden, da das Kind Eiweiß dringend als Baustoff benötigt. Die Mutter muß auf die genaue Einhaltung des Speiseplans aufmerksam gemacht werden.
Besonders schwierig gestaltet sich oft die Verabreichung der phenylalaninfreien Eiweißpräparate, da sie einen starken Eigengeschmack haben. Die Schwester bzw. die Eltern brauchen viel Geduld, um die Nahrung zu verabreichen.

Beachte: Bis mindestens zur Pubertät muß die Diät *streng* eingehalten werden. Erst dann kann sie unter ärztlicher Aufsicht gelockert aber nicht abgesetzt werden.

Besonderheiten

Frauen müssen während der Schwangerschaft erneut phenylalaninarme Diät zu sich nehmen, damit das neugeborene Kind nicht durch die hohe Phenylalaninkonzentration geschädigt wird. Bereits geistig behinderte Kinder müssen ihren Fähigkeiten entsprechend gefördert werden.

7.10.4. Pflege bei Avitaminosen und Hypervitaminosen

Avitaminosen sind Mangelkrankheiten, die durch das Fehlen eines oder mehrerer Vitamine hervorgerufen werden. Hypervitaminosen nennt man Störungen, die durch zu hohe Vitamingaben verursacht werden.

7.10.4.1. Möller-Barlow-Krankheit (C-Avitaminose)

Die C-Avitaminose, Skorbut, wird beim Säugling als Möller-Barlow-Krankheit bezeichnet. Sie tritt in den europäischen Ländern nur noch selten auf.

Die Kinderkrankenschwester beobachtet

- Die Säuglinge sind berührungsempfindlich;
- ältere Kinder klagen über Muskelschmerzen;
- die Kinder sind verstimmt;
- es kommt zu Haut- und Schleimhautblutungen;
- auch im Urin und Stuhl können Blutbeimengungen zu sehen sein.

Pflege und Behandlung

- Die Behandlung der Kinder geschieht mit hohen Dosen (100–150 mg/Tag) synthetischer Vitamin-C-Präparate.
- Die Schwester muß den Kindern Verständnis entgegenbringen und versuchen, sie etwas aufzuheitern, wenn sie verstimmt sind.
- Viele Maßnahmen können größere Kinder selbst durchführen, da das Anfassen Schmerzen verursacht.
- Bei der Zahnpflege muß vorsichtig vorgegangen werden, da es leicht zu Zahnfleischblutungen kommt.
- Die Urin- und Stuhlausscheidung ist sorgfältig auf Blutbeimengungen zu überprüfen.

7.10.4.2. Rachitis

Die Rachitis beruht auf Vitamin-D-Mangel, z. B. infolge mangelnder Sonnenbestrahlung. Sie entsteht beim Säugling, wenn nicht zusätzlich zur Nahrung Vitamin-D-Präparate verabreicht werden. Am häufigsten tritt die Rachitis bei Kindern im 3.–8. Lebensmonat auf.

Die Kinderkrankenschwester beobachtet

- Unruhe und Reizbarkeit im Frühstadium der Erkrankung;
- Haarausfall am Hinterkopf und starker Kopfschweiß, besonders nach Anstrengungen, z. B. nach der Nahrungsaufnahme;
- Knochenerweichung (Kraniotabes) am Hinterkopf;
- bei fortschreitender Erkrankung Schlaffheit und Bewegungsarmut, meistens liegen die Kinder auf dem Rücken;
- schlaffer, weitausladender Bauch (Froschbauch);
- Abplattung des Hinterkopfes; es entsteht ein sog. „Quadratschädel";
- Auftreibungen der Stirn- und Scheitelbeinhöcker;
- Verdickung der Wachstumszone an Unterarm und Fußknöchel;
- Deformierungen am Brustkorb, z. B. der „rachitische Rosenkranz", durch Auftreibungen der Knorpel-Knochen-Grenzen;
- Ammoniakgeruch des Urins, der viel Ammoniumsalze enthält, die sich an der Luft rasch zersetzen;
- beim Kleinkind X- oder O-Beine, da sich die langen Knochen durch starke Belastung verbiegen;
- Deformierungen an der Wirbelsäule, z. B. zur Seite – Skoliose – oder nach hinten – Kyphose.

Pflege und Behandlung

- Im Vordergrund steht die orale Verabreichung von Vitamin D in hoher Dosierung (1500–5000 IE/Tag); sie muß durch die Schwester gewissenhaft durchgeführt werden.
- Da die Kinder in hohem Maße infektanfällig sind, muß die Umgebung, z. B. Besucher und Pflegepersonal, infektfrei sein. Die Maßnahmen der fortlaufenden Desinfektion sind sorgfältig zu beachten.

- Bekommen Säuglinge Freilufttherapie, müssen sie der Witterung entsprechend angezogen und vor Auskühlung geschützt werden.
- Um eine Deformierung des Kopfes zu vermeiden, werden die Kinder regelmäßig umgelagert.
- Um Deformierungen des Körpers zu vermeiden, werden die Kinder auf einer harten Matratze gelagert.
- Schwitzen die Kinder stark, werden sie gewaschen und frisch angekleidet.
- Da die Säuglinge häufig mißmutig und weinerlich sind, bedürfen sie durch die Angehörigen und das Pflegepersonal intensiver Zuwendung.

Besonderheiten: Tetanie

Tetanie ist ein Syndrom, das unter anderem mit Krämpfen einhergeht. Ursache kann z. B. das Absinken der Kalziumkonzentration im Blut (rachitogene Tetanie) sein.

Die Kinderkrankenschwester beobachtet

- Tonische Krämpfe ohne Bewußtlosigkeit;
- Opisthotonushaltung;
- verkrampfte Hände, d. h. die Finger sind überstreckt mit zur Handinnenfläche adduzierten Daumen (Geburtshelferhand, Pfötchenstellung);
- gestreckte Füße, die Zehen sind sohlenwärts gebeugt;
- eine gefürchtete Komplikation ist der Laryngospasmus (Stimmritzenkrampf);
- bei leichterem Verlauf macht sich der Krampf oft nur durch ein „krähendes" Geräusch beim Schreien bemerkbar;
- Atemstillstand, da die Atemmuskulatur ebenfalls betroffen ist.

Beobachtung der Tetanie beim Neugeborenen s. S. 329.

Pflege und Behandlung

- Sorgfältige Beobachtung der Vitalfunktionen (besonders nach Kalziumgabe) und des Bewegungsablaufs ist von Bedeutung.
- Fällt der Schwester ein ziehendes Atemgeräusch auf, ist sofort ein Arzt zu verständigen, da es sich evtl. um einen Laryngospasmus handeln kann.

Beachte: Schreien kann einen tetanischen Anfall auslösen. Die Kinderkrankenschwester muß deshalb die Pflegemaßnahmen behutsam vornehmen.

7.10.4.3. D-Hypervitaminose

Eine D-Hypervitaminose wird durch Überdosierung von Vitamin-D-Präparaten, z. B. Vigantol, hervorgerufen.

Die Kinderkrankenschwester beobachtet

- Appetitlosigkeit und Erbrechen;
- Obstipation;
- bei fortschreitender Erkrankung Apathie und Hypotonie.

Pflege und Behandlung

- Eine Behandlung der D-Hypervitaminose ist durch kalziumfreie Ernährung möglich.
- Da die Kinder oft appetitlos sind, werden viele kleine Mahlzeiten verabreicht. Die Wünsche der Kinder sollten berücksichtigt werden, wenn sie sich mit der Diät vereinbaren lassen.
- Die Schwester hat die Aufgabe, die Kinder etwas aufzuheitern und zu beschäftigen.
- Geht die Erkrankung mit hohem Fieber einher, sind häufigere Temperaturkontrollen notwendig. In diesem Zusammenhang ist auch der hohe Flüssigkeitsbedarf zu berücksichtigen.
- Die Verstopfung ist zu behandeln.
- Falls bereits eine Nierenschädigung vorliegt, ist die Überwachung der Ein- und Ausfuhr nötig.

Weiterführende Literatur

Travis, Luther, P. Hürter: Einführungskurs für Kinder und Jugendliche mit Diabetes mellitus, 4. Aufl. Bund diabetischer Kinder und Jugendlicher, Kaiserslautern 1987

Zuppinger, K., R. Gambon, C. Götz: Du und ich sind zuckerkrank. Huber, Bern 1988

7.11. Pflege bei Kindern mit Erkrankungen des Verdauungstraktes

H. Röhr

7.11. Pflege bei Kindern mit Erkrankungen des Verdauungstraktes

7.11.1. Pflege bei Erkrankungen im Bereich des Mundes
- – Allgemeine Pflegemaßnahmen

siehe 5.2.7. Zahn- und Mundpflege

7.11.2. Pflege bei Erkrankungen im Bereich der Speiseröhre
- 7.11.2.1. Angeborene Anomalien
  - – Ösophagusatresie
  - – Ösophagusstenose
  - – Ösophagotracheal- bzw. -bronchialfistel
- 7.11.2.2. Erworbene Anomalien
  - – Verätzungen der Speiseröhre
  - – Fremdkörper
  - – Ösophagitis

siehe 8.7.10. Pflege des Kindes mit Ösophagusvarizenblutung

7.11.3. Pflege bei Erkrankungen im Bereich des Magens
- 7.11.3.1. Spucken und habituelles Erbrechen
- 7.11.3.2. Rumination
- 7.11.3.3. Azetonämisches Erbrechen
- 7.11.3.4. Angeborene Störungen der Kardia
- 7.11.3.5. Spastische hypertrophische Pylorusstenose
- 7.11.3.6. Pylorospasmus
- 7.11.3.7. Gastritis
- 7.11.3.8. Ulcus ventriculi und duodeni

7.11.4. Pflege bei Erkrankungen im Bereich des Dünndarms
- 7.11.4.1. Duodenalatresie und -stenose
- 7.11.4.2. Meckel-Divertikel
- 7.11.4.3. Ileus
- 7.11.4.4. Prä- und postoperative Pflege bei Kindern mit Laparotomie
- 7.11.4.5. Zöliakie

siehe 6.4.4. Sondierung des Duodenums

7.11.5. Pflege bei Erkrankungen im Bereich von Leber, Galle und Pankreas
- 7.11.5.1. Leberzirrhose
- 7.11.5.2. Leberatrophie
- 7.11.5.3. Leberkoma
- 7.11.5.4. Konnatale Atresie und Stenose der Gallengänge
- 7.11.5.5. Gallensteine
- 7.11.5.6. Pankreatitis, Pankreasnekrose
- 7.11.5.7. Mukoviszidose (cystische Fibrose – CF)

siehe 7.2.1. Pflege bei Kindern mit Infektionskrankheiten – Hepatitis

7.11.6. Pflege bei Erkrankungen im Bereich des Dickdarms
- 7.11.6.1. Colitis ulcerosa und Morbus Crohn
- 7.11.6.2. Anus praeter naturalis
- 7.11.6.3. Invagination
- 7.11.6.4. Appendizitis
- 7.11.6.5. Perforation des Appendix – Peritonitis
- 7.11.6.6. Megacolon congenitum
- 7.11.6.7. Idiopathisches Megakolon
- 7.11.6.8. Obstipation
- 7.11.6.9. Analatresie
- 7.11.6.10. Analprolaps
- 7.11.6.11. Parasitäre Erkrankungen

7.11.7. Pflege bei Kindern mit Ernährungsstörungen
- 7.11.7.1. Akute Ernährungsstörungen
  - – Dyspepsie
  - – Toxikose
- 7.11.7.2. Chronische Gedeihstörungen
  - – Dystrophie und Atrophie

Notwendige Vorkenntnisse

- Anatomie und Physiologie des Verdauungstrakts,
- Krankheiten des Verdauungstrakts,
- Wasser- und Elektrolythaushalt,
- prä- und postoperative Pflege (S. 482ff),
- Überwachung der Vitalfunktionen (S. 115ff),
- prophylaktische Maßnahmen (S. 175ff),
- Sondierung des Magens und Duodenums (S. 201ff),
- Ausscheidungen (S. 130ff),
- Diätlehre.

Lehrziel

Erkrankungen des Verdauungstrakts sind im Säuglings- und Kindesalter recht häufig. Aus diesem Grund muß die Kinderkrankenschwester Kenntnisse über die speziellen Pflegemaßnahmen haben und diese durchführen können. Im folgenden Text wird darüber informiert.

Lernziele

Nach der Bearbeitung dieses Teilkapitels können Sie beschreiben,
- auf welche Besonderheiten es in der Pflege und Betreuung der Kinder ankommt;
- welche Faktoren in der Ernährung berücksichtigt werden müssen;
- wie der Nahrungsaufbau bei Kindern mit akuten Ernährungsstörungen durchgeführt wird.

7.11.1. Pflege bei Erkrankungen im Bereich des Mundes

Allgemeine Pflegemaßnahmen

Entzündungen im Bereich des Mundes sind für die Kinder sehr unangenehm und schmerzhaft. Um Schmierinfektionen und Aufkratzen zu vermeiden, sollten die Kinder die Wunden nicht mit den Händen berühren. Eventuell kann es notwendig werden, daß Arme und Hände fixiert werden. Die Benutzung von Armmanschetten oder das Zubinden der Schlafanzugärmel sollte nur in Ausnahmefällen geschehen.
Besser ist es, wenn die Kinder beschäftigt und auf diese Art und Weise abgelenkt werden. Dies kann z.B. durch Spielen, Basteln oder Vorlesen geschehen.

7.11.2. Pflege bei Erkrankungen im Bereich der Speiseröhre

7.11.2.1. Angeborene Anomalien

Ösophagusatresie (Speiseröhrenverschluß)

Die Kinderkrankenschwester beobachtet

- Die Kinder spucken oder würgen schon bald nach der Geburt den Schleim heraus und
- haben oft schaumigen Speichel vor dem Mund.

Beachte: Durch gewissenhafte Sondierung des Nasen-Rachen-Raums und der Speiseröhre bei jedem Neugeborenen müssen angeborene Mißbildungen in diesem Bereich rechtzeitig erkannt werden!

Pflege und Behandlung

Versucht man eine Magensonde zu legen, stößt man auf einen Widerstand.
Die Kinder müssen bis zur baldigen Operation in Bauchlage fixiert und häufig abgesaugt werden, um eine Aspiration zu verhüten.

Ösophagusstenose (Speiseröhrenverengung)

Sie wird häufig erst erkannt, wenn das Kind festere Nahrung bekommt, z.B. im späteren Säuglings- oder Kleinkindesalter.

Die Kinderkrankenschwester beobachtet

- Die Kinder haben Schluckbeschwerden (Dysphagie),
- weinen oft nach dem Essen oder klagen über Schmerzen im Bereich des Epigastriums,
- verweigern häufig auch die Nahrung,
- bleiben in der Entwicklung zurück und werden für neuropathisch gehalten.

Pflege und Behandlung

Die Aufgabe der Schwester ist es, das Kind sorgfältig zu beobachten. Es kommt darauf an, genau zu vermerken, ob die Patienten z.B.

- vor oder nach den Mahlzeiten über Schmerzen klagen,
- besser passierte als grobe Kost essen können,
- bei zu schneller Nahrungsverabreichung erbrechen.

Ösophagotrachealfistel

Sie stellt eine Verbindung zwischen Speiseröhre und Luftröhre dar.

Die Kinderkrankenschwester beobachtet

- Die Neugeborenen verschlucken sich häufig während des Fütterns, husten stark und werden blau. Ursache ist die Verbindung von der Speiseröhre zur Luftröhre, über die Nahrung in die Trachea bzw. den Bronchus gelangt.
- Manchmal kann die Schwester auch einen aufgeblähten Bauch beobachten, da ständig Luft über die Fistel in den Magen gelangt.

Pflege und Behandlung

Damit keine Nahrung in die Lunge gelangt, müssen die Kinder sondiert werden.
Auch hier ist wie bei den beiden zuvor genannten Mißbildungen eine sofortige Operation unumgänglich.

Besonderheiten

- Nach der Operation wird der Säugling zunächst parenteral durch die i. v. Dauertropfinfusion ernährt;
- am 2. postoperativen Tag beginnt man mit der Sondierung;
- während und ½ Stunde nach dem Sondieren wird das Kind in flache Bauchlage,
- danach in Bauch-Kopftief-Lage gebracht.
- Der erste Fütterungsversuch geschieht mit Glukoselösung oder Tee,
- dabei muß das Kind sorgfältig beobachtet werden.
- Während dieser Maßnahme sollte der Stationsarzt in der Nähe sein, um bei Komplikationen, z. B. Aspiration, helfend einspringen zu können.

Beachte: Hustet der Säugling während der Nahrungsverabreichung, ist der Fütterungsversuch sofort abzubrechen.

7.11.2.2. Erworbene Anomalien

Verätzungen der Speiseröhre

Sie entstehen vor allen Dingen im Kleinkindesalter durch das Verschlucken ätzender Flüssigkeiten, z. B. Essigessenz oder Reinigungsmittel.

Die Kinderkrankenschwester beobachtet

- Bereits kurz nach der Einnahme klagen die Kinder über starke Schluckschmerzen;
- häufig erbrechen sie auch blutig-schleimiges Sekret.

Pflege und Behandlung

Die Beobachtung des Kindes ist in diesem Fall besonders wichtig, da evtl. in den ersten Stunden mit einem supraglottischen Ödem zu rechnen ist.

- Jede Veränderung, z. B. erschwerte Atmung oder Atemgeräusch, muß umgehend dem Arzt berichtet werden.
- Eine weitere Gefahr ist die Perforation der Speiseröhre.
- Die Kinder nicht zum Erbrechen bringen, da dies zur nochmaligen Verätzung führt. Um das Ausmaß der Verätzung festzustellen, wird eine Ösophagoskopie durchgeführt.

Die Verätzung der Speiseröhre kann zu Strikturen (Verengungen) führen. Um diese zu vermeiden, wird der Ösophagus mittels gleitfähig gemachter Spezialsonden (Bougies) bougiert. Die Behandlung dauert einige Wochen. Da sie schmerzhaft und unangenehm für die Kinder ist, haben sie Angst davor. Aus diesem Grund ist die psychische Betreuung des Kindes von großer Wichtigkeit.
In der Pflege dieser Kinder muß die Schwester einige Besonderheiten beachten. Da die Patienten oft starke Schluckbeschwerden haben, ist es günstig, breiige bzw. dickflüssige Nahrung zu verabreichen. Können die Kinder noch nicht selbständig essen, müssen sie langsam gefüttert werden. Die Schwester muß geduldig versuchen, das Kind abzulenken. Hat das Kind große Schmerzen, können auf ärztliche Verordnung Analgetika verabreicht werden.

Beachte: Haben Kinder ätzende Flüssigkeiten zu sich genommen, ist eine Magenspülung kontraindiziert, da das Legen eines Magenschlauches zur Perforierung in Ösophagus oder Magen führen kann.

Fremdkörper

Fremdkörper können in die Speiseröhre gelangen und zu einem Verschluß, zur Verletzung oder Entzündung des Ösophagus führen.

In der Pflege sind die gleichen Maßnahmen wie bei der Ösophagusverätzung zu berücksichtigen.

Ösophagitis (Entzündung der Speiseröhre)

Eine Ösophagitis wird im Kindesalter meist durch lokale Ursachen, z. B. Verätzung, Fremdkörper oder gastroösophagealen Reflux bei Chalasie hervorgerufen.

Pflege und Behandlung

- Kinder durch Spiel und Beschäftigung ablenken;
- erbricht das Kind, nicht mit Angst reagieren;
- will das Kind seinen Willen durchsetzen, nicht nachgeben;
- evtl. soll sich die Mutter psychologisch beraten lassen.

7.11.3. Pflege bei Erkrankungen im Bereich des Magens

7.11.3.1. Spucken und habituelles Erbrechen

Spucken

Unter Spucken verstehen wir die Entleerung kleiner Nahrungsmengen aus dem Magen. Spucken ist meistens ein harmloses Symptom. Die Ursache kann z. B. Überfütterung, Luft im Magen oder der ungenügende Verschluß des Magenmundes (bei jungen Säuglingen physiologisch) sein. Solange das Kind an Gewicht zunimmt, bedarf es meist keiner Behandlung (Erbrechen s. S. 139).

Die Kinderkrankenschwester beobachtet

- Häufigkeit des Erbrechens.
- Beschaffenheit des Erbrochenen.

Pflege und Behandlung

- Dem Kind viele kleine Mahlzeiten geben;
- die Nahrung soll etwas angedickt werden;
- das Kind langsam füttern und ein kleines Saugerloch wählen;
- evtl. ist Löffelfütterung vorzuziehen;
- während des Fütterns das Kind öfter aufstoßen lassen;
- nach den Mahlzeiten auf die rechte Seite legen;
- durch Hochlagerung wird der Rückfluß der Nahrung verhindert.

Habituelles Erbrechen

Aus dem Spucken kann sich das habituelle (gewohnheitsmäßige) Erbrechen entwickeln, wenn zur Veranlagung exogene Momente, wie z. B. unruhige Umgebung oder übermäßig ängstliche Mutter, hinzukommen.

7.11.3.2. Rumination (Wiederkäuen)

Die Rumination ist mit dem habituellen Erbrechen eng verwandt und tritt überwiegend im Alter von 4 bis 18 Monaten auf. Ursache kann die Störung der Mutter-Kind-Beziehung sein.

Die Kinderkrankenschwester beobachtet

- Die Nahrung wird durch Finger-in-den-Mund-Stecken hochgewürgt;
- die Kinder, vor allen Dingen Säuglinge und Kleinkinder, zeigen ausgesprochenes Wohlbehagen und keine Anzeichen von Unwohlsein oder Brechreiz.

Pflege und Behandlung

- Sedativa nach ärztlicher Verordnung verabreichen;
- die Kinder benötigen viel Beschäftigung und Ablenkung;
- die Nahrung wird angedickt;
- Mund- und Hautpflege sind sehr sorgfältig zu betreiben, da die Kinder um die Mundpartie leicht wund werden;
- evtl. ist Bauchlage mit erhöhtem Kinn günstig;
- Armmanschetten würden verhindern, daß die Finger in den Mund gesteckt werden, sollten aber nicht generell angelegt werden;
- die psychologische Beratung der Mutter (Eltern) ist von großer Bedeutung.

7.11.3.3. Azetonämisches Erbrechen

Beim azetonämischen oder rezidivierenden Erbrechen handelt es sich um unstillbares Erbrechen mit Azetonurie und Azetonämie. Ursachen können z. B. Diätfehler, akute Infekte und psychische Faktoren sein.

Die Kinderkrankenschwester beobachtet

- Starkes Erbrechen, zuerst Nahrungsreste, später Schleim – teils blutig;
- Azetongeruch aus dem Mund;
- die Kinder fühlen sich unwohl, klagen über Kopf- und Bauchschmerzen und
- haben großen Durst;
- die Atmung ist vertieft und der Puls beschleunigt;
- die Körpertemperatur ist meistens erhöht;
- der Azetonnachweis im Urin ist positiv.

Pflege und Behandlung

- Die Schwester muß viel Geduld mit dem Kind haben und beruhigend auf das Kind wirken.
- Eisgekühlte 10%ige Dextroselösung oder Drittelmischung aus Tee, Orangensaft, isotoner Kochsalzlösung mit 10% Traubenzukker oder Coca-Cola zu trinken geben;
- die Flüssigkeit teelöffelweise verabreichen.
- Überwachung bei i. v. Dauertropfinfusion.
- Beratung der Eltern über Gefahr der Exsikkose bei starkem Erbrechen.

7.11.3.4. Angeborene Störungen der Kardia

Chalasie (Kardiainsuffizienz)

Relativ häufig findet man bei Neugeborenen und Säuglingen einen ungenügenden Verschluß des Magenmundes, auch Chalasie genannt.

Die Kinderkrankenschwester beobachtet

- Werden die Säuglinge nach der Mahlzeit ins Bett gelegt, kommt es zum Rückfluß der Nahrung in den Ösophagus und damit oft zum Erbrechen.

Pflege und Behandlung

- Steillagerung des Kindes ist notwendig.
- Häufige kleine Mahlzeiten verabreichen;
- die Nahrung wird angedickt.

Achalasie

Die Achalasie, oft auch Kardiospasmus genannt, tritt ebenfalls bei Neugeborenen und jungen Säuglingen auf. Durch den Spasmus gelangt oft keine Nahrung in den Magen.

Die Kinderkrankenschwester beobachtet

- Die Kinder erbrechen meist schon während oder kurz nach der Mahlzeit.

Da die Achalasie oft psychisch bedingt ist, hilft manchmal schon eine Änderung des Milieus, z. B. die Klinikeinweisung.

Pflege und Behandlung

- Eine Oberkörperhochlagerung des Kindes ist notwendig.
- Die Ablenkung des Kindes ist sehr wichtig.
- Die Nahrung soll dünnflüssig sein;
- evtl. ist Sonderernährung notwendig.
- Manchmal müssen auch Spasmolytika verabreicht werden.

Besonderheiten

Eine Erweiterung der Kardia ist durch einen Gummiballon oder eine Sprengsonde möglich. Eventuell wird eine Operation (längsgerichtete Myotomie) erforderlich.

7.11.3.5. Spastische hypertrophische Pylorusstenose

Sie tritt vorwiegend in den ersten 2–3 Lebensmonaten auf. Es besteht eine Verdickung des Ringmuskels am Magenausgang.

Die Kinderkrankenschwester beobachtet

- Explosionsartiges Erbrechen tritt während oder nach der Mahlzeit auf;
- durch verstärkte Entleerungsbewegungen des Magens sind peristaltische Wellen zu sehen, die vom linken Oberbauch zum Pylorus verlaufen;
- die Kinder haben einen gequälten Gesichtsausdruck und eine gerunzelte Stirn;
- der Gewichtsverlust ist groß, es besteht die Gefahr der Dystrophie;
- die Kinder sind immer hungrig und unruhig;
- die Stuhl- und Urinausscheidung ist gering.

Pflege und Behandlung

- Das Kind wird hoch und auf die rechte Seite gelagert.
- Die Schwester muß eine ruhige Atmosphäre schaffen und
- viel Geduld und Einfühlungsvermögen haben.

- Dem Kind werden häufige, kleine Mahlzeiten angeboten;
- evtl. wird vor der Mahlzeit der Magenrest abgezogen bzw. der Magen gespült.
- Dünnflüssige Nahrung, z. B. Frauenmilch, wird verabreicht.
- Das Kind oft aufstoßen lassen und
- sehr langsam füttern.
- Eventuell muß eine Dauersonde gelegt werden.
- Eventuell wird vor jeder Mahlzeit ein Spasmolytikum, z. B. Skopyl, sublingual verabreicht.
- Durch Auflegen von trockenen, warmen Wickeln kann sich der Spasmus vorübergehend lösen.
- Der Flüssigkeits- und Elektrolytverlust muß in schweren Fällen durch i. v. Dauertropfinfusionen ausgeglichen werden.
- Sehr unruhige Kinder werden sediert.
- Sorgfältige Dekubitusprophylaxe ist zu betreiben.
- Da die Kinder abwehrgeschwächt sind, muß auf peinliche Sauberkeit geachtet werden.

Beachte: Der ruhige und sichere Umgang mit dem Patienten ist für den Erfolg der Behandlung von entscheidender Bedeutung.

Die Pylorusstenose wird meistens operativ beseitigt, wenn sie sich nicht in wenigen Tagen konservativ beheben läßt.

Besonderheiten

Die Pflege nach Pylorotomie entspricht der postoperativen Pflege mit folgenden Besonderheiten:

- am 1. postoperativen Tag werden die Kinder parenteral ernährt;
- am 2. Tag können kleine Mengen Tee verabreicht werden;
- da die Magenschleimhaut unverletzt bleibt, können bereits am 3. postoperativen Tag kleine Mengen Dauernahrung gegeben werden;
- die Nahrungsmenge wird von Tag zu Tag gesteigert, bis das Kind altersgemäß ernährt wird (ca. ab 7. Tag).

7.11.3.6. Pylorospasmus (Magenpförtnerkrampf)

Das Krankheitsbild des Pylorospasmus zeigt die gleichen Symptome wie das der Pylorusstenose. Der Pylorospasmus verläuft jedoch leichter, so daß eine konservative Behandlung ausreichend ist.

Pflege und Behandlung

Die Pflegemaßnahmen sind identisch mit denen der Pylorusstenose. Eine Ausnahme bildet lediglich die Ernährung. Während die Nahrung bei einem Kind mit Pylorusstenose dünnflüssig sein soll, wird die Nahrung bei Patienten mit Pylorospasmus angedickt, damit sie nicht so schnell erbrochen werden kann.

7.11.3.7. Gastritis (Magenschleimhautentzündung)

Eine Gastritis kommt im Kindesalter relativ häufig vor. Sie tritt jedoch in den meisten Fällen nicht isoliert, sondern als Begleiterscheinung, z. B. bei Gastroenteritis, akuten parenteralen Infekten, Verätzungen und Pylorusstenosen auf. Bei Schulkindern wird die Gastritis häufig durch Streßreaktionen hervorgerufen.

Die Kinderkrankenschwester beobachtet

- Die Kinder klagen über Schmerzen im Oberbauch und
- leiden unter Druck- und Völlegefühl;
- sie haben Brechreiz, erbrechen auch häufig und sind appetitlos

Pflege und Behandlung

- die Nahrung wird abgesetzt;
- über 12–24 Stunden erfolgt eine Teepause, d. h., es wird ein Tee-Elektrolyt-Gemisch mit 10% Traubenzucker verabreicht;
- zur Schonung des Magens wird später Diätkost verordnet. Bei Fieber wird den Patienten viel Flüssigkeit angeboten.
- Warme Leibwickel können zur Schmerzlinderung angelegt werden.
- Bei Fieber sind häufigere Temperaturkontrollen notwendig.

7.11.3.8. Ulcus ventriculi und duodeni (Magen- und Zwölffingerdarmgeschwür)

Diese Erkrankungen kommen auch im Kindesalter vor und sind oft schwer festzustellen. Das sog. „Streßulkus", wobei z. B. psychische Traumen, Operationen und Verkehrsunfälle eine Rolle spielen, ist ebenfalls im Kindesalter bekannt.

Die Kinderkrankenschwester beobachtet

- Kleinkinder klagen über Leibschmerzen;
- Schulkinder klagen oft über typischen Schmerz - „Nüchternschmerz" - im Oberbauch;
- durch die Ablaufsonde fließt blutiger Magensaft ab;
- auch der Stuhl kann Blutbeimengungen haben.

Pflege und Behandlung

- Häufig wirkt sich ein Milieuwechsel günstig aus (bei familiärer Belastung);
- die Schwester muß sich viel Zeit für die Kinder nehmen, sie beschäftigen und ablenken;
- als Diät wird allgemeine Schonkost verabreicht.

Besonderheiten

Besteht die Gefahr einer Blutung, kann prophylaktisch kalte Milch in kleinen Mengen sondiert werden, die man eine Weile im Magen läßt.
Bei Blutungen können Eiswasserspülungen durchgeführt werden.

7.11.4. Pflege bei Erkrankungen im Bereich des Dünndarms

7.11.4.1. Duodenalatresie und -stenose (Zwölffingerdarmverschluß und -verengung)

Es handelt sich um angeborene Mißbildungen, die zu Verengungen oder einem Verschluß führen und operativ beseitigt werden müssen. Besonderheiten in der Pflege nach der Operation s. S. 485ff.

7.11.4.2. Meckel-Divertikel

Das Meckel-Divertikel ist der Rest einer Verbindung zwischen Darm und Dotterbläschen, die in den ersten Embryonalwochen besteht. Es stellt eine 6–10 cm lange Ausstülpung des Ileums dar.

Die Kinderkrankenschwester beobachtet

- Bei Verbindung des Dünndarms (ohne Meckel-Divertikel) mit dem Nabel fällt bei Neugeborenen ein Nässen des Nabels auf. Stuhl kann aus dem Nabel austreten.
- Zu starken Darmblutungen kann es kommen, wenn sich ein Ulkus im Divertikel gebildet hat.

Pflege und Behandlung

Bestätigt sich der Verdacht auf ein Meckel-Divertikel, wird eine Laparotomie vorgenommen.

Besonderheiten

Prä- und postoperative Pflege s. Laparotomie.

7.11.4.3. Ileus

Unter Ileus versteht man einen Darmverschluß, der verschiedene Ursachen haben kann, z. B. ein mechanisches Hindernis oder eine Lähmung.

Die Kinderkrankenschwester beobachtet

- Die Patienten klagen über starke Bauchschmerzen;
- sie erbrechen, später kann es auch zu Stuhlerbrechen kommen;
- der Mundgeruch ist faulig;
- es wird kein Stuhl entleert;
- der Bauch ist aufgetrieben;
- der Hautturgor ist deutlich vermindert;
- die Urinmenge nimmt ab, die Konzentration ist hoch;
- durch den Überdruck in der Bauchhöhle kommt es zum Zwerchfellhochstand;
- dies führt zur Beeinträchtigung der Atmung;
- die Zunge ist dick belegt, trocken, hart und borkig;
- die Kinder haben einen typischen Gesichtsausdruck, man spricht vom Bauchgesicht – Facies abdominalis (S. 112);

- manchmal sind auch Schocksymptome zu beobachten, wie schneller, flacher Puls und kühle Haut und Extremitäten.

Pflege und Behandlung
- Beim mechanischen Ileus ist eine Operation unumgänglich.
- Als vorbereitende Maßnahme kann eine Verweilsonde (Magensog) in den Magen eingelegt werden, um die Flüssigkeit und Gase abzusaugen.
- Prä- und postoperative Pflege s. Laparatomie.

7.11.4.4. Prä- und postoperative Pflege bei Kindern mit Laparotomie

Abweichend von der prä- und postoperativen Pflege (S. 482ff) ist vor einer Laparotomie folgendes zu beachten:

Ernährung: Wenn möglich, soll der Patient 2–3 Tage vor der Operation nur noch leichte Kost erhalten. Am Tage vor der Operation bekommt er ab mittags nur noch Tee. Ab 24 Uhr darf der Patient nichts mehr zu sich nehmen. Säuglinge bleiben 5 Stunden nüchtern.

Darmentleerung: Bei operativen Eingriffen am Abdomen ist für die Entleerung des Darms zu sorgen. Dies geschieht durch orale Gabe von Laxanzien, z. B. Dulcolax, am Tag vor der Operation. Am Abend kann noch ein Reinigungseinlauf (evtl. hoher Einlauf, s. S. 196ff) vorgenommen werden. Dieser muß evtl. am Morgen wiederholt werden.

Nach der Operation muß eine 2- bis 3tägige Nahrungskarenz eingehalten werden. Der Flüssigkeits-, Nährstoff- und Elektrolytbedarf wird durch i. v. Dauertropfinfusionen gedeckt. Bei gutem postoperativem Befinden kann ab 3. Tag gesüßter Tee in kleinen Portionen verabreicht werden.

7.11.4.5. Zöliakie

Bei der Zöliakie (Herter-Heubner-Krankheit) handelt es sich um eine Unverträglichkeit von Klebereiweiß, welches in den Schalen von Weizen, Roggen, Hafer und Gerste enthalten ist. Die Krankheit tritt meistens im 2. Lebenshalbjahr auf, nämlich dann, wenn die Säuglinge Brei bekommen oder die Milch z. B. mit Haferschleim angedickt wird.

Die Kinderkrankenschwester beobachtet
- Die Kinder sind appetitlos;
- sie sind launenhaft und mißmutig;
- zunächst kommt es zum Gewichtsstillstand, dann nehmen die Kinder ab;
- sie entleeren große, massige, übelriechende Stühle, oft fettglänzend, schaumig-gärend;
- das Abdomen ist stark aufgetrieben;
- die Extremitäten sind abgemagert;
- die Haut ist blaß;
- die Spontanbewegungen sind stark eingeschränkt;
- die Muskulatur ist hypoton.

Pflege und Behandlung
- Im Vordergrund steht die gliadinfreie Diät.
- Diese Kostform muß zeitlebens streng eingehalten werden;
- größere Kinder zur Einsicht bringen, daß die Diät eingehalten werden muß, auch wenn sie manchmal eintönig ist und nicht besonders gut schmeckt.
- Eltern informieren und unterweisen.
- Betreuung und Beschäftigung der Kinder ist sehr wichtig, damit sich die schlechte Stimmungslage bessert.
- Sorgfältige Körperpflege ist durchzuführen;
- bei abgemagerten Patienten wird Dekubitusprophylaxe durchgeführt.

Eltern und Patienten können Rat und Hilfe durch die

Deutsche Zöliakiegesellschaft
Postfach 720 127
7000 Stuttgart

erhalten.

7.11.5. Pflege bei Erkrankungen im Bereich von Leber, Galle und Pankreas

7.11.5.1. Leberzirrhose

Unter Leberzirrhose versteht man eine bindegewebige Veränderung des Lebergewebes. Sie kommt im Kindesalter nur sehr selten vor und kann z. B. als Spätfolge von Leberentzündungen und evtl. bei Mukoviszidose auftreten.

7.11.5.2. Leberatrophie

Als Leberatrophie bezeichnet man den Schwund von Lebergewebe. Sie kann im Anschluß an eine schwere akute Hepatitis vorkommen. Auch diese Erkrankung ist im Kindesalter äußerst selten.

7.11.5.3. Leberkoma

Das Leberkoma (Coma hepaticum) ist Zeichen einer Leberinsuffizienz. Es kommt bei Leberzirrhose und Leberatrophie vor.

Pflege und Behandlung

In der Pflege der Patienten mit den vorher genannten Erkrankungen gibt es einige Besonderheiten zu beachten. In jedem Fall handelt es sich um schwerkranke Kinder, denen die Schwester mit Geduld und Einfühlungsvermögen begegnen muß. Die Erkrankungen sind nur konservativ zu behandeln und verlaufen meist tödlich. Pflege des sterbenden Kindes s. S. 527 ff.
Es kommt darauf an, die *Körperpflege* sehr sorgfältig durchzuführen.
Die *Umgebung* soll freundlich sein. Dies erreicht man durch Bilder, die so aufgestellt oder -gehängt werden, daß das Kind sie anschauen kann. Spielzeug und Bücher, mit denen sich auch ein schwerkrankes Kind beschäftigen kann, sollten ausreichend vorhanden sein. Vor allem aber können die Angehörigen des Kindes und das Pflegepersonal eine vertrauensvolle Atmosphäre schaffen.
Die *Diät* (Leberschonkost) soll eingehalten werden, um die Leber nicht noch zusätzlich zu belasten. Eine Ausnahme ist die Ernährung bei Patienten im Leberkoma. Sie bekommen eiweißfreie Diät, damit der Ammoniakgehalt im Blut nicht weiter ansteigt.
Die *Vitalfunktionen* werden regelmäßig überwacht. Bei bewußtseinsgetrübten Patienten ist eine intensive Beobachtung notwendig (s. Kap. 5.1). Eventuell sind *Dekubitus-, Kontrakturen-* und *Pneumonieprophylaxe* notwendig (S. 175 ff).
Tritt *Aszites* auf, für bequeme Lagerung sorgen (Aszitespunktion, S. 258 ff). Zur Atemerleichterung kann der Oberkörper hochgelagert werden.
Bei *Ösophagusvarizen* auf Blutungen achten und nach ärztlicher Anweisung blutstillende Mittel verabreichen.

7.11.5.4. Konnatale Atresie und Stenose der Gallengänge

Ursache des Verschlusses oder der Verengung der Gallenwege ist eine Störung in der Embryonalphase. Die Gallengänge können auch ganz fehlen; es handelt sich dann um eine *Atresie.*

Die Kinderkrankenschwester beobachtet

- Die Kinder haben einen Ikterus. Der sog. physiologische Ikterus, der ca. vom 3.–10. Lebenstag dauert, klingt nicht ab.
- Die Gelbsucht nimmt sogar an Stärke zu. Die Haut bekommt einen grünlichen Ton.
- Der Urin ist dunkelbraun, der Stuhl weißgrau (acholisch).
- In fortgeschrittenem Stadium haben die Kinder Aszites.

Pflege und Behandlung

Stenosen und Atresien können operativ beseitigt werden. Prä- und postoperative Pflege s. S. 482 ff.
War die Operation erfolglos, können die Kinder nur noch konservativ behandelt werden. Durch sorgfältige Körperpflege und unter Berücksichtigung der Dekubitus- und Kontrakturenprophylaxe sollte es das Bestreben der Kinderkrankenschwester sein, dem Kind seine Lage so angenehm wie möglich zu machen. Die Mutter ist beim Krankenhausaufenthalt mit in die Pflege zu integrieren.

7.11.5.5. Gallensteine

Gallensteine kommen bei Kindern nicht so selten vor wie bisher vermutet wurde. Die Konkremente werden meist operativ entfernt.

7.11.5.6. Pankreatitis und Pankreasnekrose

Die Ursache für diese Erkrankung ist häufig ungeklärt.

Pankreatitis

Die akute Pankreatitis kann im Zusammenhang mit Mumpserkrankungen vorkommen.

Die Kinderkrankenschwester beobachtet

- Der Patient klagt über Leibschmerzen von unterschiedlicher Dauer und Intensität und
- neigt zu Erbrechen.

Pflege und Behandlung

- Die Kinder halten strenge Bettruhe.
- Die Nahrung wird abgesetzt und
- durch parenterale Ernährung ersetzt.
- Sorgfältige Mundpflege ist durchzuführen.
- Zur Parotitisprophylaxe kann das Kind z. B. Kaugummi kauen.
- Warme Leibwickel können die Bauchschmerzen lindern.
- Die i. v. Dauertropfinfusion wird überwacht.

Pankreasnekrose

Aus der Pankreatitis kann sich eine Pankreasnekrose entwickeln. Es handelt sich um eine sehr schwere Krankheit, deren Ausgang häufig letal ist. Krankheitszeichen und Pflege sind ähnlich denen bei Pankreatitis.

7.11.5.7. Mukoviszidose (cystische Fibrose – CF)

Bei der Mukoviszidose handelt es sich um eine autosomal-rezessiv vererbte Krankheit. Rund 5% der weißen Bevölkerung sind heterozygote Erbträger. Jedes 2000. bis 2500. Neugeborene hat Mukoviszidose, d. h. jährlich werden in der Bundesrepublik Deutschland etwa 300 Kinder mit Mukoviszidose geboren.
Ursache ist eine generalisierte Sekretionsstörung der exokrinen Drüsen. Befallen sind vor allen Dingen die Schleimdrüsen im Bereich der Luftwege und des Verdauungskanals, aber auch die Tränen- und Schweißdrüsen.

Die Kinderkrankenschwester beobachtet

- Die Kinder entleeren zunächst dünne, später massige, fettglänzende Stühle;
- im späteren Verlauf sind die Kinder dystrophisch;
- das Abdomen ist aufgetrieben;
- die Extremitäten sind dünn und schlaff;
- im Gegensatz dazu fällt das rundliche Gesicht auf;
- die Kinder husten besonders nachts, so daß man an einen Keuchhusten denken kann;
- das Bronchialsekret ist zäh, kann aber auch eitrig sein;
- der Thorax ist faßförmig, die Atemhilfsmuskulatur ausgeprägt;
- die Thoraxbewegungen sind ungleich;
- die Atmung ist erschwert, das Exspirium verlängert;
- die Erkrankung kann mit Atemnot und Fieber einhergehen;
- häufig treten Bronchitis und Bronchopneumonie auf;
- die Kinder sind zyanotisch, kurzatmig und ermüden rasch;
- häufig haben die Kinder einen fauligen Mundgeruch;
- oft besteht eine leichte Lippenzyanose;
- die Haut der Kinder riecht nach konzentriertem Schweiß (hoher Kochsalzverlust);
- typisch für die Kinder mit Mukovizidose ist ferner ein Rektumprolaps.

Beachte: Beim Neugeborenen ist unbedingt auf die Mekoniumentleerung zu achten, da das pechartige, zähe Mekonium zum Ileus führen kann.

Pflege und Behandlung

Die Pflege des mukoviszidosekranken Kindes ist sehr zeitaufwendig und stellt an Schwestern und Therapeuten hohe Ansprüche.
Die *Ernährung* des Kindes bereitet große Probleme. Durch die ungenügende Resorption der Nährstoffe und die wesentlich höhere Atemleistung kommt es zu einem höheren Energieverbrauch. Die Kinder benötigen 1,5 bis 2fach mehr Kalorien als Gesunde. Da sie aber unter Appetitlosigkeit leiden, ist es sehr schwer, für ausreichende Kalorienaufnahme zu sorgen. Die Kost soll eiweiß-, fett-, kohlenhydrat- und vitaminreich sein. Der Fettanteil soll etwa 40%, der Eiweißanteil 10% und der Kohlenhydratanteil 50% betragen.
Viele kleine Mahlzeiten, appetitlich angerichtet, können den Appetit steigern.
Essen die Kinder sehr schlecht, besteht die Möglichkeit, nachts zusätzlich kalorienreiche Flüssigkeit über eine Magensonde zu geben. Eine weitere Maßnahme, die Ernährung über eine perkutane endoskopische Gastrostomie (PEG), kann hilfreich sein. Hierbei wird flüssige Nahrung über einen Katheter, der durch die Bauchdecke hindurch in den Magen gelegt wurde, verabreicht.

Um den zähen Schleim zu verflüssigen, müssen die Kinder viel trinken.
Da der Kochsalzverlust hoch ist, muß zusätzlich Kochsalz (1–3 g täglich) verabreicht werden.
Zu jeder Mahlzeit muß Pankreasferment, z. B. Kreon (1–12 Kapseln), genommen werden.
Die *Physiotherapie* der Patienten nimmt täglich bis zu 2 Stunden in Anspruch.
Inhalationen von schleimlösenden und/oder bronchuserweiternden Medikamenten werden durchgeführt. Anschließend müssen die Atemwege mehrmals täglich durch Schüttelungen, Vibrations- und Lagerungsdrainagen vom zähen Schleim befreit werden. Dazu werden die Kleinkinder auf einem Schaumstoffkeil, große Kinder auf einer Liege, in verschiedenen Positionen gelagert und abgeklopft (Abb. 27–32).

Abb. 27 Abklopfen im Sitzen – Brust

Abb. 28 Abklopfen im Liegen – Brust

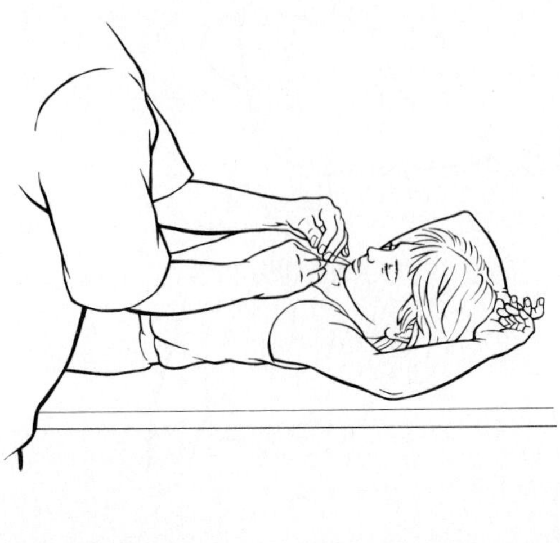

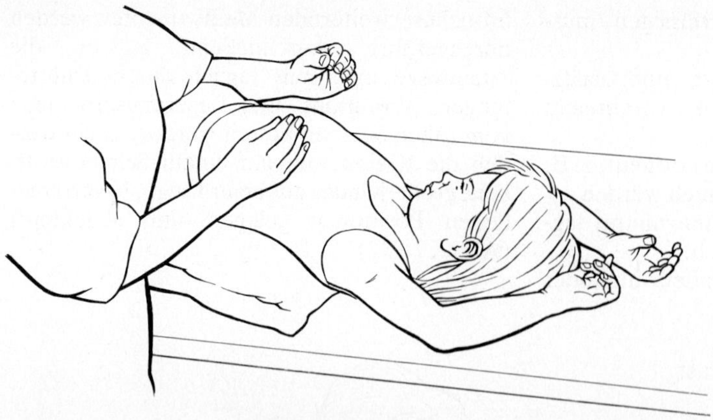

Abb. 29 Abklopfen in Schräglage – Brust

Abb. 30 Abklopfen im Sitzen – Rücken

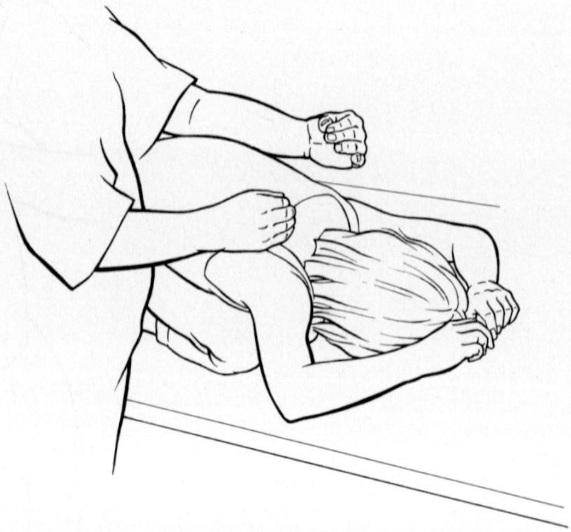

Abb. 31 Abklopfen in Schräglage – Rücken

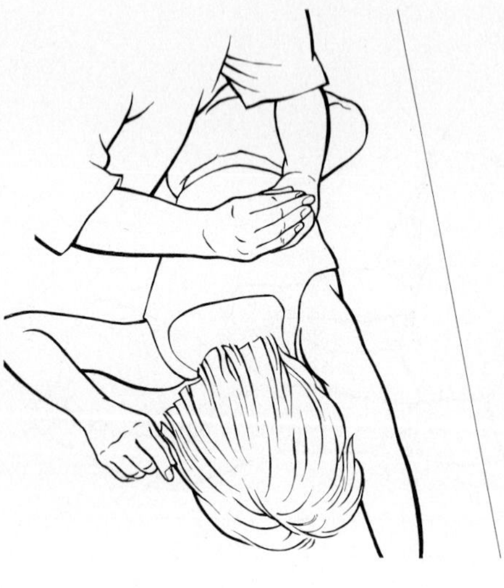

Abb. 32 Abklopfen in Schräglage – Seite

Durch die Thoraxerschütterungen und das Umlagern lockert sich das Sekret und kann besser abgehustet werden. Zusätzliches Trinken feuchtet die Luftwege an und unterstützt noch diese Maßnahme. Größere Kindern können zur Schleimlockerung noch Trampolin- oder Seilspringen.
Als Alternative bietet sich bei Schulkindern und Jugendlichen die *Autogene Drainage (AD)* an. Sie macht die Patienten unabhängiger von Eltern und Therapeuten und steigert somit die Lebensqualität.

Das Ziel der Autogenen Drainage ist

- die Sekretlockerung,
- der Sekrettransport und
- die Sekretabgabe.

Dieses wird erreicht, indem der Patient vertieft ein- und ausatmet. Dadurch werden unterschiedliche Bronchialkaliber hergestellt und der Schleim in den Bronchien „bewegt". Als Folge des Schleimtransportes entstehen hörbare Rasselgeräusche. Der Schleim wird nun durch die beschriebene Atemtechnik bis zur Luftröhre oder bis zum Kehlkopf transportiert und kann dann durch einen Hustenstoß oder Räuspern abgegeben werden.
Die Autogene Drainage kann nur durch fachkundige Krankengymnasten vermittelt werden. Auch wenn die Kinder die Technik der Autogenen Drainage erlernt haben, ist es wichtig, die Durchführung regelmäßig kontrollieren und gegebenenfalls korrigieren zu lassen.
Den Eltern müssen diese Maßnahmen gezeigt und erklärt werden, damit sie auch zu Hause durchgeführt werden können.
Medikamentöse Therapie: Bei bakteriellen Infektionen müssen häufig über längere Zeit Antibiotika verabreicht werden.
Häufig ist bei den Kindern eine Sauerstofftherapie notwendig, da sie durch den erschwerten Gasaustausch unter O_2-Mangel leiden.

Beachte: In fortgeschrittenem Stadium kann ein Pneumothorax entstehen (s. S. 230)

Die *psychische Betreuung* der CF-Patienten ist sehr wichtig und häufig recht schwierig. Durch verbesserte Behandlungsmöglichkeiten erreichen die Patienten heute das (junge) Erwachsenenalter. Je nach Schwere der Verlaufsform der Erkrankung geht es den Kindern oft sehr schlecht. Sie leiden unter Luftnot und sind in ihrem Leistungsvermögen stark eingeschränkt. Dies wirkt sich natürlich auch in der Schule und am Arbeitsplatz aus. Der Patient und seine Angehörigen brauchen daher den Zuspruch und die Unterstützung der Schwestern und Therapeuten . Es werden immer wieder Krankenhaus- und Kuraufenthalte notwendig.

Rat und Hilfe erteilt auch die

Deutsche Gesellschaft zur Bekämpfung der Mukoviszidose e. V. Adenauerallee 11, 5300 Bonn 1.

In jeder größeren Stadt haben sich Regionalgruppen Mukoviszidosekranker, ihrer Eltern und Therapeuten gebildet. Hier können Betroffene aktiv mitarbeiten und ebenfalls große Hilfe erfahren.

Weiterführende Literatur

Klopfzeichen, hrsg. vom CF-Selbsthilfe Bundesverband e. V., Hannover
Mukoviszidose aktuell, hrsg. von der Deutschen Gesellschaft zur Bekämpfung der Mukoviszidose, Bonn
Physiotherapie bei Mukoviszidose, hrsg. von der Deutschen Gesellschaft zur Bekämpfung der Mukoviszidose, Bonn 1989.

7.11.6. Pflege bei Erkrankungen im Bereich des Dickdarms

7.11.6.1. Colitis ulcerosa und Morbus Crohn

Die *Colitis ulcerosa* ist eine Erkrankung des Dickdarms, die mit Ulzeration einhergeht.

Die Kinderkrankenschwester beobachtet

- Die Kinder sehen blaß aus (Anämie);
- sie klagen über kolikartige Bauchschmerzen und
- entleeren blutig-schleimige Durchfälle, teilweise eitrig-faulig stinkend;
- die Kinder nehmen an Gewicht ab;
- evtl. treten Hungerödeme auf;
- sie klagen über Appetitlosigkeit, Übelkeit, Erbrechen und
- haben insgesamt ein schweres Krankheitsgefühl und häufig eine depressive Stimmungslage.

Pflege und Behandlung

- Die psychische Betreuung spielt in der Pflege und Behandlung eine wesentliche Rolle, da psychische Faktoren eine Ursache der Erkrankung sein können (s. S. 520 ff).
- Eine Aufgabe der Schwester ist es, den Patienten aufzumuntern und zu beschäftigen.
- Durch Schonkost wird der Darm entlastet;
- die Ernährung soll vollständig sein, d. h. sie muß alle Nährstoffe enthalten.
- Strenge Bettruhe muß anfangs eingehalten werden, da der Patient entkräftet und erholungsbedürftig ist.
- Überwachung der Medikamentengabe, i. v. Infusions- und Transfusionstherapie.

Besonderheiten

Ist die Erkrankung weit fortgeschritten, z. B. das gesamte Kolon ulzeriert, und spricht die konservative Behandlung nicht an, so wird man sich für eine Operation entscheiden müssen. Hierbei wird oft das ganze Kolon entfernt oder eine Ileostomie durchgeführt.

Morbus Crohn

Es handelt sich wie bei der Colitis ulcerosa um eine chronisch-entzündliche Darmerkrankung. Die Problematik ist ähnlich.

7.11.6.2. Anus praeter naturalis

Unter einem Anus praeter naturalis versteht man einen im Verlauf des Dünn- oder Dickdarms operativ angelegten künstlichen Ausgang. Diese Operation (Ileostomie oder Kolostomie) wird vorgenommen, um den Darm zu entlasten, z. B. bei chronischen Entzündungen (Kolitis).

Pflege und Behandlung

- Darmtätigkeit kontrollieren,
- evtl. am 2. oder 3. Tag nach der Operation Einlauf verabreichen (Darmentleerung s. S. 195 ff);
- nach der Stuhlentleerung Anus praeter sorgfältig z. B. mit Kamillosanlösung reinigen;
- Stuhlauffangbeutel regelmäßig wechseln;
- Pflege der Haut- und Wundränder, evtl. mit Zinkpaste abdecken;
- evtl. Kompressen mit isotoner Kochsalzlösung auf den Anus legen, damit er nicht austrocknet.
- Die Schwester muß dem größeren Kind mit genügend Einfühlungsvermögen begegnen;
- das Kind leidet unter der Veränderung, es muß sich erst mit dieser neuen Situation auseinandersetzen;
- ein informatives Gespräch zwischen Arzt, Schwester, Patient und Angehörigen ist hilfreich.
- Patient (je nach Alter) zur Selbständigkeit erziehen;
- er soll selbst den Kolostomiebeutel wechseln können (Abb. 33).
- Eine Hautreizung läßt sich in den meisten Fällen nicht vermeiden, deshalb auf sorgfältige Hautpflege aufmerksam machen.
- Durch Darmtraining kann der Patient 1- bis 2mal täglich kontrolliert Stuhl entleeren.
- Die Betreuung durch eine Fachperson (Anuspraeter-Berater) ist möglich.

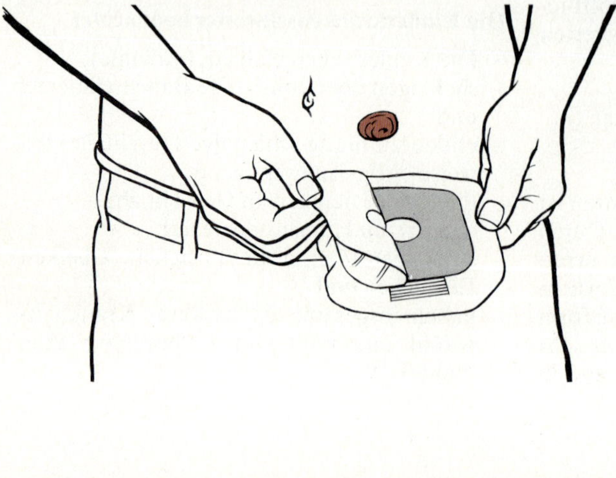

Abb. 33 Kolostomiebeutel

- Rat und Hilfe bekommen der Patient bzw. die Angehörigen auch durch die

  Deutsche Ilco-Gesellschaft
  Kammergasse 9
  8050 Freising.

Beachte: Die Kinder bedürfen äußerst sorgfältiger, zu Beginn aseptischer Hautpflege im Bereich des Anus praeter, da der künstliche Ausgang in unmittelbarer Nähe der Laparotomiewunde liegt.

7.11.6.3. Invagination

Invagination nennt man die Einschiebung eines Darmteils in ein anderes; meistens schiebt sich die untere Dünndarmschlinge in den Dickdarm. Am häufigsten betroffen sind ältere Säuglinge und Kleinkinder.

Die Kinderkrankenschwester beobachtet

- Kolikartige Bauchschmerzen;
- die Kinder sind unruhig, weinen und krümmen sich;
- sie haben Brechreiz oder erbrechen (gallig);
- der Gesichtsausdruck ist ängstlich und gequält;
- nach der Kolik sind sie schlaff und apathisch;
- evtl. leiden die Patienten unter Obstipation oder entleeren blutigen Schleim.

Pflege und Behandlung

Wird die Invagination früh genug erkannt, kann die Lösung durch einen hohen Kontrasteinlauf unter Röntgenkontrolle gelingen (s. 196ff), evtl. auch durch einen hohen Einlauf unter Sonografiekontrolle. Gelingt das nicht, ist eine sofortige Operation unumgänglich.

7.11.6.4. Appendizitis

Die Entzündung des Wurmfortsatzes (Appendix) ist die häufigste chirurgische Erkrankung im Kindesalter.

Die Kinderkrankenschwester beobachtet

- Die Kinder haben starke Bauchschmerzen, die sie häufig schlecht lokalisieren können, oft deuten sie auf den Nabel;
- sie sind druckempfindlich und
- neigen zu Erbrechen;
- Obstipation oder Durchfall können auftreten;
- die Körpertemperatur ist erhöht, die rektale Temperatur liegt etwa 0,5 bis 1,0°C über der axillar gemessenen;
- der Puls ist mäßig beschleunigt.

Pflege und Behandlung

Bei der akuten Appendizitis ist eine Operation (Appendektomie) unumgänglich. Prä- und postoperative Pflege s. S. 482ff.

7.11.6.5. Perforation des Appendix-Peritonitis

Durch den untypischen Schmerz wird die Appendizitis häufig nicht erkannt. Es kann zu abszedierenden Entzündungen und Nekrosen kommen, die zur Perforation führen. Daraus entwickelt sich nicht selten eine eitrige Peritonitis.

Die Kinderkrankenschwester beobachtet

- Die Kinder klagen über starke Bauchschmerzen;
- sie erbrechen oder haben Brechreiz;
- die Zunge ist belegt;
- typisches Zeichen ist das „Bauchgesicht“ – Facies abdominalis (S. 112).

Pflege und Behandlung

- Die Kinder sind schwerkrank, apathisch und brauchen äußerste Ruhe.
- Da sie große Schmerzen haben und berührungsempfindlich sind, muß die Schwester einzelne Arbeitsabläufe kombinieren, um die Kinder möglichst wenig zu stören.
- Die Vitalfunktionen (S. 115ff) sind zu überwachen.
- Die Ernährung geschieht größtenteils über eine i. v. Dauertropfinfusion;
- ebenso die hochdosierten Gaben von Antibiotika.
- Dekubitus- und Spitzfußprophylaxe (S. 175ff) ist durchzuführen.

7.11.6.6. Megacolon congenitum (Hirschsprung-Krankheit)

Beim Megacolon congenitum handelt es sich um einen angeborenen Mangel an Nervenzellen im Enddarm. Infolgedessen ist dieser Darmabschnitt eng gestellt. Er besitzt keine Peristaltik, so daß der Stuhl nicht weiter befördert werden kann. Der Stuhl staut sich oberhalb des Hindernisses auf und führt hier zur Erweiterung des Dickdarms.

Die Kinderkrankenschwester beobachtet

- Die Kinder leiden unter chronischer Obstipation;
- bei Brustkindern tritt diese oft erst beim Abstillen auf;
- der Bauch ist groß und gebläht;
- bei der Stuhlentleerung haben die Kinder Schmerzen;
- der Stuhl ist fest und schafkotartig.

Pflege und Behandlung

Die Therapie besteht in der Resektion des aganglionären Segments.
Prä- und postoperative Pflege s. S. 482ff.

Besonderheiten

Vor der Operation ist der Darm durch hohe Einläufe zu reinigen. Durch parenterale Ernährung einige Tage vor der Operation wird dieser Vorgang unterstützt.

7.11.6.7. Idiopathisches Megakolon

Bei dieser Krankheit ist der Enddarm bis an den After heran erweitert. Der Allgemeinzustand der Kinder ist nicht wesentlich gestört.
Die Hauptursache des idiopathischen Megakolons ist psychisch. Aus diesem Grund ist die Pflege und Behandlung auch vollständig anders als beim Megacolon congenitum.
Die psychische Betreuung steht im Vordergrund. In vielen Fällen helfen einfache Maßnahmen, wie regelmäßige Stuhlentleerung und Diät, d.h. mäßig kohlenhydrat- und fettreiche Kost, die Milchzufuhr ist einzuschränken.
Laxanzien und gelegentliche Darmspülungen mit isotoner Kochsalzlösung können die Darmtätigkeit anregen.

7.11.6.8. Obstipation (Verstopfung)

Obstipation ist keine Krankheit an sich, sondern kann Symptom einer Erkrankung sein. Die Ursache der Obstipation können z.B. sein:

- falsche Zusammensetzung der Nahrung;
- schlechter Tonus der Darmmuskulatur (Darmträgheit);
- psychogene Störungen.

Die Kinderkrankenschwester beobachtet

- Die Kinder entleeren selten Stuhl;
- der Stuhl ist hart – schafkotartig;
- die Defäkation erfolgt unter sehr großen Anstrengungen;
- teilweise bereitet sie auch Schmerzen durch Fissuren oder Hämorrhoiden;
- evtl. treten Bauchschmerzen auf.

Pflege und Behandlung

Obstipation im Säuglingsalter läßt sich meistens durch Zusatz von Milchzucker oder Malzextrakt beheben. Auch Beikost, z.B. Gemüsebrei oder Fruchtsäfte, fördert die Verdauung. Bei größeren Kindern hilft schlackenreiche Kost, z.B. viel rohes Obst und Gemüse, grobe Brotsorten.
Zur *Stuhlentleerung* führen Einläufe und Klysmen (S. 195ff). Diese Maßnahmen dürfen jedoch nicht zur Gewohnheit werden.
Da Obstipation häufig auf *psychische Störungen* zurückzuführen ist, ist die Betreuung der Kinder sehr wichtig. Sie benötigen intensive Zuwendung und Geduld. Mit viel Einfühlungsvermögen muß die Schwester das Kind so weit bringen, daß es regelmäßig Stuhl entleert. Dies wird durch Training (das Kind wird regelmäßig auf den Topf oder die Toilette gesetzt) erreicht. Das Gespräch mit den Eltern dieser Kinder ist äußerst wichtig.

7.11.6.9. Analatresie

Es handelt sich um eine angeborene Verschlußbildung im Bereich des Afters.

Die Kinderkrankenschwester beobachtet

- Die Kinder zeigen Symptome eines Darmverschlusses;
- sie haben einen aufgetriebenen Bauch und erbrechen.

Pflege und Behandlung

Für die Schwester bedeutet dies, jedes Neugeborene aufmerksam zu betrachten. Sie muß darauf achten, daß das Kind in den ersten 24–48 Stunden Mekonium entleert. Bei der rektalen Temperaturmessung hat sie die Möglichkeit zu prüfen, ob der Anus im unteren Bereich durchgängig ist. Die Analatresie ist nur durch eine sofortige Operation zu beseitigen.

7.11.6.10. Analprolaps

Der Vorfall des Anus tritt besonders im Kleinkindesalter auf. Ursachen können sein:

- angeborene Schlaffheit der Beckenbodenmuskulatur
- Meningomyelozele,
- zu langes Auf-dem-Topf-Sitzen,
- Obstipation und Durchfallerkrankung,
- Mukoviszidose.

Die Kinderkrankenschwester beobachtet

- Bei der Stuhlentleerung wölbt sich die Schleimhaut des Anus vor;
- der vorgefallene Darmabschnitt kann blutig, teilweise auch ulzeriert sein.

Pflege und Behandlung

Der Prolaps kann Schmerzen verursachen, deshalb sind die Kinder oft weinerlich; die Schwester hat darum die Aufgabe, die Kinder zu trösten und zu beruhigen.

Der vorgefallene Darmabschnitt muß wieder zurückgeführt (reponiert) werden. Dies geschieht am besten, indem man z. B. eine mit Vaseline bestrichene Mullkompresse auf den Prolaps legt und ihn langsam zurückschiebt.

Bei unruhigen Kindern, die weinen, weil sie vielleicht hungrig sind, ist es ratsam, ihnen vorher die Nahrung zu verabreichen und anschließend den Prolaps zu reponieren.

Die Behandlung kann, je nach Ursache, konservativ oder operativ erfolgen. die *konservative Behandlung* besteht z. B. aus.

- der Regulierung der Darmtätigkeit,
- der Entleerung des Darms im Liegen,
- Heftpflasterverbänden (beim Säugling) – durch Gegendruck kann der Darm nicht herausgepreßt werden.

Führen diese Maßnahmen nicht zum Ziel, ist eine operative Behandlung erforderlich.

Besonderheiten

Nach der Operation ist 1–2 Wochen eine parenterale Ernährung durchzuführen, damit kein Stuhl entleert wird. In jüngster Zeit hat sich auch die sog. „Astronautenkost" bewährt, die vollständig vom Darm resorbiert wird.

Nachdem die Fäden gezogen sind, können Sitzbäder durchgeführt werden.

7.11.6.11. Parasitäre Erkrankungen

Oxyuren (Madenwürmer)

Im europäischen Raum ist von allen Wurmkrankheiten der Befall mit Madenwürmern am häufigsten.

Die Kinderkrankenschwester beobachtet

- Der Patient kratzt an der Analgegend,
- Kratzmale an der Analgegend,
- evtl. Analekzem oder Pyodermien,
- kleine fadenförmige weiße Würmer im Stuhl.

Nachweis von Oxyuren

Oxyuren legen ihre Eier besonders nachts um den After ab, deshalb lassen sich hier Wurmeier besonders gut nachweisen. Morgens vor dem Bad wird ein Zellophanklebestreifen vor den Anus und anschließend auf einen Objektträger geklebt. Bei Oxyurenbefall lassen sich die Wurmeier unter dem Mikroskop nachweisen.

Pflege und Behandlung

- Nur durch äußerste Sauberkeit können die Kinder vom Wurmbefall befreit werden;
- da die Kinder durch den Juckreiz am After kratzen, ist öfter gründliches Händewaschen erforderlich;
- es ist günstig, dem Kind enganliegende Höschen anzuziehen;
- beachten, daß die Fingernägel des Kindes kurz sind.
- Wird eine Wurmkur durchgeführt, muß die gewissenhafte Einnahme der Medikamente, z. B. Molevac, überwacht werden.
- Leiden Familienmitglieder ebenfalls unter Wurmbefall, müssen sie auch in die Kur einbezogen werden, da es sonst zur Reinfektion kommt.

Besonderheiten

Das Pflegepersonal muß die Maßnahmen der fortlaufenden Desinfektion sehr sorgfältig beachten. Durch Unsauberkeit kommt es zu Schmierinfektionen.

Askariden (Spulwürmer)

Spulwürmer leben vorwiegend im Dünndarm. Sie werden mit dem Stuhl entleert, können aber auch erbrochen werden. Ihre Farbe ist weißgelb, die Länge 15–40 cm.

Die Kinderkrankenschwester beobachtet

- Die Kinder sind oft appetitlos;
- sie klagen über Bauchschmerzen;
- teilweise zeigen sie Symptome eines mechanischen Ileus durch ein Knäuel von Askariden;
- evtl. Wurmabgang bei der Stuhlentleerung.

Nachweis von Askariden

Der Nachweis von Askariden geschieht durch die Stuhlprobe.

Pflege und Behandlung

- Wurmkur: Verabreichung des Wurmmittels;
- Kur nach 6 Wochen wiederholen, da inzwischen Larven ausgeschlüpft sind;
- Information der Angehörigen; sie müssen sich evtl. auch einer Wurmkur unterziehen.
- Äußerste Sauberkeit ist angezeigt;
- Reinfektion durch ungewaschenes Obst und Gemüse vermeiden.

Bandwürmer

Bei Kindern findet man am häufigsten den Rinderbandwurm (Taenia saginata). Die Infektion erfolgt durch rohes Rindfleisch, das den Wurm im Larvenstadium enthält.
Der Bandwurm kann mehr als 10 m lang werden.

Die Kinderkrankenschwester beobachtet

- Die Patienten zeigen häufig überhaupt keine Beschwerden;
- gelegentlich klagen sie über Leibschmerzen oder fallen durch plötzliche Gewichtsabnahme auf;
- der Wurmbefall wird meistens erst durch das Ausscheiden einzelner Bandwurmglieder mit dem Stuhl festgestellt.

Pflege und Behandlung

Die Behandlung und Pflege besteht in der Durchführung einer Wurmkur.

7.11.7. Pflege bei Kindern mit Ernährungsstörungen

Unter Ernährungsstörungen versteht man die Beeinträchtigung des Stoffwechsels und der Verdauungsfunktion, bedingt durch verschiedene Ursachen z. B. Infektionen.

7.11.7.1. Akute Ernährungsstörungen

Dyspepsie (Säuglingsenteritis)

Ernährungsfehler, vor allem aber Infektionen können zu akuten Brechdurchfällen führen. Besonders häufig betroffen und gefährdet sind Neugeborene und junge Säuglinge. Größere Kinder sind durch Gastroenteritis meist nicht so stark beeinträchtigt.

Die Kinderkrankenschwester beobachtet

- Die Kinder sind appetitlos, unruhig und weinerlich;
- sie spucken oder erbrechen gelegentlich;
- die Gewichtskurve fällt rapide ab;
- die Kinder entleeren häufig Stuhl, der oft grünlich verfärbt und schleimig ist und übel riecht; gelegentlich kann auch Blut beigemengt sein;
- der Bauch ist aufgetrieben;
- die Körpertemperatur ist erhöht, evtl. hohes Fieber;
- der Hautturgor kann herabgesetzt und die Fontanelle eingesunken sein;
- das Gesäß ist gerötet, es wird wund;
- durch die steigende Unruhe und das Wetzen mit den Fersen und Knien auf der Unterlage können Dekubitalgeschwüre entstehen;
- die Augen sind haloniert;
- die Extremitäten fühlen sich kühl an;
- der Puls ist beschleunigt.

Pflege und Behandlung

Die Behandlung beginnt mit dem Absetzen der bisher verabreichten Nahrung.

Nahrungsaufbau: Über etwa 6–12 Stunden bekommt der Säugling Tee mit Traubenzucker (2- bis 5%ig), damit der Darm entlastet wird und sich beruhigt.

Um einen weiteren Elektrolytverlust zu vermeiden, kann auch z. B. Tee-Ringer-Lösung 2:1 mit 5% Traubenzucker oder ein Elektrolyt-Glukose-Fertigpräparat verabreicht werden. Nach dieser „Teepause" kann der Säugling Reisschleim oder Karottensuppe mit 5% Traubenzucker bekommen.

Der weitere Nahrungsaufbau erfolgt stufenweise mit Heilnahrung, welche fett- und laktosearm ist. Wird diese Nahrung gut vertragen, kann schrittweise wieder auf Dauernahrung umgestellt werden.

- Die Nahrungsverabreichung erfolgt in vielen kleinen (6–12) Mahlzeiten;
- der Nahrungsaufbau wird verschieden schnell vorgenommen und richtet sich nach der Schwere der Erkrankung und der Beschaffenheit der Stühle (Abb. 34).
- Häufig trinken die Kinder schlecht, deshalb muß die Schwester viel Geduld haben;
- evtl. muß das Kind sondiert werden.
- Ist der Wasser- und Elektrolytverlust zu groß, muß dieser durch eine i. v. Dauertropfinfusion ausgeglichen werden;
- diese ist durch die Schwester zu überwachen.
- Häufiges Trockenlegen und sorgfältige Pflege des Gesäßes sind erforderlich.
- Häufigeres Umlagern und sorgfältige Reinigung der Haut sind wirkungsvolle Prohpylaxen, da die Patienten bei großem Wasserverlust stark abmagern und zu Dekubitalgeschwüren neigen.
- Bei allen Kindern sind die Maßnahmen der fortlaufenden Desinfektion (S. 67 ff) durchzuführen, da es sich um Infektionskrankheiten handeln kann (S. 497 ff).
- Die Stuhlbeurteilung (S. 131 ff) ist für den weiteren Nahrungsaufbau sehr wichtig.

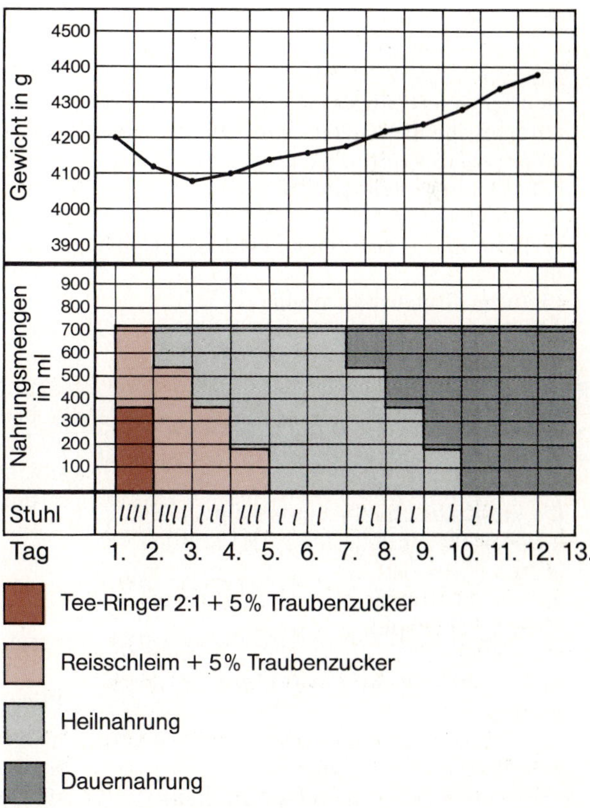

Abb. 34 Nahrungsaufbau

- Der Glukosenachweis im Stuhl muß negativ sein, der pH-Wert bei ca. 7,0 liegen.
- Stuhlentnahmen zur bakteriologischen Untersuchung und der Versand des Materials gehören ebenfalls zum Aufgabenbereich der Kinderkrankenschwester.
- Die Urinausscheidung ist zu überwachen; Menge und spezifisches Gewicht müssen evtl. kontrolliert werden.
- Nahrungsaufbau bei größeren Kindern wie bei Gastritis. Zusätzlich können Zwieback und geriebener Apfel oder geschlagene Banane verabreicht werden.

Toxikose

Die Toxikose ist die gefährliche Form der Dyspepsie. Durch Bakterientoxine werden lebenswichtige Funktionen gestört, wie z. B. Hirn-, Herz- und Nierentätigkeit, Kreislauf und Atmung.

Die Kinderkrankenschwester beobachtet

- Bewußtseinstrübung (Somnolenz);
- seltener oder fehlender Lidschlag;
- Erregungszustände mit anschließender Erschöpfung;
- langsame Bewegungen;
- häufige dünne bis wäßrige Stühle;
- eine schwere Exsikkose: stehende Hautfalten, tiefliegende Augen, eingesunkene Fontanelle, blaß-kühle Akren;
- hohes Fieber, oft über 40 °C;
- Pulsbeschleunigung;
- vertiefte und verlangsamte Atmung (Coma dyspepticum);
- spärliche Urinausscheidung;
- evtl. Krampfbereitschaft.

Pflege und Behandlung

- Zunächst wird die Nahrung abgesetzt.
- Das Anlegen einer Dauertropfinfusion ist notwendig.
- Da die Kinder häufig somnolent sind, muß die Bewußtseinslage überprüft werden (S. 98 ff).
- Haben die Kinder seltenen Lidschlag, das Auge feucht halten.
- Regelmäßige (1- bis 2stündlich) Temperatur-, Puls- und Atmungskontrollen durchführen.
- Der Säure-Basen-Haushalt wird überwacht, z. B. durch Astrupkontrollen.
- Evtl. wird Sauerstoffzufuhr notwendig.
- Hat das Kind erhöhte Temperatur, werden fiebersenkende Maßnahmen durchgeführt (S. 334 ff).
- Die Absprache mit dem Arzt, welche Medikamente bei Krampfanfällen gegeben werden können, ist äußerst wichtig.
- Häufiger Lagewechsel ist notwendig, da Dekubitusgefahr besteht.
- Neigen die Kinder zu Erbrechen, seitlich lagern, um einer Aspiration vorzubeugen.
- Die Nahrung wird wie bei Kindern mit Dyspepsie aufgebaut.
- Die Stuhlentleerung wird kontrolliert und beurteilt;
- die Urinausscheidung muß überwacht werden.

7.11.7.2. Chronische Gedeihstörungen

Dystrophie und Atrophie

Diese Formen der Gedeihstörungen können z. B. durch Fehlernährung, Hunger, chronische Infektionen oder Stoffwechselanomalien entstehen.

Die Kinderkrankenschwester beobachtet

- Starke Abmagerung der Kinder;
- teilweise das vollständige Fehlen des Fettpolsters;
- schlaffe Längsfalten an den Oberschenkeln;
- greisenhafter Gesichtsausdruck durch das mangelnde Fettpolster;
- ein Gesäß, das einem Tabaksbeutel gleicht;
- reduziertes Längenwachstum;
- oft aufgetriebener Bauch;
- teilweise ist die Darmperistaltik durch die Bauchdecke sichtbar;
- blaßgraues Aussehen und
- Teilnahmslosigkeit der Kinder;
- Untertemperatur, da die Körpertemperatur durch das fehlende Fettpolster nicht gehalten werden kann;
- oberflächliche Atmung; manchmal wird eine Cheyne-Stokes-Atmung (S. 128) beobachtet;
- schlecht gefüllter Puls.

Pflege und Behandlung

Erst wenn die Ursache der Erkrankung geklärt ist, kann die richtige, d. h. verträgliche Nahrung oral zugeführt werden.

- In vielen Fällen ist anfangs eine i. v. Dauertropfinfusion mit entsprechenden Nährlösungen notwendig.
- Oft ist es günstig, den Nahrungsaufbau wie bei Kindern mit Dyspepsie zu beginnen.
- Wichtig ist eine ausreichende Nährstoffmenge.
- Bei regelmäßiger Gewichtszunahme kann langsam Dauernahrung verabreicht werden.
- Besondere Aufmerksamkeit ist der Verabreichung der Mahlzeiten zu widmen.
- Es ist günstig, viele kleine Mahlzeiten zu verabreichen.
- Bei schlecht essenden Kindern benötigt die Schwester viel Geduld und Zeit;
- evtl. wird die Ernährung durch die Dauersonde notwendig.
- Da die Kinder meist weinerlich und mißgestimmt sind, brauchen sie viel Zuwendung.
- Die Schwester muß alle Verrichtungen am Kind sorgfältig und mit viel Ruhe und Geduld durchführen.
- Die Ausscheidungen sind sorgfältig zu beobachten und zu registrieren.
- Da die Kinder sehr infektanfällig sind, sind die Maßnahmen der fortlaufenden Desinfektion gewissenhaft durchzuführen.

7.12. Pflege bei Kindern mit Erkrankungen der endokrinen Drüsen

H. Röhr

Notwendige Vorkenntnisse

- Aufbau, Lage und Funktion der innersekretorischen Drüsen,
- Erkrankungen der endokrinen Drüsen,
- Wirkung und Nebenwirkung der Kortikoide,
- prophylaktische Maßnahmen (S. 175ff),
- Überwachung der Vitalfunktionen (S. 115ff).

Strukturnetz

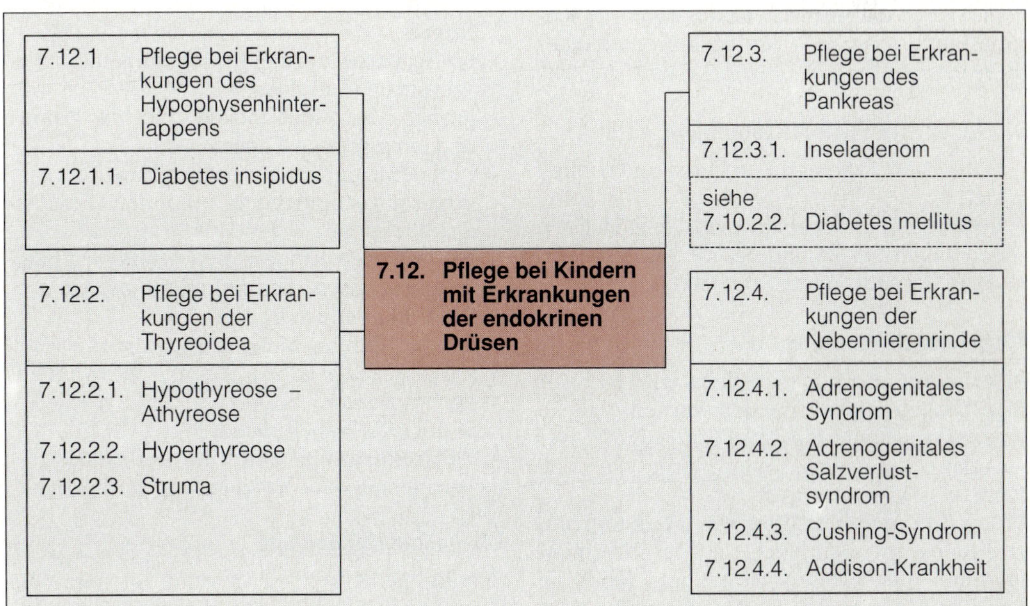

Lehrziel

Kinder mit Funktionsstörungen der endokrinen Drüsen bedürfen besonderer Pflege und Betreuung, da die körperliche Entwicklung oft nicht parallel zur geistigen Entwicklung und zum Alter verläuft. Für die betroffenen Kinder stellt dies eine große psychische Belastung dar. Welche speziellen Aufgaben die Kinderkrankenschwester beachten muß, erfahren Sie im folgenden Teilkapitel.

Lernziele

Nach der Bearbeitung dieses Abschnitts können Sie erklären,
- welche Symptome Sie bei den verschiedenen Erkrankungen der endokrinen Drüsen beobachten;
- wie Sie Patienten mit diesen Erkrankungen pflegen und betreuen müssen;
- auf welche Besonderheiten die Eltern hingewiesen werden müssen.

7.12.1. Pflege bei Erkrankungen des Hypophysenhinterlappens

7.12.1.1. Diabetes insipidus (Wasserharnruhr)

Der zentrale Diabetes insipidus ist eine Regulationskrankheit, hervorgerufen durch eine Störung im Hypophysen-Zwischenhirn-System. Durch die Insuffizienz des Hypophysenhinterlappens ist die Wasserrückresorption der Niere gestört.

Die Kinderkrankenschwester beobachtet
- Die Kinder haben großen Durst und trinken viel;
- sie entleeren reichlich Urin (6–15 l/Tag), der wasserklar ist und ein niedriges spezifisches Gewicht (unter 1,005) hat.

Pflege und Behandlung

Die Kinder bekommen viel zu trinken. Vor allen Dingen muß vermieden werden, daß sie andere erreichbare Flüssigkeiten, z. B. Wasser aus der Blumenvase oder Urin, zu sich nehmen.
Die exakte Verabreichung der Medikamente ist äußerst wichtig. Noch vor der Krankenhausentlassung müssen Mutter und Kind die Applikationsformen, z. B. lingual oder schnupfen, erlernen und durchführen können.
Flüssigkeitsbilanz (Ein- und Ausfuhr) ist durchzuführen; das spezifische Gewicht des Urins wird bestimmt.
Die Toilette und der Nachttopf müssen für das Kind in erreichbarer Nähe sein, da es diese oft aufsuchen muß. Ebenso muß die Klingel griffbereit sein, damit sich das Kind melden kann.

7.12.2. Pflege bei Erkrankungen der Thyreoidea

7.12.2.1. Hypothyreose – Athyreose (Myxödem)

Bei der Hypothyreose handelt es sich um eine meist angeborene Unterfunktion, bei der Athyreose um das völlige Fehlen der Schilddrüse.

Die Kinderkrankenschwester beobachtet
- verlängerter physiologischer Ikterus bei Neugeborenen;
- ab Ende des 1. Lebensmonats körperliche und geistige Retardierung;
- Obstipation bei fast allen Kindern;
- trockene und schuppige Haut, die häufig kühl und marmoriert ist;
- sulziges Fettgewebe, auf Fingerdruck entstehen kleine Dellen – „Myxödem“;
- struppige und stumpfe Haare, brüchige Nägel;
- breite flache Nase mit eingesunkenem Nasenrücken (Sattelnase);
- großer Mund mit dicken, blassen Lippen und einer großen Zunge;
- Lidödeme und häufig gerunzelte Stirn;
- insgesamt stupider und infantiler Gesichtsausdruck;
- bei größeren Kindern schwerfälliger Gang, Trägheit, rasche Ermüdbarkeit und ein großes Schlafbedürfnis;
- heisere Stimme, Säuglinge schreien fast nie;
- schlaffe Muskulatur, großer, herunterhängender Bauch;
- evtl. große Nabelbrüche;
- Pulsfrequenz und Blutdruck sind niedrig;
- Ausbleiben oder Verzögerung der Pubertät.

Pflege und Behandlung

Sobald die Krankheit erkannt ist, setzt die Therapie mit Schilddrüsenhormonpräparaten

ein. Je früher mit der Behandlung begonnen wird, desto günstiger verläuft die Entwicklung des Kindes. Wird zu lange gewartet, kann es zu irreparablen Störungen kommen. In allen Kliniken wird jetzt ein Hypothyreosesuchtest (S. 24) durchgeführt. So kann bereits beim Neugeborenen eine Hypo- oder Athyreose erkannt und behandelt werden.
Auf die Behandlung können die Kinder mit Fieber, Durchfall, Erbrechen, Tachykardie, Unruhe und Erregungszuständen reagieren. Die Überwachung der Vitalfunktionen und sorgfältige Krankenbeobachtung sind daher wichtig. Bei Tachykardie ist sofort der Arzt zu benachrichtigen. Werden dünne Stühle entleert, ist die Haut zu pflegen, um sie vor Wundsein zu schützen.
Schon nach kurzer Behandlungszeit tritt meistens eine Besserung des Krankheitszustands ein. Die Kinder werden lebhafter und nehmen ihre Umgebung bewußter wahr. Eine Aufgabe der Schwester ist es nun, die Kinder altersentsprechend zu fördern. Dies kann z. B. durch häufige Ansprache und Beschäftigung geschehen. Sehr wichtig ist auch die Einbeziehung der Eltern in die Pflege und Betreuung ihres Kindes.
Auch die anderen charakteristischen Symptome der Hypothyreose verschwinden bei erfolgreicher Behandlung, so daß die Kinder nach einiger Zeit oft nicht wiederzuerkennen sind.
Erfolg hat die medikamentöse Behandlung jedoch nur, wenn sie lebenslang fortgesetzt wird. Es ist deshalb äußerst wichtig, die Eltern auf diese Besonderheit aufmerksam zu machen. Sie müssen verstehen, daß die Überwachung ihres Kindes und die Verabreichung des Schilddrüsenhormonpräparates sehr genau eingehalten werden müssen.
Die allgemeine Schlaffheit der Muskulatur kann durch krankengymnastische Betreuung unterstützend behoben werden.
Der Darmträgheit wird im Säuglingsalter mit Obstsäften und Gemüsebreien, bei größeren Kinder mit schlackenreicher Kost begegnet.

7.12.2.2. Hyperthyreose

Bei der Hyperthyreose handelt es sich um eine Hyperaktivität der Schilddrüse. Dieses Krankheitsbild tritt im Kindesalter selten auf. Es ist auch unter der Bezeichnung Basedow-Krankheit bekannt. Vorwiegend sind Mädchen im Alter von 10–14 Jahren betroffen. Selten beobachtet man die Krankheit bei Neugeborenen hyperthyreoter Mütter.

Die Kinderkrankenschwester beobachtet

- Nervosität und Unruhe;
- labile Stimmungslage, die Patienten fühlen sich überlastet;
- Vergrößerung der Schilddrüse, am Hals ist eine Schwellung sichtbar;
- leichter Tremor der Hände;
- guter Appetit, trotzdem kommt es zu Gewichtsabnahme;
- beschleunigte Pulsfrequenz und Erhöhung des Blutdrucks;
- starkes Schwitzen am ganzen Körper;
- feuchte, warme Hände
- evtl. Erbrechen und Durchfall.

Pflege und Behandlung

Im Vordergrund steht die Behandlung mit Thyreostatika. Die genaue Einhaltung der Dosierung muß von der Schwester überwacht werden. Die Behandlung muß meistens über einige Jahre durchgeführt werden. Wichtig ist deshalb, die Eltern über die Notwendigkeit der Medikamentengabe zu informieren.
Die Schwester muß versuchen, die Kinder abzulenken und zu beschäftigen. Dürfen die Kinder aufstehen, können sie in den Spielraum gehen. Bettlägerigen Patienten kann vorgelesen oder Geschichten erzählt werden. Bei der Auswahl von Spielen ist darauf zu achten, daß sich die Kinder nicht überanstrengen.
Die Patienten bekommen eine eiweißreiche und gehaltvolle Kost. Auch hier kann die Kinderkrankenschwester der Mutter Hilfen anbieten, indem sie sie berät bzw. Informationen durch die Diätassistentin einholt.
Da die Kinder viel schwitzen, sind sorgfältige Körperpflege und, bei bettlägerigen Patienten, Dekubitusprophylaxe durchzuführen.
Pulsfrequenz und Blutdruck werden überwacht, da sie meist erhöht sind.
Durch die medikamentöse Behandlung können allergische Erscheinungen auftreten. Deshalb ist die Haut gut zu beobachten.

7.12.2.3. Struma (Kropf)

Struma ist eine Schilddrüsenvergrößerung, deren Ursache auf einer Unter- oder Überfunktion beruhen kann.

Die Kinderkrankenschwester beobachtet

- Im Bereich des Halses mehr oder weniger starke Schwellung;
- evtl. Beeinträchtigung der Atmung.

Pflege und Behandlung

- Den Kindern werden meist Jodpräparate verordnet. Die Schwester verabreicht nach Anordnung des Arztes Medikamente bzw. nimmt sorgfältig Einreibungen mit Jodsalbe vor.
- Um den Rückgang der Struma feststellen zu können, wird regelmäßig der Halsumfang gemessen.
- Beruht der Kropf nicht auf Jodmangel, sondern fehlt Schilddrüsenhormon, so wird dieses in Form von Tabletten zugeführt. Eventuell ist eine lebenslängliche Substitution erforderlich.
- Werden Funktionsprüfungen der Schilddrüse durchgeführt, ist es die Aufgabe der Kinderkrankenschwester, den Patienten auf den Eingriff vorzubereiten und zu begleiten.

7.12.3. Pflege bei Erkrankungen des Pankreas

7.12.3.1. Inseladenom

Unter Inseladenom oder Insulom versteht man eine gutartige Geschwulst der Langerhans-Inselzellen. Es wird vermehrt Insulin produziert. Dies führt zur Hypoglykämie.

Die Kinderkrankenschwester beobachtet

Die gleichen Symptome wie bei der Hypoglykämie (S. 409)

Pflege und Behandlung

Das Insulom muß operativ entfernt werden. Prä- und postoperative Pflege s. S. 482ff.

7.12.4. Pflege bei Erkrankungen der Nebennierenrinde

7.12.4.1. Adrenogenitales Syndrom

Das adrenogenitale Syndrom (AGS) ist eine angeborene, rezessiv vererbte Erkrankung der Nebennierenrinde, die mit einer Häufigkeit von 1:7000 bei Neugeborenen beobachtet wird. Ursache ist ein Enzymdefekt. Es kommt zum Kortisolmangel und zur vermehrten Ausschüttung androgener Steroide. Diese bewirken beim Mädchen eine Vermännlichung und eine heterosexuelle Pseudopubertas praecox; Knaben fallen ebenfalls durch eine Pseudopubertas praecox auf.

Die Kinderkrankenschwester beobachtet

- Bereits beim neugeborenen Mädchen eine penisförmige Vergrößerung der Klitoris;
- die großen Schamlippen gleichen einem gespaltenen Skrotum;
- das Geschlecht ist häufig nicht eindeutig zu definieren;
- bei Knaben erst nach einigen Monaten oder Jahren ein auffallend starkes Peniswachstum;
- bereits Kleinkinder sind übergroß;
- bei größeren Mädchen sekundäre männliche Geschlechtsmerkmale, wie breite Schultern, schmale Hüften und eine tiefe Stimme;
- Brustdrüsenschwellung und Menstruation bleiben aus;
- starke Körperbehaarung;
- die intellektuelle und psychische Entwicklung ist im Gegensatz zur körperlichen Entwicklung nicht beschleunigt.

Pflege und Behandlung

Durch rechtzeitig einsetzende Behandlung kommen die obengenannten Symptome nicht so deutlich zum Ausdruck. Im Vordergrund steht die Dauertherapie mit Kortison. In der Klinik ist es die Aufgabe der Kinderkrankenschwester, die Medikamente gewissenhaft zu verabreichen. Wird das Kind entlassen, müssen die Eltern auf die Wichtigkeit der Medikation aufmerksam gemacht werden. Da die Kortisontherapie dem Wachstum angepaßt werden muß, ist die regelmäßige ärztliche Überwachung notwendig.

Die erhöhte Pregnantriol- und 17-Ketosteroid-Ausscheidung im Urin ist öfter zu kontrollieren. Dazu muß über 24 Stunden der Urin gesammelt werden. Hier kommt es auf exakte Angaben an. Nur wenn die genaue Urinmenge ermittelt werden kann, sind auch exakte Befunde zu erwarten. Dem Urin ist nach Anweisung ein Konservierungsstoff zuzufügen.

Beim Mädchen können die äußeren Geschlechtsorgane (Klitoris, Schamlippen, Vul-

va) chirurgisch korrigiert werden. Es ist sinnvoll, die Operation schon im Säuglings- oder Kleinkindesalter durchführen zu lassen, bevor das Kind selbst die Fehlbildung erkennt.
Auch Klinikaufenthalte lassen sich nicht immer vermeiden. Hier ist es günstig, wenn das Kind immer auf die gleiche Station kommt. Dort kennt es auch einige Schwestern. Bestehen noch Veränderungen der äußeren Geschlechtsorgane, haben die Kinder oft große Hemmungen. Die Kinderkrankenschwester muß diesen Kindern mit Geduld und Einfühlungsvermögen begegnen.

7.12.4.2. Adrenogenitales Salzverlustsyndrom

Ursache des adrenogenitalen Salzverlustsyndroms ist der Ausfall der Kortisol- und Aldosteronbildung. Durch den Mangel an Aldosteron verliert der Körper viel Kochsalz.

Die Kinderkrankenschwester beobachtet

- Starkes Erbrechen bei Neugeborenen und Säuglingen;
- Gewichtsabnahme, die zur Exsikkose führt;
- Erhöhung der Körpertemperatur;
- bei Knaben starke Pigmentierung des Genitales;
- eine starke Vermännlichung (s. AGS) der sekundären Geschlechtsmerkmale beim Mädchen.

Pflege und Behandlung

Auch bei dieser Erkrankung muß eine lebenslange Hormonbehandlung durchgeführt werden. Zusätzlich zur Nahrung werden täglich 1–3 g Kochsalz gegeben.
Die Dauermedikation muß dem ständigen Wachstum des Kindes angepaßt werden. Dies erfordert eine regelmäßige ärztliche Überwachung.
Die Kinder sind sehr infektanfällig. Durch sorgfältige Pflege und Einhalten der fortlaufenden Desinfektion können sie weitgehend geschützt werden.
Sorgfältige Körperpflege ist notwendig, da die Kinder zunächst stark abgemagert sind. Eventuell muß Dekubitus- und Kontrakturprophylaxe durchgeführt werden.

7.12.4.3. Cushing-Syndrom

Ursachen des Cushing-Syndroms können sein: Nebennierenrindentumoren oder -hyperplasie. Durch langfristige Kortikoidbehandlung kann ebenfalls ein Cushing-Syndrom auftreten.

Die Kinderkrankenschwester beobachtet

- Fettsucht, besonders im Gesicht (Mondgesicht), an Stamm und Rumpf;
- Nase und Mund verschwinden fast zwischen den Pausbacken;
- dünne Haut, das Unterhautfettgewebe ist locker, so daß sich leicht Striae bilden;
- Klagen über Rücken- und Gliederschmerzen;
- manchmal Symptome des adrenogenitalen Syndroms;
- häufiges Nasenbluten infolge des Bluthochdrucks;
- depressive Stimmungslage.

Pflege und Behandlung

- Bei Nebennierenrindentumor ist eine operative Behandlung erforderlich, die Hyperplasie der Nebennierenrinde infolge Hypophysentumors kann durch Bestrahlung der Hypophyse behandelt werden (Pflege bei Bestrahlungstherapie s. S. 492ff).
- Die Kinderkrankenschwester führt bei diesen Kindern sorgfältige Körperpflege durch. Durch die starke Adipositas wird die Haut leicht wund. Es darf nicht Haut auf Haut liegen. Die Haut muß sauber und trocken gehalten werden.
- Bei Auftreten von Nasenbluten muß der Hals-Nasen-Ohren-Arzt benachrichtigt werden. Häufigere Blutdruckkontrollen sind durchzuführen.
- Übergewichtige Kinder neigen zu Dekubitus. Die Maßnahmen der Dekubitusprophylaxe müssen rechtzeitig angewandt werden.
- Da eine Resistenzlosigkeit gegenüber Infektionen besteht, ist das Kind zu schützen. Die Maßnahmen der fortlaufenden Desinfektion müssen gewissenhaft eingehalten werden.
- Intensive Überwachung in der postoperativen Phase ist notwendig, da die Gefahr einer Nebenniereninsuffizienz besteht.
- Wenn die Kinder unter Fettsucht leiden, müssen sie eine Reduktionsdiät einhalten.

- Die psychische Betreuung der Kinder ist besonders wichtig. Durch Beschäftigung wird das Kind abgelenkt. Hänseleien von anderen Kindern unterbleiben, wenn die Schwester erklärt, daß es sich um ein krankes Kind handelt.

7.12.4.4. Addison-Krankheit

Die Addison-Krankheit entsteht durch Schwund der Nebenniere und kommt im Kindesalter äußerst selten vor.

Die Kinderkrankenschwester beobachtet

- Zunehmende Müdigkeit und Interessenlosigkeit;
- Erbrechen und Diarrhö;
- Blässe;
- Appetitlosigkeit und langsame Gewichtsabnahme;
- Untertemperatur, Bradykardie und niedriger Blutdruck;
- bräunliche Hautpigmentierungen an Stellen, die dem Licht oder der Reibung ausgesetzt sind.

Pflege und Behandlung

Aufgabe der Kinderkrankenschwester ist in erster Linie die Krankenbeobachtung, die Kontrolle der Vitalzeichen und die Überwachung der Ausscheidung.
Da die Patienten schnell ermüden, sollen sie nicht überfordert werden. Wenn es der Zustand der Kinder erlaubt, können sie entsprechend beschäftigt werden.
Sehr wichtig ist die genaue Verabreichung der Medikamente.

7.13. Pflege bei Kindern mit Erkrankungen im Urogenitalbereich

H. Röhr

Notwendige Vorkenntnisse

- Anatomie und Physiologie des Urogenitaltrakts,
- Erkrankungen des Urogenitalbereichs,
- Diät bei Nierenerkrankungen,
- Funktionsprüfungen der Niere,
- prä- und postoperative Pflege (S. 482 ff).

Strukturnetz

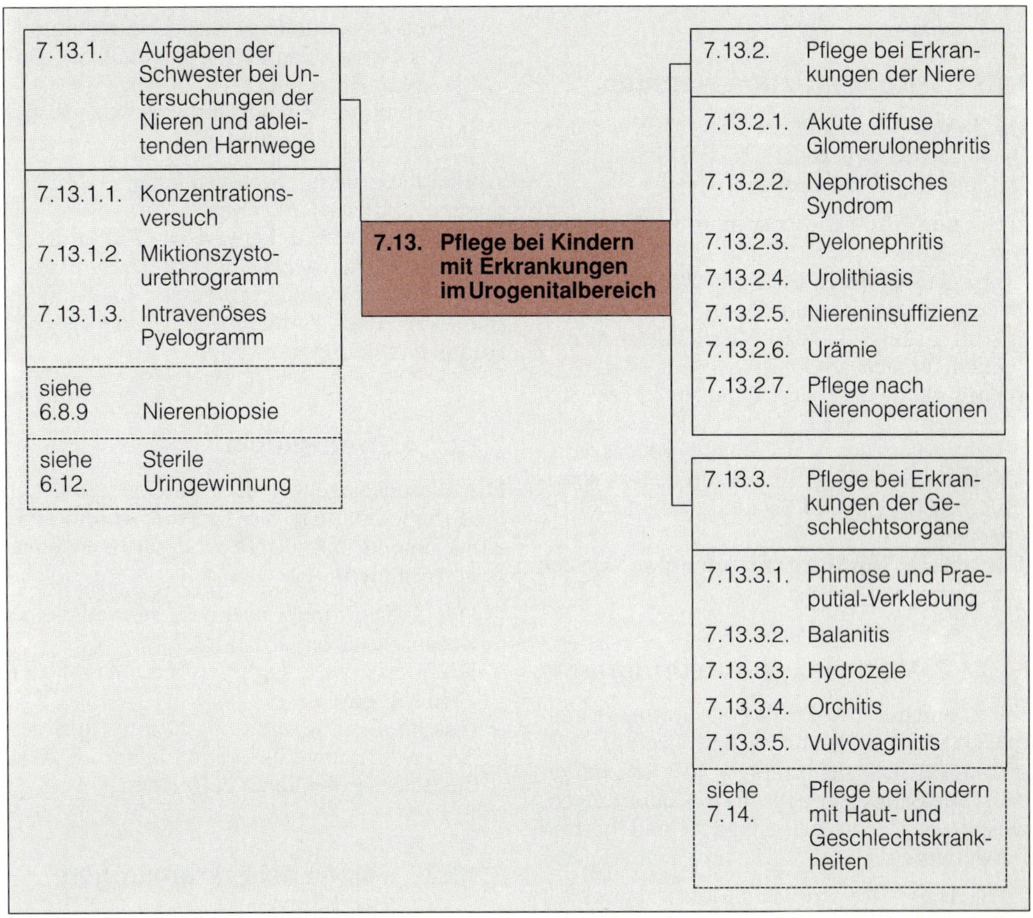

Lehrziel

Kindern mit Erkrankungen des Urogenitaltrakts begegnet die Kinderkrankenschwester relativ häufig in der Klinik. Welche Besonderheiten sie im Umgang mit diesen Patienten berücksichtigen muß, wird im folgenden Teilkapitel beschrieben.

Lernziele

Nach der Bearbeitung dieses Abschnitts können Sie
- Aufgaben der Schwester bei Untersuchungen der Nieren und ableitenden Harnwege nennen;
- aufzählen, welche Beobachtungen Sie bei Nierenkranken machen können;
- wiedergeben, welche pflegerischen Maßnahmen bei nierenkranken Kindern durchgeführt werden;
- die Patienten und Eltern beraten, welche Diät weiter verabreicht werden muß;
- erklären, welche Beobachtungen Sie bei Erkrankungen der Geschlechtsorgane machen und welche Pflegemaßnahmen bei diesen Patienten erforderlich werden.

7.13.1. Aufgaben der Schwester bei Untersuchungen der Nieren und ableitenden Harnwege

Lehrziel

Bei vielen Funktionsprüfungen muß die Kinderkrankenschwester die Vorbereitungen treffen und den Patienten während des Eingriffs betreuen und beobachten. In diesem Abschnitt soll sie über das Prinzip einiger Funktionsprüfungen unterrichtet werden.

Urinbeurteilung und Umgang mit Teststreifen s. S. 133ff.

7.13.1.1. Konzentrationsversuch

Mit diesem Versuch kann festgestellt werden, ob die Niere bei wenig Flüssigkeitszufuhr in der Lage ist, Urin zu konzentrieren.

- Bis zum Vorabend bekommt das Kind normale Kost.
- Morgens entleert es Urin; das spezifische Gewicht wird bestimmt.
- Zum Frühstück kann Trockenkost verabreicht werden.
- Flüssigkeit darf das Kind nicht zu sich nehmen.
- Im Verlauf des Vormittags wird das Kind aufgefordert, Urin zu entleeren. Das spezifische Gewicht soll bis auf 1,025–1,030 ansteigen.
- Ist dieser Wert erreicht, kann der Versuch abgebrochen werden.

7.13.1.2. Miktionszystourethrogramm

Bei einem Miktionszystourethrogramm (MCU) werden Harnblase und Urethra röntgenologisch bei gleichzeitiger Miktion dargestellt. Die Schwester trifft die Vorbereitungen, assistiert während des Eingriffs und betreut den Patienten.

- Die Harnblase wird katheterisiert und mit Kontrastmittel gefüllt.
- Während das Kind Urin entleert, werden mehrere Röntgenaufnahmen gemacht.

Abflußhindernisse oder ein Reflux (Rückfluß) in die Harnleiter bzw. in das Nierenbecken werden im Krankheitsfalle sichtbar.

7.13.1.3. Intravenöses Pyelogramm

Durch die i. v. Injektion eines Kontrastmittels werden das Nierenbeckenkelchsystem und die ableitenden Harnwege dargestellt.
Die Aufgaben der Schwester sind die Vorbereitung und Betreuung des Patienten und die Assistenz während der Maßnahme.

- Am Vortag erhält der Patient leichte Kost, evtl. werden Abführmittel verabreicht.
- Am Untersuchungstag bleibt er nüchtern.
- Im Anschluß an eine Röntgenaufnahme (Übersichtsaufnahme) wird Kontrastmittel, z. B. Urovist, Conray 60, angewärmt (zähflüssig) und i. v. injiziert.
- In bestimmten Zeitabständen werden Röntgenaufnahmen gemacht.

Abflußhindernisse, Nierensteine und Mißbildungen können so erkannt werden.
Da die Kontrastmittel allergische Reaktionen, z. B. anaphylaktischen Schock, hervorrufen können, ist es wichtig, ein Tablett für Notfälle (Kortison und Kreislaufmittel) mit in die Röntgenabteilung zu nehmen.

7.13.1.4. Zystoskopie

Die Blasenspiegelung wird durchgeführt, um die Schleimhaut der Blase zu betrachten, evtl. Konkremente festzustellen oder Blasensteine zu zertrümmern.

- Der Patient muß nüchtern sein, da eine Kurznarkose gemacht wird.
- Die Blase wird katheterisiert, damit der Urin abfließt.
- Anschließend wird das Zystoskop (flexibles Endoskop) eingeführt. Jetzt kann der Arzt die Blasenschleimhaut betrachten.

7.13.2. Pflege bei Erkrankungen der Niere

7.13.2.1. Akute diffuse Glomerulonephritis

Die akute diffuse Glomerulonephritis ist eine Form der Nierenentzündung.

Die Kinderkrankenschwester beobachtet

- Blutiger (fleischwasserfarbener) oder braungefärbter Urin;

- Verminderung der Urinausscheidung (Oligurie – unter 300 ml/Tag);
- Lidödeme;
- mäßig erhöhte Temperatur;
- Müdigkeit;
- Appetitlosigkeit;
- Erbrechen;
- Bauch-, Rücken- und Kopfschmerzen.

Pflege und Behandlung

- Die Patienten sollen strenge Bettruhe einhalten, solange Ödeme und Bluthochdruck bestehen. Größeren Kindern muß erklärt werden, warum sie im Bett bleiben müssen, auch wenn sie sich nicht mehr krank fühlen. Damit ihnen die Zeit nicht lang wird, müssen sie beschäftigt werden. Für die Beschäftigung im Bett bieten sich Spiele (z. B. Mensch-ärgere-dich-nicht, Fang den Hut), Bücher zum Vorlesen und kleine Bastelarbeiten an.
- Die verordnete Diät muß streng eingehalten werden. Es erfordert Geschick, die nicht immer schmackhaften Speisen zu verabreichen. Bessert sich der Zustand des Kindes – Ödeme verschwinden, Urinausscheidung und Blutdruck normalisieren sich –, kann die Diät gelockert werden.
- Die Ein- und Ausfuhr wird überwacht. Der Urin wird gesammelt und von diesem eine Portion im Labor auf Eiweiß und Erythrozyten untersucht. Auf den Begleitpapieren muß die Gesamtmenge des Urins angegeben werden, damit die Eiweißausscheidung berechnet werden kann.
- Täglich wird das Gewicht des Kindes kontrolliert, um evtl. Flüssigkeitseinlagerungen sofort zu bemerken.
- Der Blutdruck wird regelmäßig gemessen.
- Im akuten Stadium dürfen die Kinder nicht baden.
- Vor Auskühlung sind die Kinder unbedingt zu schützen.

7.13.2.2. Nephrotisches Syndrom

Das nephrotische Syndrom ist ein Symptomenkomplex von Proteinurie, Hypoproteinämie und Ödemen.

Die Kinderkrankenschwester beobachtet

- Ödeme, besonders an Augenlidern, Unterschenkeln (Tibia) und Skrotum;
- trüber Urin, Oligurie;
- stechender Uringeruch;
- Appetitlosigkeit;
- Brechreiz und Erbrechen;
- Durchfall;
- Müdigkeit;
- sehr selten Aszites.

Pflege und Behandlung

- Die Kinder haben während der akuten Phase der Erkrankung strenge Bettruhe. Bessert sich der Krankheitszustand, d. h. die Ödeme schwemmen aus, können die Kinder allmählich belastet werden.
- Bei intravenöser Gabe von Humanalbumin ist es die Aufgabe der Schwester, Patient und Material vorzubereiten und während des Eingriffs zu assistieren.
- Der hohe Eiweißverlust muß durch eiweißreiche Kost ausgeglichen werden. Da die Kinder oft appetitlos sind, wird die Nahrungsaufnahme schwierig und erfordert viel Geschick von der Kinderkrankenschwester. Soweit es möglich ist, sollen die Wünsche des Kindes berücksichtigt werden.
  Zu Anfang bekommen die Kinder kochsalzfreie Kost, da Salz das Wasser an sich bindet und zu Ödemen führt. Erst wenn die Ödeme weitgehend ausgeschwemmt sind, darf der Patient kochsalzarme Kost zu sich nehmen.
  Die Flüssigkeitsaufnahme richtet sich nach der Ausscheidungsmenge. Pro Tag beträgt die Gesamtzufuhr bei einem Kleinkind ca. 700 ml plus die Menge des über 24 Stunden ausgeschiedenen Urins.
- Die genaue Registrierung der Ein- und Ausfuhr ist besonders wichtig. Der Urin wird über 24 Stunden gesammelt und auf Eiweiß untersucht.
- Täglich wird das Körpergewicht kontrolliert.
- Die Medikamentengabe (Kortikosteroide, Diuretika) wird von der Kinderkrankenschwester gewissenhaft durchgeführt und überwacht.
- Durch die Eiweißverschiebung im Serum besteht erhöhte Infektionsanfälligkeit. Die Maßnahmen der fortlaufenden Desinfektion sind deshalb genau einzuhalten.

- Die Haut des Kindes ist durch schonende Ganzwaschungen sauberzuhalten und sorgfältig zu pflegen, da es bei ausgeprägten Ödemen besonders schnell zu Wundsein und Dekubitus kommen kann.
- Die Behandlung der Kinder mit nephrotischem Syndrom wird vielfach ambulant fortgesetzt. Während der akuten Phase sollen alle Belastungen vom Kind fern gehalten werden. Die Beschäftigung der Kinder geschieht durch kleine Spiele, Erzählen und Vorlesen. Geht es den Kindern besser und dürfen sie aufstehen, können sie in gewissem Umfang auch wieder durch Spiel und Schularbeiten belastet werden.
  Auf jeden Fall sollte vermieden werden, daß das Kind durch Pflegepersonal oder Eltern in seiner Selbständigkeit eingeschränkt wird.

Besonderheiten

Aszites wird bei Kindern sehr selten beobachtet. Können die Ödeme nicht durch Verabreichung von Diuretika ausgeschwemmt werden, wird eine Aszitespunktion (S. 258ff) notwendig.

7.13.2.3. Pyelonephritis

Die Pyelonephritis ist eine bakterielle Erkrankung der Nieren und ableitenden Harnwege.

Die Kinderkrankenschwester beobachtet

- Die Kinder haben Harndrang und lassen häufig Urin;
- bei der Urinentleerung haben sie Schmerzen (Dysurie);
- erhöhte Temperatur;
- unklare Bauch- und Rückenschmerzen;
- die Kinder sehen blaß aus und haben Ringe unter den Augen;
- sie sind appetitlos und neigen zu Erbrechen.

Pflege und Behandlung

- Haben die Kinder Fieber, ist Bettruhe angezeigt.
- Die Kinder müssen vor Auskühlung bewahrt werden. Die Kinderkrankenschwester muß also darauf achten, daß die Kinder der Temperatur entsprechend angezogen sind. Auch bei der täglichen Ganzwäsche muß der Raum gut geheizt sein, damit die Kinder nicht auskühlen.
- Größere Kinder werden aufgefordert, die Blase vollständig zu entleeren.
- Zur Urinuntersuchung auf Erythrozyten, Leukozyten und Bakterien wird zweckmäßigerweise Mittelstrahlurin (S. 136) verwandt. In besonderen Fällen muß Urin durch Katheterisierung oder Punktion der Harnblase (S. 103ff) gewonnen werden.
- Die Kinder brauchen meist keine besondere Diät einzuhalten. Da sie häufig appetitlos sind, ist es vorteilhaft, ihre Essenswünsche zu berücksichtigen. Es ist wichtig, den Kindern viel Flüssigkeit anzubieten.

7.13.2.4. Urolithiasis (Harnsteine)

Durch Harnstauung oder Mißbildungen der Harnwege, aber auch durch einseitige Ernährung und ungenügende Flüssigkeitszufuhr können sich Konkremente im Nierenbecken und in der Harnblase bilden.

Die Kinderkrankenschwester beobachtet

- Die Kinder klagen über Schmerzen; Koliken, wie sie bei Erwachsenen auftreten, sind selten;
- manchmal kleinere Konkremente im Urin oder in der Windel.

Pflege und Behandlung

Kleinere Konkremente können durch reichliche Flüssigkeitszufuhr ausgespült werden. Größere Steine werden durch Sprengung oder Operation entfernt.

7.13.2.5. Niereninsuffizienz

Eine Niereninsuffizienz kann z. B. nach Glomerulonephritis, bei schweren Infektionen, Exsikkose, Salzverlust, Verbrennungen und Schock auftreten.

Die Kinderkrankenschwester beobachtet

- Oligurie oder Anurie;
- Ödeme;
- die Kindern machen insgesamt einen schwerkranken Eindruck;
- Schocksymptome wie flacher Puls, niedriger Blutdruck;
- Blässe;
- Appetitlosigkeit.

Pflege und Behandlung

- Flüssigkeitsbilanz ist sorgfältig durchzuführen.
- In vielen Fällen muß eine i. v. Infusion angelegt werden. Diese zu überwachen, ist die Aufgabe der Kinderkrankenschwester.
- Wenn es der Zustand des Kindes erlaubt, soll es täglich gewogen werden. Eine Gewichtszunahme (Flüssigkeitseinlagerung) ist unbedingt zu vermeiden.
- Die Diät soll kalorienreich, aber eiweiß- und kochsalzarm sein. Mit viel Geduld muß die Schwester versuchen, dem Kind die Nahrung anzubieten.
- Sorgfältige Körperpflege ist durchzuführen.
- Da die Kinder schwerkrank und meistens durch i. v. Infusionen und Urinauffangbeutel in ihrer Bewegungsfreiheit eingeschränkt sind, ist Dekubitus- und Kontrakturenprophylaxe zu betreiben.
- Soweit es der Zustand des Kindes erlaubt, kann es durch Beschäftigung und Spiel von seiner Krankheit abgelenkt werden. Sind die Kinder zu schwach, ist es ihnen oft ein Trost, wenn die Schwester am Bett sitzt und sie nicht allein gelassen werden.

7.13.2.6. Urämie

Die Urämie ist eine Harnvergiftung, die infolge einer akuten oder chronischen Niereninsuffizienz auftritt.

Die Kinderkrankenschwester beobachtet

- Gelbbräunliche Pigmentierung der Haut;
- Muskelzuckungen (tetanische Anfälle) bzw. Krampfanfälle (Hirnödem);
- Bewußtseinsstörungen (von Somnolenz bis Coma uraemicum);
- die Urinproduktion ist vermindert oder völlig eingestellt;
- Kußmaul-Atmung;
- Uringeruch aus dem Mund;
- Uringeruch des Schweißes;
- Übelkeit und Erbrechen (urämische Gastritis).

Pflege und Behandlung

- Die Patienten befinden sich in schwerkrankem Zustand und bedürfen behutsamer Pflege. Da die Kinder meist stark schwitzen, werden sie öfter abgewaschen und umgezogen. Für bequeme Lagerung ist zu sorgen. Dekubitus- und Kontrakturenprophylaxe müssen durchgeführt werden.
- Die Überwachung der Vitalfunktionen ist äußerst wichtig. Alle ermittelten Werte werden in einem Verlaufsprotokoll vermerkt.
- Die Ein- und Ausfuhr wird überwacht, ebenso evtl. angelegte i. v. Infusionen.
- Sofern es der Zustand des Kindes erlaubt, kann es durch Vorlesen oder Erzählen abgelenkt werden. Nach Möglichkeit sollen die Kinder nicht allein sein.
- Häufig führt die Urämie zum Tod (Pflege des sterbenden Kindes s. S. 527ff).

7.13.2.7. Pflege nach Nierenoperationen

Pflege und Behandlung

- Flüssigkeitsbilanz ist besonders sorgfältig zu führen. Die ausgeschiedene Urinmenge zeigt an, inwieweit die Nieren wieder funktionsfähig sind.
- Bei der Lagerung des Patienten ist zu berücksichtigen, daß die Drainage nicht abgeklemmt wird.
- Die Redonflaschen müssen bei Bedarf gewechselt und ihr Inhalt abgemessen werden.

Peritonealdialyse s. S. 657ff.
Prä- und postoperative Pflege s. S. 482ff.

7.13.3. Pflege bei Erkrankungen der Geschlechtsorgane

7.13.3.1. Phimose und Praeputial-Verklebung

Unter Phimose versteht man eine Verengung der Vorhaut. Bis zum 4. Lebensjahr ist diese physiologisch. Bei der Praeputialverklebung sind die beiden Vorhautblätter miteinander verklebt.

Die Kinderkrankenschwester beobachtet

- Die Vorhaut läßt sich nicht zurückstreifen;
- der Harnstrahl wird abgelenkt;
- bei der Urinentleerung bläht sich die Vorhaut auf.

Pflege und Behandlung der Praeputialverklebung

Beim älteren Kind wird die Vorhaut gelöst. Dieser Eingriff ist für das Kind sehr schmerzhaft und wird deshalb (ambulant) und in Narkose vorgenommen.
Nach dem Eingriff können Kamillosansitzbäder durchgeführt werden. Während des Bades ist die Vorhaut öfter vorsichtig zurückzustreifen, damit es nicht erneut zu Verklebungen kommt. Auch die Phimose wird operativ beseitigt (Zirkumzision).

Besonderheiten

Pflege nach Zirkumzision:

- In den ersten Tagen nach der Zirkumzision werden Salbenverbände aufgelegt, um Verklebungen zu vermeiden.
- Drei Tage nach der Operation können Kamillosansitzbäder durchgeführt werden.

Beachte: In den ersten Lebensjahren ist unbedingt darauf zu achten, daß die Vorhaut nicht gewaltsam zurückgeschoben wird, z. B. bei der Reinigung zur Uringewinnung.

7.13.3.2. Balanitis

Die Balanitis ist eine entzündliche Schwellung der Vorhaut. Sie kann Folge einer Phimose sein.

Die Kinderkrankenschwester beobachtet

- Schmerzäußerungen bei der Harnentleerung;
- Rötung und Schwellung der Vorhaut;
- Eiterabsonderungen aus dem Präputium (Vorhautraum).

Pflege und Behandlung

- Sitzbäder oder Abspülungen mit Kamillosan werden durchgeführt.
- Feuchte Umschläge mit entzündungshemmenden, abschwellenden Mitteln (Kamillosan) auf das Präputium bringen Linderung.

7.13.3.3. Hydrozele (Wasserbruch)

Hydrozele ist die Bezeichnung für Flüssigkeitsansammlungen zwischen den Hodenhüllen.

Die Kinderkrankenschwester beobachtet

- Anschwellung des Skrotums (Hodensack);
- keine Schmerzempfindlichkeit bei Berührung.

Pflege und Behandlung

Die Hydrozele bedarf meist keiner besonderen Behandlung. Sie verschwindet häufig im Verlauf des 1. Lebensjahres. Bei ausgedehnter Hydrozele kann das Skrotum auf einem weichen Polster gelagert werden.

7.13.3.4. Orchitis (Hodenentzündung)

Die Entzündung des Hodens (ein- oder beidseitig) kann z. B. eine Begleiterkrankung bei Mumps sein.

Die Kinderkrankenschwester beobachtet

- Die Kinder klagen über Schmerzen und Druckempfindlichkeit der Hoden;
- die Hoden sind vergrößert.

Pflege und Behandlung

Die Pflege erfolgt symptomatisch. Durch weiche und weite Kleidung werden die Hoden vor Druck geschützt. Eventuell kann das Skrotum auf einem Wattepolster gelagert werden.

7.13.3.5. Vulvovaginitis (Scheidenentzündung)

Ursache einer Vulvovaginitis können z. B. Bakterien, Viren oder Pilze sein.

Die Kinderkrankenschwester beobachtet

- Seröser oder eitriger Ausfluß (Fluor);
- Wundsein im Bereich des Genitales;
- Juckreiz.

Pflege und Behandlung

- Zum Erregernachweis wird ein Vaginalabstrich gemacht.
- Sitzbäder in Kamillosan- oder Betaisodona-Lösung werden durchgeführt.
- Auch vaginal können Medikamente angewendet werden. Die Schwester muß die Kinder über diese Maßnahme informieren. Sind die Kinder alt genug, können sie das Medikament selbständig einführen. Es ist

wichtig, das Schamgefühl des Kindes nicht zu verletzen.
- Damit keine Schmierinfektionen entstehen, müssen die Kinder zu äußerster Sauberkeit angehalten und die Maßnahmen der fortlaufenden Desinfektion eingehalten werden.

7.14. Pflege bei Kindern mit Haut- und Geschlechtskrankheiten

H. Flasch

Notwendige Vorkenntnisse

- Anatomie und Physiologie der Haut und ihrer Anhangsorgane,
- Bau und Funktion der Geschlechtsorgane,
- Haut- und Geschlechtskrankheiten,
- Effloreszenzenlehre,
- Bundesseuchengesetz,
- Gesetz zur Bekämpfung der Geschlechtskrankheiten.

Strukturnetz

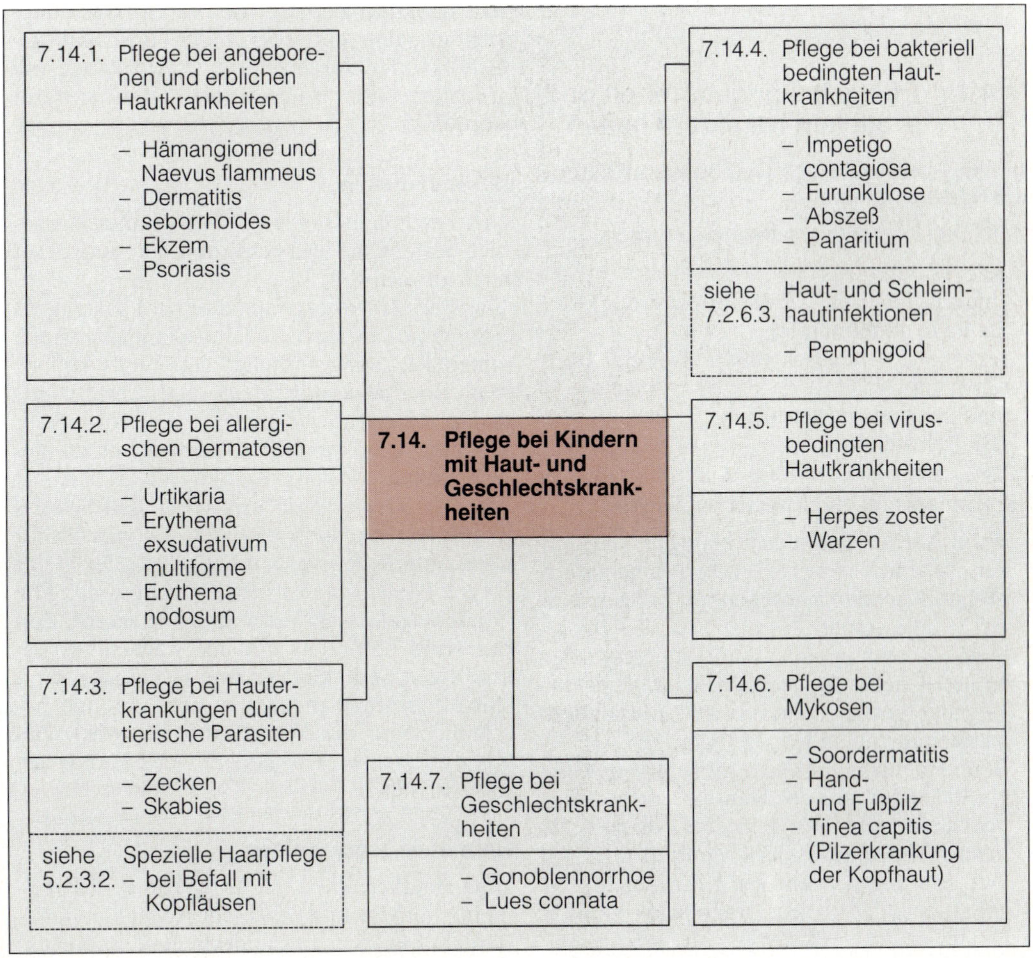

Lehrziel

Hauterkrankungen im Kindesalter sind sehr vielfältig und können auf das Gedeihen und die Gesamtentwicklung eines Kindes starken Einfluß haben.
In diesem Teilkapitel werden die großen Gruppen der Hauterkrankungen vorgestellt. Beispielhaft werden der Kinderkrankenschwester bei den am häufigsten auftretenden Krankheiten Beobachtung, spezielle Pflege und besondere psychische Betreuung verdeutlicht.
Auf dem Gebiet der Geschlechtskrankheiten bleiben Beobachtung und Pflege auf Gonoblennorrhoe und Lues connata beschränkt.

Lernziele

Sie haben das Lernziel dieser Thematik erreicht, wenn Sie
- die typischen Beobachtungskriterien bei den einzelnen Krankheitsbildern wiedergeben und
- deren Pflege und Behandlung darstellen können.

7.14.1. Pflege bei angeborenen und erblichen Hautkrankheiten

Hämangiome (gutartige Gefäßgeschwülste) und Naevus flammeus

Man unterscheidet verschiedene Formen:
- Naevus flammeus
  (blasses Feuermal – Gefäßerweiterung),
- Haemangioma simplex
  (erhabene Blutgeschwulst) also ein Blutschwamm,
- Haemangioma cavernosum
  (Blutschwamm).

Die Kinderkrankenschwester beobachtet

- Beim Naevus flammeus: blaßrote Flecken, hauptsächlich an der Stirn, den Augenlidern und im Nacken („Storchenbiß“), besonders bei Neugeborenen;
- beim Haemangioma simplex: eine oder mehrere helle bis dunkelrote, anfangs ca. 1–2 mm große „Geschwülste“, besonders am Stamm und im Kopfbereich;
- Beim Haemangioma cavernosum: entweder großflächiger, aus der Haut hervorragender oder tiefer subkutan gelegener, dunkel- bis blaurot verfärbter Blutschwamm;
- evtl. Blutungen, wenn die Kinder sich z. B. gekratzt oder sonst irgendwie verletzt haben.

Pflege und Behandlung

Feuermale, wenn es sich nicht um einen großen, das halbe Gesicht umfassenden Naevus flammeus handelt, bilden sich meistens in den ersten Lebensmonaten oder -jahren zurück. Sie bedürfen keiner besonderen Pflege.
Hämangiome sollten vor allem genau auf ihr Wachstum hin beobachtet werden, das besonders in den ersten 3–5 Lebensmonaten auffällig rasch erfolgen kann. Es empfiehlt sich, der Mutter zu raten, das Hämangiom in regelmäßigen Abständen zu messen und die Ergebnisse schriftlich zu fixieren.
Jenseits des 1. Lebensjahres stellen sie ihr rasches Wachstum meistens ein; ungefähr 90% von ihnen bilden sich auch ohne Hinterlassung einer Narbe in den ersten Lebensjahren zurück.
Je nach Lokalisation, Ausdehnung und Tiefe des Hämangioms wird man gelegentlich auch zu einem aktiven Vorgehen raten. Das Hämangiom kann entweder durch Bestrahlungstechnik oder durch operative Abtragung mit anschließender Hauttransplantation entfernt werden.

Besonderheiten

Nur bei einem sauberen Transplantationsgebiet besteht die Aussicht, daß die neue Haut auch anwächst.
Vor einer Hauttransplantation wird sowohl die Entnahme- als auch die Transplantationsstelle einige Tage lang gründlich gereinigt (Auflage von Kochsalzkompressen) und desinfiziert. Bakteriologische Abstriche sind erforderlich, um eine größtmögliche Keimfreiheit zu gewährleisten.
Nach der Operation ist es wichtig, daß sich das Transplantat nicht verschiebt. Es wird daher ein Kompressionsverband angelegt, der in der Regel 10–12 Tage nicht entfernt wird. Die Kinderkrankenschwester muß in dieser Zeit das Kind besonders gut überwachen, es beschäftigen und ablenken und unter allen Umständen vermeiden, daß es den Verband beschädigt und die Wunde infiziert wird. Bei Kleinkindern ist das Fixieren der Hände oft unvermeidlich.

Dermatitis seborrhoides

Eine Hautkrankheit, die vorwiegend im 1. Trimenon auftritt und der in der Regel eine familiäre Disposition zugrunde liegt. Die Krankheit weist unterschiedliche Ausprägungsgrade auf.

Die Kinderkrankenschwester beobachtet

- *Kopfgneis*: Die Kopfhaut des Kindes ist mit einer dicken Schuppenschicht bedeckt. Die Haut darunter ist gerötet, oft auch nässend. Die Schuppen bilden sich auch nach Ablösung immer wieder nach. Auch Stirn und Augenbrauen können befallen sein.
- *Dermatits psoriasiformis*: Zunächst aussehend wie ein einfaches Wundsein (Intertrigo: rote, juckende, oft rissige Herde, hauptsächlich in den Körperfalten, die sich dann auch auf den Stamm ausbreiten. An Bauch, Brust und Rücken rote, selten nässende Stellen mit starker Schuppung, ähnlich wie bei Psoriasis.
- *Erythrodermia desquamativa* (Leiner-Krankheit): Entwickelt sich in den ersten Lebenswochen. Am ganzen Körper erscheint die Haut krebsrot, teilweise auch ödematös. Außerdem ist sie von größeren zusammenhängenden abschilfernden Schuppen bedeckt.

Pflege und Behandlung

Bei Kopfgneis und Dermatitis psoriasiformis:
Schuppen und Borken müssen zunächst über Nacht erweicht werden (z. B. mit 2%iger Salizylvaseline). Auf den Kopf bekommen die Kinder ein Windelhäubchen (S. 153) oder einen Kopfverband aus Schlauchmull, die befallenen Stellen an Stamm und Extremitäten werden mit einem Verband abgedeckt.
Nach Ablösen am nächsten Morgen mit einem dichten Kamm oder Spatel und einem sich anschließenden Heilbad (z. B. Kleie- oder Ölbad) wird die Haut nach ärztlicher Anordnung gepflegt. Verwendet werden Pasten, Salben oder Mixturen, die Zink-, Schwefel- oder Teerbestandteile enthalten.

Bei Erythrodermia desquamativa:
Die Haut der Kinder muß äußerst vorsichtig und schonend behandelt werden. Jede Berührung ist für das Kind schmerzhaft; außerdem besteht die Gefahr der Mazeration.
Die Schuppen werden am besten mit ölgetränkten Watteträgern oder Kompressen betupft und somit erweicht und abgelöst. Auf ärztliche Anweisung können Heilbäder verabreicht und z. B. 2%ige Salizylvaseline oder Zinköl aufgetragen werden.
Wichtig ist, daß durch entsprechende Kleidung und Wäsche eine ausreichende Belüftung der Haut gewährleistet ist. Auf keinen Fall dürfen Gummihosen oder Gummiunterlagen verwendet werden, auch Höschenwindeln sind vielfach unbrauchbar. In manchen Kliniken werden die Kinder aus diesem Grund sogar in Hängebettchen gelegt.

Ekzem

Bei den ekzematösen Erkrankungen kann man folgende Erscheinungsformen unterscheiden:

- das nässende, krustöse und zum Teil eitrig infizierte Ekzem, das vorwiegend bei Kindern jenseits des 6. Lebensmonats auftritt, und
- das chronische, trockene, disseminierte Ekzem, das mehr bei älteren, meist mageren und blassen Kindern vorkommt.

Beiden gemeinsam ist der starke Juckreiz.

Die Kinderkrankenschwester beobachtet

- Zuerst scharf begrenzte Rötung beider Wangen und Auftreten stecknadelkopfgroßer Knötchen oder Bläschen, die sehr stark jucken (Status punctosus).
- Durch Aufplatzen oder Aufkratzen der Bläschen tritt ein starkes Nässen der Haut auf (Stadium madidans).
- Daraus entwickeln sich ausgedehnte Krusten (Ekzema crustosum).
- Durch Infektion mit Eitererregern kommt es oft zur flächenhaften Ausbreitung. Lymphknotenschwellungen an Hals und Nacken sind zu tasten.
- Schuppenbildung nach Abklingen der akuten Entzündung (Ekzema squamosum).
- Die verschiedenen Stadien sind meistens gleichzeitig nebeneinander sichtbar.
- *Neurodermitis*: Bevorzugt an den Ellenbeugen, Handgelenken, Kniekehlen oder im Nacken zeigen sich kleine, rote Lichenknötchen. Daraus entwickeln sich größere Herde, die zum Teil infiltriert oder rissig aussehen und, bedingt durch den starken Juckreiz, meistens Kratzspuren aufweisen.

Pflege und Behandlung

Um den Behandlungserfolg zu gewährleisten und Superinfektionen zu vermeiden, muß vor allem das Kratzen verhindert werden.

Die wird am besten erreicht durch
- die Linderung des Juckreizes durch entsprechende Medikamente, z. B. Verabreichung von Sedativa,
- durch lokale Salbenbehandlung,
- das Kurzhalten der Fingernägel,
- das Anlegen von Armmanschetten, wenn die Kinder nicht unter Aufsicht sind und
- die intensive Beschäftigung mit den Kindern.

Körperpflege:
- Angeordnete Heilbäder durchführen (z. B. Kleie- oder Ölbäder, bei Superinfektionen auch Kaliumpermanganatbäder).
- Häufiger Kleidungs- und Wäschewechsel ist erforderlich.
- Das Krankenzimmer immer gut durchlüften und ein Überheizen vermeiden, evtl. Anfeuchten der Luft, z. B. durch Aufstellen von Wasserbehältern im Zimmer.
- Sorgfältiges, häufiges Trockenlegen der Kinder (ohne abdichtende Gummihosen).
- Die Kinder nicht warm zudecken.
- Wolle soll nicht direkt die Haut berühren, da sie von vielen Ekzematikern schlecht vertragen wird.

Die lokale Behandlung richtet sich nach dem jeweiligen Stadium des Ekzems.
Beim nässenden Ekzem darf das Kind nicht mit Wasser und normaler Seife gewaschen werden, da die erkrankte Haut diese Maßnahme meistens schlecht verträgt. Vom Hautarzt verordnete milde Waschlotionen müssen nach Vorschrift angewendet werden.
Die befallenen Hautbezirke werden meist abwechslungsweise mit verschiedenen Salben (auch Salbenmischungen mit unterschiedlichen Substanzen), Mixturen, Emulsionen, Sprays oder Umschlägen behandelt. Dabei sollte die Schwester Handschuhe tragen.
Bei der Neurodermitis empfiehlt sich ebenfalls eine abwechslungsreiche Behandlung, bei der vor allem kortikoid- und teerhaltige Präparate nicht fehlen können. Nachts müssen an den betroffenen Stellen Verbände angelegt werden, um ein Kratzen zu verhüten.
Da das Bild des Ekzems sehr schnell wechseln kann, ist es wichtig, daß die Mutter genau beraten wird, in welchem Stadium sie welche Maßnahmen ergreifen soll.
Weil es oft lange dauern kann, bis sich ein Behandlungserfolg einstellt, und es auch häufig zu Rezidiven kommt, kann es sein, daß sich bei Kindern und Eltern Mutlosigkeit und Resignation bemerkbar machen. Aufgabe des Arztes, aber auch in hohem Maß der Kinderkrankenschwester ist es, hier Mut zuzusprechen, die Hoffnung auf Besserung des Krankheitszustandes zu stärken und somit zu helfen, daß solche kritischen Phasen überwunden werden können.
Erfahrungen haben gezeigt, daß sich längere Aufenthalte im Gebirge oder an der Nordsee bei ekzemkranken Kindern sehr vorteilhaft auswirken können. Bei Kleinkindern sollte aber immer die Mutter oder eine andere Bezugsperson an solchen Kuren teilnehmen, damit die Kinder nicht unter Heimweh leiden müssen.
Die lokale Behandlung der Haut kann durch eine geeignete Diät unterstützt werden. Dabei sollen alle Nahrungsfaktoren, die das Ekzem verschlimmern können (z. B. Schweinefleisch, Milch oder Ei) allerdings nur nach entsprechender Prüfung weggelassen werden. Vor der Entlassung aus dem Krankenhaus müssen Eltern und Kind über die Vorteile und Möglichkeiten einer eventuellen Diät informiert werden, damit ein einsichtiges Verhalten in dieser Hinsicht erreicht werden kann.

Psoriasis (Schuppenflechte)

Die Krankheit ist bei Kindern relativ selten. Oft tritt sie nach fieberhaften Infekten auf.

Die Kinderkrankenschwester beobachtet

- Entweder kalkspritzerartige oder tropfen-, ring- und girlandenförmige erythematöse Herde, die mit weißlichgrauen Schuppen bedeckt sind;
- vorwiegend Knie, Ellenbogen, behaarter Kopf und Kreuzbeinbereich sind befallen;
- die Kinder kratzen sich häufig, und es kommt an diesen Stellen dann leicht zu kleinen Blutungen;
- manchmal Nagelveränderungen (gelbliche Verfärbungen oder „Krümelnägel" infolge Zerstörung der Nagelplatte).

Pflege und Behandlung

Die Schuppen auf der Kopfhaut können durch Anlegen eines „Schmierkopfes" über Nacht (S. 154) erweicht und dann abgelöst werden. Danach werden die Haare gewaschen.
Angeordnete Salbenbehandlungen (z. B. mit feuchtigkeits- und fetthaltigen Cremes oder

Salben, die Kortikosteroide, Salizysäure oder Teer enthalten) und (oder) medikamentöse Bäder müssen vorschriftsmäßig durchgeführt werden.
Dadurch wird die Haut geschmeidig gehalten und vor Einrissen geschützt, die leicht zu Infektionen führen können.
Die Erfahrung hat gezeigt, daß sich der Zustand der Haut bei *UV-Bestrahlung* bessert. In den Sommermonaten sollen die Kinder daher ihren Körper so viel wie möglich dem Sonnenlicht aussetzen. Im Winter können Höhensonnenkuren durchgeführt werden. Gute Heilerfolge werden auch durch 10 Minuten dauernde Bäder in gesättigter Salzlösung (27%ig) und anschließender UV-Bestrahlung der noch nassen Haut erreicht. Danach muß der Körper nach ärztlicher Anordnung eingecremt werden.
Aufgrund ihrer Krankheit haben diese Kinder es manchmal schwer, *soziale Kontakte* zu knüpfen und aufrechtzuerhalten. Sie können Minderwertigkeitsgefühle entwickeln oder sich zunehmend von anderen Kindern zurückziehen. Im Umgang mit solchen Kindern muß die Kinderkrankenschwester für diese Schwierigkeiten sensibilisiert sein und ihnen ermutigend und vertrauensvoll begegnen.
Anderen Kindern und besorgten Eltern sollte die Kinderkrankenschwester erklären, daß diese Krankheit nicht ansteckend ist.

7.14.2. Pflege bei allergischen Dermatosen

Durch die Zunahme der Umweltreize, des Gebrauchs von vielerlei Reinigungs- und Desinfektionsmitteln, die Verwendung von Konservierungsmitteln usw. nehmen die allergischen Hauterkrankungen immer mehr zu. Oft dauert es lange, bis die Ursache der Allergie ermittelt ist und eine wirksame Behandlungsmethode angewandt werden kann.

Urtikara (Nesselsucht)

Sie ist das typische Beispiel einer allergischen Hauterkrankung. Auslösende Allergene befinden sich vor allem in manchen Nahrungsmitteln (z. B. Fisch, Eier, Milch, Erdbeeren). Allergische Reaktionen zeigen sich aber z. B. auch nach wiederholter Verabreichung von bestimmten Medikamenten (z. B. Penicillin) oder durch äußere Reize (z. B. Wollstoffe).

Die Kinderkrankenschwester beobachtet

- Auftreten zunächst weißer, dann roter, stark juckender Quaddeln von unterschiedlicher Form und Größe, vor allem am Stamm und an den Extremitäten;
- manchmal Erbrechen und dünne Stühle;
- Fieber und leichter Schockzustand.

Pflege und Behandlung

- Die Haut wird mit juckreizlinderndem Puder oder Gel (z. B. Ingelanpuder oder Soventolgel) behandelt.
- Oral erfolgt die Verabreichung von Antihistaminika (z. B. Avil, Antistin, Atosil).
- Durch Anamnese und genaue Befragung der Mutter kann manchmal herausgefunden werden, welcher Stoff nicht vertragen wurde.
- Ist die Ursache der Allergie ein bestimmtes Nahrungsmittel, so wird dieses dem Kind ab sofort nicht mehr gegeben. Zusammen mit der medikamentösen Behandlung bessert sich der Krankheitszustand ziemlich rasch, die Quaddeln bilden sich zurück und verblassen, der Juckreiz verschwindet.

Erythema exsudativum multiforme

Bei diesem Krankheitsbild breitet sich das vielgestaltige, nichtjuckende Erythem auf Stamm, Gesicht, den Streckseiten der Extremitäten und auch auf den Schleimhäuten aus. Betroffen sind bevorzugt Kleinkinder.
Die Krankheitsdauer beträgt 1–3 Wochen, kann aber danach immer wieder aufflackern.

Die Kinderkrankenschwester beobachtet

- Auftreten kleiner, leicht erhabener roter Flecken, die sich rasch ausbreiten, vergrößern und ineinander übergehen können;
- gewöhnlich schon nach 24 Stunden eine zyanotische Verfärbung und ein Einsinken im Zentrum dieser Papeln;
- ring- oder kokardenförmige Bläschenbildung;
- manchmal Hautblutungen;
- bei Befall der Schleimhäute Fieber und Mattigkeit, stark beeinträchtigter Allgemeinzustand;
- verschieden stark ausgeprägte Stomatitis, Konjunktivitis, Cheilitis, Vulvitis oder Urethritis (pluriorifizielle Ektodermatose – Stevens-Johnson-Syndrom).

Pflege und Behandlung

- Bei leichtem Verlauf der Erkrankung sind weder Bettruhe noch eine besondere Pflege erforderlich. Die Hauterscheinungen müssen aber gut beobachtet werden.
- Bei der schweren Form der Krankheit wird symptomatisch behandelt. Schleimhautpinselungen (z. B. mit Bepanthen) und Mund- oder Augenspülungen (z. B. mit Kamillosan oder Salbeitee) werden von den Kindern angenehm empfunden.
- Sondenernährung wird erforderlich, wenn die orale Nahrungsaufnahme bei starker Stomatitis nicht möglich ist. Zur Deckung des Flüssigkeits- und Elektrolytbedarfs kann auch eine Infusionstherapie angesetzt werden, deren Überwachung Aufgabe der Schwester ist.

Erythema nodosum

Diese Erkrankung befällt bevorzugt Schulkinder und tritt z. B. im Verlauf einer Tuberkulose oder bei einer Streptokokkenerkrankung auf, aber auch als Überempfindlichkeitsreaktion, z. B. nach Sulfonamidgaben.
Die Krankheitsdauer ist sehr unterschiedlich, von wenigen Tagen bis zu einigen Wochen.

Die Kinderkrankenschwester beobachtet

- Blaurote, sehr schmerzhafte flache Knoten von ein oder mehreren Zentimetern Durchmesser, hauptsächlich über beiden Schienbeinen;
- mäßig erhöhte bis hohe Körpertemperaturen;
- die Kinder fühlen sich sehr unwohl und klagen über Kopf- und Gliederschmerzen.

Pflege und Behandlung

- Die Kinder halten Bettruhe, und die Beine werden etwas erhöht gelagert. Da schon das Aufliegen der Bettdecke von den Patienten schmerzhaft empfunden werden kann, sollte eine Reifenbahre über die Beine gestellt werden.
- Das Waschen und Betten der Kinder hat sehr behutsam zu erfolgen, damit Schmerzen vermieden werden.
- Intensive Zuwendung und Beschäftigung mit den Kindern tragen wesentlich zur Verbesserung des oft stark beeinträchtigten Allgemeinzustands bei.
- Da die Kinder häufig appetitlos sind, sollte man ihnen Wunschkost und kleine, appetitlich angerichtete Mahlzeiten anbieten.
- Die medikamentöse Behandlung richtet sich im wesentlichen nach der Krankheitsursache. Zunächst muß daher u. a. durch Tuberkulintests das Vorliegen einer Tuberkulose abgeklärt werden.

7.14.3. Pflege bei Hauterkrankungen durch tierische Parasiten

Zecken

Nach Aufenthalten im Wald während der Sommermonate muß man mit Zeckenbefall rechnen.
Sie können die gefürchtete Zeckenenzephalitis und das Erythema migrans übertragen.

Die Kinderkrankenschwester beobachtet

- Die Kinder kratzen sich häufig an den gleichen Körperstellen;
- an der Stelle, wo die Zecke sich eingegraben hat, kleine Schwellung und Rötung der Haut;
- mehr oder weniger mit Blut gefüllter Leib des Tieres, während der Kopf in der Haut steckt.

Pflege und Behandlung

Die Zecken müssen entfernt werden, wobei darauf zu achten ist, daß der Kopf möglichst nicht abreißt, da es sonst zur Eiterung kommt. Die Schwester soll dem Kind erklären, daß es vor dieser Maßnahme keine Angst zu haben braucht, da sie keine Schmerzen bereitet.
Entfernung der Zecke: Einige Minuten lang einen öl- oder äthergetränkten Wattebausch auf den Leib der Zecke legen (in dieser Zeit löst sich der Kopf aus der Haut), dann das Tier mit einer Pinzette herausziehen. Eine bewährte Methode ist auch das Bestreichen der Zecke mit UHU-Alleskleber.
Es genügt meist, die Haut anschließend mit einer Pflegecreme zu versorgen, in der Regel klingt die Entzündung sehr rasch wieder ab.

Skabies

Die Krankheit wird verursacht durch die Krätzemilbe, die ihre Eier in der Epidermis ablegt.

Die Übertragung erfolgt durch direkten Körperkontakt mit infizierten Personen.

Die Kinderkrankenschwester beobachtet

- Zahlreiche infizierte Kratzspuren, nässende ekzematöse Hautveränderungen, vorzugsweise zwischen den Fingern, in Gelenkbeugen, an den Handtellern oder in der Nabelgegend;
- die Kinder kratzen sich besonders in der Wärme (bei Bettruhe) heftig;
- bei genauem Hinsehen kleine, etwa 1 cm lange Milbengänge (beim Säugling besonders an den Fußsohlen).

Pflege und Behandlung

- Da die Krankheit leicht übertragbar ist, müssen die Kinder isoliert werden.
- Recht schwierig ist es, den Milbennachweis zu erbringen. Manchmal gelingt es, sie mit einer sterilen Nadel aus einem Gang herauszuholen oder durch Anlegen von Tesafilmstreifen, die öfter abgezogen werden (ähnlich wie beim Nachweis von Wurmeiern).
- Zunächst wird ein Reinigungsbad durchgeführt.
- Anschließend daran wird der ganze Körper (mit Ausnahme des Gesichts) an 2 Tagen hintereinander mit Jacutin-Emulsion eingerieben, die man dann etwa 3 Stunden lang einwirken läßt. Statt Jacutin kann auch das schwefelhaltige Mitigal verwendet werden (Behandlung an 3 Tagen hintereinander).
- Da das Mittel ein leichtes Brennen auf der Haut verursachen kann, ist es Aufgabe der Kinderkrankenschwester, das Kind während der Einwirkungszeit zu beruhigen, sich mit ihm zu beschäftigen und es somit abzulenken.
- Danach erfolgt das Abbaden und das Bekleiden des Kindes mit frischer Wäsche. Es soll auch jedesmal in ein frisches Bett gelegt werden.
- Ist die Haut ekzematös verändert, wird sie nach ärztlicher Verordnung lokal behandelt.
- Um den Behandlungserfolg dauerhaft zu gewährleisten, sollte veranlaßt werden, daß die übrigen erkrankten Familienangehörigen mitbehandelt werden und für hygienische Wohnverhältnisse gesorgt wird.

7.14.4. Pflege bei bakteriell bedingten Hautkrankheiten

Impetigo contagiosa

Ursache dieser dem Neugeborenenpemphigoid manchmal sehr ähnlichen Hauterscheinung ist sowohl eine Streptokokken- als auch Staphylokokkeninfektion, die sehr leicht übertragbar ist.

Die Kinderkrankenschwester beobachtet

- Einzelne oder flächenhaft ausgedehnte Eiterbläschen, besonders im Bereich des Mundes und der Nase;
- eingetrocknete, dicke gelbe, manchmal auch blutige Borken;
- Auftreten immer neuer Bläschen und Pusteln in der Umgebung der befallenen Haut oder auch an entfernteren Körperstellen, vor allem durch Verschmieren des Inhalts zerkratzter Pusteln;
- abgeheilte Stellen, die keine Narbenbildung hinterlassen haben;
- gelegentlich blutiger Urin als Zeichen einer hämorrhagischen Nephritis nach Abklingen der Erkrankung („Impetigo-Nephritis").

Pflege und Behandlung

- Die Krusten müssen zunächst aufgeweicht werden (z. B. über Nacht mit 2%iger Salizylvaseline).
- Dann werden auf ärztliche Anordnung meist antibiotische Salben aufgetragen oder Trockenpinselungen vorgenommen.
- Die Nägel der Kinder sind kurzzuschneiden zur Vermeidung einer Autoinfektion.
- Um zu verhüten, daß die Kinder sich kratzen, ist das Anlegen von Armmanschetten meist unvermeidlich.
- Wegen der hohen Infektiosität hat die Kinderkrankenschwester sehr darauf zu achten, daß die Spielsachen dieser Kinder täglich desinfiziert werden und nicht in die Hände anderer Kinder gelangen.
- Am besten ist es, Einweggeschirr zu verwenden, anderenfalls muß das Geschirr nach jedem Essen sterilisiert werden.
- Nach der Entlassung der Kinder ist eine Schlußdesinfektion Stufe 1 BGA des Zimmers durchzuführen (S. 67).

Furunkulose

Hierbei handelt es sich um eine nekrotisierende Talgdrüseninfektion, die häufiger bei älteren Kindern, selten bei Säuglingen vorkommen kann.

Die Kinderkrankenschwester beobachtet

- Rötung, Hitze, Schwellung und Schmerzempfindlichkeit eines oder mehrerer begrenzter Hautbezirke;
- Entwicklung eines eitrigen Pfropfes in der Mitte der entzündlichen Schwellung.

Pflege und Behandlung

- Je nach Lokalisation werden die Furunkel im Beginn örtlich meist mit verschiedenen Salben (z. B. Ichthyol, Ilon-Abszeß oder antibiotischen Salben) behandelt.
- Die umgebende Haut wird entweder mit einer gut deckenden Paste oder mit einer Schüttelmixtur vor Infektion geschützt und der Furunkel mit einem sterilen, lockeren Verband versehen.
- Ist der Furunkel „reif" und hat er sich nicht von selbst entleert, wird er vom Arzt entweder durch Stich- oder Schnittinzision eröffnet.
- Furunkel im Gesicht oder in der Nase dürfen jedoch nicht inzidiert werden, da die Gefahr der Verletzung eines Nervs oder die einer aufsteigenden Infektion zu groß ist. Haut- und Nasenpflege müssen in diesem Fall besonders vorsichtig vorgenommen werden, da man sonst dem Kind heftige Schmerzen bereitet. Gesichts- und Nasenfurunkel werden in der Regel durch eine gezielte Antibiotikatherapie behandelt. Zusätzlich kann z. B. auch eine Infrarotbestrahlung angeordnet werden. Auch Analgetika und Antipyretika kann der Arzt bei Bedarf verordnen.
- Wenn das Kind selbst bei Kaubewegungen Schmerzen hat, sollte ihm flüssige oder breiige Kost angeboten werden.
- Häufig ordnet der Arzt zusätzlich zur lokalen Behandlung noch die Verabreichung eines Antibiotikums (oral oder in Form von Injektionen) an.
- Tritt die Erkrankung besonders im Bereich des Nackens und Kopfes auf, sollte die Schwester beim Baden des Kindes Einweghandschuhe tragen, die auch den Unterarm bedecken, um sich selbst vor einer Infektion zu schützen.
- Dem täglichen Bad werden desinfizierende Substanzen (z. B. Kaliumpermanganat) zugefügt (S. 96).

Abszeß

Die Entwicklung eines Abszesses verläuft ähnlich der eines Furunkels. Es liegt eine Schweißdrüseninfektion vor mit eitrig-nekrotisierender Gewebseinschmelzung.
Nach erfolgloser konservativer Behandlung oder primär wird der Arzt den Abszeß operativ eröffnen. Die Schwester bereitet für diesen Eingriff folgende Gegenstände vor:

- Hautdesinfektionsmittel, Zellstoffkompressen,
- Watteträger, Heftpflaster, elastische Binden,
- Verbandsschere, Spatel, Nierenschale,
- gut deckende Paste,
- Einweghandschuhe, steriles Loch- oder Schlitztuch,
- sterile Mullkompressen in verschiedenen Größen,
- Einwegskalpell,
- chirurgische und anatomische Pinzetten,
- Knopfsonde, Knopfkanüle oder Katheter zur Wundspülung,
- 20-ml-Einwegspritze zur Wundspülung,
- sterile Spülflüssigkeit (z. B. isotone Kochsalzlösung),
- sterile Tamponade, Drains oder Gummilaschen, Sicherheitsnadeln,
- Medikamente, die evtl. in die Abszeßhöhle eingebracht werden (z. B. Peru-Balsam, Leukase-Kegel, Nebacetin-Styli).

Wenn der Patient entsprechend vorbereitet und informiert ist, kann der Eingriff vom Arzt und der assistierenden Schwester unter aseptischen Bedingungen durchgeführt werden. Bei Bedarf wird eine 2. Schwester gebraucht, die das Kind gut festhält und beruhigt.

Panaritium

Ein Panaritium ist eine eitrige und meist sehr schmerzhafte Nagelbettentzündung.
Es kann sowohl an den Finger- als auch an den Zehennägeln entstehen. Besonders gefährlich kann eine solche Infektion im Neugeborenen- und Säuglingsalter werden, da daraus eine Sepsis entstehen kann.

Strukturnetz

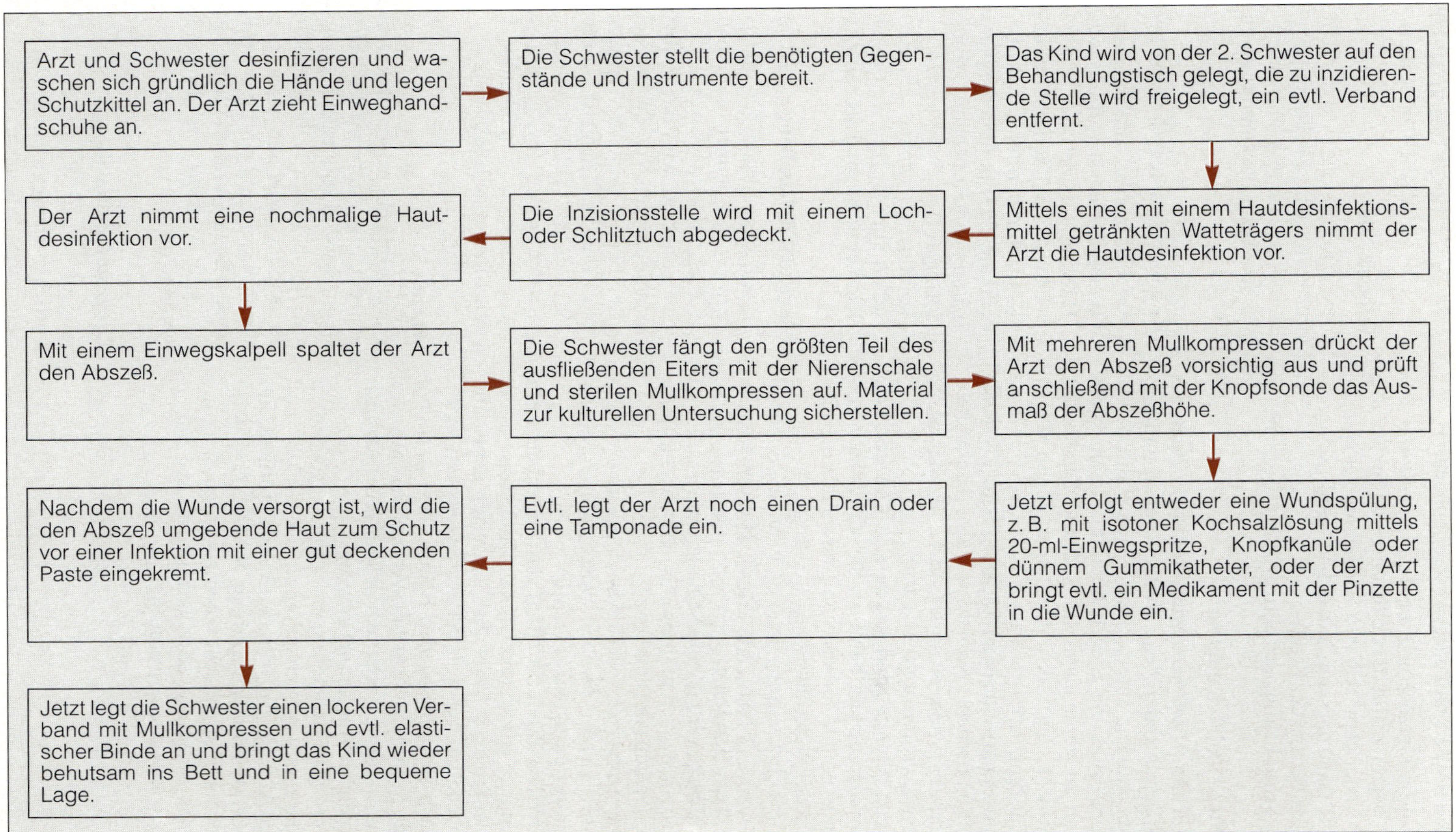

Die Kinderkrankenschwester beobachtet

- Von einem Punkt aus beginnende und sich weiter ausbreitende Rötung und Schwellung in der unmittelbaren Umgebung des Nagels;
- Berührungsempfindlichkeit und Schmerzäußerung des Kindes;
- Schonhaltung der betroffenen Gliedmaße.

Pflege und Behandlung

Zur *Infektionsprophylaxe* soll vor allem das Nägelschneiden beim Neugeborenen und jungen Säugling unterbleiben. Die Gefahr, daß es dabei zu Verletzungen kommt, ist sehr groß. Um zu vermeiden, daß sich die Kinder das Gesicht zerkratzen, kann man ihnen dünne Fäustlinge überziehen.
Ein Panaritium beim Säugling wird lokal mit antibiotischen *Salbenverbänden* behandelt, und gleichzeitig wird der Arzt eine allgemeine *Antibiotikatherapie* anordnen.
Beim älteren Kind haben sich konzentrierte *Seifenbäder* sehr bewährt. Sie wirken schmerzlindernd und fördern den Einschmelzungsprozeß des Panaritiums.
Zur Durchführung benötigt man eine Schüssel warmes Wasser, ein Stück Handwaschseife und ein Handtuch.
Die Seife wird in eine Schüssel gelegt und muß sich im Wasser auflösen, bis eine konzentrierte Seifenlauge entstanden ist.
Das Seifenbad soll 10 Minuten lang durchgeführt werden, wobei zwischendurch heißes Wasser dazugemischt wird.
Größere Kinder können das Seifenbad nach genauer Information allein durchführen, bei Kleinkindern bleibt die Schwester dabei und beschäftigt sich währenddessen mit dem Kind.
Nach Beendigung des Bades wird, nachdem das Panaritium beurteilt worden ist, entweder ein trockener oder ein Salbenverband nach ärztlicher Anordnung angelegt.
Geht die Entzündung unter der angewandten konservativen Behandlung nicht zurück, muß der Arzt das Panaritium operativ eröffnen, um eine weitere Ausbreitung zu verhüten. Dies geschieht in ähnlicher Weise wie die Spaltung eines Abszesses. Die Nachbehandlung erfolgt nach ärztlicher Anweisung.

7.14.5. Pflege bei virusbedingten Hautkrankheiten

Herpes zoster

Diese Erkrankung wird durch das Varizellenvirus verursacht. Sie kommt bei Personen vor, die früher bereits Windpocken gehabt haben und bei denen die Immunität zu weit abgefallen ist.

Die Kinderkrankenschwester beobachtet

- Stets halbseitig sind meistens Thorax- und Bauchbereich betroffen, sehr selten auch Hals und Gesicht;
- leichte bis mäßig fieberhafte Erhöhung der Körpertemperatur;
- entlang einer peripheren Nervenbahn Hautrötung und Entstehung band- bzw. streifenförmiger Bläschengruppen;
- Schmerzäußerungen des Kindes, die aber selten über längere Zeit anhalten und beim Kind geringer sind als beim Erwachsenen.

Pflege und Behandlung

- Lokal können täglich Zinktrockenpinselungen vorgenommen oder anästhesierende Salben aufgetragen werden.
- Anschließend wird die betroffene Stelle mit einem sterilen Verband abgedeckt.
- Bei Bedarf und nach Absprache mit dem Arzt werden Analgetika verabreicht.
- Wegen der Infektionsgefahr werden die Kinder isoliert (es handelt sich jedoch im Gegensatz zu den Windpocken nicht um eine fliegende Infektion).

Warzen

Warzen sind gutartige, infektiöse und sehr verschiedenartig auftretende Neubildungen der Haut. Sie sind hauptsächlich bei Schulkindern und Jugendlichen zu beobachten. Sie können die Kinder psychisch stark belasten und zu Minderwertigkeitsgefühlen führen. Daher sollte bei massivem und hartnäckigem Auftreten von Warzen zur Behandlung geraten werden.

Pflege und Behandlung

Je nach Art der Warzen und nach angesetzter ärztlicher Therapie werden sie entweder durch mehrmalige Ätzungen, durch Behandlung mit

einer Diathermienadel oder operative Abtragung entfernt.
Wegen der Infektiosität hat die Kinderkrankenschwester darauf zu achten, daß sich die Kinder nicht selbst weiter infizieren oder Mitpatienten anstecken.
In der Regel werden die behandelten Stellen mit sterilen Verbänden abgedeckt.
Dinge, mit denen das Kind in Berührung kommt (z. B. Spiele, Bücher), dürfen nicht zu anderen Kindern gelangen.

7.14.6. Pflege bei Mykosen

Soordermatitis

Diese Infektion durch den Soorpilz Candida albicans tritt bei Säuglingen auf, die häufig zugleich Mundsoor haben und bei denen auch im Stuhl eine massive Soorpilzausscheidung nachgewiesen wird. Infektionsgefährdet sind immer abwehrgeschwächte Patienten.

Die Kinderkrankenschwester beobachtet

- Erytheme und Erosionen vor allem im Windelbereich und in den Hautfalten, scharf begrenzt von einem weißlichen Schuppenkranz;
- in der Umgebung vereinzelt nässende Stellen oder Pusteln.

Pflege und Behandlung

Bei allen pflegerischen Verrichtungen sollte die Schwester Einweghandschuhe tragen, um einer Übertragung der Infektion auf andere Kinder vorzubeugen.
Die erkrankte Haut muß trocken gehalten werden, die Kleidung luftdurchlässig sein. Die Kinder müssen daher vor allem häufig trokkengelegt werden, Gummihosen dürfen nicht verwendet werden.
Die lokale und orale medikamentöse Behandlung richtet sich nach ärztlicher Anordnung. Antimykotische Mittel kommen zur Anwendung. Heilbäder, z. B. mit Kaliumpermanganat-Zusatz, können ebenfalls durchgeführt werden (S. 96).

Hand- und Fußpilz

Diese überaus leicht übertragbare Pilzerkrankung der Epidermis, besonders zwischen den Fingern und Zehen, tritt hauptsächlich bei Schulkindern auf. Es ist bekannt, daß sich die Kinder häufig in Schwimmbädern infizieren.

Die Kinderkrankenschwester beobachtet

- Auftreten von Bläschen zwischen Fingern und Zehen;
- die Kinder kratzen sich oft infolge des zunehmenden Juckreizes;
- die Epidermis verfärbt sich weißlich und beginnt sich aufzulösen;
- nach Abstoßen der Hornschicht nässende, hochrote Flächen, die noch von weißmazerierten Hautfetzen umgeben sind;
- teilweise sekundär eitrig infizierte Herde.

Pflege und Behandlung

- Wegen der hohen Infektiosität muß die Schwester darauf achten, daß andere Kinder und auch sie selbst nicht angesteckt werden. Bei der Pflege sollte sie Einweghandschuhe tragen.
- Die medikamentöse Behandlung geschieht nach ärztlicher Verordnung, in der Hauptsache mit Antimykotika (z. B. Isoconazol oder Bifonazol), anfangs als Tinktur, dann in Form von Salben oder Pasten und später als Puder.
- Kaliumpermanganat-Teilbäder können zusätzlich angeordnet werden.
- Meistens werden leichte Verbände mit aufgelegten Mullkompressen oder Schlauchmull angelegt, um das Kratzen und damit Reinfektionen zu verhindern.
- Damit Luft an die Haut kommen kann, dürfen die Kinder nur leichte Baumwollsokken und Sandalen tragen.
- Sehr wichtig ist die Desinfektion der eigenen Wäsche, Strümpfe, Schuhe, der Badematte, des Teppichbodens usw., bevor die Kinder nach stationärer Behandlung nach Haus entlassen werden.

Tinea capitis (Pilzerkrankung der Kopfhaut – Trichophyton-Infektion)

Diese Pilzerkrankung befällt Kinder jeden Alters und ist hochinfektiös.

Die Kinderkrankenschwester beobachtet

- Zunächst das Auftreten von kleinen Papeln, die sich zu runden, rötlichen, schuppenden Stellen entwickeln und ineinander übergehen;

- eine tiefe Infiltration der Kopfhaut, die erhabenen Stellen nässen, es kommt zur Krustenbildung;
- Haarausfall durch die Zerstörung der Follikel;
- übelriechende, eitrige Absonderungen durch bakterielle Sekundärinfektion.

Pflege und Behandlung

- Vor allem gilt es, die Gefährdung anderer Patienten durch Kontakt- oder Schmierinfektion zu vermeiden:
  - gründliche Händedesinfektion vor und nach Umgang mit dem Kind;
  - das Tragen von Schutzkittel und Einweghandschuhen bei Verbandswechsel und Haarwäsche;
  - die Desinfektion von Flächen und Gegenständen, mit denen das Kind in Berührung gekommen ist (nach Hygieneplan);
  - die Entsorgung von Wäsche und Abfällen in farblich gekennzeichneten Säcken.
- Die medikamentöse, 4 Wochen und länger andauernde Therapie wird vom Dermatologen verordnet. Aufgabe der Schwester ist es, die Medikamente zu verabreichen und die lokalen Behandlungsmaßnahmen durchzuführen.
- Das Kind erhält per os ein Antimykotikum (z. B. Nizoraltabletten oder Griseofulvin).
- Die betroffene Kopfhaut wird mit verordneten Salben behandelt und mit sterilen Kompressen abgedeckt, die mit einem Kopfverband aus Schlauchmull befestigt werden.
- Die tägliche Haarwäsche erfolgt mit einer desinfizierenden Waschlotion.
- Auf diese für das Kind sehr unangenehmen und schmerzhaften Maßnahmen muß es altersentsprechend vorbereitet werden, und sie müssen vorsichtig und behutsam durchgeführt werden.

7.14.7. Pflege bei Geschlechtskrankheiten

Gonoblennorrhoe

Bei dieser Erkrankung der Augenbindehäute des Neugeborenen handelt es sich um eine während der Geburt erfolgte Gonokokkeninfektion, wenn die Mutter an Gonorrhoe erkrankt ist. Um diese Infektion weitestgehend zu verhüten, wird beim Neugeborenen nach der Geburt die Credé-Prophylaxe durchgeführt (S. 23).

Die Kinderkrankenschwester beobachtet

- 2–3 Tage nach der Geburt meist zunächst einseitiges, dann aber in der Regel auch auf das andere Auge übergehendes starkes Ödem an Augenlidern und Bindehaut;
- Austreten eitrigen Augensekrets.

Pflege und Behandlung

- Zuerst muß von den Konjunktiven ein Abstrich gemacht werden, der bakteriologisch auf Gonokokken untersucht wird.
- Die Erkrankung ist hochinfektiös, daher müssen diese Kinder isoliert werden und alle pflegerischen Verrichtungen sowie der Umgang mit den dafür notwendigen Gegenständen unter strenger Beachtung der Regeln der Asepsis vorgenommen werden. Das Tragen von Schutzkitteln und Einweghandschuhen bei der Pflege ist unbedingt erforderlich.
- Falls nur ein Auge erkrankt ist, muß das andere vor Infektion geschützt werden. Deshalb wird das Kind immer auf die erkrankte Seite gelagert und das gesunde Auge mit einem Verband (Uhrglasverband) abgedeckt (S. 339).
- Das eitrige Sekret muß häufig mit sterilen Zellstoff- oder Mullkompressen bzw. steriler Watte abgewischt werden.
- Wenn Eiter auf das Kopfkissen oder die Unterlage gelangt ist, ist ein sofortiger Wäschewechsel vorzunehmen.
- Zur Verhütung einer Schmierinfektion ist es oft auch erforderlich, die Hände des Kindes so zu fixieren, daß es damit nicht die Augen berühren kann.
- Das Gesicht des Kindes muß die Schwester sehr sorgfältig waschen, das eitrige Sekret darf dabei nicht verschmiert werden. Einmalwaschlappen und -handtuch sind zu verwenden.
- Medikamentös werden vom Arzt Penicillin und evtl. Augenspülungen (z. B. mit Kaliumpermanganatlösung) angeordnet (S. 96). Für die gewissenhafte Durchführung dieser Maßnahmen ist die Schwester verantwortlich.
- Nach der Entlassung des Kindes aus der Klinik hat eine erweiterte Schlußdesinfek-

tion des Krankenzimmers samt allem Inventar zu erfolgen.

Lues connata

Diese Erkrankung ist angeboren, die Infektion des Kindes erfolgte meist während der Schwangerschaft. Die Infektionsgefahr für das Pflegepersonal ist sehr groß; daraus ergeben sich für die Pflege wiederum folgende Konsequenzen:

- Isolierung des kranken Kindes;
- pflegerische Verrichtungen nur mit Schutzkittel und Handschuhen durchführen;
- strenge Einhaltung der aseptischen Regeln im Umgang mit Geräten, Gegenständen oder Ausscheidungen des Kindes.

Die Kinderkrankenschwester beobachtet

- Syphilitischen Schnupfen, der entweder angeboren ist oder aber innerhalb der 1. Lebenswoche auftritt;
- fahlblasse Gesichtsfarbe („Milchkaffeefarbe") und graugelbe Farbe der Haut am Körper;
- flächenhafte Hauterscheinungen im Laufe der ersten Lebenswochen. Die Haut ist gerötet, glänzend und verdickt, und es kommt zur Rhagadenbildung, besonders im Bereich des Mundes, der Nase und der Augenlider – impetigoähnliche Krusten und Borken bilden sich;
- syphilitischer Pemphigus an Handtellern und Fußsohlen des Kindes: Die Schälblasen platzen leicht auf und sind hochinfektiös;
- makulopapulöses Syphilid: Linsen- bis pfenniggroße, blaßrote, flache Hauterscheinungen, besonders im Gesicht, den Streckseiten der Extremitäten und am After.

Pflege und Behandlung

- Die Ernährung des lueskranken Kindes ist äußerst sorgfältig durchzuführen, denn diese Kinder gedeihen schlecht und neigen sehr zu Ernährungsstörungen.
- Besonders gründlich und schonend sind Mund- und Nasenpflege vorzunehmen (S. 160 und S. 155).
- Die medikamentöse Therapie besteht in der Verabreichung von Penicillin über ca. 3 Wochen. Die Kinderkrankenschwester hat die verordnete Menge des Medikaments zu den vorgeschriebenen Zeiten zu verabreichen.
  Besondere Gefahr (Schock!) besteht während der Anfangsbehandlung; deshalb muß das Kind zu dieser Zeit gut beobachtet werden.
- In regelmäßigen Abständen erfolgen Blutentnahmen, bei denen die Schwester dem Arzt assistiert. Sie ist dafür verantwortlich, daß die Blutproben zur serologischen Untersuchung geschickt werden.

Beachte: Vorsichtig! Besonders im Umgang mit Blut besteht Infektionsgefahr!

- Trotz Infektionsgefahr und seines oft wenig anziehenden Äußeren bedarf der lueskranke Säugling besonders liebevoller Zuwendung, da er diese von seiten der Mutter leider häufig entbehren muß. Schwestern und Ärzte sollten daher sehr bemüht sein, beratend und helfend die Mutter-Kind-Beziehung zu festigen.

7.15. Pflege bei Kindern mit Verbrennungen und Verbrühungen

H. Röhr

Notwendige Vorkenntnisse

- Anatomie und Physiologie der Haut,
- Krankheitsbild Verbrennungen/Verbrühungen,
- Schock und seine Ursachen,
- sterile Wundversorgung,
- Infusion (S. 278ff),
- Überwachung der Vitalfunktionen (Temperatur, Puls, Blutdruck, Atmung s. Kap. 5.1),
- Überwachung der Ausscheidungen,
- Überwachung der Bewußtseinslage,
- Tetanusprophylaxe,
- Dekubitusprophylaxe (S. 176ff),
- Kontrakturenprophylaxe (S. 179ff),
- Pneumonieprophylaxe (S. 178ff),
- Sterilisations- und Desinfektionsmaßnahmen,
- Erste Hilfe bei Verbrennungen/Verbrühungen.

Definition

Unter Verbrennung versteht man eine örtliche Einwirkung von Hitze auf die Körperoberfläche, unter Verbrühung eine Schädigung der Haut durch heiße Flüssigkeiten.

Strukturnetz

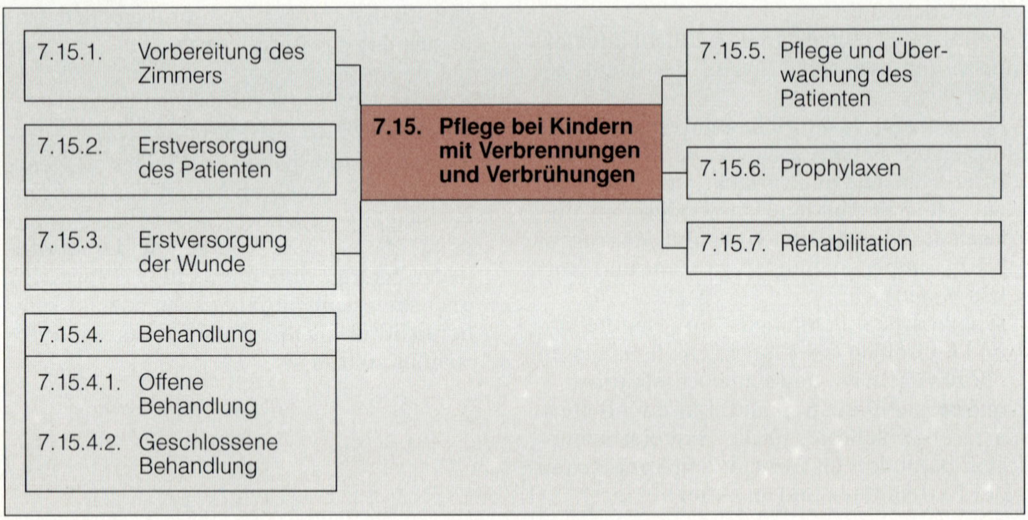

Lehrziel

Verbrennungen und Verbrühungen kommen im Kindesalter relativ häufig vor. Bei einer Ausdehnung über mehr als 5% der Körperoberfläche ist unbedingt ein Krankenhausaufenthalt erforderlich.
Für die Schwestern und Schülerinnen ist es daher wichtig zu wissen, wie sie mit diesen verletzten Patienten umzugehen haben. In diesem Teilkapitel wird die besondere Pflege und Überwachung des Verbrennungskranken beschrieben.

Lernziele

Nach der Bearbeitung dieses Abschnitts können Sie erklären,

- welche Vorbereitungen Sie für die Aufnahme eines Kindes mit Verbrennungen/Verbrühungen treffen;
- auf welche Besonderheiten in der Pflege und Überwachung zu achten ist;
- wie die Verletzten behandelt werden;
- welche Rehabilitationsmaßnahmen durchgeführt werden können;
- warum die Kinder besonderer, intensiver Zuwendung bedürfen.

7.15.1. Vorbereitung des Zimmers

Allgemeines

- Die Kinder liegen in einer Verbrennungseinheit (besonderes Zimmer);
- die Räume sollen vollklimatisiert und die Raumluft weitgehend keimfrei sein.

Vorbereitung bei offener Behandlung

- Raum auf 28–32°C erwärmen, evtl. Wärmelampe einschalten;
- für genügend Luftfeuchtigkeit sorgen, evtl. Gefäß mit Wasser oder Luftanfeuchter aufstellen (Feuchtigkeitsgehalt der Luft sollte bei 60–70% liegen);
- ein am gleichen Tag desinfiziertes Bett ins Zimmer stellen;
- Matratze mit sterilen, vorgewärmten Tüchern abdecken;
- evtl. Bett mit Spezialfolie, z. B. Metalline, auslegen;
- falls der Patient zugedeckt wird, Decke steril beziehen und
- Bettbügel bereitstellen;
- sterile Pflegekittel, Haarschutz und sterile Handschuhe vorbereiten;
- Geräte zur apparativen Überwachung des Patienten bereitstellen.

7.15.2. Erstversorgung des Patienten

Durchführung: Erstversorgung des Patienten

Vorbereitung (Material)	Maßnahme	Begründung
– sterile Tücher oder Spezialfolie	– Patienten in der Aufnahme abholen, in sterile Tücher einschlagen und in den OP oder die Verbrennungseinheit bringen	– um Wundinfektionen zu vermeiden, Spezialfolie klebt nicht auf der Wunde
– Medikamente: Sedativa, Analgetika	– nach ärztlicher Verordnung verabreichen	– durch große Schmerzen sind die Patienten meist sehr unruhig
– Waage	– Gewicht feststellen	– wichtig zur richtigen Dosierung der Infusionen und Medikamente
– Instrumentarium zum Einführen eines Venenkatheters	– je nach Ausdehnung der Verbrennung wird eine i.v. Dauertropfinfusion angelegt	– zur Flüssigkeitssubstitution Messung des zentralen Venendrucks (S. 579ff)
– Infusionslösung		
– Volumenersatzmittel		
– Material zur Blutentnahme		– Blutentnahme: Astrup und Hämatokrit
– evtl. Instrumente zur Venae sectio		
– Blutdruckapparat	– Blutdruckmanschette an unverletzter Extremität anlegen (S. 123ff)	– zur Überwachung des Kreislaufs
	– Blutdruck kontrollieren	
– Spezialblatt für Kinder mit Verbrennungen/Verbrühungen oder Stempel	– Abschätzung und Dokumentation der Ausdehnung und Tiefe der Verletzung (Abb. 35a u. b)	– zur weiteren Therapie notwendig

Vorbereitung (Material)	Maßnahme	Begründung
– Verlaufsbogen	– ärztliche Verordnungen eintragen – Vitalfunktionen überwachen – Aussehen und Verhalten des Patienten protokollieren	
– Infusionsprotokoll	– Ein- und Ausfuhr notieren	

7.15.3. Erstversorgung der Wunde

Beachte: Ziel der Behandlung ist es, die Wunden möglichst keimarm zu halten und so schnell wie möglich zur Heilung zu bringen.

- Es ist zweckmäßig, die Wundversorgung im OP vorzunehmen;
- die Versorgung geschieht unter sterilen Kautelen;
- evtl. ist eine Kurznarkose erforderlich;
- intakte Haut um die Wunde wird desinfiziert;
- locker aufliegende Nekrosen und grobe Verschmutzungen werden entfernt;
- Wunden evtl. mit isotoner Kochsalzlösung säubern;
- Brandblasen werden geöffnet und evtl. abgetragen;
- bei Verletzungen im Bereich des Kopfes werden die Haare entfernt.

Beachte: Bei der verbandlosen Methode ist die Gefahr der Wundinfektion bis zur Ausbildung des Plasmaschorfs (24–72 Stunden) am größten, da das frische Sekret ein idealer Nährboden für Bakterien ist.

7.15.4. Behandlung

7.15.4.1. Offene Behandlung

- Vor der Behandlung nach ärztlicher Anweisung Analgetika verabreichen;
- auf die gesäuberte Wunde wird ein Lokalantiseptikum, z. B. Betaisodona, getupft;
- in den ersten 2–3 Tagen 3- bis 5stündlich wiederholen, bis sich ein Schorf gebildet hat.
- Wunde mit netzartiger Gaze, z. B. Adaptic, bedecken, damit der Schorf nicht zu fest wird;
- ab 3.–4. Tag Vollbad, evtl. in Kurznarkose mit gleichzeitiger krankengymnastischer Behandlung;
- weitere Versorgung mit antibiotischen, z, B. Nebacetin, oder antiseptischen Salben, z. B. Betaisodona.

Beachte: Schorf auf keinen Fall entfernen, solange er noch haftet, da sonst das neugebildete Epithel mit entfernt wird.

7.15.4.2. Geschlossene Behandlung

Vorteile:

- Da die Wunden abgedeckt sind, besteht ein gewisser Infektionsschutz.
- Die Kinder haben evtl. mehr Bewegungsfreiheit, da sie nicht angebunden werden müssen.
- Die Zimmer müssen nicht überheizt sein.

- Gesäuberte Wunde mit lokalem Antiseptikum betupfen;
- darüber z. B. Adaptic legen;
- mit sterilen Mullkompressen abdecken und mit
- Mullbinden oder Schlauchmullverbänden fixieren;
- einmal täglich Verband unter sterilen Bedingungen wechseln;
- ab 3.–4. Tag Vollbad in z. B. 1‰iger Betaisodonalösung;
- Wunde mit z. B. Adaptic abdecken;
- mit antibiotischen oder antiseptischen Salben behandeln.

Abb. 35 a u. b Verbrennungsschema prozentuale Ausdehnung der Verletzung:
a) 0–7½ Jahre,
b) 7½–15 Jahre

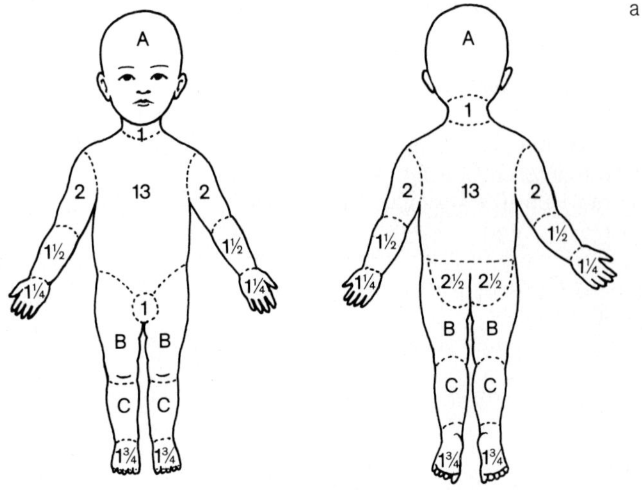

Körperteil	Alter in Jahren		
	0	1	5
A = ½ Kopf	9½ %	8½ %	6½ %
B = ½ Oberschenkel	2¾ %	1¼ %	4 %
C = ½ Unterschenkel	2½ %	2½ %	2¾ %

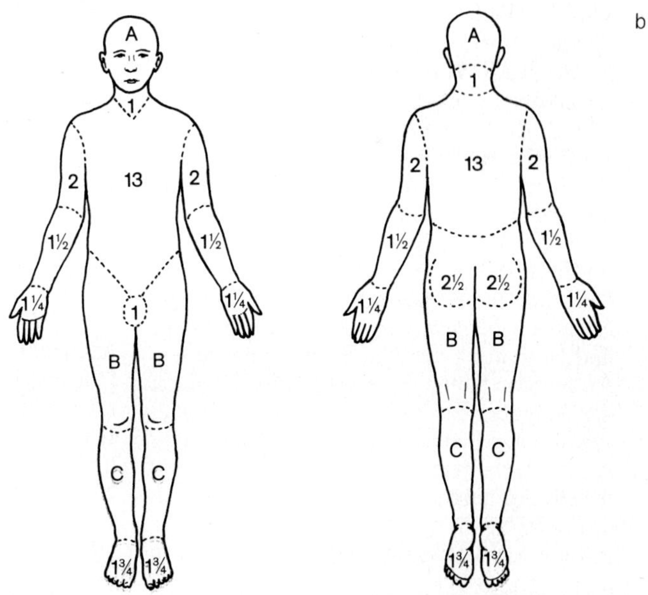

Körperteil	Alter in Jahren	
	10	15
A = ½ Kopf	5½ %	4½ %
B = ½ Oberschenkel	4¼ %	4½ %
C = ½ Unterschenkel	3 %	3¼ %

7.15.5. Pflege und Überwachung des Patienten

- Für das Kind wird ein Pflegeplan erstellt;
- regelmäßge Kontrollen der Vitalfunktionen und des zentralen Venendrucks werden durchgeführt;
- die Bewußtseinslage, die Flüssigkeitsbilanz (Ein- und Ausfuhr) und die i. v. Dauertropfinfusion werden überwacht;
- das Gewicht wird nach Möglichkeit täglich kontrolliert;
- die Schwester achtet auf Schmerzäußerungen des Kindes;
- nach ärztlicher Verordnung kann sie schmerzstillende Medikamente verabreichen;
- die Körperpflege (S. 144ff) wird den Bedürfnissen entsprechend durchgeführt;
- das Bett wird weiterhin mit steriler, angewärmter Wäsche bezogen;
- die Patienten bequem lagern, so daß der geschädigte Bezirk frei liegt – dies ist bei Schwerstverbrannten nicht immer zu verwirklichen und bei Verwendung des *Clinitron-Bettes* auch nicht erforderlich. In Verbrennungszentren wird es meist im Leasing-Verfahren eingesetzt.
- Für die richtige Ernährung sorgen. Je nach Schwere der Verbrennung ist eine eiweißreiche und hochkalorische Nahrung zu empfehlen, die Wünsche des Kindes in bezug auf die Ernährung sind zu berücksichtigen. Eventuell wird Sondenernährung notwendig, wenn die Kinder die Nahrung verweigern oder Verletzungen im Mund- und Speiseröhrenbereich haben.
- Der Patient benötigt intensive Zuwendung. Nach Möglichkeit die Eltern in die Pflege und Betreuung des Kindes miteinbeziehen. Außerdem haben Schwester und Erzieher die Aufgabe, das Kind zu beschäftigen oder ihm je nach Schwere der Verletzung vorzulesen oder zu erzählen, auch kann die Unterhaltung durch Radio und Fernsehen ratsam sein.
- Für die richtige Raumtemperatur und Luftfeuchtigkeit ist zu sorgen;
- ausreichend sterile Wäsche und Verbandmaterial werden bereitgelegt.

7.15.6. Prophylaxen

Tetanus:
- bei nichtgeimpften Patienten passive und aktive Impfung mit Tetanol und Tetagam,
- bei geimpften Kindern erfolgt evtl. eine Nachimpfung.

Wundinfektionen:
- 1- bis 2mal wöchentlich wird ein Wundabstrich durchgeführt,
- evtl. muß Blut für eine Blutkultur abgenommen werden,
- Verordnung von Antibiotika beim Nachweis von Erregern.

Kontrakturen:
- Kontrakturenprophylaxe s. S. 179.
- Verletzte Extremitäten hochlagern, auf richtige Gelenkstellung achten;
- Knie- und Ellenbogengelenke in Streckstellung (170 Grad),
- Fußgelenke in Rechtwinkelposition,
- Schultergelenke in Abduktionsstellung,
- Hände in Gebrauchsstellung.

Dekubitus:
- Dekubitusprophylaxe s. S. 176ff.

Pneumonie:
- Pneumonieprophylaxe s. S. 178ff.

7.15.7. Rehabilitation

Die Miteinbeziehung der Eltern in die Pflege und Rehabilitationsmaßnahmen ist von großer Bedeutung.

Je nach Schwere der Verbrennung werden die Kinder ab 10.–11. Tag krankengymnastisch betreut, z. B. Bindegewebsmassagen zur Vermeidung von Keloiden, leichte Gymnastik zur Kontrakturenprophylaxe. Pflegepersonal und Eltern können diese Maßnahmen spielerisch unterstützen.

Hauttransplantationen werden je nach Grad und Ausmaß der Verletzung notwendig.

Narbenkontrakturen und Keloide können operativ korrigiert werden.

Über hypertrophen Narben werden Schaumgummikompressionsverbände angelegt, die über lange Zeit getragen werden müssen.

Können die Kinder aus dem Krankenhaus entlassen werden, müssen die Eltern über die Wiedereingliederung in Familie und Schule informiert werden.

7.16. Pflege bei Kindern mit Erkrankungen des Bewegungsapparates

H. Wildoer

Notwendige Vorkenntnisse

- Anatomie und Physiologie des Bewegungsapparates,
- Wirkung und Nebenwirkungen der Antibiotika,
- prä- und postoperative Pflege (S. 482ff).

Strukturnetz

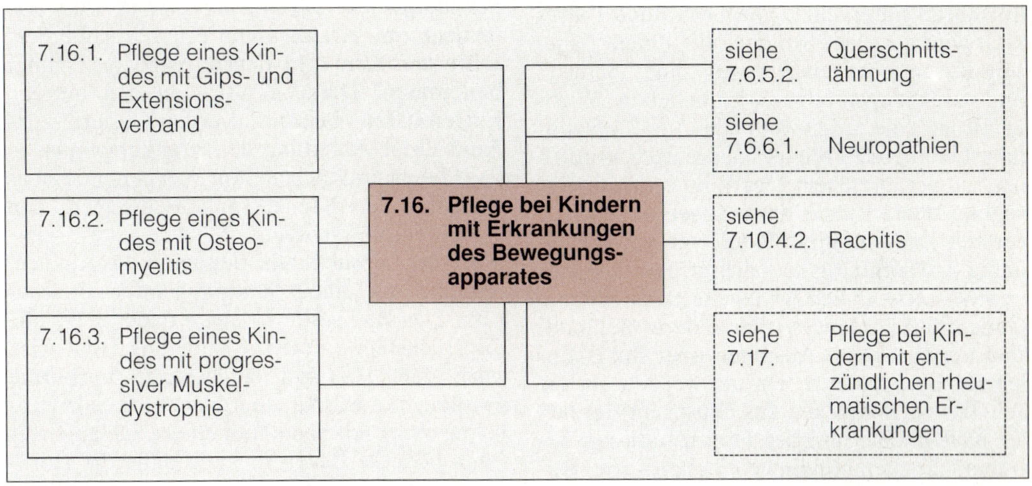

Lehrziel

Die Pflege bei Kindern mit Erkrankungen des Bewegungsapparates wird in diesem Teilkapitel an 3 Beispielen exemplarisch beschrieben. Im nachfolgenden Text erfahren Sie, welche Aufgaben die Kinderkrankenschwester dabei hat.

Lernziele

Nach dem Studium dieses Abschnitts können Sie

- Aussagen darüber machen, wie ein Kind mit einem ruhigstellenden Verband gepflegt wird;
- erläutern, welche Aufgaben die Kinderkrankenschwester bei der Pflege eines Kindes mit Osteomyelitis hat;
- beschreiben, wie eine Spül-Saug-Drainage zu überwachen ist;
- berichten, wie ein Kind mit einer progressiven Muskeldystrophie zu betreuen ist.

7.16.1. Pflege eines Kindes mit Gips- und Extensionsverband

Eine Fraktur wird manuell in Narkose reponiert und durch einen Gipsverband oder eine Extension ruhiggestellt. Die Reposition kann auch operativ durch das Anlegen von Spickdrähten, Schrauben, Nägeln und Metallplatten durchgeführt werden.

Pflege eines Kindes mit Gipsverband

Die Kinderkrankenschwester beobachtet

- Beweglichkeit der Finger bzw. der Zehen, da eine Einschränkung der Beweglichkeit auf eine Nervenquetschung hinweisen kann;
- Schwellungen der Finger bzw. Zehen;
- Temperatur und Farbe der Haut, eventuelle Störungen der Blutzirkulation;
- Druckstellen der Haut an den Gipsrändern;
- äußern die Kinder Schmerzen oder weisen sie in ihrem Verhalten darauf hin?

Pflege und Behandlung

Bis der Gips nach 2–3 Tagen vollkommen trocken ist, darf er nicht belastet werden. Während dieser Zeit gibt der Gips Wasser ab. Um zu verhindern, daß dadurch eine feuchte Kammer entsteht, wird eine Reifenbahre zum Abheben der Bettdecke benutzt.

Krümel, die beim Gipsen entstehen, müssen beseitigt werden, bevor sie zwischen Haut und Verband fallen und dort Druck verursachen. Zur Dekubitusprophylaxe wird das Kind regelmäßig umgelagert, und die Lage durch Hilfsmittel unterstützt. Die betroffene Extremität wird auf einer Schiene oder einem Lagerungskissen hochgelagert, um einer Schwellung vorzubeugen oder sie zu beheben. Wichtig ist es, die abschwellenden und entzündungshemmenden Medikamente nach Verordnung zu verabreichen. Das Kind muß zur Bewegung seiner Finger bzw. Zehen angehalten werden. Der erkrankte Körperteil wird regelmäßig und sorgfältig beobachtet. Auffälligkeiten sind sofort an den Arzt weiterzuleiten.

Kinder mit Lähmungen oder anderer Behinderung können keine Aussagen über ihr Befinden im Gips machen. Darum werden am ersten Tag nach Anlegen des Gipses im Bereich der Kniescheibe und der Fersen – diesen besonders druckempfindlichen Stellen – sog. Dekubitusfenster geschnitten, um einen täglichen Einblick zur Hautkontrolle möglich zu machen. Diese Fenster dürfen nur zur Kontrolle abgenommen werden. Im übrigen muß immer darauf geachtet werden, daß die Teile fest mit elastischen Binden angewickelt sind, um Anschwellung, sog. Fensterödeme, zu vermeiden. Ist die Haut gerötet, muß diese Stelle unbedingt druckfrei gelagert werden. Dies kann durch Polsterung oder Umlagern geschehen.

Für altersgemäße Spielmöglichkeiten, die das Kind mit seiner eingeschränkten Beweglichkeit ausführen kann, z. B. Rätselspiele, Fingerspiele, Bilderbücher, Lesen und Basteln, ist zu sorgen. Die Eltern können auch die Schulaufgaben mitbringen, oder es wird Unterricht am Krankenbett erteilt. Außerdem sollte das Kind den Fensterplatz im Zimmer bekommen. Darf ein Gips an den unteren Extremitäten belastet werden, erlernt das Kind unter Anleitung der Krankengymnastin das Gehen an Stöcken. Am Wochenende ist es Aufgabe der Kinderkrankenschwester, den Patienten zu aktivieren.

Nach der Gipsabnahme bekommt das Kind ein Vollbad mit einem hautpflegenden Badezusatz. Das Bad sollte so lange dauern, bis alle Gipsrückstände entfernt sind. Die Haut wird nach dem Bad gut eingecremt. Verhornte Hautbezirke werden über Nacht mit Salizylvaseline eingerieben und mit einem Schlauchverband bedeckt. Morgens kann dann die Hornhaut abgelöst werden. Da die ruhiggestellte Körperregion dem Kind nach der Gipsabnahme sehr weh tut, muß die Pflege behutsam durchgeführt werden.

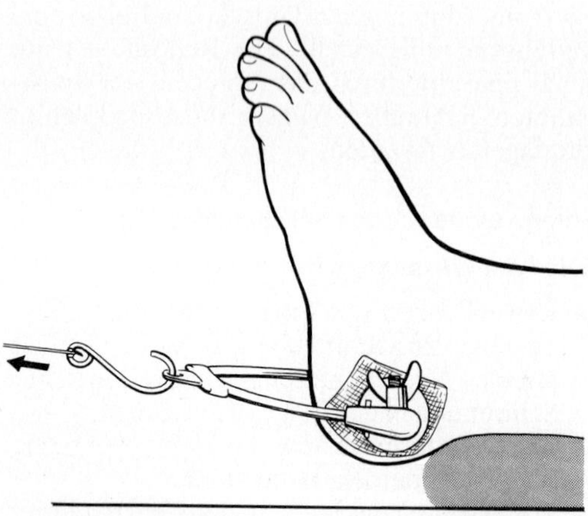

Abb. 36 Drahtextension mit Hilfe eines durch den Knochen gebohrten Drahtes

Pflege eines Kindes mit Extension

Die Reposition durch Extension kann mittels eines Heftpflasterzuges oder Kirschner-Drahtes mit Gewichtszug erfolgen (Abb. 36).

Die Kinderkrankenschwester beobachtet

- Druckstellen der Haut und allergische Reaktionen beim Pflasterverband.
- Gibt es Anzeichen einer Entzündung an Ein- oder Austrittstelle des Drahtes und ist der Sitz richtig?
- Schweben die Gewichte und Extensionsbügel frei?

Pflege und Behandlung

Dem Kind wird die Notwendigkeit der Behandlungsmethode altersgemäß erklärt. Es bekommt eine flache Rückenlagerung, um eine reibungslose Auswirkung von Zug und Gegenzug zu erreichen. Beim Kirschner-Draht ist darauf zu achten, daß er nicht einschneidet und nicht hin und her geschoben wird. An der Ein- und Austrittsstelle des Drahtes muß täglich eine aseptische Wundversorgung durchgeführt werden. Bei einer Drahtextension kann das Kind auch auf einem Extensionstisch nach Weber gelagert werden. Es muß so gelagert werden, daß das Kreuzbein nicht aufliegt. Dabei ist darauf zu achten, daß immer beide Beine gleichmäßig angehoben sind, auch wenn nur ein Bein verletzt ist (Abb. 37a u. b). Die Bettdecke muß gut anliegen, damit dem Kind nicht kalt wird. Eventuell muß eine 2. Decke verwendet werden. Das Kind wird immer von 2 Pflegepersonen gebettet, und die saubere Wäsche wird gut vorbereitet, damit das Kind nicht so viel bewegt werden muß. Nach dem Betten werden die Gewichte kontrolliert. Die Klingel muß so angebracht sein, daß sie vom Kind erreicht werden kann.

Einmal täglich wird der Patient ganz gewaschen und regelmäßig die Haut-, Haar- und Zahnpflege durchgeführt. Einmal in der Woche werden die Haare des Kindes gewaschen. Die Dekubitusprophylaxe wird sorgfältig durchgeführt, vor allem wird für eine glatte Unterlage gesorgt.

Die Pflegeperson füttert das Kind, hilft ihm beim Essen oder richtet die Mahlzeiten so an, daß es selbständig essen kann, z. B. wird eine Schnabeltasse oder ein Trinkhalm verwendet. Die Nahrung sollte so zusammengesetzt sein, daß die Verdauung gefördert wird.

Die Schwester gibt dem Kind Hilfestellung beim Entleeren von Blase und Darm und beachtet dabei sein Schamgefühl.

Spiele müssen für das Kind im Liegen durchzuführen sein. Schulkinder können auch Unterricht bekommen.

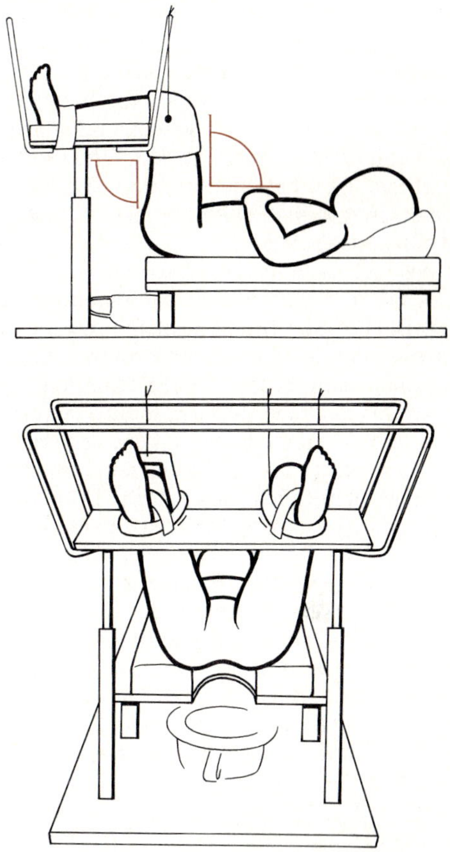

Abb. 37a u. b Extensionstisch nach Weber

7.16.2. Pflege eines Kindes mit Osteomyelitis

Die Osteomyelitis ist eine durch hämatogene Streuung oder posttraumatisch entstandene Knochenmarkeiterung, die vor allem die langen Röhrenknochen betrifft.

Die Kinderkrankenschwester beobachtet

- Schüttelfrost, hohes Fieber;
- Schmerzen, die das Kind zunächst nicht genau lokalisieren kann, später intensiver Schmerz in Gelenknähe und Druckempfindlichkeit;
- Schwellung im entzündeten Bereich;
- Überwärmung und Schonhaltung der betreffenden Extremität;
- beim Säugling stark gestörtes Allgemeinbefinden und Schmerzäußerungen bei passiven Bewegungen.

Pflege und Behandlung

Die Behandlung beginnt nach Sicherstellung der Diagnose. Da es sich um eine septische Erkrankung handelt, müssen die Hygienemaßnahmen, wie z. B. Schutzkitteltragen, Händedesinfektion, Wäschewechsel, gewissenhaft durchgeführt werden.

Die Infusionstherapie muß vorbereitet und überwacht werden, und die Verabreichungszeiten des hochdosierten Antibiotikums müssen genau eingehalten werden. Die Schwester führt regelmäßig die Temperaturkontrollen durch, verabreicht die fiebersenkenden Medikamente nach Verordnung. Da die betroffene Extremität mittels einer Schiene oder Gipsschale ruhiggestellt wird, ist auf Druckstellen zu achten. Der Patient hat trotz Analgetika Schmerzen und muß daher behutsam gebettet und gelagert werden.

Die Klingel muß so angebracht werden, daß das Kind zu jeder Zeit die Schwester rufen kann. Bei der Ernährung des Kindes sollte die Schwester darauf achten, daß es keine blähenden und schwerverdaulichen Speisen bekommt. Da die Patienten wegen ihrer Schmerzen anfangs keinen Hunger haben, bekommen sie Wunschkost, und die Mahlzeiten werden besonders appetitlich angerichtet. Dem Kind wird, wenn es erforderlich ist, beim Essen geholfen.

Auf eine regelmäßige Entleerung der Blase und des Darms ist zu achten. Zur Behandlung können dem Kind operativ antibiotische Ketten eingelegt werden. Prä- und postoperative Pflege s. Kap. 7.19.

Bei chronischen Erkrankungen kann eine Spül-Saug-Drainage erforderlich werden, welche aus einem zu- und abführenden Drain besteht. Als Spülflüssigkeit wird Ringer-Lösung verwendet. Es kann auch ein Antibiotikum instilliert werden. Die Saugdrainage wird an die zentrale Druckluft oder Vakuumversorgung angeschlossen. Die Saugkraft wird auf ca. 40 mbar (40 cm Wassersäule) eingestellt (Abb. 38).

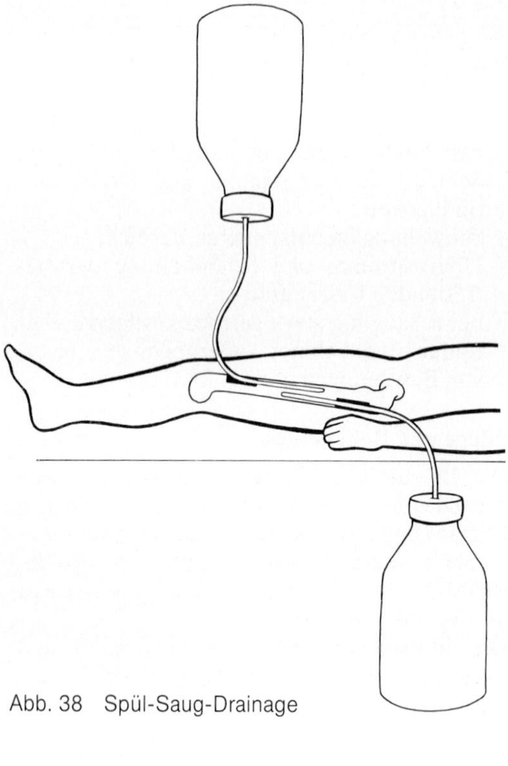

Abb. 38 Spül-Saug-Drainage

Bei der Überwachung der Spül-Saug-Drainage ist folgendes zu beachten:

- Dem Kind wird die Funktion und Aufgabe der Drainagen und der Apparatur erklärt, um ihm die Angst davor zu nehmen.
- Die Zu- und Ableitungen werden so fixiert, daß das Kind möglichst viel Bewegungsfreiheit hat.
- Die Schwester muß für jeden Patienten gesondert einen Schutzkittel und Einweghandschuhe tragen und exakt die Händedesinfektion durchführen.
- Die Tropfenzahl ist zu kontrollieren. Diese beträgt in den ersten Tagen ca. 80 Tropfen/min, um eine Verstopfung der abführenden Drainage zu vermeiden. Später ist eine Geschwindigkeit von 20 Tropfen/min ausreichend.
- Die Einstellung des Sogs und die Drainagen müssen überwacht und der kontinuierliche Abfluß der Spülflüssigkeit beobachtet werden. Solange das Sekret blutig ist, wird der abführende Drain durchgeknetet, um das Festsetzen der Fibrinfäden zu vermeiden.
- Die Flüssigkeitseinfuhr ist der Ausfuhr gegenüberzustellen, um evtl. auftretende Differenzen sofort zu erkennen.
- Besteht der Verdacht, daß die abführende Drainage verstopft ist, muß sofort zusätzlich von Hand gespült werden. Der zuführende Schlauch wird abgeklemmt, in einer 20-ml-Spritze Ringer-Lösung aufgezogen und der abführende Drain durchgespült, um durch den vermehrten Druck das Hindernis herauszuspülen. Der Vorgang wird wiederholt, bis die Spülung wieder in Gang kommt. Gelingt dies nicht, muß sofort der Arzt benachrichtigt werden.
- Die Sekretflasche wird außerhalb des Gesichtsfeldes des Patienten aufgestellt.
- Das Sauggefäß muß ausgewechselt werden, wenn es dreiviertel gefüllt ist. Dazu wird der abführende Drain doppelt abgeklemmt und die gefüllte Flasche durch eine leere ersetzt. Eventuell muß das Sekret, mit einem Desin-

fektionsmittel versetzt, einige Stunden stehen bleiben, bevor es in den Ausguß geschüttet werden kann.
- Die Zu- und Ableitungen zur Drainage müssen täglich erneuert werden.
- Die verunreinigte Wäsche des Patienten muß als infektiös gekennzeichnet werden.
- Soll der Patient transportiert werden, z. B. zur Röntgenkontrolle, muß auch in dieser Zeit der Sog unbedingt erhalten bleiben. Dazu kann ein transportables Gerät oder eine Redonflasche benutzt werden.
- Kann das Kind in den ersten Tagen wegen seiner Schmerzen, der ständigen Geräusche und der ungewohnten Lage nachts nicht schlafen und helfen auch beruhigende Gespräche nicht, werden ihm Sedativa verabreicht.
- Schmerzäußerungen des Kindes müssen ernstgenommen und an den Arzt weitergegeben werden.

Durch abwechslungsreiche Beschäftigung, z. B. Vorlesen, Märchen hören, Puzzle-Legen, Steckspiele, Bastelarbeiten und Schulunterricht, lenkt die Schwester das Kind ab und verhindert seine Langeweile.
Damit während der langen Bettruhe die übrige Muskulatur nicht erschlafft, wird nach ein paar Tagen Krankengymnastik durchgeführt.

7.16.3. Pflege eines Kindes mit progressiver Muskeldystrophie

Die progressive Muskeldystrophie ist eine fortschreitende Erkrankung der quergestreiften Muskulatur.

Die Kinderkrankenschwester beobachtet

- Fortschreitende Schwäche und Atrophie des Muskelgewebes bis zur Lähmung der gesamten Muskulatur;
- Beschwerden beim Atmen, Abhusten des Sekrets, Schlucken und Sprechen;
- Zunahme der Wadenmuskulatur (Gnomenwaden); diese Pseudohypertrophie entsteht durch Binde- und Fettgewebswucherungen;
- Schwierigkeiten des Kindes beim Gehen und später auch beim Stehen;
- fixierte Spitzfußstellung;
- Schwierigkeiten beim Aufstehen, das Kind „klettert“ an seinen Beinen hoch;
- beim Treppenlaufen große Anstrengung des Kindes;
- erhebliche Verbiegung der Wirbelsäule.

Pflege und Behandlung

Im Vordergrund der Behandlung steht die Durchführung der Bewegungsübungen und der Physiotherapie, ohne das Kind anzustrengen. Die Selbständigkeit des Patienten muß möglichst lang erhalten und gefördert werden. Es ist wichtig, besonders liebevoll auf das Kind einzugehen. Da die Kinder zur Fettsucht neigen, sollte die Ernährung knapp, aber ausreichend sein. Bei fortschreitenden Lähmungen müssen die Kinder sondiert und abgesaugt werden. Eventuell kann das Kind mit Stützapparaten versorgt werden. Den Eltern ist ein Beratungsgespräch über eine angemessene Schulbildung zu vermitteln. Weitere Informationen können sich die Eltern bei der „Deutschen Gesellschaft zur Bekämpfung der Muskelkrankheiten e. V.“, Hohenzollernstr. 11, 7800 Freiburg, einholen.

Weiterführende Literatur

Barff, U., J. Maier: Heute basteln wir mit Pappe und Papier. Falken, Niedernhausen/Ts. 1987
Janneck, C.: Kinderchirurgie für Krankenpflegeberufe, 2. Aufl. Thieme, Stuttgart 1981
Krenzer, R.: Spiele zum Gesundwerden. Blaukreuzverlag, Bern 1977
Pousset, R.: Fingerspiele und andere Kinkerlitzchen. Rowohlt, Reinbeck 1989
Rickham, P. R., R. T. Soper, U. G. Stauffer: Kinderchirurgie, 2. Aufl. Thieme, Stuttgart 1983
Römer, H.: Sichere Drainage – Voraussetzung der Wundheilung. mhp-Verlag, Wiesbaden 1987

7.17. Pflege bei Kindern mit entzündlichen rheumatischen Erkrankungen

G. Fischer

Notwendige Vorkenntnisse

- Anatomie und Physiologie des Bewegungsapparates,
- rheumatische Erkrankungen,
- Wirkung und Nebenwirkung der symptomatischen Antirheumatika, Glukokortikoide, Basistherapeutika (Gold, D-Penicillamin, Antimalariamittel, Immunsuppressiva),
- Krankenbeobachtung, insbesondere der Gelenke, Haut, Muskulatur (Kap. 5.1),
- physikalische Therapie, insbesondere Thermo- und Hydrotherapie (S. 186ff).

Strukturnetz

7.17. Pflege bei Kindern mit entzündlichen rheumatischen Erkrankungen

7.17.1. Pflege beim chronisch kranken Kind
- 7.17.1.1. Juvenile chronische Arthritis: polyarthritische – mon- und oligoarthritische Verlaufsform
- 7.12.1.2. Juvenile chronische Arthritis: systemische (viszerale) Verlaufsform
- 7.17.1.3. Kollagenosen: Dermatomyositis/ Polymyositis

7.12.2. Pflege beim akut kranken Kind
- 7.12.2.1. Rheumatisches Fieber
- 7.12.2.2. Chorea minor

Lehrziel

In diesem Teilkapitel soll die Einsicht vermittelt werden, daß die Pflege des chronisch kranken Kindes besondere Anforderungen an die Pflegeperson stellt. Diese sind durch die Krankheitssituation und den oft langen und häufigen Krankenhausaufenthalt bedingt.
Nicht immer gelingt die völlige Ausheilung einer rheumatischen Erkrankung. Das positive Ergebnis der Pflege und Behandlung besteht dann schon darin, daß es gelingt, ein Fortschreiten des Krankheitsprozesses zu verhindern. Sowohl die Erkrankung als auch die häufige und oft monatelange Trennung von zu Hause bedeuten für das Kind eine schwere Belastung. Deshalb bedarf es einer besonderen Betreuung. Die Pflegeperson soll erfahren, daß die Pflegemaßnahmen nur in enger Zusammenarbeit mit bzw. unter Anleitung des Arztes und der Krankengymnastin durchgeführt werden können.
Das Kind selbst muß die Notwendigkeit dieser Maßnahmen erkennen und sich aktiv beteiligen können. Grundsätzlich muß in der Pflege angestrebt werden, oft auch unter großem Zeitaufwand, die Selbständigkeit des Kindes so weit wie möglich zu erhalten.
Die pflegerischen Maßnahmen werden hier zusammengestellt und erläutert.
Außerdem informiert dieser Abschnitt über die Pflege bei Kindern mit rheumatischem Fieber.
Die Kinderkrankenschwester muß in der Lage sein, die vielfältigen Symptome der rheumatischen Erkrankungen zu beachten und den behandelnden Arzt darüber zu informieren.

Lernziele

Sie haben das vorliegende Teilkapitel mit Erfolg bearbeitet, wenn es Ihnen möglich ist,
- die Symptome der rheumatischen Erkrankungen aufzuzählen;
- das Ziel aller Maßnahmen bei der Pflege des chronisch kranken Kindes zu nennen und im einzelnen zu beschreiben, vor allem die physikalischen Maßnahmen, Maßnahmen bei Fieberschüben, Maßnahmen bei der Iridozyklitis;
- zu erläutern, welche Hilfen dem Kind gegeben werden müssen, um den langdauernden Krankenhausaufenthalt zu bewältigen und sinnvoll zu gestalten;
- die Pflegemaßnahmen beim rheumatischen Fieber und der Chorea minor im einzelnen darzustellen.

7.17.1. Pflege beim chronisch kranken Kind

7.17.1.1. Juvenile chronische Arthritis: polyarthritische, mon- und oligoarthritische Verlaufsform

Es handelt sich um eine chronische Entzündung der Gelenke, die zu einer Bewegungseinschränkung und im weiteren Verlauf zu einer Deformierung und Fehlstellung führen kann.
Die Erkrankung beginnt schleichend oder akut, ohne/mit Fieber und Arthritis. Der weitere Verlauf erfolgt in Schüben ohne/mit Fieber und kann schließlich zur Verkrüppelung führen.
Vorwiegend im Kleinkindalter bei Mon- und Oligoarthritis kommt es zu der rheumatischen Iridozyklitis. Diese Komplikation stellt eine ausgedehnte pflegerische Aufgabe.

Die Kinderkrankenschwester beobachtet

- Verdickung (Schwellung) einzelner oder mehrerer Gelenke. Besonders betroffen sind in der Reihenfolge der Häufigkeit: Knie-, Hand-, Fuß-, Ellenbogen-, Finger-, Hüftgelenke, Halswirbelsäule, Schulter- und Kiefergelenke. Häufig handelt es sich um eine Monarthritis, den Befall nur eines Gelenkes, z. B. des Kniegelenkes.
- Im Kniegelenk ist häufig ein Erguß tastbar.
- Überwärmung und schmerzhafte Bewegungseinschränkung der betroffenen Gelenke,
- Morgensteifigkeit; bei älteren Kindern exakte Angaben, bei jüngeren Kindern Mißlaune, Weinerlichkeit, Berührungsempfindlichkeit in den Morgenstunden.
- Fehlstellungen und Versteifungen in fortgeschrittenem Stadium,
- besonders während eines neuen Schubes klagt das Kind über Gelenkschmerzen.

Pflege und Behandlung

Da die Pflege weitgehend mit der systemischen (viszeralen) Verlaufsform identsich ist, wird sie dort beschrieben.

7.17.1.2. Juvenile chronische Arthritis: systemische (viszerale) Verlaufsform = Still-Syndrom

Bei dieser Verlaufsform sind nicht nur die Gelenke, sondern auch die inneren Organe und die serösen Häute beteiligt.

Die Kinderkrankenschwester beobachtet

- Septische Fieberschübe und flüchtige Gelenkschmerzen, ehe es zu den ausgeprägten Zeichen der Polyarthritis kommt;
- generalisierte Lymphknotenschwellungen;
- auffallende Blässe;
- Müdigkeit, Abgeschlagenheit, Appetitlosigkeit;
- rheumatische Exantheme, die flüchtig, oft nur über Stunden, auftreten;
- krankheitsbedingter Wachstumsrückstand und Gewichtsabfall (rheumatische Kachexie) im fortgeschrittenen Stadium;
- Erscheinungen, die durch eine langdauernde medikamentöse Behandlung bedingt sind, vor allem: Schleimhautveränderungen (durch Gold und D-Penicillamin), allergische Reaktionen, Magenunverträglichkeit, Schwindel, Kopfschmerzen (durch symptomatische Antirheumatika), Cushing-Syndrom, Steigerung der Abwehrschwäche und Infektanfälligkeit (durch Kortikosteroide).

Pflege und Behandlung

Es wird angestrebt, Entzündung und Schmerzen zu beseitigen, Funktionsverlust, Fehlstellungen und Versteifungen zu vermeiden und das Fortschreiten der Erkrankung aufzuhalten.

Die Behandlung erstreckt sich über Monate und Jahre. Es ist für das Kind und seine Eltern nicht leicht, diese konsequent durchzuhalten. Das Kind muß dabei täglich Unangenehmes auf sich nehmen und sich aktiv beteiligen (z. B. schmerzhafte Bewegungsübungen, Einnehmen von Medikamenten, intramuskuläre Injektionen).
Die Kinderkrankenschwester muß bei allen Pflegemaßnahmen darauf bedacht sein, auch unter großem Zeitaufwand und bei aller Anstrengung für das Kind dessen Selbständigkeit zu erhalten bzw. herzustellen. Vor allem die Funktionen des täglichen Lebens sollten erhalten bleiben.

Physikalische Maßnahmen

Hyperthermie:

Kataplasmen mit Paraffinfango bei schmerzhaften und bewegungseingeschränkten Gelenken nach Abklingen der akuten Entzündungszeichen.
Dauer: 1mal täglich 20–30 Minuten (nach Möglichkeit anschließende krankengymnastische Behandlung).
Es können nicht zu viele Gelenke gleichzeitig behandelt werden, da diese Wärmeanwendung für das Kind sehr belastend ist. Liegt eine Polyarthritis vor, so werden Arme und Beine abwechslungsweise behandelt. Gelenke mit Kontrakturen können zur Erzielung einer Streckung während dieser Behandlung mit einem Sandsack beschwert werden.
Kataplasmen mit Fangoerde (Fapack) zusammen mit Lichtbogen besonders geeignet bei kontrakten Sprunggelenken, verbunden mit absoluter statischer Entlastung über mehrere Wochen.
Dauer: 1 bis 2 bis 3mal täglich 60 Minuten.
Teilbäder mit Zusatz von Rubriment zur lokalen Hyperämisierung, Bewegungsübungen der Finger im Rubrimentbad zur Überwindung der Morgensteifigkeit.
Einreibungen, z. B. mit Mobilat (Salizylsäure), zur lokalen Hyperämisierung, Anwendung während der Nacht.

Kryotherapie:

Alkoholumschläge bei entzündlichen Gelenkerscheinungen mit Kapselschwellungen oder Ergußneigung.
Dauer 2- bis 3mal täglich 1–2 Stunden.
Eisanwendung: vor der krankengymnastischen Behandlung direktes Bestreichen eines Gelenkes; überwiegend neurophysiologische Wirkung und Heraufsetzen der Schmerzschwelle.
Anwendung von Cyro-Gel-Packungen zur anhaltenden und tiefreichenden Kühlung der Gelenke und Muskulatur.

Beachte: Bei allen akut entzündlichen Gelenkerscheinungen (Schwellungen, Erguß, Überwärmung) nur kühlende Maßnahmen, keine Wärmeanwendungen durchführen!

Krankengymnastische Behandlung

Die krankengymnastische Behandlung bildet einen wesentlichen Teil der gesamten Therapie.
Sie erfolgt in enger Zusammenarbeit mit der Pflegeperson und muß intensiv, auf das einzelne Kind abgestimmt, durchgeführt werden. Dabei werden täglich alle Gelenke durchtrainiert und muskelkräftigende isometrische Spannungsübungen durchgeführt.
Die Krankengymnastin muß mit viel Geduld, Einfühlungsvermögen und in spielerischem Umsetzen diese Maßnahmen einsetzen, um das Kind auch bei schmerzhaften Bewegungen nicht zu überfordern. Sie bringt sehr verschiedene Übungen zur Anwendung, in Trockenbehandlung, im Bewegungsbad, in Einzel- oder Gruppenbehandlung.
Zur Vermeidung und Korrektur von Fehlstellungen:

- schonende Dauerzugbehandlung mit Extension der Hüft- und Kniegelenke;
- korrigierende Lagerungsschienen für Knie-, Ellbogen-, Hand- und Fingergelenke;
- korrigierende Liegeschalen;
- dynamische Schienen.

Sind die tragenden Gelenke der unteren Extremitäten befallen, so ist eine *statische Entlastung* erforderlich. Hilfsmittel: Münsterpferdchen, Dreirad, modifizierte Roller, Unterarm- und Achselstützen. Die Kinderkrankenschwester hat darauf zu achten, daß sich das Kind mit diesen fortbewegen kann.

Lagerung: Vor allem im akuten Stadium eines Still-Syndroms kommt der sachgemäßen Lagerung des Kindes eine wichtige Bedeutung zu:

- physiologische Stellung im Bereich der Hand-, Ellbogen- und Schultergelenke;

- Vermeidung einer Beugestellung in Hüft- und Kniegelenken.

Beachte: Kissen und Rollen unter schmerzende Kniegelenke sind zur Vermeidung von Beugekontrakturen und Versteifungen kontraindiziert!

Weitere Pflegemaßnahmen

Medikamentenverabreichung: Die verordneten Präparate, vor allem Antirheumatika, Gold, D-Penicillamin, Antimalariamittel, Immunosuppressiva, Kortikosteroide, müssen exakt verabreicht werden.

Körperpflege: Das rheumatische Kind neigt infolge seiner Erkrankung leicht zum Schwitzen. Es ist deshalb eine sorgfältige Körperpflege erforderlich, und die Wäsche sollte gut saugfähig sein. Durchnässung und Unterkühlung sind zu vermeiden.
Die Nagelpflege ist vorsichtig durchzuführen. Nägel dürfen nicht zu kurz geschnitten werden. Bedingt durch die große Abwehrschwäche kommt es sehr leicht zu Eiterungen im Nagelbereich.
Bei Exanthem der Haut und Aphthen im Mund ist eine spezielle Pflege mit ärztlich verordneten Präparaten erforderlich.
Während der Goldtherapie ist zur Vermeidung von Hauterscheinungen das Kind von einer intensiven Sonneneinwirkung durch entsprechende Kleidung oder sonstige Maßnahmen zu schützen, es soll jedoch täglich an die frische Luft.

Ernährung: Das Kind soll eine eiweiß- und vitaminreiche Kost erhalten. Ist das Kind aufgrund der Kortisonbehandlung übergewichtig, so muß es zur Entlastung der Gelenke eine Reduktionsdiät einhalten.

Schutz vor Infektionen: Personen mit grippalen Infekten sollten mit dem abwehrgeschwächten Kind keinen direkten Kontakt haben. Besonders gefährlich ist die Ansteckung mit Varizellen. Unter der Kortikosteroidbehandlung kann sich diese Erkrankung unter Umständen lebensbedrohlich auswirken.

Punktion eines Gelenkes: Bei einer ausgeprägten Ergußbildung ist eine Punktion des Gelenkes erforderlich (S. 254ff).

Pflege und Behandlung bei Fieberschüben:
- Strenge Bettruhe ist einzuhalten,
- physikalische Maßnahmen zur Fiebersenkung.

Pflege und Behandlung der extraartikulären Symptome: Über Pflege bei Myo-/Perikarditis s. S. 384).

Pflege und Behandlung der Iridozyklitis: Bettruhe bis zur Besserung des akuten Befunds ist nur in Ausnahmesituationen erforderlich. Unter allen Umständen sind aber Witterungseinflüsse wie Kälte oder Wind zu vermeiden.
Exakte Verabreichung der verordneten Medikamente:
Präparate: Atropin zur Weitstellung der Pupille und Verhinderung von Verklebungen, Kortikosteroid-Augentropfen. Die Verabreichung der Augentropfen erfolgt oft stündlich. Regelmäßige Spaltlampenuntersuchungen sind unerläßlich.

Psychische Betreuung des Kindes: Da die Behandlung weitgehend in Fachkliniken erfolgen muß und das Kind dabei oft lange vom Elternhaus getrennt ist, braucht es in besonderer Weise eine Zuwendungsperson, der es sich mit seinen Problemen anvertrauen kann.
Die Kinderkrankenschwester sollte sich bemühen, dem Kind ohne Hektik und offen für ein Gespräch zu begegnen, wenn dieses mit seinen Fragen zu ihr kommt.

Koordination von Behandlung, schulischer Förderung und Freizeitbeschäftigung: Es ist weitgehend die Aufgabe der Kinderkrankenschwester, in Zusammenarbeit mit Arzt und Krankengymnastin den Tagesplan des Kindes so festzulegen, daß neben der intensiven Behandlung und der schulischen Förderung auch noch Raum bleibt für eine Zeit, die das Kind selbst gestalten und als Freizeit erleben kann.
Vor der Entlassung aus der Klinik sollte eine Beratung erfolgen:

- wie das Kind in seiner körperlichen Minderbelastbarkeit den Weg zur Schule, zur krankengymnastischen Behandlung und zum Arzt bewältigen kann;
- über die zeitliche Koordination von Behandlung und Schule;
- wie krankheitsbedingte Schulversäumnisse aufgeholt werden können;
- über die Bewältigung der psychischen Belastung.

7.17.1.3. Kollagenosen: Dermatomyositis/ Polymyositis

Es handelt sich um eine Kollagenkrankheit, bei welcher der Muskelbefall im Vordergrund steht (Polymyositis). Bei Mitbeteiligung von Haut und Schleimhaut spricht man von Dermatomyositis. Es können zusätzlich auch innere Organe wie Herz, Lunge, Magen-Darm, Niere, Leber und Nervensystem befallen sein.

Die Kinderkrankenschwester beobachtet

- Charakteristische Veränderungen der Muskulatur. Zu Beginn der Erkrankung liegt eine auffallende Muskelschwäche vor. Man findet teigige Schwellungen mit Druck- und Bewegungsschmerz. Im weiteren Verlauf verliert die Muskulatur ihre Elastizität und wird atrophisch. Es kommt zunehmend zu Kontrakturen. Häufig kommt es zu Kalkeinlagerungen in Muskulatur und subkutanem Gewebe.
- Charakteristische Hautveränderungen. Violettgetönte Erytheme vor allem um die Augen, Stirn und Nase. Das Kind hat einen mimikarmen, starren und weinerlichen Gesichtsausdruck.
  Häufig kommt es zu Dekubitalgeschwüren bei entsprechenden Kalkeinlagerungen.
- Intermittierendes Fieber.
- In fortgeschrittenem Stadium Kau- und Schluckbeschwerden, erhebliche Bewegungseinschränkungen bis hin zu völliger Hilflosigkeit.

Pflege und Behandlung

Während der aktiven Krankheitsphase sind die betroffenen Gelenke mehrmals täglich vorsichtig durchzubewegen, dabei sollte immer die volle Bewegungsamplitude erfaßt werden. Im weiteren Verlauf ist ein intensives Bewegungsprogramm erforderlich, um beginnenden Kontrakturen rechtzeitig vorzubeugen.
Pflege des Kindes nach Entfernung der Kalkablagerungen aus Subkutis und Muskellogen.

Besonderheiten

Im späteren Verlauf der Erkrankung ist das Kind sehr gefährdet durch Infektionen, Aspiration, Pneumonie und Herzinsuffizienz.

7.17.2. Pflege beim akut kranken Kind

7.17.2.1. Rheumatisches Fieber

Die infektionsallergische Erkrankung, vorwiegend im jungen Schulkindalter, tritt 10–20 Tage, höchstens bis zu 5 Wochen nach einer streptokokkenbedingten Vorerkrankung auf (Angina, Scharlach).

Die Kinderkrankenschwester beobachtet

- *Gelenkerscheinungen:* Flüchtige Gelenkschmerzen, vor allem an den großen Gelenken, meist ohne Rötung und Schwellung. Ansetzende Muskeln, Sehnen und Bänder schmerzen, Bewegungen in diesen Gelenken werden vermieden.
- *Zeichen einer Karditis:* Tachykardie, vor allem im Schlaf (Schlafpulsfrequenz über 80/min), Rhythmusstörungen, Schmerzen in der Herzgegend, leichte Ermüdbarkeit, Unwohlsein, Schwitzen oder Blässe.
- *Hauterscheinungen:* Schmerzlose, kleine bis erbsengroße Knötchen über den Sehnen der Ellbogen-, Knie- und Fußgelenke und am Kopf. Flüchtiges, ringförmiges, zartrosafarbenes Exanthem vor allem am Rumpf, ohne Juckreiz. Das Kind hat ständig feuchtkalte Handteller und Fußsohlen.
- *Fieber:* Leichtes oder hohes Fieber über mehrere Tage. Massive Schweißausbrüche, vor allem bei der Entfieberung.
- Häufig sind Bauchschmerzen, Nasenbluten vor und während rheumatischer Schübe.
- Erbrechen.
  Die hier angeführten Symptome sind bei der Erkrankung nicht in ihrer Gesamtheit zu beobachten. Sie werden vom Arzt in Haupt- und Nebenkriterien eingeteilt und in einer bestimmten Zuordnung zur Diagnosestellung herangezogen (nach Jones).

Pflege und Behandlung

- Strenge Bettruhe über Wochen evtl. Monate. Die Kinderkrankenschwester hat dafür zu sorgen, daß das Kind dies einhält, auch wenn sich das subjektive Befinden gebessert hat. Dabei muß das Kind ausreichend beschäftigt werden.
- Exakte Verabreichung der verordneten Medikamente, vor allem Penicillin, Antipyretika mit antirheumatischer Wirkung, evtl. Kortison.

- Bei ausgeprägten Gelenkerscheinungen Anwendung von Wärme oder Kälte. Das Kind soll befragt werden, was als wohltuender empfunden wird, Wärme oder Kälte.
- Sorgfältige Körperpflege, feuchte Wäsche muß gewechselt werden, Zugluft und Unterkühlung sind zu vermeiden.
- Über Pflege und Behandlung bei Kindern mit Karditis s. S. 384.
- Über Pflege und Behandlung bei Kindern nach Tonsillektomie s. S. 352.

7.17.2.2. Chorea minor

Die Chorea minor gehört zu den Hauptkriterien des rheumatischen Fiebers. Es handelt sich dabei um eine rheumatische Späterkrankung der Stammganglien, vorwiegend bei Mädchen. Zunächst fällt das Kind in der Schule auf. Es wirkt unkonzentriert, aufgeregt und im Bewegungsablauf unkontrolliert. Nach dem schweren Stadium von einigen Wochen sind ausklingende leichte Symptome monatelang zu beobachten.

Die Kinderkrankenschwester beobachtet

- Ausfahrende Bewegungen der Extremitäten, die sich bei Beobachtung steigern und im Schlaf verschwinden. Gangstörungen.
- Störungen der Feinmotorik. Das Kind kann z. B. keine Knöpfe aufmachen. Eine Schriftprobe zeigt, daß das Kind nur unleserlich schreiben kann.
- Hypotonie der Muskulatur im Schulterbereich. Das Kind hat Mühe, zu sitzen, den Kopf zu halten und zu essen.
- Stimmungslabilität, die unterschiedlich schwer ausgeprägt sein kann.

Pflege und Behandlung

- Die Pflegeperson sollte mit dem übererregten Kind sehr vorsichtig umgehen und Verständnis für sein Verhalten aufbringen.
- Unterbringung in ruhigem Einzelzimmer. Empfindet das Kind optische Reize sehr störend, so kann das Zimmer leicht abgedunkelt werden. Ein lautes Türenschließen ist zu vermeiden.
- Die Bettkanten sollten abgepolstert sein, damit sich das Kind nicht verletzen kann. An großen Betten ist ein Bettbrett anzubringen, um einen Sturz auf den Boden zu vermeiden.
- Bequeme Lagerung zur Vermeidung von Liegeschmerzen.
- Reibt sich das Kind in seiner unruhigen Phase die Fußknöchel wund, so ist ein Schutzverband anzulegen.
- Lauwarme feuchte Ganzpackungen zur Beruhigung des Kindes.
- Exakte Verabreichung der Medikamente, vor allem Sedativa, Antipyretika mit antirheumatischer Wirkung, Kortison.
- Ernährung mit breiiger Kost. Während des schweren Stadiums muß das Kind vorsichtig gefüttert werden, es kann sich sehr leicht verschlucken.

Weiterführende Literatur

Störig, E.: Rheuma-Orthopädie. Perimed, Erlangen 1983

7.18. Pflege bei Kindern mit angeborenen Fehl- und Mißbildungen

H. Wildoer

Notwendige Vorkenntnisse

- Embryonale Entwicklung,
- Ursachen und Erscheinungsformen angeborener Fehl- und Mißbildungen,
- prä- und postoperative Pflege (S. 482ff)

Strukturnetz

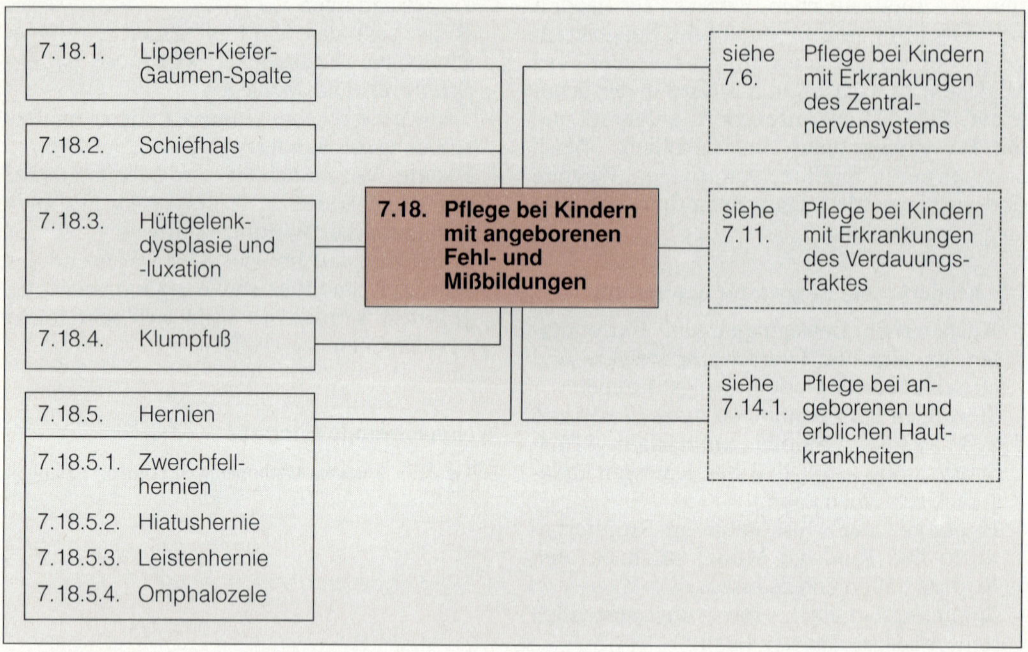

Lehrziel

Ein Kind kann mit den verschiedensten Fehl- und Mißbildungen geboren werden.
In diesem Teilkapitel werden an einigen Beispielen die Beobachtungen und die Besonderheiten der Pflege beschrieben.

Lernziele

Nach der Bearbeitung dieses Abschnitts können Sie
- berichten, welche Symptome die Kinderkrankenschwester beobachten kann;
- Pflegemaßnahmen bei den verschiedenen Fehl- und Mißbildungen beschreiben.

7.18.1. Lippen-Kiefer-Gaumen-Spalte

Gesichtsspalten sind ein- oder doppelseitige Hemmungsmißbildungen infolge ausgebliebener oder gehemmter Verschmelzung der Gesichtsfortsätze: Lippenspalte, Lippen-Kiefer-Spalte, Gaumenspalte und Lippen-Kiefer-Gaumen-Spalte.
Solche Kinder werden nach der Geburt in eine Kinderklinik verlegt.

Pflege und Behandlung

Bei einer einseitigen Spaltbildung kann versucht werden, ob die Mutter das Kind in halbsitzender Stellung stillen kann, sonst versucht man, das Kind mit einem Sauger zu füttern. Dazu können unterschiedliche Saugerformen ausprobiert werden, z. B. besonders lange Sauger. Der Sauger sollte mit einem kleinen Loch versehen sein, damit der Säugling langsam trinkt, jedoch sollte er sich auch nicht zu sehr anstrengen müssen. Die Nahrung kann auch etwas angedickt werden. Kann das Kind nicht trinken, muß die Nahrung sondiert werden.
Wenn es der Allgemeinzustand des Kindes erlaubt, werden Lippenspalten in den ersten Lebenswochen und Gaumenspalten vorläufig mit einer herausnehmbaren „Trink"- und „Sprechplatte" verschlossen; diese hat auch den Sinn, die Schrumpfung des Oberkiefers zu verhindern. Die Abdeckplatte wird wie eine Zahnprotese gereinigt, evtl. wird eine Haftpaste verwendet. Die Mund- und Nasenpflege muß regelmäßig durchgeführt werden.
Die besondere Situation der betrübten Eltern sollte einfühlend bei der Pflege und Betreuung berücksichtigt werden.
Zu der prä- und postoperativen Pflege ist nach der Operation folgendes zu beachten:

- Die Arme des Kindes müssen fixiert werden, damit eine Berührung der Lippen vermieden wird;
- Die Atmung muß sorgfältig kontrolliert werden, da das Kind sich an völlig veränderte Verhältnisse im Rachenraum gewöhnen muß;
- die Atemluft wird angefeuchtet, um eine Reizung und Schwellung der Schleimhäute zu verhindern;
- die Nahrung wird nach Lippen-Kiefer-Spalt-Operationen zunächst über eine Sonde zugeführt;
- Mundpflege und Soorprophylaxe müssen gewissenhaft durchgeführt werden;
- die Operationswunde wird täglich gereinigt;
- wurde zum vorläufigen Verschluß eine Gaumenplatte eingesetzt, muß diese nach jeder Mahlzeit mit isotoner Kochsalzlösung gereinigt werden;
- nach Gaumenspaltoperationen bekommen die Kinder erst flüssige, später breiige Kost;
- zur Reinigung der Wunde muß reichlich klare Flüssigkeit nach jeder Mahlzeit nachgetrunken werden, da keine Milch und Breireste an den Fäden haften sollen;
- weil die Kinder wiederholt ins Krankenhaus müssen, ist eine intensive psychische Betreuung notwendig;
- die Kinder sollten immer auf die gleiche Station kommen.

Besonderheiten

Häufig wird später eine logopädische Behandlung erforderlich.

7.18.2. Schiefhals

Der muskuläre Schiefhals entsteht durch eine Verkürzung bzw. Kontraktur des M. sternocleidomastoideus.

Die Kinderkrankenschwester beobachtet

- Der Kopf ist nach der kranken Seite und leicht nach vorn gebeugt, das Kinn zur gesunden Seite gedreht,
- später Schädel-bzw. Gesichtsasymmetrie oder sogar Skoliose.

Pflege und Behandlung

Zur Behandlung werden regelmäßig gymnastische Übungen durchgeführt, die nach Anleitung durch die Krankengymnastin auch von der Schwester und den Eltern durchgeführt werden können. Außerdem kann das Kind auf die betroffene Seite gelagert werden. Die gymnastische Übungsbehandlung kann bei manchen Kindern durch ein umkrümmendes Gipsbett mit Kopfteil unterstützt werden.
Eventuell wird eine operative Behandlung, bei der der Muskel abgetrennt wird, erforderlich. Die gymnastischen Übungen werden danach fortgesetzt. Das Kind kann einen Gips (Abb. 39) oder Gipsliegeschalen bekommen. Dabei sind Druckstellen zu vermeiden. Sollte eine

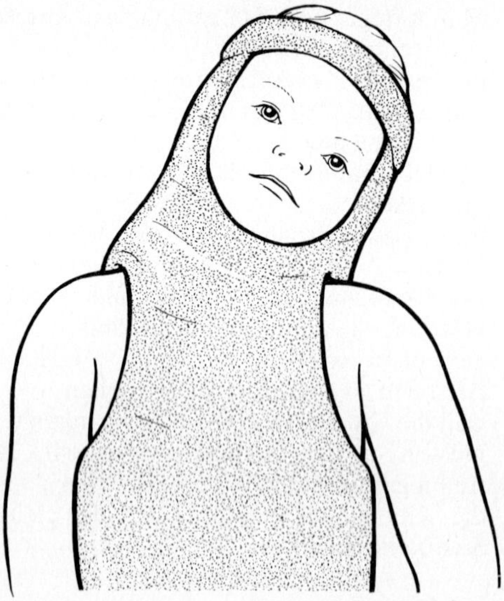

Abb. 39 Gipsverband nach operativer Behandlung in entgegengesetzter Richtung

besondere Lagerung erforderlich werden, wird die Kinderkrankenschwester diese nach Anweisung durchführen.

7.18.3. Hüftgelenkdysplasie und -luxation

Bei der angeborenen Hüftgelenkdysplasie besteht eine Unterentwicklung der Hüftpfanne und des koxalen Femurendes. Nach der Geburt kommt es infolge der schlaffen Kapsel und des ungünstigen Muskelzuges zur Luxation. Je früher eine Hüftgelenkdysplasie diagnostiziert wird, desto besser ist die Prognose der Heilung. Zur Diagnosesicherung kann eine Ultraschalluntersuchung durchgeführt werden.

Die Kinderkrankenschwester beobachtet

- Verzogene Gesäßfalten,
- beim älteren Säugling: ein Bein ist dünner und kürzer. (Die Beinverkürzung wird z. B. durch den Vergleich der Kniehöhe festgestellt.)

Pflege und Behandlung

Eine *Spreizhose* bekommt der Säugling, wenn die Diagnose sehr früh gestellt wurde (Abb. 40a u. b). Die Spreizhose wird alle 8 Wochen dem Wachstum des Kindes angepaßt. Evtl. reicht es auch, den Säugling breit zu wickeln. Das Gesäß des Kindes muß immer mit der flachen Hand angehoben werden. Bei dem Kind darf nicht an den Beinen gezogen werden.

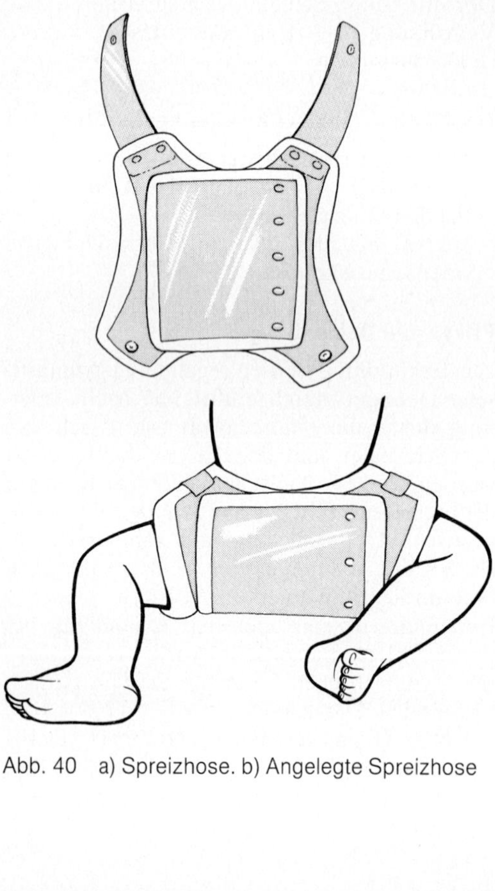

Abb. 40 a) Spreizhose. b) Angelegte Spreizhose

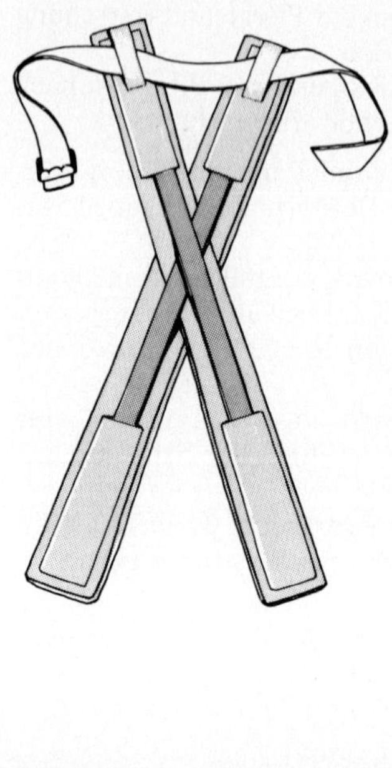

Abb. 41 Bandage

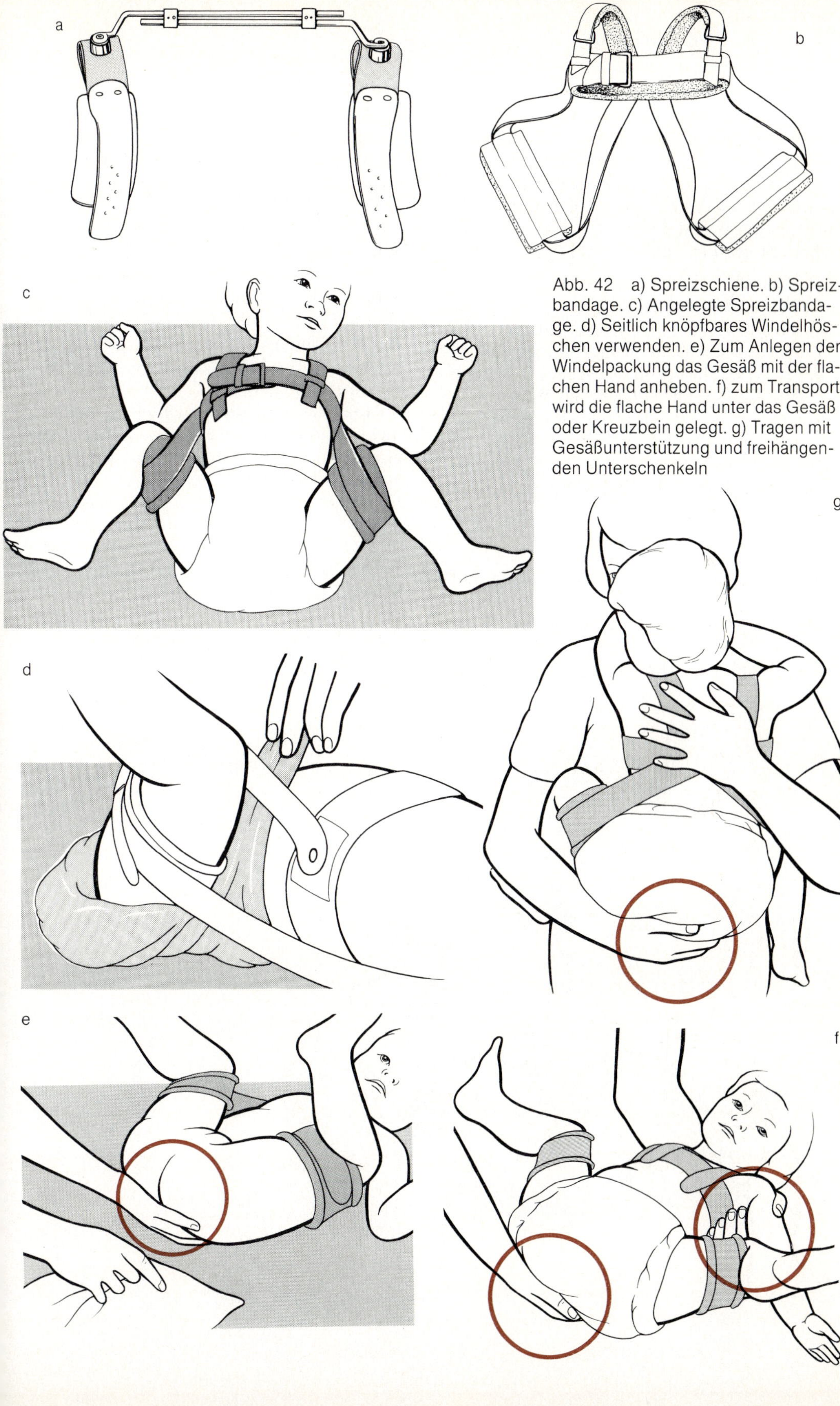

Abb. 42 a) Spreizschiene. b) Spreizbandage. c) Angelegte Spreizbandage. d) Seitlich knöpfbares Windelhöschen verwenden. e) Zum Anlegen der Windelpackung das Gesäß mit der flachen Hand anheben. f) zum Transport wird die flache Hand unter das Gesäß oder Kreuzbein gelegt. g) Tragen mit Gesäßunterstützung und freihängenden Unterschenkeln

Eine *Bandage* wird erforderlich, wenn die Hüftgelenkdysplasie erst nach dem 6. Lebensmonat diagnostiziert wird. Die Hüftbeugung wird über eine Abspreizung erzielt (Abb. 41). Eine *Spreizbandage* kombiniert mit einer *Spreizschiene* kann bei einer vollausgeprägten Luxation angewendet werden. (Abb. 42a–c). Dabei ist folgendes zu berücksichtigen:

- Die Bandage darf nicht abgenommen oder ihr Sitz verändert werden.
- Das Kind muß auf dem Rücken liegen.
- Zum Wickeln soll ein großes, seitlich knöpfbares Windelhöschen verwendet werden (Abb. 42d). Zum Anlegen der Windelpakkung wird das Gesäß mit der flachen Hand angehoben (Abb. 42e). Beim Schließen ist darauf zu achten, daß die Schenkelgurte nicht in das Höschen eingeschlossen werden.
- Zum Warmhalten kann ein großer Schlafsack verwendet werden, da das Kind wegen der Abspreizung keine Strampelhosen und Strumpfhosen tragen kann.
- Muß das Kind angehoben werden, z. B. zum Transport, wird die flache Hand unter das Gesäß oder Kreuzbein gelegt (Abb. 42f).
- Das Kind darf nur mit Gesäßunterstützung und freihängenden Unterschenkeln getragen werden (Abb. 42g).
- Sorgfältige Hautpflege, vor allem in den Beugefalten, und Dekubitusprophylaxe sind durchzuführen. Besonders gefährdet ist die Haut durch den Schulter-, Leib- und Schenkelgurt.
- Vor dem Anlegen der Schiene wird ein Schlauchverband über die Oberschenkel gezogen.
- Bei der Schiene muß die Filzpolsterung des Ledergurts die Kniespangen an beiden Enden überlappen.
- Solange das Kind die Schiene trägt, müssen dicke Windelpakete angelegt werden, die gleichzeitig zur Polsterung der am Bauch aufliegenden Schiene dienen.
- Es ist darauf zu achten, daß der Filz nicht durch Stuhl und Urin verunreinigt wird, da die Polsterung nicht erneuert werden kann.
- In der Zeit, in der das Kind Bandage und Schiene trägt, muß es Bettruhe einhalten. Danach wird die Spreizbandage abgenommen. Das Kind kann jetzt trotz Spreizschiene Stehen und Gehen lernen. Dazu braucht es Schuhe mit gut haftenden Sohlen. Als

a

b

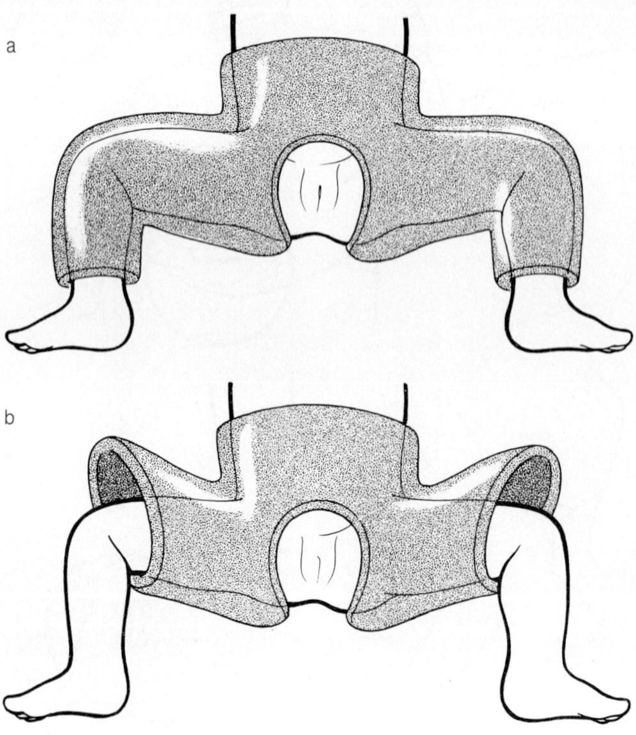

Abb. 43a u. b Gipsverband bei Hüftgelenkluxation

Kleidung müssen gut dehnbare Strickwaren mit langen Reißverschlüssen, die über den Kopf gezogen werden können, verwendet werden.
- Den Eltern sind diese Pflegehinweise mitzuteilen und evtl. in Form eines Merkblattes zu vertiefen.

Eine *sanfte Extensionsbehandlung* zur Reposition des Hüftkopfes mit anschließendem Gipsverband kann auch zur Behandlung der Hüftgelenkluxation durchgeführt werden (Abb. 43a u. b). Angehoben und getragen wird das Kind wie mit einer Spreizbandage (Pflege des Kindes mit Gipsverband und Extension S. 463).

Beachte: Zum Anheben immer die flache Hand unter das Gesäß des Kindes legen. Niemals darf es an den Beinen hochgezogen werden.

Die Eltern müssen auf die Notwendigkeit der regelmäßigen Kontrolluntersuchungen aufmerksam gemacht werden. Beginnt die Behandlung zu spät, müssen korrigierende Operationen durchgeführt werden, die lange Krankenhausaufenthalte mit sich bringen oder auch eine lebenslange Behinderung zur Folge haben können.

7.18.4. Klumpfuß

Der Klumpfuß ist eine Deformität der Weichteile des Fußes.

Die Kinderkrankenschwester beobachtet

- Verkürzter Fuß, der Hinterfuß ist medial abgeknickt.

Pflege und Behandlung

Unmittelbar nach der Geburt werden Gipsverbände angelegt, die zunächst alle 3–4 Tage, später alle 7 Tage und danach alle 14 Tage gewechselt werden. Aufgabe der Kinderkrankenschwester ist es, Druckstellen zu vermeiden und beim Wickeln Verunreinigungen des Gipses zu verhindern (Pflege eines Kindes mit Gipsverband s. S. 463).
Später bekommen die Kinder Gipsschalen oder Klumpfußlagerungsschienen. Die Schalen oder Schienen werden zur Dekubitusprophylaxe täglich mit Lagerungswatte neu gepolstert oder der Fuß des Kindes wird damit umwickelt.
Es können auch operative Korrekturen erforderlich werden.

7.18.5. Hernien

Unter einer Hernie versteht man das Vortreten eines Teiles der Bauchorgane in eine abnorme Ausstülpung des Peritoneums.

7.18.5.1. Zwerchfellhernie

Eine Zwerchfellhernie kann eine akute Notfallsituation des Neugeborenen sein. Die Schwere der Symptome ist abhängig vom Ausmaß der Verlagerung abdominaler Organe in den Thorax und von der Entwicklung funktionstüchtigen Lungengewebes.

Die Kinderkrankenschwester beobachtet

- Atemnot, sternale Einziehungen und Zyanose, die sich beim Schreien oder Trinken verschlimmern können;
- stark erhöhte Atem- und Pulsfrequenz;
- daß der Herzschlag rechts festzustellen ist, das Atemgeräusch fehlt und statt dessen Darmgeräusche zu hören sind;
- Auftreten von Erbrechen;
- weiches und kahnförmig eingefallenes Abdomen.

Pflege und Behandlung

- Sofort nach dem Erkennen der Erkrankung wird das Neugeborene intubiert und beatmet.
- Außerdem wird es auf die kranke Seite gelegt, um eine bessere Belüftung des anderen Lungenflügels zu erreichen.
- Die Sauerstoffzufuhr ist zu überwachen.
- Eine Magenablaufsonde muß eingeführt werden, um den Magensaft und, wenn das Kind beatmet wird, auch die Luft aus dem Magen zu entfernen.
- Muß ein Nabelvenenkatheter gelegt werden, bereitet man das Material vor und assistiert dem Arzt beim Einführen.
- Alle Maßnahmen werden unter einer Wärmelampe durchgeführt.
- Das Kind wird im allgemeinen sofort operiert.

Die Pflege des Kindes nach der Operation richtet sich nach dem jeweiligen Zustand:

- Zur besseren Überwachung wird das Kind in einen Inkubator gelegt.
- Vorerst ist es noch intubiert und wird beatmet. Die Kinder erhalten die entsprechende Pflege (Kap. 8.7).
- Hat das Kind eine Pleuradrainage, ist diese zu überwachen (S. 253).
- Zur Entlastung des Magen-Darm-Trakts hat das Kind weiterhin eine Magenablaufsonde. Diese darf nur auf ärztliche Anordnung gewechselt werden.
- Zunächst wird das Kind parenteral ernährt, danach anfangs über einen Magendauertropf oder stündlich über eine Magensonde. Die Nahrungsmenge wird dann langsam gesteigert. Wenn das Kind die Nahrung bei sich behält und trinken kann, kann die Mutter zum Stillen in die Klinik kommen.
- Die Physiotherapie wird nach Anleitung der Krankengymnastin durchgeführt. Anschließend wird das Sekret sorgfältig abgesaugt.
- Es werden Maßnahmen zur Unterstützung der Mekonium- bzw. Stuhlentleerung durchgeführt.

7.18.5.2. Hiatushernie

Bei einer Hiatushernie kommt es zur Verlagerung von Magenanteilen ins Mediastinum. Es gibt verschiedene Formen, die jedoch die gleiche Symptomatik und Therapie haben.

Die Kinderkrankenschwester beobachtet

- Erbrechen im Neugeborenenalter, das unabhängig von den Mahlzeiten auftreten und Hämatin enthalten kann;
- in seltenen Fällen Gewichtsverlust.

Pflege und Behandlung

Zunächst wird mit der konservativen Behandlung versucht, den Zustand des Kindes zu bessern:

- Das Kind wird hochgelagert, evtl. ist auch eine aufrechte Haltung in einem „Hiatusstuhl" erforderlich.
- Die Nahrung kann angedickt kontinuierlich über eine Sonde oder auf 8–10 Mahlzeiten verteilt gefüttert werden.
- Die Nahrungsaufnahme ist genau zu überwachen.
- Die Schwester verabreicht die verordneten Medikamente, z. B. säurebindende und blutstillende Medikamente, evtl. Sedativa.
- Da das Kind Ruhe braucht, wird auf der Station ein entsprechendes Zimmer ausgewählt, und die Pflegemaßnahmen werden so geplant, daß das Kind nicht so häufig gestört wird.

Tritt keine Besserung ein, wird das Kind operiert.

7.18.5.3. Leistenhernie

Eine Leistenhernie entsteht durch einen unvollständigen Verschluß des inneren Leistenrings. Dadurch kommt es zur Vorwölbung des Peritoneums mit Netz und Darmanteilen und bei Mädchen auch des Ovars.

Die Kinderkrankenschwester beobachtet

- Unvermittelt auftretende, meist schmerzlose Schwellung in der Leistengegend, ein- oder doppelseitig,
- Anziehen der Beine, evtl. auch Schmerzäußerungen und Weinen.

Pflege und Behandlung

Da bei Betätigung der Bauchpresse und beim Schreien der Bruchinhalt hervortreten kann, bekommt der Säugling zur Beruhigung einen Schnuller. Die Beine können hochgelagert werden.
Der Bruchinhalt kann in einem warmen Bad leicht reponiert werden. Keinesfalls darf er gewaltsam zurückgedrückt werden.
In den meisten Fällen muß die Bruchpforte operativ verschlossen werden.

Inkarzerierte Hernie

Die Kinderkrankenschwester beobachtet

- Plötzlich auftretende Unruhe und anhaltendes Schreien,
- Erbrechen,
- Blutabgang im Stuhl,
- pralle, derbe Schwellung in der Leistenbeuge,
- harter, geblähter und gespannter Bauch,
- Schocksymptome.

Pflege und Behandlung

Wegen der Gefahr der Darmperforation muß das Kind sofort operiert werden.
Die postoperative Pflege richtet sich nach seinem Befinden.

7.18.5.4. Omphalozele

Die Omphalozele ist eine Defektmißbildung der Abdominalwand.

Die Kinderkrankenschwester beobachtet

- Zunächst durchscheinender Bruchsack, durch den Leber und Darm zu sehen sind, dessen Oberfläche aber wenige Stunden nach der Geburt trüb wird;
- weitere Symptome, die auf Mißbildungen hinweisen, z. B. Zyanose, Erbrechen, fehlender Mekoniumabgang.

Pflege und Behandlung

Konservative Behandlung:
Der Bruchsack wird zunächst alle 2 Stunden mit angewärmter isotoner Kochsalzlösung oder einer antiseptischen Lösung bestrichen, um Infektionen zu verhüten und um das Eintrocknen des Sackes mit Schorfbildung zu fördern. Der Inhalt des Bruchsackes wird unter der narbigen Schrumpfung langsam ins Abdomen verlagert.
Der operative Verschluß der Bauchdecke erfolgt zu einem späteren Zeitpunkt.

Operative Behandlung bei ausgeprägter Form:
Präoperativ:
- Sofort nach der Geburt wird die Omphalozele mit einer sterilen, feuchten Mullkompresse bedeckt und ständig feucht gehalten. Es kann isotone Kochsalzlösung oder eine antiseptische Lösung verwendet werden.
- Der Oberkörper wird zur Atemerleichterung hochgelagert.
- Eine Magensonde wird eingeführt; alle 10 Minuten werden der Magensaft und die Luft abgesaugt, um eine Luftfüllung des Darms zu verhindern.

Postoperativ:
- Da die Kinder über längere Zeit parenteral ernährt werden, ist die Infusionstherapie gewissenhaft zu überwachen.
- Das Kind hat weiterhin eine Magenablaufsonde zur Entleerung des Mageninhalts. Die Sonde wird regelmäßig durchgespült. Die Flüssigkeit darf nicht mit der Spritze wieder abgezogen werden, sondern läuft spontan in den Auffangbeutel.

Weiterführende Literatur

Pfeifer, G.: Lippen-Kiefer-Gaumenspalten. Thieme, Stuttgart 1982
Graf, R.: Sonographie der Säuglingshüfte. Enke, Stuttgart 1989
Sauer, H., R. Kurz: Checkliste Kinder-Chirurgie. Thieme, Stuttgart 1981

7.19. Pflege bei Kindern vor und nach operativen Eingriffen

H. Flasch

Notwendige Vorkenntnisse

- Krankenbeobachtung: Vitalzeichen, Aussehen, Bewußtseinslage (Kap. 5.1.);
- Schock, Schockbekämpfung, Störungen des Flüssigkeits-, Elektrolyt- und Säure-Basen-Haushalts;
- Kenntnisse der diagnostischen Maßnahmen je nach Art der Operation (z. B. verschiedene hämatologische und blutchemische Untersuchungen, Funktionsproben, Röntgenuntersuchungen);
- Maßnahmen der Asepsis und der laufenden Desinfektion;
- Wirkungsweisen von Narkotika, Sedativa, Analgetika, Vagolytika.

Strukturnetz

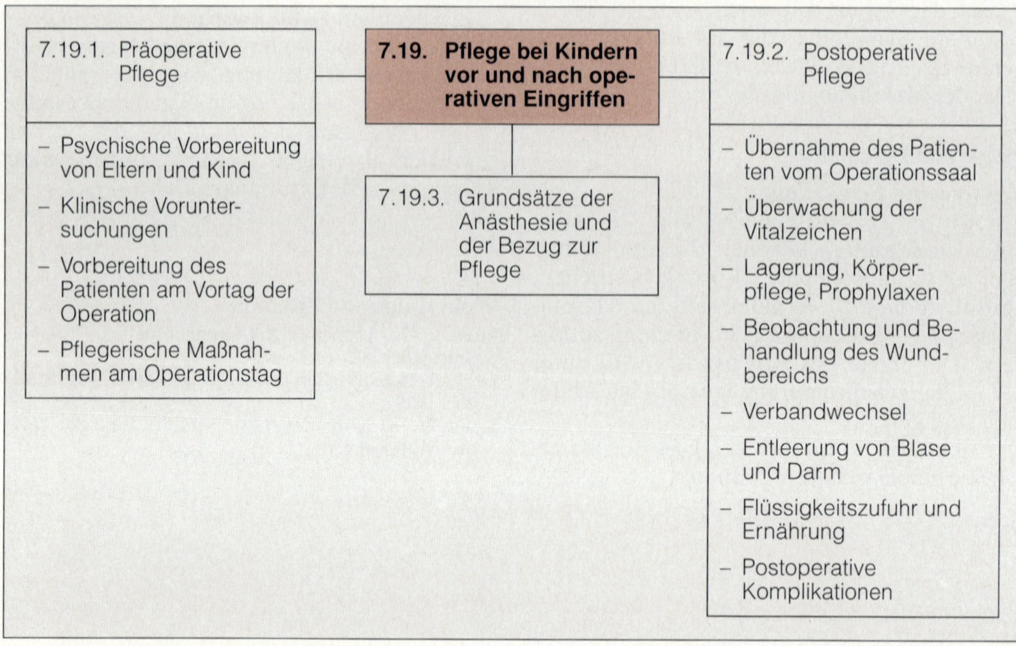

Lehrziel

Bei der Vielfalt der kinderchirurgischen Eingriffe ist es in diesem Teilkapitel nicht möglich, auf alle speziellen pflegerischen Verrichtungen einzugehen.

Sie erhalten Informationen über allgemeine prä- und postoperative Maßnahmen, die Ihnen helfen sollen, ein Kind körperlich und psychisch auf eine Operation vorzubereiten und es nach dem Eingriff auf bestmögliche Weise zu überwachen und zu betreuen.

Lernziele

Wenn Sie dieses Thema erarbeitet haben, können Sie beschreiben, wie Sie

- Kind und Eltern vor und nach einer Operation verständnisvoll beruhigen und informieren;
- die im Einzelfall erforderlichen Voruntersuchungen durchführen oder in die Wege leiten;
- die Vorbereitungen am Vortag der Operation und die pflegerischen Maßnahmen am Operationstag treffen;
- den Patienten aus dem Operationssaal übernehmen, ihn überwachen, seine Organfunktionen und den Wundbereich kontrollieren und eventuelle Komplikationen erkennen.

7.19.1. Präoperative Pflege

Psychische Vorbereitung von Eltern und Kind

Für die Eltern bedeutet eine bevorstehende Operation ihres Kindes eine große Belastung. Sie empfinden Angst, Ungewißheit und oft auch Mißtrauen bei dem Gedanken, ihr Kind diesem Eingriff aussetzen zu müssen.
Hinzu kommt sicher auch noch ein Gefühl der Hilflosigkeit dem Kind und der Situation gegenüber.
Es ist daher äußerst wichtig, daß Ärzte und Schwestern für diese Lage der Eltern Verständnis haben und durch Gespräche und Informationen eine vertrauensvolle Atmosphäre herstellen.
Die altersgerechte und wahrheitsgetreue Vorbereitung des Klein- und Schulkindes auf die Operation und alle unangenehmen Begleitumstände ist ebenfalls unerläßlich, um Ängste und Mißtrauen abzubauen und Einsicht und Vertrauen zu erwecken. Ein von Ärzten und Schwestern psychologisch gut vorbereitetes Kind wird viel zuversichtlicher und ruhiger unangenehme oder schmerzhafte Maßnahmen überstehen.
Es ist bekannt, daß für Säuglinge und Kleinkinder zwischen dem 1. und 4. Lebensjahr ein Krankenhausaufenthalt am problematischsten ist. Aus dieser Erkenntnis heraus sollten die Eltern dahingehend beraten werden, planbare, also nicht dringende Operationen möglichst nicht in diesem Alter durchführen zu lassen.
Müssen aber operative Eingriffe im Säuglings- und Kleinkindalter erfolgen (z. B. Mißbildungen im Verdauungstrakt oder nach Verbrühungs- oder Verbrennungsunfällen), wäre es sicher am günstigsten, wenn ein Elternteil in das Krankenhaus mit aufgenommen werden könnte. Zumindest sollte den Eltern die Möglichkeit gegeben sein, sich tagsüber bei ihrem Kind aufzuhalten.

Klinische Voruntersuchungen

In welchem Umfang klinische Voruntersuchungen durchgeführt werden, richtet sich nach der Art des operativen Eingriffs. In jedem Fall werden jedoch die Körpermaße und die Körpertemperatur des Kindes festgestellt. Der Arzt untersucht es gründlich unter besonderer Beachtung der Kreislauf- und Atemverhältnisse.
Zu den routinemäßigen Voruntersuchungen gehören: Urinstatus, Blutbild, Blutgruppe, Rhesusfaktor und Gerinnungsfaktoren, sowie eine Kreuzprobe, wenn Transfusionen nötig werden.
Sehr wichtig ist besonders bei Neugeborenen und Säuglingen die Überwachung des Flüssigkeits-, Elektrolyt- und Säure-Basen-Haushalts vor Beginn einer Operation und die Erstellung eines entsprechenden Infusionsplanes.

Vorbereitungen am Vortag der Operation

Körperpflege

Bad oder Ganzwaschung (besondere Beachtung des Nabels, der Hautfalten und des Operationsgebiets).

Rasur

Je nach Operation kann eine Rasur behaarter Körperteile erforderlich werden. Geringer Haarwuchs wird trocken mit dem Einwegrasierer entfernt, stärker behaarte Stellen werden schonender naß rasiert. Man benötigt dazu:

- Seife,
- Rasierapparat (am besten Einwegmaterial),
- etwas Watte,
- ein Schälchen mit warmem Wasser,
- einen Waschlappen und ein Einmalhandtuch.

Durchführung:

- Mit der angefeuchteten Watte und Seife den betreffenden Hautbereich einschäumen;
- Haare mit dem Rasierapparat vorsichtig abrasieren;
- Seife mit dem Waschlappen und klarem Wasser entfernen;
- Haut mit dem Einmalhandtuch abtrocknen.

Darmentleerung

Eine gründliche Darmentleerung ist vor allem bei Operationen im Magen-Darm-Bereich erforderlich. Sie gehört aber nicht routinemäßig zu jeder Operationsvorbereitung.
Möglichkeiten: Mikroklist, Zäpfchen, Glyzerinspritze, Reinigungseinlauf oder Darmspülung (Kap. 6.3.).

Beachte: Bei akutem Geschehen im Abdomen nur auf ärztliche Anordnung eine Darmentleerung vornehmen, da die Gefahr der Darmperforation bestehen kann!

Ernährung

Neugeborene und Säuglinge werden nicht länger als 4 Stunden ohne orale Flüssigkeits- und Glukosezufuhr gelassen (evtl. Anlegen einer Infusion), um einem zu hohen Flüssigkeitsverlust und einer Hypoglykämie vorzubeugen.
Da es während der Operation zum Erbrechen mit nachfolgender Aspiration kommen kann, wird die letzte Mahlzeit vor der Operation in Form von gesüßtem Tee oder 5%iger Glukoselösung gegeben. Eine Nahrungsaspiration wäre weit gefährlicher als die Aspiration von Tee oder Glukoselösung.
Vor einer Notfalloperation wird der Magen mit einer Sonde entleert und evtl. mit isotoner Kochsalzlösung gespült.
Größere Kinder können am Vorabend der Operation noch eine normale Mahlzeit zu sich nehmen (Ausnahme: Operation im Magen-Darm-Trakt).
Gesüßten Tee kann man ihnen noch bis zu 6 Stunden vor der Operation anbieten.

Vorbereitendes Gespräch und Sorge für eine ungestörte Nachtruhe

Sobald der Operationsplan für den nächsten Tag bekannt ist, können die Eltern und auch größere Kinder über den voraussichtlichen Zeitpunkt und den Verlauf der Operation informiert werden.
Hierbei ist es wichtig, daß der Anästhesist, der Operateur oder zuständige Arzt und die Schwester, die das Kind betreut, sich vorher absprechen, wer die verschiedenen Informationen vermittelt. Die Schwester darf nicht vergessen, von den Eltern die notwendige Einwilligungserklärung zur Operation einzuholen. Soweit wie möglich sollen Fragen beantwortet und Wünsche erfragt und auch berücksichtigt werden. Für die Eltern ist es wichtig zu erfahren, wann sie sich nach der Operation telefonisch nach dem Befinden ihres Kindes erkundigen können und wann ein erster Besuch möglich sein wird.
Sehr aufgeregten und ängstlichen Kindern wird, nach Rücksprache mit dem Arzt, ein Sedativum für die Nacht verabreicht. Mit freundlichen und beruhigenden Worten soll sich die Schwester dann vom Kind verabschieden. Die anschließende genaue Information der Nachtschwester ist sehr wichtig.

Vorbereitung von Gegenständen und Unterlagen

Alle wichtigen Dokumente bereitlegen (z.B. Einwilligungserklärung, Krankengeschichte, Verlaufsblatt, Röntgenbilder, Laborbefunde, Blutgruppe, EKG-Befund, Narkoseprotokoll).
Für das Bett: saubere Bettwäsche, Bettschutz für das Kopfende, Lagerungsmaterial je nach Operation.
Für den Patienten: frische Wäsche oder Operationshemd („Flügelhemd"), Nierenschale, Zellstoff, Operationsstrümpfe und evtl. Haarschutz.

Pflegerische Maßnahmen am Operationstag

Allgemeines

Der Patient muß nüchtern bleiben. Die morgendliche Körperpflege soll ruhig und ohne Hast erfolgen.
Auffälligkeiten, die evtl. die Operation in Frage stellen könnten, müssen sofort dem Arzt gemeldet werden (z.B. Exanthem, Menses, auffälliger Stuhl).
Wichtig ist auch die Kontrolle der Körpertemperatur, von Puls und Blutdruck, des Aussehens und Allgemeinverhaltens des Kindes.
Die Schwester zieht dem Kind die Operationskleidung an.

Blasenentleerung

Bevor die Prämedikation gegeben wird, soll die Schwester das größere Kind noch zur Entleerung der Blase auffordern, denn das prämedizierte Kind soll dann nicht mehr aufstehen.

Beachte: Das Kind darf kein Wasser oder sonstige Flüssigkeiten trinken!
Eigene Getränke aus dem Nachttisch entfernen, Blumenvasen außer Reichweite des Kindes stellen.

Prämedikation

Das Kind erhält die Prämedikation ca. ½–1 Stunde vor Operationsbeginn entweder intramuskulär oder subkutan verabreicht (z.B. Dormicum u. Atropin).

Beachte: Da die Medikamente entspannen und schläfrig machen, soll man das Kind nach der Prämedikation entweder in Ruhe lassen, oder ihm weiterhin gut zureden. Auf keinen Fall den Patienten alleinlassen!

Begleitung in den Operationssaal

Die Schwester, die das Kind kennt und die es bisher betreut hat, soll es auch in den Operationssaal bringen. Sie soll auch möglichst beim Kind bleiben, bis es schläft und es dann dem Anästhesisten übergeben. Sind die Eltern anwesend, können sie evtl. mithelfen, das Bett zu schieben, was ihrem Bedürfnis entgegenkommt, möglichst lange in der Nähe ihres Kindes sein zu können.

Vorbereitung von bisherigem Zimmer und Bett

Diese ist notwendig, wenn der Patient nach der Operation nicht auf der Wachstation oder Intensivstation bleibt.
Die Schwester stellt das Kopfteil des Bettes flach, entfernt das Kopfkissen, breitet einen Bettschutz über das Kopfende oder über die ganze Matratze und stellt verschiedene Gegenstände bereit, z. B. Schienen, Lagerungsmaterial, Aufhängevorrichtungen für Infusionen und Saugflaschen, Bettbogen usw.
Das Zimmer muß aufgeräumt und gelüftet werden. Es sollte daran gedacht werden, die Raumpflege in Abwesenheit des Patienten durchführen zu lassen, um das Ruhebedürfnis des Kindes nach der Operation nicht zu stören. Die Fenster müssen wieder rechtzeitig geschlossen werden.
Weiterhin muß die Funktion der Klingelanlage kontrolliert werden, ein Überwachungs- und Protokollblatt wird bereitgelegt, und die erforderlichen Gegenstände müssen bereitgestellt werden (z. B. Blutdruckapparat, Sauerstoffgerät, Absaug- und Inhaliergerät, Mundpflegetablett, Nierenschale, Zellstoff).

7.19.2. Postoperative Pflege

Übernahme des Patienten vom Operationssaal

Normalerweise bleiben die Kinder während der ersten postoperativen Stunden im sog. Aufwachraum, unter Umständen auch einige Tage auf einer Intensivstation.

Wird das Kind auf die Station verlegt, erfolgt die Übernahme entweder im Aufwachraum oder im Vorraum des Operationssaales oder in der Operationsaalschleuse.

Beachte: Die pflegende Schwester darf das Kind nur übernehmen, wenn ihr gleichzeitig vom Anästhesisten mündlich oder schriftlich die notwendigen Informationen gegeben werden!

Informationen über die Operation

Die Schwester muß wissen, wie die Operation verlaufen ist, da die anschließende Beobachtung, die Überwachung und andere postoperative Maßnahmen davon abhängen.
So muß sie darüber informiert werden, wie die Herz- und Kreislaufverhältnisse während der Operation waren, ob starke Blutungen oder andere Komplikationen aufgetreten sind.
Bei der Übergabe des Patienten sollen auch Verordnungen für die ersten Stunden oder Tage nach der Operation erteilt werden. Sie sollen genaue Angaben über die Art und Häufigkeit der Kontrollen, über Lagerung und Mobilisation des Kindes, über die Verabreichung von Medikamenten, Infusionen oder Transfusionen oder über Drainagen und Katheter enthalten.
Nachdem die Schwester eine erste Kontrolle über den Zustand und die Bewußtseinslage des Kindes vorgenommen hat und voraussichtlich für die nächsten Stunden keine Komplikationen zu erwarten sind, kann sie den Patienten auf die Station zurückbringen. Hier muß sie dafür sorgen, daß das Kind in der nächsten Zeit unter ständiger Aufsicht einer Schwester steht.

Überwachung der Vitalzeichen
(s. auch Kap. 5.1.)

Blutdruck und Puls werden nach Vorschrift kontrolliert (z. B. viertel- bis zweistündlich, je nach Operation). Häufige Kontrollen erfolgen vor allem am Operationstag, da das Kind infolge der Narkose zur Kreislauflabilität neigt.
Bei der Atmung ist hauptsächlich auf Rhythmus und Frequenz zu achten, da in den ersten postoperativen Stunden jederzeit Atemstörungen auftreten können (eventuelle Ursachen: Verlegung der Atemwege oder Kohlensäureüberladung des Blutes, z. B. durch die Nachwirkungen der Narkose und Muskelrelaxantien).

Hautfarbe und Bewußtseinslage sind ebenfalls regelmäßig zu überprüfen, auch wenn das Kind bei der Übernahme „voll bewußt" war.

Obwohl das postoperative Erbrechen durch die genauere Dosierbarkeit und bessere Verträglichkeit der Narkosemittel relativ selten geworden ist, kann es doch in einzelnen Fällen während des ganzen Operationstages auftreten. Die Schwester hat den Arzt davon zu unterrichten und vor allem darauf zu achten, daß das Kind das Erbrochene nicht aspiriert. Die Schmerzen, die während des Erbrechens und auch beim Husten oder Niesen im Wundbereich auftreten, kann man durch einen leichten Gegendruck mit der Hand auf die Wunde etwas lindern. Größere Kinder können sich, nach Anleitung durch die Schwester, auf diese Weise bei Bedarf selbst helfen.

Lagerung, Körperpflege und Prophylaxen

Um die Aspiration von Magensaft oder das Zurücksinken der Zunge zu vermeiden, wird das operierte Kind immer in Kopfseitenlage gebracht. Ein Absauggerät muß griffbereit sein. Spätere Umlagerungen müssen vorsichtig erfolgen, um dem Kind unnötige Schmerzen zu ersparen. Beim Umlagern oder Betten ist vor allem auf Drainagen oder Katheter zu achten, damit sie sich nicht verschieben, abknicken oder herausgerissen werden.

Den Zeitpunkt der ersten Mobilisation oder des ersten Aufstehens bestimmt der Arzt. Oft kann das Kind bereits am Abend des Operationstages unter Mithilfe und Aufsicht der Schwester für kurze Zeit das Bett verlassen.

Die Körperpflege wird je nach Alter des Kindes und dessen Zustand von der Schwester ganz oder nur teilweise übernommen.

Besonders zu achten ist in den ersten Tagen auf gute Haut- und Mundpflege.

Folgende prophylaktische Maßnahmen sind in der postoperativen Phase besonders wichtig:

- Dekubitusprophylaxe (S. 176),
- Pneumonieprophylaxe (S. 178),
- Parotitisprophylaxe (S. 161),
- evtl. Thromboseprophylaxe.

Beobachtung und Behandlung des Wundbereichs

Der Operationsschmerz klingt bei Säuglingen und Kleinkindern meist nach wenigen Stunden ab. Das Verabreichen leichter Schmerzmittel in Form von Zäpfchen genügt fast immer.

Ältere Kinder erhalten auf Anordnung des Arztes intramuskulär, intravenös oder rektal ein Schmerzmittel in altersgemäßer Dosierung.

Ungewöhnlich langanhaltende Schmerzen, die möglicherweise auf Komplikationen hinweisen, müssen dem Arzt gemeldet werden.

Der erste Wundverband bleibt normalerweise 4–6 Tage liegen, wenn er nicht aus irgendeinem Grund früher gewechselt werden muß (z. B. wegen Verunreinigung durch Stuhl oder Urin oder Verdacht auf eine Wundinfektion).

Wenn in den ersten Stunden nach der Operation etwas Blut nachsickert, wird am besten nur eine frische Lage sterilen Verbandstoffes aufgelegt. Bei stärkerer Nachblutung muß der Arzt die Wunde inspizieren. Die Kinderkrankenschwester hat demzufolge nach der Operation in regelmäßigen Abständen den Verband zu kontrollieren.

Verbandwechsel

Der Verbandwechsel kann entweder im Bett oder auf einem Behandlungstisch erfolgen. Er muß unter absolut sterilen Bedingungen durchgeführt werden. Die sterilen und die unsterilen Gegenstände müssen auf dem Verbandwagen oder -tablett streng voneinander getrennt bleiben.

Benötigte Gegenstände

Sterile Instrumente:
- chirurgische Pinzette,
- anatomische Pinzette,
- gerade Fadenschere,
- gebogene Fadenschere,
- gerade spitz-stumpfe Schere,
- Knopfsonde,
- Knopfkanüle oder dünner Gummikatheter zur Wundspülung,
- Watteträger,
- Spatel,
- Sicherheitsnadeln,
- Einweghandschuhe,
- 10- bzw. 20-ml-Einwegspritze für evtl. Wundspülung.

Steriles Verbandmaterial:
- Kompressen in verschiedenen Größen,
- Watteträger,
- Tamponade.

Handlungsschema: Verbandwechsel

1. Patienten begrüßen und informieren, Hände desinfizieren und waschen, Schutzkittel anziehen.
2. Auf dem Verbandwagen bzw. -tablett sterile und unsterile Gegenstände getrennt voneinander bereitlegen.
3. Patienten aufdecken, Verband freilegen, evtl. sterile Handschuhe anziehen.
4. Heftpflaster vorsichtig mit Hilfe eines benzingetränkten Tupfers ablösen.
5. Verband entweder mit der Hand oder einer Pinzette entfernen, kontrollieren und in einer Nierenschale oder einem Abfallsack ablegen.
6. Wunde und umgebende Haut mit Watteträgern reinigen und desinfizieren (aseptische Wunde von innen nach außen, infizierte Wunde von außen nach innen).
7. Wundbehandlung nach Vorschrift (z. B. Salbenverband oder Auftragen von Puder oder Spray).
8. Mit steriler Pinzette frische Mullkompresse auflegen und Verband mit Pflaster fixieren.
9. Das Kind wieder zudecken und bequem lagern, es loben, daß es brav gewesen ist oder beruhigen, wenn es sich sehr aufgeregt hat.
10. Gebrauchte Gegenstände desinfizieren bzw. reinigen und sterilisieren, Abfälle beseitigen und Verbandwagen oder -tablett aufräumen.

Sonstiges Material:
- Verbandschere,
- elastische Binden,
- schmales und breites Heftpflaster,
- Heftpflaster für empfindliche Haut,
- klebende Mullauflage,
- Nierenschalen,
- Schutzkittel, evtl. Mundschutz,
- Hautdesinfektionsmittel,
- Benzin oder Äther,
- verschiedene Salben und Pasten und Medikamente, die evtl. in die Wunde eingebracht werden,
- Wundpuder und antibakterieller Spray.

Der Verbandwechsel bei Kindern muß immer von 2 Personen vorgenommen werden. Vorher muß die Schwester das Kind auf diese Maßnahme vorbereiten, damit es die Angst davor verliert. Führt der Arzt den Verbandwechsel durch, ist es die Aufgabe der Schwester, alle erforderlichen Gegenstände vorzubereiten und das Kind gut festzuhalten.

Fäden entfernen

Wenn der Arzt diese Aufgabe nicht ausdrücklich an die Schwester delegiert, wird er in der Regel die Fäden selbst entfernen und dabei die Wunde beurteilen. Die Schwester bereitet die Gegenstände vor, assistiert dem Arzt oder fixiert das Kind (evtl. 3. Person nötig).

Gegenstände:
- sterile anatomische Pinzette,
- spitze oder spitz-stumpfe Fadenschere,
- Abfallschere.

Durchführung:
- In einer Hand hält man die Pinzette, in der anderen die Schere.

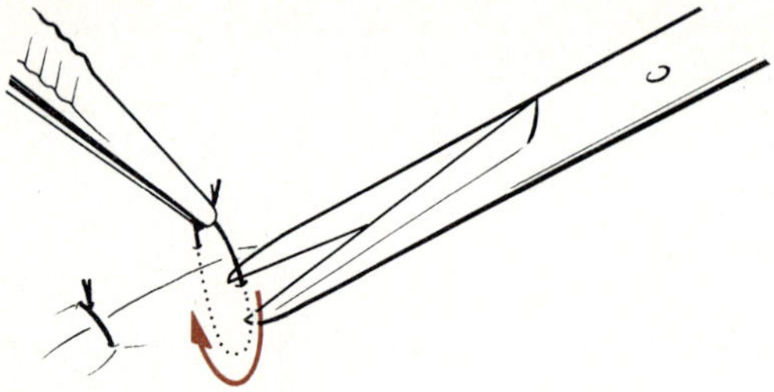

Abb. 44 Technik des Fädenentfernens

- Mit der Pinzette wird ein Fadenende hochgezogen, der Faden direkt über der Haut unterhalb des Knotens im sterilen Bereich durchgeschnitten und dann schnell herausgezogen. Die Fäden werden in der bereitgestellten Abfallschale abgelegt (Abb. 44).
- Die Wunde wird nach dem Fädenziehen desinfiziert und mit einem neuen sterilen Verband versorgt.

Drain kürzen, wechseln oder entfernen

Auch diese Maßnahmen sind von der Schwester nur auf Anordnung des Arztes durchzuführen.

Material:
- sterile anatomische Pinzetten,
- Schere,
- Sicherheitsnadeln,
- eingeschnittene Kompressen,
- Einweghandschuhe,
- Untersuchungsröhrchen.

Durchführung Drain kürzen:
- Drain (Abb. 45a u. b) mit der Pinzette etwas herausziehen und mit steriler Schere kürzen.

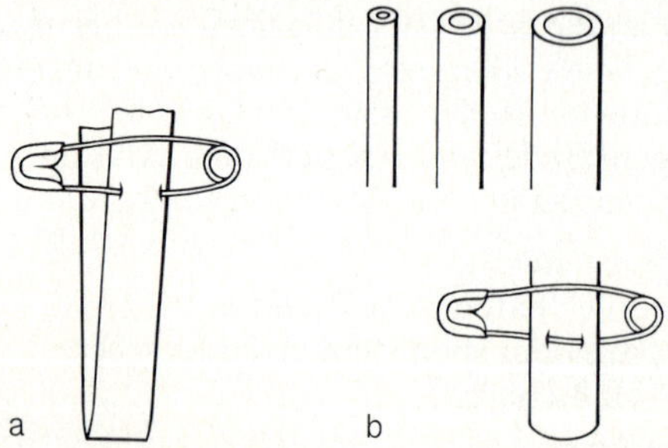

Abb. 45 a) Gummilasche,
b) Wunddrains verschiedener Größen

- Sterile Sicherheitsnadel durch den Drain führen, schließen und quer zum Wundschnitt stellen, damit der Drain nicht in die Wunde hineinrutschen kann.
- Eingeschnittene sterile Kompresse unterhalb der Sicherheitsnadel um den Drain legen.
- Lockeren Verband anlegen und fixieren.

Durchführung Drain wechseln und entfernen:
- Drain mit steriler Pinzette ziehen, Spitze abschneiden und in das bereitliegende Untersuchungsröhrchen einbringen.
- Frischen Drain unter sterilen Kautelen einführen und mit Sicherheitsnadel vor dem Hineinrutschen schützen.
- Wundverband anlegen.
- Wird der Drain entfernt, ebenfalls die Spitze abschneiden zur bakteriellen Untersuchung.
- Anschließend Wundversorgung nach ärztlicher Anordnung und sterilen Verband anlegen.

Entleerung von Blase und Darm

Vor allem bei größeren Kindern können nach der Operation, wenn kein Dauerkatheter gelegt ist, Miktionsschwierigkeiten auftreten, deren Ursache geringe Urinproduktion, psychische Anpassungsschwierigkeiten oder ein Sphinkterspasmus sein können.
Es gibt für die Schwester verschiedene Möglichkeiten, geschickt auf das Kind einzuwirken, damit die Entleerung der Blase erfolgen kann. So kann sie es z. B. ermuntern, ganz entspannt auf dem Steckbecken zu sitzen, sie kann am Waschbecken etwas Wasser laufen lassen oder ein wenig warmes Wasser in die Bettschüssel gießen, damit ein evtl. Sphinkterspasmus dadurch gelöst wird. Auch durch ein spezielles Blasentraining (S. 380) können solche Schwierigkeiten überwunden werden.
Wenn alle diese Bemühungen ohne Erfolg bleiben, kann vom Arzt eine Katheterisierung oder Blasenpunktion oder auch die Injektion eines Spasmolytikums angeordnet werden.
Liegt ein Dauerkatheter in der Blase, erfolgt über ihn die Urinentleerung (S. 307).
Die Darmtätigkeit muß vor allem nach Bauchoperationen bald angeregt werden. Entleert das Kind am 2. Tag nach der Operation nicht spontan Stuhl, muß spätestens am 3. Tag abgeführt werden. Je nach Operation und ärztlicher Anordnung können ein Microklist, ein

Abführzäpfchen oder ein Klysma verabreicht werden. Bei Darmoperationen allerdings darf nur nach ärztlicher Anweisung abgeführt werden. Hier wird die Darmentleerung oft erst nach 5, 6 oder mehr Tagen eingeleitet.
Die Stuhlentleerung ist für das Kind vielfach eine anstrengende, mit Schmerzen verbundene Prozedur und auch eine erhebliche Kreislaufbelastung. Die Schwester muß sich daher in der Nähe des Kindes aufhalten, um es genau beobachten zu können und ihm tröstend zuzusprechen.
Der Stuhl muß beobachtet und hinsichtlich Konsistenz, Farbe, Geruch und eventuellen Beimengungen beurteilt werden (S. 131).

Flüssigkeitszufuhr und Ernährung

Für die Aufrechterhaltung des Flüssigkeitshaushalts ist es wichtig, daß durch Infusionen und später Sondierung oder Getränke die sofortige Flüssigkeitszufuhr erfolgt. Ein- und Ausfuhr müssen regelmäßig gemessen werden (S. 610).
Nach extraabdominellen Eingriffen (Operationen außerhalb des Bauchraums) und komplikationsloser Anästhesie dürfen Kinder, falls sie ganz wach sind und nicht erbrechen, spätestens nach Ablauf von 4 Stunden wieder klare Flüssigkeiten (gesüßten Tee, 5%ige Glukoselösung) löffelweise trinken.
Die normale Ernährung wird danach schrittweise aufgebaut.
Bei Frühgeborenen und Säuglingen mit Aspirationsgefahr muß vor jeder Nahrungszufuhr der Restinhalt des Magens mit einer Sonde aspiriert und gemessen werden.
Die Ernährung *nach intraabdominellen Eingriffen* (Operationen im Bauchraum):
Schon während der Operation wird eine Magensonde gelegt, die liegenbleibt und mit einem konstanten Sog von ca. 25 mbar abgesaugt wird. Menge und Aussehen des abgesaugten Sekretes werden dokumentiert. Sie wird von Zeit zu Zeit mit isotoner Kochsalzlösung gespült und mit etwas stärkerem Sog aspiriert, um eventuelle Verstopfungen zu beseitigen. Zur Ulkusprophylaxe werden säurebindende Medikamente sondiert.
Je nach erfolgtem Eingriff besteht eine Nahrungskarenz von 24–48 Stunden. Klare Flüssigkeiten kann das Kind wieder trinken, wenn normale Darmgeräusche hörbar sind und nur noch kleine Mengen Magensekret aspiriert werden.
Erst nach der ersten Stuhlentleerung erfolgt langsam der Übergang zu normaler Ernährung (z. B. mit Zwieback, Haferschleimsuppe, Grießbrei mit Apfelmus, Kartoffelbrei).
Kriterien, von denen der Nahrungsaufbau abhängig ist:
- Alter des Kindes,
- das von der Operation betroffene Organgebiet,
- Darmfunktion,
- Erbrechen,
- Fieber,
- Allgemeinzustand,
- Wundheilung,
- Appetit,
- Diät, die schon vor der Operation indiziert war,
- evtl. postoperative Komplikationen (z. B. Ileus).

Postoperative Komplikationen

Hyperthermie

Körpertemperaturen bis 38,5 °C sind in den ersten 2–3 Tagen nach allen operativen Eingriffen, auch bei normaler Wundheilung, zu erwarten (Ursachen: im Kreislauf auftretende Eiweißstoffe aus Wunden, Blutergüssen oder abgestorbenem Gewebe).
Temperaturen über 40 °C können verschiedene Ursachen haben und müssen sofort dem Arzt gemeldet werden. Der Verdacht einer Infektion liegt nahe. Da durch hohes Fieber der Sauerstoffverbrauch erhöht und die Herzfrequenz beschleunigt wird, ist es besonders belastend für Kinder mit Atemstörungen oder Herzinsuffizienz.
Besonderheit bei Säuglingen: vermehrter Flüssigkeitsbedarf – er muß ausreichend gedeckt werden, da es sonst leicht zu Anstieg der Körpertemperatur kommt.

Nachblutungen

Die Wunde muß häufig kontrolliert werden, damit größerer Blutverlust sofort erkannt wird und Gegenmaßnahmen ergriffen werden können (z. B. Blutkonserven, Blutersatzlösungen, gerinnungsfördernde Mittel).

Beachte: Blutungsverdacht besteht auch, wenn das Kind plötzlich matt und blaß wird oder häufig gähnt, wenn der Blutdruck absinkt und der Puls schnell und flach wird. Sofort den Arzt benachrichtigen!

Erbrechen

Bis zur Abklärung der Ursache des Erbrechens ist die Nahrungszufuhr zu unterlassen, der Magen-Darm-Kanal durch Dauerabsaugungen zu entlasten und für genügend intravenösen Flüssigkeits- und Elektrolytersatz zu sorgen.

Singultus

Er kann auf eine Peritonitis oder eine Reizung des Zwerchfellnervs hindeuten. Häufige Ursache ist aber auch ein überblähter oder überfüllter Magen. Eventuell ist eine Magenentleerung mit einer Sonde vorzunehmen.

Allgemeine Infektionen

Sepsis (besonders bei Frühgeborenen und Säuglingen) und Pneumonie; Entstehung z. B. durch Wundinfektionen oder ungenügend hygienisches Arbeiten mit Beatmungsapparaten, Inkubatoren, Sauerstoff- und Magensonden, Infusions- und Nabelkathetern oder Trachealtuben.

Postoperativer Ileus

Die orale Ernährung sofort einstellen, Dauersonde in den Magen legen und den abgesaugten Inhalt messen, um eine genaue Flüssigkeitsbilanz zu erstellen.
Liegt ein paralytischer Ileus vor, sollten sämtliche konservativen Mittel (z. B. lokale Wärmeanwendung auf den Bauch, Gabe von z. B. Prostigmin, vorsichtige Darmspülung, Elektrolyt- und Eiweißersatz) eingesetzt werden, um die Peristaltik anzuregen. Bei mechanischem Ileus muß das Kind sofort zu erneuter Operation vorbereitet werden.

Wundheilungsstörungen

Bemerkbar an: Fieber, heftigem Wundschmerz, Wundrötung, Vorwölbung im Wundbereich, Granulationsgewebe, Nekrotisierung. Bei deutlicher Infektion der Wunde entweder teilweise oder totale Eröffnung oder Entfernung einzelner Hautfäden, damit der Eiter abfließen kann.

Beachte: Auch eitrige Wunden nach aseptischen Grundsätzen versorgen! Gefahr der Schmierinfektion!

Zum Erregernachweis muß ein Wundabstrich abgenommen werden. Daraufhin kann dann eine gezielte lokale und allgemeine antibiotische Therapie eingeleitet werden.
Bei stärkerer Eiterung: Einlegen einer Drainage oder Durchführung einer Wundspülung mit isotoner Kochsalzlösung.
Granulationsgewebe wird in der Regel durch wiederholte Behandlung mit dem Ätzstift entfernt.

7.19.3. Grundsätze der Anästhesie und der Bezug zur Pflege

Anästhesie = Unempfindlichkeit, Schmerzbetäubung.
Die Ausschaltung der Schmerzempfindung wird durch verschiedene Arten der Anästhesie erreicht. Es wird unterschieden zwischen der Lokalanästhesie und der Narkose.

Lokalanästhesie. Bei der *Lokalanästhesie* bleibt das Bewußtsein des Patienten erhalten, und es werden entweder durch Injektion oder durch Spray mit einer anästhesierenden Lösung (Infiltrations- bzw. Oberflächenanästhesie) einzelne Haut- oder Schleimhautbezirke oder Nervenbahnen (Leitungsanästhesie) schmerzunempfindlich gemacht.

Narkose. Bei der *Narkose* ist das Bewußtsein des Patienten ausgeschaltet, da vorübergehend Teile des Zentralnervensystems außer Funktion gesetzt werden. Dies kann entweder durch das Einatmen von narkotisierenden Gasen über eine Maske (Inhalationsnarkose) oder die intravenöse Injektion erreicht werden.
Alle größeren operativen Eingriffe werden in Intubationsnarkose durchgeführt. Hierbei erhält der Patient nach der Prämedikation zunächst ein Narkosemittel injiziert und anschließend ein kurzzeitig wirkendes Muskelrelaxantium. Danach wird ein Endotrachealtubus eingeführt und an das Narkosegerät angeschlossen.

Auf diese Weise kann der Patient während der Dauer der Operation mit einem Sauerstoff-Lachgas-Gemisch ganz gesteuert beatmet und bei Bedarf auch abgesaugt werden. Aspirationsgefahr besteht nicht, da der Tubus die Trachea vollständig abdichtet.
Welche Anästhesie vorgenommen wird, hängt von der Art der Operation und vom Krank-

heitszustand des Patienten ab. Die Kinderkrankenschwester muß wissen, daß jede Anästhesieform Gefahren und Komplikationen für den Patienten mit sich bringen kann.

Nach einer Lokalanästhesie muß die Schwester vor allem den betroffenen Bezirk überprüfen, z. B. auf

- farbliche Veränderungen,
- thermische Verhältnisse,
- Sensibilitätsstörungen,
- Geschmacks- oder Geruchsempfindungen (bei Schleimhautanästhesie),
- Schmerzempfindungen,
- allergische Reaktionen,
- örtliche Infektionen,
- Gefäßverletzungen, Blutungen, Thrombose,
- motorische Ausfallserscheinungen und
- nekrotische Veränderungen.

Nach der Narkose ist es Aufgabe der Schwester,

- die Bewußtseinslage des Patienten zu überprüfen,
- Puls-, Atmungs- und Körpertemperaturkontrollen in regelmäßigen Abständen durchzuführen,
- auf Übelkeit, Kopfschmerzen oder Erbrechen zu achten,
- ein vorzeitiges Aufstehen zu verhindern (z. B. durch Anbringen eines Bettgitters und Überwachung des Kindes) und
- alles Trink- und Eßbare außer Reichweite des Kindes zu bringen.

Folgeerscheinungen einer Inhalationsnarkose sind oft Schluckbeschwerden und starke Schleimsekretion infolge der Schleimhautreizung durch den Endotrachealtubus.
Während die Schluckbeschwerden nach kurzer Zeit nachlassen, ist es häufig notwendig, die Atemwege der Kinder abzusaugen. Größeren Kindern kann durch Vibrationsmassage und Atemgymnastik das Abhusten des schleimigen Sekrets erleichtert werden.
Durch Kopfseitenlagerung wird der Aspirationsgefahr entgegengewirkt.

7.20. Pflege bei Kindern mit Zytostatika- und Bestrahlungstherapie

H. Flasch

Notwendige Vorkenntnisse

- Tumorerkrankungen im Kindesalter,
- Wirkungsweisen und Nebenwirkungen von Zytostatika,
- Grundlagen der Bestrahlungstechnik und des Strahlenschutzes.

Strukturnetz

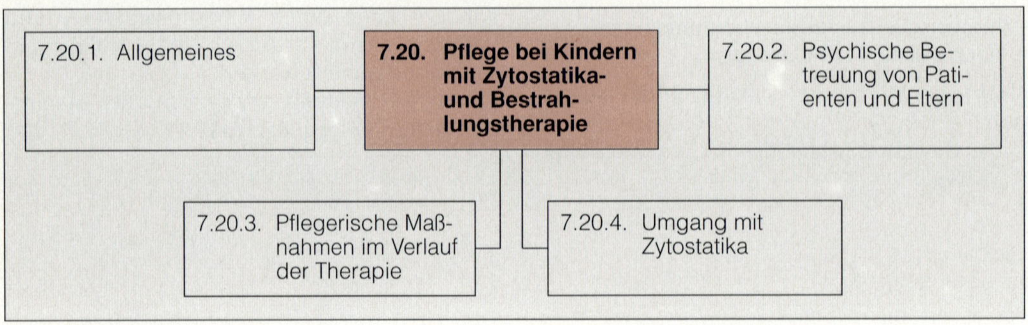

Lehrziel

In diesem Teilkapitel soll der Kinderkrankenschwester vor allem der besondere Stellenwert einer Ganzheitspflege bei diesen schwerkranken Kindern verdeutlicht werden. Die speziellen pflegerischen Maßnahmen im Verlauf der Therapie werden dargestellt.

Lernziele

Die Bearbeitung dieses Abschnittes soll Sie dazu führen, daß Sie

- formulieren können, welcher körperlichen und psychischen Belastung Patient und Eltern im Verlauf der Behandlung ausgesetzt sind;
- darzustellen vermögen, welche allgemeinen und lokalen Veränderungen während der Therapie zu beobachten und zu beachten sind;
- beschreiben können, welche speziellen pflegerischen Maßnahmen erforderlich sind;
- in der Lage sind, die Besonderheiten im Umgang mit Zytostatika zu erklären und zu begründen.

7.20.1. Allgemeines

Die Anwendung der Chemotherapie mit Zytostatika und der Strahlenbehandlung im Kindesalter ist sowohl isoliert als auch kombiniert bei allen malignen Erkrankungen indiziert.

Ist ein Tumor beim Kind als bösartige Geschwulst vom Arzt diagnostiziert worden, wird immer eine operative Entfernung angestrebt. Um eventuell zurückgebliebenes Tumorgewebe zu zerstören und eine Metastasierung auf dem Blut- oder Lymphweg zu verhüten, wird zusätzlich zur Operation noch eine gezielte Bestrahlungstherapie mit Röntgenstrahlen, Radium oder radioaktivem Kobalt angesetzt. Eine weitere Möglichkeit, das Wachstum krankhaft veränderter Zellen zu verhindern, ist die Chemotherapie unter Anwendung von Zytostatika, die direkt in den Stoffwechsel der Tumorzellen eingreifen. Eine Zytostatikabehandlung kann auch vor der Operation erfolgen.

7.20.2. Psychische Betreuung von Patienten und Eltern

Kinder, die sich einer Bestrahlungs- oder Zytostatikabehandlung unterziehen müssen, sind immer schwerkrank und daher im Laufe der Behandlung sowohl erheblichen körperlichen als auch seelischen Belastungen ausgesetzt. Neben der Aufgabe, den körperlichen Bedürfnissen gerecht zu werden und mitzuhelfen, die Leiden der Kinder zu lindern, muß sich die Kinderkrankenschwester bei diesen Patienten vermehrt um deren psychisches Wohlbefinden bemühen und sensibilisiert sein für die verschiedenen Anzeichen seelischer Krisen und Nöte.
Um Unsicherheit, Angst, Mißtrauen und eventuell auch falschen Vorstellungen, z. B. von der Bestrahlungstherapie, entgegenzuwirken, muß die Schwester durch liebevolle Zuwendung zunächst versuchen, das Vertrauen des Kindes zu gewinnen und es dann altersgerecht und wahrheitsgetreu über die bevorstehenden Maßnahmen informieren. Dazu gehört auch die Vorbereitung des Kindes auf eventuell eintretende Nebenwirkungen und Komplikationen (z. B. Unwohlsein, Erbrechen oder Haarausfall).
Wichtig ist auch der gute Kontakt von Ärzten und Pflegepersonal zu den Eltern des Kindes. Die Eltern müssen in Pflege und Therapie miteinbezogen werden und das Gefühl haben können, daß man ihnen im Krankenhaus partnerschaftlich, verständnisvoll und hilfsbereit entgegenkommt.
Es ist ein wichtiges Ziel, Kindern und Eltern bei der Annahme der Krankheit zu helfen. Die Aufgabe ist sehr schwer, sie erfordert viel Einfühlungsvermögen und Kraft, oft bis an die Grenzen der eigenen Belastbarkeit der Kinderkrankenschwester.
In den Zuständigkeitsbereich der Schwester gehört es auch, den Eltern zu verdeutlichen, daß ihr Kind trotz seiner Krankheit, solange es geht, ein möglichst normales Leben weiterführen soll und daß sie es in seiner Selbständigkeit nicht einschränken dürfen.
Mit Gedanken und Fragen nach der Zukunft oder nach Sterben und Tod darf das Kind nicht alleingelassen werden. Schwestern, Ärzte und Eltern müssen sich im gegenseitigen Einvernehmen dieser Problematik stellen. Manchmal kann hierbei auch der Krankenhausseelsorger wertvollen Beistand geben. Die Schwester sollte daran denken, ihn – nach Absprache mit den Eltern – zu benachrichtigen.

7.20.3. Pflegerische Maßnahmen im Verlauf der Therapie

Je nach Art, Lokalisation und Ausbreitungsgrad eines Tumors oder des Stadiums einer Leukämieerkrankung können sehr unterschiedliche Begleiterscheinungen während der Behandlung auftreten. Sie werden bewußt in Kauf genommen, um die Reaktionen des kindlichen Organismus auf den Verlauf der Therapie zu überprüfen.

Die Kinderkrankenschwester beobachtet bei der Zytostatikabehandlung

- Appetitlosigkeit,
- Übelkeit und Erbrechen,
- Müdigkeit, Kopfschmerzen,
- Initiativverlust und depressive Stimmungslage,
- Haarausfall,
- hohe Infektanfälligkeit (z. B. von Infektionen der Atmungsorgane oder Harnwegsinfektionen),
- ständige oder in Intervallen auftretende Schmerzäußerungen des Kindes,
- Schleimhautläsionen,
- petechiale Blutungen,
- Hämaturie, Blutbeimengungen im Stuhl bzw. Teerstuhl.

Pflege und Behandlung

Infektionsprophylaxe
Neben der Körperpflege, die sehr sorgfältig, aber schonend durchgeführt werden muß, um das Kind möglichst wenig zu belasten, kommt dem Schutz vor Infektionen große Bedeutung zu. Dazu gehören, neben der umfassenden Information und Aufklärung des Patienten und seiner Angehörigen durch den Arzt und die Kinderkrankenschwester über die Bedeutung der Infektionsprophylaxe, die strikte Beachtung der Hygiene- und Desinfektionsmaßnahmen, um das Risiko der Keimverschleppung von außen möglichst auszuschalten. Im besonderen Fall kann eine Isolierung des Kindes erforderlich werden.
Wichtig sind regelmäßige Händedesinfektionen, das Tragen von Schutzkitteln, die Desinfektion von Flächen und Gegenständen, die

bei der Pflege benützt und benötigt werden, sowie die gute Planung und Vorbereitung der Pflegemaßnahmen, um unnötige Gänge zu vermeiden.
Geschenke (z. B. Spielzeug, Radiorekorder oder Fernsehgeräte), die die Angehörigen mitbringen, sollen nur in desinfiziertem Zustand zum Kind gelangen, Bilderbücher, Zeitschriften oder Bücher müssen neu sein.
Aus hygienischen Gründen ist auch darauf zu achten, daß das Kind den Fußboden nicht barfuß betritt.
Bei einem Fieberanstieg (über 38°C) muß vor Beginn einer eventuellen intravenösen Antibiotikatherapie eine Erregerbestimmung durch Blutabnahme zur Blutkultur und zu serologischen Untersuchungen stattfinden. Auch Abstrichuntersuchungen von Katheteraustrittsstellen oder evtl. Drainagen und Wundflächen zur Keimisolierung sind auf ärztliche Anordnung durchzuführen.

Körperpflege und Prophylaxen
Bei der täglichen Ganzwaschung ist die Leib- und Bettwäsche zu wechseln, außerdem jedesmal bei Bedarf, z. B. wenn das Kind stark verschwitzt ist. Jede Woche sollte der Patient ein frisches Bett erhalten.
Wichtig ist auch eine gewissenhafte Mundhygiene und Soorprophylaxe. Nach jeder Mahlzeit müssen die Zähne mit einer weichen Zahnbürste geputzt werden, und größere Kinder müssen zusätzlich regelmäßige Mundspülungen vornehmen (ca. 2stündlich, z. B. mit Kamillen- oder Salbeitee). Zur Soorprophylaxe ist z. B. Daktar-Mundgel oder Moronal-Suspension nach ärztlicher Anordnung zu verabreichen.
Ist es während des Krankheitsverlaufes und der Therapie zu Schleimhautläsionen sowohl im Nasen-Rachen-Raum als auch im Anogenitalbereich gekommen, kommt der Schmerzlinderung große Bedeutung zu. Schleimhautpinselungen mit anästhesierenden Lösungen oder die Bestäubung der Mundschleimhaut mit Anästhesin-Traubenzucker, besonders vor den Mahlzeiten, sind daher sehr wichtig. Um das Ausmaß der Schleimhautverletzungen bzw. zusätzlicher Infektionen mit Candida albicans oder Herpes beurteilen zu können, müssen täglich zweimal sehr präzise Kontrollen vorgenommen werden. Nach jeder Urin- und Stuhlentleerung muß der Anogenitalbereich gereinigt werden, um die Haut sauber und trocken zu halten und somit einer Keimübersiedelung vorzubeugen. Das Kind ist sorgfältig zu lagern und umzulagern, unter Zuhilfenahme geeigneter Lagerungshilfsmittel, z. B. Spreu- oder Sandsäckchen, Knierolle, Schaumstoffkeile, Fußstütze, um der Dekubitus- und Kontrakturengefahr entgegenzuwirken.

Krankenbeobachtung
Meistens werden Zytostatika in Form einer Kurzinfusion intravenös verabreicht. Während der Dauer der Infusion muß das Kind kontinuierlich überwacht werden. Puls und Atmung sind regelmäßig zu kontrollieren, und die Flüssigkeitsbilanz zu errechnen. Jede Urinausscheidung ist auf ihren pH-Wert zu überprüfen, damit gegebenenfalls auf ärztliche Anordnung eine Neutralisierung mittels einer Pufferlösung vorgenommen werden kann.
Die Schwester hat weiterhin zu beobachten, ob Übelkeit oder Erbrechen auftreten, um dem Kind dann sofort Hilfestellung geben zu können.
Durch aufmerksame Krankenbeobachtung der Kinderkrankenschwester kann der Arzt auf Veränderungen und insbesondere Verschlechterungen des Krankheitszustandes sofort mit entsprechenden therapeutischen Maßnahmen reagieren. Da durch die Thrombopenie bei den Kindern eine erhöhte Blutungsneigung besteht, ist es z. B. Aufgabe der Schwester, auf petechiale Blutungen am ganzen Körper sowie Hämaturie oder Blutbeimengungen im Stuhl zu achten.

Beachte: Bei Kopfschmerzen, Bewußtseinsstörungen, Krampfbereitschaft oder plötzlicher Beeinträchtigung der Sehfähigkeit sofort den Arzt benachrichtigen – Gefahr einer massiven zerebralen Blutung!

Ernährung
Die Ernährung muß individuell auf das Kind abgestimmt werden, wobei seine besonderen Wünsche zu berücksichtigen sind. Die Nahrung soll eiweiß- und vitaminreich und möglichst nicht scharf gewürzt sein. Bei Schleimhautverletzungen müssen die Kinder oft vorübergehend nur mit flüssig-breiigen Speisen ernährt werden, die ihnen nicht zu heiß angeboten werden dürfen.
Zur Anregung des oft geringen Appetits der Kinder sollte die Schwester ihnen kleine, auf mehrere Portionen verteilte und hübsch ange-

richtete Speisen anbieten. Bei der Nahrungsverabreichung ist viel Geduld erforderlich.

Begleiterscheinungen
Treten Übelkeit, Erbrechen oder Diarrhoe auf, muß dem Kind durch symptomatische medikamentöse Therapie und intensive Zuwendung geholfen werden.
Der Haarausfall, der bis zum völligen Haarverlust führen kann, ist besonders für größere Kinder sehr unangenehm. Außerhalb des Krankenzimmers oder, wenn sie es wünschen, auch im Bett, können die Kinder ein Kopftuch oder eine Mütze tragen. Die Anschaffung einer Perücke ist zu empfehlen, da die Kinder ja nach einem Krankenhausaufenthalt wieder zur Schule gehen können und es eine Weile dauert, bis die Haare nachgewachsen sind. Damit die Perücke auch möglichst die natürliche Haarfarbe des Kindes hat, empfiehlt es sich, ausgefallene Haare aufzubewahren.
Kinder, die gehfähig sind und sich wohlfühlen, sollten sich durchaus auch außerhalb des Krankenzimmers bewegen können. Beispielsweise kann die Schwester das Kind nach einer der häufig notwendigen Blutentnahmen ins Labor mitnehmen, um es auf diese Weise abzulenken, Interessse zu wecken und für ein wenig Abwechslung zu sorgen. Auch der zeitweilige Aufenthalt im Spielraum und das Zusammensein mit anderen Kindern, die allerdings infektfrei sein müssen, ist außerordentlich wichtig.

Die Kinderkrankenschwester beobachtet während der Bestrahlungstherapie

- Müdigkeit, Appetitlosigkeit, Übelkeit und evtl. Erbrechen,
- Mißgestimmtheit,
- Infektanfälligkeit, lokale Veränderungen an Haut oder Schleimhaut im Bestrahlungsgebiet, z. B. Rötung, Schuppung, starke Pigmentierung, Haarausfall, Schluckbeschwerden, Schmerzäußerungen des Kindes.

Pflege und Behandlung

- Besondere Bedeutung fällt der Hautpflege zu. Zunächst ist die Haut in dem zu bestrahlenden Körperbereich mit einem Fettstift zu kennzeichnen.
- Das Waschen an der betreffenden Stelle ist während und auch noch einige Wochen lang nach der Bestrahlung zu unterlassen.
- Mechanische Reize (z. B. durch Reiben, Bürsten, Massieren oder Kneten) sowie chemische (z. B. durch das Tragen von synthetischer Wäsche oder die Benützung von Desinfektionsmitteln) und thermische (z. B. durch zu starke und andauernde Sonnenbestrahlung) sind zu vermeiden.
- Mit spezieller Salbe oder besonderem Puder wird die Haut nach Verordnung des Arztes gepflegt.
- Wegen der Überempfindlichkeit der Haut darf kein Heftpflaster verwendet werden.
- Prophylaxen und Ernährung sind in der gleichen Weise wie bei Patienten mit Zytostatikabehandlung durchzuführen.

7.20.4. Umgang mit Zytostatika

Kinderkrankenschwestern, die auf onkologischen Stationen arbeiten und mit Zytostatika umgehen, müssen wissen, daß diese Medikamente aufgrund ihrer Nebenwirkungen zu den sog. gefährlichen Arbeitsstoffen gehören. Jeder Haut- oder Schleimhautkontakt ist unbedingt zu vermeiden. Schwangere dürfen von vornherein nicht mit Zytostatika in Berührung kommen. Der Arbeitgeber ist verpflichtet, über Gefahren zu informieren und die Mitarbeiter im richtigen Umgang mit Zytostatika zu unterweisen. Informationsmaterial wie das Merkblatt „Sichere Handhabung von Zytostatika“ des Bundesverbandes der Unfallversicherungsträger der Öffentlichen Hand oder auch zur Verfügung stehendes Filmmaterial sollten dem Personal angeboten werden.
Zu den erforderlichen Vorsichtsmaßnahmen gehört:

- Schutzkittel mit langen Ärmeln und wasserundurchlässige Einweghandschuhe tragen beim
  - Austeilen von Tabletten,
  - Zubereiten von Injektionslösungen,
  - Aufziehen und Injizieren der Medikamente.

  Zu den beiden letztgenannten Tätigkeiten muß zusätzlich eine Schutzbrille getragen werden.
  Zubereiten und Aufziehen von Injektionslösungen lassen sich am besten in der Laminar-Air-Flow-Einheit, die für die Anwendung von Zytostatika geeignet ist, vornehmen (Schutzbrille nicht erforderlich), um

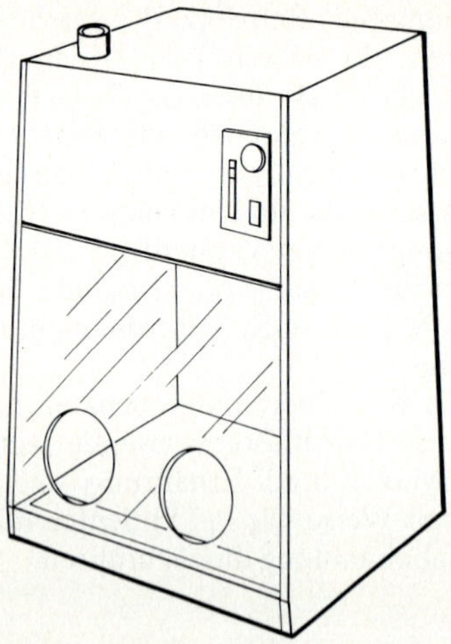

Abb. 46 Berner Medizinbox zur Aufbereitung von Zytostatika

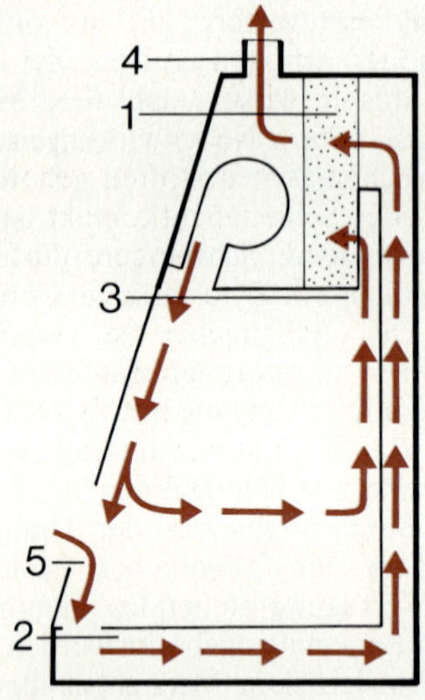

Abb. 47 Funktion der Berner Medizinbox: Die durch ein Mikrofilter ① angesaugte gereinigte Luft wird in den Arbeitsbereich geblasen und gleichzeitig nach unten ② und hinten ③ durch Ansaugöffnungen wieder abgesogen. Ein Teil der gereinigten Luft tritt durch eine Ausblasöffnung ④ oben am Gerät ständig aus. Hierdurch entsteht in der Medizinbox ein Unterdruck der durch die Raumluft ausgeglichen wird. Diese Luft fließt durch die Armöffnungen ⑤ nach und wird sofort nach Eintritt durch den vorderen Ansaugschlitz ② nach unten weggesogen. Es entsteht somit eine Luftbarriere für die im Arbeitsraum befindliche kritische Luft; ein Austreten wird dadurch verhindert. Um evtl. nach außen dringende Luftturbulenzen zu verhindern, ist die Medizinbox mit einer Plexiglas-Frontscheibe ausgerüstet. Eine einwandfreie Funktion ist nur gewährleistet bei geschlossener Haube

Aerosolaustritte zu verhindern (Abb. 46 und 47).

- Ampullen sorgfältig öffnen.
- Vor dem Durchspritzen der Kanüle zuerst in eine sterile Kompresse einstechen, dann sehr langsam den Stempel der Spritze durchdrücken, damit das überschüssige Medikament aufgesogen werden kann.
- Trotz aller Vorsicht auf die Haut oder Arbeitsfläche gelangtes Medikament sofort mit Zellstoff aufsaugen, dann mit Wasser und Seife abwaschen.
- Ampullen, Kanülen und Infusionssysteme nach Gebrauch nur in sicher verschlossenem Behälter in einen speziell gekennzeichneten Abfalleimer geben (Sondermüll!).
- Einweghandschuhe, Zellstoff, Kompressen und Spritzen sofort in den Abfallbehälter werfen.
- Bei der Entsorgung von Stuhl und Urin Mundschutz und Handschuhe tragen (die Ausscheidungen haben oft hohe Zytostatikakonzentrationen).
- Während der intravenösen Zytostatikatherapie darf das Kind nicht allein gelassen werden. Zur kontinuierlichen Überwachung gehören regelmäßige Kontrollen zur rechtzeitigen Erkennung paravenös gelaufener Infusionen, um Gewebsnekrosen zu vermeiden.

Weiterführende Literatur

Glaus, A., W. F. Jungi, H.-J. Senn: Onkologie für Krankenpflegeberufe, 2. Aufl. Thieme, Stuttgart 1985

Gutjahr, P.: Krebs bei Kindern und Jugendlichen. Deutscher Ärzte-Verlag, Köln 1987

Fabre, J.: Kinder, die nicht sterben wollen. Econ, Düsseldorf 1982

Niederle, Aulberg: Der Krebskranke und sein Umfeld. Hippokrates 1987

7.21. Pflege bei Kindern mit Infektionskrankheiten

B. Gerlach

Notwendige Vorkenntnisse

- Grundlagen der Mikrobiologie,
- Infektionskrankheiten (einschließlich Impfungen),
- Grundpflege, insbesondere Krankenbeobachtung (Kap. 5.1),
- Diätlehre,
- Methoden der Desinfektion und Sterilisation,
- Bundesseuchengesetz.

Strukturnetz

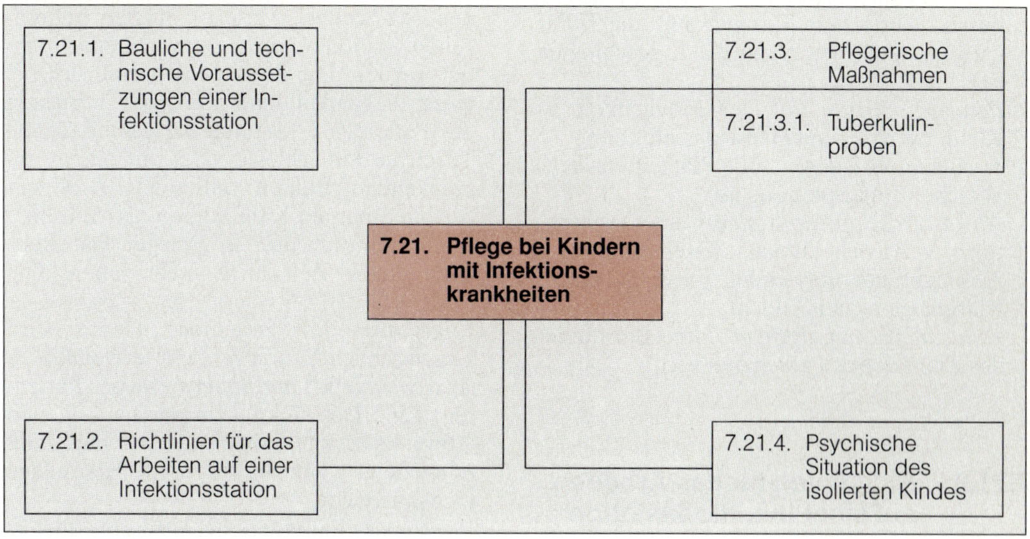

Lehrziel

An eine Kinderkrankenschwester, die bei Kindern mit Infektionskrankheiten arbeitet, werden besondere Anforderungen gestellt:

- Sie muß ein Kind mit einer Infektionskrankheit, die mit charakteristischen Erscheinungen verbunden ist und einen speziellen Verlauf zeigt, sorgfältig beobachten und ihre pflegerischen Maßnahmen darauf abstimmen.
- Sie muß die Bedürfnisse des isolierten Kindes erkennen und versuchen, sie zu befriedigen.
- Sie muß die Übertragung einer Infektionskrankheit innerhalb und außerhalb der Klinik verhindern.

Um dieser Aufgabe gerecht zu werden, muß die Kinderkrankenschwester auf wichtige Vorschriften der Infektionsverhütung und auf Besonderheiten in der Pflege Infektionskranker achten. Diese Informationen werden ihr in diesem Teilkapitel vermittelt.

Lernziele

Nach der Erarbeitung dieses Abschnittes haben Sie die Fähigkeit,

- bauliche und technische Voraussetzungen einer Infektionsstation zu nennen;
- über wichtige Richtlinien zur fortlaufenden Desinfektion und Schlußdesinfektion Auskunft zu geben;
- pflegerische Maßnahmen bei den Infektionskrankheiten zu beschreiben;
- auf die besondere psychische Situation des isolierten Kindes hinzuweisen.

7.21.1. Bauliche und technische Voraussetzungen einer Infektionsstation

Kinder mit Infektionskrankheiten müssen größtenteils isoliert werden; in der Kinderklinik können dafür spezielle Stationen eingerichtet sein.
An diese Stationen werden folgende Anforderungen gestellt, die zum Ziel haben, die Übertragung von Infektionskrankheiten zu verhindern:

- Mehrere *Isolierboxen* mit *„Schleuse", separatem Bad* und *WC* und *Einweichbecken* für Wäsche (Schleuse: Das Krankenzimmer ist durch 2 Türen vom Flur getrennt; die 2. Tür wird erst geöffnet, wenn die 1. geschlossen ist).
- *Personenschleuse* mit der Möglichkeit zu Kleiderwechsel und Händedesinfektion;
- *Desinfektionsanlage* für Pflegeutensilien, Wäsche, Bett, Spielzeug usw.;
- *Abwasserdesinfektionsanlage* zur Desinfektion von Ausscheidungen, Essensresten und Abwasser nur notwendig, wenn städtische Kläranlage nicht ausreicht;
- *Klimaanlage mit eigenem Filter,* die für jedes Zimmer extra geschaltet wird.

7.21.2. Richtlinien für das Arbeiten auf einer Infektionsstation

Das Pflegepersonal, das auf einer Infektionsstation arbeitet, hat u. a. die Aufgabe, sich selbst und andere Patienten vor der Übertragung einer Infektionskrankheit zu schützen. Prophylaktische Maßnahmen, wie z. B. gesunde Lebensweise, persönliche Hygiene und ausreichende Immunisierung sind dafür eine wichtige Voraussetzung.
Eine schwangere Schwester darf keine Kinder mit Infektionskrankheiten pflegen.
Außerdem muß die Schwester die Infektionsquellen und Übertragungswege (S. 760) der verschiedenen Erreger kennen, um davon wichtige Pflegerichtlinien zur Verhütung einer Ausbreitung ableiten zu können.
Diese Richtlinien werden unter dem Begriff der *fortlaufenden Desinfektionsmaßnahmen* zusammengefaßt und je nach Erregerart kontinuierlich durchgeführt.
Sie umfassen:

- Die *Hände des Pflegepersonals:* Bei Betreten und *vor dem* Verlassen des Krankenzimmers werden die Hände desinfiziert.
- *Handschuhe:* Zum Schutz vor infiziertem Material (infektiöse Ausscheidungen und Blut) werden Einweghandschuhe getragen, z. B. beim Wickeln, Absaugen, Blutabnehmen usw.
- *Schutzkittel:* Im Patientenzimmer wird grundsätzlich ein Schutzkittel getragen, der nach Ablegen im Zimmer mit der Außenseite nach außen aufgehängt wird.
- *Zimmerluft:* Das Krankenzimmer wird reichlich gelüftet; bei fliegenden Infektionen (Varizellen, Masern) müssen angrenzende Stationen vorher davon benachrichtigt werden. Die Pflegeperson muß sich bei einer fliegenden Infektion nach Verlassen des Patienten 3 Minuten bei geschlossenen Türen in der Schleuse oder auf einem angrenzenden Balkon aufhalten. Dies bezeichnet man im Klinikjargon als „Lüften". Man nimmt an, daß die Erreger spätestens nach dieser Zeit nicht mehr lebensfähig sind.
- *Eßgeschirr* des Patienten: Heute wird hauptsächlich *Einweggeschirr* verwendet.
- *Ausscheidungen und Essensreste* des Patienten: Eine Desinfektion in der hauseigenen Abwasserdesinfektionsanlage ist nur dann notwendig, wenn die städtische Kläranlage nicht ausreicht.
- *Wäsche* des Patienten: Sie wird entweder in Desinfektionslösung eingeweicht oder in gut verschlossenen, luftdichten und besonders gekennzeichneten Plastiksäcken zu einer zentralen Wäscherei gebracht und dort desinfiziert.
- *Spielzeug und Pflegeutensilien:* Sie können je nach Beschaffenheit mit Desinfektionslösung abgewaschen oder darin eingeweicht werden. Jedes Kind hat seine eigenen Pflegeutensilien und Spielsachen, die nicht vertauscht werden dürfen.
- *Blut und anderes Untersuchungsmaterial:* Es muß besonders gekennzeichnet ins Labor gebracht werden. Zu verschickendes Untersuchungsmaterial muß bruchsicher verpackt werden.
- *Verbrennungsmüll* muß in speziellen Behältern mit Deckel gesammelt und zur Entsorgung gebracht werden.

- *Krankenzimmer* (einschließlich Inventar und Fußboden): Es wird mit einem in Desinfektionsmittel frisch gewaschenen Putzlappen ab- bzw. aufgewischt und nicht nachgetrocknet, damit das Desinfektionsmittel voll einwirken kann.

Über diese wichtigen Richtlinien sind auch die Besucher zu informieren.

Die *Schlußdesinfektion* wird durchgeführt, wenn der Patient das Krankenzimmer verläßt (bei Entlassung, Verlegung oder Tod). Das Krankenzimmer wird mit allem darin befindlichen Inventar desinfiziert.

Man unterscheidet nach den Bestimmungen des Bundesgesundheitsamtes (BGA) bei meldepflichtigen Erkrankungen (s. Bundesseuchengesetz) 3 Arten der Schlußdesinfektion (S. 760):

Stufe I: Scheuer-Wisch-Desinfektion;

Stufe II: Scheuer-Wisch-Desinfektion und anschließende Raumdesinfektion mit Formalinverdampfung;

Stufe III: Raumdesinfektion mit Formalinverdampfung, anschließende Scheuer-Wisch-Desinfektion und abschließende Raumdesinfektion mit Formalinverdampfung.

Beachte: Grundsätzlich darf kein Gegenstand das Krankenzimmer verlassen, der nicht desinfiziert ist oder sicher zur Desinfektion an andere Stelle gebracht wird.

Es ist prinzipiell der jeweilige Hygiene- und Desinfektionsplan der zuständigen Klinik richtungsweisend. Dies gilt auch für die Auswahl der speziellen Desinfektionsmittel.

Es wird empfohlen, während der Schlußdesinfektion Schutzkleidung (z.B. Handschuhe, Atemschutzmasken) zu tragen.

Die *Scheuer-Wisch-Desinfektion (Stufe I)* wird heute bei den meisten Infektionskrankheiten als ausreichend wirksam erachtet. Dabei ist folgendes zu berücksichtigen:

- *Wände des Krankenzimmers, Türen, Naßzelle, Schrank, Nachttisch, Bettgestell* werden mit einem in Desinfektionslösung getränkten frischgewaschenen Putzlappen gründlich abgewaschen und nicht nachgetrocknet.

Beachte: Bei der Anwendung von Desinfektionsmitteln ist immer auf die exakte Konzentration und Einwirkungsdauer zu achten.

- *Pflegegegenstände, Wäsche, Spielzeug* werden nach der Vorschrift des jeweiligen Desinfektionsplans in Desinfektionslösung eingeweicht oder in speziell gekennzeichneten Säcken einer Desinfektion in einer Desinfektionsanlage zugeführt. Wertloses Spielzeug kann mit Erlaubnis der Eltern zur Verbrennung gegeben werden.
- *Nahrungsmittel, Pflegemittel, Einwegartikel, angebrochene Tuben, Medikamente usw.* werden in einem Plastikbehälter gesammelt und zur Verbrennung gegeben.
- *Bettwäsche von Kopfkissen, Bettdecken, Matratzen* wird im Krankenzimmer abgezogen, in Plastikfolie verpackt, und besonders gekennzeichnet, zur hauseigenen Desinfektionsanlage gebracht.

Eine zusätzliche *Raumdesinfektion mit Formalinverdampfung (Stufe II und III)* wird notwendig, wenn eine Scheuer-Wisch-Desinfektion eine ungenügende Wirkung auf die Krankheitserreger erzielt (z. B. bei offener Lungentuberkulose und Cholera).

Sie ist die Aufgabe eines Desinfektors und wird nach den Richtlinien des Bundesgesundheitsamtes durchgeführt.

7.21.3. Pflegerische Maßnahmen

In diesem Abschnitt werden die pflegerischen Maßnahmen bei den einzelnen Infektionskrankheiten beschrieben, unter besonderer Berücksichtigung der fortlaufenden Desinfektion und der Schlußdesinfektion. Es gelten die vorher erklärten Richtlinien, evtl. ist dabei noch ein besonderer Hinweis zu beachten.

Name der Krankheit	Dauer der Ansteckungsfähigkeit	Isolierung	Zusammenlegen mit	Hinweis zur fortlaufenden Desinfektion	Schlußdesinfektion
AIDS (*A*cquired *I*mmune *D*eficiency *S*yndrome)	nach Kontakt mit dem Virus und Nachweis von Antikörpern im Blut lebenslang	zum Schutz der Umgebung vor einer HIV- (*H*uman *I*mmunodeficiency *V*irus)-Infektion nicht erforderlich; kann jedoch beim Auftreten bestimmter Sekundärinfektionen und zum Schutz des infektionsanfälligen Kindes erwogen werden		Hohe Viruskonzentrationen sind nachgewiesen im Blut und Sperma, geringere Titer in Tränenflüssigkeit, Speichel, Muttermilch, Urin und Vaginalsekret. *Hygiene- und Schutzmaßnahmen* sind darauf auszurichten, daß ein Haut- oder Schleimhautkontakt mit diesen Körperflüssigkeiten vermieden wird, deshalb: – Tragen von flüssigkeitsdichten Schutzkitteln und Handschuhen beim Umgang mit Blut sowie beim Umgang und bei der Entsorgung von Körpersekreten und -exkreten; selbstverständlich ist ein beschädigter Handschuh auszuwechseln bei gleichzeitiger Händedesinfektion – Tragen von Mund-Nasen-Schutz und Schutzbrillen, wenn mit Aerosolbildung (z. B. bei der Intubation) oder Verspritzen von Blut und Körpersekreten und -exkreten zu rechnen ist – Vorbeugen von Verletzungen, indem gebrauchte Spritzen, Kanülen, Lanzetten, Scheren und Skalpelle *sofort* in einen festen, feuchtigkeitsundurchlässigen und verschließbaren Behälter entsorgt werden; Kanülen nach Benutzung *niemals* in Schutzhülle zurückstecken – Maßnahmen nach einer Verletzung: Verletzungsstelle mit einem alkohol- oder jodhaltigen Desinfektionsmittel einsprühen, ausdrücken, bis Blut austritt, erneut einsprühen und danach sorgfältig mit Wasser und Seife waschen; Schleimhäute mit Schleimhautantiseptikum, Augen mit reichlich Wasser oder isotoner Kochsalzlösung spülen. Anschließend sollen der Betriebsarzt sofort verständigt und serologische Erst- und Kontrolluntersuchungen durchgeführt werden – Gebrauch von Einwegmaterial – Versenden von Untersuchungsmaterial nur in doppelwandigem, unzerbrechlichen Behälter – Händedesinfektion, z. B. mit Mitteln auf Alkoholbasis nach *jedem* Kontakt mit dem Kind – Kontaminierte Flächen, Pflegeartikel und Instrumente vor der mechanischen Reinigung desinfizieren mit aldehyd- oder alkoholhaltigen Desinfektionsmitteln – Patientenwäsche sofort in festen Wäschesack geben **Beachte:** Personen mit Dermatosen und Infektionen dürfen nicht mit diesen Kindern in Kontakt kommen	Stufe I, mit Ausnahmen von Sekundärinfektion, s. Kap. 7.22. Besonderheiten in der Pflege, s. Kap. 7.22

Besonderheiten in der Pflege s. 7.22.

Name der Krankheit	Dauer der Ansteckungsfähigkeit	Isolierung	Zusammenlegen mit	Hinweis zur fortlaufenden Desinfektion	Schlußdesinfektion	Besonderheiten in der Pflege	Ernährung
Diphtherie	solange virulente Diphtheriebakterien ausgeschieden werden	bis die bakteriologischen Untersuchungen des Rachen- und Nasenabstrichs im Abstand von 3 Tagen 3mal negativ ausfallen	Kindern mit Diphtherie; Zeit zwischen Behandlungsbeginn bei dem einen und dem anderen Kind darf nicht mehr als 1 Woche betragen		Stufe II	– strenge Bettruhe – keine physische und psychische Belastung – ständige Kontrolle der Vitalzeichen – Mundpflege – auf Verschlucken achten – bei Bedarf Gabe von O_2 (S. 618ff) – bei Bedarf Sitzwache – Pflege des intubierten und tracheotomierten Kindes (S. 633ff u. 648ff)	– bei Schluckbeschwerden breiige, lauwarme Kost oder Sondenernährung (S. 201ff)
Enzephalitis	unbekannt, in der Regel während des akuten Krankseins	bis nach Abklingen der klinischen Symptome und Klärung der Ursache	kein Zusammenlegen, da der Patient größtmögliche Ruhe braucht		– bei primärer Erkrankung Stufe I – bei sekundärer Erkrankung wie bei Grundkrankheit	– völlige Ruhe – strenge Bettruhe – kontinuierliche Beobachtung der Vitalzeichen, der Bewußtseinslage, der Haut, von Erbrechen – Kontraktur-, Dekubitus- und Pneumonieprophylaxe – bei Bedarf Sitzwache – Pflege des bewußtlosen Kindes (S. 675ff)	– bei ansprechbaren Kindern anfangs flüssige dann breiige Kost – bei bewußtlosen Kindern Sondenernährung oder parenterale Ernährung (S. 201ff u. S. 278ff)

Name der Krankheit	Dauer der Ansteckungsfähigkeit	Isolierung	Zusammenlegen mit	Hinweis zur fortlaufenden Desinfektion	Schlußdesinfektion	Besonderheiten in der Pflege	Ernährung
Exanthema subitum (Dreitagefieber)	unbekannt, geringe Infektiosität	nicht erforderlich	Kindern, deren Diagnosen es erlauben		desinfizierendes Reinigen	– fiebersenkende Maßnahmen	reichlich Flüssigkeitszufuhr
Grippe (Influenza)	kurz vor und während der akuten Erkrankung (ca. 4 Tage)	während der akuten Erkrankung	Kindern mit gleichem „Infekt“	möglichst das direkt Angehustet- oder Angeatmet werden vermeiden	Stufe I	– Bettruhe – fiebersenkende Maßnahmen – inhalieren (S. 190 ff) – Atemtherapie (S. 612 ff) – gurgeln	leichte Kost
Hepatitis infectiosa	*Hepatitis A* 2 Wochen vor bis 1(–3) Wochen nach Ausbruch (solange HAV im Stuhl +) *Hepatitis B* während der Inkubation und der akuten Erkrankung (solange HBsAg im Serum +)	*Hepatitis A* bis zu 3 Wochen bzw. solange HAV im Stuhl + *Hepatitis B* oft nicht nötig	Kindern mit Hepatitis nur mit gleichem Typ	– Desinfektion der Ausscheidungen, der Sekrete und des Blutes – Pflege mit Handschuhen zum Selbstschutz – Verwendung von Einwegmaterial – Blut und anderes Untersuchungsmaterial kennzeichnen	Stufe I	– Bettruhe während der akuten Phase – heiße feuchte Kompressen auf die Lebergegend – zur Linderung des Juckreizes entsprechende Medikamente – einfühlende psychische Betreuung, da teilweise lange Krankheitsdauer	diätetische Schonung: – eiweiß- und kohlenhydratreiche Ernährung – Vermeidung von zusätzlichem Fett – keine gebratenen Speisen – kein Alkohol – bei Bedarf parenterale Ernährung (S. 278 ff)

Name der Krankheit	Dauer der Ansteckungsfähigkeit	Isolierung	Zusammenlegen mit	Hinweis zur fortlaufenden Desinfektion			Schlußdesinfektion
Infektiöse Darmerkrankungen – Gastroenteritis – Kolidyspepsie – Paratyphus A und B – Rotavirenenteritis – Ruhr – Salmonellose – Typhus	solange Erreger ausgeschieden werden	bis zum Abklingen der klinischen Symptome und bis 3–5 negative bakteriologische Befunde von Stuhl, im Abstand von 3 Tagen vorliegen	bei Vorliegen des bakteriologischen Befundes mit Patienten des gleichen Erregertyps	– sorgfältige Desinfektion der Ausscheidungen, der Wäsche des Patienten und der Hände des Pflegepersonals – Pflege mit Schutzkitteln und Handschuhen	Stufe I	– Bettruhe – kontinuierliche Beobachtung: der Vitalfunktionen, der Bewußtseinslage, der Ausscheidungen, des Gewichts, der Haut auf Roseolen und Austrocknungserscheinungen (Turgor, Fontanelle) – fiebersenkende Maßnahmen – sorgfältige Hautpflege (Säugling oft trockenlegen) – Mundpflege – Dekubitusprophylaxe	– diätetische Schonung (nach Symptomen) – viel Flüssigkeit (Tee-Elektrolyt-Traubenzucker-Mischung) – evtl. Nahrungspause – kleine, aber häufige Portionen – bei Bedarf parenterale Ernährung (S. 278 ff) – langsamer Nahrungsaufbau
Masern (Morbilli)	vom 8. Tag der Inkubationszeit bis höchstens 5 Tage nach Auftreten des Exanthems	vom 1. Erscheinen der Prodromi bis 1 Tag, nachdem das Exanthem die Füße erreicht hat; Veränderte Isolierung von Kindern, die Gammaglobulin erhalten haben	Kindern mit Masern, oder Kindern, die früher mit Sicherheit Masern durchgemacht haben. Theoretisch dürfen maserngeimpfte Kinder mit Masernkranken zusammengelegt werden; doch um jedes Risiko zu vermeiden unterläßt man dies in der Praxis	„Lüften"	sorgfältiges Lüften des Krankenzimmers	– bei Bedarf fiebersenkende Maßnahmen – Mundpflege, besonders in den ersten Exanthemtagen – bei Konjunktivitis Schutz vor grellem Licht – häufiges Zimmerlüften – sorgfältiges Beobachten der Vitalzeichen – Hinweiszeichen auf Enzephalitis beachten (S. 361 ff)	reichlich Flüssigkeit bei Fieber

Name der Krankheit	Dauer der Ansteckungsfähigkeit	Isolierung	Zusammenlegen mit	Hinweis zur fortlaufenden Desinfektion	Schlußdesinfektion	Besonderheiten in der Pflege	Ernährung
Meningitis (S. 364) – seröse	vom Erreger abhängig; in der Regel während der akuten Erkrankung am höchsten, danach abklingend	solange Erreger ausgeschieden werden (während der akuten Phase)	ein Zusammenlegen hat zu unterbleiben, solange die Art des Erregers nicht feststeht		Stufe I	– behutsamer Umgang – ruhiges Zimmer – Bettruhe – kontinuierliche Beobachtung: der Vitalzeichen der Bewußtseinslage der Haut auf Petechien von Hirndruckzeichen – Dekubitusprophylaxe – bei Säuglingen wiederholt Kopfumfang messen – leichte Hochlagerung zur Hirndruckentlastung	– während der akuten Phase nur parenterale Ernährung (S. 278ff) – Flüssigkeitsbilanz (S. 611) – bei ansprechbaren Kindern angemessene Flüssigkeitszufuhr, anfangs flüssige, dann breiige Kost
– eitrige	nicht genau abgrenzbar; solange Erreger im Nasen-Rachen-Raum vorhanden sind	bis 24 Stunden nach Beginn der Therapie	Kindern mit einer eitrig bakteriellen Meningitis gleicher Erregerart unter antibiotischer Behandlung		Stufe I	s. seröse Meningitis	s. seröse Meningitis
Meningitis tuberculosa	solange Tuberkelbakterien nachgewiesen werden (Liquor)	solange Bakterien ausgeschieden werden	Kindern mit tuberkulöser Meningitis, wenn die Diagnose sicher ist und es der Allgemeinzustand erlaubt	– Verwendung eines tuberkuloziden Desinfektionsmittels – bei Lumbalpunktion Pflege mit Handschuhen	Stufe I	– Durchführung der Pflege nur durch tuberkulinpositive Schwestern – Kontrakturprophylaxe – s. seröse Meningitis	s. seröse Meningitis

Name der Krankheit	Dauer der Ansteckungsfähigkeit	Isolierung	Zusammenlegen mit	Hinweis zur fortlaufenden Desinfektion	Schlußdesinfektion	Besonderheiten in der Pflege	Ernährung
Mumps (Parotitis epidemica)	4 Tage vor und 7–10 Tage nach Beginn der Parotisschwellung	bis 10 Tage nach Krankheitsbeginn bzw. falls beide Parotiden betroffen sind – bis 10 Tage nach Beginn der 2. Parotisschwellung	Kindern mit Mumps oder Kindern, die mit Sicherheit Mumps durchgemacht haben	Speichel ist hochinfektiös – sorgfältige Desinfektion aller Gegenstände, die mit Nasen-Rachen-Sekret kontaminiert sind	desinfizierendes Reinigen	– Bettruhe – fiebersenkende Maßnahmen – Mundpflege – bei Orchitis Hochlagerung des Skrotums und feuchte Umschläge – Hinweiszeichen auf Meningitis und Pankreatitis beachten – Wärmeanwendung auf die Drüsen (S. 190)	– leichte, möglichst flüssige Kost – keine säurehaltigen Getränke
Pertussis (Keuchhusten)	am größten im katarrhalischen Stadium bis höchstens 6(–8) Wochen nach Krankheitsbeginn	bis 10 Tage nach Beginn der Antibiotikabehandlung; unbehandelt 6(–8) Wochen	Kindern, die sicher an Keuchhusten erkrankt sind oder waren; bei Säuglingen absolute Trennung; bei größeren Kindern Trennwand oder 2–3 m Abstand		Stufe I	– ruhige Atmosphäre – Frischluft – Mundpflege – Hinweiszeichen auf Enzephalopathie beachten *beim jungen Säugling:* – ständige Beobachtung (evtl. durch Sprechanlage) oder Sitzwache – bei Atemstillstand: absaugen, Hautreize setzen, Maskenbeatmung (S. 624) – bei Erbrechen absaugen (S. 214) *beim größeren Kind:* – Zuspruch und seelische Stütze im Anfall – evtl. psychische Wesensveränderungen beachten	– in der Refraktärzeit häufige, kalorien- und vitaminreiche Mahlzeiten – keine krümelnden oder „rauhen“ Speisen, wie z. B. Zwieback – bei Bedarf Sondenernährung (S. 201 ff) – Ablenkung während der Nahrungsverabreichung

Name der Krankheit	Dauer der Ansteckungsfähigkeit	Isolierung	Zusammenlegen mit	Hinweis zur fortlaufenden Desinfektion	Schlußdesinfektion	Besonderheiten in der Pflege	Ernährung
Pfeiffer-Drüsenfieber (infektiöse Mononukleose)	wahrscheinlich nur während der akuten Erkrankung	während des akuten Fieberstadiums	Kindern mit derselben Erkrankung		desinfizierendes Reinigen	– fiebersenkende Maßnahmen	bei Schluckbeschwerden flüssige oder breiige Kost
Pocken	Im Bedarfsfall gibt es Vorschriftsmaßnahmen (Pockenalarm), die vom Gesundheitsamt herausgegeben werden						
Poliomyelitis (übertragbare Kinderlähmung)	während der Zeit, in der das Virus ausgeschieden wird; im *Nasen-Rachen-Raum* einige Tage vor Beginn der klinischen Erscheinungen und etwa 5 Tage danach; im *Stuhl* von der 1. bis 4. Krankheitswoche und länger	6 Wochen	Patienten mit bestätigter gleicher Diagnose und gleichem Erregertyp; krankheitsverdächtige und schwer erkrankte Patienten müssen in Einzelzimmern isoliert werden	alles berührte Material und Ausscheidungen (besonders Stuhl) sind infektiös, deshalb: – Pflege mit Handschuhen und – Gebrauch von Einwegmaterial – alle auf einer Station mit Poliomyelitiskranken Tätigen müssen ausreichend gegen diese Erkrankung immunisiert sein	Stufe I	– Ruhe im Krankenzimmer – strenge Bettruhe – kontinuierliche Beobachtung: der Vitalzeichen (besonders der Atmung), der Bewußtseinslage, der Schluckfunktion, von Erbrechen, der Blasenentleerung, von eventuell eintretenden Lähmungen – fiebersenkende Maßnahmen – sorgfältige Körperpflege – Kontraktur- und Dekubitusprophylaxe – Lagerung auf harter, glatter Unterlage, häufiger Lagewechsel – feuchtwarme Umschläge bei Muskelschmerzen – Pflege des intubierten und tracheotomierten Kindes (S. 633 ff u. 648 ff) – psychische Betreuung des Kindes und der Eltern – ab der 2.–3. Woche passive und aktive Bewegungsübungen auf Anweisung der Krankengymnastin	– Wunschkost – bei Bedarf Sondenernährung (S. 201 ff) oder parenterale Ernährung (S. 278 ff)

Name der Krankheit	Dauer der Ansteckungsfähigkeit	Isolierung	Zusammenlegen mit	Hinweis zur fortlaufenden Desinfektion	Schlußdesinfektion	Besonderheiten in der Pflege	Ernährung
Röteln (Rubeola)	7 Tage vor bis 5–7 Tage nach Exanthemausbruch; intrauterin geschädigte Säuglinge bis zum Ende des 1. Lebensjahres, selten bis ins 2. Lebensjahr hinein; Erregernachweis in Liquor, Blut und allen Ausscheidungen	vom Beginn des Prodromalstadiums bis 5 Tage nach Auftreten des Exanthems	Kindern, die Röteln haben oder bereits daran erkrankt waren	Schwestern sollten gegen Röteln geimpft sein; Schwestern, die selbst noch keine Röteln durchgemacht haben und nicht geimpft sind, dürfen in den ersten Monaten einer Schwangerschaft keinesfalls Rötelnkranke pflegen	desinfiziertes Reinigen	– bei Fieber Bettruhe – bei Bedarf fiebersenkende Maßnahmen	
Scharlach (Scarlatina)	solange Erreger im Rachenabstrich nachgewiesen werden	bis 2 Tage nach Beginn der Penizillintherapie	Scharlachkranken mit antibiotischer Behandlung	sorgfältige Desinfektion der Wäsche und der Gebrauchsgegenstände. Das früher durchgeführte Abbaden ist heute nicht mehr erforderlich	Stufe I	– Bettruhe meist nur bis zur Entfieberung nötig – fiebersenkende Maßnahmen – Mundpflege – Beobachtung von evtl. auftretenden Gelenk- und Ohrenschmerzen – Urinkontrolle auf Eiweiß – Blutdruckmessung	bei Schluckbeschwerden flüssig-breiige Kost

Name der Krankheit	Dauer der Ansteckungsfähigkeit	Isolierung	Zusammenlegen mit	Hinweis zur fortlaufenden Desinfektion	Schlußdesinfektion	Besonderheiten in der Pflege	Ernährung
Tetanus (Wundstarrkrampf)	keine	der Patient muß in einem Einzelzimmer untergebracht werden, da er größtmögliche Ruhe braucht		Verbrennung von Verbandmaterial	desinfizierendes Reinigen	**Beachte:** Oberstes Gebot: Ruhe! – ruhiges, kühles, abgedunkeltes Einzelzimmer – Zusammenlegen aller pflegerischen Maßnahmen – behutsame Pflege – Körperpflege nur aufs Nötigste beschränken – kontinuierliche Beobachtung: der Vitalzeichen der Ausscheidungen – für regelmäßigen Stuhlgang sorgen – Mund- und Augenpflege – Pneumonie- und Dekubitusprophylaxe – Versorgung der Wunde nach ärztlicher Verordnung – Pflege des intubierten und tracheotomierten Kindes (S. 633 ff u. 648 ff) – Berücksichtigung der psychischen Situation, der Patient ist trotz starker Relaxierung bei vollem Bewußtsein	konzentrierte Ernährung durch Sonde (S. 201 ff) oder parenterale Ernährung (S. 278 ff)

Name der Krankheit	Dauer der Ansteckungsfähigkeit	Isolierung	Zusammenlegen mit	Hinweis zur fortlaufenden Desinfektion	Schlußdesinfektion	Besonderheiten in der Pflege	Ernährung
Tollwut (Lyssa)	Tiere sind schon 3(–5) Tage vor Beginn der Erkrankung ansteckend sowie während der Dauer ihrer Erkrankung	für die Dauer der Krankheit Isolierung in Einzelzimmern; Übertragungen von Mensch zu Mensch sind nicht zu befürchten		Wegen der – wenn auch geringen Infektionsgefahr – Pflege mit Handschuhen – Gebrauch von Einweggeschirr – bei nur geringstem Verdacht einer Ansteckung muß das Pflegepersonal rechtzeitig geimpft werden	Stufe I	– Intensivpflege – Pflege der Bißwunden nach ärztlicher Verordnung	
Toxoplasmose	Da – mit Ausnahme der intrauterinen Übertragung – eine Ansteckung von Mensch zu Mensch nicht gesichert ist, wird eine Isolierung und spezielle Infektionspflege nicht erforderlich						
Tuberkulose (s. auch Meningitis tuberculosa)	theoretisch solange Bakterien im Sputum, Magensaft, Stuhl und Urin ausgeschieden werden, erfahrungsgemäß sind aber vorwiegend Kinder mit Kavernen und Bronchialeinbruch ansteckend	während der klinischen Behandlungszeit (ca. 4 Wochen) bei ansteckenden Tuberkuloseformen	Tbc-Kranken mit positivem Bakteriennachweis; Verdachtsfälle sind einzeln zu isolieren, keine Isolierung bei nicht ansteckender Tuberkulose	– Verwendung eines tuberkuloziden Desinfektionsmittels – sorgfältige Desinfektion der Gebrauchsgegenstände und Ausscheidungen	bei offener Tbc Stufe II	– bei Fieber Bettruhe – später Freiluftbehandlung in Heilklima – kontinuierliche psychische Betreuung, da lange Krankheitsdauer	vitamin- und kalorienreiche Kost

Name der Krankheit	Dauer der Ansteckungsfähigkeit	Isolierung	Zusammenlegen mit	Hinweis zur fortlaufenden Desinfektion	Schlußdesinfektion	Besonderheiten in der Pflege	Ernährung
				– zur persönlichen Vorbeugung Mundschutz tragen, beim Sprechen des Kranken 1 m Abstand einhalten und beim Husten und Niesen Kopf wegdrehen – Tbc-Kranke dürfen nur von tuberkulin-positiven Schwestern versorgt werden			
Windpocken (Varizellen)	1–2 Tage vor Auftreten des 1. Bläschens bis 1 Woche nach Ausbruch des Exanthems bzw. bis zum Eintrocknen der letzten Bläschen	bis zum Eintrocknen der letzten Bläschen; im Bläschenstadium sind die Patienten nicht mehr infektiös	Kindern, die an Windpocken erkrankt sind oder diese bereits durchgemacht haben; Ausnahme: Kinder, die an Leukose erkrankt sind und Kinder, die mit Kortison oder Zytostatika behandelt werden, vorsichtshalber auch Ekzemkinder nicht zu Windpocken-Patienten legen	„Lüften“	desinfizierendes Reinigen	– bis zum Eintrocknen der Bläschen Bettruhe – Vermeidung einer Sekundärinfektion durch Kratzen: Puder oder Schüttelmixtur zur Juckreizstillung und zur Austrocknung der Bläschen – saubere und kurze Fingernägel – nachts evtl. Handschuhe anziehen – vorsichtiges Kämmen, um das Aufreißen der Bläschen auf der Kopfhaut zu verhindern – Mundpflege	

7.21.3.1. Tuberkulinproben

Tuberkulinproben gehören mit zur Routineuntersuchung bei der Aufnahme eines Kindes in die Klinik, in den Kindergarten, in die Schule und bei Einstellungsuntersuchungen von Krankenhauspersonal.

Übersicht über die Tuberkulinproben

Proben	Durchführung	Reaktion
Perkutane Moroprobe	– Hautstelle an der oberen Brustwand neben der Mittellinie entfetten – reiskorngroße Stückchen Tuberkulinsalbe einreiben (mit Schutzhandschuh)	nach 48–72 Stunden ablesen positiv = mindestens *3 Knötchen*
Perkutane Pflasterprobe nach Moro	– Hautstelle an der oberen Brustwand neben der Mittellinie entfetten – Spezialpflaster mit reiskorngroßer Menge Tuberkulinsalbe beschicken und auf die entfettete Hautstelle kleben – Vergleichspflaster ohne Salbe anbringen (zum Ausschluß einer Pflasterallergie)	nach 48 Stunden Pflaster entfernen nach weiteren 48 Stunden ablesen positiv = mindestens *3 Knötchen*
Intrakutaner Stempeltest (Tine-Test) wird steril geliefert (Abb. 48) Die 4 Metallzinken des Testkörpers sind mit Tuberkulin imprägniert (dies entspricht der Wirkung von 5 Internationalen Einheiten = IE)	– Hautstelle an der Beugeseite des mittleren Unterarms entfetten – Arm des Patienten umfassen und gleichzeitig Haut spannen – mit der anderen Hand den Teststempel 2 Sekunden senkrecht in die Haut eindrücken, dann eine kleine Rechts- und eine kleine Linksdrehung ausführen (Eindruck muß auf der Haut sichtbar sein, es darf nicht bluten) – Stelle mit Stift bezeichnen – Teststempel vernichten	nach 48–72 Stunden ablesen positiv = mindestens *1 Knötchen von 2 mm ∅*
Intrakutanprobe nach Mendel-Mantoux ist eine ärztliche Tätigkeit. Durch die höhere Konzentration reagiert der Patient empfindlicher. Es wird gereinigtes Tuberkulin in verschiedenen Verdünnungen verwendet	– Hautstelle an der Beugeseite des mittleren Unterarms (rechts und links im Wechsel) entfetten – 0,1 ml Tuberkulin streng intrakutan (s. S. 233) injizieren, so daß eine Quaddel entsteht – Stelle mit Stift bezeichnen Man beginnt mit einer geringen Dosis und steigert diese jeweils nach 3 Tagen, wenn keine Reaktion erfolgt (nach negativem Eingangstest mit der Salbe oder dem Stempel kann sofort höher dosiert werden): Stärke 1 = Verdünnung 1 : 10000 = 1 IE in 0,1 ml Stärke 10 = Verdünnung 1 : 1000 = 10 IE in 0,1 ml Stärke 100 = Verdünnung 1 : 100 = 100 IE in 0,1 ml	nach 48–72 Stunden ablesen positiv = *tastbare Infiltration und Rötung von mindestens 5 mm*

a

b

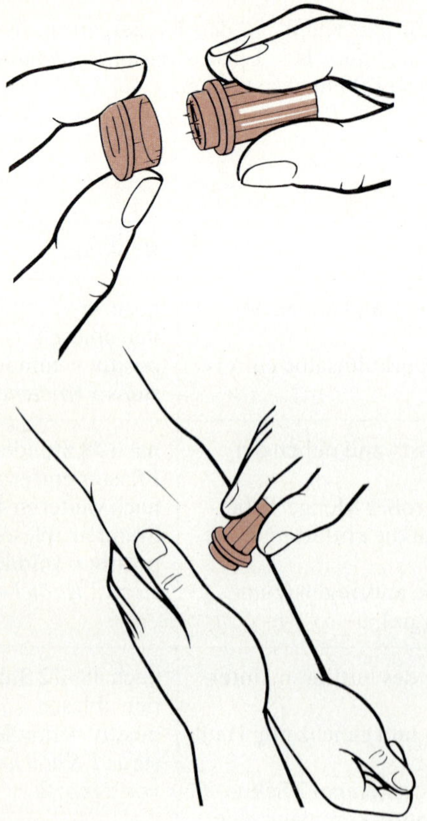

Abb. 48 a) Teststempel.
b) Anwendung des Teststempels

Diese Tuberkulinproben haben den Zweck, den Körper zu testen, ob er gegenüber dem Tuberkelbakterium empfindlich reagiert. Eine Empfindlichkeit zeigt sich aber nur dann, wenn der Organismus sich schon einmal – durch eine Infektion oder durch eine Tuberkuloseschutzimpfung – mit Tuberkelbakterien auseinandergesetzt hat. Eine Reaktion kann allerdings erst frühestens 6 Wochen nach dieser Auseinandersetzung erfolgen. Zeigt sich keine Reaktion, müssen die getesteten Personen den Kontakt mit Tuberkulosekranken vermeiden oder sich evtl. einer BCG-Impfung (S. 24) unterziehen.
Die schmerzlosen *Perkutanproben* (nach Moro) eignen sich für Säuglinge und Kleinkinder als 1. Schritt der Tuberkulindiagnostik. Später verwendet man *intrakutane Stempeltests.* In diesem Abschnitt wird die Durchführung des Tine-Tests beschrieben; es gibt noch weitere gebrauchsfertige Stempeltests (z. B. Tubergentest und Tuberkulintest Mérieux), bei denen jeweils die Anwendung auf dem Beipackzettel zu berücksichtigen ist. Bei einer negativen
Reaktion wird mit der *Intrakutanprobe nach Mendel-Mantoux* weitergestestet. Für alle Tuberkulinproben gilt, daß die entsprechende Hautstelle bis zum Ablesen der Reaktion nicht gewaschen werden darf.

7.21.4. Psychische Situation des isolierten Kindes

Das infektionskranke Kind kann sich aus ersichtlichen Gründen leicht sehr isoliert und dadurch verlassen und einsam fühlen:

- Das Kind ist oft *allein* in einem Einzelzimmer untergebracht – ein Gesprächspartner, Leidensgenosse und Spielkamerad fehlt.
- Das Kind darf das Zimmer nicht verlassen – die Bewegungsmöglichkeit und das Freiheitsbedürfnis sind sehr stark eingeschränkt.
- Die Mutter darf nicht in allen Kliniken ihr infektionskrankes Kind am Krankenbett besuchen – der wichtige Kontakt zur Bezugsperson und zur Familie wird schmerzlich vermißt.
- Die Schwester muß bei einer fliegenden Infektion die vorgeschriebene Lüftungszeit einhalten – dies bringt einen Zeitaufwand mit sich, der evtl. dazu führt, daß die Schwester nur bei einer notwendigen pflegerischen Maßnahme dieses Krankenzimmer betritt.

Diese besondere Situation des isolierten Kindes muß sich die Kinderkrankenschwester bewußt machen. Sie sollte sich sehr viel Zeit nehmen und dem Kind durch eine einfühlsame und liebevolle Erklärung seiner augenblicklichen Lage und durch ablenkendes Spielen mit ihm den Krankenhausaufenthalt möglichst kurzweilig zu gestalten versuchen und damit das schmerzliche Erlebnis des Isoliertseins verhindern.

Weiterführende Literatur

Steuer, W.: Krankenhaushygiene, 3. Aufl. Fischer, Stuttgart 1988
Steuer, W., U. Lutz-Dettinger: Leitfaden der Desinfektion, Sterilisation und Entwesung, 5. Aufl. Fischer, Stuttgart 1987

7.22. Pflege bei Kindern mit AIDS

H. Röhr

Notwendige Vorkenntnisse

- Krankheitsbild der HIV-Infektion.
- Pflege bei Kindern mit Infektionskrankheiten (S. 497ff).
- Infektionsquellen, Übertragungswege, Infektionsverhütung.
- Umgang mit Untersuchungsmaterial.
- Grundlagen der Desinfektion (S. 67).

Definition

Unter AIDS (Acquired Immune Deficiency Syndrome) verstehen wir eine erworbene Schwäche des körpereigenen Abwehrsystems. Die Infektion wird durch das HIV (Humanes Immundefekt Virus) hervorgerufen, welches die T_4-Lymphozyten oder „Helferzellen" und damit die körpereigene Abwehr zerstören.
Bei den HIV-positiven Patienten im Kinderkrankenhaus handelt es sich meistens um

- intrauterin infizierte Neugeborene (HIV-positive Mutter) oder
- primär an Hämophilie und Krankheiten des blutbildenden Systems Erkrankte, die durch Plasmafraktion oder Frischblut von HIV-positiven Spendern infiziert wurden.

Durch die Abwehrschwäche besteht große Gefahr, daß die Kinder zusätzlich Infektionen, wie z. B. Pilzinfektionen, Meningitis, interstitielle Pneumonie, Salmonellose, Shigellenruhr, Tuberkulose, Herpes zoster, bekommen.

Lehrziel

Die Pflege des AIDS-kranken Kindes stellt an die Kinderkrankenschwester hohe Anforderungen. Einerseits steht die Pflege des Schwerkranken und Sterbenden im Vordergrund, andererseits kann die Angst des Pflegepersonals vor Ansteckung nicht außer acht gelassen werden. Durch den sehr unterschiedlichen Krankheitsverlauf gestaltet sich auch die Pflege vielfältig. Auf Pflege und Betreuung des Patienten soll hier näher eingegangen werden. Außerdem soll die Beobachtung und Pflege des „gesunden" Neugeborenen einer HIV-positiven Mutter erläutert werden.

Lernziele

Nach Bearbeitung des Kapitels können Sie beschreiben

- auf welche Besonderheiten in der Pflege HIV-positiver und AIDS-kranker Kinder zu achten ist;
- wie wichtig die intensive Betreuung und Begleitung der Kinder und Eltern durch das Personal im Krankenhaus ist;
- auf welche Weise Kontakte zu anderen Mitarbeitern des Krankenhauses und Selbsthilfegruppen vermittelt werden können.

Die Kinderkrankenschwester beobachtet beim AIDS-kranken Kind

- Fieber;
- Kopf- und Gliederschmerzen;
- Müdigkeit und Leistungsabfall;
- Nackensteifigkeit;
- Lymphknotenschwellungen an Hals, Nakken und Achselhöhlen;
- Durchfall, teilweise choleraähnliche, wäßrige Stühle;
- Gewichtsverlust (mindestens 10% des Körpergewichts);
- Schwitzen, vor allem Nachtschweiß;
- Pilzbefall (Soor) im Mund-, Rachen- und Genitalbereich;
- Haut- und Schleimhautveränderungen, z. B. Bläschen (Herpes simplex, Herpes zoster), Wunden (Ulzera), rot-violette, derbe Knötchen (Kaposi-Sarkom);
- trockene Husten;
- Atembeschwerden;
- labile Stimmungslage.

Pflege und Behandlung

Wenn es der Allgemeinzustand des Kindes zuläßt, ist eine Isolierung nicht notwendig, ansonsten ist ein Einzelzimmer zum *Schutz des Patienten* vor Infektionen erforderlich. Von seiten des Pflegepersonals sind die Hygienevorschriften (Kap. 7.21.) streng einzuhalten.
Der Patient muß altersentsprechend über Hygienemaßnahmen informiert werden, z. B. über

- persönliche Hygiene,
- Benutzung eigener Toilettenartikel,
- Benutzung sanitärer Einrichtungen.

Die Pflege des AIDS-kranken Kindes erfolgt symptomatisch, z. B. bei

- Fieber: fiebersenkende Maßnahmen (S. 334ff);
- Kopf- und Gliederschmerzen: bequeme Lagerung in gutgelüftetem Zimmer, nach ärztlicher Anordnung Gabe von Schmerzmitteln;
- meningitischen Zeichen: Bettruhe, flache Lagerung, Zimmer evtl. abdunkeln;
- Durchfall: diätetische Maßnahmen, z. B. Spezialnahrungen und viel Flüssigkeit (Tee/Traubenzucker mit Elektrolytzusätzen), evtl. kontinuierliche Nahrungszufuhr über eine Infusionspumpe und Dauersonde;
- Gewichtsverlust: individuellen Ernährungsplan aufstellen und für genügende Kalorienzufuhr sorgen. Wenn möglich, auf die Wünsche der Kinder eingehen und Speisen appetitlich anrichten. Bei schlechter Nahrungsaufnahme (Appetitlosigkeit und Resorptionsprobleme) wird man eine Dauersonde (Magen- oder Duodenalsonde) legen müssen;
- Schwitzen: Patienten nach Bedarf öfter waschen und Kleidung wechseln;
- Soorbefall: Haut und Schleimhäute mit Gentiana violett bzw. Daktar Mundgel pinseln (S. 160ff);
- Hautausschlägen: erfolgt die Pflege symptomatisch (S. 163ff);
- Atembeschwerden: für Hochlagerung und Frischluft sorgen, Pflege bei Pneumonie (S. 391ff);
- Husten: evtl. mit isotoner Kochsalzlösung inhalieren lassen.
- Da Patienten mit AIDS außerdem noch sehr unterschiedliche Infektionen haben können, ist die medikamentöse Behandlung entsprechend vielfältig. Die Aufgabe der Kinderkrankenschwester ist es, dafür zu sorgen, daß die Medikamente sorgfältig und pünktlich verabreicht werden und die Infusion zu überwachen.
- Bei Punktionen, Biopsien (S. 237ff) und Blutentnahmen zu Kontrolluntersuchungen ist der sorgfältige Umgang mit dem Untersuchungsmaterial zu beachten.

Besonderer Bedeutung kommt die psychische Betreuung und Begleitung der Kranken und seiner Familie zu. Durch Angst vor Infektionen werden die Patienten nicht selten von den Angehörigen, Freunden und evtl. auch vom Krankenhauspersonal isoliert. Durch Information und fachgerechten Umgang mit HIV-Positiven und AIDS-Patienten kann zwar diese Angst gemildert, aber nicht ganz genommen werden. Es ist wichtig, daß sich der Patient angenommen und nicht ausgeschlossen fühlt.

Da AIDS derzeit nicht heilbar ist, sind die Patienten und ihre Angehörigen auf die tödlich verlaufende Krankheit vorzubereiten. Von größter Bedeutung ist hier die vertrauensvolle und kompetente Zusammenarbeit zwischen dem Patienten und seinen Angehörigen und dem Krankenhauspersonal (Kinderkrankenschwestern, -pfleger, Ärzte verschiedener Fachrichtungen, Seelsorger, Sozialarbeiter). Für ältere Kinder bzw. die Angehörigen kann der Kontakt zu einer Selbsthilfegruppe vermittelt werden. Die Pflege des Schwerkranken und Sterbenden s. S. 527ff.

Wichtig ist auch die Hilfe und Unterstützung für das Personal. Durch ständig neue Forschungsergebnisse, muß das Pflegepersonal Informationen über die Therapie erhalten. Es ist günstig, wenn sich das Stationsteam regelmäßig zu Besprechungen trifft, um ihre Erfahrungen im Umgang mit den Patienten, der Pflege und Behandlung auszutauschen. Ein wesentlicher Aspekt ist auch die Unterstützung des Pflegepersonals durch die Krankenhausseelsorger und Psychologen. Der ständige Umgang mit schwerkranken und sterbenden Kindern erfordert von den Pflegenden viel persönlichen Einsatz und geht oft an die Grenzen der Belastbarkeit. Im Gespräch mit dem Therapeuten oder Seelsorger kann die Schwester Hilfe und auch Trost und Hoffnung erfahren.

Informationen über AIDS:
Deutsche AIDS-Hilfe
Berliner Straße 37
1000 Berlin 31

Bundeszentrale für gesundheitliche Aufklärung
Postfach 91 01 52
5000 Köln 91

Die Pflege und Beobachtung Neugeborener HIV-positiver Mütter

- Die Kinder sind oder erscheinen zunächst gesund. (Knapp 50% der Kinder von HIV-positiven Müttern erkranken, und zwar meist in den ersten 3 Lebensjahren, gelegentlich auch noch später, nur selten schon im Säuglingsalter.) Typische Krankheitszeichen, die auf eine HIV-Infektion schließen lassen, sind beim Neugeborenen nicht zu beobachten.

- Neugeborene HIV-positiver Mütter dürfen nicht gestillt werden, wenn sie nicht selbst infiziert sind. Aufgabe der Kinderkrankenschwester ist es hier, die Mutter-Kind-Beziehung zu fördern und zu unterstützen.
- Bei Neugeborenen HIV-positiver Mütter sind die gleichen Hygienemaßnahmen wie bei AIDS-Kranken anzuwenden.

Weiterführende Literatur

Stück, B., B. Röhrig, R. Rudolph: AIDS bei Frauen und Kindern. Thieme, Stuttgart 1989

7.23. Pflege bei Kindern mit Vergiftungen

H. Wildoer

Notwendige Vorkenntnisse

- Krankenbeobachtung (Kap. 5.1.),
- Vergiftungssymptomatik und Therapie.

Strukturnetz

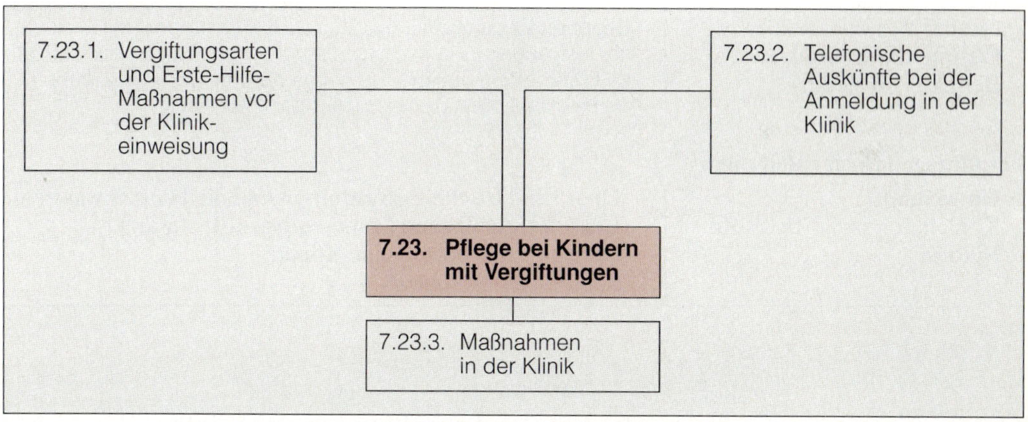

Lehrziel

Die vielfältigen Vergiftungen im Kindesalter erfordern unterschiedliche pflegerische und therapeutische Maßnahmen. In diesem Teilkapitel erfährt die Kinderkrankenschwester, welche Aufgaben sie dabei wahrzunehmen hat.

Lernziele

Nach dem Studium dieses Abschnitts können Sie

- Erste-Hilfe-Maßnahmen bei Kindern mit Vergiftungen wiedergeben;
- aufzählen, welche Auskünfte bei der Anmeldung des Patienten eingeholt werden;
- Maßnahmen, die in der Klinik zur Erstversorgung durchgeführt werden, darlegen;
- beschreiben, welche Aufgaben Sie bei der Beobachtung, Pflege und Behandlung des Kindes haben.

7.23.1. Vergiftungsarten und Erste-Hilfe-Maßnahmen vor der Klinikeinweisung

Vergiftungen bei Kindern können durch vielfältige Substanzen erfolgen. Die häufigsten Ursachen und Erste-Hilfe-Maßnahmen sind im folgenden Schema zusammengefaßt.

Vergiftungsarten	Erste-Hilfe-Maßnahmen
Vergiftungen per os	
giftige Substanzen	
– Medikamente (Barbiturate, Analgetika, Hormonpräparate, Weckamine, Expektoranzien) – giftige Pflanzen (Tollkirsche, Goldregen, Pilze) – Lebensmittelgifte (Botulismus) – Alkohol – Tabak – Schädlingsbekämpfungsmittel – Kosmetika	– Erbrechen herbeiführen. Dazu dem Kind Saft oder Tee zu trinken geben und danach das Zäpfchen mit dem Finger oder Löffelstiel reizen, um ein Erbrechen auszulösen. Säuglinge und Kleinkinder „bäuchlings“ auf den Schoß nehmen um eine Aspiration zu verhindern. – Beim Atemstillstand Mund-zu-Nase-Beatmung durchführen. – Danach Transport in eine Kinderklinik. Dieser sollte, wiederum wegen der Aspirationsgefahr, in Bauchlage erfolgen.
ätzende Substanzen	
– Haushalts- und Reinigungsmittel (Spülmittel, Fleckenwasser, Abflußfrei, Essigessenz) – Desinfektionsmittel – Benzin, Petroleum	– Hat ein Kind ätzende und schäumende Substanzen gegessen oder getrunken, sofortiger Transport in eine Klinik. **Beachte:** Es darf kein Erbrechen ausgelöst werden. Milch darf nur bei Laugen- und Säurevergiftung als neutralisierendes Mittel als Erste-Hilfe-Maßnahme gegeben werden. Bei fettlöslichen Giften würde Milch die Resorption beschleunigen!
Vergiftungen per inhalationem	
– Umweltgifte – Kohlenmonoxid, Stickstoff – Nikotin	– Dem Kind frische Luft zuführen und die Haut abwaschen. – Beim Atemstillstand Mund-zu-Nase-Beatmung. – Danach Transport in eine Klinik.

7.23.2. Telefonische Auskünfte bei der Anmeldung in der Klinik

Die Schwere einer Vergiftung wird mitbestimmt von der Art und Menge der giftigen Substanz, die das Kind zu sich genommen hat, und von der Zeit, die seit der Einnahme des Giftes bis zum Einleiten von Erste-Hilfe-Maßnahmen verstrichen ist.

Der Arzt oder die Schwester, die die Anmeldung entgegennimmt, bittet um folgende Auskünfte:

- *Was* hat das Kind zu sich genommen? (Packung oder Behälter, möglichst mit Arznei bzw. Chemikalie, sicherstellen und dem Arzt zeigen; auch evtl. Erbrochenes aufbewahren; alles ins Krankenhaus mitnehmen, wenn Einlieferung angeordnet wird.)
- *Wieviel* hat das Kind zu sich genommen?
- *Wann* war das? (Uhrzeit?)
- *Wie* alt ist das Kind?
- *Welche* besonderen Erscheinungen zeigt es?

Verabreichung des Ipecac-Sirup

Material	Durchführung	Besonders beachten
– Ipecac-Sirup	– Sirup mit der gleichen Menge Saft mischen und dem Patienten zu trinken geben	– Dosis bis zum Alter von 10 Monaten 10 ml 2 Jahren 20 ml über 2 Jahre 30 ml
– Tee oder Saft – Becher	– etwa 150–200 ml Flüssigkeit nachtrinken lassen, da nur mit gefülltem Magen erbrochen werden kann	
– Plastikumhang	– dem Kind zum Schutz seiner Kleidung umbinden	– tritt nach etwa 20–30 Minuten kein Erbrechen ein, ist eine einmalige Wiederholung mit der halben Dosis zulässig
	– das Kind nach dem Erbrechen reinigen	– hat das Kind nicht erbrochen, muß eine Magenspülung durchgeführt werden

7.23.3. Maßnahmen in der Klinik

7.23.3.1. Erstversorgung des Kindes in der Klinik

Bei fehlenden und leichten Symptomen wird bei Kindern, die giftige Substanzen zu sich genommen haben, ein Erbrechen – Ausnahmen s. S. 516 – durch die Verabreichung von Emetika ausgelöst:

- Verabreichung von *Ipecacuanha* = Ipecac-Sirup.
- Verabreichung von *Apomorphin.* Bei größeren Kindern kann nach ärztlicher Verordnung Apomorphin auch i. m. injiziert werden. Nach der Injektion wird dem Patienten 150–200 ml Flüssigkeit zu trinken gegeben.
  Da das Medikament Atemdepressionen hervorrufen kann, wird es nur bei strengster Indikation verabreicht.
  Außerdem muß ein Antidot, z. B. Lorfan, bereit gehalten werden. Nach dem Erbrechen können Adsorbenzien (Tierkohle), salinische Abführmittel oder Paraffinöl verabreicht werden.

Beachte: Paraffinöl kann nicht resorbiert werden und wird darum bei fettlöslichen Giften gegeben. Es kann nicht durch andere Öle ersetzt werden.

Bei Verätzungen ist das Ausmaß der Schädigung des Ösophagus zunächst nicht bekannt. Eine Magenspülung darf nicht durchgeführt werden. Nach Beratung des Arztes durch die Vergiftungszentrale wird ein neutralisierendes Mittel verabreicht.
Hat das Kind schäumende Substanzen zu sich genommen, darf wegen der Schaumbildung keine Magenspülung durchgeführt werden, sondern man verabreicht schaumhemmende Medikamente (z. B. Sab simplex).
Bei schweren Vergiftungssymptomen, z. B. Krämpfen, Lähmungen oder Bewußtlosigkeit, wird das Kind gleich nach der Ankunft in der Klinik auf die Intensivstation oder eine andere entsprechende Pflegeeinheit gebracht. Dort wird sofort mit einer gezielten Behandlung und Pflege begonnen. Eventuell wird eine Magenspülung durchgeführt (S. 217).

7.23.3.2. Aufgaben der Kinderkrankenschwester bei stationärer Aufnahme des Kindes

Alle Kinder, die nach einer Vergiftung in einer Klinik behandelt werden, bedürfen einer sorgfältigen Beobachtung und Pflege. Je nach Art der Vergiftung kann man unterschiedliche Symptome beobachten.

Die Kinderkrankenschwester beobachtet

- Die Bewußtseinsstufen des Kindes, die vom freien Sensorium bis zum Koma reichen können;
- Lähmungserscheinungen;
- Erregungszustände, Krampfbereitschaft oder Krämpfe des Kindes;
- Auftreten von Übelkeit und Erbrechen, welches unstillbar sein kann und evtl. Blutbeimengungen enthält;
- Anzeichen, die auf Kopfschmerzen, Schwindel und Schwäche des Patienten hinweisen;
- Eng- oder Weitstellung der Pupillen und auftretende Sehstörungen;
- seltener oder fehlender Lidschlag;
- Zu- oder Abnahme der Pulsfrequenz und unregelmäßige Herztätigkeit;
- Blutdruckabfall;
- beschleunigte oder verlangsamte Atmung, schnarchende Atmung oder Dyspnoe;
- Husten mit nachfolgender Heiserkeit;
- Gerüche in der Ausatmungsluft;
- Diarrhoe, evtl. blutige Stühle;
- Polyurie oder Oligurie bis zur Anurie oder Hämaturie;
- kolikartige Schmerzen;
- Rötung, Blässe, Ikterus oder Zyanose der Haut und Exantheme;
- Trockenheit der Schleimhäute oder Speichelfluß;
- Ätzschorf der Lippen und Beläge der Mundschleimhaut;
- die Kinder klagen über Schluckbeschwerden und Schmerzen hinter dem Sternum;
- Haarausfall.

Pflege und Behandlung

- Bei der Behandlung eines Kindes, das giftige Substanzen zu sich genommen hat, steht die „forcierte Diurese" im Vordergrund. Dazu wird dem Patienten intravenös Flüssigkeit zugeführt, um die Gifte zu verdünnen und mit Diuretika die Ausscheidung durch die Niere zu beschleunigen. Aufgabe der Schwester ist es, die entsprechende Infusion vorzubereiten, dem Arzt beim Anlegen zu assistieren und die Infusionstherapie zu überwachen.
- Der Urin wird aufgefangen, gemessen und die Einfuhr der Ausfuhr (Flüssigkeitsbilanz) gegenübergestellt (S. 609).
- Regelmäßige Kontrollen der Vitalfunktionen durchführen und die Pupillenreaktion prüfen.
- Kinder nicht allein lassen (Sitzwache) und evtl. Bettgitter anbringen.
- Bei Erbrechen das Kind in stabile Seitenlage bringen, Nierenschale bereitstellen und Kopfteil des Bettes mit einer Einwegunterlage abdecken. Beim Erbrechen den Kopf des Kindes unterstützen. Nach dem Erbrechen das Kind waschen und den Mund spülen lassen oder Mundpflege durchführen (S. 159).
- Bei fehlendem Lidschlag die Augen mit feuchten Mullkompressen bedecken oder Augensalbe oder Augentropfen verwenden.
- Stuhl, Urin und Erbrochenes für den chemischen Nachweis des Giftes bereitstellen.
- Die verordneten Medikamente verabreichen.
- Die Sauerstoffzufuhr überwachen.
- OP-Vorbereitung durchführen (S. 483 ff).
- Über die Pflege des intubierten, tracheotomierten und bewußtlosen Kindes (S. 677 ff).
- Da Vergiftungen in den meisten Fällen durch Unfälle entstehen, sollte die Kinderkrankenschwester sich im Gespräch mit dem Kind und seinen Eltern jeder Wertung enthalten, ihnen keinen Vorwurf machen und Eltern nicht in ihren Schuldgefühlen bestärken.

Weiterführende Literatur

Braun, W., A. Dönhardt: Vergiftungsregister. Thieme, Stuttgart 1982
Daudener: Vergiftungen. Springer, Berlin 1989
Moeschlin, S.: Klinik und Therapie der Vergiftungen, 7. Aufl. Thieme, Stuttgart 1986

7.24. Betreuung von Kindern nach Suizidversuch

H. Wildoer

Notwendige Vorkenntnisse

- Mögliche Ursachen des Suizids,
- psychiatrische Erkrankungen mit Neigung zum Suizid,
- Reaktionen und Verhaltensweisen des suizidalen Patienten,
- Grundkenntnisse der Gesprächsführung mit Kindern.

Definition

Suizid bedeutet eine Selbsttötung, die in einer akuten oder chronischen emotionalen Konfliktsituation ausgeführt werden kann.

Lehrziel

Da immer mehr Kinder und Jugendliche versuchen, sich das Leben zu nehmen, ist es Aufgabe der Kinderkrankenschwester, sich mit dem Problem der Selbsttötung auseinanderzusetzen, damit sie die Pflege der Patienten übernehmen kann.
In diesem Teilkapitel werden Verhaltensweisen beschrieben, wie die Schwester dem Kind helfen kann.

Lernziele

Nach dem Überdenken dieses Abschnitts sollte es ihnen möglich sein

- zu begründen, worin die Bedeutung des eigenen Standpunktes liegt;
- Verhaltensweisen der Schwester gegenüber Suizidgefährdeten zu beschreiben.

Auf einer Station, auf der Patienten nach einem Suizidversuch gepflegt werden, müssen die Aufgaben, die jedes Mitglied des therapeutischen Teams hat, miteinander besprochen werden. Dem Team können angehören Ärzte, Schwestern und ein Psychologe, ein Psychotherapeut, evtl. ein Sozialarbeiter und der Krankenhauspfarrer. Da ein Suizidversuch immer ein Konfliktlösungsversuch ist, sollte den Eltern gemeinsam mit dem Kind das Aufsuchen einer Familien- oder Erziehungsberatungsstelle vermittelt oder empfohlen werden. Adressen der Beratungsstellen können über die Stadtverwaltung (Jugend- oder Sozialamt) oder über die Telefonseelsorge erfragt werden.
Die Schwester sollte während des Klinikaufenthalts des Kindes möglichst wenig wechseln, damit sich ein personaler Bezug zur Pflegeperson ergeben kann. Zu den Aufgaben der Schwester gehört es, den Patienten gut zu beobachten, um eine Wiederholung des Suizidversuches in der Klinik zu verhindern.

Verhaltensweisen der Kinderkrankenschwester

Zunächst einmal muß sich die Kinderkrankenschwester selber mit dem Problem der Selbsttötung auseinandersetzen und sich darüber klar werden, wie sie dazu steht, denn ihre innere und nach außen vertretbare Ablehnung des suizidalen Verhaltens führt häufig zur Ablehnung des Patienten und evtl. seiner Eltern durch die Schwester.
Aufgabe der Schwester ist es, in ihrer Haltung dem Patienten zu zeigen, daß sie ihn so akzeptiert wie er ist, auch wenn er ein Gespräch über das suizidale Ereignis ablehnt. Die Kinderkrankenschwester sollte dem Patienten zeigen, daß sie für ihn da ist und ihm ihre Gesprächsbereitschaft signalisieren.
Bei der Beobachtung des Kindes sollte sie besonders darauf achten, wann das Kind ein Gespräch mit ihr sucht, evtl. kann auch die Schwester ein Gespräch beginnen, wenn sie den Eindruck hat, daß das Kind von sich aus keinen Anfang findet, aber ein Bedürfnis danach hat.
Während des Gesprächs ist es wichtig, dem Kind zuzuhören, ihm keine Vorwürfe zu machen und nicht zu moralisieren und auch keine Ratschläge zu erteilen, da das Kind eigene Lösungsmöglichkeiten für seine Probleme finden muß.
Die Schwester sollte im Umgang mit dem Kind ruhig und ausgeglichen sein und versuchen, sein Selbstwertgefühl zu heben (s. auch Kap. 4).
Hat das Kind der Schwester sein Vertrauen geschenkt, sollte es nicht wieder gestört werden, auch nicht durch die Eltern. Die Kinderkrankenschwester muß aber die Situation einer Rivalität zu den Eltern vermeiden und versuchen, ein Gespräch zwischen Kind und Eltern zu vermitteln.

Weiterführende Literatur

Böschemeyer, U.: Mut zum Neubeginn. Herder, Freiburg 1988
Dubitscher, F.: Lebensschwierigkeiten und Selbsttötung, 2. Aufl. Thieme, Stuttgart 1982
Ringel, E.: Selbstmord – Appell an die anderen. Kaiser, München 1980

7.25. Pflege bei Kindern mit psychosomatischen Erkrankungen

V. Wichmann

Notwendige Vorkenntnisse

- Anatomie und Physiologie der Organgebiete obere Atemwege und Lungen, Magen-Darm-Kanal, ableitende Harnwege,
- Kenntnisse der unten angeführten Erkrankungen (Ursachen, Verlauf, Therapie, Prognose),
- die psychische Entwicklung des Kindes (Entwicklungspsychologie),
- Grundkenntnisse der Psychodiagnostik und Psychotherapie,
- Grundkenntnisse der Gesprächsführung mit Kindern.

Definition

Der Begriff der psychosomatischen Erkrankung beinhaltet zwei Aspekte, die eine solche Krankheit prägen: einmal haben die Kinder körperliche Symptome und Funktionsstörungen, zum anderen spielen bei der Entstehung und beim Erleben der Krankheit psychische Vorgänge eine viel größere Rolle als bei allen anderen Erkrankungen.
Es wird angenommen, daß einige dieser Krankheiten auch psychogen sein können, d. h. ihre Entstehung auf psychische Ursachen zurückzuführen ist.

Strukturnetz

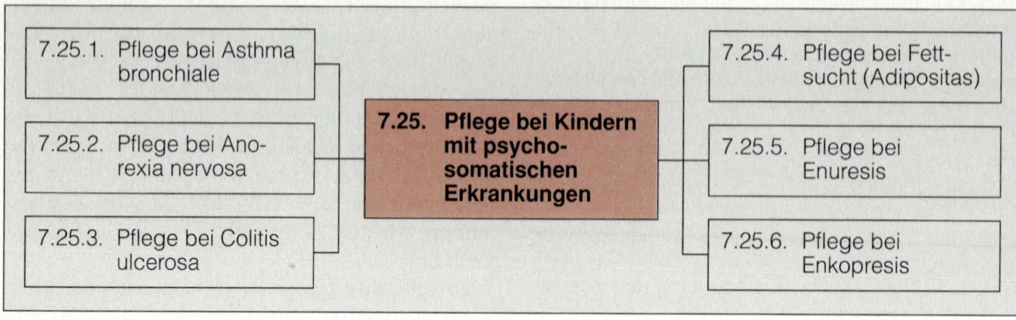

Lehrziel

Die Kinderkrankenschwester wird Kindern mit psychosomatischen Erkrankungen sowohl in der klinischen Pädiatrie als auch im Bereich der kinderpsychiatrischen Abteilung begegnen.
Bei keiner dieser Erkrankungen läßt sich das Kind in einen psychischen oder einen physischen „Teil“ trennen. Die psychosomatischen Erkrankungen werden hier in einem besonderen, herausgehobenen Teilkapitel zusammengefaßt, damit ihr Zusammenhang sichtbar gemacht und ihre wechselseitige Abhängigkeit von Körperlichem (somatischen Vorgängen) und Seelischem (psychischen Vorgängen) für die Pflege aufgezeigt werden kann. Die Schwester wird die Aufgabe haben, die psychische Komponente der Erkrankung dieses Kindes in ihrer Pflege verstärkt oder vorwiegend zu berücksichtigen.
Hier sollen Pflegeprobleme und anzustrebende Verhaltensweisen der Kinderkrankenschwester dargestellt werden. Das geschieht beispielhaft an einigen psychosomatischen Erkrankungen.

7.25.1. Pflege bei Asthma bronchiale

Lernziele

Wenn Sie diesen Abschnitt durchgearbeitet haben, können Sie beschreiben,
- wo die Aufgaben der Kinderkrankenschwester als psychische Hilfe für das erkrankte Kind liegen;
- welches Verhalten der Kinderkrankenschwester für das Kind förderlich sein kann.

Die Ursachen des Asthma bronchiale sind vielfältig; psychosomatische Zusammenhänge spielen dabei in unterschiedlicher Weise eine Haupt- oder Nebenrolle. Stets aber leidet das asthmakranke Kind im akuten Stadium unter starker Atemnot (S. 128). Diese vitale Not erzeugt bei dem Kind Angst und Abwehr. Auch im Rahmen seines neurotisch geprägten Kontaktverhaltens sind diese beiden Zustände und der auffallende Mangel an Selbstvertrauen zu erkennen. Insbesondere gegenüber der Mutter zeigt es eine zwiespältige Haltung von Anklammerungs- und Unabhängigkeitsstreben.

Für die Kinderkrankenschwester ist es bei der Pflege wichtig, daß sie ihre eigenen Verhaltensweisen ständig kontrolliert und vor allem folgende Punkte bedenkt:

- Jede Hektik muß vermieden werden. Auch bei der Durchführung von akuten therapeutisch-pflegerischen Handlungen (z. B. Vorbereiten zur Intubation, S. 634ff) soll das Kind diese als sicher, selbstverständlich und hilfreich erleben.
- Es ist erforderlich, dem Kind die notwendigen Maßnahmen vor, während und nach dem Eingriff zu erklären. Die Merkmale seiner kindlichen Persönlichkeit (mangelndes Vertrauen und Abwehr) machen es notwendig, die Mitarbeit des Kindes bei den therapeutischen Eingriffen herauszufordern und es so am Erfolg teilhaben zu lassen.
- Die Kinderkrankenschwester soll die Selbständigkeit des Kindes fordern und fördern. Das ist möglich bei der täglichen Körperpflege, bei Atemübungen oder bei den Inhalationen.
- In Gegenwart des Kindes sollen keine Gespräche *über* das Kind und seine Erkrankung geführt werden. Kinder verstehen solche Äußerungen oft falsch und geraten dann in den schon bekannten und von ihnen unbewußt erprobten Kreislauf von Angst → Asthmaanfall → Wunsch nach Zuwendung.
- Häufig wird vom Therapeuten die Trennung von der Mutter als Konzept und Strategie der Behandlung eingeleitet. Diese Maßnahme, als stationäre Behandlung oder Kurbehandlung veranlaßt, hat zum Ziel, das Kind den störenden Einflüssen des Milieus zu entziehen. Die Kinderkrankenschwester wird hierbei Mitglied eines pädagogischen Betreuungsteams sein, in dem sie pflegerische und pädagogische Aufgaben wahrnehmen kann.
- In anderen Fällen wird die Mutter intensiv in die Therapie miteinbezogen. Sie lernt ihrem Kind gegenüber neues Verhalten, und sie wird natürlich versuchen, dieses schon während ihrer Besuche in der Klinik einzusetzen und anzuwenden. Für die Kinderkrankenschwester ist es wichtig, diese Absicht zu erkennen und zu akzeptieren.
- Asthmakranke Kinder erlernen gelegentlich das autogene Training. Die Kinderkrankenschwester kann ihnen Hilfe und Ermunterung sein, wenn sie für günstige Bedingungen sorgt (z. B. ruhiger Raum) oder sonst den Wünschen des Kindes entgegenkommt.

7.25.2. Pflege bei Anorexia nervosa

Lernziele

Nach dem Bearbeiten dieses Abschnitts können Sie
- schildern, welche Probleme bezüglich der Nahrungszufuhr zu erwarten sind;
- Überlegungen zur Form der Nahrungszufuhr nennen;
- darstellen, wann das Verhalten der Kinderkrankenschwester von besonderer Bedeutung für das Kind ist.

Das zentrale Symptom dieses Krankheitsbildes, das insbesondere Mädchen in der präpubertären und pubertären Phase betrifft, ist die Abmagerung durch Verweigerung der Nahrung (Pubertätsmagersucht).

Es handelt sich um eine schwere Identitätskrise mit verzerrter Körperwahrnehmung und unklarem Selbstbild. Von großer Bedeutung ist die Abwehr gegenüber der weiblichen Geschlechtsrolle und der Entwicklung des Erwachsenwerdens.

Die Kinder kommen in klinische Behandlung, weil ihre fortschreitende Gewichtsabnahme zu ernster Gefährdung ihres Lebens führt. Außerdem ist eine Behandlung in vielen Fällen nur außerhalb des Elternhauses möglich, um die Konflikte aus der Eltern- bzw. Mutter-Kind-Beziehung zu verringern und zu bearbeiten. Die Kinderkrankenschwester übernimmt bei der Pflege dieser Kinder wichtige Aufgaben in der somatischen und psychischen Therapie.

Im einzelnen muß sie folgende Punkte bedenken:

- Da die Kinder sich weigern, Nahrung zu sich zu nehmen, und in dieser Thematik auch wenig kooperativ sind, können sie anfangs künstlich mit der Nasensonde ernährt werden. Auf diese Weise kann ihnen hochkalorische Nahrung zugeführt werden.
- Wird auf die Sondenernährung verzichtet, muß die Schwester darauf achten, daß das Kind des öfteren kleine Mahlzeiten zu sich nimmt und seine Eßwaren nicht unbeobach-

tet verschwinden läßt oder erbricht. Die Kinderkrankenschwester soll sich dabei sehr aufmerksam, aber nicht vorwurfsvoll verhalten.
Die Eßgewohnheiten sind recht eigenwillig. Kleine Portionen werden als große Mahlzeiten erlebt und ausgegeben.
Wichtig ist es, von den Machtkämpfen rund ums Essen wegzukommen.

- Gewichtszunahmen werden von den Kindern abgelehnt, aber häufig vorgetäuscht. Die Gewichtskontrollen müssen daher sehr sorgfältig überwacht werden.
- Verordnete Ruhe muß trotz mangelnder Krankheitseinsicht eingehalten werden. Das ist bei der vorhandenen Aktivität des Kindes recht schwierig und muß daher Teil eines Gesamtplans der Therapie sein. Für die Gewichtszunahme ist diese Maßnahme von Bedeutung und wird schon allein deshalb von den Mädchen abgelehnt.
- Die Kinder müssen häufig mehrere Monate in klinischer Behandlung sein. Durch den sichtbaren Behandlungserfolg (Gewichtszunahme) wachsen die Widerstände. Die Kinderkrankenschwester erfährt oft sehr deutlich Einzelheiten aus der kindlichen Persönlichkeit. Diese Erfahrungen kann sie in das regelmäßige Therapiegespräch aller Mitarbeiter einbringen und dadurch auch Hilfe für ihr eigenes Verhalten bekommen. Es kann sich ein gutes Vertrauensverhältnis zu dem Kind entwickeln, wenn die Fragen der Identität und Weiblichkeit bei dem Kind eine Partnerin finden. Es scheint daher auch erforderlich, daß diese Kinder *nicht* von Kinderkrankenpflegern gepflegt werden.
- Ist ein Besuchsverbot der Eltern (auch der Geschwister oder Angehörigen) vorgesehen, geraten die Kinder in eine emotionale Isolierung. Sie schreiben dann flehende Briefe an ihre Eltern mit der Bitte, sie herauszuholen. Durch psychotherapeutische Hilfe wird dem Kind nahegebracht, auf welche Weise es seine Krise überwinden kann (z. B. Gesprächstherapie, freies Malen und Gestalten).
- Den Kindern muß deutlich gemacht werden, daß die somatische Behandlung (z. B. Sondenernährung) und die psychische Behandlung (Behandlung des seelischen Konflikts) Anteile *eines* Behandlungskonzeptes sind. Die Kinderkrankenschwester wird an beiden Bereichen mitarbeiten und sich regelmäßig über den neuesten Stand des Vorgehens informieren müssen.

7.25.3. Pflege bei Colitis ulcerosa

Lernziele

Nach Bearbeitung dieses Abschnitts können Sie
- beschreiben, welches Verhalten vom Kind zu erwarten ist und wie die Kinderkrankenschwester darauf reagieren kann.

Die akuten Symptome dieses Krankheitsbildes – vor allem die blutigen Durchfälle – machen bei klinischer Behandlung eine Vielzahl medizinischer und pflegerischer Maßnahmen erforderlich. Diese sind auf S. 425ff ausführlich dargestellt. Eine verbindliche Erklärung für die Ursachen gibt es bei dieser Allgemeinerkrankung, die vorwiegend das Kolon betrifft, nicht. Man weiß, daß psychische Einflüsse eine Rolle spielen. Auch wurde eine starke emotionale Bindung an die Mutter beobachtet. Die Kinder sind außerordentlich empfindsam, oft auch depressiv und kontaktschwierig.
Um diesen Kindern auch in emotionaler Hinsicht eine gute pflegerische Betreuung zukommen zu lassen, muß die Kinderkrankenschwester folgendes bedenken:

- Das Kind sollte – vor allem im akuten Stadium – möglichst wenig alleingelassen werden. Die Darmbewegungen sind geringer bei ablenkender Beschäftigung. Spielen, Basteln, Schularbeiten o. ä. können zusammen mit der Schwester, der Mutter oder Erzieherin erfolgen.
- Wenn es der Zustand erlaubt, soll das Kind zusammen mit anderen Kindern in der Gruppe beschäftigt werden. Bei allen Aktivitäten muß die Schwester bedenken, daß es sich bei diesen Patienten häufig um besonders intelligente Kinder handelt, die auch gefordert werden wollen.
- Der Umgang mit den leicht zu beunruhigenden Patienten kann besonders schnell gelingen, wenn die Schwester (oder Mutter) ausgeglichen und geduldig ist. Die „aufgesetzte“ Fröhlichkeit der kleinen Patienten kann Ausdruck einer verborgenen Verstimmtheit sein und sollte von der Pflegeperson mit Einfühlung und Zuwendung beantwortet werden.
- Die Ernährung wird vom Arzt verordnet. Häufig haben die Kinder außergewöhnliche Eßgelüste, die fast immer mit Hilfe der

Schwester oder Mutter erfüllt werden können.
- Im Schulalter kann autogenes Training hilfreich sein. Die Kinderkrankenschwester sollte die dafür günstigen Bedingungen schaffen.

7.25.4. Pflege bei Fettsucht (Adipositas)

Lernziele

Nach Bearbeiten dieses Abschnitts können Sie
- einige psychosomatische Zusammenhänge nennen, die bei der Adipositas eine Rolle spielen;
- beschreiben, worin die Schwerpunkte der Therapie liegen und welche Aufgaben die Kinderkrankenschwester dabei hat.

Adipositas, die häufigste Fehlernährung im Kindesalter, ist gekennzeichnet durch vermehrte Fettgewebsanlagerung am ganzen Körper. Sie beruht auf einer Diskrepanz zwischen Angebot der Nahrung und tatsächlichem Bedarf des kindlichen Organismus. Die Ursachen für die Fettsucht können vielfältig sein. Hier sollen unter psychosomatischen Gesichtspunkten 3 Faktoren besonders hervorgehoben werden. Sie gehören eng zusammen, können aber auch unabhängig voneinander betrachtet werden.

- In der Beziehung zwischen Mutter und Kind übernimmt die Nahrungsaufnahme die Funktion eines „Liebesausgleichs". Zuwendung von der Mutter wird auf diese Weise von dem Kind entgegengenommen und im Laufe der Zeit suchthaft (beachte das Wort Fett„sucht"!) gesucht. Die Kinder scheinen auf eine Form der oralen Triebbefriedigung fixiert zu sein, um dadurch Spannungen und Unlust auszugleichen.
- Die Kinder sind in der Regel passiv und bequem, und es fehlt ihnen an Selbstvertrauen. Sie haben den starken Wunsch, unabhängig von der Mutter zu werden, können dies aber aus einem Gefühl der eigenen Ohnmacht und Unterlegenheit heraus nicht bewerkstelligen. Durch ihre Inaktivität kommt es darüber hinaus zur Bewegungsarmut, die wiederum zur Gewichtszunahme führt.
- In der Familie des adipösen Kindes haben Zeitpunkt und Menge der Nahrungsaufnahme einen großen Stellenwert. Oft wird es als Erziehungsziel angesehen, „seinen Teller leerzuessen". Die Eltern wollen dadurch für ihre Liebe belohnt werden. Manche Kinder essen auch, wenn sie sich langweilen, wenn sie besonders angespannt sind (beim Fernsehen) oder wenn sie anderen beim Essen zuschauen müssen.

Da die Behandlung der Adipositas im allgemeinen 3 Schwerpunkte beinhaltet – die Psychotherapie, die Bewegungstherapie und die Diät –, wird die Kinderkrankenschwester bei der Betreuung dieser Patienten die folgenden Gesichtspunkte zu berücksichtigen haben. Sie kann dabei selbst aktiv mit dem Kind zusammenwirken oder auch nur aufmerksam beobachtend als Gesprächspartner zur Verfügung stehen.

Psychotherapie

Das Ziel psychotherapeutischer Maßnahmen ist einmal der Abbau von Überangepaßtsein, sozialer Isolation und infantiler Abhängigkeit, zum anderen dient sie als Hilfsmittel zur Bewältigung der psychischen Belastung während der Reduktionskur.

Das Kind wird während dieser Therapieform vor allem erfahren, welche Möglichkeiten der Bedürfnisbefriedigung es außer der erprobten Form des Essens anstreben kann.

Bei klinischer Behandlung neigen die Eltern häufig dazu, ihre eigenen Schuldgefühle und Ängste zu besänftigen, indem sie das Kind heimlich füttern. Die Kinderkrankenschwester sollte um diese Zusammenhänge wissen und sie erkennen, um Mutter und Kind zu verstehen und zu beraten.

Es ist zu vermeiden, daß die Patienten wegen ihrer Fettleibigkeit gehänselt werden; denn sie beantworten solche Frustrationen mit dem ihnen vertrauten Verhalten, dem Essen, weil sie (noch) nicht gelernt haben, sich zur Wehr zu setzen.

Bewegungstherapie

Das Kind soll lernen, seinen eigenen Körper zu erleben. Durch körperliche und sportliche Aktivitäten können Selbstwertgefühl und Eigeninitiative gestärkt werden.

Durch Aktiv- oder Spielgruppen kann man das Kind in eine Gruppe integrieren und es aus seiner Isolation herauslösen. Dabei kann der Kinderkrankenschwester eine wichtige Vermittlerrolle zufallen.

Diät

Die diätetische Behandlung besteht aus einer joulereduzierten Mischkost, wobei die Höhe der Joulezufuhr vom Arzt errechnet wird, ohne daß das Kind hungert. Das Kind soll angeregt werden, seine Mahlzeiten innerhalb dieser Joulemenge selbst zu gestalten. Auch in der Klinik muß darauf geachtet werden, das Kind bei der Auswahl der Nahrungsmittel zu beteiligen; denn abgesehen von der Gewichtsabnahme wird auch eine Veränderung der Eßgewohnheiten angestrebt. Eine aufgezwungene Diät kann dabei keinen Lernprozeß darstellen. In die Beratung bei der Auswahl und Zusammenstellung der Mahlzeiten kann auch die Mutter einbezogen werden.
Die Trinkmenge ist nicht eingeschränkt und besteht aus joulefreier oder -armer Flüssigkeit. Hier sollte dem Wunsch des Kindes entgegengekommen werden.
Die Gewichtsabnahme und das Essen dürfen vom betreuenden Personal nicht zum Hauptgesprächsthema mit dem Kind gemacht werden. Vor allem ist eine vermehrte Anteilnahme oder Zuwendung nicht abhängig zu machen von der Gewichtsabnahme. Das Kind soll durch die Therapeuten lernen, daß es andere Möglichkeiten hat, sich um Liebe und Zuwendung zu bemühen, als durch Essen.

7.25.5. Pflege bei Enuresis

Lernziele

Nach dem Bearbeiten dieses Abschnitts können Sie
- beschreiben, welche Probleme sich dem Kind stellen, wenn es Bettnässer ist;
- darstellen, welches Verhalten der Kinderkrankenschwester für das Kind hilfreich ist;
- aufzeigen, wie die Grundzüge eines Programms zur Behandlung der Enuresis aussehen können.

Von Enuresis wird gesprochen, wenn Kinder nach Vollendung des 4. Lebensjahres noch keine dauerhafte Kontrolle über ihre Blase haben und es zu regelmäßigem Einnässen kommt. Das Einnässen kann zu verschiedenen Tageszeiten geschehen; die meisten Kinder nässen jedoch in der Nacht ein (Enuresis nocturna).
Die Enuresis kann Ausdruck einer emotionellen Störung des Kindes sein, z. B. nach einem Krankenhausaufenthalt oder nach der Geburt eines Geschwisters. Sie kann aber auch die Folge einer fehlerhaften, inkonsequenten oder starren Reinlichkeitserziehung sein.
Die Kinderkrankenschwester wird recht häufig mit bettnässenden Patienten zu tun haben, da diese Störung sehr verbreitet ist. Entweder sind die Kinder in klinischer Behandlung wegen ihrer Enuresis selbst oder die Enuresis fällt während der Behandlung einer anderen Erkrankung auf. Da das Einnässen für das Kind und auch für die Familie zum großen Problem geworden sein kann, sollte die Kinderkrankenschwester die folgenden Hinweise bedenken, damit sie Verständnis und wirksame Hilfe vermitteln kann.

- Das Kind darf auf keinen Fall für das Bettnässen bestraft werden. Häufig hat es zu Hause Strafen erhalten, die aus Schlägen, Essensentzug, Versagen der Zuwendung u. ä. bestanden haben. Die Kinderkrankenschwester muß bedenken, daß diese Störung beim Kind bereits ein starkes Unglücksgefühl und großen Kummer verursachen kann. Die Enuresis kann verhindern, daß die Kinder an Verwandtenbesuchen, Zeltlagern oder Ferienaufenthalten teilnehmen können.
  Auch die Notwendigkeit eines Krankenhausaufenthalts (z. B. zur Tonsillektomie) kann für die ganze Familie einen Konflikt darstellen.
  Eine Strafe, gleich welcher Art, wäre grausam und geht völlig am Verständnis dieser Störung vorbei.
- Voraussetzung für eine wirksame Behandlung ist die Bereitschaft des Kindes, bei allen Bemühungen aktiv mitzumachen. Es muß dem Kind deutlich sein, daß das Einnässen *sein eigenes* Problem ist, nicht das der Mutter oder Schwester (z. B. wegen der Wäschereinigung). Das Kind wird verstehen, daß ihm alle helfen werden, seinen Blasenmechanismus zu kontrollieren, die Übung und Beherrschung der Blasenfunktion aber von ihm selbst abhängt.
- Da in einer Kinderklinik die Reinigung nasser Bettwäsche relativ einfach ist, besteht die Gefahr, daß in diesem Zusammenhang dem Kind selbst zu wenig Aufmerksamkeit geschenkt wird und das Einnässen als Symptom hingenommen wird. Das wäre insofern bedauerlich, als die Möglichkeiten, während des Klinikaufenthalts mit einem Programm zum Trockenwerden zu begin-

nen bzw. es fortzusetzen, ziemlich günstig sind.

- Grundzüge eines solchen Programms können so aussehen: Das Kind wird aktiv beteiligt (und die Kinderkrankenschwester macht ihm deutlich, daß sie ihm helfen wird bei seinen Bemühungen, nicht mehr einzunässen).

Es gibt keine Strafen und auch keine direkten Belohnungen von anderen Personen. Vielmehr soll das Kind selbst eine Form finden, sich zu belohnen, wenn es eine Nacht trocken bleiben konnte. Je nach Alter des Kindes kann es am Morgen eine Aufzeichnung machen, die Freude oder Kummer über Erfolg oder Mißerfolg symbolisiert (z. B. Sterne, Sonne oder Regentropfen aufkleben oder durch Malen sein Gefühl ausdrücken). Die Kinderkrankenschwester wird sich mit ihm über jeden Erfolg freuen. Der Grundsatz kann hier heißen: *Nicht strafen oder belohnen, aber loben!*

Am späten Nachmittag soll das Kind noch einmal *viel* trinken, um seinen Durst zu löschen. Bevor die Nachtruhe begonnen wird (z. B. um 19 Uhr) soll das Kind Wasser lassen und danach möglichst nichts mehr trinken. Zu einem späteren Zeitpunkt wird es nochmals geweckt, und es soll *ganz wach* die Toilette aufsuchen bzw. den Vorgang des Wasserlassens bewußt erleben. Dieser Wachzustand ist besonders wichtig, damit der Mechanismus der Blasenkontrolle auch nachts bewußt erlebt wird. Eventuell kann das Kind auch aufgefordert werden, verbal auszudrücken, was gerade geschieht. Bei dieser Gelegenheit erlebt das Kind auch noch einmal die Nähe der Mutter oder Bezugsperson und spürt ihre Hilfe und Zuneigung.

Im Laufe der Zeit kann dem Kind klar werden, daß seine Blase „lernen" kann, sich nur dann zu entleeren, wenn das Kind es will. Hierbei braucht es immer wieder Zuspruch und Ermunterung. Ein konzentriertes Blasentraining wird am besten tagsüber begonnen, damit es dann nachts funktioniert und das Einnässen aufhört.

7.25.6. Pflege bei Enkopresis

Lernziele

Nach dem Bearbeiten dieses Abschnittes können Sie

- darstellen, wie die Atmosphäre zu gestalten ist, die bei klinischer Behandlung notwendig wird;
- beschreiben, welche Aufgabe die Kinderkrankenschwester bei der Behandlung dieser psychisch kranken Kinder hat.

Unter Enkopresis versteht man das Einkoten oder Einschmutzen bei Kindern, die das 3. oder 4. Lebensjahr vollendet haben. Das Einkoten ist Ausdruck einer schweren psychischen Störung des Kindes und beruht auf einer schwierigen emotionellen Beziehung zwischen Mutter und Kind während der Reinlichkeitserziehung. Außerdem spielt ein gestörtes Beziehungsmuster innerhalb der gesamten Familie eine Rolle.

Die Sauberkeitserziehung wurde oft zu früh begonnen oder verkrampft durchgeführt; Ordnung und Sauberkeit waren in dieser Phase der kindlichen Entwicklung (psychoanalytisch auch anale Phase genannt) die beherrschenden Momente.

Die Kinder koten vorwiegend tagsüber ein. Es ist möglich, daß sie ihre Wäsche beschmutzen und auch Gegenstände beschmieren.

Der vom Kind ausgehende Geruch bringt ausgedehnte Schwierigkeiten im sozialen Kontakt mit anderen Kindern.

Die Kinderkrankenschwester sollte sich ein wenig mit den psychoanalytischen Theorien vertraut machen und daraus verstehend in ihrer Betreuung dieser Patienten folgende Gesichtspunkte bedenken:

- Meistens werden die Patienten einer psychotherapeutischen Behandlung bedürfen, die auch stationär durchgeführt wird.
- Die Mutter und die ganze Familie wird dabei miteinbezogen (teilweise nach kurzfristiger Trennung vom Kind), da bei späterer Entlassung des Kindes ihr Verhalten von großer Bedeutung sein wird.
- Die Atmosphäre um das Kind muß freundlich, wohlwollend und hilfreich sein, damit das Kind die Behandlung nicht als aggressiven Eingriff betrachten muß. Ein Vertrauensverhältnis kann sich vor allem dann entwickeln, wenn immer die gleiche Bezugsperson am Training der Stuhlkontrolle beteiligt ist.

- Das Training besteht aus regelmäßigem Aufsuchen der Toilette und einer Erfolgsmeldung durch das Kind. Erfolg soll die Kinderkrankenschwester freundlich belohnen. Mißerfolg gelassen registrieren. Hat das Kind eingekotet oder sich beschmutzt, werden die Folgen mit dem Kind zusammen unauffällig und ruhig beseitigt.
- Im Bereich psychotherapeutischer Maßnahmen spielt das Malen eine große Rolle, ebenfalls alle Formen der gelenkten Aggression durch Spiele oder Wettkämpfe.
- Die betreuende Kinderkrankenschwester muß oft unangenehmen Geruch ertragen und die Beschmutzungen mit dem Kind zusammen beseitigen. Die Kinder sind in ihren Äußerungen häufig sehr impulsiv und aggressiv. Es ist daher wichtig, daß sie sich nicht zu aggressivem Verhalten hinreißen läßt. Ihr eigenes Verhalten kann sie am besten in der therapeutischen Gruppe der Betreuer kontrollieren lassen.

Weiterführende Literatur

Bruch, H.: Der goldene Käfig. Fischer, Frankfurt 1988

Eberlein, G.: Autogenes Training für Kinder mit Märchen. Bastei Lübbe, Bergisch Gladbach 1985

Erikson, E. H.: Identität und Lebenszyklus. Suhrkamp, Frankfurt 1985

Gordon, Th.: Familienkonferenz. Hoffmann & Campe, Hamburg 1988

Harbauer, H., R. Lempp, G. Nissen, P. Strunk: Lehrbuch der speziellen Kinder- und Jugendpsychiatrie, 3. Aufl. Springer, Berlin 1984

Kruse, W.: Entspannung – autogenes Training für Kinder. Deutscher Ärzte-Verlag, Köln 1988

Remschmidt, H.: Kinder- und Jugendpsychiatrie. Thieme, Stuttgart 1987

7.26. Pflege des sterbenden Kindes

G. Fischer

Strukturnetz

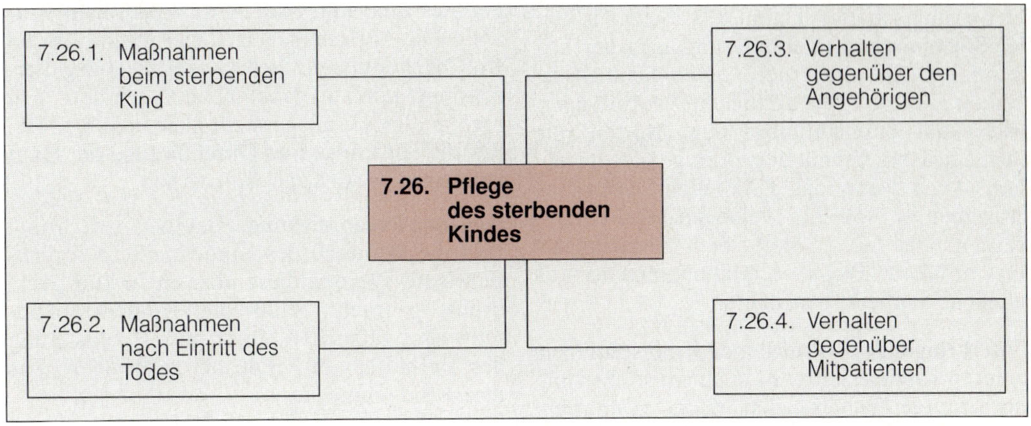

Lehrziel

Die Kinderkrankenschwester soll hier erfahren, daß die Pflege des sterbenden Kindes und seine Begleitung nur unter besonderer Zuwendung erfolgen kann und auch die Angehörigen des Kindes Verstehen und Entgegenkommen brauchen.
Die Pflege des sterbenden Kindes und die Maßnahmen, welche nach dem Tod erforderlich sind, werden im einzelnen beschrieben. Außerdem soll aufgezeigt werden, welches Verhalten gegenüber Eltern und Mitpatienten notwendig ist.
Sooft die Kinderkrankenschwester und vor allem die noch unerfahrene Kinderkrankenpflegeschülerin einem sterbenden Kind gegenübersteht, wird sie mit einer Problematik konfrontiert, die sie im Einzelfall, abhängig von der Situation, selbst zu bewältigen hat.

Lernziele

Nach der Durcharbeitung dieses Teilkapitels sind Sie in der Lage,
- charakteristische Zeichen aufzuzählen, die auf das Herannahen des Todes hinweisen;
- Pflegemaßnahmen beim sterbenden Kind zu beschreiben;
- die psychische Situation des sterbenden Kindes zu schildern und Inhalte und Ziel aller psychischen Betreuung zu nennen;
- die Aufgaben nach dem Tod aufzuzeigen;
- Hinweise für das Verhalten gegenüber Eltern zu geben;
- die Information der Mitpatienten über den Tod zu begründen.

7.26.1. Maßnahmen beim sterbenden Kind

Der Tod kann plötzlich eintreten, das Sterben kann sich aber auch über Tage hinziehen. Charakteristische Zeichen weisen auf das Herannahen des Todes.

Die Kinderkrankenschwester beobachtet

Zunehmende Störung der Vitalfunktionen:
- Erhöhung oder Senkung der Körpertemperatur.
- Verschlechterung der Atmung. Diese kann rascher und oberflächlicher oder tiefer und langsamer werden. Sie kann unregelmäßig und mit Geräuschen verbunden sein.
- Verschlechterung der Kreislauffunktion: kalter Schweiß, kalte Extremitäten, blasse oder marmorierte Haut, weiße Nasenspitze, schneller und unregelmäßiger Puls.
- Abfallen des Blutdrucks.

Bewußtseinsstörung: Häufig liegt eine zunehmende Somnolenz oder Bewußtlosigkeit vor, begleitet von einer allgemeinen motorischen Unruhe oder auffallenden Ruhe.

Angst: Ist das Kind bei Bewußtsein, zeigt es oft große Angstzustände.

Pflege und Behandlung

Das sterbende Kind darf nicht alleingelassen werden. Es muß bis zu seinem Tod mit ganzer Sorgfalt und Behutsamkeit gepflegt werden. Die Kinderkrankenschwester sollte erkennen, durch welche Maßnahmen sie dem Kind Erleichterung schaffen kann, z. B. Schweiß von der Stirn wischen, Veränderungen in der Lagerung, Decke entfernen, einen Schluck zu trinken anbieten. Die ärztlichen Anordnungen sind exakt durchzuführen bzw. dürfen nur nach Rücksprache mit dem Arzt geändert werden. Auch wenn das Kind nicht mehr ansprechbar ist, soll ihm weiterhin alles erklärt werden. Das Gehör bleibt dem Kind bis zuletzt erhalten. Bei allen Maßnahmen ist auf peinliche Sauberkeit zu achten.

Unterbringung. Das sterbende Kind sollte von anderen Kindern getrennt in einem Einzelzimmer untergebracht werden. So ist gewährleistet, daß es die volle Zuwendung der betreuenden Person erfährt. Im Einzelzimmer ist es auch möglich, den Kontakt zu der ganzen Familie, etwa durch den Besuch von Geschwistern, aufrechtzuerhalten. In der ruhigeren Umgebung wird das Kind durch Lärm nicht gestört.
Auch die anderen Kinder werden in ihrem Verhalten durch das schwerkranke Kind nicht beeinträchtigt.

Körperpflege. Das Kind wird vorsichtig gewaschen und gekämmt. Dabei ist vor allem auf eine gute Mund-, Lippen- und Nasenpflege zu achten. Ist der Kornealreflex erloschen, so ist eine besondere Augenpflege durch Auflegen feuchter Tupfer oder Einstreichen von Augensalbe erforderlich. Auch eine sorgfältige Dekubitus- und Pneumonieprophylaxe muß durchgeführt werden. Wird von dem Kind unkontrolliert Urin und Stuhl ausgeschieden, so muß auch dem älteren Kind eine Wickelpakkung angelegt werden. Diese wird regelmäßig gewechselt und durch sorgfältige Hautpflege im Gesäß- und Genitalbereich ein Wundwerden vermieden.
In der wärmeren Jahreszeit, bei offenem Fenster, ist auch darauf zu achten, daß das Kind vor Fliegen geschützt ist.

Freihalten der Atemwege. Ist das Kind nicht mehr in der Lage, aktiv Sekret abzuhusten, muß der Schleim aus Mund und oberen Luftwegen regelmäßig abgesaugt werden.

Lagerung. Durch eine sorgfältige, bequeme Lagerung kann dem sterbenden Kind eine wesentliche Erleichterung geschaffen werden. Es soll nicht in Blickrichtung zum einfallenden Licht am Fenster liegen. Hat das Kind Atemnot, wird es mit dem Oberkörper hochgelagert; es muß ihm Sauerstoff verabreicht werden. Die verschiedenen Lagerungshilfsmittel wie Nackenkissen, Fell, Knierolle oder Fersenringe können dabei benützt werden. Ein regelmäßiges Umlagern zur gleichmäßigen Belüftung der Lunge und Durchblutung der Haut ist mehrmals am Tage erforderlich.

Nahrungsverabreichung. Bei der Ernährung sind die Wünsche des Kindes voll zu berücksichtigen. Werden diese nicht mehr zum Ausdruck gebracht, muß die Kinderkrankenschwester versuchen, durch gute Beobachtung des Verhaltens in Erfahrung zu bringen, was dem Kind schmeckt.
Ist das Kind nicht mehr in der Lage zu schlukken, so kann auf Anweisung des Arztes zur Ernährung eine Dauersonde gelegt werden. Der Flüssigkeitsbedarf des Kindes ist groß und muß ausreichend gedeckt sein.

Psychische Betreuung. Dem Kind wird sein endgültiges Schicksal meist frühzeitig bewußt. In Gedanken beschäftigt es sich mit dem Tod. Vor allem im Schulalter beginnt es, in wachsendem Ausmaß Todesvorstellungen zu realisieren. Oft äußert es seine Ängste in Zeichnungen.
Wie weit das Kind fähig ist, Sterben und Todesangst zu bewältigen, wird bestimmt von seiner körperlichen Situation, der seelischen Grundstimmung, den Reaktionen von Eltern, Ärzten und Kinderkrankenschwestern und seiner eigenen Kommunikationsmöglichkeit gegenüber diesem Personenkreis. Das Kind braucht eine möglichst kontinuierliche Betreuung durch die Person, zu der es die meisten Beziehungen hat, z. B. Eltern, Arzt, Erzieherin, Kinderkrankenschwester, Seelsorger.
Wie weit die betreuende Person das sterbende Kind hilfreich begleiten kann, hängt wesentlich davon ab, welche Bedeutung für sie selbst Sterben und Tod haben und wie sie das Sterben des Kindes erlebt.
Diese Aufgabe fordert ein aufmerksames Zuhören, wenn das Kind versucht, seine eigenen Gedanken und Befürchtungen zur Sprache zu bringen. Bekommt das Kind auf seine Fragen klare Antworten, so wird das Gefühl ver-

stärkt, daß man ihm nicht ausweicht, sondern hilft, seine Last zu tragen. Reagiert die betreuende Person mit Unsicherheit und Verlegenheit, verliert das Kind den Mut, weitere Fragen zu stellen, kapselt sich ab und bleibt in seiner Angst allein.
Im Stationsteam sollten gemeinsame Verhaltenskonzepte gegenüber dem Kind offen diskutiert und festgelegt werden.
Fast unmöglich erscheint es, sich als Erwachsener in das Empfinden eines sterbenden Kindes im Säuglingsalter einzufühlen. Durch Streicheln über den Kopf, Abwischen von Schweiß auf der Stirn oder Tragen auf dem Arm und mit beruhigenden Worten versucht die Pflegeperson, das Gefühl der Geborgenheit zu vermitteln.
Belastend auf das sterbende Kind wirken

- zu laute oder flüsternde Gespräche,
- Geräusche von außen,
- pausenloses Hantieren mit Geräten,
- blendendes Licht oder Dunkelheit,
- physisches Unwohlsein (Schmerzen, Atemnot),
- das Verhalten haltloser Angehöriger.

Beachte: Im Krankenzimmer dürfen keine Äußerungen über den Zustand des Kindes und seine Belange fallen.

7.26.2. Maßnahmen nach Eintritt des Todes

Ist der Tod eingetreten, so muß der Arzt gerufen werden. Am Kind sind keine Lebenszeichen zu beobachten, das Sichtgerät am EKG und Atemmonitor sowie die Hirnstromableitung zeigen zu diesem Zeitpunkt oft keine Ausschläge mehr. Es kommt zur Ausbildung der sog. sicheren Todeszeichen. Der Zeitpunkt des Todeseintritts muß festgehalten werden. Sobald der absolute Tod von dem diensthabenden Arzt bestätigt wurde, sollten von der Kinderkrankenschwester die letzten pflegerischen Aufgaben durchgeführt werden. Es ist im Einzelfall sorgfältig abzuwägen, ob dies in Anwesenheit der Eltern geschehen kann.

- Kopfkissen, Deckbett und sämtliche Lagerungshilfsmittel werden aus dem Bett genommen.
- Das Kind wird auf dem Leintuch flach auf den Rücken gelegt.
- Verbände, Infusionen, Sonden und Drainagen werden entfernt, und das Kind wird von Blutspuren und anderen Verunreinigungen gesäubert, evtl. muß es gewaschen werden.
- Anschließend wird das Kind frisch bekleidet.
- Bei leichtem Hochhalten des Kopfes können die Haare geordnet werden.
- Die Augenlider werden geschlossen und mit feuchten Kompressen bedeckt.
- Damit der Mund des Kindes geschlossen bleibt, wird ein zusammengerolltes Tuch unter das Kinn gelegt bzw. bei großen Kindern der Unterkiefer mit einer Windelschlinge hoch gebunden.
  Dabei dürfen die Gesichtszüge nicht verzerrt werden.
- Die Hände des Kindes werden ineinander gelegt.
- Der Zettel mit Personalien und Datum mit Uhrzeit des Todes wird ans Hemd geheftet.
- Das Kind wird in die Prosektur gebracht. Aus hygienischen Gründen kann das tote Kind höchstens 1–2 Stunden in dem Bett auf der Station verbleiben, wenn in dieser Zeit die Eltern zu erwarten sind, um sich von ihrem Kind zu verabschieden. Bis zum Eintreffen der Angehörigen wird es mit einem Tuch abgedeckt.
- Alle Gegenstände, die bei dem Kind benützt wurden, werden weggeräumt. Im Zimmer werden die Heizung abgestellt und das Fenster geöffnet.
- Die persönlichen Gegenstände werden zusammengepackt und für die Angehörigen aufbewahrt.
- Ist das Kind an einer Infektionskrankheit gestorben, müssen alle Regeln der Desinfektion beachtet werden.

Das tote Kind ist der Fürsorgepflicht der Stationsleitung erst enthoben, wenn es im Leichenhaus liegt. Der Bestattungsordner übernimmt dann diese Aufgabe.

7.26.3. Verhalten gegenüber den Angehörigen

Bei Verschlechterung des Zustands eines Kindes müssen die Eltern umgehend benachrichtigt werden. Diese Mitteilung erfolgt meist durch den Arzt, jedoch ist es häufig so, daß die Eltern sich anschließend mit ihren Fragen auch an die Kinderkrankenschwester wenden.

Sie sollte ihnen mit Verständnis begegnen, auch wenn diese in ihrer Verzweiflung unkorrekt und vorwurfsvoll auftreten.
Sakramentale Rituale oder Gebräuche Gläubiger bzw. Andersgläubiger sollten frühzeitig erfragt und von der Kinderkrankenschwester ernstgenommen werden.
Teilen sich die Eltern in der Aufgabe, das sterbende Kind über Tage mit zu betreuen, so tut es ihnen wohl, wenn sie die Fürsorglichkeit der Kinderkrankenschwester erfahren, z. B. Essensmöglichkeit oder Aufenthaltsgelegenheit während einer kleinen Pause angeboten bekommen. Die Eltern sollten bei ihrem sterbenden Kind immer das Gefühl haben, daß sie nicht alleingelassen sind, sondern die Schwester jederzeit für sie da ist.
Wenn die Angehörigen unmittelbar nach dem Tod auf der Station eintreffen, sollte ihnen die Kinderkrankenschwester mit Taktgefühl begegnen und sie zu dem Kind begleiten.
Ob sich in dieser für die Eltern so schmerzlichen Situation ein Gespräch entwickelt und wie dessen Inhalt gehalten ist, hängt davon ab, wie weit die Kinderkrankenschwester und die Eltern während der Krankheitszeit des Kindes Kontakte knüpften. Auch bei bestem Einfühlungsvermögen wird es der Kinderkrankenschwester nie gelingen, die Eltern in ihrem Leid ganz zu verstehen. Deshalb muß sie zuhören können und jedes Wort sorgfältig abwägen, mit dem sie ihnen Trost zusprechen will.
In jedem Fall muß den Eltern die nötige Information gegeben werden zur Erledigung der Formalitäten, die innerhalb des Krankenhauses notwendig sind.

7.26.4. Verhalten gegenüber Mitpatienten

Das Sterben eines Kindes ist für die anderen Kinder auf der Station von großer Bedeutung. Es ist immer wieder erstaunlich, wie gut Kinder Situationen empfinden, von denen die Erwachsenen glauben, daß sie diese nicht sehen, und ihr Wissen über Dinge verbergen, die sie die Erwachsenen nicht wissen lassen wollen. Werden die Kinder durch das Schweigen der Erwachsenen mit ihrem „heimlichen" Wissen alleingelassen, so steigern sich ihre Ängste darüber, ob sie selbst wieder gesund und das Krankenhaus verlassen werden. In der Unklarheit über die eigene Erkrankung identifizieren sie sich häufig mit dem Verstorbenen.
Werden die Kinder über den Tod des Mitpatienten informiert, so können bei ihnen sehr unterschiedliche Reaktionen beobachtet werden: Trauer, Schrecken, Verleugnen, Interesse, Einzelheiten darüber zu erfahren, Sensation. In all dem zeigt sich, wie Kinder diese Probleme abhängig von der eigenen Situation verarbeiten. Auf jeden Fall aber empfinden die Kinder, daß sie sich auf die Ehrlichkeit der Erwachsenen verlassen und Fragen stellen können.
Im Stationsteam muß entschieden werden, wer diese Aufgabe der Information übernimmt und wie dabei vorgegangen wird.

Weiterführende Literatur

Brocher, T.: Wenn Kinder trauern. Kreuz, Stuttgart 1989
Kübler-Ross, E.: Ein Brief an ein Kind mit Krebs. FSNH, De Houtmanstraat 24, 6826 PJ Arnhem/Niederlande
Leist, M.: Kinder begegnen dem Tod. Herder, Freiburg 1987
Lutz, G., B. Künzer-Riebel: Nur ein Hauch von Leben. Ernst Kaufmann, Lahr 1989
Reed, E. L.: Kinder fragen nach dem Tod, 9. Aufl. Quell, Stuttgart 1986
Wölfing, M.-L.: Komm gib mit Deine Hand. Knaur 1988

7.27. Probleme des geistig und körperlich behinderten Kindes und ihre Berücksichtigung bei der Pflege in der Kinderklinik

B. Gerlach

Notwendige Vorkenntnisse

- Geistige und körperliche Entwicklung des gesunden Kindes,
- Möglichkeiten und Notwendigkeit der Frühdiagnostik,
- Möglichkeiten der Förderung des behinderten Kindes,
- Grundbedürfnisse des Kindes im Krankenhaus (S. 90ff),
- Pflege bei Kindern mit Erkrankungen des Zentralnervensystems (S. 361ff),
- Pflege bei Kindern mit Erkrankungen des Bewegungsapparates (S. 463ff),
- Pflege bei Kindern mit Erkrankungen der Augen (S. 337ff),
- Pflege bei Kindern mit Erkrankungen im HNO-Bereich (S. 347ff).

Strukturnetz

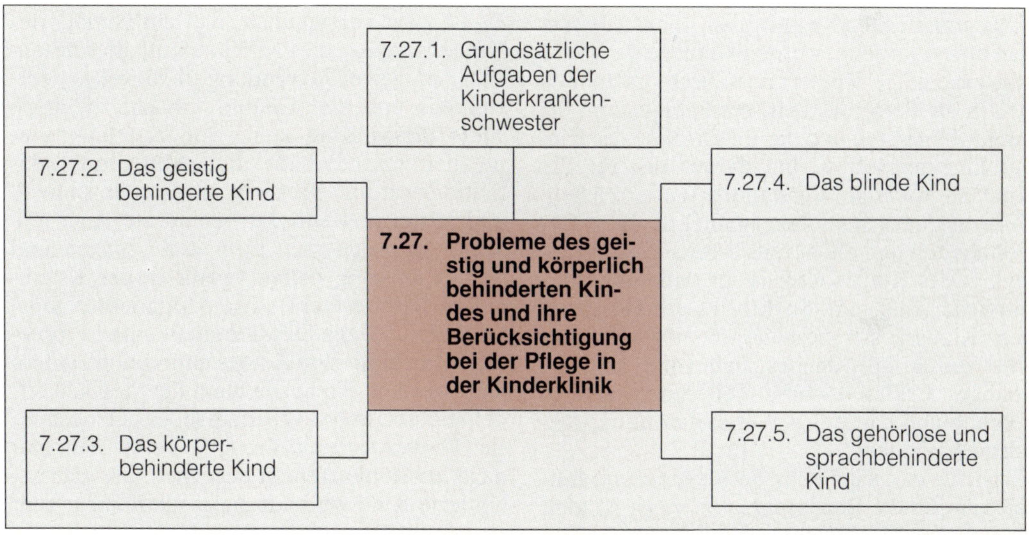

Lehrziel

Für behinderte Kinder werden häufig Krankenhausaufenthalte notwendig, sei es zur Beobachtung und Diagnostik, zur Behandlung schwerer Organmißbildungen, wegen häufiger Infekte oder wegen einer akuten Erkrankung (z.B. Appendizitis). Während dieser Zeit benötigt das behinderte Kind eine besondere Form der Pflege, Betreuung und Zuwendung, die über den Rahmen des Medizinisch-Pflegerischen hinausgeht. Es muß die akute Erkrankung und die jeweilige Behinderung berücksichtigt werden.

Jede Behinderung wirkt sich auf das Verhalten eines Kindes aus. Die Kinderkrankenschwester muß die von ihr beobachteten Verhaltensauffälligkeiten immer zur jeweiligen Behinderung in Bezug setzen. Dieses Teilkapitel soll bei der Kinderkrankenschwester Verständnis wecken für die Besonderheiten im Verhalten eines behinderten Kindes und für seine speziellen Bedürfnisse während eines Krankenhausaufenthalts.

Lernziele

Wenn Sie diesen Abschnitt erarbeitet haben, können Sie

- Verhaltensauffälligkeiten eines behinderten Kindes beschreiben;
- über die Bedürfnisse eines behinderten Kindes während eines Krankenhausaufenthalts Auskunft geben.

7.27.1. Grundsätzliche Aufgaben der Kinderkrankenschwester

Ein Krankenhausaufenthalt stellt für jedes Kind – gleich ob behindert oder nichtbehindert – eine Ausnahmesituation dar. Für das behinderte Kind wird diese Ausnahmesituation oft zum besonders schmerzlichen Erlebnis, da viele Zusammenhänge und Maßnahmen noch weniger als vom Nichtbehinderten aufgenommen und somit auch nicht verstanden und verarbeitet werden können.
Die zuständige Kinderkrankenschwester muß sich in die Persönlichkeit, die Fähigkeiten, die Angewohnheiten und die Bedürfnisse des Kindes hineinversetzen, um daraus das für das Kind so wichtige Verständnis zu erreichen. Eine ausführliche Pflegeanamnese über Gewohnheiten und die bereits erreichte Selbständigkeit des Kindes werden ihr dabei eine wesentliche Hilfe sein. So wird es der betreuenden Kinderkrankenschwester möglich, dem Kind durch individuelles, liebevolles und geduldiges Erklären einen Teil der Angst zu nehmen und damit den Aufenthalt in der Klinik zu erleichtern.
Es ist für das Kind sehr beruhigend und hilfreich, wenn die Bezugsperson – meist handelt es sich um die Mutter oder die persönliche Heimbetreuerin – in die Klinik mitaufgenommen wird. Ist dies nicht möglich, sollte es der Bezugsperson jederzeit erlaubt sein, ihr krankes Kind mitzuversorgen und bei ihm zu sein. Der Umgang mit den Eltern erfordert viel Einfühlungsvermögen; nie sollte die betreuende Schwester vergessen, was für eine große Last auf den Schultern dieser Eltern liegt und wieviel Probleme ihr behindertes Kind auch in ihr eigenes Leben geworfen hat. Für eine ehrliche und offene Beratung (nach Absprache mit dem Arzt) werden die Eltern dankbar sein. Sie gewinnen so Vertrauen und eine positive Einstellung zu den Betreuern, die sich auch auf die Einstellung des Kindes zu seiner Situation auswirken wird.
Die meisten therapeutischen und pädagogischen Maßnahmen im normalen Alltag eines behinderten Kindes haben das Ziel, dem Kind eine weitgehende Selbständigkeit und dadurch die Integration in Schule und Beruf zu verschaffen. In der Klinik kann diese Selbständigkeit meist nicht weiter gefördert werden, doch das bereits Gelernte darf auch in dieser Zeit nicht vergessen und dadurch verlernt werden. Da die betreuende Kinderkrankenschwester durch die Pflegeanamnese bereits über vorhandene Kenntnisse und Fertigkeiten des Kindes informiert ist, kann sie diese mit dem Kind weiter üben und sie so möglichst erhalten. Lob und Ermunterung nach einer gelungenen Leistung dürfen dabei nicht fehlen. Auf diese Weise ist das Kind in der Lage, keinen allzu großen Stillstand oder Rückschritt in seiner Entwicklung zu machen.
Es ist zwar verständlich, daß ein behindertes Kind während eines Klinikaufenthaltes besonders intensive Zuwendung, liebevolles Verständnis und viel Geduld braucht, dennoch sollte dieses Kind keine Sonderstellung einnehmen und dadurch zum Mittelpunkt der Station werden. Deshalb ist es sehr sinnvoll und hilfreich, wenn das behinderte Kind und seine Altersgenossen *gemeinsam* spielen und sich gegenseitig helfen (wenn es der Krankheitszustand erlaubt). Die Mitpatienten müssen aber über die Schwierigkeiten und Probleme des behinderten Kindes altersgemäß aufgeklärt werden. Sie haben dann die Möglichkeit, helfend und liebevoll miteinander umzugehen; sie werden sich als Freunde betrachten und nicht als Konkurrenten begegnen, und das behinderte Kind wird auf diese Weise nicht zum Außenseiter.
Der Schweregrad der einzelnen Behinderung ist verschieden. Die Kinderkrankenschwester muß bei der Pflege die jeweilige Abstufung berücksichtigen und ihre Betreuung darauf einstellen. In diesem Teilkapitel wird jeweils die Extremsituation eines behinderten Kindes beschrieben, z. B. unter dem Abschnitt „Das blinde Kind“.

7.27.2. Das geistig behinderte Kind

Bei sehr vielen geistig behinderten Kindern liegen neben der Intelligenzminderung Beeinträchtigungen vor, wie Störungen des Hör-

und Sehvermögens und der Sprache. Häufig leiden die Kinder an Krampfanfällen, an spastischen Lähmungen und anderen Bewegungsstörungen.

Im Verhalten zeigen sich Veränderungen:

- im *Denken* (taktile Wahrnehmung, schwache Konzentration, leichte Ablenkbarkeit, fehlende Erfahrungsfähigkeit);
- in den *Antrieben* (Erethie, Autoaggressivität, Apathie);
- im *Gefühlsbereich* (Labilität, Reizbarkeit, Aggressivität, niedrige Frustrationstoleranz);
- im *Sozialverhalten* (Distanzlosigkeit – Enthemmung, oberflächliche, aber auch sehr intensive Kontaktaufnahme, Autismus).

Diese Verhaltensstörungen können mehr oder weniger ausgeprägt sein.

Das geistig behinderte Kind kommt oft unvorbereitet in die Klinik, da die Eltern oder Erzieher der Meinung sind, das Kind verstehe ja sowieso nichts davon, und tatsächlich ist bei einem schwerstbehinderten Kind kaum Verständnis für Erklärungen zu erwarten. Diese Kinder erleben die fremde Kliniksituation mit noch mehr Angst und Unverständnis als Kinder, die darauf vorbereitet werden konnten.

Ein geistig behindertes Kind ist sehr abhängig von einer gleichbleibenden und harmonischen Atmosphäre und sollte deshalb möglichst immer von den gleichen Schwestern versorgt werden. Eine Verlegung auf eine andere Station darf nur nach reiflicher Überlegung erfolgen.

Von den Eltern oder Erziehern ist eine genaue Information über den derzeitigen Entwicklungsstand, über die Fähigkeiten, über die Gewohnheiten und Bedürfnisse des Kindes einzuholen.

Beim täglichen Umgang mit dem geistig behinderten Kind muß die Kinderkrankenschwester folgende Gesichtspunkte bedenken

- Das Kind muß während des ganzen Klinikaufenthalts sehr sorgfältig beobachtet werden. Man wird z. B. das Bettchen eines anfallskranken Kindes an einen Platz stellen, den viele Schwestern gut übersehen können.
- Auch wenn die Kinderkrankenschwester den Eindruck hat, das Kind könne ihre Erklärungen nicht verstehen, sollte sie versuchen, ihm alle Maßnahmen verständlich zu machen.
- Die Kinderkrankenschwester muß viel Geduld aufbringen beim häufigen Wiederholen derselben Dinge, wie Essen, selbständige Körperpflege und Sauberkeitserziehung. Diese Tätigkeiten geschehen immer in der gleichen Reihenfolge.
- In den Forderungen muß für das Kind eine Konsequenz erkennbar sein; es sollten aber nur Forderungen gestellt werden, denen das Kind nachkommen kann. Dem Kind kann immer nur *ein* Auftrag erteilt werden.
- Ein Erfolgserlebnis ist von großer Bedeutung, deshalb muß das Kind für eine gelöste Aufgabe (z. B. selbständiges Zähneputzen) deutlich gelobt werden.
- Der Tagesablauf sollte nach Möglichkeit immer in einem gleichbleibenden Rhythmus ablaufen.
- Die gewohnte Ernährung (z. B. eine bestimmte Diät oder grobe Kost), die Essensgewohnheiten (z. B. Essen mit einem Speziallöffel oder das Trinken aus dem Becher) und die seitherigen Schlafgewohnheiten und Einschlafriten muß die Kinderkrankenschwester beachten und weiterführen.
- Ist das Kind auf spezielle Medikamente eingestellt, so müssen diese meist (nach ärztlicher Verordnung) weiter verabreicht werden.
- Die Kinderkrankenschwester sollte dem Kind genügend Raum zum Spielen verschaffen; sie sollte großes Spielzeug in verschiedenen Farben und ohne scharfe Ecken und Kanten auswählen. Das Interesse des Kindes muß immer wieder geweckt werden durch Geräusche, Farben und Bewegung. Dadurch wird das Kind zum Mitmachen angeregt. Die Vorliebe für Musik und Rhythmus kann sehr oft in das Spiel und die pflegerischen Maßnahmen mit eingebaut werden.

7.27.3. Das körperbehinderte Kind

Das Verhalten eines körperbehinderten Kindes muß immer in Beziehung zu seiner körperlichen Behinderung gesehen werden. Verhaltensauffälligkeiten können eine unmittelbare Folge einer Hirnschädigung sein. Sie sind aber vielfach auch die Reaktion des Kindes auf das früher oder später entstehende Erlebnis der Andersartigkeit, auf die eingeschränkte Lebensraumgestaltung und die Einengung des Interessenkreises. Die im folgenden aufgeführten Verhaltensauffälligkeiten können mehr oder weniger in Erscheinung treten und von der Kinderkrankenschwester beobachtet werden:

- *Passivität* (gestörte Spontaneität, Schwäche des Antriebs und des Willens),
- *mangelndes Selbstwertgefühl* (Unsicherheit, Angst),
- *Leistungsschwäche* (Konzentrationsstörungen, eventuell Störungen in der geistigen Entwicklung),
- *Affektlabilität* (Unruhe, Verstimmung),
- *mangelnde Anpassungsfähigkeit* – Kontaktarmut.

Grundsätzlich ist es für das Kind von großer Bedeutung, daß Kinderkrankenschwestern, Krankengymnastinnen und Ärzte unter Einbeziehung der Eltern eng zusammenarbeiten und Informationen und Beobachtungen gegenseitig austauschen. Die Kinderkrankenschwester sollte von den Eltern detaillierte Angaben erhalten über die Lebensweise des Kindes und Auskunft darüber, wie es sich selbst helfen kann, außerdem sind Informationen notwendig über die benötigten Hilfsmittel (Rollstuhl, Prothesen, Schienen) und über den Umgang damit. Von den Ärzten und Krankengymnastinnen soll die Kinderkrankenschwester genaue Anweisungen bekommen über die seitherigen Lagerungen und Bewegungsübungen, um diese auch während des Klinikaufenthalts regelmäßig durchzuführen, ohne das Kind zu überanstrengen.
Es sollte dem körperbehinderten Kind erlaubt sein, z. B. seinen eigenen (ihm vertrauten) Rollstuhl, sein spezielles Eßbesteck und Spielzeug für seine individuelle Förderung mitzubringen.

Beim täglichen Umgang mit dem körperbehinderten Kind muß die Kinderkrankenschwester folgende Gesichtspunkte bedenken

- Die Empfindsamkeit des Kindes muß immer respektiert werden, wenn über seinen Körperzustand und seine Körperfunktionen (z. B. unregelmäßiger Stuhlgang) gesprochen wird.
- Wenn es der Zustand erlaubt, sollte dem Kind die Teilnahme an seiner Umwelt ermöglicht werden, indem es häufig umgelagert wird oder sich auch außerhalb des Krankenzimmers aufhalten kann. Auf diese Weise kann das Kind verschiedene Eindrücke sammeln und so seine Umgebung besser kennenlernen und mehr Vertrauen zu ihr gewinnen.
- Das Selbsthilfetraining, bei dem man sich bemüht, das Kind bei den täglichen Verrichtungen – wie An- und Ausziehen, Waschen, Auf-die-Toilette-Gehen, Essen und Trinken – selbständig werden zu lassen, sollte auch in der Klinik, nach Absprache mit dem Arzt und der zuständigen Krankengymnastin, weitergeführt werden. Dabei ist es wichtig, dem Kind Mut zur Bewegung zu machen.

Beachte: Helfen sollte man nur, wenn Hilfe wirklich notwendig wird!

Ein aufmunterndes und anerkennendes Wort hilft dem Kind, trotz mancher Mißerfolgserlebnisse immer wieder neu zu trainieren und dabei Unsicherheit und Angst zu vergessen.

- Kinder, die über längere Zeit in der Klinik sind, übernehmen gern einige Aufgaben (je nach Fähigkeit) auf der Station und freuen sich, wenn sie der Schwester helfen können.
- Das Spielzeug wird die Kinderkrankenschwester gezielt und sorgfältig auswählen. So wird ein Kleinkind mit verkrampften Händen mehr Freude haben an weichem Material, wie z. B. an einem Plüschtier oder einem Stoffball, als an einem mechanischen Spielzeug, bei dem das Greifen zu weiteren Verkrampfungen führen würde. Größere Kinder malen und zeichnen gern; Kneten und Formen mit weichem Material regt den Tastsinn an und fördert die Entwicklung der Muskulatur.

7.27.4. Das blinde Kind

Da bei einem schwer sehbehinderten oder blinden Kind die visuellen Reize aus der Umwelt fehlen, ist es möglich, daß die geistige Entwicklung erheblich verzögert ist. Trotzdem fällt ein blindes Kind in seiner Umgebung weniger auf als z. B. ein körperbehindertes Kind. Es hat meist gelernt, seinen Hör- und Tastsinn so zu üben und einzusetzen, daß das Sehen weitgehend dadurch ersetzt werden kann.

Besonderheiten im Verhalten zeigen sich oft darin, daß das blinde Kind

- *schüchtern, gehemmt, bescheiden* und *zurückhaltend wirkt* und *gewohnt ist, sich mit wenigem zufriedenzugeben,* andererseits aber auch
- *mißtrauisch, gereizt und aggressiv* reagieren kann, besonders dann, wenn es seine Umgebung nicht kennt;
- in der *ständigen Sorge* vor schmerzhaften medizinischen Eingriffen lebt;
- *Angst vor allem Neuen hat.*

Beim täglichen Umgang mit dem blinden Kind muß die Kinderkrankenschwester folgende Gesichtspunkte bedenken

- Die ersten Stunden im Krankenhaus sind für ein blindes Kind besonders problematisch. Die Kinderkrankenschwester muß mit viel Einfühlungsvermögen dem Kind dabei behilflich sein, sich in seiner neuen Umgebung räumlich zurechtzufinden. Hat das Kind strenge Bettruhe, so werden die Dinge, die es ständig und dringend benötigt (Taschentuch, Klingel, Lieblingsspielzeug usw.) in Reichweite untergebracht. Wenn das Kind aufstehen kann, so sollte die Kinderkrankenschwester es begleiten und auf möglichst kurzen Wegen (evtl. Schritte abzählen) das Krankenzimmer und den Weg zur Toilette erklären. Diese Wege müssen öfters wiederholt werden, um sie so dem Kind vor seinem inneren Auge sichtbar werden zu lassen. Die anwesende Mutter kann dabei eine große Hilfe sein. Jede räumliche Veränderung muß dem Kind mitgeteilt und erneut auf die beschriebene Weise bewußtgemacht werden.
- Anfangs soll sich die zuständige Schwester immer mit Namen vorstellen und sich evtl. von dem Kind abtasten lassen. Das gleiche gilt für die Mitpatienten. Sehr bald wird das Kind die betreffenden Personen an der Stimme erkennen.
- Besonders beim Säugling und Kleinkind ist der Hautkontakt zur Aufnahme von Eindrücken und zur Gewinnung von Sicherheit und Vertrauen von großer Bedeutung. Die Kinderkrankenschwester wird das kleine Kind oft auf den Arm nehmen, um es so ihre körperliche Nähe erfahren zu lassen.
- Bei allen pflegerischen und therapeutischen Maßnahmen soll die Kinderkrankenschwester reden und die Durchführung altersgemäß erklären. Das Kind soll dabei die Möglichkeit haben, Gegenstände durch Abtasten zu erfühlen und evtl. auch daran zu riechen, um sie auf diese Weise kennenzulernen.
- Die erlangte Selbständigkeit soll, wenn es der Zustand des kleinen Patienten erlaubt, erhalten bleiben, auch wenn dies eines höheren Aufwands an Zeit und erklärenden Worten von seiten des Pflegepersonals bedarf. So wird ein Kind mit größerem Appetit essen, wenn es dies selbst tun kann und wenn man ihm erzählt, was auf seinem Teller ist. Eine bestimmte Anordnung der Speisen auf dem Teller sollte stets beachtet werden.
- Das blinde Kind ist auf ein reichhaltiges Angebot an Reizen aus der Umwelt angewiesen; so wird die Kinderkrankenschwester, wenn sie im Zimmer ist, dem Kind sagen, was sie gerade tut; sie läßt es so teilnehmen an ihrer Arbeit und vermittelt ihm ihre Nähe. Das Kind schätzt es, wenn man ihm vorliest, Geschichten erzählt, mit ihm ein tastbares Bilderbuch liest oder es Musik hören läßt. Das Spielmaterial spielt von seiner Konsistenz her eine große Rolle. Es muß interessant sein, d. h. weich und warm oder auch kalt und hart. Da die Farben wegfallen, muß durch Abwechslung in Form und Material der Mangel ausgeglichen werden. Der Alltag wird für das Kind abwechslungsreicher und bunter, wenn es zu Besorgungen außerhalb des Krankenzimmers mitgenommen wird und auf diese Weise Neues entdecken kann.

7.27.5. Das gehörlose und sprachbehinderte Kind

Das von Geburt an gehörlose Kind besitzt zwar die Anlage zum Sprechen, aber da ihm die Höreindrücke fehlen, kann sich diese Fähigkeit nicht entfalten. Das Kind hat nicht die Möglichkeit, seine eigene Stimme zu entdekken und nachzuahmen, es hört infolgedessen schon im Säuglingsalter bald auf mit Plappern. Im Vergleich zum körperbehinderten und blinden Kind ist der Kontakt eines gehörlosen Kindes zu seiner Umwelt sehr stark beeinträchtigt, und somit bleibt auch die allgemeine Entwicklung erheblich hinter der Entwicklung hörender Kinder zurück.

Mißverständnisse und Verständigungsschwierigkeiten wirken sich *negativ auf das Selbstbewußtsein* aus. Wird das Kind nicht entsprechend gefördert, besteht die Gefahr, daß es sich zu einem *„braven"* und *spielträgen* Wesen entwickelt.

Aufgrund des Nichtverstehens und Nichtverstandenseins erscheint das Kind seiner Umwelt oft als Außenseiter. Es reagiert *übervorsichtig, ängstlich* und *mißtrauisch* auch auf Dinge, die sich ihm hinterher als nicht erschreckend und harmlos erweisen.

Viele Zusammenhänge können nicht verstanden werden, deshalb hat ein gehörloses Kind oft nur die Möglichkeit, auf eine nicht verstandene Forderung mit *Eigensinn* zu reagieren. So versteht es vielleicht nicht, warum es ein Spielzeug hergeben soll, und hält es, aus für die Umwelt nicht einsichtigen Gründen, krampfhaft fest.

Da die Kontrolle der Sprache durch das Gehör fehlt, verhält sich ein gehörloses Kind oft *übertrieben laut.*

Beim täglichen Umgang mit dem hör- und sprachbehinderten Kind muß die Kinderkrankenschwester folgende Gesichtspunkte bedenken

- Trägt das Kind ein Hörgerät, so muß sich die zuständige Kinderkrankenschwester seine Funktion und Einstellung von den Eltern erklären lassen. Das Hörgerät muß regelmäßig getragen werden.
- Das Kind kann viele Vorgänge und Zusammenhänge im klinischen Alltag zunächst nicht verstehen und kann sich aufgrund seiner Verständigungsschwierigkeiten in dieser Ausnahmesituation schwer zurechtfinden. So kann es z. B. die tröstende Stimme der Schwester nicht hören. Deshalb ist eine geduldige und behutsame Betreuung und eine vermehrte emotionale Zuwendung, z. B. die körperliche Nähe der Bezugsperson (Mutter oder Schwester), für das Kind von großer Bedeutung.
- Die Zuwendung über die Sprache ist besonders wichtig, auch wenn sie nicht gehört wird. Das Kind hat die Möglichkeit, das Gesagte von den Lippen abzulesen. Die Kinderkrankenschwester sollte sich deshalb bemühen, sich dem Kind immer voll zuzuwenden und im Blickkontakt langsam und deutlich mit ihm zu reden. Dabei soll ihr Gesicht dem Fenster zugedreht sein, das Kind soll mit dem Rücken zum Licht stehen. Am besten setzt sich die Kinderkrankenschwester hin, damit ihr Gesicht in der gleichen Höhe wie das Gesicht des Kindes ist. Auch die Mitpatienten müssen darauf hingewiesen werden.
- Alle pflegerischen, diagnostischen und therapeutischen Maßnahmen sollten, nach Möglichkeit im Blickbereich des Kindes, von vorne durchgeführt werden. So kann die Schwester alles erklären, und das Kind kann sehen, was mit ihm passiert.
- Für das Schulkind muß in Reichweite ein Block mit Schreibzeug bereitliegen, auf dem es seine Wünsche und Fragen notieren kann.
- Das Kind soll jedoch ständig zum Sprechen ermuntert werden, eine gelungene sprachliche Äußerung muß gelobt werden, um so das Kind zu neuen Anstrengungen zu motivieren.
- Das Spielzeug soll gezielt ausgewählt werden, z. B. wird der kleine Patient Freude haben an Dingen, die sich bewegen, z. B. an einem Mobile, einem Kaleidoskop oder einer Kugelbahn; auch Konstruktionsspiele aus verschiedenen Materialien sind zu empfehlen. Bei Spielen wie Bilderlotto, Memory, Mensch-ärgere-dich-nicht usw. können hörende und nichthörende Kinder erfolgreich miteinander spielen.

Beachte: Die Kinderkrankenschwester muß immer daran denken, daß das gehörlose Kind gefährlich lebt, da ihm die Kontrolle der Umwelt über das Gehör fehlt.

Weiterführende Literatur

Broschüren der Bundeszentrale für gesundheitliche Aufklärung, Köln

Herzka, H. S., R. Binswanger: Spielsachen für das gesunde Kind und behinderte Kind, 3. Aufl. Schwabe, Stuttgart 1974

Konietzko, Chr.: Sing-, Kreis-, Finger- und Bewegungsspiele zur Förderung des entwicklungsgestörten und des behinderten Kindes. Maier, Ravensburg 1978

8. Neonatologische und pädiatrische Intensivpflege

Vorbemerkungen

V. Wichmann

Dieses Kapitel beschreibt in 7 Teilkapiteln Maßnahmen der Intensivpflege für das kranke Kind. Jeder Abschnitt beginnt wieder mit einer Zusammenstellung der *notwendigen Vorkenntnisse,* die für das volle Verständnis der einzelnen pflegerischen Maßnahmen erforderlich sind. Die praktische Ausbildung auf einer pädiatrischen oder neonatologischen Intensivstation wird für die Kinderkrankenpflegeschülerin im allgemeinen erst im letzten Ausbildungsabschnitt erfolgen. Ebenso werden dann auch erst die theoretischen Kenntnisse vermittelt. Um Verständnis für die Intensivpflege zu haben, braucht die Kinderkrankenschwester fundiertes theoretisches und praktisches Wissen aus allen Bereichen der Kinderkrankenpflege und aus verschiedenen anderen Fachgebieten (z. B. Anatomie, Krankheitslehre, Hygiene). Das Kapitel der Intensivpflege ist so gestaltet, daß es für die fortgeschrittene Kinderkrankenpflegeschülerin einen Überblick gibt und ihr für ihre Ausbildung den möglichen Lernstoff anbietet. Es ist auch für die mit der Intensivpflege beauftragte Kinderkrankenschwester nach Abschluß ihrer Ausbildung eine Hilfe und Anregung für ihre eigene Fortbildung. Es muß aber betont werden, daß fundierte Kenntnisse der Intensivpflege nur in einer 2jährigen berufsbegleitenden Weiterbildung (S. 511) zu erlangen sind. Dafür ist dieses Kapitel kein Ersatz! Einige Themen sind, bedingt durch die sich immer weiter entwickelnde Technik in der Intensivpflege, für die Schülerin noch sehr schwer verständlich und nachzuvollziehen. Sie sind trotzdem mit aufgenommen worden, um der Kinderkrankenpflegeschülerin die Möglichkeit zu geben, das in der Praxis Gesehene theoretisch fundiert nachzulesen.

Themen aus diesem Kapitel 8 sind in der Regel nicht Prüfungsstoff im Kinderkrankenpflegeexamen!

Einzelne Abschnitte sind bewußt unter dem Gesichtspunkt gestaltet worden, daß intensivpflegerische Maßnahmen auch in einer normalen Pflegeeinheit einer Kinderklinik vorkommen und die Kinderkrankenschwester dann für ihr Handeln die wichtigen Informationen vorfindet. Intensivpflege wird dann ausgeübt, wenn der Zustand des Kindes diese erforderlich macht, unabhängig davon, in welcher Pflegeeinheit das Kind liegt.

Eine personell, räumlich und apparativ ausgestattete Intensivstation bietet große Vorteile.

Intensivbehandlung und Intensivpflege sind in der Ausführung häufig schwer zu trennen (S. 11). Auch in diesem Kapitel ist daher in der Regel keine Aussage darüber gemacht, ob und wann eine bestimmte Maßnahme eher vom Arzt oder von der Schwester durchgeführt werden soll und wer für ihre Durchführung haftet. Es wird der Kinderkrankenschwester empfohlen, sich über die bestehende Rechtslage gerade in dieser Thematik ausführlich zu informieren. Eindeutig vom Arzt durchzuführende Eingriffe sind als solche beschrieben.

Alle Maßnahmen bedürfen der ärztlichen Verordnung!

Schwerpunktmäßig wird in den einzelnen Darstellungen über Intensiv*pflege* berichtet und diese den Bedürfnissen des kranken Kindes angepaßt.

Auf einige Besonderheiten dieses Kapitels soll noch hingewiesen werden:

- Methoden der Intensivbehandlung und -pflege unterliegen schnellen Veränderungen. Maßnahmen, die für die Normalpflege (z. B. Grundpflege) über viele Jahre hinweg gültig sind, können in der Intensivpflege schon in kurzer Zeit verändert sein.
  Deshalb werden hier möglichst gängige und bewährte Methoden und Maßnahmen beschrieben. Von vielen Möglichkeiten zur Durchführung wurde unter dem Gesichtspunkt des Lernens und der Ausbildung der Kinderkrankenpflegeschülerin *eine* ausge-

wählt, die geeignet scheint, als Beispiel zu gelten.

- Auf einer Intensivstation gelten *strenge Hygienevorschriften*. Die Patienten liegen mit den unterschiedlichsten Erkrankungen relativ nahe beieinander. Eine Keimverschleppung muß dringend vermieden werden. Auch wenn Maßnahmen der Intensivpflege häufig sehr schnell und ohne Verzögerung durchgeführt werden müssen, sind alle Grundsätze der Hygiene zu beachten; dies gilt insbesondere für die Händedesinfektion.

Für dieses Kapitel werden diese strengen hygienischen Vorschriften als bekannt vorausgesetzt; während der Ausbildung sind sie Inhalt des Hygieneunterrichts. Sie sind daher weder häufig erwähnt noch besonders hervorgehoben worden, sondern ziehen sich wie ein roter Faden durch das gesamte Kapitel.

Strukturnetz

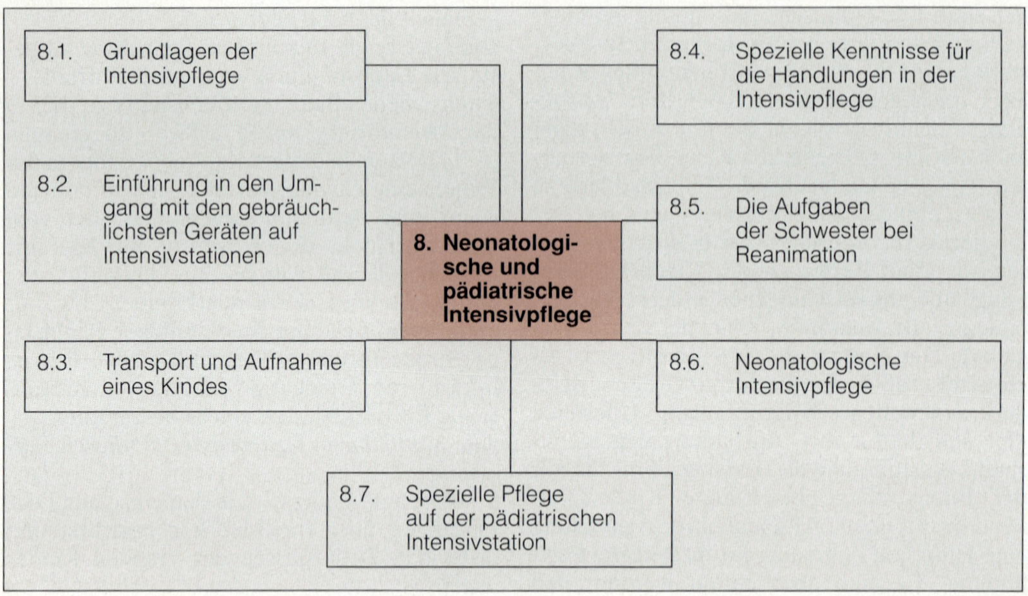

8.1. Grundlagen der Intensivpflege

L. Asch, G. Rook, E. Schneider und G. Walther

Strukturnetz

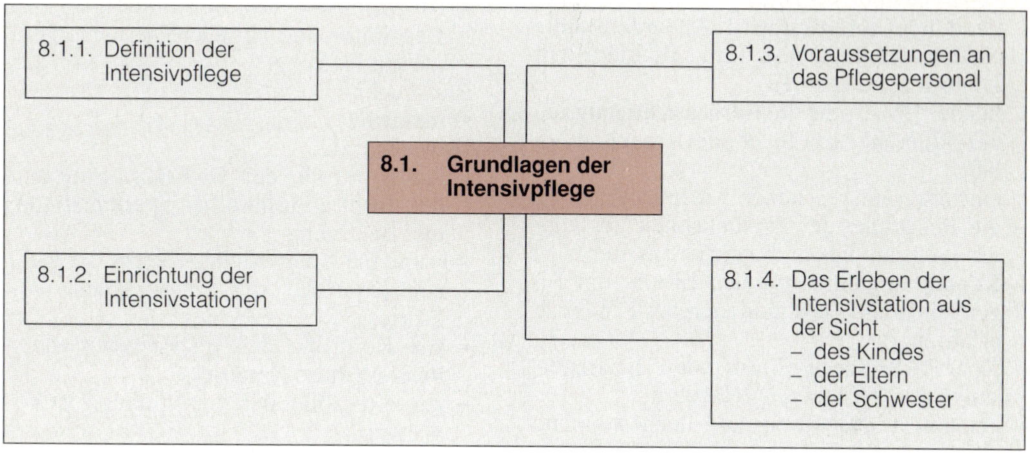

Lehrziel

In diesem Teilkapitel werden Grundlagen der Intensivpflege aufgezeigt.

Für die Kinderkrankenschwester und die Kinderkrankenpflegeschülerin, die auf der Intensivstation arbeiten, ist es wichtig zu wissen, welche Aufgaben und Anforderungen in der Intensivpflege gestellt werden. Die Intensivpflege wird in diesem Teilkapitel in intensive Pflege und Überwachung des Kindes und Überwachung der Maschinen aufgeteilt und beschrieben. Außerdem werden die Voraussetzungen, die an das Pflegepersonal gestellt werden, und das Erleben der Intensivstation dargestellt.

Lernziele

Nach Erarbeiten dieses Abschnitts können Sie beschreiben,

- was man unter Intensivpflege versteht;
- in welcher Form das intensivpflegebedürftige Kind Zuwendung erfährt;
- wie eine Intensivstation eingerichtet ist;
- welche Maschinen zur Überwachung des Kindes und zur Unterstützung seiner Vitalfunktionen benötigt werden;
- welche Voraussetzungen eine Schwester für die Spezialausbildung erfüllen muß.

8.1.1. Definition der Intensivpflege

Unter Intensivpflege versteht man eine intensive Pflege des Kindes, bei der auch technische Hilfsmittel verwendet werden, um ausgefallene Körperfunktionen zu ersetzen, zu überwachen und deren Rückgewinnung zu erreichen.

Strukturnetz

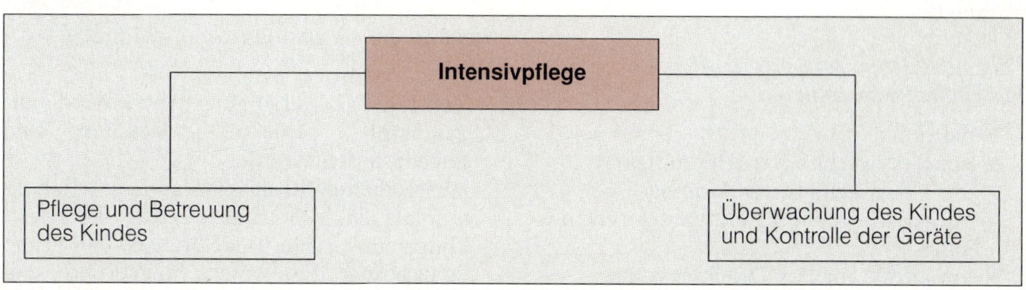

Pflege und Betreuung des Kindes

Zur Pflege und Betreuung des Kindes gehören:

- die Körperpflege;
- die Lagerung, sie muß je nach der Grundkrankheit durchgeführt werden, damit die Therapie unterstützt und das Wohlbefinden des Kindes gefördert wird. Außerdem sollte es dem Kind möglich sein, Kontakte zur Umwelt aufzunehmen;
- bei der Ernährung die Berücksichtigung seiner Wünsche, soweit es die Krankheit zuläßt;
- eine altersentsprechende Ansprache;
- die Beachtung der Persönlichkeit des Kindes (Selbständigkeit möglichst erhalten);
- Kontaktaufnahme mit den Eltern, um Eigenheiten und Gewohnheiten des Kindes zu erfahren;
- Kontakt zwischen Eltern oder Bezugsperson aufrechterhalten und fördern;
- persönliches Spielzeug und liebgewonnene Gegenstände bringen;
- bei Langzeitpatienten der Intensivstation für eine psychische und physische Förderung sorgen, die dem Gesundheitszustand und dem Entwicklungszustand des Kindes angepaßt ist.

Überwachung des Kindes und Kontrolle der Geräte

Zur Überwachung des Kindes gehören:

- die Beobachtung des Gesamteindrucks (Gesichtsausdruck, Körperhaltung, Muskeltonus, Hautfarbe und Hauttemperatur);
- die Vitalfunktionen (Atmung, Puls, Herzfrequenz, Temperatur, Blutdruck);
- die Ausscheidungen (Erbrechen, Stuhl, Urin);
- die Absonderungen (Speichel, Schweiß, Magensaft, Exsudat, Wundsekret);
- die Wirkung von Medikamenten und Infusionen.

Folgende Geräte sind erforderlich und in ihrer Funktion zu kontrollieren:

- Monitoren:
  - zur Überwachung der Herztätigkeit,
  - zur Überwachung der Atmung,
  - zur unblutigen und blutigen Druckmessung,
  - zur intrakraniellen Druckmessung,
- Respiratoren:
  - in ihrer Funktionsweise dem Alter des Kindes angepaßt,
- Temperaturmeßgeräte:
  - zur Überwachung der Körpertemperatur,
  - zur Überwachung der Hauttemperatur,
  - zur Kontrolle des Inspirationsgases am Respirator und bei allen Verneblergeräten mit Heizung,
- Blutdruckmeßgerät:
  - manuell,
- O_2-Meßgeräte:
  - zur Kontrolle der O_2-Konzentration in der Inspirationsluft bei Spontanatmung und Beatmung,
- transkutane Überwachungsgeräte:
  - zur Kontrolle des transkutanen pO_2-Wertes,
  - zur Kontrolle des transkutanen SaO_2-Wertes (Pulsoxymetrie),
  - zur Kontrolle des transkutanen pCO_2-Wertes,
- Infusionspumpen;
- Absauggeräte;
- Saugdrainagen.

8.1.2. Einrichtung der Intensivstationen

Bauliche Voraussetzungen

Die Grundfläche der Intensivstation sollte immer reichlich bemessen sein, damit eine sinnvolle Anordnung der Überwachungsgeräte und Pflegehilfsmittel möglich ist.

Zur Aufbewahrung von Geräten, Betten und Material müssen ausreichend Nebenräume vorhanden sein. Auf ein Spielzimmer mit denselben Installationen für Sauerstoff, Druckluft und Vakuum wie im Patientenzimmer sollte nicht verzichtet werden. Die Installationen sollten den im Augenblick gültigen Regeln der Technik (VDE/IEC Bestimmungen) angepaßt sein. Im allgemeinen sind folgende Ausstattungen der Versorgungseinrichtungen vorhanden:

- Zentrale Gasversorgung (bestehend aus Sauerstoff-, Druckluft-, Vakuum- und Lachgasanschlüssen).
- Ausreichende Stromversorgung pro Patientenplatz, ca. 16 Steckdosen (Kap. 8.4.1.). Unterteilt in rote (oder orange) und grüne Steckdosen. Die roten Steckdosen sind

für die besondere Ersatzstromversorgung (BEV), und sie werden für lebensnotwendige Geräte verwendet, z. B. Beatmungsgeräte, Herzschrittmacher, Infusionsgeräte, Überwachungsmonitoren und Dialysegeräte. Die grünen Steckdosen sind für die allgemeine Ersatzstromversorgung (AEV) und werden für alle übrigen Geräte verwendet (Kap. 8.4.1.).
- Nicht blendende Raum- und Patientenplatzbeleuchtung, wobei ein Teil der Beleuchtung BEV versorgt sein sollte, damit bei Stromausfall eine übergangslose Notbeleuchtung erhalten bleibt.
- Wärmestrahler, die auf die einzelnen Bettgrößen in ihrer Heizleistung abgestimmt werden können.
- Telefonanschluß/EDV-Anschluß,
- Schwesternrufanlage,
- Notrufanlage (Herzalarm) (S. 563),
- Gegensprechanlage zu den anderen Zimmern,
- Klimatisierung der Patientenzimmer,
- Geräteschienen an den Wänden, evtl. auch als Deckenaufhängung.
- Fenster mit Jalousien zwischen den einzelnen Patientenzimmern.

Grundausstattung pro Patientenplatz (Abb. 1)

- Genügend Ablagen für Verlaufsprotokolle, Pflegeutensilien und Wäsche, evtl. Nachtschränke mit Ablagefächern.

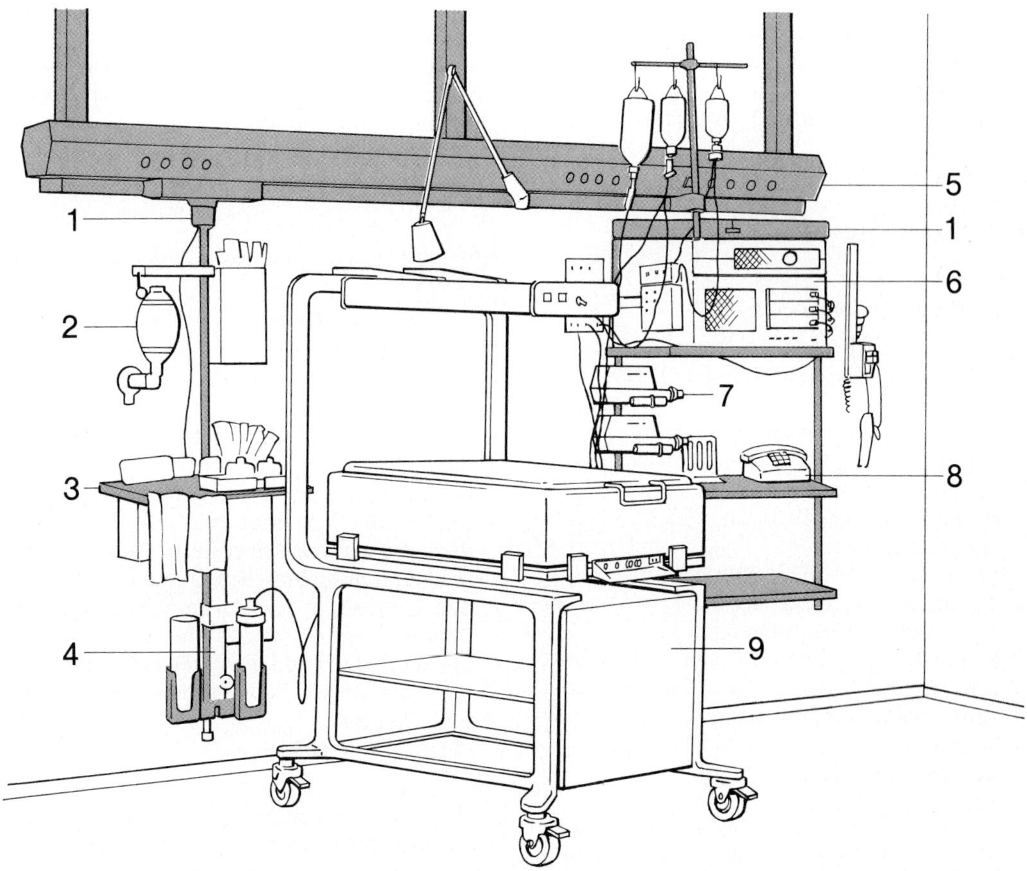

Abb. 1 Grundausstattung für einen Patientenplatz
1 verschieb- und verdrehbare Konsolenträger, 2 Handbeatmungsgerät, 3 Ablage für Pflegeutensilien, 4 Absauggerät, 5 Energieversorgungsschiene, 6 Monitoren, 7 Infusionsgeräte, 8 Telefon, 9 Wärmebett zur Intensivpflege

- Infusionsständer für Geräteschienen oder fahrbar.
- Monitoren zur Überwachung der Herztätigkeit, Respiration, Temperatur, unblutige und blutige Druckmessung, SaO_2-Messung (Pulsoxymetrie s. Kap. 8.4.5.)
- Respirator.

8.1.3. Voraussetzungen an das Pflegepersonal

Aus- und Weiterbildung

Die Intensivpflege stellt sehr hohe Anforderungen an das Pflegepersonal. Die Grundausbildung ist für die Tätigkeit nicht ausreichend. Aus diesem Grund werden eine Spezialausbildung und eine fortlaufende Weiterbildung erforderlich. Die Anforderungen an eine Intensivschwester decken sich in großem Maße mit denen, die an eine Schwester auf einer der übrigen Stationen gestellt werden. Die Arbeitsbedingungen sind jedoch sehr verschieden. Der Spezialausbildung sollte eine mindestens einjährige praktische Tätigkeit als Kinderkrankenschwester vorausgehen.

Anforderungen an die Schwester

- Freude und Interesse am Beruf;
- gute psychische und physische Belastbarkeit;
- Fähigkeit, Verantwortung zu übernehmen;
- Sensibilisierung für die Bedürfnisse des Kindes und der Eltern;
- Bereitschaft zur Förderung eines guten Arbeitsklimas;
- Fähigkeit zur kooperativen Arbeit;
- angemessenes, qualifiziertes Handeln aufgrund der Beobachtungen;
- Übergabe des Kindes mündlich und schriftlich mittels Pflegeplan. Der Pflegeplan beinhaltet exakte Angaben über Pflege, Krankheitsverlauf, Diagnostik und Therapie.
- Bereitschaft, die Eltern in die Pflege des Kindes einzubeziehen;
- Fähigkeit, ihr Wissen an Kinderkrankenpflegeschülerinnen und neu hinzukommende Mitarbeiter weiterzugeben, sie entsprechend anleiten und überwachen;
- technisches Geschick im Umgang mit Geräten.

8.1.4. Das Erleben der Intensivstation aus der Sicht des Kindes, der Eltern, der Schwester

Das Erleben der Intensivstation aus der Sicht des Kindes

Die Aufnahme in eine Intensivstation ist erfahrungsgemäß für das Kind jeden Alters ein traumatisches Ereignis. Das Kind wird plötzlich aus seiner gewohnten Umgebung herausgerissen, dazu kommt noch die Trennung von den Eltern oder der Bezugsperson. Das Kind spürt die Angst und Unsicherheit, in welche die Eltern durch die plötzlich veränderte Situation geraten. Nur in ganz wenigen Ausnahmefällen kann das Kind für den Aufenthalt in der Intensivstation vorbereitet werden. Schmerzen, Angst und der unerwartete Kontakt mit fremden Menschen in einer völlig fremden Umgebung sind eine außergewöhnliche Belastung. Häufig ist es beim Kind nicht zu erkennen, ob und in welcher Weise es seine Umgebung wahrnimmt.

> **Beachte:** Gespräche und Äußerungen über das Kind gehören nicht ans Krankenbett.

Kleinkinder und Schulkinder empfinden als unangenehm:

- den fremden Raum,
- das fremde Bett,
- das Im-Bett-bleiben-müssen und die Abhängigkeit,
- die unbekannten Geräusche,
- die Hektik,
- die unbekannten Geräte und Materialien,
- die fremden Mitpatienten,
- die unbekannten Schwestern, Ärzte und das medizinisch-technische Personal,
- den häufigen Wechsel von Schwestern und Ärzten,
- die Schmerzen und die zusätzlich verursachten Schmerzen, bedingt durch Diagnostik und Therapie,
- die unbekannte Kost.

Bei Frühgeborenen und Säuglingen ist zu beobachten, daß folgende Sachverhalte und Situationen eine unangenehme Empfindung auslösen:

- ungewohnte Umgebung,
- die starke Schwankung der Umgebungstemperatur (hervorgerufen durch häufige Untersuchungen),

- fremde Stimmen, Lärm,
- starke Lichtreize,
- mangelnder Körperkontakt,
- unterschiedliche Ausführungen von Handlungen durch das Pflegepersonal (jede Schwester faßt das Kind anders an),
- mangelnde Befriedigung des Saugreflexes (Nahrungspause, Sondenernährung),
- Schmerzen infolge Erkrankung, Diagnostik und Therapie,
- die veränderte Lagerung infolge therapeutischer Maßnahmen.

Erleichterung für den Aufenthalt des Kindes in der Intensivstation bringen:

- regelmäßige Besuche der Eltern oder der Bezugsperson. Bei Frühgeborenen und Säuglingen dürfen die Eltern ihr Kind im Inkubator anfassen und evtl. herausnehmen. Eltern mit Schutzkleidung und vorschriftsmäßig desinfizierten Händen stellen keine erhöhte Infektionsgefahr für das Kind dar;
- persönliches Spielzeug und andere Gegenstände, z. B. Bär, Puppe, Spieluhr, Decke, Kissen;
- Kontaktaufnahme zu Familienangehörigen und Freunden durch Telefongespräche;
- gute Verständigung in Sprache und Gestik (dies gilt besonders auch für fremdsprachige Kinder);
- Zuwendung während der Pflege und der Behandlungsmaßnahmen durch Sprechen, Berühren und Erklären;
- Berücksichtigung der Gewohnheiten (Essen, Schlaf);
- sinnvolle, dem Zustand des Kindes angepaßte Beschäftigung;
- Herausnehmen des Kindes in eine wohnliche Atmosphäre, z. B. in ein gut eingerichtetes Spielzimmer. Im Spielzimmer macht das Kind die Erfahrung, daß es ungestört mit scinen Eltern spielen kann und nicht durch therapeutische Maßnahmen gestört wird (Abb. 2).

Das Erleben der Intensivstation aus der Sicht des Langzeitpatienten

Bei diesen Kindern zieht sich der Aufenthalt in der Intensivstation oft über Monate und Jahre hin. Sie wachsen in der Intensivstation auf. Für sie bedeutet die Station das „Zuhause". Ihnen muß man ein möglichst „normales" Leben bieten und die Entwicklung wie bei einem gesunden Kind fördern. Therapie, Pflege, Spiel und Erziehung müssen miteinander verbunden werden.

Für diese Kinder ist es wichtig, daß sie auch auf der Intensivstation ihren persönlichen Bereich haben.

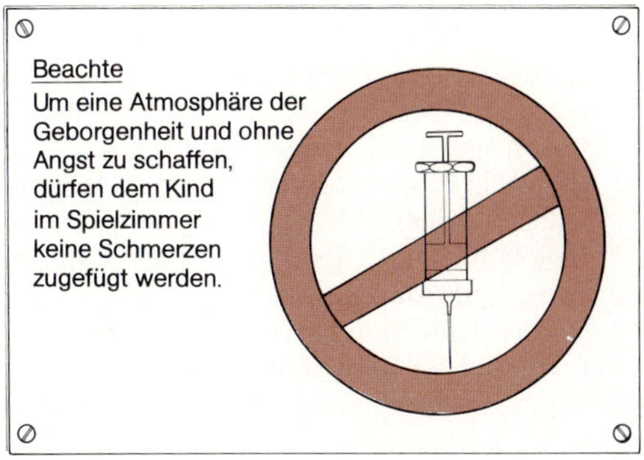

Abb. 2

Das Kind benötigt:

- das Bett am gewohnten Platz,
- selbst gestaltete Umgebung, z. B. Bilder, Spielzeug usw.,
- genügend Spielzeug,
- eigene Pflegeutensilien,
- Spielkiste oder Schrank,
- persönliche Kleidung,
- seine Nachtruhe (pflegerische Maßnahmen auf ein Minimum begrenzen, starke Lichtreize und Geräusche vermeiden).

Sobald es der Krankheitszustand des Kindes erlaubt und jedes Risiko ausgeschlossen ist, wird das Kind schrittweise mit der Welt außerhalb der Intensivstation und der Klinik vertraut gemacht.

Das Erleben der Intensivstation aus der Sicht der Eltern

Die Eltern müssen ihr Kind, das in Lebensgefahr schwebt, fremden Menschen übergeben. Die technische Ausrüstung der Station und die große Betriebsamkeit wirken befremdend. Dazu kommen die Angst und Unsicherheit vor der nahen Zukunft. Viele Eltern leiden unter ihrer Hilflosigkeit, starken Schuldgefühlen und machen sich Selbstvorwürfe.

Für die Eltern belastend wirken:

- unvorbereitete Trennung vom Kind,
- verändertes Aussehen des Kindes,
- keine Möglichkeit, selbst zu helfen,
- Alleinsein eines Elternteils bei der Aufnahme des Kindes,
- Ungewißheit über den Zustand des Kindes,
- Warten auf Informationen,
- wenig Mitspracherecht bei der Therapie,
- Hektik bei der Behandlung,
- Angaben von genauen Daten (Personalien und Anamnese).

Erleichterung für die Eltern können bringen:

- Nach der Aufnahme und der ersten Diagnosestellung ein ausführliches Gespräch des Arztes mit den Eltern. Dabei sollte der Arzt die Eltern über die Krankheit und die erforderliche Therapie sowie das veränderte Aussehen des Kindes informieren.
- Grundlagen für eine Vertrauensbasis schaffen (die Eltern nicht wegschicken, höfliche Umgangsformen wahren).
- Genügend Zeit und ausreichende Gelegenheit zur persönlichen Auskunft anbieten (z. B. zu jeder Zeit telefonieren und besuchen dürfen).
- Eventuell für Übernachtungsmöglichkeiten der Eltern sorgen.
- Bei jeder Änderung des Krankheitsverlaufs die Eltern nach Möglichkeit nicht per Telefon, sondern im direkten Gespräch informieren.

Vorbereitung und Hilfe für Eltern von pflegebedürftigen und behinderten Kindern:

- Gute Information über Rehabilitationsmöglichkeiten und Hilfsorganisationen.
- Förderung der Kontaktaufnahme mit Eltern, die ähnliche Probleme gut bewältigt haben.
- Frühzeitige Einbeziehung der Eltern in die Pflege.
- Hilfe bei der Beschaffung notwendiger Geräte und Materialien, die zur Pflege daheim erforderlich sind.
- Schrittweise Entlassung des Kindes in die häusliche Atmosphäre (stunden- und tageweise).
- Angebot von Beratung und Hilfe bei Problemen, die in der Pflege zu Hause auftreten (rund um die Uhr).

Das Erleben der Intensivstation aus der Sicht der Schwester

Die Bewältigung aller anfallenden Arbeiten ist nur durch eine gut funktionierende Gruppe möglich, die bereit ist, sich ständig auf veränderte Situationen einzustellen. Aus diesem Grund wird die einzelne Schwester ständig erneut dazu herausgefordert, an Fortbildungen in Intensivpflege teilzunehmen, um stets mit ihrem Wissen auf dem neuesten Stand zu sein. Die Schwester kann in der Intensivpflege ihr praktisches und theoretisches Wissen einsetzen, da sie die Möglichkeit hat, weitgehend selbständig innerhalb der Gruppe zu arbeiten.

Für den einzelnen bedeutet dies:

- schnelles Reagieren auf neue Situationen,
- Zusammenarbeit im Team,
- Übernahme von Verantwortung,
- Mut und Fähigkeit zum Improvisieren,
- konzentriertes Arbeiten,
- ständige Konfrontation mit Kranken und Gesunden (z. B. Angehörige und Mitarbeiter),
- häufige Konfrontation mit sterbenden Kindern,
- starke psychische und physische Belastungen,
- Erleben von Erfolg und Mißerfolg,
- Erleben von positiver und negativer Kritik,
- Erleben von Anerkennung und Ablehnung (durch die Mitarbeiter),
- Erkennen der Behandlungsmöglichkeiten und ihrer Grenzen.

8.2. Einführung in den Umgang mit den gebräuchlichsten Geräten auf Intensivstationen

L. Asch und G. Walther

Strukturnetz

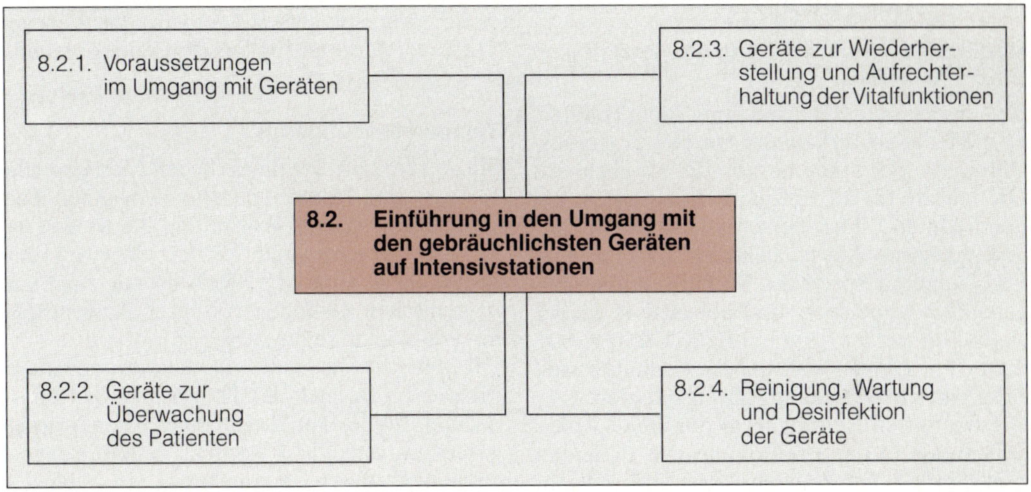

Lehrziel

Das Erlernen des sachgemäßen Umgangs mit den Geräten und deren Anwendung bleibt einer Spezialausbildung vorbehalten. Da jedoch die Schülerin während ihrer Ausbildung auf der Intensivstation eingesetzt wird, erfährt sie in diesem Teilkapitel, daß viele dort angewandte Geräte Hilfsmittel zur Überwachung bzw. zur Wiederherstellung und Erhaltung lebenswichtiger Funktionen des Patienten sind.

Lernziele

Nach Erarbeiten dieses Abschnitts können Sie
- aufzählen, welche Geräte auf der Intensivstation verwendet werden;
- erklären, worauf vor Inbetriebnahme eines Geräts zu achten ist;
- Angaben über Reinigung, Wartung und Desinfektion der Geräte machen.

8.2.1. Voraussetzungen im Umgang mit Geräten

Medizinisch technische Geräte, die dazu bestimmt sind, in der Heilkunde bei der Untersuchung oder Behandlung von Menschen verwendet zu werden, unterliegen der Medizingeräteverordnung (MedGV). Diese Geräte dürfen nur von Personen angewendet werden, die aufgrund ihrer Ausbildung oder ihrer Kenntnisse und praktischen Erfahrung die Gewähr für eine sachgerechte Handhabung bieten.
Der Hauptanteil dieser Geräte wird elektrisch betrieben. Elektromedizinische Geräte sind technisch aufwendig, empfindlich und teuer. Sie werden zur Wiederherstellung der Gesundheit des Kindes individuell eingesetzt und bedürfen immer einer *gezielten* Auswahl. Damit dem Kind durch die Geräte kein Schaden zugefügt wird, müssen diese den gesetzlichen Sicherheitsbestimmungen entsprechen und entsprechend gekennzeichnet sein. Jedes Gerät ist vor der Anwendung am Patienten auf sichtbare Schäden, z. B. defekte Kabel, und auf seine Funktionstüchtigkeit zu prüfen. Defekte Geräte dürfen nicht in Betrieb genommen werden. Eine sorgfältige Handhabung, Reinigung und Wartung der Geräte nach den Vorschriften des Herstellers durch das Pflegepersonal ist erforderlich. Regelmäßige sicherheitstechnische Kontrollen in bestimmten Zeitabständen und Reparaturen sind vom zuständigen Fachpersonal durchzuführen.

Beachte: Die besten Überwachungsgeräte ersetzen nicht die Beobachtung des Patienten durch die Schwester.

8.2.2. Geräte zur Überwachung des Patienten

Monitoren zur Überwachung der Herztätigkeit (EKG-Monitoren)

Sie dienen zur Überwachung der Herzfrequenz und zum Erkennen von Herzrhythmusstörungen. Bei ihnen besteht die Möglichkeit, Grenzwerte für die Frequenz einzustellen, bei deren Unter- oder Überschreitung akustischer und optischer Alarm ausgelöst werden. Das EKG kann bei speziellen Monitoren über längere Zeit gespeichert und bei Bedarf wieder abgerufen werden. Aufgetretene EKG-Veränderungen können dadurch festgehalten und dem Arzt zur Beurteilung gezeigt werden.
Die häufigsten Störungen in der EKG-Ableitung treten in der Überleitung von Patienten zum Gerät auf. Ursachen dafür sind schlecht verlegte oder defekte Patientenkabel, falsch angeklebte Elektroden, fehlende oder eingetrocknete Elektrodenpaste.
Bei einigen Modellen besteht die Möglichkeit, die Atmung über dieselben Elektroden abzuleiten.

Respirationsmonitoren

Sie werden nur noch kombiniert mit EKG-Überwachungsgeräten angewendet. Dabei dienen 2 Elektroden der EKG-Ableitung, durch eine Impedanzmessung zur Registrierung der Atembewegungen. Diese Geräte finden auch in der häuslichen Überwachung von gefährdeten Kindern Anwendung, z. B. bei Verdacht auf plötzlichen Kindstod.

Blutdruckmeßgeräte

Zur Erleichterung der kontinuierlichen Blutdruckmessung werden elektronische Meßgeräte eingesetzt.
Die *oszillometrische Messung* z. B. mit dem Dinamap-Blutdruckmeßgerät ermittelt durch die arteriell verursachten Pulsationen in der Meßmanschette den systolischen, diastolischen und mittleren arteriellen Druck und die Pulsfrequenz. Die Meßintervalle sind wählbar, und die ermittelten Werte werden digital am Gerät angezeigt. Die digitale Anzeige des Blutdruckwertes erfolgt in mmHg oder kPa (S. 125). Die *Messung mit Ultraschall,* z. B. Arteriosonde, erfolgt über einen Meßfühler. Auf den Meßfühler wird Kontaktpaste aufgetragen und dieser über eine Arterie am Oberarm oder Bein mit einer geeigneten Manschette angebracht. Durch das Erfassen von Pulswellen durch den Meßfühler wird der Wert am Gerät verstärkt und akustisch wieder gegeben.

Temperaturmeßgeräte

Sie werden zur kontinuierlichen Messung von Körper- und Hauttemperatur verwendet. Die Temperatursonden übermitteln die Meßwerte an den Monitor und werden dort auf der Meßskala sichtbar. Die Rektalsonde wird aus hygienischen Gründen vor ihrer Anwendung mit einer Schutzhülle versehen.
Die Hautsonde muß mit hautfreundlichem Pflaster im Bereich des Thorax an einer unbedeckten Stelle, vor Zugluft und Fremdwärme geschützt, angeklebt werden. Fehlmessungen entstehen durch Herausrutschen, Ablösen oder Bedecken der Sonde.

Sauerstoffmeßgeräte

- Meßgeräte zur Kontrolle der Sauerstoffkonzentration in der Inspirationsluft.
  Die Messung ist während der Sauerstofftherapie unerläßlich. Sie erfolgt über einen Sensor, der die Werte zum Gerät weiterleitet. Um Fehlmessungen zu vermeiden, müssen die Geräte sorgfältig abgeglichen werden.

Transkutane Überwachungsgeräte

- Meßgeräte zur Kontrolle der pO_2- und pCO_2-Werte im Blut.
  Die Messung erfolgt transkutan über eine spezielle Sonde, welche vom Meßgerät erwärmt wird. Die Wärmeentwicklung auf der Haut ist so stark, daß dadurch eine Verbrennung ersten und zweiten Grades entstehen kann. Deshalb muß die Lokalisation des Meßfühlers spätestens nach 4 Stunden gewechselt und dabei auch wieder kontrolliert und bei Bedarf kalibriert werden (S. 575).
- Meßgeräte zur Kontrolle der arteriellen Sauerstoffsättigung (SaO_2), S. 576.

Infusionsgeräte

Es sind Druckpumpen, die eine kontinuierliche und genau dosierte Verabreichung von Infusionslösungen gewährleisten, sofern ein geeigneter venöser oder arterieller Zugang vorhanden ist. Die Geräte haben den Vorteil, daß sie bei leeren Infusionsflaschen, Widerstand im System und anderen Störungen, Alarm geben. Sie sind Hilfsmittel bei der Infusionstherapie und dienen nicht der Überwachung des Patienten.

8.2.3. Geräte zur Wiederherstellung und Aufrechterhaltung der Vitalfunktionen

Beatmungsgeräte

Sie werden zur Beatmung bei fehlender oder nicht ausreichender Spontanatmung eingesetzt. Für die Kinder sind nicht alle auf dem Markt angebotenen Geräte geeignet. Für die Beatmung von Früh- und Neugeborenen sowie Säuglingen werden besondere Ansprüche an den Respirator gestellt. Ältere Kinder können mit einem Respirator, der auch in der Erwachsenen-Intensivpflege angewandt wird, beatmet werden.

An Respiratoren werden folgende Bedingungen gestellt:

- Die Einstellbarkeit verschiedener Beatmungsarten und Möglichkeiten zur Entwöhnung, z. B. IMV + CPAP,
- Befeuchtung und Erwärmung des Beatmungsvolumens,
- Zufuhrquelle von Sauerstoff-Luft-Gemisch mit der Möglichkeit, die Sauerstoffkonzentration von 21 auf 100% zu steigern,
- O_2-Überwachung (minimal und maximal),
- Kontrollierbarkeit von Volumen, Frequenz, Inspirationsdruck, positivem endexspiratorischen Druck (*p*ositive *e*nd *e*xspiratory *p*ressure = PEEP),
- Druckbegrenzungsalarm für den minimalen und maximalen Beatmungsdruck,
- Volumenalarm für das minimale und maximale Volumen,
- IMV (*i*ntermittent *m*andotory *v*entilation),
- CPAP (*c*ontinuous *p*ositive *a*irway *p*ressure).

Defibrillator

Er wird zur kardialen Reanimation bei Kammerflimmern und zur Elektrokonversion benötigt. Die Schwester muß Kenntnisse über die Vorbereitung und Überprüfung des Geräts und der Elektroden besitzen. Die Defibrillation und Elektrokonversion wird ausschließlich vom Arzt durchgeführt.

8.2.4. Reinigung, Wartung und Desinfektion der Geräte

Bei der Reinigung, Wartung und Desinfektion müssen immer die Hinweise des Geräteherstellers aus der Bedienungsanleitung beachtet werden.

Tägliche Reinigung

Die Gehäuse sämtlicher in Betrieb befindlicher Geräte werden täglich feucht von Staub und Verunreinigungen befreit.

Atemluftanfeuchter und das Schlauchsystem sind gefährliche Reservoirs für Bakterien. Sie werden deshalb täglich bis maximal wöchentlich in geeigneten Lösungen desinfiziert und anschließend sterilisiert.

Sensoren werden mit alkoholhaltigen Lösungen abgerieben.

Schlußreinigung

Alle Geräte werden nach Gebrauch feucht mit Desinfektionslösung gereinigt. Von manchen Geräten können verschiedene Zubehörteile sterilisiert werden.

Bei Infusionsgeräten ist darauf zu achten, daß keine Verklebung mit Infusionslösung die Funktion des Tropfenzählers beeinträchtigt. Die Photozelle wird sorgfältig mit einem in Wasser oder Alkohol getauchten Wattestieltupfer gesäubert.

Wartung

Defektes Material muß von der Schwester sofort aus dem Betrieb genommen werden. Bei batteriebetriebenen Geräten ist der Ladezustand zu prüfen und bei Bedarf die Batterie aufzuladen oder zu wechseln. Sauerstoffmeßgeräte sind zu kalibrieren. Die Respiratoren müssen nach der Gebrauchsanweisung zusammengesetzt, kontrolliert und in Betriebsbereitschaft gebracht werden. Alle Geräte bedürfen zusätzlich einer regelmäßigen sicherheitstechnischen Kontrolle durch den Medizintechniker oder die Herstellerfirma. Hierbei sind abgenützte Teile auszuwechseln, sonstige Störungen zu beheben. Blutdruck- und Temperaturmeßgeräte sind einer gesetzlichen Eichpflicht unterzogen und werden deshalb in regelmäßigen Abständen neu geeicht.

Beachte: Netzstecker und Anschlußstecker der Meßfühler dürfen nie in Desinfektionslösung eingelegt werden.

8.3. Transport und Aufnahme eines Kindes

G. Walther und E. Schneider

Notwendige Vorkenntnisse

- Physiologische Besonderheiten des Neugeborenen,
- Erkrankungen des Neugeborenen,
- Aufgaben der Schwester bei Reanimation (S. 622),
- Beobachtung des kranken Kindes (Kap. 5.1.),
- Grundlagen der Asepsis.

Strukturnetz

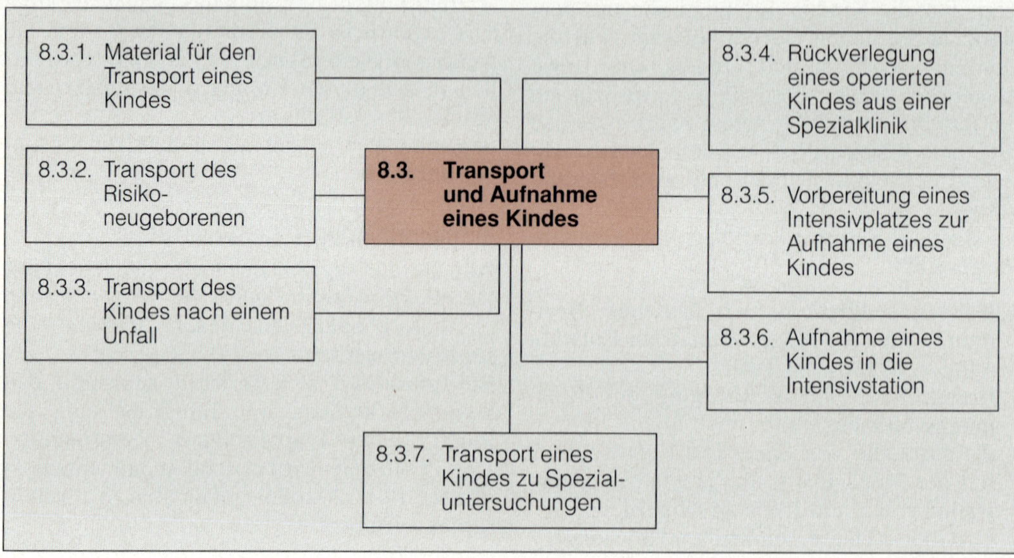

Lehrziel

Ein Transport wird erforderlich, wenn ein Kind z. B. sofort nach der Geburt in eine Spezialabteilung verlegt oder nach einem Unfall vom Unfallort in die Klinik gebracht wird. Oft ist ein schneller Transport lebensrettend, in jedem Fall muß das Kind vor weiteren Schäden geschützt werden.

In diesem Teilkapitel wird verdeutlicht, daß das gute Gelingen eines Transports im wesentlichen von einem überlegten, sicheren, raschen und gemeinsamen Handeln von Schwester und Arzt sowie einer kompletten, ausgewählten Transportausrüstung abhängig ist.

8.3.1. Material für den Transport eines Kindes

Strukturnetz

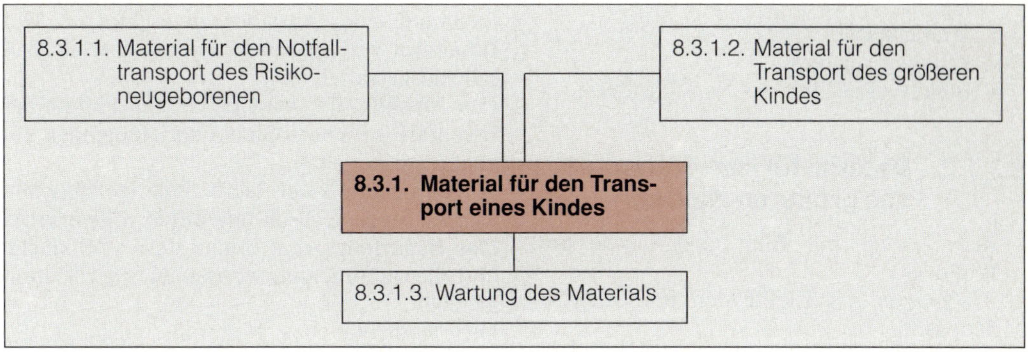

Lernziele

Nach Durcharbeiten dieses Abschnitts können Sie
- aufzählen, welches Material für den Transport eines Risikoneugeborenen bereitgestellt wird;
- das erforderliche Material für den Transport eines größeren Kindes nennen;
- beschreiben, welches Material der Notfallkoffer zur Überwachung und Therapie beinhaltet;
- Angaben über die Wartung des Materials machen.

Das Material für den Transport von Risikoneugeborenen und größeren Kindern sollte immer getrennt voneinander aufbewahrt werden und jederzeit einsatzbereit sein.

8.3.1.1. Material für den Notfalltransport des Risikoneugeborenen

- *Transportinkubator:* Er ist je nach Modell immer am Netzstrom, oder er wird bei Bekanntwerden eines erforderlichen Transports sofort an den Strom angeschlossen und auf eine Temperatur von 36 °C aufgeheizt. Entsprechende Anschlußkabel für Auto- oder Helikopterbatterie sind entweder im Transportmittel vorhanden oder müssen mitgenommen werden. Die Spezialmatratze im Inkubator dient zur sicheren Lagerung des Kindes. Sie wird mit Bettwäsche bezogen. Zusätzlich werden noch Silberfolie und Windeln mitgenommen.
  Die Silberfolie zum Einpacken von Risikoneugeborenen eignet sich nur für Transporte mit kurzen Wegstrecken. Das gut abgetrocknete Kind wird durch die Silberfolie vor weiteren Wärmeverlusten geschützt, jedoch kann keine weitere Wärme in die Folie eindringen und somit keine Erwärmung des Kindes erfolgen.
  Außerhalb vom Inkubator (meistens an der Unterseite) sind eine Sauerstoff- und Druckluftflasche befestigt. Diese müssen immer ausreichend gefüllt sein.
- *Beatmungsgerät* speziell für Neugeborene mit den dazugehörigen Schläuchen;
- *O_2-Meßgerät;*
- Material zur *transkutanen O_2-Messung.*
- Die *Infusionspumpe* muß von einer eigenen Batterie betrieben werden und sich zur Verabreichung von kleinen Infusionsmengen eignen.
- *EKG-Monitor* mit Elektroden und Elektrodenpaste müssen immer mitgenommen werden.
- *Notfallkoffer* mit Material
  - zur Beatmung, Intubation und O_2-Therapie,
  - zum Absaugen,
  - für periphere Infusionen und zur Nabelgefäßkatheterisierung,
  - für die Azidosekorrektur,
  - zur Schockbehandlung,
  - zur Hypoglykämieprophylaxe und -behandlung;
  - zur Behebung eines akuten Spannungspneumothorax,
  - Medikamente,

- Taschenlampe,
- Stoppuhr,
- Händedesinfektionsmittel,
- Verordnungsblätter, Überwachungsprotokolle,
- Straßenkarte,
- Klinikverzeichnis,
- Inhaltsverzeichnis des Notfallkoffers.

8.3.1.2. Material für den Transport des größeren Kindes

- *Krankentrage* mit Einwegbettwäsche und Wolldecke;
- *EKG-Gerät* mit Elektroden und Elektrodenpaste;
- *Beatmungsgerät,* speziell für größere Kinder mit den dazugehörenden Schläuchen;
- *Sauerstoffflasche* mit Reduzierventil, Manometer und Schlauch. Für jeden Transport ausreichend Sauerstoff mitnehmen;
- *Notfallkoffer:* Der Inhalt unterscheidet sich in der Größe und in der Menge des Materials von dem des Risikoneugeborenen. Außerdem enthält er anstelle des Nabelvenenkatheters ein Subklaviakatheterset.

8.3.1.3. Wartung des Materials

Nach jedem Transport werden die Batterien vom EKG-Monitor und der Infusionspumpe kontrolliert und, soweit erforderlich, am Stromnetz zum Aufladen angeschlossen. Der Inkubator wird gereinigt und mit frischer Wäsche ausgestattet.
Der Notfallkoffer wird immer mit Hilfe einer Inventarliste kontrolliert, und fehlendes Inventar wird ersetzt.
Angebrochene oder leere Sauerstoffflaschen werden ausgewechselt und durch volle ersetzt.
Das Beamtungsgerät erhält sterile Schläuche und die gebrauchten werden zur Sterilisation gegeben.
Die Kontrolle des Materials bestätigt die Schwester mit Datum und ihrer Unterschrift.

Beachte: Das Gelingen eines guten Transports hängt von der Vorbereitung, der gewissenhaften Kontrolle und Wartung der Geräte sowie der Vollständigkeit des Materials ab.

8.3.2. Transport des Risikoneugeborenen

Strukturnetz

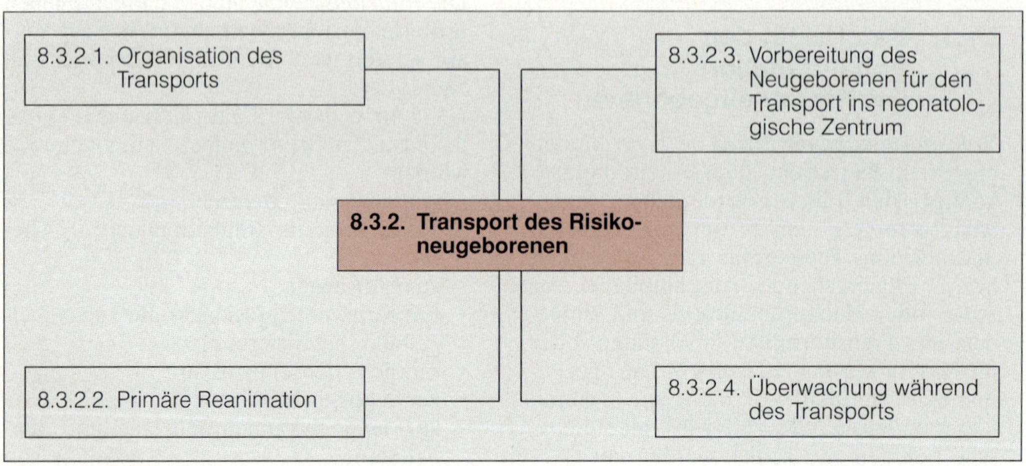

Lernziele

Nach Erarbeiten dieses Abschnitts können Sie
- erklären, wie die primäre Reanimation durchgeführt wird;
- beschreiben, wie das Neugeborene für den Transport vorbereitet wird;
- aufzählen, welches Material für den Transport des Neugeborenen bereitgelegt werden muß;
- Angaben machen über Beobachtungen und Kontrollen der Schwester beim Neugeborenen.

8.3.2.1. Organisation des Transports

Alle Neugeborenen, bei denen eine Anpassungsstörung an das extrauterine Leben zu erwarten ist, werden als „Risikoneugeborene" bezeichnet. Bei ihrer Geburt sollten ein Kinderarzt und eine Kinderkrankenschwester anwesend sein, damit von ihnen die primäre Reanimation durchgeführt werden kann.
Sind Kinderarzt und Kinderkrankenschwester bei der Geburt noch nicht anwesend, so müssen bei der Anforderung des Transportdienstes vom neonatologischen Zentrum Vorinformationen eingeholt werden:

- Wie alt ist das Kind?
- Wie ist das Gestationsalter?
- Wie ist der Apgar-Wert?
- Welche Therapie wurde bereits durchgeführt?
- Ist das Kind intubiert und beatmet?
- Hat es eine Infusion?
- Was wird zur Erhaltung der Körpertemperatur unternommen?
- Sind Blutzucker- und pH-Wert bestimmt worden?
- Wie ist das Wetter (Sichtverhältnisse, Nebel und Niederschläge)? Diese Information ist vor allem für Lufttransporte erforderlich.

Bis zum Eintreffen des Transportdienstes sind von der geburtshilflichen Abteilung folgende Maßnahmen zu beachten:

- Das Neugeborene unter einen Wärmestrahler oder in den auf 36 °C erwärmten Inkubator legen;
- die Atemwege bei Bedarf absaugen;
- die rektale Temperatur kontrollieren;
- Blutzuckerschnelltest durchführen und bei bestehender Hypoglykämie sofort eine Infusion anlegen und Glukoselösung infundieren;
- bei Verdacht auf eine intestinale Obstruktion oder eine Zwerchfellhernie und beim Vorliegen einer Omphalozele oder Gastroschisis eine Magenablaufsonde legen. Der Mageninhalt muß außerdem alle 15 Minuten abgesaugt werden.

Transportmittel und Begleitpersonal

Die Wahl des Transportmittels richtet sich nach der Dringlichkeit des Transports und der Entfernung. Die Entscheidung und Anforderung des Transportmittels wird vom Arzt getroffen. Der Arzt besitzt Erfahrung in der Beurteilung von Neugeborenen und primärer Reanimation. Die Schwester verfügt über Kenntnisse der neonatologischen Intensivpflege und kann mit dem Material für den Transport umgehen.
Sofort nach der Verlegungsmeldung wird die Transportausrüstung zum Transportmittel gebracht.
Direkt vor Transportbeginn wird eine telefonische Meldung an die geburtshilfliche Abteilung gegeben, damit sie den Transportdienst am Notfallaufnahmeeingang abholt. Das Neugeborene soll immer bis zum Eintreffen des Transportdienstes auf der Station unter dem Wärmestrahler oder im Inkubator liegen. Es darf auf keinen Fall dem Transportdienst entgegengebracht werden.

8.3.2.2. Primäre Reanimation

Wird nach Eintreffen des Transportdiensts eine primäre Reanimation erforderlich, so wird sie vom Kinderarzt unter Assistenz der Schwester durchgeführt.
Die primäre Reanimation wird nach folgendem Arbeitsplan durchgeführt:

Stoppuhr in Gang setzen.

Absaugen: Sofort nach der Geburt werden das Sekret der Atemwege und der Mageninhalt mit einem weichen Katheter abgesaugt.

Wärmezufuhr: Eine Auskühlung bringt das Kind in ernsthafte Gefahr. Es wird deshalb nach der Geburt sofort mit vorgewärmten Tüchern abgetrocknet und unter einen Wärmestrahler gelegt.

Sauerstoffbeatmung mit Maske: Atmet das Neugeborene nicht ausreichend, so wird eine Maskenbeatmung mit Sauerstoff vorgenommen. Für die Maskenbeatmung ist die richtige Kopfhaltung wichtig. Dabei wird der Kopf leicht deflektiert und der Mund etwas geöffnet. Bei genügender Spontanatmung wird die Maskenbeatmung beendet. Eine Magensonde wird gelegt, um die Luft aus dem Magen abzusaugen. Für den Transport bleibt die Magensonde als Ablaufsonde liegen. Bessert sich der Zustand des Kindes unter Maskenbeatmung nicht, so ist es unverzüglich zu intubieren.

Intubation: Sie wird erforderlich, wenn keine genügende Spontanatmung einsetzt oder eine Aspiration von Schleim oder Mekonium vorliegt; auch bei Apgar unter 4.

Infusionstherapie und Azidosekorrektur: Der Arzt legt unter Assistenz der Schwester einen Nabelvenen- oder Arterienkatheter oder einen peripheren Zugang.

Wichtige klinische Zeichen für das Einlegen eines Nabelvenenkatheters sind:

- keine oder ungenügende Spontanatmung nach 5–10 Minuten,
- schlaffer Muskeltonus,
- Hautblässe.

Bei jedem Risikoneugeborenen wird die Infusionstherapie (z. B. mit 10% Glukoselösung) durchgeführt und die vom Arzt verordnete Menge über eine Infusionspumpe infundiert. Eine Azidosekorrektur wird bei klinisch schlechtem Bild nur unter größter Zurückhaltung mit 8,4%igem Natriumbikarbonat (1:1 verdünnt mit Aqua dest.) vorgenommen. Die hyperosmolare Lösung fördert das Risiko einer Hirnblutung. Durch Hyperventilation, d. h. Senkung des Kohlendioxidgehaltes im Blut, kann der pH-Wert korrigiert werden.

Herzmassage bei einer Frequenz unter 60 pro Minute.

8.3.2.3. Vorbereitung des Neugeborenen für den Transport ins neonatologische Zentrum

Alle lebensnotwendigen Maßnahmen müssen bereits vor Transportbeginn durchgeführt werden, denn Schüttelbewegungen, Vibration und Fahrlärm erschweren die Überwachung und machen die Auskultation der Lunge und der Herzfrequenz unmöglich.

Die Schwester kontrolliert deshalb immer vor dem Transport rektale Temperatur, Atemfrequenz, Herzfrequenz und Blutzucker mit Schnellteststreifen.

Außerdem sorgt sie für Zufuhr von Wärme. Während aller pflegerischen und therapeutischen Maßnahmen legt sie das Kind unter einen Wärmestrahler. Für den Transport wickelt sie das gut abgetrocknete Kind evtl. in eine Silberfolie ein und legt es in den auf 36 °C vorgeheizten Inkubator. Die Silberfolie schützt vor Wärmeabstrahlung, jedoch kann keine weitere Wärme in die Folie eindringen. Die Anwendung einer Silberfolie ist von der Transportdauer abhängig. Sie eignet sich für kurze Transporte. Bei einem Inkubator mit Deckenheizung werden dem Kind Handschuhe zum Schutz vor Verbrennungen angezogen. EKG-Elektroden werden am Thorax angeklebt und mit dem EKG-Gerät verbunden.

Bei unzureichender Spontanatmung muß die O_2-Therapie eingeleitet und während des gesamten Transports durchgeführt werden. Intubierte Kinder werden mit dem Beatmungsbeutel oder dem Beatmungsgerät beatmet. Bei Sauerstoffbedarf wird dem Kind der transkutane O_2-Sensor angelegt.

Während eines Lufttransports nimmt bei zunehmender Höhe der Sauerstoffpartialdruck der Luft ab, deshalb muß auch bei spontanatmenden Neugeborenen Sauerstoff über die Nasensonde verabreicht werden.

Eine Magensonde wird als Magenablaufsonde für alle Helikoptertransporte und bei intubierten, beatmeten Neugeborenen gelegt.

Offene Spaltmißbildungen, z. B. Meningomyelozelen, werden mit isotoner Kochsalzlösung befeuchtet und mit sterilen Mullkompressen und steriler Binde versorgt.

Mütterliches Venenblut und Plazenta werden zu Spezialuntersuchungen mitgenommen. Vorliegende schriftliche Befunde über Schwangerschaft und Verlauf nimmt die Schwester mit, außerdem trägt sie alle Beobachtungsergebnisse in das Überwachungsblatt ein.

Das Kind sollte möglichst vor dem Transport noch der Mutter und dem Vater gezeigt werden. Die Schwester legt für alle Neugeborenen Maske, Beatmungsbeutel, Medikamente in Spritze aufgezogen, Einmalabsauggerät und Taschenlampe im Inkubator für den Transport bereit.

8.3.2.4. Überwachung während des Transports

Während des Transports beobachtet die Schwester das Kind und kontrolliert:

- Hautfarbe,
- Atembewegungen des Thorax,
- Muskeltonus,
- $tcpO_2$-Anzeige,
- Herzfrequenz auf dem Oszilloskop,
- Infusionspumpe.

Bei Bedarf spritzt die Schwester Medikamente auf Verordnung des Arztes. Per Telefon oder Funk werden Informationen, insbesondere über außergewöhnliche Vorkommnisse ins neonatologische Zentrum weitergegeben. Sie tragen zur raschen Aufnahme des Neugeborenen bei.
Nach Ankunft in der Kinderklinik übergibt die Schwester das Kind an das weiterbetreuende Personal der Station. Sie gibt einen exakten mündlichen Bericht über den Zustand des Kindes und weist auf schriftliche Ergebnisse hin.
Anschließend wird das Material wieder vervollständigt (S. 549).

8.3.3. Transport des Kindes nach einem Unfall

Strukturnetz

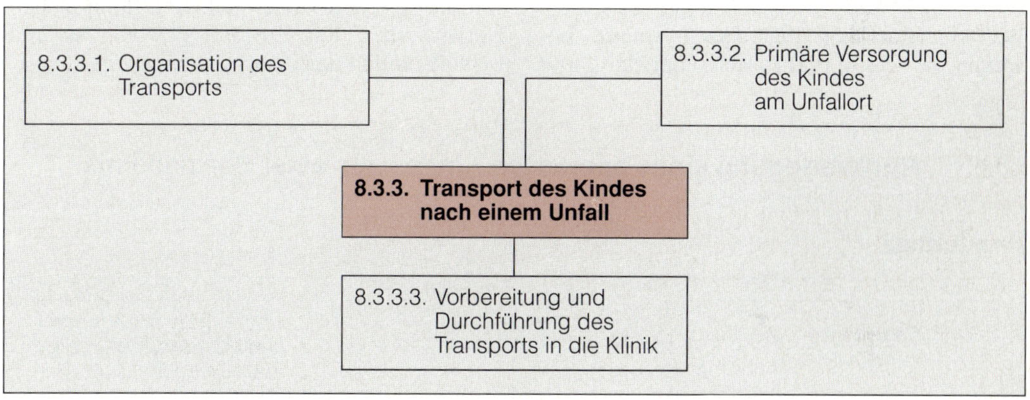

Lernziele

Nach Erarbeiten dieses Abschnitts können Sie
- Angaben über den Inhalt der Unfallmeldung machen;
- Aussagen über die primäre Versorgung des Kindes am Unfallort machen;
- Vorbereitung und Durchführung des Transports beschreiben.

Hat sich ein Unfall ereignet und muß das Kind in die Klinik transportiert werden, sollte die Unfallmeldung folgende Information enthalten:

- Zeitpunkt und Ort des Geschehens;
- Art des Unfalls;
- Zustand und Alter des Kindes;
- Art der primären Versorgung.

8.3.3.1. Organisation des Transports

In den meisten Fällen ist der Transport dringend. Die Anforderung und Wahl des Transportmittels erledigt der Arzt. Häufig wird die Rettung mit dem Hubschrauber durchgeführt, weil er innerhalb kürzester Zeit die Unfallstelle erreichen kann. Den Transport wird immer ein Arzt mit Fertigkeit in Reanimationsmaßnahmen durchführen. Er wird von einer Schwester begleitet, welche in der Intensivpflege erfahren und sicher im Umgang mit dem Notfallmaterial ist.
Sofort nach der Unfallmeldung wird die Transportausrüstung zum Transportmittel gebracht.

8.3.3.2. Primäre Versorgung des Kindes am Unfallort

Bei jeder primären Versorgung nach einem Unfall ist für freie Atemwege, ausreichende Atmung und Schutz vor Unterkühlung zu sorgen. Dies bedeutet, daß je nach Zustand des Kindes das Absaugen der Atemwege, Maskenbeatmung, evtl. Intubation, Herzmassage und das Anlegen einer intravenösen Infusion erforderlich werden können.
Das Kind wird nach Möglichkeit auf eine trokkene Unterlage gelegt und vor Auskühlung geschützt. Sobald die erforderlichen Maßnahmen der primären Versorgung beendet sind, wird der Transport in die Klinik eingeleitet.

8.3.3.3. Vorbereitung und Durchführung des Transports in die Klinik

Zur Überwachung der Herzfrequenz bekommt das Kind Elektroden angeklebt und wird an den EKG-Monitor angeschlossen. Es wird auf die Krankentrage gebettet, zugedeckt und angeschnallt. Im Transportmittel muß für ausreichende Wärmezufuhr gesorgt werden.
Vor Beginn des Transports entnimmt die Schwester dem Nofallkoffer Maske, Beatmungsbeutel, sterilen Absaugkatheter, sterile Handschuhe, Medikamente (schon in Spritzen aufziehen).
Vor Eintreffen in die Klinik werden per Funk oder Telefon Informationen über den Zustand des Kindes und die eingeleiteten Maßnahmen weitergegeben.
Die Kontrollen während des Transports betreffen Atmung, Hautfarbe, Pulsqualität, Herzfrequenz, Muskeltonus und Pupillenreaktionen. Außerdem werden die Infusion und die Sauerstoffzufuhr überwacht.
In der Klinik übergibt die Schwester das Kind dem weiterbetreuenden Personal der Intensivstation. Sie gibt einen exakten mündlichen Bericht über den Zustand des Kindes und vervollständigt das Überwachungsblatt.

8.3.4. Rückverlegung eines operierten Kindes aus einer Spezialklinik

Strukturnetz

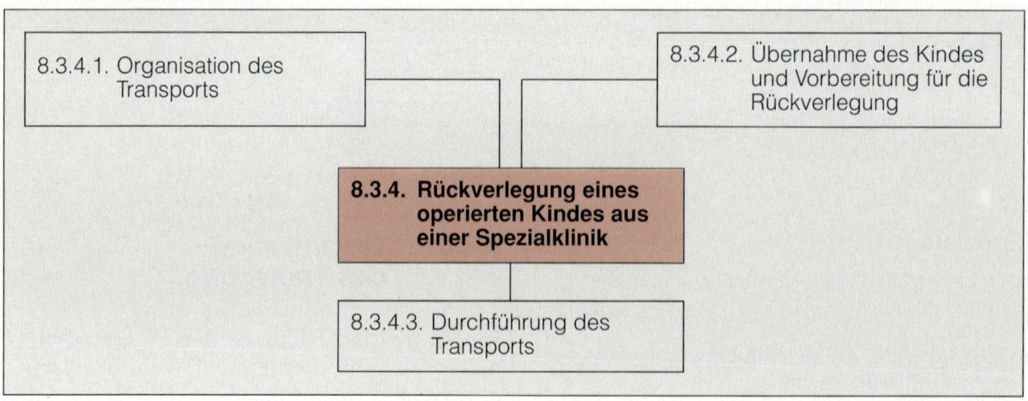

Lernziele

Nach Erarbeiten dieses Abschnitts können Sie
- das Material der Standardausrüstung für die Rückverlegung eines operierten Kindes aus der Spezialklinik nennen;
- beschreiben, wie das Kind z. B. nach Herzoperationen für den Transport vorbereitet wird.

8.3.4.1. Organisation des Transports

Wird das Kind nach einem operativen Eingriff, z. B. Herzoperation oder neurochirurgischer Operation in die Klinik zurückverlegt, sind für die Organisation des Transports folgende Informationen erforderlich:

- Alter und Zustand des Kindes;
- Art der eingeleiteten Therapie (Beatmung, Katheter, Drainagen, Medikamenteninfusion).

Der Transport von intubierten Kindern wird von einem erfahrenen Arzt und einer Schwester mit Kenntnissen in der Intensivpflege durchgeführt.
Die Transportausrüstung wird von der Schwester nach Alter und Zustand des Kindes ausgewählt.
Die Standardausrüstung für jede Rückverlegung umfaßt:

- Sauerstoffflasche und Material für O_2-Therapie,
- Maske und Beatmungsbeutel, dem Alter des Kindes entsprechend,
- EKG-Monitor, Elektroden und Elektrodenpaste,
- in einer Spritze aufgezogene Analgetika und Sedativa.

In speziellen Fällen für Transport geeignetes Zubehör zur arteriellen Druckmessung und maschinellen Beatmung.

8.3.4.2. Übernahme des Kindes und Vorbereitung für die Rückverlegung

Bei Ankunft in der Spezialklinik lassen sich Arzt und Schwester zuerst mündlich über den Operationsverlauf und die durchgeführte postoperative Therapie und Pflege berichten. Sie erhalten Kopien vom Operationsbericht, von den Überwachungsblättern, Laborbefunde und Röntgenaufnahmen. Das Kind wird entsprechend seinem Alter und Zustand informiert und vorbereitet. Nachstehend wird *exemplarisch die Rückverlegung* eines Kindes nach einer Herzoperation beschrieben.

- Das spontanatmende Kind bekommt bei Bedarf Sauerstoff über die Nasensonde verabreicht.
- Für das intubierte Kind ist der Beatmungsbeutel mit dem passenden Adapter und eine Maske in der richtigen Größe bereitzulegen bzw. das Beatmungsgerät einzustellen. Das Kind wird evtl. mit dem Beatmungsgerät beatmet.
- Das Kind wird an den EKG-Monitor angeschlossen.
- Bei Neugeborenen, Säuglingen und kontinuierlicher Medikamentenverabreichung wird die Infusion über die Infusionspumpe geleitet.
- Der Thoraxdrain wird an das *Pleur-evac-System* angeschlossen. Dies ist ein Drainagesystem, welches mit und ohne aktiven Sog angewendet werden kann. Es gibt ein System speziell für Säuglinge und Kleinkinder. Das Erwachsenensystem wird auch für Schulkinder benutzt.
- Der Thoraxdrain darf bei *beatmeten* Kindern nicht abgeklemmt werden, damit kein Spannungspneumothorax entsteht. Das Ende des Drains wird in eine sterile Kompresse verpackt oder in einen sterilen Auffangbeutel abgeleitet und evtl. an einen transportablen Sog angeschlossen. Bei *spontanatmenden* Kindern muß man den Thoraxdrain doppelt abklemmen und steril mit Kompressen verpacken, um einen Pneumothorax zu vermeiden.
- Die Druckmessung an den liegenden Arterienkatheter anschließen und Messung beginnen (Kap. 8.4.7.1., 8.4.7.2).
- Je nach Alter wird das Kind in den Inkubator, in eine Tragetasche oder auf die Krankentrage gelegt und mit Wärme versorgt. Das größere Kind wird mit dem Oberkörper leicht hoch gelagert. Auf ärztliche Verordnung werden Sedativa oder Analgetika verabreicht.

8.3.4.3. Durchführung des Transports

Die Kontrollen betreffen die Atmung, das Aussehen, die Herzfrequenz, die arterielle Druckmessung, die Infusion und die Sauerstoffzufuhr.
In der Kinderklinik übergibt die Schwester das Kind dem weiterbetreuenden Personal mit einem exakten mündlichen Bericht und den mitgebrachten Unterlagen.

8.3.5. Vorbereitung eines Intensivplatzes zur Aufnahme eines Kindes

Strukturnetz

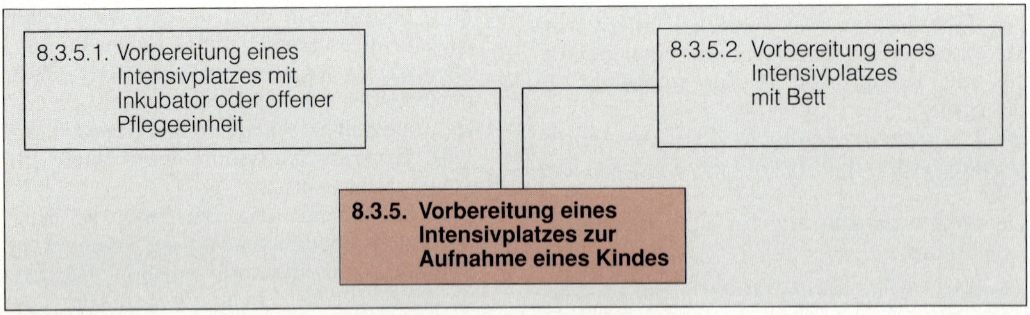

Lernziele

Nach Erarbeiten dieses Abschnitts können Sie
- aufzählen, welche Materialien und Geräte für einen Intensivplatz mit Inkubator oder offener Pflegeeinheit vorbereitet werden.

8.3.5.1. Vorbereitung eines Intensivplatzes mit Inkubator oder offener Pflegeeinheit

Um jederzeit die Aufnahme eines Risikoneugeborenen bzw. eines schwerkranken Säuglings zu ermöglichen, ist immer ein Intensivplatz mit Inkubator oder offener Pflegeeinheit vorbereitet.
Dazu werden folgende *Materialien und Geräte* benötigt:
- Inkubator (auf 36 °C vorgeheizt) oder offene Pflegeeinheit mit Wäsche ausgestattet (S. 319),
- kleiner Beatmungsbeutel mit Reservoir (Baby-Beatmungsbeutel),
- kleine Beatmungsmaske,
- sterile Handschuhe oder evtl. Pinzette mit Standgefäß,
- Absaugkatheter Charr. 5–14,
- Absaugvorrichtung,
- Sauerstoffnasensonden,
- Sauerstoffmanometer mit Schlauch und evtl. ein Sauerstoff-Druckluft-Mischgerät,
- Gerät zur transkutanen pO_2- und pCO_2-Messung,
- evtl. Pulsoxymeter,
- Beatmungsgerät mit Patientenschläuchen,
- Sauerstoffmeßgerät,
- EKG- und Respirationsmonitor kombiniert, plus Elektroden und Elektrodenpaste,
- Blutdruckmeßgerät,
- Stethoskop,
- Schere,
- Thermometer,
- Magensonden,
- Überwachungsblatt, Verordnungsblatt, Respiratorkontrollblatt,
- Schreibzeug,
- Maßband,
- Urinauffangbeutel,
- Schnelltests zur Blutzuckerbestimmung, Hautdesinfektionsmittel, Lanzetten, schmale Hansaplaststreifen,
- Spritzen und Kanülen in verschiedenen Größen und Stärken,
- Wärmelampe,
- Infusionspumpe,
- Infusionsständer,
- Waage.

Nach der Anmeldung eines Neugeborenen wird das Material noch vervollständigt, z. B. der Befeuchter am Beatmungsgerät mit Aqua dest. gefüllt, Patientenschläuche ausgepackt und transkutane Überwachungsgeräte vorbereitet.

8.3.5.2. Vorbereitung eines Intensivplatzes mit Bett

Der Intensivplatz mit Bett wird mit einer Grundausstattung versehen, damit jederzeit eine Notfallaufnahme erfolgen kann.
Dazu werden folgende *Materialien und Geräte* benötigt:

- bezogenes großes Bett,
- großer Beatmungsbeutel,
- Beatmungsmaske kann erst gerichtet werden, wenn das Alter des Kindes bekannt ist;
- Pinzette mit Standgefäß oder sterile Handschuhe,
- Absaugkatheter Charr. 6–14,
- Absaugvorrichtung,
- Sauerstoffnasensonden,
- Sauerstoffmanometer mit Schlauch und evtl. ein Sauerstoff-Druckluft-Mischgerät,
- Beatmungsgerät mit Patientenschläuchen,
- Sauerstoffmeßgerät,
- EKG-Monitor, Elektroden und Paste,
- Stethoskop,
- Blutdruckmeßgerät,
- Schere,
- Thermometer,
- Magensonden,
- Überwachungsblatt, Verordnungsblatt, Respiratorkontrollblatt,
- Schreibzeug,
- Maßband,
- Urinauffangbeutel,
- Schnelltests zur Blutzuckerbestimmung, Hautdesinfektionsmittel, Lanzetten, schmale Hansaplaststreifen,
- Spritzen und Kanülen in verschiedenen Größen und Stärken,
- Infusionspumpe,
- Infusionsständer,
- Waage.

Blutdruckmanschette und Beatmungsmaske müssen nach der Anmeldung dem Alter des Kindes entsprechend gerichtet werden. Ebenso muß der Platz nach der Anmeldung noch vervollständig werden.
Für Notfallaufnahmen ist ein ständig komplett eingerichteter *Reanimationsplatz*, an dem alle erforderlichen Materialien in allen Größen vorhanden sind, besonders wertvoll. Er ermöglicht ein sofortiges, gezieltes Handeln am Kind jeden Alters.

Beachte: Das Intubationsbesteck mit verschiedenen Tuben sowie die erforderlichen Medikamente zur Reanimation liegen immer griffbereit.

8.3.6. Aufnahme eines Kindes in die Intensivstation

Strukturnetz

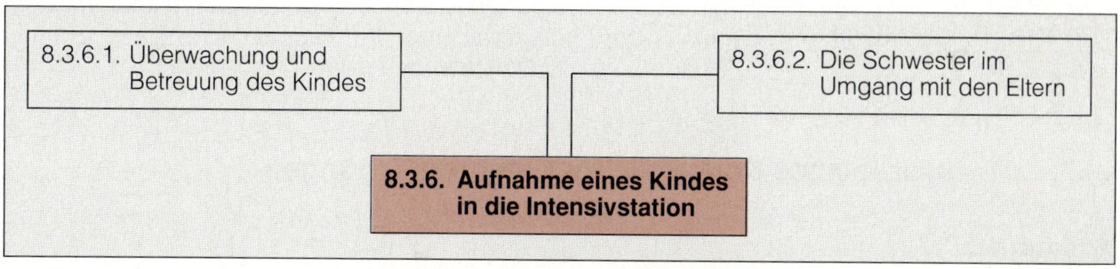

Lernziele

Nach Erarbeiten dieses Themas können Sie
- die Aufgaben der Schwester bei der Aufnahme des Kindes beschreiben;
- einige wesentliche Aufgaben der Schwester im Umgang mit den Eltern nennen.

8.3.6.1. Überwachung und Betreuung des Kindes

Die wichtigste Aufgabe besteht immer darin, das Kind möglichst rasch aus der Gefahr einer akuten Lebensbedrohung zu bringen. Der Allgemeinzustand des Kindes und die Dringlichkeit der Aufnahme bestimmen das Handeln der Schwester. Oftmals bleibt ihr wenig Zeit, um sich auf die Situation einzustellen, deshalb muß immer ein Intensivplatz vorbereitet sein. Bei der Aufnahme eines Kindes in die Intensivstation müssen mehrere Personen anwesend sein.

Die Schwester wird versuchen, sich dem Kind vorzustellen und es zu begrüßen.

Ihre weiteren Aufgaben sind:

- den Allgemeinzustand des Kindes zu beurteilen und dementsprechend die Reihenfolge der Überwachung und des Handelns vorzunehmen;
- das Kind zu beruhigen, wenn möglich mit ihm zu sprechen und die Tätigkeiten erklären;
- das Gewicht festzustellen;
- die Vitalfunktionen zu kontrollieren und die Werte ins Überwachungsblatt einzutragen;
- EKG-Monitor und evtl. Apnoemonitor anzuschließen, maximale und minimale Grenzwerte einstellen;
- bei Ateminsuffizienz das Material zur Intubation vorzubereiten;
- bei Atemstillstand mit Maskenbeatmung zu beginnen;
- bei Kreislaufstillstand mit Herzmassage zu beginnen;
- Material zur Blutentnahme und evtl. zum Anlegen einer Infusion zu richten;
- dem Arzt bei der Venenpunktion zu assistieren, die Blutröhrchen mit den Begleitformularen in die entsprechenden Labors schnell weiterzuleiten;
- mit der Durchführung der verordneten Therapie zu beginnen;
- bei allen Maßnahmen darauf zu achten, daß das Kind nicht auskühlt, es zudecken evtl. Wärme mit der Wärmelampe zuzuführen, die Klappen am Inkubator immer wieder zu schließen.

8.3.6.2. Die Schwester im Umgang mit den Eltern

Die Eltern sind durch die Krankheit ihres Kindes stark beunruhigt und durch die fremde Umgebung unsicher und hilflos.
In dieser aufregenden Situation sind sie auf die Hilfe der Schwester angewiesen. Die Schwester versucht, sich in die Lage der Eltern hineinzuversetzen, indem sie folgende Aufgaben wahrnimmt:

- sich den Eltern vorstellen und sie beruhigen;
- den Eltern einen ruhigen Platz zum Warten anbieten;
- die Eltern darauf hinweisen, daß vom Arzt noch eine genaue Anamnese erhoben und eine schriftliche Erlaubnis für ärztliche Eingriffe eingeholt wird;
- eine Möglichkeit zum Telefonieren anbieten;
- Angaben über die Besuchsregelung machen;
- die Eltern auf das erste Eintreten in das Intensivzimmer vorbereiten und erklären, wie sie ihr Kind antreffen;
- erklären, welche Schutzkleidung angezogen und welche Desinfektionsvorschriften angewendet werden müssen.

Der erste Kontakt mit den Eltern kann für den Aufbau einer Vertrauensbasis außerordentlich nützlich sein.

8.3.7. Transport eines Kindes zu Spezialuntersuchungen

Strukturnetz

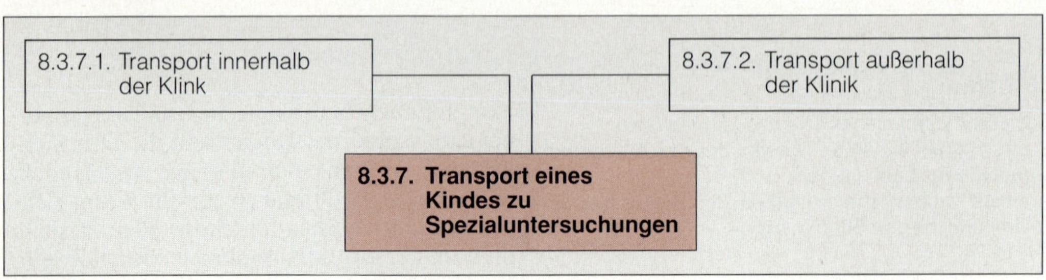

Lernziele

Nach Erarbeiten dieses Themas können Sie
- Kriterien nennen, nach denen sich die Vorbereitung und Durchführung des Transports richten;
- Aufgaben der Schwester beschreiben.

Während des Transports wird das Kind aus der sicheren Umgebung der Intensivstation herausgenommen. Dadurch kann es Gefahren ausgesetzt sein, die nicht vorhersehbar waren (z. B. Extubation), Darum muß auch dieser Transport sorgfältig vorbereitet werden. Intubierte Kinder werden in Begleitung des Arztes transportiert.
Die Vorbereitung und Durchführung des Transportes richtet sich immer nach dem momentanen Zustand und der Grundkrankheit des Kindes und Art der Untersuchung

8.3.7.1. Transport innerhalb der Klinik

Die Schwester legt folgendes Material bereit:

- Notfallmedikamente, die auf die Grundkrankheit abgestimmt sind;
- Sauerstoffflasche mit Zubehör zur O_2-Therapie;
- Beatmungsbeutel und Maske, dem Alter des Kindes entsprechend;
- evtl. Einwegabsauggerät mit Katheter;
- Saugdrainage für Kinder mit Thoraxdrain;
- evtl. einen Schnuller;
- ein Lieblingsspielzeug des Kindes;
- evtl. Transportbeatmungsgerät,
- evtl. Druckmonitor.

Die Schwester hat folgende Aufgaben:

- dem Kind, sofern es wach ist, mit einfachen Worten die Spezialuntersuchung zu erklären;
- die verordneten, erforderlichen Maßnahmen zur Vorbereitung des Kindes durchzuführen, z. B. Kind nüchtern lassen, Medikamente verabreichen;
- das Bett des wachen Kindes in Sichtrichtung zu schieben;
- das Kind während des Transports und der Spezialuntersuchung gut zu beobachten und zu überwachen;
- evtl. die Eltern zum Transport mitzunehmen.

8.3.7.2. Transport außerhalb der Klinik

L. Asch

Aufgaben der Schwester bei Spezialuntersuchungen, z. B. bei der Kernspintomographie.

Definition

Die Kernspintomographie (KST) oder Magnetresonanz-Tomographie (MRT) ist in der radiologischen Diagnostik eine neue, für das Kind schmerzlose Untersuchungsmethode, die nicht mit einer Strahlenbelastung verbunden ist. Die Bildgebung beruht bei der Kernspintomographie auf einem unterschiedlichen Verhalten der verschiedenen Gewebe des Organismus unter der Einwirkung magnetischer Felder.

Allgemeines

Die Anzahl der Kernspintomographen ist noch verhältnismäßig gering, da es sich um eine sehr kostenintensive Untersuchungsmethode handelt. Das bedeutet, daß die meisten Kinder auf einen mehr oder weniger langen Transport zu dieser Untersuchung vorbereitet werden müssen. Eine gute Bildqualität ist nur bei kooperativen Kindern, die während der Untersuchung absolut ruhig liegen, zu erreichen. Bei Säuglingen, Kleinkindern und unkooperativen Patienten ist eine dem Allgemeinzustand entsprechende Sedierung durch den Arzt notwendig. Die physikalischen Voraussetzungen der Kernspintomographie-Bildgebung bieten besondere Probleme für die Überwachung der Vitalfunktionen im Untersuchungsraum. Auf ferromagnetische Materialien und mit den Hochfrequenzfeldern interferierende elektronische Geräte muß verzichtet werden (z. B. EKG-Monitor, Perfusoren).

Vorbereitung des Kindes

Beim wachen, verständigen, vital nicht gefährdeten Kind muß eine umfassende Schilderung der Untersuchung und Beschreibung des Ablaufs durch den Arzt oder die Schwester erfolgen. Durch die Lagerung des Kindes in dem relativ engen Untersuchungskanal ist die psychische Belastung sehr groß, und es kann auch bei guter Vorbereitung der Kinder zu Angstzuständen kommen. Deshalb ist es notwendig, mit dem Kind vorab zu klären, wer während der Untersuchung mit ihm im Raum sein wird.

- Legen eines venösen Zugangs mit einer Kunststoffverweilkanüle (z. B. Abbokath) für die evtl. benötigte Sedierung;
- Kanüle mit heparinhaltiger Lösung füllen und abstöpseln;

- alle ferromagnetischen Gegenstände (Eisen, Kobalt, Nickel, Oxide) vom Patienten und der Begleitperson entfernen;
- Lagerung des Kindes auf dem Patientenschlitten;
- Einfahren des Kindes in den Untersuchungskanal;
- optimale Plazierung der Begleitperson zur Beobachtung des Kindes, z. B. mit der Möglichkeit, die Atembewegungen zu erkennen.

Bei vital gefährdeten Patienten muß das gesamte Material für einen Notfalltransport mitgeführt werden (S. 549).

8.4. Spezielle Kenntnisse für die Handlungen in der Intensivpflege

L. Asch, G. Rook, E. Schneider und G. Walther

Strukturnetz

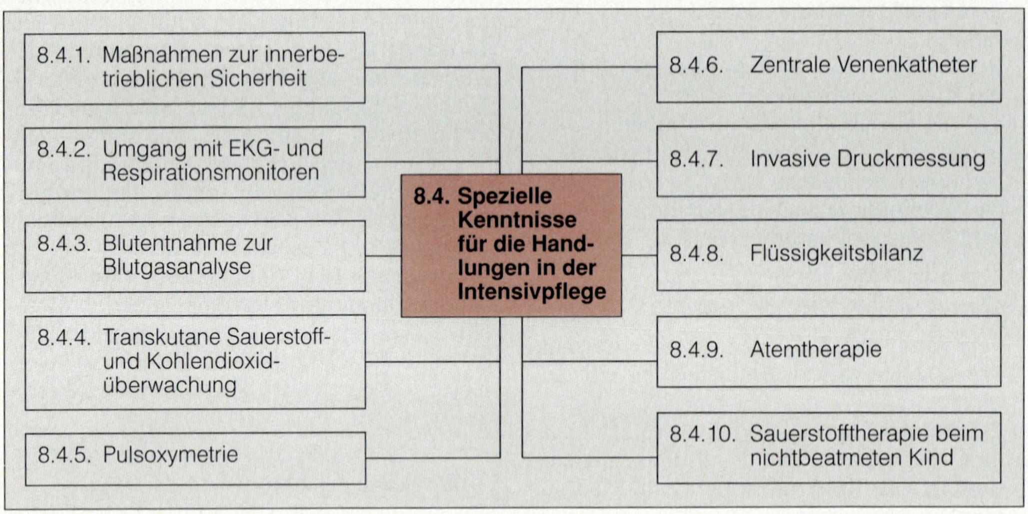

8.4.1. Maßnahmen zur innerbetrieblichen Sicherheit

G. Rook

Notwendige Vorkenntnisse

Physikalische Grundkenntnisse

Strukturnetz

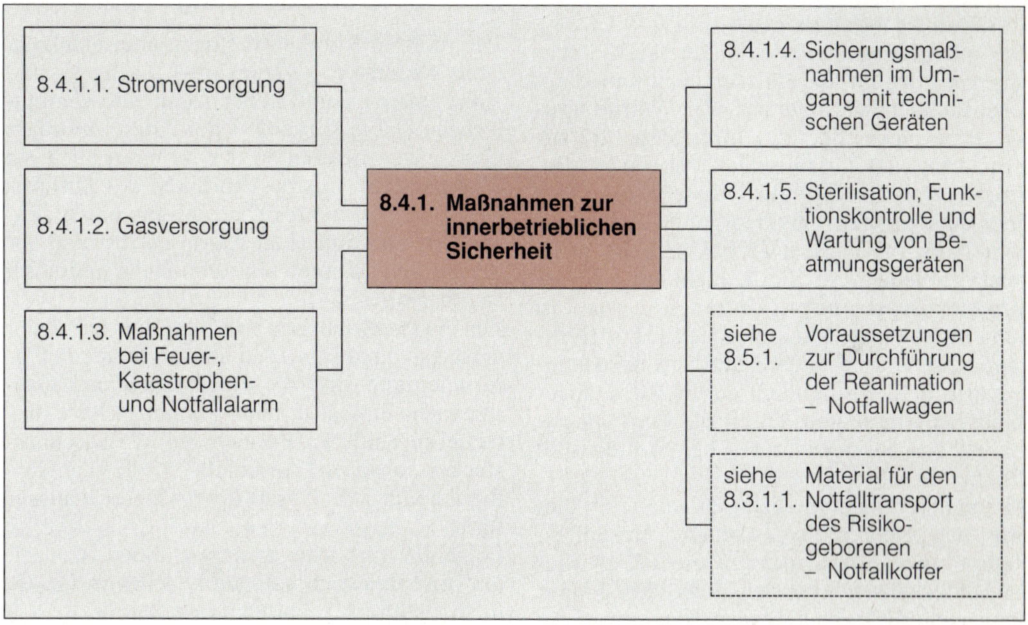

Lehrziel

Die hochtechnische Einrichtung und Wartung des Inventars funktioniert nur, wenn alle Mitarbeiter rechtzeitig defektes Material von der Station entfernen, entstandene Schäden sofort dem zuständigen medizinisch-technischen Dienst melden, rechtzeitig für Ersatz von Gegenständen sorgen, die regelmäßig erneuert werden müssen. Die Kinderkrankenschwester wird hier über einige Aufgaben informiert, die ihr zufallen, um die innerbetriebliche Sicherheit zu gewährleisten.

Lernziele

Wenn Sie diesen Abschnitt erarbeitet haben, können Sie

- Hinweise auf die Stromversorgung einer Klinik geben;
- einige Punkte aufzählen, die Sie im Umgang mit Sauerstoff und anderen Gasen berücksichtigen müssen;
- Situationen beschreiben, über die Sie sich auf jeder Station neu informieren sollten;
- einige Beispiele für die Sicherheit im Umgang mit technischen Geräten aufzählen.

8.4.1.1. Stromversorgung

Jeder Patientenplatz sollte mit einer ausreichenden Anzahl von Steckdosen (ca. 16 Steckdosen) unterteilt in besondere Ersatzstromversorgung (BEV) und allgemeine Ersatzstromversorgung (AEV) ausgestattet sein, damit alle eingesetzten Geräte direkt und ohne die Verwendung von Vielfachsteckdosen angeschlossen werden können.

Die mit rot gekennzeichneten BEV-Steckdosen sind für lebensnotwendige Geräte, wie z. B. Beatmungsgeräte, Herzschrittmacher, Infusionsgeräte, Überwachungsmonitoren, die die Vitalfunktionen des menschlichen Körpers

aufrechterhalten, vorgesehen. Bei einem Stromausfall werden diese Steckdosen mit einer Unterbrechung von 0,5 Sekunden auf eine Ersatzstromversorgung, die aus Batterien gespeist wird und über einen Wechselrichter 50 Hz Wechselstrom erzeugt, umgeschaltet. Über diese Ersatzstromversorgung soll auch ein Teil der Beleuchtung des Patientenplatzes versorgt werden, damit auch hier wie bei den BEV-Steckdosen eine übergangslose Stromversorgung gewährleistet ist.
Die mit grün gekennzeichneten AEV-Steckdosen werden für alle anderen nicht unbedingt lebensnotwendigen Geräte, wie Wärmestrahler, Blutdruckmeßgeräte, Infusionsgeräte zur Ernährung, am Patientenplatz verwendet. Bei Stromausfall werden auch diese Steckdosen über eine Ersatzstromversorgung, die aus einem Notstrom-Dieselaggregat gespeist wird, versorgt, jedoch ist die Umschaltung dieser Stromversorgung nicht übergangslos, sondern kann bis zu einige Minuten dauern. Für Röntgengeräte sind besondere Starkstromsteckdosen erforderlich, die auch an die AEV angeschlossen sein sollten, damit die Funktionsfähigkeit des Röntgengerätes bei Stromausfall erhalten bleibt.
Alle anderen nicht medizinisch genutzten Geräte wie Reinigungsmaschinen, Heizlüfter, Radios usw. dürfen nicht in die BEV- oder AEV-Steckdosen eingesteckt werden, damit diese nicht überlastet werden, sondern in die mit weiß gekennzeichneten Steckdosen.
Eine Überlastung der BEV- oder AEV-Steckdosen würde zum kompletten Stromausfall des jeweiligen Stromkreises führen. Die mit weiß gekennzeichneten Steckdosen werden bei Stromausfall nicht mit einer Ersatzstromversorgung gespeist, sondern sind in diesem Fall stromlos, da die Notwendigkeit dieser Geräte für den Notfall nicht erforderlich ist.
Zur Kontrolle der Stromversorgung werden auf den Intensivstationen sog. Erdschluß- und Isolationsüberwachungsgeräte installiert, die im Fehlerfall ein schadhaftes Gerät erkennen und einen Alarm auf einer Meldetafel, die sich an einer zentralen Stelle der Station befindet, akustisch und optisch anzeigen.

Tritt nun ein Fehlerfall durch ein defektes Gerät auf, so muß das Personal der Intensivstation anhand der Meldetafel das Zimmer oder die Energieversorgungseinheit ablesen und in diesem Bereich durch einzelnes Herausziehen der Gerätestecker, bis der Alarm wieder erlischt, das defekte Gerät auffinden und außer Betrieb nehmen. Diese Vorgehensweise ist unbedingt einzuhalten.

Beachte: Ein elektrisch defektes Gerät bedeutet eine akute Lebensgefahr für Patient und Personal.

8.4.1.2. Gasversorgung

Die meisten Kliniken verfügen über eine zentrale Sauerstoff-, Druckluft-, Lachgas- und Vakuumanlage und stellen somit eine kontinuierliche Gasversorgung sicher. Diese zentralen Gasanlagen beinhalten des weiteren auch ein Alarmsystem, das bei Absinken des Druckes unter ein bestimmtes Druckniveau einen akustischen und optischen Alarm auslöst und auf der Station an einer zentralen Stelle hierdurch sichtbar wird.
Um Verwechslungen zwischen den einzelnen Gasarten auszuschließen und zur besseren Unterscheidung sind die Gasflaschen und Gasschläuche einmal farblich gekennzeichnet, des weiteren sind die Formen der Gasanschlußstecker sowie die Anschlußgewinde der Gasflaschen für jede Gasart unterschiedlich ausgeführt.
Folgende farbliche Kennzeichnung ist nach der augenblicklich gültigen DIN-Norm für die medizinische Anwendung festgelegt:

Sauerstoff	Gasflasche blau mit weißem Kragen, Gasstecker und Gasschläuche blau;
Druckluft (Atemluft)	Gasflasche grau oder gelb, Gasstecker und Gasschläuche gelb;
Sauerstoff/ Druckluft (Kombistecker)	Gasstecker und Gasschläuche blau/gelb;
Lachgas	Gasflasche grau mit silbrigem Kragen, Gasstecker und Gasschläuche grau;
Vakuum	Gasschläuche weiß, Gasstecker farblos/durchsichtig,
Kohlendioxid	Gasflasche schwarz.

Um bei Ausfall der zentralen O_2-Versorgung weiterhin Sauerstoff für den Notfall zur Verfügung zu haben, empfiehlt es sich, kleinere

Sauerstoffflaschen (ca. 3 l) mit Druckminderern inklusive Regulierventil, Inhaltsmanometer und Durchflußmengenmanometer an allen Beatmungsgeräten sowie bei sauerstoffabhängigen Patienten bereit zu stellen, damit über einen Handbeatmungsbeutel der Patient weiter mit Sauerstoff versorgt werden kann. Beim Umgang mit den medizinischen Gasen müssen die einschlägigen Unfallverhütungsvorschriften unbedingt beachtet werden, d. h. *Gasflaschen* müssen immer gegen *Umstürzen gesichert* werden.
Große Gasflaschen (ab ca. 11 l) werden hierzu angekettet, kleinere Flaschen werden häufig in hierfür vorgesehene Blechbehälter eingesteckt.

Beachte: Da akute Gefahr der Selbstentzündung besteht, müssen die Anschlußstücke der Gasflaschen sowie der Entnahmearmaturen immer öl- und fettfrei sein und dürfen niemals mit eingecremten Händen montiert und bedient werden.

Gasflaschen sollten nicht vollständig entleert werden, da sonst Luftfeuchtigkeit in die Flasche eindringen kann, und es dadurch in der Flasche zur Korrosionsbildung kommt.
Beim Ausfall der zentralen Druckluftversorgung sind hier außer den Beatmungsgeräten, die hierbei durch die Handbeatmung ersetzt werden müßten, die große Anzahl von Absauggeräten zu beachten. Werden die Absauggeräte mit sog. Gaskombisteckern für Sauerstoff und Druckluft ausgerüstet, kann durch das Umstecken der Gasstecker von Druckluft auf Sauerstoff die Funktionsfähigkeit der Absauggeräte wieder hergestellt werden.

8.4.1.3. Maßnahmen bei Feuer, Katastrophen- und Notfallalarm

Feueralarm

In jeder Klinik muß das Personal über das Verhalten im Brandfall in regelmäßigen Abständen unterwiesen werden. Die Unterweisung sollte anhand des für die Klinik erstellten Brandschutzplanes durchgesprochen und praktisch geübt werden. Dieser Brandschutzplan sollte allen Mitarbeitern schriftlich ausgehändigt werden und könnte wie folgt aussehen:

1. Ruhe bewahren.
2. Zuerst Feuer melden – Feuermelder oder Telefon.
3. Menschenrettung.
4. Personen mit brennenden Kleidern nicht fortlaufen lassen!
   In Decken, Mäntel oder ähnliches hüllen, auf den Boden legen und notfalls hin und her wälzen.
5. Türen und Fenster schließen, um Zugluft und Verqualmung noch nicht betroffener Bereiche zu verhindern.
6. Keinen Aufzug benützen.
7. Gasflaschen mit feuergefährlichen oder verbrennungsfördernden Stoffen (z. B. Sauerstoff) wenn möglich sofort von der Brandstelle entfernen.
8. Bis zum Eintreffen der Feuerwehr Brand mit den zur Verfügung stehenden Löscheinrichtungen bekämpfen.
9. Nach dem Eintreffen der Feuerwehr sind deren Anordnungen und Weisungen unbedingt zu befolgen.

Dieser Brandschutzplan ist in seiner Reihenfolge genau einzuhalten. Die Mitarbeiter müssen hierzu den Standort der Feuermeldeeinrichtung sowie den Standort der Löscheinrichtung und deren Handhabung kennen.

Katastrophenalarm

Schwerpunktkrankenhäuser sollten für die Massenaufnahme von Patienten, die durch unvorhergesehene Ereignisse erkrankt sind oder verletzt wurden (z. B. Epidemien, Massenvergiftungen und Unfälle), einen Katastrophenalarmplan mit genauen Anweisungen für das Personal aufstellen. Durch ihn muß eine schnelle Aufnahme und Versorgung der Patienten gewährleistet sein.

Notfallalarm

Damit bei lebensbedrohlichen Zwischenfällen innerhalb der Klinik oder bei der Aufnahme eines Patienten schnell und mit möglichst geringem Zeitaufwand Hilfe geleistet werden kann, sollte die Klinik über ein Notrufsystem verfügen. Dieses Notrufsystem sollte innerhalb der Klinik über ein gut und schnell zu erreichendes Meldesystem, ähnlich den Feuermeldern, ausgelöst werden können und über die zentrale Lautsprecherdurchsage oder über den direkten Funkkontakt die Notfallbereitschaft sofort alarmieren.

8.4.1.4. Sicherungsmaßnahmen im Umgang mit technischen Geräten

Der Umgang mit medizinisch-technischen Geräten auf einer Intensivstation kann bei falscher oder unsachgemäßer Handhabung zur Gefahr für Patienten und Personal werden. Aus diesem Grund hat der Gesetzgeber in der Bundesrepublik eine sog. *Medizingeräteverordnung* (MedGV) erlassen, die den Umgang mit medizinisch-technischen Geräten in der Heilkunde regelt.

Medizinisch-technische Geräte dürfen nur zu dem in der Gebrauchsanweisung bestimmten Gebrauch am Patienten eingesetzt werden. Des weiteren dürfen medizinisch-technische Geräte nur von Personen bedient werden, die aufgrund ihrer Ausbildung eine Gewähr für eine sachgerechte Handhabung bieten.

Außerdem müssen sie unter Berücksichtigung der Gebrauchsanweisung in die sachgerechte Bedienung des Gerätes eingewiesen werden.

Vor jeder Inbetriebnahme eines medizinisch-technischen Gerätes hat sich der Anwender (z. B. Schwester) vom ordnungsgemäßen Zustand des Gerätes zu überzeugen. Das heißt Geräte mit äußerlich sichtbaren Schäden, z. B. defekte Kontrolleuchten, beschädigte Netzkabel usw., dürfen auf keinen Fall eingesetzt werden. Besondere Hinweise in der Gebrauchsanweisung sind unbedingt zu beachten, z. B. die Verwendung eines zweiten gelbgrünen Erdungskabels, Potentialausgleichskabel genannt, die bei Geräten zur Messung des intrakardiellen Druckes sowie bei Infusionsgeräten, mit denen intrakardielle Infusionen verabreicht werden, vorgeschrieben sind.

Durch dieses Kabel soll verhindert werden, daß bei einem Defekt des Gerätes kein auch noch so kleiner Strom in den Patienten eindringen kann, da der Patient ja über den Katheter direkt mit dem Gerät verbunden ist.

Solch ein Fehlerstrom würde über dieses Kabel geführt und in den Erdschluß- und Isolationsüberwachungsgeräten der Station Alarm geben (Kap. 8.4.1.1.).

Beachte: Ein Fehlerstrom, der in den Patienten eindringt, bedeutet Lebensgefahr.

Das Patientenableitungskabel der EKG-Elektroden sollte nicht über oder um die Netzleitungen der verwendeten medizinisch-technischen Geräte gelegt werden, da es sonst zu sog. Wechselstromüberlagerungen auf dem Monitorbild kommen kann.

Die Patientenelektroden sind an die in der Gebrauchsanweisung empfohlenen Anlageorte am Patienten zu plazieren, um dadurch reproduzierbare Meßwerte zu erhalten.

Beachte: Grundsätzlich gilt, sich erst mit dem Gerät durch eine Einweisung in die Bedienung und Anwendung vertraut machen, bevor man das Gerät am Patienten einsetzt.

8.4.1.5. Sterilisation, Funktionskontrolle und Wartung von Beatmungsgeräten

Beatmungsgeräte müssen für den Notfall in hygienisch und technisch einwandfreiem Zustand vorhanden sein, um im Bedarfsfall sofort eingesetzt werden zu können. Das heißt, sie müssen nach ihrem Einsatz sorgfältig abgebaut, mit der Ausatemluft des Patienten kontaminierte Teile müssen wieder sterilisiert und danach das Gerät wieder aufgerüstet und geprüft werden. Die Prüfung des aufgerüsteten Gerätes sollte am Gerät durch Datum und Name des Prüfers dokumentiert werden, um somit zu zeigen, daß das Gerät wieder betriebsbereit ist.

Falsch montierte Beatmungsschläuche können den Patienten gefährden. Werden z. B. Inspirationsschlauch und Exspirationsschlauch direkt am Gerät vertauscht, wird die inspiratorische Atemluft nicht angefeuchtet und der Patient mit kalter und trockener Luft beatmet. Dies würde zum Austrocknen der Schleimhäute im Bereich der Atemwege führen.

Sterilisation

Hierunter versteht man meistens eine komplette Aufbereitung aller Inspirations- und Exspirationsteile im Beatmungsgerät sowie des Schlauchsystems mit den Teilen des Atemgasanfeuchters. Alle Teile werden nach Gebrauchsanleitung des Gerätes demontiert und nach dem in der Gebrauchsanleitung beschriebenen Sterilisationsverfahren für die einzelnen Teile sterilisiert.

Alle zusammengesteckten oder geschraubten Teile des Gerätes und des Schlauchsystems sind zur thermischen Sterilisation auseinander-

zubauen, damit sie von allen Seiten sterilisiert werden.
Besonders wichtig ist das bei der thermischen Sterilisation auch noch aus einem anderen Grund: Da die Teile sich durch die hohe Temperatur im Sterilisator sehr stark ausdehnen, verlieren zusammengesteckte Konusverbindungen beim Abkühlen ihre Paßform, wodurch an diesen Steckverbindungen keine dichte Verbindung mehr möglich ist und das Atemgas hier austreten kann.
Die Schlauchsysteme der Beatmungsgeräte können auch aus sog. Einweg-Schlauchsystemen bestehen.

Funktionskontrolle

Nach der Sterilisation muß das Beatmungsgerät wieder nach Gebrauchsanweisung des Herstellers zusammengesetzt werden. Hierbei sollte besonders auf Beschädigungen an den Membranen der Ausatemventile sowie an Dichtungsringen und auf durch die Sterilisation verformte Teile geachtet werden.
Defekte Teile müssen unbedingt ausgetauscht werden, damit die einwandfreie Funktion des Beatmungsgerätes nicht beeinträchtigt wird. Nun muß das Gerät einer Funktionskontrolle nach Gebrauchsanweisung unterzogen werden. Dies geschieht meistens so, daß man statt des Patienten eine kleine Testlunge auf den Konnektor für den Tubusadapter steckt.
Mit diesem simulierten Patienten können nun die Dichtigkeit des Beatmungssystems sowie die Alarmparameter des Gerätes getestet werden. Nach beendeter Funktionskontrolle wird durch Datum und Unterschrift des Prüfers auf einer Gerätecheckliste die Funktionstüchtigkeit des Gerätes dokumentiert.

Wartung

Beatmungsgeräte müssen nach der Medizingeräteverordnung und nach den Herstellerangaben einer regelmäßigen sicherheitstechnischen Kontrolle unterzogen werden.
Dies geschieht entweder in bestimmten Zeitabständen oder nach einer vom Hersteller festgelegten Betriebsstundenzahl. Bei der Wartung werden außer einer gründlichen Funktionskontrolle mittels kalibrierter Meßgeräte auch alle Verschleißteile nach Herstellerangaben ausgetauscht. Die Wartung kann vom Hersteller oder auch von dafür geschulten hauseigenen Technikern durchgeführt werden, muß aber auf jeden Fall mit ihren Meßergebnissen im Gerätebuch des betreffenden Gerätes dokumentiert werden.

Beachte: Alle Beatmungsgeräte müssen mit dem in der Gebrauchsanweisung angegebenen Zubehör ausgestattet sein. Veränderungen am Schlauchsystem, z. B. Verkürzen oder Verlängern von Schläuchen, über die Vorgaben der Hersteller hinaus, sind nicht zulässig.

Veränderungen am Schlauchsystem beeinflussen z. B. das kompressible Volumen oder die Temperaturregelung des Atemgasanfeuchters und können somit zu einer Gefährdung des Patienten führen.

8.4.2. Umgang mit EKG- und Respirationsmonitoren

G. Walther und E. Schneider

Strukturnetz

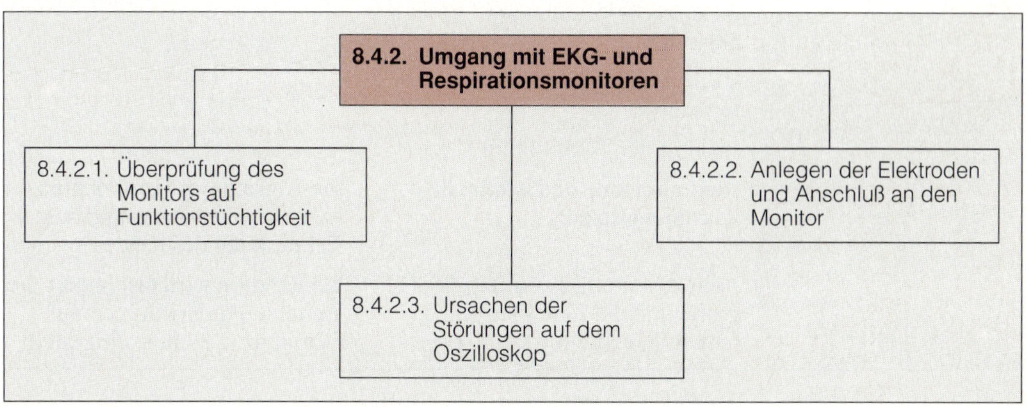

Lehrziel

Die EKG- und Apnoemonitoren sind Hilfsmittel bei der Überwachung der Herzfrequenz, der Herzaktion und der Atemfrequenz. Jeder Monitor nützt nur, wenn die Schwester seine Handhabung kennt, ihn richtig einsetzt und die Ergebnisse beurteilen kann. In diesem Abschnitt erfährt die Schwester, was sie beim Einsatz von Monitoren beachten muß.

Lernziele

Nach Erarbeiten dieses Abschnitts können Sie
- das Anlegen der Elektroden beschreiben;
- Ursachen nennen, die zu Störungen der EKG-Ableitung auf dem Oszilloskop führen.

Die EKG- und Respirationsmonitoren erleichtern die Überwachung der Herzfrequenz, der Herzaktion und der Atemfrequenz. Bei den neueren Monitoren können die Herztätigkeit und die Atmung über dieselben Elektroden überwacht werden. Nur auf diese Geräte wird hier Bezug genommen. Die Monitoren sind mit einem akustischen und optischen Alarmsystem ausgerüstet, das jedoch nur bei richtiger Einstellung der Alarmbegrenzung eine brauchbare Überwachungsmöglichkeit gibt. Die Alarmbegrenzung besteht aus einer minimalen und maximalen Grenzwerteinstellung, welche ärztlich verordnet wird.
Vor dem Einsatz eines Monitors muß immer die Betriebsanleitung beachtet werden.

8.4.2.1. Überprüfung des Monitors auf seine Funktionstüchtigkeit

Vor Inbetriebnahme des Monitors werden folgende Dinge überprüft:
- die Isolierschicht von Geräte- und Patientenkabel auf eine mögliche Beschädigung;
- die Stecker auf Defekte;

Durchführung: Anlegen der Elektroden und Anschluß an den Monitor

Material	Handlung Schwester	Besonders zu beachten
– Monitor, Geräte- und Patientenkabel	– steckt Patientenkabel in den Monitor, schließt Monitor an das Netz an	
– Elektroden und Elektroden-Gel	– füllt die Vertiefung der Elektroden mit Elektroden-Gel (wenn nicht schon vorpräpariert)	– zu wenig oder zu viel Gel können Ursache von Artefakten auf dem Oszilloskop sein
	– zieht Schutzfolie von den Elektroden ab und klebt sie weit außen im oberen Thoraxbereich, sich gegenüberliegend, rechts und links auf die Haut des Kindes. Die dritte Elektrode wird meistens links unten am Thorax angeklebt	– die Elektroden werden deshalb weit außen am Thorax angeklebt, damit sie bei einer Röntgenaufnahme, Defibrillation und Herzmassage nicht stören
	– steckt Elektroden in das Patientenkabel	
	– schaltet den Monitor ein	
	– stellt minimale und maximale Alarmbegrenzung ein	– die Alarmgrenzwerte richten sich nach dem Alter und der Erkrankung des Kindes
	– stellt Ableitung I, Amplitudengröße und die Zeitableitgeschwindigkeit ein	– bei Kindern wird fast immer die Zeitableitgeschwindkeit auf 50 mm pro Sekunde eingestellt

- der Ladezustand der Batterie;
- das Alarmsystem auf seine Funktionstüchtigkeit.

Der Monitor darf nur eingesetzt werden, wenn er voll funktionstüchtig ist.

8.4.2.2. Anlegen der Elektroden und Anschluß an den Monitor

Die im Herzen entstehenden und sich ausbreitenden Aktionsströme werden bis zur Körperoberfläche geleitet. Dort können sie mit Hilfe von Elektroden auf das Oszilloskop des EKG-Monitors übertragen werden. Für ein Überwachungs-EKG reichen 3 Elektroden aus. Die Aufzeichnung der Atemfrequenz geschieht durch Ableitung der Atembewegung.
Elektroden werden zum Schutz der Haut alle 2 Tage gewechselt und die neuen an einer anderen Stelle angeklebt. Der Elektrodenwechsel wird auf dem Überwachungsblatt vermerkt oder auf die Einwegelektroden das Datum geschrieben. Bei Vernachlässigung des Elektrodenwechsels kann durch das Elektroden-Gel auf der Haut eine Reizung und sogar eine Blase entstehen. Diese Blase kann zu einem schweren Hautdefekt und zur Infektionseintrittspforte werden.
Es gibt auch Monitoren, die nur für die Registrierung der Atemfrequenz ausgerüstet sind. Werden Elektroden benötigt, so müssen diese am Thorax an der Stelle mit der stärksten Atembewegung angeklebt werden. Vorbereiten der Elektroden S. 566.

8.4.2.3. Ursachen der Störung auf dem Oszilloskop

Störungen auf dem Oszilloskop können entstehen durch

- zu wenig oder eingetrocknetes Elektroden-Gel;
- Lösen der Elektrode;
- Herausfallen des Patientenkabels;
- Wechselstrom im Raum;
- beschmutzte Bananenstecker am Patientenkabel;
- leere Batterie;
- Defekte an den Kabeln;
- starke Bewegungen des Kindes.

8.4.3. Blutentnahme zur Blutgasanalyse (BGA)

G. Walther und E. Schneider

Notwendige Vorkenntnisse

- Physiologie und Pathophysiologie der Atmung und des Stoffwechsels,
- Grundlagen der Asepsis,
- Grundlagen der Chemie.

Strukturnetz

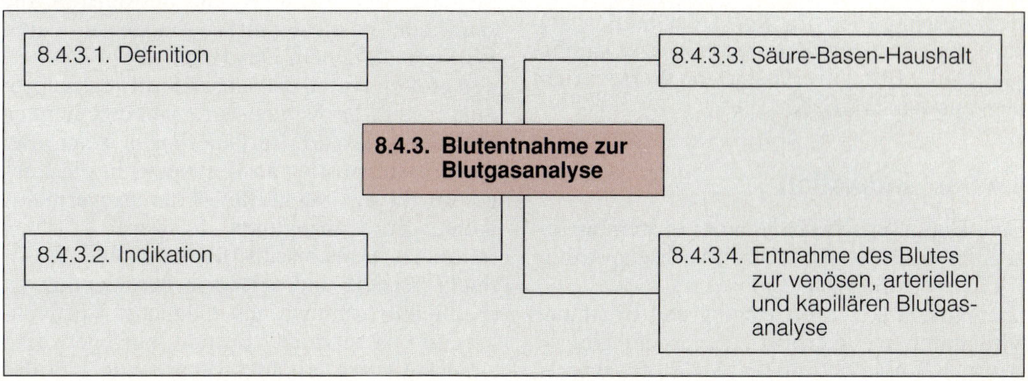

Lehrziel

Die Bestimmung der Blutgasanalyse wird bei ateminsuffizienten, beatmeten und stoffwechselgestörten Kindern erforderlich.
Da sie einen wichtigen Aufschluß über die Qualität der Atmung und des Stoffwechsels gibt, wird hier die Kinderkrankenschwester über die Zusammenhänge des Säure-Basen-Haushalts mit seinem Puffersystem sowie über Veränderungen der Blutgasanalyse informiert. Sie erfährt weiterhin die exakte Durchführung der Blutentnahme für eine venöse, arterielle und kapilläre Blutgasanalyse.

Lernziele

Nach Erarbeiten dieses Themas können Sie aussagen,
- welche Werte bei einer Blutgasanalyse errechnet oder gemessen werden;
- aus welchen Gründen eine Blutgasanalyse durchgeführt wird;
- was zum Puffersystem des Körpers gehört und wie es funktioniert;
- wie der Normalwert der Blutgasanalyse ist;
- welche Veränderungen der Blutgasanalyse auf eine respiratorische und eine metabolische Azidose hinweisen;
- welche Veränderungen der Blutgasanalyse auf eine respiratorische und eine metabolische Alkalose hinweisen;
- wie die Atmung bei einer respiratorischen Azidose aussieht;
- wie eine Blutentnahme für eine arterielle, venöse und kapilläre Blutgasanalyse durchgeführt wird;
- wann der Körper einen erhöhten Sauerstoffverbrauch und wann einen erniedrigten hat.

8.4.3.1. Definition

Unter Blutgasanalyse versteht man die Berechnung oder die direkte Messung des partiellen Kohlensäuredrucks (= pCO_2), des partiellen Sauerstoffdrucks (= pO_2), der Sauerstoffsättigung, des pH-Werts, des Standardbikarbonats im arteriellen, venösen oder kapillären Blut. Die zuverlässigsten Werte erhält man aus dem arteriellen Blut.

8.4.3.2. Indikation

Eine Blutgasanalyse ist immer bei ateminsuffizienten, beatmeten oder stoffwechselgestörten Kindern erforderlich.
Die Wirksamkeit von Atmung und Beatmung wird durch sie überprüft, außerdem gibt sie Aufschluß über Störungen des Stoffwechsels, die mit einer Verschiebung des Säure-Basen-Haushalts einhergehen.

8.4.3.3. Säure-Basen-Haushalt

Eine ordnungsgemäße Funktion aller Organ- und Enzymsysteme ist an die konstante Zusammensetzung der umgebenden Körperflüssigkeiten gebunden. Sie beruht nicht nur auf Elektrolyten, sondern auch auf Säuren und auf Basen und deren Verhalten in einer Lösung.
Der gesunde Organismus ist fähig, ein Überwiegen der Säuren oder der Basen auszugleichen. Dieser Mechanismus des Körpers wird als der Säure-Basen-Haushalt bezeichnet.
Als Ausgangsmaß der chemischen Bestimmung des Säure-Basen-Haushalts wird Wasser benutzt, welches neutral reagiert und eine Wasserstoffionenkonzentration = pH von 10^{-7} besitzt. Bei der Angabe der Wasserstoffionen wird immer nur die Potenzzahl angegeben, d. h. pH = 7.
Säuren geben in Lösungen Wasserstoffionen (H^+) ab, wodurch die Konzentration ansteigt und die Potenzzahl abfällt, also der pH-Wert sinkt, Basen hingegen binden in Lösungen Wasserstoffionen, wodurch die Konzentration abnimmt und somit die Potenzzahl ansteigt, der pH-Wert steigt. Das Blut hat bei einer Temperatur von 37 °C einen pH-Wert von 7,4 und ist somit leicht alkalisch. Ein Absinken des pH-Wertes im Blut bedeutet eine Zunahme an Säuren, die als Azidose bezeichnet wird.
Ein Anstieg des pH-Wertes im Blut bedeutet eine Zunahme der Basen, die als Alkalose bezeichnet wird.
Zur Regulierung des Säure-Basen-Haushalts benützt der Körper zunächst seine eigenen Puffersysteme, das Hämoglobin, die Lungen und die Nieren. Puffer sind Substanzen, die saure oder basische Anteile binden und deren Wirkung aufheben. Das Hämoglobin kann einen großen Anteil der sauren Stoffwechselprodukte, wie die Kohlensäure, abfangen, ohne daß der pH-Wert Veränderungen zeigt. Bei Kohlensäureanstieg im Blut versucht die Lunge durch die verstärkte Atmung vermehrt Kohlensäure abzuatmen. Schwere *Azidosen* führen zur Bewußtseinstrübung, wobei die Atmung vertieft und zeitweise beschleunigt ist (Kußmaul-Atmung), um möglichst viel Kohlensäure abzuatmen. Besteht hingegen eine *Alkalose* durch erhöhtes Bikarbonat, hält der

Körper durch flache, verlangsamte Atmung Kohlensäure zurück und stellt so wieder das Gleichgewicht her.
Alkalosen vermindern die Kalziumionen und vermehren die Phosphationen im Blut, wodurch die Gefahr einer Tetanie entsteht.
Die Niere kann durch vermehrte oder verminderte Ausscheidung saurer Substanzen ausgleichend auf den Säure-Basen-Haushalt wirken.
Den gesamten Vorgang des Säure-Basen-Haushalts kann man sich vereinfacht als eine Waage vorstellen, wobei die eine Waagschale die Kohlensäure und die andere das Bikarbonat enthält, bei Gleichgewicht steht der Zeiger auf 7,4 (pH) (Abb. 3).

Normalwert

pH 7,38–7,42,
pCO_2 5,1–5,6 kPa (38–42 mmHg),
Standardbikarbonat 21–26 mmol(mval)/l,
Basenüberschuß (base excess = BE) ± 3 mmol (mval)/l.

Respiratorische Azidose

pH unter 7,4,
pCO_2 erhöht,
Standardbikarbonat normal,
BE negativ.

Ursachen: Störungen der Lungenfunktion, z. B. mechanische Störungen des Atemapparates, Schädigung des Lungenparenchyms und des Atemzentrums.

Therapie: pCO_2 senken durch Beatmung. In vielen Fällen kann durch gründliches Abklopfen, Vibrieren und Absaugen das pCO_2 gesenkt werden.

Metabolische Azidose

pH unter 7,4
pCO_2 normal,
Standardbikarbonat erniedrigt,
BE negativ.

Ursachen: Übermäßige Verluste körpereigener Basen, z. B. bei Ileus, durch Überangebot an Säuren, z. B. diabetisches Koma, oder durch Störungen der Nierenfunktion.

Therapie: Standardbikarbonat durch Zufuhr von Bikarbonat erhöhen.

Abb. 3 Normalzustand des Säure-Basen-Haushaltes

Respiratorische Alkalose

pH über 7,4,
pCO_2 erniedrigt,
Standardbikarbonat normal,
BE positiv.

Ursachen: Eine übermäßige Atemtätigkeit, z. B. bei künstlicher Beatmung.

Therapie: pCO_2 erhöhen durch Reduzierung der Beatmung.

Metabolische Alkalose

pH über 7,4,
pCO_2 normal,
Standardbikarbonat erhöht,
BE positiv.

Ursachen: Verluste körpereigener Säuren, z. B. durch gehäuftes Erbrechen bei Pylorusstenose, Überangebot an Basen, z. B. bei Leberkoma, Störung der Nierenfunktion.

Therapie: Standardbikarbonat senken durch Zufuhr von Säuren (wird nur selten durchgeführt).

8.4.3.4. Entnahme des Blutes zur venösen, arteriellen und kapillären Blutgasanalyse

Der Sauerstoffverbrauch und die Kohlensäureproduktion sind vom Ausmaß der Verbrennungsvorgänge im Körper, d. h. vom Stoffwechsel, abhängig. Arbeit, Muskelzittern durch Kälte, Fieber erhöhen den Sauerstoffverbrauch. In Ruhe, bei Hypothermie und bei Beatmung unter Sedierung und Relaxation wird er erniedrigt.

Beachte: Die Werte der Blutgasanalyse sind nur exakt, wenn die Sauerstoffzufuhr während der letzten 10 Minuten nicht verändert und die Einstellung des Respirators mindestens 20 Minuten vor der Blutentnahme nicht verändert wurden. Wichtig ist auch, daß das Kind ruhig ist.

Durchführung: Entnahme des Blutes zur venösen Blutgasanalyse

Material	Handlung Schwester	Besonders zu beachten
– sterile 2-ml-Spritze – Handschuh	– aspiriert 2 ml Blut aus Venenkatheter, legt Spritze so ab, daß Konus nicht anstößt	– ausreichend Blut aspirieren, um Veränderungen durch Infusionslösungen zu vermeiden
– heparinisierte 2-ml-Spritze mit Kanüle	– entfernt Kanüle – aspiriert 0,5 ml Blut – steckt Kanüle auf Spritze – bewegt Spritze zwischen beiden Handflächen, damit Blut nicht gerinnt	**Beachte:** Das Blut wird mit geringem Zug am Spritzenkolben aus dem Katheter aspiriert. Luft in der Spritze verändert den pO_2-Wert, deshalb diese sofort eliminieren.
– Spritze mit aspiriertem Blut	– spritzt aspirierte 1–2 ml Blut in Venenkatheter zurück	– das aspirierte Blut wird nur zurück gespritzt, wenn die Blutentnahme rasch durchgeführt wurde **Beachte:** Kein geronnenes Blut in den Katheter zurückspritzen!
– 2-ml-Spritze mit isotoner Kochsalzlösung	– spült Venenkatheter mit 1–2 ml isotoner Kochsalzlösung, um Blutreste zu entfernen	
– verordnete Infusionslösung	– läßt die Infusionslösung kontinuierlich in den Venenkatheter einfließen	
– Etikett, Schreibzeug	– versieht Spritze mit Namen des Kindes und Station – schickt Spritze sofort ins Labor weiter	– Blut darf nicht herumliegen, da sonst die Werte der Blutgasanalyse verändert werden

Durchführung: Entnahme des Blutes zur arteriellen Blutgasanalyse

Material	Handlung Schwester	Besonders zu beachten
– sterile 2-ml-Spritze – Handschuhe	– aspiriert ca. 0,5–1 ml Blut aus Arterienkatheter, legt Spritze so ab, daß Konus nicht anstößt	– so viel Blut aspirieren, daß Resultat nicht durch Spüllösung verfälscht wird – bei Nabelarterienkatheter mindestens 2 ml Blut
– heparinisierte 2-ml-Spritze mit Kanüle	– entfernt Kanüle, aspiriert 0,5 ml Blut, steckt Kanüle auf Spritze und entfernt sofort vorhandene Luftblasen	**Beachte:** Der Sog beim Aspirieren des Blutes soll möglichst gering sein, da sonst in der Arterie ein Spasmus entsteht.

Material	Handlung Schwester	Besonders zu beachten
– Spülflüssigkeit aus kontinuierlichem Druckspülsystem s. Abb. 22 und 23	– Dreiwegehahn zum Arterienkatheter hin schließen (Abb. 4a) und von Blut frei spülen (auf Zellstoffunterlage Blut auffangen)	– beim Durchspülen (Flushen) darf keine Luft in die Blutbahn gelangen. Dreiwegehahn muß blutfrei sein, damit Infektions- und Thrombosegefahr gemindert werden
	– Dreiwegehahn in normale Funktionsstellung bringen (Abb. 4b) – Arterienkatheter flushen und Dreiwegehahn mit Verschlußstopfen Luer-Lock verschließen	– Flushen geschieht, indem man an der Fahne des Intraflo zieht, dadurch die kontinuierliche Spülung unterbrochen und mit einer größeren Menge Spüllösung der Katheter durchgespült werden kann
– Spritze mit aspiriertem Blut	– Spritze mit Blut verwerfen	– *nur* bei Nabelarterienkatheter darf aspiriertes Blut zurück gespritzt werden. „Nie geronnenes Blut zurück spritzen!“
– Schreibzeug – Etikett	– versieht Spritze mit Namen des Kindes und Station – schickt Spritze sofort ins Labor oder führt Analyse auf Station durch	– Blut darf nicht herumliegen, da sich sonst die Blutgaswerte verändern

Abb. 4a u. b Funktionsstellung des Dreiwegehahns:
a) zum Herausspülen von Blutresten aus dem Dreiwegehahn,
b) zum Durchspülen des Arterienkatheters

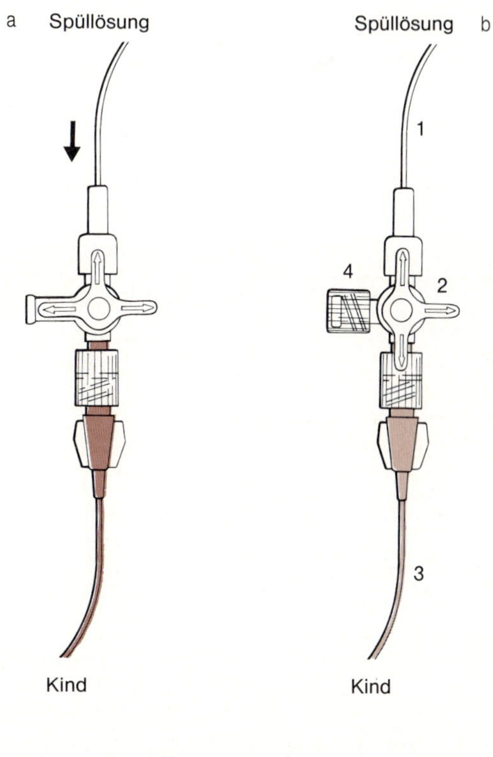

Durchführung: Kapilläre Blutentnahme zur Blutgasanalyse

Material	Handlung Schwester	Besonders zu beachten
– feuchtes, körperwarmes Tuch	– bringt Wickel an Fuß oder Hand des Kindes an	– die Blutgaswerte werden bei vorgewärmter Haut genauer
– Tupfer mit Hautdesinfektionsmittel	– desinfiziert Haut an der Ferse oder Fingerbeere, sagt dem Kind, daß ein Einstich erfolgt, der etwas schmerzt	
– Lanzette oder Autolet	– hält mit der Hand den Fuß oder den Finger fest, wobei sie die Ferse oder den Finger leicht staut, damit der Einstich nicht so schmerzt	
	– sticht mit der Lanzette in die Ferse oder Fingerbeere	– wischt ersten Blutstropfen mit trockenem Tupfer ab (Desinfektionsmittel verändern Blutgaswerte)
– 2 heparinisierte Kapillarröhrchen, Magnet, Metallstifte	– füllt Kapillarröhrchen luftfrei mit Blut, gibt Metallstift hinein, verschließt es auf beiden Seiten mit Plastikkappen und fährt von außen mit dem Magnet einige Male darüber, um die Gerinnung zu verhindern	
	– füllt das zweite Kapillarröhrchen genauso wie das erste	
	– entfernt Blut von Ferse oder Finger	
	– bedeckt Einstichstelle mit Pflaster	
– Etikett, Schreibzeug	– Beschriften des Blutes wie bei venöser Blutentnahme	
	– Blut sofort ins Labor bringen	

8.4.4. Transkutane Sauerstoff- und Kohlendioxidüberwachung

L. Asch

Notwendige Vorkenntnisse

- Blutgasanalyse, S. 569
- Anatomie und Physiologie der Haut.

Strukturnetz

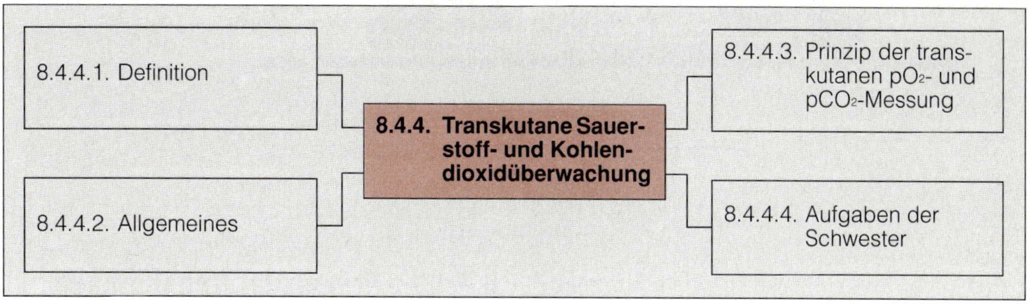

Lehrziel

Die transkutane Sauerstoffüberwachung ($tcpO_2$-Monitoring) ist ein wichtiger Bestandteil in der Überwachung der Behandlung schwerkranker Kinder, vor allem der Früh- und Neugeborenen, die häufig eine Sauerstofftherapie benötigen. Sie kann die arterielle Blutgasanalyse zwar nicht ersetzen, doch muß diese durch die kontinuierliche Kontrolle weniger häufig durchgeführt werden. In diesem Abschnitt werden die Grundlagen und die Durchführung erläutert.

Lernziele

Wenn Sie diesen Abschnitt durchgearbeitet haben, können Sie

- Gründe für die Notwendigkeit des $tcpO_2$-Monitoring nennen,
- Das Anlegen des Sensors am Kind beschreiben,
- Faktoren aufzählen, welche die Messung beeinträchtigen können.

8.4.4.1. Definition

Das transkutane pO_2-Monitoring ist eine kontinuierliche, nichtinvasive Überwachung des Sauerstoffpartialdruckes im Blut, der über Hautsensoren gemessen wird. Die für diesen Bereich gebräuchlichen Bezeichnungen sind:

pO_{2a} = partieller Sauerstoffdruck im arteriellen Blut,

F_iO_2 = Sauerstoffgehalt in der Inspirationsluft (fractional inspiratory oxygen),

$tcpO_2$ = transkutaner Sauerstoffpartialdruck,

$tcpCO_2$ = transkutaner Kohlendioxidpartialdruck.

8.4.4.2. Allgemeines

Die Tatsache, daß Sauerstoff gut durch Körpergewebe und die erwärmte Haut diffundieren kann, gestattet es, Messungen mit elektrochemischen Sauerstoffsensoren durchzuführen. Diese werden auf der Haut angebracht. Das Meßsystem besteht aus einem auf dem Prinzip der Clark-Elektrode (Abb. 5) basierenden transkutanen Meßwertaufnehmer, dem Hautsensor und einem elektronischen Auswertungsteil. Die am Hautsensor veränderten Ströme werden über entsprechende Verstärker in medizinisch faßbare Daten umgewandelt. Die transkutanen pO_2-Werte werden in mmHg oder kPa angezeigt und evtl. mittels eines angeschlossenen Schreibers kontinuierlich aufgezeichnet. Transkutane pO_2-Messung wird in der Intensivpflege durchgeführt:

- zur Überwachung therapeutischer Maßnahmen,
- zu Verlaufsbeobachtungen,
- gelegentlich zur Diagnostik.

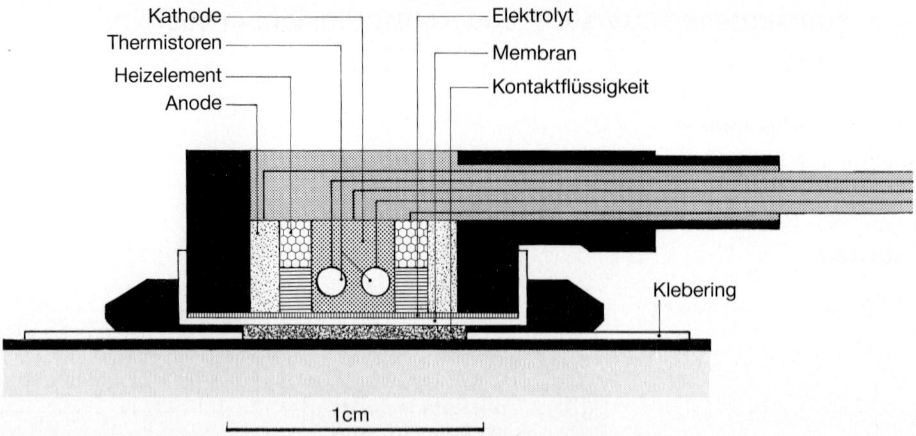

Abb. 5 Querschnitt der Elektrode zur transkutanen pO_2-Messung

Durch diese Messungen wird eine kontinuierliche Überwachung von Veränderungen im Oxygenationszustand des Kindes möglich, und therapeutische Auswirkungen werden unmittelbar registriert. Hypoxische und hyperoxische Zustände werden schneller erfaßt. Routinemäßig wird die transkutane pO_2-Messung während der Dauerbeatmung und der Sauerstofftherapie bei Früh- und Neugeborenen durchgeführt.

8.4.4.3. Prinzip der transkutanen pO_2- und pCO_2-Messung

Die Messung wird über einen erwärmten Hautsensor durchgeführt. Eine effektive Erweiterung der Hautgefäße wird durch die Erwärmung der Kathode und Anode des Sauerstoffsensors auf Temperaturen über der normalen Körperoberflächentemperatur erreicht. Die Temperaturen liegen zwischen 43° und

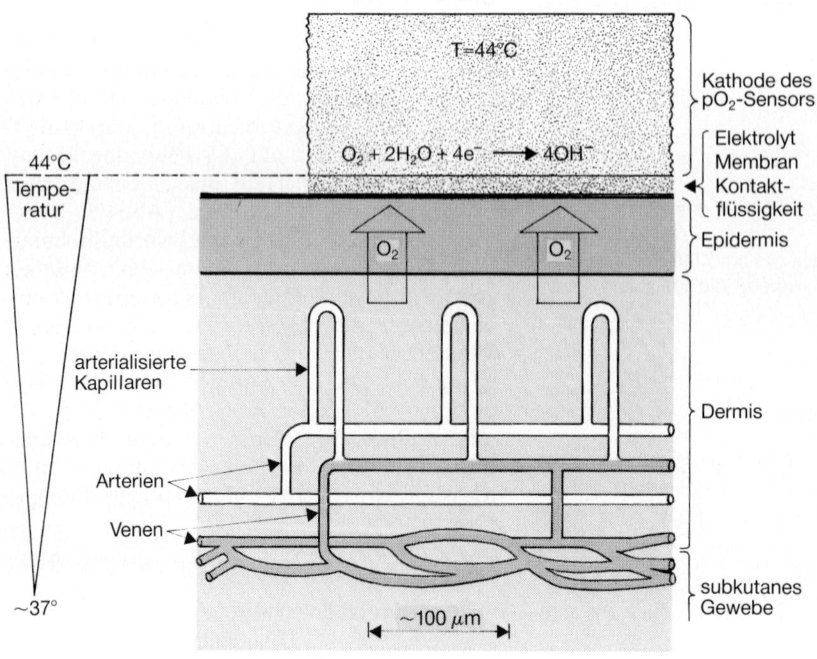

Abb. 6 Prinzip der transkutanen pO_2-Messung mit einem erwärmten Sauerstoffsensor

45 °C. Die gewählte Temperatur hängt von der Dicke der Epidermis ab. Bei kleinen Frühgeborenen kann mit einer Temperatur von 43 °C gemessen werden, bei Neugeborenen mit 44 °C. Der Sauerstoff diffundiert aus dem arterialisierten Kapillarbett durch die Epidermis zur Hautoberfläche (Abb. 6).
Das pCO_2 diffundiert schon bei 37 °C gut durch die Haut. Wird die Messung über einen kombinierten Sensor bei 44 °C durchgeführt, wird der Meßwert zur besseren Korrelation mit den Blutgaswerten umgerechnet. Der Korrekturfaktor ist in den meisten Geräten bereits berücksichtigt.

8.4.4.4. Aufgaben der Schwester

Die transkutane pO_2-Messung ist nur dann eine zuverlässige Methode zur Überwachung des Kindes, wenn die Kinderkrankenschwester folgendes beachtet:

- Auswählen einer geeigneten Meßstelle, z. B. am Thorax unterhalb des Schlüsselbeins oder am Rücken zwischen den Schulterblättern (präduktal), am Abdomen oder an der Innenseite des Oberschenkels (postduktal).
- Bespannen des Sensors nach Vorschrift des Geräteherstellers und Nullpunktkalibrierung.
- Luftkalibrierung auf 150–154 mmHg (20–20,5 kPa) (entspricht dem Sauerstoffpartialdruck des Luftgemisches).
- Einstellung der unteren und oberen Alarmgrenze.
- Überprüfung der Heizleistung des Sensors (43°–45 °C); Einstellen der gewählten Meßtemperatur.
- Kontrolle der Membran. Sie darf keine Unebenheiten oder Perforationen aufweisen, sondern muß ganz glatt sein.
- Abwischen der Membran und der Aufklebestelle am Patienten mit einem Alkoholtupfer.
- Befestigung des Sensors mit einem doppelseitigen Klebering auf der Haut des Kindes. Dazu wird eine Seite der Schutzfolie vom Klebering entfernt und der Klebering sorgfältig am Sensor angebracht. Zwischen der Haut des Kindes und der Membran des Sensors wird eine dünne Schicht Kontaktgel oder Aqua dest. aufgetragen, um Fehlmessungen durch kleine Luftbläschen zu vermeiden. Danach wird die Schutzfolie vom oberen Teil des Kleberings entfernt und der Sensor über der Kontaktflüssigkeit angeklebt. Durch zuviel Kontaktflüssigkeit oder bei schlecht entfetteter Haut haftet der Klebering nicht.

Beachte: Druckeinwirkung auf den Sensor (z. B. durch Lageveränderung des Patienten oder durch zusätzliches Fixieren des Sensors mit Druckverstärkung auf der Haut) muß unbedingt vermieden werden.

- Einlaufzeit des Sensors abwarten. Die Einlaufzeit liegt zwischen 10 und 20 Minuten (Abb. 7). Diese Zeit wird benötigt, um das unter dem Sensor liegende Hautareal aufzuwärmen.

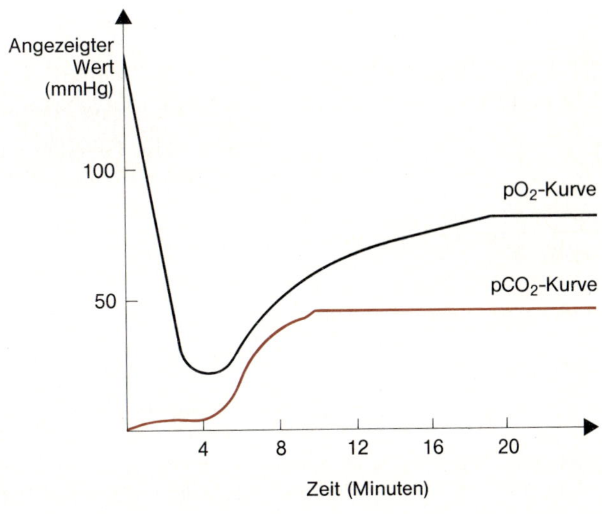

Abb. 7 Einlaufzeit der Sensoren zur pO_2- und pCO_2-Messung

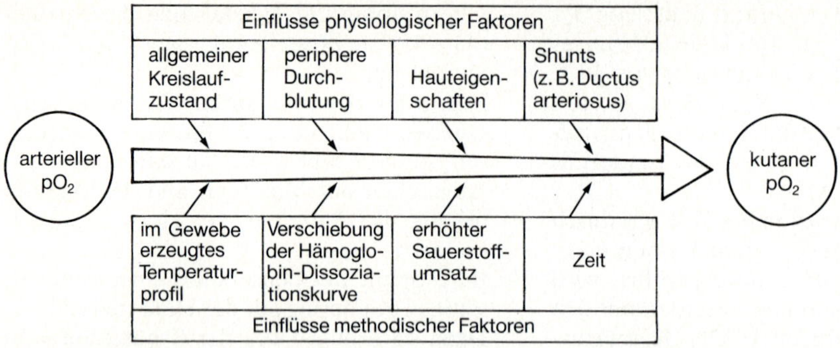

Abb. 8 Faktoren, die Einfluß auf die Korrelation zwischen arteriellem und kutanem pO_2 haben

- Registrierung der Meßwerte mit Hilfe des Trendschreibers.
- Eintragung folgender Daten am Schreiber: Name des Kindes, Datum, Uhrzeit, FiO_2. Bei $tcpO_2$-Abfall Uhrzeit und evtl. die Ursache notieren, z. B. Manipulation, Krampfanfall, Medikamente, Unruhe des Kindes, Schlafstatus, Änderung der Beatmung;
- Wechseln der Meßstelle auf der Haut spätestens nach 4 Stunden. Im Bereich der Meßstelle entsteht ein Erythem, das nach ca. 2 Tagen wieder verschwindet.

Beachte: Nach 4 Stunden Verweildauer des Sensors auf der Haut des Kindes bei 44 °C muß die Meßstelle unbedingt gewechselt werden, da das Kind sonst der Gefahr von schweren Verbrennungen ausgesetzt ist.

Der kutane pO_2 ist in erster Linie als Sauerstoffpartialdruck des arterialisierten subkutanen Gewebes an der Anbringungsstelle des Sensors zu deuten. Unter entsprechenden methodischen und physiologischen Voraussetzungen besteht eine gute Korrelation zwischen arteriellem und kutanem pO_2 (Abb. 8).

Weiterführende Literatur

Kontinuierliche und nichtinvasive Überwachung des Sauerstoffpartialdruckes. Kontron Medical. Hoffmann-La Roche, Basel 1981

8.4.5. Pulsoxymetrie

G. Rook

Notwendige Vorkenntnisse

- Blutgasanalyse,
- Anatomie und Physiologie der Haut.

Strukturnetz

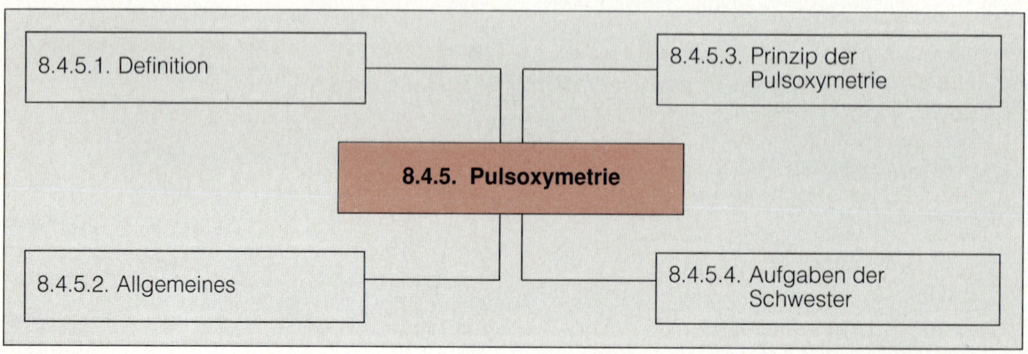

Lehrziel

Die Pulsoxymetrie ist zu einem wichtigen Bestandteil in der Überwachung schwerkranker Patienten geworden. Das Pulsoxymeter zeigt die Sauerstoffsättigung im Blut an und dient zum einen der Überwachung des Patienten, z. B. bei angeborenem Herzfehler, und zum anderen der Therapieüberwachung, z. B. bei der Sauerstofftherapie. Die Anzahl der schmerzhaften Blutentnahmen zur Blutgasanalyse kann durch diese schmerzlose Überwachung stark reduziert, aber nicht ersetzt werden.

Lernziele

Wenn Sie diesen Abschnitt durchgearbeitet haben, können Sie:

- Das Funktionsprinzip und die Anwendungsmöglichkeiten der Pulsoxymetrie nennen.
- Die verschiedenen Sensorarten und ihre Anlageorte nennen.
- Fehler aufzählen, die zur Beeinträchtigung der Messung führen.

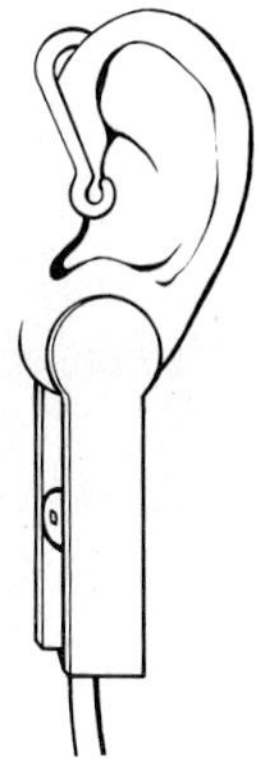

Abb. 9 Ohrsensor

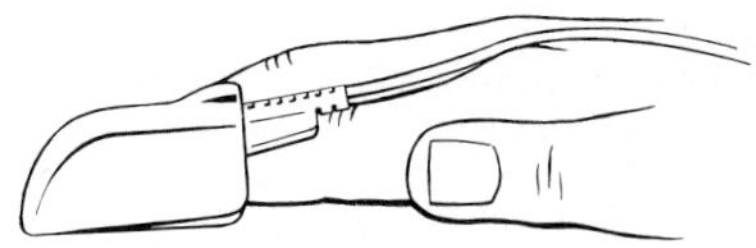

Abb. 10a Fingersensor

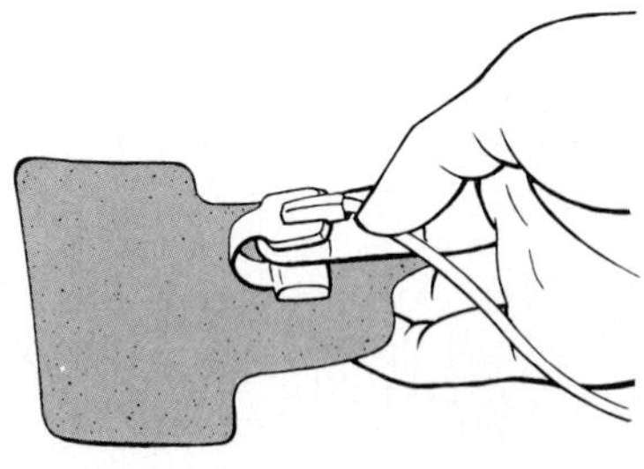

Abb. 10b Fingersensor

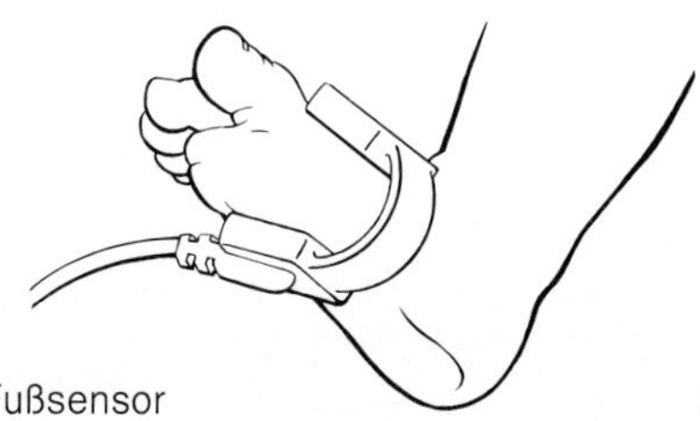

Abb. 11 Fußsensor

8.4.5.1. Definition

Das Pulsoxymeter ist ein Gerät zur nichtinvasiven Überwachung der arteriellen Sauerstoffsättigung im Blut, der über verschiedene, dem Anlageort angepaßte Hautsensoren gemessen wird.
Die für diesen Parameter gebräuchlichste Bezeichnung lautet: SaO_2 = Sauerstoffsättigung im Blut.

8.4.5.2. Allgemeines

Die Idee zur Überwachung der Hämoglobin-Sauerstoffsättigung durch optische Methoden ist seit ca. 40 Jahren bekannt. Aber erst durch die technische Entwicklung der elektronischen Computertechnologie ist es möglich geworden, brauchbare Pulsoxymeter zur kontinuierlichen Messung der Sauerstoffsättigung herzustellen.
Das Pulsoxymeter erhält sein Signal aus einer In-vivo-Messung des pulsierenden arteriellen Blutes. Hierzu wird über am Körper angelegte Sensoren ein Licht mit verschiedenen Wellenlängen gesendet. Diese Technik des Pulsoxymeters erfüllt die Anforderungen in der praktischen Anwendung zur Überwachung des Patienten und sorgt für eine frühzeitige Warnung vor unerkannter Hypoxämie während der Anästhesie, der postoperativen Phase sowie in der Intensivpflege.

8.4.5.3. Prinzip der Sauerstoffsättigung-Messung

Die kontinuierlichen Puls- und Sauerstoffsättigungswerte werden durch Ohr-, Finger- oder Fußsensoren übermittelt (Abb. 9–11).
Das Oxymeter ermittelt die arterielle Sauerstoffsättigung und die Pulsrate eines Patienten durch Messung der Lichtabsorption des durch die Lichtquelle sensordurchstrahlten Gewebes.
Die SaO_2-Berechnung des Pulsoxymeters basiert auf der Annahme, daß Hämoglobin als Oxyhämoglobin (HbO_2) und als reduziertes Hämoglobin (Hb) vorhanden ist. Zwei Wellenlängen des Lichts, rot und infrarot, werden verwendet, um das HbO_2 und Hb nachzuweisen (Abb. 12).

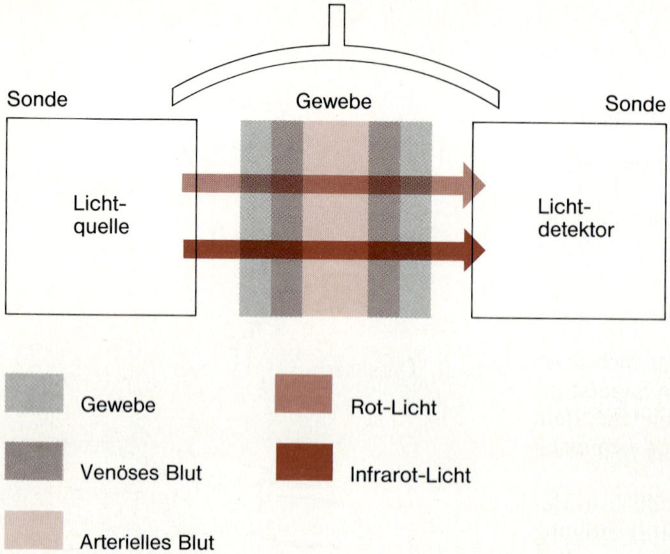

Abb. 12 Darstellung zur Lichtabsorption

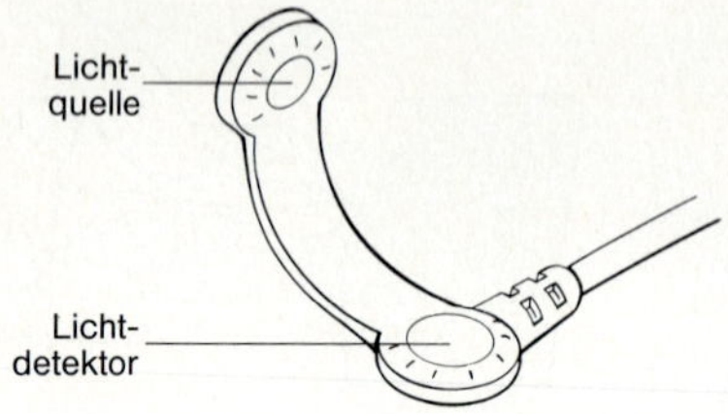

Abb. 13 Beispiel zur Anordnung von Lichtquelle und Lichtdetektor am Sensor

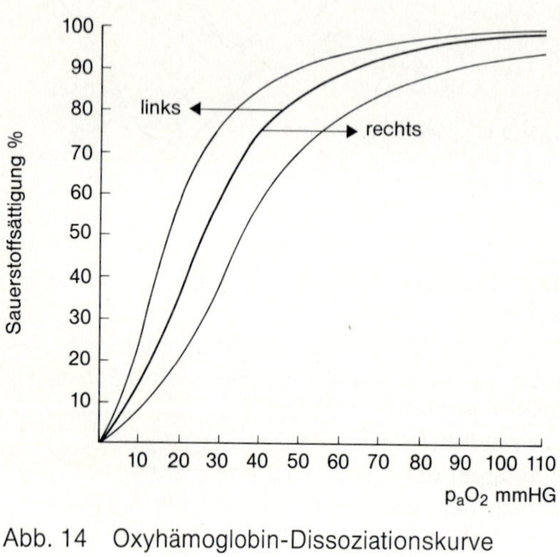

Abb. 14 Oxyhämoglobin-Dissoziationskurve

Damit nun zuverlässige arterielle SaO_2-Werte erreicht werden, müssen Absorptionen, die durch den venösen Anteil des Blutes und durch andere Einflüsse (z. B. Gewebe, Streulicht) entstehen, ausgefiltert werden. Aus diesem Grund werden nur Signale des pulsierenden arteriellen Blutes bei den Messungen verwendet. Hierzu werden zwei Leuchtdioden (Lichtquelle) verwendet, die das Licht durch das Gewebe senden. Der Photodetektor des Sensors empfängt das durch das Gewebe reduzierte Licht und wandelt das empfangene Licht in ein elektrisches Signal um (Abb. 13).

Da nun Oxyhämoglobin und reduziertes Hämoglobin unterschiedliche Lichtmengen zu dem Photodetektor durchlassen, variiert das elektrische Signal je nach der relativen Menge dieser Bestandteile.

Das Pulsoxymeter verstärkt das empfangene elektrische Signal. Die Information über die Lichtintensität wird durch rechnerische Verarbeitung im Gerät in Werte für SaO_2 und Pulsrate umgewandelt, die dann auf dem Display des Pulsoxymeters angezeigt werden.

Der Zusammenhang zwischen dem Sauerstoffpartialdruck pO_2 und der Sauerstoffsättigung SaO_2 wird in Form der Oxyhämoglobin-Dissoziationskurve dargestellt (Abb. 14).

Die Sauerstoffaufnahme durch die Lunge wird durch den oberen im wesentlichen flachen Teil der Kurve dargestellt. Veränderungen des pO_2

verursachen nur geringfügige Änderungen der Sauerstoffsättigung, und der eingeatmete Sauerstoffpartialdruck reicht normalerweise aus, um das Hämoglobin nahezu vollständig zu sättigen.
Die Sauerstoffabgabe an das Gewebe wird durch den unteren Teil der Kurve dargestellt. Hier verursachen kleine Veränderungen im Sauerstoffpartialdruck große Veränderungen der Sauerstoffsättigung. Dies ist vorteilhaft für das Gewebe, da dem Blut bei einer relativ kleinen Abnahme des Sauerstoffpartialdrukkes große Mengen an Sauerstoff entzogen werden können.
Folgende Einflüsse bewirken eine Linksverschiebung der Oxyhämoglobin-Dissoziationskurve: pH-Erhöhung, Hypothermie, Hypometabolismus, Anteile von fetalem Hb, COHb, Hypokapnie. Eine Rechtsverschiebung wird durch pH-Senkung, Hyperthermie, Hypermetabolismus und chronische Anämie bewirkt.
Das Pulsoxymeter findet auf sehr vielen Gebieten der Pädiatrie, wie SaO_2-Überwachung, bei der Beatmung auf Intensivstationen und in der Anästhesie bei Narkosen, bei der Bronchoskopie zur sofortigen Feststellung einer Hypoxämie, bei der Sauerstofftherapie zur genaueren Dosierung des verabreichten Sauerstoffs und viele weitere Gebiete, bei denen die Sauerstoffversorgung des Patienten beeinträchtigt ist und eine Kontrolle der Sauerstoffsättigung notwendig wird, ihre Anwendung.

8.4.5.4. Aufgaben der Schwester

Die SaO_2-Messung zeigt nur dann zuverlässige Werte an, wenn die Meßsensoren an den vom Hersteller empfohlenen Applikationsorten angewendet werden.
Die Sensoren dürfen nicht zu stramm angebracht werden, damit die Gewebedurchblutung nicht beeinflußt wird.
Die Sensoren dürfen nicht an die Extremitäten angelegt werden, an denen Infusionen verabreicht oder Blutdruck gemessen wird.

> **Beachte:** Es ist keine Messung möglich bei Patienten, die sich im schweren Schock befinden, bei Patienten mit zentralisiertem Kreislauf oder Ödembildung. Bei sehr unruhigen Patienten kommt es durch Bewegungsartefakte zu häufigen Alarmen. Falsche Meßwerte entstehen bei Methämoglobinämie, bei CO-Intoxikationen.

Literatur

Finnerup, E., B. Sc. Miller, M. A. Miller: Zum Verständnis der Pulsoxymetrie-Messungen. Radiometer, Copenhagen 1987

8.4.6. Zentrale Venenkatheter

L. Asch

Notwendige Vorkenntnisse

- Anatomie des venösen Kreislaufsystems,
- Regeln der Asepsis,
- Grundkenntnisse der Infusionstherapie (Kap. 6.10),
- Grundkenntnisse der Zytostatikatherapie (S. 495ff),
- Bluttransfusion und die Transfusion von Blutbestandteilen, Kap. 6.11,
- invasive Druckmessung (Kap. 8.4.7.).

Strukturnetz

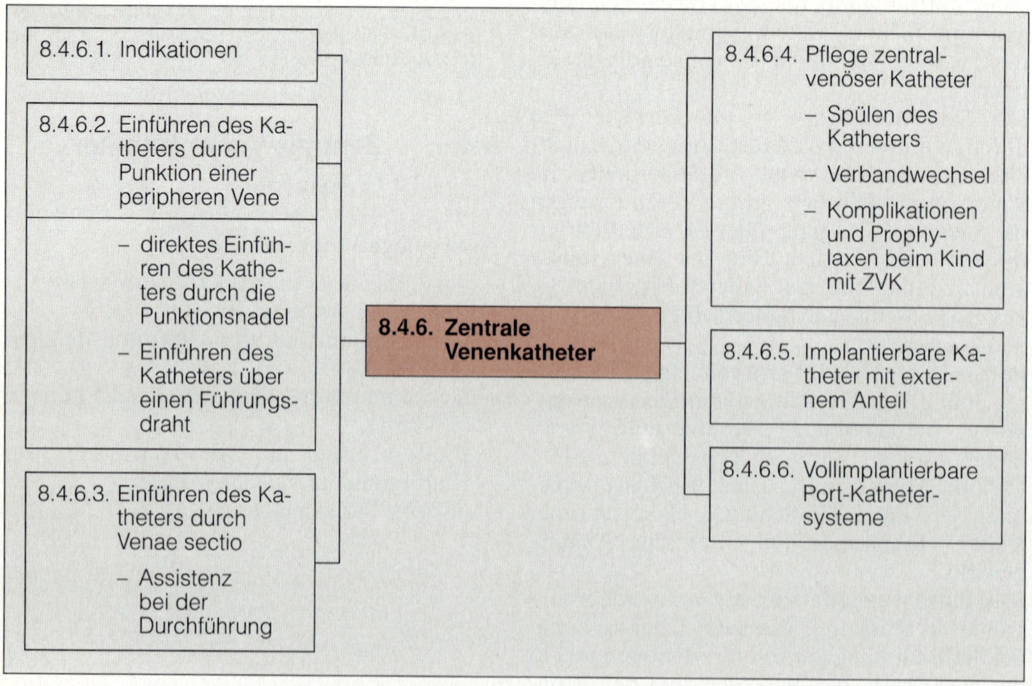

Lehrziel

Zentrale Venenkatheter haben in der Behandlung von schwerkranken Kindern eine große Bedeutung. In diesem Kapitel werden die Einsatzmöglichkeiten beschrieben und dargestellt. Da der Einsatz unter Umständen mit Gefahren für den Patienten verbunden sein kann, ist es wichtig, Katheter nur in begründeten Fällen der Akut- und Langzeitbehandlung zu legen. Der Zugang zur V. cava erfolgt mittelbar über den Venenkatheter durch die unmittelbare Punktion einer peripheren Vene. Die Auswahl des Katheters ist für die jeweils notwendige Therapie sehr sorgfältig zu treffen. Durch eine sachgemäße, sterile Handhabung, Pflege und Beobachtung ist das Risiko für den Patienten möglichst klein zu halten. Die Pflegeperson erhält hier die detaillierten Informationen.

Lernziele

Nach Erarbeiten dieses Abschnitts können Sie
- Angaben über die Notwendigkeit eines zentralen Venenkatheters machen;
- beschreiben, welche Möglichkeiten zum Einführen des Katheters bestehen;
- das erforderliche Material aufzählen und die Handhabung beschreiben;
- auf Komplikationen und Prophylaxen hinweisen.

Der zentrale Venenkatheter kann eingeführt werden

- durch Punktion einer peripheren Vene,
- durch Venae sectio,
- durch Implantation.

8.4.6.1. Indikationen

Das Einführen eines zentralen Venenkatheters zur *Akutbehandlung* wird notwendig:

- wenn in kurzer Zeit große Mengen Infusionsflüssigkeit, Medikamente oder Blut zur Aufrechterhaltung des Kreislaufs benötigt werden, z. B. bei schweren Verbrennungen, Sepsis und Schockzuständen,
- zur Messung des zentralen Venendruckes (Kap. 8.4.7.3.) (Beurteilung der Volumenverhältnisse im Kreislaufsystem).

Implantierbare und komplett implantierbare Kathetersysteme werden zur *Langzeitbehandlung* eingesetzt:

- wenn bei Krebspatienten eine Behandlung mit häufigen Applikationen von Zytostatika notwendig ist,

- wenn über lange Zeit eine parenterale Ernährung mit hyperosmolaren Lösungen erforderlich ist,
- wenn eine chronische Erkrankung eine lebenslange Therapie erfordert, z. B. Thalassämie,
- zur Langzeitschmerztherapie.

Abb. 15 Venenkatheter mit Führungsnadel in der geschlossenen Schutzhülle

8.4.6.2. Einführen des Katheters durch die Punktion einer peripheren Vene

Direktes Einführen des Katheters durch die Punktion einer peripheren Vene

Dazu eignen sich:

als zentrale Zugänge zur V. cava:
- V. subclavia,
- V. brachiocephalica,
- V. jugularis externa,
- V. jugularis interna;

als periphere Zugänge zur V. cava:
- V. bascilica,
- V. cephalica,
- V. femoralis (nur in Ausnahmefällen).

Der Katheter besteht aus silikonisiertem PVC oder aus silikonisiertem Polyäthylen und ist mit einer Punktionsnadel versehen. Die Punktion wird mit einem *geschlossenen* Kathetersystem durchgeführt. Ist dies gelungen, wird die Nadel zurückgezogen und mit einer Schutzhülle versehen (Abb. 15).

Vorteile:
- Einfache Venenpunktion,
- Erhaltung des geschlossenen Systems während der Punktion,
- geringer Material- und Zeitaufwand.

Assistenz bei der Durchführung:
Einführen des Katheters durch Punktion einer peripheren Vene

Material	Handlung Schwester	Handlung Arzt	Besonders zu beachten
– Katheter (verschiedene Größen und Längen) zur Auswahl	– Kind wenn möglich informieren. Material in Reichweite des Arztes deponieren	– chirurgische Händedesinfektion	
		– auswählen der Punktionsstelle und des entsprechenden Katheters	– Katheterlumen und -länge bei Frühgeborenen und Säuglingen sorgfältig auswählen
– Op-Lampe	– Beleuchtung gut einstellen		

Material	Handlung Schwester	Handlung Arzt	Besonders zu beachten
– Wärmelampe	– Säuglinge und Kleinkinder unter eine Wärmelampe legen		
– Einwegunterlage	– Einwegunterlage unter die Punktionsstelle legen		
– Staubinde	– Staubinde entsprechend der gewählten Punktionsstelle anlegen	– Palpieren der Vene mit dem Finger	
– Hautdesinfektionsmittel und Kompressen		– Durchführen der Hautdesinfektion	
– steriler röntgendichter Kunststoffkatheter mit Führungsnadel	– Verpackung des Katheters öffnen	– Katheter steril aus geöffneter Verpakkung entnehmen	
– 10-ml-Spritze mit isotoner Kochsalzlösung	– wenn das Kind ansprechbar ist, es durch Zusprache beruhigen	– Katheter mit isotoner Kochsalzlösung füllen	
		– Schutzhülle der Nadel entfernen	
		– Einstich durch die Haut in die Vene	
		– Katheter in der Schutzhülle durch die Führungsnadel vorschieben	– Schutzhülle kann zum Abmessen der Katheterlänge verwendet werden
– 5-ml-Spritze		– Blut aspirieren	– bei guter Katheterlage kann ohne Mühe Blut aspiriert werden
		– Katheter mit isotoner Kochsalzlösung durchspülen	
		– Führungsnadel zurückziehen und mit der Schutzhülle sichern	– Schutzhülle so anlegen, daß die Führungsnadel den Katheter nicht beschädigt
– Kompressen	– Einstichstelle von Blutresten säubern		

Material	Handlung Schwester	Handlung Arzt	Besonders zu beachten
– sterile Kompressen – Schere – Pinzette	oder Folienverband	– Verband anlegen	
– Pflasterstreifen		– Verband mit Pflasterstreifen fixieren	
– vorbereitete Infusion mit gefülltem Infusionssystem		– Infusion mit dem Katheter verbinden	– Luer-Lock-Verbindungen verwenden
– Röntgenverordnung mit den Personalien des Patienten	– Röntgenabteilung verständigen – Assistenz bei der Röntgenkontrolle	– Röntgenverordnung ausstellen	
		– Katheterlage anhand der Röntgenaufnahme feststellen und bei Bedarf korrigieren	– Katheterspitze sollte in der V. cava superior liegen
– Markierungsstift	– Einlegedatum auf einem Pflasterstreifen am Verband notieren		– jede Veränderung der Katheterlage dem Arzt mitteilen und protokollieren

Einführen des Katheters über einen Führungsdraht (Methode nach „Seldinger")

Der hier beschriebene Katheter (Secalon Hydrocath) ist ein Hydromer-beschichteter Polyurethankatheter, geeignet für eine lange Verweildauer. Er steht als Ein-, Zwei- und Dreilumenkatheter mit dem jeweiligen Standard-Set zur Verfügung (Abb. 16).
Der Multilumenkatheter mit voneinander unabhängigen Zugängen wird notwendig, wenn:

- inkompatible Medikamente (z. B. Katecholamine) kontinuierlich appliziert werden müssen,
- parallel zur Infusion ein kontinuierliches Monitoring notwendig ist,
- häufige Blutentnahmen durchgeführt werden müssen,
- Transfusionen oder die Verabreichung anderer visköser Flüssigkeiten notwendig sind.

Vorteile

- Durch einen zentralvenösen Katheter erhält man zwei oder drei voneinander unabhängige Zugänge.

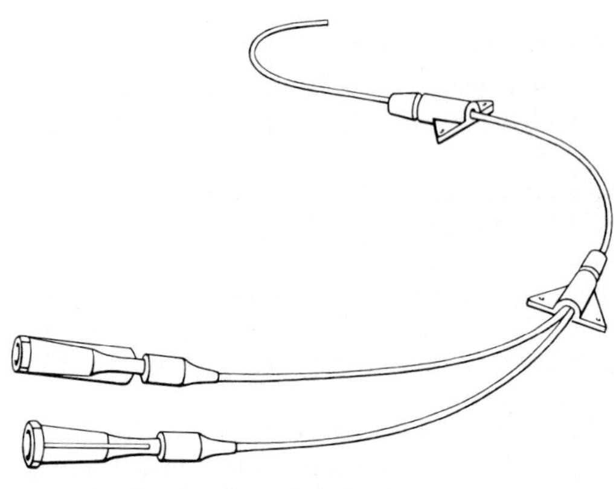

Abb. 16 Zweilumiger Katheter

- Bei Körpertemperatur wird der Katheter geschmeidig und biegsam und verursacht deshalb weniger Gefäßtraumatisierungen.
- Durch nur eine Punktionsstelle wird der Aufwand für die Katheterpflege reduziert.
- Ein eindeutiges Farbkodifizierungssystem kennzeichnet das jeweilige Katheterlumen.
- Das Katheterlumen kann mit einem Flow-Switch-Einwegehahn verschlossen und wieder geöffnet werden. Katheterspülungen oder das Wechseln von Infusionssystemen können mühelos vorgenommen werden. Das Risiko einer lebensgefährlichen Luftembolie wird auf ein Minimum reduziert.

Vorbereitung des unsterilen Materials:

- Hautreinigungsmittel (Äther oder Benzin),
- Hautdesinfektionsmittel,
- Mundschutz,
- Blutröhrchen für eventuelle Blutentnahmen.

Vorbereitung des sterilen Materials:

- Kittel und Handschuhe,
- Tuch und Schlitztuch,
- Tupfer und Watteträger,
- Einwegspritzen 2 ml, 5 ml, 10 ml,
- isotone Kochsalzlösung, aufgezogen in einer 10-ml-Spritze,
- Katheter mit dem Standard-Set mit Skalpell,
- atraumatisches Nahtmaterial,
- Verbandsmaterial,
- vorbereitete Infusion mit Zuleitungssystem und Bakterienfilter.

Die benötigten Gegenstände werden auf einer Ablagefläche so angeordnet, daß sie für den Assistierenden (Arzt oder Schwester) gut erreichbar sind.

Vorbereitung des Kindes

- Kind – wenn möglich – informieren,
- Sedierung und Schmerzbehandlung nach ärztlicher Verordnung verabreichen,
- Bett auf Arbeitshöhe einstellen,
- Kind entsprechend der ausgewählten Punktionsstelle unter der Wärmelampe lagern,
- bei der Punktion zentraler Venen Kopfteil in Tieflage stellen, um einen positiven Venendruck und eine Verminderung der Emboliegefahr zu erreichen,
- Beleuchtung gut einstellen,
- Punktionsbereich mit einem Tuch unterlegen,
- Hautreinigung und erste Hautdesinfektion durchführen.

Durchführung der Punktion

Der Arzt zieht sich steril an und deckt das Punktionsgebiet mit den sterilen Tüchern ab. Nach der zweiten Hautdesinfektion erfolgt eine kleine Inzision. Anschließend wird die Punktion der Vene durchgeführt und der Katheter nach der „Seldinger"-Methode über den Führungsdraht eingeführt. Bei richtiger Plazierung des Katheters kann mühelos Blut aspiriert werden. Der Katheter wird mit isotoner Kochsalzlösung gespült und steril abgedeckt. Die Katheterlage wird durch eine *Röntgenkontrolle* festgestellt und dokumentiert. Nach der Kontrolle wird er angenäht und ein Folienverband (in seltenen Fällen ein Kompressenverband) angelegt. Der Katheter und das Infusionszuleitungssystem mit dem Bakterienfilter werden noch zusätzlich mit Pflaster oder mit einer elastischen Klebefolie sicher fixiert.

Beachte: Bei Punktion der V. subclavia den Patienen in die Trendelenburg-Lage bringen. Das bedeutet Rücken- und Kopftieflage zur Vermeidung einer Luftembolie. Der Kopf des Kindes wird zu der Seite gedreht, auf der die Punktion vorgenommen wird. Dadurch soll ein Abweichen des Katheters in die V. jugularis interna vermieden werden.

8.4.6.3. Einführen des Katheters durch Venae sectio

Es handelt sich um die operative Freilegung und Eröffnung einer subkutan liegenden Vene zum Einführen eines Katheters. Nach Möglichkeit sollte dieser Eingriff im OP unter sterilen Bedingungen durchgeführt werden. Auf der Intensivstation gibt es Situationen, die zu einer Venae sectio an Ort und Stelle zwingen. Das Instrumentarium steht in kompletten sterilen Sets zur Verfügung.
Die Sets zur Venae sectio enthalten:

1 Skalpell mit 15er Klinge,
2 feine chirurgische Pinzetten,
2 Gefäßpinzetten,
1 Schere fein spitz,
1 Schere fein stumpf,
1 anatomische Pinzette grob,
1 Schere gerade,
4 kleine Moskitoklemmen,

1 Kocher-Klemme,
1 Deschamps-Nadel gebogen klein mit 4/0 Mersillenefaden,
1 Hohlsonde,
2 Zweizinkhaken stumpf,
15 Kompressen,
2 mittlere Tücher,
1 Schlitztuch.

Zum Set müssen noch steril bereitgelegt werden:
- Hautdesinfektionsmittel,
- Spritze mit isotoner Kochsalzlösung,
- Lokalanästhetikum,
- Nahtmaterial mit Nadel,
- Katheter,
- Mundschutz,
- Handschuhe,
- sterile Kittel.

Alle Sets sind doppelt in Tücher verpackt und in eine Papiertüte eingeschweißt. Diese Verpackung wird als sterile Ablagefläche verwendet. Das Set wird auf einen fahrbaren Tisch oder auf einer sonst für den Arzt gut erreichbaren Fläche abgestellt. Die Papiertüte wird mit den Händen geöffnet. Die Tücher werden mit einer sterilen Kornzange auseinandergefaltet.

Bei durchdachter Organisation kann die Venae sectio von 2 Personen (Arzt und Schwester) durchgeführt werden.

Nachdem der Arzt die geeignete Vene bestimmt hat, kann die Schwester das Kind entsprechend lagern und alles erforderliche Material gut erreichbar bereitstellen.

Kinder, die im Inkubator liegen, sollten nach Möglichkeit nicht herausgenommen werden.

Assistenz bei der Durchführung: Einführen des Katheters durch Venae sectio

Material	Handlung Schwester	Handlung Arzt	Besonders zu beachten
	– Händedesinfektion	– chirurgische Händedesinfektion	
	– wenn möglich das Kind auf den Eingriff vorbereiten	– die Freilegungsstelle auswählen	
– steriler Kittel – Mundschutz – Kopfbedeckung – Handschuhe	– dem Arzt beim Anziehen helfen	– sterile Kleidung anziehen	
– Einwegunterlage – Lagerungshilfsmittel	– das Kind entprechen der Freilegungsstelle auf einer Einwegunterlage lagern		
– Hautdesinfektionsmittel und Kompressen – sterile Tücher (aus dem Set)		– die Hautdesinfektion durchführen und das Op-Gebiet steril abdecken	– Säuglinge und Kleinkinder unter eine Wärmelampe legen
– Lokalanästhetikum	– das Kind unter dem Abdecktuch halten und gut beobachten	– Lokalanästhesie durchführen	

Material	Handlung Schwester	Handlung Arzt	Besonders zu beachten
– Katheter – Spritze mit isotoner Kochsalzlösung		– den bereitgelegten Katheter mit isotoner Kochsalzlösung durchspülen	
– Set zur Venae sectio		– Durchführung der Venae sectio Hautschnitt Freipräparieren der Vene Ligatur der Vene Eröffnen der Vene Einführen des Katheters	– bei guter Katheterlage kann ohne Mühe Blut aspiriert werden
– Nahtmaterial mit Nadel		– die Wunde zunähen und den Katheter an der Haut fixieren	
– Pflaster und Kompressen oder Folienverband		– Verband anlegen	
– Infusion mit gefülltem System		– Infusion mit dem Katheter verbinden	
– Röntgenverordnung mit den Personalien des Kindes	– die Röntgenabteilung informieren – Assistenz bei der Röntgenaufnahme	– Röntgenaufnahme verordnen und Katheterlage feststellen	– der Katheter sollte in der V. cava liegen

8.4.6.4. Pflege zentralvenöser Katheter

Spülen des Venenkatheters

- Abgestöpselte Schenkel an Multilumenkatheter z. B. alle 8 Stunden (nach ärztlicher Verordnung) mit isotoner Kochsalzlösung spülen und danach mit einem Heparin-Kochsalz-Gemisch (Heparinlock) füllen und abstöpseln. Nach Möglichkeit einen Lock-Injektionsstopfen mit einem Latexinnenlumen verwenden. Der Heparinlock kann dann durch die Punktion des Latexinnenteils sicher erfolgen.
- Perfundierte Katheter müssen nicht zusätzlich gespült werden. Nur in Ausnahmefällen, z. B. nach Blut- oder Plasmatransfusionen, vor und nach der Verabreichung von Medikamenten wird das Spülen des Katheters notwendig. Gleichzeitig wird die Katheterlage durch das Aspirieren von Blut überprüft. Diese Kontrolle muß vor jeder Injektion erfolgen. Bei Früh- und Neugeborenen, die zur Hypoglykämie neigen, wird als Spülflüssigkeit 5%ige Glukoselösung in der minimalen Menge verwendet.
- Für alle perfundierten Katheter werden zur Infusions- und Transfusionsbehandlung elektrische Infusionspumpen verwendet, die eine kontinuierliche Verabreichung gewährleisten und durch verschiedene Alarme rechtzeitig auf Probleme hinweisen.

Verbandwechsel

- Kathetereintrittstelle täglich kontrollieren.
- Bei reizloser Eintrittstelle Folienverband anlegen, Verbandwechsel bei Bedarf z. B. alle 3 Tage.
- Kathetereintrittstelle und Umgebung mit Alkohol reinigen.

- Hautdesinfektion mit sterilen Watteträgern dreifach wiederholen und die dazu verwendete Lösung gut antrocknen lassen.
- Transparenten Folienverband anlegen und den Katheter zusätzlich sicher fixieren. Ein Kompressenverband wird notwendig, wenn es aus der Kathetereintrittstelle nachblutet, z. B. bei Kindern mit Gerinnungsstörungen. Der Verband soll immer trocken und frei von Blutresten sein.
  Feuchtigkeit verbunden mit Wärme ist ein günstiger Nährboden für Keime.

Der Folienverband

Es handelt sich um eine Klarsichtklebefolie, die reißfest und dehnbar ist und in verschiedenen Größen steril verpackt angeboten wird. Sie hat die Eigenschaft, für Sauerstoff und Wasserdampf durchlässig zu sein. Die Folie kann unmittelbar nach dem Einführen des Katheters, wenn keine Nachblutung mehr aus dem Wundgebiet erfolgt, über die Einführungsstelle geklebt werden. Der Katheter wird mit dem Folienverband fixiert. Die Durchsichtigkeit und Elastizität bieten die Möglichkeit einer ständigen Wundinspektion und eine möglichst freie Beweglichkeit des Kindes. Der Folienverband braucht in der Regel nicht gewechselt zu werden.

Der Kompressenverband

Für die Station haben sich fertige sterile Sets zum Verbandwechsel beim Kompressenverband bewährt.
Das Set für den kleinen Verbandwechsel enthält:

1 Nierenschale,
2 anatomische Pinzetten (1 grob, 1 fein),
1 gerade Schere, 2 Kompressen klein,
1 kleine Schere spitz, 3 Watteträger.

Die Papiertüte, in der das Set verpackt ist, dient als sterile Ablagefläche.

Komplikationen und Prophylaxen beim Kind mit ZVK

Komplikationen	Prophylaxe
Herzrhythmusstörungen durch zu tief liegenden Katheter. Katheterspitze liegt im rechten Vorhof oder in der rechten Kammer	*Röntgenkontrolle* Katheterspitze evtl. durch Zurückziehen des Katheters in die richtige Lage bringen EKG-Überwachung mit Monitor
Entzündung von der Einstichstelle ausgehend kann zu einer Kettenreaktion führen: - Phlebitis - Thrombophlebitis - Endokarditis - Sepsis	*Steriles Arbeiten* Einstichstelle täglich überprüfen. Regelmäßige Überwachung der Körpertemperatur. Bei Infektionszeichen Wundabstrich und serologische Diagnostik einleiten. Bei dringendem Verdacht von schwerwiegenden Komplikationen Katheter entfernen. Katheterspitze zur bakteriologischen Untersuchung bringen
Luftembolie Gefährdet sind vorwiegend Patienten mit Subclavia- und Jugulariskathetern. Ist der Katheter von der Infusion getrennt, kann es bei tiefer Inspiration zur Luftembolie kommen	*Alle Verbindungen* von der Infusion zum Katheter regelmäßig überprüfen. Jedes zusätzliche Verbindungsstück bringt die Gefahr einer Leckstelle mit sich. Luer-Lock-Verbindungen benutzen
Akuter Blutverlust durch Leck im Infusionssystem	Kind ständig gut beobachten
Katheterembolie durch abgebrochene Katheterspitze	*Jeder Venenkatheter* soll nach der Entfernung aus der Vene auf seine Vollständigkeit überprüft werden
Kontamination von Infusionsflüssigkeit und den Zuleitungen zum Katheter	*Mindestens alle 24 Stunden* Infusionslösungen und Zuleitungen erneuern. Wenn möglich Bakterienfilter verwenden

Durchführung: Verbandwechsel beim ZVK mit Kompressenverband

Material	Handlung Schwester	Besonders zu beachten
– geöffnetes Verbandset	– chirurgische Händedesinfektion	
– Benzin und kleine Kompressen	– Pflasterstreifen mit einer benzingetränkten Kompresse lösen – Pflasterreste und den Verband entfernen – gebrauchtes Verbandmaterial sofort in die Nierenschale legen	– zum Verbandwechsel im Inkubator kein Benzin verwenden, wenn dem Kind Sauerstoff zugeführt wird
– Hautdesinfektionsmittel – Watteträger	– die Hautdesinfektion mit Hilfe der Watteträger von innen nach außen durchführen	– jede Veränderung der Wunde und der Katheterlage dem Arzt mitteilen
– Spray zum abdichten des Wundgebietes	– das Wundgebiet besprühen (Nobecutanspray)	
– Kompressen – Schere – Pinzette	– Kompresse mit der Pinzette festhalten und sie mit der Schere einschneiden. Mit Hilfe der zweiten Pinzette wird die Kompresse unter den Katheter gelegt. Darüber folgen eine kleine und eine große Kompresse	
– Pflaster	– Verband mit Pflaster gut befestigen	– zur Zugentlastung eine Katheterschlinge legen

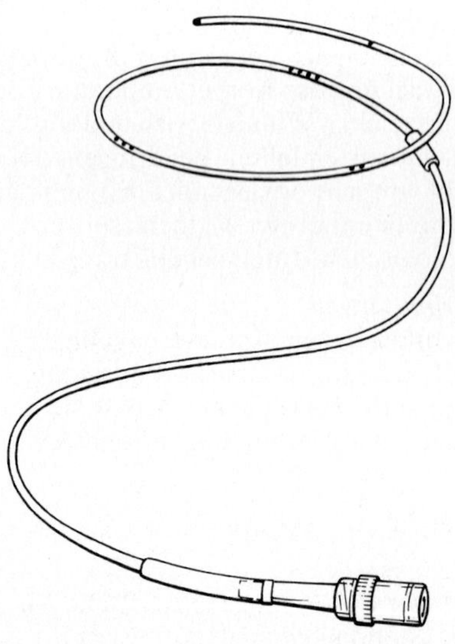

Abb. 17 Implantierbarer Gefäßkatheter mit Längenmarkierungen, Dacron-Manschette und Latex-Injektionskappe

8.4.6.5. Implantierbare Katheter mit externem Anteil

Es handelt sich um gewebefreundliche Silikonkatheter mit einer Dacron-Manschette zur Langzeitbehandlung, z. B. der Hickman-, Broviac- oder Groshong-Gefäßkatheter. Diese Katheter werden operativ unter sterilen Bedingungen gelegt. Der Katheter wird durch einen subkutanen Tunnel zu einer geeigneten Stelle geführt und bis zur V. cava vorgeschoben. Die Dacron-Manschette ermöglicht eine Verbindung mit dem Körpergewebe und vermindert dadurch die Bakterienwanderung. Bis die Dacron-Manschette eine feste Verbindung mit dem Körpergewebe hat, muß das extrakorporale Katheteransatzstück gut fixiert werden (Abb. 17).

Der Verband an der Kathetereintrittstelle wird täglich gewechselt, bis die Dacron-Manschette reizlos eingeheilt ist. Solange der Ka-

theter nicht zu therapeutischen oder diagnostischen Zwecken gebraucht wird, kann der sterile externe Anteil mit einem Luer-Lock-Injektionsstopfen versehen werden. Durch das Latexinnenlumen wird der Katheter punktiert und mit einem Heparinlock gefüllt und kann so über längere Zeit offen gehalten werden. Der externe Anteil wird steril verpackt und am Körper des Kindes sicher fixiert. Das Kind kann sich dann frei bewegen. Sportliche Aktivitäten sind eingeschränkt. Baden und Duschen sind möglich, wenn der externe Katheteranteil mit einer sterilen Klebefolie geschützt wird. Aus Sicherheitsgründen wird danach ein erneuter, steriler Verbandswechsel notwendig.
Der Groshong-Gefäßkatheter hat den Vorteil, daß er an seinem distalen Ende ein Ventil besitzt. Dieses bleibt geschlossen, solange der Katheter nicht benutzt wird. Das Ventil öffnet sich bei der Verabreichung von geringen Infusions- und Injektionsmengen (positiver Druck). Deshalb muß dieser Katheter nur mit isotoner Kochsalzlösung gespült werden. Dadurch werden Antikoagulanzien eingespart und die tägliche Katheterversorgung ist nicht so aufwendig.

Durchführung von Blutentnahmen, Medikamenteninstillation, Infusions- und Transfusionsbehandlung

- Entfernen des Kompressenverbandes am externen Katheteranteil.
- Desinfektion des externen Anteils auf einer sterilen Unterlage.
- Entfernung des Luer-Lock-Verschlußstopfen unter sterilen Bedingungen (sterile Handschuhe und Arbeitsfläche, Mundschutz).

Blutentnahme

- Durchspülen des Katheters mit isotoner Kochsalzlösung, evtl. Heparinlock vorher aspirieren und verwerfen.
- Entnahme von 10–20 ml Blut.
- Blutentnahme für die gewünschten Untersuchungen.
- Rückgabe des zuerst aspirierten Blutes.
- Durchspülen des Katheters mit isotoner Kochsalzlösung.
- Verschließen des Katheters mit dem Luer-Lock-Injektionsstopfen.
- Punktion des Latexinnenlumens und Setzen des Heparinlock (beim Katheter ohne Ventil).
- Anlegen eines sterilen Verbandes am externen Teil.

Medikamenteninstillation

- Durchspülen des Katheters mit isotoner Kochsalzlösung.
- Blut aspirieren.
- Medikament instillieren.
- Durchspülen mit isotoner Kochsalzlösung.
- Verschließen des Katheters mit dem Luer-Lock-Injektionsstopfen.
- Punktion des Latexinnenlumens und Setzen des Heparinlock (beim Katheter ohne Ventil).

Infusions- und Transfusionsbehandlung

- Durchspülen des Katheters mit isotoner Kochsalzlösung.
- Blut aspirieren.
- Infusionssystem oder Transfusionssystem anschließen und fixieren.
- Konnektionsstelle steril abdecken.
- Nach Beendigung der Infusions- oder Transfusionsbehandlung wird der Katheter wieder gespült.

Der Heparinlock besteht aus einer Mischung von isotoner Kochsalzlösung und Heparin. Die Heparindosierung ist sehr unterschiedlich und erfolgt nach ärztlicher Verordnung. Damit dem Kind keine Antikoagulanzien zugeführt werden, kann der Heparinlock vor dem erneuten Spülen des Katheters abgezogen und verworfen werden.

Komplikationen

Kein Blut zu aspirieren:
- Lagewechsel des Kindes.
- Arme über die Körperebene elevieren.
- Valsalva-Versuch.

Infektionen an der Kathetereintrittstelle ohne Fieberanstieg beim Kind:
- Wundabstrich auf pathogene Keime.
- Äußerliche Behandlung, z. B. mit Betaisadona-Salbe.
- Sorgfältige Überwachung des Kindes und der Kathetereintrittstelle.

Fieberanstieg beim Kind über 38 °C axillar:
- Verdacht einer Kathetersepsis.

Defekt am externen Anteil des Katheters:
- Abklemmung proximal des Defektes mit einer speziell ummantelten Klemme unter sterilen Bedingungen.
- Versuch der Katheterreparatur mittels Reparaturkits (ist im Reparaturset enthalten).

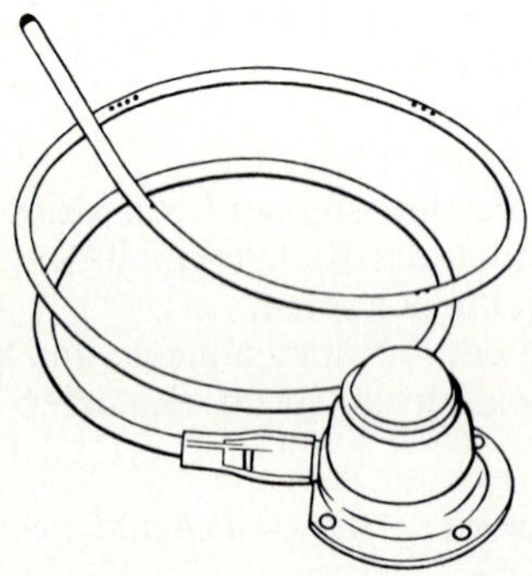

Abb. 18 Venöses Port-Injektionssystem

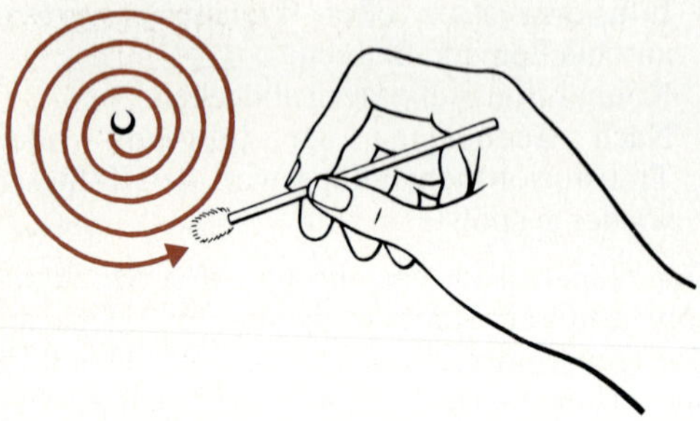

Abb. 19 Säuberung der Punktionsstelle

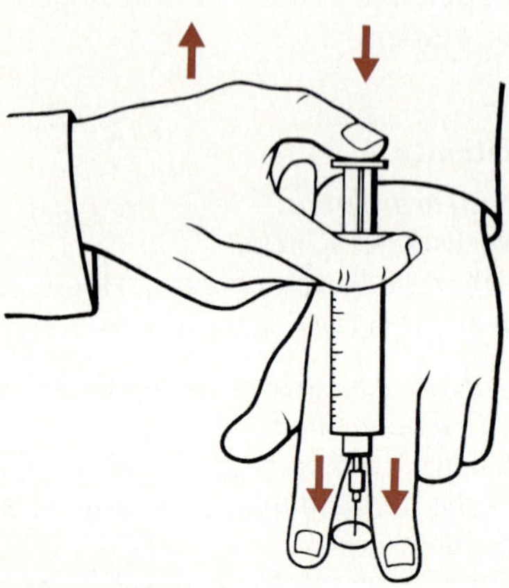

Abb. 20 Palpation der Port-Injektionsmembran zwischen den beiden Fingern. Punktion senkrecht durch die Haut und die Injektionsmembran bis an den Boden der Injektionskammer

8.4.6.6. Vollimplantierbare Port-Kathetersysteme

Diese Kathetersysteme werden zur Langzeitbehandlung bei Kindern in jedem Lebensalter vermehrt verwendet. Das Kathetersystem hat zwei Hauptbestandteile: einerseits das *Punktionssystem,* bestehend aus dem Portgehäuse mit einer Silikonmembran, andererseits einen röntgendichten *Katheter* (Abb. 18).
Das Kathetersystem wird operativ implantiert, dabei sind verschiedene Implantationsorte möglich. Wichtig ist, daß der Port zur leichten Palpation auf einem nicht verschiebbaren (knochigen) Untergrund subkutan befestigt ist.
Für komplexe Therapien gibt es Doppellumenkatheter mit Doppel-Ports. Das Port-Kathetersystem kann unmittelbar nach der Implantation zur Behandlung verwendet werden. Wenn die Möglichkeit besteht, ist es günstiger zu warten, bis die Inzisionsstellen abgeheilt sind.

Durchführung von Blutentnahmen, Medikamenteninstillation, Infusions- und Transfusionsbehandlung

Alle Maßnahmen am Port müssen unter *sterilen Bedingungen* durchgeführt werden. Zur Punktion müssen spezielle Punktionskanülen (Huber-Nadeln) verwendet werden, damit die Silikonmembran nicht beschädigt wird. Das Spülen des Kathetersystems soll mit 10-ml-Spritzen erfolgen. Durch Spritzen mit geringeren Rauminhalten könnte ein zu hoher Druck innerhalb des Injektionssystems entstehen. Die Punktionen dürfen nur von geübten Personen durchgeführt werden.

Vorbereitung der Punktionsstelle
- Die Haut um die Port-Injektionsstelle unter aseptischen Bedingungen mit einem Hautdesinfektionsmittel säubern. Beginnend über dem Port mit nach außen gerichteten Spiralbewegungen ohne ein zweites Mal die gleiche Fläche zu berühren (Abb. 19).

Vorbereitung der Punktion
- Eine 10-ml-Spritze mit isotoner Kochsalzlösung wird über einen Dreiwegehahn mit der Huber-Nadel verbunden und das System mit der Kochsalzlösung luftfrei gemacht.
- Dreiwegehahn schließen.
- Lokalisieren des Ports mittels Palpation.

- Nadel senkrecht zur Punktionsstelle halten (Abb. 20).
- Nadel durch die Haut und die Port-Membran bis zum Auftreffen auf den Boden der Port-Kammer einführen.
- Dreiwegehahn öffnen.
- Kathetersystem vorsichtig mit isotoner Kochsalzlösung spülen.
- Dreiwegehahn schließen.
- 10-ml-Spritze wechseln und Blut aspirieren.
- Blutentnahme oder Medikamenteninstillation vornehmen und bei jedem Umsetzen der Spritze den Dreiwegehahn zum Port verschließen.
- Danach das Kathetersystem mit isotoner Kochsalzlösung spülen und mit einer Mischung aus isotoner Kochsalzlösung und Heparin (Heparinlock) füllen.
- Die Nadel unter einem leicht positiven Injektionsdruck mit leichtem Gegendruck auf den Port herausziehen.
- Injektionsstelle desinfizieren.

Das gleiche Vorgehen gilt auch für die Infusions- und Transfusionsbehandlung. Die Punktion des Ports erfolgt dann mit einer 90 Grad gebogenen Huber-Nadel. Die Nadel wird sicher durch das Unterlegen mit einer Kompresse und einem Folienverband fixiert. Die Injektionsstelle kann dann während der Behandlung genau beobachtet werden. Veränderungen der Punktionsstelle, z. B. Hämatom, Schwellung oder Infektion, erfordern eine sofortige Information des Arztes.

Pflege des Kindes mit einem vollimplantierten Port-Kathetersystem

- Bei Nichtbenutzung ca. alle 4–6 Wochen Erneuerung des Heparinlock nach vorheriger Spülung des Kathetersystems mit isotoner Kochsalzlösung.
- Haut über dem Port häufig kontrollieren.
- Das Allgemeinbefinden des Kindes gut beobachten.
- Bei Komplikationen jeder Art sofort den Arzt informieren.
- Alle Aktivitäten des täglichen Lebens sind erlaubt inklusive Schwimmen, Duschen und Baden.

Beachte: Der zentrale Venenkatheter stellt eine offene Verbindung zum zentralen Venensystem dar. Jede Trennung von der Infusionszuleitung zum Katheter bedeutet für das Kind eine erhöhte Infektionsgefahr. Deshalb unnötige Manipulationen vermeiden!

8.4.7. Invasive Druckmessung

E. Schneider

Strukturnetz

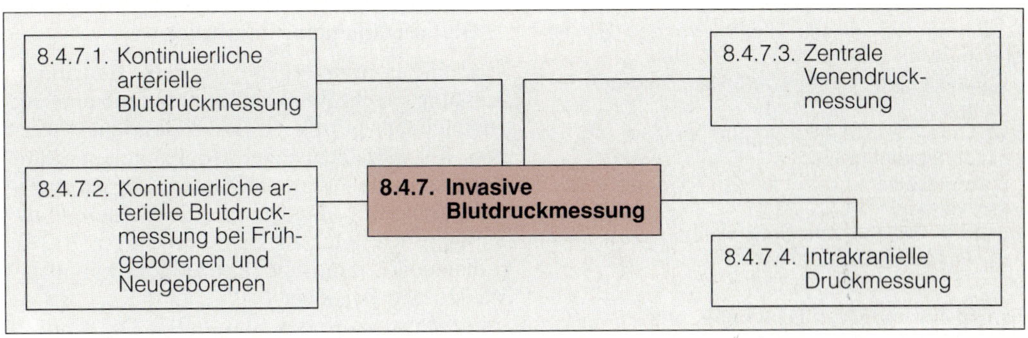

8.4.7.1. Kontinuierliche arterielle Blutdruckmessung

Notwendige Vorkenntnisse

- Anatomie und Physiologie von Herz, Atmung und Kreislauf,
- Schockarten (Kap. 8.7.13.1.),
- Blutentnahme zur Blutgasanalyse (S. 569),
- zentrale Venenkatheter (Kap. 8.4.6.),
- Grundlagen der Asepsis.

Strukturnetz

Lehrziel

Bei schwerkranken oder frischoperierten Patienten mit labilem Kreislauf gibt die kontinuierliche arterielle Druckmessung fortwährend Informationen über die Kreislaufsituation. Veränderungen können sofort erkannt werden.
In diesem Teilkapitel wird die Vorbereitung und Durchführung beschrieben. Die Schwester erfährt, welche besonderen Gefahren bei der arteriellen Druckmessung für den Patienten entstehen und welcher besonderen Pflege und Betreuung er bedarf.

Lernziele

Nach Erarbeiten dieses Themas können Sie beschreiben:
- was eine kontinuierliche arterielle Blutdruckmessung ist;
- welches Material dazu vorbereitet wird und wie sie durchgeführt wird;
- welche Gefahren dabei für den Patienten entstehen können,
- welcher besonderen Überwachung und Pflege der Patient bedarf.

Prinzip der invasiven Druckmessung

Ein direkt in einem Gefäß liegender Katheter wird mit einem mit Flüssigkeit (isotone Kochsalzlösung) gefüllten System verbunden und an einem Druckwandler (Transducer) angeschlossen. Über die Flüssigkeitssäule empfängt der Druckwandler Druckschwankungen vom Gefäß, wandelt sie in elektrische Signale um, die dann auf das Anzeigeinstrument übertragen werden.

Indikationen

Die Indikationen zur kontinuierlichen arteriellen Druckmessung sind:

- Schockzustände,
- kontinuierliche Überwachung von Patienten mit schwankenden Blutdruckwerten (instabiler Kreislauf),
- Situationen, in denen eine sichere unblutige Blutdruckmessung unmöglich ist.

Um eine kontinuierliche arterielle Blutdruckmessung durchführen zu können, muß eine gut zugängliche, periphere Arterie kanüliert werden. Es gibt dazu zwei Möglichkeiten. Man punktiert eine Arterie mit einer Kunststoffverweilkanüle mit Mandrin oder legt einen dünnlumigen Katheter in eine Arterie, z. B. A. radialis oder femoralis (geschieht auf ähnliche Weise, wie bei Kap. 6.10.3. und Kap. 8.4.6. unter Anpassung des Materials). Die Kanüle oder der Katheter wird mit dem Druckmeßsystem, dem Druckwandler (Transducer) und dem Registriergerät verbunden. Damit die arterielle Blutdruckmessung einwandfrei funktioniert und der Arterienkatheter nicht verstopft, ist eine kontinuierliche Spülung (evtl. mit heparinisierter Lösung) unter konstantem Druck notwendig.

Zubehör für die Druckmessung

- Druckmonitor,
- Druckwandler (Transducer),
- Druckspülsystem (Intraflo),
- Druckbeutel für Spülsystem,
- tropfkammerloses Infusionssystem,
- 500 ml Elektrolytlösung (evtl. Heparinzusatz),
- starre, dünnlumige Zuleitung,
- Verteilerbank oder Dreiweghähne (Mehrfachdreiweghahn),
- Mundschutz, Nadeln, Spritzen.

Vorbereitung des Druckmeßsystems

Unter Beachtung von strenger Asepsis richtet die Kinderkrankenschwester das Druckmeßsystem in der Anordnung, wie z. B. in Abb. 21 und 22 zu sehen ist. Anschließend macht sie es luftleer.

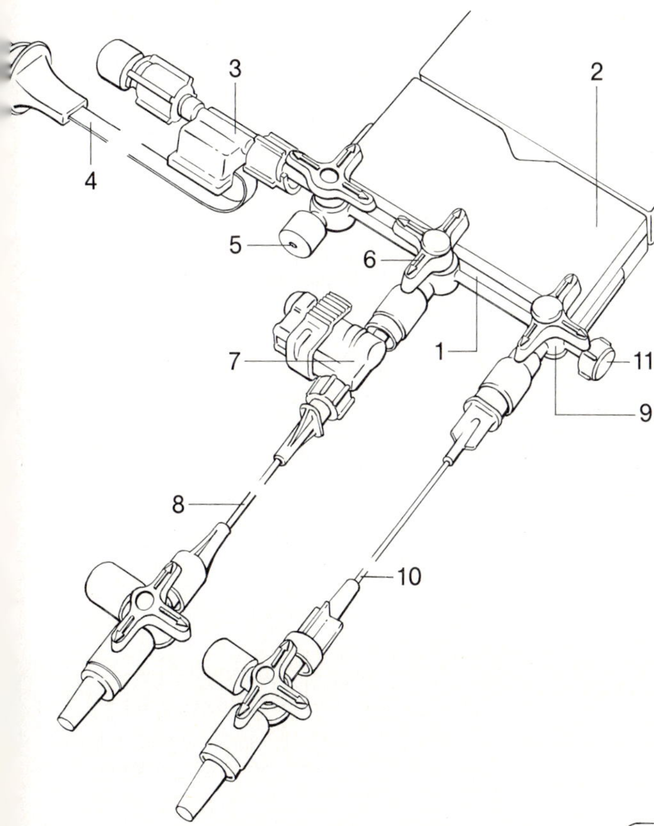

Abb. 21 Druckmeßsystem: 1 Verteilerbank, 2 Halterung, 3 Druckwandler (Transducer), 4 Verbindungskabel zum Druckmonitor, 5 Ausgang für Nullabgleich, 6 Ausgang für arterielle Druckmessung, 7 Intraflo (Durchflußregler, begrenzt auf 3 ml/h), 8 Zuleitung zum Arterienkatheter, 9 Ausgang für zentrale Venendruckmessung, 10 Zuleitung zum zentralen Venenkatheter, 11 Eingang für Infusionsbesteck

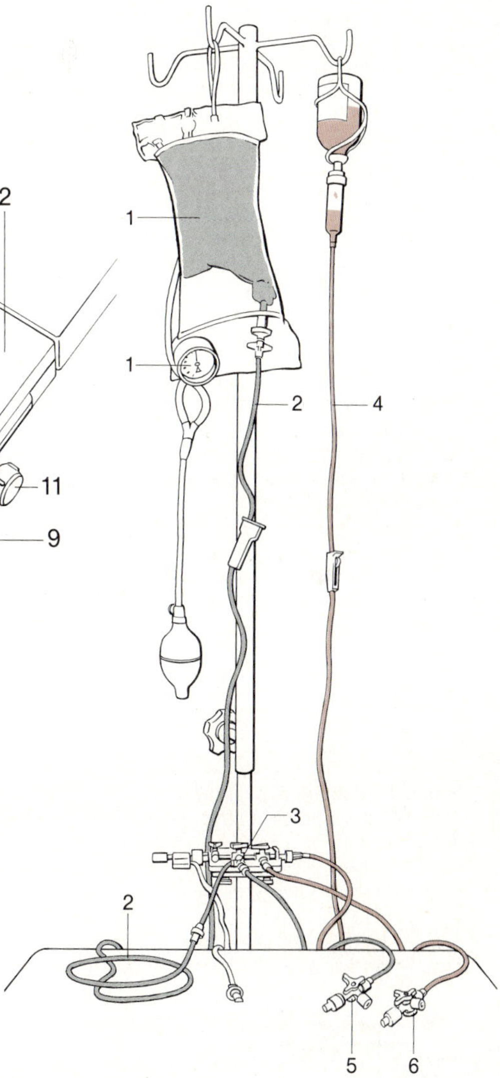

Abb. 22 Druckspülsystem: 1 Elektrolytlösung mit Druckbeutel, 2 tropfkammerloses Infusionssystem, 3 Verteilerbank, 4 Infusion, 5 Zuleitung zum Arterienkatheter, 6 Zuleitung zum Venenkatheter

Handlungsschema: Vorbereitung des Druckmeß-Systems
Druckmeß-System wenn möglich vor Lamminarairflow richten.

1. Druckbeutel in Reichweite halten.
2. zusammengesetztes Druckmeß-System bereitlegen.
3. Elektrolytlösung und Heparin bereitstellen.
4. tropfkammerloses Infusionssystem, Spritze, Nadeln richten.
5. Mundschutz aufsetzen (wenn kein Lamminarairflow).
6. hygienische Händedesinfektion durchführen.
7. Heparin in Spritze aufziehen.
8. mit feiner Nadel durch Gummistopfen in Elektrolytlösung spritzen.
9. Beutel beschriften.
10. tropfkammerloses Infusionsbesteck an den Infusionsbeutel anschließen.
11. Rollklemme nahe an den Auslauf schieben und schließen.
12. Auslauf des Infusionsbesteckes in die eine Hand, Infusionsbeutel mit Auslauf nach oben in die andere Hand nehmen.
13. Rollklemme wenig öffnen und unter ständigem Druck auf den Infusionsbeutel Beutel und Infusionsbesteck luftfrei lassen.
14. Rollklemme schließen.
15. Druckbeutel um Elektrolytlösung legen und auf 300 mmHg aufblasen.
16. Beutel aufhängen.
17. Infusionsbesteck am Inflaflo anschließen und Rollklemme öffnen.
18. Durchflußregelung am Inflaflo aufheben durch Ziehen an der roten Fahne oder Drücken auf die Klammer (Abb. 23).
19. Ganzes Druckmeßsystem inkl. Druckwandler luftfrei füllen.
20. an Arterienkatheter oder -kanüle anschließen.

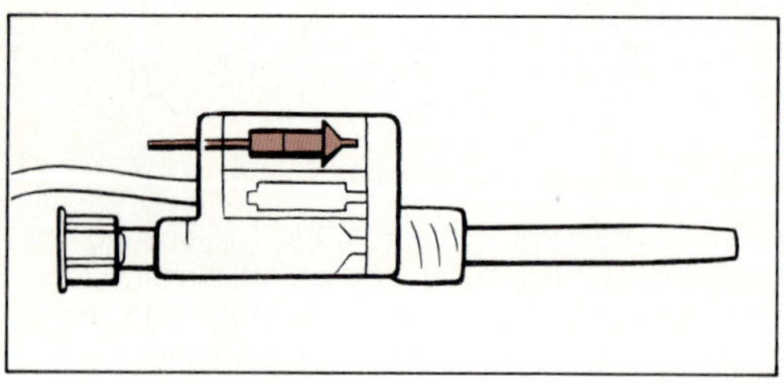

Abb. 23 Durchflußregler (Infraflo), begrenzt den Durchfluß der Spüllösung 3 ml/h. Durch Zug an der roten Fahne oder Druck auf die Klammer wird die Begrenzung aufgehoben und der Arterienkatheter mit Elektrolytlösung durchgespült

Der Infusionsbeutel und das -besteck müssen absolut luftleer sein, damit bei Notfalltransporten, wenn der Druckbeutel auf die Krankentrage gelegt wird, keine Luft in das System gepreßt wird.

Beachte: Luft im System der kontinuierlichen arteriellen Blutdruckmessung bedeutet *Emboliegefahr.*

Nullpunktbestimmung und Nullabgleich

Der rechte Vorhof dient als Referenzpunkt zur blutigen Druckmessung. Die Kinderkrankenschwester bestimmt den Referenzpunkt = Nullpunkt am Thorax mit der Schublehre (Abb. 26) und bezeichnet ihn mit einem Stift. Den Druckwandler mit Verteilerblock fixiert sie in der Halterung an einer Infusionsstange am Kopfende des Bettes. Er muß auf gleicher Höhe sein wie der Thorax. Mit der Wasserwaage prüft sie, ob der Druckwandler und der Nullpunkt auf gleicher Höhe sind.
Das Kabel des Druckwandlers verbindet sie mit dem Druckmonitor, stellt ihn ein und macht den Nullabgleich.
Unter Nullabgleich versteht man die Kalibrierung des Druckmonitors auf Nulldruck, d. h. auf den Referenzpunkt.
Die Kinderkrankenschwester öffnet den Dreiwegehahn beim Druckwandler zur Atmosphäre (Luft). Der Druck auf der Membran des Druckwandlers ist jetzt Null und durch Drükken der speziellen Nullpunkttaste wird das Gerät auf Null kalibriert. Auf dem Anzeigeschirm erscheint die Nullinie und der Wert auf der Digitalanzeige ist 0 mmHg.

Durchführung der Druckmessung

Ist der Nullabgleich abgeschlossen, verschließt die Kinderkrankenschwester den Dreiwegehahn zur Atmosphäre und öffnet ihn zur Arterie. Auf dem Anzeigeschirm erscheint nun die arterielle Druckkurve und auf der Digitalanzeige wechseln die Zahlen der systolischen und diastolischen Blutdruckwerte. Durch Drücken einer speziellen Taste kann auch der mittlere arterielle Druck abgerufen werden. Die Kinderkrankenschwester wählt die Verstärkung am Druckmonitor so, daß die Druckkurve in Bildmitte erscheint und gut beurteilbar ist (Abb. 24).
Mit je einem Drehknopf für die untere und obere Blutdruckgrenze stellt die Kinderkrankenschwester die Grenzen für den jeweiligen Patienten ein.

Vorteile, Gefahren und Störungen der arteriellen Blutdruckmessung

Vorteile

- Kontinuierliche Messung.
- Dauerhafte Meßgenauigkeit.
- Rasches Erkennen von hämodynamischen Störungen.
- Direkte Beobachtung der hämodynamischen Auswirkung bei Rhythmusstörungen.
- Zugang für arterielle Blutproben: Blutgase, Sättigung und Säure-Basen-Haushalt.

Gefahren

- Verletzung der Arterie mit Blutung.
- Arterielle Blutung beim Auseinanderfallen des Systems.

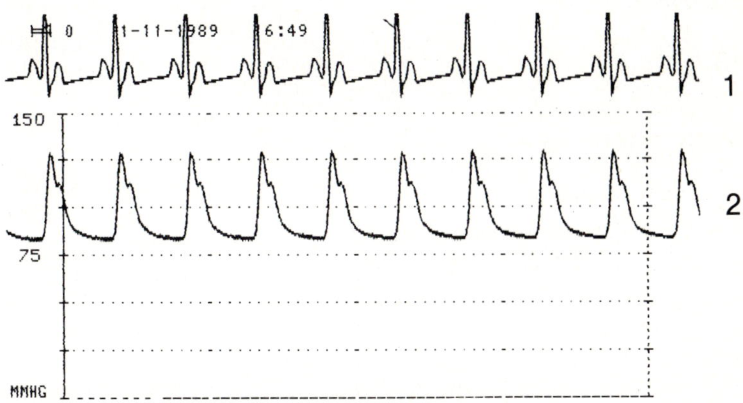

Abb. 24
EKG und Blutdruckkurve:
1 EKG-Aufzeichnung,
2 arterielle Blutdruckkurve

- Teilweiser oder kompletter Verschluß der Arterie durch Thrombus (fehlende Durchblutung eines Gliedes).
- Luftembolie.
- Sepsis.
- Verstopfen des Arterienkatheters bei ungenügender Spülung.

Die häufigsten Störungen sind:

- Schleuderzacken; sie entstehen z. B. durch zu lange Zuleitungen,
- gedämpfte Kurve; Luft oder Blutgerinnsel im System,
- Druck wird zu hoch oder zu niedrig angezeigt, weil der Druckumwandler unter oder über dem Referenzpunkt liegt, oder der Druckwandler falsch abgeglichen ist.

Dazu kommen Störungen bei defekten Geräten, Kabeln usw.

Überwachung und Pflegemaßnahmen

Die Überwachung und Pflege eines Kindes mit arterieller Druckmessung erfolgt wie bei allen schwerkranken Patienten.
Auf folgende Punkte muß die Kinderkrankenschwester besonders achten:

- Das Kind darf nie ohne Aufsicht sein, damit Komplikationen der Druckmessung sofort bemerkt werden können.
- Die Extremität, an der der Katheter angebracht ist, nie zudecken, um Veränderungen von Hautfarbe und Temperatur oder Auftreten von weißen Flecken an der Extremität sofort zu erkennen.
- Bei Femoraliskatheter keine Windeln oder Pampers anziehen.
- Keine Bauchlage bei liegendem Femoraliskatheter.

> **Beachte:** Beim Auftreten von weißen Fingern, Zehen, Händen oder Füßen Spülung sofort abstellen, erfahrenen Arzt rufen, Katheter niemals herausziehen.

Besondere Maßnahmen

Die Kinderkrankenschwester achtet auf folgende Punkte bezüglich Druckmessung:

- 3mal täglich kontrolliert sie den Nullpunkt und führt den Nullabgleich durch.
- 3mal täglich mißt sie den Blutdruck mit der Manschette und vergleicht die Werte.
- Sie prüft den Füllungsdruck der Druckmanschette (300 mmHg) am Infusionsbeutel.
- Sie spritzt nie Blut oder Medikamente in eine Arterie.
- Sie spült nie direkt mit einer Spritze, nur mit dem Infraflo der kontinuierlichen Spülung.
- Bei Blutentnahmen aus dem Arterienkatheter stellt sie an der Verteilerbank auf Nulldruck, damit sich der Manschettendruck (300 mmHg) nicht auf den Druckwandler fortleitet.
- Verbandwechsel wird nur vorgenommen, wenn die Kompresse blutig oder feucht ist, sonst 1- bis 2mal pro Woche (immer von 2 Schwestern, weil die Kanüle evtl. nicht angenäht ist).

Entfernung des Arterienkatheters

Ist die arterielle Druckmessung nicht mehr notwendig, entfernt der Arzt die Kanüle oder den Katheter. Er komprimiert die Einstichstelle während mindestens 10 Minuten, damit kein Hämatom entsteht.
Das Druckmeßsystem und die Dreiwegehähne wechselt die Schwester nach hausinternen Regeln.

Blutdruckwerte

Die Blutdruckwerte sind je nach Alter und Erkrankung sehr verschieden. Die minimalen und maximalen Grenzwerte werden vom Arzt für den jeweiligen Patienten festgelegt.

8.4.7.2. Kontinuierliche arterielle Druckmessung bei Neugeborenen (und Frühgeborenen)

Notwendige Vorkenntnisse

- Anatomie und Physiologie von Herz, Atmung und Kreislauf,
- Pflege des Kindes mit Nabelarterienkatheter,
- Blutentnahme zur Blutgasanalyse (S. 569),
- invasive Druckmessung (Kap. 8.4.7.1.),
- Grundlagen der Asepsis,
- Sauerstofftherapie,
- Infusionen und parenterale Ernährung.

Strukturnetz

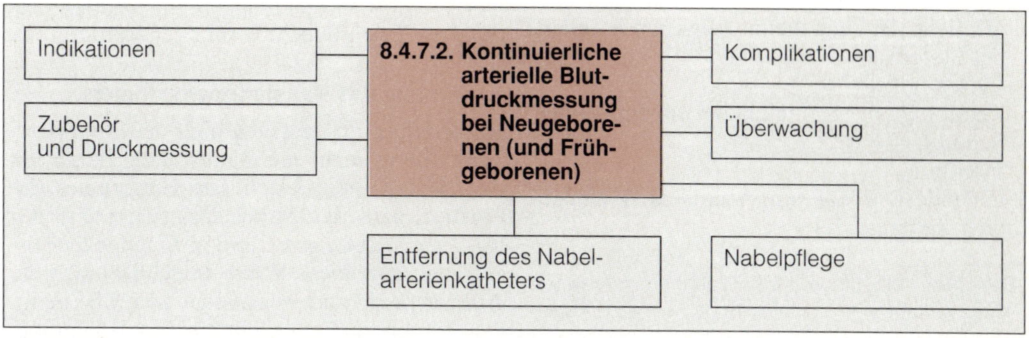

Lehrziel

Die kontinuierliche arterielle Blutdruckmessung über den Nabelarterienkatheter bei Frühgeborenen und Neugeborenen dient dazu, Blutdruckschwankungen rasch wahrzunehmen und die Infusions- und Medikamententherapie gut zu überwachen.
Sie erfahren in diesem Abschnitt, wie die Druckmessung durchgeführt wird und worauf Sie besonders achten müssen.

Lernziele

Nach Erarbeiten dieses Abschnittes können Sie:

- die Handhabung der Blutdruckmessung über den Nabelarterienkatheter erklären,
- die Komplikationen aufzählen,
- die Besonderheiten bei der Pflege und Überwachung schildern.

Indikationen

Indikationen zur kontinuierlichen arteriellen Druckmessung bei Neugeborenen und Frühgeborenen können sein:

- instabiler Kreislauf,
- Medikamententherapie bei persistierendem fetalem Kreislauf,
- Medikamententherapie bei Neugeborenen mit angeborenen Herzfehlern,
- schwere infektiöse Zustände,
- O_2-Therapie von mehr als 40–50%.

Bei Neugeborenen und Frühgeborenen kann innerhalb der ersten Lebensstunden und -tage ein Katheter in eine Nabelarterie gelegt werden. Voraussetzung ist, daß der Nabelschnurrest nicht zu kurz abgeschnitten ist und die Nabelgefäße noch nicht eingetrocknet sind. Ein Nabelarterienkatheter wird wie ein Nabelvenenkatheter (S. 287) eingelegt. Die Spitze des Nabelarterienkatheters liegt auf der Höhe von Lendenwirbel 3–4.

Zubehör und Druckmessung

Die Schwester richtet das Zubehör wie in Kap. 8.4.7.1., aber ohne Druckbeutel und Spüllösung. Das Druckmeßsystem wird luftleer gemacht mit einer mit isotoner Kochsalzlösung gefüllten Spritze und mit dem Nabelarterienkatheter verbunden.
Der Nabelarterienkatheter wird kontinuierlich perfundiert. Dazu kann heparinisierte Mischinfusion oder parenterale Ernährung verwendet werden. Mit einer Perfusorspritze können 1–3 ml/h über den Intraflo infundiert werden. Bei einer Infusionsmenge von mehr als 3 ml/h, muß der Rest parallel einlaufen.
Der *Referenzpunkt* (Nullpunkt) für die Druckmessung liegt auf Vorhofhöhe. Der Nullabgleich und die Druckmessung werden durchgeführt wie bei Kap. 8.4.7.1.
Bei *Blutentnahmen* aus dem Nabelarterienkatheter muß genügend Blut aspiriert werden, damit das zu untersuchende Blut nicht mit der Infusionslösung vermischt ist. Aspiriertes Blut darf in den Nabelarterienkatheter zurückgegeben werden. Damit der Katheter wieder blutfrei ist, muß mit isotoner Kochsalzlösung nachgespült werden.

Beachte: Es darf keine Luft in den Nabelarterienkatheter gelangen. *Luftemboliegefahr!*

Komplikationen

Komplikationen bei der kontinuierlichen arteriellen Blutdruckmessung über einen Nabelarterienkatheter können sein:

- Thromben durch geronnenes Blut im Katheter,
- arterielle Blutung beim Auseinanderfallen des Systems,
- Luftembolie,
- Verstopfen des Katheters bei ungenügender Spülung,
- Infektion,
- fehlende Durchblutung von Beinen, Füßen oder Zehen.

Beachte: Alle diese Komplikationen müssen von der Schwester rasch bemerkt werden. Deshalb darf ein Neugeborenes oder Frühgeborenes mit Nabelarterienkatheter *nie* unbeaufsichtigt sein.

Überwachung

Zusätzlich zur allgemeinen Überwachung eines schwerkranken Säuglings kontrolliert die Schwester die Temperatur an den Füßen und achtet auf blaue oder weiße Flecken an Gesäß, Fersen und Zehen (keine Socken und Windeln anziehen).

Nabelpflege

Der Nabel wird 3mal täglich mit Alkohol desinfiziert. Er muß nicht verbunden werden.

Entfernung des Nabelarterienkatheters

Ist die Blutdruckmessung über den Nabelarterienkatheter nicht mehr notwendig, kann ihn der Arzt ziehen. Nach der Entfernung der Fixation wird der Nabel desinfiziert und der Katheter sehr *langsam* und in *Etappen* herausgezogen. Auf diese Weise verschließt sich die Arterie rasch und es entsteht keine Blutung. Der Nabel wird mit einer sterilen Kompresse verbunden und kontrolliert, ob er nicht nachblutet.

Beachte: Um eine Nachblutung rechtzeitig festzustellen, macht die Schwester Kontrollen in kurzen Abständen.
Nachblutungen sind lebensgefährlich!

8.4.7.3. Zentrale Venendruckmessung

Notwendige Vorkenntnisse

- Anatomie des venösen Kreislaufsystems,
- invasive Druckmessung (Kap. 8.4.7.),
- Grundkenntnisse der Infusionstherapie (S. 278),
- Pflege des Kindes mit zentralem Venenkatheter (Kap. 8.4.6.).

Strukturnetz

8.4.7.3. Zentrale Venendruckmessung

- Allgemeines
- Indikationen
- Lagerung des Patienten
- Fehler und Komplikationen
- Beurteilung der Messwerte
- Betreuung des Patienten

Elektronische zentrale Venendruckmessung

- über Verteilerbank kombiniert mit kontinuierlicher arterieller Blutdruckmessung

Zentrale Venendruckmessung mit Flüssigkeitsmanometer

- Lagerung des Patienten
- Material
- Nullpunktbestimmung
- Durchführung der Venendruckmessung

Definition

Unter zentralem Venendruck (ZVD) versteht man den Druck im klappenlosen Hohlvenensystem unmittelbar vor der Einmündung in den rechten Vorhof.

Lehrziel

Die zentrale Venendruckmessung dient zur Beurteilung des Blutvolumens und der Herzleistung. Die Meßwerte sind wichtige Anhaltspunkte zur Gesamtbeurteilung des Patienten. In diesem Teilkapitel erfährt die Schwester, auf welche beiden Arten ZVD gemessen werden kann und welche Besonderheiten beachtet werden müssen.

Lernziele

Nach Durcharbeiten dieses Teilkapitels können Sie:
- die Indikationen zur zentralen Venendruckmessung aufzählen,
- das Material richten und den Nullpunkt einstellen,
- erklären, wie beide Messungen durchgeführt werden,
- aufzählen, wie falsche Meßwerte entstehen können.

Allgemeines

Der zentrale Venendruck kann über ein mit isotoner Kochsalzlösung gefülltes Flüssigkeitsmanometer (Steigrohr) oder über einen elektronischen Druckwandler gemessen werden. Voraussetzung ist ein gut funktionierender, zentral liegender Venenkatheter.
Der zentrale Venendruck wird nicht kontinuierlich gemessen, sondern 1- bis 2stündlich. Damit der Katheter nicht verstopft, läßt man die Grundinfusion darüber einlaufen und unterbricht nur kurz für die Messung.

Indikationen

Indikationen zur Messung des zentralen Venendruckes sind:

- Störungen des Flüssigkeitshaushaltes (Hypo- und Hypervolämie),
- Überwachung der Volumentherapie bei Blutungen, Schock, schweren Infektionen, Schwerverletzten,
- schwere Herzinsuffizienz,
- Herzoperationen.

Elektronische zentrale Venendruckmessung

Der zentrale Venendruck kann allein oder kombiniert mit dem arteriellen Druck über die Verteilerbank gemessen werden (Abb. 21).
Das ganze Druckmeßsystem ist luftfrei gefüllt mit isotoner Kochsalzlösung. Die luftleere Zuleitung (6 in Abb. 21) des Druckmeßsystems wird mit dem Venenkatheter verbunden. Die Schwester führt die *Nullpunktbestimmung* und *den Nullabgleich* durch (S. 595).

Lagerung des Patienten

Zur zentralen Venendruckmessung kann der Patient, je nach Befinden, in flacher Rückenlage oder leichter Oberkörper-Hochlagerung sein. Wichtig ist, daß immer in der gleichen Lage gemessen wird und der Nullpunkt immer auf gleicher Höhe ist, wie der Druckwandler.

Venendruckmessung über Verteilerbank bei kontinuierlicher Arteriendruckmessung

Wird zentraler Venendruck gemessen über die Verteilerbank bei gleichzeitiger arterieller Blutdruckmessung, mißt man im *Hoch- und Niederdrucksystem* mit der gleichen Meßeinrichtung.

Handlungsschema

1. Hahn zur arteriellen Druckmessung schließen
2. Alle Infusionen, die über den zentralen Venenkatheter einlaufen, abstellen
3. Hahn zur Infusion schließen, d.h. die Verbindung vom Venenkatheter zum Druckwandler ist offen
4. Am Druckmonitor (Bildschirm) Verstärkung für zentralen Venendruck wählen
5. Qualität der Venendruckkurve überprüfen und Wert aufschreiben (mmHg)
6. Hahn vom Venendruck zum Druckwandler schließen, d.h. die Verbindung von Infusion und Venenkatheter ist wieder hergestellt.
7. Alle Infusionen wieder einschalten
8. Hahn öffnen von der arteriellen Zuleitung zum Druckwandler
9. Verstärkung am Bildschirm wählen für die arterielle Druckmessung

Beachte: Falsche Stellung der Dreiwegehähne kann zu Pannen führen.

Die Kurve des Venendruckes muß puls- und atemsynchron sein. Ist dies nicht der Fall, muß nach Fehlern gesucht werden.

Fehler und Störungen

Falsche Werte bei Venendruckmessung können auftreten wenn:

- die Katheterspitze nicht richtig liegt,
- der Nullpunkt und der Nullabgleich nicht stimmen,
- der Katheter abgeknickt oder verstopft ist,
- Zusatzinfusionen, die in den gleichen Katheter fließen, nicht abgestellt sind,
- der Patient preßt oder hustet,
- technische Störungen vorliegen.

Beurteilung der Meßwerte

Normalwerte (5–10 cmH_2O/3,5–7 mmHg)
Der zentrale Venendruck hat einen breiten Normbereich. Abgesehen von eindeutigen Abweichungen vom Normbereich, ist eine Verlaufskontrolle des Venendruckes aussagekräftiger als ein Einzelwert.
Erhöhter zentraler Venendruck kann entstehen durch:

- Hypervolämie,
- Rechtsherzinsuffizienz,
- Lungenembolie.

Extrem hoher zentraler Venendruck entsteht durch:

- Perikardtamponade,
- Perikarderguß,
- Perikardemphysem,
- Panzerherz,
- Pneumoperikard,
- Spannungspneumothorax.

Niedriger Venendruck kann entstehen durch:

- Hypovolämie,
- Sepsis,
- Schock.

Druckschwankungen entstehen durch Husten, Pressen und Medikamente.

Zentrale Venendruckmessung mit Flüssigkeitsmanometer (Abb. 25)

Steht kein Druckmonitor zur Verfügung, kann eine Venendruckmessung ohne weiteres über ein Flüssigkeitsmanometer gemacht werden.

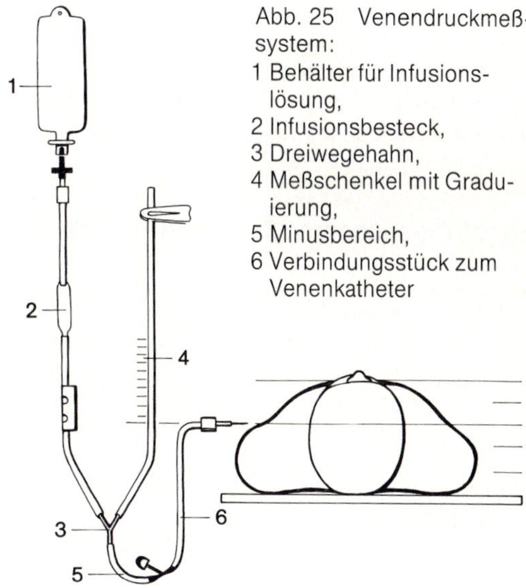

Abb. 25 Venendruckmeß-system:
1 Behälter für Infusionslösung,
2 Infusionsbesteck,
3 Dreiwegehahn,
4 Meßschenkel mit Graduierung,
5 Minusbereich,
6 Verbindungsstück zum Venenkatheter

Lagerung des Patienten

Je nach Befinden des Patienten, kann die zentrale Venendruckmessung in flacher Rückenlage oder leichter Oberkörper-Hochlagerung erfolgen. Wichtig ist, daß immer in gleicher Lage gemessen wird und der Nullpunkt am Meßsystem und die Markierung am Thorax übereinstimmen.

Material

- Einweg-Venendruckmeß-System, graduiert,
- physiologische Kochsalzlösung 100 ml,
- Infusionsbesteck,
- Dreiwegehahn,
- Verbindungsstück zum Venenkatheter; wichtig ist, daß der Meßschenkel einen Minusbereich hat. Dieser Minusbereich (Syphon) ist notwendig für Meßwerte, die z. B. bei hypovolämischen Patienten unter den Nullpunkt abfallen,
- Schublehre
- Fettstift zur Nullpunktmarkierung.

Nullpunktbestimmung

Der rechte Vorhof des Herzens liegt an einem Punkt, der vom Sternum ⅖ und von der Wirbelsäule ⅗ des Gesamtdurchmessers des Thorax entfernt ist. Die Thoraxschublehre nach Burri und Perren stellt dieses Meßverhältnis bei jedem Thoraxdurchmesser ein (Abb. 26a).

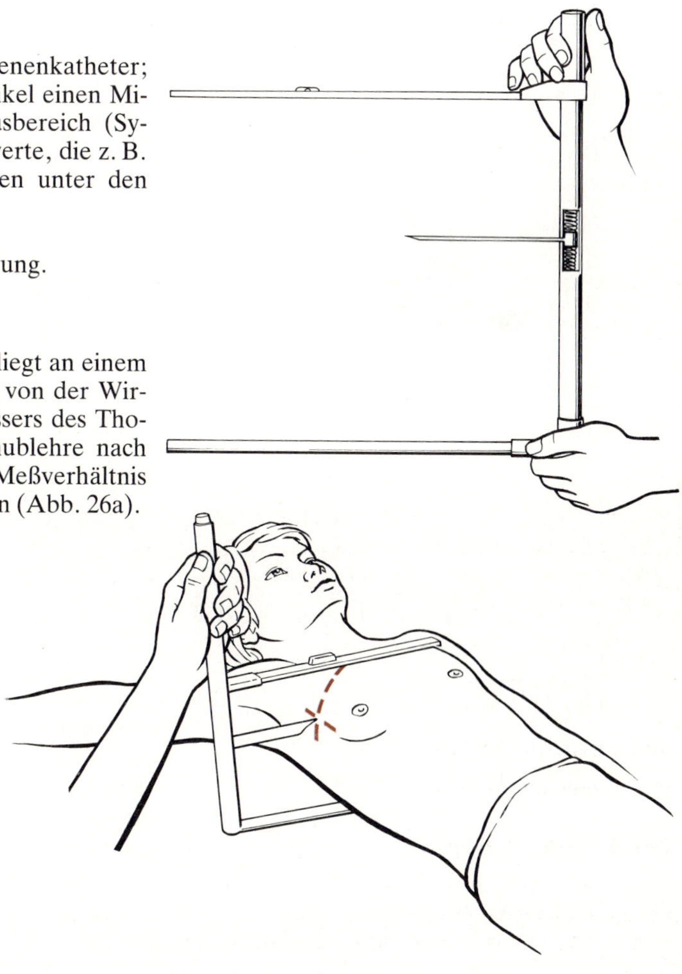

Abb. 26a Thoraxschublehre (nach Burri und Perren) zur Nullpunktbestimmung,
b) Nullpunktbestimmung mit der Schublehre

Die Schublehre wird von der rechten Körperseite mit dem unteren Schenkel unter den Thorax des Patienten geschoben.

Der Schenkel mit der Wasserwaage befindet sich auf dem Thorax des Patienten am oberen Teil des Brustbeins. Die Wasserwaage wird genau austariert und der Nullpunkt in der Höhe des mittleren kurzen Zeigers angezeichnet (Abb. 26b).

Handlungsschema: Durchführung der Venendruckmessung

1. Das Kind liegt in Rückenlage flach im Bett
2. Thoraxschublehre von der rechten Seite mit dem unteren Schenkel unter den Thorax schieben
3. Den oberen Schenkel mit der Wasserwaage austarieren
4. Nullpunkt am mittleren Zeiger mit dem Fettstift deutlich markieren. Schublehre herausnehmen
5. Meßskala vom Venendruckmeßsystem an einem Infusionsständer befestigen
6. Nullpunktmarkierung am Thorax mit dem Nullpunkt der Meßskala am Venendruckmeßsystem auf die gleiche Höhe bringen
7. Vorbereitete Infusion mit gefülltem System über den Dreiwegehahn mit dem Meßsystem verbinden und den Meßschenkel luftfrei füllen
8. Dreiwegehahn zur Infusion schließen. Venenkatheter von der Grundinfusion trennen
9. Katheter bei Bedarf mit isotoner Kochsalzlösung durchspülen
10. Meßsystem mit dem Katheter verbinden und Dreiwegehahn öffnen
11. Messung durchführen. Wenn sich die Infusionsflüssigkeit atemsynchron in der Meßskala bewegt, den Wert ablesen und notieren
12. Dreiwegehahn schließen
13. Meßsystem vom Katheter trennen. Grundinfusion mit dem Katheter verbinden

Fehler und Störungen s. S. 600.

Beurteilung der Meßwerte s. S. 600.

Betreuung des Patienten

Kinder, bei denen eine zentrale Venendruckmessung gemacht wird, sind meistens schwer krank. Deshalb ist eine gute Überwachung notwendig. Die Schwester kontrolliert die Vitalfunktionen stündlich. Sie erklärt dem Patienten die Handlungen, die sie an ihm vornimmt, damit er sich bei der zentralen Venendruckmessung nicht aufregt und durch seine Unruhe die Meßwerte verfälscht.

Pflege des zentralen Venenkatheters s. Kap. 8.4.6.

8.4.7.4. Intrakranielle Druckmessung

Notwendige Vorkenntnisse

- Physiologie und Anatomie des Zentralnervensystems,
- kontinuierliche arterielle Druckmessung (S. 592),
- Krankenbeobachtung (Kap. 5.1.1.1. und 5.1.1.2.),
- Grundlagen der Asepsis.

Strukturnetz

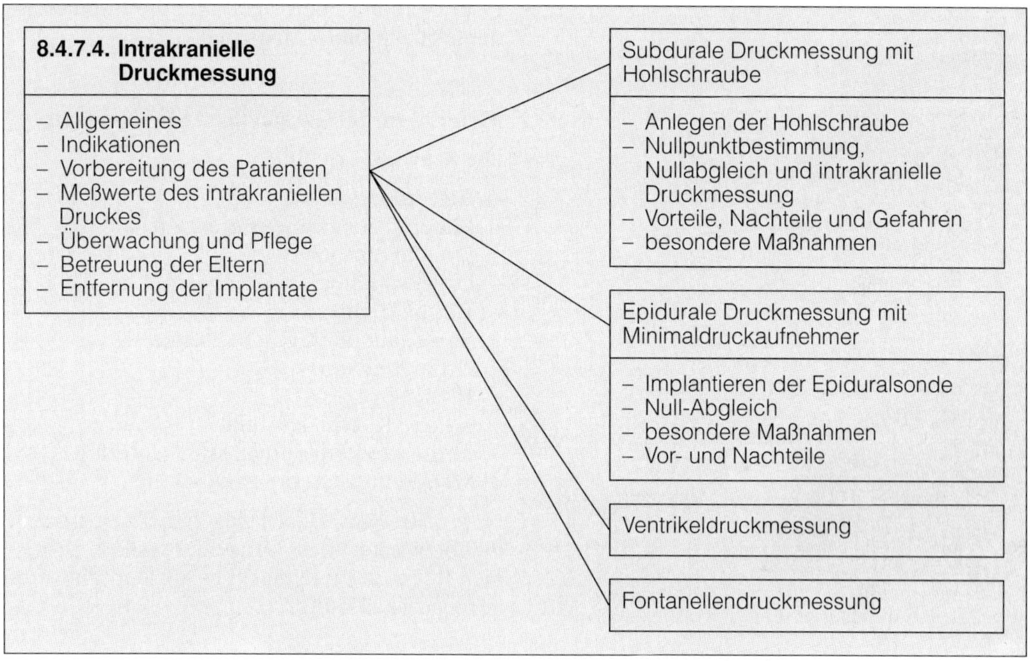

Lehrziel

Die intrakranielle Druckmessung hat eine große Bedeutung in der Behandlung von Patienten mit einem Schädel-Hirn-Trauma. Sie dient der raschen Erfassung von Veränderungen des intrakraniellen Druckes.
In diesem Kapitel wird die Durchführung der Messung beschrieben und darauf hingewiesen, welche Besonderheiten zu beachten sind.

Lernziele

Wenn Sie dieses Kapitel durchgearbeitet haben, sollte es ihnen möglich sein:
- die Indikationen zur intrakraniellen Druckmessung zu nennen,
- die verschiedenen Meßmöglichkeiten und ihre Vor- und Nachteile aufzuzählen,
- Störungen zu beschreiben, die während der Messung auftreten können,
- die Überwachung, Pflege und Betreuung eines Kindes mit intrakranieller Druckmessung zu schildern.

Allgemeines

Es gibt verschiedene Möglichkeiten, den intrakraniellen Druck invasiv zu messen:
- im Subduralraum mit einer Hohlschraube,
- im Epiduralraum mit einem Minidruckaufnehmer,
- in einem Seitenventrikel mit einem Silikonkatheter.

Alle drei Implantate werden vom Chirurgen durch ein Bohrloch eingelegt (Abb. 27a–c).

a
b
c

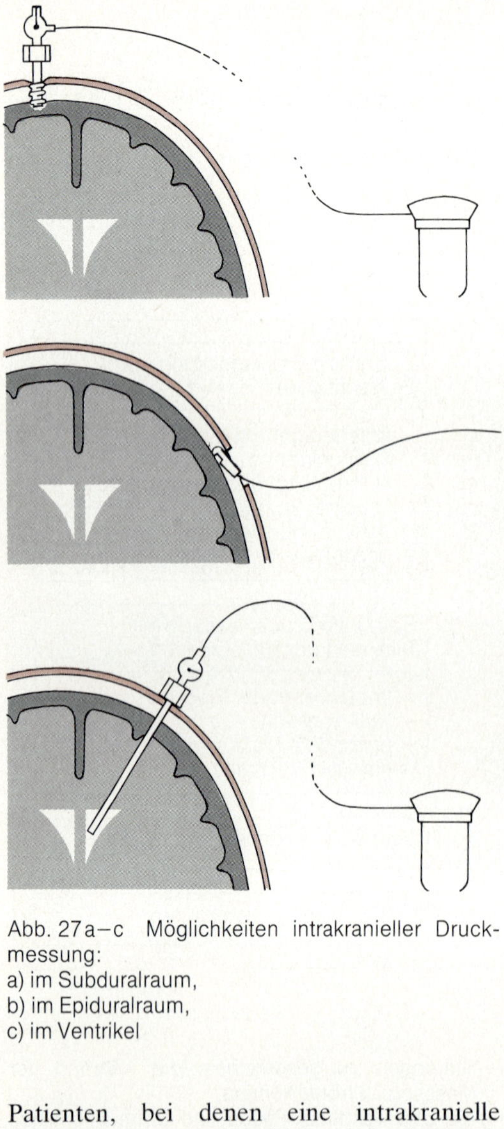

Abb. 27a–c Möglichkeiten intrakranieller Druckmessung:
a) im Subduralraum,
b) im Epiduralraum,
c) im Ventrikel

Patienten, bei denen eine intrakranielle Druckmessung durchgeführt wird, sind meistens tief bewußtlos. Sie werden intubiert, beatmet, relaxiert und sediert. Damit schwerverletzte, instabile Patienten nicht zusätzlich transportiert werden müssen, ist es möglich, den kleinen Eingriff auf der Intensivstation zu machen. Das Operationsteam bringt sämtliches Material zum Einlegen von Schraube oder Sonde mit, und die Intensivschwester richtet das Material für die Druckmessung.

Indikationen

Indikationen zur intrakraniellen Druckmessung sind:

- Schädel-Hirn-Trauma (Coma scale < 7–8),
- Hirnödem,
- intrakranielle Blutungen (subdural und epidural),
- diagnostische Zwecke.

Subdurale Druckmessung mit Hohlschraube

Bei der intrakraniellen Druckmessung mit der Hohlschraube werden Druckschwankungen im Liquorraum über die Flüssigkeitssäule zum Druckwandler übertragen, der die Impulse auf den Druckmonitor überträgt.

Material zur intrakraniellen Druckmessung

Die Schwester richtet:

- Rasierapparat,
- Material zur Hautdesinfektion,
- Druckmonitor,
- Druckwandler,
- Verteilerbank,
- starre, dünnlumige Zuleitung,
- Dreiwegehahn,
- 10-ml-Spritze,
- isotone Kochsalzlösung,
- sterile wasserundurchlässige Unterlage,
- Mundschutz, sterile Handschuhe.

Unter strenger Beachtung der Asepsis setzt die Schwester das Druckmeßsystem zusammen (Abb. 28) und macht es luftleer mit isotoner Kochsalzlösung.

Vorbereitung des Patienten

Der Patient wird in Rückenlage gebracht, die Kopfhaut rasiert und desinfiziert. Anschließend wird kontrolliert, ob er gut sediert und relaxiert ist. Die Schwester richtet bei Bedarf eine Lokalanästhesie.

Anlegen der Hohlschraube und der Druckmessung

Unter sterilen Kautelen legt der Chirurg die Hohlschraube ein, d.h., nach einem Hautschnitt macht er ein Bohrloch in den Schädel, eröffnet die Dura mater und dreht die Schraube hinein. Der Hohlraum der Schraube füllt sich sofort mit Liquor. Die Schwester schließt nun die luftleere Zuleitung, das Druckmeßsystem bzw. den Dreiwegehahn an die Hohlschraube (Abb. 29 und 30).

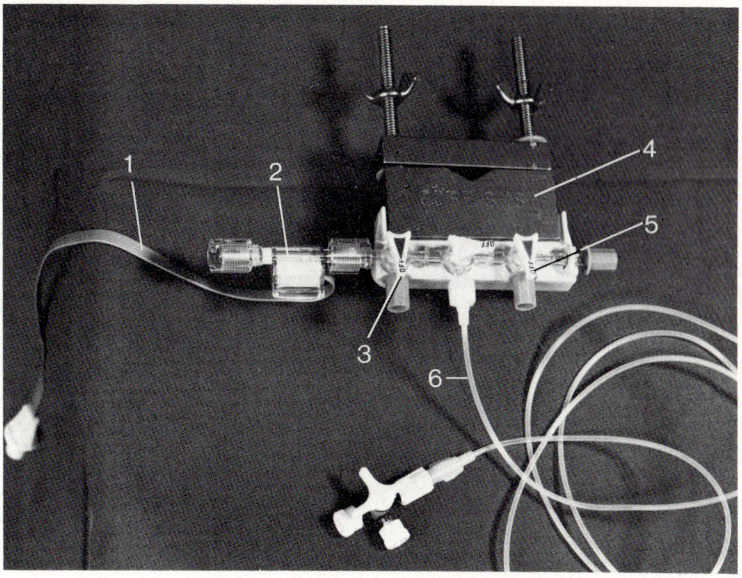

Abb. 28 Druckmeßsystem:
1 Kabel zum Druckmonitor,
2 Druckwandler (Transducer),
3 Ausgang für Nullabgleich,
4 Halterung,
5 Verteilerbank,
6 Zuleitung zur Hohlschraube

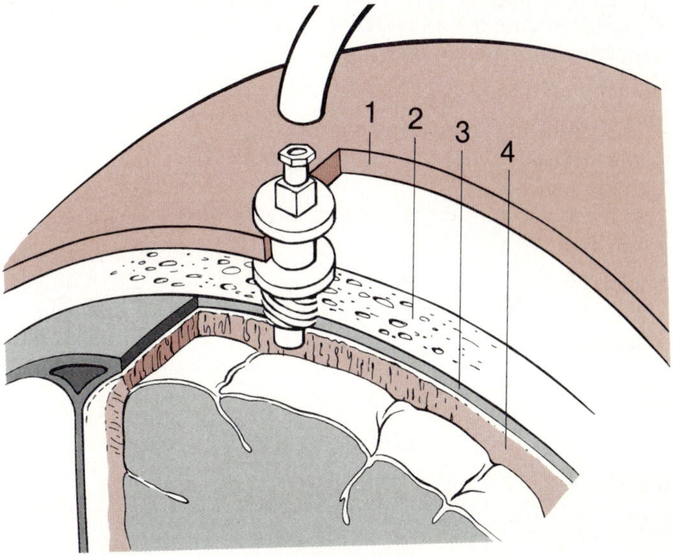

Abb. 29 Hohlschraube im Subduralraum:
1 Kopfhaut,
2 Schädel,
3 Dura mater,
4 Arachnoidea

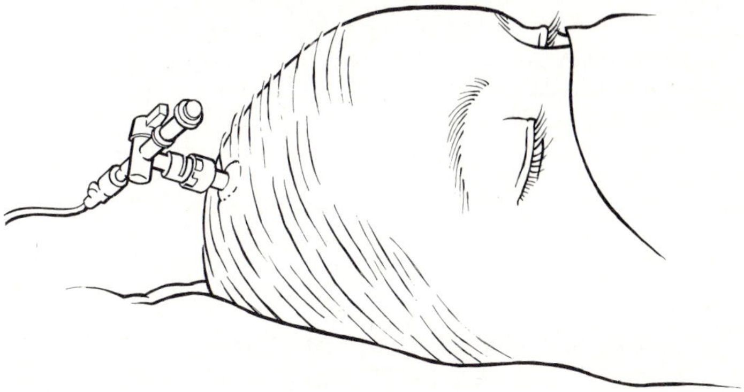

Abb. 30 Druckmeßsystem mit Dreiwegehahn, an Hohlschraube angeschlossen

Nullpunktbestimmung, Nullabgleich und Messung des intrakraniellen Druckes

Für die intrakranielle Druckmessung liegt der Nullpunkt auf Ventrikelhöhe. Die Schwester bringt die Verteilerbank mit dem Druckwandler auf die Höhe des Nullpunktes und fixiert sie am Bett oder an einer Infusionsstange. Für den Nullabgleich öffnet sie den Hahn zur Atmosphäre (Luft) und drückt am Monitor die Nullabgleichtaste. Erscheint auf der Digitalanzeige die Null, schließt sie den Hahn zur Luft und öffnet zur Zuleitung, die zur Hirndruckschraube führt. Auf dem Bildschirm erscheint die Kurve des intrakraniellen Druckes und auf der Digitalanzeige die Höhe des Druckes, angegeben in mmHG (Abb. 31).
Der intrakranielle Druck wird kontinuierlich gemessen. Die Druckkurve ist atem- und pulssynchron, am Monitor ist der Mitteldruck eingestellt.

Vorteile, Nachteile und Gefahren der Druckmessung mit Hohlschraube

Vorteile:

- Die Einfachheit der Implantation,
- wiederholte Gebrauchsmöglichkeit der Schraube,
- kann auch am wachen Kind angewendet werden.

Nachteile:

- Die Schädelkalotte muß eine gewisse Dicke haben,
- bei starker Hirnschwellung kann der Subarachnoidalraum komprimiert und die Schraube durch Hirngewebe verlegt werden,
- Infektion (sehr selten).

Störungen:
Folgende Ursachen können zu *falsch tiefen Meßwerten* und *gedämpften Kurven führen:*

- Luft im System,
- undichtes System,
- Hohlschraube liegt zu tief (falsche Lage),
- Hämatom unter der Schraube,
- Öffnung in der Dura mater zugewachsen,
- falsche Lage des Patienten.

Falsch hohe Druckwerte können entstehen:

- bei Unruhe des Patienten,
- durch Husten und Pressen.

Wenn Zweifel bestehen, ob eine Schraube noch gut funktioniert, kann eine einfache Kontrolle durchgeführt werden. Die Schwester drückt mit 2 Fingern auf der einen Seite des Halses leicht auf die Venen. Der intrakranielle Druck steigt leicht an, und beim Loslassen fällt er sofort wieder ab.
In Ausnahmefällen darf auf ärztliche Verordnung die Schraube angespült werden mit 0,1 ml isotoner Kochsalzlösung.
Zu häufiges Spülen oder Spülen mit zuviel Flüssigkeit kann zur Einklemmung des Gehirns führen.

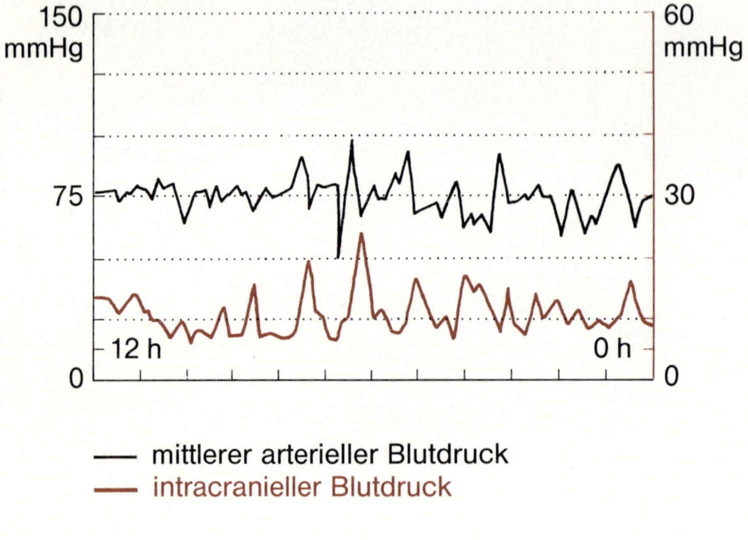

Abb. 31 12-Stunden-Aufzeichnung: intrakranieller Druck, mittlerer arterieller Blutdruck

Abb. 32 Epiduralsonde:
1 Minidruckaufnehmer,
2 Luer-Ansatz für Nullabgleich

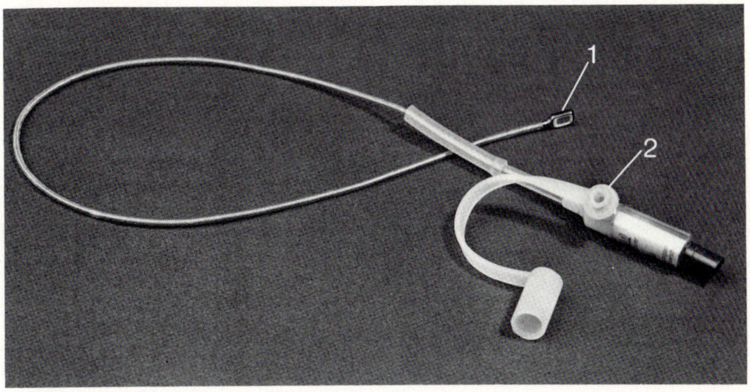

Beachte: Die Schwester achtet darauf, daß der Nullpunkt am Kopf und der Druckwandler stets auf gleicher Höhe sind. Dreimal täglich macht sie zur Kontrolle den Nullabgleich.

Epidurale Druckmessung mit Minidruckaufnahme

Bei der epiduralen Druckmessung wird der Druck nicht über eine Flüssigkeitssäule und Druckwandler gemessen, sondern über einen direkt in den Epiduralraum implantierten Druckwandler. Er muß parallel auf der Dura liegen (Abb. 32).
Die *Indikationen* und die *Vorbereitung des Patienten* S. 604.

Implantieren der Epiduralsonde

Die Epiduralsonde kann auf der Intensivstation implantiert werden. Das sterile Material und die Instrumente werden vom Operationsteam mitgebracht. Die Schwester auf der Intensivstation richtet:

- den Druckmonitor,
- das Verbindungskabel zum Druckaufnehmen,
- 1-ml-Spritze.

Bevor der Chirurg mit der kleinen Operation beginnt, prüft er die Funktionen der Epiduralsonde (Druck und Nullabgleich). Durch ein Bohrloch implantiert er die Sonde zwischen Schädel und Dura mater. Das Kabel und der Stecker der Sonde werden seitlich am Schädel fixiert.
Die Schwester verbindet die Sonde mit dem Druckmonitor und macht den Nullabgleich.

Nullabgleich

Durch den Luer-Ansatz beim Stecker injiziert die Schwester vorsichtig 0,1–0,2 ml Luft (Abb. 32).
Auf der Digitalanzeige erscheint nun die Null. Die Schwester entfernt die Spritze und läßt den Luer-Ansatz offen. Sobald die Luft draußen ist, kann mit der intrakraniellen Druckmessung begonnen werden. Auf dem Bildschirm erscheint die puls- und atemsynchrone Druckkurve und auf der Digitalanzeige der Druckwert in mmHg.

Vorteile und Nachteile der Druckmessung mit Epiduralsonde

Vorteile
Die Anwendung der Epiduralsonde ist weniger invasiv und deshalb die Infektionsgefahr weniger groß. Außerdem kann die Sonde schon bei Säuglingen implantiert werden.

Nachteile
Die Plazierung des Druckaufnehmers auf der Dura kann technisch schwierig sein. Der Druckaufnehmer und das Kabel sind sehr verletzlich, deshalb sind Störungen nicht selten.

Besondere Maßnahmen
Die Epiduralsonde muß sehr sorgfältig behandelt werden, damit Meßstörungen möglichst vermieden werden können. Das Sondenkabel darf nicht geknickt oder eingeklemmt sein, und das Kind darf nicht darauf liegen. Die Sonde nicht mit Metallgegenständen (Klemme, Schere) berühren, damit der Eichkanal nicht verletzt wird. Einmal täglich macht die Schwester den Nullabgleich. Bei Absinken der

Meßwerte in den Minusbereich, muß nach technischen Störungen gesucht werden.

Beachte: Der Nullabgleich darf nur mit Luft gemacht werden. Den Luer-Ansatz offenlassen.

Meßwerte des intrakraniellen Druckes

Der intrakranielle Druck ist normal bei 0–15 mmHg. Er ist erhöht:

- bei Entzündungen des Gehirns oder der Hirnhäute,
- bei raumfordernden Prozessen im Gehirn,
- bei Hirnödem, z. B. nach Schädel-Hirn-Trauma.

Ein sehr hoher intrakranieller Druck, z. B. 30–50 mmHg, gefährdet die Hirndurchblutung.
Die Hirndurchblutung hängt aber nicht allein vom intrakraniellen Druck ab, sondern vom Perfusionsdruck. Der Perfusionsdruck ist der Durchblutungsdruck eines Organs.
Durchblutung des Gehirns = arterieller Mitteldruck minus intrakranieller Druck.
Das bedeutet, daß gleichzeitig zur intrakraniellen Druckmessung auch kontinuierlich arterieller Blutdruck gemessen werden muß.
Der intrakranielle Druck soll 15–25 mmHg nicht überschreiten und der Perfusionsdruck soll mindestens 50 mmHg betragen.

Entfernung der Hohlschraube und der Epiduralsonde

Die intrakranielle Druckmessung ist abgeschlossen, wenn kein erhöhter Druck mehr besteht und er stabil normal ist. Dann kann das Implantat entfernt werden.
Der Bereich um die Schraube oder die Sonde wird desinfiziert, das Implantat herausgenommen und die Kopfhaut mit 2 Nähten geschlossen. Die Hohlschraube wird gereinigt, in desinfizierende Lösung eingelegt und aufsterilisiert. Die Epiduralsonde wird sorgfältig gereinigt und sterilisiert.

Überwachung und Pflege des Kindes mit intrakranieller Druckmessung

Die Überwachung von Kindern mit intrakranieller Druckmessung muß sehr sorgfältig erfolgen, da jederzeit Veränderungen des Zustandes eintreten können. Die Grenzwerte für die Drücke müssen sehr genau eingestellt sein (Kap. 8.4.7.1.).

Die Pflege des Kindes mit intrakranieller und arterieller Druckmessung ist sehr anspruchsvoll. Sie beinhaltet praktisch alle Bereiche der Intensivpflege, z. B.:

- Pflege des bewußtlosen Kindes (Kap. 8.7.12.),
- Pflege des intubierten, beatmeten und relaxierten Patienten (Kap. 8.7.2./8.7.4.),
- Pflege des mehrfachverletzten Kindes (Kap. 8.7.11.),
- Pflege des Kindes nach operativen Eingriffen (Kap. 8.7.9.),
- Pflege des Kindes im Schock (Kap. 8.7.13.).

Betreuung der Eltern

Die Betreuung der Eltern dieser Kinder ist sehr wichtig. Es handelt sich meistens um sehr schwerkranke oder schwerverletzte Patienten, die in ihrem Aussehen stark verändert sind.
Die Aufgabe der Schwester ist es, mit dem Arzt zusammen die Eltern zu informieren und zu betreuen. Die Eltern sollen häufig, aber nur kurze Besuche machen, mit dem Kind reden und es streicheln. Sobald es möglich ist und es der Zustand des Kindes erlaubt, sollen die Eltern in die Pflege miteinbezogen werden. Das hilft ihnen, ihre Hilflosigkeit zu verarbeiten.

Ventrikeldruckmessung

Es gibt noch eine dritte Möglichkeit, den intrakraniellen Druck zu messen. Das geschieht mit einem in den Ventrikel eingelegten Katheter (Abb. 27c). Diese Methode wird wegen der großen Komplikationsrate nur noch selten angewendet.

Vorteile:
Der Liquor kann zu diagnostischen und therapeutischen (Druckentlastung) Zwecken entnommen werden.

Nachteile:
- das Einlegen des Katheters ist schwierig und traumatisierend,
- der Katheter verstopft leicht,
- Blutungsgefahr,
- großes Infektionsrisiko.

Fontanellendruckmessung (Aplanationsfontanometrie)

Beim Säugling mit noch offener Fontanelle besteht die Möglichkeit, den Fontanellendruck zu messen. Der Druckwandler wird zentral auf die Fontanelle gelegt und mit einer selbstklebenden Kunststoffolie befestigt. Es ist möglich, mehrere Stunden fortlaufend zu messen. Die Meßmethode ist nicht invasiv und dient vor allem der Diagnostik (Fehlbildungen, Liquorzirkulationsstörungen, Tumoren, Subduralblutungen). Während der Messung bleibt der Säugling in seiner Beweglichkeit unbehindert.

8.4.8. Flüssigkeitsbilanz

L. Asch

Notwendige Vorkenntnisse

- Kenntnisse über Wasser- und Elektrolythaushalt,
- Infusionstherapie,
- Methoden der Uringewinnung.

Definition

Unter einer Flüssigkeitsbilanz versteht man die Gegenüberstellung von Flüssigkeitseinfuhr und Flüssigkeitsausfuhr.

Strukturnetz

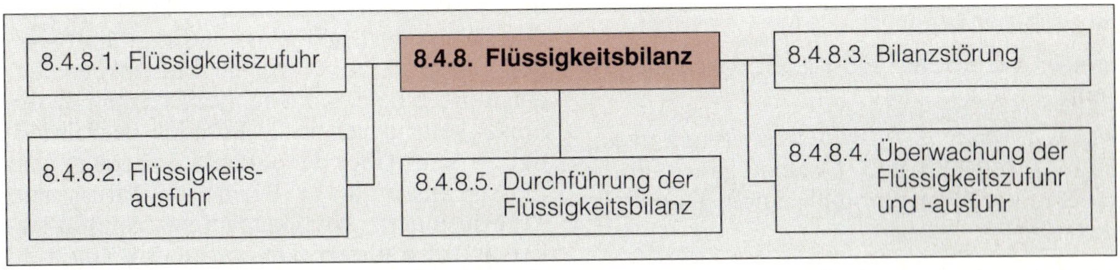

Lehrziel

Der Organismus des Kindes reagiert auf ein Mißverhältnis zwischen Flüssigkeitszufuhr und Flüssigkeitsausfuhr sehr schnell. Schon geringe Volumenveränderungen können das Kind in einen lebensbedrohlichen Zustand bringen. Aus diesem Grund wird bei vielen Erkrankungen im Kindesalter eine genaue Flüssigkeitsbilanz notwendig. Die Pflegeperson ist für die Durchführung und die genaue Protokollführung verantwortlich.

Lernziele

Wenn Sie diesen Abschnitt durchgearbeitet haben, können Sie

- die Begriffe Flüssigkeitsbilanz sowie Plus- und Minusbilanz definieren;
- die Möglichkeiten der Flüssigkeitseinfuhr und der Flüssigkeitsausfuhr nennen;
- einige Hilfsmittel zur Durchführung der Flüssigkeitsbilanz aufzählen.

8.4.8.1. Flüssigkeitseinfuhr

Enteral über den Magen-Darm-Kanal. Sie kann per os, mittels Magensonde oder über eine Fistel, z. B. Gastrostomie oder Jejunostomie, erfolgen, in Ausnahmefällen durch ein Klistier über den Darm.
Parenteral unter Umgehung des Verdauungstraktes durch intravenöse Infusionen.

8.4.8.2. Flüssigkeitsausfuhr

Magen: Mageninhalt kann durch Erbrechen, über eine Magenablaufsonde oder über eine Fistel ausgeschieden werden.
Niere: Urin wird spontan oder über Blasen- oder Nephrostomiekatheter entleert.

Darm: Flüssigkeitsverlust durch fehlende oder schlechte Rückresorption im Kolon nach operativen Eingriffen und bei Diarrhoe.

Haut: Abgabe von Flüssigkeit durch die Haut (Perspiration).

Lunge: Verlust von Flüssigkeit durch die Atmung.

Wunden und Körperhöhlen: Wundsekret, Blut, Transsudat und Exsudat gehen durch äußere Verletzungen und durch Drainagen verloren.

8.4.8.3. Bilanzstörung

Störung des Stoffwechsels im lebenden Organismus, verursacht durch das Mißverhältnis zwischen Ein- und Ausfuhr von Wasser, Elektrolyten und anderen gelösten Stoffen.

Plusbilanz

Wenn die Flüssigkeitseinfuhr die -ausfuhr übersteigt, ergibt das für den Patienten eine positive Bilanz. Er nimmt an Körpergewicht zu. Eine Plusbilanz ist nach einen akuten Flüssigkeitsverlust, z. B. bei einer schweren Enteritis, erwünscht.

Minusbilanz

Die Flüssigkeitsausfuhr ist höher als die -einfuhr. Das ergibt für den Patienten eine negative Bilanz. Eine Minusbilanz wird bei allen Erkrankungen, bei denen Flüssigkeit im Körper eingelagert wurde, angestrebt, z. B. beim akuten Nierenversagen und bei Herzerkrankungen.

Ausgeglichene Bilanz

Die Flüssigkeitseinfuhr wird durch die Flüssigkeitsausfuhr bestimmt. Eine ausgeglichene Bilanz ist bei allen schwerkranken Kindern, die parenteral ernährt werden, erforderlich.

Beachte: Blut und Plasma sind Volumenersatz, sie werden in der Regel nicht als Flüssigkeit berechnet.

8.4.8.4. Überwachung der Flüssigkeitseinfuhr und -ausfuhr

Flüssigkeitseinfuhr

Oft werden die Patienten im akuten Krankheitsstadium ausschließlich parenteral ernährt. Zur Therapie benötigen sie Medikamente, die in isotoner Kochsalzlösung, 5%iger Glucose oder Aqua dest. aufgelöst und verdünnt werden. Diese relativ geringen Flüssigkeitsmengen müssen beim Kind bei der Errechnung des Flüssigkeitsbedarfs in 24 Stunden berücksichtigt werden. Über die gesamte Nahrungs- und Flüssigkeitszufuhr in Form von Infusionen, Transfusionen, Medikamenten, Spülflüssigkeiten (für Katheter, Drainagen usw.) muß ein genaues Protokoll geführt werden. Die Infusionsmenge wird vom Arzt verordnet und muß genau eingehalten werden.

Flüssigkeitsausfuhr

Die genaue Überwachung der Flüssigkeitsausfuhr ist bei Kindern schwierig. Sie wird durch Verwendung von Einwegmaterial hygienischer und erleichtert, z. B. durch Verwendung von Einwegwindeln, die über eine wasserundurchlässige Außenfläche verfügen. Sie können vor und nach Gebrauch schnell und genau abgewogen werden.

Magen: Der Mageninhalt wird durch eine Magenablaufsonde abgeleitet und abgemessen. Wenn mit der Ernährung per os begonnen wird, muß vor jeder Mahlzeit der Mageninhalt kontrolliert und die Menge gemessen werden.

Niere: Urin wird über Urinauffangbeutel, Katheter oder Fisteln in ein Ablaufsystem geleitet und abgemessen. Wenn Urinauffangbeutel verwendet werden, sollte der Patient auf eine wasserundurchlässige, abgewogene Unterlage gelegt werden. Bei aufgetretenen Leckstellen kann die Urinmenge durch erneutes Abwiegen der Unterlage festgestellt werden. Schulkinder, die bei Bewußtsein sind, werden dazu angehalten, Stuhl und Urin getrennt in den Topf zu machen.

Darm: Kinder, die viel Flüssigkeit aus dem Darm verlieren, werden mit abgewogenen Windeln (Einwegwindeln) gewickelt und ebenfalls auf eine wasserundurchlässige Unterlage gelegt. Gewicht der Windeln und bei Bedarf das der Unterlage nach dem Gebrauch noch einmal feststellen. Bei Patienten mit einer Kolostomie wird der Stuhl in spezielle Auffangbeutel, die über das Stoma geklebt werden, abgeleitet. Der Stuhl wird je nach Konsistenz abgemessen oder abgewogen.

Haut: Stark schwitzende, z. B. fiebernde Patienten können viel Flüssigkeit durch die Haut verlieren. Der Verlust ist nicht meßbar, muß jedoch bei der Bilanz berücksichtigt werden.

Wunden: Viele Wundgebiete werden mit Drainagen versehen. Das Wundsekret fließt in Auffanggläser oder -beutel. Die Wundsekretmenge kann so gut beobachtet und gemessen werden. Sind keine Drainagen möglich, wird das Verbandmaterial vor und nach dem Gebrauch abgewogen. Bei schweren Verbrennungen und Verbrühungen, bei denen große Hautdefekte entstanden sind, ist der Flüssigkeitsverlust sehr schwierig zu beurteilen. Er muß mittels Hämatokritbestimmungen im Blut und durch die Urinkonzentration (spezifisches Gewicht) überwacht werden.
Bei der Flüssigkeitsausfuhr müssen alle Ausscheidungen und die Blutentnahmen berechnet werden. Die Berechnung der Blutentnahmen ist bei Früh- und Neugeborenen unerläßlich, da ihr Gesamtblutvolumen verhältnismäßig klein ist. Werden große Blutentnahmen nötig, wird die entnommene Blutmenge ersetzt.

8.4.8.5. Durchführung der Flüssigkeitsbilanz

Die zeitlichen Abstände der Bilanzierung richten sich nach dem Krankheitsbild und dem Allgemeinzustand des Patienten. Sie werden vom Arzt festgelegt. Bei schweren Erkrankungen wird die Bilanz stündlich ausgerechnet. Das Ergebnis ist maßgebend für die Flüssigkeitseinfuhr der folgenden Stunde. Wenn Einfuhr und Ausfuhr gut zu überwachen sind, wird der Zeitabstand auf 3–6 Stunden verlängert. Die gesamte Bilanz wird über 24 Stunden errechnet. Das Resultat ist entscheidend für die Flüssigkeitsmenge der nächsten 24 Stunden. Bei allen Patienten 1- bis 2mal täglich das Körpergewicht feststellen. Es kann trotz genauer Bilanz eine Differenz aufweisen, z. B. wenn der Patient viel Flüssigkeit durch Perspiration verloren hat. Beatmete Patienten können durch das angefeuchtete Atemgas (O_2) Flüssigkeit über die Lunge resorbieren. Sie können daher bei einer ausgeglichenen Bilanz im Körpergewicht geringe Abweichungen haben.

8.4.9. Atemtherapie

L. Asch

Notwendige Vorkenntnisse

- Anatomie und Physiologie des Respirationstraktes,
- Anatomie und Physiologie des Bewegungsapparates,
- Pflege bei Kindern mit Erkrankungen der Atmungsorgane (Kap. 7.8.).

Strukturnetz

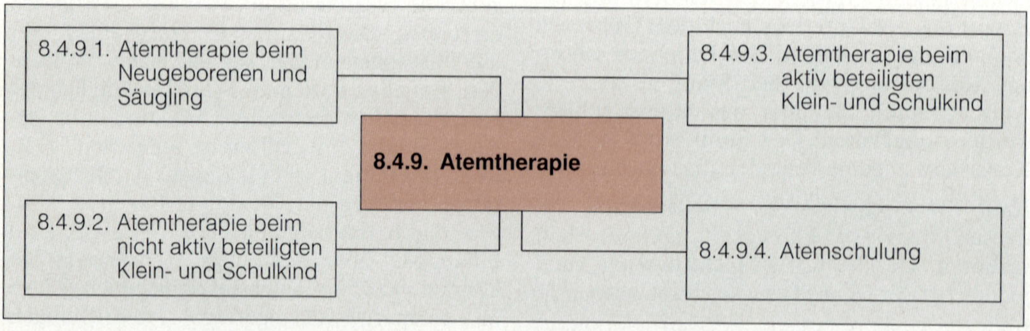

Lehrziel

Das Pflegepersonal auf einer Intensivstation kann keine Physiotherapeuten ersetzen. Manche Aufgaben aus der Atemtherapie lassen sich jedoch in die tägliche Pflege integrieren und können von der Kinderkrankenschwester in Zusammenarbeit mit den Physiotherapeuten ausgeführt werden. Die wichtigsten Maßnahmen werden hier beschrieben.

Lernziele

Wenn Sie diesen Abschnitt durchgearbeitet haben, können Sie

- Gründe für die Durchführung der Atemtherapie nennen;
- Angaben über die Behandlungsmethoden machen;
- Auskunft über die verschiedenen Hilfsmittel geben;
- beschreiben, wie die Behandlung in den verschiedenen Altersstufen durchgeführt wird;
- erklären, wann die Atemschulung durchgeführt werden kann.

8.4.9.1. Atemtherapie beim Neugeborenen und Säugling

Da viele der Neugeborenen und Säuglinge Lungenerkrankungen haben, die zum Teil eine Beatmung notwendig machen, steht die Thoraxvibrationsbehandlung im Vordergrund. Die Behandlung wird durchgeführt zur

- Pneumonieprophylaxe,
- Sekretlösung aus dem Lungengewebe,
- Verbesserung der Lungenfunktion.

Die Kinder werden in regelmäßigen Abständen umgelagert, schwerkranke Kinder stündlich, um bessere Durchblutungs-/Belüftungsverhältnisse der Lunge zu schaffen und um lockeres Sekret in Richtung Hauptbronchus zu drainieren. Der Patient wird wechselweise in rechte Seitenlage, linke Seitenlage, Rücken- und Bauchlage und je nach Lungenbefund in entsprechende Dehnstellungen, Kopfhoch- und Kopftieflage gedreht. Jede Lage muß mit Windelrollen, Schaumgummikissen oder anderem Lagerungsmaterial unterstützt werden. Die Atemtherapie beginnt in derjenigen Lage, in der die physiologische Drainage der Lunge bereits stattgefunden hat. Liegt das Kind in rechter Seitenlage, beginnt die Behandlung an der linken Thoraxhälfte. Dabei wird das Sekret durch die Einwirkung der Schwerkraft und vor allem durch die größeren Atembewegungen in Richtung Hauptbronchus drainiert.

Beachte: Vor jeder Atemtherapie muß der Atemweg frei sein, z. B. Nase muß von Sekret befreit und durch Nasentropfen eine Schleimhautabschwellung erreicht werden.

Manuelle Methode

Was soll erreicht werden?

- Atemvertiefung – Ausatemverlängerung – Lenkung der Atmung in minderbelüfteten Lungenabschnitten.

Durchführung

- Auflegen der warmen Hand (Finger beim Frühgeborenen) direkt auf die Haut des Kindes.
- Atembewegung ertasten und diese dann im Rhythmus des Kindes mitmachen, vorsichtig die Atembewegung unterstützen.
- Keine Druckanwendung auf den Thorax während der Einatmungsphase.
- Dies nach Umlagerung über anderem Lungenabschnitt wiederholen.

- Sekretablösung und Sekretabtransport.

Durchführung

- Auflegen der warmen Hand (Finger) direkt auf die Haut des Kindes.
- Vibration (schnelle Auf- und Abbewegung der Hand (des Unterarms) während der Ausatmung in die Thoraxexspirationsstellung.
- Sekret nach der Behandlung absaugen.
- Kind umlagern und den entsprechenden Lungenabschnitt behandeln.

Maschinelle Methode mit einer elektrischen Zahnbürste

Vor der ersten Behandlung werden die Borsten der Aufsteckbürste gekürzt, sorgfältig mit Watte gepolstert und mit Schlauchverband bezogen. Jedes Kind bekommt eine eigene Aufsteckbürste, die einmal täglich neu gepolstert wird.
Was soll erreicht werden?

- Atemstimulation,
- Sekretablösung.

Durchführung

- Vibrieren am unbekleideten Thorax ohne Druckanwendung mit gepolsterter Bürste über dem Lungenabschnitt, aus dem durch die Drainagelagerung das Sekret in den Hauptbronchus fließen kann.
- Längere Zeit über diesem Lungenabschnitt bleiben.
- Sekret absaugen.
- Neue Drainagelagerung einnehmen und dann den entsprechenden Lungenabschnitt abvibrieren.

Beachte: Die Ausatembewegung kann bei der maschinellen Methode nicht unterstützt werden, deshalb findet keine gezielte Atemvertiefung statt. Es wird keine wesentliche Verbesserung der Lungenbelüftung erreicht (CO_2 wird ungenügend abgeatmet).

Beim beatmeten Kind wird die Lunge nach dem Absaugen mit dem Beatmungsbeutel, z. B. dem Baby-Ambubeutel, gebläht, damit keine Atelektasen entstehen. Wird die Beatmung mit positiv endexspiratorischem Druck durchgeführt, sollte zum Blähen der Lunge ein Baby-Ambubeutel mit PEEP-Ventil (positive endexpiratory pressure) verwendet werden. Der PEEP wird nach ärztlicher Verordnung eingestellt. Die Vibrationsbehandlung wird bei diesen Kindern jeweils an einem Lungenflügel durchgeführt, um sie nicht zu großen Belastungen auszusetzen.

Beachte: Eine unzureichende Polsterung bei Anwendung der elektrischen Zahnbürste würde zu Hautläsionen führen!

8.4.9.2. Atemtherapie beim nicht aktiv beteiligten Klein- und Schulkind

Dabei handelt es sich vorwiegend um beatmete Patienten. Sie werden häufig umgelagert und in die notwendigen Drainagestellungen gebracht. Eine Atemvertiefung, eine Ausatemverlängerung und somit eine bessere Belüftung der Lunge wird durch eine Vergrößerung der Atembewegung infolge aufgelegter Hand und Mitgehen mit der Atmung erreicht. Vibrationen in der Ausatembewegung sowie vorsichtige Klopfungen können die Wirkung der Sekretablösung verstärken. Klopfungen dürfen nicht bei Lungenüberblähung (Emphysem) und bei Bronchospasmus sowie bei Gerinnungsstörungen durchgeführt werden (Abb. 33 und 34).

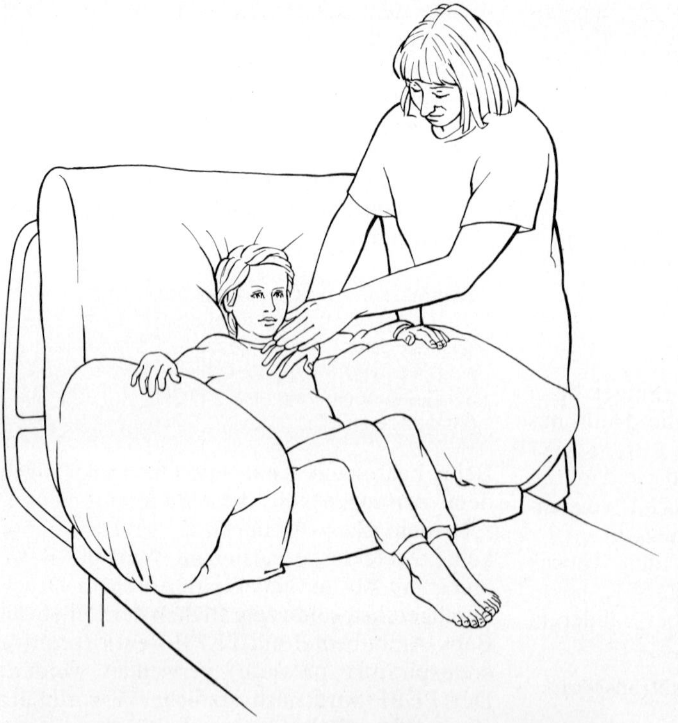

Abb. 33 Lagerung und Therapie bei schwerer Atemnot zur Atemerleichterung: Abnahme des Schultergürtelgewichts durch Unterlagerung beider Arme zur Erleichterung der erhöhten Atemarbeit; Unterlagerung der Beine zur Entspannung der Bauchdecke; Atembewegungsvergrößerung durch Mitgehen mit der Hand; Sekretlösung durch Vibration in Ausatemrichtung

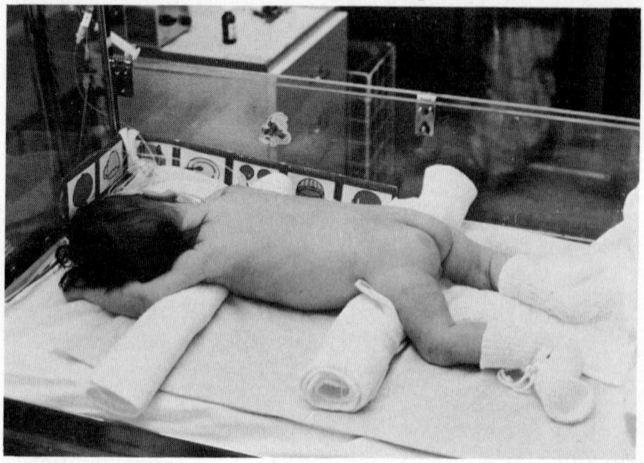

Abb. 34 Atemerleichternde Stellung beim Säugling: Unterlagerung des kranialen Sternums mit Elevationsstellung der Arme zur Erleichterung der Atemarbeit; Unterlagerung von Leiste und Oberschenkel (Bauch muß frei sein) zur Erleichterung der Bauchatmung

Druchführung

- Den zu behandelnden Lungenabschnitt in Drainagestellung bringen.
- Hand flach auf diesen Abschnitt legen.
- Atembewegung des Kindes mitmachen.
- Ausatembewegung unterstützen durch leichten Druck in Exspirationsstellung des Thorax.
- Ausatembewegung unterstützen durch Vibration (Auf-Abbewegung der Hand) über dem zu behandelnden Lungenabschnitt während der Ausatmung.
- Während der Einatmung folgt die aufgelegte Hand der Thoraxbewegung.
- Klopfungen auf dem Thorax mit der hohlen Hand oder mit der leicht geschlossenen Faust über dem gelagerten Lungenabschnitt.

- Umlagerung und dann entsprechenden Lungenabschnitt therapieren.
- Sekret absaugen.
- Lunge mit Atembeutel blähen.

Beachte: Druckanwendung auf den Thorax während der Einatemphase behindert die Atmung.

Nach der Behandlung wird der Patient stabil gelagert. Es sollte jede Fehlhaltung der Gelenke vermieden werden. Die Beatmungsschläuche, Infusionsleitungen, Drainagen und Monitorkabel werden auf ihre Funktion geprüft und so befestigt, daß sie das Kind nach Möglichkeit nicht stören.

8.4.9.3. Atemtherapie beim aktiv beteiligten Klein- und Schulkind

Die Atemtherapie wird in derselben Reihenfolge durchgeführt wie beim Neugeborenen und Säugling. Langzeitpatienten, z. B. tracheotomierte und intubierte Kinder, die nicht mehr akut krank sind, werden aus dem Bett herausgenommen. Die Behandlung wird teilweise auf dem Schoß der Pflegeperson, teilweise auf einer Gymnastikmatte durchgeführt. Die Pflegeperson sollte sich während dieser Zeit intensiv mit dem Kind beschäftigen und sich ganz auf die Atmung des Kindes einstellen.

Drainagelagerungen

Bei Erkrankungen der Oberlappensegmente Lagerung in ca. 60 Grad Oberkörpererhöhung. Die Wirbelsäule muß gerade und in ihrer Haltefunktion unterstützt sein (Abb. 35a u. b).

Durchführung

- Beide Hände liegen unter- und oberhalb der beiden Claviculae.
- Der Brustkorb soll sich bei der Einatmung nach vorne oben heben, bei der Ausatmung sich nach unten innen senken.
- Die Hände des Therapeuten machen die Bewegung mit und helfen durch leichten Druck der Ausatembewegung. Danach ist eine tiefere Einatembewegung möglich, folglich eine bessere Belüftung der oberen Lungenabschnitte.
- Die Ausatembewegung kann durch Vibrationen in Richtung Thoraxzentrum unterstützt und intensiviert werden. Das Sekret wird dadurch mobilisiert.
- Klopfungen können die Sekretablösung unterstützen.

a

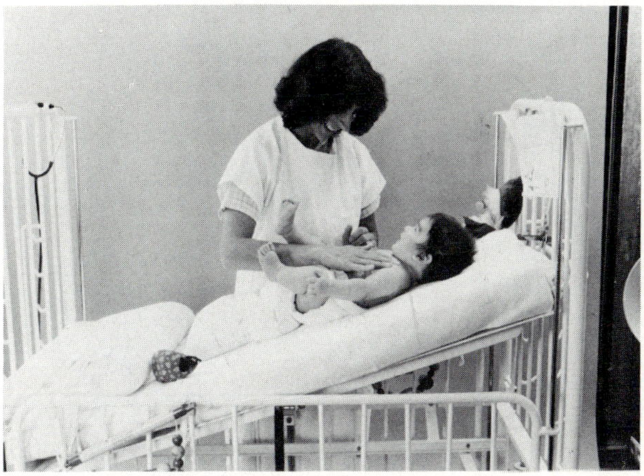

b

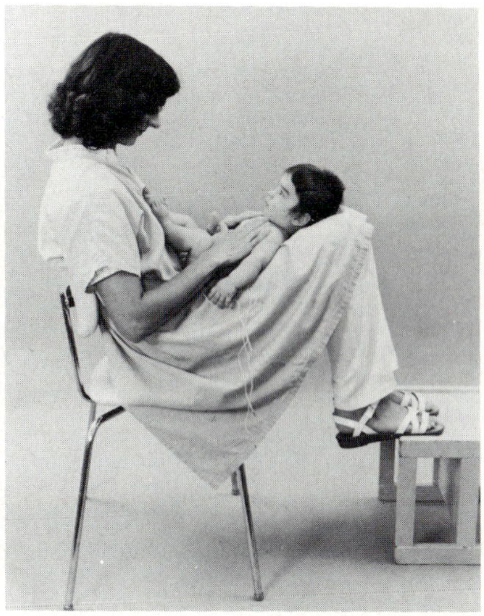

Abb. 35a u. b Hochlagerung in ca. 60 Grad, Drainagelagerung der Oberlappensegmente im Bett und auf dem Schoß der Pflegeperson

a

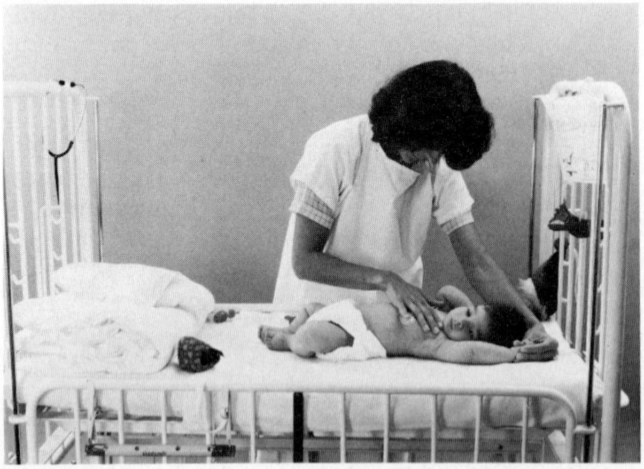

b

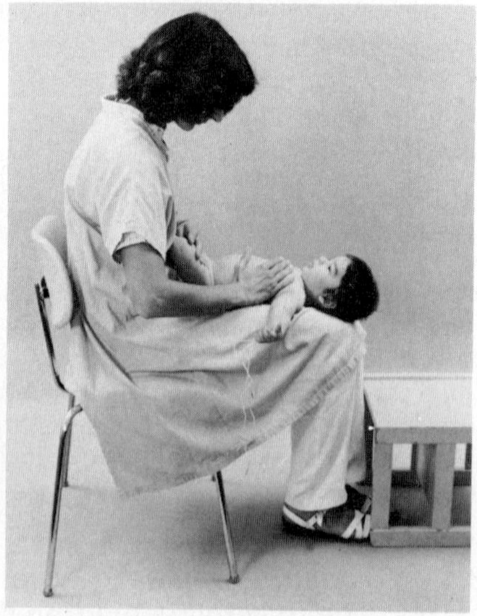

Abb. 36a u. b Lagerung in Rückenlage horizontal zur Therapie der unteren Teile beider Oberlappen

Therapie der unteren Teile beider Oberlappen

Lagerung horizontal in Rücken-, Bauch- oder Seitenlage rechts/links (Abb. 36a u. b).

Durchführung

- Hände liegen in Thoraxmitte und intensivieren die physiologische Atembewegung durch Mitgehen mit der Atmung. Die vordere Brustkorbseite hebt sich bei der Einatmung nach vorne oben und senkt sich bei der Ausatmung nach unten innen. Die Atembewegung nach dorsal in Bauchlage ist klein, hat aber die gleiche Bewegungsrichtung wie vorne. In Seitenlage weitet sich der seitliche Brustkorb bei der Einatmung und verengt sich nach innen unten bei der Ausatmung
- Vibrationen in die jeweilige Ausatemrichtung.
- Klopfungen über dem entsprechenden Segment.

a

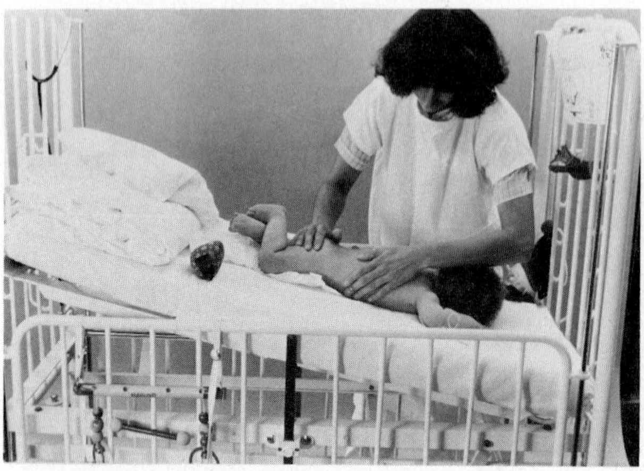

b

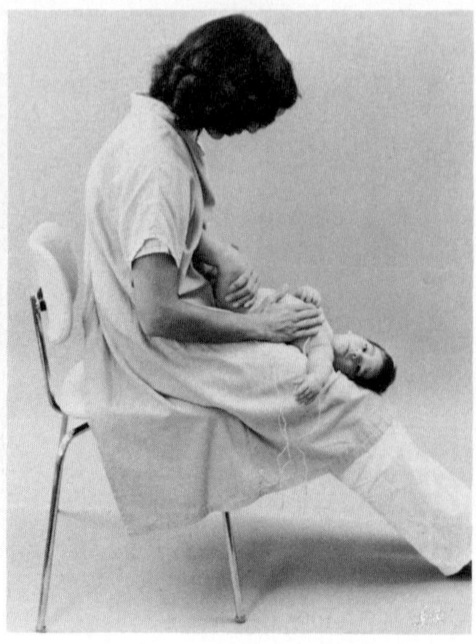

Abb. 37a u. b Lagerung in Kopftieflage (ca. 30–45 Grad) in Bauch- und Rückenlage bei Erkrankungen der Unterlappensegmente

Bei Erkrankungen der Unterlappensegmente

Lagerung in Kopftieflage (ca. 30–45) Grad in Rücken- oder Bauchlage (Abb. 37 a u. b).

Durchführung

- Rückenlage des Kindes. Hände liegen an den vorderen seitlichen Rippenbögen.
- Bauchlage des Kindes. Hände liegen an den hinteren seitlichen Rippenbögen.
- Mitgehen mit der Atembewegung. Bei Einatmung erweitert sich die untere Thoraxöffnung nach vorne, zur Seite und etwas nach hinten. Bei der Ausatmung verengt sie sich nach unten innen.
- Vibration zur Unterstützung der Ausatembewegung und Sekretablösung.
- Klopfungen über den drainierten Lungenabschnitten.

Das Kind sollte während der Behandlung das Sekret spontan abhusten. Intubierte und tracheotomierte Kinder werden abgesaugt. Zähes Sekret kann durch zusätzliches Spülen des Tubus oder der Kanüle mit isotoner Kochsalzlösung verflüssigt werden.

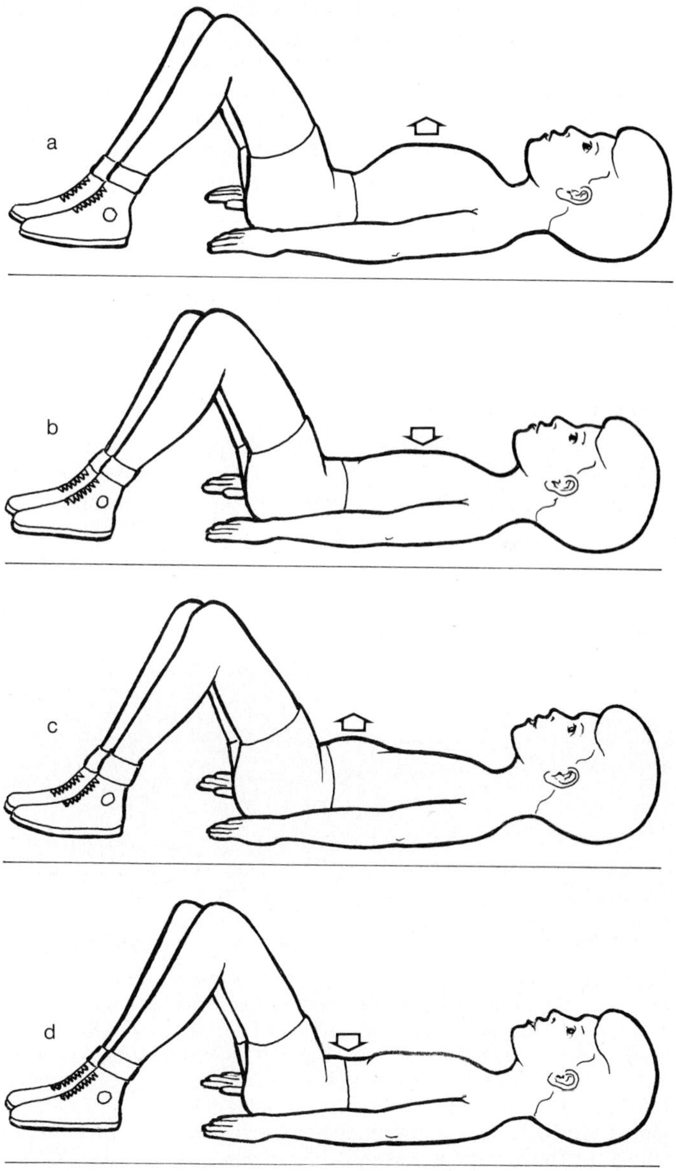

Abb. 38 Atemschulung:
a) Brust heben bei Inspiration (→),
b) Brust absenken bei Exspiration (→),
c) Bauch heben bei Inspiration (→),
d) Flachmachen des Bauches bei Exspiration (→)

8.4.9.4. Atemschulung

Die Atemschulung ist nur dann möglich, wenn das Kind aktiv mitmachen kann und die Anweisungen des Therapeuten versteht. Die Behandlung wird vorwiegend nach Thorax- und Abdominaloperationen und bei chronischen Lungenerkrankungen durchgeführt. Das Kind lernt gezielt den Brustkorb weit in der Einatmung zu heben und bei der Ausatmung bewußt weit zu verengen. Genauso wichtig ist das Heben des Bauches bei der Einatmung bei abgesenktem, ruhig gehaltenem Brustbein sowie das Flachmachen des Bauches bei der Ausatmung. Brustbein und Bauchdecke sind eine Ebene. Diese Atemschulung ist sehr wichtig, um eine physiologische Atmung wieder erreichen zu können. Nur so kann eine ausreichende Ventilation auch bei Anstrengung erzielt werden. Die kleinen Patienten können durch Hilfsmittel (z. B. Seifenblasen, Windrädchen, Blasrohr, Wattebällchen) zur besseren Mitarbeit angeregt werden (Abb. 38a–d).

Durchführung

- Kind übt in Rückenlage mit angebeugten Beinen oder im Sitzen.

> **Beachte:** Die Wirbelsäule muß aufgerichtet, gerade sein.

- Kind durch Handführung zu tieferen Ein- und Ausatembewegungen bringen.
- Evtl. durch Hilfsmittel Mitarbeit unterstützen.
- Einwegtaschentücher oder Einwegnierenschale bereithalten.
- Sekret abhusten lassen.
- Während des Hustens mit der Handfläche gegen die Wunde drücken.

8.4.10. Sauerstofftherapie beim nichtbeatmeten Kind

L. Asch

Notwendige Vorkenntnisse

- Anatomie und Physiologie des Respirationstraktes,
- Normalwerte der Blutgasanalyse.

Definition

Sauerstoff ist ein trockenes, farb- und geruchloses Gas. Um Verwechslungen mit anderen Gasen zu vermeiden, wird er in blauen Druckflaschen mit der Aufschrift „Medizinalsauerstoff“ geliefert und zur Therapie verwendet.

Strukturnetz

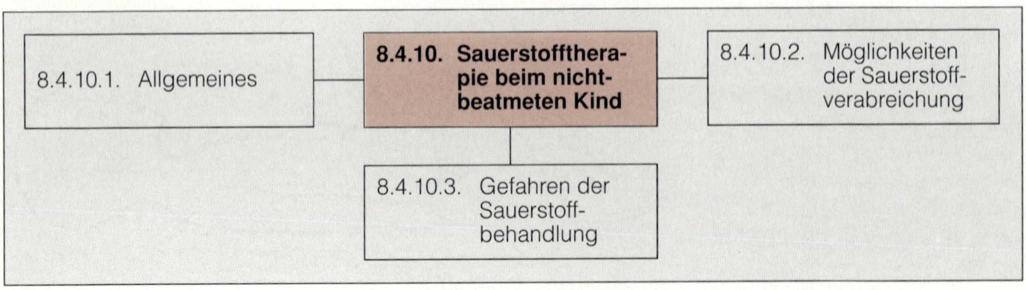

Lehrziel

Sauerstoff ist ein Medikament und sollte nur nach ärztlicher Verordnung verabreicht werden, da die Therapie bei hohen Konzentrationen nicht frei von schädlichen Nebenwirkungen ist. Die Kinderkrankenschwester wird in diesem Abschnitt über die Möglichkeiten der Verabreichung von Sauerstoff informiert und auf ihre Verantwortung bei der Überwachung der Therapie hingewiesen.

Lernziele

Nach dem Erarbeiten dieses Abschnitts können Sie
- Möglichkeiten der Sauerstoffverabreichung nennen;
- Aufgaben der Schwester während der Therapie beschreiben;
- erläutern, welchen Gefahren der Patient bei der Behandlung ausgesetzt ist.

8.4.10.1. Allgemeines

Sauerstoff wird in verschieden großen Druckflaschen, deren Inhalt sich aus Liter mal bar (atü) errechnen läßt, in der Klinik verwendet. Auch die zentrale Sauerstoffversorgung wird durch entsprechend große Flaschen übernommen. Zur Therapie sollte reiner Sauerstoff (100% O_2) nur kurze Zeit ohne Befeuchtung und Kontrolle der Blutgaswerte verwendet werden. Durch die Inhalation von trockenem Sauerstoff kommt es zu einer Reizung und Austrocknung der Schleimhaut, evtl. zu Nasenbluten und zähem Lungensekret. Das Ziel der Sauerstoffbehandlung ist es, den Sauerstoff in der Einatemluft so zu dosieren, daß der zum Leben notwendige Sauerstoffpartialdruck von etwa 8 kPa (60 mmHg) im arteriellen Blut nicht unterschritten und ein gefährlicher Anstieg über 13,3–16,0 kPa (100–120 mmHg) vermieden werden. Hohe Sauerstoffkonzentrationen wirken toxisch auf das Lungengewebe. Ein hoher Sauerstoffpartialdruck im arteriellen Blut des Früh- und Neugeborenen kann zur Erblindung führen.

Deshalb soll Sauerstoff (O_2) gemessen werden und
- nur kurze Zeit in hoher Konzentration verabreicht werden;
- nur unter ständiger Kontrolle der Blutgaswerte über längere Zeit angewendet werden;
- nach Möglichkeit immer befeuchtet sein.

Zum Befeuchten stehen die verschiedensten Geräte zur Verfügung. Bei allen wird der Sauerstoff oder das Luft-Sauerstoff-Gemisch mit destilliertem Wasser angereichert und bei bestimmten Geräten auch angewärmt. Die Befeuchter müssen sorgfältig gereinigt werden, und das Wasser (Aqua dest.) muß wegen der Infektionsgefahr mindestens alle 24 Stunden erneuert werden. Der speziell entwickelte *aqua-pak* (Fa. Kendall) kann bis zu 99 Tagen verwendet werden.

8.4.10.2. Möglichkeiten der Sauerstoffverabreichung

Sauerstoffnasensonde und Sauerstoffbrille

Zur Verabreichung von Sauerstoff über eine *Nasensonde* wird eine dünne, weiche Sonde verwendet (Abb. 39). Der in die Nase einzuführende Teil der Sonde soll die Hälfte der Distanz von der Nasenspitze zum Ohrläppchen betragen. Die Sonde wird an der Nase und der Wange des Kindes fixiert.

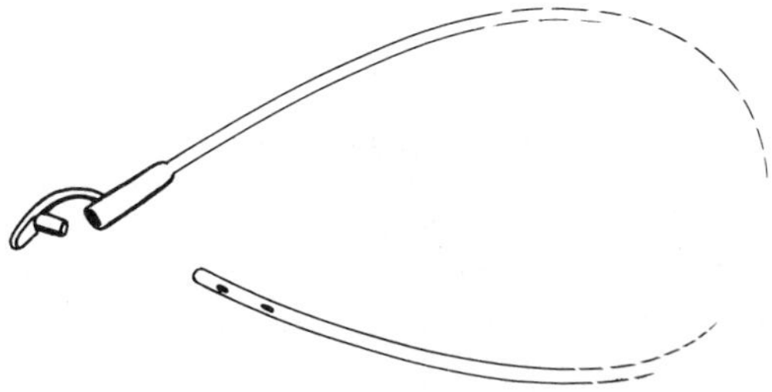

Abb. 39 Sauerstoffnasensonde

Besteht eine starke Sekretion der Nasenschleimhäute, wird die Sonde nicht eingeführt, sondern quer unterhalb der Nase an den Wangen fixiert (Abb. 40).
Die Sonde wird dazu entsprechend vorbereitet:

- Die endständigen Löcher einer Ernährungssonde werden mit Pflaster zugeklebt.
- Ca. 2–3 cm von der Sondenspitze entfernt werden zwei kleine Öffnungen im Abstand der Nasenlöcher des Patienten in die Sonde geschnitten.
- Die Sonde wird an den Wangen so fixiert, daß die Öffnungen direkt unterhalb der Nasenlöcher liegen.

Diese Methode hat folgende Vorteile:
- Die Atmung wird nicht durch die O_2-Sonde behindert.
- Die Nase kann gut gesäubert werden.
- Die Verlegung der Sonde durch Sekret kann besser beobachtet werden.

Die *Sauerstoffbrille* besteht aus einem doppelläufigen Kunststoffschlauch, der sich in halber Länge teilt (Abb. 41). Die Enden werden in beide Nasenlöcher eingeführt, wobei die Sondenlänge der Größe des Kindes angepaßt werden muß. Die Brille wird am Hinterkopf des Patienten, dort wo sich die beiden Schläuche teilen, mit einem Gummistück fixiert und wenn nötig an den Wangen festgeklebt.
Vorteil dieser Behandlung ist, daß mit wenig Sauerstoff ein hoher Sauerstoffgehalt der Einatemluft erreicht werden kann. Um ca. 60% Sauerstoff in der Einatemluft zu erhalten, werden beim Säugling 1–2 l Sauerstoff pro

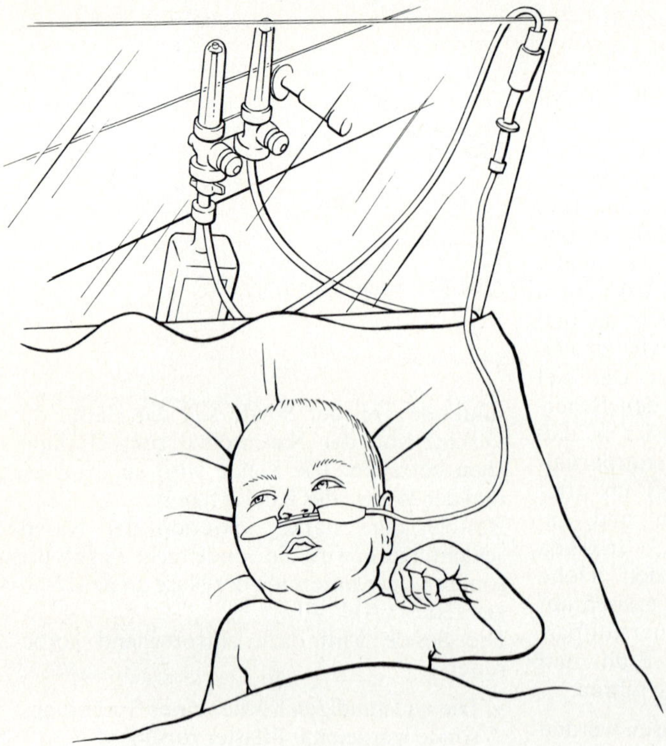

Abb. 40 Säugling mit einer Sauerstoffnasensonde. Der Sauerstoff wird mittels aquapak befeuchtet

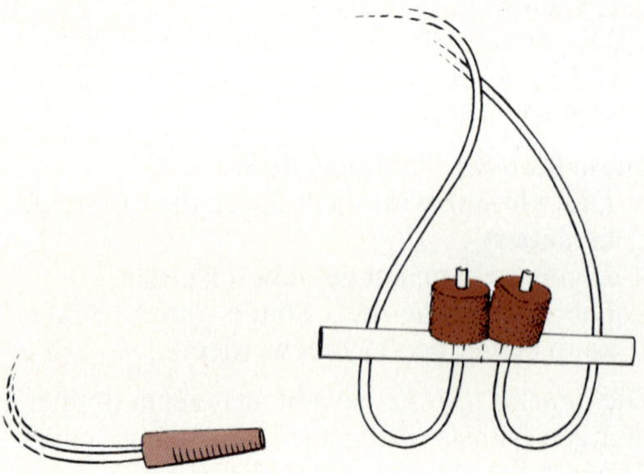

Abb. 41 Sauerstoffbrille

Minute und beim Schulkind ca. 6 l Sauerstoff pro Minute gebraucht. Das Kind wird durch die Therapie nur wenig in seiner Bewegungsfreiheit eingeschränkt und kann am Leben seiner Mitwelt teilnehmen.

Nachteil dieser Behandlung ist, daß die dem Patienten zugeführte Sauerstoffkonzentration nicht gemessen werden kann und deshalb eine häufige Kontrolle der Blutgaswerte oder eine transkutane pO_2-Messung nötig ist. Bei der Verabreichung von ungenügend angefeuchtetem Sauerstoff trocknen die Nasenschleimhäute aus, oder es kommt durch die Reizung zu einer vermehrten Sekretbildung.

Aufgaben der Schwester

- Große Kinder gut auf die Therapie vorbereiten;
- Verneblergerät oder aqua-pak vorbereiten;
- verordnete Sauerstoffmenge und Konzentration genau einstellen und mit einem Oxymeter vor der Verabreichung kontrollieren;
- die zuführenden Teile (Manometer vom Wandanschluß oder von der Sauerstoffflasche und den zum Patienten führenden Schlauch) auf Funktionstüchtigkeit überprüfen;
- Nasensonde und Sauerstoffbrille häufig von Nasensekreten befreien;
- sorgfältige Durchführung der Nasenpflege;

- Pflaster mindestens 1mal täglich wechseln, um Dekubitalgeschwüren am Nasenseptum vorzubeugen;
- auf eine genügende Befeuchtung achten und Verneblergeräte rechtzeitig mit Aqua dest. auffüllen.

Sauerstoffglocke

Dabei handelt es sich um eine Haube aus Klarsichtplexiglas, die über den Kopf des Kindes gestülpt wird. Sie kann nur für Säuglinge und Kleinkinder verwendet werden und ist in der Regel mit einer Düse versehen, die dem Sauerstoff ständig Luft beimischt. Wenn die Düse funktioniert, kann der Sauerstoffgehalt ca. 40% nicht übersteigen. Bei einem Defekt der Düse kann es leicht zu einem zu hohen Sauerstoffgehalt kommen, der für das Kind schädlich sein kann. In der Glocke entsteht eine trockene und warme Atmosphäre, deshalb müssen mit einem Thermometer die Temperatur in der Glocke überwacht und der Sauerstoff befeuchtet werden.

Wird die Glocke im Inkubator verwendet, ist folgendes zu beachten: Die Temperatur in der Glocke soll ungefähr 1°C weniger als die Lufttemperatur im Inkubator betragen. Wenn der Halsauschnitt an der Glocke zu groß ist, sollte er mit einer weichen Windel oder mit einem Wattestreifen abgedichtet werden, damit keine kühle Luft über den Körper des Kindes streicht. Die Funktion der Hautsonde, die zur Regulierung der Inkubatortemperatur benutzt werden kann (Servosteuerung), würde sonst dadurch beeinträchtigt, daß durch die kühle Luft eine niedere Hauttemperatur vorgetäuscht wird und die Inkubatortemperatur ansteigt.

Vorteil dieser Behandlung ist, daß dem Kind auch bei Manipulationen an ihm (z. B. Blutentnahmen, Pflegeverrichtungen) eine konstante Sauerstoffkonzentration angeboten werden kann und daß eine gute Beobachtung des Patienten durch die Glocke möglich ist.

Nachteil dieser Behandlung ist, daß größere Kinder sich unter der Glocke unwohl fühlen und teilweise sehr unruhig sind.

Aufgaben der Schwester

- Temperatur und Sauerstoffgehalt in der Glocke häufig kontrollieren, evtl. ständig messen;
- bei Kindern im Inkubator die Verneblertemperatur auf die Inkubatortemperatur einstellen;
- Sauerstoffkonzentration genau auf dem Verlaufsblatt aufzeichnen;
- die Glocke so plazieren, daß der Patient keine Druckstellen bekommt;
- vor Blutentnahmen zur Blutgasanalyse die Sauerstoffkonzentration in der Glocke messen und dokumentieren;
- Blutentnahme durchführen.

Sauerstoffmaske

Sie ist bei Kindern nur selten anwendbar und wird vorwiegend bei älteren Kindern benutzt. Die Maske umschließt Mund und Nase und wird mit einem Gummiband am Hinterkopf fixiert. Der befeuchtete Sauerstoff wird in der gewünschten Konzentration in die Maske geleitet.

Vorteil dieser Behandlung ist eine gute therapeutische Wirkung bei geringem Sauerstoffverbrauch.

Nachteil dieser Behandlung ist, daß der Patient die Maske häufig als unangenehm empfindet. Deshalb kann sie meist nur bei bewußtlosen oder sehr kooperativen Kindern angewendet werden.

Aufgaben der Schwester

- Maske so befestigen, daß kein starker Druck auf Mund und Nase entsteht;
- Luft-Sauerstoff-Gemisch genau einstellen und mit einem Oxymeter prüfen;
- Kind nach Möglichkeit nie ohne Aufsicht lassen;
- sorgfältige Mund- und Nasenpflege.

Beachte: In sauerstoffreicher Atmosphäre besteht erhöhte Explosions- und Brandgefahr. Niemals mit Benzin, Äther oder anderen brennbaren Flüssigkeiten hantieren.

8.4.10.3. Gefahren der Sauerstoffbehandlung

Dämpfung der Spontanatmung durch eine erhöhte Sauerstoffzufuhr. Der Patient kann seinen Sauerstoffbedarf ohne Anstrengung dekken und atmet deshalb weniger intensiv. Durch die Abnahme der Ventilation kann es zu einem gefährlichen Anstieg des Kohlendioxids (CO_2) im Blut kommen. Zur Überwa-

chung dieser Kinder kann die transkutane CO_2-Messung durchgeführt werden.
Toxische Schädigung der Lungen durch hohe Sauerstoffkonzentrationen. Es kommt zum Krankheitsbild der „bronchopulmonalen Dysplasie".
Erblindung der Patienten (retrolentale Fibroplasie) infolge von Gefäßveränderungen im Glaskörper des Auges.

8.5. Die Aufgaben der Schwester bei Reanimation

L. Asch, G. Walther und E. Schneider

Notwendige Vorkenntnisse
- Anatomie und Physiologie von Herz, Kreislaufsystem und Atmungsorganen,
- Schockformen, Herz-Kreislauf- und Atemstillstand,
- Krankenbeobachtung: Kontrolle der Vitalfunktionen (S. 115).

Definition
Unter Reanimation (= Wiederbelebung) versteht man die Wiederherstellung lebenswichtiger Funktionen.

Strukturnetz

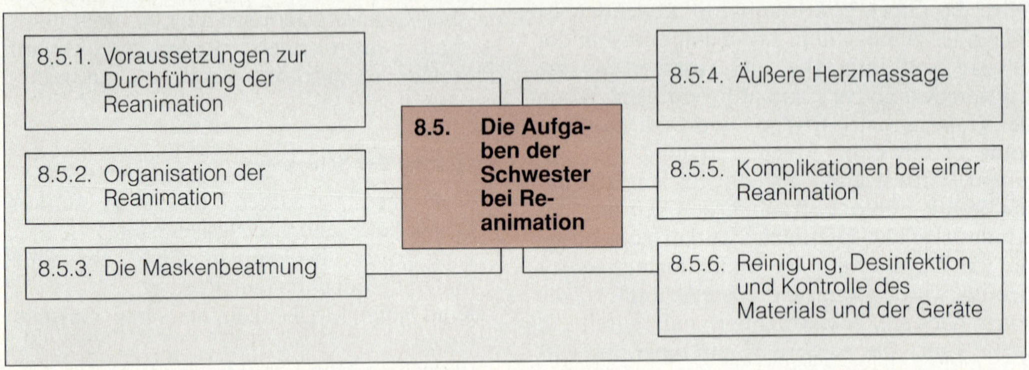

Lehrziel

Bei akut lebensbedrohlichen Zuständen muß in kürzester Zeit eine wirksame Behandlung eingeleitet werden, um dem Patienten ein Überleben ohne irreversible Schäden zu ermöglichen. Die Kinderkrankenschwester soll in diesem Abschnitt darüber informiert werden, wie sie zu einer schnellen Hilfe bei einer Reanimation beitragen kann.

Lernziele

Nach Erarbeiten dieses Abschnittes können Sie
- Angaben über das erforderliche Material und die Geräte zur Reanimation machen;
- aufzählen, in welcher Reihenfolge bei einer Notfallreanimation vorgegangen wird;
- beschreiben, wie die Maskenbeatmung durchgeführt wird;
- erklären, wie die Herzmassage beim Säugling, Kleinkind und Schulkind durchgeführt wird;
- Angaben über Reinigung, Desinfektion und Funktionskontrolle von Material und Geräten machen.

8.5.1. Voraussetzungen zur Durchführung der Reanimation

Bei einer Reanimation wird viel Material benötigt, welches in kurzer Zeit von jeder Schwester herbeigeholt werden muß. Eine geordnete Aufbewahrung der funktionstüchtigen

Instrumente, Geräte und anderer Materialien sowie gute Kenntnisse der Schwester in Wiederbelebungsmaßnahmen sind außerordentlich wichtig. Es ist deshalb sinnvoll, in kurzen Zeitabständen Maskenbeatmung, Absaugen und Herzmassage am Phantom zu üben.

Material zur Reanimation

Notfallwagen oder *-koffer* mit folgendem Inhalt und Zubehör:

- Beatmungsbeutel für Säuglinge und große Kinder mit Reservoir, z. B. Ambu-Beatmungsbeutel,
- Beatmungsmasken in den Größen 0–5,
- Sauerstoffflasche mit Reduzierventil, Manometer und Zuleitungsschlauch,
- sterile und unsterile Handschuhe,
- Guedel-Tuben in verschiedenen Größen,
- Intubationsbesteck mit
  - Laryngoskopgriff,
  - Spateln in verschiedenen Größen,
  - Magill-Zange klein und groß,
  - Oro- und Nasotrachealtuben Charr. 10–36 mit passenden Adaptern,
  - evtl. Gleitmittel für den Tubus oder Aqua dest.,
- Absaugkatheter Charr. 6–14,
- Verweilkanülen in verschiedenen Größen, z. B. Braunülen, Abbocath und Flügelkanülen,
- Venenkatheterset,
- Pflaster,
- sterile Kompressen,
- Hautdesinfektionsmittel,
- Schere,
- Infusionslösungen mit Aufhängevorrichtungen, z. B. Elektrolyt-Glukose-Lösung, Plasmaersatz,
- Notfallmedikamente zur intravenösen Injektion, z. B.
  - Natriumbikarbonat und Aqua dest. oder Glukoselösung zum Verdünnen,
  - Suprarenin und isotone Kochsalzlösung zum Verdünnen oder Adrenalinfertigspitze 1:10000, z. B. MINI-I-Jet-System,
  - isotone Kochsalzlösung,
  - evtl. 10%iges Kalziumglukonat
- Dosierungs- und Verdünnungsanweisung für Medikamente,
  - Valium,
  - Kortison,
- Klebeelektroden und Kontaktpaste,
- Absauggerät mit Schlauchsystem und gefülltem Wasserbehälter,

Reanimationsbrett,
EKG-Monitor,
Defibrillator.

8.5.2. Organisation der Reanimation

Sofortmaßnahmen bei einer Notfallreanimation

In jeder Klinik gibt es Richtlinien über das Verhalten im Reanimationsfall, die jede Schwester kennen muß.

1. Die *Maskenbeatmung* (bei Atem- und Kreislaufstillstand werden Maskenbeatmung mit reinem Sauerstoff [100%] und Herzmassage im Wechsel durchgeführt);
2. *ärztliche Hilfe rufen,* z. B. über Notrufanlage;
3. *Koordination der Behandlung* soll durch korrekte Anweisung vom zuständigen Arzt oder einer erfahrenen Schwester, die die Situation beherrscht, durchgeführt werden. Kostbare Minuten dürfen auf keinen Fall deshalb verloren gehen, weil sich mehrere Personen auf eine Arbeit stürzen.

Nach Möglichkeit sollte die koordinierte Reanimation wie folgt weiter verlaufen:

- *Weiterbeatmung,* Freihalten der Atemwege, evtl. Herzmassage durch Ärzte oder Schwestern.
- *Herbeiholen* von Spezialärzten, Intensivarzt, Anästhesist, Kardiologe, durch den „Springer“. Dieser muß die Alarmierungsmöglichkeiten der Spezialisten über Such- und Notrufanlage kennen, außerdem sich mit den dringend benötigten Geräten und Materialien gut auskennen, diese schnell finden und herbeischaffen können.
- *Protokollführung:* Sie ist absolut notwendig und beinhaltet den gesamten Reanimationsablauf und die Therapie. In Ausnahmesituationen, wenn nicht genügend Personal vorhanden ist, kann das Protokoll nach erfolgter Reanimation geführt werden. Aus Gründen der direkten Übersicht und der häufig sehr schwierigen Rekonstruktion des Ablaufs wäre eine *sofortige Protokollführung* wünschenswert.

Vorbereitende Maßnahmen bei einer zu erwartenden Reanimation

Bei Patienten mit schweren Erkrankungen der Atemwege und nach großen Operationen, z. B. Herzoperationen, kann es zu einem Ausfall der Atmung und der Herz-Kreislauf-Funktion kommen, bei denen meist warnende Vorzeichen zu beobachten sind. Diese Patienten werden auf einer Intensivstation oder auf einer Spezialabteilung untergebracht. Dort wird die Reanimation speziell für sie vorbereitet. Der Vorteil liegt darin, daß im Notfall sofort mit einer gezielten Therapie begonnen werden kann, da der Patient bereits eine intravenöse Infusion, Monitorüberwachung und einen vom Arzt schriftlich festgelegten Reanimationsplan hat.

Aufgaben der Schwester

- *Medikamente* nach dem Reanimationsplan vorbereiten, in Spritzen aufziehen und bei Bedarf verdünnen. Die Spritzen mit der genauen Inhaltsangabe bezeichnen und rechtzeitig, je nach Haltbarkeit, erneuern.
- *Material zur Beatmung und Intubation* bereitlegen (S. 634, S. 641f).
- *Geräte bereitstellen:*
  - Respirator mit Zubehör,
  - Infusionspumpe zur Verabreichung der Medikamenteninfusion,
  - Defibrillator mit Kontaktpaste.
- *Überwachung des Patienten:* Hierbei ist es besonders wichtig, auf Vorzeichen zu achten, die auf einen rasch folgenden Ausfall der Atem- oder Herz-Kreislauf-Funktion hinweisen, z. B. schwere Ateminsuffizienz, Bradykardie, Tachykardie und weitere EKG-Veränderungen. Die Schwester wird bei solchen Anzeichen den Arzt benachrichtigen.

Die Reanimation besteht aus der Einleitung der medikamentösen Therapie, Beatmung und Herzmassage. Die Verabreichung von Medikamenten muß genau nach dem Reanimationsplan erfolgen.

8.5.3. Maskenbeatmung

Die Maskenbeatmung wird von der Schwester eingeleitet und bis zum Eintreffen des Arztes durchgeführt.

Zur Maskenbeatmung gibt es verschiedene Beatmungsbeutel. Hier wird die Beatmung mit dem Ambu-Beatmungsbeutel beschrieben.

Erforderliches Material zur Beatmung

- Baby-Ambubeutel oder großer Ambubeutel mit Reservoir,
- Masken in verschiedenen Größen,
- PEEP-Ventil,
- Sauerstoff aus Wandanschluß oder fahrbarer Sauerstoffflasche mit entsprechendem Reduzierventil und Zuleitungsschlauch

Beide Größen der Beatmungsbeutel müssen immer vorhanden sein. Die beiden Beatmungsbeutel funktionieren nach dem gleichen Prinzip und bestehen aus einheitlichem Material. Der Unterschied liegt nur in ihrer Größe und damit dem Volumen.
Der Beutel besteht aus einer elastischen Außenhülle, einem Innenkörper aus Vollgummi, einem Luftansaug-, Sauerstoff- und Beatmungsventil sowie der Maske.

Funktion des Ambu-Beatmungsbeutels

Der Ambubeutel ist im Originalzustand mit atmosphärischer Luft gefüllt. Beim Zusammendrücken mit den Fingern einer Hand wird der Beutelinhalt über das Beatmungsventil und die auf dem Patientenstutzen sitzende Maske über die Atemwege in die Lunge gepreßt. Nach Loslassen des Beutels entfaltet sich der Innenkörper selbsttätig und saugt über das Luftansaugventil frische Luft an. Mit angeschlossenem Sauerstoffschlauch (Abb. 42a u. b) können nur bis zu 40% Sauerstoff zugeführt werden. Zur Beatmung mit 100% Sauerstoff muß das Luftansaugventil mit einer Gummikappe oder einem Reservoir versehen werden.
Der entstehende Beatmungsdruck wird durch die Komprimierung des Beutels gesteuert. Er kann durch Zusammendrücken des Beutels mit Daumen und Zeigefinger oder mit mehreren Fingern bei Bedarf stufenweise erhöht werden. Eine ausführliche Beschreibung ist dem Prospekt des Herstellers zu entnehmen.

Durchführung der Maskenbeatmung

Das Kind wird in Rückenlage gebracht. Die Schwester stellt sich hinter den Kopf des Kindes und neigt ihn leicht rückwärts („Schnüffel-

a

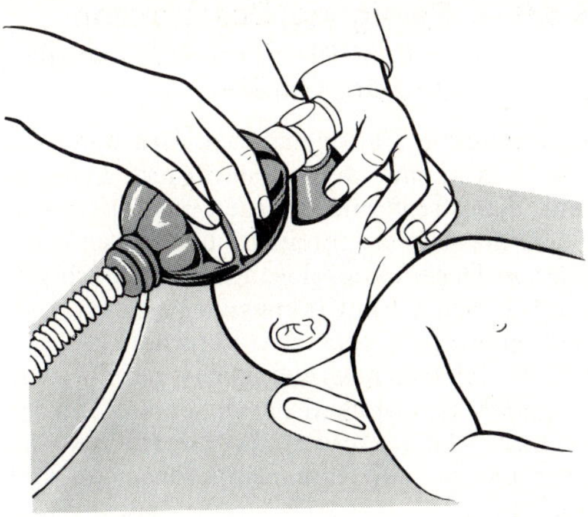

b

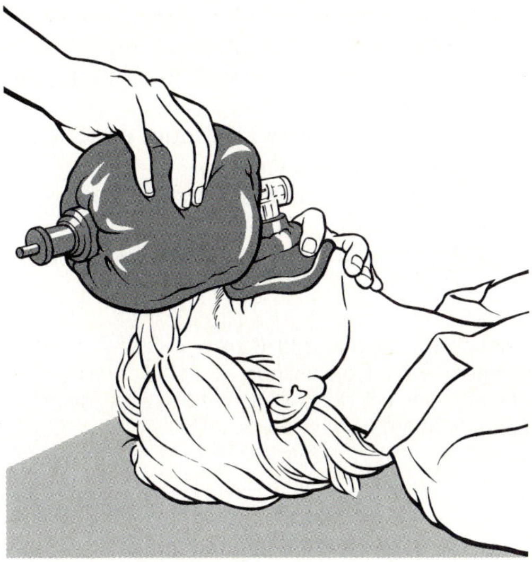

Abb. 42a u. b Maskenbeatmung:
a) des Neugeborenen mit Baby-Ambubeutel,
b) des Schulkindes mit großem Ambubeutel

stellung“, s. Abb. 42a u. b). Den Klein- und Ringfinger legt sie unter das Kinn und zieht es leicht hoch. Die Maske wird über Nase und Mund aufgesetzt und mit den restlichen drei Fingern luftdicht gehalten. Mit der anderen Hand wird der Beatmungsbeutel zusammengedrückt und rasch losgelassen. Die Frequenz und der Beatmungsdruck müssen dem Alter des Kindes angepaßt werden. Die Effektivität der Maskenbeatmung beobachtet die Schwester an den Atembewegungen des Thorax, an der Hautfarbe und durch Auskultation der Lunge.

8.5.4. Äußere Herzmassage

Wird die Herzmassage erforderlich, so muß diese von der Schwester so lange durchgeführt werden, bis sie der Arzt übernimmt. Die Durchführung der Herzmassage ist in verschiedenen Altersgruppen unterschiedlich.

Durchführung der Herzmassage

Beim Säugling (Abb. 43a):
- Brustkorb mit beiden Händen umfassen;
- beide Daumen auf das untere Drittel des Sternums legen;
- rhythmische Kompressionen des Brustbeins mit den Daumen gegen die Wirbelsäule vornehmen.

a

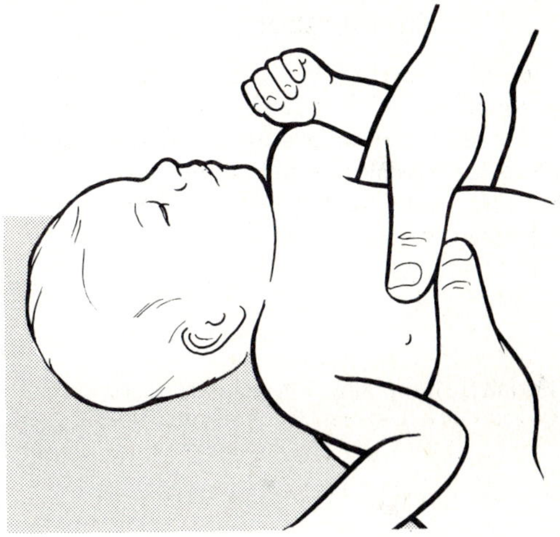

b

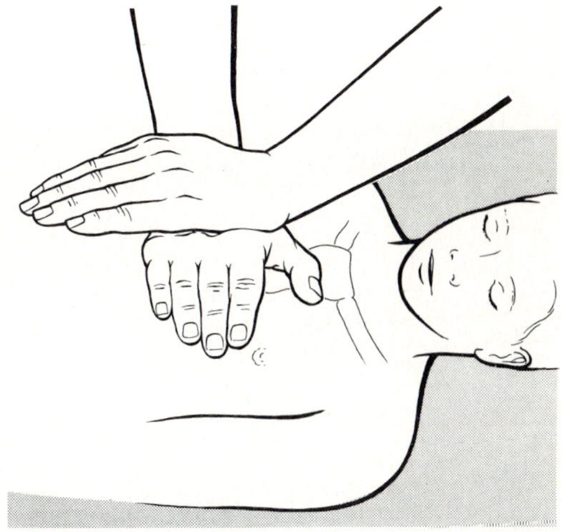

Abb. 43a u. b Herzmassage: a) beim Säugling, b) beim älteren Kind

Beim Klein- und Schulkind (Abb. 43b):
- Kind auf eine harte Unterlage legen (Reanimationsbrett unterschieben);
- Ballen der einen Hand auf das untere Drittel des Sternum legen;
- die andere Hand mit dem Ballen auf den Handrücken der ersteren legen und damit das Brustbein rhythmisch gegen die Wirbelsäule drücken. Die Finger dürfen auf keinen Fall die Rippen berühren. Gleichzeitig mit der Herzmassage muß mit der Maskenbeatmung, nach Möglichkeit mit Sauerstoffzufuhr, begonnen werden. Die Herzmassage hat Erfolg, wenn Puls wieder fühlbar ist.

8.5.5. Komplikation bei einer Reanimation

Komplikationen, wie z. B. Pneumothorax, Sternumfraktur, Rippenfrakturen, Hämatothorax und Herzverletzungen, können durch die Wiederbelebungsmaßnahmen entstehen. Fehlendes oder defektes Material kann ebenfalls zu Komplikationen führen.

Beachte: Fehlendes und defektes Material bedeutet Zeitverlust und Handlungsunfähigkeit.

8.5.6. Reinigung, Desinfektion und Kontrolle des Materials und der Geräte

Das benutzte Einwegmaterial wird beseitigt. Die Instrumente werden sterilisiert. Gummi- und Kunststoffteile werden in speziellen Waschmaschinen gereinigt und desinfiziert oder in Desinfektionslösung gelegt, nach der erforderlichen Einwirkungszeit gereinigt, sortiert, geprüft, verpackt und sterilisiert.
Der Notfallwagen wird möglichst rasch wieder aufgefüllt und anhand der Inventarliste kontrolliert. Dabei werden die Geräte und die Instrumente auf ihre Funktionstüchtigkeit überprüft;
- am Laryngoskop Batterie und Birne;
- am Absauggerät der Patientenschlauch mit Ansatzstück und die Sogeinstellung;
- am Beatmungsbeutel das Ventil und die Außenhülle;
- am EKG-Monitor die Batterie, das Patienten- und das Netzkabel;
- am Manometer der Sauerstoffflasche der Flascheninhalt;
- am Defibrillator die Netz- und Elektrodenkabel und die Elektroden.

Beachte: Material und Geräte müssen in einwandfreiem hygienischen Zustand funktionstüchtig am richtigen Platz wieder zum Einsatz bereitstehen.

8.6. Neonatologische Intensivpflege

L. Asch

Dieser Beitrag, in dem die Pflege des Risikoneugeborenen im Inkubator dargestellt wird, faßt viele Maßnahmen der Pflege und Überwachung zusammen, die an anderer Stelle ausführlich beschrieben wurden. Diese unter „Notwendige Vorkenntnisse" zusammengestellten Abschnitte werden zur Durchführung der neonatologischen Intensivpflege nötig und sollten von der Kinderkrankenschwester in diesem Zusammenhang erarbeitet werden.

Strukturnetz

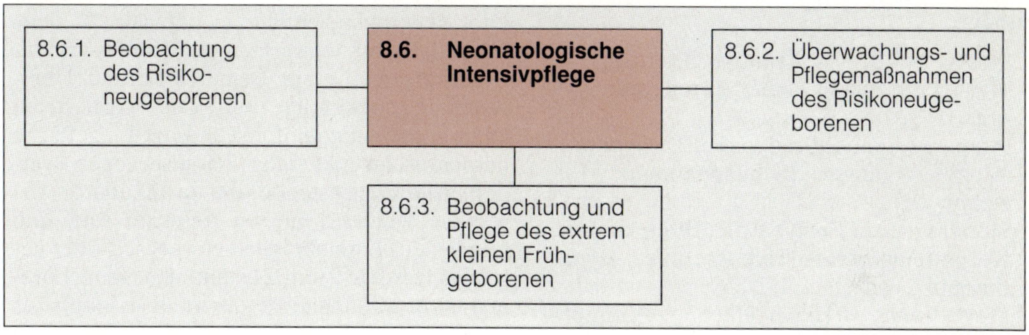

Notwendige Vorkenntnisse

- Pflege des Neugeborenen (Kap. 2.1.),
- Beobachtung des kranken Kindes (Kap. 5.1.),
- Pflege bei Erkrankungen des Neugeborenen (Kap. 7.2.),
- Pflege des Frühgeborenen (Kap. 7.1.),
- Grundlagen der Intensivpflege (Kap. 8.1.),
- Transport des Risikoneugeborenen (S. 549ff),
- Vorbereitung eines Intensivpflegeplatzes mit Inkubator (S. 556ff),
- Infusion und parenterale Ernährung (Kap. 6.10.),
- Blut- und Austauschtransfusion (Kap. 6.11.),
- Flüssigkeitsbilanz (Kap. 8.4.8.),
- Blutgasanalyse (Kap. 8.4.3.),
- Sauerstofftherapie beim nichtbeatmeten Kind (Kap. 8.4.10.),
- Atemtherapie (Kap. 8.4.9.),
- Pflege des intubierten, spontanatmenden Kindes (Kap. 8.7.1.),
- Pflege des intubierten, beatmeten Kindes (Kap. 8.7.2.),
- Invasive Druckmessung (Kap. 8.4.7.),
- Umgang mit EKG- und Respirationsmonitoren (Kap. 8.4.2.),
- Einführung in den Umgang mit den gebräuchlichsten Geräten auf der Intensivstation (Kap. 8.2.),
- transkutane Sauerstoff- und Kohlendioxidüberwachung (Kap. 8.4.4.),
- Pulsoxymetrie (Kap. 8.4.5.).

Lehrziel

In diesem Teilkapitel werden die wichtigsten Beobachtungskriterien beschrieben. Die extrem kleinen Frühgeborenen aus der ca. 28.–30. Schwangerschaftswoche erfordern eine ganz besondere Pflege und Betreuung. Um Veränderungen im Allgemeinzustand des Kindes wahrnehmen zu können, braucht die Kinderkrankenschwester Erfahrung im Umgang mit Frühgeborenen, viel Fingerspitzengefühl und eine gute Beobachtungsgabe. Durch eine fundierte Ausbildung in der pädiatrischen Intensivpflege wird sie darauf vorbereitet. Dieser Abschnitt weist sie auf ihre Aufgaben bei der Pflege und Überwachung des Risikogeborenen innerhalb der Intensivpflege hin.

Lernziele

Wenn Sie diesen Abschnitt erarbeitet haben, können Sie

- Beobachtungen am Risikoneugeborenen aufzählen;
- Gründe für die Pflege des Kindes im Inkubator nennen;

- Wärmeregulationsmöglichkeiten des Intensivinkubators beschreiben.
- Zeichen der Unreife des extrem kleinen Frühgeborenen nennen;
- Besonderheiten bei der Pflege wiedergeben.

8.6.1. Beobachtung des Risikoneugeborenen

Ohne Berücksichtigung der Grundkrankheit sind beim Risikoneugeborenen bei der Pflege im Inkubator folgende Beobachtungen notwendig:

- Hautfarbe (Blässe, Zyanose, Ikterus),
- Haut (Petechien, Ödeme, Temperatur, Allergie),
- Atmung (Apnoe, Bradypnoe, Tachypnoe),
- Atembewegungen (Schnappatmung, Einziehungen),
- Herzfrequenz (Tachykardie, Bradykardie),
- Körpertemperatur (Hypothermie, Hyperthermie),
- Muskeltonus (Hyperreflexie, Krämpfe, Atonie),
- Blutdruck (Hypotonie, Hypertonie),
- Blutzucker (Hypoglykämie, Hyperglykämie),
- Blutgasanalyse (Azidose, Alkalose).

8.6.2. Überwachungs- und Pflegemaßnahmen des Risikoneugeborenen

Die Ergebnisse der Beobachtungen sollen die Schwester veranlassen, entweder schnell selbst zu handeln oder eine erfahrenere Person zu Hilfe zu holen. Aufgrund des beobachteten Zustandes des Kindes werden die folgenden Überwachungs- und Pflegemaßnahmen notwendig.

Pflege des Kindes im Inkubator

Risikoneugeborene werden nicht nur aus Gründen der Wärmezufuhr, sondern auch wegen der besseren Beobachtungsmöglichkeit und zum Schutz vor Infektionen im Inkubator betreut. Die Inkubatortemperatur soll zu Beginn der Behandlung 36°C betragen. Der Intensiv-Doppelwandinkubator unterscheidet sich von den übrigen Inkubatoren durch den größeren Innenraum und durch die zusätzliche ISC-(*i*nfant-*s*ervo-*c*ontrol-)Steuerung. Bei der ISC-Steuerung wird über eine Hautsonde, die am Körper des Kindes angebracht wird, laufend die Hauttemperatur gemessen. Nach den ermittelten Werten wird die Inkubatortemperatur automatisch den Bedürfnissen des Kindes angepaßt. Die Liegefläche ist mit einer besonders weichen, wärmeisolierenden Matratze ausgestattet. Um dem Kind große Manipulationen zu ersparen, können komplette Wägesysteme in den Inkubator eingebracht werden. Es besteht dann die Möglichkeit, das Körpergewicht kontinuierlich zu überwachen. Die Plastikklarsichthaube hat verschiedene Öffnungen zur Versorgung des Kindes und für Zuleitungen, die zur Behandlung und Überwachung notwendig sind. Die Vorderfront kann vollständig geöffnet und die Liegefläche herausgeschwenkt oder herausgezogen werden. Alle Gegenstände, die im Inkubator verwendet werden, müssen keimfrei sein und mindestens einmal täglich gewechselt oder gereinigt werden. Vom Zustand des Neugeborenen ist es abhängig, ob der Intensivinkubator mit ISC- oder Thermostatsteuerung betrieben wird.

Inkubator mit ISC-Steuerung:
Er wird verwendet für
- Risikoneugeborene zur Überwachung in den ersten 24 Stunden;
- Neugeborene mit einem Gewicht unter 1500 g;
- Kinder mit Atemnotsyndrom, Hypoxiezuständen, Sauerstoff- und Phototherapie.

Die Betriebstemperatur ist identisch mit der gewünschten Hauttemperatur und wird nach dem Körpergewicht des Kindes wie folgt eingestellt:

Gewicht weniger als 2000 g	36,5 °C,
Gewicht zwischen 2000 und 3500 g	36,0 °C,
Gewicht mehr als 3500 g	35,5 °C.

Die Hautsonde wird mit einem hautfreundlichen Pflasterstreifen auf der flachen, ungedeckten Haut am Stamm (Abdomen, Rücken, Flanke) angeklebt. Solange der Inkubator auf ISC-Steuerung eingestellt ist, müssen stündlich Inkubatortemperatur und Hauttemperatur kontrolliert werden. Die Kalibrierung der Hautsonde erfolgt zweimal täglich. Die ISC-Steuerung darf nicht verwendet werden bei Kindern mit Kreislaufproblemen und bei Hypo- und Hyperthermie.

Wird bei dem Kind eine Phototherapie durchgeführt, kann es durch diese zu einer Beeinträchtigung der Inkubatortemepratur, der Hautsonde und der transkutanten pO_2-Sonde kommen. Die Sonden können durch spezielle Metallkappen geschützt werden.

Inkubator mit Thermostatsteuerung:
Hierbei wird die Lufttemperatur des Inkubators gewählt. Sie wird durch den Thermostat konstant gehalten. Er ist geeignet für Kinder mit

- Hyperthermie, bei denen die Rektaltemperatur mehr als 37,5 °C beträgt;
- Hypothermie, bei denen die Rektaltemperatur weniger als 36,0 °C beträgt;
- instabilem Kreislauf.

Die Einstellung der Inkubatortemperatur erfolgt anhand einer Tabelle nach dem Körpergewicht des Kindes (S. 628). Sie wird bei Hyperthermie schrittweise jeweils um 1 °C zurückgestellt. Die Körpertemperatur des Kindes muß bei diesem Vorgang alle 30 Minuten gemessen werden. Bei einer Hypothermie des Kindes soll die Aufwärmgeschwindigkeit nicht mehr als 1 °C pro Stunde betragen. Während dieser Zeit sind Maßnahmen am Kind auf das Notwendigste zu beschränken und die Rektaltemperatur mittels einer Sonde ständig zu überwachen. Der Zustand eines Risikoneugeborenen kann sich rasch ändern, deshalb ist ein aufwendiges *Monitoring* zur ständigen Überwachung notwendig. Eine gute Überleitung der ermittelten Resultate zu den Monitoren kann nur durch richtig angelegte Elektroden und Sensoren, über einwandfrei funktionierende Kabel erfolgen. Damit rechtzeitig Veränderungen beim Kind erkannt werden, müssen die Alarmbegrenzungen genau eingestellt und regelmäßig kontrolliert werden, z. B. beim Dienstbeginn.

Überwachung der Atmung und der Herzfrequenz mit Monitoren

Über drei Elektroden wird die Aufzeichnung der Atembewegungen und eine EKG-Ableitung mit gleichzeitigen Frequenzanzeigen möglich (S. 546).

Überwachung des Kreislaufs

Der Zustand und die Grunderkrankung sind ausschlaggebend, wie die Kreislaufüberwachung durchgeführt wird. Sie kann unblutig, durch regelmäßige Blutdruckmessungen, z. B. mit dem Dinamap, erfolgen. Bei schwerkranken Kindern wird die invasive Druckmessung notwendig (Kap. 8.4.7.). Durch die Beurteilung der Meßwerte kann rechtzeitig die Behandlung eingeleitet und der Therapieerfolg überprüft werden.

Kontrolle der Blutgaswerte

Die Blutgasanalyse gibt Hinweise auf mögliche Atemstörungen. Ihr Ergebnis gestattet, rechtzeitig und gezielt mit der Behandlung zu beginnen und diese zu überwachen. Bei einer bereits durchgeführten Sauerstofftherapie und während der Beatmung müssen regelmäßige Kontrollen durchgeführt werden. Die dazu nötigen Blutentnahmen werden nach Verordnung von der Schwester oder durch das Laborpersonal vorgenommen. Durch die kontinuierliche transkutane pO_2- und CO_2-Überwachung und die Pulsoxymetrie sind die Blutentnahmen nicht mehr so häufig notwendig. Veränderungen der Parameter während pflegerischer und therapeutischer Maßnahmen können genau beobachtet werden.

Überwachung der Infusionstherapie

Die relativ kleinen Infusionsmengen müssen kontinuierlich, nach Möglichkeit mit elektrischen Infusionspumpen verabreicht werden. Da die Kinder zu Hypoglykämien neigen, werden auch unter der Infusionstherapie evtl. Kontrollen der Blutzuckerwerte mit Schnelltesten nötig. Sie werden von der Schwester nach Verordnung, evtl. zusammen mit der Blutgasanalyse, durchgeführt.

Durchführung der Flüssigkeitsbilanz

Durch Infusionslösungen, Medikamente und Spülflüssigkeit für venöse und arterielle Zugänge wird dem Kind Flüssigkeit zugeführt. Bei Kindern mit einem niederen Geburtsgewicht ist es möglich, daß auch bei sehr sorgfältiger Dosierung die maximale Einfuhrmenge erreicht wird. Deshalb ist es notwendig, die gesamte Einfuhr auf dem Verlaufsbogen zu notieren. Der Urin wird abgemessen und die Bilanz durchgeführt. Auch Blutentnahmen und andere Verluste, z. B. durch Drainagen, müssen gemessen und bei Bedarf qualitativ ersetzt werden.

Überwachung der Körpertemperatur

Bis das Kind eine normale Körpertemperatur hat, muß diese in kurzen Zeitabständen kontrolliert werden. Eine Dauermessung kann über eine Rektalsonde durchgeführt werden. Die Sonde wird vorsichtig ins Rektum eingeführt und mit einem Pflasterstreifen an der Innenseite am Schenkel fixiert. Nachdem die Sonde mit dem Meßgerät verbunden ist, kann dort ständig die Temperatur abgelesen werden. Sobald eine normale rektale Körpertemperatur erreicht ist, kann die Messung axillar durchgeführt werden.

Überwachung des Gesamteindrucks

In ständigem Umgang mit dem Kind nimmt die Kinderkrankenschwester viele Zeichen wahr, die über das Befinden des Neugeborenen Auskunft geben. Insbesondere wird sie ihr Augenmerk richten auf

- Bewegung,
- Reaktionen, die auf Schmerzen hindeuten können (z. B. Weinen, Gesichtverziehen),
- Haltung, Lage im Inkubator, Lageveränderung,
- Saugreflex (z. B. Finger-in-den-Mund-Stekken),
- Tonus.

Diese Zeichen können nicht mit Geräten, sondern nur durch aufmerksames Beobachten erfaßt werden und müssen im Verlaufsblatt zur Weitergabe aufgeschrieben sein.

Gewichtskontrolle

Das Körpergewicht wird täglich mindestens einmal, meist in Verbindung mit der Körperpflege, festgestellt (S. 318).

Körperpflege

Sie kann in den wenigsten Fällen nach einem bestimmten Schema erfolgen, sondern wird individuell nach dem Allgemeinzustand des Kindes einmal täglich so schonend wie möglich durchgeführt.

8.6.3. Beobachtung und Pflege des extrem kleinen Frühgeborenen

Die komplexe Behandlung und Diagnostik des Frühgeborenen wird zum Teil über Nabelvenen- oder Nabelarterienkatheter durchgeführt. Alle Pflege- und Hygienemaßnahmen im Umgang mit zentralen Kathetern sind einzuhalten (Kap. 8.4.6.).

Indikationen für einen Nabelvenenkatheter sind:

- Blutaustausch,
- Volumensubstitution,
- ZVD-Messung, z. B. bei Hydrops, Schock,
- Medikamentengabe,
- Herzkatheteruntersuchung bei angeborenem Herzfehler, z. B. TGA.

Der Katheter wird in die Nabelvene über den Ductus venosus Arantii bis in die V. cava inferior eingeführt. Die richtige Position ist ca. 1 cm oberhalb des Zwerchfells und muß durch Röntgenkontrolle bestätigt werden.

Vorteile der Behandlung:

- Gute Verdünnung der Medikamente und der hyperosmolaren Lösungen durch den großen Blutfluß,
- Möglichkeiten der ZVD-Messung.

Nachteile bei Fehlpositionen:

- Gefahr von Leberzellnekrosen,
- Bildung von Pfortaderthromben,
- Spätfolgen, z. B. portale Hypertension.

Indikationen für einen Nabelarterienkatheter sind:

- Volumensubstitution bei Schockbehandlung,
- arterielle Blutgasanalysen bei hohem F_iO_2-Bedarf,
- kontinuierliche arterielle Blutdruckmessung,
- Infusionstherapie, besonders bei sehr kleinen Frühgeborenen.

Der Katheter wird durch eine Nabelarterie eingeführt. Für die richtige Position des Katheters gibt es 2 Möglichkeiten:

- tiefe Lage bei LW_3/LW_4 oberhalb der Aortenbifurkation,
- hohe Lage bei Th_7/Th_8.

Die Katheterlage muß durch eine Röntgenaufnahme dokumentiert sein.

Vorteile:

- Rasche zentrale Volumensubstitution,
- geringe Belastung des Kindes, weil keine peripheren Blutentnahmen notwendig werden,
- optimale Übersicht über die PaO_2-Situation,

- angepaßte O_2-Zufuhr beim zentralisierten oder stark ödematösen Kind, bei dem die $tcPO_2$-Werte ungenau sind,
- exakte Messung der Blutdruckwerte, wenn die unblutige Messung durch starke Ödembildung erschwert ist.

Nachteile durch den Katheter:
- Akuter Blutverlust durch Leckstellen und Gefäßruptur,
- Thrombenbildung durch Blutreste im Katheter,
- periphere Ischämie durch Arteriospasmus,
- erhöhte Infektionsgefahr.

Pflege und Überwachung

- Ständige Beobachtung der Glutäalregion auf Hautveränderungen. Deshalb dürfen dem Kind *keine Windeln* angezogen werden.
- Kontrolle der Zehen auf Zirkulationsstörungen, z. B. Zyanose, Blässe, Kälte. Dem Kind dürfen *keine Socken* angezogen werden.
- *Keine Bauchlage* aus Sicherheits- und Hygienegründen.
- Arterienkatheter immer durch rote Dreiwegehähne und markierte Zuleitungen kennzeichnen.

Die Unterschiede in der Pflege ergeben sich durch die Unreife des Kindes und durch die geringe Belastbarkeit bei Manipulationen.

Zeichen der extremen Unreife des Kindes sind:
- Körpergewicht ca. 700–1000 g;
- Länge ca. 38–40 cm;
- Kopfumfang ca. 26–29 cm;
- transparente, rote, glatte Haut mit durchscheinenden Blutgefäßen;
- fehlende Lanugobehaarung;
- fehlende Beugung der Ellbogen- und Kniegelenke;
- Überstreckbarkeit der Handgelenke;
- wenig gewölbte Fingerkuppen mit hautartigen Fingernägeln;
- keine Hautfältelung an den Fußsohlen;
- kaum erkennbare Brustwarzen, kein Warzenhof;
- beim Jungen Skrotum leer, ohne Furchen;
- beim Mädchen Klitoris und kleine Labien hervorragend.

In der Regel sind die Kinder beatmet und müssen über einige Zeit parenteral ernährt werden. Intubation und Anlegen einer Infusion erfolgen unmittelbar nach der Geburt. Das Kind wird im Inkubator (möglichst mit ISC-Steuerung) auf einem Wattekissen oder einem Fell gelagert. Um das Kind vor Wärme- und Flüssigkeitsverlust zu schützen, wird es unter eine Klarsichtplastikfolie gelegt und der Kopf durch ein Baumwollmützchen geschützt (Abb. 44a u. b). Allein durch die Beatmung und die parenterale Ernährung sind regelmäßige therapeutische und pflegerische Maßnahmen am Kind unvermeidbar, und sie werden gesteigert, wenn das Kind Fehlbildungen oder zusätzliche Krankheitssymptome zeigt. Eine optimale Behandlung und Pflege mit möglichst geringer Belastung für das Kind ist das Ziel aller Bemühungen. Durch die Ableitung der Herzfrequenz und durch die transkutane pO_2- und CO_2-Messung sind die belastenden Faktoren, die das Kind beeinträchtigen, sofort zu erkennen. Das Kind reagiert auf Manipulationen mit einem Abfall der Herzfrequenz und des transkutanen pO_2. Deshalb ist es notwendig:

- erfahrenes Pflegepersonal zur Versorgung dieser Kinder einzusetzen;
- alle Pflegemaßnahmen, insbesondere Körperpflege, auf das Notwendigste zu beschränken;
- pflegerische und therapeutische Maßnahmen zu koordinieren;
- das Kind in einer speziellen Liegewanne zu lagern, damit bei Untersuchungen und Röntgendiagnostik keine Umlagerung notwendig wird;
- das Absaugen der Kinder unter Mithilfe einer zweiten Pflegeperson durchzuführen, um durch koordiniertes, zügiges Handeln eine anhaltende Hypoxie zu vermeiden;
- zum Fixieren des Tubus und der Ernährungssonde hautfreundliches Material zu verwenden, das nur bei Bedarf erneuert wird;
- Urinauffangbeutel nur ganz leicht anzukleben;
- Überwachungsgeräte mit geeigneten Sonden und Elektroden am Kind anzuschließen (die Elektroden sollten möglichst klein und aus hautfreundlichem Material sein);
- Blutentnahmen auf das Notwendigste zu beschränken;
- die Gewichtskontrolle im Inkubator durchzuführen;

a

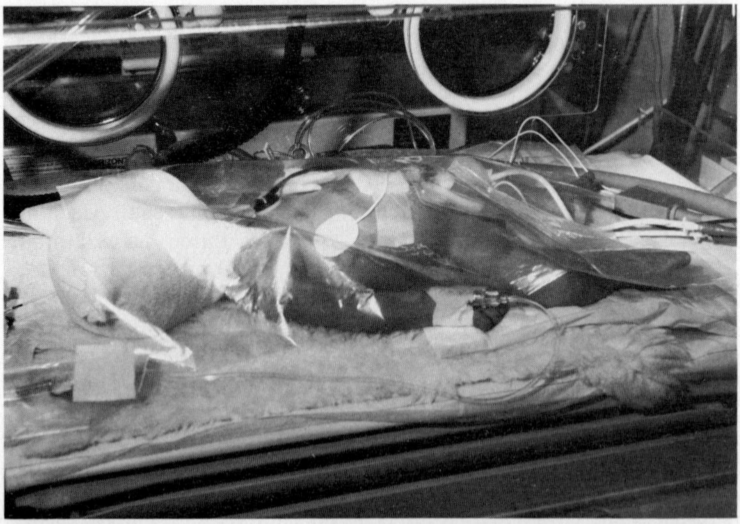

b

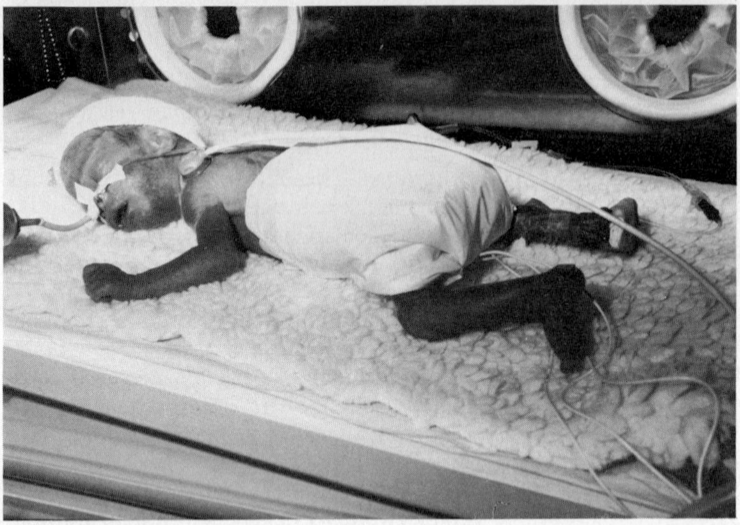

Abb. 44a u. b Frühgeborenes im Inkubator:
a) Mit Elektroden zur Überwachung der Vitalfunktionen, mit Infusionsbehandlung und Beatmung unter der Folie.
b) Mit transkutaner pO_2- und pCO_2-Messung, EKG-Überwachung, Infusionsbehandlung und Beatmung

- mit der enteralen Ernährung so früh als möglich zu beginnen, damit die Infusionstherapie beendet werden kann;
- das Reinigen des Inkubators und den Wäschewechsel unter Mithilfe einer zweiten Pflegeperson durchzuführen.

8.7. Spezielle Pflege auf der pädiatrischen Intensivstation

G. Walter, L. Asch und E. Schneider

Strukturnetz

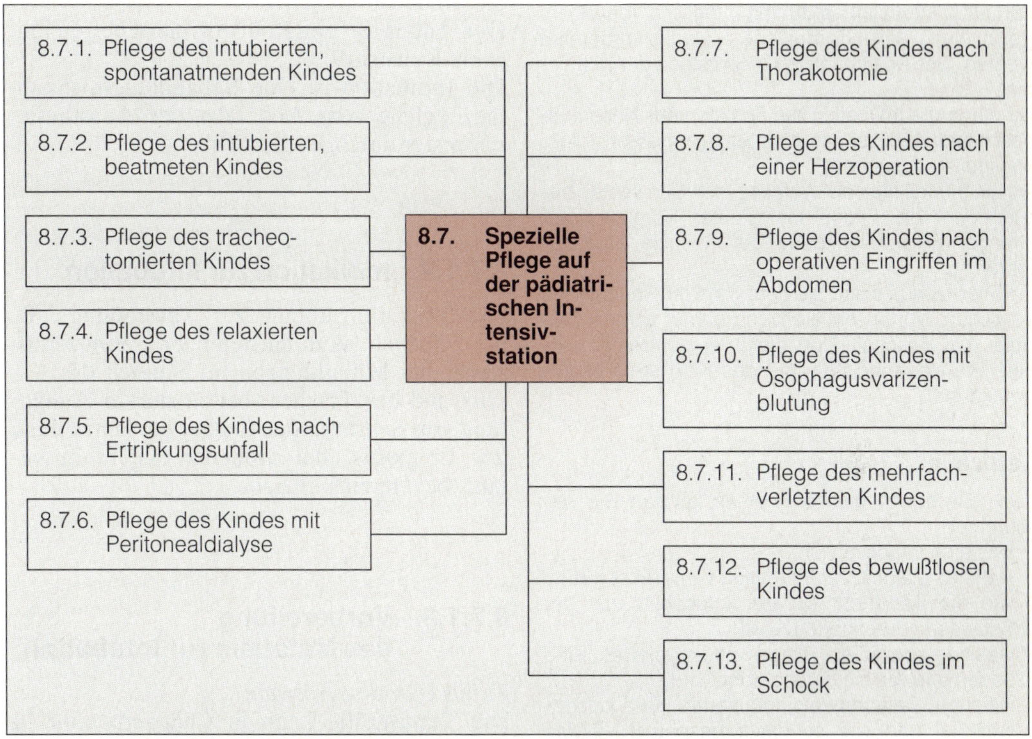

8.7.1. Pflege des intubierten, spontanatmenden Kindes

G. Walther und E. Schneider

Notwendige Vorkenntnisse

- Anatomie, Physiologie und Pathologie des Respirationstraktes,
- Grundlagen der Asepsis,
- Durchführung des endotrachealen Absaugens (S. 214),
- Krankenbeobachtung, die Vitalfunktionen (S. 115ff),
- Körperpflege (S. 144),
- Atemtherapie (S. 612),
- Blutentnahmen zur Blutgasanalyse (S. 567ff).

Strukturnetz

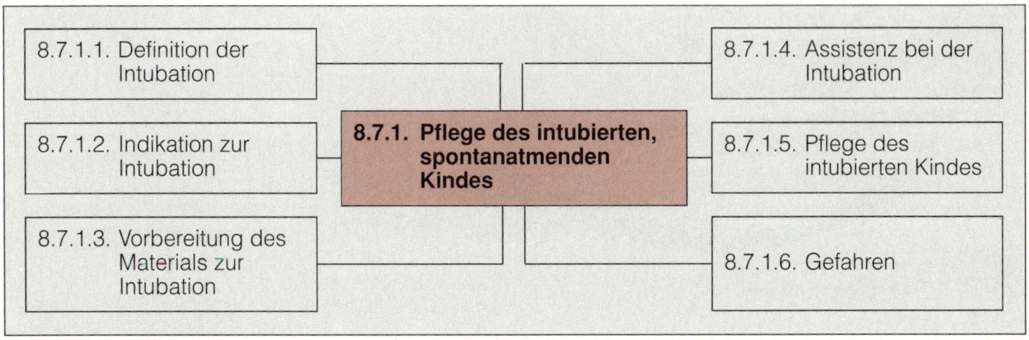

Lehrziel

Bei akut einsetzender Störung der Atmung, bei Mißbildungen von Larynx und Trachea, bei Herzinsuffizienz oder bei drohender Aspiration wird eine Intubation erforderlich.
Für jede Intubation muß mit möglichst geringem Zeitaufwand das erforderliche Material vorbereitet werden. Der Arzt benötigt die Assistenz der Schwester.
Da durch die Intubation die Funktion der Nase ausgeschaltet wird, ist das Kind einer erhöhten Infektionsgefahr ausgesetzt.
Deshalb wird hier als Aufgabe der Schwester beschrieben, die Pflege mit größter Sorgfalt unter strenger Berücksichtigung der Asepsis durchzuführen.
Darüber hinaus sollte sie dem Kind ihr Handeln mit einfachen Worten erklären und darauf achten, daß Spiel und Beschäftigung nicht vernachlässigt werden. Sie gewährleistet, daß das Kind stets beaufsichtigt ist.

Lernziele

Nach Erarbeiten dieses Themas können Sie beschreiben,
- was eine Intubation ist;
- welches Material zur Intubation vorbereitet wird;
- wie die Assistenz bei der Intubation von der Schwester durchgeführt wird;
- welcher speziellen Pflege ein intubiertes Kind bedarf und wie sie durchgeführt wird;
- welchen Gefahren ein intubiertes Kind ausgesetzt ist und wie es davor geschützt werden kann;
- welcher Formen der Zuwendung das intubierte Kind bedarf.

8.7.1.1. Definition der Intubation

Unter endotrachealer Intubation versteht man das Einführen eines Tubus über die Nase (nasotracheal) oder den Mund (orotracheal) in die Trachea.
Der Tubus ist ein Rohr aus gewebefreundlichem Kunststoff.
Die Intubation ist eine Behandlungsmaßnahme, welche vom Arzt oder der Anästhesieschwester durchgeführt wird.

8.7.1.2. Indikation zur Intubation

Die Intubation kommt zur Anwendung z. B. bei plötzlich akut auftretender Ateminsuffizienz, bei Mißbildungen im Bereich des Larynx und der Trachea, bei zu starker Anhäufung von Sekret in der Lunge, bei Schwellung der Epiglottis, bei drohener Aspirationsgefahr, bei Herzinsuffizienz.

8.7.1.3. Vorbereitung des Materials zur Intubation

Tubus (Größe – Auswahl):
Die Tubusgröße kann in Charrière oder in Magill gemessen werden. Charrière gibt den Außendurchmesser (in ⅓ mm) und Magill den Innendurchmesser (in 1 mm) an.

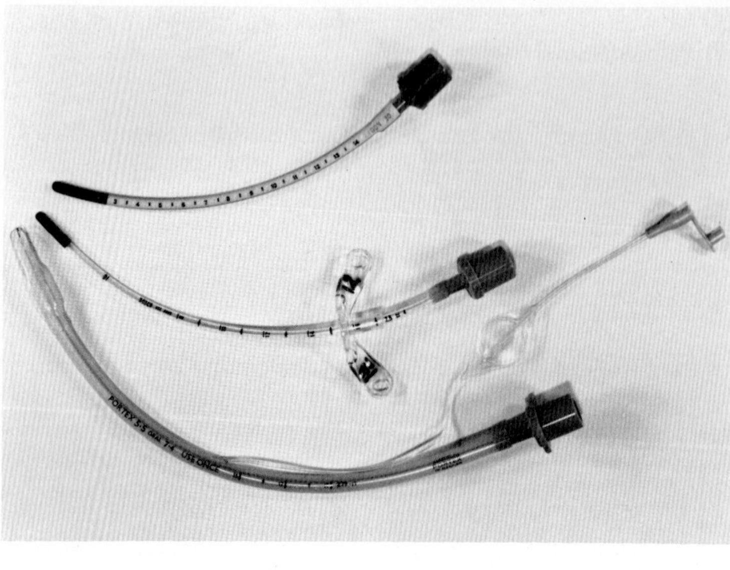

Abb. 45 Oben: Nasotrachealer/orotrachealer Tubus
Mitte: Nasotrachealer Tubus mit Platte (Kinderspital Zürich).
Unten: Nasotrachealer Tubus mit Cuff.

Kinder unter 8–10 Jahren werden auch für die Dauerbeatmung mit einem Tubus ohne Cuff intubiert. Der Cuff ist eine aufblasbare Manschette am Tubus zur Abdichtung von Trachea und Tubus.
Nasaltuben können mit und ohne Fixationsplatte fixiert werden.
Nasaltuben mit Platte sind besser und sicherer zu fixieren (Abb. 45).
Die Tubuswahl wird nach dem Alter des Kindes getroffen. Eine Ausnahme dabei machen Früh- und Neugeborene, bei ihnen ist das Gewicht maßgebend, s. Tabelle. Für Frühgeborene unter 1000 g Gewicht gibt es zusätzlich einen Tubus Charr. 10.
Wird die Tubusgröße in Charrière gemessen, so kann bei Kindern über einem Jahr die Tubuswahl nach folgender Formel getroffen werden:

Alter + 20 = Tubusgröße, z. B. 2 Jahre + 20 = Tubus 22 Charr.

Die Tubuslänge gilt von Tubusspitze bis Zahnreihe. Der Tubus muß immer 1–2 cm länger zugeschnitten werden, als auf der folgenden Tabelle angegeben ist.

Wahl der Größe des Trachealtubus (aus P. Dangel: Narkose beim Kleinkind. In: Theoriekurs II für Anästhesieschwestern und -pfleger. Juris, Zürich 1977)

	Tubusgröße				Tubuslänge	
Alter	Innendurchmesser mm	Außendurchmesser mm „(Ruesch)“	Charrière	Magill	oral cm	nasal cm
Frühgeburten unter 1600–1800 g	2,5	4,0	12	00	10–11	12
Neugeborene über 1600–1800 g	3,0	4,7	14	0	11–12	13
3/12–8/12 Monate	3,5	5,3	16	1	12–13	14
8/12–12/12 Monate	4,0	6,0	18	1–2	12–13	14–15
1–2 Jahre	4,5	6,7	20	2	13–14	15
2–4 Jahre	5,0	7,3	22	3	15–16	17
4–6 Jahre	5,5	8,0	24	4	16–17	18–19
6–8 Jahre	6,0	8,7	26	5	17–18	20
8–10 Jahre	6,5	9,3	28	5	17–18	21
10–12 Jahre	7,0	10,0	30	6	19–10	22
12–14 Jahre	7,5	10,7	32	6–7	20	23
14–16 Jahre	8,0	11,3	34	7–8	22	25
16–18 Jahre	8,5	12,0	36	8–9	23	26
18 Jahre	8,5–9,0	12,7	36–38	8–10	25	28

Bereitzulegen sind:
- nasotrachealer Tubus in passender Größe sowie nächstkleinerer und nächstgrößerer,
- orotrachealer Tubus.

Weiteres Material:
- Laryngoskop mit Spatel, der Größe des Kindes entsprechend,
- Magill-Zange (abgewinkelte Zange zum Führen eines nasotrachealen Tubus unter Sicht in die Stimmbänder),
- Maske,
- Beatmungsbeutel,
- Absauggerät mit dickem Absaugkatheter für Mund und Magen,

- Schaumgummiplatte mit Loch zur Lagerung des Kopfes,
- Stethoskop,
- Sauerstoffanschluß,
- Kurznarkotika,
- Sedativa,
- Adapter passend zum Tubus (bei dünnem Tubus mit durchgehend gleichem Lumen), Adapter nicht in den Tubus stecken, sondern ein Gummizwischenstück verwenden, um die Stenose am Tubus zu verringern, oder einen dünnen Tubus mit schon vorgegebener Verdickung am Tubenende und eingeführtem Adapter verwenden,
- guthaftende, vorgeschnittene Pflasterstreifen, z. B. Schmetterlingspflaster (Abb. 48),
- dicker Zwirn,
- nicht wasserlöslicher Markierungsstift zur Längenmarkierung des Tubus,
- Magensonde,
- Alkohol in Spritze mit feiner Kanüle wird nur für Tubus mit Fixationsplatte benötigt. Der Tubus wird durch den Alkohol verschiebbar gemacht.

Beachte: Bei der Vorbereitung zur Intubation kann durch Bereitstellen des Notfallwagens viel Zeit gewonnen werden (S. 623).

8.7.1.4. Assistenz bei der Intubation

Material	Handlung Schwester	Handlung Arzt	Besonders zu beachten
			– das noch nicht intubierte Kind soll möglichst ruhig bleiben
			– Aufregung durch unnötige Untersuchungen und überflüssige pflegerische Verrichtungen vermeiden
	– bereitet das Kind mit einfachen Worten auf die Intubation vor		– sehr oft ist diese Vorbereitung nicht möglich, weil das Bewußtsein des Kindes verändert ist
– Schaumstoffplatte mit Loch	– legt das Kind in Rückenlage mit dem Hinterkopf auf die Schaumstoffplatte (Abb. 46)		– Unterlegen oder Hochhalten der Schultern und zu starkes Überstrekken des Kopfes erschweren die Intubation, fördern die Perforation der Tracheavorderwand
		– stellt sich hinter den Kopf des Kindes	
			– Frühgeborene und Neugeborene im Inkubator intubieren und für ausreichende Wärmezufuhr sorgen, evtl. Wärmelampe zusätzlich benützen

Material	Handlung Schwester	Handlung Arzt	Besonders zu beachten
– Absauggerät mit dickem Absaugkatheter	– stellt Absauggerät an	– saugt Nase, Mund und Magen ab	– Aspiration muß vermieden werden! Absauggerät mit dickem Katheter bleibt während der Intubation betriebsbereit
– Laryngoskop mit Spatel	– steckt Spatel auf Laryngoskop, überprüft Birne am Spatel		
– Tubus in passender Größe		– schaut nach der Längenmarkierung	– Spritze mit Alkohol und feiner Kanüle für Tubus mit Fixationsplatte – Tubus wird mit Alkohol verschiebbar gemacht
– Atembeutel mit Maske – Sedativa – Kurznarkotikum – kurzwirksames Muskelrelaxans – Sauerstoff	– hält den Kopf des Kindes	– injiziert das ausgewählte Medikament oder verabreicht das Kurznarkotikum (ventiliert das Kind ausreichend über Maskenbeatmung mit reiner Luft oder einem Sauerstoff-Luft-Gemisch)	
– Laryngoskop, Spatel – Magill-Zange – Stethoskop	– kontrolliert die Herzfrequenz	– führt unter Sicht mit Hilfe des Laryngoskops den Tubus über die Nase in die Trachea ein – schiebt evtl. den Tubus mit Magill-Zange zwischen den Stimmbändern hindurch	– die Notfallintubation wird orotracheal durchgeführt
– Adapter, Atembeutel	– nimmt Maske vom Atembeutel, steckt Adapter auf Atembeutel	– beatmet über Tubus mit Luft oder Sauerstoff-Luft-Gemisch	– bei dünnem Tubus ein Gummizwischenstück oder einen dünnen Tubus mit Verdickung am Tubenende und schon eingeführtem Adapter verwenden

Material	Handlung Schwester	Handlung Arzt	Besonders zu beachten
– Stethoskop	– hält den Tubus fest und beatmet das Kind	– Auskultation des Thorax auf seitengleiche Belüftung	
– guthaftende, vorgeschnittene Pflasterstreifen, Zwirn	– hilft bei der Tubusfixation	– fixiert den Tubus	– zusätzlich um den mit Pflaster fixierten Tubus den Zwirn binden (Abb. 47–49)
– wasserfester Markierungsstift	– markiert Tubus direkt am Nasenloch		– Markierung hilft zur Kontrolle der Tubuslänge
– Magensonde		– führt Magensonde ein und entleert durch leichten Druck auf den Magen die vorhandene Luft	– bei Maskenbeatmung fließt häufig ein Teil der Atemluft in den Magen
– Formular zur Anforderung der Röntgenaufnahme	– bringt das Kind in bequeme Lage	– füllt Röntgenformular aus	– die Röntgenaufnahme gibt den Beweis für die richtige Tubuslage
	– bestellt Röntgenassistentin auf Station		
	– legt Spatel, Magill-Zange und Laryngoskophülle in Desinfektionslösung ein. Bei nicht abnehmbarer Hülle das Laryngoskop mit Alkohol desinfizieren	– beurteilt das Röntgenbild, verändert danach evtl. die Tubuslage	– Lageveränderung des Tubus protokollieren – Tubusmarkierung neu anbringen

Beachte: Für jede Intubation den nächstkleineren und den nächstgrößeren Tubus bereitlegen, denn in manchen Fällen besteht eine Larynxschwellung oder eine Stenose der Trachea, die einen kleineren Tubus erforderlich machen.
Ist die Trachea größer als altersentsprechend, muß der Tubus in der passenden Größe gewählt werden.

8.7.1.5. Pflege des intubierten Kindes

Bei der Pflege des intubierten Kindes kommt es nicht nur darauf an, daß man die Funktionen der Apparate überprüft, sondern auch darauf, daß die „Formen der Zuwendung“ in allen Phasen und Abschnitten der Pflege berücksichtigt werden.

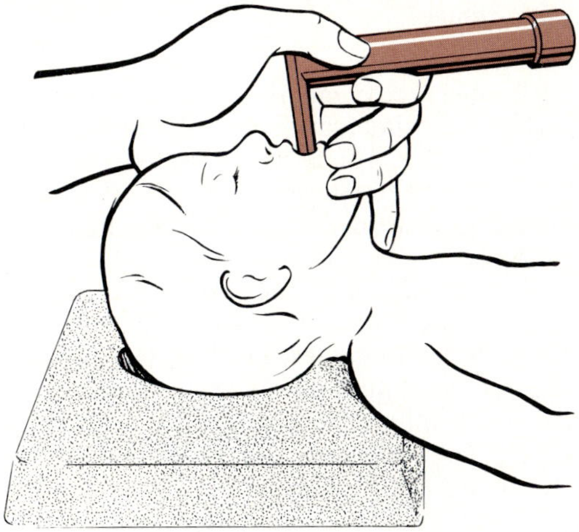

Abb. 46 Lage des Hinterkopfes auf Schaumstoffplatte mit Loch, sog. „Schnüffelstellung", und Einführen des Laryngoskops

Betreuung und Ruhigstellung

Frisch intubierte Kinder, die bei Bewußtsein sind, empfinden fast alle den Tubus als störend. Anbinden der Extremitäten schützt zwar vor Selbstextubation, weckt jedoch in den meisten Kindern Unruhe und Aggression und trägt auch nicht zur besseren Gewöhnung an den Tubus bei. Die Kinder sollten deshalb ausreichend sediert werden (auf ärztliche Verordnung). Bei sämtlichen pflegerischen Verrichtungen sollte die Schwester auf einfache Weise dem Kind erklären, was sie mit ihm machen wird.

Mit dem intubierten Kind kann und soll wie mit dem gesunden gespielt werden. Sobald es sich an den Tubus gewöhnt hat, kann es aufstehen und im Zimmer umhergehen, jedoch soll es unter Aufsicht der Schwester bleiben,

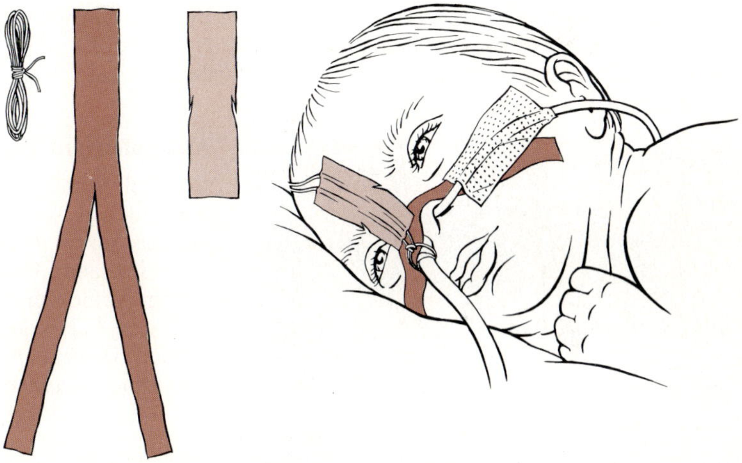

Abb. 47 Fixation des nasotrachealen Tubus mit vorgeschnittenem Pflasterstreifen

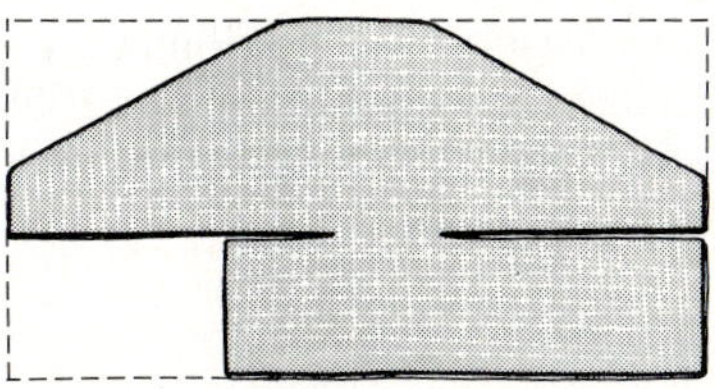

Abb. 48 Vorgeschnittenes Schmetterlingspflaster

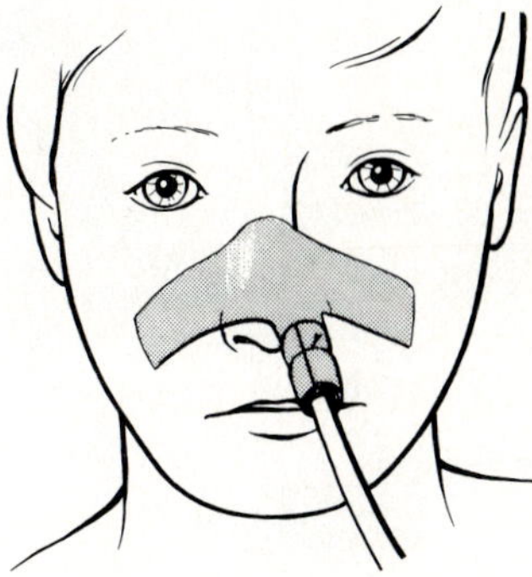

Abb. 49 Fixation des nasotrachealen Tubus mit Schmetterlingspflaster

und die Tubuspflege darf nicht vernachlässigt werden.

Befeuchtung und Erwärmung

Durch die Intubation wird die Funktion der Nase – Reinigung, Befeuchtung, Erwärmung – ausgeschaltet.
Zur Befeuchtung der Atemluft verwendet man bei nichtbeatmeten Kindern Verneblersysteme, deren Nebel mittels eines Schlauches direkt vor den Tubus geleitet werden kann.
Die Möglichkeit einer Erwärmung der Atemluft besteht nur durch Verneblersysteme mit einem eingebauten Heizstab. Die Wassertemperatur muß regulierbar zwischen 37 °C und 45 °C sein.
Die Befeuchtung mit Verneblersystemen kann vorübergehend unterbrochen werden und durch Aufstecken einer künstlichen Nase auf den Tubus ersetzt werden (Abb. 50). Mit der Exspirationsluft schlägt sich die Feuchtigkeit der künstlichen Nase nieder und damit wird die Inspirationsluft leicht befeuchtet.

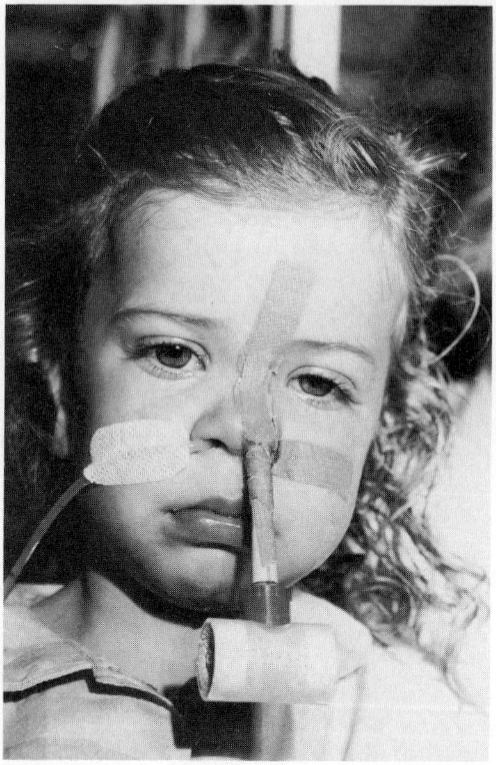

Abb. 50 Nasal intubiertes Mädchen mit künstlicher Nase

Tubuspflege

Die Befeuchtung mittels Verneblersystems reicht nicht aus, um das Trachealsekret zu verflüssigen und den Tubus durchgängig zu erhalten. Der Tubus wird deshalb stündlich mit 1–5–10 ml steriler isotoner Kochsalzlösung gespült und anschließend abgesaugt (S. 214).
Vor jedem Absaugen muß die Markierung des Tubus kontrolliert werden, um eine Lageveränderung frühzeitig festzustellen. Ein Abknikken des Tubus muß vermieden werden.
Bei nasal intubierten Kindern kann durch zu straffe Tubusfixation oder Ödembildung ein Druck auf die Fixationsplatte entstehen und Nekrosen an Wange und Nase verursachen. Diese Nekrosen werden durch rechtzeitiges Wechseln des Tubusbandes, Unterlegen von Tupfern oder fetthaltiger Gaze unter die Fixationsplatte vermieden.
Bei mit Pflaster fixierten Tuben (Tuben ohne Nasenplatte) das Pflaster regelmäßig erneuern.

Abklopfen und Vibrieren (S. 613)

Abklopfen und Vibrieren des Thorax wird in 2stündlichen Abständen durchgeführt, damit sich das Sekret in der Lunge löst und das Kind vermehrt zum Husten gebracht wird. Nach jedem Abklopfen und Vibrieren des Thorax muß der Tubus gespült und steril abgesaugt werden. Außerdem 2- bis 4stündlich Nasenrachenraum absaugen.

Lagewechsel

In Abständen von 2 Stunden wird das Kind umgelagert. Man legt das Kind in Linksseitenlage, Rechtsseitenlage und wenn möglich in Bauchlage, wobei dann der Kopf abwechslungsweise umgelagert wird.
Durch den Lagewechsel kann gezielt einmal der linke und einmal der rechte Bronchialast abgesaugt werden.
Der Lagewechsel sowie Abklopfen, Vibrieren und Absaugen mit anschließendem Blähen der Lunge mit dem Beatmungsbeutel dienen zur Atelektaseprophylaxe.

Mundpflege

Gründliche Mundpflege S. 159. Manche intubierte Kinder schlucken den Speichel nicht,

deshalb muß auch der Mund abgesaugt werden.
Ein oraler Tubus liegt nur für kurze Zeit. Die Mundpflege wird soweit wie möglich durchgeführt, dabei muß das Herausfallen des Tubus vermieden werden.

Beachte: Ein Verstopfen oder Herausfallen des Tubus bedroht das Leben des Kindes!
An jedem Platz des intubierten Kindes sollten deshalb sein:
- eine Maske und ein Beatmungsbeutel,
- isotone Kochsalzlösung mit Kanüle und Spritze,
- eine Schere zum Aufschneiden der Tubusfixation.

8.7.1.6. Gefahren

- Verstopfen des Tubus durch:
  • Schleimpfropf,
  • Gewebeteile,
  • mangelhafte Befeuchtung,
  • zu seltenes Spülen und Absaugen;
- zu langsames Absaugen verursacht Atemnot und dadurch Sauerstoffmangel;
- Infektionen durch unsteriles Absaugen;
- einseitige Ventilation durch Hineinrutschen des Tubus (Atelektasebildung);
- Herausfallen des Tubus durch schlechte Fixation oder Unruhe des Kindes;
- Drucknekrosen durch die Fixation;
- Nasenseptumdefekt durch Drucknekrose;
- Trachealstenosen.

Beachte: Ein intubiertes Kind bedarf immer einer kontinuierlichen Überwachung durch Pflegepersonal und Überwachungsgeräte.

8.7.2. Pflege des intubierten, beatmeten Kindes

G. Walther und E. Schneider

Notwendige Vorkenntnisse

- Physiologie und Pathophysiologie der Atmung,
- Anatomie des Respirationstraktes,
- Grundlagen der Beatmung,
- Grundlagen der Asepsis,
- Durchführung des endotrachealen Absaugens (S. 214),
- Krankenbeobachtung: Vitalfunktionen (S. 115ff),
- Körperpflege (S. 144),
- Durchführung der Atemtherapie (S. 612),
- Blutentnahme zur Blutgasanalyse (S. 569),
- Pflege des intubierten, spontanatmenden Kindes (S. 633).

Strukturnetz

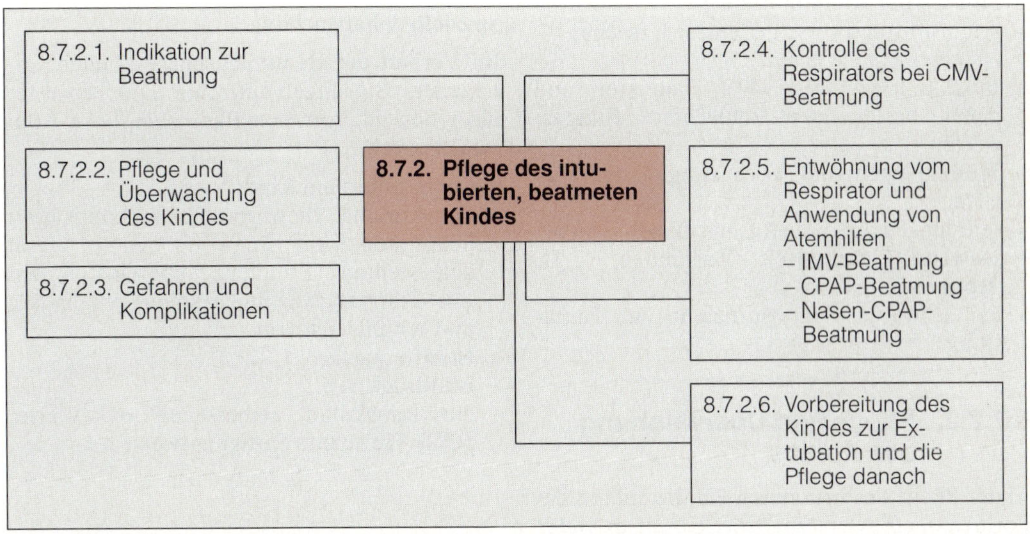

Lehrziel

Die maschinelle Beatmung kann zur Erhaltung des Lebens notwendig werden, jedoch bei Unkenntnis im Umgang mit Respiratoren und in der Pflege des Kindes zu großen Gefahren führen.
Hier werden deshalb die verschiedenen Aufgaben der Schwester beschrieben, die sie bei der Pflege eines beatmeten Kindes korrekt durchzuführen hat. Sie muß, neben der anspruchsvollen Pflege und Überwachung des Kindes und der Kontrolle der Maschinen, die extreme psychische Belastung des Kindes berücksichtigen.

Lernziele

Nach Durcharbeiten dieses Abschnitts können Sie
- verschiedene Indikationen aufzählen, die eine Beatmung erforderlich machen;
- erklären, welcher speziellen Überwachung ein beatmetes Kind bedarf;
- über Möglichkeiten berichten, die dem Kind das Kranksein erleichtern und ihm Geborgenheit geben können;
- die Tubuspflege beim Tubus mit Cuff beschreiben,
- eine Aussage zur Beurteilung des Trachealsekrets machen;
- über die erforderlichen Kontrollen des Respirators und deren Häufigkeit berichten;
- die Entwöhnungsmöglichkeiten vom Respirator und deren Durchführung beschreiben;
- die Pflege des Kindes nach Extubation erklären;
- mögliche Komplikationen aufzählen.

8.7.2.1. Indikation zur Beatmung

Die Beatmung wird erforderlich, z. B. bei

- Störung der Atemfunktion,
- Atemstillstand verschiedenster Ursache,
- zu hohen P_{CO_2}-Werten,
- Inhalation von über 40% Sauerstoff und dabei bestehenden schlechten Blutgaswerten,
- Mißbildungen und Verletzungen der Trachea,
- sehr langen operativen Eingriffen,
- schweren infektiösen Zuständen, z. B. Sepsis,
- bei schwerer Herzinsuffizienz zur Entlastung.

8.7.2.2. Pflege und Überwachung des Kindes

In der Pflege des beatmeten Kindes sollten die Formen der Zuwendung trotz Einsatzes vieler technischer Hilfsmittel nicht vernachlässigt werden.

Betreuung und Ruhigstellung (s. auch S. 540 u. 639)

Das beatmete Kind empfindet den Tubus fast immer als störend.
Durch das Spülen und Absaugen des Tubus entstehen Hustenreiz und Schmerzen. Seine Sicht und Beweglichkeit werden durch den Tubus und die Schläuche des Respirators eingeschränkt. Aus diesen Gründen benötigt das beatmete Kind eine ausreichende Sedierung (auf ärztliche Verordnung).
Der Schwester muß immer bewußt sein, daß das intubierte Kind „keine Sprache“ hat und ihm deshalb eine wichtige Möglichkeit zur Äußerung und Kontaktaufnahme fehlt. Seine Wünsche oder seine Schmerzen kann es nur in Form von Bewegungen, Mimik oder lautlosem Weinen zum Ausdruck bringen. Dem Schulkind bringen Bleistift und Papier eine große Hilfe zur Verständigung. Diese Kinder leiden oftmals unter dem Gefühl der Angst vor den Maschinen, der fremden Umgebung und der eventuellen Todesangst. Die Schwester sollte deshalb mögliche Arbeiten, z. B. Verwaltungsarbeiten, in der Nähe des Kindes, am besten in Sichtweite, durchführen. Durch Sprechen, Vorlesen und Spielen kann sie das Kind ablenken und beruhigen.
In manchen Fällen ist lediglich ein Berühren des Kindes möglich, was ihm aber auch das Gefühl der Geborgenheit vermitteln kann.

Spezielle Überwachung

Im Verlauf der Beatmungsphase können verschiedene Störungen auftreten. Die Schwester führt deshalb routinemäßige *stündliche Kontrollen* durch.

Sie kontrolliert am Kind:
- die Atmung; diese muß beim kontrolliert beatmeten Kind genau mit der am Gerät eingestellten Frequenz übereinstimmen. Die Thoraxbewegungen sollen regelmäßig und seitengleich sein.
- Herzfrequenz,
- Blutdruck,
- die transkutan gemessenen pO_2-Werte, pCO_2-Werte und Sättigungswerte.

Weitere Beobachtungen

- Schwitzen – als Folge einer ungenügenden alveolären Ventilation, durch Schmerzen oder durch Angst,
- Unruhe,
- Hautfarbe,
- Bewußtseinslage – als Folge von verabreichten Sedativa und Analgetika manchmal schlecht zu beurteilen.

Beachte: In jedem Fall muß eine regelmäßige Kontrolle der Blutgaswerte erfolgen, um eine korrekte Beatmung des Kindes zu gewährleisten.

Die Pflege des beatmeten Kindes wird wesentlich erleichtert durch die Erstellung eines Pflegeplans. Sämtliche Kontroll- und Beobachtungsergebnisse werden auf einem *Überwachungsblatt* notiert.

Tubuspflege (S. 640)

Die Befeuchtung durch den Respirator reicht nicht aus, um das Trachealsekret zu verflüssigen und den Tubus durchgängig zu halten. Der Tubus wird deshalb stündlich mit 1,5–5–10 ml isotoner Kochsalzlösung gespült und anschließend abgesaugt. Es gibt Situationen, in denen in größeren Abständen die Tubuspflege durchgeführt wird. Das Sekret wird nach seinem Aussehen beurteilt. Das normale Trachealsekret ist weiß und flüssig. Gelbes, klumpiges Sekret weist auf eine Infektion, klumpiges auf schlechte Befeuchtung und schaumiges, hellrotes bis rotes auf ein Lungenödem hin. Vor jedem Absaugen muß die Tubusmarkierung überprüft werden, um frühzeitig eine Lageveränderung festzustellen.
Der *Tubus mit Cuff* wird nur selten angewandt. Um die Trachea von Druck zu entlasten und vor Nekrosen zu schützen, muß bei der Anwendung eines solchen Tubus die Luft aus dem Cuff 1- bis 2stündlich mit einer Spritze abgesaugt werden. Die Entleerung des Cuffs darf immer erst nach dem Absaugen des Rachens und muß vor der Ernährung erfolgen, damit eine Aspiration vermieden wird. Der Cuff wird anschließend wieder gefüllt, evtl. mit etwas weniger Luft als vorher. Die Schwester überprüft die Abdichtung des Cuffs, indem sie mit dem Ohr dicht an den Tubus herangeht und horcht, ob Luft entweicht.

Eine andere, für die Trachea schonendere Methode, den Cuff zu füllen, erfolgt mit Hilfe einer nach oben offenen Wassersäule. Eine 1 m lange Infusionsbesteckverlängerung und der Zylinder einer 20-ml-Einwegspritze werden mit isotoner Kochsalzlösung bis zur 10-ml-Graduierung des Zylinders gefüllt und an den Cuff angeschlossen. Der Spritzenzylinder wird so hoch aufgehängt, daß noch eine leichte Bewegung des Wassers zu sehen ist. Je tiefer er aufgehängt werden kann, um so geringer ist der Druck auf die Trachea. Die Schwester kontrolliert 1- bis 2stündlich die Bewegung des Wassers und versucht, die Wassersäule zu verkleinern, indem sie den Zylinder tiefer hängt. Der Cuff muß bei dieser Methode nie ganz entleert werden.

Beachte: Bei geblocktem Cuff darf nur Luft verwendet werden, da Flüssigkeiten sich bei Erwärmung ausdehnen. Um Nekrosen zu verhindern, darf der Cuff nicht zu stark gefüllt werden. Ein sorgfältiger Umgang mit den Beatmungsschläuchen schützt das Kind vor einer ungewollten Extubation.

Handlungsschema: Wiegen des intubierten größeren Kindes

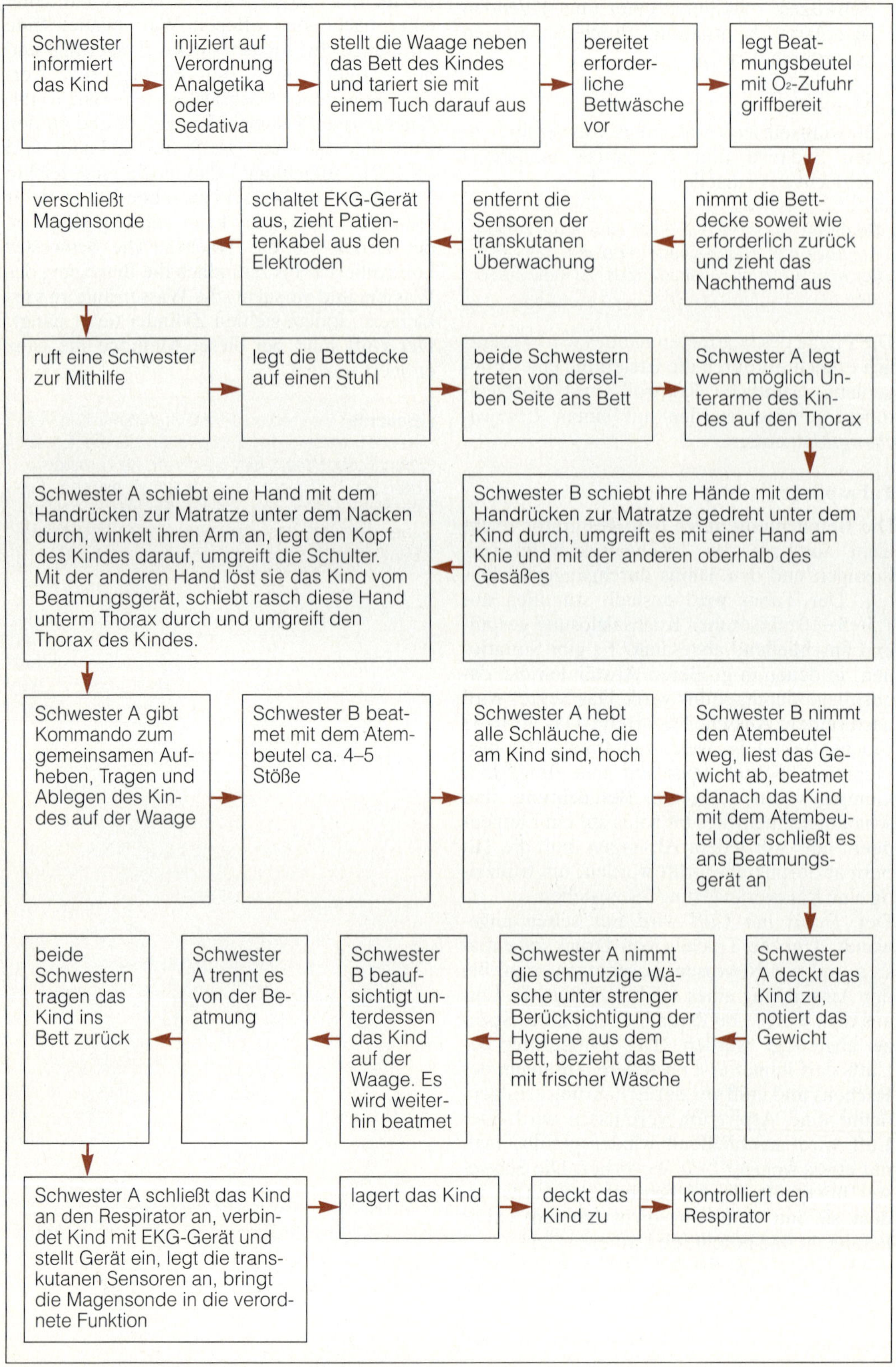

Beachte: Bei der Infusionstherapie muß darauf geachtet werden, daß die Infusionsleitungen lang genug sind und somit zum Wiegen nicht dekonnektiert werden müssen.

Abklopfen und Vibrieren (S. 612 und S. 640)

Lagewechsel (S. 640)

Mundpflege (S. 160 und S. 640)

Gewichtskontrolle

Für das Kind ist das Wiegen fast immer mit Anstrengung, Schmerzen oder Aufregung verbunden. Es sollten ihm deshalb zuvor auf ärztliche Verordnung Analgetika oder Sedativa injiziert werden. Das Wiegen wird von 2 Schwestern durchgeführt, weil es für das Kind schonender und sicherer ist.

Ernährung

Die Ernährung wird zu Beginn der Beatmung fast ausschließlich parenteral verabreicht, weshalb eine besonders gute Mundpflege erforderlich wird. Die enterale Ernährung wird später über die Magensonde möglich. Der Genuß der Speisen kann auch zum Wohlbefinden des Kindes beitragen. Die Schwester sollte deshalb die Lieblingsspeisen des Kindes bei seinen Eltern erfragen und das Nahrungsangebot danach auswählen. Sobald der Tubus keine Schluckbeschwerden mehr macht, kann man dem Kind die Nahrung mit dem Löffel anbieten. Bei vorhandenem Schluckreflex und ausreichender Kraft zum Trinken kann Frühgeborenen nach der 34. Schwangerschaftswoche, Neugeborenen und Säuglingen die Nahrung mit dem Sauger verabreicht werden. Kinder, die sich beim Trinken anstrengen, müssen weiterhin ihre Nahrung per Magensonde erhalten.

Besuch der Eltern

Die Eltern dürfen zu jeder Zeit ihr Kind besuchen und sollen auch dazu ermuntert werden. Manche Eltern haben Angst vor dem Anblick ihres schwerkranken Kindes, das mit Schläuchen versehen und von Maschinen umstellt ist. Vor dem ersten Besuch der Eltern kann ein klärendes Gespräch zwischen Schwester und Eltern oftmals eine große Hilfe sein. Außerdem soll die Schwester den Eltern die Wichtigkeit ihres Besuchs verständlich machen. Die Eltern können ihrem Kind durch ihr Dasein, Berühren, Sprechen, Vorlesen und Spielen die Zeit des Krankseins erleichtern. Sobald es möglich ist, werden die Eltern von der Schwester in die Pflege des Kindes miteinbezogen, z. B. Füttern, Trockenlegen.

8.7.2.3. Gefahren und Komplikationen

- Verstopfen des Tubus infolge mangelhafter Befeuchtung;
- Sauerstoffmangel durch zu langsames Absaugen;
- unzureichende Beatmung (zu wenige Kontrollen der Blutgaswerte);
- Infektionen;
- einseitige Ventilation durch Hineinrutschen des Tubus (Atelektasebildung);
- Herausfallen des Tubus kann lebensbedrohlich sein. Es kann durch mangelhafte Sedierung und mangelhafte Überwachung passieren;
- Nasenseptumdefekt;
- Trachealstenose (durch Traumatisierung);
- Aspiration nach Extubation;
- bronchopulmonale Dysplasie als Folge der Beatmung mit hohem Inspirationsdruck und über längeren Zeitraum hohe Sauerstoffkonzentration;
- Pneumothorax durch Überblähung der Lungen; dieser bedeutet eine akute Gefahr (Behandlung, s. Kap. 6.8.3.);
- psychische Störung durch erlittene Ängste.

8.7.2.4. Kontrolle des Respirators bei CMV-Beatmung

Bei der CMV-Beatmung (controlled mandatory ventilation) übernimmt der Respirator eine der wichtigsten Vitalfunktionen für das Kind. Der Arzt und die Schwester sind deshalb verpflichtet, durch gezielte Einstellung und Kontrolle des Respirators und des dazu gehörenden Schlauchsystems für eine perfekte Atmung zu sorgen. Die Einstellung des Respirators wird immer vom Arzt (mancherorts gibt es extra einen Anästhesisten für die Intensivstation) oder von der Schwester auf ärztliche Verordnung durchgeführt. Nur wenn der Respirator einwandfrei funktioniert, kann der Zustand des Kindes richtig beurteilt werden, wobei eine zusätzliche Kontrolle der Blutgase unerläßlich ist. Durch die Vielfalt der Respiratoren ist es nicht möglich, allgemein gültige Regeln für den Umgang mit Respiratoren aufzustellen.

Die Kontrollen werden durchgeführt:
- stündlich, auch ohne Veränderung am Respirator;
- nach Einstellungsveränderung am Respirator;
- nach dem Wechsel von Befeuchter und Schlauchsystem oder sonstigen Manipulationen am Respirator;
- nach Lageveränderung des Kindes (je nach Kopflage des Kindes kann der Tubus plötzlich undicht sein);

Die Kontrollen und Handlungen umfassen bei kontrollierter Beatmung:
- O_2-Konzentration im Inspirationsvolumen;
- Frequenz;
- Inspirationsdruck;
- endexspiratorischen Druck = PEEP (*p*ositive *e*nd*e*xspiratory *p*ressure). Dies ist der Druck, der während der Exspiration das Druckplateau in einer positiven Phase hält und damit das Kollabieren der Alveolen verhindert;
- I:E (Inspiration : Exspiration) und Flow bei flowzeitgesteuerten Respiratoren;
- Inspirations- und Exspirationsvolumen;
- Druckbegrenzung für den minimalen und maximalen Druck: Bei Druckveränderung wird akustisch und optisch Alarm ausgelöst.
- Entleeren des Kondenswassers aus den Beatmungsschläuchen;
- Auffüllen des Befeuchters mit Aqua dest.;
- Reinigen des Ventils (nicht bei jedem Respirator möglich).

Sämtliche Kontrollen und Veränderungen werden auf dem Respiratorkontrollblatt in die dafür bestimmten Spalten eingetragen.

Beachte: Die Schwester darf das beatmete Kind nie unbeaufsichtigt lassen. Die optischen und akustischen Alarme muß sie sofort wahrnehmen und dementsprechend handeln.

8.7.2.5. Entwöhnung vom Respirator und Anwendung von Atemhilfen

Entwöhnung

Die Entwöhnung vom Respirator hängt von den Möglichkeiten des jeweiligen Gerätes ab. Es erfolgt dabei eine Reduktion von Druck und Frequenz, bis bei ausreichender Spontanatmung auf CPAP-Atmung übergegangen werden kann.

Die *Überwachung des Kindes* während der Entwöhnungsphase besteht aus häufigen Kontrollen von:

- Atemqualität,
- Atemfrequenz,
- Aussehen der Haut,
- Pulsfrequenz,
- Befinden.

Sonstige Kontrollen erfolgen wie bei der vollen Respiratorbeatmung und werden mindestens stündlich dokumentiert. Eine tcpO_2- und tcpCO_2-Messung ist zur kontinuierlichen Überwachung wünschenswert, außerdem müssen die Blutgaswerte kontrolliert werden.

Atmung am CPAP

Bei ausreichender Spontanatmung wird der Respirator auf CPAP umgestellt. Das Kind atmet weiterhin gegen einen endexspiratorischen Druck, der ihm zur Entwöhnung am Respirator und/oder als Atemhilfe dient. Bei der Ausatmung bleibt noch ein Rest Luft in den Alveolen, somit bleibt dort ein positiver Druck erhalten, der die Inspiration erleichtert. Die Füllung der Alveolen ist in diesem Fall mit einem schon einmal aufgeblasenen Luftballon zu vergleichen.

Die Alarmgrenzen der Monitoren der Atemüberwachung und des Respirators müssen eingestellt werden.

Überwachung des Kindes:
- stündliche Kontrollen von Atem- und Pulsfrequenz,
- stündliches Ablesen der transkutanen Blutgaswerte,
- Messung der Sauerstoffzufuhr,
- Kontrolle der Blutgase.

Atmung über Nasen-CPAP

Diese Form von Atemhilfe wird bei Frühgeborenen mit leichtem Atemnotsyndrom angewandt, die einen arteriellen pO_2-Wert unter 5,3 kPa (40 mmHg) und einen Sauerstoffbedarf unter 50% haben. So kann die Atemluft über ein System mit einem positiven endexspiratorischen Druck angeboten werden. Bei frühzeitiger Anwendung kann evtl. eine endotracheale Intubation umgangen werden.

Überwachung des Kindes:
- stündliche Kontrolle der Atem- und Pulsfrequenz,
- Kontrolle der Blutgase,
- Messung der Sauerstoffzufuhr,
- mit Monitoring für Atem- und Pulsfrequenz, $tcpO_2$, SaO_2 oder $tcpCO_2$.

8.7.2.6. Vorbereitung des Kindes zur Extubation und die Pflege danach

Vor der Extubation

Die letzte Mahlzeit muß spätestens 4 Stunden vor Extubation verabreicht werden. Allen Kindern wird vor der Extubation der Mageninhalt abgesaugt, um einer möglichen Aspiration vorzubeugen.
Eine Dauertropfinfusion wird bei solchen Kindern angelegt, die nicht über einen längeren Zeitraum ohne Nahrung sein können oder bei denen eine schwierige Extubation zu erwarten ist und die evtl. zusätzliche intravenös applizierte Medikamente benötigen. In manchen Kliniken bekommen die Kinder zur Vorbereitung auf die Extubation Kortison intravenös und Atropin intramuskulär injiziert. Vorbereitet wird das gesamte Material zur Intubation, damit bei einer erforderlichen Reintubation sofort und ohne Zeitverlust gehandelt werden kann. Außerdem werden ein Ultraschallvernebler oder ein Inhalationsgerät bereitgestellt.

Nach der Extubation

Beachte: Beatmungsbeutel mit aufgesteckter Maske, Tubus und Intubationsbesteck in die Nähe des Kindes legen.

Bei Früh- und Neugeborenen:
- Kind 24 Stunden lang zum Schutz vor Aspiration in Bauchlage lagern;
- evtl. Oberkörper hochlagern;
- Abklopfen und Vibrieren wird nach Bedarf durchgeführt, damit sich das Sekret löst;
- bei Sekretansammlung absaugen (S. 214), dabei wird gleichzeitig der Hustenreflex ausgelöst;
- Sauerstoffverabreichung über eine Sauerstoffglocke in Verbindung mit einem Verneblersystem. Sauerstoff, über eine Nasensauerstoffsonde verabreicht, trocknet bei Früh- und Neugeborenen die Nasenschleimhaut zu stark aus;
- das Kind soll beruhigt werden, evtl. durch Streicheln;
- Ernährung: während der ersten 24 Stunden alle Mahlzeiten über die Magensonde verabreichen, die erste Mahlzeit ca. 4 Stunden nach Extubation sondieren. Durch die Sondierung wird die Aspriationsgefahr verringert;
- stündliche Kontrollen der Atemfrequenz;
- Aussehen der Haut beobachten;
- Blutgasanalyse durchführen;
- $tcpO_2$- und $tcpCO_2$-Sensor ankleben, Werte kontrollieren.

Bei Säuglingen, Klein- und Schulkindern:
- Seitenlage, wenn möglich Bauchlage;
- Abklopfen und Vibrieren ca. 2stündlich, Klein- und Schulkinder dabei zum Husten auffordern;
- bei Bedarf absaugen, Achtung: Vagusreizung kann ausgelöst werden!
- Sauerstoffverabreichung über die Sauerstoffnasensonde;
- Befeuchtung der Atemluft mit Ultraschallvernebler;
- für ruhige Umgebung sorgen, Kind ablenken;
- Ernährung frühestens 2 Stunden nach Extubation per Magensonde verabreichen; in vereinzelten Fällen kann eine dickflüssige Nahrung mit dem Löffel gegeben werden;
- Atemfrequenz stündlich zählen;
- Aussehen der Haut kontrollieren;
- evtl. Blutgasanalyse bestimmen;
- $tcpCO_2$-Messung durchführen;
- evtl. transkutane Sättigung kontrollieren.

8.7.3. Pflege des tracheotomierten Kindes

G. Walther und E. Schneider

Notwendige Vorkenntnisse

- Physiologie und Pathophysiologie der Atmung,
- Anatomie des Respirationstraktes,
- Grundlagen der Asepsis,
- Durchführung des endotrachealen Absaugens (S. 214),
- Krankenbeobachtung: Vitalfunktionen (S. 115),
- Notwendigkeit der Tracheotomie,
- Körperpflege (S. 144),
- Durchführung der Atemtherapie (S. 612),
- Blutentnahme zur Blutgasanalyse (S. 567).

Strukturnetz

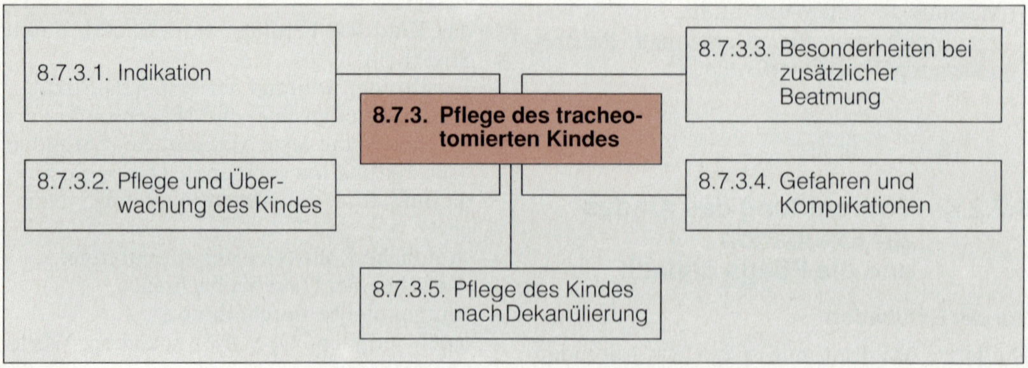

Lehrziel

Die Tracheotomie kann für ein Kind lebensrettend werden und setzt in der Pflege gute Kenntnisse der Schwester voraus.
Hier werden die verschiedenen Aufgaben der Schwester beschrieben, die im Umgang mit diesen Kindern erforderlich sind.

Lernziele

Nach Erarbeiten dieses Themas können Sie

- erklären, welcher Pflege und Überwachung das Kind bedarf;
- Aussagen darüber machen, unter welchen Bedingungen der *erste* und auch der *spätere* Kanülenwechsel durchgeführt werden;
- das Material aufzählen, welches am Bett des tracheotomierten Kindes vorhanden sein muß;
- über die Besonderheiten bei zusätzlicher Beatmung berichten;
- erklären, wie die Pflege nach Dekanülierung durchgeführt wird;
- Gefahren und Komplikationen aufzählen;
- beschreiben, welche Voraussetzungen für einen Spaziergang erfüllt werden müssen.

8.7.3.1. Indikation

Indikationen zur Tracheotomie können z. B. sein:

- Mißbildungen im Bereich von Larynx und Trachea,
- Tumoren, die die Atmung beeinträchtigen,
- traumatische Verletzungen,
- Verätzungen,
- benötigte Langzeitbeatmung.

Anstelle der früher durchgeführten Notfalltracheotomie wird heute intubiert.

8.7.3.2. Pflege und Überwachung des Kindes

Postoperative Pflege

Direkt nach der Tracheotomie bedarf das Kind der üblichen postoperativen Überwachung (S. 485) und der hier beschriebenen Pflege.
Um das Tracheostoma tastet die Schwester 1- bis 2stündlich die Haut auf ein mögliches Em-

physem ab. Schmerzen treten nach Abklingen der Narkosewirkung im Bereich des Tracheostomas auf, die mit Analgetika gelindert werden sollen. Die Kinder gewöhnen sich sehr rasch an die Trachealkanüle und sind auch bald schmerzfrei. Das tracheotomierte Kind bedarf, genau wie das intubierte Kind, einer kontinuierlichen Überwachung durch Pflegepersonal und Überwachungsgeräte.
Herausrutschen oder Verstopfen der Kanüle in den ersten 24 Stunden nach Tracheotomie ist für das Kind lebensbedrohlich.
Am Bett des tracheotomierten Kindes sollen eine Ersatzkanüle in richtiger Größe und Länge, eine Schere, ein Beatmungsbeutel, eine Maske, sterile isotone Kochsalzlösung mit Kanüle und 5-ml-Spritze und für Frischtracheotomierte ein Nasenspekulum liegen. Mit dem Nasenspekulum wird nach einer ungewollten Dekanülierung eines frisch tracheotomierten Kindes das Tracheostoma gespreizt.

Beachte: Dieses oben genannte Material muß immer in greifbarer Nähe sein.

Kontrolle von Atem- und Herzfrequenz

Diese Kontrollen werden 1- bis 2stündlich durchgeführt. Sobald sie konstant sind, werden sie nur noch 2mal täglich vorgenommen.

Befeuchtung und Erwärmung der Atemluft
(S. 640)

Kanülenpflege

Es gibt verschiedene Arten von Kanülen. Das Material der Kanüle sollte gewebefreundlich und nicht abknickbar sein und einen möglichst großen Innendurchmesser haben.

Beachte: In den ersten 48 Stunden nach der Tracheotomie ist das Gewebe noch sehr weich und locker; die Gefahr eines Hautemphysems ist besonders groß. Die Kinder dürfen deshalb während dieser Zeit nur auf ärztliche Anweisung mit dem Beatmungsbeutel beatmet werden und müssen vor einer Selbstdekanülierung geschützt werden.

Die Befeuchtung mittels Verneblersystems reicht nicht aus, um das Sekret flüssig und die Kanüle durchgängig zu erhalten. Die Kanüle wird deshalb stündlich mit 1–5 ml isotoner Kochsalzlösung gespült und das Sekret abgesaugt (S. 214). Mund und Nase werden bei Bedarf abgesaugt. Bei Kindern, die ihr Bett verlassen und somit ohne Befeuchtung des Verneblersystems sind, wird die Kanüle mit einer künstlichen Nase versehen. Das Kind muß lernen, sein Sekret abzuhusten, damit die Kanüle nur noch gespült und nur selten abgesaugt werden muß. Säuglinge müssen noch über einen längeren Zeitraum abgesaugt werden, denn es dauert meistens geraume Zeit, bis sie das Sekret aus der verhältnismäßig dünnen Kanüle abhusten können.
Die Versorgung des Tracheostomas erfolgt beim täglichen Kanülenbandwechsel, der nach dem Waschen oder Baden des Kindes vorgenommen wird und zusätzlich bei Verunreinigung. Das Tracheostoma wird während der ersten 10 Tage mit einem eingeschnittenen sterilen Gazetupfer bedeckt. Später wird das Tracheostoma nicht mehr abgedeckt.

Wechsel der Trachealkanüle

Die Kanüle wird alle 4 Tage gewechselt. Der erste Kanülenwechsel *muß immer vom Arzt* durchgeführt werden. Solange die Gewebeschichten noch weich, locker und verschiebbar sind, kann das Einführen der Kanüle mit Komplikationen verbunden sein. Nach dem ersten komplikationslosen Wechsel kann die Schwester alle weiteren Wechsel selbständig vornehmen. Der Kanülenwechsel wird von 2 Schwestern durchgeführt und sollte möglichst am Tag erfolgen, damit bei Zwischenfällen schnell gehandelt werden kann.
Einen großen Vorteil bietet die Kanüle gegenüber dem Tubus, sie kann nach erstem komplikationslosen Wechsel durch den Arzt von der Schwester gewechselt werden. Die Kanülenpflege ist für das Kind weniger unangenehm als die Tubuspflege. Die Bewegungseinschränkung ist nach einer Tracheotomie nicht erheblich, so daß man vor allem bei Säuglingen deutliche psychische und physische Entwicklungsfortschritte beobachten kann.

Durchführung: Kanülenwechsel

Material	Schwester I	Schwester II	Besonders zu beachten
	– erklärt dem Kind das Vorhaben		
	– kontrolliert die einzuführende Kanüle auf Länge und Größe	– saugt endotracheal ab	– die einzuführende Kanülenlänge richtet sich nach der Größe des Kindes, wird vom Arzt angegeben
– Beatmungsbeutel – Maske – Windelrolle – Kanüle mit Baumwollband	– legt Windelrolle unter den Nacken oder die Schultern des Kindes, damit der Hals gestreckt ist	– überprüft die neue Kanüle auf Größe und Länge	
– Handschuh	– zieht Handschuh an		
– Schere	– hält die Kanüle am Kind fest	– schneidet an einer Seite das Band auf	
	– beruhigt das Kind		
	– evtl. Hände des Kindes auch festhalten	– entfernt es	
– Hautdesinfektionsmittel – Wattestäbchen – evtl. eingeschnittene Gazetupfer		– desinfiziert und trocknet die Haut um das Tracheostoma	– bei jedem Bandwechsel Haut am Hals überprüfen – bei Bedarf gerötete Haut mit entsprechender Salbe pflegen
– Kanüle mit Band – Nierenschale	– zieht die Kanüle heraus und legt sie in die Nierenschale ab	– führt die sterile Kanüle sofort ein	
	– hält neue Kanüle fest	– schiebt bei Bedarf Gazetupfer unter die Kanülenplatte – legt das Kanülenband glatt um Hals und Nacken – zieht es auf der anderen Seite der Kanülenplatte durch – verknotet es dreifach	

Material	Schwester I	Schwester II	Besonders zu beachten
		– überprüft mit leichtem Zug an der Kanüle die Fixation	– die Kanüle darf sich nur um wenige Millimeter herausziehen lassen – Überprüfung der Fixation möglichst dann, wenn sich das Kind beruhigt hat und der Hals entspannt ist
	– gebrauchte Kanüle entsorgen – legt eine Ersatzkanüle bereit		

Läßt sich die neue Kanüle aus unerwarteten Gründen nicht einführen, wird das Kind bei zugehaltenem Tracheostoma mit der Maske und dem Beatmungsbeutel beatmet, bis der Arzt eintrifft.

Abklopfen und Vibrieren (S. 612 u. S. 640)

Abklopfen und Vibrieren wird in 2–4stündlichen Abständen durchgeführt. Sobald die Kinder aufstehen können, werden sie 4- bis 6stündlich abgeklopft und vibriert.

Lagewechsel (S. 640)

Mundpflege

Da bei diesen Kindern frühzeitig eine orale Ernährung möglich ist, wird eine spezielle Mundpflege (S. 160) meist nur in den ersten Tagen erforderlich. Das Zähneputzen wird von den größeren Kindern bald selbständig durchgeführt.

Besuch der Eltern (S. 645)

Die Eltern dürfen zu jeder Zeit ihr Kind besuchen und sollen zum Besuch ermuntert werden. Sie können nach einer entsprechenden Vorbereitung in die Pflege des Kindes eingeführt werden. Bei der Einweisung in die Kanülenpflege versucht die Schwester, den Eltern die möglichen Gefahren deutlich zu machen. Die Eltern sollen die Kanülenpflege und den Kanülenwechsel erlernen, damit sie das Kind zu Hause pflegen können.

Spiel

Die Trachealkanüle ermöglicht diesen Kindern eine uneingeschränkte Bewegungsfähigkeit und somit auch die Möglichkeit zum selbständigen Spiel. Sobald sich das Gewebe um das Tracheostoma gefestigt hat, können sie sich mit fast allen Spielen beschäftigen, die altersentsprechend zur Verfügung stehen. Im Umgang mit tracheotomierten Kindern muß immer die fehlende oder teilweise nur schwer verständliche Sprache berücksichtigt werden.

Spaziergang

Sobald der Kanülenwechsel von der Schwester oder den Eltern durchgeführt werden kann und das Kind eine ausreichende Spontanatmung hat, darf es zum Spaziergang mitgenommen werden.
Die Lufttemperatur darf nicht zu kalt sein, da das Kind seine Inspirationsluft nicht erwärmen kann und deshalb besonders zu Infektionen der Atemwege neigt. Für den Spaziergang wird eine künstliche Nase auf die Kanüle gesteckt (Abb. 50). Es bedarf immer zweier Personen, die das Kind auf dem Spaziergang begleiten; eine davon muß die Kanülenpflege und den Wechsel beherrschen. Die Kanüle wird bei Bedarf gespült.

Notwendiges Material für den Spaziergang:
- Ersatzkanüle in richtiger Größe und Länge,
- Schere,
- Beatmungsbeutel,
- isotone Kochsalzlösung mit Kanüle und 5-ml-Spritze,
- Mundabsauggerät mit Absaugschlauch,
- evtl. Akku-Absauggerät,
- Einweghandschuhe (steril),
- Zellstofftücher.

8.7.3.3. Besonderheiten bei zusätzlicher Beatmung

Zur Beatmung eines tracheotomierten Kindes muß fast immer eine Kanüle mit einem größeren Durchmesser verwendet werden als für das spontanatmende tracheotomierte Kind. Denn bei zu dünner Trachealkanüle (ohne Cuff) strömt die Beatmungsluft neben dem Tracheostoma heraus.
Um eine korrekte Beatmung zu erreichen, ist die Ermittlung der Blutgaswerte unerläßlich.

Pflege und Überwachung des Kindes (S. 642)
Kontrolle des Respirators (S. 645)

8.7.3.4. Gefahren und Komplikationen

Hier wird auf die besonderen Gefahren und Komplikationen hingewiesen:
- Hautemphysem bei frischer Tracheotomie,
- Verstopfen der Kanüle,
- Herausrutschen der Kanüle,
- Sauerstoffmangel infolge zu langsamen Absaugens,
- Infektion,
- einseitige Ventilation durch Hineinrutschen der Kanüle,
- unzureichende Beatmung bei einem beatmeten, tracheotomierten Kind als Folge von zu wenigen Blutgaswertkontrollen,
- Aspiration nach Dekanülierung,
- Zusammenklappen des Tracheostomas.
- Die Bildung von Fibrinbelägen kann nach Dekanülierung im subglottischen Bereich entstehen.

8.7.3.5. Pflege des Kindes nach Dekanülierung

Als Voraussetzung für die Entfernung der Kanüle wird dem Kind nach und nach immer eine kleinere Kanüle eingeführt. Sobald das Kind mit einer kleineren Kanüle, welche zunächst nur einige Stunden und dann während mehrerer Tage abgestöpselt wird, atmen kann, ist der Versuch der Dekanülierung möglich.
Die Kanüle entfernen und das Tracheostoma mit einem sterilen Tupfer und Pflaster luftdicht verschließen.
Nach Entfernung der Kanüle ist es Aufgabe der Schwester,
- das Kind zu beruhigen, z. B. durch Herausnehmen aus dem Bett, evtl. müssen Sedativa verabreicht werden;
- den Oberkörper des Kindes hochzulagern;
- das Kind zum Husten aufzufordern;
- den Thorax zweistündlich abzuklopfen und zu vibrieren;
- die Sekretansammlung abzusaugen und dabei den Hustenreflex auszulösen;
- bei Bedarf Sauerstoff über Nasensonde zu verabreichen;
- die Atemluft mit einem Verneblergerät anzufeuchten;
- die Nahrung dem Säugling während der ersten 24 Stunden durch die Magensonde zu verabreichen. Die erste Mahlzeit erst 3 Stunden nach Dekanülierung sondieren;
- dem Klein- und Schulkind dickflüssige Nahrung, z. B. Joghurt, ca. 2 Stunden nach Dekanülierung anzubieten. Schluckt das Kind die dickflüssige Speise, ohne sich zu verschlucken, „ohne zu husten", so dürfen auch dünnflüssige Speisen angeboten werden;
- die Atemfrequenz stündlich zu kontrollieren;
- auf mögliche Einziehungen und Stridor zu achten;
- das Aussehen der Haut zu beobachten;
- evt. für die Kontrolle der Blutgase zu sorgen,
- evtl. $tcpCO_2$-Messung.

8.7.4. Pflege des relaxierten Kindes

G. Walther

Notwendige Vorkenntnisse

- Anatomie des Respirationstraktes,
- Physiologie und Pathophysiologie der Atmung,
- Grundlagen der Beatmung,
- Wirkung von Muskelrelaxanzien,
- Pflege des intubierten, beatmeten Kindes (S. 641),
- endotracheales Absaugen (S. 214),
- Blutentnahme zur Blutgasanalyse (S. 567),
- Grundlagen der Asepsis,
- Krankenbeobachtung: Vitalfunktionen (S. 114), Ausscheidungen (S. 130),
- Körperpflege (S. 144),
- prophylaktische Maßnahmen (S. 175),
- Durchführung der Atemtherapie S. 612.

Definition

Muskelrelaxanzien sind Medikamente, welche zur Erschlaffung der gesamten quergestreiften Skelettmuskulatur und auch zum Aussetzen der Spontanatmung führen. Bei dem relaxierten Kind bleiben das Bewußtsein und die Schmerzempfindung vollständig erhalten.

Strukturnetz

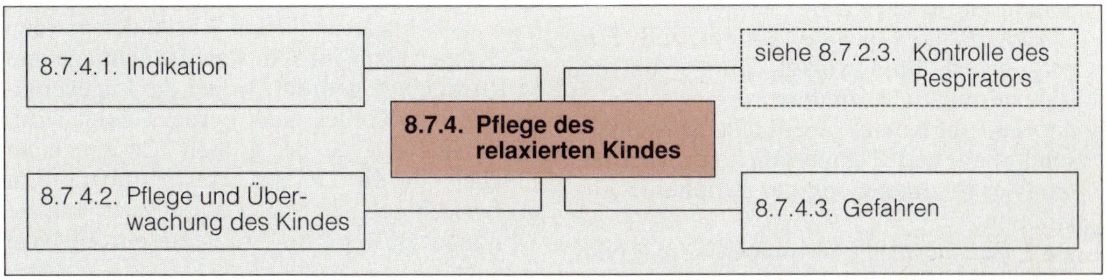

Lehrziel

Durch den Ausfall der Atemmuskulatur befindet sich das Kind in einer lebensbedrohlichen Situation. Diese führt zur vollständigen Abhängigkeit von der maschinellen Beatmung und von menschlichem Handeln. Diese Abhängigkeit des Kindes verlangt von der Schwester uneingeschränkte Aufmerksamkeit und Sicherheit in ihrem Tun.
Voraussetzungen und Inhalt ihrer Handlungen werden hier beschrieben.

Lernziele

Nach Erarbeiten dieses Abschnitts können Sie beschreiben,

- welchen Gefahren ein relaxiertes Kind ausgesetzt ist;
- welche Kontrollen stündlich durchgeführt werden;
- nach welchen Beobachtungen eine erneute Injektion von Muskelrelaxanzien erforderlich wird;
- warum das relaxierte Kind ausreichend sediert sein soll;
- welche pflegerischen Verrichtungen besonders berücksichtigt werden müssen;
- weshalb mit dem Kind gesprochen werden soll.

8.7.4.1. Indikation

Die Indikation zur Relaxation eines Kindes kann sein, z. B.

- ständige Gegenatmung des Kindes, die eine ausreichende Beatmung unmöglich macht,
- Ruhigstellung bei Kindern mit einem Schädel-Hirn-Trauma;
- Ausschalten der Bauchpresse während und nach einer großen Operation im Abdomen.

8.7.4.2. Pflege und Überwachung des Kindes

Beachte: Das relaxierte Kind darf nie ohne Aufsicht der Schwester sein, da ein Herausfallen des Tubus ohne sofortige Maskenbeatmung unweigerlich den Tod zur Folge hat.

Die Schwester spricht während aller pflegerischen Verrichtungen mit dem Kind, obwohl seine Aufnahmefähigkeit durch die Sedierung

eingeschränkt ist. Da man nicht beobachten kann, wann das Kind seine Umgebung wahrnimmt, dürfen keine Gespräche über seinen Zustand am Bett geführt werden.
Die Kinderkrankenschwester kontrolliert stündlich

- *Herzfrequenz:* Alle Kinder sind an einem EKG-Monitor angeschlossen, um frühzeitig eine Bradykardie und sonstige Veränderungen der Frequenz und Herzaktion zu erfassen;
- *Pupillengröße,* um den Wachzustand des Kindes zu beurteilen (diese Kontrolle durchführen, bevor sonstige Handlungen am Kind vorgenommen werden);
- *Blutdruck,* nach Möglichkeit vor Gabe von Muskelrelaxanzien, da diese eine leichte Blutdrucksenkung verursachen;
- die *Thoraxbewegung* auf eine mögliche Gegenatmung des Kindes;
- *sonstige Bewegungen* des Kindes, z. B. Finger, Zehen, Mundwinkel, Zunge, um die Relaxierung zu beurteilen;
- die *Haut* auf Kolorit, eventuelle Schweißabsonderung und Temperatur, zur Beurteilung der Beatmung und der peripheren Zirkulation;
- die *transkutanen Werte* von pCO_2, pO_2 oder Sättigung. Zusätzlich zur transkutanen Überwachung müssen nach Zustand des Kindes mehrmals täglich die Blutgase kontrolliert werden.

Verabreichung von Muskelrelaxanzien und Sedativa

Die Häufigkeit der Injektion von Muskelrelaxanzien richtet sich nach beobachteten geringen Bewegungen, z. B. Lidschlag und der Gegenatmung.
Da bei relaxierten Kindern die volle Schmerzempfindung vorhanden ist, ihnen aber jegliche Möglichkeit der Schmerzäußerung fehlt, müssen sie eine kontinuierliche, starke Sedierung erhalten. Nach der Pupillengröße wird der Wachzustand beurteilt und somit festgestellt, ob das Kind ausreichend sediert ist. Bei guter Sedierung sind die Pupillen eng.
Durch Manipulation entstandene Schmerzen können Tränenfluß verursachen, welcher auch auf ungenügende Sedation hinweist.

Beachte: An jedem Platz eines relaxierten Kindes müssen Maske, Beatmungsbeutel, isotone Kochsalzlösung mit Kanüle und Spritze sowie eine Schere liegen.

Abklopfen und Vibrieren

Die Muskelrelaxanzien schalten den Hustenreflex aus, somit kann das Kind sein Sekret nicht selbst abhusten. Es wird deshalb in stündlichen Abständen abgesaugt und außerdem zweistündlich abgeklopft und vibriert.

Lagewechsel

Bei diesen Kindern muß eine Dekubitus- und Kontrakturenprophylaxe durchgeführt werden. Besonders gefährdet sind die Ohrknorpel, bei denen nach kurzer Zeit Rötungen entstehen. Die Ohren werden deshalb mit ausgeschnittenen Schaumgummipolstern unterlegt. In 1- bis 2stündlichen Abständen werden die Kinder von Links- in Rechtsseitenlage und in Rückenlage gedreht, wobei die Lageveränderung des Kopfes auch berücksichtigt wird. Die Bauchlage ist bei großen Kindern nicht möglich, da die Gefahr einer Extubation zu groß ist. Durch den Lagewechsel wird auch die Drainagewirkung zur Atelektaseprophylaxe genützt.

Augenpflege

Infolge des fehlenden Lidschlags müssen die Augen vor Austrocknung geschützt werden. Deshalb müssen zur Prophylaxe ca. 4stündlich Augensalbe oder ca. 2stündlich Augentropfen verabreicht werden. Bei Anwendung von Augentropfen ist die Pupillenreaktion leichter überprüfbar, jedoch müssen sie häufiger als Salbe gegeben werden.

Beachte: Die Augenlider müssen unbedingt ganz geschlossen sein, um ein Kornealulkus zu vermeiden.

Mundpflege

Da der Schluckreflex fehlt, kommt es im Mund zu einer übermäßigen Speichelansammlung, deshalb wird der Nasenrachenraum 2- bis 4stündlich abgesaugt. Der Mund wird 4stündlich mit einer desinfizierenden Lösung ausgepinselt.

Ernährung

Die Ernährung wird bei relaxierten Kindern meistens parenteral verabreicht. Bei der oralen Ernährung über die Magensonde bleiben fast immer zu große Magenreste, oder die Nahrung fließt neben der Sonde zurück.
Zur *Ulkusprophylaxe* werden 3- bis 4stündlich kalte Milch oder Medikamente in den Magen sondiert.

Urinausscheidung

Die Entleerung der Blase erfolgt nicht mehr spontan. Der Urin läuft höchstens bei voller Blase heraus. Die Schwester drückt alle 3 Stunden die Blase aus. Bei Säuglingen und Kleinkindern richtet sich die Häufigkeit der Blasenentleerung nach dem Füllungszustand. Die Schwester legt eine Hand flach an den oberen Rand der Blase und grenzt sie damit ab, die andere Hand legt sie flach auf die Blase und drückt diese damit aus. Menge und spezifisches Gewicht des Urins bestimmt sie anschließend.

Stuhlentleerung

Die Stuhlentleerung ist erschwert, weshalb die Schwester ca. alle 3 Tage auf ärztliche Verordnung ein Klysma oder einen Einlauf verabreicht.

Gewichtskontrolle (S. 644)

Besuch der Eltern

Bevor die Eltern ans Bett ihres Kindes kommen, sollten sie vom Arzt oder der Schwester über die Wirkung von Muskelrelaxanzien orientiert werden. Außerdem sollte ihnen die Wichtigkeit ihres Besuches verständlich gemacht werden. Die Eltern können durch Sprechen und Berühren den Kontakt zu ihrem Kind aufnehmen, sollen in einfache Pflegeverrichtungen miteinbezogen werden, z. B. Kämmen der Haare.

Kontrolle des Respirators (S. 645).

8.7.4.3. Gefahren

Die Möglichkeiten der auftretenden Gefahren sind vielfältig:

- Herausfallen des Tubus,
- Sauerstoffmangel durch zu langsames Absaugen oder unzureichende Zufuhr,
- einseitige Ventilation durch Hineinrutschen des Tubus,
- Kornealulkus,
- Nasenseptumdefekt,
- Drucknekrosen im Gesicht,
- Trachealstenose,
- unzureichende Beatmung durch zu seltene Kontrollen der Blutgaswerte,
- Pneumothorax als Folge einer Überblähung der Lungen,
- Aspiration von Mageninhalt, wenn die Ernährung trotz großer Magenreste weiterhin über die Magensonde erfolgt,
- Dekubitus,
- Kontrakturen,
- Infektionen.

8.7.5. Pflege des Kindes nach Ertrinkungsunfall

G. Walther und E. Schneider

Notwendige Vorkenntnisse

- Physiologie und Pathophysiologie der Atmung,
- Anatomie des Respirationstraktes,
- Grundlagen der Beatmung,
- Grundlagen der Asepsis,
- Durchführung des endotrachealen Absaugens (S. 214),
- Pflege des intubierten, beatmeten Kindes (S. 641),
- Pflege des relaxierten Kindes (S. 653),
- Beobachtung des kranken Kindes (Kap. 5.1),
- Durchführung der Atemtherapie (S. 612),
- Blutentnahme zur Blutgasanalyse (S. 567).

Lehrziel

Der Ertrinkungsunfall bedeutet für das Kind eine akute Lebensbedrohung. Die Überwachung und Pflege des Kindes setzen eine gute Beobachtungsgabe und Sicherheit im Handeln der Schwester voraus.
In diesem Abschnitt erfährt die Schwester von den Überwachungsmaßnahmen, der Pflege des Kindes und ihrem Handeln bei vorliegendem Lungenödem.

Lernziele

Nach Erarbeiten dieses Abschnitts können Sie
- berichten, welche Kontrollen bei dem Kind nach Ertrinkungsunfall erforderlich sind;
- begründen, warum bei vorliegendem Lungenödem der Tubus nicht abgesaugt wird.

Überwachung und Pflege des Kindes

Beim Ertrinkungsunfall ist das Kind der Unterkühlung, dem Lungenödem und bei Süßwasser zusätzlich der Hämolyse ausgesetzt.

Fast immer müssen bei der Rettung dieser Kinder Mund-zu-Mund-Beatmung und Herzmassage durchgeführt werden. Danach werden die meisten Kinder intubiert und beatmet. Zur Beatmung werden ein großes Atemzugsvolumen, ein hoher endexspiratorischer Druck, eine hohe Sauerstoffkonzentration und häufig Muskelrelaxanzien benötigt. Im akuten Stadium des Ertrinkungsunfalls besteht die Hauptaufgabe der Schwester in der Überwachung des Kindes.

Die Kinderkrankenschwester kontrolliert halbstündlich bis stündlich:

- *Herzfrequenz:* Diese Kinder werden alle an den EKG-Monitor angeschlossen, um frühzeitig Veränderungen der Frequenz zu erfassen;
- *Blutdruck:* Bei liegendem Arterienkatheter wird die blutige, arterielle Druckmessung auf den Monitor übergeleitet (Kap. 8.4.7.1., 8.4.7.2.);
- *transkutane Werte* von pCO_2 und Sättigung;
- *rektale Temperatur:* Nach Möglichkeit soll eine Temperatursonde zur kontinuierlichen Messung eingelegt werden. Die Erwärmung des unterkühlten Kindes richtet sich nach der Oxygenierung des arteriellen Blutes. Bei niedrigem arteriellen pO_2-Wert und hoher Sauerstoffkonzentration im Atemzugsvolumen darf das Kind nur sehr langsam erwärmt werden, um den Sauerstoffbedarf nicht unnötig zu erhöhen und damit einer Hypoxie entgegenzuwirken. Die Erwärmung erfolgt, indem das Kind mit mehreren Decken zugedeckt wird. Die Körpertemperatur sollte pro Stunde um 1 °C ansteigen;
- *Pupillen,* um den Wachzustand des Kindes und die Sedierung zu beurteilen;
- die *Thoraxbewegung* auf eine mögliche Gegenatmung oder einseitige Atmung;
- *sonstige Bewegungen* des Kindes zur Beurteilung der Relaxation;
- die *Haut* auf Kolorit und Temperatur zur Beurteilung der Beatmung und der peripheren Zirkulation. Eine plötzliche Zyanose des Kindes weist auf eine schlechte Oxygenierung hin, deren Ursache ein Spontanpneumothorax sein kann. Bei der Beatmung mit sehr großem Atemzugsvolumen besteht infolge des hohen Inspirationsdrucks erhöhte Gefahr eines Pneumothorax.
- *Respirator* (S. 645)

Beachte: Die arteriellen Blutgaswerte müssen innerhalb kurzer Zeitabstände ermittelt werden, damit möglichst rasch notwendige Veränderungen der Beatmung vorgenommen werden können.

Abklopfen und Vibrieren (S. 612 und 640)

Solange das Lungenödem besteht, darf das Kind nicht abgeklopft und vibriert werden.

Tubuspflege

Der Tubus darf bei vorhandenem Lungenödem nicht abgesaugt werden. Stündliches Absaugen des Tubus würde zu große Druckschwankungen in der Lunge verursachen und die schon gestörte Diffusion des Sauerstoffs noch mehr beeinträchtigen. Erst wenn bei der Trennung des Kindes von der Beatmungsmaschine kein rosiges, schaumiges Sekret aus dem Tubus spritzt, darf der Tubus stündlich gespült und abgesaugt werden. Weitere Tubuspflege s. S. 640.

Lagewechsel (S. 640)

Infolge der schlechten peripheren Zirkulation neigt das Kind besonders zu einem Dekubitus.

Mundpflege (S. 160 und S. 640)

Flüssigkeitsbilanz

Die gesamte Flüssigkeitszufuhr und -ausfuhr muß gemessen und notiert werden.

Urin- und Stuhlausscheidung

Der Urin wird zur Ermittlung des spezifischen Gewichts und zur Durchführung von Schnelltests aufgefangen. Da bei Ertrinkungsunfall im Süßwasser eine Hämaturie auftreten kann, hat

die Schwester den Urin auf blutige Beimengungen zu beobachten.
Bei relaxierten Kindern müssen regelmäßig die Blase ausgedrückt und der Darm durch Verabreichen eines Klysmas entleert werden.

Gewichtskontrolle (S. 644)

Ernährung

Sie erfolgt zuerst ausschließlich parenteral. Zur Ulkusprophylaxe (Streßulkus) werden über die Magensonde Medikamente oder kleine Portionen kalte Milch sondiert.

Besuch der Eltern

Die Eltern dürfen zu jeder Zeit ihr Kind besuchen und sollen zum Besuch ermuntert werden. Sie müssen vor ihrem ersten Besuch vom Arzt oder einer Schwester über das veränderte Aussehen ihres Kindes, vorhandene Schläuche und Maschinen orientiert werden.
Da die Eltern zunächst nicht in die Pflege miteinbezogen werden können, sollten sie durch Berührung und Sprechen ihre wichtigen Kontakte mit dem Kind weiterführen.

Gefahren und Komplikationen

Nach einem Ertrinkungsunfall können für das Kind Schocklunge, Hämolyse und eine verstärkte Hypoxie durch zu rasches Erwärmen und durch die notwendige Beatmung evtl. ein Pneumothorax entstehen.

8.7.6. Pflege des Kindes mit Peritonealdialyse

E. Schneider

Notwendige Vorkenntnisse

- Anatomie und Physiologie der Nieren,
- Regulationsmechanismen des Wasser- und Elektrolythaushaltes,
- Flüssigkeitsbilanz (Kap. 8.4.8.),
- Diät bei Dialysepatienten,
- Grundregeln der Asepsis.

Strukturnetz

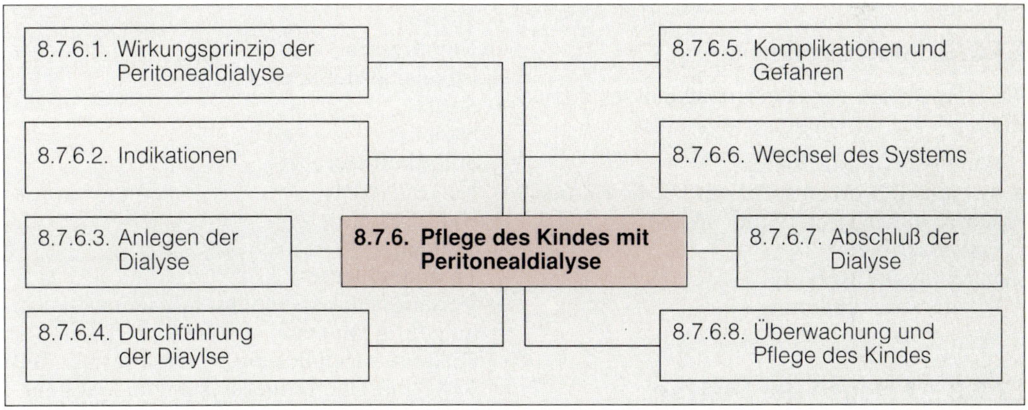

Lehrziel

Die Peritonealdialyse kann auf einer Intensivstation ohne zusätzlichen räumlichen, apparativen oder personellen Aufwand zur Behandlung des akuten und chronischen Nierenversagens, zur Therapie bei Intoxikationen und bei schweren Stoffwechselentgleisungen durchgeführt werden. Die Schwester hat die Aufgabe, das erforderliche Material vorzubereiten, dem Arzt bei dem Eingriff zu assistieren, den Patienten zu überwachen und die Dialyse nach Verordnung durchzuführen. Diese Aufgaben sollen in diesem Abschnitt beschrieben werden.

Lernziele

Wenn Sie diesen Abschnitt durchgearbeitet haben, können Sie

- Angaben über das Anlegen einer Peritonealdialyse machen;
- Aufgaben der Schwester bei der Vorbereitung des Patienten nennen;
- beschreiben, wie die Dialyse durchgeführt wird;
- erläutern, was bei der Überwachung und Pflege des Kindes beachtet werden muß.

8.7.6.1. Wirkungsprinzip der Peritonealdialyse

Die Wirkung der Peritonealdialyse beruht darauf, daß das Peritoneum die Funktion einer semipermeablen Membran übernimmt. Durch Instillieren von Spülflüssigkeit, die in ihrer Elektrolytzusammensetzung dem Blutserum des gesunden Menschen vergleichbar ist, findet durch das Peritoneum ein Stoffaustausch statt. Er geschieht vorwiegend passiv in Richtung des Konzentrationsgefälles und ist unter anderem von der Molekulargröße abhängig. Der Zusatz von Glukose in der Spüllösung bewirkt eine Steigerung der Osmolarität und durch das Konzentrationsgefälle eine Entwässerung des Patienten.
Mit der Peritonealdialyse können dem Körper Wasser, Elektrolyte, harnpflichtige Substanzen und Giftstoff entzogen werden.

8.7.6.2. Indikationen

Die Indikation zur Peritonealdialyse kann sein:

- akute Niereninsuffizienz,
- chronische Niereninsuffizienz bis die Hämodialyse durchgeführt werden kann,
- Entwässerung,
- metabolische Störung,
- Temperaturregulierung.

8.7.6.3. Anlegen der Dialyse

Es gibt verschiedene Möglichkeiten, einen Peritonealdrain zu legen:

- Der sehr gewebsfreundliche *Silastic-Katheter* (Tenckhoff-Katheter) wird chirurgisch (in Narkose) in die Bauchhöhle eingeführt. Er wird sehr gut vertragen und funktioniert problemlos über Monate und Jahre.
- Der *Stilettkatheter* wird in Lokalanästhesie eingelegt. Er eignet sich vor allem in Notfallsituationen. Er ist störungsanfälliger und weniger gut verträglich.
- Der *suprapubische Katheter* oder der *abführende Schlauch eines Spitz-Holter-Ventils* eignen sich besonders als Peritonealdrain bei Säuglingen und Kleinkindern.

Vorbereitung des Patienten

Das Kind ist in seinem Allgemeinzustand meist stark beeinträchtigt. Es leidet häufig unter Übelkeit, Unruhe und Schläfrigkeit. Es sollte seinem Zustand und Alter entsprechend von seinen Eltern, dem Arzt und der Schwester auf die Peritonealdialyse vorbereitet werden.

Vorbereitung des Materials

Zum Einlegen eines *Stilett- oder suprapubischen Katheters* richtet die Kinderkrankenschwester folgendes Material:

- Mundschutz,
- Hauben,
- sterile Kittel,
- Handschuhe,
- sterile Abdecktücher,
- steriles Lochtuch,
- Desinfektionsmittel,
- Abfallschale,
- Tupfer,
- Kompressen,
- Lokalanästhetikum,
- Spritze,
- Nadel,
- Stilettkatheter,
- Verres-Nadel,
- Naht-Set,
- Skalpell,
- Titaniumadapter,
- Verlängerungssystem mit Abklemmvorrichtung für Katheter,
- Dialysat (Spüllösung, vorgewärmt auf 37°C) mit Überleitungssystem und Auffangbeutel,
- Heparin,
- Federwaage,
- Schaumgummiwürfel, eingeschnitten (steril 6 × 6 × 6 cm),
- Klebestreifen,
- Klemme,
- Dreiwegehahn (für Luftfüllung),

- Betadinemuschel,
- Wärmelampe oder Durchflußwärmer,
- Dialyseprotokoll.

Durchführung der Punktion

Unmittelbar vor der Punktion der Bauchhöhle muß die Schwester

- das Kind anhalten, die Blase zu entleeren, damit bei der Punktion die Harnblase nicht verletzt wird – notfalls wird die Blase durch Katheterisieren entleert;
- das Kind in Rückenlage bequem im Bett lagern;
- die Vitalfunktionen prüfen.

Die Punktion der Bauchhöhle wird vom Arzt mit der Assistenz der Schwester in Lokalanästhesie durchgeführt. Der Arzt nimmt eine chirurgische Händedesinfektion vor. Danach wird die Bauchhaut des Kindes mit Hautdesinfektionsmittel gründlich desinfiziert und die Lokalanästhesie an der gewählten Punktionsstelle durchgeführt.
Anschließend legt der Arzt Mundschutz und Kopfbedeckung an und nimmt nochmals eine Händedesinfektion vor. Nach Anziehen des sterilen Kittels und der sterilen Handschuhe wird die Bauchhaut des Kindes erneut desinfiziert und mit sterilen Tüchern abgedeckt. Nach einer kleinen Stichinzision mit dem Skalpell wird mit der Verres-Nadel die Bauchwand bis zum Peritoneum durchstochen. Über diese Nadel wird eine dem Körpergewicht des Kindes entsprechende Menge Dialyselösung oder Luft (30–50 ml/kg KG) verabreicht. Durch die Füllung wird die Gefahr einer Darmverletzung durch den später einzuführenden Innenstilettkatheter verringert. Die Verres-Nadel wird danach entfernt. Nach dem Wechseln der Handschuhe wird der Peritonealkatheter mit Innenstilett durch den Stichkanal der Verres-Nadel eingeführt. Das Stilett wird nach Durchstoßen des Peritoneums zurückgezogen, und die Spitze des mehrfach perforierten Plastikkatheters wird bis etwa zum kleinen Becken vorgeschoben. Der Katheter wird durch Annähen oder durch eine Arretierscheibe fixiert, damit während der Dialyse keine Lageveränderung eintritt.
Das Zwischenstück, in dessen distales Ende der Titaniumadapter eingefügt wurde, wird mit dem Katheter verbunden. Über den Katheter wird ein steriler, wasserdichter, festsitzender Verband angelegt, aus dem das Zwischenstück teilweise herausgeleitet wird.

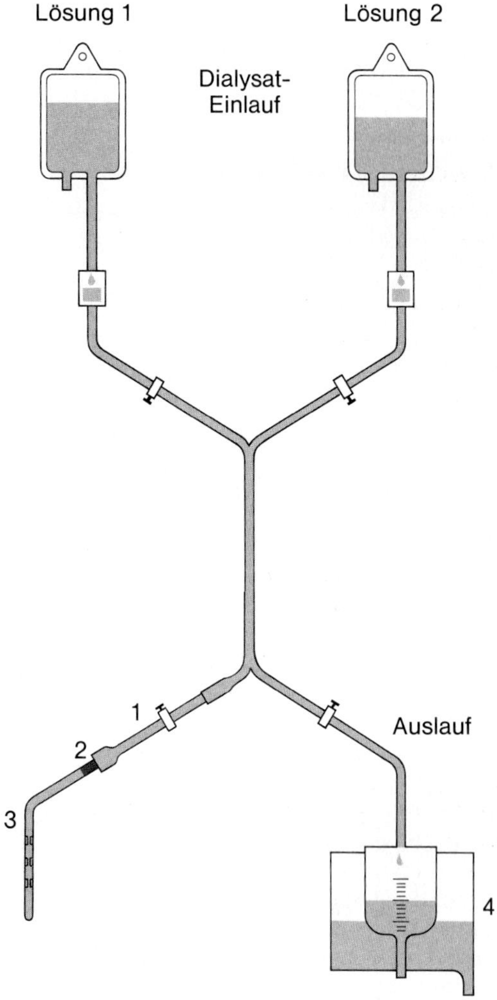

Abb. 51 Peritonealdialysesystem: 1 Verbindungsstück zwischen Einlaufsystem und Peritonealkatheter, 2 Titaniumadapter, 3 Peritonealkatheter, 4 Auffangbeutel

Das Überleitungssystem (Abb. 51) wird mit dem Titaniumadapter verbunden. Der eingeschnittene Schaumgummiwürfel wird um den Drain gelegt. Er gibt ihm Halt und schützt vor Druck.
Wird ein Peritonealkatheter operativ eingelegt, muß das Kind altersentsprechend sowohl über die Peritonealdialyse als auch über die Narkose und Operation informiert werden.

Das Kind muß nüchtern sein, es darf 6 Stunden vor der Operation nichts mehr essen und trinken und es erhält eine Prämedikation.

Präoperative Pflege (S. 483)

Postoperative Pflege (S. 485)

Folgendes Material nimmt die Schwester mit, wenn sie den Patienten in den Operationssaal begleitet:

- Dialysat mit Überleitungssystem, 60 cm Verlängerung und Auffangbeutel,
- Titaniumadapter,
- Federwaage.

Sofort nach dem Einlegen des Silastic-Katheters wird das luftleere Dialysesystem angeschlossen und mit der Dialyse begonnen. Die Operationswunde wird steril verbunden, der Katheter flach auf den Bauch geklebt.

8.7.6.4. Durchführung der Dialyse

Bei der Durchführung der Peritonealdialyse sind strenge Regeln der Asepsis zu beachten. Eine Kontamination des Materials führt zu einer Peritonitis.
Ist der Bauch vor dem Legen des Katheters mit Dialysat gefüllt worden, läßt man es, sobald das System angeschlossen ist, in den tiefliegenden Beutel auslaufen. Bei der ersten Füllung bleibt häufig eine geringe Menge der Lösung in der Bauchhöhle zurück und das Dialysat ist meist blutig. Solange der Auslauf blutig ist, wird dem Dialysat Heparin zugeführt (1000 E/l).
Am Anfang einer Dialyse wird in stündlichen Zyklen dialysiert.
Ein *Dialysezyklus* besteht aus: *Dialyseeinlauf, Verweildauer, Dialysatauslauf,* z. B.

- Einlauf 15 Minuten,
- Verweildauer 30 Minuten,
- Auslauf 15 Minuten.

Die Menge einer Füllung beträgt 30–50 ml/kg KG.
Das Dialysat, d. h. die Spülflüssigkeit, die in die Bauchhöhle instilliert wird, setzt sich zusammen aus Wasser, Elektrolyten (Kalzium, Magnesium, Chlorid, Azetat) und Glukose. Es gibt Dialysate mit Glukosekonzentrationen von 13 g/l bis 45 g/l in Plastikbeuteln oder Kanistern.

Die Verweildauer der Lösung in der Bauchhöhle richtet sich nach der Indikation der Dialyse. Bei hohen Harnstoff-, Kreatinin- und Kaliumwerten beträgt sie 30 Minuten. Ebenfalls bei Flüssigkeitsretention. Dann wird aber Dialysat mit höherer Glukosekonzentration verwendet, z. B. mit 45 g/l, um dem Körper möglichst rasch viel Flüssigkeit zu entziehen.

Beachte: Dialyse mit hochprozentiger Glukose kann zu einem hypovolämen Schock und zu einer Hyperglykämie führen und bedarf daher erhöhter Aufmerksamkeit.

Die Ein- und Auslaufmengen werden genau abgewogen bzw. abgemessen und die Werte auf dem Dialyseprotokoll als *Plusbilanz* oder *Minusbilanz* vermerkt.
Es soll eine *Minusbilanz* entstehen, oder Ein- und Auslauf sollen mindestens gleich groß sein.
Unter *Minusbilanz* versteht man, daß mehr Flüssigkeit zurückgelaufen ist, als der Patient verabreicht bekam; eine *Plusbilanz* entsteht, wenn nicht alle Flüssigkeit zurückgelaufen ist (die Kinderkrankenschwester sucht die Ursache für den unvollständigen Auslauf).
Ist die angestrebte *Minusbilanz* erreicht oder haben sich die Blutwerte normalisiert, können die Zyklen ausgedehnt werden. Die Ein- und Auslaufzeiten bleiben gleich, nur die Verweildauer wird länger. Das anfänglich leicht blutige Dialysat wird während der Dialyse klar. Trübes Dialysat deutet auf eine Infektion hin (Peritonitis).
Zu Beginn der Dialyse nimmt die Kinderkrankenschwester vom Dialysat des ersten Auslaufs Material ab für bakteriologische Untersuchungen und Kammerzählung; während der Dialyse erfolgen diese Kontrollen alle 48 Stunden beim Systemwechsel. Blutentnahmen für Blutgase, Blutglukose, Hämatokrit, Kreatinin, Harnstoff und Elektrolyte macht sie auf Verordnung des Arztes.

8.7.6.5. Komplikationen und Gefahren

- Verstopfen oder Herausfallen des Peritonealkatheters,
- Abknicken des Überleitungssystems,
- Infektion, Peritonitis,
- Atem- und Kreislaufprobleme durch zu große Bauchfüllung,

- Schockgefahr durch zu rasche Entwässerung,
- Hyperglykämie bei Dialyse mit hochprozentiger Glukose,
- Elektrolytentgleisung,
- niedriges Bluteiweiß bei chronischer Dialyse,
- Schmerzen durch Lage des Katheters,
- ungenügender Auslauf, technisch bedingt,
- Temperaturschwankungen.

8.7.6.6. Wechsel des Systems

Der Wechsel des Systems erfolgt alle 48 Stunden und muß unter strenger Asepsis vorgenommen werden. Das System wird gewechselt bei *vollem Bauch,* vor dem Auslauf.

Durchführung

Die Kinderkrankenschwester zieht sich einen Mundschutz an, schließt ein neues System an zwei frische Kanister oder Plastikbeutel, verbindet es mit dem Auffangbeutel und macht es luftleer. Je nach Art des Systems legt sie eine Betadinemuschel um die Verbindung zwischen dem Beutel und dem System.
Der Systemwechsel am Patienten muß von 2 Schwestern ausgeführt werden. Er darf nicht über dem Patientenbett vorgenommen werden, sondern über einem sterilen Tischchen neben dem Bett.
Die eine Schwester entfernt die Betadinemuschel an der Verbindung zwischen System und Verlängerung und entfernt das alte, abgeklemmte System.
Die zweite Schwester entfernt am neuen System die Schutzhülle am Ansatz und reicht das System der ersten Schwester. Diese schraubt das neue System gut mit dem Ansatz der Verlängerung zusammen und legt um die Verbindungsstelle eine Betadinemuschel. Anschließend öffnet sie die Rollklemme am Verbindungsstück, daß der Auslauf beginnen kann.
Sie entnimmt dem Auffangbeutel Dialysat des ersten Auslaufes nach Systemwechsel für bakteriologische Untersuchungen und Kammerzählung.
Das Verlängerungsstück vom Peritonealkatheter zum System wird nur alle 4 Wochen von der Dialysefachschwester gewechselt (Desinfektionsbad des Titaniumadapters).

8.7.6.7. Abschluß der Dialyse

Es kann möglich sein, daß die Dialyse unterbrochen, der Katheter aber noch nicht entfernt werden kann. Dann werden das Verlängerungsstück und der Peritonealkatheter mit liqueminisiertem Dialysat gefüllt und abgestöpselt.

Vorgehen

Die Schwester läßt einen neuen Dialysebeutel, der mit einem neuen System versehen ist, bis auf 50 ml auslaufen, fügt 2000 E Heparin hinzu, schließt ihn an und läßt alles einlaufen. Nach dem Einlauf schließt sie die Rollklemme, entfernt das System und stöpselt die Verlängerung mit einem Betadine-Veschlußstopfen ab. Die Verlängerung kann sie in einem Schlauchverband auf dem Bauch fixieren.

Abschluß der Dialyse mit Entfernung des Katheters

Der Peritonealkatheter wird nach dem Auslaufen des Dialysats und anschließender Hautdesinfektion herausgezogen. Danach wird die Wunde mit einer Klammer oder durch eine kleine Naht verschlossen und mit einem sterilen Verband versehen.
Operativ eingelegte Tenckhoff-Katheter müssen auch operativ entfernt werden.

8.7.6.8. Überwachung und Pflege des Kindes

Während der Dialyse ist eine Dauerüberwachung des Kindes durch die Schwester erforderlich.

- Während das Dialysat zurückläuft, kontrolliert die Kinderkrankenschwester Pulsfrequenz, Herzrhythmus, Atemfrequenz und Blutdruck.
- Nach jedem Dialysezyklus führt sie das Dialyseprotokoll.
- Bei großer Minusbilanz ist auf Schockzeichen zu achten (z. B. Blutdruckabfall).
- Bei Plusbilanz ist auf Zeichen der Hypervolämie zu achten (z. B. Ödeme, Krampfbereitschaft).
- Die Flüssigkeitsbilanz muß unter Berücksichtigung der gesamten Ein- und Ausfuhr alle 6–12 Stunden aufgerechnet werden (bei chronischer Dialyse alle 24 Stunden).

- Die eingeschränkte orale Flüssigkeitszufuhr muß unbedingt eingehalten werden.
- Das Körpergewicht wird vor Beginn und während der Dialyse 1mal täglich festgestellt.

Die Kinder sind in ihrem Allgemeinzustand stark beeinträchtigt und brauchen viel Zuwendung und Abwechslung. Deshalb müssen die Eltern oder andere Bezugspersonen in die Pflege miteinbezogen werden. Bei Langzeitdialysepatienten wird die Dialyse nach Möglichkeit nachts durchgeführt. Das Kind kann dann am Tag durch die Kindergärtnerin oder Lehrerin seinem Zustand entsprechend betreut werden.
Problematisch ist häufig die Ernährung der Kinder. Sie leiden unter der Flüssigkeitseinschränkung und haben keinen Appetit. Die Nahrung wird nach den Diätvorschriften und Wünschen des Kindes entsprechend zubereitet.

Weitere Maßnahmen der Pflege sind:
- sorgfältige Körper- und Mundpflege;
- regelmäßige Gewichtskontrolle;
- leichte Hochlagerung des Kindes während der Dialyse, damit der Druck durch das Dialysat auf das Zwerchfell verringert wird;
- evtl. Seitenlagerung, wenn während der Ausflußphase das Dialysat nicht spontan zurückläuft;
- Syphonbildung im Auslaufsystem verhüten;
- Kontrolle der Durchgängigkeit des Katheters;
- genaue Beobachtung und Protokollierung des Dialysats auf Aussehen, Menge, Beschaffenheit und Beimengungen.

8.7.7. Pflege des Kindes nach Thorakotomie

G. Walther und E. Schneider

Notwendige Vorkenntnisse

- Anatomie des Thorax und der Lunge,
- Physiologie und Pathophysiologie der Lunge,
- Thorakotomie,
- Beobachtung des kranken Kindes: Vitalfunktionen (S. 115),
- Körperpflege (S. 144),
- Zentrale Venendruckmessung (S. 598).

Definition

Thorakotomie ist die operative Eröffnung der Brusthöhle, die z. B. für Herzoperationen, zur Lobektomie und zur Entfernung von Tumoren erforderlich wird.

Lehrziel

Nach der Thorakotomie kann eine Ateminsuffizienz eintreten.
In diesem Abschnitt wird über die Pflege und Beobachtung des Kindes nach Thorakotomie berichtet. Die Schwester erfährt Besonderes über die Durchführung der Atemtherapie und der Lagerung, um damit einer Ateminsuffizienz vorzubeugen.

Lernziele

Nach Erarbeiten dieses Themas können Sie
- berichten, welche Kontrollen erforderlich sind;
- beschreiben, wie die Überwachung des Thoraxdrains durchgeführt wird;
- über die prophylaktischen Maßnahmen berichten und deren Ausführung beschreiben;
- Hilfsmittel beschreiben, die von der Schwester zur Atemtherapie angewendet werden;
- eine Aussage über die Lagerung machen.

Postoperativ werden alle Kinder mit einer Thorakotomie, auch die nichtbeatmeten, auf die Intensivstation gelegt, um rechtzeitig eine Ateminsuffizienz und auftretende Blutungen zu erfassen.

Kontrollen

Stündlich:

- Herzfrequenz,
- zentralvenöser Druck,
- Blutdruck,
- Atemfrequenz,
- Atembewegung des Thorax, welche seitengleich sein soll.

Weitere Kontrollen beziehen sich vor allem auf die Körpertemperatur, die Hämoglobin- und Blutgaswerte.

Überwachung des Thoraxdrains

Der Thoraxdrain wird auf seine Funktion und der Sog auf seine verordnete Stärke überprüft. Die Schwester knetet mit den Fingern den Drain durch oder benutzt die Rollklemme. Auf diese Weise lösen sich die Fibrinfäden und die Drainage bleibt durchgängig. Stellt sie fest, daß er verstopft ist, so muß sie sofort den Arzt

davon in Kenntnis setzen. Der Arzt wird den Drain evtl. spülen oder seine Lage verändern.
Das Wundsekret ist auf Menge und Beschaffenheit zu kontrollieren, übermäßig große Verluste sind sofort dem Arzt zu melden, der dann als Ersatz Plasma, Blut oder Elektrolytlösung verordnet.
Das ableitende Schlauchsystem wird so befestigt, daß es keinen Syphon bildet.
Der Wechsel der Sekretflasche und des dazu gehörenden Schlauchsystems wird bei geringer Sekretmenge täglich einmal unter sterilen Bedingungen durchgeführt. Fließen größere Sekretmengen ab, so wird die Flasche täglich mehrmals entleert, damit der Sog in Funktion bleibt. Der Drain muß beim spontan atmenden Kind vor jedem Wechsel der Sekretflasche oder des Schlauchsystems zum Kind hin zweimal mit Spezialklemmen abgeklemmt werden, um bei der Inspiration das Ansaugen von Luft zu vermeiden. Bei Gebrauch von Pleur-Evac-Einwegsystemen müssen die Gebrauchshinweise beachtet werden.

Atemtherapie

Die Schmerzen verursachen eine Schonatmung und eine Schonhaltung, weshalb unbedingt ausreichend Analgetika (auf ärztliche Verordnung) verabreicht werden müssen. Zur Pneumonieprophylaxe wird bereits am Operationstag mit Atemtherapie und Umlagerung begonnen. Bei beatmeten Kindern wird der Thorax 2stündlich abgeklopft und vibriert (S. 612).
Die Schwester fordert das Kind 2stündlich auf, gut zu husten und kräftig durchzuatmen. Die Physiotherapeutin führt 2- bis 3mal täglich eine gezielte Atemtherapie mit dem Kind durch. Sie beginnt damit am 1. postoperativen Tag.
Die Schwestern und Eltern können auf spielerische Weise mit dem Kind Atemtherapie betreiben, indem sie das Kind blasen lassen, z. B. Wattebällchen, Seifenblasen, Luftballons und Windrädchen.
Bei voller maschineller Beatmung darf der Drain nicht abgeklemmt werden, da sonst die Gefahr eines Spannungspneumothorax entsteht. Wird das Kind gewogen, für kurze Zeit vom Beatmungsgerät getrennt und besteht die Möglichkeit, daß es spontan atmet, so muß der Drain abgeklemmt und sofort nach Anschließen an die Beatmung wieder geöffnet werden.
Die Inspirationsluft wird mit dem Verneblergerät angefeuchtet.

Lagerung

Die Lagerung richtet sich nach der angewandten Operationstechnik. Die Eröffnung des Thorax kann seitlich oder in der Mitte erfolgen. Als Lagerungshilfsmittel werden Spreu- oder Sandsäcke verwendet.

Bei seitlicher Thorakotomie: Zur Erleichterung der Atmung wird das Kind nach der Operation mit dem Oberkörper hoch gelagert. Das Umlagern erfolgt 2stündlich im Wechsel von Rückenlage in Seitenlage (nur auf die gesunde Seite). Auf der operierten Seite kann das Kind nicht liegen, dort befindet sich der Thoraxdrain, außerdem muß die Lungenfunktion erst wieder in Gang kommen.
Von der Physiotherapeutin wird durch spezielle Lagerung die Dehnung der operierten Thoraxseite erzielt und somit die Atemfunktion gestärkt. Nach dem 3. postoperativen Tag wird der Oberkörper des Kindes nicht mehr hoch gelagert, damit bei eintretender Wundheilung eine Fehlhaltung des Thorax vermieden wird.

Bei medialer Thorakotomie: Das Kind wird nach der Operation zur Erleichterung der Atmung und Entlastung des Wundgebiets mit dem Oberkörper zuerst hoch und täglich etwas flacher gelagert. Nach dem 3. postoperativen Tag darf es mit dem Oberkörper nur noch flach liegen, damit bei eintretender Wundheilung keine Fehlstellung des Thorax entsteht. Der Thoraxdrain liegt retrosternal, deshalb kann das Kind auf beiden Seiten und auf dem Rücken liegen. Sofort am Operationstag muß die Schwester mit der 2stündlichen Umlagerung des Kindes beginnen. Sie achtet dabei besonders darauf, daß der Thorax gestreckt und nicht nach vorne gebeugt ist.
Von der Physiotherapeutin wird das Kind 1- bis 2mal täglich gut durchbewegt und gelagert.

Ernährung

Meistens können schon am Operationstag geringe Mengen Tee verabreicht werden. Der größte Teil des Flüssigkeitsbedarfs wird per Infusion verabreicht. Der Elektrolytbedarf richtet sich nach den blutchemischen Werten. Er wird vom Arzt verordnet. Schon nach kurzer Zeit vertragen diese Kinder ihre gesamte Flüssigkeit und Nahrung oral.

Verbandwechsel (S. 486).

8.7.8. Pflege des Kindes nach einer Herzoperation

G. Walther und E. Schneider

Notwendige Vorkenntnisse

- Anatomie, Physiologie und Pathophysiologie des Herzens und des Gefäßsystems,
- zentrale Venendruckmessung (S. 598),
- arterielle Druckmessung (Kap. 8.4.7.1./8.4.7.2.),
- Flüssigkeitsbilanz (S. 609),
- Pflege des Kindes nach Thorakotomie (S. 662),
- Beobachtung des kranken Kindes (s. Kap. 5.1.).

Strukturnetz

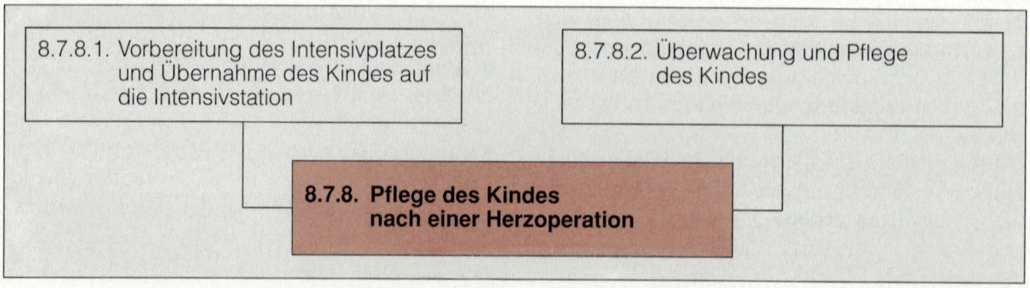

Lehrziel

Die Herzoperationen sind in ihrem Schweregrad je nach Art des Herzfehlers verschieden, und dementsprechend ist auch das Wohlbefinden des Kindes unterschiedlich. Kinder aller Altersstufen, vom Neugeborenen bis zum älteren Kind, werden operiert und stellen postoperativ jeweils andere pflegerische Anforderungen an die Kinderkrankenschwester.
In diesem Abschnitt werden die Aufgaben der Schwester beschrieben, die sie nach der Verlegung des Kindes aus dem Herzwachsaal an Überwachung und Pflege durchzuführen hat.

Lernziele

Nach Erarbeiten dieses Themas können Sie
- die Aufgaben der Schwester bei der Übernahme des Kindes beschreiben;
- berichten, welche Kontrollen beim Kind stündlich durchzuführen sind;
- Angaben über pflegerische Maßnahmen machen.

Direkt nach der Herzoperation liegen die Kinder fast immer für ein bis zwei Tage zur ersten Überwachung in der chirurgischen Herzklinik. Hier wird die Pflege und Überwachung des Kindes nach der Verlegung von dort beschrieben. Pflege des intubierten, beatmeten Kindes S. 642.

8.7.8.1. Vorbereitung des Intensivplatzes und Übernahme des Kindes auf die Intensivstation

Für die Aufnahme des Kindes nach einer Herzoperation ist immer eine gut organisierte Vorbereitung des Patientenplatzes nötig (S. 556).
Die Schwester bereitet zusätzlich folgende Dinge vor:

- Inkubator oder Bett für das Alter des Kindes passend,
- Beatmungsmaske und Beatmungsbeutel,
- EKG-Monitor mit speziellem Einschub zur Druckmessung,
- Material zur kontinuierlichen Spülung des Arterien- und Pulmonaliskatheters (Kap. 8.4.7.1.),
- Material zur zentralen Venendruckmessung (Kap. 8.4.7.3.),
- Blutdruckmanschette,
- Saugsysteme für Thorax- und Perikarddrainagen,
- Spezialklemmen zum Abklemmen des Thoraxdrains,

- evtl. einen Schrittmacher mit Ersatzbatterie,
- Material zur Blutentnahme und entsprechende Begleitformulare (Blutbild, Elektrolyte, Gerinnungsstatus, Kreuzprobe, Blutgasanalyse),
- die Waage bereitstellen und austarieren.

Die Schwester hat nach der Verlegung des Kindes auf die Intensivstation folgende Aufgaben:

- nach Möglichkeit sich dem Kind vorstellen und das Handeln erklären,
- das Körpergewicht ermitteln,
- bei Bedarf Sauerstoff über die Nasensonde verabreichen, später einen Vernebler zur Befeuchtung der Atemluft installieren,
- den EKG-Monitor anschließen,
- den verordneten Sog einstellen und den Thoraxdrain mit dem Saugsystem verbinden,
- die arterielle Druckmessung und die zentrale Venendruckmessung installieren,
- die Herz- und Atemfrequenz, den Blutdruck und die rektale Temperatur ermitteln,
- den Wärmezustand der Haut an den Extremitäten überprüfen,
- bei Bedarf einen Urinauffangbeutel ankleben,
- dem Arzt bei der Blutentnahme assistieren und anschließend das Blut in die entsprechenden Labors leiten.

8.7.8.2. Überwachung und Pflege des Kindes

Herzkranke Kinder sind meistens sehr ängstlich und leicht erregbar. Die Schwester muß deshalb ruhig auf das Kind zugehen, ihm sämtliche Handlungen erklären und nach Möglichkeit viel in seiner Nähe sein.

Die Schwester kontrolliert regelmäßig

- *Atemfrequenz*,
- *Herzfrequenz und -rhythmus:* Sie schaut sich dabei genau die EKG-Aufzeichnung auf dem Oszilloskop an. Veränderungen der Amplitudengröße und Rhythmusstörungen sind sofort dem Arzt zu melden;
- *Blutdruck:* Der Blutdruck kann blutig oder unblutig gemessen werden. Bei der Messung mit der Manschette muß der Meßort notiert werden. Eine Verkleinerung der Amplitude ist bei beiden Meßarten sofort dem Arzt zu melden. Veränderungen der Amplitudengröße in der EKG-Aufzeichnung oder bei der Blutdruckmessung können ein Hinweis auf Herztamponade sein;
- *arterielle Druckmessung;*
- *zentralen Venendruck* (elektronische Messung oder mit Wassersäule),
- die *Haut* auf Farbe, Temperatur und Schweißabsonderung;
- das *Operationsgebiet* auf Blutungen (diese Beobachtung ist vor allem bei Verlegung des Kindes am Operationstag erforderlich);
- die *Thorax- und Perikarddrainagen* auf ihre Funktion und die verordnete Sogeinstellung;
- den *Schrittmacher* auf Ausschlag des Zeigers.

Regelmäßige pflegerische Aufgaben der Schwester

- *Abklopfen und Vibrieren:* In 2- bis 4stündlichen Abständen wird das Kind abgeklopft und vibriert. Bei erniedrigter Thrombozytenzahl oder sonstiger Gerinnungsstörung darf das Kind nur vibriert, *nicht abgeklopft* werden. Mund und Nasen-Rachen-Raum werden bei vermehrter Sekretansammlung abgesaugt.
- *Atemtherapie* kann auf spielerische Weise von den Eltern oder der Schwester mit dem Kind durchgeführt werden, indem es blasen darf, z. B. Seifenblasen.
  In regelmäßigen Abständen wird auch von der Physiotherapeutin mit dem Kind die Atemtherapie durchgeführt.
- *Lagerung* s. S. 663.
- *Überwachung der Flüssigkeitsbilanz:* Nach der Herzoperation bekommt das Kind eine streng begrenzte Flüssigkeitszufuhr. Die gesamte parenterale und enterale Flüssigkeitszufuhr sowie die -ausfuhr, z. B. Urin, Exsudat, müssen abgemessen und protokolliert werden. Vom Urin wird das spezifische Gewicht bestimmt.
- *Gewichtskontrolle:* Das Körpergewicht ist für die Flüssigkeitsberechnung und die medikamentöse Therapie wichtig. Das Kind wird deshalb täglich gewogen. Da das Wiegen immer mit Schmerzen, Anstrengung und Aufregung verbunden ist, sollten dem

Kind auf ärztliche Verordnung zuvor Analgetika oder Sedativa injiziert werden.
- *Verbandwechsel:* Er wird an der Operationswunde und bei den Drainagen auf ärztliche Verordnung durchgeführt. Feuchte Verbände sollten sofort gewechselt werden.
- *Schrittmacher und Schrittmacherelektroden:* Bei Herzoperationen im Bereich des Reizleitungssystems werden Schrittmacherelektroden im Atrium und im Ventrikel angenäht und zur Haut herausgeführt. Je nach Art des Schrittmachers wird er an den Atrium- und Ventrikelelektroden oder nur an den Ventrikelelektroden angeschlossen. Das Anschließen und die tägliche Kontrolle des Schrittmachers darf *nur vom Arzt durchgeführt* werden. Die Schwester vermerkt auf dem Überwachungsblatt die Einstellung des Schrittmachers. In manchen Fällen wird der Schrittmacher nur prophylaktisch angeschlossen, damit er bei Abfallen der Eigenfrequenz des Kindes den Impuls übernimmt. Beobachtet die Schwester auf dem Oszilloskop des EKG-Monitors Eigen- und Schrittmacherfrequenz, so muß sie sofort den Arzt benachrichtigen.
  Stillgelegte Schrittmacherelektroden müssen an ihren Enden zur Isolierung wasserdicht verpackt und an den Thorax angeklebt werden. Die Verweildauer der Elektroden ist unterschiedlich.
  Sie sind mit einem sich selbst auflösenden Faden angenäht. Nach Entfernung der Schrittmacherelektroden müssen die Kontrollen von Blutdruck und Herzfrequenz halbstündlich erfolgen, da die Gefahr einer Herztamponade besteht.

Besuch der Eltern

Die Eltern dürfen regelmäßig ihr Kind besuchen und können recht bald in die Pflege miteinbezogen werden und die Beschäftigung des Kindes übernehmen.

Beachte: Anhaltende Unruhe des Kindes nach einer Herzoperation oder auffallende Schläfrigkeit und Apathie können Hinweise auf eine schwerwiegende Komplikation sein.

8.7.9. Pflege des Kindes nach operativen Eingriffen im Abdomen

L. Asch

Notwendige Vorkenntnisse

- Anatomie, Physiologie und Pathophysiologie des Magen-Darm-Kanals,
- Pflege bei Kindern vor und nach operativen Eingriffen (Kap. 7.19.),
- Sauerstofftherapie beim nichtbeatmeten Kind (Kap. 8.4.10.),
- Atemtherapie (Kap. 8.4.9.),
- Infusion und parenterale Ernährung (Kap. 6.10.),
- Bluttransfusion (Kap. 6.11.).

Strukturnetz

8.7.9. Pflege des Kindes nach operativen Eingriffen im Abdomen

8.7.9.1. Postoperative Überwachung und Pflege des Kindes am 1. Pflegetag

8.7.9.2. Die weitere Pflege und Überwachung

Lehrziel

Operative Eingriffe im Abdomen können bei Kindern in jedem Lebensalter notwendig werden. Bei Frühgeborenen und Risikoneugeborenen werden durch angeborene Fehl- und Mißbildungen, bei älteren Kindern vorwiegend durch Infektionen und Unfälle kleine und große operative Eingriffe nötig. Die Schwester soll in diesem Abschnitt über ihre Aufgaben bei der Pflege und Überwachung der Patienten informiert werden.

Lernziele

Wenn Sie diesen Abschnitt erarbeitet haben, können Sie

- Maßnahmen der Kinderkrankenschwester am 1. Pflegetag beschreiben;
- Zeichen einer postoperativen Infektion aufzählen;
- Kriterien für den Aufbau der oralen Ernährung nennen;
- Pflegemaßnahmen begründen, die im weiteren Verlauf notwendig werden.

8.7.9.1. Postoperative Überwachung und Pflege des Kindes am 1. Pflegetag

Bei der Übernahme des Kindes in der Operationsabteilung bekommt die Kinderkrankenschwester einen ausführlichen Bericht über die primäre Erkrankung, den Operationsverlauf und den momentanen Zustand des Kindes. Sie muß den Patienten bis zum vollständigen Aufwachen ununterbrochen überwachen.
Herzfrequenz, Atmung, Blutdruck, Körpertemperatur, Hautfarbe, Bewußtseinszustand, evtl. der ZVD und die Ausscheidungen werden kontrolliert und dokumentiert. Früh- und Neugeborene werden zur besseren Überwachung nackt in den Inkubator gelegt.
Bevor in der Pflegeeinheit weitere Maßnahmen durchgeführt werden, wird das Kind gewogen. Das postoperative Körpergewicht ist ein wichtiger Anhaltspunkt für die weitere Therapie.
Sonden und Drainagen müssen so angebracht und befestigt werden, daß sie funktionieren und das Kind in seiner Bewegungsfreiheit so wenig wie möglich beeinträchtigt wird. Dann führt die Schwester auf ärztliche Anordnung die folgenden Maßnahmen durch.

Lagerung

Sie erfolgt in der Regel in flacher Rückenlage. Dabei wird die Entspannungshaltung des Abdomens durch Unterschieben von Knierollen unterstützt. Bei stark geblähtem Abdomen kann zur Erleichterung der Atmung der Oberkörper etwas hochgelagert werden.

Atmung

Durch die Narkose kann es zu einer vermehrten Sekretbildung und dadurch zu einer Behinderung der Atmung kommen. Um dies zu vermeiden, wird sofort mit einer regelmäßigen Atemtherapie begonnen. Dabei sollte das Kind durch Auslösen des Hustenreflexes spontan Sekret abhusten. Durch leichten Gegendruck auf das OP-Gebiet können die Schmerzen etwas gemildert werden. Bei starker Sekretion wird das Absaugen des Nasen-Rachen-Raumes notwendig. Damit das Sekret locker bleibt, wird die Atemluft des Patienten angefeuchtet und bei Bedarf angewärmt. Kommt es trotz intensiver Atemtherapie zu einer Ateminsuffizienz, muß das Kind evtl. intubiert werden. Eine notwendige Sauerstofftherapie muß vor allem bei Früh- und Neugeborenen sorgfältig überwacht werden.

Kreislaufüberwachung

Blutdruck, arterieller Mitteldruck, Herzfrequenz und evtl. der zentrale Venendruck werden periodisch überwacht. Durch Volumenverluste und andere Komplikationen kann es zu Veränderungen dieser Parameter kommen.

Schmerzen

Bei Neugeborenen, Säuglingen und Kleinkindern sind Schmerzen schwer zu beurteilen. Hohe Blutdruckwerte, Tachykardie und eine verkrampfte Haltung ohne Spontanbewegungen des Kindes deuten darauf hin. Eine Schmerztherapie ist notwendig und wird auf ärztliche Anordnung durchgeführt. Schmerzmittel können Vorzeichen von eintretenden Komplikationen verwischen und werden deshalb sehr vorsichtig dosiert. Vor jeder erneuten Verabreichung muß die Schwester das Kind genau auf Schmerzäußerungen beobachten.

Körpertemperatur

Körpertemperaturen bis zu 38,5 °C können in den ersten Tagen auftreten. Hohes Fieber deutet auf eine Infektion hin und muß sofort dem Arzt gemeldet werden. Zum Erregernachweis kann eine Blutkultur erforderlich werden.

Infusionsbehandlung

Die parenterale Ernährung muß so zusammengestellt sein, daß eine volle Deckung des Energie- und Flüssigkeitsbedarfs erreicht wird. Die Infusionsmenge muß kontinuierlich mit elektrischen Infusionspumpen verabreicht werden, damit das Kind nicht der Gefahr einer Hyper- oder Hypoglykämie ausgesetzt ist. Weiterhin müssen alle Defizite, z. B. aus Sonden und Drainagen, qualitativ mit Elektrolytlösungen, Serum oder Blut ersetzt werden.

Flüssigkeitsbilanz

Sie wird unter Berücksichtigung aller Verluste durchgeführt.

Ernährung

Wenn eine ausreichende Darmtätigkeit eingesetzt hat, kann mit der enteralen Ernährung begonnen werden. Nach großen Eingriffen wird bereits während der Operation eine Magenablaufsonde zur Entlastung des Magen-Darm-Traktes eingeführt. Diese muß regelmäßig mit isotoner Kochsalzlösung gespült werden, damit sie nicht verstopft. Das Magensekret, das durch die Sonde abfließt, wird genau abgemessen, und die Menge wird mit Infusionslösung, z. B. Ringer-Lösung, ersetzt. Die Reste können wäßrig klar, grün, gallig oder kothaltig sein. Vom Aussehen und von der Menge der Magenreste und von den Darmgeräuschen hängt der Beginn der enteralen Ernährung ab. Sie kann nach kleinen Eingriffen, die ohne Komplikationen verlaufen sind, bereits nach 4–6 Stunden in Form von 2,5–5%iger Glukoselösung oder mit Tee erfolgen. Der Nahrungsaufbau beginnt schrittweise, z. B. mit Flaschennahrung, über eine Steigerung der Nahrungskonzentration. Dabei wird mit einer reduzierten Nahrungsmenge in verminderter Konzentration mit der Ernährung begonnen. Die Schwester beobachtet, wie das Kind auf die Nahrungsaufnahme reagiert. Treten Symptome wie z. B. Bauchschmerzen, Übelkeit, Erbrechen und ein geblähtes Abdomen auf, muß der Nahrungsaufbau gestoppt und noch langsamer durchgeführt werden. Häufig wird erst die Konzentration und dann die Nahrungsmenge gesteigert.

Verbandwechsel

Der Verband wird nur bei starker Blutung oder, wenn er durch die Sekretion aus der Wunde verunreinigt ist, am 1. Tag gewechselt. Dabei wird die Wunde genau beobachtet und unter Beachtung der Asepsis ein neuer Verband angelegt.

Hygiene

Die Kinder befinden sich in einem reduzierten Allgemeinzustand und haben häufig eine gestörte Infektabwehr. Steriles Arbeiten, infektfreie Umgebung und sofortiges Entfernen von infektiösen Materialien müssen gewährleistet sein.

8.7.9.2. Die weitere Pflege und Überwachung

Nach großen Operationen kann es noch nach mehreren Tagen zu Komplikationen im Magen-Darm-Bereich und zu Infektionen kommen. Deshalb muß die weitere Pflege und Überwachung sorgfältig durchgeführt werden.

Körpergewicht

Es wird mindestens einmal täglich festgestellt.

Körperpflege

Einmal täglich wird eine Ganzwäsche so schonend wie möglich durchgeführt. Sie ist in den ersten Tagen sehr belastend für das Kind. Nach Möglichkeit sollte ihm vorher ein Schmerzmittel verabreicht werden und sämtliche Maßnahmen wie Waschen, Wiegen, Betten und Verbandwechsel müssen während der Wirkungszeit durchgeführt werden. Während der Körperpflege wird die Haut auf Veränderungen, z. B. Petechien, Druckstellen und Infiltrationen beobachtet. Bis zum Beginn der oralen Ernährung ist die regelmäßige Mundpflege notwendig.

Verbandwechsel

Er wird vom Arzt mit Assistenz der Schwester vorgenommen (S. 486ff). Dabei werden evtl. eingelegte Drains gekürzt und die Wundheilung beurteilt. Das Abdomen kann bis zum Einsetzen der normalen Darmtätigkeit gebläht und schmerzempfindlich sein.

Atemtherapie

Sie wird so lange intensiv weitergeführt, bis das Kind das Sekret spontan abhusten kann. Bei Bedarf wird dieses abgesaugt.

Flüssigkeitsbilanz

Sie ist so lange nötig, bis sich der Zustand des Kindes stabilisiert hat.

Schmerzen

Die Kinder haben häufig starke Bauchschmerzen, wenn die Darmtätigkeit wieder in Gang kommt oder wenn eine Infektion vorliegt. Schmerzmittel dürfen nur nach ärztlicher Verordnung verabreicht werden.

Fieber

Anhaltend hohe Temperaturen deuten auf eine Infektion hin. Durch Blutkultur, Wundabstrich und Blutbildkontrollen kann diese meist nachgewiesen und gezielt behandelt werden. Fiebersenkende Maßnahmen, wie z. B. Wadenwickel, Aufdecken des Kindes, und Medikamente müssen angewendet werden, da eine erhöhte Kreislaufbelastung und höherer Sauerstoffbedarf bestehen.

Untertemperatur

Sie kann beim Neugeborenen als erstes Infektionszeichen auftreten. Deshalb müssen bei ihm die Körper- und die Inkubatortemperatur besonders sorgfältig überwacht werden.

Urin und Stuhl

Die Urinausscheidung soll bei genügender Flüssigkeitszufuhr normal sein. Spezifisches Gewicht und Schnelltests auf Beimengungen, z. B. Blut und Glukose, werden in jeder Urinportion bestimmt. Steigt das spezifische Gewicht an, so kann dies Anzeichen eines Volumenmangels sein.

Der erste Stuhl sollte bis zum 3. postoperativen Tag spontan entleert werden. Er kann nach Operationen im Darm blutig und übelriechend sein. Darmspülungen und andere Abführmaßnahmen werden entweder vom Arzt oder auf dessen Anordnung durchgeführt.

Ernährung

Sie wird so lange parenteral verabreicht, bis das Kind ausreichend oral ernährt werden kann. Sobald Darmgeräusche zu hören sind und die Magenreste klar werden, kann vorsichtig mit der oralen Ernährung begonnen werden. Bei Säuglingen und bei Kindern mit Ernährungsproblemen können erste Ernährungsversuche über eine offene Steigsonde gemacht werden. Dabei kann das Kind den Mageninhalt durch Pressen über die Sonde in die aufgehängte Spritze zurückdrücken. Sobald der Druck nachläßt, fließt der Inhalt wieder in den Magen ab. Vor jeder erneuten Nahrungsverabreichung muß der Mageninhalt aspiriert und die Restmenge festgestellt werden.

Mobilisation

Säuglinge und Kleinkinder fangen spontan an sich zu bewegen. Schulkinder werden je nach Allgemeinzustand schrittweise mobilisiert, z. B. durch kurzes Aufsitzen im Bett, Beine über den Bettrand hängen, kurzes Sitzen auf der Waage. Die meisten Kinder nehmen dabei eine Schonhaltung ein. Durch leichten Gegendruck auf die Wunde können die Schmerzen gemildert werden.

Betreuung

Durch Einbeziehung der Eltern in die Pflege und altersgemäße Beschäftigung wird dem Kind der Klinikaufenthalt kurzweiliger und erträglicher gemacht.

8.7.10. Pflege des Kindes mit Ösophagusvarizenblutung

L. Asch

Notwendige Vorkenntnisse

- Anatomie und Physiologie des Verdauungstraktes,
- Ursachen von Ösophagusvarizen,
- Sondierung des Magens (Kap. 6.4.),
- Bluttransfusion (Kap. 6.11.),
- Wirkung und Nebenwirkung von Vasopressin.

Definition

Ösophagusvarizen (Speiseröhrenkrampfadern) sind durch einen Pfortaderhochdruck hervorgerufene Erweiterungen der Speiseröhrenvenen.

Strukturnetz

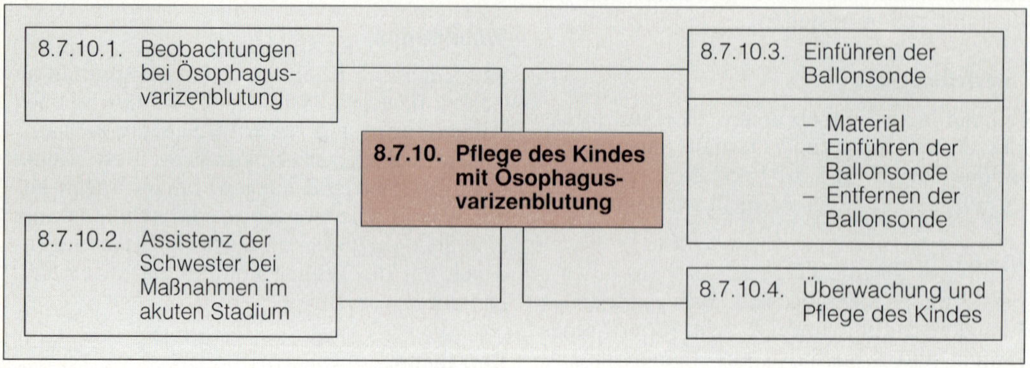

Lehrziel

Kinder mit akuter Ösophagusvarizenblutung befinden sich in einem lebensbedrohlichen Zustand. Sie sind in ihrem Allgemeinbefinden stark beeinträchtigt und haben große Angst. Die konservative Behandlung, die vom Kind als unangenehm empfunden wird, muß sofort eingeleitet und sorgfältig weitergeführt werden. Die Kinderkrankenschwester wird in diesem Abschnitt auf ihre Aufgaben in der Behandlung und Pflege hingewiesen.

Lernziele

Wenn Sie diesen Abschnitt erarbeitet haben, können Sie

- Symptome nennen, die auf eine Ösophagusvarizenblutung hinweisen;
- die konservativen Behandlungsmaßnahmen und die Aufgaben der Schwester dabei erläutern;
- das Einführen der Ballonsonde beschreiben;
- Pflegemaßnahmen begründen: Absaugen, Magen- und Darmspülung.

8.7.10.1. Beobachtungen bei Ösophagusvarizenblutung

Bei Kindern liegt die Ursache für die Blutung meist außerhalb der Leber im Bereich der V. portae. Dabei kann es sich um Kinder handeln, die in ihrer Anamnese eine Behandlung über einen Nabelvenenkatheter, eine Austauschtransfusion oder eine Nabelsepsis aufweisen. Auch eine Leberzirrhose kann die Ursache sein.

Die Blutungen aus den Ösophagusvarizen sind meist so massiv, daß die Kinder im Schockzustand auf die Station kommen.

Die Schwester kann dann folgende Symptome beobachten:

- blasse, graue oder gelbbraune Hautfarbe,
- Tachypnoe,
- Tachykardie,
- kalte Extremitäten,
- Apathie, Somnolenz,

- blutiges, kaffeesatzartiges Erbrechen mit Beimengungen von Frischblut,
- blutige, übelriechende Stühle, Teerstuhl,
- geblähtes Abdomen mit vermehrter Venenzeichnung.

8.7.10.2. Assistenz der Schwester bei Maßnahmen im akuten Stadium

Im Stadium der akuten Blutung steht die Schockbehandlung an erster Stelle. Die Schwester assistiert dem Arzt bei folgenden Maßnahmen:

- Venenpunktion, evtl. Anlegen eines Venenkatheters (Kap. 8.4.6.) zur Infusionsbehandlung;
- Blutentnahmen für Kreuzprobe, Blutbild und weitere dringende Laboruntersuchungen;
- Einleitung der medikamentösen Behandlung mit Vasopressin (Pitressin) und Vitamin K;
- Sauerstoffverabreichung über eine dünne Nasensonde;
- Einführen einer weichen Magensonde, die als Ablaufsonde liegen bleibt;
- Magenspülung mit isotoner Kochsalzlösung, bis die Spülflüssigkeit keine Blutreste mehr enthält;
- Darmspülung mit angewärmter, isotoner Kochsalzlösung, so lange, bis die Spülflüssigkeit keine alten Blutreste mehr enthält;
- Bluttransfusion;
- Wärmezufuhr über eine Wärmelampe, damit das Kind während aller Maßnahmen nicht auskühlt;
- Überwachung der Vitalfunktionen und des Bewußtseinszustandes.

Kann die Blutung durch die Behandlung nicht vermindert oder zum Stillstand gebracht werden, kann bei größeren Kindern eine Ballonsonde zum Komprimieren der Varizen eingeführt werden.

8.7.10.3. Einführen der Ballonsonde

Material

- Ballonsonde (Sengstaken-Sonde oder Blakemore-Sonde) (Abb. 52),
- Blutdruckmanometer und Handpumpenball von einem Blutdruckmeßgerät mit Y-Ansatzstück,
- 2 mit Gummistücken geschützte Klemmen,
- Spritze (Fassungsvermögen ca. 50 ml),
- Anästhesiespray,
- Gleitmittel, z. B. Katheterpurin für die Sonde,
- isotone Kochsalzlösung,
- Nierenschale,
- Pflasterstreifen und Schere,
- Auffangbeutel für den Mageninhalt,
- Zungenspatel, Taschenlampe.

Einführen der Ballonsonde

Die Sonde wird vom Arzt eingeführt. Vor ihrer Verwendung wird sie auf Dichtigkeit geprüft. Dazu werden die Ballons mit Luft gefüllt und der Druck mit dem Blutdruckmanometer in kPa (mmHg) bei gefüllter Sonde gemessen. Anschließend wird die Luft wieder abgezogen.

Der Arzt anästhesiert die Nasenschleimhaut mit Anästhesiespray und führt die mit Gleitmittel präparierte Sonde vorsichtig durch die Nase ein. Wenn die Sonde richtig im Magen liegt, wird der Magenballon (Abb. 52 Ziffer 5) mit der Spritze, in die isotone NaCl-Lösung aufgezogen wurde, gefüllt. Danach wird die Zuleitung zum Magenballon am entsprechenden Sondenende abgeklemmt und die Klemme gesichert (evtl. durch Umwickeln mit einem

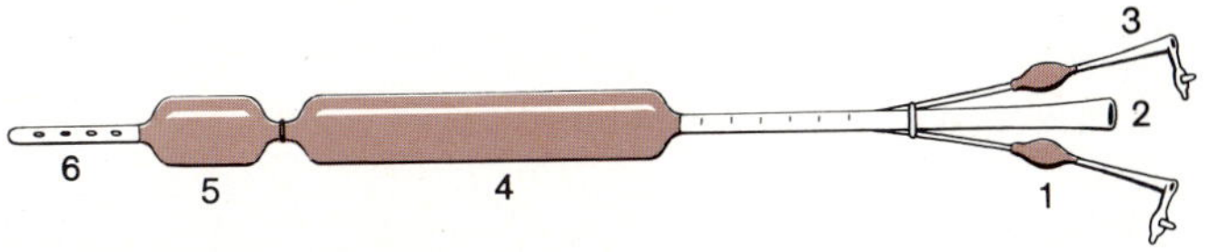

Abb. 52 Ösophagusballonsonde (Sengstaken-Sonde)
1 Ansatz für das Y-Stück mit dem Blutdruckmanometer und dem Handpumpenball zum Füllen des Ösophagusballons, 2 Magensonde, 3 Zuleitung zum Magenballon, 4 Ösophagusballon, 5 Magenballon, 6 Spitze der Magensonde (mittleres Sondenende)

Pflasterstreifen). Die Sonde wird dann bis zum Widerstand am Mageneingang zurückgezogen und unter Zug so fixiert, daß keine Druckstellen am Nasenseptum entstehen können. Der Ösophagusballon (Abb. 52 Ziffer 4) ist über das Y-Stück mit dem Blutdruckmanometer und dem Handpumpenball verbunden, und er wird mit diesem unter Druckkontrolle des Manometers gefüllt. Danach wird das Sondenende mit der Klemme abgeklemmt. Der Druck wird in kurzen Zeitabständen durch das Öffnen der Klemme kontrolliert. Nach erfolgter Kontrolle muß das Sondenende immer wieder sorgfältig abgeklemmt werden. Der Druck im Ösophagusballon wird nach Verordnung des Arztes langsam gesenkt, damit Schleimhautnekrosen im Ösophagus verhindert werden. Eine völlige Druckentlastung erfolgt in verordneten Zeitabständen. Dazu wird der Druck im Ösophagusballon ganz abgelassen, und nach ca. 3 Minuten wird dieser mit dem Handpumpenball wieder gefüllt.
Die Magensonde wird mit dem Auffangbeutel für den Mageninhalt verbunden. Sie hat an der Spitze 4 kleine Öffnungen, durch die der Mageninhalt abfließen kann. Das zurückfließende Magensekret kann so ständig beobachtet werden, und bei Bedarf kann eine Magenspülung mit isotoner Kochsalzlösung durchgeführt werden. Dabei wird die Spülflüssigkeit in den Beutel abgeleitet und gemessen. Solange das Kind mit der Ballonsonde behandelt wird, muß laufend der Speichel aus dem Mund abgesaugt werden, da das Kind nicht schlucken kann. Eine kontinuierliche Überwachung der Vitalfunktionen ist unbedingt erforderlich.

Entfernen der Ballonsonde

Die Sonde soll nicht länger als 3 Tage liegenbleiben. Das Entfernen geschieht schrittweise, wenn die Blutung steht. Zuerst wird der Druck im Ösophagusballon nach Verordnung des Arztes langsam abgelassen und der Zug an der Sonde vermindert. Der Magenballon wird dabei zur Druckentlastung der Kardia etwas in den Magen vorgeschoben. Tritt keine neue Blutung auf, kann der Magenballon nach 12–24 Stunden entleert und die Sonde entfernt werden.

8.7.10.4. Überwachung und Pflege des Kindes

Unabhängig davon, ob das Kind mit oder ohne Ballonsonde behandelt wird, führt die Schwester folgende Maßnahmen nach Verordnung des Arztes durch:

- Kontrolle der Vitalfunktionen;
- bei liegender Ballonsonde müssen laufend Magenspülungen mit eisgekühlter isotoner NaCl-Lösung durchgeführt werden, bis die Spülflüssigkeit klar ist;
- Darmspülungen mit angewärmter isotoner NaCl-Lösung, solange blutige Stühle entleert werden;
- Überwachung der Infusionsbehandlung und der Bluttransfusion.

Bei der Pflege des Kindes muß die Schwester vor allem folgende Gesichtspunkte beachten:

- Das Kind braucht Ruhe und liebevolle Zuwendung. Nach Möglichkeit sollte eine Bezugsperson, z. B. die Mutter, mit in die Pflege einbezogen werden.
- Die Körper- und Mundpflege muß gezielt und sehr sorgfältig durchgeführt werden. Bei liegender Ballonsonde muß laufend der Speichel abgesaugt werden.
- Eine wechselnde Lagerung in stabile rechte und linke Seitenlage ist wegen der Aspirationsgefahr wichtig.
- Der Blutverlust aus Magen und Darm muß abgeschätzt oder durch Wiegen der Unterlage festgestellt werden.
- Während der medikamentösen Therapie mit Vasopressin (Pitressin) sind die Kinder erschreckend blaß.

8.7.11. Pflege des mehrfachverletzten Kindes

L. Asch

Notwendige Vorkenntnisse

- Pflege des intubierten, spontanatmenden Kindes (Kap. 8.7.1.),
- Infusion und parenterale Ernährung (Kap. 6.10.),
- Flüssigkeitsbilanz (Kap. 8.4.8.),
- zentrale Venendruckmessung (Kap. 8.4.7.),
- Pflege des Kindes im Schock (Kap. 8.7.13.).

Definition

Bei der Mehrfachverletzung (Polytrauma) handelt es sich um eine Kombination von schweren Verletzungen, die mindestens zwei verschiedene Organsysteme betreffen.

Strukturnetz

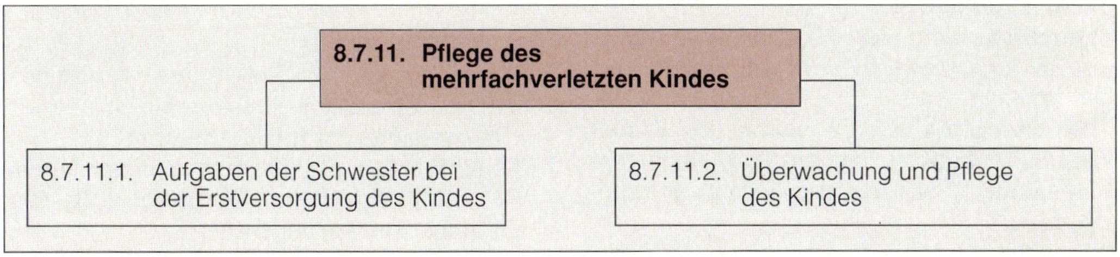

Lehrziel

Von Unfällen im Straßenverkehr, beim Sport und von häuslichen Unfällen werden immer häufiger Kinder betroffen und mit mehrfachen, schweren Verletzungen in lebensbedrohlichem Zustand in die Klinik aufgenommen. Die primäre Versorgung, die Behandlung und Überwachung des Patienten sind für das Überleben entscheidend. Die Schwester soll in diesem Abschnitt erfahren, wie sie durch sorgfältige, gezielte Überwachung und Pflege dem Arzt wichtige Anhaltspunkte für die Therapie geben und zur Gesundung des Kindes beitragen kann.

Lernziele

Wenn Sie diesen Abschnitt erarbeitet haben, können Sie für das dargestellte Beispiel

- die Aufgaben der Kinderkrankenschwester bei der Erstversorgung des Kindes nennen;
- verschiedene Überwachungsmaßnahmen aufzählen;
- einzelne Pflegemaßnahmen beschreiben.

Die Verletzungen können in verschiedenen Kombinationen auftreten, und es ist nicht möglich, diese hier alle darzustellen. Daher wird die Pflege des polytraumatisierten Kindes exemplarisch an *folgendem Fall* beschrieben:

Ein Kleinkind wird bei einem Verkehrsunfall vom Auto überfahren. Während des Transports in die Klinik erbricht das Kind massiv, und es hat deutliche Schockzeichen. Bei der Aufnahme in die Klinik ist das Kind bewußtlos und die Atmung oberflächlich. Es blutet aus verschiedenen Schürfwunden und aus einer großen Platzwunde am Kopf. Ferner besteht eine Oberschenkelfraktur rechts und eine Schlüsselbeinfraktur links.

8.7.11.1. Aufgaben der Schwester bei der Erstversorgung des Kindes

Die Erstversorgung hat zum Ziel, die Vitalfunktionen zu erhalten und zu stabilisieren, die primäre Wundversorgung durchzuführen und die Diagnostik einzuleiten.
Die Schwester führt die Kontrollen der Vitalfunktionen durch und assistiert dem Arzt bei folgenden Behandlungsmaßnahmen:

- Venenpunktion zum Anlegen einer Dauertropfinfusion zur Schockbehandlung und Blutentnahme für Hämoglobin- und Hämatokritbestimmung, Kreuzprobe und Blutgasanalyse;

- Einleitung der medikamentösen Therapie, z. B. zur Hirnödemprophylaxe;
- Messen des Bauchumfangs (Meßbereich markieren!),
- Absaugen der Mundhöhle und des Mageninhalts;
- Intubation;
- Sauerstofftherapie;
- Einlegen einer Magenablaufsonde;
- Einführen eines Blasenkatheters mit Urinauffangsystem;
- Untersuchung des Urins auf Beimengungen (Blut), Menge, spezifisches Gewicht;
- Reinigung der Schürfwunden mit Hautdesinfektionsmittel;
- Reinigung der Platzwunde und Anlegen eines Notverbandes;
- Durchführung der Tetanusprophylaxe, wenn kein ausreichender Impfschutz besteht;
- Betreuung und Überwachung des Kindes bei Spezialuntersuchungen, z. B. Röntgenaufnahme, Sonographie, Computertomographie.

Während der Erstversorgung müssen in kurzen Abständen Blutdruck, Pulsfrequenz, Atemfrequenz, Atemtyp, zentraler Venendruck, Bewußtseinszustand, Pupillenreaktion, Pupillendifferenz und Reflexdifferenz der Pupillenreaktion kontrolliert werden. Alle Behandlungsmaßnahmen werden unter einer Wärmelampe durchgeführt, um das Kind vor Unterkühlung zu schützen. Bei dem dargestellten Beispiel weisen alle Befunde auf eine zusätzliche abdominelle Blutung hin; eine sofortige Operation wird erforderlich. Dabei wird eine Milzruptur festgestellt und eine Splenektomie durchgeführt.
Als Grundlage für die weitere Pflege erhält die Schwester Informationen über weitere Maßnahmen:

- Das Operationsgebiet ist mit mehreren Drainagen und mit einem Verband versorgt.
- Die Reposition der Oberschenkelfraktur erfolgt durch eine Drahtextension und Lagerung des Kindes auf dem Extensionstisch nach Weber.
- Die Schlüsselbeinfraktur bedarf keiner Versorgung.
- Die Platzwunde ist genäht und mit einer Wunddrainage versehen.
- Das Kind ist weiterhin nasal intubiert und atmet spontan.
- Der Mageninhalt wird über eine Magenablaufsonde in einen Auffangbeutel abgeleitet.
- Der Blasenkatheter wird zur Durchführung der Flüssigkeitsbilanz belassen.

8.7.11.2. Überwachung und Pflege des Kindes

Die Überwachung des Kindes muß über einen längeren Zeitraum sorgfältig durchgeführt werden, da es noch nach mehreren Tagen zu Komplikationen kommen kann. Die Schwester führt auf ärztliche Verordnung die folgenden Maßnahmen durch:

- Kontrolle der Vitalfunktionen, der Pupillenreaktion und des Bauchumfangs;
- Überwachung der Infusionstherapie;
- Durchführung der Flüssigkeitsbilanz unter Berücksichtigung aller Verluste, z. B. aus Drainagen und Wunden;
- sorgfältige Augenpflege, solange das Kind bewußtlos ist;
- Beobachtung des Wundsekrets;
- Funktionskontrolle der Drainagen. Die Drainageschläuche sollen in regelmäßigem Abstand durchgeknetet werden, damit sie nicht verstopfen;
- Erneuerung feuchter Verbände unter Beachtung der Asepsis. Dabei wird das Wundgebiet auf eventuelle Veränderungen, z. B. Infektionszeichen, beobachtet. Die Schürfwunden sowie die Ein- und Austrittstelle der Drahtextension werden täglich mit Hautdesinfektionsmittel behandelt und mit sterilen Kompressen abgedeckt;
- Tubuspflege: Dabei ist auf eine ausreichende Befeuchtung und Anwärmung der Atemluft zu achten. Günstig ist die Verwendung der künstlichen Nase.

Die Pflege ist durch die Lagerung auf dem Extensionstisch erschwert, weil das Kind immer in Rückenlage liegen muß. Wichtig ist deshalb

- sorgfältige Dekubitusprophylaxe;
- tägliche Ganzwäsche, verbunden mit einer guten Hautpflege;
- Mund- und Zahnpflege;
- vorsichtiges Betten des Kindes durch 2 Pflegepersonen. Das Kind darf dabei nur gleich-

mäßig angehoben und nicht zu viel bewegt werden;
- ausreichende Wärmezufuhr durch dicht am Körper anliegende Decken. Diese müssen teilweise am Extensionstisch befestigt werden;
- Thoraxvibrationsbehandlung zur Pneumonieprophylaxe;
- vollwertige Ernährung, da durch den Streß ein erhöhter Energiebedarf besteht. Eine parenterale Ernährung muß so lange verabreicht werden, bis genügend Nahrung oral zugeführt werden kann;
- Einbeziehung der Eltern in die Pflege.

Bei allen mehrfachverletzten Kindern ist es notwendig, daß die Patienten ihre individuellen Sorgen und Wünsche äußern können und die Schwester auf diese Bedürfnisse eingeht. Die Kinder leiden unter der unvorbereiteten neuen Situation, der Bewegungseinschränkung und dem zu erwartenden langen Klinikaufenthalt. Soweit möglich, wird in die Betreuung die Kindergärtnerin oder der Lehrer einbezogen.

8.7.12. Pflege des bewußtlosen Kindes

L. Asch, G. Walther und E. Schneider

Notwendige Vorkenntnisse

- Physiologie und Anatomie des Zentralnervensystems,
- Krankenbeobachtung (s. Kap. 5.1.),
- Sauerstofftherapie (Kap. 8.4.10.),
- prophylaktische Maßnahmen (Kap. 5.5.).

Definition

Die Bewußtlosigkeit (Koma) bedeutet, daß das Kind durch äußere Reize nicht weckbar ist.

Strukturnetz

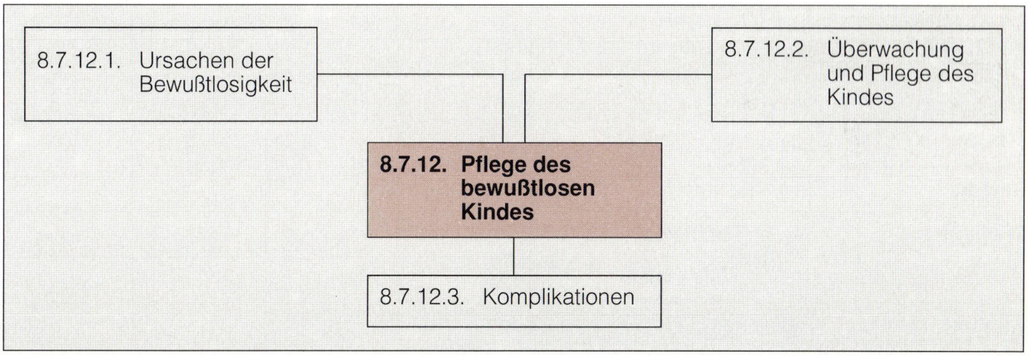

Lehrziel

Das bewußtlose Kind ist infolge fehlender Reflexe erheblichen Gefahren ausgesetzt. Der Schwester kommt die Aufgabe zu, durch kontinuierliche Beobachtung der Vitalfunktionen und sorgfältige Pflege jede Veränderung am Zustand des Kindes wahrzunehmen und ihr Handeln danach zu richten. Die Überwachungsmaßnahmen und die Pflege werden hier beschrieben.

Lernziele

Wenn Sie diesen Abschnitt erarbeitet haben, können Sie

- die Ursachen der Bewußtlosigkeit nennen;
- über die Aufgaben der Schwester im akuten Stadium der Bewußtlosigkeit berichten;
- eine Aussage über die Wichtigkeit der Beobachtungen machen;
- Gründe für eine sorgfältige Körperpflege angeben;
- eine Aussage über die Ernährung des bewußtlosen Kindes machen;
- Gründe nennen, die eine besondere Zuwendung erfordern.

Verlaufsblatt bei Schädel-Hirn-Trauma

Befunde durch Punkte in entsprechende Spalte eintragen/Im Zweifel → bessere Bewertung/Falls nicht prüfbar →
Vermerken: I = Intubation, B = Beatmung, R = Relaxation, L = Lidschwellung, E = Extremitätenfixation, S = Sedierung

Datum:						
Stunde:						
Augenöffnung:	spontan	4				
	auf Anruf	3				
	auf Schmerz	2				
	nicht	1				
beste motorische Antwort:	befolgt Aufforderung	6				
	gezielte Abwehr	5				
	Flexion	4				
	Flexion (Massenb.)	3				
	Extension	2				
	keine	1				
beste verbale Antwort:	orientiert	5				
	verwirrt	4				
	Wortsalat	3				
	unverständlich	2				
	keine	1				
Summe:	(min. 3, max. 15)					
Pupillen:	Weite, Symmetrie					
	Lichtr. prompt/keine					
Atmung:	Respirator					
	Spontan, intubiert					
	Spontan, normal					
Blutdruck:						
intrakranieller Druck						
Perfusionsdruck						
Puls:						

Abb. 53 Komaskala nach Glasgow

8.7.12.1. Ursachen der Bewußtlosigkeit

Die Bewußtlosigkeit kann durch verschiedene Faktoren ausgelöst werden:

- Störung des Stoffwechsels, z. B. Coma diabeticum;
- Störung der Blutzirkulation, z. B. akuter Blutdruckabfall durch Volumenmangel;
- exogene Gifte, z. B. Intoxikation mit Medikamenten;
- lokale Gehirnerkrankungen, z. B. Tumoren, Blutungen oder Traumen.

8.7.12.2. Überwachung und Pflege des Kindes

Die Bewußtlosigkeit ist ein Symptom und kann bei verschiedenen Krankheiten auftreten, manchmal sogar ohne daß die Grundkrankheit bekannt ist. Die Überwachung des bewußtlosen Kindes wird hier exemplarisch am *Schädel-Hirn-Trauma* beschrieben, am Beispiel eines 7jährigen Jungen nach Sturz vom Fahrrad mit folgender Bewußtlosigkeit. Bei der Aufnahme ist äußerlich eine Prellmarke an der rechten Stirnseite zu sehen. Dieses Krankheitsbild wird der Kinderkrankenschwester häufig begegnen. Es umfaßt die meisten pflegerischen Maßnahmen bei Bewußtlosigkeit. Unter Schädel-Hirn-Trauma versteht man die Folgen von äußerer Gewalteinwirkung im Bereich des Schädels und Gehirns.

Beachte: Bewußtlos ist schutzlos!

Der Schweregrad eines Schädel-Hirn-Traumas wird anhand der Komaskala nach Glasgow durch Punkte ermittelt und die Behandlung entsprechend durchgeführt (Abb. 53).

Wichtige Aufgaben der Schwester im akuten Stadium der Bewußtlosigkeit

Erstmaßnahmen:

- Das Kind wird *immer in stabile Seitenlage* gebracht, um es vor einer Aspiration von Erbrochenem, Speichel, Nasensekret oder Blut zu schützen. Die stabile Seitenlage verhindert gleichzeitig das Zurückfallen von Unterkiefer und Zunge, die sonst eine mechanische Atembehinderung auslösen (Abb. 54).
- Das *Sekret der Mundhöhle,* des Nasen-Rachen-Raumes und evtl. der Mageninhalt werden abgesaugt. Bei Kindern mit Brechreiz wird immer eine Magenablaufsonde gelegt.
- Die *Sauerstoffzufuhr* ist notwendig, um dem Kind bei ungenügender Spontanatmung eine ausreichende Versorgung mit Sauerstoff zu ermöglichen, damit irreversiblen Schädigungen vorgebeugt wird. Die Therapie kann über eine Sauerstoffnasensonde oder eine Beatmungsmaske erfolgen.
- Die *Kontrollen der Vitalfunktionen* werden im akuten Stadium viertelstündlich durchgeführt. Eine wichtige Kontrolle ist die Pupillenreaktion. Bei schwerer Beurteilbarkeit sollte diese noch von einer zweiten Pflegeperson oder vom Arzt vorgenommen werden. Die zusätzliche Monitorüberwachung der Herzfrequenz, der Atmung und des Blutdrucks erhöhen die Sicherheit der Beurteilung. Bei dem Kind ist auf Veränderungen der Herzfrequenz (Bradykardie), des Atemtyps und des Blutdrucks zu achten. Neurologische Auffälligkeiten treten in Form von abnormen Bewegungen, Unruhe, Schmatzen und Krämpfen auf.
- Das *Körpergewicht* und die *Körperlänge* müssen ermittelt werden, damit anhand einer Tabelle die Körperoberfläche bestimmt

Abb. 54 „Stabile Seitenlage" des bewußtlosen Kindes

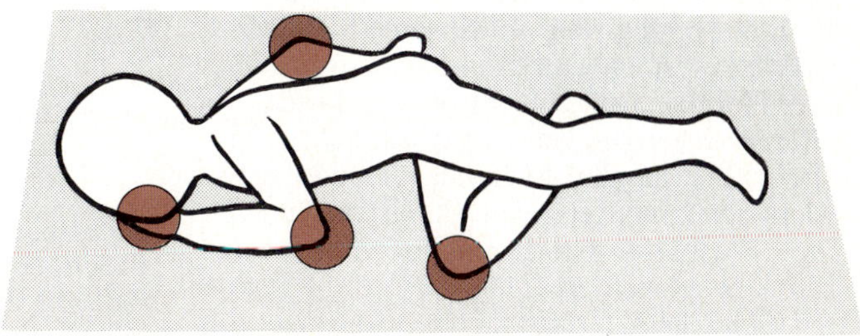

werden kann. Diese ist zur Errechnung des Flüssigkeitsbedarfs und der Medikamentendosierung erforderlich.

- Die *Infusionsmenge und -geschwindigkeit* müssen genau eingehalten werden. In der Regel erhalten diese Kinder eine eingeschränkte Flüssigkeitszufuhr (Hirnödemprophylaxe). Diese sollte nach Möglichkeit über Infusionspumpen, die eine kontinuierliche Verabreichung garantieren, erfolgen.
- Die gesamte *Flüssigkeitseinfuhr* und die *-ausfuhr* müssen genau gemessen und notiert werden. Die Flüssigkeitsbilanz sollte ausgeglichen sein. Durch die Gabe von Medikamenten zur Hirnödemprophylaxe wird die Ausscheidung forciert und somit sogar eine gewünschte Minusbilanz erreicht.
  Der Urin wird laufend mit Hilfe von Schnelltests auf Beimengungen kontrolliert und sein spezifisches Gewicht festgestellt.

Nachdem sich der Zustand des Kindes stabilisiert hat, fallen der Schwester wieder vermehrt pflegerische Aufgaben zu.

Fortlaufende Aufgaben bei der Pflege des Kindes

Zur Dekubitus-, Pneumonie- und Kontrakturenprophylaxe sollte die stabile Seitenlage des Kindes mindestens in 2stündigen Abständen gewechselt werden.

Körperpflege:

- *Augenpflege* (S. 158): Die Augenpflege muß sorgfältig durchgeführt werden. Die Hornhaut muß entweder durch Tropfen, Salbe oder Auflegen von feuchten Kompressen vor Austrocknung geschützt werden. Schon kurzzeitiges Austrocknen der Hornhaut kann zu schweren Schädigungen führen, deshalb müssen die Augen geschlossen sein (zukleben oder bedecken). Solange noch häufig Kontrollen der Pupillenreaktion notwendig sind, sollte keine Salbe verwendet werden. Durch die Salbenreste auf der Hornhaut ist die Kontrolle erschwert.
- *Nasenpflege:* Die Nase wird von Sekret befreit. Bei nasaler Magendauersonde muß dem Dekubitalgeschwür durch regelmäßiges Wechseln und Umkleben der Sonde vorgebeugt werden.
- *Mundpflege:* s. S. 160.
- *Hautpflege:* Sorgfältige Hautpflege geschieht durch tägliche Ganzwaschung und Anwendung von pflegenden und durchblutungsfördernden Mitteln.

Ernährung

Das Kind wird so lange parenteral ernährt, bis eine ausreichende Sondenernährung begonnen werden kann. Der Joulebedarf ist bei diesen Patienten sehr hoch, da der Grundumsatz durch Unruhe und eventuelles Fieber gesteigert wird. Voraussetzung für die orale Ernährung ist die intakte Funktion des Verdauungstraktes. Während des Nahrungsaufbaus muß der Magenrest bestimmt werden. Beträgt der Rest mehr als die Hälfte der vorhergehenden Mahlzeit, wird nur die halbe Menge der neuen Mahlzeit sondiert. Die Nahrung soll in kleinen Portionen verabreicht werden. Eßversuche dürfen nur auf ärztliche Verordnung nach Überprüfen von Saug- und Schluckreflex durchgeführt werden. Dem Kind wird versuchsweise ein in Tee oder Glukoselösung getauchter Löffel an die Lippen geführt. Macht es Leck- und Schluckbewegungen, darf mit dickflüssiger Nahrung, z. B. Joghurt, Brei, ein Eßversuch gemacht werden. Mit der dickflüssigen Nahrung soll einer Aspiration vorgebeugt werden.

> **Beachte:** Der erste Eßversuch darf nur unter ärztlicher Aufsicht durchgeführt werden.

Zuwendung sollte das bewußtlose Kind während sämtlicher pflegerischer und therapeutischer Maßnahmen in Form von persönlicher Ansprache und durch Hautkontakte erhalten. Die Eltern sollten dazu motiviert werden, viel mit ihrem Kind zu sprechen und ihm aus seiner vertrauten Umgebung zu erzählen, z. B. Tonbandaufnahmen von zu Hause mitzubringen. Auch andere Sinnesorgane können durch vertraute Eindrücke angeregt werden, z. B. Parfüm der Mutter. Es ist nicht bekannt, ab wann das Kind wieder Dinge aus seiner Umgebung wahrnehmen kann. Viele Kinder hören bereits bewußt, ohne sich sprachlich äußern zu können.

> **Beachte:** Gespräche über den Zustand des Patienten sollten *nie* in seiner Nähe geführt werden.

8.7.12.3. Komplikationen

Hier werden mögliche Komplikationen aufgezählt, die frühzeitig von der Schwester beobachtet werden müssen.

- Atemstörungen,
- Blutdruckabfall und Blutdruckanstieg,
- Pupillenveränderungen, z. B. links und rechts unterschiedlich große oder lichtstarre Pupillen,
- Krämpfe,
- Unruhezustände,
- Schwankungen der Körpertemperatur,
- Störungen des Flüssigkeitshaushalts.

8.7.13. Pflege des Kindes im Schock

L. Asch, G. Walther und E. Schneider

Notwendige Vorkenntnisse

- Funktion von Herz und Kreislauf,
- Krankenbeobachtung (Kap. 5.1),
- prophylaktische Maßnahmen (Kap. 5.5.),
- Bluttransfusion (Kap. 6.11.),
- Sauerstofftherapie (Kap. 8.4.10.).

Definition

Unter Schock versteht man eine akute Mangeldurchblutung großer Organgebiete, die der Blutkreislauf versorgt. Die Kapillardurchblutung wird dadurch herabgesetzt, und es entsteht eine Gewebshypoxie mit zuerst reversiblen und später irreversiblen Schädigungen von Organen.

Strukturnetz

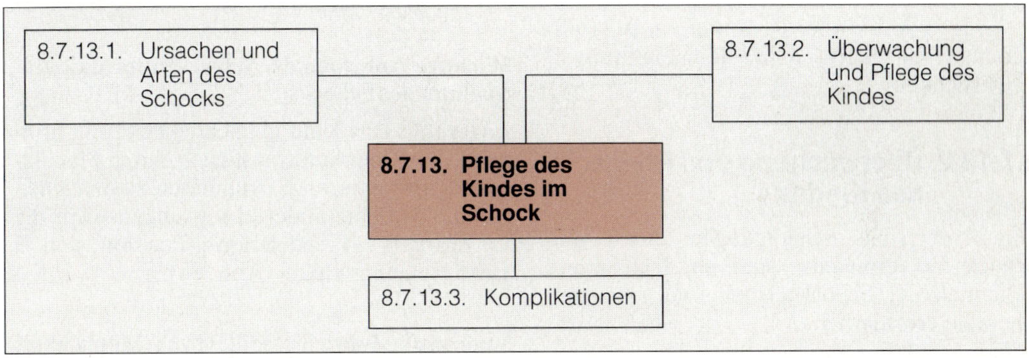

Lehrziel

Der Schock tritt immer schnell und mit akuter Bedrohung des Lebens auf. Durch frühzeitiges Erkennen der Symptome kann das Kind vor irreversiblen Schäden bewahrt werden.
Die Schwester erfährt in diesem Abschnitt, daß ihre wesentliche Aufgabe in der Überwachung des Kindes liegt.

Lernziele

Nach Erarbeitung dieses Abschnitts können Sie
- die verschiedenen Arten des Schocks aufzählen und die auslösenden Faktoren nennen;
- Symptome des Schocks aufzählen;
- die spezielle Lagerung des Kindes begründen;
- die Aufgaben der Schwester im akuten Stadium des Schocks beschreiben;
- pflegerische Maßnahmen nennen und begründen.

8.7.13.1. Ursachen und Arten des Schocks

Der Schock tritt immer als schwerste Komplikation einer Krankheit oder nach vorangegangenem Trauma auf; stets besteht eine akute Kreislaufdekompensation. Wir unterscheiden unter anderem die folgenden Arten des Schocks.

Hypovolämischer Schock

Er kann entstehen durch

- Blutverlust nach einem Trauma oder einer Operation,
- Plasmaverlust, z. B. bei Verbrennungen,
- Wasser- und Elektrolytverlust bei Brechdurchfall.

Kardiogener Schock

Er entsteht durch

- akute Verminderung der Herzleistung, z. B. bei Herzrhythmusstörungen oder Perikarderguß.

Toxisch-septischer Schock

Er entsteht durch

- bakterielle Toxine, z. B. Kolibakterien,
- andere Toxine, z. B. Vergiftungen.

Anaphylaktischer Schock oder allergischer Schock

Er entsteht durch

- Antigen-Antikörper-Reaktion, z. B. Blutunverträglichkeit, Medikamentenunverträglichkeit.

8.7.13.2. Überwachung und Pflege des Kindes

Um irreversible Schädigungen durch den Schock zu vermeiden, sind ein frühzeitiges Erkennen der Schockzeichen und eine gute Therapie erforderlich.

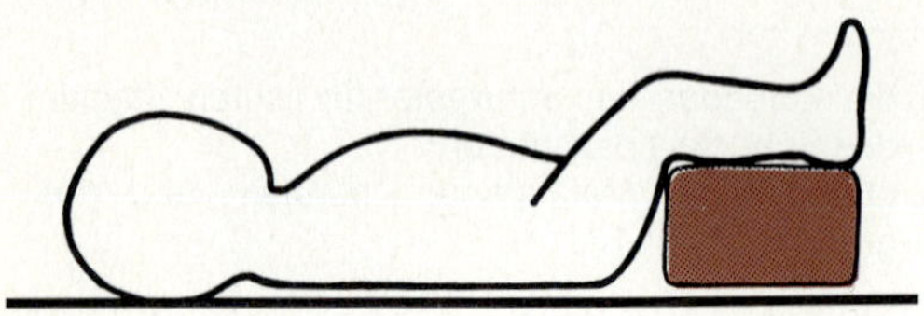

Abb. 55 Schocklagerung

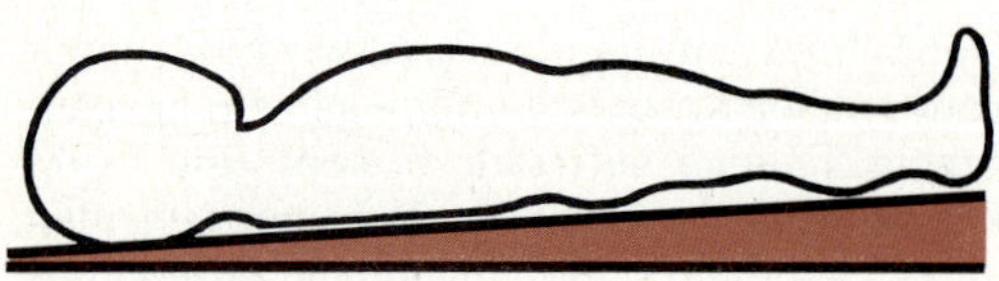

Abb. 56 Trendelenburg-Position

Die Kinderkrankenschwester kann folgende Symptome beobachten:

- blasse, livide, kühle, evtl. marmorierte *Haut;*
- beschleunigte, evtl. oberflächliche *Atmung;*
- beschleunigter *Puls,* peripher gut zu palpieren, evtl. weicher, leicht unterdrückbarer und später nicht mehr palpierbarer Puls;
- normaler *Blutdruck,* später *Blutdruckabfall* mit verkleinerter Amplitude;
- *Apathie, Unruhe, Somnolenz*, später *Koma;*
- abnehmende oder fehlende Urinausscheidung; um eine eingeschränkte Urinausscheidung oder eine bereits eingetretene Funktionsstörung der Niere zu erkennen, werden die Urinmenge und das spezifische Gewicht ermittelt;
- *kalte Extremitäten* bei bestehendem *Fieber;*
- *erniedrigter* zentraler *Venendruck;*
- Veränderungen der Blutgasanalyse (metabolische Azidose).

> **Beachte:** Beim Schock durch eine schwere Infektion mit gramnegativen Keimen bleibt die Haut rosig und warm.

Wichtige Aufgaben der Schwester im akuten Stadium des Schocks

Lagerung: Das Kind in „Schocklagerung bringen", um eine Autotransfusion durch Hochlagerung der unteren Extremitäten zu erreichen (Abb. 55). Eine andere Möglichkeit wäre die Lagerung in Trendelenburg-Position von 5 Grad Neigungswinkel (Abb. 56).

Sauerstoffzufuhr: Sie sollte nach Möglichkeit über eine Sauerstoffnasensonde erfolgen.

Dosierung:
bei Säuglingen ca. 1 l Sauerstoff pro Minute,
bei Kleinkindern ca. 2 l Sauerstoff pro Minute,
bei Schulkindern ca. 3–4 l Sauerstoff pro Minute.

Kontrollen der Vitalfunktionen:

- *Herzfrequenz* und *Körpertemperatur* müssen kontinuierlich über Monitoren überwacht werden.
- Das Tasten des *peripheren Pulses* und dessen Qualität ergeben wichtige Anhaltspunkte über den Schweregrad des Schocks.
- Die *Atemfrequenz* und die Qualität der *Atmung* müssen kontrolliert werden.

- Der *Blutdruck* wird in kurzen Abständen gemessen, da er sich schnell verändern kann. Um bei Säuglingen und Kleinkindern genaue Werte zu erhalten, werden technische Hilfsmittel angewendet, z. B. Dinamap.

Beobachtung des Bewußtseinszustandes: Es können alle Stufen vom freien Sensorium bis zum Koma auftreten.

Überwachung der Volumenzufuhr und Medikamente: Eine genaue Protokollierung über das zugeführte Volumen und der verabreichten Medikamente ist unerläßlich. Da fast immer mehrere Personen an der Durchführung der Therapie beteiligt sind, darf sich die Kinderkrankenschwester in ihrer Aufmerksamkeit nicht ablenken lassen.

Absaugen des Mageninhalts. Als Folge der Mangeldurchblutung wird die Verdauung beeinträchtigt. Ein voller Magen bedeutet erhöhte Aspirationsgefahr, deshalb muß er abgesaugt und evtl. eine Magenablaufsonde gelegt werden.

Kontrollen der Urinausscheidung:

Die *akute Phase des Schocks* ist *überstanden*, wenn

- sich die Zirkulation in der Peripherie normalisiert hat,
- Hände und Füße warm sind,
- der Blutdruckwert dem Alter des Kindes entspricht,
- eine Normalisierung der Pulsfrequenz zu beobachten ist,
- wieder genügend Urin ausgeschieden wird.

Fortlaufende Aufgaben bei der Pflege des Kindes

Wärmeerhaltung: Ein Kind mit einer *Hypothermie* muß vor einer weiteren Auskühlung durch Zudecken geschützt werden. Massives Aufwärmen ist jedoch zu vermeiden, dadurch könnte eine periphere Vasodilatation mit Blutdruckabfall entstehen.

Beachte: Es muß verhindert werden, daß als Folge der schlechten peripheren Zirkulation bei der Verwendung von Wärmelampen, Heizkissen und Wärmeflaschen Verbrennungen der Haut zustande kommen.

Bei einem Kind mit *Hyperthermie* kann die Körpertemperatur durch Verminderung seiner Umgebungstemperatur, z. B. Aufdecken, Anwendung feucht-kalter Wickel oder Kühlelement, gesenkt werden. Bei diesen Maßnahmen ist zu beachten, daß keine Gegenregulation, z. B. Gänsehaut und Muskelzittern, auftritt.

Körperpflege:
- *Hautpflege:* Als Folge der schlechten peripheren Zirkulation besteht eine erhöhte Neigung zu Dekubitalgeschwüren. Für das Kind ist es wichtig, daß sofort mit Dekubitusprophylaxe begonnen wird; ein Lagewechsel muß 2stündlich erfolgen. Die tägliche Ganzwaschung und die Anwendung von durchblutungsfördernden Mitteln schützen dabei die Haut vor Wundsein und Dekubitalgeschwüren. Beim Umlagern und bei der Körperpflege sollten die besonders gefährdeten Stellen auf evtl. entstandene Druckstellen kontrolliert werden.
- *Augenpflege* (S. 158): Bei fehlendem Lidschlag muß die Hornhaut des Auges durch die Anwendung von Augensalbe oder Augentropfen feucht gehalten werden. Die Augen müssen geschlossen sein.
- *Mundpflege* (S. 160).

Durchführung und Überwachung der Flüssigkeitsbilanz (S. 609)

Ernährung: Sie erfolgt ausschließlich parenteral.

Zuwendung: In der lebensbedrohlichen Situation des Schocks mit seiner aufwendigen Therapie sollte die Schwester die Formen der Zuwendung nicht vernachlässigen und dem Kind nach Möglichkeit das Gefühl der Geborgenheit vermitteln, z. B. es nicht zu lange unbekleidet liegen lassen.

8.7.13.3. Komplikationen

Die Komplikationen des Schocks sind vielfältig. Folgende können von der Schwester beobachtet werden:

- erneutes Auftreten des Schocks (Kontrollen der Vitalfunktionen müssen deshalb über einen längeren Zeitraum durchgeführt werden),
- akutes Nierenversagen,
- Kreislaufstillstand,
- Atemstillstand.

Sachverzeichnis

C

D

G

I

L

N

O

Q

R

S